Buch-Updates
Registrieren Sie dieses Buch
auf unserer Verlagswebsite.
Sie erhalten damit
Buch-Updates und weitere,
exklusive Informationen
zum Thema.

Galileo
BUCH UPDATE

Und so geht's
> Einfach **www.galileocomputing.de** aufrufen
<<< Auf das Logo **Buch-Updates** klicken
> Unten genannten **Zugangscode** eingeben

Ihr persönlicher Zugang
zu den Buch-Updates

142979142755

Ulrich Kaiser, Christoph Kecher

C/C++

Galileo Press

Liebe Leserin, lieber Leser,

wir freuen uns, dass wir Ihnen hier bereits die vierte Auflage des Grundlagenwerkes zu C und C++ vorstellen dürfen. Entstanden aus einem Grundlagenkurs von Prof. Dr. Kaiser über Informatik und Programmiersprachen, ist dieses Buch längst zu einem Standardwerk geworden, das allen Studenten und auch Programmieranfängern empfohlen wird. Mit diesem Buch erwerben Sie solides Basiswissen zu C/C++ und lernen darüber hinaus einige Grundlagen der Informatik kennen. Auch später noch wird Sie dieses Buch als Nachschlagewerk begleiten.

Das Besondere dieses Buches ist sein didaktisches Konzept. Es gibt keine Vorgriffe auf den Stoff späterer Kapitel. Die Lehrbuchkapitel bauen jeweils auf den vorherigen auf, sodass sich Anfänger problemlos von den Grundlagen zu den fortgeschritteneren Themen vorarbeiten können. Damit der Lernstoff nicht nur graue Theorie bleibt, wird alles anhand anschaulicher Beispiele erklärt. Mit den Übungsaufgaben am Ende der Lehrbuchkapitel können Sie das Gelernte gleich anwenden. In dem umfangreichen Lösungsteil am Ende des Buches finden Sie Musterlösungen für den Fall, dass Sie einmal nicht weiterkommen oder prüfen wollen, ob Ihre Lösung passt. Nach dem Durcharbeiten mehrerer Lehrbuchabschnitte finden Sie eine Zusammenfassung des Stoffes sowie weitere wichtige Detailinformationen in den Referenzkapiteln.

Jetzt bleibt mir nur noch, Ihnen viel Spaß mit diesem Buch und viel Erfolg beim Erstellen Ihrer ersten Programme zu wünschen. Wenn Sie Fragen oder Kritik zum Buch haben, wenden Sie sich an mich.

Ihre Judith Stevens-Lemoine
Lektorat Galileo Computing

judith.stevens@galileo-press.de
www.galileocomputing.de
Galileo Press · Rheinwerkallee 4 · 53227 Bonn

Auf einen Blick

Der Name Galileo Press geht auf den italienischen Mathematiker und Philosophen Galileo Galilei (1564–1642) zurück. Er gilt als Gründungsfigur der neuzeitlichen Wissenschaft und wurde berühmt als Verfechter des modernen, heliozentrischen Weltbilds. Legendär ist sein Ausspruch *Eppur se muove* (Und sie bewegt sich doch). Das Emblem von Galileo Press ist der Jupiter, umkreist von den vier Galileischen Monden. Galilei entdeckte die nach ihm benannten Monde 1610.

Gerne stehen wir Ihnen mit Rat und Tat zur Seite:
judith.stevens@galileo-press.de bei Fragen und Anmerkungen zum Inhalt des Buches
service@galileo-press.de für versandkostenfreie Bestellungen und Reklamationen
stefan.krumbiegel@galileo-press.de für Rezensions- und Schulungsexemplare

Lektorat Judith Stevens-Lemoine, Anne Scheibe
Korrektorat Friederike Daenecke, Zülpich
Cover Barbara Thoben, Köln
Titelbild Barbara Thoben, Köln
Typografie und Layout Vera Brauner
Herstellung Iris Warkus
Satz SatzPro, Krefeld
Druck und Bindung Bercker Graphischer Betrieb, Kevelaer

Dieses Buch wurde gesetzt aus der Linotype Syntax Serif (9,25/13,25 pt) in FrameMaker.

Bibliografische Information der Deutschen Bibliothek
Die Deutsche Bibliothek verzeichnet diese Publikation in der Deutschen Nationalbibliografie; detaillierte bibliografische Daten sind im Internet über http://dnb.ddb.de abrufbar.

ISBN 978-3-89842-839-2

© Galileo Press, Bonn 2008
4., aktualisierte und erweiterte Auflage 2008

Inhalt

5

7   Modularisierung 181

8   Zeiger und Adressen 253

11 Leistungsanalyse und -messung von Algorithmen 349

12 Sortierverfahren 395

21   Vererbung in C++ 823

22   C++-Referenz (Teil 2) 893

Jede Geschichte hat einen Anfang, eine Mitte und ein Ende,
aber nicht unbedingt in dieser Reihenfolge.
(Jean-Luc Godard)

Vorwort

Das vorliegende Buch ist aus meinem Kurs »Grundlagen der Informatik und Programmiersprachen« für Studenten der Kommunikations- und Informationstechnik hervorgegangen. Ziel dieses Kurses und damit auch dieses Buches ist es, Hörer bzw. Leser ohne Vorkenntnisse auf ein professionelles Niveau der C- und C++Programmierung zu führen. Unter »Programmierung« wird dabei weitaus mehr verstanden, als die Beherrschung einer Programmiersprache. So wie »Schreiben« mehr ist, als Wörter unter Beachtung der Regeln von Rechtschreibung, Zeichensetzung und Grammatik zu Sätzen zusammenzufügen, so ist Programmieren mehr als die Erstellung formal korrekter Programme. Zum Programmieren gehört ein Überblick über Grundlagen und Anwendungen der Progammierung. Der Leitgedanke dieses Buches ist es, wichtige Grundlagen und Konzepte der Informatik darzustellen und unmittelbar mit der Programmierung zu verknüpfen. Die Grundlagen liefern dann die Ideen zur Programmierung und die Programmierung liefert die Motivation für die Beschäftigung mit den Grundlagen. Das Buch richtet sich an alle, die C/C++ lernen oder lehren wollen, und dabei über die reine Beschäftigung mit einer Programmiersprache hinaus einen Überblick über wichtige Grundlagen, Algorithmen und Datenstrukturen gewinnen oder vermitteln möchten.

Das Buch gliedert sich in Lehrbuch- und Referenzabschnitte. In den Lehrbuchabschnitten wird der Stoff eines bestimmten Teilgebiets vermittelt und anhand konkreter Programmierbeispiele unmittelbar angewandt. In den Referenzabschnitten werden die Ergebnisse der Lehrbuchabschnitte, soweit sie die Programmiersprache C/C++ betreffen, zusammengefasst und um fehlende Detailinformationen ergänzt. Ein Programmier-Anfänger sollte sich zunächst mit den Lehrbuchabschnitten beschäftigen, um sein Wissen später anhand der Referenzabschnitte zu vervollständigen. Ein Leser mit Programmiererfahrung (z. B. ein Umsteiger von einer anderen Programmiersprache) kann auch mit den Referenzkapiteln starten, um sich anschließend je nach Interesse gewisse Grundlagen anzueignen.

Programmieren lernen ist wie Schwimmen lernen. Einem Anfänger nützt es nichts, anderen beim Schwimmen zuzusehen. Aus diesem Grund habe ich das Buch mit zahlreichen Aufgaben versehen, die Sie, um Ihren persönlichen Lernerfolg zu kontrollieren, bearbeiten sollten. Auf der beiliegenden CD finden Sie einen C/C++-Compiler, den Sie auf Ihrem PC installieren können.[1] Auf der CD finden Sie auch den vollständigen Quellcode zu allen in den Lehrbuchabschnitten besprochenen Programmen.

Als Leser haben Sie natürlich Erwartungen an dieses Buch, die ich zu erfüllen hoffe, obwohl ich sie im Einzelnen nicht kenne. Umgekehrt habe ich als Autor aber auch gewisse Erwartungen an meine Leser. Ich wünsche mir neugierige und experimentierfreudige Leser, die aus eigenem Antrieb immer einen Schritt über das hinausgehen, was ich in diesem Buch – leider oft verkürzend – dargestellt habe.

Ein Buch wie dieses, dessen Inhalt sich aus ca. 1,5 Millionen Buchstaben zusammensetzt, enthält bei einer statistischen Fehlerquote von 1‰ etwa 1500 falsche Zeichen. Sollten Sie bei der Arbeit mit dem Buch einen Fehler entdecken, so nehmen Sie sich die Zeit und schicken eine Fehlermeldung an den Autor:

`cplusplus@ulrich-kaiser.de`

Darüber hinaus sind Ihre Kommentare, Anregungen und Verbesserungsvorschläge jederzeit willkommen.

Danksagung

Ich danke allen Mitarbeitern von Galileo Press, die an der Erstellung des Buches mitgewirkt haben. Namentlich erwähnen möchte ich Frau Judith Stevens, die mich vorbildlich betreut und großen Anteil an der Qualität des Endergebnisses hat. Besonderen Dank schulde ich meinem Kollegen Prof. Dr. Heinz Humberg, der den Entstehungsprozess des Buches durch zahllose kritische Kommentare und konkrete Verbesserungsvorschläge begleitet hat und ohne dessen Initiative das Buchprojekt nicht zustande gekommen wäre.

Bocholt im Dezember 1999
Ulrich Kaiser

---

1. Hinweise zur Installation finden Sie im Anhang.

Vorwort zur zweiten Auflage

Vom Erscheinungstag der ersten Auflage an ist immer wieder der Wunsch an mich herangetragen worden, Lösungen zu den zahlreichen Programmieraufgaben des Buches zu veröffentlichen. Mit der zweiten Auflage ergibt sich die Möglichkeit, diesem Wunsch nachzukommen. Auf Anregung von *Galileo Press* konnte Herr Kecher für die Aufgabe, die Lösungen zu erstellen, gewonnen werden. Als Betreuer des Diskussionsforums zu diesem Buch hat Herr Kecher konkrete Informationen über die dringlichsten Fragen und Probleme bei der Lösung der Aufgaben sammeln können. Diese Informationen sind in die Lösungen und Lösungsbeschreibungen eingeflossen und machen das von Herrn Kecher verfasste Lösungskapitel zu einer wertvollen Arbeitshilfe speziell für Programmieranfänger.

Neu sind in der zweiten Auflage auch die zahlreichen Demoprogramme, die ich erstellt habe, um die Beispiele des Buches zu animieren und durch zusätzliche grafische Darstellungen zu illustrieren. Beschreibungen von Programmabläufen sind oft sehr trocken und können die Dynamik eines laufenden Programms nur unzureichend wiedergeben. Mit den Demoprogrammen haben Sie die Möglichkeit, einem Algorithmus sozusagen »bei der Arbeit über die Schulter zu schauen«, um so ein vertieftes Verständnis für die teilweise doch recht komplexen Abläufe zu gewinnen. Beispiele, zu denen es ein Demoprogramm gibt, sind mit einem Hinweis am Seitenrand gekennzeichnet. Wenn Sie auf einen solchen Hinweis stoßen, sollten Sie das zugehörige Programm aus dem Verzeichnis *Demoprogramme* der CD starten:

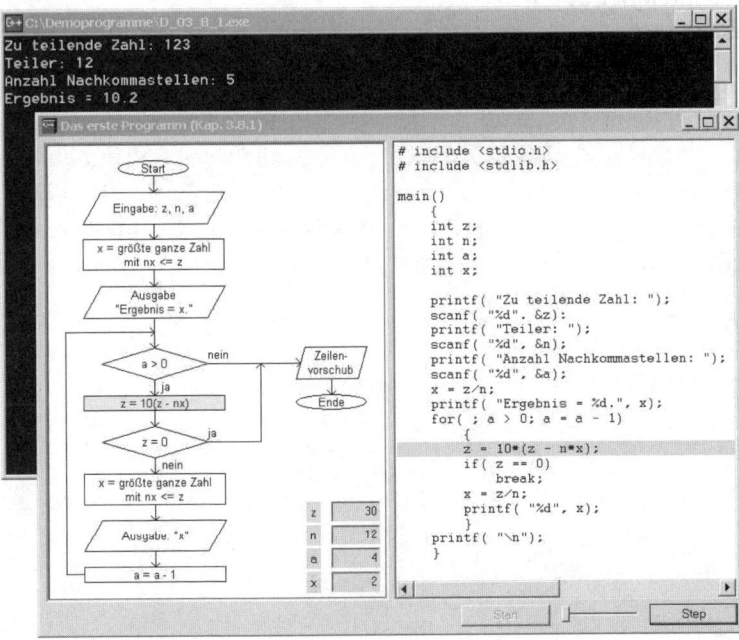

Allgemeine Hinweise zum Aufbau und zur Bedienung der Demoprogramme finden Sie in der Datei *Readme.pdf,* die Sie ebenfalls im Verzeichnis *Demoprogramme* auf der CD finden.

Bocholt im September 2002
Ulrich Kaiser

Vorwort zur vierten Auflage

Als ich mich vor nunmehr fast zehn Jahren anschickte, mein Vorlesungsskript als Buch auszuarbeiten, habe ich nicht damit gerechnet, einen so nachhaltigen Erfolg zu erzielen. Das Buch oder vielmehr die dem Buch zugrunde liegende Idee, das Erlernen einer Programmiersprache mit dem Erlernen von Programmierkonzepten zu verknüpfen, hat viele Freunde gefunden. Da auch für die Programmiersprache C++ die Zeit nicht stehengeblieben ist, war es notwendig, das Buch ein weiteres Mal zu aktualisieren. Neben Anpassungen an den aktuellen C++-Standard habe ich einen Abschnitt über die Standard-Bibliothek hinzugefügt und das Buch an einigen Stellen entschlackt, um es noch »portabel« zu halten.

Ich danke allen, die an der jetzt vorliegenden vierten Auflage mitgearbeitet haben, namentlich Judith Stevens und Anne Scheibe von Galileo Press.

Bocholt im September 2008
Ulrich Kaiser

1 Einige Grundbegriffe

Einem Kochbuch entnehmen wir das folgende Rezept zur Herstellung eines sogenannten Pharisäers:

Zutaten:

1/2 l heißer Kaffee

1/4 l Sahne

2 Essl. Zucker

4 Schnapsgläser 54%iger Rum (8 cl)

Zubereitung:

Den Kaffee aufbrühen und warmhalten. 4 Tassen mit heißem Wasser vorwärmen. Inzwischen die Sahne steif schlagen. Das Wasser aus den Tassen gießen, die Tassen abtrocknen und in jede Tasse 1–2 Teelöffel Zucker geben. Je 1 Schnapsglas Rum darüber gießen und mit dem Kaffee auffüllen. Die Schlagsahne als Haube auf jede Tasse Pharisäer setzen.

Das Rezept gliedert sich in zwei Teile. Im ersten Teil werden die erforderlichen Zutaten genannt, und im zweiten Teil wird ein Verfahren beschrieben, nach dem man aus den Zutaten das gewünschte Getränk herstellen kann. Die beiden Teile sind wesentlich verschieden und gehören doch untrennbar zusammen. Ohne Zutaten ist die Zubereitung nicht durchführbar, und ohne Zubereitung bleiben die Zutaten ungenießbar. Zu beachten ist auch, dass sich der Autor bei der Erstellung des Rezepts einer bestimmten Fachsprache (Essl., cl, Sahne steif schlagen, aufbrühen) bedient. Ohne diese Fachsprache wäre die Anleitung wahrscheinlich weitschweifiger, umständlicher und vielleicht sogar missverständlich. Die Verwendung einer Fachsprache setzt allerdings voraus, dass sich Autor und Leser des Rezepts zuvor (ausgesprochen oder unausgesprochen) auf eine gemeinsame Terminologie verständigt haben.

Wir übertragen dieses Beispiel in unsere Welt – die Welt der Datenverarbeitung:

▶ Die Zutaten für das Rezept sind die Daten bzw. **Datenstrukturen**, die wir verarbeiten wollen.

▶ Die Zubereitungsvorschrift ist ein **Algorithmus**[1], der festlegt, wie die Daten zu verarbeiten sind.

---

1. Dieser Begriff geht zurück auf Abu Jafar Muhammad Ibn Musa Al-Khwarizmi, der als Bibliothekar des Kalifen von Bagdad um 825 ein Rechenbuch verfasste und dessen Name in der lateinischen Übersetzung von 1200 als »Algorithmus« angegeben wurde.

▶ Das Rezept ist ein **Programm**, das alle Datenstrukturen (Zutaten) und Algorithmen (Zubereitungsvorschriften) zum Lösen der gestellten Aufgabe (Erstellen des Gerichts) enthält.

▶ Die gemeinsame Terminologie, in der sich Autor und Leser des Rezepts verständigen, ist eine **Programmiersprache**, in der das Programm geschrieben ist. Die Programmiersprache muss dabei in der Lage sein, alle bezüglich der Zutaten und der Zubereitung bedeutsamen Informationen zweifelsfrei zu übermitteln.

▶ Die Küche ist die technische Infrastruktur zur Umsetzung von Rezepten in schmackhafte Gerichte und ist vergleichbar mit einem **Computer**, seinem **Betriebssystem** und den benötigten **Entwicklungswerkzeugen**.

▶ Der Koch übersetzt das Rezept in einzelne Arbeitsschritte in der Küche. Üblicherweise geht ein Koch in zwei Schritten vor. Im ersten Schritt bereitet er die Zutaten einzeln und unabhängig voneinander vor (z.B. Kartoffeln kochen), um die Einzelteile dann in einem zweiten Schritt zusammenzufügen und abzuschmecken. In der Datenverarbeitung sprechen wir in diesem Zusammenhang von **Compiler** und **Linker**.

▶ Das fertige Gericht ist das **lauffähige Programm**, das vom Benutzer (Esser) angewandt (verzehrt) werden kann.

Nur, welche Rolle spielen **wir** in diesem Szenario? Sollte für uns kein Platz vorgesehen sein? Wir suchen uns die interessantesten Aufgaben aus:

▶ Wir sind Autoren, die sich neue, schmackhafte Gerichte für unterschiedliche Anlässe ausdenken und Rezepte bzw. Kochbücher mit den besten Kreationen veröffentlichen.

▶ Gelegentlich probieren wir auch einen Pharisäer, um uns an unseren eigenen Schöpfungen zu berauschen und um festzustellen, ob die Speise gelungen ist.

Was müssen wir lernen, um unsere Rolle ausfüllen zu können?

▶ Wir müssen die Sprache beherrschen, in der Rezepte formuliert werden.

▶ Wir müssen einen Überblick über die üblicherweise verwendeten Zutaten, deren Eigenschaften und Zubereitungsmöglichkeiten haben.

▶ Wir müssen einen Vorrat an Standard-Zubereitungsverfahren bzw. Rezepten abrufbereit im Kopf haben.

▶ Wir müssen wissen, welche Zutaten oder Verfahren miteinander harmonieren und welche nicht.

▶ Wir müssen wissen, was in einer Küche üblicherweise an Hilfsmitteln vorhanden ist und wie bzw. wozu diese Hilfsmittel verwendet werden.

▶ Bei anspruchsvolleren Gerichten müssen wir wissen, in welcher Reihenfolge und mit welchem Timing die Einzelteile zuzubereiten sind und wie die einzelnen Aufgaben verteilt werden müssen, damit alles zeitgleich serviert werden kann.

▶ Wir müssen auch wissen, worauf ein potentieller, späterer Esser Wert legt und worauf nicht. Dies ist besonders wichtig, wenn wir Rezepte für einen ganz besonderen Anlass erstellen.

Letztlich wollen wir komplette Festmenüs und deren Speisefolge komponieren und benötigen dazu eine Mischung aus Phantasie, Kreativität, logischer Strenge, Ausdauer und Fleiß, wie sie auch ein guter Komponist oder Architekt benötigt.

Zurück zu den Grundbegriffen der Informatik. Wir haben informell die Begriffe

▶ Datenstruktur,

▶ Algorithmus und

▶ Programm

eingeführt und dabei bereits erkannt, dass diese Begriffe untrennbar zusammengehören und eigentlich nur unterschiedliche Facetten ein und desselben Themenkomplexes sind.

▶ Algorithmen arbeiten auf Datenstrukturen. Algorithmen ohne Datenstrukturen sind leere Formalismen.

▶ Datenstrukturen benötigen Algorithmen, die auf ihnen operieren und sie damit zum »Leben« erwecken.

▶ Programme realisieren Datenstrukturen und Algorithmen. Algorithmen und Datenstrukturen sind zwar ohne Programme denkbar, aber viele Datenstrukturen und Algorithmen wären ohne Programmierung allenfalls von akademischem Interesse.

In einem ersten Wurf versuchen wir, die Begriffe »Algorithmus«, »Datenstruktur« und »Programm« einigermaßen exakt zu erfassen.

1.1 Algorithmus

Um unsere noch sehr vage Vorstellung von einem Algorithmus zu präzisieren, starten wir mit einer Definition:

> Ein **Algorithmus** ist eine endliche Menge von genau beschriebenen Anweisungen, die unter Benutzung von vorgegebenen Anfangsdaten in einer genau festgelegten Reihenfolge auszuführen sind, um die Lösung eines Problems in endlich vielen Schritten zu ermitteln.

Bei dem Begriff »Algorithmus« denkt man heute sofort an »Programmierung«. Das war nicht immer so. In der Tat gab es Algorithmen schon lange, bevor man auch nur entfernt an Programmierung dachte. Bereits im antiken Griechenland wurden Algorithmen zur Lösung mathematischer Probleme formuliert, so zum Beispiel der Euklidische Algorithmus zur Bestimmung des größten gemeinsamen Teilers zweier Zahlen oder das sogenannte Sieb des Eratosthenes zur Bestimmung aller Primzahlen unterhalb einer vorgegebenen Schranke.[2]

Ihnen ist der Algorithmus zur schrittweisen Berechnung des Quotienten zweier Zahlen schon lange vertraut. Um beispielsweise 84 durch 16 zu dividieren, geht man wie folgt vor:

```
84:16=5,25
80
──
 40
 32
 ──
  80
  80
  ──
   0
```

Wenn wir versuchen, dieses Verfahren im Detail zu beschreiben, finden wir alle in der obigen Definition genannten Elemente wieder:

Problem:

    Berechne den Quotienten zweier natürlicher Zahlen!

Anfangsdaten:

    z = Zähler ($z \geq 0$),
    n = Nenner ($n > 0$) und
    a = Anzahl der zu berechnenden Nachkommastellen.[3]

Anweisungen:

1. Bestimme die größte ganze Zahl x mit $nx \leq z$! Dies ist der Vorkomma-Anteil der gesuchten Zahl.
2. Zur Bestimmung der Nachkommastellen fahre wie folgt fort:
   2.1 Sind noch Nachkommastellen zu berechnen (d.h. $a > 0$)? Wenn nein, dann beende das Verfahren!
   2.2 Setze $z = 10(z-nx)$!
   2.3 Ist $z = 0$, so beende das Verfahren!

---

2. Eukleides von Alexandria (um 300 vor Chr.) und Erathostenes von Kyrene (um 200 vor Chr.).
3. Anfänglich ist a die Anzahl der zu berechnenden Nachkommastellen. Im Verfahren verwenden wir a als die Anzahl der **noch** zu berechnenden Nachkommastellen. Wir werden den Wert von a in jedem Verfahrensschritt herunterzählen, bis $a = 0$ ist und keine Nachkommastellen mehr zu berechnen sind.

2.4 Bestimme die größte ganze Zahl x mit nx ≤ z! Dies ist die nächste Ziffer.

2.5 Jetzt ist eine Ziffer weniger zu bestimmen. Vermindere also den Wert von a um 1 und fahre anschließend bei 2.1 fort!

Die einzelnen Anweisungen und ihre Abfolge können wir uns durch ein sogenanntes **Flussdiagramm** veranschaulichen. In einem solchen Diagramm werden alle beim Ablauf des Algorithmus möglicherweise vorkommenden Wege unter Verwendung bestimmter Symbole grafisch beschrieben. Die dabei zulässigen Symbole sind in einer Norm (DIN 66001) festgelegt. Von den zahlreichen in der Norm festgelegten Symbolen wollen wir hier nur einige einführen:

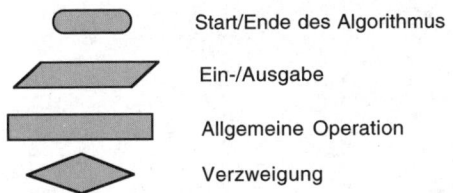

Start/Ende des Algorithmus

Ein-/Ausgabe

Allgemeine Operation

Verzweigung

Mit diesen Symbolen können wir den zuvor nur sprachlich beschriebenen Algorithmus auch grafisch darstellen, wenn wir zusätzlich die Abfolge der einzelnen Operationen durch Richtungspfeile kennzeichnen.

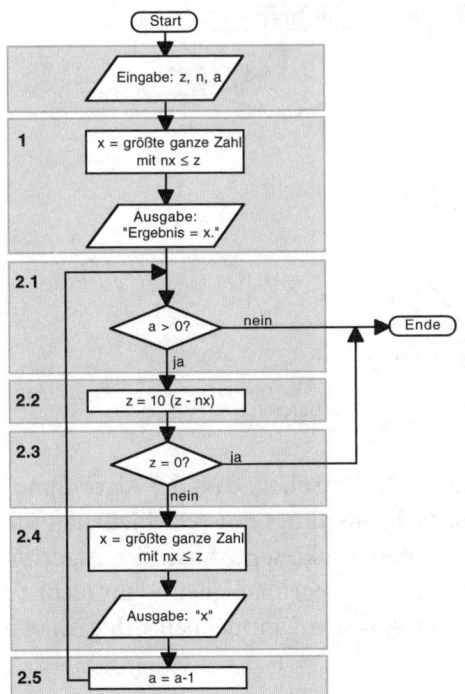

In der vorherigen Grafik können wir den Ablauf des Algorithmus für konkrete Anfangswerte »mit dem Finger« nachfahren und erhalten so eine recht gute Vorstellung von der Dynamik des Verfahrens.

Wir wollen den Divisionsalgorithmus anhand des Flussdiagramms für konkrete Daten (z=84, n=16, a=4) Schritt für Schritt durchführen. Mehrfach durchlaufene Teile zeichnen wir dabei entsprechend oft, nicht durchlaufene Pfade lassen wir weg.

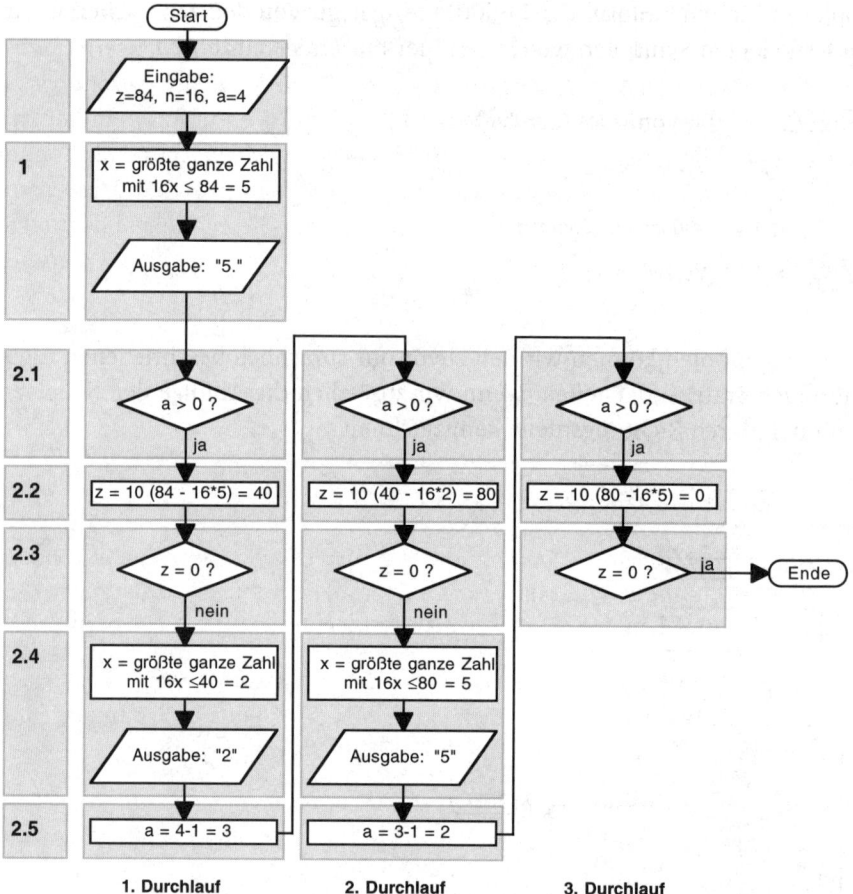

Als Ergebnis erhalten wir die Ausgabe "5.25". Wir sehen, dass der Algorithmus gewisse Verfahrensschritte (z. B. 2.1) mehrfach, allerdings mit verschiedenen Daten durchläuft. Die Daten steuern letztlich den konkreten Ablauf des Algorithmus. Das Verfahren zeigt im Ablauf eine gewisse Regelmäßigkeit – um nicht zu sagen Monotonie. Gerade solche monotonen Aufgaben würde man sich gern von einer Maschine abnehmen lassen. Eine Maschine müsste natürlich jeden einzelnen Verfahrensschritt »verstehen« können, um das Verfahren als Ganzes durchführen zu können. Einige unserer Schritte (z.B. 2.2) erscheinen unmittelbar verständlich, während andere (z.B. 2.4) ein gewisses mathematisches Vorverständnis voraussetzen. Je nachdem, welche Eigenintelligenz man bei demjenigen (Mensch oder Maschine) voraussetzt, der den Algorithmus durchführen soll, wird man an manchen Stellen noch präziser formulieren und einen Verfahrensschritt gegebenenfalls in einfachere Teilschritte zerlegen müssen.

Festgehalten werden sollte noch, dass wir von einem Algorithmus gefordert haben, dass er nach endlich vielen Schritten zu einem Ergebnis kommt (terminiert). Dies ist bei unserem Divisionsalgorithmus durch die Vorgabe der Anzahl der zu berechnenden Nachkommastellen sichergestellt, auch wenn in unserem konkreten Beispiel ein vorzeitiger Abbruch eintritt. Würden wir das Abbruchkriterium fallenlassen, so würde unser Verfahren unter Umständen (z.B. bei der Berechnung von $10:3$) nicht abbrechen, und eine mit der Berechnung beauftragte Maschine würde endlos rechnen. Es ist zu befürchten, dass die Eigenschaft des Terminierens für manche Verfahren schwer oder vielleicht gar nicht nachzuweisen ist.

1.2 Datenstruktur

Wir wenden uns jetzt dem Begriff der »Datenstruktur« zu.

> Eine **Datenstruktur** ist ein Modell, das die zur Lösung eines Problems benötigten Informationen (Ausgangsdaten, Zwischenergebnisse, Endergebnisse) enthält und für alle Informationen genau festgelegte Zugriffswege bereitstellt.

Auch Datenstrukturen hat es bereits lange vor der Programmierung gegeben, obwohl man hier mit einigem Recht sagen kann, dass die Theorie der Datenstrukturen erst mit der maschinellen Datenverarbeitung zur Blüte gekommen ist.

Als Beispiel betrachten wir ein Versandhaus, das seine Geschäftsvorfälle durch drei Karteien organisiert. Die Kundenkartei enthält die personenbezogenen Daten aller Kunden. Die Artikelkartei enthält die Stammdaten und den Lagerbestand aller lieferbaren Artikel. In der Bestellkartei schließlich werden alle eingehenden Bestellungen festgehalten.

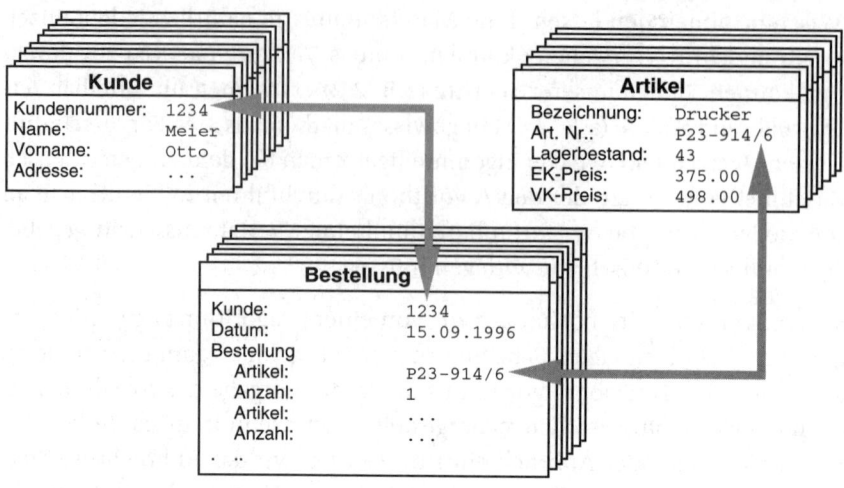

Ein einzelner Datensatz entspricht einer ausgefüllten Karteikarte. Auf jeder Karteikarte sind zwei Bereiche erkennbar. Links steht jeweils die Struktur der Daten, während rechts die konkreten Datenwerte stehen. Die Datensätze für Kunden, Artikel und Bestellungen sind dabei strukturell verschieden. Neben der Struktur der Karteikarten ist natürlich auch noch die Organisation der einzelnen Karteikästen von Bedeutung. Wir stellen uns vor, dass die Kundendatei nach Kundennummern, die Artikeldatei nach Artikelnummern und die Bestelldatei nach Bestelldatum sortiert ist. Darüber hinaus gibt es noch Querverweise zwischen den Datensätzen der verschiedenen Karteikästen. In der Bestelldatei finden wir auf jeder Karteikarte beispielsweise Artikelnummern und eine Kundennummer. Die drei Karteikästen mit ihrer Sortierung, der Struktur ihrer Karteikarten und der Querverweisstruktur bilden insgesamt die Datenstruktur. Beachten Sie, dass die konkreten Daten nicht zur Datenstruktur gehören. Die Datenstruktur legt nur die Organisationsform der Daten fest, nicht jedoch die konkreten Datenwerte. Auf der Datenstruktur arbeiten dann gewisse Algorithmen (z.B. Kundenadresse ändern, Rechnung stellen, Artikel nachbestellen, Lieferung zusammenstellen usw.). Die Effizienz dieser Algorithmen hängt dabei ganz entscheidend von der Organisation der Datenstruktur ab. Zum Beispiel ist die Frage: »Was hat der Kunde Müller dem Unternehmen bisher an Umsatz gebracht?«, ausgesprochen schwer zu beantworten. Dazu muss man zunächst in der Kundendatei die Kundennummer des Kunden Müller finden. Dann muss man alle Bestellungen durchsuchen, um festzustellen, ob die Kundennummer von Müller dort vorkommt, und schließlich muss man dann noch die Preise der in den betroffenen Bestellungen vorkommenden Artikel in der Artikeldatei suchen und aufsummieren. Die Frage: »Welche Artikel in welcher Menge sind im letzten Monat bestellt worden?«, lässt sich mit dieser Datenstruktur erheblich einfacher beantworten.

Das Problem, eine »bestmögliche« Organisationsform für eine Datenstruktur zu finden, ist im Allgemeinen unlösbar, weil man dazu in der Regel gegenläufige Optimierungsaspekte in Einklang bringen muss. Man könnte zum Beispiel bei der obigen Datenstruktur den Verbesserungsvorschlag machen, alle Kundendaten mit auf der Bestellkartei zu vermerken, um die Rechnungsstellung zu erleichtern. Dadurch erhöht sich dann aber der Aufwand, den man bei der Adressänderung eines Kunden in Kauf zu nehmen hat. Die Erstellung von Datenstrukturen, die alle Algorithmen eines bestimmten Problemfeldes wirkungsvoll unterstützen, ist eine ausgesprochen schwierige Aufgabe, zumal man häufig zum Zeitpunkt der Festlegung einer Datenstruktur noch gar nicht absehen kann, welche Algorithmen in Zukunft mit den Daten dieser Struktur arbeiten werden.

Bei der Fülle der in der Praxis vorkommenden Probleme und Strukturen (Kundendaten, Geschäftsprozesse, Stücklisten technischer Bauteile, Versicherungsverträge, Krankengeschichten, Konstruktionszeichnungen, Verdachtsflächen für Altlasten, Aktienkurse, ...) kann man natürlich nicht erwarten, dass man für alle (ja nicht einmal für die hier genannten) Beispiele passende Datenstrukturen bereitstellen kann. Wir müssen lernen, typische, immer wiederkehrende Bausteine zu identifizieren und zu beherrschen. Aus diesen Bausteinen werden wir dann komplexere, jeweils an ein bestimmtes Problem angepasste Strukturen aufbauen.

1.3   Programm

Ein Programm ist im Gegensatz zu einer Datenstruktur oder einem Algorithmus für uns etwas sehr Konkretes – zumindest dann, wenn wir schon einmal ein Programm erstellt oder benutzt haben.

> Ein **Programm** ist eine eindeutige, formalisierte Beschreibung von Algorithmen und Datenstrukturen, die durch einen automatischen Übersetzungsprozess auf einem Computer ablauffähig ist.
>
> Den zur Formulierung eines Programms verwendeten Beschreibungsformalismus bezeichnen wir als **Programmiersprache**.

Im Gegensatz zu einem Algorithmus fordern wir von einem Programm nicht explizit, dass es terminiert. Viele Programme (z.B. ein Betriebssystem oder Programme zur Überwachung und Steuerung technischer Anlagen) sind auch so konzipiert, dass sie im Prinzip endlos laufen könnten.

Eine Programmiersprache muss nach unserer Definition Elemente zur exakten Beschreibung von Datenstrukturen und Algorithmen enthalten. Programmiersprachen dienen uns daher nicht nur zur Erstellung lauffähiger Programme, sondern auch zur präzisen Festlegung von Datenstrukturen und Algorithmen.

Eigentlich stellen wir gegensätzliche Forderungen an eine Programmiersprache. Sie sollte

▶ automatisch übersetzbar, d.h. **maschinenlesbar** und

▶ möglichst verständlich und leicht erlernbar, d.h. **menschenlesbar**

sein, und sie sollte darüber hinaus die maschinellen Berechnungs- und Verarbeitungsmöglichkeiten eines Computers möglichst vollständig ausschöpfen. Maschinenlesbarkeit und Menschenlesbarkeit sind bei den heutigen Maschinenkonzepten unvereinbare Begriffe. Da die Maschinenlesbarkeit jedoch unverzichtbar ist, müssen zwangsläufig bei der Menschenlesbarkeit Kompromisse gemacht werden; Kompromisse, von denen Berufsgruppen wie Systemanalytiker oder Programmierer leben.

Häufig teilt man Programmiersprachen in

▶ maschinenorientierte,

▶ universelle und

▶ spezielle

Sprachen ein.

Maschinenorientiert nennen wir Sprachen, die Annahmen über konkrete Merkmale einer Rechnerarchitektur (z.B. Adressierungsmöglichkeiten, Register, Stack, Prozessor-Status, Hardware-Interrupts) machen. Wir werden solche Sprachen im Rahmen dieses Buches nicht betrachten.

Um die Frage nach der »Mächtigkeit« von Programmiersprachen zu beantworten, wurden in der theoretischen Informatik zahlreiche Berechnungs- bzw. Programmierformalismen aufgestellt[4]. Es konnte gezeigt werden, dass diese Formalismen alle exakt die gleiche Klasse von Problemen lösen und damit von gleicher Mächtigkeit sind. Programmiersprachen dieser Mächtigkeit werden als **universell** bezeichnet. Zu den universellen Programmiersprachen gehören u.a. Ada, Basic, C, C++, Cobol, Fortran, Java, Lisp, Modula-2, Pascal und Prolog. Diese Liste ließe sich problemlos weiter fortsetzen. Universelle Sprachen stehen im Mittelpunkt unserer Betrachtungen, auch wenn wir uns in konkreten Beispielen ausschließlich mit C bzw. C++ beschäftigen.

Manche Programmiersprachen geben die Universalität auf, um spezielle Probleme effizienter oder komfortabler lösen zu können. Solche Sprachen bezeichnen wir als **spezielle** Programmiersprachen. Beispiele sind etwa UIL zur Spezifikation von grafischen Benutzeroberflächen, SQL zur Arbeit mit relationalen Datenbanken oder die Kommandosprache zur Bedienung eines DOS-Systems.

---

4. Z.B. die »Turingmaschine«

Solche Sprachen sind oft rein deskriptiv (beschreibend) und enthalten keine expliziten Steueranweisungen. Auch mit solchen Sprachen beschäftigen wir uns hier nicht.

Die verschiedenen Programmiersprachen, die wir heute verwenden, haben sich nicht unabhängig voneinander entwickelt. Sie sind teilweise auseinander hervorgegangen oder haben sich wechselseitig beeinflusst. Auf diese Weise entsteht ein »Stammbaum«, der für einige wichtige universelle Programmiersprachen in der folgenden Grafik dargestellt ist:

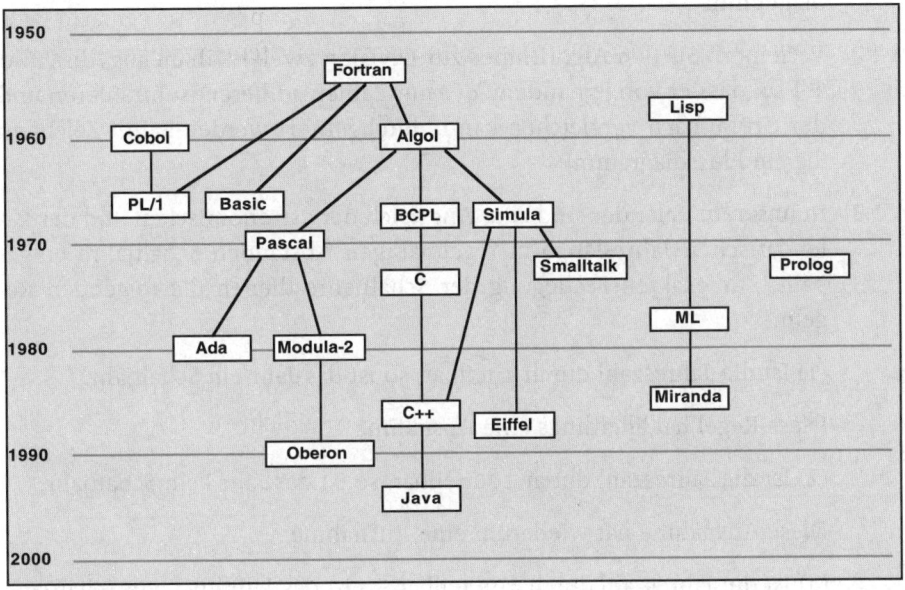

Der Stammbaum zeigt die prägende Bedeutung, die Fortran und Algol für die Entwicklung der Programmiersprachen hatten. Einige eigenständige und für die Informatik durchaus interessante Programmierkonzepte (z.B. Prolog) fristen bei der praktischen Anwendung ein Schattendasein. Erwähnt werden sollte die besondere Bedeutung der Programmiersprache Cobol, die – oft für tot erklärt – im Bereich der kommerziellen Software bei Banken und Versicherungen immer noch verwendet wird.

Alle hier aufgeführten Programmiersprachen sind im oben angesprochenen Sinn universell und daher gleich mächtig. Prinzipiell ist es daher egal, in welcher dieser Sprachen wir unsere Programme formulieren. Die Entscheidung für die Verwendung von C/C++ in diesem Buch hat ausschließlich praktische Gründe. Insbesondere ist hier die hohe Verbreitung von C/C++ im Bereich der technischen Programmierung zu nennen. Als Alternative zu C/C++ bietet sich Java an. Es ist jedoch festzustellen, dass C/C++ und Java so eng miteinander verwandt sind, dass

Ihnen ein gegebenenfalls erforderlicher Umstieg von der einen auf die andere Sprache nicht schwer fallen wird.

1.4 Aufgaben

A 1.1 Formulieren Sie Ihr morgendliches Aufsteh-Ritual vom Klingeln des Weckers bis zum Verlassen des Hauses als Algorithmus. Berücksichtigen Sie dabei auch verschiedene Wochentags-Varianten! Zeichnen Sie ein Flussdiagramm!

A 1.2 Verfeinern Sie den Algorithmus zur Division zweier Zahlen aus Abschnitt 1.1 so, dass er von jemandem, der nur Zahlen addieren, subtrahieren und der Größe nach vergleichen kann, durchgeführt werden kann! Zeichnen Sie ein Flussdiagramm!

A 1.3 In unserem Kalender sind zum Ausgleich der astronomischen und der kalendarischen Jahreslänge in regelmäßigen Abständen Schaltjahre eingebaut. Zur exakten Festlegung der Schaltjahre dienen die folgenden Regeln:

(1) Ist die Jahreszahl durch 4 teilbar, so ist das Jahr ein Schaltjahr.

Diese Regel hat allerdings eine Ausnahme:

(2) Ist die Jahreszahl durch 100 teilbar, so ist das Jahr kein Schaltjahr.

Diese Ausnahme hat wiederum eine Ausnahme:

(3) Ist die Jahreszahl durch 400 teilbar, so ist das Jahr doch ein Schaltjahr.

Formulieren Sie einen Algorithmus, mit dessen Hilfe man feststellen kann, ob ein bestimmtes Jahr ein Schaltjahr ist oder nicht!

A 1.4 Sie sollen eine unbekannte Zahl x ($1 \leq x \leq 1000$) erraten und haben beliebig viele Versuche dazu. Bei jedem Versuch erhalten Sie die Rückmeldung, ob die gesuchte Zahl größer, kleiner oder gleich der von Ihnen geratenen Zahl ist. Entwickeln Sie einen Algorithmus, um die gesuchte Zahl möglichst schnell zu ermitteln! Wie viele Versuche benötigen Sie bei Ihrem Verfahren maximal?

A 1.5 Formulieren Sie einen Algorithmus, der prüft, ob eine gegebene Zahl eine Primzahl ist oder nicht!

A 1.6 Ihr CD-Ständer hat 100 Fächer, die fortlaufend von 1–100 nummeriert sind. In jedem Fach befindet sich eine CD. Formulieren Sie einen Algorithmus, mit dessen Hilfe Sie die CDs alphabetisch nach Interpreten sortieren können! Das Verfahren soll dabei auf den beiden folgenden Grundfunktionen basieren:

`vergleiche(n,m)`
    Vergleiche die Interpreten der CDs in den Fächern n und m! Ergebnis: »richtig« oder »falsch« je nachdem, ob die beiden CDs in der richtigen oder falschen Reihenfolge im Ständer stehen.

`tausche(n,m)`
    Tausche die CDs in den Fächern n und m!

A 1.7 Formulieren Sie einen Algorithmus, mit dessen Hilfe Sie die CDs in Ihrem CD-Ständer jeweils um ein Fach aufwärts verschieben können! Die dabei am Ende herausgeschobene CD kommt in das erste Fach. Das Verfahren soll nur auf der Grundfunktion `tausche` aus Aufgabe 1.6 beruhen.

A 1.8 Formulieren Sie einen Algorithmus, mit dessen Hilfe Sie die Reihenfolge der CDs in Ihrem CD-Ständer umkehren können! Das Verfahren soll nur auf der Grundfunktion `tausche` aus Aufgabe 1.6 beruhen.

A 1.9 In einem Hochhaus mit 20 Stockwerken fährt ein Aufzug. Im Aufzug sind 20 Knöpfe, mit denen man sein Fahrziel wählen kann, und auf jeder Etage ist ein Knopf, mit dem man den Aufzug rufen kann. Entwickeln Sie einen Algorithmus, der den Aufzug so steuert, dass alle Aufzugbenutzer gerecht bedient werden! Sie können dabei annehmen, dass der Aufzug über die folgenden Befehle zur Fahrtsteuerung bzw. zum Auslesen der Bedienelemente verfügt:

`fahre(n)`
    Fahre das Stockwerk n an!

`lade()`
    Lade oder entlade in dem zuletzt angefahrenen Stockwerk Fahrgäste!

`pruefe(n)`
    Prüfe, ob Stockwerk n (innen oder außen) als Fahrziel gewählt wurde! Ergebnis: »ja« oder »nein«.

`max()`
    Liefert die höchste Etage, die aktuell als Fahrziel (innen oder außen) gewählt wurde. Ergebnis: Etagennummer.

`min()`
    Liefert die niedrigste Etage, die aktuell als Fahrziel (innen oder außen) gewählt wurde. Ergebnis: Etagennummer.

`loesche(n)`
    Löscht Etage n als Fahrziel.

A 1.10 Beim Schach gibt es ein einfaches Endspiel:

König und Turm gegen König

Versuchen Sie den Algorithmus für das Endspiel so zu formulieren, dass auch ein Nicht-Schachspieler die Spielstrategie versteht!

2 Einführung in die Programmierung

Bevor wir in den Mikrokosmos der C-Programmierung abtauchen, wollen wir Softwaresysteme und ihre Erstellung von einer höheren Warte aus betrachten. Dieser Abschnitt dient der Einordnung dessen, was wir später im Detail machen werden, in einen Gesamtzusammenhang. Auch wenn Ihnen nicht alle Begriffe, die hier fallen werden, unmittelbar klar sein werden, ist es doch hilfreich, wenn man bei den vielen Details, die später zu betrachten sind, den Blick für das Ganze nicht verliert.

Damit ein Problem durch ein Softwaresystem gelöst werden kann, muss es zunächst einmal erkannt, abgegrenzt und adäquat beschrieben werden. Der Software-Ingenieur spricht in diesem Zusammenhang von **Systemanalyse**. In einem weiteren Schritt wird das Ergebnis der Systemanalyse in den **Systementwurf** überführt, der dann Grundlage für die nachfolgende **Realisierung** oder **Implementierung** ist. Der Software-Entwicklungszyklus beginnt also nicht mit der Programmierung, sondern es gibt wesentliche, der Programmierung vorgelagerte, aber auch nachgelagerte Aktivitäten.

Obwohl ich in diesem Buch nur die »Software-Entwicklung im Kleinen« und hier auch nur Realisierungsaspekte behandeln werde, möchte ich doch auf einige Aktivitäten und Werkzeuge der »Software-Entwicklung im Großen« zumindest hinweisen.

Für die Realisierung großer Software-Systeme muss zunächst einmal ein sogenanntes **Vorgehensmodell** zugrunde gelegt werden. Ausgangspunkt sind dabei Standard-Vorgehensmodelle, wie etwa das V-Modell:

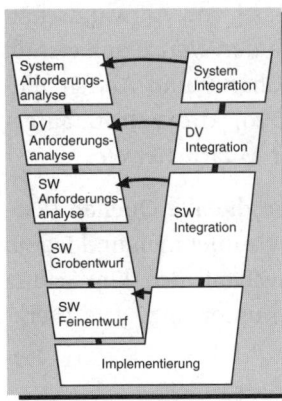

Große Unternehmen verfügen in der Regel über eigene Vorgehensmodelle zur Software-Entwicklung. Ein solches allgemeines Modell muss auf die Anforderungen eines konkreten Entwicklungsvorhabens zugeschnitten werden. Man spricht in diesem Zusammenhang von »Tailoring«. Das auf ein konkretes Projekt zugeschnittene Vorgehensmodell nennt dann alle prinzipiell anfallenden Projektaktivitäten mit den zugeordneten Eingangs- und Ausgangsprodukten (Dokumente, Code ...) sowie deren mögliche Zustände (geplant, in Bearbeitung, vorgelegt, akzeptiert) im Laufe der Entwicklung. Durch Erstellung einer Aktivitätenliste, Aufwandschätzungen, Reihenfolgeplanung und Ressourcenzuordnung[1] entsteht ein **Projektplan**. Wesentliche Querschnitts-Aktivitäten eines Projektplans sind:

▶ Projektplanung und Projektmanagement

▶ Konfigurations- und Changemanagement

▶ Systemanalyse

▶ Systementwurf

▶ Implementierung

▶ Test und Integration

▶ Qualitätssicherung

Diese übergeordneten Tätigkeiten werden dabei oft noch in viele (hundert) Einzelaktivitäten zerlegt. Der Projektplan wird durch regelmäßige Reviews überprüft (Soll-Ist-Vergleich) und dem wirklichen Projektstand angepasst. Ziel ist es, Entwicklungsengpässe, Entwicklungsverzögerungen und Konfliktsituationen rechtzeitig zu erkennen, um wirkungsvoll gegensteuern zu können.

Für alle genannten Aktivitäten gibt es Methoden und Werkzeuge, die den Software-Ingenieur bei seiner Arbeit unterstützen. Einige davon seien im Folgenden aufgezählt:

Für die **Projektplanung** gibt es Werkzeuge, die Aktivitäten und deren Abhängigkeiten sowie Aufwände und Ressourcen erfassen und verwalten können. Solche Werkzeuge können dann konkrete Zeitplanungen auf Basis von Aufwandschätzungen und Ressourcenverfügbarkeit erstellen. Mit Hilfe der Werkzeuge erstellt man dann Aktivitäten-Abhängigkeits-Diagramme (Pert-Charts) und Aktivitäten-Zeit-Diagramme (Gantt-Charts) sowie Berichte über den Projektfortschritt, aufgelaufene Projektkosten, Soll-Ist-Vergleiche, Auslastung der Mitarbeiter etc.

Das **Konfigurationsmanagement** wird von Werkzeugen, die alle Quellen (Programme und Dokumentation) eines Projekts in ein Archiv aufnehmen und jedem Mitarbeiter aktuelle Versionen mit Sperr- und Ausleihmechanismen zum Schutz vor konkurrierender Bearbeitung zur Verfügung stellen, unterstützt. Die Werk-

---

1. Ressourcen sind Mitarbeiter, aber auch technisches Gerät oder Rechenzeit.

zeuge halten die Historie aller Quellen nach und können jederzeit frühere, konsistente Versionen der Software oder der Dokumentation restaurieren.

Die **Systemanalyse** kann nach verschiedenen Methoden durchgeführt werden. Eine heute schon klassisch zu nennende Methode ist »Structured Analysis«. Zunehmend gewinnen objektorientierte Analysemethoden, insbesondere UML (Unified Modeling Language) an Bedeutung. Für die Analyse der Datenstrukturen verwendet man häufig sogenannte Entity-Relationship-Methoden. Alle genannten Methoden werden durch Werkzeuge (sogenannte CASE[2]-Tools) unterstützt. In der Regel handelt es sich dabei um Werkzeuge zur interaktiven, grafischen Eingabe des jeweiligen Modells. Alle Eingaben werden über ein zentrales Data-Dictionary (Datenwörterbuch oder Datenkatalog) abgeglichen und konsistent gehalten. Durch einen Transformationsschritt erfolgt bei vielen Werkzeugen der Übergang von der Analyse zum Design, d.h. zum **Systementwurf**. Auch hier stehen wieder computerunterstützte Verfahren vom Klassen-, Schnittstellen- und Datendesign bis hin zur Codegenerierung oder zur Generierung eines Datenbankschemas oder von Teilen der Benutzeroberfläche (Masken, Menüs) zur Verfügung. Je nach Entwicklungsumgebung gibt es eine Vielzahl von Werkzeugen, die den Programmierer bei der **Implementierung** unterstützen. Verwiesen sei hier besonders auf die heute sehr kompletten Datenbank-Entwicklungsumgebungen sowie die vielen interaktiven Werkzeuge zur Erstellung grafischer Benutzeroberflächen. Sogenannte Make-Utilities verwalten die Abhängigkeiten aller Systembausteine und automatisieren den Prozess der Systemgenerierung aus den aktuellen Quellen.

Werkzeuge zur Generierung bzw. Durchführung von Testfällen und zur Leistungsmessung runden den Software-Entwicklungsprozess in Richtung **Test** und **Qualitätssicherung** ab. Erwähnt werden sollte in diesem Zusammenhang, dass mit der ISO 9000 eine Qualitätssicherungsnorm vorliegt, die in der Software-Entwicklung mehr und mehr an Bedeutung gewinnt.

Von den oben angesprochenen Themen interessiert uns hier nur die konkrete Implementierung von Softwaresystemen. Betrachtet man komplexe, aber gut konzipierte Softwaresysteme, so findet man häufig eine Aufteilung (Modularisierung) des Systems in verschiedene Ebenen oder Schichten. Die Aufteilung erfolgt so, dass jede Schicht die Dienstleistungen der darunter liegenden Schicht nutzt, ohne deren konkrete Implementierung zu kennen. Typische Schichten eines Grobdesigns sind in der folgenden Grafik dargestellt.

---

2. Computer Aided Software Engineering

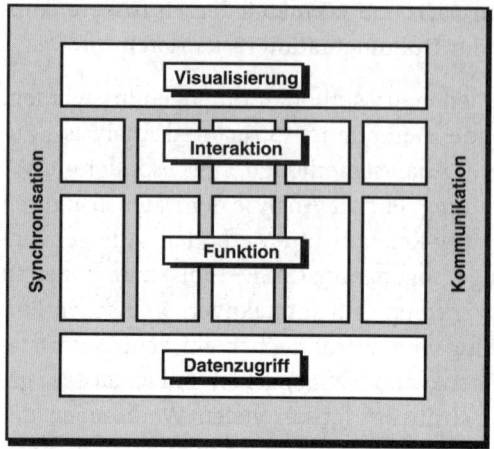

Jede Schicht hat ihre spezifischen Aufgaben.

Auf der Ebene der **Visualisierung** werden die Elemente der Benutzerschnittstelle (Masken, Dialoge, Menüs, Buttons ...), aber auch Grafikfunktionen bereitgestellt. Früher wurde auf dieser Ebene mit Maskengeneratoren gearbeitet. Heute findet man hier objektorientierte Klassenbibliotheken und Werkzeuge zur interaktiven Erstellung von Benutzeroberflächen. Angestrebt wird eine konsequente Trennung von »Form« und »Inhalt«. Das heißt, das Layout der Elemente der Benutzerschnittstelle wird getrennt von der Funktionalität des Systems. Unter **Interaktion** sind die Funktionen zusammengefasst, die die anwendungsspezifische Steuerung der Benutzerschnittstelle ausmachen. Einfache, nicht anwendungsbezogene Steuerungen, wie z.B. das Aufklappen eines Menüs, liegen bereits in der Visualisierungskomponente. In der Regel werden die Funktionen zur Interaktion über den Benutzer (Mausklick auf einen Button etc.) angestoßen und vermitteln dann zwischen den Benutzerwünschen und den eigentlichen Funktionen des Anwendungssystems, die hier unter dem Begriff **Funktion** zusammengefasst sind. Auf den Ebenen Interaktion und Funktion zerfällt ein System häufig in unabhängige, vielleicht sogar parallel laufende Module, die auf einem gemeinsamen Datenbestand arbeiten. Die Datenhaltung und der **Datenzugriff** werden häufig in einer übergreifenden Schicht vorgenommen, denn hier muss sichergestellt werden, dass unterschiedliche Funktionen trotz konkurrenierenden Zugriffs einen konsistenten Blick auf die Daten haben. Bei großen Softwaresystemen kommen Datenbanken mit ihren Management-Systemen zum Einsatz. Diese verfügen über spezielle Sprachen zur Definition, Abfrage, Manipulation und Integritätssicherung von Daten. Unterschiedliche Teile eines Systems können auf einem Rechner, aber auch verteilt in einem lokalen oder weltweiten Netz laufen. Wir sprechen dann von einem »verteilten System«. Unter dem Begriff **Kommunikation** werden

Funktionen zum Datenaustausch zwischen verschiedenen Komponenten eines verteilten Systems zusammengefasst. Mittels Funktionen zur **Synchronisation** schließlich werden parallel arbeitende Systemfunktionen, etwa bei konkurrierendem Zugriff auf Betriebsmittel, wieder koordiniert. Die Schichten Kommunikation und Synchronisation stützen sich stark auf die vom jeweiligen Betriebssystem bereitgestellten Funktionen und sind von daher häufig an ein bestimmtes Betriebssystem gebunden. In allen anderen Bereichen versucht man, nach Möglichkeit portable Funktionen, d.h. Funktionen, die nicht an ein bestimmtes System gebunden sind, zu erstellen. Man erreicht dies, indem man allgemeinverbindliche Standards, wie z.B. die Programmiersprache C, verwendet.

Von den zuvor genannten Aspekten betrachten wir, wie durch eine Lupe, nur einen kleinen Ausschnitt, und zwar die Realisierung einzelner Anwendungsfunktionen:

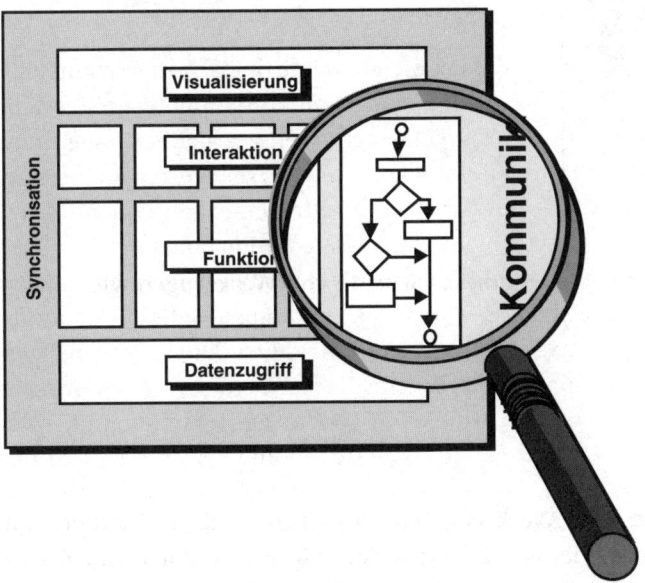

In den Schichten Visualisierung und Interaktion werden wir uns auf das absolute Minimum beschränken, das wir benötigen, um lauffähige Programme zu erhalten, die Benutzereingaben entgegennehmen und Ergebnisse auf dem Bildschirm ausgeben können. Auch den Datenzugriff werden wir nur an sehr spartanischen Dateikonzepten praktizieren. Kommunikation und Synchronisation behandeln wir hier gar nicht. Diese Themen werden in Büchern über Betriebssysteme oder verteilte Systeme behandelt.

2.1   Die Programmierumgebung

Bei der Realisierung von Softwaresystemen ist die Programmierung natürlich eine der zentralen Aufgaben. Die folgende Grafik zeigt die Programmierung als eine Abfolge von Arbeitsschritten:

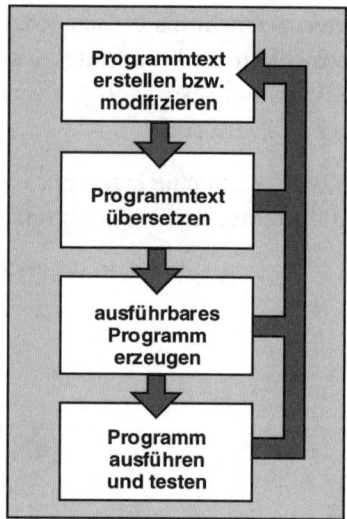

Der Programmierer wird bei jedem dieser Schritte von Werkzeugen wie

▶ Editor,

▶ Compiler,

▶ Linker und

▶ Debugger

unterstützt. Wir werden diese Werkzeuge hier nur grundsätzlich diskutieren. Es ist absolut notwendig, dass Sie, parallel zur Arbeit mit diesem Buch, eine C/C++-Entwicklungsumgebung zur Verfügung haben. Um welche Entwicklungsumgebung es sich dabei handelt, ist relativ unwichtig, da wir uns mit unseren Programmen nur in einem Bereich bewegen werden, der in allen Entwicklungsumgebungen gleich ist. Alle konkreten Details über Editor, Compiler, Linker und Debugger entnehmen Sie bitte den Handbüchern Ihrer Entwicklungsumgebung!

2.1.1   Der Editor

Ein Programm wird wie ein Brief in einer Textdatei erstellt und abgespeichert. Der Programmtext (Quelltext) wird mit einem sogenannten Editor[3] erstellt. Es

---

3. engl. to edit = einen Text erstellen oder überarbeiten

kann nicht Sinn und Zweck dieses Buches sein, einen bestimmten Editor mit all seinen Möglichkeiten vorzustellen. Die Editoren der meisten Entwicklungsumgebungen orientieren sich an den Möglichkeiten moderner Textverarbeitungssysteme, sodass Sie, sofern Sie mit einem Textverarbeitungssystem vertraut sind, keine Schwierigkeiten mit der Bedienung des Editors Ihrer Entwicklungsumgebung haben sollten. Über die reinen Textverarbeitungsfunktionen hinaus hat der Editor in der Regel Funktionen, die Sie bei der Programmerstellung gezielt unterstützen. Art und Umfang dieser Funktionen sind allerdings auch von Entwicklungsumgebung zu Entwicklungsumgebung verschieden, sodass ich hier nicht darauf eingehen kann.

Üben Sie gezielt den Umgang mit den Funktionen ihres Editors, denn auch die »handwerklichen« Aspekte der Programmierung sind wichtig!

Mit dem Editor als Werkzeug erstellen wir unsere Programme, die wir in Dateien ablegen. Im Zusammenhang mit der C-Programmierung sind dies:

▶ Header-Dateien und

▶ Quellcode-Dateien

Header-Dateien (engl. Headerfiles) sind Dateien, die Informationen zu Datentypen und -strukturen, Schnittstellen von Funktionen etc. enthalten. Es handelt sich dabei um allgemeine Vereinbarungen, die an verschiedenen Stellen (d.h. in verschiedenen Source- und Headerfiles) einheitlich und konsistent benötigt werden. Headerfiles stehen im Moment noch nicht im Mittelpunkt unseres Interesses. Spätestens mit der Einführung von Datenstrukturen werden wir jedoch die große Bedeutung dieser Dateien erkennen.

Die **Quellcode-Dateien** (engl. Sourcefiles) enthalten den eigentlichen Programmtext und stehen für uns zunächst im Vordergrund.

Den Typ (Header oder Source) einer Datei können Sie bereits am Namen der Datei erkennen. Header-Dateien sind an der Dateinamenserweiterung ».h«, Quellcode-Dateien an der Erweiterung ».c« zu erkennen.

2.1.2 Der Compiler

Ein Programm in einer höheren Programmiersprache ist auf einem Rechner nicht unmittelbar ablauffähig. Es muss durch einen Compiler[4] in die Maschinensprache des Trägersystems übersetzt werden.

Der Compiler übersetzt den Sourcecode (die .c-Dateien) in den sogenannten Objectcode und führt dabei verschiedene Prüfungen über die Korrektheit des übergebenen Quellcodes durch. Alle Verstöße gegen die Regeln der Programmierspra-

---

4. engl. to compile = zusammenstellen

che[5] werden durch gezielte Fehlermeldungen unter Angabe der Zeile angezeigt. Nur ein vollständig fehlerfreies Programm kann in Objectcode übersetzt werden. Viele Compiler mahnen auch formal zwar korrekte, aber möglicherweise problematische Anweisungen durch Warnungen an. Bei der Fehlerbeseitigung sollten Sie strikt in der Reihenfolge, in der der Compiler die Fehler gemeldet hat, vorgehen. Denn häufig findet der Compiler nach einem Fehler nicht den richtigen Wiederaufsetzpunkt und meldet Folgefehler in Ihrem Programmcode, die sich bei genauem Hinsehen als gar nicht existent erweisen.

Der Compiler erzeugt zu jedem Sourcefile genau ein Objectfile, wobei nur die innere Korrektheit des Sourcefiles überprüft wird. Übergreifende Prüfungen können hier noch nicht durchgeführt werden. Der vom Compiler erzeugte Objectcode ist daher auch noch nicht lauffähig, denn ein Programm besteht in der Regel aus mehreren Sourcefiles, deren Objectfiles noch in geeigneter Weise kombiniert werden müssen.

2.1.3 Der Linker

Die noch fehlende Montage der einzelnen Objectfiles zu einem fertigen Programm übernimmt der Linker[6]. Der Linker nimmt dabei die noch ausstehenden übergreifenden Prüfungen vor. Auch dabei kann noch eine Reihe von Fehlern aufgedeckt werden. Zum Beispiel kann der Linker feststellen, dass in einem Sourcefile versucht wird, eine Funktion zu verwenden, die es nirgendwo gibt.

Letztlich erstellt der Linker das ausführbare Programm.

2.1.4 Der Debugger

Der Debugger[7] dient zum Testen von Programmen. Mit dem Debugger können die von uns erstellten Programme bei ihrer Ausführung beobachtet werden. Darüber hinaus kann in das laufende Programm durch manuelles Ändern von Variablenwerten etc. eingegriffen werden. Ein Debugger ist nicht nur zur Lokalisierung von Programmierfehlern, sondern auch zur Analyse eines Programms durch Nachvollzug des Programmablaufs oder zum interaktiven Erlernen einer Programmiersprache ausgesprochen hilfreich. Arbeiten Sie sich daher frühzeitig in die Bedienung des Debuggers Ihrer Entwicklungsumgebung ein und nicht erst, wenn Sie ihn zur Fehlersuche benötigen.

---

5. Man nennt so etwas einen Syntax-Fehler.
6. engl. to link = verbinden
7. engl. to debug = entwanzen

3 Ausgewählte Sprachelemente von C

Dieser Abschnitt führt im Vorgriff auf spätere Kapitel einige grundlegende Programmkonstrukte sowie Funktionen zur Tastatureingabe bzw. Bildschirmausgabe ein. Ziel dieses Abschnitts ist es, das minimal notwendige Rüstzeug zur Erstellung kleiner, interaktiver Beispielprogramme bereitzustellen. Es geht in den Beispielen dieses Abschnitts noch nicht darum, komplizierte Algorithmen zu entwickeln, sondern sich anhand einfacher, überschaubarer Beispiele mit Editor, Compiler und gegebenenfalls Debugger vertraut zu machen. Es ist daher wichtig, dass Sie die Beispiele – so banal sie Ihnen anfänglich auch erscheinen mögen – in Ihrer Entwicklungsumgebung editieren, compilieren, linken und testen.

3.1 Programmrahmen

Der allgemeine Rahmen für unsere Beispielprogramme sieht wie folgt aus:

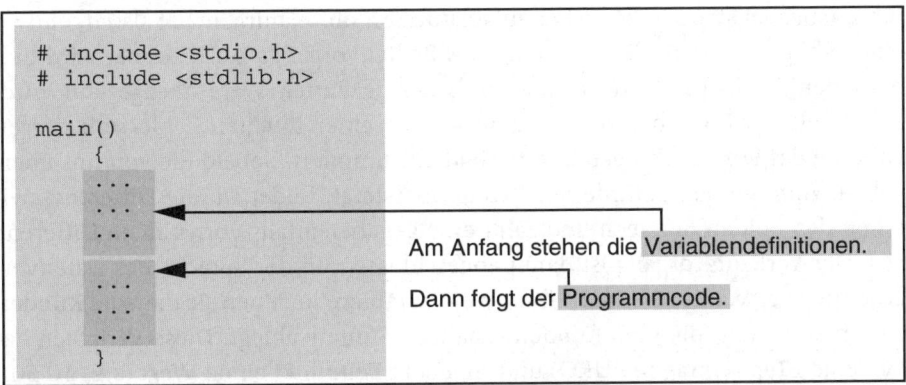

Unser Programm besteht aus einem Hauptprogramm, das in C mit `main` bezeichnet werden muss. Die geschweiften Klammern umschließen den eigentlichen Code des Hauptprogramms. Dort finden wir dann Variablendefinitionen und den Programmcode, der den Ablauf steuert. Dieser Rahmen stellt bereits ein vollständiges Programm dar, das Sie compilieren, linken und starten können. Damit das Programm aber überhaupt etwas macht, müssen wir den Bereich zwischen den geschweiften Klammern noch mit Variablendefinitionen und Programmcode füllen.

3.2   Zahlen

Natürlich benötigen wir in unseren Programmen gelegentlich konkrete Zahlen-werte. Man unterscheidet dabei zwischen ganzen Zahlen, z.B.:

```
123
-4711
```

und Gleitkommazahlen, z.B.:

```
1.234
-4.711
```

Diese Schreibweisen sind Ihnen bekannt. Wichtig ist, dass bei Gleit**komma**zahlen den angelsächsischen Konventionen folgend ein Dezimal**punkt** verwendet wird.

3.3   Variablen

Wir stellen uns vor, dass wir auf einem Wochenmarkt Obst und Gemüse einkau-fen. Die Marktfrau nimmt unsere Bestellungen entgegen, wiegt die gewünschte Ware ab und ermittelt so den Verkaufspreis für eine einzelne Position. Im Kopf führt sie dabei ständig die bisher aufgelaufene Summe mit. Sie hat also irgendwo eine Zahl gespeichert, die zu Beginn des Bedienvorgangs auf 0 gesetzt wird und bei jedem Verkaufsschritt um den Preis der gekauften Ware hochgezählt wird. Wenn wir am Ende bezahlen, initialisiert sie einen zweiten Zähler mit dessen Hilfe sie das von uns hingeblätterte Geld aufsummiert. Sobald die von uns über-gebene Summe den geforderten Betrag übersteigt, bildet sie die Differenz zwi-schen den beiden Beträgen und zahlt eine gegebenenfalls vorhandene Differenz aus. Der Verkaufsvorgang ist damit abgeschlossen. In der Sprache der Datenver-arbeitung verwendet die Marktfrau zwei **Variablen**, in denen sie die vom Kunden zu zahlende bzw. die vom Kunden erhaltene Summe ablegt. Diese Variablen ha-ben einen **Typ** (Betrag in EURO) und zu jedem Zeitpunkt einen **Wert** (z.B. 10.50). Intern verwendet die Marktfrau sicherlich noch weitere Variablen – z.B. für Preise gewisser Obstsorten. Die Variablen im Kopf der Marktfrau haben eine unter-schiedliche **Lebensdauer**. Das Gewicht einer Ware muss sie sich nur so lange mer-ken, bis sie den zugehörigen Preis berechnet hat. Die vom Kunden zu zahlende Summe muss sie sich so lange merken, bis das Geschäft mit dem Kunden vollstän-dig abgewickelt ist. Die Preise ihrer Waren hat sie wahrscheinlich permanent ab-rufbereit im Kopf. Die Variablen, über die wir bisher gesprochen haben, sind auch dem Kunden bekannt. Sehr wahrscheinlich benutzt die Marktfrau aber auch Va-riablen (z.B. ihre Gewinnspanne), von denen sie nicht möchte, dass der Kunde sie kennt. Für Variablen gibt es also unterschiedliche **Sichtbarkeitsbereiche**.

In einem Computerprogramm verwenden wir Variablen aus den gleichen Gründen wie die Marktfrau. Wir wollen uns beispielsweise die Zwischen- oder Endergebnisse unserer Berechnungen merken, um sie an anderer Stelle erneut verwenden zu können.

> Unter einer **Variablen** verstehen wir einen mit einem Namen versehenen Speicherbereich, in dem Daten eines bestimmten Typs hinterlegt werden können.
>
> Das im Speicherbereich der Variablen hinterlegte Datum bezeichnen wir als den **Wert** der Variablen.

Zu einer Variablen gehören also:

▶ ein Name,

▶ ein Typ,

▶ ein Speicherbereich und

▶ ein Wert.

Der Name dient dazu, die Variable im Programm eindeutig ansprechen zu können. Denkbare Typen sind »Zahl« oder »Text«. Der Speicherbereich, in dem eine Variable angelegt ist, wird durch den Compiler/Linker festgelegt und soll uns im Moment nicht interessieren. Später werden wir sehen, dass zu einer Variablen auch ihre Lebensdauer und ihr Sichtbarkeitsbereich gehören. Zunächst aber müssen wir lernen, wie man Variablen in einem Programm anlegt und wie man sie dann mit Werten versieht.

In C müssen Variablen immer vor ihrer erstmaligen Verwendung angelegt (definiert) werden. Dazu wird im Programm der Typ der Variablen gefolgt von dem Variablennamen angegeben. Die Variablendefinition wird durch ein Semikolon abgeschlossen. Mehrere solcher Definitionen können aufeinanderfolgen:

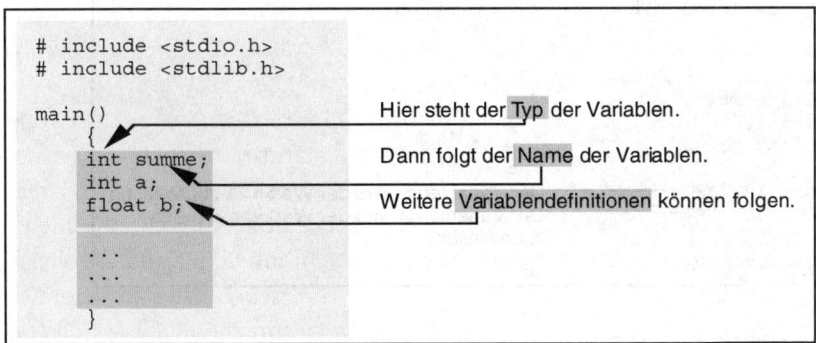

Sie sehen hier zwei verschiedene Typen: `int` und `float`. Der Typ `int`[1] steht für eine ganze Zahl, `float`[2] für eine Gleitkommazahl. Für numerische Berechnungen würde eigentlich der Typ `float` ausreichen, da ja eine ganze Zahl immer als Gleitkommazahl dargestellt werden kann. Es ist aber aus vielen Gründen[3] sinnvoll, in Programmiersprachen diese Unterscheidung zu treffen.

Der Variablenname kann vom Programmierer relativ frei vergeben werden und besteht aus einer Folge von Buchstaben (keine Umlaute oder ß) und Ziffern, zusätzlich erlaubt ist das Zeichen »_«. Das erste Zeichen eines Variablennamens muss ein Buchstabe (oder »_«) sein. Welche zusätzlichen Einschränkungen für Variablennamen zu beachten sind, werden wir später erfahren.

3.4 Operationen

Variablen an sich sind wertlos, wenn man nicht sinnvolle Operationen mit ihnen ausführen kann. Üblicherweise denkt man dabei sofort an die folgenden Operationen:

▶ Variablen Werte zuweisen

▶ Mit Variablen und Zahlen rechnen

▶ Variablen und Zahlen miteinander vergleichen

Diese Möglichkeiten gibt es natürlich auch in der Programmiersprache C.

3.4.1 Zuweisungsoperationen

Variablen können Werte zugewiesen werden. Die Notation dafür ist nahe liegend:

```
# include <stdio.h>
# include <stdlib.h>

main()
    {
    int summe;
    int a;
    float b;

    a = 123;        ◄────  Der Variablen a wird der Wert 123 zugewiesen.
    b = a;          ◄────  Der Variablen b wird der Wert von a (=123)
    ...                    zugewiesen.
    }
```

---

1. engl. integer = ganze Zahl
2. engl. floatingpoint number = Gleitkommazahl
3. Zum Beispiel belegen ganze Zahlen weniger Speicherplatz als Gleitkommazahlen und ein Computer kann mit ganzen Zahlen viel schneller rechnen als mit Gleitkommazahlen.

Links vom Gleichheitszeichen steht der Name einer <u>zuvor definierten</u> Variablen. Dieser Variablen wird durch die Zuweisung ein Wert gegeben. Als Wert kommen dabei konkrete Zahlen, aber auch Variablenwerte oder allgemeinere Ausdrücke (Berechnungen, Formeln, s.u.) in Frage. Die Wertzuweisungen erfolgen in der angegebenen Reihenfolge, so dass wir im obigen Beispiel davon ausgehen können, dass a bereits den Wert 123 hat, wenn die Zuweisung an b erfolgt. Einer Gleitkommavariablen können Sie einen ganzzahligen Wert zuweisen. Umgekehrt geht das nicht.

3.4.2 Rechenoperationen

Mit Variablen und Zahlen kann gerechnet werden, wie Sie es von der Schulmathematik her gewohnt sind.

```
# include <stdio.h>
# include <stdlib.h>

main()
    {
    int summe;
    int a;
    float b;

    a = 123;
    b = a;
    summe = 2*a + 3;     ◄── Der Wert der Variablen summe wird durch
    }                         einen Formelausdruck berechnet.
```

Die Operatoren für einfache arithmetische Ausdrücke sind:

Operator	Bedeutung
+	Addition
–	Subtraktion
*	Multiplikation
/	Division

Auch bei der C-Programmierung gilt die in der Schule gelernte Regel

Punktrechnung (*,/) geht vor Strichrechnung (+,-)

und auch Klammern können in der üblichen Bedeutung verwendet werden:

```
int a;
float b;
a = 1;
b = 2*(a + 1.234);
b = (b + a*(a-1))/3;
```

Ganze Zahlen und Gleitkommazahlen können dabei durchaus gemischt vorkommen. Es wird immer so lange wie möglich im Bereich der ganzen Zahlen gerechnet. Sobald aber die erste Gleitkommazahl ins Spiel kommt, wird die weitere Berechnung im Bereich der Gleitkommazahlen durchgeführt.

Die Variable auf der linken Seite einer Zuweisung kann durchaus auch auf der rechten Seite derselben Zuweisung vorkommen. Zuweisungen der Form a=a+1 sind daher nicht nur möglich, sie kommen sogar ausgesprochen häufig in C-Programmen vor. Zunächst wird der rechts vom Zuweisungsoperator stehende Ausdruck vollständig ausgewertet, dann wird das Ergebnis der Variablen links vom Gleichheitszeichen zugewiesen. Die Anweisung

```
a = a + 1;
```

enthält also keinen mathematischen Widerspruch, sondern erhöht den Wert der Variablen a um 1.

Das Ergebnis einer arithmetischen Operation, an der <u>nur</u> ganzzahlige Operanden beteiligt sind, ist <u>immer</u> eine ganze Zahl. Im Falle der Division mag Sie das vielleicht überraschen, und Sie sollten sich einprägen, dass ' / ' im Falle von ganzzahligen Operanden eine <u>Division ohne Rest</u> bedeutet. Diese vereinfachte Form der Division ist im Übrigen für die Programmierung mindestens genauso wichtig wie die »richtige« Division.

In diesem Sinne hat die Variable m in dem folgenden Beispiel

```
m = 19/3;
```

nach der Zuweisung den Wert 6, da 19:3 = 6 Rest 1 ist und der Rest unter den Tisch fällt. Ist man an dem Rest interessiert, so kann man den %-Operator verwenden:

```
r = 19%3;
```

Dieser Operator ist natürlich nur für ganze Zahlen sinnvoll zu verwenden.

Mit Gleitkommazahlen wird natürlich »richtig« gerechnet, wobei hier Rundungsfehler auftreten können. Dieses Problem kennen Sie sicher bereits vom Rechnen mit Taschenrechnern.

3.4.3 Vergleichsoperationen

Zahlen und Variablen können untereinander verglichen werden. Die folgende Tabelle zeigt die in C zulässigen Vergleichsoperatoren:

Operator	Bedeutung
<	kleiner
<=	kleiner oder gleich
>	größer
>=	größer oder gleich
==	gleich[4]
!=	ungleich

Auf der linken bzw. rechten Seite eines Vergleichsausdrucks können dabei beliebige Ausdrücke (üblicherweise handelt es sich um arithmetische Ausdrücke) mit Variablen oder Zahlen stehen:

```
a < 7
a <= b
a+1 == a*a
```

Das Ergebnis eines Vergleichs ist dann ein logischer Wert (»wahr« oder »falsch«), der in C durch 1 (wahr) oder 0 (falsch) dargestellt wird. Mit diesem Wert können wir dann, wie mit einem durch einen arithmetischen Ausdruck gewonnenen Wert, weiterarbeiten.

Vergleiche stellt man allerdings üblicherweise nicht an, um mit dem Vergleichsergebnis zu rechnen, sondern um anschließend im Programm zu verzweigen. Man möchte erreichen, dass das Programm in Abhängigkeit vom Ergebnis des Vergleichs unterschiedlich fortfährt. Wie man das erreicht, lernen wir in Abschnitt 3.7, »Kontrollfluss«.

3.5 Kommentare

C-Programme können durch Kommentare verständlicher gestaltet werden. Kommentare beginnen mit /* und enden mit */. Sie werden beim Übersetzen des Programms einfach ignoriert.

---

4. Beachten Sie, dass zum Vergleich zweier Zahlen nicht ein einfaches, sondern ein doppeltes Gleichheitszeichen verwendet wird. Die Verwechslung von = (Zuweisung) und == (Vergleich auf Gleichheit) ist eine der häufigsten Fehlerquellen in den C-Programmen von Programmieranfängern.

```
/*
** Variablendefinitionen
*/
int zahl1; /* Kommentar */

/*
** Programmcode
*/
zahl1 = 123;
```

Setzen Sie Kommentare nur dort ein, wo sie wirklich etwas zum Programmver-ständnis beitragen! Vermeiden Sie Plattitüden wie im obigen Beispiel!

Die in diesem Buch als Beispiele vorgestellten Programme enthalten in der Regel keine Kommentare. Dies hat seinen Grund darin, dass alle Beispielprogramme im umgebenden Text ausführlich besprochen werden. Lassen Sie sich durch das Feh-len von Kommentaren nicht zu der irrigen Annahme verleiten, dass Kommentare in C-Programmen überflüssig sind.

3.6   Elementare Ein-/Ausgabe

Um erste einfache Programme schreiben zu können, müssen wir noch

▶ Werte von der Tastatur in Variablen einlesen und

▶ Werte von Variablen auf dem Bildschirm ausgeben

können. Damit beschäftigen wir uns in diesem Abschnitt.

3.6.1 Bildschirmausgabe

Um einen Text auf dem Bildschirm auszugeben, verwenden wir `printf`[5] und schreiben:

```
printf( "Dieser Text wird ausgegeben\n");
```

Der auszugebende Text wird dabei in doppelte Hochkommata eingeschlossen. Die Zeichenfolge \n erzeugt einen Zeilenvorschub. Vergessen Sie nicht das Semi-kolon am Ende der Zeile!

---

5. Bei `printf` handelt es sich um eine vorgegebene Funktion. Später werden wir das Thema »Funktionen« noch ausführlich behandeln.

In den auszugebenden Text können wir ganzzahlige Werte einstreuen, indem wir als Platzhalter für die fehlenden Zahlenwerte als sogenannte Formatanweisung %d in den Text einfügen und die zugehörigen Werte als Konstanten oder Variablen durch Kommata getrennt hinter dem Text anfügen.

Das Programmfragment

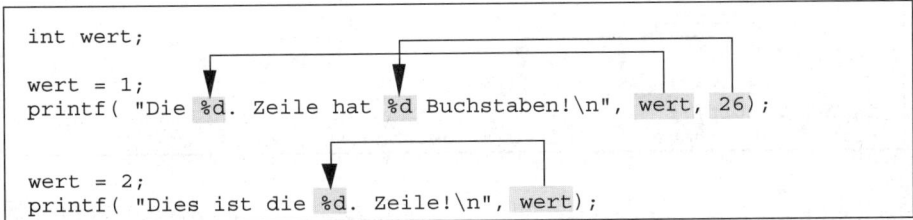

```
int wert;

wert = 1;
printf( "Die %d. Zeile hat %d Buchstaben!\n", wert, 26);


wert = 2;
printf( "Dies ist die %d. Zeile!\n", wert);
```

führt zu der Ausgabe:

```
Die 1. Zeile hat 26 Buchstaben!
Dies ist die 2. Zeile!
```

Der auszugebende Wert kann auch ohne Verwendung einer Variablen berechnet werden:

```
printf( "Ergebnis = %d\n", 3 * a + b);
```

Der Ausdruck 3*a+b wird dann zunächst vollständig ausgewertet und das Ergebnis wird an der durch %d markierten Stelle in die Ausgabe eingefügt.

Zur Ausgabe von Gleitkommazahlen verwendet man die Formatanweisung %f. Im folgenden Beispiel

```
float preis;

preis = 10.99;
printf( "Die Ware kostet %f EURO\n", preis);
```

erhalten wir als Ausgabe:

```
Die Ware kostet 10.99 EURO
```

3.6.2 Tastatureingabe

Eine oder mehrere ganze Zahlen lesen wir mit scanf von der Tastatur ein.

```
int zahl1;
int zahl2;

printf( "Bitte geben Sie zwei Zahlen ein: ");

scanf( "%d %d", &zahl1, &zahl2);
fflush( stdin);
printf( "Sie haben %d und %d eingegeben!\n", zahl1, zahl2);
```

Beim Einlesen müssen Variablen angegeben werden, in die die Werte eingetragen werden sollen. Wir stellen dazu dem Variablennamen ein & voran. Die exakte Bedeutung des &-Zeichens können Sie im Moment noch nicht verstehen, sie wird später erklärt. Lassen Sie das & jedoch nicht weg, auch wenn es Ihnen an dieser Stelle unmotiviert erscheint. Der anschließende Befehl fflush(stdin) entleert den Eingabepuffer, damit gegebenenfalls zu viel eingegebene Zeichen nicht bei der nächsten Tastatureingabe erneut anstehen.

Der zum obigen Programm gehörende Bildschirmdialog sieht bei entsprechenden Benutzereingaben wie folgt aus:

```
Bitte geben Sie zwei Zahlen ein: 123 456

Sie haben 123 und 456 eingegeben!
```

Gleitkommazahlen liest man mit der Formatanweisung %f ein.

3.7 Kontrollfluss

Bei einem Algorithmus kommt es ganz entscheidend darauf an, in welcher Reihenfolge die einzelnen Anweisungen durchgeführt werden. Üblicherweise werden Anweisungen in der Reihenfolge ihres Vorkommens im Programm ausgeführt. Wir haben aber in unserem Eingangsbeispiel (Divisionsalgorithmus aus der Schule) bereits gesehen, dass es erforderlich ist, Fallunterscheidungen und gezielte Wiederholungen von Anweisungsfolgen zu ermöglichen.

3.7.1 Bedingte Befehlsausführung

Die bedingte Ausführung einer Anweisungsfolge realisieren wir in C durch eine
`if`-Anweisung, die die folgende Struktur hat:

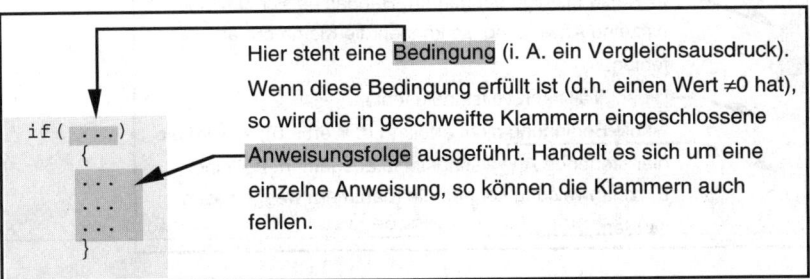

```
if( ...)
   {
    ...
    ...
    ...
   }
```

Hier steht eine Bedingung (i. A. ein Vergleichsausdruck).
Wenn diese Bedingung erfüllt ist (d.h. einen Wert ≠0 hat),
so wird die in geschweifte Klammern eingeschlossene
Anweisungsfolge ausgeführt. Handelt es sich um eine
einzelne Anweisung, so können die Klammern auch
fehlen.

Zum besseren Verständnis betrachten wir einige einfache Beispiele.

Berechne den Absolutbetrag von a:

```
if( a < 0)
    a = -a;
```

Wenn a kleiner als b ist, dann tausche die Werte von a und b:

```
if( a < b)
   {
    c = a;
    a = b;
    b = c;
   }
```

Weise der Variablen max die größere der Zahlen a und b zu:

```
max = a;
if( a < b)
    max = b;
```

Mit `else` können wir einem `if`-Ausdruck Anweisungen hinzufügen, die ausgeführt werden sollen, wenn die `if`-Bedingung **nicht** zutrifft. Von der Struktur her
sieht das vollständige `if`-Statement dann wie folgt aus:

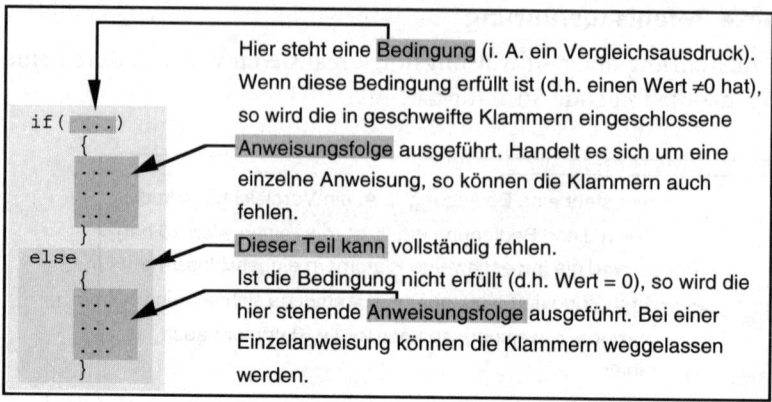

Auch dazu betrachten wir einige einfache Beispiele.

Berechne das Maximum zweier Zahlen a und b:

```
if ( a < b)
    max = b;
else
    max = a;
```

Berechne den Abstand von a und b:

```
if ( a < b)
    abst = b - a;
else
    abst = a - b;
```

3.7.2 Wiederholte Befehlsausführung

Am Beispiel der Division aus dem ersten Kapitel hatten wir auch gesehen, dass es erforderlich sein kann, in einem Algorithmus eine bestimmte Sequenz von Anweisungen wiederholt zu durchlaufen, bis eine bestimmte Situation eingetreten ist. Wir nennen dies eine Programmschleife. Versucht man die Anatomie von Schleifen allgemein zu beschreiben, so stößt man auf ein immer wiederkehrendes Muster:

▶ Es gibt eine Reihe von Dingen, die zu tun sind, bevor man mit der Durchführung der Schleife beginnen kann. Wir nennen dies die **Initialisierung** der Schleife.

▶ Es ist eine Prüfung durchzuführen, ob die Bearbeitung der Schleife abgebrochen oder fortgesetzt werden soll. Wir nennen dies den **Test** auf Fortsetzung der Schleife.

▶ Bei jedem Schleifendurchlauf sind die eigentlichen Tätigkeiten durchzuführen. Wir nennen dies den **Schleifenkörper**.

▶ Nach Beendigung eines einzelnen Schleifendurchlaufs sind gewisse Operationen durchzuführen, um den nächsten Schleifendurchlauf vorzubereiten. Wir nennen dies das **Inkrement** der Schleife.

Wir machen uns dies am Beispiel einer Routinetätigkeit klar:

Sie haben Ihre Post erledigt und wollen die Briefe frankieren, bevor Sie sie zum Briefkasten bringen. Dazu stellen Sie zunächst die erforderlichen Hilfsmittel bereit. Sie besorgen sich einen Bogen mit Briefmarken und legen den Stapel der unfrankierten Briefe vor sich auf den Schreibtisch. Das ist die Initialisierung. Bevor Sie nun fortfahren, prüfen Sie, ob der Stapel der Ausgangspost noch nicht abgearbeitet ist. Das ist der Test auf Fortsetzung. Liegen noch Briefe vor Ihnen, so treten Sie in den eigentlichen Arbeitsprozess ein. Sie trennen eine Briefmarke ab, befeuchten sie auf der Rückseite und drücken sie auf den obersten Brief auf dem Stapel. Das ist der Schleifenkörper. Nachdem Sie einen Brief frankiert haben, nehmen Sie ihn und legen ihn in den Postausgangskorb. Das ist das Inkrement, mit dem Sie den nächsten Frankiervorgang vorbereiten. Danach setzen Sie die Arbeit mit dem Test fort.

Wir fassen Initialisierung, Test und Inkrement unter dem Begriff **Schleifenkopf** zusammen und zeichnen ein Flussdiagramm:

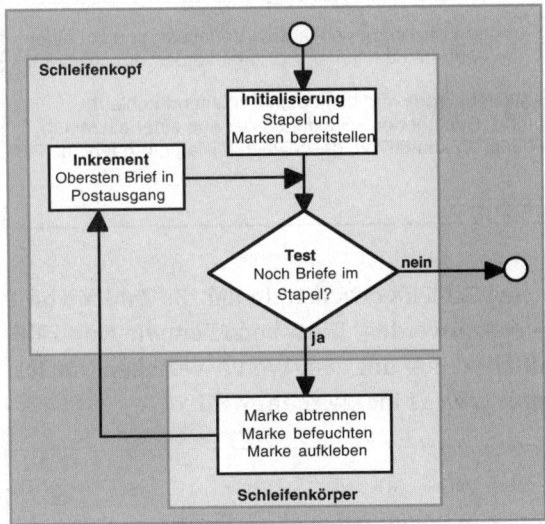

In C gibt es ein Sprachelement, das das hier diskutierte Schleifenmuster exakt abbildet. Es handelt sich um die `for`-Anweisung, die sich aus einem Schleifenkopf und einem Schleifenkörper zusammensetzt:

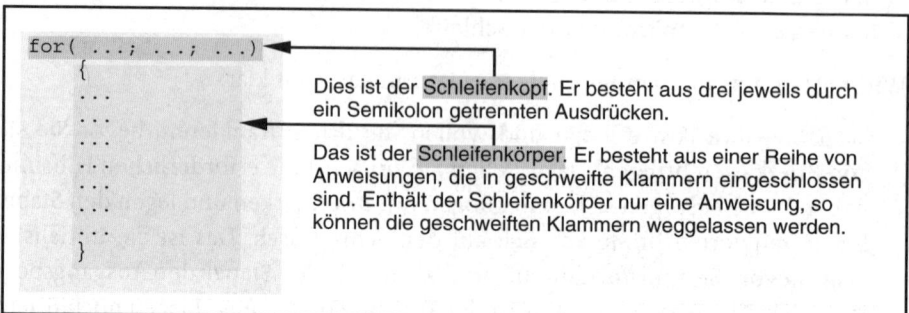

Der Schleifenkopf enthält drei durch Semikolon getrennte Ausdrücke, die die Abarbeitung der Schleife in der folgenden Weise steuern:

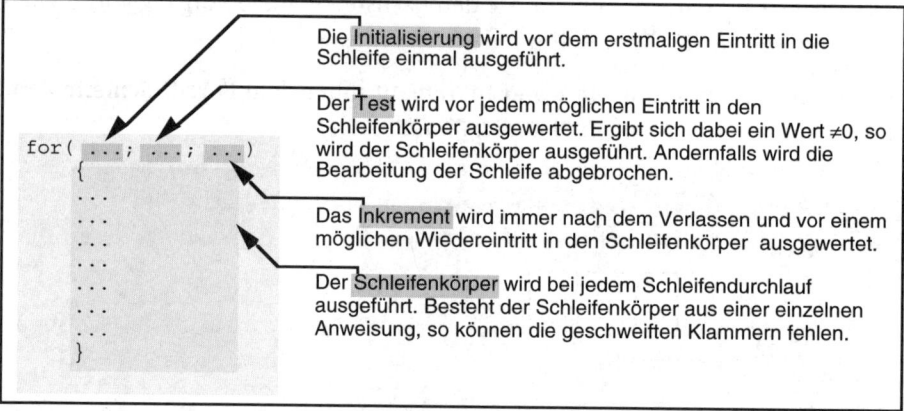

Als ein erstes Beispiel wollen wir eine Schleife erstellen, in der die Zahlen von 1 bis 100 auf dem Bildschirm ausgegeben werden. Dazu benutzen wir eine Zählvariable `i`, die im Rahmen der Initialisierung mit dem Wert 1 versehen, im Test gegen 100 geprüft und im Inkrement jeweils um 1 erhöht wird:

```
for( i = 1; i <= 100; i = i + 1)
    printf( "%d\n", i);
```

Im Schleifenkörper wird dann der jeweilige Zählerstand ausgegeben:

```
1
2
3
...
99
100
```

Natürlich kann man problemlos rückwärts zählen

```
for( i = 100; i >= 1; i = i - 1)
    printf( "%d\n", i);
```

oder die Zahlen von 1 bis 100 aufsummieren und dabei immer die Zwischensumme ausgeben:

```
for( i = 1, summe = 0; i <= 100; i = i + 1)
    {
    summe = summe + i;
    printf( "Die Summe der Zahlen bis %d ist: %d\n", i, summe);
    }
```

Beachten Sie, dass die Initialisierung im letzten Beispiel verschiedene Anweisungen enthält, die durch ein Komma getrennt sind. Eine ähnliche Situation findet man häufig auch im Inkrement, wenn dort verschiedene Aktivitäten durchgeführt werden sollen.

Wir kehren noch einmal zu dem einführenden Beispiel zurück, um zwei Sonderfälle zu diskutieren, die beim Frankieren der Briefe auftreten können:

1. Sie stellen fest, dass oben auf dem Stapel ein Brief liegt, der an jemanden in der Nachbarschaft gerichtet ist. Sie beschließen, das Porto zu sparen und den Brief selbst vorbeizubringen. Dazu überspringen Sie die weitere Bearbeitung dieses Briefes und legen den Brief unfrankiert in den Postausgang. Sie fahren dann mit der Abarbeitung des Stapels fort.

2. Sie stellen fest, dass Ihnen die Briefmarken ausgegangen sind. Es bleibt Ihnen nichts anderes übrig, als die Bearbeitung der Schleife vorzeitig abzubrechen.

Wir nehmen diese beiden Fälle in das Flussdiagramm auf:

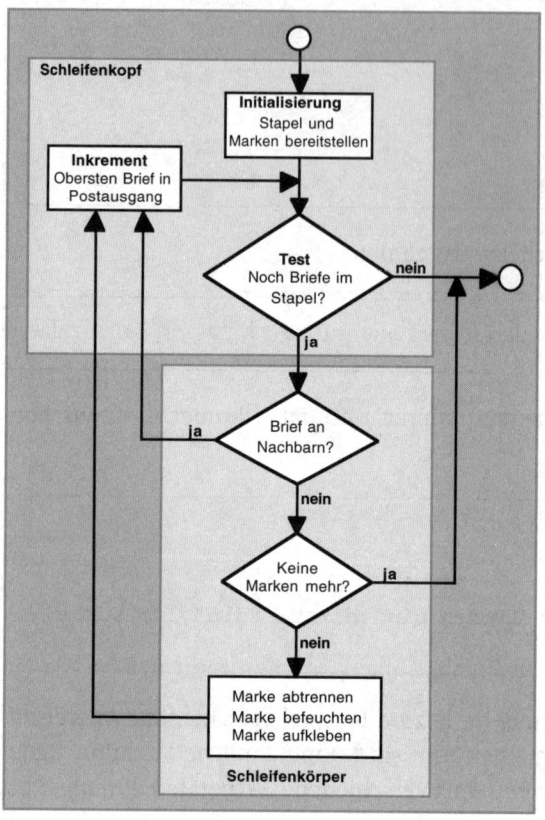

Wir greifen jetzt aus dem Schleifenkörper heraus in die Schleifensteuerung ein.
Auch das ist in C möglich:

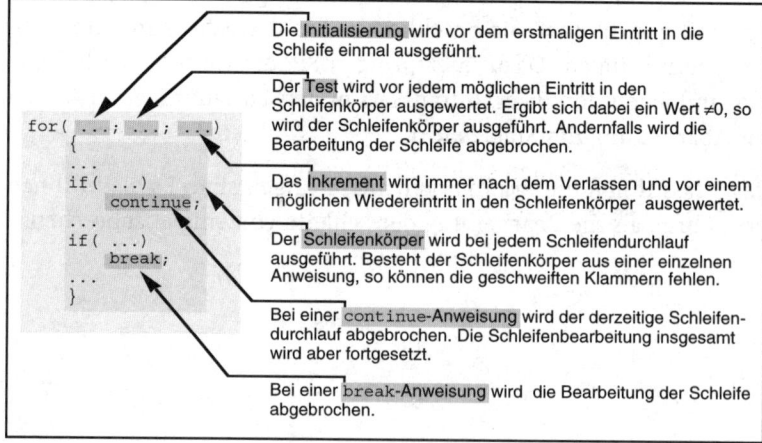

Beachten Sie noch einmal den Unterschied! Durch continue wird nur der aktuelle Schleifendurchlauf abgebrochen, die Schleife insgesamt jedoch fortgesetzt. Durch break wird dagegen die Schleife insgesamt abgebrochen.

Im folgenden Beispiel werden die Zahlen von 1 bis n in einer Variablen summe aufsummiert:

```
for( z = 1, summe = 0; z <= n; z = z + 1)
    {
    summe = summe + z;
    }
```

Eine continue-Anweisung sorgt dafür, dass alle durch 7 teilbaren Zahlen dabei übersprungen werden:

```
for( z = 1, summe = 0; z <= n; z = z + 1)
    {
    if( z%7 == 0)
        continue;
    summe = summe + z;
    }
```

Mit break brechen wir die Schleife ab, sobald ein bestimmter Schwellwert (1000) überschritten ist:

```
for( z = 1, summe = 0; z <= n; z = z + 1)
    {
    if( z%7 == 0)
        continue;
    summe = summe + z;
    if( summe > 1000)
        break;
    }
```

Ganz selbstverständlich haben wir hier eine Fallunterscheidung innerhalb einer Schleife vorgenommen. Dies zeigt uns, dass man offensichtlich die verschiedenen Kontrollstrukturen ineinander bauen kann. Diese Beobachtung wollen wir im folgenden Abschnitt noch etwas vertiefen.

3.7.3 Verschachtelung von Kontrollstrukturen

Kontrollstrukturen können beliebig ineinander eingesetzt werden. Möglich sind z.B.:

▶ ein `if` in einem `if`,

▶ ein `if` in einem `for`,

▶ ein `for` in einem `for`,

▶ ein `for` in einem `if`,

▶ ein `if` in einem `for` in einem `for`,

▶ ein `for` in einem `if` in einem `for` in einem `if`

▶ usw.

Als Beispiel betrachten wir ein Programm, das das »kleine Einmaleins« durch zwei ineinander geschachtelte Zählschleifen auf dem Bildschirm ausgibt:

```
for( i = 1; i <= 10; i = i + 1)
    {
    for( k = 1; k <= 10; k = k + 1)
        printf( "%d mal %d ist %d\n", i, k, i*k);
    printf( "\n");
    }
```

Die Variable `i` durchläuft in der äußeren Schleife die Werte von 1 bis 10. Für jeden Wert von `i` durchläuft dann die Variable `k` in der inneren Schleife ebenfalls die Werte von 1 bis 10. Insgesamt wird damit die Ausgabeanweisung in der inneren Schleife 100-mal für alle möglichen Kombinationen von `i` und `k` ausgeführt. Nach jedem Zehnerpäckchen erfolgt ein zusätzlicher Zeilenvorschub.

Das folgende Programm gibt nur diejenigen Aufgaben des »kleinen Einmaleins« aus, bei denen das Ergebnis kleiner als 50 ist, da die Ausgabe für größere Ergebnisse durch eine `if`-Anweisung unterdrückt wird:

```
for( i = 1; i <= 10; i = i + 1)
    {
    for( k = 1; k <= 10; k = k + 1)
        {
        if( i*k <= 50)
            printf( "%d mal %d ist %d\n", i, k, i*k);
        }
    printf( "\n");
    }
```

Um die Struktur des Programms auf den ersten Blick erkennen zu können, rücken wir jeweils ein und setzen auch dort, wo es eigentlich überflüssig ist, geschweifte Klammern.

3.8 Beispiele

Mit drei vollständigen Programmen schließen wir dieses Kapitel ab.

3.8.1 Das erste C-Programm

Was liegt näher, als mit unseren frisch erworbenen Programmierkenntnissen zu versuchen, den Algorithmus zur Division aus dem ersten Kapitel zu realisieren. Wir erinnern uns an das zugehörige Flussdiagramm, das wir jetzt in ein C-Programm umsetzen können.

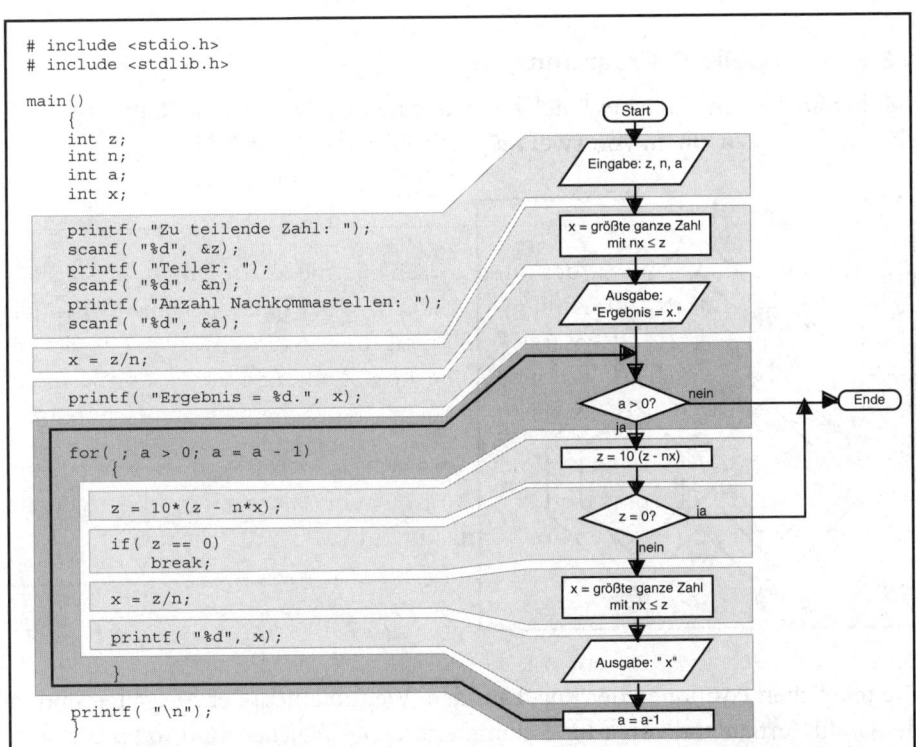

D_03_8_1

▲ CD-ROM P_03_8_1/eins.c

Die Schleife wird so lange ausgeführt, wie Ziffern zu berechnen sind, es sei denn, dass der Divisionsrest 0 wird. Dann wird die Schleife vorzeitig durch die break-Anweisung beendet.

Wir testen das Programm mit unserem Standardfall (84:16)

```
Zu teilende Zahl: 84
Teiler: 16
Anzahl Nachkommastellen: 4
Ergebnis = 5.25
```

und mit einem Testfall, bei dem das Abbruchkriterium über die Stellenzahl zum Zuge kommt (100:7):

```
Zu teilende Zahl: 100
Teiler: 7
Anzahl Nachkommastellen: 6
Ergebnis = 14.285714
```

Das Programm arbeitet einwandfrei.

3.8.2 Das zweite C-Programm

Wir betrachten ein einfaches Spiel, bei dem eine Kugel durch eine Reihe von Weichen (w1 – w4) zu einem von zwei möglichen Ausgängen fällt:

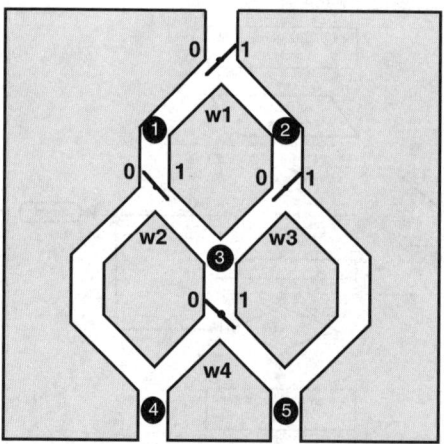

Die möglichen Positionen der Kugel auf dem Weg zu einem der Ausgänge sind in der Grafik fortlaufend von 1 bis 5 nummeriert. Die Weichen sind so konstruiert, dass sie beim Passieren einer Kugel umschlagen und somit die nächste Kugel in die entgegengesetzte Richtung lenken. Die Frage, an welchem Ausgang die Kugel das System verlässt, können wir über eine Reihe von geschachtelten Verzweigungen beantworten, wenn wir den Weg einer Kugel durch das System nachvollziehen.

Wir modellieren die Problemlösung zunächst durch ein Flussdiagramm, in dessen Struktur man das Spiel direkt wiedererkennt:

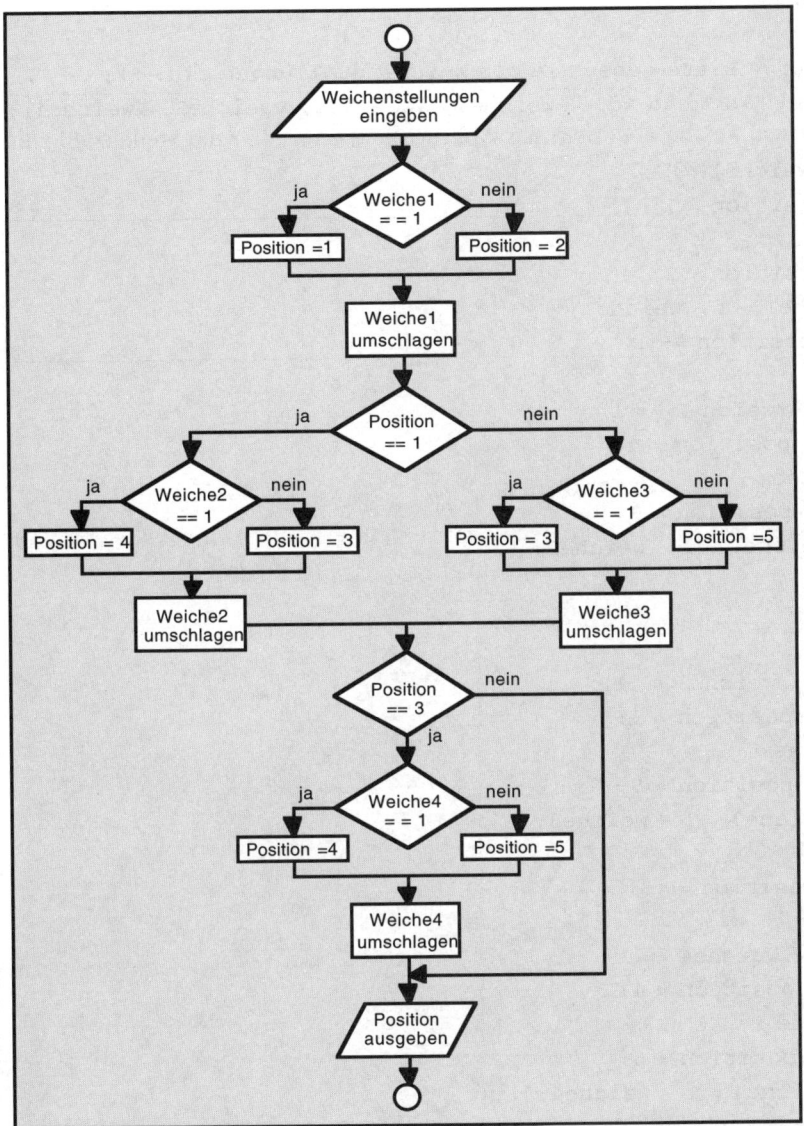

Dieses Flussdiagramm setzen wir dann in C-Code um. Zu Programmstart lassen wir den Benutzer die Anfangsstellung der vier Weichen eingeben, dann läuft der Algorithmus wie im Flussdiagramm vorgegeben ab:

```
main()
   {
   int weiche1, weiche2, weiche3, weiche4;
   int position;

   printf( "Bitte geben Sie die Weichenstellungen ein: ");
   scanf( "%d %d %d %d", &weiche1, &weiche2, &weiche3, &weiche4);

   if( weiche1 == 1)
      position = 1;
   else
      position = 2;
   weiche1 = 1 - weiche1;
   if( position == 1)
      {
      if( weiche2 == 1)
         position = 4;
      else
         position = 3;
      weiche2 = 1 - weiche2;
      }
   else
      {
      if( weiche3 == 1)
         position = 3;
      else
         position = 5;
      weiche3 = 1 - weiche3;
      }
   if( position == 3)
      {
      if( weiche4 == 1)
         position = 4;
      else
         position = 5;
      weiche4 = 1 - weiche4;
      }
   printf( "Auslauf: %d, ", position);
   printf( "neue Weichenstellung %d %d %d %d\n",
                   weiche1, weiche2, weiche3, weiche4);
   }
```

▲ CD-ROM P_03_8_2/zwei.c

Neu ist in diesem Programm, dass wir die Variablen `weiche1` – `weiche4` platzsparend in einer Zeile definieren. Das Umschlagen der Weichen realisieren wir durch die Anweisung weiche = 1 – weiche, was bewirkt, dass der Wert von weiche immer zwischen 0 und 1 hin- und herschaltet.

Und so läuft das Programm aus Benutzersicht ab:

```
Bitte geben Sie die Weichenstellungen ein: 1 0 1 0
Auslauf: 5, neue Weichenstellung 0 1 1 1
```

Um jetzt mehrere Kugeln durch das System laufen zu lassen, müssen wir die Anzahl der gewünschten Kugeln erfragen und den einzelnen Durchlauf in eine Schleife einpacken. Dazu dienen die folgenden Erweiterungen:

```
main()
  {
  int weiche1, weiche2, weiche3, weiche4;
  int position;
  int kugeln;


  printf( "Bitte geben Sie die Weichenstellungen ein: ");
  scanf( "%d %d %d %d", &weiche1, &weiche2, &weiche3, &weiche4);
  fflush( stdin);
  printf( "Bitte geben Sie die Anzahl der Kugeln ein: ");
  scanf( "%d", &kugeln);

  for( ; kugeln > 0; kugeln = kugeln - 1)
    {
    ... wie bisher ...
    }
  }
```

▲ CD-ROM P_03_8_2/zwei.c

Und so läuft dieses Programm dann ab:

```
Bitte geben Sie die Weichenstellungen ein: 0 1 0 1
Bitte geben Sie die Anzahl der Kugeln ein: 5
Auslauf: 5, neue Weichenstellung 1 1 1 1
Auslauf: 4, neue Weichenstellung 0 0 1 1
Auslauf: 4, neue Weichenstellung 1 0 0 0
Auslauf: 5, neue Weichenstellung 0 1 0 1
Auslauf: 5, neue Weichenstellung 1 1 1 1
```

D_03_8_2

3.8.3 Das dritte C-Programm

Wir stellen uns eine einfache Programmieraufgabe:

> Der Benutzer soll eine von ihm festgelegte Anzahl von Zahlen eingeben. Das Programm summiert unabhängig voneinander die positiven und die negativen Eingaben und gibt am Ende die Summe der negativen Eingaben, die Summe der positiven Eingaben und die Gesamtsumme aus.

In einem konkreten Beispiel soll das Programm so ablaufen, dass zunächst im Dialog mit dem Benutzer alle erforderlichen Eingaben erfragt werden:

```
Wie viele Zahlen sollen eingegeben werden: 8
1. Zahl: 1
2. Zahl: 2
3. Zahl: -5
4. Zahl: 4
5. Zahl: 5
6. Zahl: -8
7. Zahl: 3
8. Zahl: -7
```

Anschließend werden die gewünschten Berechnungsergebnisse ausgegeben:

```
Summe aller positiven Eingaben: 15
Summe aller negativen Eingaben: -20
Gesamtsumme: -5
```

Zur Realisierung nehmen wir unseren Standard-Programmrahmen und ergänzen die gewünschte Funktionalität:

D_03_8_3

```
# include <stdio.h>
# include <stdlib.h>

main()
  {
A   int anzahl;
    int z;
    int summand;
    int psum;
    int nsum;
```

```
B       printf( "Wie viele Zahlen sollen eingegeben werden: ");
        scanf( "%d", &anzahl);
        fflush( stdin);


C       psum = 0;
        nsum = 0;


D       for( z = 1; z <= anzahl; z = z + 1)
            {
E           printf( "%d. Zahl: ", z);
            scanf( "%d", &summand);
            fflush( stdin);


F           if( summand > 0)
                psum = psum + summand;
            else
                nsum = nsum + summand;
            }
G       printf( "Summe aller positiven Eingaben: %d\n", psum);
        printf( "Summe aller negativen Eingaben: %d\n", nsum);
        printf( "Gesamtsumme: %d\n", psum + nsum);
        }
```

▲ **CD-ROM** P_03_8_3/drei.c

Weil es eines unserer ersten Programme ist, wollen wir alle Teile noch einmal intensiv betrachten und diskutieren:

A: Hier werden die benötigten Variablen definiert. Alle Variablen sind ganzzahlig und werden in der folgenden Bedeutung verwendet:

anzahl	ist die vom Benutzer gewählte Zahl der Eingaben
z	ist die Kontrollvariable für die Zählschleife
summand	ist die vom Benutzer aktuell eingegebene Zahl
psum	ist die jeweils aufgelaufene Summe der positiven Eingaben
nsum	ist die jeweils aufgelaufene Summe der negativen Eingaben

B: Hier wird der Benutzer zunächst aufgefordert, die gewünschte Anzahl einzugeben. Dann wird die Benutzereingabe in die Variable anzahl übertragen. Vergessen Sie nicht das &-Zeichen vor der einzulesenden Variablen!

C: Die zur Summenbildung verwendeten Variablen (psum, nsum) werden mit 0 initialisiert.

D: In einer Schleife werden für z=1, 2, ..., anzahl jeweils die Unterpunkte E-G ausgeführt.

E: Der Benutzer wird aufgefordert, die nächste Zahl einzugeben, und diese Zahl wird der Variablen summand zugewiesen.

F: Wenn die vom Benutzer eingegebene Zahl (summand) größer als 0 ist, wird psum entsprechend erhöht, andernfalls wird nsum entsprechend verkleinert.

G: Die gewünschten Ergebnisse psum, nsum und psum+nsum werden ausgegeben.

Das Layout des Programmtextes können Sie, von den #-Anweisungen, die immer am Anfang einer Zeile stehen müssen, einmal abgesehen, mit Leerzeichen, Zeilenumbrüchen, Seitenvorschüben und Tabulatorzeichen relativ frei gestalten. Ein einheitliches, klar gegliedertes Layout erhöht die Lesbarkeit und damit auch die Pflegbarkeit eines Programms. Die Frage nach einer einheitlichen und verbindlichen Gestaltung des Programmiercodes gewinnt insbesondere dann an Bedeutung, wenn Software von mehreren Programmierern im Team erstellt wird und die Notwendigkeit besteht, dass ein und derselbe Code von verschiedenen Entwicklern bearbeitet wird. Viele Unternehmen haben daher Codier-Richtlinien aufgestellt und die Entwickler sind gehalten, sich an diesen Vorgaben zu orientieren. Ich werde an einigen Stellen Empfehlungen über einen »guten« Gebrauch der durch C bzw. C++ zur Verfügung gestellten Sprachmittel geben. Eine vollständige Bereitstellung von Codier-Richtlinien ist jedoch nicht beabsichtigt.

So sollte man es jedenfalls nicht machen:

```
/ * * *         E i n         k o r r e k t e s
a b e r     u n l e s e r l i c h e s     P r o g r a m m * /
main(){int anzahl;int z;int                summand;int
psum;int nsum;printf("Wie viele Zahlen sollen eingegeben werden: "
);scanf( "%d", &anzahl); fflush( stdin);psum = 0;nsum
= 0 ; f o r ( z = 1; z <= a n z a h l; z = z + 1)
{ p r i n t f (    " % d .  Z a h l : " ,   z ) ;
  scanf( "%d", &summand); fflush( stdin); if( summand > 0)
                psum
            = psum   + summand;else nsum = nsum +
summand;}printf( "Die  Summe aller positiven Eingaben ist: %d\n",
psum);printf( "Die Summe aller negativen Eingaben ist: %d\n",
nsum);printf( "Die  Gesamtsumme ist: %d\n", psum + nsum);
                }
```

3.9   Aufgaben

Um die Aufgaben dieses Abschnitts und aller folgenden Abschnitte bearbeiten zu können, benötigen Sie einen C/C++-Compiler auf ihrem Rechner. Sollten Sie noch keinen Compiler auf Ihrem PC haben, so können Sie den Compiler von der beiliegenden CD installieren. Eine Anleitung dazu finden Sie im Anhang des Buches.

A 3.1 Machen Sie sich mit Editor, Compiler und Linker Ihrer Entwicklungsumgebung vertraut, indem Sie die Programme aus 3.8.1, 3.8.2 und 3.8.3 eingeben und zum Laufen bringen!

A 3.2 Schreiben Sie ein Programm, das Ihren Namen und Ihre vollständige Adresse auf dem Bildschirm ausgibt!

A 3.3 Schreiben Sie ein Programm, das zwei ganze Zahlen von der Tastatur einliest und anschließend deren Summe, Differenz, Produkt, den Quotienten und den Divisionsrest auf dem Bildschirm ausgibt!

```
1. Zahl: 10
2. Zahl: 4

Summe     10 + 4 = 14
Differenz 10 - 4 = 6
Produkt   10*4 = 40
Quotient  10/4 = 2 Rest 2
```

Was passiert, wenn man versucht, durch 0 zu dividieren?

A 3.4 Erstellen Sie ein Programm, das zu einem eingegebenen Datum (Tag und Monat) prüft, ob ein Mitglied Ihrer Familie an diesem Tag Geburtstag hat und gegebenenfalls den Namen des Geburtstagskindes ausgibt!

A 3.5 Erstellen Sie ein Programm, das unter Verwendung der in A 1.3 formulierten Regeln berechnet, ob eine vom Benutzer eingegebene Jahreszahl ein Schaltjahr bezeichnet oder nicht!

A 3.6 Erstellen Sie ein Programm, das zu einem eingegebenen Datum (Tag, Monat und Jahr) berechnet, um den wievielten Tag des Jahres es sich handelt! Berücksichtigen Sie dabei die Schaltjahrregel!

A 3.7 Schreiben Sie ein Programm, das alle durch 7 teilbaren Zahlen zwischen zwei zuvor eingegebenen Grenzen ausgibt!

A 3.8 Schreiben Sie ein Programm, das berechnet, wie viele Legosteine zum Bau der folgenden Treppe mit der zuvor eingegebenen Höhe h erforderlich sind:

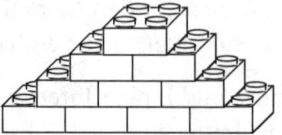

A 3.9 Schreiben Sie ein Programm, das eine vom Benutzer festgelegte Anzahl von Zahlen einliest und anschließend die größte und die kleinste der eingegebenen Zahlen auf dem Bildschirm ausgibt!

```
Anzahl: 7

1.Zahl: -4
2.Zahl: 12
3.Zahl: 0
4.Zahl: 123
5.Zahl: -22
6.Zahl: 34
7.Zahl: -55

Größte Zahl: 123
Kleinste Zahl: -55
```

A 3.10 Implementieren Sie das Ratespiel aus A 1.4 entsprechend dem von Ihnen gewählten Algorithmus!

A 3.11 Implementieren Sie Ihren Algorithmus aus A 1.5 zur Feststellung, ob eine Zahl eine Primzahl ist!

```
Zahl: 1234
1234 ist keine Primzahl.
```

```
Zahl: 97
97 ist eine Primzahl.
```

A 3.12 Schreiben Sie ein Programm, das das kleine Einmaleins berechnet und in Tabellenform auf dem Bildschirm ausgibt! Die Darstellung auf dem Bildschirm sollte wie folgt sein:

```
    |  1   2   3   4   5   6   7   8   9  10
 ---+----------------------------------------
  1 |  1   2   3   4   5   6   7   8   9  10
  2 |  2   4   6   8  10  12  14  16  18  20
  3 |  3   6   9  12  15  18  21  24  27  30
  4 |  4   8  12 ...
 ...
```

Die Ausgabe einer ganzen Zahl in einer bestimmten Feldbreite erreicht man übrigens dadurch, dass man in der Formatanweisung zwischen dem Prozentzeichen und dem »d« die gewünschte Feldbreite – z.B. in der Form "%3d" – angibt.

4 Arithmetik

Der Begriff Computer (= Rechner) legt nahe, dass sich Computerprogramme besonders für numerische Berechnungen eignen. Die dazu erforderlichen arithmetischen Grundoperatoren (+,-,*,/) haben wir bereits kennen gelernt. Für eine einmalig vorkommende Berechnung einen Computer zu verwenden, ist nicht besonders sinnvoll. In einer solchen Situation verwendet man besser einen Taschenrechner. Eine besondere Hilfe sind Computerprogramme aber bei sich stereotyp wiederholenden Rechenoperationen. Mit solchen Operationen wollen wir uns in diesem Abschnitt beschäftigen. Gleichzeitig wollen wir einige Schreibweisen einführen, die wir im Folgenden immer wieder verwenden werden.

4.1 Folgen

In konkreten Problemstellungen stoßen wir häufig auf Folgen von Zahlen, die einem bestimmten Bildungsgesetz unterliegen. Zum Beispiel:

$$1, \frac{1}{2}, \frac{1}{4}, \frac{1}{8}, \frac{1}{16}, \dots$$

Das allgemeine Bildungsgesetz ist in dieser Schreibweise zwar zu erkennen, aber nicht exakt festgelegt. Wir präzisieren dies, indem wir das Bildungsgesetz für die k-te Zahl exakt hinschreiben:

$$a_k = \frac{1}{2^k} \qquad (k = 0, 1, \dots)$$

Jetzt kann man genau sagen, welchen Wert eine bestimmte Zahl in der Folge hat, indem man den entsprechenden Wert für k einsetzt und ausrechnet.

$$a_0 = \frac{1}{2^0} = 1, \; a_1 = \frac{1}{2^1} = \frac{1}{2}, \; a_2 = \frac{1}{2^2} = \frac{1}{4}, \dots$$

Wir sprechen in diesem Zusammenhang von einer **expliziten Definition** der Folge a_k.

Wir können die Folge a_k aber auch unter einem anderen Blickwinkel betrachten:

> Das erste Glied der Folge hat den Wert 1, alle weiteren Glieder erhalten wir jeweils durch Halbieren des voraufgehenden Werts.

In einer etwas formaleren Notation schreiben wir das wie folgt:

$$a_k = \begin{cases} 1 & \texttt{falls k = 0} \\ \dfrac{a_{k-1}}{2} & \texttt{falls k > 0} \end{cases}$$

Dies bezeichnen wir als eine **induktive Definition** der Folge a_k. Intuitiv erkennen wir, dass durch die induktive und die explizite Definition die gleiche Zahlenfolge beschrieben ist. An dieser Stelle wollen wir uns klarmachen, dass induktiv definierte Folgen in der Programmierpraxis häufig vorkommen und sich in besonderer Weise für eine Berechnung durch Computerprogramme eignen.

Wir betrachten dazu ein Beispiel:

Ein Student möchte bei seiner Bank ein Darlehen in einer bestimmten Höhe aufnehmen. Er vereinbart mit seiner Bank eine feste monatliche Ratenzahlung. Diese Rate dient dazu, die monatlich anfallenden Zinsen zu bezahlen und enthält darüber hinaus einen Tilgungsbetrag, mit dem das Darlehen abbezahlt wird. Sie können sich nun vorstellen, dass in dem Maße, in dem die Restschuld abgetragen wird, der Anteil der Zinsen an der monatlichen Ratenzahlung fällt und der Tilgungsbetrag entsprechend wächst. Daraus ergibt sich ein ganz bestimmter Tilgungsplan, den wir im Folgenden aufstellen wollen. Darüber hinaus wollen wir noch einige durchaus bankenübliche Zusatzregelungen einfließen lassen.

Zunächst stellen wir alle relevanten Daten für das Darlehen zusammen:

Ausgangspunkt ist die anfängliche **Darlehenssumme** bzw. die **Restschuld**, die nach Tilgung gewisser Beträge jeweils übrigbleibt. Mit der Bank wird ein sogenannter **Nominalzins** vereinbart. Die Restschuld wird monatlich mit 1/12 dieses Nominalzinses verzinst. Die monatlich zu zahlende **Rate** wird ebenfalls festgelegt und muss natürlich größer als die anfallenden Zinsen sein, damit noch ein Tilgungsbetrag übrigbleibt. Der **Tilgungsbetrag** ergibt sich dann aus der Monatsrate nach Abzug der monatlichen Zinsen. Wegen des Risikos von Zinsschwankungen garantiert die Bank den obigen Nominalzins allerdings nur über einen gewissen Zeitraum. In diesem Zeitraum besteht dann eine **Zinsbindung**. Nach Ablauf dieser Zeit gelten die dann marktüblichen Zinsen, die im Vorhinein natürlich nur geschätzt werden können und ein gewisses Risiko in dem Finanzierungsplan darstellen. Letzlich wird mit der Bank noch vereinbart, dass jährliche **Sondertilgungen** in einer bestimmten Höhe getätigt werden können.

Den Kreditnehmer interessiert natürlich besonders, wie hoch nach einer gewissen Anzahl von Monaten seine Restschuld ist. Wir bezeichnen die Restschuld nach Ablauf von n Monaten mit $\texttt{rest}_n$. In diesem Sinne ist $\texttt{rest}_0$ der volle Darlehensbetrag, aber über die weitere Entwicklung der Folge $rest_n$ wissen wir noch nicht sehr viel. Wir wissen aber, dass die Zinsen einen großen Einfluss auf die Entwicklung dieser Folge haben. Nun ist der Zinssatz ebenfalls abhängig von der Zeit, da wir ja einen Zinssatz (zins1) für den Zeitraum innerhalb der Zinsbindung und einen weiteren Zinssatz (zins2) außerhalb der Zinsbindung zu betrachten haben. Wenn wir die Anzahl der Jahre, für die die Zinsbindung besteht, mit bindung bezeichnen, so erhalten wir die folgende Formel für den gültigen Zinssatz (zins) im n-ten Monat:

$$zins_n = \begin{cases} zins1 & falls\ n \leq bindung \cdot 12 \\ zins2 & falls\ n > bindung \cdot 12 \end{cases}$$

Mit diesem Zinssatz können wir dann die monatliche Zinslast (zinsen) auf der Restschuld berechnen:

$$zinsen_n = \frac{rest_n \cdot zins_n}{1200}$$

Was von der monatlichen Rate nach Abzug der Zinsen noch übrig bleibt, dient zur Tilgung des Darlehens. Ist dieser mögliche Tilgungsbetrag größer als die Restschuld, so wird nur in der Höhe der Restschuld getilgt, denn der Kreditnehmer will natürlich nicht mehr Geld zurückzahlen, als er bekommen hat. Damit ergibt sich für die Tilgung im n-ten Monat:

$$tilgung_n = \begin{cases} rate - zinsen_n & falls\ rate - zinsen_n < rest_n \\ rest_n & falls\ rate - zinsen_n \geq rest_n \end{cases}$$

Die Restschuld mindert sich dann um diesen Tilgungsbetrag. Wir haben aber noch die jährlich vereinbarten Sonderzahlungen zu berücksichtigen. Diese dürfen natürlich ebenfalls nicht den nach Abzug der Tilgung verbleibenden Darlehensrest übersteigen und es gilt:

$$sonderz_n = \begin{cases} sondertilgung & falls\ n\ durch\ 12\ teilbar \\ & und\ sondertilgung < rest_n - tilgung_n \\ rest_n - tilgung_n & falls\ n\ durch\ 12\ teilbar \\ & und\ sondertilgung \geq rest_n - tilgung_n \\ 0 & falls\ n\ nicht\ durch\ 12\ teilbar \end{cases}$$

Insgesamt ergibt sich dann nach Abzug aller Zahlungen der neue Darlehensrest:

$$rest_{n+1} = rest_n - tilgung_n - sonderz_n$$

Wir haben damit alle für unser Problem relevanten Formeln hergeleitet und können mit der Programmierung beginnen. An dieser Stelle stoßen wir auf ein Problem mit unseren noch recht unvollkommenen Programmierkenntnissen. Wir wollen die Ergebnisse in einer sauber formatierten Tabelle ausgeben. Dazu müssen wir wissen, wie man das erreicht. Man kann bei der Ausgabe von Gleitkommazahlen zusätzliche Formatierungsanweisungen mitgeben, indem man die Feldbreite und die Anzahl der nach dem Dezimalpunkt auszugebenden Stellen angibt.

So führt die Anweisung

```
printf( "Ausgabe: %8.2f\n", test);
```

zu einer Ausgabe mit 8 Zeichen Feldbreite und zwei Stellen hinter dem Dezimalpunkt. Die Möglichkeiten zur Formatierung der Ausgabe wollen wir an dieser Stelle nicht im Einzelnen diskutieren. Die Details entnehmen Sie bitte den Compilerhandbüchern oder dem Hilfe-System Ihrer Entwicklungsumgebung.

Schritt für Schritt erstellen wir jetzt das Programm. Zunächst legen wir die erforderlichen Variablen an. Wir verwenden dabei die oben eingeführten Namen, sodass der Verwendungszweck der Variablen klar sein sollte:

```
main()
    {
    float rest, rate, zins1, zins2, sondertilgung;
    int bindung;

    int monat;
    float zins, zinsen, tilgung, sonderz;
    }
```

▲ CD-ROM P_04_1/tilgung.c

Die ersten 6 Variablen muss der Benutzer eingeben, während die letzten 5 nur zur internen Verarbeitung dienen. Den Dialog mit dem Benutzer führen wir in der folgenden Weise aus:

```
main()
    {
    float rest, rate, zins1, zins2, sondertilgung;
    int bindung;

    int monat;
    float zins, zinsen, tilgung, sonderz;
```

```
        printf( "Darlehen:                ");
        scanf( "%f", &rest);
        printf( "Nominalzins:             ");
        scanf( "%f", &zins1);
        printf( "Monatsrate:              ");
        scanf( "%f", &rate);
        printf( "Zinsbindung (Jahre):     ");
        scanf( "%d", &bindung);
        printf( "Zinssatz nach Bindung:   ");
        scanf( "%f", &zins2);
        printf( "Jaehrliche Sondertilgung: ");
        scanf( "%f", &sondertilgung);
    }
```

▲ **CD-ROM** P_04_1/tilgung.c

Jetzt sind alle Daten zur Erstellung des Tilgungsplans eingegeben, und wir können mit der Berechnung des Tilgungsplans beginnen. Zunächst wird eine Überschrift ausgegeben. Dann gehen wir in einer Schleife Monat für Monat vor. Die Schleife endet, wenn das Darlehen vollständig abgetragen ist, also kein Rest mehr bleibt. Die bei der Ausgabe zwischen das %-Zeichen und die Kennung (d oder f) für das Zahlenformat eingeschobenen Zahlen formatieren die Ausgabe so, dass eine gut lesbare Tabellendarstellung entsteht. Durch diese Zahlen werden die »Breite« der Ausgabe sowie die Anzahl der hinter dem Dezimalpunkt auszugebenden Ziffern festgelegt.

D_04_1

```
main()
    {
    ... Variablendefinition und Eingaben wie oben ...

    printf( "\nTilgungsplan:\n\n");
    printf( "Monat Zinssatz Zinsen Tilgung Sondertilg Rest\n");
```
```
A   for( monat = 1; rest > 0; monat = monat + 1)
        {
B       printf( "%5d", monat);

C       if( monat <= bindung * 12)
            zins = zins1;
        else
            zins = zins2;
        printf( " %10.2f", zins);

D       zinsen = rest * zins / 1200;
        printf( " %10.2f", zinsen);
```

```
E       tilgung = rate - zinsen;
        if( tilgung > rest)
            tilgung = rest;
        printf( " %10.2f", tilgung);


F       rest = rest - tilgung;


G       sonderz = 0;
        if( (monat % 12) == 0)
            {
            sonderz = sondertilgung;
            if( sonderz > rest)
                sonderz = rest;
            }
        printf( " %10.2f", sonderz);


H       rest = rest - sonderz;
        printf( " %10.2f", rest);


I       printf( "\n");
        }
    }
```

▲ **CD-ROM** P_04_1/tilgung.c

Dazu einige Erklärungen:

A: In einer Schleife wird Monat für Monat bearbeitet. Für jeden Monat werden die Anweisungen B–I ausgeführt. Die Schleife endet, wenn keine Restschuld mehr besteht, das Darlehen also vollständig getilgt ist.

B: Zunächst wird die laufende Nummer des Monats ausgegeben. Es erfolgt kein Zeilenvorschub. Alle Ausgaben für einen Monat erscheinen in der gleichen Zeile.

C: Jetzt wird der zur Anwendung kommende zins ermittelt. Vor Ablauf der Zinsbindung ist dies zins1, danach zins2.

D: Hier werden die auf die Restschuld fälligen Zinsen berechnet.

E: Dann wird die Tilgung nach der oben hergeleiteten Formel berechnet und ausgegeben.

F: Der Darlehensrest wird um die Tilgung gemindert.

G: Hier wird festgestellt, ob eine Sondertilgung fällig ist. Eine Sondertilgung ist fällig, wenn die Monatszahl ohne Rest durch 12 teilbar ist. Wir verwenden hier den Operator %, der den Rest einer Division ermittelt. Das Ergebnis von monat %12 ist 0, wenn ein komplettes Jahr abgelaufen ist und eine Sonderzahlung geleistet wird. Vor der Ausgabe wird noch dafür gesorgt, dass die Sondertilgung nicht höher als der Darlehensrest ausfällt.

H: Jetzt wird auch noch die Sondertilgung vom Darlehensrest abgezogen. Der jetzt noch verbleibende Betrag wird ausgegeben.

I: Ein Zeilenvorschub schließt die Ausgabezeile für einen Monat ab.

In einem konkreten Lauf erfragt das Programm zunächst alle für das Darlehen relevanten Daten

```
Darlehen:                100000
Nominalzins:             6.5
Monatsrate:              3000
Zinsbindung (Jahre):     1
Zinssatz nach Bindung:   8.0
Jährliche Sondertilgung: 10000
```

und erzeugt dann den zugehörigen Tilgungsplan:

```
Tilgungsplan:

Monat   Zinssatz      Zinsen     Tilgung Sondertilg Restschuld
    1       6.50      541.67     2458.33       0.00   97541.66
    2       6.50      528.35     2471.65       0.00   95070.02
    3       6.50      514.96     2485.04       0.00   92584.98
    4       6.50      501.50     2498.50       0.00   90086.48
    5       6.50      487.97     2512.03       0.00   87574.45
    6       6.50      474.36     2525.64       0.00   85048.80
    7       6.50      460.68     2539.32       0.00   82509.48
    8       6.50      446.93     2553.07       0.00   79956.41
    9       6.50      433.10     2566.90       0.00   77389.51
   10       6.50      419.19     2580.81       0.00   74808.70
   11       6.50      405.21     2594.79       0.00   72213.91
   12       6.50      391.16     2608.84   10000.00   59605.07
   13       8.00      397.37     2602.63       0.00   57002.44
   14       8.00      380.02     2619.98       0.00   54382.45
   15       8.00      362.55     2637.45       0.00   51745.00
   16       8.00      344.97     2655.03       0.00   49089.97
   17       8.00      327.27     2672.73       0.00   46417.23
```

18	8.00	309.45	2690.55	0.00	43726.68
19	8.00	291.51	2708.49	0.00	41018.20
20	8.00	273.45	2726.55	0.00	38291.65
21	8.00	255.28	2744.72	0.00	35546.93
22	8.00	236.98	2763.02	0.00	32783.91
23	8.00	218.56	2781.44	0.00	30002.46
24	8.00	200.02	2799.98	10000.00	17202.48
25	8.00	114.68	2885.32	0.00	14317.16
26	8.00	95.45	2904.55	0.00	11412.61
27	8.00	76.08	2923.92	0.00	8488.70
28	8.00	56.59	2943.41	0.00	5545.29
29	8.00	36.97	2963.03	0.00	2582.26
30	8.00	17.22	2582.26	0.00	0.00

Das Beispiel zeigt, wie einfach man in einer Programmschleife eine iterativ definierte Folge berechnen kann, ohne sich Gedanken über eine explizite Darstellung der Folge machen zu müssen. Das Beispiel zeigt auch, dass man eine Aufgabenstellung zunächst mit Papier und Bleistift analysieren sollte, bevor man mit der Programmierung anfängt.

4.2 Summen

Häufig will man mit den Zahlen einer bestimmten Folge rechnen. Man will sie beispielsweise aufsummieren. Für Aufgaben dieser Art wollen wir eine hilfreiche Notation einführen. Wenn wir die Summe der ersten 10 Glieder der Folge $a_k = \frac{1}{2^k}$ berechnen wollen, so notieren wir das in der Form:

$$\sum_{k=0}^{9} a_k = \sum_{k=0}^{9} \frac{1}{2^k} = 1 + \frac{1}{2} + \cdots + \frac{1}{2^8} + \frac{1}{2^9}$$

Der Index k läuft von 0 bis 9, das sind zehn Summanden. Die sich dabei ergebenden Werte für a_k werden aufsummiert. Auf die Bezeichnung des Index kommt es dabei nicht an. Wir können k durch irgendeinen anderen Buchstaben ersetzen, ohne dass sich an der Bedeutung des Ausdrucks etwas ändert.

Die Summationsgrenzen können auch durch unbestimmte Werte gegeben sein

$$\sum_{k=m}^{n} a_k = \sum_{k=m}^{n} \frac{1}{2^k} = \frac{1}{2^m} + \frac{1}{2^{m+1}} + \cdots + \frac{1}{2^{n-1}} + \frac{1}{2^n},$$

und es können beliebige Indexberechnungen vorkommen. Wollen wir beispielsweise alle ungeraden Zahlen zwischen 0 und 100 summieren, so können wir dafür

$$\text{summe} = \sum_{k=0}^{49} (2k + 1) = 1 + 3 + 5 + \cdots + 97 + 99$$

schreiben. Häufig werden wir von der Möglichkeit Gebrauch machen, in einer Summenformel eine sogenannte Indexverschiebung durchzuführen. Wenn wir beispielsweise in der obigen Formel die Summation von 1 bis 50 laufen lassen und im Gegenzug die Indexerhöhung im zu summierenden Ausdruck rückgängig machen, so ändert sich der Wert der Summe nicht:

$$\sum_{k=0}^{49} (2k + 1) = \sum_{k=1}^{50} (2(k - 1) + 1) = \sum_{k=1}^{50} (2k - 1)$$

Allgemein können wir also die folgende Aussage über die Indexverschiebung in Summen formulieren:

$$\sum_{k=m}^{n} a_k = \sum_{k=m+v}^{n+v} a_{k-v}$$

Beachten Sie, dass es sich bei den hier vorgestellten Begriffen nur um Schreibweisen handelt, die einen bequemen und sicheren Umgang mit mathematischen Formeln erlauben. An mathematischer Substanz enthalten die Schreibweisen nicht mehr, als von der Schulmathematik her bekannt ist. Konkrete Rechenregeln für den Umgang mit den neuen Symbolen wollen wir daher auch nicht formal einführen, sondern intuitiv benutzen.

Wir wollen jetzt einige konkrete Rechnungen unter Verwendung des Summenzeichens durchführen. Wir betrachten dazu einige aus Legosteinen erstellte Figuren, für die wir den Bedarf an Bausteinen sowohl durch eine Formel als auch durch ein Programm berechnen wollen. Als Abfallprodukt unserer Rechnungen erhalten wir einige Formeln, die wir im Weiteren nutzbringend verwenden können.

Wir beginnen mit einer einfachen Treppe[1], die wir alle in unserer Kindheit sicher schon einmal gebaut haben:

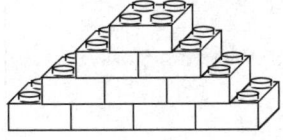

---

1. Siehe auch Aufgabe A 3.8, die Sie eigentlich schon gelöst haben sollten.

Abhängig von der Höhe h dieser Treppe ergibt sich für die Anzahl der verwendeten Legosteine:

$$s_1(h) = \sum_{v=1}^{h} v = 1 + 2 + 3 + \dots + h$$

Die schrittweise Berechnung der Summe legt das folgende Programm nahe:

D_04_2

```
main()
    {
    int max;
    int hoehe;
    int steine;

    printf( "maximale Hoehe: ");
    scanf( "%d", &max);
    steine = 0;
    for( hoehe = 1; hoehe <= max; hoehe = hoehe + 1)
        {
        steine = steine + hoehe;
        printf( "\nHoehe: %d Steine: %d", hoehe, steine);
        }
    printf( "\n");
    }
```

▲ **CD-ROM** P_04_2/lego.c

Der Benutzer gibt die maximale Höhe ein und das Programm berechnet dann schrittweise die Anzahl der benötigten Steine:

```
maximale Hoehe: 10

Hoehe: 1 Steine: 1
Hoehe: 2 Steine: 3
Hoehe: 3 Steine: 6
Hoehe: 4 Steine: 10
Hoehe: 5 Steine: 15
Hoehe: 6 Steine: 21
Hoehe: 7 Steine: 28
Hoehe: 8 Steine: 36
Hoehe: 9 Steine: 45
Hoehe: 10 Steine: 55
```

Will man den Bedarf an Steinen für eine Treppe der Höhe 10 berechnen, so ergibt sich – sozusagen als Abfallprodukt – in diesem Programm auch der Bedarf für Treppen der Höhe 1-9. Hätte man eine Formel, nach der sich der Bedarf an Steinen direkt berechnen ließe, so könnte man das Programm an dieser Stelle vereinfachen.

Um eine solche Formel zu finden, multiplizieren wir die gesuchte Summe mit 2 und formen anschließend um:

$$2 \cdot s_1(h) = 2 \sum_{v=1}^{h} v \qquad = 2(1 + 2 + \cdots + h)$$

$$= 2 \sum_{v=0}^{h} v \qquad = 2(0 + 1 + 2 + \cdots + h)$$

$$= \sum_{v=0}^{h} v + \sum_{v=0}^{h} v \qquad = (0 + 1 + 2 + \cdots + h) + (0 + 1 + 2 + \cdots + h)$$

$$= \sum_{v=0}^{h} v + \sum_{v=0}^{h} (h - v) = (0 + 1 + 2 + \cdots + h) + (h + h - 1 + \cdots + 0)$$

$$= \sum_{v=0}^{h} (v + h - v) \qquad = (0 + h - 0) + (1 + h - 1) + \cdots + (h + h - h)$$

$$= \sum_{v=0}^{h} h \qquad = \underbrace{(h + h + \cdots + h)}_{h+1-\text{mal}}$$

$$= h(h + 1)$$

Wir dividieren durch 2 und erhalten ein Ergebnis, das der Mathematiker Gauß[2] bereits in der Grundschule entdeckte, als ihn sein Lehrer mit der stupiden Aufgabe, alle Zahlen von 1 bis 100 zu addieren, zu quälen versuchte.[3]

$$\sum_{k=1}^{h} k = \frac{h(h + 1)}{2}$$

Für die obige Treppe der Höhe 4 ergibt sich durch Einsetzen $s_1(4) = 10$. Ein Ergebnis, das auch das Programm geliefert hat.

---

2. Carl Friedrich Gauß (1777–1855), der »Fürst der Mathematiker«, der zu vielen Gebieten der Mathematik bedeutende Beiträge geliefert hat.
3. Die Idee hinter diesem Beweis ist, dass sich zwei solche Treppen zu einer Mauer der Höhe h und der Breite h+1 ergänzen.

Als Nächstes bauen wir die folgende (wenig stabile) Treppe:

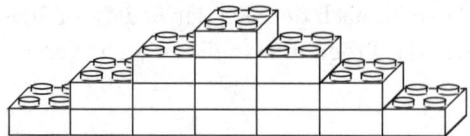

Zur Ermittlung der Anzahl der Steine müssen hier alle ungeraden Zahlen (1,3,5,...) summiert werden. Bezeichnen wir die Anzahl der benötigten Steine mit $s_2(h)$, so ergibt sich:

$$s_2(h) = \sum_{v=1}^{h} (2v - 1)$$

Das Programm zur Auswertung dieser Formel können Sie durch einfache Abwandlung des obigen Programms erhalten (siehe auch Aufgabe A 4.2). Das Programm liefert dann die folgenden Summenwerte:

```
maximale Hoehe: 10

Hoehe: 1 Steine: 1
Hoehe: 2 Steine: 4
Hoehe: 3 Steine: 9
Hoehe: 4 Steine: 16
Hoehe: 5 Steine: 25
Hoehe: 6 Steine: 36
Hoehe: 7 Steine: 49
Hoehe: 8 Steine: 64
Hoehe: 9 Steine: 81
Hoehe: 10 Steine: 100
```

Auf den ersten Blick könnte es sich dabei um die Folge der Quadratzahlen handeln.[4] Nur, die Berechnung von 10 (oder auch 100 oder 1000) Werten ist kein sicherer Beweis für die Gültigkeit einer allgemeinen Formel. Für einen exakten Nachweis unserer Vermutung müssen wir rechnen. Aber das fällt hier nicht schwer:

$$s_2(h) = \sum_{v=1}^{h} (2v - 1) = 2\sum_{v=1}^{h} v - \sum_{v=1}^{h} 1 = 2s_1(h) - h = h(h + 1) - h = h^2$$

Unsere Vermutung war also korrekt.

---

4. Durch einen geschickten »Umbau« der Treppe zu einer Mauer kann man erkennen, dass die Vermutung korrekt ist.

Jetzt bauen wir Pyramiden. Zunächst eine mit viereckigem Grundriss:

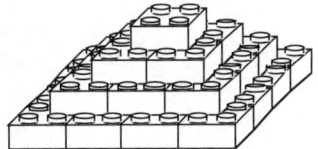

Auf jeder Ebene haben wir hier ein Quadrat aus Steinen und somit ergibt sich der Gesamtbedarf nach der folgenden Formel:

$$s_3(h) = \sum_{v=1}^{h} v^2$$

Die Erstellung des Berechnungsprogramms überlasse ich Ihnen auch hier als Übungsaufgabe (Aufgabe A 4.3). Wir betrachten hier nur die Ergebnisse:

```
maximale Hoehe: 10

Hoehe: 1 Steine: 1
Hoehe: 2 Steine: 5
Hoehe: 3 Steine: 14
Hoehe: 4 Steine: 30
Hoehe: 5 Steine: 55
Hoehe: 6 Steine: 91
Hoehe: 7 Steine: 140
Hoehe: 8 Steine: 204
Hoehe: 9 Steine: 285
Hoehe: 10 Steine: 385
```

Ein allgemeines Bildungsgesetz ist hier sicherlich schwer zu erraten. Wir müssen daher rechnen und starten etwas uneinsichtig mit:

$$\sum_{v=0}^{h} (v+1)^3 = \sum_{v=0}^{h} (v^3 + 3v^2 + 3v + 1)$$

$$= \sum_{v=0}^{h} v^3 + 3\sum_{v=0}^{h} v^2 + 3\sum_{v=0}^{h} v + \sum_{v=0}^{h} 1$$

$$= \sum_{v=1}^{h} v^3 + 3\sum_{v=1}^{h} v^2 + 3\frac{h(h+1)}{2} + (h+1)$$

Bei der Auflösung wird die gesuchte Summe auf der rechten Seite der Gleichung ausgeworfen. Wir lösen die Formel nach der gesuchten Summe auf:

$$3\sum_{v=1}^{h} v^2 = \sum_{v=0}^{h} (v+1)^3 - \sum_{v=1}^{h} v^3 - 3\frac{h(h+1)}{2} - (h+1)$$

$$= \sum_{v=1}^{h+1} v^3 - \sum_{v=1}^{h} v^3 - 3\frac{h(h+1)}{2} - (h+1)$$

$$= (h+1)^3 - 3\frac{h(h+1)}{2} - (h+1)$$

$$= \frac{2(h+1)^3 - 3h(h+1) - 2(h+1)}{2}$$

$$= \frac{2h^3 + 3h^2 + h}{2}$$

$$= \frac{h(h+1)(2h+1)}{2}$$

Jetzt noch durch 3 dividieren, und wir erhalten das Ergebnis:

$$s_3(h) = \sum_{v=1}^{h} v^2 = \frac{h(h+1)(2h+1)}{6}$$

Auch hier ergibt sich eine Übereinstimmung zwischen Formel und Programm.

Zum Abschluss untersuchen wir noch eine Pyramide mit dreieckigem Grundriss:

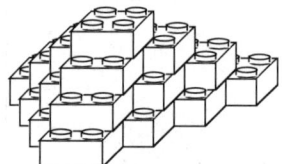

In jeder Ebene finden wir hier eine Treppe wie im ersten Beispiel vor. Wir kommen also zu folgendem Ansatz:

$$s_4(h) = \sum_{v=1}^{h} s_1(v) = \sum_{v=1}^{h} \frac{v(v+1)}{2}$$

Auch das können Sie einfach programmieren (Aufgabe A 4.4). Sie sollten dabei das folgende Ergebnis erhalten:

```
maximale Hoehe: 10

Hoehe: 1 Steine: 1
Hoehe: 2 Steine: 4
Hoehe: 3 Steine: 10
Hoehe: 4 Steine: 20
Hoehe: 5 Steine: 35
Hoehe: 6 Steine: 56
Hoehe: 7 Steine: 84
Hoehe: 8 Steine: 120
Hoehe: 9 Steine: 165
Hoehe: 10 Steine: 220
```

Zur allgemeinen Berechnung der Summe führen wir den Ausdruck vollständig auf bereits bekannte Formeln zurück:

$$
\begin{aligned}
s_4(h) &= \sum_{v=1}^{h} \frac{v(v+1)}{2} \\
&= \frac{1}{2}\left(\sum_{v=1}^{h} v^2 + \sum_{v=1}^{h} v \right) \\
&= \frac{1}{2}\left(\frac{h(h+1)(2h+1)}{6} + \frac{h(h+1)}{2} \right) \\
&= \frac{1}{2}\left(\frac{h(h+1)(2h+4)}{6} \right) \\
&= \frac{h(h+1)(h+2)}{6}
\end{aligned}
$$

Für eine dreieckige Pyramide der Höhe 4 benötigt man also insgesamt $s_4(4) = 20$ Legosteine.

4.3 Produkte

Was wir im vorigen Abschnitt für die Addition durchgeführt haben, lässt sich ohne weiteres auf die Multiplikation übertragen. Hier verwenden wir die Notation

$$
\prod_{k=1}^{n} a_k = a_1 \cdot a_2 \cdot \cdots \cdot a_{n-1} \cdot a_n,
$$

um ein allgemeines Produkt zu beschreiben.

Ich möchte an dieser Stelle nur ein einfaches, aber überaus wichtiges Beispiel für ein Produkt geben. Das Produkt der ersten n natürlichen Zahlen

$$\prod_{k=1}^{n} k = 1 \cdot 2 \cdot \dots \cdot (n-1) \cdot n$$

ist für die Mathematik und die Informatik so bedeutend, dass man es mit einem eigenen Namen versehen hat. Man bezeichnet dieses Produkt mit »n!« (sprich n-Fakultät). In Formeln:

$$n! = \prod_{k=1}^{n} k = 1 \cdot 2 \cdot \dots \cdot (n-1) \cdot n$$

Wir erstellen auch hier ein Berechnungsprogramm:

```c
main()
    {
    int max;
    int n;
    int fak;

    printf( "Maximalzahl: ");
    scanf( "%d", &max);
    fak = 1;
    for( n = 1; n <= max; n = n + 1)
        {
        fak = fak*n;
        printf( "\n%d! = %d", n, fak);
        }
    printf( "\n");
    }
```

▲ CD-ROM P_04_3/fak.c

Im Programmkern wird jetzt nicht addiert, sondern multipliziert. Mit dem Programm lassen wir dann die Fakultäten von 1 bis 7 berechnen:

```
Maximalzahl: 7

1! = 1
2! = 2
3! = 6
4! = 24
5! = 120
6! = 720
7! = 5040
```

Es handelt sich bei der Folge der Fakultäten im Übrigen um eine derart stark anwachsende Zahlenfolge, dass schon für relativ kleine Werte von n ein Überlauf auftritt und den Ergebnissen des Programms nicht mehr zu trauen ist.

4.4 Aufgaben

A 4.1 Schreiben Sie ein Programm, das zu einem gegebenen Anfangskapital und einem jährlichen Zinssatz berechnet, wie viele Jahre benötigt werden, damit das Kapital eine bestimmte Zielsumme überschreitet!

A 4.2 Sie haben zwei ausreichend große Eimer. Im ersten befinden sich x im zweiten y Liter Wasser. Sie füllen nun immer a% des Wassers aus dem ersten in den zweiten und anschließend b% des Wassers aus dem zweiten in den ersten Eimer. Diesen Umfüllprozess führen Sie n mal durch. Erstellen Sie ein Programm, das nach Eingabe der Startwerte (x, y, a, b und n) die Füllstände der Eimer nach jedem Umfüllen ermittelt und auf dem Bildschirm ausgibt! Welche Aufteilung des Wassers ergibt sich auf lange Sicht für unterschiedliche Startwerte?

A 4.3 Herr und Hund machen einen Spaziergang von s Kilometern. Der Herr geht mit einer konstanten Geschwindigkeit von v1 Kilometern in der Stunde. Der Hund läuft mit konstanter Geschwindigkeit v2 (v2 > v1) zum Zielpunkt voraus und kehrt von dort jeweils zu seinem Herrn zurück:

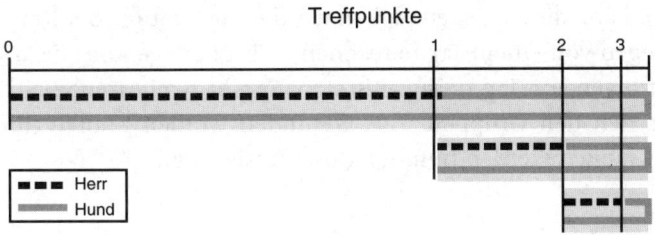

Erstellen Sie ein Programm, das die Eingabedaten s, v1, v2 sowie die Anzahl der zu berechnenden Treffpunkte vom Benutzer erfragt und dann die Folge der Treffpunkte auf dem Bildschirm ausgibt!

Hinweis: Wenn der Herr die Strecke a bis zum 1. Treffpunkt zurücklegt, so schafft der Hund in der Zeit die Strecke 2s-a. Die beiden Strecken verhalten sich zueinander wie v1 zu v2. Es muss also gelten:

$$\frac{a}{2s - a} = \frac{v1}{v2}$$

A 4.4 In einem Schulbezirk gibt es 1200 Planstellen für Lehrer. Diese unterteilen sich derzeit in 40 Studiendirektoren, 160 Oberstudienräte und 1000 Studienräte. Alle drei Jahre ist eine Beförderung möglich, dabei steigen jeweils 10% der Oberstudienräte und 20% der Studienräte in die nächsthöhere Gruppe auf. Darüber hinaus gehen 20% einer jeden Gruppe innerhalb von drei Jahren in den Ruhestand. Die dadurch frei werdenden Planstellen werden mit Studienräten besetzt. Schreiben Sie ein Programm, das die bestehende Situation in 3-Jahreszyklen fortschreibt! Welche Verteilung von Direktoren, Oberräten und Räten ergibt sich auf lange Sicht? Drehen Sie an der »Beförderungsschraube« für Oberstudienräte und Studienräte, um andere Verteilungen zu erreichen!

A 4.5 Epidemien (z.B. Grippewellen) breiten sich in der Bevölkerung nach gewissen Gesetzmäßigkeiten aus. Die Bevölkerung zerfällt im Verlauf einer Epidemie in drei Gruppen. Als **Gesunde** bezeichnen wir Menschen, die mit dem Krankheitserreger noch nicht in Berührung gekommen sind und deshalb ansteckungsgefährdet sind. **Kranke** sind Menschen, die akut infiziert und ansteckend sind. **Immunisierte** letztlich sind Menschen, die die Krankheit überstanden haben und weder ansteckend noch ansteckungsgefährdet sind.

Als Ausgangssituation betrachten wir eine feste Population von x Menschen, unter denen sich bereits eine gewisse Anzahl y von Kranken befindet:

```
gesund_0 = x - y
krank_0  = y
immun_0  = 0
```

Ausgehend von diesen Daten wollen wir die Ausbreitung der Krankheit in Zeitsprüngen von einem Tag berechnen. Wir überlegen uns dazu, welche Veränderungen von Tag zu Tag auftreten. Es gibt zwei Arten von Übergängen zwischen den Gruppen. Aus Gesunden werden Kranke (Infektion) und aus Kranken werden Immune (Immunisierung).

Die Zahl der Infektionen ist proportional zur Zahl der Gesunden und proportional zum Anteil der Kranken in der Gesamtbevölkerung. Denn je mehr Gesunde es gibt, desto mehr Menschen können sich anstecken, und je mehr Ansteckende es gibt, desto mehr Menschen können angesteckt werden. Mit einem geeigneten Proportionalitätsfaktor (Infektionsrate) nimmt daher die Zahl der Gesunden ständig ab:

```
gesund_{n+1} = gesund_n - infektionsrate · gesund_n · krank_n/x
```

Die Zahl der Immunisierungen ist proportional zur Zahl der Kranken, denn je mehr Menschen erkrankt sind, desto mehr Menschen erlangen Immunität. Mit einem geeigneten Proportionalitätsfaktor (Immunisierungsrate) gilt daher:

```
immun_{n+1} = immun_n + immunisierungsrate · krank_n
```

Der Rest der Population ist krank:

```
krank_{n+1} = x - gesund_{n+1} - immun_{n+1}
```

Die Proportionalitätsfaktoren (Infektionsrate und Immunisierungsrate) hängen dabei von medizinisch-sozialen Faktoren wie Art der Krankheit, hygienische Bedingungen, Bevölkerungsdichte, medizinische Versorgung etc. ab und können daher nur empirisch ermittelt werden. Sind diese Faktoren aber aus der Kenntnis früherer Epidemien her bekannt, so können Sie mit einem einfachen Programm den Verlauf der Krankheitswelle vorausberechnen. Erstellen Sie das Programm und ermitteln Sie den Verlauf einer Epidemie mit den folgenden Basisdaten:

```
Infektionsrate:        0.6
Immunisierungsrate:  0.06
Gesamtpopulation:    2000
Akut Kranke:           10
Anzahl Tage:           25
```

Die folgende Grafik zeigt für die obigen Basisdaten das epidemische Anwachsen des Krankenstandes, bis dem Virus der Nährboden entzogen wird und der Krankenstand langsam wieder abfällt:

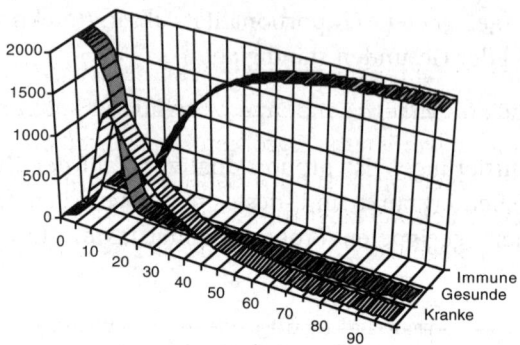

A 4.6 Erstellen Sie das Berechnungsprogramm für die Treppe und vergleichen Sie die Ergebnisse mit der hergeleiteten Formel!

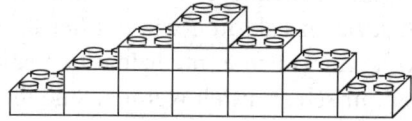

A 4.7 Erstellen Sie das Berechnungsprogramm für die Pyramide mit quadratischem Grundriss und vergleichen Sie die Ergebnisse mit der hergeleiteten Formel!

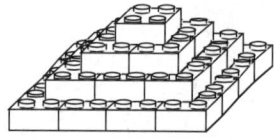

Welche Ergebnisse erhalten Sie, wenn die Pyramide innen hohl ist?

A 4.8 Erstellen Sie das Berechnungsprogramm für die Pyramide mit dreieckigem Grundriss und vergleichen Sie die Ergebnisse mit der hergeleiteten Formel!

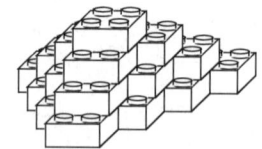

A 4.9 Der belgische Mathematiker Viktor d'Hondt entwickelte 1882 ein Verfahren, um zu einem Wahlergebnis die zugehörige Sitzverteilung für ein Parlament zu berechnen. Dieses Verfahren (d'Hondtsches Höchstzahlverfahren) wurde bis 1983 verwendet, um die Sitzverteilung für den deutschen Bundestag festzulegen.

Zur Durchführung des Verfahrens werden die Stimmergebnisse der Parteien fortlaufend durch die Zahlen 1, 2, 3, 4, ... dividiert. Sind n Sitze im Parlament zu vergeben, so werden die n größten Divisionsergebnisse ausgewählt und die zugehörigen Parteien erhalten für jede ausgewählte Zahl einen Sitz. Das folgende Beispiel zeigt das Ergebnis einer Wahl mit drei Parteien und 200000 abgegebenen Stimmen, bei der 10 Sitze zu vergeben waren:

	Partei A	Partei B	Partei C
Stimmen	100000	80000	20000

1	100000	80000	20000
2	50000	40000	10000
3	33333	26666	6666
4	25000	20000	5000
5	20000	16000	4000
6	16666	13333	3333
7	14285	11429	2857
8	12500	10000	2500

Sitze	5	4	1

Schreiben Sie ein Programm, das für eine beliebige Wahl mit drei Parteien die Sitzverteilung berechnet! Die Anzahl der zu vergebenden Sitze und die Stimmen für die drei Parteien sollen dabei vom Benutzer eingegeben werden.

A 4.10 In dem folgenden Zahlenkreis stehen die Buchstaben jeweils für eine Ziffer.

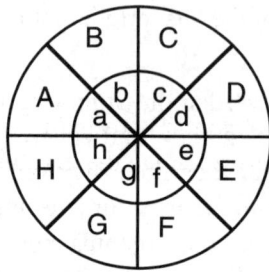

Diese Ziffern (1-9) sind so zu bestimmen, dass folgende Bedingungen erfüllt werden:

1. Aa, Bb, Cc, Dd, Ee, Ff, Gg und Hh sind Primzahlen.
2. ABC ist ein Vielfaches von Aa.
3. abc ist gleich cba.
4. CDE ist Produkt von Cc mit der Quersumme von CDE.
5. Bb ist gleich der Quersumme von cde.
6. EFG ist ein Vielfaches von Aa.
7. efg ist Produkt von Aa mit der Quersumme von efg.
8. GHA ist Produkt von eE mit der Quersumme von ABC.
9. Die Quersumme von gha ist Cc.

Zeigen Sie durch ein Programm, dass es genau eine mögliche Ziffernzuordnung gibt, und bestimmen Sie diese!

A 4.11 Erstellen Sie ein Programm, das zu einer vom Benutzer eingegebenen Zahl die Primzahlzerlegung ermittelt

```
Zahl: 13230
13230 = 2*3*3*3*5*7*7
```

und auf dem Bildschirm ausgibt!

A 4.12 Wichtige mathematische Funktionen können näherungsweise durch Summen (man nennt dies Potenzreihenentwicklung) berechnet werden.

Zum Beispiel:

$$\sin(x) = x - \frac{x^3}{3!} + \frac{x^5}{5!} - \frac{x^7}{7!} + \cdots$$

$$\cos(x) = 1 - \frac{x^2}{2!} + \frac{x^4}{4!} - \frac{x^6}{6!} + \cdots$$

$$e^x = 1 + x + \frac{x^2}{2!} + \frac{x^3}{3!} + \cdots$$

Erstellen Sie auf diesen Formeln basierende Berechnungsprogramme für Sinus, Cosinus und e-Funktion! Überprüfen Sie die Ergebnisse Ihrer Programme mit einem Taschenrechner!

5 Aussagenlogik

Logik ist eine Grundlagendiszipin für alle Natur- und Geisteswissenschaften und geht in ihren Anfängen auf den griechischen Philosophen Aristoteles[1] zurück. Als

▶ Lehre vom Begriff,

▶ Lehre vom Urteil und

▶ Lehre vom Schluss

versucht die Logik uns Gewissheit über unser Denken zu verschaffen und gehört damit zur wissenschaftlichen Propädeutik, also zu den Themen, mit denen sich ein Student – egal welcher Fachrichtung – beschäftigen sollte, bevor er sich den spezifischen Problemen seines Fachs zuwendet.

Wir beschäftigen uns nur mit einem Teilgebiet der Logik, der sogenannten **Aussagenlogik**, und das auch nur insoweit, wie uns diese Theorie in der Informatik und hier speziell für die Programmierung von Nutzen ist. Vorrangig interessieren wir uns dabei für den »rechnerischen« Umgang mit aussagenlogischen Formeln, also für algebraische Aspekte der Logik. Eine Darstellung der Logik als wissenschaftstheoretisches Fundament der Mathematik und der Informatik ist hier nicht geplant.

5.1 Aussagen

Die Aussagenlogik beschäftigt sich, wie nicht anders zu erwarten, mit Aussagen. Unter einer **Aussage** verstehen wir einen Satz, der entweder wahr oder falsch ist. Wir müssen nicht wissen, ob der Satz wahr oder falsch ist, wir müssen ihm nur prinzipiell zugestehen, dass er wahr oder falsch ist. Genau genommen interessieren wir uns nicht einmal dafür, ob der Satz wahr oder falsch ist.

---

1. Aristoteles von Stageira (384–322 v. Chr.), ein Schüler Platons, hat als Erster die Gesetzmäßigkeit von Denken und Erkennen untersucht. Seine wichtigsten philosophischen Schriften sind unter dem Titel Organon (= Werkzeug, gemeint ist Werkzeug des Denkens) zusammengefasst.

Aussagen sind z.B.:

> Bocholt liegt in NRW.
>
> Bocholt hat `71234` Einwohner.

Keine Aussagen im Sinne unserer Begriffsbildung sind dagegen:

> Guten Tag, meine Damen und Herren, guten Morgen, liebe Studenten![2]
>
> Wie spät ist es?

Bei der Programmierung haben wir es natürlich nicht mit umgangssprachlichen Aussagen, sondern mit präzise formulierten Aussagen in einer Programmiersprache wie `wert<10` oder `a+b<c` zu tun. Wir wollen uns deshalb auch nicht zu weit auf das glatte Eis umgangssprachlicher Aussagen hinausbegeben.

5.2 Logische Operatoren

Durch die Aussagenlogik möchten wir nicht ergründen, ob eine Aussage wirklich wahr oder falsch ist. Im Falle der Aussage über die Einwohnerzahl Bocholts wäre dafür auch eher das Einwohnermeldeamt als die Logik zuständig. Wir möchten aus elementaren Aussagen, deren Wahrheitswert wir als gegeben annehmen, komplexere Aussagen zuammensetzen und uns Gedanken über den Wahrheitswert dieser neuen Aussagen machen.

Eine zusammengesetzte Aussage ist etwa:

> »Bocholt liegt in NRW **und** Bocholt hat `71234` Einwohner.«

Der Wahrheitswert dieser zusammengesetzten Aussage hängt natürlich von den Wahrheitswerten der Einzelaussagen ab. Unser Sprachgefühl sagt uns, dass die Gesamtaussage richtig ist, wenn <u>beide</u> Teilaussagen richtig sind. Kennen wir also den Wahrheitswert der Teilaussagen, so kennen wir auch den Wahrheitswert der Gesamtaussage.

Das Wort »und«, mit dem wir die Teilaussagen verbunden haben, bezeichnen wir als **Junktor**[3]. Unsere Sprache kennt weitere Junktoren, die wir täglich benutzen, ohne uns vielleicht jemals deren genaue Bedeutung klargemacht zu haben. Als ein Beispiel betrachten wir den Junktor »während«. Diesen Junktor benutzen wir in verschiedenen Bedeutungen, zum einen, um einen Gegensatz, zum anderen, um einen gleichzeitigen Verlauf auszudrücken. Die Aussage

> »Mein Auto ist rot, **während** dein Auto grün ist.«

---

2. Sprichwörtlich gewordene Anmoderation eines WDR-Mittagsmagazins
3. Bindewort

heißt eigentlich nichts anderes als: »Mein Auto ist rot **und** dein Auto ist grün«. Dies allerdings mit dem deutlichen Zusatz: »Man beachte den feinen Unterschied«.

Wohingegen die Aussage

»Es regnete, **während** ich die Vorlesung besuchte.«

den zeitlichen Verlauf zweier Ereignisse beschreibt. Im ersten Fall macht der Junktor »während« einen subtilen Zusatz, der oft nur aus dem Zusammenhang und für »eingeweihte« Zuhörer zu verstehen ist. Im zweiten Fall kann der Wahrheitswert der Gesamtaussage nicht aus den Wahrheitswerten der einzelnen Aussagen abgeleitet werden, weil der Operator eine Zusatzaussage über die zeitliche Parallelität der Einzelaussagen macht. Beide Varianten des Junktors »während« sind für unsere Zwecke ungeeignet, denn wir wollen hier nur Junktoren behandeln, bei denen sich der resultierende Wahrheitswert zweifelsfrei aus den Wahrheitswerten der beteiligten Einzelaussagen herleiten lässt.

Weitere Beispiele für umgangssprachliche Junktoren sind:

▶ nicht ...
▶ ... oder ...
▶ weder ... noch ...
▶ wenn ... dann ...
▶ zwar ... aber ...
▶ entweder ... oder ...
▶ sowohl ... als auch ...

Mit umgangssprachlichen Formulierungen sind wir wegen der häufig auftretenden Fehlinterpretationen nicht zufrieden. Wir werden daher im Folgenden einige Präzisierungen durchführen müssen.

Zunächst benutzen wir für die Wahrheitswerte »wahr« bzw. »falsch« die Symbole 1 bzw. 0. Für Aussagen, die uns ja inhaltlich zunächst nicht weiter interessieren, setzen wir einfach Großbuchstaben A, B, C usw. oder A1, A2. »A ist wahr« heißt dann in Formelschreibweise A = 1. Umgekehrt heißt A = 0: »A ist falsch«. Die Abhängigkeit einer Gesamtaussage von ihren Teilaussagen drücken wir mathematisch korrekt durch eine Funktion f(A, B, C) aus. Da die Funktionsargumente (A, B und C) immer nur die Werte 0 bzw. 1 annehmen können, reicht eine Tabelle zur Beschreibung einer solchen Funktion vollständig aus.

A	B	C	f(A,B,C)
0	0	0	0
0	0	1	1
0	1	0	0
0	1	1	1
1	0	0	0
1	0	1	0
1	1	0	1
1	1	1	1

Wir sprechen in diesem Zusammenhang von einer **booleschen Funktion**[4] oder, um die Anzahl der Parameter zu betonen, von einer **n-stelligen booleschen Funktion**. In obigem Beispiel handelt es sich um eine 3-stellige boolesche Funktion. Die Funktionstabelle einer booleschen Funktion bezeichnen wir auch als **Wahrheitstafel**. Da es für eine n-stellige boolesche Funktion 2^n mögliche Belegungen der Eingangsvariablen gibt, hat die Wahrheitstafel einer solchen Funktion 2^n Zeilen. Jede dieser Zeilen kann einen der beiden Werte 0 oder 1 annehmen. Insgesamt gibt es also $2^{(2^n)}$ verschiedene n-stellige boolesche Funktionen.

Die oben angesprochenen Junktoren sind spezielle boolesche Funktionen, die wir über Wahrheitstafeln definieren können. Als Schreibweise wählen wir jedoch nicht die Funktionsschreibweise und(A,B) sondern die Operatorschreibweise A und B. Wir sprechen dann auch von **logischen Operatoren**.

Zunächst wollen wir die Operatoren **nicht**, **und** und **oder** einführen und dafür die Symbole $^-$, $\wedge$ und $\vee$ verwenden.

Bei »nicht« handelt es sich um einen 1-stelligen Operator, der, angewandt auf eine Aussage A, den Wahrheitswert von A umkehrt:

A	nicht A $\overline{A}$
0	1
1	0

---

4. George Boole (1815–1864), engl. Mathematiker und einer der Begründer der formalen Logik, die eine Trennung der Gesetze des Denkens von dem Gegenstand des Denkens vornimmt.

Die Aussage $\overline{A}$ ist also genau dann wahr, wenn die ursprüngliche Aussage A falsch ist.

Wir hatten bereits festgestellt, dass eine Aussage, die aus zwei mit »und« verbundenen Teilaussagen besteht, genau dann wahr ist, wenn beide Teilaussagen wahr sind. Den Operator »und« definieren wir also über die folgende Wahrheitstafel:

A	B	A und B $A \wedge B$
0	0	0
0	1	0
1	0	0
1	1	1

Auch für den Operator »oder« stellen wir eine Wahrheitstafel auf:

A	B	A oder B $A \vee B$
0	0	0
0	1	1
1	0	1
1	1	1

Eine Aussage, die aus zwei mit »oder« verbundenen Teilaussagen besteht, ist also genau dann wahr, wenn **mindestens eine** der beiden Teilaussagen wahr ist.

An dieser Definition erhitzen sich oft die Gemüter. Vielfach wird gefordert, dass die Aussage »A oder B« falsch zu sein habe, wenn A und B beide wahr sind. Dies entspricht dem Junktor »entweder ... oder ...«. Die deutsche Sprache[5] trennt leider nicht sauber zwischen »oder« und »entweder ... oder«. Vielfach wird dort, wo eigentlich »entweder ... oder ...« gemeint ist, einfach nur »oder« verwendet. In aller Regel ist das unproblematisch, weil zumeist aus dem Zusammenhang klar ist, welcher der beiden Junktoren gemeint ist oder weil sich die Alternativen sowieso gegenseitig ausschließen.

So bedeutet die Frage

»Sollen wir um 8 Uhr **oder** um 10 Uhr ins Kino gehen?«

in aller Regel:

»Sollen wir **entweder** um 8 Uhr **oder** um 10 Uhr ins Kino gehen?«

---

5. Die lateinische Sprache kennt z.B. »vel« für das nicht ausschließende und »aut« für das ausschließende »oder«.

Im strengen Sinne unseres Gebrauchs des Junktors »oder« schließt die erste Formulierung der Frage nicht aus, sowohl um 8 als auch um 10 ins Kino zu gehen. Seien Sie also immer vorsichtig! Wenn ein Logiker Sie auf der Straße mit den Worten »Geld oder Leben!« überfällt, und Sie geben Ihm das Geld, kann er immer noch Ihr Leben nehmen, ohne wortbrüchig zu werden. Bestehen Sie also in dieser Situation auf der Formulierung »Entweder Geld oder Leben« und geben Sie dann erst das Geld. Zum Schluss aber noch ein Beispiel, dass wir auch in unserer Umgangssprache das nicht ausschließende »oder« ganz selbstverständlich benutzen. Wenn Sie etwa an der Grenze gefragt werden

»Haben Sie Ihren Pass **oder** Ihren Personalausweis dabei?«

würden Sie dann mit Nein antworten, wenn Sie zufällig <u>beide</u> Dokumente eingesteckt haben?

Mit den Bausteinen »nicht«, »und« und »oder« können wir jetzt beliebig komplexe logische Ausdrücke zusammensetzen. Aber noch immer lässt die Umgangssprache zu viel Interpretationsspielraum. Wenn etwa die Zollvorschriften besagen, dass man

entweder 1 Liter Spirituosen **oder** 5 Liter Bier **und** eine Stange Zigaretten

importieren darf, so ist die Frage ob

(**entweder** 1 Liter Spirituosen **oder** 5 Liter Bier) **und** eine Stange Zigaretten

oder

entweder 1 Liter Spirituosen **oder** (5 Liter Bier **und** eine Stange Zigaretten)

gemeint ist. Vermutlich das Erstere. Diese Vermutung leitet sich aber nicht aus dem logischen Gerüst der Aussage, sondern aus der Tatsache, dass es sich bei Spirituosen und Bier um ähnliche und daher vielleicht austauschbare Dinge handelt, ab. Soll ein Logiker es aufgrund dieser vagen Annahme riskieren, mit 1 Liter Spirituosen <u>und</u> einer Stange Zigaretten die Grenze zu überqueren? Dies wäre zwar im Falle der ersten Interpretation erlaubt, im zweiten aber verboten.

Wir müssen präziser sein und Junktoren so definieren, dass immer eine eindeutige Auswertungsreihenfolge gegeben ist. Dazu geben wir in gemischten Ausdrücken $^-$ eine höhere Priorität als $\wedge$ und $\wedge$ eine höhere Priorität als $\vee$. Wollen wir eine andere Auswertungsreihenfolge erzwingen, so setzen wir Klammern. Bei Junktoren gleicher Priorität (z.B. A $\wedge$ B $\wedge$ C) nehmen wir eine Auswertung von links nach rechts vor. Das Ergebnis von zusammengesetzten Ausdrücken kann mit diesen Zusatzregeln einfach ermittelt werden, indem zunächst die Wahrheitswerte der Teilausdrücke und dann sukzessive die Wahrheitswerte zusammgesetzter Ausdrücke ermittelt werden.

Als Beispiel wählen wir den Ausdruck $(\overline{A} \vee B) \wedge (C \vee A)$:

A	B	C	$\overline{A}$	$\overline{A} \vee B$	$C \vee A$	$(\overline{A} \vee B) \wedge (C \vee A)$
0	0	0	1	1	0	0
0	0	1	1	1	1	1
0	1	0	1	1	0	0
0	1	1	1	1	1	1
1	0	0	0	0	1	0
1	0	1	0	0	1	0
1	1	0	0	1	1	1
1	1	1	0	1	1	1

Von besonderem Interesse sind für uns verschiedene Ausdrücke, die die gleiche Funktion realisieren, denn solche Ausdrücke können wir in einer Formel austauschen, ohne den logischen Gehalt der Formel zu ändern.

Als Beispiel betrachten wir die Ausdrücke $\overline{A \vee B}$ bzw. $\overline{A} \wedge \overline{B}$

A	B	$\overline{A \vee B}$	$\overline{A} \wedge \overline{B}$
0	0	1	1
0	1	0	0
1	0	0	0
1	1	0	0

Beide Ausdrücke beschreiben also die gleiche boolesche Funktion. In einer logischen Formel können wir daher stets $\overline{A \vee B}$ durch $\overline{A} \wedge \overline{B}$ ersetzen und umgekehrt. Wir sprechen in diesem Zusammenhang auch von logischer Äquivalenz oder Gleichheit. Um dies ausdrücken zu können, führen wir einen neuen Operator »⇔« ein:

A	B	A ⇔ B
0	0	1
0	1	0
1	0	0
1	1	1

Zwei Ausdrücke A und B sind genau dann äquivalent, wenn A/B für alle Belegungen von A und B wahr ist. Um Klammern zu sparen, wollen wir vereinbaren, dass ⇔ schwächer bindet als die zuvor eingeführten Operatoren.

Wir können jetzt $\overline{A \vee B} \Leftrightarrow \overline{A} \wedge \overline{B}$ mittels einer Wahrheitstafel verifizieren:

A	B	$\overline{A \vee B} \Leftrightarrow \overline{A} \wedge \overline{B}$
0	0	1
0	1	1
1	0	1
1	1	1

Formeln, die unabhängig vom Wahrheitsgehalt der Elementaraussagen immer wahr sind, bezeichnen wir als **Tautologien**. Einige wichtige gültige Formeln (Tautologien) sind im Folgenden ohne Beweis[6] zusammengestellt

Assoziativgesetz	$A \wedge (B \wedge C) \Leftrightarrow (A \wedge B) \wedge C$	$A \vee (B \vee C) \Leftrightarrow (A \vee B) \vee C$
Kommutativgesetz	$A \wedge B \Leftrightarrow B \wedge A$	$A \vee B \Leftrightarrow B \vee A$
Verschmelzungsgesetz	$(A \vee B) \wedge A \Leftrightarrow A$	$(A \wedge B) \vee A \Leftrightarrow A$
Distributivgesetz	$A \wedge (B \vee C) \Leftrightarrow (A \wedge B) \vee (A \wedge C)$	$A \vee (B \wedge C) \Leftrightarrow (A \vee B) \wedge (A \vee C)$
Komplementgesetz	$A \vee (B \wedge \overline{B}) \Leftrightarrow A$	$A \wedge (B \vee \overline{B}) \Leftrightarrow A$
Idempotenzgesetz	$A \wedge A \Leftrightarrow A$	$A \vee A \Leftrightarrow A$
De Morgan'sches Gesetz	$\overline{A \wedge B} \Leftrightarrow \overline{A} \vee \overline{B}$	$\overline{A \vee B} \Leftrightarrow \overline{A} \wedge \overline{B}$
	$A \wedge \overline{A} \Leftrightarrow 0$	$A \vee \overline{A} \Leftrightarrow 1$
	$\overline{\overline{A}} \wedge 1 \Leftrightarrow A$	$A \vee 1 \Leftrightarrow 1$
	$\overline{\overline{A}} \Leftrightarrow A$	

Diese Formeln eröffnen uns die Möglichkeit, mit logischen Ausdrücken wie mit arithmetischen Formeln zu rechnen. Die Assoziativgesetze für $\wedge$ und $\vee$ erlauben die problemlose Verwendung klammerfreier Schreibweisen wie $A \wedge B \wedge C$.

---

6. Zum Beweis stellen Sie einfach die Wahrheitstafeln auf.

Einen letzten Operator, die Implikation, wollen wir noch einführen und dafür das Symbol »⇒« verwenden:

A	B	A ⇒ B
0	0	1
0	1	1
1	0	0
1	1	1

Dieser Operator ist sehr eng mit unserer logischen Schlussfolgerungsweise (wenn A gilt, dann gilt auch B) verwandt. Trotzdem sollten wir die Implikation nicht mit einem logischen Schluss verwechseln. Wenn wir sagen:

Wenn Bocholt 71234 Einwohner hat, **dann** liegt Bocholt in NRW,

so ist diese Aussage im Sinne zweier mit der Implikation verbundener Teilaussagen gemäß obiger Wahrheitstafel wahr. Keinesfalls ist damit aber gemeint, dass es eine Kausalität zwischen diesen Aussagen gibt, die besagt, dass Städte mit 71234 Einwohnern immer in NRW liegen. Wenn Bocholt 71234 Einwohner hätte, könnte man der Formulierung

Bocholt hat 71234 Einwohner, **also** liegt Bocholt in NRW

sicherlich nicht zustimmen, da eine derartige Kausalität nicht besteht. Besteht allerdings eine kausale Beziehung, wie etwa in

wenn eine Zahl kleiner als 5 ist, **dann** ist sie auch kleiner als 10,[7]

so gilt auch die Implikation für alle konkret eingesetzten Zahlen, da der Fall einer wahren Aussage links und einer falschen Aussage rechts vom Implikationspfeil durch den Kausalzusammenhang ausgeschlossen ist. Die Implikationen

$$(4 < 5) \Rightarrow (4 < 10) \text{ und } (6 < 5) \Rightarrow (6 < 10)$$

sind also beide wahr, auch wenn Ihnen das im Fall der zweiten Aussage noch schwer fällt zu akzeptieren.

Vielleicht hilft es Ihnen, die letzte Formel zu akzeptieren, wenn ich Ihnen zeige, dass man aus einer falschen Aussage jede beliebige Aussage (egal ob wahr oder falsch) herleiten kann. Dazu werde ich Ihnen den folgenden Satz beweisen:

Wenn 10 ohne Rest durch 3 teilbar ist, **dann** sind Sie der Bundeskanzler.

---

7. In der Logik bezeichnet man so etwas als eine Aussageform. Durch Einsetzen einer konkreten Zahl wird aus dieser Aussageform eine Aussage in unserem aristotelischen Sinne.

Beweis:

> Aus der Schule wissen wir $2 \cdot 3 < 10 < 4 \cdot 3$. Da nach Annahme 10 ohne Rest durch 3 teilbar ist, folgt $10 = n \cdot 3$ mit einer geeigneten ganzen Zahl n. Setzen wir dies in die erste Formel ein und dividieren durch 3, so erhalten wir $2 < n < 4$. Also: $n = 3$. Es ist also $10 = 3 \cdot 3 = 9$. Durch Subtraktion von 8 auf beiden Seiten der Gleichung erhalten wir $2 = 1$. Der Bundeskanzler und Sie, das sind 2 Personen. Da aber $2 = 1$ ist, handelt es sich nur um eine Person. Sie sind also der Bundeskanzler.

Für die Implikation gilt eine Reihe von Rechenregeln. Die drei vielleicht wichtigsten zeigt die folgende Tabelle:

$(A \Rightarrow B) \Leftrightarrow (\overline{A} \vee B)$
$(A \Leftrightarrow B) \Leftrightarrow (A \Rightarrow B) \wedge (B \Rightarrow A)$
$(A \Rightarrow B) \Leftrightarrow (\overline{B} \Rightarrow \overline{A})$

Die erste Regel zeigt, wie wir eine Implikation durch »nicht« und »oder« ausdrücken können. Die zweite Regel formuliert einen nahe liegenden Zusammenhang zwischen Implikation und Äquivalenz. Die dritte Regel ermöglicht es uns, eine Implikation rückwärts zu lesen.

Ein häufig zu beobachtender Fehler ist es, die Aussagen $A \Rightarrow B$ und $\overline{A} \Rightarrow \overline{B}$ als gleichwertig anzusehen. Eine Betrachtung der Wahrheitstafeln zeigt, dass eine solche Gleichsetzung falsch ist.

5.3 Darstellung boolescher Funktionen

Ein beliebiger logischer Ausdruck mit n-Variablen beschreibt, wie wir oben gesehen haben, eine n-stellige boolesche Funktion. Wir wollen uns an dieser Stelle klarmachen, dass wir umgekehrt jede denkbare n-stellige boolesche Funktion mit Hilfe der drei Operatoren $^{-}$, $\wedge$ und $\vee$ ausdrücken können. Dies bedeutet, dass unser eigentlich sehr kleines Repertoire von drei Operatoren bereits ausreicht, um die gesamte Aussagenlogik abzudecken.[8]

---

8. Es reichen sogar bereits zwei Operatoren (»nicht« und »und« bzw. »nicht« und »oder«), und es gibt sogar zwei mit »nand« bzw. »nor« bezeichnete Operatoren, die jeder für sich bereits alle booleschen Funktionen erschließen. Für diese Operatoren gibt es allerdings keine umgangssprachlichen Formulierungen.

Wir starten, indem wir alle 16 zweistelligen booleschen Funktionen betrachten:

A	B	f0	f1	f2	f3	f4	f5	f6	f7	f8	f9	f10	f11	f12	f13	f14	f15
0	0	0	0	0	0	0	0	0	0	1	1	1	1	1	1	1	1
0	1	0	0	0	0	1	1	1	1	0	0	0	0	1	1	1	1
1	0	0	0	1	1	0	0	1	1	0	0	1	1	0	0	1	1
1	1	0	1	0	1	0	1	0	1	0	1	0	1	0	1	0	1

Zur Vereinfachung der im Folgenden zunehmend komplexer werdenden Ausdrücke lassen wir das ∧-Zeichen in den Formeln zukünftig weg. Gleichzeitig verwenden wir anstelle des Äquivalenzzeichens das Gleichheitszeichen. Es entsteht dadurch kein Informationsverlust und die Formeln werden übersichtlicher.

Für die obigen 16 Funktionen finden wir die folgenden Darstellungen:

$$f_0(A, B) = A\overline{A}$$

$$f_1(A, B) = AB$$

$$f_2(A, B) = A\overline{B}$$

$$f_3(A, B) = A$$

$$f_4(A, B) = \overline{A}B$$

$$f_5(A, B) = B$$

$$f_6(A, B) = \overline{A}B \vee A\overline{B}$$

$$f_7(A, B) = A \vee B$$

$$f_8(A, B) = \overline{A \vee B}$$

$$f_9(A, B) = AB \vee \overline{A}\,\overline{B}$$

$$f_{10}(A, B) = \overline{B}$$

$$f_{11}(A, B) = A \vee \overline{B}$$

$$f_{12}(A, B) = \overline{A}$$

$$f_{13}(A, B) = \overline{A} \vee B$$

$$f_{14}(A, B) = \overline{AB}$$

$$f_{15}(A, B) = A \vee \overline{A}$$

Für 2-stellige boolesche Funktionen bestehen also die gewünschten Darstellungsmöglichkeiten. Für n-stellige boolesche Funktionen helfen solche Ad-hoc-Überlegungen allerdings nicht weiter. Betrachten wir aber zunächst Elementarfunktionen (sogenannte Monome), die nur für eine Belegung der Parameter einen von 0 verschiedenen Wert haben, so finden wir eine einfache Lösung unseres Problems:

A	B	C	f
0	0	0	0
0	0	1	0
0	1	0	0
0	1	1	1
1	0	0	0
1	0	1	0
1	1	0	0
1	1	1	0

Die Funktion $f(A, B, C) = \overline{A}BC$ hat genau für A=0, B=1 und C=1 den Wert 1 und entspricht somit der obigen Wahrheitstafel. Dies lässt sich natürlich sofort auf n-stellige Funktionen verallgemeinern.

Eine beliebige Funktion erhalten wir dann, indem wir alle Einsen durch Monome einfangen und die Monome dann durch eine oder-Verbindung aufsammeln:

A	B	C	y1	y2	y3	y4	y
0	0	0	0	0	0	0	0
0	0	1	1	0	0	0	1
0	1	0	0	0	0	0	0
0	1	1	0	1	0	0	1
1	0	0	0	0	0	0	0
1	0	1	0	0	0	0	0
1	1	0	0	0	1	0	1
1	1	1	0	0	0	1	1

Aus der Tabelle ergeben sich die Monome:

$$y_1 = \overline{A}\,\overline{B}C, \quad y_2 = \overline{A}BC, \quad y_3 = AB\overline{C} \text{ und } y_4 = ABC$$

Insgesamt ist damit:

$$y = y_1 \vee y_2 \vee y_3 \vee y_4 = \overline{A}\,\overline{B}C \vee \overline{A}BC \vee AB\overline{C} \vee ABC$$

Dieses Ergebnis veranschaulicht uns noch einmal die folgende Grafik:

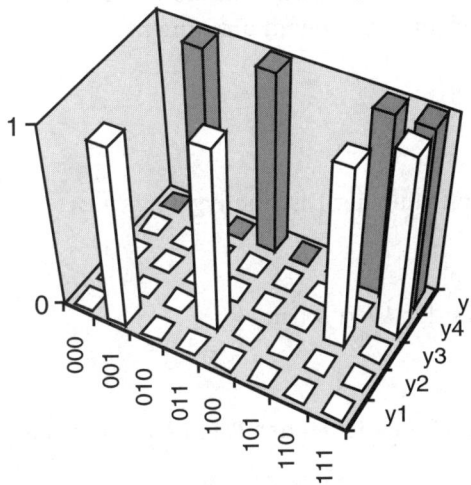

In Verallgemeinerung dieses konkreten Beispiels erhalten wir dann den folgenden Satz über die Darstellung boolescher Funktionen durch die sogenannte **disjunktive Normalform**:

Darstellungssatz für boolesche Funktionen

Jede n-stellige boolesche Funktion lässt sich als oder-Verbindung von Monomen darstellen. Insbesondere kommen in dieser Darstellung nur die Operatoren $^-$, $\wedge$ und $\vee$ vor.

Wir haben aber noch mehr erhalten. Wir kennen jetzt ein ganz konkretes Verfahren, um zu einer booleschen Funktion eine nur auf »und« und »oder« basierende Darstellung zu finden:

Verfahren zur Gewinnung der disjunktiven Normalform

1. Stelle eine Wahrheitstafel für die boolesche Funktion auf!

2. Finde alle Zeilen mit dem Wahrheitswert 1!

3. Für jede dieser Zeilen bilde das zugehörige Monom!

4. Verbinde alle Monome mit »oder«!

Die über den Darstellungssatz für unser Beispiel gefundene Formel

$$f(A, B, C) = \overline{A}\,\overline{B}C \vee \overline{A}BC \vee AB\overline{C} \vee ABC$$

ist anders als die ursprüngliche Formel:

$$f(A, B, C) = (\overline{A} \vee B)(C \vee A)$$

Das ist aber nicht verwunderlich, da ja auch in der Arithmetik verschiedene Formeln die gleiche Funktion beschreiben können. Mit Hilfe unserer Rechenregeln (Tautologien) lässt sich der eine Ausdruck in den anderen umformen.

Wir starten mit

$$f(A, B, C) = (\overline{A} \vee B)(C \vee A)$$

und »multiplizieren« diesen Ausdruck mit Hilfe der Distributivgesetze aus:

$$= \overline{A}C \vee BC \vee A\overline{A} \vee AB$$

Der Ausdruck $A\overline{A}$ kann wegfallen, da er den Wert 0 hat:

$$= \overline{A}C \vee BC \vee AB$$

Vor jedem dieser 3 Ausdrücke ergänzen wir den fehlenden Parameter durch eine sogenannte »konstruktive Eins«:

$$= (B \vee \overline{B})\overline{A}C \vee (A \vee \overline{A})BC \vee (C \vee \overline{C})AB$$

Das »multiplizieren« wir wiederum aus:

$$= \overline{A}BC \vee \overline{A}\,\overline{B}C \vee ABC \vee \overline{A}BC \vee ABC \vee AB\overline{C}$$

Wenn wir jetzt noch von den doppelt vorkommenden Termen jeweils einen weglassen, so erhalten wir das gewünschte Ergebnis:

$$= \overline{A}BC \vee \overline{A}\,\overline{B}C \vee ABC \vee AB\overline{C}$$

Sie sehen, dass wir unser Ziel, mit logischen Ausdrücken wie mit arithmetischen Formeln rechnen zu können, erreicht haben, auch wenn manche Umformungen neu und noch gewöhnungsbedürftig sind. Für konkrete Berechnungen, etwa in einem Programm, ist natürlich die Frage nach einer möglichst einfachen Darstellung einer booleschen Funktion von großem Interesse. Diesem Thema wollen wir uns im nächsten Abschnitt widmen.

5.4 Vereinfachung boolescher Ausdrücke

Eine wichtige Fragestellung – insbesondere für Programmierzwecke – ist es natürlich, eine möglichst einfache und damit wenig rechenintensive Formel für eine boolesche Funktion zu finden oder eine gegebene boolesche Formel durch Umformungen systematisch zu vereinfachen. Wir beschäftigen uns hier nur kurz mit den Fällen $n=2$, 3 und 4.

Für $n=2$ können wir alle 4 möglichen Parameterbelegungen zu einem Quadrat anordnen. Ein Segment dieses Quadrats färben wir ein, wenn die boolesche Funktion für die zugehörige Parameterbelegung den Wert 1 hat.

Für die boolesche Funktion $y = AB \vee \overline{A}B \vee A\overline{B}$ ergibt sich dann die folgende Darstellung:

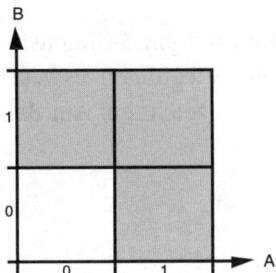

Wir versuchen nun, möglichst große Bereiche in diesem Diagramm zusammenzufassen. Für $B = 1$ hat die Funktion unabhängig von A immer den Wert 1. Im Diagramm ist das durch den folgenden Bereich gegeben:

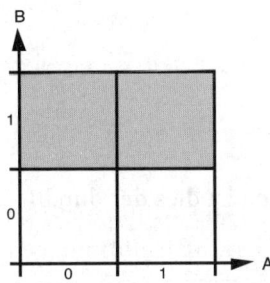

Dies können wir durch die Teilfunktion $y_1 = B$ darstellen.

Für A = 1 ist die Funktion y unabhängig von B mit Wert 1. Auch hier ergibt sich eine Teilfunktion:

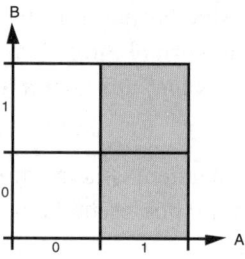

Diese Teilfunktion können wir durch die Funktionsvorschrift y_2 = A darstellen.

Insgesamt ergibt sich dann die Darstellung: $y = y_1 \vee y_2 = B \vee A$

Für den Fall einer 3-stelligen booleschen Funktion erhalten wir ein 3-dimensionales Diagramm, indem wir jede der 8 möglichen Parameterbelegungen als Würfel auffassen und den zugehörigen Wert wieder farblich kennzeichnen. Am Beispiel der bereits des Öfteren betrachteten Funktion

$$y = \overline{A}\,\overline{B}C \vee \overline{A}BC \vee AB\overline{C} \vee ABC$$

ergibt sich das folgende Diagramm:

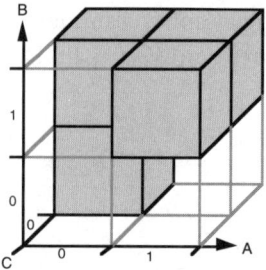

Hier heben sich deutlich zwei Teilblöcke hervor. Zum einen ist dies der durch

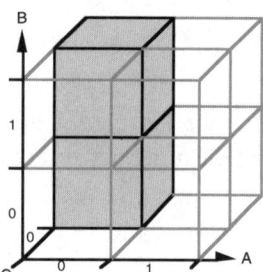

gegebene Block mit der zugehörigen Funktion $y_1 = \overline{A}C$, zum anderen der Block

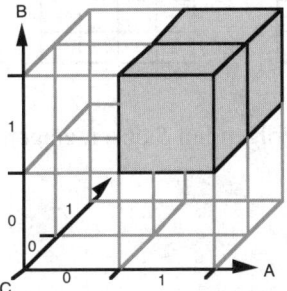

mit der Funktion $y_2 = AB$. Insgesamt ergibt sich damit

$$y = y_1 \vee y_2 = \overline{A}C \vee AB .$$

Für n = 4 müssten wir das Problem mit einem 4-dimensionalen Diagramm angehen. Dafür fehlen uns aber die Darstellungsmöglichkeiten oder die Vorstellungskraft. Es gibt allerdings »Projektionen« dieser 4-dimensionalen und auch der obigen 3-dimensionalen Diagramme ins 2-Dimensionale, anhand derer sich auch die gewünschten Vereinfachungen durchführen lassen.

Für den 3-dimensionalen Fall sehen diese als **Karnaugh-Veitch-Diagramme** bekannten Darstellungen für unser Standardbeispiel

$$y = \overline{A}\,\overline{B}C \vee \overline{A}BC \vee AB\overline{C} \vee ABC$$

wie folgt aus:

A \ BC	0 0	0 1	1 1	1 0
0	0	1	1	0
1	0	0	1	1

Die Tabelle ist dabei so aufgebaut, dass in den Spalten, die für zwei Eingangsvariablen (B,C) stehen, von Spalte zu Spalte und auch vom rechten zum linken Rand immer nur eine der beiden Variablen ihren Wert wechselt.

Die Vereinfachung erfolgt nun dadurch, dass man versucht, möglichst große Blöcke (1, 2, 4, oder 8 Felder) zu bilden, die in ihrer Gesamtheit die mit 1 bewerteten Felder des Diagramms überdecken.

Gültige Blöcke sind zum Beispiel:

Die Blöcke können sich aber auch, wie es die beiden folgenden Skizzen zeigen, über die Ränder erstrecken:

Es kommt bei der Blockbildung darauf an, möglichst wenig und möglichst große Blöcke zu bilden, die alle mit 1 bewerteten Felder des Diagramms abdecken und sich dabei aber durchaus überlappen können.

In unserem Beispiel bildet man sinnvollerweise zwei Blöcke:

Block 1:

Block 2:

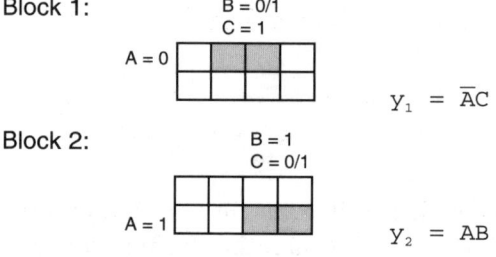

Diese Blöcke werden dann jeweils durch die Belegungsvariablen repräsentiert, die sich innerhalb der Blöcke nicht verändern, wobei eine 0 für eine negierte und eine 1 für eine nicht negierte Variable steht. Also:

Block 1:

$$y_1 = \overline{A}C$$

Block 2:

$$y_2 = AB$$

Insgesamt ist dann

$$y = y_1 \vee y_2 = \overline{A}C \vee AB \,.$$

Bei vier Eingangsvariablen gibt es natürlich noch mehr Variationsmöglichkeiten. Man bildet eine Tabelle mit 16 Wertefeldern nach folgendem Schema:

AB \ CD	0 0	0 1	1 1	1 0
0 0				
0 1				
1 1				
1 0				

Jetzt können 1er-, 2er-, 4er-, 8er- und 16er-Blöcke gebildet werden, die sich sowohl von rechts nach links als auch von unten nach oben über den Rand bewegen dürfen. Beispiele gültiger Blöcke ohne Randüberschreitungen sind:

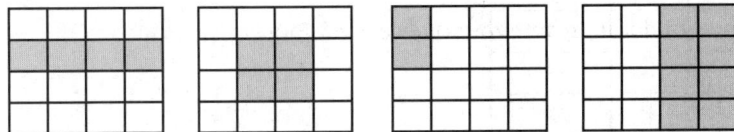

Mit Randüberschreitungen lassen sich u.a. folgende Blöcke bilden:

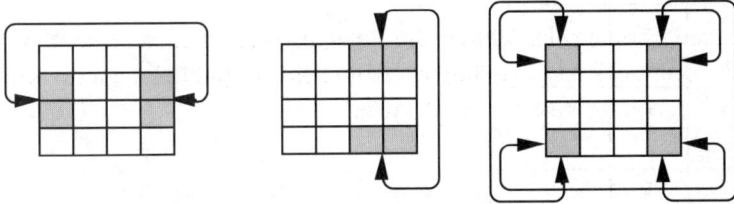

Als Beispiel einer 4-stelligen booleschen Funktion betrachten wir das bereits bekannte Kugelspiel, bei dem ich lediglich die Ausgänge umbenannt habe:

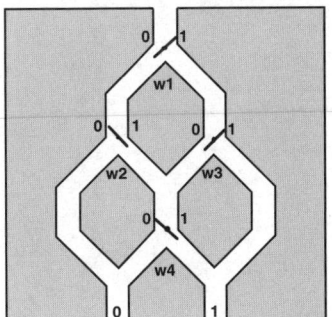

Eine Weiche kann jeweils auf 0 oder 1 stehen. Im ersten Fall wird die Kugel nach rechts, im zweiten Fall nach links geleitet. Der Ausgang (0 oder 1), an dem die Kugel das System verlässt, ist eine Funktion der vier Weichen – also eine 4-stellige boolesche Funktion. Man sieht bei Betrachtung der obigen Skizze bereits, dass es Situationen gibt, in denen das Ergebnis nicht von der Stellung aller Weichen abhängt. Zum Beispiel ist das Ergebnis bei $w1 = 1$ und $w2 = 1$ unabhängig von der Stellung der Weichen $w3$ und $w4$. Wir können also davon ausgehen, dass sich deutliche Vereinfachungen gegenüber der disjunktiven Normalform ergeben werden.

Wir stellen die Wahrheitstafel der oben beschriebenen Funktion

w1	w2	w3	w4	Ausgang
0	0	0	0	1
0	0	0	1	1
0	0	1	0	1
0	0	1	1	0
0	1	0	0	1
0	1	0	1	1
0	1	1	0	1
0	1	1	1	0
1	0	0	0	1
1	0	0	1	0
1	0	1	0	1
1	0	1	1	0
1	1	0	0	0
1	1	0	1	0
1	1	1	0	0
1	1	1	1	0

und dazu das Karnaugh-Veitch-Diagramm auf:

w1 w2 \ w3 w4	0 0	0 1	1 1	1 0
0 0	1	1	0	1
0 1	1	1	0	1
1 1	0	0	0	0
1 0	1	0	0	1

Hier ergeben sich drei Blöcke, die zusammen alle mit 1 bewerteten Felder des Diagramms abdecken:

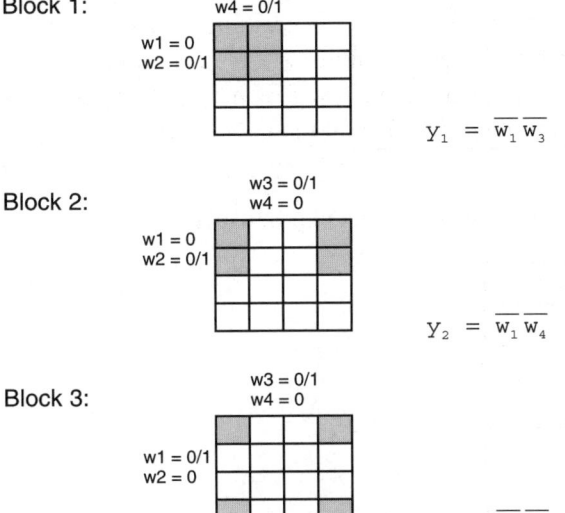

Block 1:

$$y_1 = \overline{w}_1\,\overline{w}_3$$

Block 2:

$$y_2 = \overline{w}_1\,\overline{w}_4$$

Block 3:

$$y_3 = \overline{w}_2\,\overline{w}_4$$

Wichtig ist auch hier, dass die Blöcke maximal groß gewählt werden, wobei Überlappungen bewusst in Kauf genommen werden. Dies führt dann zu der Funktion:

$$y = y_1 \lor y_2 \lor y_3 = \overline{w}_1\,\overline{w}_3 \lor \overline{w}_1\,\overline{w}_4 \lor \overline{w}_2\,\overline{w}_4$$

Man kann diese Funktionsvorschrift auch unmittelbar an der Zeichnung des Spiels ablesen:

Die Kugel kommt am mit 1 bezeichneten Ausgang genau dann heraus, wenn

▶ Weiche 1 und 3 auf 0 stehen

oder

▶ Weiche 1 und 4 auf 0 stehen

oder

▶ Weiche 2 und 4 auf 0 stehen.

Modelliert man das Komplement dieser Funktion (d.h. vertauscht man die Bezeichnungen der Ausgänge), so ergibt sich im Übrigen eine noch einfachere, weil negationsfreie Darstellung der Funktion, die wir wegen der andersartigen Blockstruktur auch noch kurz diskutieren wollen:

w1 w2 \ w3 w4	0 0	0 1	1 1	1 0
0 0	0	0	1	0
0 1	0	0	1	0
1 1	1	1	1	1
1 0	0	1	1	0

Hier ergibt sich:

Block 1:

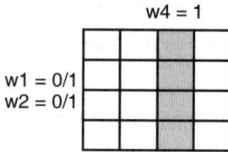

$$z_1 = w_3 w_4$$

Block 2:

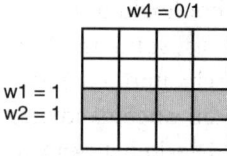

$$z_2 = w_1 w_2$$

Block 3:

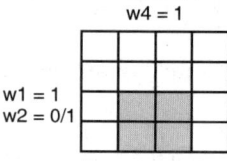

$$z_3 = w_1 w_4$$

Und dies führt zu der Funktion:

$$\bar{y} = z = z_1 \lor z_2 \lor z_3 = w_3 w_4 \lor w_1 w_2 \lor w_1 w_4$$

Für die ursprüngliche Funktion y gilt also:

$$y = \bar{z} = \overline{w_3 w_4 \lor w_1 w_2 \lor w_1 w_4}$$

Im Gegensatz zu dem früher erstellten Simulationsprogramm enthält diese Formel allerdings keine Informationen über den Weg, den eine Kugel nimmt. Die Formel liefert nur die Information über den Ausgang. Die Information über die Struktur des Kugelspiels ist bei der Übersetzung in eine boolesche Funktion verloren gegangen.

5.5 Logische Operatoren in C

Nicht für alle, aber doch für die wichtigsten logischen Junktoren dieses Abschnitts gibt es entsprechende Operatoren in C. Da in C-Programmen aus verständlichen Gründen nur Zeichen des Standard-Zeichensatzes (siehe später ASCII-Zeichensatz) verwendet werden, müssen die in der booleschen Algebra üblicherweise verwendeten Zeichen durch andere Zeichen ersetzt werden. Die folgende Tabelle zeigt die in C verwendeten Operatorzeichen:

boolesche Algebra	C-Programm	Bedeutung
—	!	logische Negation
∧	&&	logisches Und
∨	||	logisches Oder

Der Darstellungssatz sagt, dass diese drei Operatoren ausreichen, um alle booleschen Funktionen zu berechnen. C kennt allerdings keine booleschen Werte oder Variablen (d.h. Variablen, die nur die Werte wahr oder falsch bzw. 1 oder 0 annehmen können). C kann jede Zahl wie einen booleschen Wert behandeln und unterscheidet daher nicht, ob der Wert 0 oder 1 ist, sondern ob der Wert 0 oder von 0 verschieden ist. Der Wert 0 wird als »falsch« und jeder Wert $\neq 0$ wird als »wahr« interpretiert. Insofern ergeben sich leicht abgewandelte, aber letztlich funktional gleichwertige Wertetabellen für die logischen Operatoren in C:

A	! A
0	1
$\neq 0$	0

A	B	A && B
0	0	0
0	$\neq 0$	0
$\neq 0$	0	0
$\neq 0$	$\neq 0$	1

A	B	A || B
0	0	0
0	$\neq 0$	1
$\neq 0$	0	1
$\neq 0$	$\neq 0$	1

In der Auswertung boolescher Formeln folgt C den Regeln, die wir oben bereits aufgestellt haben, d.h. ! wird vor && und && vor || ausgewertet.

5.6 Programmierbeispiele

Unsere Kenntnisse über die boolesche Algebra und die logischen Operatoren in C fassen wir jetzt zusammen, um zwei kleine Programmieraufgaben zu lösen.

5.6.1 Kugelspiel

Wir sind jetzt in der Lage, das Kugelspiel, das wir oben diskutiert haben, und für das wir die Lösungsformel

$$y = \overline{w_3 w_4 \vee w_1 w_2 \vee w_1 w_4}$$

hergeleitet hatten, zu programmieren. Wir setzen dazu lediglich die boolesche Formel in einen Ausdruck mit den entsprechenden C-Operatoren um

```
y = !((w3 && w4) || (w1 && w2) || (w1 && w4))
```

und umschließen diese Formel mit den notwendigen Ein- bzw. Ausgabeanweisungen:

```
main()
  {
  int w1, w2, w3, w4;
  int y;

  printf( "Weichenstellungen (w1 - w4): ");
  scanf( "%d %d %d %d", &w1, &w2, &w3, &w4);
  fflush( stdin);
  y = !((w3 && w4) || (w1 && w2) || (w1 && w4));
  printf( "Auslauf: %d\n", y);
  }
```

▲ CD-ROM P_05_6_1/kugel.c

Das Programm erfragt die Weichenstellungen und gibt dann den Auslauf an, an dem die Kugel herauskommen wird:

```
Weichenstellungen (w1 - w4): 1 0 1 1
Auslauf: 0
```

5.6.2 Schaltung

Als eine weitere Anwendung der Aussagenlogik wollen wir ein Programm schreiben, das alle Schalterstellungen, bei denen in der folgenden Schaltung

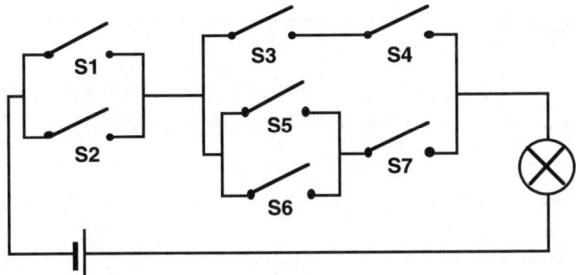

die Lampe leuchtet, tabellarisch ausgibt. Wir verwenden für jeden der Schalter S1 – S7 eine Variable, die jeweils die Werte 0 oder 1 annehmen kann. Dabei bedeutet:

▶ 1   der Schalter ist geschlossen,

▶ 0   der Schalter ist geöffnet.

Zusätzlich wissen wir:

▶ hintereinander liegende Schalter realisieren eine **und**-Verbindung,

▶ parallel liegende Schalter realisieren eine **oder**-Verbindung.

Für unsere Schaltung bedeutet dies:

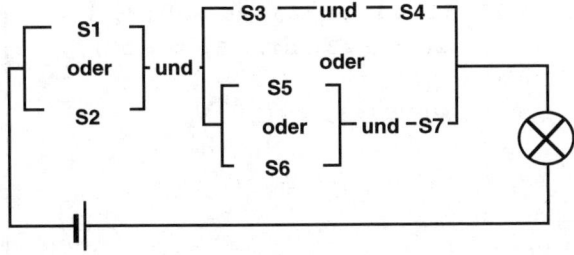

Damit können wir den Zustand der Lampe (1 = an, 0 = aus) als eine boolesche Funktion der Schalterstellungen darstellen. In C-Notation erhalten wir also:

```
lampe = (s1 || s2) && ((s3 && s4) || ((s5 || s6) && s7))
```

Jetzt müssen wir alle möglichen Schalterstellungen generieren und dann jeweils prüfen, ob die Lampe brennt. Alle 128 möglichen Schalterstellungen erzeugen wir, indem wir in sieben ineinander geschachtelten Zählschleifen alle Schalter jeweils auf 0 bzw. 1 setzen. Auf diese Strategie der Lösungssuche werden wir weiter unten noch eingehen. Zunächst betrachten wir das vollständige Programm und seine Ausgabe:

D_05_6_2

```c
main()
  {
  int s1, s2, s3, s4, s5, s6, s7;
  int lampe;

  printf( "s1 s2 s3 s4 s5 s6 s7\n");
  for( s1 = 0; s1 <= 1; s1 = s1 + 1)
    {
    for( s2 = 0; s2 <= 1; s2 = s2 + 1)
      {
      for( s3 = 0; s3 <= 1; s3 = s3 + 1)
        {
        for( s4 = 0; s4 <= 1; s4 = s4 + 1)
          {
          for( s5 = 0; s5 <= 1; s5 = s5 + 1)
            {
            for( s6 = 0; s6 <= 1; s6 = s6 + 1)
              {
              for( s7 = 0; s7 <= 1; s7 = s7 + 1)
                {
                lampe = (s1||s2)&&((s3&&s4)||((s5||s6)&&s7));
                if( lampe == 1)
                    printf( " %d  %d  %d  %d  %d  %d  %d\n",
                              s1, s2, s3, s4, s5, s6, s7);
                }
              }
            }
          }
        }
      }
    }
  }
```

▲ **CD-ROM** P_05_6_2/schalt.c

Wenn die Lampe leuchtet (`lampe == 1`), geben wir die zugehörigen Schalterstellungen aus. Wir erhalten eine Ausgabe mit insgesamt 51 gültigen Schalterstellungen, von denen die ersten 10 hier abgedruckt sind:

s1	s2	s3	s4	s5	s6	s7
0	1	0	0	0	1	1
0	1	0	0	1	0	1
0	1	0	0	1	1	1
0	1	0	1	0	1	1
0	1	0	1	1	0	1
0	1	0	1	1	1	1
0	1	1	0	0	1	1
0	1	1	0	1	0	1
0	1	1	0	1	1	1
0	1	1	1	0	0	0

Wenn wir die verschachtelten Zählschleifen des obigen Algorithmus noch einmal analysieren, so sehen wir, dass sich der folgende Ablauf ergibt:

▶ s0 zählt von 0 bis 1

▶ s1 zählt für jeden Wert von s0 von 0 bis 1

▶ s2 zählt für jeden Wert von s1 von 0 bis 1

▶ s3 zählt für jeden Wert von s2 von 0 bis 1

▶ ...

Diese Art der Generierung von Schalterkombinationen können wir uns durch eine Verzweigungsstruktur, die einem auf den Kopf gestellten Baum ähnelt, veranschaulichen:

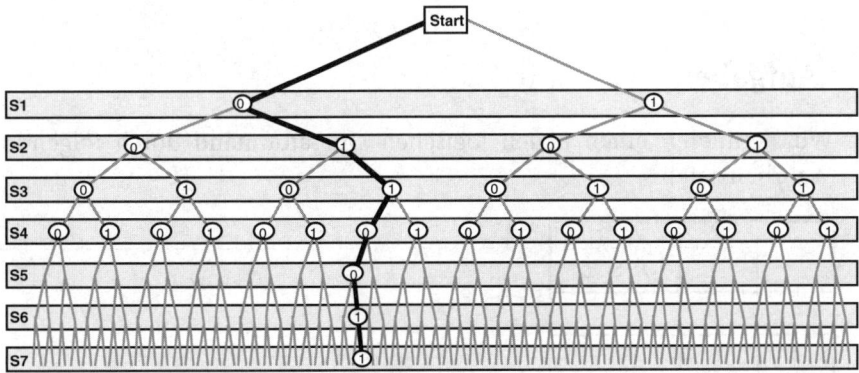

Da es an jedem Verzweigungspunkt zwei Wahlmöglichkeiten gibt, gibt es insgesamt 2^7 = 128 Wege durch diesen Baum. Jeder dieser Wege entspricht genau einer Schalterkombination. Unser Programm sucht also in einer vollständigen Baumsuche unter allen möglichen Wegen diejenigen heraus, die die gewünschte Eigenschaft haben. Eine spezielle Lösung ist in der obigen Skizze hervorgehoben.

Viele der Programme, die wir im Folgenden betrachten werden, verwenden die hier erstmalig aufgetretene Lösungsstrategie einer vollständigen Baumsuche, auch wenn die Problemstellung zumeist eine ganz andere ist. Wir werden sehen, dass sich bei abstrakter Betrachtung von Problemen häufig Bäume als natürliche Modelle zur Beschreibung des Problem- oder Lösungsraumes anbieten. Die Diskussion von Bäumen wird daher im Laufe dieses Buches noch breiten Raum einnehmen.

Ein Phänomen, das uns sehr zu schaffen machen wird, lässt sich an diesem Beispiel bereits erahnen. Betrachtet man die Anzahl der zu untersuchenden Schalterkombinationen, so stellt man fest, dass sich diese Zahl mit der Hinzunahme eines neuen Schalters jeweils verdoppelt, obwohl im Programmcode nur eine Schleife, die zwei Werte durchläuft, hinzukommt. Verantwortlich dafür ist die Tiefe der Schachtelung, die mit jedem Schalter um eins zunimmt. Bei Hinzunahme eines Schalters ist dann aber auch mit einer Verdopplung der Laufzeit des Programms zu rechnen. Wenn wir uns vorstellen, dass unser Rechner zur Untersuchung einer Schalterkombination eine bestimmte Zeiteinheit benötigt, so werden zur Analyse einer Schaltung mit 20 Schaltern 1 048 576, bei 50 Schaltern bereits $1.126 \cdot 10^{15}$ Zeiteinheiten benötigt. Wenn wir konkret annehmen, dass die Analyse einer Schalterkombination 1/1 000 sec dauert, so würde für die Analyse einer Schaltung mit 50 Schaltern ein Zeitraum von mehr als 35 000 Jahren benötigt. Für wirklich große Schaltungen wird kein noch so schneller Rechner der Welt die Schaltungsanalyse in akzeptabler Zeit durchführen können. Wir sind mit diesem einfachen Beispiel bereits auf das Problem der »kombinatorischen Explosion« gestoßen, mit dem wir uns noch eingehend beschäftigen werden.

5.7 Aufgaben

A 5.1 Wir definieren einen neuen logischen Operator **nand** durch folgende Wahrheitstafel:

A	B	A nand B $A \otimes B$
0	0	1
0	1	1
1	0	1
1	1	0

Zeigen Sie, dass man beliebige boolesche Funktionen unter alleiniger Verwendung des nand-Operators darstellen kann!

A 5.2 Erstellen Sie ein Programm, das Wahrheitstafeln für die folgenden booleschen Ausdrücke auf dem Bildschirm ausgibt:

a) $(A \wedge B) \Rightarrow (C \vee D)$

b) $\left(\overline{(A \wedge B)} \vee C\right) \wedge D$

c) $(\overline{A \Rightarrow B}) \Rightarrow (C \vee \overline{D})$

d) $(A \vee \overline{B}) \wedge \overline{((A \vee C) \wedge D)}$

Beachten Sie, dass Sie eine Implikation $X \Rightarrow Y$ durch $\overline{X} \vee Y$ ausdrücken können!

A 5.3 Verifizieren Sie die folgenden Tautologien aus Abschnitt 5.2 durch C-Programme:

$A \wedge (B \wedge C) \Leftrightarrow (A \wedge B) \wedge C$	$A \vee (B \vee C) \Leftrightarrow (A \vee B) \vee C$
$A \wedge B \Leftrightarrow B \wedge A$	$A \vee B \Leftrightarrow B \vee A$
$(A \vee B) \wedge A \Leftrightarrow A$	$(A \wedge B) \vee A \Leftrightarrow A$
$A \wedge (B \vee C) \Leftrightarrow (A \wedge B) \vee (A \wedge C)$	$A \vee (B \wedge C) \Leftrightarrow (A \vee B) \wedge (A \vee C)$
$A \vee (B \wedge \overline{B}) \Leftrightarrow A$	$A \wedge (B \vee \overline{B}) \Leftrightarrow A$
$A \wedge A \Leftrightarrow A$	$A \vee A \Leftrightarrow A$
$\overline{A \wedge B} \Leftrightarrow \overline{A} \vee \overline{B}$	$\overline{A \vee B} \Leftrightarrow \overline{A} \wedge \overline{B}$
$A \wedge \overline{A} \Leftrightarrow 0$	$A \vee \overline{A} \Leftrightarrow 1$
$A \wedge 1 \Leftrightarrow A$	$A \vee 1 \Leftrightarrow 1$
$\overline{\overline{A}} \Leftrightarrow A$	

A 5.4 Verifizieren Sie die folgenden Tautologien aus Abschnitt 5.2 durch ein C-Programm:

$(A \Rightarrow B) \Leftrightarrow (\overline{A} \vee B)$
$(A \Leftrightarrow B) \Leftrightarrow (A \Rightarrow B) \wedge (B \Rightarrow A)$
$(A \Rightarrow B) \Leftrightarrow (\overline{B} \Rightarrow \overline{A})$

A 5.5 Die Schaltung aus 5.6.2 wird dahingehend abgeändert, dass die Schalter S3 und S5 miteinander gekoppelt werden und eine neue Leitung vom Ausgang von S2 zum Ausgang von S6 gelegt wird.

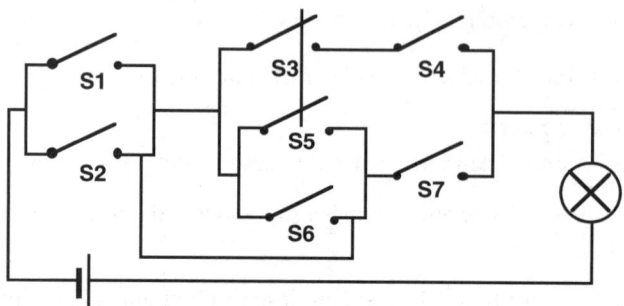

Finden Sie eine möglichst einfache boolesche Funktion für diese Schaltung und erstellen Sie ein Programm, das alle Schalterstellungen ausgibt, in denen die Lampe leuchtet!

A 5.6 Erstellen Sie ein Programm, das die folgende Logelei[9] löst, indem es alle möglichen Schalterkombinationen durchprobiert:

Herr Drakulus ist vom Stultizid besessen, von dem bösen Drange nämlich, alle Dummen (lat. stultus = dumm) umzubringen, damit, wie er in seinem schrecklichen Wahn behauptet, die Erde dereinst nur noch von klugen Menschen bewohnt werde. Zu diesem teuflischen Zweck hat er sich ein teuflisches Werkzeug ausgedacht, die IQ-Höllenmaschine. Er schickt sie arglosen Mitmenschen mit der Post ins Haus. Wenn der damit Bedachte ein solches Paket öffnet, findet er darin einen Kasten mit neun nummerierten Knöpfen (sogenannten Kippschaltern) daran. Dazu eine Art Gebrauchsanweisung. Sie liest sich so:

Achtung

Wenige Minuten, nachdem Sie dieses Paket geöffnet haben, explodiert der Kasten in einer gewaltigen Detonation. Es sei denn, Sie stellen die daran befindlichen neun Schalter so ein, dass sie die einzig richtige Stellung haben. Sie ist unschwer den folgenden Ausführungen zu entnehmen: Jeder Schalter kann in genau drei verschiedene Stellungen gebracht werden, nämlich in die Stellungen »oben«, »unten« und in die neutrale Mittelstellung, in der sie sich jetzt befinden. Wo »oben« und »unten« sind, ist deutlich gekennzeichnet. Jeder Schalter muss entweder in die Stellung »oben« oder »unten« gebracht werden. Dabei ist zu beachten:

---

9. Diese Aufgabe und auch die Aufgabe 5.8 habe ich dem Buch »Logeleien für Kenner« aus dem Verlag Hoffmann und Campe entnommen.

1. Wenn Schalter 3 auf »oben« gestellt wird, dann müssen sowohl Schalter 7 als auch Schalter 8 auf »unten« gestellt werden.

2. Wenn 1 auf »unten«, dann muss von den Schaltern 2 und 4 mindestens einer auf »unten« gestellt werden.

3. Von den beiden Schaltern 1 und 6 muss mindestens einer auf »unten« stehen.

4. Falls 6 auf »unten«, dann müssen 7 auf »unten« und 5 auf »oben« stehen.

5. Falls sowohl 9 auf »unten« als auch 1 auf »oben«, dann muss 3 auf »unten« stehen.

6. Von den Schaltern 8 und 2 muss mindestens einer auf »oben« stehen.

7. Wenn 3 auf »unten« oder 6 auf »oben« stehen oder beides der Fall ist, dann müssen 8 auf »unten« und 4 auf »oben« stehen.

8. Falls 9 auf »oben« steht, dann müssen 5 auf »unten« und 6 auf »oben« stehen.

9. Wenn 4 auf »unten« steht, dann müssen 3 auf »unten« und 9 auf »oben« stehen.

Soweit die Anleitung zur Lebensrettung. Intelligente Leute wissen jetzt genau, in welche Stellung jeder der neun Schalter zu bringen ist. Dumme freilich haben nicht viel Chancen, dem Tod zu entgehen, es sei denn, sie kämen auf die Idee, gleich fortzulaufen, anstatt sich mit der Lösung des Problems herumzuschlagen. Aber welcher Dummkopf kommt schon auf eine so kluge Idee – Logler jedenfalls nicht. Sie finden die lebensrettenden Schalterstellungen, noch ehe die Bombe platzt – hoffentlich.

Hinweis: Bei der Umsetzung der Wenn-Dann-Aussagen können Sie die logische Gleichwertigkeit von $A \Rightarrow B$ und $\overline{A} \vee B$ ausnutzen.

A 5.7 Familie Müller ist zu einer Geburtstagsfeier eingeladen. Leider können sich die Familienmitglieder (Anton, Berta, Claus und Doris) nicht einigen, wer hingeht und wer nicht. In einer gemeinsamen Diskussion kann man sich jedoch auf die folgenden Grundsätze verständigen:

1. Mindestens ein Familienmitglied geht zu der Feier.

2. Anton geht auf keinen Fall zusammen mit Doris.

3. Wenn Berta geht, dann geht Claus mit.

4. Wenn Anton und Claus gehen, dann bleibt Berta zu Hause.

5. Wenn Anton zu Hause bleibt, dann geht entweder Doris oder Claus.

Helfen Sie Familie Müller, indem Sie ein Programm erstellen, das alle Gruppierungen ermittelt, in denen Familie Müller zur Feier gehen könnte.

A 5.8   Otto ist nervös. Morgen stellt er sich zur Wiederwahl als Vorsitzender seines Kegelclubs und ist sich nicht sicher, ob er die erforderliche absolute Mehrheit erreichen wird. Er fragt daher den Wirt des Lokals, der das Stimmungsbild unter den 10 Kegelbrüdern genau kennt, um Rat. Dieser sagt ihm: »Wenn Anton und Klaus gegen dich stimmen, dann stimmt Gerd gegen dich. Stimmt Jürgen für dich, dann tut dies auch Fritz. Falls Bernd für dich und Gerd gegen dich stimmt, stimmt Egon gegen dich. Stimmt Jürgen gegen dich, dann stimmt Egon für dich. Wenn Anton oder Egon gegen dich stimmt, dann stimmen auch Fritz und Igor gegen dich. Wenn Detlef gegen dich stimmt, dann stimmt Bernd für und Hans gegen dich. Stimmt Egon für dich, dann stimmt Klaus gegen dich. Stimmt Detlef für dich, so tut dies auch Igor, aber Egon stimmt in diesem Fall gegen dich.«

Helfen Sie dem ratlosen Otto, indem Sie ein Programm schreiben, das feststellt, ob er Chancen bei der Wahl hat oder nicht.

6 Elementare Datentypen und ihre Darstellung

Bevor wir unsere C-Kenntnisse vertiefen, wollen wir einige elementare Datentypen diskutieren, die wir in praktisch allen Programmiersprachen als Grundelemente vorfinden. Gleichzeitig wollen wir uns mit der Frage beschäftigen, wie diese Datentypen konkret auf Rechnern implementiert sind. Obwohl solche Implementierungsdetails in höheren Programmiersprachen verborgen sind, ist eine Kenntnis der Interna für eine effiziente Programmierung hilfreich.

6.1 Zahlendarstellungen

Zahlen, insbesondere die natürlichen Zahlen (0, 1, 2, 3, ...) und die ganzen Zahlen (..., -3, -2, -1, 0, 1, 2, 3, ...), sind Ihnen von der Schule bestens vertraut. Uns geht es jetzt nicht um Eigenschaften dieser Zahlen, sondern um ihre Darstellung.

Eine spezifische Zahlendarstellung ist sozusagen die Benutzerschnittstelle des Zahlensystems und kann den Bedürfnissen entsprechend ausgerichtet werden. Die mathematisch inhaltliche Bedeutung von Zahlen wird durch unterschiedliche Darstellungsweisen nicht berührt.

Wichtig sind die folgenden Kriterien für die Auswahl einer Zahlendarstellung:

▶ Alle Zahlen des gewünschten Bereichs sind darstellbar.

▶ Für jede Zahl gibt es nur eine mögliche Darstellung.

▶ Die Darstellung ermöglicht einfache Rechenalgorithmen.

Das uns im täglichen Umgang vertraute Dezimalsystem findet seine Begründung darin, dass der Mensch 10 Finger zum Zählen hat. Mathematische Aussagen sind sicherlich unabhängig davon, wie viele Finger derjenige hat, der sie formuliert. Wir erwarten, dass eine intelligente Spezies mit 8 Fingern sicherlich die gleiche Mathematik entwickeln würde wie wir selbst, auch wenn die Darstellung eine andere wäre. Denn die Gesetze des Zählens und Rechnens sind unabhängig von der Darstellung immer die gleichen. Für die Belange der Datenverarbeitung ist die Darstellung im Dezimalsystem denkbar ungeeignet. Hier bieten sich Dual-, Oktal- und Hexadezimalsystem aus noch darzulegenden Gründen als zweckmäßiger an. Jenseits der hier diskutierten Ziffernentwicklungen gibt es noch andere, grundsätzlich verschiedene Darstellungsmethoden (z. B. Kettenbrüche oder die römische Zahlendarstellung).

Bei den folgenden Ausführungen sollten Sie sich immer vor Augen halten, dass die vermeintliche Überlegenheit des Dezimalsystems gegenüber den anderen hier diskutierten Systemen ausschließlich auf der langjährigen Vertrautheit mit dieser speziellen Darstellung beruht. Würden wir von Kindheit an mit dem Hexadezimalsystem aufwachsen, würden wir dieses System als das natürlichste und einfachste aller Zahlensysteme empfinden, und würde man heute noch einmal vor der Entscheidung stehen, ein Zahlensystem einzuführen, würde man sich zweifellos für das Hexadezimalsystem entscheiden.

Die Vertrautheit wie mit dem Dezimalsystem werden Sie mit anderen Zahlensystemen sicher nicht erreichen, aber Sie sollten durch Übung die Scheu vor den neuen Darstellungen abbauen. Für konkrete Rechnungen in diesen Systemen gibt es schließlich Taschenrechner, die Sie natürlich benutzen können.

Die folgenden Betrachtungen basieren auf dem allgemein bekannten Prinzip der »Division mit Rest«. Dieses Prinzip lautet:

> Gegeben sind zwei ganze Zahlen a und b mit $a \geq 0$ und $b > 0$.
>
> Dann gibt es genau zwei ganze Zahlen m (Multiplikator) und r (Rest) mit:
> 1. $m \geq 0$
> 2. $0 \leq r < b$
> 3. $a = mb + r$

Wählen wir etwa

```
a = 5349
b = 8
```

so erhalten wir bei Division von 5349 durch 8:

```
5349 = 668 · 8 + 5
```

Also m = 668 (Multiplikator) und r = 5 (Rest).

Wir bearbeiten den Multiplikator nach der gleichen Methode weiter,

```
668 = 83 · 8 + 4
 83 = 10 · 8 + 3
 10 =  1 · 8 + 2
  1 =  0 · 8 + 1
```

bis er ganz verschwunden ist.

Setzen wir die einzelnen Puzzlesteine zusammen, so erhalten wir:

```
5349= 668 · 8 + 5
    = (83 · 8 + 4) · 8 + 5
    = ((10 · 8 + 3) · 8 + 4) · 8 + 5
    = (((1 · 8 + 2) · 8 + 3) · 8 + 4) · 8 + 5
    = 1 · 8⁴ + 2 · 8³ + 3 · 8² + 4 · 8¹ + 5 · 8⁰
```

Die Ausgangszahl lässt sich also mit geeigneten Koeffizienten als Summe von Potenzen der Basiszahl 8 darstellen.

Wesentlich sind dabei die vor den Potenzen auftretenden Koeffizienten, die nach dem Prinzip der Division mit Rest eindeutig bestimmt sind und im Bereich von 0 bis 7 liegen können. Da die Potenzen durch ihre Stellung in der Formel eindeutig festgelegt sind, können wir die folgende vereinfachende Schreibweise einführen:

```
5349= (12345)₈
```

Den Zusatz der Basiszahl lassen wir weg, wenn aus dem Zusammenhang klar ist, welche Basiszahl gemeint ist.

Da in die vorausgegangenen Überlegungen weder Spezifika der Ausgangszahl a noch der Basiszahl b eingegangen sind, erkennen wir, dass wir eine beliebige Ausgangszahl a ($a \geq 0$) in dieser Weise bezüglich einer beliebigen Basis b ($b \geq 2$) zerlegen können.

Beschränken wir uns auf n Stellen, so können wir bezüglich der Basis b auf diese Weise die Zahlen von 0 bis $b^n - 1$ darstellen.

6.1.1 Dezimaldarstellung

Das Dezimalsystem ordnet sich nahtlos in die oben dargestellten Zusammenhänge ein. Für $b = 10$ und mit den Ziffernsymbolen 0, 1, ..., 9 erhalten wir die vertraute Dezimaldarstellung. Zum Beispiel:

$$56789 = 5 \cdot 10^4 + 6 \cdot 10^3 + 7 \cdot 10^2 + 8 \cdot 10^1 + 9 \cdot 10^0$$

6.1.2 Dualdarstellung

Zur Umformung einer Dezimalzahl in das Dualsystem benutzen wir das oben bereits angesprochene Verfahren und dividieren die Ausgangszahl sukzessive durch 2. Die gesuchte Dualdarstellung erhalten wir dann über die Divisionsreste. Wir praktizieren dies am Beispiel der Zahl 56789:

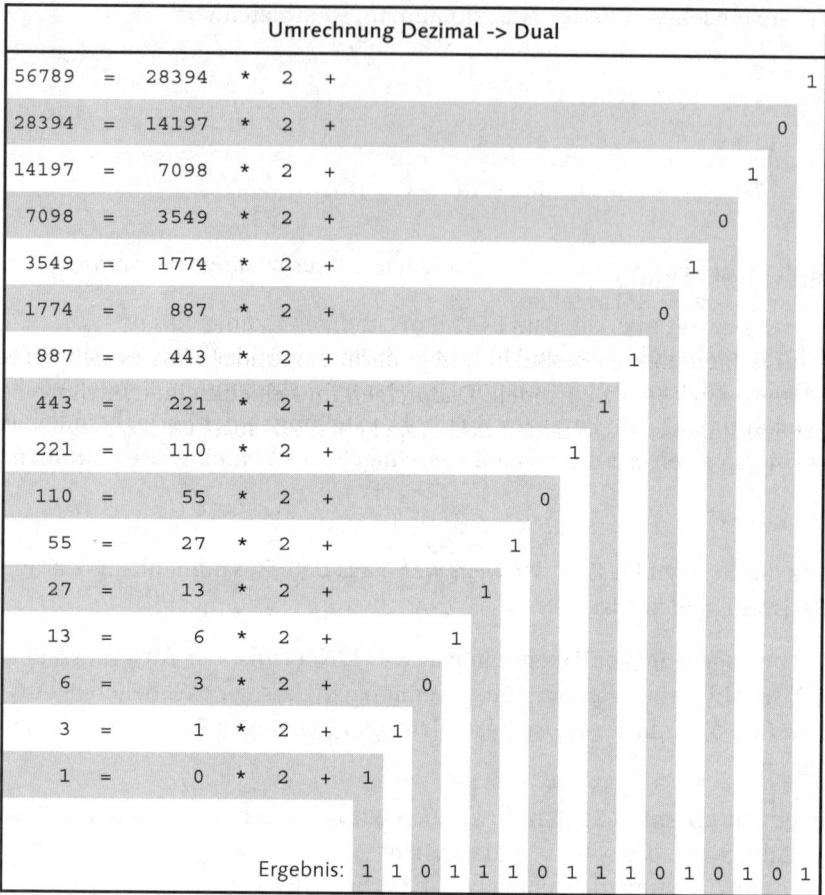

Um das Ergebnis wieder ins Dezimalsystem zurückzurechnen, müssen wir nur ausrechnen

$$(1101110111010101)_2 = 1 \cdot 2^{15} + 1 \cdot 2^{14} + 0 \cdot 2^{13} + 1 \cdot 2^{12}$$
$$+ 1 \cdot 2^{11} + 1 \cdot 2^{10} + 0 \cdot 2^{9} + 1 \cdot 2^{8}$$
$$+ 1 \cdot 2^{7} + 1 \cdot 2^{6} + 0 \cdot 2^{5} + 1 \cdot 2^{4}$$
$$+ 0 \cdot 2^{3} + 1 \cdot 2^{2} + 0 \cdot 2^{1} + 1 \cdot 2^{0}$$
$$= 32768 + 16384 + 4096 + 2048$$
$$+ 1024 + 256 + 128 + 64 + 16 + 4 + 1$$
$$= 56789$$

und gewinnen auf diese Weise die ursprüngliche Darstellung im Zehnersystem wieder zurück.

Das Dualsystem ist das Zahlensystem, in dem Computer rechnen.[1] Für uns Menschen hat dieses System aber erhebliche Nachteile. Wegen der kleinen Basis sind die Zahlen zu lang und zu umständlich zu handhaben. Außerdem fehlt uns jegliche »Größenvorstellung« für Dualzahlen. Als Ergänzung zum Dualsystem benötigen wir Zahlensysteme, die einfache Umrechnungen ins Dualsystem erlauben, dabei aber »menschenfreundlicher« sind als das Dualsystem.

6.1.3 Oktaldarstellung

Im Oktalsystem wählt man die Zahl 8 als Basis und benutzt die Ziffern 1, 2, ..., 7. Die besondere Eignung der Basiszahl 8 liegt darin begründet, dass es sich bei 8 um eine Potenz von 2 ($8 = 2^3$) handelt. Dadurch ergibt sich eine einfache Umrechnung von Dualzahlen in Oktalzahlen und umgekehrt. Wir machen uns dies an einem Beispiel klar:

$$
\begin{aligned}
(110011110)_2 &= 1 \cdot 2^8 + 1 \cdot 2^7 + 0 \cdot 2^6 + 0 \cdot 2^5 \\
&\quad + 1 \cdot 2^4 + 1 \cdot 2^3 + 1 \cdot 2^2 + 1 \cdot 2^1 + 0 \cdot 2^0 \\
&= \left(1 \cdot 2^2 + 1 \cdot 2^1 + 0 \cdot 2^0\right) \cdot 2^6 + \left(0 \cdot 2^2 + 1 \cdot 2^1 + 1 \cdot 2^0\right) \cdot 2^3 \\
&\quad + \left(1 \cdot 2^2 + 1 \cdot 2^1 + 0 \cdot 2^0\right) \cdot 2^0 \\
&= (110)_2 \cdot 2^6 + (011)_2 \cdot 2^3 + (110)_2 \cdot 2^0 \\
&= (110)_2 \cdot 8^2 + (011)_2 \cdot 8^1 + (110)_2 \cdot 8^0 \\
&= 6 \cdot 8^2 + 3 \cdot 8^1 + 6 \cdot 8^0 \\
&= (636)_8
\end{aligned}
$$

Zur Umrechnung fasst man also lediglich die Ziffern der Dualzahl vom Ende her in 3er-Gruppen zusammen und übersetzt dann ziffernweise mit Hilfe der folgenden Tabelle:

Oktal	Dual
0	000
1	001
2	010
3	011
4	100
5	101
6	110
7	111

---

1. Siehe Abschnitt 6.2 über Bits und Bytes!

Die Umrechnung in beide Richtungen (Oktal → Dual und Dual → Oktal) ist damit praktisch ohne Aufwand »im Kopf« durchführbar:

Umrechnung Dual ↔ Oktal											
Dual	0	1	0	1	1	0	0	1	1	1	1	0
Oktal		2			6			3			6	

Die Umrechnung von Oktalzahlen in Dezimalzahlen und umgekehrt folgt dem von den Dualzahlen her bekannten Schema.

In der einen Richtung ermittelt man die Reste durch fortlaufende Division durch 8

Umrechnung Dezimal → Oktal										
56789	=	7098	*	8	+					5
7098	=	887	*	8	+				2	
887	=	110	*	8	+			7		
110	=	13	*	8	+		6			
13	=	1	*	8	+	5				
1	=	0	*	8	+	1				
				Ergebnis:	1	5	6	7	2	5

und in der anderen Richtung rechnet man einfach aus:

$$
\begin{aligned}
(156725)_8 &= 1 \cdot 8^5 + 5 \cdot 8^4 + 6 \cdot 8^3 + 7 \cdot 8^2 + 2 \cdot 8^1 + 5 \cdot 8^0 \\
&= 32768 + 20480 + 3072 + 448 + 16 + 5 \\
&= 56789
\end{aligned}
$$

6.1.4 Hexadezimaldarstellung

Die Hexadezimaldarstellung verwendet als Basis die Zahl 16. Zur Darstellung müssen allerdings zusätzliche Ziffernsymbole für die Ziffernwerte 10-15 eingeführt werden. Üblicherweise verwendet man dazu die Buchstaben a-f bzw. A-F.

Damit ergibt sich folgende Umrechnungstabelle für Ziffern:

Hex.	Dez.	Oktal	Dual
0	0	0	0000
1	1	1	0001
2	2	2	0010
3	3	3	0011
4	4	4	0100
5	5	5	0101
6	6	6	0110
7	7	7	0111
8	8	10	1000
9	9	11	1001
a	10	12	1010
b	11	13	1011
c	12	14	1100
d	13	15	1101
e	14	16	1110
f	15	17	1111

Da $16 = 2^4$ ebenfalls eine Potenz von 2 ist, können wir für die Umrechnung ins Dualsystem und umgekehrt ein ähnlich einfaches Verfahren verwenden, wie wir es bereits für das Oktalsystem kennen gelernt haben. Natürlich mit dem Unterschied, dass jetzt jeweils 4 Ziffern der Dualdarstellung zusammengefasst werden:

Umrechnung Hex ↔ Dual ↔ Oktal											
Hex.	5				9				e		
Dual	0	1	0	1	1	0	0	1	1	1	1	0
Oktal	2			6			3			6		

135

Zur Umrechnung vom Dezimal- ins Hexadezimalsystem wird durch 16 dividiert:

Umrechnung Dezimal ↔ Hexadezimal							
56789	=	3549	*	16	+		5
3549	=	221	*	16	+	13	
221	=	13	*	16	+	13	
13	=	0	*	16	+	13	
					Ergebnis: d	d d	5

Umgekehrt geht's wieder ganz einfach:

$$(ddd5)_{16} = 13 \cdot 16^3 + 13 \cdot 16^2 + 13 \cdot 16^1 + 5 \cdot 16^0$$
$$= 53248 + 3328 + 208 + 5$$
$$= 56789$$

Das Hexadezimalsystem ist das üblicherweise in der maschinennahen Programmierung verwendete Zahlensystem. Es ist unumgänglich, dass Sie eine gewisse Vertrautheit mit diesem Zahlensystem erwerben.

6.2 Bits und Bytes

Die kleinste Informationseinheit auf einem Digitalrechner bezeichnen wir als **Bit**[2]. Ein Bit kann die logischen Werte 0 (Bit gelöscht) und 1 (Bit gesetzt) annehmen. Alle Informationen auf einem Rechner, seien es nun Programme oder Daten, sind als Folgen von Bits gespeichert. Den Speicherinhalt eines Rechners können wir zu einem Zeitpunkt als eine (sehr) lange Folge von Bits ansehen. Um Teile dieser Informationen gezielt ansprechen und manipulieren zu können, muss der Bit-Folge eine Struktur gegeben werden. Zunächst fassen wir jeweils 8 Bit zusammen und nennen diese Informationsgröße ein **Byte**.

Byte							
Bit 7	Bit 6	Bit 5	Bit 4	Bit 3	Bit 2	Bit 1	Bit 0
1	0	0	0	1	1	0	1

---

2. Binary Digit, gleichzeitig engl. bit = ein bisschen, kein Bier aus der Eifel

Als Dualzahl interpretiert kann ein Byte also Zahlen von 0 – 255 (hex. 00 – ff) darstellen. Bit 7 bezeichnen wir dabei als das höchstwertige (most significant), Bit 0 als das niedrigstwertige (least significant) Bit. Im Sinne der Interpretation als Dualzahl hat das höchstwertige Bit den Stellenwert $2^7 = 128$, das niedrigstwertige den Stellenwert $2^0 = 1$.

Jedes Byte im Speicher bekommt eine fortlaufende Nummer, seine Adresse. Über diese Adresse kann es vom Prozessor angesprochen (adressiert) werden:

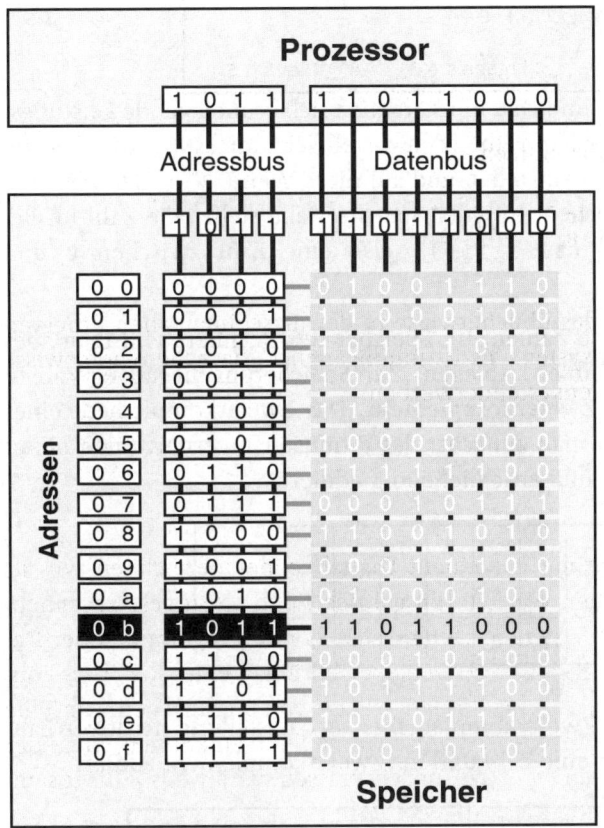

Der hier schematisch gezeichnete Rechner hat 4 Adress- und 8 Datenleitungen. Diese Leitungen bilden den **Adress-** bzw. **Datenbus**. Jede dieser Leitungen kann zwei unterscheidbare Werte annehmen (z.B. 0V, 5V). Da wir uns für die physikalische Realisierung nicht interessieren, sind das für uns logische Werte, die wir mit 0 bzw. 1 bezeichnen. Durch ein auf dem Adressbus eingestelltes Bitmuster aktiviert der Prozessor die zugehörige Speicherzelle. Auf diese Speicherstelle kann der Prozessor dann lesend oder schreibend zugreifen.

Wir können die Informationen auf dem Adress- und Datenbus als Dualzahlen auffassen. In unserem Beispiel ist die Speicherstelle mit der Adresse

$$(0b)_{16} = (00001011)_2 = 1 \cdot 2^3 + 0 \cdot 2^2 + 1 \cdot 2^1 + 1 \cdot 2^0 = 8 + 2 + 1 = 11$$

angewählt und in dieser Speicherstelle steht der Wert:

$$(11011000)_2 = 1 \cdot 2^7 + 1 \cdot 2^6 + 0 \cdot 2^5 + 1 \cdot 2^4$$
$$+ 1 \cdot 2^3 + 0 \cdot 2^2 + 0 \cdot 2^1 + 0 \cdot 2^0$$
$$= 128 + 64 + 16 + 8$$
$$= 216$$

Aus der »Breite« von Adress- und Datenbus ergeben sich grundlegende Leistungsdaten. Unser Beispielrechner kann über den 4-stelligen Adressbus Adressen im Bereich $(0000)_2 - (1111)_2$ einstellen und auf diese Weise $2^4 = 16$ verschiedene Speicherstellen ansprechen. In jeder Speicherstelle steht eine Zahl im Bereich von $(00000000)_2 - (11111111)_2$, also eine Zahl zwischen 0 und $2^8 - 1 = 255$.

Adressen sind vorzeichenlose Zahlen. Im Speicher des Rechners will man aber auch vorzeichenbehaftete Zahlen[3] ablegen. Zur Speicherung negativer Zahlen wählt man das sogenannte **Zweierkomplement**. Das Zweierkomplement einer Dualzahl erhält man, indem man zunächst das Bitmuster invertiert (man nennt dies das **Einerkomplement**) und anschließend 1 addiert:

Dualzahl	0	1	0	1	1	1	0	0
Einerkomplement	1	0	1	0	0	0	1	1
Zweierkomplement	1	0	1	0	0	1	0	0

Die besondere Eignung des Zweierkomplements zur Darstellung negativer Zahlen erkennt man, wenn man eine Zahl und ihr Zweierkomplement addiert.

Dualzahl		0	1	0	1	1	1	0	0
Zweierkomplement		1	0	1	0	0	1	0	0
Summe	(1)	0	0	0	0	0	0	0	0

---

3. Beachten Sie: Eine vorzeichenbehaftete Zahl ist nicht unbedingt eine negative Zahl. Vorzeichenbehaftet heißt, dass in der Darstellung Platz für ein Vorzeichen vorgesehen ist.

Das Ergebnis ist, vom Überlauf einmal abgesehen, 0. Auch andere Rechenaufgaben liefern korrekte Ergebnisse:

Dualdarstellung von 55		0	0	1	1	0	1	1	1
Zweierkomplement von 11		1	1	1	1	0	1	0	1
Ergebnis 55-11=44	(1)	0	0	1	0	1	1	0	0

Das Zweierkomplement eignet sich also zur Darstellung negativer Zahlen und zum Rechnen mit vorzeichenbehafteten Zahlen. In einem 8-stelligen Datenwort unseres Rechners lassen sich die Zahlen von -128 bis +127 darstellen.

Beachten Sie, dass es unserer Interpretation überlassen bleibt, ob ein im Rechner abgelegtes Muster aus Nullen und Einsen eine vorzeichenlose oder eine vorzeichenbehaftete Zahl darstellt. So kann die Zahl 11011000, die im Speicher unseres Beispielrechners steht, vorzeichenlos als 216 oder vorzeichenbehaftet als Zweierkomplement von 00101000, also als -40 interpretiert werden.

Allgemein erhalten wir bei einer n-stelligen Darstellung die folgenden Bereiche darstellbarer Zahlen:

$0 \le z < 2^n$ für vorzeichenlose Zahlen
$-2^{n-1} \le z < 2^{n-1}$ für vorzeichenbehaftete Zahlen

Die folgende Tabelle gibt einen Überblick über die verfügbaren Zahlenbereiche bei der Verwendung von 1-, 2- bzw. 4-Byte-Darstellungen:

Bytes	vorzeichenlos (unsigned integer)	mit Vorzeichen (signed integer)
1	0 ... 255	-128 ... 127
2	0 ... 65535	-32768 ... 32767
4	0 ... $2^{32}-1$	-2^{31} ... $2^{31}-1$

$(400)_{16} = (2000)_8 = 1024$ Bytes fassen wir zu einem Kilobyte (KB) zusammen. Das Wort »Kilo« ist dabei dem Griechischen entlehnt und bedeutet Tausend. Dies ist irreführend, da es sich nicht, wie bei vergleichbaren Angaben in physikalischen Maßsystemen, exakt um 1000 Einheiten der Grundgröße handelt. Aber da uns die Zahl 1000 geläufig ist und eine ungefähre Vorstellung von der Größenordnung vermittelt, ist dies akzeptabel. Der gleiche »Fehler« zieht sich konsequent durch das gesamte Bemessungssystem für die Speichergröße.

Maßeinheit	Abk.	Hexadezimal	Oktal	Dezimal	2^x
Kilobyte	KB	400	2000	1024	2^{10}
Megabyte	MB	100000	4000000	1048576	2^{20}
Gigabyte	GB	40000000	10000000000	1073741824	2^{30}
Terabyte	TB	10000000000	20000000000000	???	2^{40}

Mit Adressen sind wir in unseren Programmen bereits in Berührung gekommen. Sie erinnern sich, dass wir zum Einlesen von Variablenwerten die Funktion scanf verwendet haben und dort den Variablen immer ein &-Zeichen vorangestellt hatten. Eine Variable wird im Speicher abgelegt und hat damit eine Adresse. Wenn wir eine Variable in einer Funktion mit einem neuen Wert versehen wollen, so müssen wir der Funktion die Adresse übergeben, an der die Variable im Speicher steht. Der &-Operator ermittelt diese Adresse. Würden wir den &-Operator an dieser Stelle weglassen, so würde an scanf nicht die Adresse, sondern der Wert der Variablen übergeben. Mit diesem Wert könnte die Funktion scanf aber nichts Vernünftiges anfangen.

6.3 Skalare Datentypen in C

Sie wissen bereits, dass jede Variable in C einen Typ haben muss. Bisher haben wir die Typen int und float kennen gelernt. In diesem Abschnitt kommen weitere sogenannte skalare Datentypen hinzu. Unter einem **skalaren Datentyp** verstehen wir einen Datentyp zur Darstellung numerischer Werte. Das folgende Bild zeigt die in C verfügbaren skalaren Datentypen:

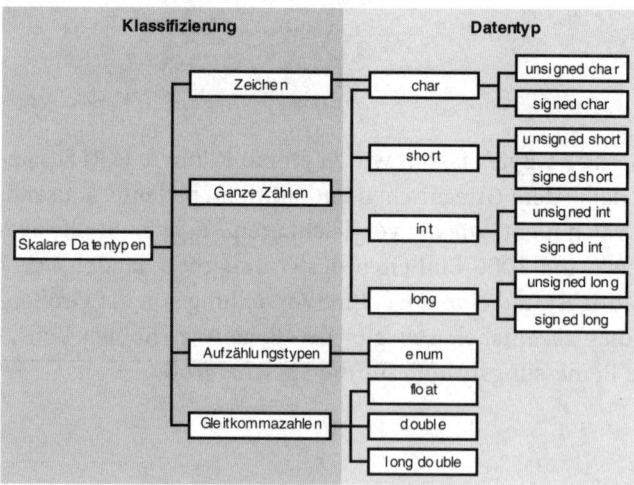

6.3.1 Ganze Zahlen

Es gibt vier verschiedene Datentypen (char, short, int und long) für ganze Zahlen, die sich bezüglich der Größe der darstellbaren Zahlen unterscheiden. Da diese Datentypen jeweils eine Ausprägung für vorzeichenlose (unsigned) bzw. vorzeichenbehaftete (signed) Zahlen haben, ergeben sich insgesamt acht Kombinationsmöglichkeiten.

Variablendefinition	Bedeutung
char x signed char x	x ist eine »kleine«, vorzeichenbehaftete Zahl. Typischerweise eine 1-Byte-Zahl im Bereich von -128 bis +127
unsigned char x	x ist eine »kleine«, vorzeichenlose Zahl. Typischerweise eine 1-Byte-Zahl im Bereich von 0 bis 255
short x signed short x	x ist eine »mittelgroße«, vorzeichenbehaftete Zahl. Typischerweise eine 2-Byte-Zahl im Bereich von -32768 bis 32767
unsigned short x	x ist eine »mittelgroße«, vorzeichenlose Zahl. Typischerweise eine 2-Byte-Zahl im Bereich von 0 bis 65535
int x signed int x	x ist eine »normale«, vorzeichenbehaftete Zahl. Typischerweise eine 2- oder 4-Byte-Zahl
unsigned int x	x ist eine »normale«, vorzeichenlose Zahl. Typischerweise eine 2- oder 4-Byte-Zahl
long x signed long x	x ist eine »große«, vorzeichenbehaftete Zahl. Typischerweise eine 4-Byte-Zahl im Bereich von -2^{31} bis 2^{31}-1
unsigned long x	x ist eine »große«, vorzeichenlose Zahl. Typischerweise eine 4-Byte-Zahl im Bereich von 0 bis 2^{32}-1

Der Zusatz signed bei vorzeichenbehafteten Zahlen ist optional und wird von C-Programmierern praktisch nie benutzt.

Wenn Sie in Ihrem Programm konkrete Integer-Zahlenwerte für Berechnungen oder Zuweisungen benötigen, so gibt es drei verschiedene Möglichkeiten. Sie können den Zahlenwert dezimal, oktal oder hexadezimal angeben. Die Dezimaldarstellung entspricht dem alltäglichen Zahlenformat. Wollen Sie eine Oktalzahl verwenden, so stellen Sie den Ziffern eine »0« voran.[4] Für Hexadezimalzahlen verwenden Sie »0x« zur Kennzeichnung. Einige Beispiele:

```
long a = 12345;          /* dezimal 12345 */
unsigned int a = 0xaffe; /* dezimal 45054 */
unsigned char = 0377;    /* dezimal   255 */
```

---

4. Verwenden Sie daher bei Dezimalzahlen nie führende Nullen. Sie könnten unangenehme Überraschungen erleben.

6.3.2 Aufzählungstypen

Bei dem in der Übersicht erwähnten Datentyp enum handelt es sich um einen benutzerdefinierten **Aufzählungstyp**, bei dem der Programmierer selbst geeignete Namen für einzelne Werte vergeben kann.

Einen Aufzählungstyp führt man z.B. wie folgt ein:

```
enum wochentag { Montag, Dienstag, Mittwoch, Donnerstag,
                          Freitag, Samstag, Sonntag};
```

Einmal in dieser Weise deklariert, ist wochentag ein Datentyp wie int, der die Werte Montag – Sonntag annehmen kann. Verwendet wird ein solcher Aufzählungstyp dann wie folgt:

```
enum wochentag tag;
int datum;


tag = Freitag;
datum = 13;


if( (tag == Freitag) && (datum == 13))
    printf( "Vorsicht, heute ist Freitag der 13-te!");
```

Welche Zahlenwerte Montag – Sonntag dabei zugeordnet werden, ist nicht festgelegt. Man kann jedoch, wenn man es will, eine bestimmte Festlegung erzwingen:

```
enum wochentag { Montag=1, Dienstag=2, Mittwoch=3, Donnerstag=4,
                        Freitag=5, Samstag=6, Sonntag=7};
```

In C wird übrigens nicht geprüft, ob Variablen von einem Aufzählungstyp wirklich nur die für den Aufzählungstyp definierten Werte enthalten. Man kann solchen Variablen eine beliebige int-Zahl zuweisen und mit den Variablenwerten wie mit int rechnen. Aufzählungstypen bieten insofern keine weitergehende Funktionalität, sondern dienen mehr der Lesbarkeit des Programmcodes.

6.3.3 Gleitkommazahlen

Neben den Integer-Datentypen gibt es in C drei Datentypen (float, double und long double) für Gleitkommazahlen:

Variablendeklaration	Bedeutung
float x	x ist eine »normale« Gleitkommazahl
double x	x ist eine Gleitkommazahl doppelter Genauigkeit
long double x	x ist eine Gleitkommazahl besonders hoher Genauigkeit

Zur Eingabe von konkreten Gleitkomma-Zahlenwerten verwendet man in C die vom Taschenrechner her bekannte technisch-wissenschaftliche Notation mit Vorzeichen, Mantisse und Exponent.

Vorzeichen   Mantisse   Exponent

Beachten Sie insbesondere, dass kein Komma, sondern ein Dezimalpunkt verwendet wird. Einige Beispiele:

```
float x = -1.234;
double y = 0.0000001;

x = 7.5e-10;
y = E-30
```

6.3.4 Buchstaben

Ein Computer soll natürlich nicht nur Zahlen, sondern auch Buchstaben und Text verarbeiten können. Da der Computer intern aber nur Dualzahlen kennt, muss es eine Zuordnung von Buchstaben zu Dualzahlen geben. Eine solche Zuordnung ist für die in der Datenverarbeitung gebräuchlichsten Zeichen im **ASCII[5]-Zeichensatz** festgelegt. Die meisten Rechner benutzen diesen Zeichensatz, haben jedoch oft individuelle Erweiterungen (nationale Zeichensätze, grafische Symbole etc.).

Grundsätzlich unterscheiden wir druckbare und nicht druckbare Zeichen. Die druckbaren Zeichen (A, B, C, ...) sprechen für sich. Die nicht druckbaren Zeichen haben zumeist eine Steuerfunktion oder eine anderweitige Sonderbedeutung. Für diese Zeichen sind im ASCII-Zeichensatz Kürzel festgelegt, die wir hier nicht alle erklären wollen. EOT beispielsweise steht für »End of Tape« (Bandende), ACK für »acknowledged« (akzeptiert).

---

5. American Standard Code for Information Interchange

Wichtig sind für uns die Bildschirm-Steuerzeichen, in deren Bezeichnung (z.B. Wagenrücklauf) deutlich der Ursprung aus dem Fernschreibbereich anklingt:

- ▶ BS   Backspace   Rückwärtsschritt
- ▶ HT   Horizontal Tab   Horizontaler Tabulator
- ▶ LF   Linefeed   Zeilenvorschub
- ▶ VT   Vertical Tab   Vertikaler Tabulator
- ▶ FF   Formfeed   Seitenvorschub
- ▶ CR   Carriage Return   Wagenrücklauf
- ▶ SP   Space   Leerzeichen

Die folgende Tabelle zeigt den vollständigen ASCII-Zeichensatz (Codes 00-7f)[6], untergliedert in druckbare und nicht druckbare Zeichen.

Der ASCII-Zeichensatz								
	0	**1**	**2**	**3**	**4**	**5**	**6**	**7**
0	NUL	DLE	SP	0	@	P	`	p
1	SOH	DC1	!	1	A	Q	a	q
2	STX	DC2	"	2	B	R	b	r
3	ETX	DC3	#	3	C	S	c	s
4	EOT	DC4	$	4	D	T	d	t
5	ENQ	NAK	%	5	E	U	e	u
6	ACK	SYN	&	6	F	V	f	v
7	BEL	ETB	'	7	G	W	g	w
8	BS	CAN	(	8	H	X	h	x
9	HT	EM	)	9	I	Y	i	y
a	LF	SUB	*	:	J	Z	j	z
b	VT	ESC	+	;	K	[	k	{
c	FF	FS	,	<	L	\	l	|
d	CR	GS	-	=	M	]	m	}
e	SO	RS	.	>	N	^	n	~
f	SI	US	/	?	O	_	o	DEL

☐ Druckbares Zeichen

▨ Nicht druckbares Zeichen

---

6. Der ASCII-Zeichensatz nutzt nur die Hälfte der in einer 8-Bit-Darstellung zur Verfügung stehenden Zeichencodes. Rechnersysteme nutzen üblicherweise auch den freien Bereich für Sonderzeichen (Umlaute, Grafikzeichen). Da dies aber nicht der Normierung unterliegt, möchte ich darauf nicht eingehen.

Lesen Sie diese Tabelle wie folgt:

Das Zeichen 'A' hat den Zeichencode $(41)_{16} = 65$.

Das Zeichen 'z' hat den Zeichencode $(7a)_{16} = 122$.

Wenn ein Rechner Zeichen speichert, so speichert er natürlich nicht »das Zeichen«, sondern den zugehörigen Zeichencode – also eine Zahl. Für den Rechner besteht kein Unterschied zwischen einem <u>Zeichen</u> und dem zugehörigen <u>Zeichencode</u>. Konsequenterweise verwendet C dann auch einen Integer-Datentyp zur Ablage von Buchstaben. Da ein Code des ASCII-Zeichensatzes bereits in den kleinsten verfügbaren Integer-Datentyp hineinpasst, verwendet man char. Damit erklärt sich auch die Bezeichnung, die man für diesen Datentyp gewählt hat. Der Begriff char steht nämlich für Character – d.h. Buchstabe. Der Datentyp char ist also ein hybrider Datentyp, dessen Inhalt wir sowohl als Zahl als auch als Buchstabe interpretieren können. Die Konsequenz ist, dass man mit Buchstaben wie mit Zahlen rechnen kann. Addiert man etwa zu 'A' eins hinzu, so erhält man das auf 'A' folgende Zeichen im ASCII-Zeichensatz also 'B'. Ebenso kann man Buchstaben der Größe nach vergleichen. Da der ASCII-Zeichensatz die Buchstaben des englischen Alphabets in korrekter Reihenfolge enthält, kann man dies z.B. für Sortieraufgaben verwenden.

Benötigen wir in unseren Programmen ein konkretes Zeichen für eine Zuweisung oder eine Berechnung, so umschließen wir das Zeichen mit einfachen Hochkommata, um es vom übrigen Programmtext – etwa einem Variablennamen – unterscheiden zu können:

```
char buchstabe = 'a';

if( buchstabe <= 'z')
    ...
```

So geht es natürlich nur mit den druckbaren Zeichen. Bei den nicht druckbaren Zeichen behilft man sich mit einer sogenannten Ersatzdarstellung. Dazu »opfert« man ein druckbares Zeichen (in C ist dies der Backslash »\«) und benutzt dieses als Indikator für Sonderzeichen. Die auf den Backslash folgenden Zeichen haben dann eine festgelegte Sonderbedeutung. Den Backslash bezeichnen wir auch als **Escape-Zeichen**. Zusammen mit den nachfolgenden Zeichen sprechen wir von einer **Escape-Sequenz**:

Escape-Sequenz	Bedeutung
\n	neue Zeile
\t	horizontaler Tabulator
\v	vertikaler Tabulator
\b	backspace (Rückschritt, Löschen)
\r	carriage return (Wagenrücklauf)
\f	form feed (Seitenvorschub)
\'	einfaches Hochkomma
\"	doppeltes Hochkomma
\a	bell (Klingelzeichen)
\?	Fragezeichen
\\	backslash
\zzz	Oktaldarstellung des Zeichencodes z = 0,1,...,7
\xzz	Hexdarstellung des Zeichencodes z = 0,1,...,9,a,b,...,f

Die Escape-Sequenz schließt man dann wie ein einzelnes druckbares Zeichen in einfache Hochkommata ein:

```
'\n'    /* ein Zeilenvorschub       Hexadezimalcode:  0a */
'\t'    /* ein Tabulatorzeichen     Hexadezimalcode:  09 */
'\\'    /* ein Backslash            Hexadezimalcode:  5c */
'\''    /* ein einfaches Hochkomma  Hexadezimalcode:  27 */
'\101'  /* ein A (Oktalcode)        Hexadezimalcode:  41 */
'\x41'  /* ein A (Hexadezimalcode)  Hexadezimalcode:  41 */
```

Beachten Sie, dass es sich bei jedem der Beispiele um ein einzelnes Zeichen handelt, auch wenn zur Repräsentation bis zu vier Zeichen verwendet werden. Der Compiler löst die Escape-Sequenz auf und speichert den zugehörigen 1-Byte-Zeichencode ab.

Wollen wir einzelne Buchstaben von der Tastatur einlesen oder auf dem Bildschirm ausgeben, so verwenden wir die Formatanweisung %c.

```
char buchstabe;

printf( "Bitte gib einen Buchstaben ein: ");
scanf( "%c", &buchstabe);
fflush( stdin);
printf( "Du hast %c eingegeben\n", buchstabe);
```

Für einen 8-Bit-Dualcode im Speicher unseres Rechners haben wir jetzt drei verschiedene Interpretationen kennen gelernt. Wir können einen solchen Code als vorzeichenlose Zahl zwischen 0 und 255, als vorzeichenbehaftete Zahl zwischen -128 und +127 oder als Zeichen des ASCII-Zeichencodes betrachten. Die folgende Grafik zeigt noch einmal diese drei möglichen Interpretationen in einer kreisförmigen Darstellung:

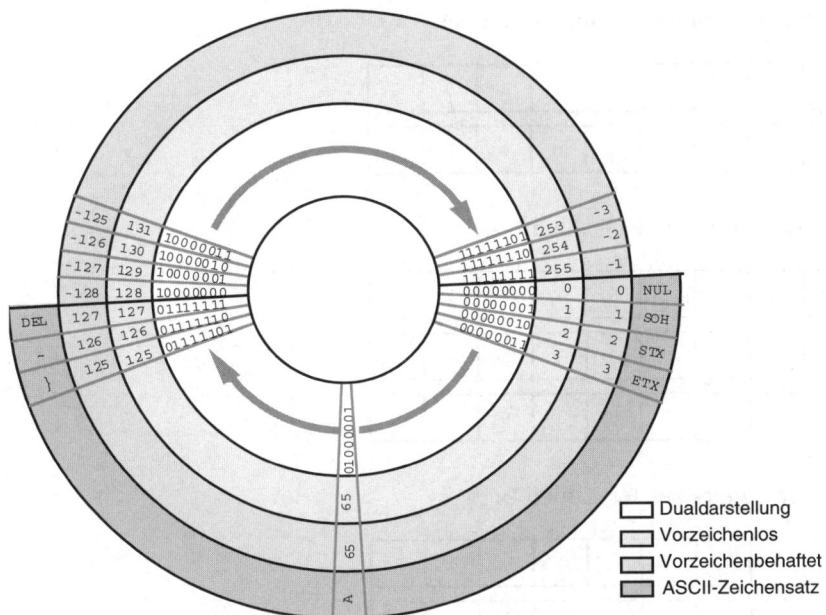

6.4 Bit-Operationen

Obwohl auf einem Rechner nur einzelne Bytes adressiert werden können, kann man auch auf einzelne Bits innerhalb eines Bytes zugreifen. Dazu verwendet man die sogenannten Bit-Operationen. Diese können nur auf ganzzahlige Operanden angewandt werden und erlauben die Manipulation einzelner Bits in den Daten. Im Einzelnen handelt es sich um folgende Operatoren:

- ► ~ bitweises Komplement,
- ► & bitweises »und«,
- ► | bitweises »oder«,
- ► ^ bitweises »entweder oder«,
- ► << Bitshift nach links und
- ► >> Bitshift nach rechts,

die wir jeweils an einem 8-Bit-Beispiel einführen werden.

Die vier zuerst genannten Operatoren sind eng verwandt mit den logischen Operatoren, die wir bereits kennen. Diese Operatoren führen die logische Verknüpfung jedoch nicht auf einer Zahl als Ganzem, sondern einzeln auf allen Bitstellen der Operanden durch.

Das bitweise Komplement einer Zahl (~x):

x	1	1	0	0	1	1	0	0
~x	0	0	1	1	0	0	1	1

Das bitweise »und« zweier Zahlen (x&y):

x	1	0	1	0	1	0	1	0
y	1	1	0	0	1	1	0	0
x & y	1	0	0	0	1	0	0	0

Das bitweise »oder« zweier Zahlen (x|y):

x	1	0	1	0	1	0	1	0
y	1	1	0	0	1	1	0	0
x | y	1	1	1	0	1	1	1	0

Das bitweise »entweder oder« zweier Zahlen (x^y), das auch als »exklusives oder« oder als »xor« bezeichnet wird:

x	1	0	1	0	1	0	1	0
y	1	1	0	0	1	1	0	0
x ^ y	0	1	1	0	0	1	1	0

Darüber hinaus gibt es Operationen, um Bits innerhalb von Zahlen zu verschieben. Da gibt es die bitweise Verschiebung um n-Bit nach links (x << n):

x	1	1	1	0	0	1	1	1
n	2							
x << n	1	0	0	1	1	1	0	0

und die bitweise Verschiebung um n-Bit nach rechts (x >> n):

x	1	1	1	0	0	1	1	1
n	2							
x >> n	0	0	1	1	1	0	0	1

Für 2- bzw. 4-Byte-Zahlen sind die Operationen entsprechend erweitert zu verstehen. Üblicherweise werden diese Operatoren nur auf vorzeichenlose (unsigned) Operanden angewandt. Sie sind aber auch für signed-Operatoren definiert.

Zu den Bitshift-Operationen sollte noch gesagt werden, dass bei shift nach links immer 0 nachgeschoben wird. Dies gilt auch für shift nach rechts, sofern der zu shiftende Operand vom Typ unsigned ist. Ist der zu schiebende Operand vorzeichenbehaftet, so lässt der Standard es offen, ob 0 oder das höchstwertige Bit (Vorzeichenbit) nachgeschoben wird.

Verwendung finden diese Operatoren vorwiegend in der maschinennahen Programmierung, da dort häufig ganz bestimmte Bitmuster erzeugt werden müssen oder gefragt wird, ob in einem Bitmuster ein bestimmtes Bit gesetzt ist. Typische Aufgaben in diesem Zusammenhang sind:

Aufgabe	Lösung
Setze das n-te Bit in x	x = x | (1<<n)
Lösche das n-te Bit in x	x = x & ~(1<<n)
Invertiere das n-te Bit in x	x = x ^ (1<<n)
Prüfe, ob das n-te Bit in x gesetzt ist	if(x & (1 << n)) ...

Mit Hilfe solcher Operationen kann man eine Reihe von ja/nein-Informationen (sogenannte Flags) platzsparend (pro Flag ein Bit) in einer Integer-Variablen unterbringen und gezielt manipulieren.

6.5 Programmierbeispiele mit Zeichen, Zahlen und Bit-Operationen

6.5.1 Zeichensatz

Um festzustellen, ob unser Rechner auch wirklich den ASCII-Zeichensatz verwendet, wollen wir die druckbaren Zeichen (0x20 – 0x7e) als Tabelle ausgeben lassen. Dazu schreiben wir ein Programm, das die folgende Ausgabe erzeugen soll:

```
    0   1   2   3   4   5   6   7
0   .   .       0   @   P   '   p
1   .   .   !   1   A   Q   a   q
2   .   .   "   2   B   R   b   r
3   .   .   #   3   C   S   c   s
4   .   .   $   4   D   T   d   t
5   .   .   %   5   E   U   e   u
6   .   .   &   6   F   V   f   v
7   .   .   '   7   G   W   g   w
8   .   .   (   8   H   X   h   x
9   .   .   )   9   I   Y   i   y
a   .   .   *   :   J   Z   j   z
b   .   .   +   ;   K   [   k   {
c   .   .   ,   <   L   \   l   |
d   .   .   −   =   M   ]   m   }
e   .   .   .   >   N   ^   n   ~
f   .   .   /   ?   O   _   o   .
```

Anstelle der nicht druckbaren Zeichen wollen wir einen Punkt als Ersatzzeichen ausgeben. Das folgende Programm erzeugt diese Tabelle:

```
       main()
          {
          unsigned char zeichen;
          int zeile, spalte, i;

A         printf( " " );
          for( i = 0; i < 8; i = i + 1)
              printf( " %c ", '0' + i);
          printf( "\n");
B         for( zeile = 0; zeile < 16; zeile = zeile + 1)
              {
C             if( zeile < 10)
                  printf( "%c", '0' + zeile);
              else
                  printf( "%c", 'a' - 10 + zeile);

D             for( spalte = 0; spalte < 8; spalte = spalte +1)
                  {
E                 zeichen = (spalte << 4) | zeile;
                  if( (zeichen >= 0x20) && (zeichen <= 0x7e))
                      printf( " %c ", zeichen);
                  else
                      printf( " . ");
                  }
F             printf( "\n");
              }
          }
```

▲ CD-ROM P_06_5_1/ascii.c

Dazu einige Erklärungen:

A: Hier wird die Überschrift ausgegeben. Beachten Sie, dass wir die Zeichen `'0'`, `'1'`, `'2'` durch die Formel `'0'+0`, `'0'+1`, `'0'+2` berechnen und die Überschrift deshalb elegant in einer Schleife erzeugen können!

B: Für jede der 16 Ausgabezeilen werden jetzt die Punkte C-F durchgeführt.

C: Jeder Ausgabezeile wird ein fortlaufender Zeilenzähler `'0'-'f'` vorangestellt. Für die Bereiche `'0'-'9'` bzw. `'a'-'f'` benutzen wir jeweils eine andere, aber nahe liegende Berechnungsvorschrift.

D: Spalte für Spalte geben wir jetzt die Zeichen einer Zeile aus.

E: Der Zeichencode wird durch die Formel `zeichen = 16*spalte + zeile`. berechnet. Mit Bit-Operationen können wir gleichwertig schreiben: `zeichen = (spalte << 4) | zeile`.

Wenn das Zeichen in dem gewünschten Bereich liegt, wird es ausgegeben, andernfalls wird das Ersatzzeichen gedruckt.

F: Am Ende jeder Ausgabezeile erzeugen wir einen Zeilenvorschub.

Erst durch die `printf`-Funktion mit der Formatanweisung `"%c"` wird das Bitmuster als Zeichen interpretiert und ausgegeben.

6.5.2 Bit-Editor

Um den Umgang mit den verschiedenen externen und rechnerinternen Zahlenformaten zu vertiefen, wollen wir an dieser Stelle ein kleines Lernprogramm schreiben, mit dem wir individuelle Bits in einer 2-Byte-Zahl setzen bzw. löschen können. Das Programm soll dann jeweils das Ergebnis der Operation im Dual-, Oktal- und Hexadezimalformat sowie als vorzeichenbehaftete und als vorzeichenlose Dezimalzahl anzeigen.

Die Zahl soll dann durch die folgenden Kommandos editiert werden:

▶ `+ bitno`   Setze das Bit an der Stelle `bitno`!

▶ `- bitno`   Lösche das Bit an der Stelle `bitno`!

▶ `~ bitno`   Invertiere das Bit an der Stelle `bitno`!

Zur Ausgabe als Dual-, Oktal- bzw. Hexadezimalzahl müssen wir nur noch, wie im Abschnitt über Zahlendarstellungen beschrieben, 1er-, 3er- bzw. 4er-Gruppen bilden und die entsprechenden Ziffern ausgeben. Beispiel:

Umrechnung Hex ↔ Dual ↔ Oktal															
Hex		E				8				5				3	
Dual	1	1	1	0	1	0	0	0	0	1	0	1	0	0	1	1
Oktal	1		6		4			1			2			3		

Um beispielsweise an die 5. Ziffer von rechts der Oktaldarstellung der obigen Zahl zu kommen, schieben wir die Dualzahl um 4*3 Bits nach rechts und filtern dann die gewünschten 3 Bits durch die Bitmaske 000000000000111 (= 7) heraus:

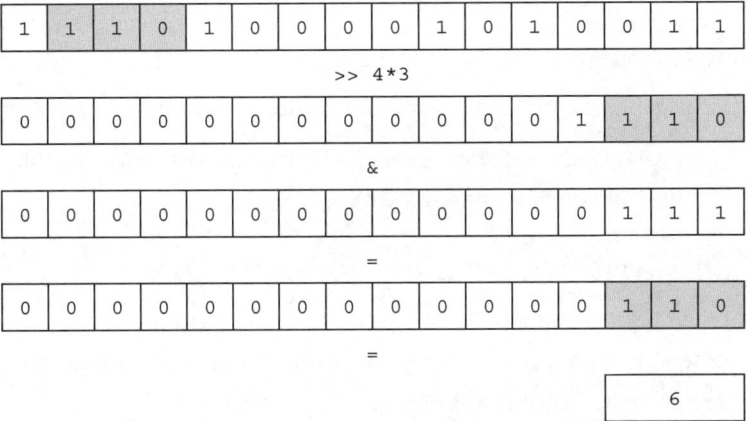

In C-Notation:

```
ziffer = (zahl >> 4*3) & 0x07;
```

Mit diesen Zusatzinformationen realisieren wir das Programm:

```
       main()
          {
          unsigned short uzahl;
          short szahl;
          int zaehler, ziffer, bitno, i;
          char cmd;

A         uzahl = 0;

B         for( zaehler = 0; zaehler <= 10; zaehler = zaehler +1)
             {
C            for( i = 0; i <= 15; i = i+1)
                {
                ziffer = (uzahl >> (15-i)) & 0x01;
                printf( "%d", ziffer);
                }
             printf( "  ");
```

```
D      for( i = 0; i <= 5; i = i+1)
           {
               ziffer = (uzahl >> 3*(5-i)) & 0x07;
               printf( "%d", ziffer);
           }
       printf( "  ");
E      for( i = 0; i <= 3; i = i+1)
           {
               ziffer = (uzahl >> 4*(3-i)) & 0x0f;
               if( ziffer < 10)
                   printf( "%d", ziffer);
               else
                   printf( "%c", 'a' - 10 + ziffer);
           }

F      szahl = uzahl;
       printf( "  %6d", szahl);
       printf( "  %6u", uzahl);

G      if( zaehler < 10)
           {
H              printf( "  Befehl: ");
               scanf( "%c%d", &cmd, &bitno);
               fflush( stdin);

               if( cmd == '+')
I                  uzahl = uzahl | (0x0001 << bitno);
               if( cmd == '-')
J                  uzahl = uzahl & ~(0x0001 << bitno);
               if( cmd == '~')
K                  uzahl = uzahl ^ (0x0001 << bitno);
           }
       else
           printf( "\n");
       }
   }
```

▲ CD-ROM P_06_5_2/bitedit.c

Intern speichern wir das jeweilige Zwischenergebnis in der vorzeichenlosen 16-Bit-Variablen uzahl. Der Wert dieser Variablen wird in unterschiedlichen Darstellungen ausgegeben und durch die Befehle entsprechend geändert:

A: Wir starten mit der Zahl 0.

B: Zehn Befehle werden ausgeführt, dann endet das Programm.

C: Die Dualdarstellung von `uzahl` wird ausgegeben. Dazu wird das jeweils zu betrachtende Bit ganz nach rechts geschoben und durch eine bitweise und-Operation mit 1 herausgefiltert.

D: Die Oktaldarstellung von `uzahl` wird ausgegeben. Dazu wird die jeweils zu betrachtende Dreiergruppe von Bits ganz nach rechts geschoben und durch eine bitweise und-Operation mit 7 (Dual 111) herausgefiltert.

E: Die Hexadezimaldarstellung von `uzahl` wird ausgegeben. Dazu wird die jeweils zu betrachtende Vierergruppe von Bits ganz nach rechts geschoben und durch eine bitweise und-Operation mit 15 (Dual 1111) herausgefiltert. Die Ausgabe von Hexadezimalziffern kennen wir bereits aus der vorherigen Aufgabe.

F: Hier erfolgt die Ausgabe als vorzeichenbehaftete bzw. vorzeichenlose Dezimalzahl. Zur Ausgabe als vorzeichenbehaftete Zahl speichern wir die Zahl in eine vorzeichenbehaftete `short`-Variable (`szahl`) um. Die Ausgabe vorzeichenloser Zahlen ist neu für uns, wir verwenden dazu die Formatanweisung `%u`.

G: Ist der Befehlszähler kleiner als 10, so nehmen wir einen weiteren Befehl an.

H: Wir lesen den Befehlscode (+, – oder ~) und den Befehlsparameter (`bitno`) ein. Prüfungen auf korrekte Eingabe finden nicht statt.

I: Wenn der Befehlscode + ist, wird das entsprechende Bit in `zahl` gesetzt.

J: Wenn der Befehlscode – ist, wird das entsprechende Bit in `zahl` gelöscht.

K: Wenn der Befehlscode ~ ist, wird das entsprechende Bit in `zahl` invertiert.

Der folgende Ausdruck zeigt eine Sitzung mit dem Bit-Editor:

```
0000000000000000   000000   0000         0          0   Befehl: + 15
1000000000000000   100000   8000     -32768     32768   Befehl: + 0
1000000000000001   100001   8001     -32767     32769   Befehl: + 1
1000000000000011   100003   8003     -32765     32771   Befehl: ~ 15
0000000000000011   000003   0003          3         3   Befehl: + 14
0100000000000011   040003   4003      16387     16387   Befehl: + 13
0110000000000011   060003   6003      24579     24579   Befehl: - 1
0110000000000001   060001   6001      24577     24577   Befehl: - 0
0110000000000000   060000   6000      24576     24576   Befehl: + 12
0111000000000000   070000   7000      28672     28672   Befehl: ~ 15
1111000000000000   170000   f000      -4096     61440
```

Implementieren Sie den Bit-Editor auf Ihrem System und arbeiten Sie so lange mit ihm, bis Sie die angesprochenen Zahlendarstellungen beherrschen!

6.6 Arrays und Zeichenketten

Wir stellen uns vor, dass wir ein Programm erstellen sollen, das 100 Zahlen einliest und die Zahlen in umgekehrter Reihenfolge wieder ausgibt. Mit unseren derzeitigen Programmierkenntnissen wären wir tatsächlich gezwungen, 100 Variablen anzulegen, einzeln einzulesen und anschließend einzeln wieder auszugeben. Wir könnten für die erforderlichen Ein- und Ausgaben nicht einmal eine Schleife verwenden, da wir keinen Datentyp kennen, der 100 Zahlen aufnehmen kann und dessen Inhalt flexibel über eine Schleife bearbeitet werden kann. Zum Glück handelt es sich bei dem angesprochenen Problem nicht um einen Mangel der Programmiersprache C, sondern um einen Mangel an Programmierkenntnissen in C, den wir umgehend beseitigen werden.

6.6.1 Arrays

Arrays sind Reihungen von Datenelementen gleichen Typs. Über einen Index kann auf jedes Datenelement unmittelbar zugegriffen werden. Der einfachste Fall ist eine eindimensionale, lineare Anordnung der Datenelemente:

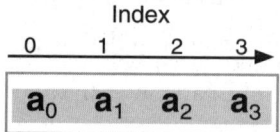

In C gibt es für Arrays eine nahe liegende Notation:

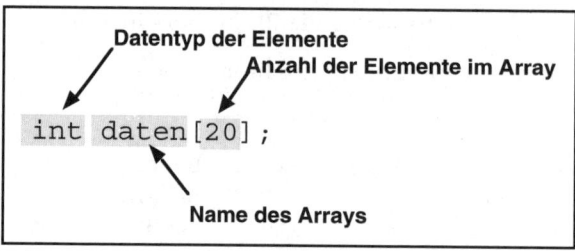

Als Datentyp können wir nicht nur `int`, sondern einen beliebigen der uns bekannten Datentypen (`char`, `short`, `unsigned long`, `float`, ...) wählen. Das einzelne Element des Arrays wird über seinen Index (= Position im Array) angesprochen

```
daten[7] = 123;
```

und kann dann wie eine einzelne Variable des entsprechenden Typs (in unserem Beispiel `int`) verwendet werden. Die Nummerierung der Elemente erfolgt immer beginnend mit 0. Der Array des obigen Beispiels hat also 20 Elemente, die von 0 bis 19 nummeriert sind. Das erste Element hat den Index 0, das zweite den Index 1 und das zwanzigste schließlich den Index 19. Die Verwendung falscher Indexwerte für den Zugriff auf Array-Elemente ist eine der Hauptfehlerquellen in C-Programmen. Ich möchte deshalb die folgende eindringliche Warnung aussprechen:

In einem Array mit N Elementen werden die Elemente von 0 bis N-1 indiziert. Nur Indices in diesem Bereich sind gültig. Allerdings prüfen weder der C-Compiler noch das C-Laufzeitsystem, ob die im Programm verwendeten Indices im gültigen Bereich liegen. Zugriffsversuche außerhalb des gültigen Bereichs passieren anstandslos den Compiler, auch wenn die Felder, auf die zugegriffen wird, nicht existieren. Zur Laufzeit wird dann auf Datenbereiche außerhalb des Arrays zugegriffen, was in der Regel zu einem unkontrollierten Fehlverhalten des Programms führt. Mithin liegt es ausschließlich in der Verantwortung des Programmierers, dafür zu sorgen, dass Bereichsgrenzen nicht über- oder unterschritten werden. Insbesondere ein schreibender Zugriff außerhalb von zulässigen Grenzen kann zu schwerwiegenden Programmfehlern führen.

Arrays können direkt bei der Definition mit Werten gefüllt werden. Man gibt dazu die gewünschten Werte in geschweiften Klammern und durch Kommata getrennt an:

```
int daten[20] = { 1, 2, 3, 4, 5};
```

Dass dabei u.U. nicht alle Felder besetzt werden, ist unproblematisch. Der Compiler füllt den Array von vorn beginnend. Nicht angesprochene Felder bleiben uninitialisiert.

Verwendet werden die einzelnen Elemente eines Arrays dann wie eine Variable des entsprechenden Datentyps:

```
int daten[20];

daten[5] = 9;
if( daten[7] == 3)
    daten[0] = daten[1];
daten[8] = daten[8] + 1;
```

Die besondere Qualität von Arrays für die Programmierung liegt darin, dass die Indices für den Zugriff nicht fest vorgegeben sein müssen. Sie können über Variablen zur Laufzeit berechnet werden:

```
int daten[20];
int index;


index = 3;
daten[index] = 4;
daten[2*index+4] = daten[index-1] + 2;
```

In Verbindung mit Zählschleifen ergeben sich dann vielfältige Verarbeitungsmöglichkeiten für Arrays. Insbesondere können wir jetzt das in der Einleitung gestellte Problem (100 Zahlen einlesen und in umgekehrter Reihenfolge wieder ausgeben) elegant lösen:

```
main()
    {
    int daten[100];
    int i;

    for( i = 0; i < 100; i = i+1)
        {
        printf( "Gib die %d-te Zahl ein: ", i);
        scanf( "%d", &daten[i]);
        fflush( stdin);
        }
    for( i = 99; i >= 0; i = i-1)
        printf( "Die %d-te Zahl ist: %d", i, daten[i]);
    }
```

Die Verwendung von Arrays beschränkt sich nicht auf den eindimensionalen Fall. Auch 2, 3 und mehr Dimensionen sind möglich. Wir betrachten zunächst den zweidimensionalen Fall:

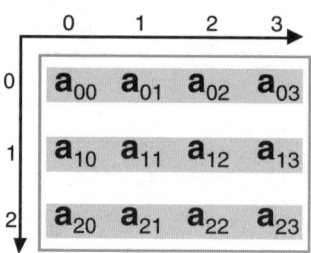

Bei der Definition muss man jetzt natürlich angeben, wie viele Dimensionen und welche »Ausdehnung« der Array in jeder Dimension haben soll:

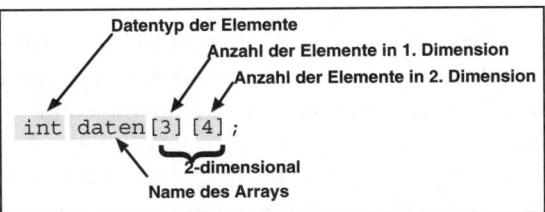

Zum Zugriff auf konkrete Elemente des Arrays benötigen wir jetzt natürlich für jede Dimension einen separaten Index:

```
int daten[3][4];
int i1, i2;

for( i1 = 0; i1 < 3; i1 = i1+1)
    {
    for( i2 = 0; i2 < 4; i2 = i2+1)
        daten[i1][i2] = i1 + i2;
    }
```

Das obige Programmfragment besetzt den 2-dimensionalen Array `daten` in der folgenden Weise:

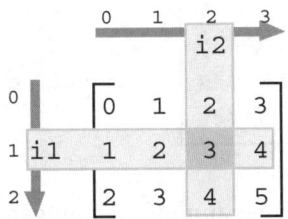

Auch 2-dimensionale Arrays können direkt bei der Definition initialisiert werden. Im folgenden Beispiel wird der Array `daten` mit den gleichen Werten, wie zuvor in der Doppelschleife berechnet, initialisiert:

```
int daten[3][4] = {
                    { 0, 1, 2, 3},
                    { 1, 2, 3, 4},
                    { 2, 3, 4, 5}
                  };
```

Was die Bereichsgrenzen und insbesondere die Probleme mit den Bereichsgrenzen betrifft, gilt jetzt in jeder Dimension das, was wir zu den eindimensionalen Arrays festgestellt hatten. Die Gefahren und Probleme haben sich also verdoppelt.

Höherdimensionale Fälle (3, 4, 5, ...) bringen jetzt nichts wirklich Neues mehr. Der 2-dimensionale Fall ist sinngemäß zu übertragen. Für den 3-dimensionalen Fall gibt es eine Veranschaulichung durch Anordnung der Elemente im Raum:

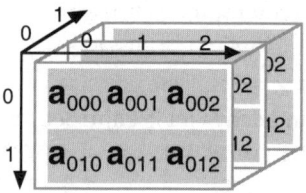

Obwohl es für Arrays von mehr als 3 Dimensionen keine »räumliche« Veranschaulichung mehr gibt, sollte man nicht denken, dass solche Arrays in praktischen Anwendungen nicht vorkommen. Wenn man beispielsweise über einen Zeitraum von 10 Jahren stündlich Temperaturmesswerte erfassen und in einem Array speichern will, so kann man einen 4-dimensionalen Array verwenden:

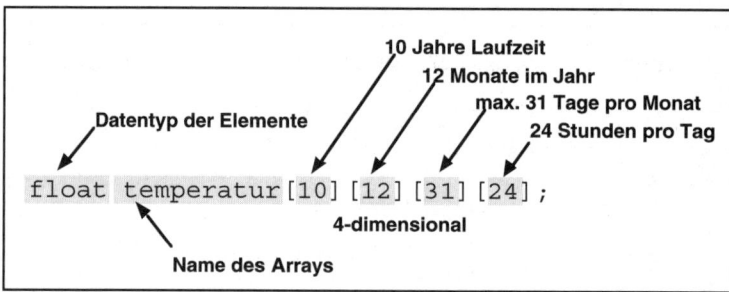

Die Temperatur am 24. Dezember im dritten Jahr der Temperaturaufzeichnungen um acht Uhr morgens erhält man dann durch den Zugriff:[7]

```
temp = temperatur[2][11][23][7];
```

Bedenken Sie jedoch, dass unter der Annahme, dass eine float-Zahl 12 Bytes belegt, der Netto-Inhalt dieses Arrays $10 \cdot 12 \cdot 31 \cdot 24 \cdot 12 = 1071360$ Bytes, also etwa 1 MB beträgt. Dies ist eine Größenordnung, die uns schon zwingt, über andere Speicherformen und Zugriffstechniken für große Datenmengen nachzudenken.

---

7. Beachten Sie wieder die Verschiebung: Januar ist der erste Monat mit Index 0 usw.

6.6.2 Zeichenketten

Der Begriff Computer oder Rechner legt nahe, dass sich die Datenverarbeitung vornehmlich mit numerischen Problemen beschäftigt. Dies war in den Anfängen der Datenverarbeitung auch richtig. Heute ist aber sicherlich nur noch ein sehr geringer Teil der Computeranwendungen numerischer Natur. Die meisten Anwendungen beschäftigen sich mit Daten- und Informationsverarbeitung im weitesten Sinne. Von daher ist die Verarbeitung von Zeichen und Zeichenketten (Strings) von großer Bedeutung. Glücklicherweise haben wir eine Schriftsprache, die auf sehr wenigen Grundelementen (Buchstaben, Zeichen) basiert, so dass wir unsere Rechner mit einem überschaubaren Zeichensatz ausstatten können. Andere Schriftsysteme (z. B. Japanisch oder Chinesisch) sind sehr viel komplexer angelegt, und entsprechend aufwendig ist dort die Speicherung und Verarbeitung von Texten.

Zeichenketten (Strings) sind Reihungen von Zeichen. Naheliegenderweise wird ein String in einem Array abgelegt. Um dem String Raum für Veränderungen zu lassen, ist der Array in der Regel um einiges größer als der eigentliche String. Um das Ende des Strings im Array zu markieren, wird der String durch ein Terminatorzeichen abgeschlossen. Als Terminator darf natürlich nur ein Zeichen verwendet werden, das ansonsten in einem String nicht vorkommen darf. In C dient die Null (eine richtige Null, nicht das Zeichen '0') als Kennung für das String-Ende:

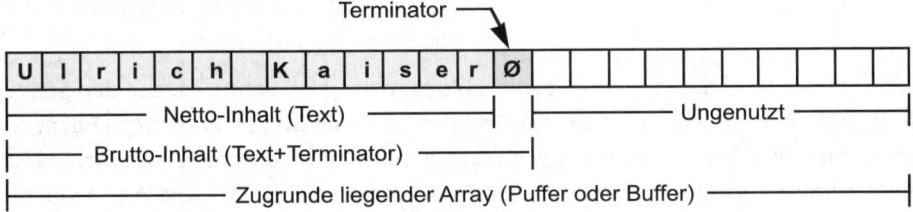

Grundsätzlich ist eine Zeichenkette also ein eindimensionaler Array von Zeichen (char) mit der zusätzlichen Eigenschaft, dass das letzte Zeichen NULL ist. Damit ist eigentlich alles gesagt. Wir können Strings mit den im letzten Abschnitt vorgestellten Array-Zugriffen in jeder erdenklichen Weise bearbeiten. Beachten Sie dabei aber die folgenden Warnungen:

▶ Der String befindet sich in einem Array fester Länge. Sie müssen darauf achten, dass bei Manipulationen des Strings (z. B. Anfügen von Buchstaben) die Grenzen des zugrunde liegenden Arrays nicht überschritten werden.[8]

▶ Wegen des Terminators muss der Array, der den String beherbergt, mindestens ein Element mehr haben als der String Zeichen enthält.

---

8. Später werden wir lernen, wie wir diesen Bereich bei Bedarf vergrößern können.

▶ Der String muss nach eventuellen Manipulationen immer konsistent sein. Insbesondere bedeutet das, dass das Terminator-Zeichen korrekt positioniert werden muss.

Um einen String verwenden zu können, legt man zunächst einen Array an, der groß genug sein muss, um den zu erwartenden Text aufzunehmen:

```
void main()
    {
    char vorname[21]; /* 20 Zeichen + Terminator*/
    char name[21];    /* 20 Zeichen + Terminator*/
    }
```

Zum Einlesen von Strings können wir die Funktion scanf verwenden. Die zugehörige Formatanweisung lautet %s.

```
void main()
    {
    char vorname[21];
    char name[21];

    printf( "Geben Sie Vorname und Name ein: ");
    scanf( "%s %s", vorname, name);
    fflush( stdin);
    }
```

Achtung: Es wird dabei nicht geprüft, ob der Array groß genug ist, um den String aufzunehmen. Werden in unserem Beispiel mehr als 20 Zeichen eingegeben, so wird rücksichtslos außerhalb des Arrays geschrieben. Beachten Sie auch, dass dem Variablennamen in diesem Fall <u>kein</u> & vorangestellt wird. Die Adressoperation ist hier überflüssig, da der Name eines Arrays in C automatisch wie die Adresse des ersten Elements verwendet wird. Diesen Zusammenhang werden wir im Abschnitt über Zeiger näher untersuchen.

Mit scanf können Sie über das Format %s nur einzelne Wörter jeweils bis zum nächsten Trennzeichen (Leerzeichen, Tabulator oder Zeilenumbruch) einlesen. Wollen Sie einen kompletten Text gegebenenfalls mit Leerzeichen in einen Array einlesen, so verwenden Sie die Funktion gets, die das Einlesen der gesamten Eingabe bis zum Zeilenende ermöglicht:

```
void main()
    {
    char vorname[21];
    char name[21];
```

```
        char adresse[100];

        printf( "Geben Sie Vorname und Name ein: ");
        scanf( "%s %s", vorname, name);
        fflush( stdin);
        printf( "Adresse: ");
        gets( adresse);
    }
```

Aus dem jeweils ersten Buchstaben des Vornamens und des Nachnamens stellen wir in unserem Beispiel jetzt ein Kürzel zusammen. Das Kürzel ist also ein 2-buchstabiger String, für den wir einen Array mit 3 Elementen reservieren müssen. Anschließend kopieren wir die gewünschten Buchstaben aus Name und Vorname in das Kürzel und ergänzen das Terminatorzeichen, damit das Kürzel zu einem korrekten String wird:

```
void main()
    {
    char vorname[21];
    char name[21];
    char adresse[100];
    char kuerzel[3]; /* 2 Buchstaben + Terminator */

    printf( "Geben Sie Vorname und Name ein: ");
    scanf( "%s %s", vorname, name);
    fflush( stdin);
    printf( "Adresse: ");
    gets( adresse);
    kuerzel[0] = vorname[0]; /* Kopieren */
    kuerzel[1] = name[0];    /* Kopieren */
    kuerzel[2] = 0;          /* Terminator anfuegen */
    }
```

Ungeachtet gegebenenfalls vorhandener Leerzeichen können alle Strings mit printf ausgegeben werden. Als Formatanweisung dient %s:

```
void main()
    {
    char vorname[21];
    char name[21];
    char adresse[100];
    char kuerzel[3];
```

```
printf( "Geben Sie Vorname und Name ein: ");
scanf( "%s %s", vorname, name);
fflush( stdin);
printf( "Adresse: ");
gets( adresse);
kuerzel[0] = vorname[0];
kuerzel[1] = name[0];
kuerzel[2] = 0;
printf( "\nName: %s, Vorname: %s, Kuerzel: %s\n",
                          name, vorname, kuerzel);
printf( "Adresse: %s\n", adresse);
}
```

Das vollständige Progamm erfragt Name, Vorname und Adresse, erzeugt das Kürzel und gibt alle Daten anschließend auf dem Bildschirm aus:

```
Geben Sie Vorname und Name ein: Philip Marlowe
Adresse: Los Angeles, Yucca Avenue

Name: Marlowe, Vorname: Philip, Kuerzel: PM
Adresse: Los Angeles, Yucca Avenue
```

Zur Initialisierung von Strings oder für Bildschirmausgaben benötigen wir Stringkonstanten, die wir aber seit langem schon verwenden.

```
"Dies ist ein String!"
"a"
```

Beachten Sie den Unterschied zwischen 'a' und "a"!

'a' ist das Zeichen a.

"a" ist eine Zeichenkette, die nur das Zeichen 'a' enthält.

Dies ist mehr als eine Spitzfindigkeit, da Zeichen bzw. Strings im Rechner unterschiedlich dargestellt werden und demzufolge auch unterschiedlich zu verarbeiten sind.

Auch in Zeichenketten verwenden wir die bereits bekannten Escape-Sequenzen, um die nicht druckbaren bzw. mit einer Sonderbedeutung belegten Zeichen einzubauen:

```
printf( "\tAlles\tklar!\n");
printf( "Ein \"String\" im String");
printf( "Dies ist ein Backslash: \\");
printf( "Dies ist ein \'A\': \101 und noch eins: \x41");
```

Der Compiler löst die Escape-Sequenz auf und speichert den zugehörigen Zeichencode ab. In dem Beispiel ergeben sich die folgenden Bildschirmausgaben:

```
     Alles      klar!
Ein "String" im String
Dies ist ein Backslash: \
Dies ist ein 'A': A und noch eins: A
```

Ich hatte oben bereits erwähnt, dass der Name eines Arrays in C wie ein Zeiger auf das erste Element verwendet wird. Das hat zur Folge, dass zwei Strings nicht mit dem Operator = kopiert und nicht mit dem Operator == verglichen werden können.

So verlockend es auch ist, das folgende Programm zu schreiben,

```
char w1[20];
char w2[20];

printf( "Erstes Wort: ");
scanf( "%s", w1);
fflush( stdin);

printf( "Zweites Wort: ")
scanf( "%s", w2);
fflush( stdin);

if( w1 == w2)
    printf( "Die Woerter sind gleich\n");
else
    printf( "Die Woerter sind verschieden\n");
```

so muss man doch feststellen, dass dieses Programm lediglich die Adressen der beiden Strings miteinander vergleicht. Diese sind im Übrigen stets verschieden, da sie ja an verschiedenen Stellen im Speicher liegen. Will man die Strings inhaltlich miteinander vergleichen, so muss man in einer Schleife Buchstaben für Buchstaben die beiden Wörter miteinander vergleichen:

```
char w1[20];
char w2[20];
int i;

... Einlesen der beiden Woerter ...

for( i=0; (w1[i] == w2[i]) && (w1[i] != 0); i= i+1)

    ;
```

```
if( w1[i] == w2[i])
    printf( "Die Woerter sind gleich\n");
else
    printf( "Die Woerter sind verschieden\n");
```

Das Programm ist durchaus trickreich, sodass wir uns noch einmal anschauen wollen, was genau passiert. In der Schleife[9] werden die beiden Wörter Buchstabe für Buchstabe durchlaufen. Die Schleife wird abgebrochen, sobald die Bedingung w1[i] == w2[i] verletzt ist, d.h., sobald man eine Stelle erreicht, an der sich beide Wörter unterscheiden. Dies kann in drei verschiedenen Situationen auftreten:

▶ Das erste Wort ist zu Ende, das zweite aber noch nicht.

▶ Das zweite Wort ist zu Ende, das erste aber noch nicht.

▶ Keins der beiden Wörter ist zu Ende, aber sie unterscheiden sich an der betrachteten Stelle.

Offen bleibt jetzt nur noch der Fall, dass beide Wörter gleich sind. Hier besteht die Gefahr, dass die Schleife über das Wortende hinausläuft und hinter dem Wortende stehende, als zufällig anzusehende Zeichen in den Vergleich einbezieht. Hier ziehen wir die Notbremse, indem wir zusätzlich festlegen, dass nur weitergemacht werden soll, solange das erste Wort noch nicht beendet ist (w1[i] != 0). Ob die Wörter insgesamt gleich waren, erkennen wir, egal mit welcher Bedingung die Schleife abgebrochen wurde, an den zuletzt verglichenen Buchstaben.

Auch beim Kopieren eines Strings s2 in einen anderen s1 müssen wir Buchstabe für Buchstabe vorgehen:

```
for( i = 0; s2[i] != 0; i = i+1)
    s1[i] = s2[i];
s1[i] = 0;
```

Beachten Sie, dass wir den kopierten String noch mit 0 abschließen müssen, da in der Schleife der Terminator nicht mitkopiert wird. Bevor man einen solchen Kopiervorgang durchführt, muss man natürlich sicher sein, dass der String s2 in den Array s1 hineinpasst. Dazu benötigt man u.U. eine Funktion, die die Länge eines Strings s ermittelt, indem Sie die Buchstaben zählt:

```
for( i=0; s[i] != 0; i = i+1)
    ;
```

---

9. Die Schleife hat übrigens einen leeren Schleifenkörper, weil dort nichts zu tun ist. Das Semikolon, das für den leeren Schleifenkörper steht, kann allerdings nicht weggelassen werden, weil dann die nächste Anweisung in die Schleife hineingenommen würde.

Die Netto-Länge des Strings, also **ohne** Einbeziehung des Terminators, steht anschließend in der Variablen i.

Alle hier vorgestellten Algorithmen zur Stringverarbeitung funktionieren nur, wenn die zu bearbeitenden Strings immer sauber mit dem Terminatorzeichen abgeschlossen sind. Ist das nicht der Fall, können unvorhersagbare Fehler eintreten.

Den Bedarf an solchen immer wiederkehrenden Operationen auf Strings haben natürlich auch die Macher von C erkannt und deshalb eine Reihe von Funktionen für die Stringverarbeitung bereitgestellt. Diese Funktionen werden wir später in einem Abschnitt über die sogenannte Runtime-Library besprechen. Für das Erlernen der Sprache C ist es besser, wenn Sie solche Operationen vorerst einmal selbst programmieren.

6.7 Programmierbeispiele mit Arrays und Strings

Beispielprogramme mit Verwendung von Zeichenketten und Arrays schließen dieses Kapitel ab.

6.7.1 Buchstaben zählen

Wir wollen ein Programm erstellen, das eine Reihe von Wörtern einliest und dann eine Statistik über die Häufigkeit des Vorkommens von Buchstaben erstellt. Der Einfachheit halber beschränken wir uns auf die Kleinbuchstaben a-z.

Als Vorgabe zur Programmerstellung dient uns der folgende Dialog[10]:

```
Anzahl: 9
1. Wort: the
2. Wort: quick
3. Wort: brown
4. Wort: fox
5. Wort: jumps
6. Wort: over
7. Wort: the
8. Wort: lazy
9. Wort: dog
```

---

10. Der im folgenden Beispiel eingegebene Satz (Fox-Message) ist der kürzeste bekannte Satz der englischen Sprache, der alle Buchstaben des Alphabets enthält. In der »Steinzeit« der Datenverarbeitung wurde dieser Satz daher gern zum Test von Kommunikationsverbindungen verwendet.

Nach dem Einlesen der Zeichenketten soll die Buchstaben-Statistik in der folgenden Form ausgegeben werden:

```
Auswertung:
a: 1
b: 1
c: 1
d: 1
e: 3
f: 1
g: 1
h: 2
i: 1
j: 1
k: 1
l: 1
m: 1
n: 1
o: 4
p: 1
q: 1
r: 2
s: 1
t: 2
u: 2
v: 1
w: 1
x: 1
y: 1
z: 1
```

Nach diesen Vorgaben entwickeln wir das Programm. Dabei lernen wir einen
neuen Operator kennen. Statt x = x + 1 können wir in C auch x++ schreiben.
Dies ist eine bequeme Schreibweise zur Erhöhung eines Variablenwerts um 1, die
wir in diesem Programmbeispiel konsequent verwenden wollen.

Um die Buchstabenhäufigkeiten zu zählen, legen wir unter dem Namen count
einen Array mit 26 Integer-Feldern an. Im Feld count[0] zählen wir, wie oft
'a', im Feld count[1] zählen wir, wie oft 'b' vorgekommen ist usw. Zwischen
dem Arrayindex und dem zugehörigen Buchstaben bestehen dann die folgenden
Umrechnungsvorschriften:

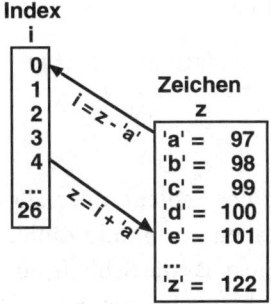

Nach diesen Vorüberlegungen können wir das Programm ohne Schwierigkeiten implementieren:

D_06_7_1

	```void main()```
	``` {```
A	``` unsigned char buf[80];```
	``` int count[26];```
	``` int i, k, anz;```
B	``` for(i = 0; i < 26; i++)```
	``` count[i] = 0;```
C	``` printf("Anzahl: ");```
	``` scanf("%d", &anz);```
	``` for(k = 1; k <= anz; k++)```
	``` {```
D	``` printf("%d. Wort: ", k);```
	``` scanf("%s", buf);```
E	``` for(i = 0; buf[i] != 0; i++)```
	``` count[buf[i]-'a']++;```
	``` }```
F	``` printf("\nAuswertung:\n");```
	``` for(i = 0; i <= 'z'-'a'; i++)```
	``` printf("%c: %d\n", 'a'+i, count[i]);```
	``` }```

▲ **CD-ROM** P_06_7_1/count.c

A: Hier legen wir zwei Arrays an. Der Array buf dient zum Einlesen der zur Verarbeitung anstehenden Zeichenketten, der Array count zur Aufnahme der Buchstabenzähler.

B: Zu Programmstart setzen wir alle Buchstabenzähler auf 0.

C: Der Benutzer legt vorab in der Variablen anz fest, wie viele Strings er einzugeben beabsichtigt.

D: Hier wird jeweils ein String eingelesen.

E: Ein zuvor eingegebener String wird ausgewertet. In einer Schleife über alle Buchstaben des Strings wird der jeweils zu dem Buchstaben gehörende Zähler um eins erhöht count [buf [i] - 'a'] ++.[11] Beachten Sie, dass die Schleife endet, wenn im Eingabepuffer die den String terminierende 0 gefunden wird!

F: Die Statistik mit den Buchstabenhäufigkeiten wird ausgegeben.

6.7.2 Matrixdruck

Bei einem Matrixdrucker werden die Zeichen des Zeichensatzes in einer Punktmatrix abgelegt und dann Punkt für Punkt ausgegeben. Das folgende Beispiel zeigt die Ziffer '3' in einer Punktmatrix mit 5 Zeilen und 4 Spalten:

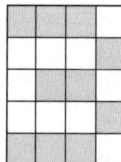

Wir wollen jetzt ein Programm schreiben, das eine vom Benutzer eingegebene Zahl wie ein Matrixdrucker – allerdings auf dem Bildschirm – ausgibt. Dazu erstellen wir einen dreidimensionalen Array, in dem wir die Matrixdarstellungen der Zahlen von 0 – 9 speichern. Diesen Array legen wir übrigens außerhalb von main sozusagen auf freiem Feld an. Auch so etwas ist möglich. Was genau der Unterschied zum Anlegen innerhalb von main ist, werden wir später sehen:

```
char dots[10] [5] [4] = {
                    {
                        {' ', '*', '*', ' '},
                        {'*', ' ', ' ', '*'},
                        {'*', ' ', ' ', '*'},
                        {'*', ' ', ' ', '*'},
                        {' ', '*', '*', ' '}
                    },
```

---

11. Hier können übrigens gravierende Programmfehler auftreten, wenn in der Eingabe andere Zeichen als a – z vorkommen. Ein vollständiges Programm sollte dies prüfen und nur die zulässigen Zeichen verarbeiten.

```
            {
                {' ', ' ', '*', ' '},
                {' ', '*', '*', ' '},
                {'*', ' ', '*', ' '},
                {' ', ' ', '*', ' '},
                {' ', ' ', '*', ' '}
            },

Die Ziffern 2 - 8 sind hier aus Platzmangel weggelassen!

            {
                {' ', '*', '*', '*'},
                {'*', ' ', ' ', '*'},
                {' ', '*', '*', '*'},
                {' ', ' ', ' ', '*'},
                {' ', '*', '*', ' '}
            }
        };
```

▲ **CD-ROM** P_06_7_2/matrix.c

Bei einem Zugriff der Form `dots[n][z][s]` in diesen Array bedeutet dann:

▶ n   die darzustellende Ziffer (0-9)

▶ z   die Zeile in der Matrixdarstellung (0-4)

▶ s   die Spalte in der Matrixdarstellung (0-3).

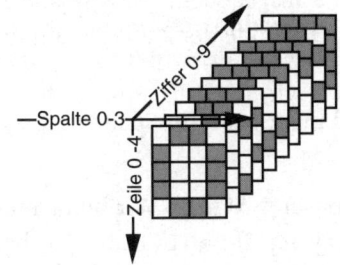

In unserem Programm müssen wir jetzt nur noch die gewünschte Zahl als Zeichenkette einlesen und dann die Matrixdarstellung Zeile für Zeile ausgeben:

```
main()
    {
    unsigned char zahl[20];
    int zeile;
    int spalte;
    int index;
```

D_06_7_2

```
A    printf( "Bitte Zahl eingeben: ");
     scanf( "%s", zahl);
     printf( "\n");

B    for( zeile = 0; zeile < 5; zeile = zeile + 1)
        {
C          for( index = 0; zahl[index] != 0; index = index + 1)
             {
D               for( spalte = 0; spalte < 4; spalte = spalte + 1)
                  {
E                    printf( "%c",
                         dots[zahl[index]-'0'][zeile][spalte]);
                  }
F               printf( "  ");
             }
G          printf( "\n");
        }
     }
```

▲ **CD-ROM** P_06_7_2/matrix.c

A: Zunächst wird die Zahl als Zeichenkette eingelesen.

B: Zeile für Zeile wird jetzt die Matrixdarstellung ausgegeben. Um eine Zeile zu erzeugen, werden jeweils die Unterpunkte C – G ausgeführt.

C: Ziffer für Ziffer wird jetzt die entsprechende Zeile ausgegeben. Zur Ausgabe einer Ziffer dienen jeweils die Unterpunkte D – F. Das Ende der Zahl erkennt unsere Schleife an der abschließenden 0.

D: Der in einer Zeile liegende Teil einer Ziffer wird hier Spalte für Spalte ausgegeben.

E: Hier erfolgt die Ausgabe eines einzelnen Dots unserer Matrix. Wir betrachten die Ziffer mit dem Index `index`. Durch den Arrayzugriff `zahl[index]` erhalten wir den Zeichencode dieser Ziffer. Durch Subtraktion von `'0'` erhalten wir eine Zahl zwischen 0 und 9, mit deren Hilfe wir die Matrixdarstellung der betrachteten Ziffer in unserem Array `dots` finden. Wenn wir jetzt noch Zeilen- und Spaltenindex ergänzen, erhalten wir mit der Formel[12]:

`dots[zahl[index]-'0'][zeile][spalte]`

den Zugriff auf das auszugebende Zeichen (`'*'` oder `' '`).

---

12. Auch hier ist wieder höchste Vorsicht bei Eingabe von falschen Buchstaben gegeben. Ein vollständiges Programm müsste Eingabefehler erkennen und angemessen darauf reagieren.

F: Nach jedem Zeichen folgt ein Zwischenraum von zwei Leerzeichen.

G: Am Ende jeder Zeile steht ein Zeilenvorschub.

Im Ergebnis arbeitet das Programm dann wie folgt:

```
Bitte Zahl eingeben: 0123456789

  **       *      **     ***        *     ****      **    ****      **      ***
 *  *     **     *  *   *   *      *     *         *         *     *  *    *   *
 *  *    * *        *      **     * *    ***     ***         *      **     ***
 *  *      *       *        *    ****       *    *   *       *     *  *       *
  **       *     ****    ***        *     ***    ***         *      **      **
```

6.8   Aufgaben

A 6.1   Erstellen Sie ein Programm, das eine vom Benutzer eingegebene, vorzeichenlose Zahl vom Dezimalsystem in das 7-er System umrechnet!

A 6.2   Erweitern Sie den Bit-Editor aus 6.5.2 so, dass auch die folgenden Kommandos ausgeführt werden können:

= x   Weise der Zahl den Hexadezimalwert x zu!

> n   Schiebe das Bitmuster der Zahl um n Stellen nach rechts!

< n   Schiebe das Bitmuster der Zahl um n Stellen nach links!

& x   Bilde das bitweise »und« zwischen der Zahl und x!

| x   Bilde das bitweise »oder« zwischen der Zahl und x!

^ x   Bilde das bitweise »entweder oder« zwischen der Zahl und x!

Bei n sollte es sich um eine Dezimal-, bei x um eine Hexadezimaleingabe handeln. Eine Hexadezimaleingabe können Sie durch die Formatanweisung %x erreichen. Im Dialog sollte das Programm wie folgt ablaufen:

```
0000000000000000   000000   0000         0         0   Befehl: = affe
1010111111111110   127776   affe    -20482     45054   Befehl: & 0f0f
0000111100001110   007416   0f0e      3854      3854   Befehl: | 111d
0001111100011111   017437   1f1f      7967      7967   Befehl: ^ ffff
1110000011100000   160340   e0e0     -7968     57568   Befehl: + 3
1110000011101000   160350   e0e8     -7960     57576   Befehl: - 15
0110000011101000   060350   60e8     24808     24808   Befehl: > 4
0000011000001110   003016   060e      1550      1550   Befehl: < 4
0110000011100000   060340   60e0     24800     24800   Befehl: ! 15
1110000011100000   160340   e0e0     -7968     57568   Befehl: .
```

Bei Eingabe eines Punktes soll das Programm enden. Arbeiten Sie so lange mit dem Programm, bis Sie sattelfest in den unterschiedlichen Zahlendarstellungen und den Bit-Operationen sind!

A 6.3 Erstellen Sie ein Programm, das einen Buchstaben (a-z, A-Z) einliest und im Falle eines Kleinbuchstabens den zugehörigen Großbuchstaben, im Falle eines Großbuchstabens den zugehörigen Kleinbuchstaben ausgibt!

A 6.4 Schreiben Sie ein Programm, das 10 Zahlen einliest und anschließend auf Wunsch bestimmte Zahlen wieder ausgibt:

```
Gib die 1. Zahl ein: 23
Gib die 2. Zahl ein: 17
Gib die 3. Zahl ein: 234
Gib die 4. Zahl ein: 875
Gib die 5. Zahl ein: 328
Gib die 6. Zahl ein: 0
Gib die 7. Zahl ein: 519
Gib die 8. Zahl ein: 712
Gib die 9. Zahl ein: 1000
Gib die 10. Zahl ein: 14

Welche Zahl soll ich ausgeben: 3
Die 3. Zahl ist 234

Welche Zahl soll ich ausgeben: 9
Die 9. Zahl ist 1000

Welche Zahl soll ich ausgeben: 2
Die 2. Zahl ist 17
```

A 6.5 Schreiben Sie ein Programm, das 10 Zahlen einliest und anschließend in aufsteigender Reihenfolge sortiert ausgibt!

A 6.6 Unter einem Magischen Quadrat verstehen wir eine Anordnung der Zahlen 1,2, ...,n2 in einem quadratischen Schema derart, dass die Summen in allen Zeilen, Spalten und Hauptdiagonalen gleich sind. Das folgende Beispiel zeigt ein Magisches Quadrat der Kantenlänge n=3:

4	9	2
3	5	7
8	1	6

Magische Quadrate ungerader Kantenlänge lassen sich nach folgendem Verfahren konstruieren:

1. Positioniere die 1 in dem Feld unmittelbar unter der Mitte des Quadrats!

2. Wenn die Zahl x in der Zeile i und der Spalte k positioniert wurde, dann versuche die Zahl x+1 in der Zeile i+1 und der Spalte k+1 abzulegen! Handelt es sich bei diesen Angaben um ungültige Zeilen- oder Spaltennummern, so verwende Regel 4! Ist das Zielfeld bereits besetzt, so verwende Regel 3!

3. Wird versucht, eine Zahl in einem bereits besetzten Feld in der Zeile i und der Spalte k zu positionieren, so versuche statt dessen die Zeile i+1 und die Spalte k-1. Handelt es sich bei diesen Angaben um ungültige Zeilen- oder Spaltennummern, so verwende Regel 4. Ist das Zielfeld bereits besetzt, so wende Regel 3 erneut an!

4. Die Zeilen- und Spaltennummern laufen von 0 bis n-1. Ergibt sich im Laufe des Verfahrens eine zu kleine Zeilen- oder Spaltennummer, so setze die Nummer auf den Maximalwert n-1! Ergibt sich eine zu große Spalten- oder Zeilennummer, so setze die Nummer auf den Minimalwert 0!

Erstellen Sie nach diesen Angaben ein Programm, das für beliebige ungerade Kantenlängen ein Magisches Quadrat erzeugt:

```
Kantenlaenge: 5

11   24    7   20    3
 4   12   25    8   16
17    5   13   21    9
10   18    1   14   22
23    6   19    2   15
```

A 6.7 Schreiben Sie ein Programm, das einen Text und einen Buchstaben einliest und ermittelt, wie oft der Buchstabe in dem Text vorkommt:

```
Text: grundlagen der informatik
Buchstabe: a
Der Buchstabe a kommt 2-mal vor
```

A 6.8 Schreiben Sie ein Programm, das aus einem Text alle mehrfach vorkommenden Leerzeichen entfernt:

```
Eingabe: Grundlagen    der    Informatik
Ausgabe: Grundlagen der Informatik
```

A 6.9 Jedes Buch hat eine ISBN (Internationale Standard-Buchnummer). Diese ISBN besteht aus 9 Ziffern ($z_1 - z_9$) und einem Prüfzeichen (z_0). Die Ziffern liegen jeweils im Bereich von 0 bis 9. Das Prüfzeichen ist eine Ziffer (0-9) oder ein X, welches für die Zahl 10 steht. Die Nummer ist durch drei Bindestriche gegliedert, wobei die Position der Bindestriche nicht exakt festgelegt ist. Die Prüfziffer ist aber in jedem Fall das letzte Zeichen der ISBN. Die folgenden Beispiele zeigen die ISBN des C++-Lehrbuchs von Stroustrup:

Z_9		Z_8	Z_7	Z_6	Z_5	Z_4		Z_3	Z_2	Z_1		Z_0
3	-	8	9	3	1	9	-	3	8	6	-	3

und eine ISBN, in der als Prüfzeichen X vorkommt:

Z_9		Z_8	Z_7		Z_6	Z_5	$Z4$	Z_3	Z_2	Z_1		Z_0
3	-	1	2	-	9	2	9	6	4	5	-	X

Das Prüfzeichen dient dazu, festzustellen, ob eine ISBN (z.B. bei einer Buchbestellung) korrekt übermittelt wurde. Eine ISBN gilt als korrekt übertragen, wenn die Summe

$$\sum_{i=0}^{9} (i + 1) \cdot z_i$$

ohne Rest durch 11 teilbar ist.

Schreiben Sie ein C-Programm, das einen String von der Tastatur einliest und feststellt, ob es sich um eine korrekte ISBN handelt! Testen Sie das Programm anhand der Bücher in Ihrem Bücherschrank!

A 6.10 Ein Palindrom ist ein Text, der vorwärts wie rückwärts gleich gelesen werden kann. Auf Leerzeichen, Satzzeichen sowie Groß- bzw. Kleinschreibung wird dabei kein Wert gelegt. Erstellen Sie ein Programm, das feststellt, ob es sich bei einem nur in Kleinschreibung eingegebenen Text um ein Palindrom handelt oder nicht:

```
Eingabe: otto
"otto" ist ein Palindrom!

Eingabe: leporello
"leporello" ist kein Palindrom!

Eingabe: ein neger mit gazelle zagt im regen nie
"ein neger mit gazelle zagt im regen nie" ist ein Palindrom!

Eingabe: grasmitte da kniet ein kadett im sarg
"grasmitte da kniet ein kadett im sarg" ist ein Palindrom!
```

A 6.11 Programmieren Sie die nachfolgend beschriebene Variante des Spiels »Galgenmännchen«, bei der der Spieler einen unbekannten Text[13] erraten soll. Am Anfang wird der Text (Kleinbuchstaben und Leerzeichen) nur durch Striche angedeutet. Der Benutzer kann bei jedem Versuch mehrere Buchstaben raten. Die richtig geratenen Buchstaben werden dann an der korrekten Position angezeigt:

```
---------- --- ---------- --- -------------------
1. Versuch: aeiou
--u---a-e- -e- i--o--a-i- u-- --o--a--ie----a--e-
2. Versuch: nr
-run--a-en -er in-or-a-i- un- -ro-ra--ier--ra--en
3. Versuch: ch
-run--a-en -er in-or-a-i- un- -ro-ra--ier--rachen
4. Versuch: st
-run--a-en -er in-or-ati- un- -ro-ra--iers-rachen
5. Versuch: g
grun--agen -er in-or-ati- un- -rogra--iers-rachen
6. Versuch: dlf
grundlagen der infor-ati- und -rogra--iers-rachen
7. Versuch: mkp
grundlagen der informatik und programmiersprachen
```

Das Spiel ist beendet, wenn der Text vollständig ermittelt wurde.

---

13. Geben Sie den Text zuvor ein und lassen Sie das Programm dann so viele Zeilenvorschübe ausgeben, dass der Text nicht mehr auf dem Bildschirm zu sehen ist.

A 6.12 Lösen Sie die Aufgabe 4.9 (d'Hondtsches Höchstzahlverfahren) noch einmal, wobei diesmal bis zu 10 Parteien zur Wahl zugelassen sein sollen. Der Benutzer soll vor der Berechnung der Sitzverteilung jetzt zusätzlich die Anzahl der Parteien und deren Namenskürzel eingeben können.

A 6.13 Mit einem Vigenère-Schlüssel[14] (auch Verschiebe-Schlüssel genannt) kann man Texte verschlüsseln. Man benötigt dazu ein Passwort und das Vigenère-Quadrat:

```
     abcdefghijklmnopqrstuvwxyz

A    ABCDEFGHIJKLMNOPQRSTUVWXYZ
B    BCDEFGHIJKLMNOPQRSTUVWXYZA
C    CDEFGHIJKLMNOPQRSTUVWXYZAB
D    DEFGHIJKLMNOPQRSTUVWXYZABC
E    EFGHIJKLMNOPQRSTUVWXYZABCD
F    FGHIJKLMNOPQRSTUVWXYZABCDE
G    GHIJKLMNOPQRSTUVWXYZABCDEF
H    HIJKLMNOPQRSTUVWXYZABCDEFG
I    IJKLMNOPQRSTUVWXYZABCDEFGH
J    JKLMNOPQRSTUVWXYZABCDEFGHI
K    KLMNOPQRSTUVWXYZABCDEFGHIJ
L    LMNOPQRSTUVWXYZABCDEFGHIJK
M    MNOPQRSTUVWXYZABCDEFGHIJKL
N    NOPQRSTUVWXYZABCDEFGHIJKLM
O    OPQRSTUVWXYZABCDEFGHIJKLMN
P    PQRSTUVWXYZABCDEFGHIJKLMNO
Q    QRSTUVWXYZABCDEFGHIJKLMNOP
R    RSTUVWXYZABCDEFGHIJKLMNOPQ
S    STUVWXYZABCDEFGHIJKLMNOPQR
T    TUVWXYZABCDEFGHIJKLMNOPQRS
U    UVWXYZABCDEFGHIJKLMNOPQRST
V    VWXYZABCDEFGHIJKLMNOPQRSTU
W    WXYZABCDEFGHIJKLMNOPQRSTUV
X    XYZABCDEFGHIJKLMNOPQRSTUVW
Y    YZABCDEFGHIJKLMNOPQRSTUVWX
Z    ZABCDEFGHIJKLMNOPQRSTUVWXY
```

Zur Verschlüsselung legt man das Passwort über den Klartext und verschlüsselt dann buchstabenweise, indem man den verschlüsselten Buchstaben dem Vigenère-Quadrat entnimmt. Die Spalte ist dabei durch den Klartextbuchstaben, die Zeile durch den Passwortbuchstaben gegeben.

Ein Beispiel soll dies verdeutlichen:

```
Klartext:      grundlagen der informatik und programmiersprachen
Passwort:      KAISERKAISERKAISERKAISERKAISERKAISERKAISERKAISERK
Verschlüsselt: QRCFHCKGMF UOR ARWYRUSXZU CFH ZRWYVRWMQWVJZRIULVX
```

---

14. Benannt nach dem französischen Diplomaten Blaise de Vigenère (1523–1596)

Wir gehen der Einfachheit halber von einem Text aus, der nur Kleinbuchstaben (keine Umlaute, keine Satzzeichen, keine Zahlen etc.) und Leerzeichen enthält. Leerzeichen werden nicht verschlüsselt. Das Passwort besteht nur aus Großbuchstaben (A-Z) ohne Leerzeichen.

Schreiben Sie ein Programm, das einen Textstring mit einem Passwort nach dem Vigenère-Algorithmus verschlüsseln und wieder entschlüsseln kann!

Hinweis: Das Vigenère-Quadrat müssen Sie nicht in einem Array speichern, da sich die Verschiebung relativ einfach berechnen lässt.

7 Modularisierung

Wir sind an einem Punkt angelangt, wo wir im Prinzip jede Programmieraufgabe lösen können. Dabei haben wir allerdings die Erfahrung gemacht, dass unsere Programme mit wachsender Komplexität der Aufgabenstellung unübersichtlich und unverständlich zu werden drohen. Es stellt sich daher die Frage:

Wie kann man umfangreiche Programme noch handhabbar halten?

Die Antwort auf diese Frage ist nahe liegend:

Man muss ein umfangreiches Programm in kleinere, jeweils noch überschaubare Einzelteile zerlegen und diese Einzelteile möglichst unabhängig voneinander entwickeln.

Diese Art des Vorgehens bezeichnet man als **Modularisierung**. Modularisierung wird in C durch Unterprogramme und Funktionen unterstützt. Funktionen und Funktionsaufrufe haben wir übrigens, ohne besonders darauf hinzuweisen, am Beispiel von `printf` und `scanf` bereits kennen gelernt.

7.1 Funktionen und Unterprogramme

Zur Veranschaulichung der in diesem Abschnitt diskutierten Konzepte nehmen wir noch einmal ein Kochbuch in die Hand. Dort finden wir eine Zubereitungsvorschrift für Streuselkuchen:

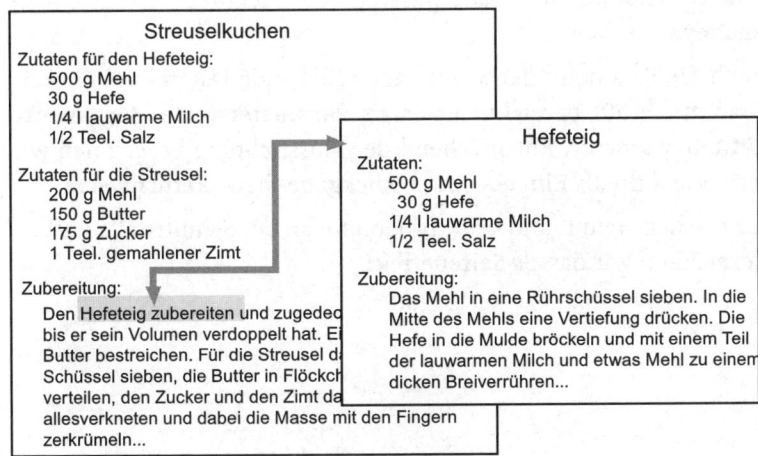

Bei der Zubereitung eines Streuselkuchens fällt als eine klar abgegrenzte Teilaufgabe die Zubereitung eines Hefeteigs an. Einmal als Teilaufgabe erkannt und abgegrenzt ist die Herstellung von Hefeteig eine Tätigkeit, die beim Backen allgemein, also nicht nur für die Herstellung von Streuselkuchen, von großer Bedeutung ist. Wir beschreiben daher die Herstellung von Hefeteig durch ein eigenes Rezept, obwohl Hefeteig kein vollständiges, verzehrbares Gericht ist. Zum Verzehr geeignet ist nur das Endprodukt – der Streuselkuchen. Wir übertragen die Begriffe in die Terminologie der Datenverarbeitung.

▶ Die Herstellung von Streuselkuchen ist unsere eigentliche Aufgabe. Das ist das **Hauptprogramm.**

▶ Die Herstellung von Hefeteig ist eine Teilaufgabe im Rahmen der Herstellung eines Streuselkuchens. Das ist eine **Funktion** oder ein **Unterprogramm.**

▶ Das Starten der Aktivität »Hefeteig erstellen« im Rahmen der Erstellung von Streuselkuchen bezeichnen wir als einen **Aufruf** des Unterprogramms aus dem Hauptprogramm.

▶ Zwischen Haupt- und Unterprogramm müssen beim Aufruf Informationen fließen, z.B. darüber, wie viel Hefeteig zu erstellen ist und ob dem Teig Zucker zugesetzt werden soll. Über den Austausch dieser Informationen muss zwischen Haupt- und Unterprogramm eine Vereinbarung bestehen. Das Hauptprogramm muss wissen, welche Informationen das Unterprogramm benötigt und welche Ergebnisse es produziert. Eine solche Vereinbarung nennen wir eine **Schnittstelle.**

▶ Eine im Rahmen der Schnittstelle vereinbarte Einzelinformation, wie z.B »Zuckerzugabe in Gramm«, nennen wir einen **Parameter** oder auch **Formalparameter.** Alle Parameter zusammen beschreiben die Schnittstelle. Ein Parameter, durch den Informationen vom Hauptprogramm zum Unterprogramm fließen, bezeichnen wir als **Eingabeparameter.** Einen Parameter, durch den Informationen vom Unterprogramm zum Hauptprogramm zurückfließen, bezeichnen wir als **Rückgabeparameter.**

▶ Konkrete, durch die Parameter der Schnittstelle fließende Daten (z.B. Zuckerzugabe in Gramm = 150) bezeichnen wir als **Parameterwerte**, **Argumente** oder auch **Aktualparameter.** Entsprechend der Flussrichtung bezeichnen wir die Parameterwerte auch als **Eingabe-** oder **Rückgabe-** bzw. **Returnwerte.**

▶ Wenn Daten zwischen Haupt- und Unterprogramm an der Schnittstelle vorbeifließen, so bezeichnen wir das als **Seiteneffekt.**

Hinter dem Funktionsbegriff verbirgt sich das wesentliche Modularisierungskonzept von Programmiersprachen. Ein Programmteil möchte die Dienstleistung eines anderen Programmteils in Anspruch nehmen, ohne mit Informationen darüber, wie der andere diesen Dienst versieht, belastet zu sein. Das gerufene Programm möchte die Dienstleistung ausführen, ohne störende Kenntnis darüber, warum oder wofür der Partner diese Dienstleistung benötigt. Damit ergibt sich eine klare Aufgabentrennung zwischen Auftraggeber (rufendes Programm) und Auftragnehmer (gerufenes Programm). Die Information, die zwischen beiden Parteien noch fließen muss, um die Dienstleistung korrekt zu erbringen, wird über die Schnittstelle ausgetauscht.

Durch die Aufteilung zwischen Haupt- und Unterprogramm erhalten wir also eine Trennung zwischen *WIE* und *WARUM*. Das Unterprogramm weiß, *WIE* etwas (Hefeteig) gemacht wird, aber nicht *WARUM* (zur Herstellung von Streuselkuchen). Umgekehrt weiß das Hauptprogramm, *WARUM* etwas gemacht wird, aber nicht *WIE*. Im Haupt- wie im Unterprogramm kann man sich dann ganz auf die jeweilige Aufgabe konzentrieren und ist nicht mit überflüssigem Wissen über die jeweils andere Seite belastet.

Erst diese Technik ermöglicht es, größere Programme noch beherrschbar zu halten. Große Programmsysteme zu modularisieren, d.h. in kleinere, überschaubare funktionale Einheiten aufzuteilen und mit geeigneten Schnittstellen zu versehen, ist eine zentrale Aufgabe des Programmdesigns. Der sichere Umgang mit dieser Technik ist eine der wichtigsten Fähigkeiten, die einen guten Software-Entwickler auszeichnen.

Betrachten wir jetzt wieder konkret die Programmiersprache C. Zu einer Funktion gehören in C zwei Dinge:

1. Ein **Funktionsprototyp**, der die Schnittstellenvereinbarung zwischen Haupt- und Unterprogramm darstellt.

2. Die **Implementierung**, in der die Funktion konkret ausprogrammiert wird.

Wir stellen uns vor, dass wir im Rahmen einer Programmieraufgabe an verschiedenen Stellen unseres Programms das Maximum zweier Zahlen bestimmen müssen. Diese Berechnung wollen wir an eine Funktion delegieren. Auch über die dazu erforderliche Schnittstelle haben wir schon eine konkrete Vorstellung:

In die Funktion gehen zwei Gleitkommazahlen x und y hinein und als Ergebnis kommt die größere der beiden Zahlen wieder heraus.

Einen Namen soll die Funktion auch haben – sie soll `maximum` heißen. Damit ergibt sich die folgende Schnittstelle:

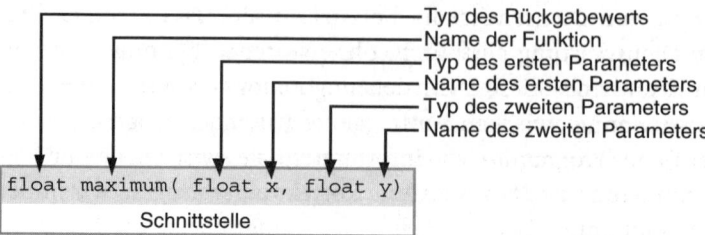

Wir realisieren die Funktion, indem wir an die Definition der Schnittstelle den Funktionskörper als Block anhängen. In diesem Block können die Parameter (hier x und y) wie gewöhnliche Variablen des entsprechenden Typs benutzt werden:

```
float maximum( float x, float y)
    {
    if( x > y)
        return x;
    return y;
    }
```

Neu ist hier die `return`-Anweisung. Diese Anweisung bewirkt, dass der nachfolgende Ausdruck ausgewertet und als Funktionsergebnis (Returnwert) an das rufende Programm zurückgegeben wird. Der Typ des Rückgabewerts muss dabei natürlich dem in der Schnittstelle vereinbarten Typ entsprechen. Unsere Funktion hat zwei »Ausstiege«. Ist x>y, so wird die Funktion mit der Anweisung `return` x beendet. Die nachfolgende Anweisung wird in diesem Fall gar nicht mehr erreicht. Ist die Bedingung x>y nicht erfüllt, so endet die Funktion mit der Anweisung `return` y. Letztlich wird also der jeweils größere der beiden Zahlenwerte zurückgegeben.

Bevor wir eine Funktion erstmalig verwenden können, müssen wir einen Funktionsprototypen erstellen, der im Beispiel unserer obigen Funktion `maximum` den folgenden Aufbau hat:

```
extern float maximum( float x, float y);
```

Letztlich heißt das:

Irgendwo (`extern`) gibt es eine Funktion mit dem Namen `maximum` und der entsprechenden Schnittstelle.

Eigentlich wiederholt man im Funktionsprototypen nur das, was im Kopf der Funktion sowieso schon steht. Um die Bedeutung dieser Anweisung zu verstehen, muss man etwas weiter ausholen.

Stellen Sie sich vor, Sie entwickeln zu zweit ein größeres Programm. Dann ist es natürlich nicht mehr sinnvoll, den gesamten Quellcode in eine einzige Datei zu schreiben, da dann ja immer nur einer von Ihnen zu einem Zeitpunkt programmieren könnte. Sie müssen Ihr Programm also auf mehrere Dateien aufteilen. Sie haben etwa in einer Datei (max.c) das Unterprogramm maximum erstellt. Ihr Kollege erstellt in einer anderen Datei (main.c) das Hauptprogramm. Die beiden Dateien werden durch den Compiler unabhängig voneinander übersetzt. Das heißt, wenn der Compiler das Hauptprogramm übersetzt, hat er keine Informationen über die Existenz der Funktion maximum und deren Schnittstelle. Er kann daher nicht prüfen, ob die Funktion korrekt, d.h. mit der richtigen Parameterzahl und den richtigen Parametertypen, verwendet wird. An dieser Stelle kommt der Funktionsprototyp ins Spiel. Sie erstellen eine dritte Datei (max.h) und tragen dort den Funktionsprototypen ein. Dieser Funktionsprototyp ist die für alle Beteiligten verbindliche Festlegung der Schnittstelle. Wenn Sie jetzt in den Dateien (max.c und main.c) meine Anweisung # include "max.h" einfügen, kann der Compiler in max.h nachsehen, welche Schnittstelle die Funktion maximum hat, und prüfen, ob Sie die Funktion der Schnittstellenspezifikation entsprechend (in max.c) entwickelt haben und ob Ihr Kollege sie (in main.c) korrekt verwendet. Das folgende Bild verdeutlicht noch einmal diese Zusammenhänge:

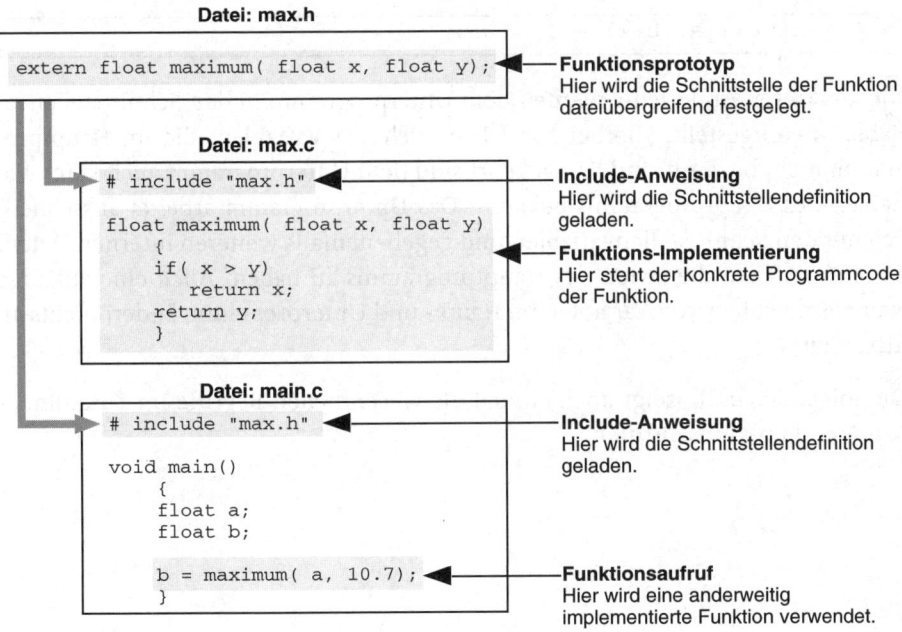

Datei: max.h

```
extern float maximum( float x, float y);
```

Funktionsprototyp
Hier wird die Schnittstelle der Funktion dateiübergreifend festgelegt.

Datei: max.c

```
# include "max.h"

float maximum( float x, float y)
    {
    if( x > y)
        return x;
    return y;
    }
```

Include-Anweisung
Hier wird die Schnittstellendefinition geladen.

Funktions-Implementierung
Hier steht der konkrete Programmcode der Funktion.

Datei: main.c

```
# include "max.h"

void main()
    {
    float a;
    float b;

    b = maximum( a, 10.7);
    }
```

Include-Anweisung
Hier wird die Schnittstellendefinition geladen.

Funktionsaufruf
Hier wird eine anderweitig implementierte Funktion verwendet.

Natürlich erstellen Sie nicht für jede Funktion und jeden Funktionsprototypen eine eigene Datei. Üblicherweise fassen Sie alle zu einem Themenkomplex gehörenden Funktionen in einer oder mehreren Dateien zusammen und erstellen dazu eine Header-Datei, die die Prototypen aller Funktionen des Themenkomplexes enthält.

Insbesondere erkennen wir jetzt die Bedeutung der bisher nur am Rande erwähnten Header-Dateien. Sie dienen dazu, Deklarationen (z.B. Funktionsprototypen), die von allgemeinem Interesse sind, aufzunehmen und allen Interessenten (Quellcode-Dateien) einheitlich zur Verfügung zu stellen.

Beim Aufruf einer Funktion können beliebige Ausdrücke als Parameter mitgegeben werden. Wichtig ist nur, dass die Ausdrücke nach ihrer Auswertung den in der Schnittstelle geforderten Typ haben.

```
float a = 3.7;
float b = 1.5;
float c;


c = maximum( a, b+1);
```

Das Ergebnis eines Funktionsaufrufs kann überall dort verwendet werden, wo der Ergebnistyp zulässig ist. Zum Beispiel kann das Funktionsergebnis direkt in einer Formel verwendet werden:

```
x = maximum( a, b+1) + 1;
```

Die konkreten Argumente werden dem Unterprogramm in den Schnittstellenvariablen bereitgestellt. Hierbei handelt es sich um Variablen, die im Hauptprogramm nicht bekannt sind. Umgekehrt sind dem Unterprogramm auch keine Variablen des Hauptprogramms bekannt. Das Unterprogramm arbeitet ausschließlich mit den Schnittstellenvariablen und gegebenenfalls weiteren internen Daten, ohne Zugriff auf die Daten des Hauptprogramms zu haben. Auch eine zufällige Namensgleichheit von Variablen im Haupt- und Unterprogramm ändert nichts an dieser Tatsache.

Die folgende Grafik zeigt noch einmal die wesentlichen Begriffe im Zusammenhang mit Funktionsaufrufen:

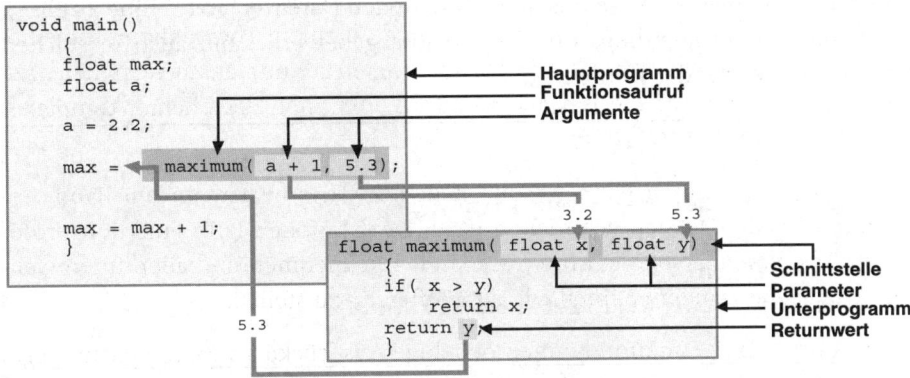

Über die Schnittstelle hinaus haben rufende und gerufene Funktion keine gemeinsamen Daten, es sei denn, sie bedienen sich globaler Variablen. Der Informationsaustausch über globale Variablen wird als **Seiteneffekt** bezeichnet, weil diese Informationen an der vereinbarten Schnittstelle vorbeifließen. Programmierung mit Seiteneffekten sollte jedoch auf das notwendige Minimum beschränkt werden. Wir werden auf diesen Aspekt noch einmal im Zusammenhang mit globalen und lokalen Variablen eingehen.

Eine Funktion kann Parameter und Rückgabewerte unterschiedlicher Typen

```
float potenz( float basis, unsigned int exponent)
    {
    float ergebnis;

    for( ergebnis = 1; exponent > 0; exponent = exponent - 1)
        ergebnis = ergebnis * basis;
    return ergebnis;
    }
```

oder auch gar keine Parameter

```
char lies_einen_buchstaben()
    {
    char b;

    scanf( "%c", &b);
    fflush( stdin);
    return b;
    }
```

haben.

Eine Funktion, die kein Ergebnis liefert, erhält den Datentyp void. Eine return-Anweisung, dann allerdings ohne einen Rückgabewert, kann auch in solchen Funktionen verwendet werden:

```
void ausgabe( int i)
    {
    printf( "Der Wert ist %d\n", i);
    if( i >= 0)
        return;
    printf( "Der Wert ist negativ!\n");
    }
```

Eine explizite return-Anweisung am Ende des Unterprogramms ist hier allerdings überflüssig.

7.2   Rekursion

Mit einem Funktionsaufruf verbindet man gemeinhin die Vorstellung, dass eine Funktion eine andere Funktion aufruft. Es besteht aber kein Grund auszuschließen, dass eine Funktion sich mittelbar (d.h. auf dem Umweg über eine andere Funktion) oder unmittelbar selbst aufruft. Man bezeichnet dies als **Rekursion**. Rekursion bedeutet, dass eine Funktion ihre Berechnungen unter Rückgriff auf sich selbst durchführt. Das erscheint zunächst paradox, ist aber eine sehr sinnvolle Programmiertechnik.

Als Beispiel betrachten wir die Folge der Fakultäten, die wir bereits aus dem Abschnitt über Arithmetik kennen. Wir erinnern uns, dass n! (sprich »n-Fakultät«) das Produkt der ersten n natürlichen Zahlen bezeichnet. Also:

$$n! = 1 \cdot 2 \cdot 3 \cdot \ldots \cdot (n-1) \cdot n$$

Diese Zahl lässt sich recht einfach durch eine Schleife berechnen:

```
long fak_iterativ( int n)
    {
    long fak;

    for( fak = 1; n > 1; n = n-1)
        fak = fak*n;

    return fak;
    }
```

Wir nennen dies eine iterative (schrittweise) Berechnung. Wir können aber auch einen anderen Zugang zur Berechnung von Fakultäten wählen. Dazu formulieren wir zunächst umgangssprachlich:

Um das Produkt der ersten n natürlichen Zahlen zu berechnen, genügt es, das Produkt der ersten n-1 natürlichen Zahlen zu kennen und dieses mit n zu multiplizieren.

Wir notieren das in der folgenden Form:

$$n! = \begin{cases} 1 & \text{für } n = 1 \\ n \cdot (n-1)! & \text{für } n > 1 \end{cases}$$

In dieser Darstellung wird deutlich, dass eine Funktion zur Berechnung von Fakultäten durch einen Rückgriff auf sich selbst programmiert werden kann. Alternativ zu dem obigen Programm können wir daher schreiben:

```
long fak_rekursiv( int n)
    {
    if( n == 1)
        return 1;
    return n * fak_rekursiv(n-1);
    }
```

Beachten Sie, dass der Parameter n bei jedem Rekursionsschritt um 1 vermindert wird und für n==1 kein weiterer Selbstaufruf mehr stattfindet. So wie Sie sich bei einer Schleife immer Gedanken über eine geeignete Abbruchbedingung machen müssen, müssen Sie sich auch bei Rekursion immer Gedanken über einen Ausstieg machen, um sich nicht in einem endlosen rekursiven Abstieg zu verlieren.

Von ihrem äußeren Verhalten her sind die beiden Implementierungen gleich. Beide haben die gleiche Schnittstelle und liefern für gleiche Argumente gleiche Ergebnisse. Wie aber sieht das konkrete Laufzeitverhalten der beiden Implementierungen aus? Wir testen beide Varianten, indem wir die Programme für einige Werte von n jeweils 10000-mal ausführen lassen, und erhalten die folgende Tabelle:

	fak_rekursiv(n)		fak_iterativ(n)	
n	Aufrufe	Zeit [ms]	Aufrufe	Zeit [ms]
5	50000	696	10000	113
10	100000	1569	10000	159
15	150000	2412	10000	198

	fak_rekursiv(n)		fak_iterativ(n)	
n	Aufrufe	Zeit [ms]	Aufrufe	Zeit [ms]
20	200000	3337	10000	240
25	250000	4332	10000	281
30	300000	5331	10000	321

Das rekursive Verfahren stellt sich, insbesondere für große Werte von n, als deutlich langsamer heraus. Der Grund hierfür liegt in den bei rekursiver Programmierung zusätzlich anfallenden Zeiten für die vielen Unterprogrammaufrufe.

Noch extremer fällt der Vergleich bei folgendem Beispiel, das ich dem Buch »Gödel, Escher, Bach« von Douglas R. Hofstadter entnommen habe, aus. Die Folge hof(n) ist definiert durch:

$$\text{hof}(n) = \begin{cases} 1 & \text{falls} \quad n = 1, 2 \\ \text{hof}(n - \text{hof}(n-1)) + \text{hof}(n - \text{hof}(n-2)) & \text{falls} \quad n > 2 \end{cases}$$

Wir wollen uns hier keine Gedanken über die korrekte Definition dieser Folge machen. Dazu wäre nachzuweisen, dass n-hof(n-1) und n hof(n-2) stets zwischen 1 und n-1 liegen. Wenn wir das als gegeben annehmen, greift hof(n) immer auf Folgenglieder mit niedrigerem Index zurück, und das Verfahren muss irgendwann bei hof(1) und/oder hof(2) enden.

Eine rekursive Implementierung dieser Funktion liegt auf der Hand:

```
int hof_rek( int n)
    {
    if(n <= 2)
        return 1;
    return hof_rek(n - hof_rek(n-1)) + hof_rek(n - hof_rek(n-2));
    }
```

Anders als bei der Folge der Fakultäten kennen wir hier aber keine explizite Darstellung der Folge. Trotzdem sind wir in der Lage, eine einfache iterative Implementierung zu erstellen. Wir legen einen ausreichend großen Array an und berechnen aufsteigend die gesuchten Folgenglieder:

```
int hof_iter( int n)
    {
    int h[1000];
    int i;

    h[1] = h[2] = 1;
    for( i = 3; i <= n; i++)
        h[i] = h[ i - h[i-1]] + h[ i - h[i-2]];
    return h[n];
    }
```

Dies funktioniert natürlich nur, wenn wir sicher sind, dass bei der Berechnung von h[n] ausschließlich die zuvor berechneten Array-Elemente h[1] ... h[n-1] verwendet werden. Aber das hatten wir ja bereits oben ohne weitere Begründung akzeptiert.

Eine Laufzeitanalyse der beiden Algorithmen fällt verheerend für die rekursive Implementierung aus:

	hof_rek(n)		hof_iter(n)	
n	Aufrufe	Zeit[ms]	Aufrufe	Zeit [ms]
5	25	0.366	1	0.011
10	481	7.650	1	0.013
15	6329	98.672	1	0.015
20	73429	1137.232	1	0.017
25	828409	13253.419	1	0.021
30	9229053	160864.706	1	0.023

Der rekursive Algorithmus ist derart mit sich selbst beschäftigt, dass die Rechenzeit mit wachsendem n geradezu explodiert, während die Rechenzeit beim iterativen Algorithmus fast noch unterhalb der Auflösung des Zeitnehmers liegt. Der Grund ist, dass der rekursive Algorithmus die benötigten hof-Werte immer wieder neu berechnet. Für n = 30 gibt es ja nur 29 Folgenwerte, auf die gegebenenfalls zurückgegriffen wird. Trotzdem wird die hof-Funktion 9229053-mal aufgerufen. Die folgende Grafik zeigt den Aufrufbaum des rekursiven Algorithmus für n = 6. Berechnungen ganzer Teilbäume kommen hier unnützerweise mehrfach vor.

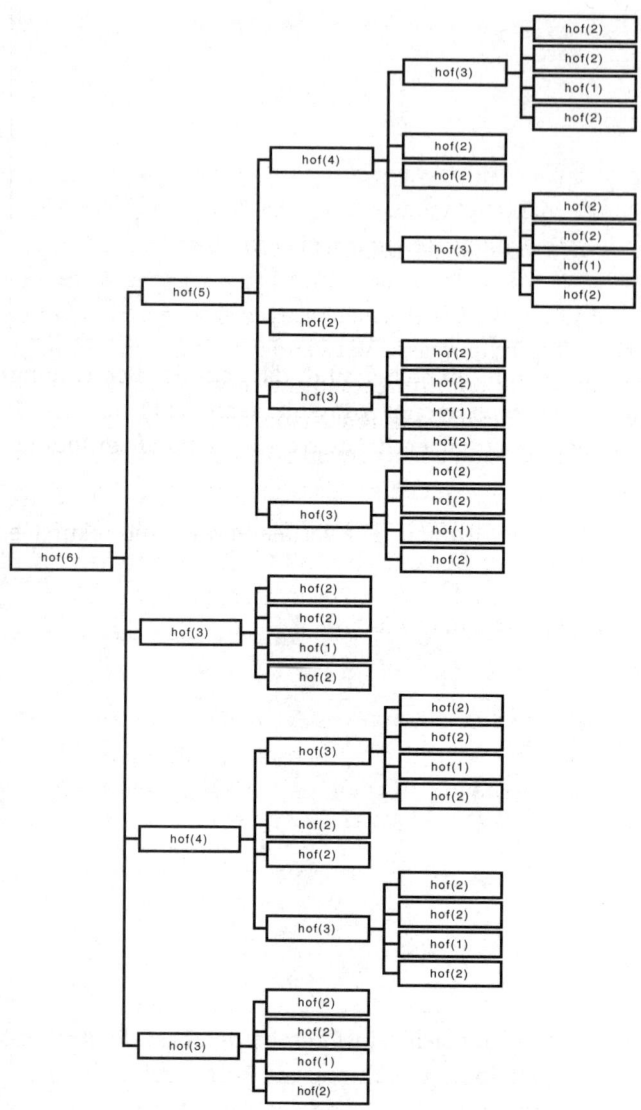

Angesichts solcher Ergebnisse kann man sich fragen, wofür denn Rekursion überhaupt sinnvoll ist, zumal theoretische Untersuchungen zeigen, dass Rekursion immer vermieden werden kann und iterative Algorithmen grundsätzlich effizienter
arbeiten als ihre rekursiven Gegenstücke. Trotzdem sind rekursive Techniken von
großem Nutzen in der Programmierung. Sie erlauben es oft, komplizierte Operationen verblüffend einfach zu implementieren.

Rekursive Algorithmen werden gern verwendet, wenn man ein Problem durch einen geschickten Ansatz auf ein »kleineres« Problem der gleichen Struktur zurückführen kann. Dazu wollen wir noch ein abschließendes Beispiel betrachten.

Häufig steht man vor der Aufgabe, alle möglichen Reihenfolgen (Permutationen) von irgendwelchen Objekten zu überprüfen. Hilfreich ist dabei eine Funktion, die alle möglichen Reihenfolgen der Elemente eines Arrays erzeugt. Dazu gibt es eine sehr einfache rekursive Lösung:

Wir nehmen nacheinander jedes Element des Arrays und bringen es durch Vertauschung an die erste Stelle des Arrays. In jedem dieser Fälle erzeugen wir dann rekursiv alle möglichen Reihenfolgen in dem um ein Element verkleinerten hinteren Teil des Arrays.

Durch diesen Ansatz finden wir eine einfache und elegante, rekursive Lösung für unser Problem. Eine rekursionsfreie Variante ist nicht so einfach zu erstellen:

D_07_2

A	```void perm(int anz, int array[], int start)
{
int i, sav;```
B	``` if(start < anz)
{```
C	``` sav = array[start];```
D	``` for(i = start; i < anz; i = i+1)
{```
E	``` array[start] = array[i];
array[i] = sav;```
F	``` perm(anz, array, start + 1);```
G	``` array[i] = array[start];
}```
H	``` array[start] = sav;
}
else```
I	``` aktion(anz, array);
}```

▲ CD-ROM P_07_2/perm.c

A: An der Schnittstelle werden der Array[1] (array), die Anzahl der Elemente im gesamten Array (anz) und der Index (start), ab dem im Array Vertauschungen durchgeführt werden sollen, übergeben. Alle vor start liegenden Ele-

---

1. Üblicherweise wird ein Array an einer Schittstelle in unbestimmter Größe übergeben, da die Größe ja von Aufruf zu Aufruf eine andere sein kann. Die Information über die effektive Größe des Arrays wird separat in einem eigenen Parameter übertragen.

mente bleiben im Folgenden unangetastet. Ab `start` werden Permutationen erzeugt.

B: Wenn `start` kleiner als `anz` ist, so bleibt noch ein Rest im Array, der zu bearbeiten ist (Punkte C–H). Andernfalls ist eine vollständige Permutation erzeugt und kann ausgegeben werden (Punkt I).

C: Wir sichern das Element an der Startposition in der Variablen `sav`.

D: In einer Schleife über den Rest des Arrays werden jetzt die Punkte E–G ausgeführt.

E: Das Element an der aktuell betrachteten Stelle (`i`) wird mit dem Element, das ursprünglich an der Startposition gestanden hat, vertauscht.

F: Durch einen rekursiven Aufruf wird jetzt der Array ab der Position `start+1` weiterbearbeitet. Es geht also eine Unterprogrammebene tiefer bei A weiter.

G: Nach Rückkehr aus der Rekursion sind alle möglichen Vertauschungen im hinteren Teil erzeugt und ausgegeben. Das zuvor an die Startposition gelegte Element wird auf seine ursprüngliche Position (`i`) zurückgebracht. Der Vorgang (E–G) läuft anschließend, sofern wir noch nicht am Ende des Arrays angekommen sind, mit dem nächsten Element an Position `i+1` ab.

H: Der oben beschriebene Prozess (E–G) ist für alle Elemente von der Startposition bis zum Ende des Arrays durchgeführt worden. Jetzt wird das unter C gesicherte ursprüngliche Startelement wieder an seine angestammte Position gebracht. Anschließend erfolgt der Rücksprung auf die nächsthöhere Rekursionsebene bzw. ins Hauptprogramm.

I: Hier ist eine vollständige Permutation erzeugt und kann bearbeitet (ausgegeben) werden. Dazu benutzen wir die Funktion `aktion`, deren Implementation Sie weiter unten finden. Nach der Bearbeitung erfolgt der Rücksprung auf die nächsthöhere Rekursionsebene bzw. ins Hauptprogramm.

Dort, wo eine neue Permutation erzeugt ist, rufen wir das Unterprogramm `aktion` auf, um die gewünschte Operation für diese Permutation auszuführen. In unserem Beispiel soll die Aktion nur darin bestehen, die Permutation auszugeben:

```
void aktion( int anzahl, int array[])
   {
   int i;
```

```
    for( i = 0; i < anzahl; i++)
        printf( "%d ", array[i]);
    printf( "\n");
    }
```

▲ **CD-ROM** P_07_2/perm.c

Wir benötigen jetzt nur noch ein Hauptprogramm als Testrahmen. Wir initialisieren einen Array mit den Zahlen 1, 2, 3, ... und rufen dann das Unterprogramm zur Erzeugung der Permutationen auf. Start ist natürlich bei 0:

```
main()
    {
    int array[4];
    int i;

    for( i = 0; i < 4; i++)
        array[i] = i;
    perm( 4, array, 0);
    }
```

▲ **CD-ROM** P_07_2/perm.c

Starten wir das Programm, so ergibt sich der folgende Aufrufbaum:

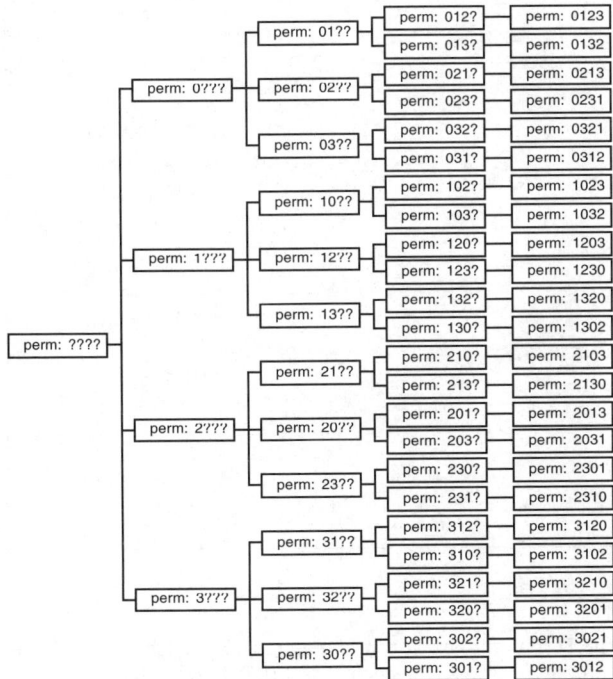

In der tiefsten Rekursionsebene, also an den Blättern des Aufrufbaums stehen die 24 gesuchten Permutationen[2], die durch das Programm ausgegeben werden:

```
0123
0132
0213
...
```

7.3   Der Stack

Um die Rekursion endgültig zu entmystifizieren, wollen wir uns in diesem Abschnitt klarmachen, was bei einem Unterprogrammaufruf und insbesondere bei einem rekursiven Unterprogrammaufruf eigentlich passiert. Rekursion ist unanschaulich, weil der Kontrollfluss nur schwer nachzuvollziehen ist. Wenn eine Funktion in die Rekursion geht, befindet sich der Kontrollfluss sozusagen zweimal in dieser Funktion, die ja gleichzeitig die Rolle des rufenden und des gerufenen Programms spielt. Der Rechner muss die verschiedenen Aufrufebenen sauber trennen. Als Beispiel betrachten wir noch einmal das Programm perm, wobei wir alle störenden Details weglassen:

```
void perm( int anz, int array[], int start)
    {
    int i;

    if( ...)
        {
        ...

        for( i = start; i < anz; i=i+1)
            {
            ...
            perm( anz, array, start + 1);
            ...
            }
        ...
        }
    else
        ...

    }
```

---

2. Allgemein gibt n! verschiedene Permutationen von n Elementen. Mit solchen »kombinatorischen« Fragestellungen werden wir uns später noch ausführlich beschäftigen.

Wenn der rekursive Aufruf erfolgt, befindet sich das Programm in der Abarbeitung einer Schleife. Wenn das Programm aus der Rekursion zurückkommt, möchte es natürlich mit der Abarbeitung der Schleife fortfahren. Damit das funktioniert, dürfen die Variablenwerte (z. B. der Schleifenzähler i) in der Rekursion nicht verändert werden. Dem Programm muss daher auf jeder Rekursionsebene ein eigener Satz an Variablen bereitgestellt werden, mit dem es völlig autonom arbeiten kann. Wenn der Kontrollfluss aus einem Hauptprogramm in ein Unterprogramm abtaucht, so muss der gesamte Zustand des Hauptprogramms sozusagen eingefroren werden. Dem Unterprogramm muss eine neue, unverbrauchte Umwelt zur Verfügung gestellt werden. Diese Umwelt muss beim Rücksprung aus dem Unterprogramm wieder beseitigt und der eingefrorene Zustand des Hauptprogramms muss wieder aufgetaut werden, damit dieses fortfahren kann, als wäre nichts geschehen. Um zu verstehen, wie der Rechner das alles macht, müssen wir uns mit dem Stack unseres Rechners auseinandersetzen.

Ein **Stack** (Stapel) ist eine Datenstruktur, in der die Daten wie Teller auf einem Stapel in der Küche eines Restaurants verwaltet werden:

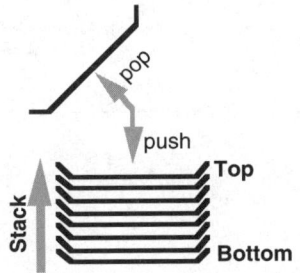

Es gibt zwei Grundoperationen:

- ▶ push   lege einen Teller auf den Stapel
- ▶ pop   nimm einen Teller vom Stapel herunter

Der zuletzt auf dem Stapel abgelegte Teller wird dabei als erster wieder benutzt. Wir sprechen hier auch vom **LIFO**[3]-Prinzip. Konkret implementiert denken wir uns einen Stack als einen ausreichend großen Array mit einem Zeiger (Stackpointer), der jeweils auf die Spitze des Stacks zeigt. Die Operationen push und pop benutzen und verändern diesen Zeiger beim Datenzugriff.

Wenn jetzt aus einem Hauptprogramm ein Unterprogramm gerufen wird, so legt das Laufzeitsystem zunächst die zur Parameterübergabe erforderlichen Argumentwerte auf den Stack. Bevor der endgültige Sprung ins Unterprogramm erfolgt, merkt sich das Laufzeitsystem ebenfalls auf dem Stack, an welcher Stelle es

---

3. Last In First Out

im Hauptprogramm nach der Rückkehr aus dem Unterprogramm weitergeht (Rücksprungadresse). Im Unterprogramm werden dann die benötigten Variablen als lokale Daten ebenfalls auf dem Stack angelegt. Das Unterprogramm kann jetzt auf <u>seine</u> Argumente und <u>seine</u> Variablen zugreifen, ohne irgendeine Rücksicht auf das Hauptprogramm oder gegebenenfalls noch folgende weitere Unterprogramme nehmen zu müssen. Dieses Vorgehen wiederholt sich bei weiteren Unterprogrammaufrufen und es besteht dabei kein Unterschied, ob es sich um einen rekursiven oder einen »normalen« Unterprogrammaufruf handelt. Jedes Unterprogramm bekommt auf diese Weise seinen eigenen Datenbereich, den es ganz allein kennt und allein verwaltet:

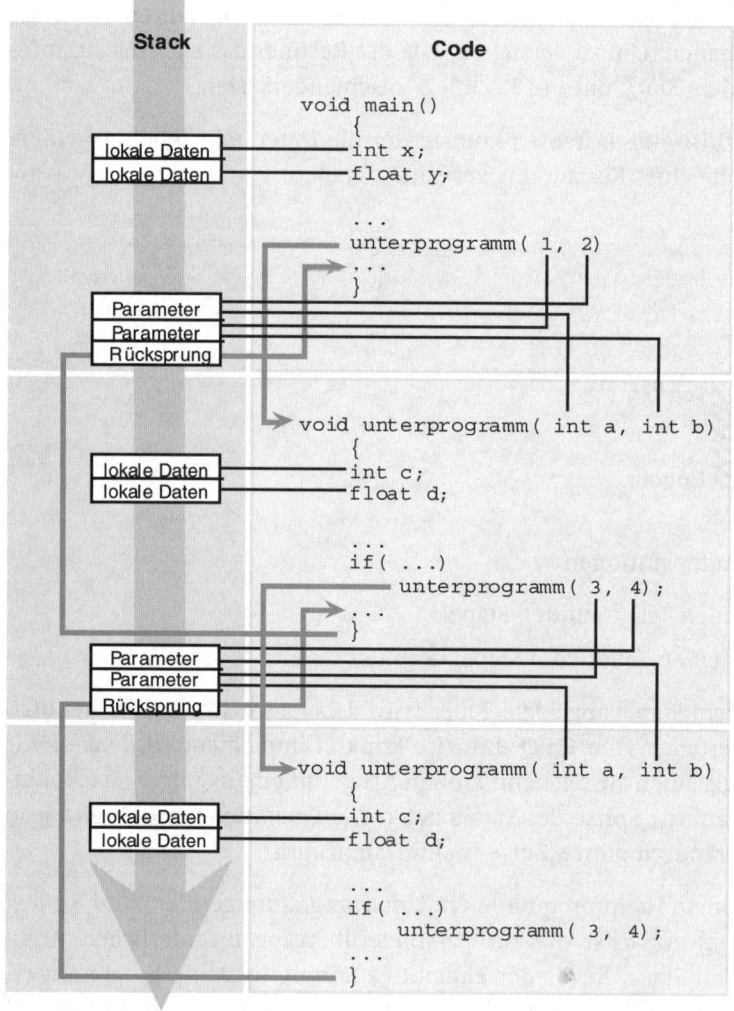

Hat ein Programm seine Pflicht getan, so wird der Rücksprung damit eingeleitet, dass alle lokalen Daten des Unterprogramms vom Stack entfernt werden. Dann wird mittels der jetzt wieder oben auf dem Stack liegenden Rücksprungadresse der Rückweg ins übergeordnete Programm gefunden. Dort werden dann noch die Aufrufargumente vom Stack entfernt. Das übergeordnete Programm arbeitet dann wieder in seinem vertrauten Datenbereich, den das Unterprogramm nicht angetastet hat.

Auf diese Weise kann ein rekursives Programm zur Laufzeit gleichzeitig in verschiedenen Instanzen und Verarbeitungsständen existieren, ohne dass sich diese verschiedenen Instanzen gegenseitig ins Gehege kommen.

7.4 Globale, lokale und statische Variablen

Bisher haben wir nur **lokale Variablen**, also solche Variablen, die nur innerhalb einer Funktion bekannt sind, verwendet und gesehen, dass das über den Stack realisierte Lokalitätsprinzip für Variablen ausgesprochen wichtig und wertvoll ist. Trotzdem wird es in einem Programm immer auch Daten geben, die allen Funktionen gleichermaßen zur Verfügung stehen sollen. Dazu dienen die sogenannten **globalen Variablen**. Diese Variablen werden nicht innerhalb einer bestimmten Funktion, sondern außerhalb von jeglicher Funktion definiert und müssen, wie wir das bereits bei den Funktionen gesehen haben, durch einen Externverweis allgemein bekannt gemacht werden. Die globalen Variablen bilden eine öffentliche Datenschnittstelle, die jedermann zugänglich ist. Dies ist auf der einen Seite ein Gewinn, da solche Daten nicht erst umständlich durch die Schnittstellen von Funktionen transportiert werden müssen, wenn man sie tief unten in der Funktionshierarchie benötigt. Andererseits unterläuft man mit globalen Variablen das aus gutem Grund eingeführte Lokalitätsprinzip, und es ist nicht immer leicht nachzuvollziehen, wo und in welcher Weise die Daten in dem Programm verwendet und insbesondere verändert werden. Sie sollten sich daher im Rahmen des Programmentwurfs genau überlegen, welche Daten Sie global und welche Daten Sie lokal anlegen. Die Programmierfaulheit, die häufig dazu führt, zu viele Daten global anzulegen, ist bei dieser Entscheidung allerdings der schlechteste Berater.

Neben den lokalen und globalen Variablen gibt es noch **statische Variablen**. Auch diese Variablen können innerhalb oder außerhalb von Funktionen angelegt werden. Im ersten Fall bedeutet dies, dass die Variable beim erstmaligen Eintritt in die Funktion angelegt wird, dann aber über den einzelnen Funktionsaufruf hinaus unter Beibehaltung ihres Werts »weiterlebt«. Im zweiten Fall bedeutet dies, dass die Variable zwar global ist, aber nur von Funktionen in der Compilationseinheit (= Quellcode-Datei), in der sie definiert ist, verwendet werden kann. Statischen Variablen wird zur Kennzeichnung das Wort `static` vorangestellt. Die folgende Grafik zeigt in einer Zusammenfassung die Möglichkeiten zur Definition und Verwendung globaler, lokaler und statischer Variablen:

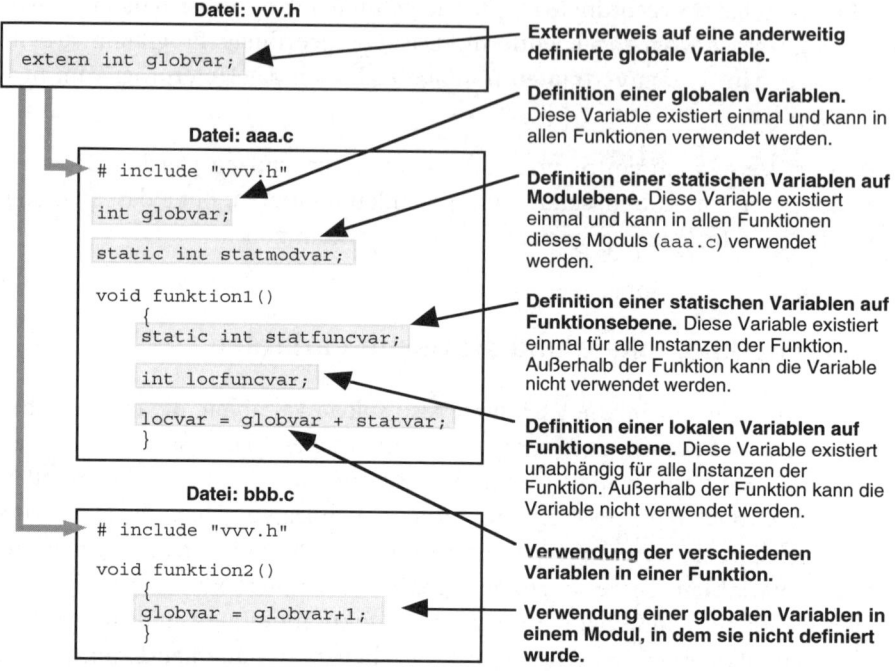

Ähnlich wie bei Funktionen haben die Header-Dateien die Aufgabe, Informationen über Namen und Typ global angelegter Variablen per include an alle interessierten Quellcode-Dateien weiterzuleiten, damit vom Compiler geprüft werden kann, ob die Variablen überall korrekt, d.h. ihrem Typ entsprechend, verwendet werden. In der Header-Datei steht dazu ein sogenannter Externverweis. Der Externverweis des obigen Beispiels

```
extern int globvar;
```

besagt, dass irgendwo (extern) eine Integer-Variable mit Namen globvar existiert und entsprechend verwendet werden kann. Konkret angelegt ist diese Variable in der Datei **aaa.c**, verwendet wird sie dann u.a. in der Datei **bbb.c**.

Grundsätzlich möchte ich noch einmal daran erinnern, dass bei einem Funktionsaufruf nicht die Variablen selbst, sondern nur deren Werte an das Unterprogramm übertragen werden. Wenn wir in einem Unterprogramm Variablenwerte im Hauptprogramm ändern wollen, so können wir das derzeit nur durch Zuweisung des Returnwerts oder über einen Seiteneffekt, d.h. durch Verwendung von globalen Variablen erreichen.[4] Das ist nicht immer erstrebenswert, und wir werden später – im Zusammenhang mit Zeigern – eine andere Technik kennen lernen, mit deren Hilfe wir gezielt aus einem Unterprogramm heraus Variablenwerte im Hauptprogramm verändern können. Dann werden Sie auch erkennen, warum die Arrays an der Schnittstelle von Funktionen eine Sonderrolle spielen.

7.5 Die C-Runtime-Library

Eine der Designideen bei der Entwicklung von C war, den Sprachumfang so klein wie möglich zu halten. C enthält darum im Gegensatz zu vielen anderen Programmiersprachen keine Sprachelemente zur Dateibearbeitung oder Bildschirmausgabe oder zur Berechnung von mathematischen Funktionen. Dies und vieles mehr wird in C durch Funktionsbibliotheken erledigt. Wir wollen uns hier nur mit der sogenannten **C-Runtime-Library** beschäftigen. Diese Funktionsbibliothek enthält einige hundert Funktionen und ist ebenso wie C durch die ANSI normiert. Sie können also davon ausgehen, dass die Funktionen der C-Runtime-Library in jeder C-Programmierumgebung dem Standard entsprechend verfügbar sind. Ich kann hier natürlich nicht jede Funktion dieser Library besprechen und gebe daher nur einen groben Überblick über eine Auswahl von Funktionen. Wenn Sie den Sinus oder die Wurzelfunktion, die aktuelle Uhrzeit oder das Datum in einem Ihrer Programme benötigen, schauen Sie zuerst immer in der Runtime-Library nach, ob geeignete Funktionen nicht bereits vorhanden sind. Alle Details über diese Funktionen entnehmen Sie dann Ihren Compilerhandbüchern oder dem Hilfesystem Ihrer Entwicklungsumgebung. Dort finden Sie auch Informationen darüber, welche Headerfiles Sie in Ihrem Sourcecode includieren müssen, um die jeweiligen Funktionen, ihren Prototypen entsprechend, korrekt verwenden zu können.

Im Folgenden werden einige wichtige Funktionen der Runtime-Library herausgegriffen und anhand von Beispielen eingeführt.

7.5.1 Mathematische Funktionen

Die Runtime-Library enthält alle wichtigen mathematischen Funktionen vom Sinus bis zur Exponentialfunktion. Um diese Funktionen korrekt verwenden zu können, fügen Sie

```
# include <math.h>
```

---

4. Eine Ausnahme bilden hier die Arrays. Wenn Sie einen Array an einer Schnittstelle übergeben, so können Sie die Datenfelder des Arrays auch im Unterprogramm ändern.

in Ihren Sourcefile ein. Die Funktionen werden dann in der bereits bekannten Weise aufgerufen.

Die mathematische Formelschreibweise muss für die Programmierung natürlich in die Funktionsschreibweise übersetzt werden, da ja spezielle Formelsymbole in einer Programmiersprache nicht verfügbar sind:

mathematische Schreibweise	Funktionsschreibweise in C
$z = \sqrt{x^2 + y^2}$	`z = sqrt(x*x + y*y)`
$z = \sqrt{e^x + y}$	`z = sqrt(exp(x) + y)`
$z = \left|\left(\sin(x) + \cos(y^2)\right)^5\right|$	`z = fabs(pow(sin(x)+cos(y*y),5))`

Es folgt zunächst eine Übersicht der in der Runtime-Library verfügbaren Integer-Funktionen:

Funktion	Bedeutung
`abs`	Berechnet den Absolutbetrag einer Integer-Zahl.
`div`	Bestimmt Quotient und Rest bei Division von zwei Integer-Zahlen.
`labs`	Berechnet den Absolutbetrag einer Long-Integer-Zahl.
`ldiv`	Bestimmt Quotient und Rest bei Division von zwei Long-Integer Zahlen.

Darüber hinaus gibt es die folgenden Gleitkomma-Funktionen:

Funktion	Bedeutung
`acos`	Berechnet den Arcuscosinus einer Gleitkommazahl.
`asin`	Berechnet den Arcussinus einer Gleitkommazahl.
`atan`	Berechnet den Arcustangens einer Gleitkommazahl.
`atan2`	Berechnet den Arcustangens des Quotienten von zwei Gleitkommazahlen.
`ceil`	Bestimmt die nächstgrößere ganze Zahl zu einer Gleitkommazahl.
`cos`	Berechnet den Cosinus einer Gleitkommazahl.
`cosh`	Berechnet den Cosinushyperbolicus einer Gleitkommazahl.
`exp`	Berechnet die Exponentialfunktion einer Gleitkommazahl.
`fabs`	Berechnet den Absolutbetrag einer Gleitkommazahl.
`floor`	Bestimmt die nächstkleinere ganze Zahl zu einer Gleitkommazahl.
`fmod`	Berechnet den Nachkomma-Anteil bei der Division zweier Gleitkommazahlen.

Funktion	Bedeutung
frexp	Ermöglicht das Aufspalten einer Gleitkommazahl in Mantisse und Exponent.
ldexp	Baut eine Gleitkommazahl aus Mantisse und Exponent auf.
log	Berechnet den natürlichen Logarithmus einer Gleitkommazahl.
log10	Berechnet den dekadischen Logarithmus (Basis = 10) einer Gleitkommazahl.
modf	Spaltet eine Gleitkommazahl in Vor- und Nachkommateil auf.
pow	Berechnet die allgemeine Potenz.
sin	Berechnet den Sinus einer Gleitkommazahl.
sinh	Berechnet den Sinushyperbolicus einer Gleitkommazahl.
sqrt	Berechnet die Quadratwurzel einer Gleitkommazahl.
tan	Berechnet den Tangens einer Gleitkommazahl.
tanh	Berechnet den Tangenshyperbolicus einer Gleitkommazahl.

In unseren Beispielprogrammen werden wir des Öfteren Algorithmen mit zufällig gewählten Daten testen. Daher sind für uns die beiden folgenden Funktionen von besonderem Interesse:

Funktion	Bedeutung
rand	Berechnet eine Pseudo-Zufallszahl.
srand	Initialisiert den Zufallszahlengenerator.

Das folgende Beispiel zeigt, wie man mit Hilfe dieser Funktionen eine Reihe von Zufallszahlen in einem vorgegebenen Bereich erzeugen kann.

```
      void main()
          {
          unsigned int seed;
          int min, max, anz;
          int i, r;

          printf( "Startwert Minimum Maximum Anzahl: ");
          scanf( "%d %d %d %d", &seed, &min, &max, &anz);
          fflush( stdin);

A         srand( seed);
          for ( i = 1; i <= anz; i++ )
              {
```

```
B                        r = rand() % (max - min + 1) + min;
                         printf( "%d: %d\n", i, r );
                         }
                  }
```

Einige Erklärungen dazu:

A: Hier wird der Zufallszahlengenerator mit einem Startwert (seed) initialisiert. Für gleiche Startwerte wird immer die gleiche Folge von Zufallszahlen generiert.

B: Hier wird eine Zufallszahl berechnet (rand()) und anschließend in das gewünschte Intervall [min,max] transformiert.

Und so arbeitet das Programm:

```
Startwert Minimum Maximum Anzahl: 4711 -100 100 8
 1: 69
 2: -80
 3: -51
 4: -39
 5: -2
 6: -14
 7: 77
 8: 11
```

7.5.2 Konvertierungs- und Klassifizierungsroutinen

Die in diesem Abschnitt zusammengefassten Funktionen dienen zur

▶ Konvertierung von Strings in numerische Größen bzw.

▶ Klassifizierung oder Konvertierung von Zeichen.

Insgesamt finden wir in diesem Bereich die folgenden Funktionen:

Funktion	Bedeutung
atof	Konvertiert eine als String übergebene Zahl in eine Gleitkommazahl.
atoi	Konvertiert eine als String übergebene Zahl in eine Integer-Zahl.
atol	Konvertiert eine als String übergebene Zahl in eine Long-Integer-Zahl.
isalnum	Test auf alphanumerisches Zeichen, A-Z, a-z, 0-9.
isalpha	Test auf Buchstaben, A-Z, a-z.
iscntrl	Test auf Kontroll-Zeichen, NUL-US, DEL.

Funktion	Bedeutung
isdigit	Test auf Ziffer, 0-9.
isgraph	Test auf Grafik-Zeichen, d.h. druckbare Zeichen (isprint) ohne Leerzeichen (isspace).
islower	Test auf Kleinbuchstaben, a-z.
isprint	Test auf druckbares Zeichen, SP-'~'
ispunct	Test auf Interpunktions-Zeichen, d.h. druckbare Zeichen (isprint) ohne Leerzeichen (isspace) und ohne alphanumerische Zeichen (isalnum).
isspace	Test auf Leerzeichen, HT, LF, VT, FF, CR und SP.
isupper	Test auf Großbuchstaben, A-Z.
isxdigit	Test auf Hexadezimalziffer, 0-9, A-F, a-f.
strtod	Konvertiert eine als String übergebene Zahl in eine Gleitkommazahl.
strtol	Konvertiert eine in einem String in einer bestimmten Zifferndarstellung übergebene Zahl in eine Long-Integer-Zahl.
strtoul	Wie strtol, mit dem Unterschied, dass in eine vorzeichenlose Long-Integer-Zahl konvertiert wird.
toascii	Konvertierung eines Zeichens in ein Standard-ASCII-Zeichen (7-Bit), indem alle außer den 7 niederwertigsten Bits auf 0 gesetzt werden.
tolower	Konvertierung von Großbuchstaben in Kleinbuchstaben
toupper	Konvertierung von Kleinbuchstaben in Großbuchstaben

Manche der hier aufgelisteten Routinen sind Makros. Beachten Sie die Unterschiede zwischen Funktionen und Makros![5]

Als Beispiel wollen wir einen von der Tastatur eingelesenen Text so konvertieren, dass alle Wortanfänge groß und alle anderen Buchstaben klein geschrieben sind.

```c
# include <stdio.h>
# include <stdlib.h>
# include <ctype.h>

void main()
    {
    char text[80];
    int i, wortanfang;

    printf( "Eingabe: ");
```

5. Siehe späteren Abschnitt über den C-Preprozessor!

```
            gets( text);
            for( i = 0, wortanfang = 1; text[i]; i++)
                {
A               if( wortanfang && islower( text[i]))
                    text[i] = toupper( text[i]);

B               if( !wortanfang && isupper( text[i]))
                    text[i] = tolower( text[i]);

C               wortanfang = !isalpha(text[i]);
                }
            printf( "Ausgabe: %s\n", text);
            }
```

A: Wenn wir an einem Wortanfang stehen (`wortanfang == 1`) und dort auf einen Kleinbuchstaben stoßen, so konvertieren wir in einen Großbuchstaben.

B: Wenn wir in einem Wort stehen (`wortanfang == 0`) und dort auf einen Großbuchstaben stoßen, so konvertieren wir in einen Kleinbuchstaben.

C: Wenn das letzte Zeichen ein Buchstabe war, stehen wir in einem Wort, ansonsten wieder an einem Wortanfang.

Wir testen dieses Programm:

```
Eingabe: gRuNdLaGeN dEr InFoRmAtIk UnD pRoGrAmMiErSpRaChEn!
Ausgabe: Grundlagen Der Informatik Und Programmiersprachen!
```

7.5.3 Stringbearbeitung

Strings, Sie erinnern sich, das waren die mit 0-terminierten Character-Arrays zur Speicherung von Text, können durch eine Reihe von Funktionen bearbeitet werden:

Funktion	Bedeutung
sprintf	Formatiertes Schreiben (wie printf) in einen String.
sscanf	Formatiertes Lesen (wie scanf) aus einem String.
strcat	Verketten zweier Strings.
strchr	Suchen eines Zeichens in einem String.
strcmp	Vergleich zweier Strings.
strcpy	Kopieren eines Strings in einen Buffer.

Funktion	Bedeutung
strcspn	Suchen von Bereichen in einem String, in dem gewisse Zeichen nicht vorkommen.
strlen	Berechnen der Länge eines Strings.
strncat	Verketten zweier Strings unter Berücksichtigung einer Maximallänge.
strncmp	Vergleichen einer Maximalzahl von Zeichen zweier Strings.
strncpy	Kopieren einer Maximalzahl von Zeichen aus einem String in einen Buffer.
strpbrk	Suchen des ersten Auftretens eines Zeichens aus einer Liste von Zeichen in einem String.
strrchr	Suchen des letzten Auftretens eines Zeichens in einem String.
strspn	Suchen eines Anfangsbereichs eines Strings, der nur aus bestimmten Zeichen besteht.
strstr	Suchen eines Strings in einem String.
strtok	Lokalisieren eines durch gewisse Trennzeichen abgegrenzten Bereichs innerhalb eines Strings.

Die Funktionen sprintf, strcat, strcpy, strncat und strncpy bearbeiten Strings und kopieren auf unterschiedliche Weise einen Ergebnis-String in einen vom Programmierer festzulegenden Zielbereich. Es ist daher besonders darauf zu achten, dass im Zielbereich ausreichend Platz für den resultierenden String ist, da das C-Laufzeitsystem keine derartigen Prüfungen vorsieht. Ansonsten sind die Funktionen unkritisch. Die Funktionen sscanf und sprintf sind in ihrer Verwendung sehr komplex und lehnen sich an die bereits bekannten Funktionen scanf bzw. printf an.

Als Beispiel erstellen wir ein Programm, das zwei per Tastatur eingegebene Strings miteinander vergleicht.

```
void main()
    {
    char text1[80];
    char text2[80];

    printf( "Text1: ");
    gets( text1);
    printf( "Text2: ");
    gets( text2);

    if(strcmp( text1, text2))
        printf( "Die Texte sind verschieden!\n");
```

```
        else
            printf( "Die Texte sind gleich\n");
    }
```

Das Programm arbeitet wie folgt:

```
Text1: Grundlagen der Informatik und Programmiersprachen
Text2: Grundlagen der Informatik u. Programmiersprachen
Die Texte sind verschieden!
```

Beachten Sie dabei, dass die Funktion strcmp bei Gleichheit 0 und bei Ungleichheit einen von 0 verschiedenen Wert liefert. Genau betrachtet liefert die Funktion als Ergebnis die Differenz der beiden ersten Zeichen, in denen sich text1 und text2 unterscheiden, und sie eignet sich damit auch zum alphabetischen Sortieren von Strings.

7.5.4 Terminal I/O

Die meisten Funktionen zur Eingabe von der Tastatur bzw. zur Ausgabe auf dem Bildschirm kennen Sie bereits:

Funktion	Bedeutung
getchar	Einlesen eines Zeichens von der Tastatur
gets	Einlesen eines Strings von der Tastatur in einen Buffer
printf	Formatierte Bildschirmausgabe
putchar	Ausgabe des Zeichens auf dem Bildschirm
puts	Ausgabe des Strings auf dem Bildschirm
scanf	Formatierte Eingabe von der Tastatur

Sie sehen, dass diese Funktionen Rückgabewerte haben, an denen man, außer bei getchar, in der Regel nicht interessiert ist. Üblicherweise kann man am Returncode erkennen, ob die Schreib-/Leseoperation erfolgreich war oder ob ein Fehler aufgetreten ist. Das soll uns aber hier nicht weiter beschäftigen.

Von Interesse ist für uns allerdings, welche Möglichkeiten zur Steuerung der Ein- bzw. Ausgabe durch Formatanweisungen bestehen. Diese Formatanweisungen kommen nicht nur bei printf und scanf, sondern auch bei den oben schon erwähnten Funktionen sprintf und scanf und darüber hinaus bei den Dateioperationen fprintf und fscanf (s.u.) zum Einsatz.

Ausgabeformate

Die allgemeine Form einer Ausgabe-Formatanweisung ist:

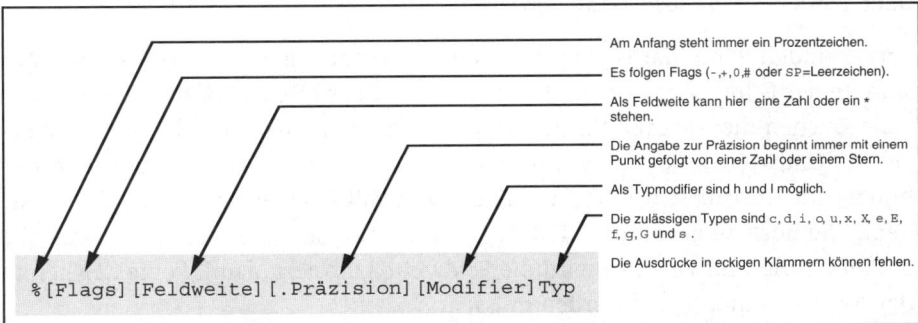

Am Anfang steht immer ein Prozentzeichen.

Es folgen Flags (-,+,0,# oder SP=Leerzeichen).

Als Feldweite kann hier eine Zahl oder ein * stehen.

Die Angabe zur Präzision beginnt immer mit einem Punkt gefolgt von einer Zahl oder einem Stern.

Als Typmodifier sind h und l möglich.

Die zulässigen Typen sind c, d, i, o, u, x, X, e, E, f, g, G und s.

Die Ausdrücke in eckigen Klammern können fehlen.

```
%[Flags][Feldweite][.Präzision][Modifier]Typ
```

Am Anfang steht immer das %-Zeichen und am Ende die Kennung des Ausgabetyps. Wir kennen bereits die Kennungen d, f und s. Es gibt aber noch weitere Typen:

	Datentyp	Ausgabe
c	int	Buchstabe
d	int	Vorzeichenbehaftete Dezimalzahl
i	int	Vorzeichenbehaftete Dezimalzahl
o	int	Vorzeichenlose Oktalzahl
u	unsigned int	Vorzeichenlose Dezimalzahl
x	int	Vorzeichenlose Hexadezimalzahl mit Verwendung der Hexadezimalziffern a, b, c, d, e, f
X	int	Vorzeichenlose Hexadezimalzahl mit Verwendung der Hexadezimalziffern A, B, C, D, E, F
e	double	Gleitkommazahl in Exponentialschreibweise (1.234e-10), wobei das Zeichen e als Indikator für den Exponenten verwendet wird.
E	double	Gleitkommazahl in Exponentialschreibweise (1.234E-10), wobei das Zeichen E als Indikator für den Exponenten verwendet wird.
f	double	Gleitkommazahl in nicht-exponentieller Schreibweise (123.456)
g	double	Ausgabe im e- oder f-Format, je nachdem, welche Ausgabeform kürzer ist.
G	double	Ausgabe im E- oder F-Format, je nachdem, welche Ausgabeform kürzer ist.
s	char *	Ausgabe als String

Vor den Integer-Typen kann ein Zusatz (Modifier) stehen, der eine andere Interpretation des Datentyps ermöglicht. Dabei bedeutet der Zusatz l long, der Zusatz h short. Dementsprechend wird dann in der Parameterliste eine short- oder long-Variable bzw. -Zahl erwartet.

Ferner finden wir in der Formatanweisung Angaben zur Feldweite und zur Präzision. In der Feldweite wird durch eine nicht-negative Dezimalzahl festgelegt, wie viele Zeichen die Ausgabe für den Typ mindestens enthalten sollte. Ist die angegebene Feldweite größer als die Ausgabe des Typs, so erfolgt die Ausgabe rechtsbündig im Ausgabefeld und nach links wird mit Leerzeichen aufgefüllt, es sei denn, die noch zu besprechenden Flags legen etwas anderes fest. Ist die Ausgabe größer als die Feldweite, so wird die Feldweite ignoriert, damit keine Zeichen in der Ausgabe unterdrückt werden müssen.

Die Präzision gibt bei den Integer-Datentypen die Minimalzahl der auszugebenden Vorkommastellen an. Hat die Zahl weniger als die verlangten Vorkommastellen, so wird durch führende Nullen aufgefüllt. Bei den Gleitkommadatentypen legt die Präzision fest, wie viele Nachkommastellen ausgegeben werden sollen. Es erfolgt dann eine gerundete Ausgabe mit der gewünschten Stellenzahl. Bei Strings legt die Präzision fest, wie viele Zeichen innerhalb der Feldweite ausgegeben werden sollen. Überschüssige Zeichen werden nicht ausgegeben.

Steht in der Formatanweisung stellvertretend für eine Feldweite oder eine Präzision ein *, so bedeutet dies, dass der zugehörige Wert dem nächsten anstehenden Parameter der printf-Anweisung zu entnehmen ist. Die auf den Formatstring folgenden Parameter können also nicht nur die auszugebenden Daten, sondern auch zusätzliche, zur Formatierung benötigte Daten enthalten.

Vor Feldweite und Präzision können noch Flags stehen, die im Einzelnen folgende Bedeutung haben.

	Bedeutung	Default
-	Ausgabe links im Ausgabefeld ausrichten.	Rechts ausrichten.
+	Bei vorzeichenbehafteten Typen immer ein Vorzeichen ausgeben.	Nur bei negativen Werten ein Vorzeichen ausgeben.
0	Die Ausgabe wird links mit 0 aufgefüllt, bis die Feldweite erreicht ist.	Kein Auffüllen
' '	Bei vorzeichenbehafteten Typen mit nicht negativem Wert wird ein Leerzeichen anstelle eines Vorzeichens (+) ausgegeben.	Kein Leerzeichen
#	Bei Oktalausgabe wird '0', bei Hexadezimalausgabe '0x' vorangestellt, wie man es von C-Zahlkonstanten her kennt.	Keine vorangestellte Kennung

	Bedeutung	Default
#	Bei Gleitkomma-Ausgaben mit e, E oder f wird immer, auch wenn überflüssig, ein Dezimalpunkt ausgegeben.	Ausgabe des Dezimalpunkts nur, wenn Nachkommastellen folgen.
	Bei Gleitkomma-Ausgaben mit g oder G wird immer, auch wenn überflüssig, ein Dezimalpunkt ausgegeben und nachfolgende Nullen werden nicht abgeschnitten.	Ausgabe des Dezimalpunkts nur, wenn Nachkommastellen folgen. Nicht signifikante Nullen werden abgeschnitten.

Nicht alle Flags sind mit allen Datentypen sinnvoll und Flags können untereinander in Konflikt stehen. In der Regel werden unsinnige Flags einfach ignoriert. Die genaue Konfliktbewältigungsstrategie soll uns hier nicht interessieren.

Eingabeformate

Die allgemeine Form einer Eingabeformatanweisung ist sehr viel schlichter als die von Ausgabeformatanweisungen. Das ist aber auch klar. Während man Ausgaben häufig sehr penibel und genau machen will, will man bei Eingaben möglichst tolerant sein. Beispielsweise ist es bei der Ausgabe von Gleitkommazahlen oft wünschenswert, eine genau festgelegte Anzahl von Stellen hinter dem Komma zu haben. Bei einer Eingabe ist eine solche Festlegung eher störend. Dementsprechend vereinfacht sich das Bild bei Eingabeformatanweisungen:

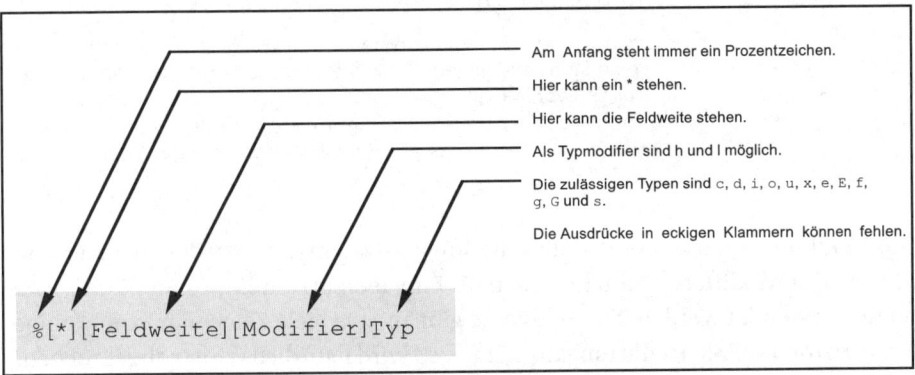

Am Anfang steht immer ein Prozentzeichen.

Hier kann ein * stehen.

Hier kann die Feldweite stehen.

Als Typmodifier sind h und l möglich.

Die zulässigen Typen sind c, d, i, o, u, x, e, E, f, g, G und s.

Die Ausdrücke in eckigen Klammern können fehlen.

`%[*][Feldweite][Modifier]Typ`

Auch hier gibt es zunächst mal wieder den Typ mit seinem Modifier. Als Typen gibt es hier im Prinzip die gleichen wie bei printf – nur differenzieren sie sich hier nicht so stark. Als Parameter werden natürlich jetzt Zeiger erwartet, damit die gelesenen Werte zugewiesen werden können.

	Datentyp	Eingabe
c	char *	Buchstabe
d	int *	Vorzeichenbehaftete Dezimalzahl
i	int *	Vorzeichenbehaftete Dezimalzahl
o	int *	Vorzeichenlose Oktalzahl
u	unsigned int *	Vorzeichenlose Dezimalzahl
x	int *	Vorzeichenlose Hexadezimalzahl mit Verwendung der Hexadezimalziffern a, b, c, d, e, f oder A, B, C, D, E, F
e	float *	Gleitkommazahl in einer der zulässigen Schreibweisen
E	float *	Gleitkommazahl in einer der zulässigen Schreibweisen
f	float *	Gleitkommazahl in einer der zulässigen Schreibweisen
g	float *	Gleitkommazahl in einer der zulässigen Schreibweisen
G	float *	Gleitkommazahl in einer der zulässigen Schreibweisen
s	char *	String
[]	char *	Gibt man in eckigen Klammern eine Liste von Buchstaben statt eines Formatzeichens an (z. B. [abc] oder [a-z]), so bedeutet dies, einen String einzulesen, der nur Buchstaben aus der Liste enthält. Der Lesevorgang wird angehalten, sobald der erste Buchstabe kommt, der nicht in der Liste ist. Der bis dahin gelesene String wird mit dem Terminatorzeichen abgeschlossen und stellt das Ergebnis der Leseoperation dar.
[^]	char *	Setzt man der Buchstabenliste ein »^« voran, so bedeutet dies, einen String einzulesen, der keine Buchstaben aus der Liste enthält. Der Lesevorgang wird angehalten, sobald der erste Buchstabe kommt, der in der Liste ist. Der bis dahin gelesene String wird mit dem Terminatorzeichen abgeschlossen und stellt das Ergebnis der Leseoperation dar.[6]

Die Modifier l und h modifizieren die Integer-Datentypen wieder zu long oder short. Der Modifier l kann hier auch für Eingaben in double- statt float-Parameter verwendet werden. Die Feldweite gibt an, wie viele Zeichen maximal eingelesen werden sollen. Ist die Eingabe kürzer, so wird natürlich vorher abgebrochen.

Der gegebenenfalls am Anfang einer Formatanweisung stehende * schließlich ermöglicht es, eine Eingabe eines bestimmten Typs zu ignorieren. Die Eingabe wird dann zwar entsprechend der Formatanweisung gelesen, aber nicht zugewiesen. Dies kann sinnvoll sein, wenn man Daten aus einer Datei einliest und sich dabei für gewisse Datenfelder nicht interessiert.

Damit sind wir auch schon bei unserem nächsten Thema, den Dateioperationen.

---

6. Auf diese Weise können mit scanf auch Leerzeichen eingelesen werden.

7.5.5 Dateioperationen

Alle permanenten Daten eines Programms, also Daten, die über einen einzelnen Programmlauf hinaus Bestand haben sollen, müssen in Dateien gespeichert werden. Auch wenn bei großen Softwaresystemen die Daten heute zumeist in Datenbanksystemen abgelegt werden, sind die einfachen, stream-orientierten Dateioperationen der C-Runtime-Library von großer Bedeutung für die Programmierung. Im Einzelnen finden Sie zu diesem Thema u.a. folgende Funktionen:

Funktion	Bedeutung
fclose	Schließen einer Datei
feof	Test auf Dateiende
ferror	Test auf Fehler bei der Dateibearbeitung
fflush	Entleeren des Ein-/Ausgabepuffers
fgetc	Lesen eines Zeichens aus einer Datei
fgetpos	Bestimmen der aktuellen Schreib-/Leseposition in einer Datei
fgets	Lesen eines Strings mit Maximallänge aus einer Datei
fopen	Öffnen der Datei
fprintf	Formatierte Ausgabe (wie printf) in eine Datei
fputc	Schreiben eines Zeichens in eine Datei
fputs	Schreiben eines Strings in eine Datei
fread	Lesen einer bestimmten Anzahl von Bytes aus einer Datei
fscanf	Formatiertes Einlesen (wie scanf) aus einer Datei
fseek	Positionieren in einer Datei
fsetpos	Positionieren in einer Datei
ftell	Bestimmen der Position in einer Datei
fwrite	Schreiben einer bestimmten Anzahl von Bytes in eine Datei
getc	Lesen eines Zeichens aus einer Datei
putc	Schreiben eines Zeichens in eine Datei
remove	Löschen einer Datei
rename	Umbenennen einer Datei
rewind	Auf Dateianfang positionieren
setbuf	Puffer für Dateioperationen bereitstellen
setvbuf	Puffer für Dateioperationen bereitstellen

Funktion	Bedeutung
tmpfile	Öffnen einer Temporärdatei zum Schreiben und Lesen
tmpnam	Erzeugen eines temporären Dateinamens
ungetc	Zeichen in Eingabepuffer zurücklegen

Dateioperationen laufen nach einem einheitlichen Schema ab:

1. Datei öffnen

2. Datei bearbeiten

3. Datei schließen

Beim Öffnen der Datei erhalten wir einen »Handle« auf die geöffnete Datei, den wir bei allen nachfolgenden Dateioperationen zum Zugriff auf diese spezielle Datei verwenden müssen. An einem einfachen Programm machen wir uns die Abfolge dieser drei Schritte und das Zusammenspiel der verschiedenen Dateioperationen klar:

```
      void main()
        {
A         FILE *pf;
          int chr;

B         pf = fopen( "test.txt", "r");

C         if( !pf)
            {
            printf( "Fehler beim Oeffnen der Datei\n");
            exit( 1);
            }
          while(1)
            {
D           chr = fgetc( pf);

E           if( feof( pf))
                break;
F           fputc( chr, stdout);
            }
G         fclose( pf);
        }
```

A: Hier wird eine Variable (ein sogenannter Handle) definiert, um den Zugang zu der Datei zu speichern. Richtig verstehen werden wir diese Anweisung (insbesondere den * vor dem Variablennamen) erst, wenn wir uns mit Zeigern beschäftigt haben. Für uns ist das im Moment eine Variable, die uns den Zugang zur Datei ermöglicht.

B: Hier wird die Datei mit `fopen` geöffnet. Übergeben werden der Dateiname (hier **test.txt**) und der Zugriffsmodus (hier `r` für read). Die Datei **test.txt** wird also zum Lesen geöffnet. Die Funktion `fopen` gibt einen als Handle oder Filepointer bezeichneten Wert zurück. Der Filepointer stellt den Bezug zu der geöffneten Datei dar und muss bei jeder nachfolgenden Operation auf dieser Datei als Parameter übergeben werden. Er wird daher in der Variablen `pf` zwischengespeichert. Ein Programm kann zu einem Zeitpunkt mehrere Dateien geöffnet halten und mehrere Filepointer verwalten.

C: Falls beim Versuch, die Datei zu öffnen, ein Fehler auftritt (z.B. Datei nicht vorhanden), so gibt `fopen` den Wert 0 zurück. Ist ein Fehler aufgetreten, so wird die Bearbeitung mit der `exit`-Funktion[7] abgebrochen.

D: Hier wird mit der Funktion `fgetc` ein Zeichen aus der Datei gelesen und der Variablen `chr` zugewiesen.

E: Falls wir bei der vorausgegangenen Leseoperation das Dateiende erreicht haben, so erkennen wir dies am Rückgabewert der Funktion `feof` (eof = end of file), und wir brechen die Schleife ab.

F: Das unter D gelesene Zeichen wird auf dem Bildschirm ausgegeben. Bildschirm und Tastatur sind in der C-Laufzeitumgebung auch Dateien, die bei Programmstart automatisch geöffnet werden. Genau genommen kennt ein C-Programm drei Dateien dieser Art:

`stdout`	= Standard Output (i.A. Bildschirm)
`stdin`	= Standard Input (i.A. Tastatur)
`stderr`	= Standard Error (i.A. Bildschirm)

Alle Funktionen dieses Abschnitts sind also auch zum Terminal-IO geeignet.

G: Hier wird die Datei wieder geschlossen. Der Filehandle `pf` ist ab jetzt ungültig und darf nicht mehr verwendet werden.

Zum Abschluss stellen wir die Optionen zusammen, die man üblicherweise beim Öffnen der Datei hat:

---

7. Dies ist auch eine Funktion der Runtime-Library, die im Abschnitt über Assertions und Programmabbruch erwähnt wird.

Option	Bedeutung
r	Die Datei wird zum Lesen geöffnet. Sie muss dazu existieren.
r+	Wie r, es kann jedoch auch geschrieben werden.
w	Die Datei wird zum Schreiben geöffnet. Ist die Datei nicht vorhanden, wird sie neu angelegt. Ist die Datei vorhanden, wird sie überschrieben.
w+	Wie w, es kann jedoch auch gelesen werden.
a	Zum Append = Schreiben am Ende der Datei. Existiert die Datei nicht, so wird sie angelegt.
a+	Wie a, es kann jedoch auch gelesen werden.

7.5.6 Suchen und Sortieren

Funktionen zum Suchen und Sortieren werden wir im Rahmen dieses Kurses selbst entwickeln. Auch die Runtime Library bietet hier zwei Funktionen an, auf die wir nicht näher eingehen.

Funktion	Bedeutung
bsearch	Binäre Suche in einem Array
qsort	Suche in einem Array mit dem Quicksort-Algorithmus

7.5.7 Variable Anzahl von Argumenten

C akzeptiert im Gegensatz zu manchen anderen Programmiersprachen Funktionen mit einer variablen Anzahl von Argumenten, und wir haben solche Funktionen (z.B. printf oder scanf) auch schon reichlich benutzt. Ein C-Programmierer kann solche Funktionen selbst erstellen. Er bedient sich dazu einer Reihe von Makros:

Funktion	Bedeutung
va_start	Initialisierung des Parameterbereichs.
va_arg	Bereitstellen des nächsten Parameters.
va_end	Beenden der Arbeit im Parameterbereich.

Zur Illustration dieser Makros dient das folgende Beispielprogramm, das die Summe einer variablen Anzahl von Integer-Werten berechnet:

```
        # include <stdio.h>
        # include <stdlib.h>
  A     # include <stdarg.h>

  B     int summe( int anz,...)
           {
  C          va_list ap;
           int sum;
           int summand;

  D          va_start( ap, anz);
           for( sum = 0; anz; anz--)
              {
  E             summand = va_arg( ap, int);
              sum += summand;
              }
  F          va_end( ap);
           return sum;
           }
```

Das Programm läuft wie folgt ab: .

A: Damit die Makros überhaupt zur Verfügung stehen, muss stdarg.h inkludiert werden.

B: Eine Funktion mit variabler Argumentzahl muss mindestens ein Argument haben. Das Vorhandensein weiterer Argumente wird mit den Punkten angedeutet. Analog zu diesem Funktionskopf werden auch Prototypen für Funktionen mit variabler Argumentzahl erstellt.

C: Hier wird eine Variable bereitgestellt, mit deren Hilfe die Parameterliste ausgewertet wird. Letztlich handelt es sich um einen Zeiger auf den aktuell betrachteten Parameter.

D: Die Parameter liegen nacheinander auf dem Stack. Anhand des letzten explizit angegebenen Parameters wird der Stackbereich lokalisiert, in dem die nachfolgenden unbekannten Parameter liegen, und der oben angesprochene Zeiger auf die Argumentliste wird initialisiert.

E: Mit Hilfe des Zeigers ap wird das aktuelle Argument vom Stack gelesen, der Zeiger wird entsprechend der Elementgröße (hier int) weitergerückt und zeigt damit auf den nächsten Parameter.

F: Hier passiert eigentlich nichts. Sollten auf einem speziellen System Aufräumarbeiten nötig sein, so würden sie hier abgewickelt.

Aus der Verwendung der Makros heraus kann das Programm nicht feststellen, wie viele Parameter wirklich übergeben wurden. Der Programmierer hat dafür Sorge zu tragen, dass das Unterprogramm weiß, wie viele Argumente vom Stack zu lesen sind. In unserem Beispiel übergeben wir dazu als erstes Argument die Anzahl der zu bearbeitenden Summanden und steuern damit die Anzahl der Schleifendurchläufe des Programms.

Wir testen das Programm durch den folgenden Rahmen

```
void main()
    {
    int s;

    s = summe( 5, 1, 2, 3, 4, 5);
    printf( "1+2+3+4+5 = %d\n", s);

    s = summe( 3, 123, 234, 345);
    printf( "123+234+345 = %d\n", s);
    }
```

und erhalten die folgende Ausgabe:

```
1+2+3+4+5 = 15
123+234+345 = 702
```

Zum Abschluss dieses Abschnitts wollen wir uns noch eine kleine Aufgabe stellen:

Wir wollen eine Funktion my_printf erstellen, die als erstes Argument eine Zahl übergeben bekommt und dann, ab dem zweiten Argument, die gleiche Parameterstruktur wie printf aufweist. Die Funktion soll wie printf arbeiten und lediglich entsprechend dem ersten Argument Gartenzäune »#« vorschalten.

Nach unserem Kenntnisstand können wir eine solche Funktion nicht erstellen, es sei denn, wir nehmen es auf uns, printf komplett neu zu implementieren. Die C-Runtime-Library weist uns aber einen einfacheren Weg:

```
# include <stdio.h>
# include <stdlib.h>
# include <stdarg.h>

void my_printf( int anz, char *fmt, ...)
    {
    va_list ap;
```

```
    va_start( ap, fmt);
    while( anz--)
        printf( "#");
    vprintf( fmt, ap);
    va_end( ap);
    }
```

Wir initialisieren die Argumentliste beginnend mit dem Formatstring `fmt` und übergeben dann den Formatstring und den Zeiger auf die restlichen Argumente an die Library-Funktion `vprintf`. Diese akzeptiert einen Argumentzeiger als zweiten Parameter und arbeitet im Übrigen wie `printf`.

Verwenden können wir dieses Unterprogramm dann wie folgt

```
void main()
    {
    my_printf( 4, "Test %d\n", 1);
    my_printf(10, "Test %d\n", 2);
    }
```

und wir erhalten die Ausgabe:

```
####Test 1
##########Test 2
```

In der C-Runtime-Library gibt es noch zwei weitere solcher v-Funktionen. Im Einzelnen handelt es sich dabei um:

Funktion	Bedeutung
vfprintf	Analogon zu fprintf
vprintf	Analogon zu printf
vsprintf	Analogon zu sprintf

7.5.8 Ausnahme- und Fehlerbehandlung

Ein laufendes Programm befindet sich in der Regel in einem tief verschachtelten Aufrufbaum. Wenn dann ein Fall (z. B. ein Datei-Zugriffsfehler oder Mangel an Speicher) eintritt, der eine Sonderbehandlung (z. B. durch eine zentrale Fehlerbehandlungsroutine) erfordert, muss die Kontrolle mühsam von Unterprogramm zu Unterprogramm bis an eine übergeordnete Stelle zurückgegeben werden, an der der Fehler behandelt werden kann. Jedes Unterprogramm muss dazu immer wieder abfragen, ob in einem seiner Unterprogramme ein bestimmter Fehler aufgetreten ist, um dann die eigene Verarbeitung abzubrechen und den Fehler nach oben weiterzumelden. Solche Programmiertechniken führen zu einer Überwucherung des eigentlichen Programmcodes durch Code für seltene Ausnahmefälle. Wünschenswert wäre es, die Kontrolle direkt, also sozusagen an allen zwischenliegenden Unterprogrammen vorbei, an eine übergeordnete Ausnahmefall-Behandlungsfunktion (Exception Handler) zurückzugeben.

Im Zusammenhang mit goto hatten wir diskutiert, welche Art von Sprüngen erlaubt sind. Ein goto zwischen zwei Programmen kann nicht erlaubt sein, da der Sprung immer in einen undefinierten Kontext führt. Wenn wir aber an das stack-orientierte Ausführungsmodell denken, so muss es möglich sein, aus einem Unterprogramm heraus ein »Rollback« des Stacks bis zu einem vordefinierten Wiederaufsetzpunkt in einem rufenden Programm durchzuführen, um dort die Bearbeitung wieder aufzunehmen. Manche Programmiersprachen[8] bieten dafür Befehle an. In C wird Exception-Handling durch die Library-Funktionen setjmp und longjmp unterstützt.

Funktion	Bedeutung
setjmp	Definieren eines Wiederaufsetzpunkts auf dem Stack
longjmp	Zurückfahren des Stacks bis zum Wiederaufsetzpunkt

Diese Funktionen ermöglichen die Implementierung einer zweiten Kontrollflussebene, die orthogonal zum regulären Kontrollfluss des Programms ist. Eine unbedachte Verwendung dieser Funktionen kann zu unüberschaubaren und fehleranfälligen Programmen führen. Angewandt in seltenen und klar definierten Ausnahmefällen sind diese Funktionen jedoch sehr hilfreich.

Da die Verwendung dieser Funktionen nicht ganz einfach ist, illustrieren wir die Programmiertechnik durch ein Beispiel:

```
      # include <stdio.h>
      # include <stdlib.h>
A     # include <setjmp.h>

B     jmp_buf aufsetzpunkt;

      void upr2( int i)
         {
         if( i == 5)
            {
            printf( "%d upr2: Longjump zum Wiederaufsetzpunkt\n",i);
```

---

8. In C++ werden wir catch und throw kennen lernen.

```
D            longjmp( aufsetzpunkt, 123);
         }
      printf( "%d upr2: normal\n", i);
      }


   void upr1( int i)
      {
      printf( "%d upr1: Aufruf von upr2\n", i);
      upr2(i);
      }


   void main()
      {
      int exc_code;
      int i;
C     if ( exc_code = setjmp( aufsetzpunkt))
         {
         printf( "Exception Code = %d\n", exc_code);
         exit( exc_code);
         }
      for( i = 1; i <= 10; i++)
         upr1( i);
      }
```

Wir diskutieren die grau hinterlegten Programmteile.

A: Um die Funktionen setjmp und longjmp verwenden zu können, muss der Headerfile setjmp.h includiert werden.

B: Hier wird eine Variable vom Typ jmp_buf angelegt. Dieser Datentyp ist maschinenspezifisch implementiert und kann alle zum konsistenten Wiederaufsetzen an einer bestimmten Stelle erforderlichen Registerinhalte (das sogenannte Environment) speichern.

C: Hier wird setjmp aufgerufen. Dieser Aufruf bewirkt, dass das Environment in der Datenstruktur aufsetzpunkt gespeichert und eine »Markierung« auf dem Stack angebracht wird. Die Funktion setjmp kommt, wenn sie regulär aufgerufen wird, immer mit dem Wert 0 zurück. Der auf das if-Statement folgende Block wird also – so merkwürdig das an dieser Stelle auch klingt – <u>nicht</u> durchlaufen.

D: Jetzt wird `longjmp` gerufen. Diese Funktion kommt **nicht** zurück. Statt dessen wird der Stack bis zu der Stelle, an der das zugehörige `setjmp` gerufen wurde (Markierung), zurückgefahren. Das in `aufsetzpunkt` gespeicherte Environment wird restauriert und die Funktion `setjmp` kommt, obwohl sie nicht aufgerufen wurde, mit dem zweiten Parameter von `longjmp` (hier 123) als Returnwert zurück. Wenn wir Seiteneffekte einmal außer Betracht lassen, befindet sich das Programm jetzt in einem Zustand, als ob der reguläre Code nie durchlaufen worden wäre, trotzdem aber bekannt ist, dass, wenn er durchlaufen würde, ein bestimmter Fehler auftreten würde. Mit diesem Wissen wird jetzt der Exception-Handler unter B durchlaufen. Die Variable `exc_code` kann dazu benutzt werden, verschiedene Ausnahmefälle zu unterscheiden. In unserem Beispiel beendet der Exception-Handler das Programm, ohne den Exception-Code zur Kenntnis zu nehmen, durch Aufruf der Funktion `exit`.

Unser kleines Beispielprogramm produziert die folgende Bildschirmausgabe:

```
1 upr1: Aufruf von upr2
1 upr2: normal
2 upr1: Aufruf von upr2
2 upr2: normal
3 upr1: Aufruf von upr2
3 upr2: normal
4 upr1: Aufruf von upr2
4 upr2: normal
5 upr1: Aufruf von upr2
5 upr2: Longjump zum Wiederaufsetzpunkt
Exception Code = 123
```

So elegant diese Form der Rückgabe des Kontrollflusses auch ist, Sie sollten diese Technik nur in seltenen Ausnahmefällen einsetzen und immer beachten, dass die bei der Rückgabe des Kontrollflusses übergangenen Funktionen (im Beispiel upr1) keine Chance erhalten, irgendwelche notwendigen Aufräumarbeiten[9] zu erledigen. Ein vollständiger Exception-Handler müsste dies berücksichtigen und, bevor die Kontrolle zum Hauptprogramm zurückgeht, gewisse Aufräumaktivitäten der zwischenliegenden Funktionen anstoßen. Ein solcher Exception-Handler lässt sich auf der Basis von `setjmp` und `longjmp` entwickeln. Das ist aber sicher keine ganz einfache Aufgabe.

---

9. Vielleicht hat eine zwischenliegende Funktion eine Datei geöffnet, die jetzt noch geschlossen werden muss, oder Datenstrukturen angelegt, die noch beseitigt werden müssen.

Jenseits von `setjmp` und `longjmp` gibt es in der C-Runtime-Library einige Funktionen zur Behandlung von Laufzeitfehlern.

Funktion	Bedeutung
clearerr	Aufhebung des Fehlerstatus
perror	Fehlertext ausgeben
strerror	Fehlerstring besorgen

7.5.9 Assertions und Programmabbruch

Große Programmsysteme werden nach Festlegung der Schnittstellen von verschiedenen Programmierern unabhängig implementiert. In der Integrationsphase steht man dann oft vor dem Problem, dass einzeln getestete und abgenommene Module im Zusammenspiel nicht funktionieren. Der Fehler ist oft schwer zu lokalisieren, zumal alle beteiligten Seiten auf dem Standpunkt stehen, dass ihre jeweiligen Teile einwandfrei funktionieren. Häufig liegt in dieser Situation eine Fehlbedienung einer Schnittstelle vor. Das heißt, ein Unterprogramm wird mit Werten versorgt, für die es nicht ausgelegt wurde. Die dann gegebenenfalls auftretenden Fehler werden unter Umständen erst durch Seiteneffekte an anderen Stellen sichtbar. Hilfreich ist es, wenn man in solchen Situationen die Schnittstellen von vornherein so implementiert hat, dass alle Parameter durch Prüfroutinen auf Konsistenz geprüft werden. Diese Prüfroutinen sollten natürlich so angelegt sein, dass sie nur während der Test- und Integrationsphase »scharf« sind. Ansonsten sollten sie im Code gar nicht vorkommen. C unterstützt diese Art der Schnittstellenverifikation durch ein Makro `assert`, das wir anhand eines Beispiels einführen. Wir stellen uns vor, dass zur korrekten Funktion eines Unterprogramms mit zwei Parametern sichergestellt werden muss, dass der erste Parameter größer als 0 und kleiner als der zweite Parameter ist. Wir implementieren die Funktion dann wie folgt:

```
      # include <stdio.h>
      # include <stdlib.h>
A     # include <assert.h>

      void upr( int a, int b)
          {
B         assert( (a > 0) && (a < b));

          /* Regulaerer Code ... */
          }
```

```
void main()
    {
    upr( 5, 4);
    }
```

A: Den Headerfile `assert.h` müssen wir includieren, um `assert` benutzen zu können.

B: `assert` wertet den Ausdruck aus und bricht die Programmausführung mit einer Fehlermeldung ab, wenn der Ausdruck 0 (= falsch) ist.

Das obige Programm liefert folgende Fehlermeldung:

```
Assertion failed: (a > 0) && (a < b), file beispiel.c, line 7
```

Der assert-Makro kann über einen Compileschalter[10] deaktiviert werden:

```
# define NDEBUG
```

Ist NDEBUG definiert, so verschwindet die assert-Anweisung vollständig aus dem zu compilierenden Code und ist damit wirkungslos.

Auf keinen Fall darf der in `assert` verwendete Ausdruck Seiteneffekte auslösen:

```
assert( (a++ > 0) && (a < b)); !!! Streng Verboten !!!
```

Insgesamt bietet der assert-Makro eine einfache Technik, Teile des Programmcodes durch sogenannte Pre- und/oder Post-Conditions wirkungsvoll abzusichern.

Neben `assert`, das einen bedingten Programmabbruch durchführt, gibt es zwei weitere Funktionen, die einen unbedingten Programmabbruch herbeiführen, und eine weitere Funktion, mit der Aktionen festgelegt werden können, die bei Programmbeendigung auszuführen sind.

Funktion	Bedeutung
abort	Abnormaler Programmabbruch
exit	Normaler Programmabbruch
atexit	Festlegung einer Funktion, die bei Programmabbruch ausgeführt werden soll

---

10. Compileschalter werden wir erst später im Zusammenhang mit dem C-Preprozessor diskutieren. Stellen Sie sich das an dieser Stelle wie eine Anweisung vor, mit deren Hilfe man die Überprüfung der Parameter ausschalten kann.

7.5.10 Freispeicherverwaltung und Speicherfunktionen

Das Anlegen von Daten, deren Anzahl und Umfang zum Compilezeitpunkt noch nicht bekannt ist, gehört zu den wesentlichen Programmiertechniken, die wir beherrschen müssen. Die dazu erforderlichen Funktionen zur Freispeicherverwaltung werden hier schon einmal aufgeführt, aber erst später im Zusammenhang mit dynamischen Datenstrukturen ausführlich diskutiert.

Funktion	Bedeutung
calloc	Allokieren von Speicher für einen Array
free	Freigabe von Speicher
malloc	Allokieren von Speicher
realloc	Umallokieren von Speicher

Ähnlich den Stringfunktionen gibt es einige Funktionen, die beliebige Speicherbereiche belegen, verschieben, vergleichen oder kopieren können.

Funktion	Bedeutung
memchr	Suchen nach einem Zeichen in einem Speicherbereich
memcmp	Vergleich zweier Speicherbereiche
memcpy	Kopieren eines Speicherblocks
memmove	Verschieben eines Speicherblocks
memset	Vorbelegen eines Speicherbereichs mit einem Zeichen

7.5.11 Zeit- und Datum-Funktionen

Zeit- und Datum-Funktionen sind für uns nicht von besonderem Interesse, werden hier aber der Vollständigkeit halber aufgeführt:

Funktion	Bedeutung
asctime	Internes Zeitformat in String konvertieren
ctime	Konvertierung der Zeit in einen String
difftime	Berechnung einer Zeitdifferenz
gmtime	Berechnung von Greenwich Mean Time
localtime	Berechnung der Ortszeit
mktime	Zeitkonvertierung
time	Berechnung der abgelaufenen Sekunden seit 1.1.1970

7.5.12 Prozess-Steuerung

Die C-Runtime-Library enthält auch einige wenige Funktionen zur Prozess-Steuerung bzw. zur Kommunikation von Prozessen mit ihrer Laufzeitumgebung. Diese Funktionen verwenden wir in unseren Beispielen nicht. Für eine betriebssystemnahe Programmierung werden Funktionen dieser Art benötigt.

Funktion	Bedeutung
clock	Verbrauchte Prozessorzeit abrufen
getenv	Wert einer Umgebungsvariablen suchen und ermitteln
raise	Signal auslösen
signal	Reaktion auf eingehende Signale festlegen
system	Ausführung eines Systembefehls

Was jedoch im ANSI-Standard an Funktionen zur Prozess-Steuerung vorhanden ist, ist bei weitem nicht ausreichend, und man wird zur systemnahen Programmierung immer auf die spezifischen Funktionsbibliotheken des jeweiligen Betriebssystems zurückgreifen müssen. Man verliert dabei allerdings die Portierbarkeit der Programme, da unterschiedliche Betriebssysteme in der Regel sehr verschiedene Schnittstellen zu ihrer Kernfunktionalität haben.

7.6 Beispiele

7.6.1 Das Damenproblem

Zunächst einige Vorbemerkungen für Nicht-Schachspieler. Die Dame ist die schlagkräftigste und spielstärkste Figur im Schach. Von dem Feld, auf dem sie steht, beherrscht sie alle waagerecht, senkrecht oder diagonal erreichbaren Felder.

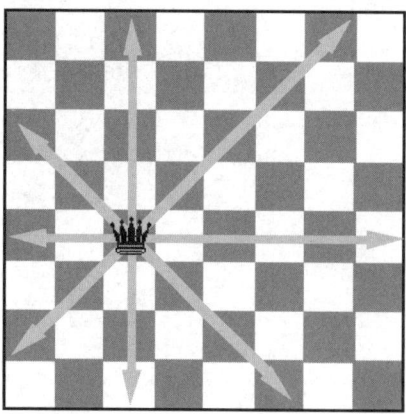

Die Aufgabe des Damenproblems lautet, n Damen auf einem nxn Schachbrett so zu positionieren, dass keine Dame eine andere schlagen kann. Dies bedeutet:

▶ höchstens (genau) eine Dame in jeder Zeile

▶ höchstens (genau) eine Dame in jeder Spalte

▶ höchstens eine Dame in jeder Diagonalen

Im klassischen Fall des 8×8-Schachbretts gibt es 92 verschiedene Lösungen, von denen eine nachstehend abgebildet ist.

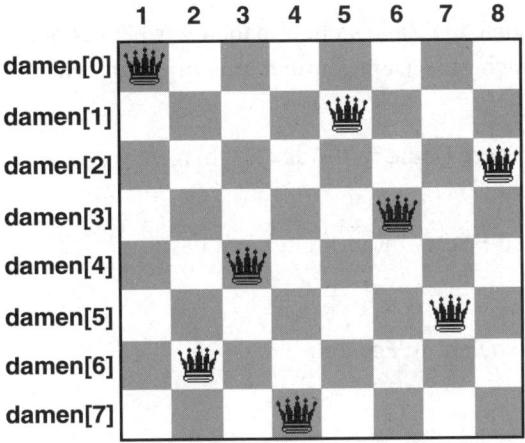

Eine nahe liegende Datenstruktur zur Lösung des Problems ist, wie die Zeichnung bereits andeutet, ein Array mit ausreichend vielen Integer-Zahlen:

```
int damen[20];
```

Wir legen den Array auf eine Kapazität von 20 Damen aus. Viel mehr hat, wie wir noch sehen werden, wenig Sinn.

Ein konkreter Wert im Array wie etwa

damen[3] = 2

bedeutet:

die vierte Dame steht in der Spalte 2.

Beachten Sie dabei, dass die Damen von 0 bis n-1 nummeriert sind.

Von unserem Problem wollen wir zunächst nur einen Teilaspekt bearbeiten. Wir wollen ein Unterprogramm schreiben, das entscheidet, ob eine gegebene Stellung auf dem Brett eine Lösung des Damenproblems ist. Dazu gehen wir inkrementell vor und fragen uns:

▶ Kann die zweite gesetzte Dame die zuerst gesetzte schlagen?

▶ Kann die dritte gesetzte Dame eine der beiden zuerst gesetzten schlagen?

▶ Kann die vierte ...?

Allgemein stellen wir uns also die Frage:

Kann die x-te gesetzte Dame eine der zuvor gesetzten Damen schlagen?

Bevor wir dies programmieren können, müssen wir uns noch überlegen, wie wir die Prüfung, ob eine Dame eine andere schlagen kann, numerisch umsetzen können.

Den Fall, dass zwei Damen in der gleichen Zeile stehen, haben wir bereits durch unser Modell ausgeschlossen, da sich jede Dame immer nur in einer Zeile bewegt. Es bleiben zwei Fälle:

Die Dame mit Index `i` kann eine andere Dame mit Index `k` schlagen, wenn einer der beiden folgenden Fälle eintritt:

1. Die Damen stehen in der gleichen Spalte. In Formeln heißt das:

```
damen[i] == damen[k]
```

2. Die Damen stehen in einer Diagonalen. In Formeln:

```
|damen[i] - damen[k]| == |i - k|
```

Anschaulich bedeutet die letzte Bedingung, dass der Rechts-links-Abstand der beiden Damen genau so groß ist wie der Oben-unten-Abstand, und dies bedeutet, dass beide auf einer Diagonalen liegen.

Die folgende Grafik zeigt die beiden möglichen Fälle an zwei Beispielen:

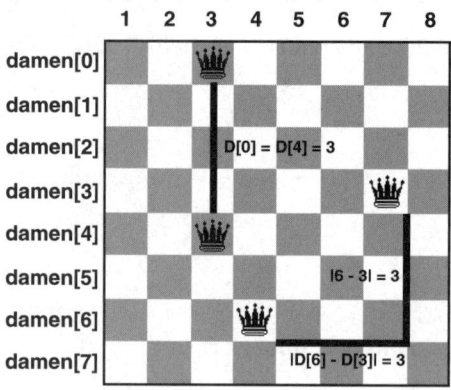

Diese Überlegungen führen auf eine einfache Testroutine, in der die beiden Bedingungen überprüft werden:

```
int dame_ok( int x, int damen[])
    {
    int i, diffh, diffv;

    for( i = 0; i < x; i = i+1)
        {
        diffh = damen[ x]-damen[ i]; /* Horizontaldifferenz */
        diffv = x - i;               /* Vertikaldifferenz   */

        if( (diffh == 0)||(diffh==diffv)||(-diffh==diffv))
            return 0;
        }
    return 1;
    }
```

▲ **CD-ROM** P_07_6_1_1/dame4.c, P_07_6_1_2/damen.c

Das Programm testet, ob die Dame mit dem Index x eine der zuvor gesetzten Damen (mit kleinerem Index) schlagen kann, indem es die Horizontal- und Vertikaldifferenz zu allen vorhergehenden Damen bildet und prüft, ob die Horizontaldifferenz 0 ist oder die Horizontal- und Vertikaldifferenz vom Betrag her gleich sind. Der Rückgabewert des Programms ist 1, wenn die Dame x keine ihrer Vorgängerinnen schlagen kann. Wenn Sie dagegen eine der Vorgängerinnen schlagen kann, wird die Schleife vorzeitig abgebrochen und das Ergebnis der Funktion ist 0.

Mit Hilfe dieses Unterprogramms können wir für eine beliebige Stellung auf dem Brett entscheiden, ob es sich um eine Lösung des Damenproblems handelt oder nicht. Wir müssen jetzt nur noch systematisch alle möglichen Stellungen erzeugen, um dann mit dem obigen Unterprogramm die Lösungen herauszufiltern. Um die Situation zu vereinfachen, nehmen wir zunächst den Fall n = 4 in Angriff, erstellen zuvor aber noch eine Funktion zur Ausgabe einer Lösung:

```
void print_loesung( int anz, int damen[])
    {
    int i;
    static int nr = 0;

    nr = nr + 1;
    printf( "%d. Loesung: ", nr);
    for( i = 0; i < anz; i = i + 1)
        printf( " %d", damen[i]);
    printf( "\n");
    }
```

▲ **CD-ROM** P_07_6_1_1/dame4.c, P_07_6_1_2/damen.c

229

In einer statischen Variablen (nr) werden in der Ausgabefunktion die Lösungen mitgezählt und die laufende Nummer der Lösung wird jeweils ausgegeben. Beachten Sie, dass diese Variable ihren Wert über den einzelnen Aufruf des Unterprogramms hinaus behält.

Die beiden Unterprogramme dame_ok und print_loesung können wir für jede Anzahl von Damen einsetzen, auch wenn wir uns zunächst nur mit vier Damen beschäftigen werden.

Das 4-Damenproblem

Der Fall n=4 ist denkbar einfach. In vier ineinander geschachtelten Schleifen erzeugen wir alle möglichen Stellungen. Dabei scheiden wir so früh wie möglich die Fälle, die nicht zum Ziel führen können, aus:

```
main()
  {
  int damen[4];

  for( damen[0] = 1; damen[0] <= 4; damen[0] = damen[0]+1)
    {
    for( damen[1] = 1; damen[1] <= 4; damen[1] = damen[1]+1)
      {
      if( dame_ok( 1, damen))
        {
        for( damen[2] = 1; damen[2] <= 4; damen[2] = damen[2]+1)
          {
          if( dame_ok( 2, damen))
            {
            for(damen[3] = 1; damen[3] <= 4; damen[3] =damen[3]+1)
              {
              if( dame_ok( 3, damen))
                print_loesung(4, damen);
              }
            }
          }
        }
      }
    }
  }
```

▲ CD-ROM P_07_6_1_1/dame4.c

Das Programm findet zwei Lösungen und gibt diese wie folgt aus:

```
1. Loesung:   2 4 1 3
2. Loesung:   3 1 4 2
```

Es besteht keine prinzipielle Schwierigkeit, eine Variante dieses Algorithmus etwa für das 8-Damenproblem zu schreiben. Man muss dabei nur einen stark ansteigenden Schreibaufwand in Kauf nehmen. Besser wäre natürlich eine Lösung, bei der die Anzahl der Damen nicht vorab festgelegt ist, sondern vom Benutzer gewählt werden kann.

Das allgemeine Damenproblem

Zur Lösung des allgemeinen Damenproblems können wir die Funktionen print_loesung und dame_ok übernehmen. Das Herzstück unseres Programms, die erschöpfende Lösungssuche, müssen wir aber grundlegend überarbeiten.

Wir können jetzt nicht mehr mit einem starren Programmschema von ineinander verschachtelten Schleifen arbeiten, sondern verwenden einen mit i bezeichneten Index, der anzeigt, in welcher Schachtelungstiefe wir momentan arbeiten. Ein Hochzählen dieses Index bedeutet einen Eintritt in eine innere Schleife, ein Herunterzählen entspricht dem Verlassen einer inneren Schleife, um in der nächstäußeren weiterzuarbeiten.

Den zugehörigen Algorithmus entwerfen wir mit einem Flussdiagramm:

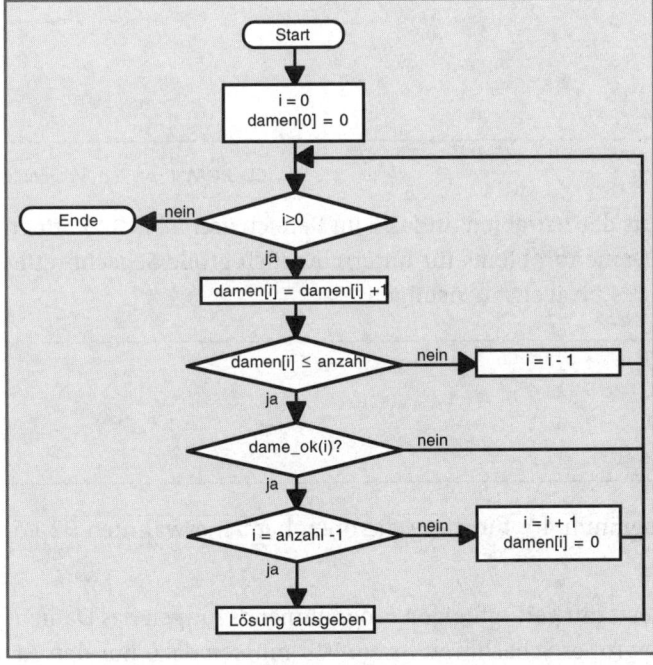

Vom Flussdiagramm zum Programm ist nur noch ein kleiner Schritt:

D_07_6_1

```
main()
    {
    int damen[20];
    int i;
    int anzahl = 8;

    for( i = 0, damen[0] = 0; i >= 0;)
        {
        damen[i] = damen[i] + 1;
        if( damen[i] <= anzahl)
            {
            if( dame_ok( i, damen))
                {
                if( i == anzahl - 1)
                    print_loesung( anzahl, damen);
                else
                    {
                    i = i + 1;
                    damen[i] = 0;
                    }
                }
            }
        else
            i = i - 1;
        }
    }
```

▲ CD-ROM P_07_6_1_2/damen.c

Durch Variation des Werts der Variablen anzahl im Bereich von 2 bis 20 können wir jetzt Lösungen des Damenproblems für unterschiedlich große Schachbretter ermitteln. Für n = 6 gibt es übrigens 4 Lösungen:

```
1. Loesung:   2 4 6 1 3 5
2. Loesung:   3 6 2 5 1 4
3. Loesung:   4 1 5 2 6 3
4. Loesung:   5 3 1 6 4 2
```

Für n = 7 findet das Programm 40, für n = 8 die oben bereits erwähnten 92 Lösungen.

Im Prinzip können wir jetzt mit geringfügigen Programmänderungen das Damenproblem für ein beliebig großes Schachbrett lösen. Wir müssen dazu nur den Array entsprechend vergrößern und der Variablen anzahl einen entsprechenden Wert geben.

Aber wie verhalten sich bei wachsender Anzahl von Damen der Speicherplatzbedarf und die benötigte Rechenzeit unseres Programms?

Der erforderliche Speicherplatz wächst bei Hinzunahme einer Dame um ein Integer-Feld. Dies ist unproblematisch, auch für mehrere hundert oder tausend Damen. Laufzeitmessungen zeigen jedoch, dass wir bei wachsender Größe des Schachbretts mit einer stark ansteigenden Rechenzeit zu rechnen haben.

Das folgende Diagramm zeigt die Laufzeiten des Programms (in Sekunden) für 2-13 Damen:

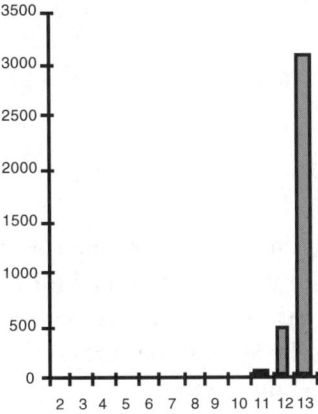

Während bei 8 Damen die Rechenzeit noch weniger als 1 Sekunde beträgt, haben wir es bei 13 Damen bereits mit einer Zeit von fast einer Stunde zu tun. Für 14 Damen muss man sicherlich mit ca. einem Tag, für 15 Damen gar mit mehreren Wochen rechnen. Bei einem derartigen Anwachsen der Rechenzeit scheint es aussichtslos, das Problem für mehr als 15 Damen zu lösen. Auch ein schnellerer Rechner hilft in dieser Situation nicht viel, da zwar die Rechenzeit verkürzt, das Anwachsen der Rechenzeit aber nicht gebremst wird. Abhilfe könnte hier nur ein effizienterer[11] Algorithmus bringen.

Mit der Laufzeiteffizienz von Algorithmen werden wir uns noch intensiv beschäftigen.

---

11. Mit einfachen Kniffen, die gewisse Symmetrie-Eigenschaften der Lösungen ausnutzen, lässt sich das Programm noch deutlich beschleunigen. Aber auch diese Kniffe lösen nicht das grundsätzliche Problem des enormen Anwachsens der Rechenzeit bei wachsender Anzahl von Damen.

7.6.2 Labyrinth

In diesem Beispiel versetzen wir uns in ein Labyrinth, das unfairerweise keinen Ausgang hat.

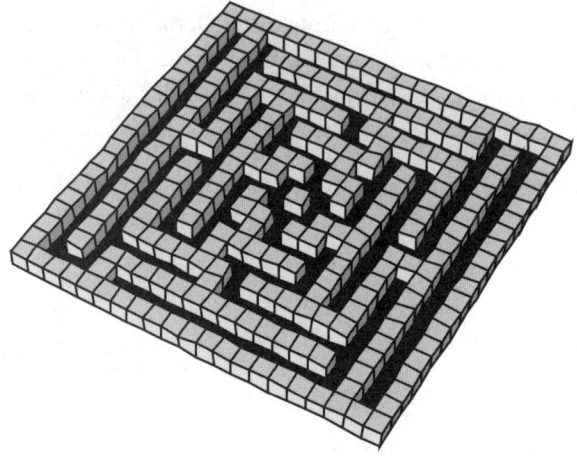

Unsere Aufgabe besteht nun darin, für beliebige Start- und Zielpunkte einen Weg durch das Labyrinth zu finden, sofern es einen solchen Weg überhaupt gibt. Das Wegenetz des Irrgartens wollen wir dabei konfigurierbar halten und aus einer Datei einlesen. Wir gehen im Folgenden davon aus, dass die Struktur des Labyrinths in einer Datei mit dem Namen `laby.txt` in der folgenden Weise

```
#####################
# #             #   #
# # ############ # #
# #          #   # #
# # ###### ###### # #
# # # #        #   # # #
# # # # ##### # # # #
# # # #        #   # # # #
# # # # ## ## # # # #
# ### ###    # # # # #
# #    #    #    #   # #
# # # # #    ### ### #
# # # # ## ## # # # #
# # # #  #      # # # #
# # # # ##### # # # #
# # #    #      # # # #
# # ###### ###### # #
# #          #      # #
# # ############ # #
#    #              # #
#####################
```

▲ **CD-ROM** P_07_6_2/laby.txt

abgelegt ist. Nach außen ist das Labyrinth vollständig abgeschlossen. Es führt also kein Weg aus dem Labyrinth heraus. Wir denken uns jetzt die Zeilen von oben nach unten und die Spalten von links nach rechts fortlaufend nummeriert, wobei wir immer mit 0 zu zählen beginnen.

Unser Programm soll ein solches Labyrinth aus der Datei einlesen, dann nach Eingabe von Start- und Zielkoordinaten

```
Start (Zeile Spalte): 1 1
Ziel (Zeile Spalte): 19 19
```

einen Weg (nicht notwendigerweise den kürzesten) vom Startpunkt zum Zielpunkt suchen und diesen Weg (wenn er denn existiert) in der folgenden Weise auf dem Bildschirm ausgeben:

```
#####################
#v#             #>>v#
#v# #############^#v#
#v#         #   ^#v#
#v# ###### ######^#v#
#v# # #       #>>v#^#v#
#v# # # #####^#v#^#v#
#v# # #     # ^#v#^#v#
#v# # # ## ##^#v#^#v#
#v### ###>>v#^#v#^#v#
#v#>>v#>>^#>>^#>>^#v#
#v#^#v#^#   ### ###v#
#v#^#v#^## ## # # #v#
#v#^#v#^ #    # # #v#
#v#^#v#^##### # # #v#
#v#^#>>^#     # # #v#
#v#^###### ###### #v#
#v#^      #       #v#
#v#^#############  #v#
#>>^#             #+#
#####################
```

Wie beim Damenproblem und auch schon bei anderen Aufgaben sind wir wieder auf ein Problem gestoßen, das wir mit Baumsuche lösen können. Die folgende Skizze zeigt das Vorgehen bei der Lösungssuche. An jedem Verzweigungspunkt besteht die prinzipielle Möglichkeit, nach oben, unten, rechts oder links weiterzugehen.

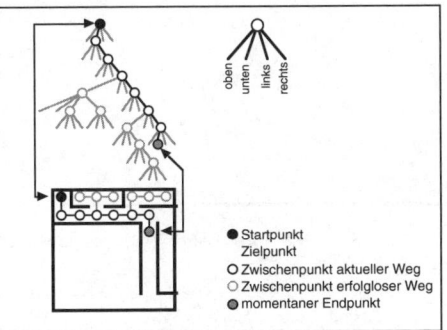

● Startpunkt
  Zielpunkt
○ Zwischenpunkt aktueller Weg
○ Zwischenpunkt erfolgloser Weg
◉ momentaner Endpunkt

Wir probieren die Alternativen in dieser Reihenfolge (zuerst oben, dann unten, dann links, zuletzt rechts) aus, und wenn wir dabei in einer Sackgasse landen, so gehen wir in unserer eigenen Spur so weit zurück, bis sich wieder eine zuvor noch nicht begangene Alternative bietet. Es bietet sich an, dazu rekursiv vorzugehen.

Als Datenstruktur für das Labyrinth wählen wir einen globalen Array, den wir auf eine Maximalgröße von 50×50 Einträgen auslegen.

```
char labyrinth[50][50];
```

▲ CD-ROM P_07_6_2/laby.c

Mit der Funktion lesen übertragen wir das Labyrinth zeichenweise aus der Datei in den Array:

```
void lesen()
    {
    FILE *pf;
    int zeile, spalte;
    char c;

    pf = fopen( "laby.txt", "r");
    for( zeile = 0, spalte = 0;;)
        {
        c = fgetc( pf);
        if( feof( pf))
            {
            labyrinth[zeile][spalte] = 0;
            break;
            }
        labyrinth[zeile][spalte] = c;
        spalte++;
        if( c == '\n')
            {
            zeile++;
            spalte = 0;
            }
        }
    fclose( pf);
    }
```

▲ CD-ROM P_07_6_2/laby.c

Wir kümmern uns dabei nicht um die Größe des zugrunde liegenden Arrays, sodass bei zu großen Labyrinthen Fehler auftreten können. Auch im Weiteren verzichten wir auf alle technischen Details zur Eingabeprüfung. Wir wollen uns ganz auf die Programmieridee konzentrieren. Das Ende einer Zeile des Labyrinths markieren wir im Array mit einer 0. Jetzt sind wir in der Lage, das Labyrinth, so wie es im Array steht, auszugeben:

```c
void ausgabe()
    {
    int zeile, spalte;
    char c;

    for( zeile = 0, spalte = 0; c = labyrinth[zeile][spalte];)
        {
        printf( "%c", c);
        spalte++;
        if( c == '\n')
            {
            zeile++;
            spalte = 0;
            }
        }
    }
```

▲ CD-ROM P_07_6_2/laby.c

Das Unterprogramm zur Suche des Weges ist ebenfalls einfach zu realisieren:

```c
    int weg( int start_z, int start_s, int ziel_z, int ziel_s)
        {
A       if( (start_z == ziel_z) && (start_s == ziel_s))
            {
            labyrinth[start_z][start_s] = '+';
            return 1;
            }

B       if( labyrinth[start_z-1][start_s] == ' ')
            {
            labyrinth[start_z][start_s] = '^';
            if( weg( start_z-1, start_s, ziel_z, ziel_s))
                return 1;
            }
```

```
C    if( labyrinth[start_z+1][start_s] == ' ')
     {
        labyrinth[start_z][start_s] = 'v';
        if( weg( start_z+1, start_s, ziel_z, ziel_s))
           return 1;
     }

D    if( labyrinth[start_z][start_s-1] == ' ')
     {
        labyrinth[start_z][start_s] = '<';
        if( weg( start_z, start_s-1, ziel_z, ziel_s))
           return 1;
     }

E    if( labyrinth[start_z][start_s+1] == ' ')
     {
        labyrinth[start_z][start_s] = '>';
        if( weg( start_z, start_s+1, ziel_z, ziel_s))
           return 1;
     }

F    labyrinth[start_z][start_s] = ' ';
     return 0;
     }
```

▲ **CD-ROM** P_07_6_2/laby.c

A: Wenn Start- und Zielpunkt übereinstimmen, haben wir einen Weg gefunden. Wir markieren den Zielpunkt mit + und geben eine 1 für »Erfolg« zurück.

B: Wir sind noch nicht am Ziel und versuchen daher, zunächst einmal nach oben (start_z-1) weiterzugehen. Wenn dies möglich ist, d.h., wenn ein Leerzeichen im Feld labyrinth[start_z-1][start_s] steht, markieren wir durch ein ^, dass wir nach oben gegangen sind und testen durch rekursiven Aufruf, ob es einen Weg von unserem neuen Startpunkt zum Ziel gibt. Wenn es einen solchen Weg gibt, sind wir fertig und melden »Erfolg« zurück.

C: Wir sind noch nicht am Ziel und auch der Versuch, nach oben zu gehen, hat nicht zum Ziel geführt. Also versuchen wir es unten. Dazu gehen wir wie in B vor.

D: Wir sind noch nicht am Ziel und auch die Versuche, nach oben bzw. nach unten zu gehen, sind gescheitert. Jetzt versuchen wir es links.

E: Alle vorherigen Versuche haben nicht zum Ziel geführt. Rechts zu gehen, ist unsere letzte Chance.

F: Von diesem Punkt aus gibt es keinen Weg zum Ziel. Alle vorherigen Versuche sind in einer Sackgasse geendet. Wir nehmen die Markierung zurück und gehen in unserer Spur zurück, indem wir »Misserfolg« an das rufende Programm melden. Auf der höheren Ebene werden dann gegebenenfalls noch offene Alternativen untersucht.

Jetzt fehlt nur noch das Hauptprogramm, das die folgenden Aufgaben abwickelt:

A: Einlesen des Labyrinths in den Array über die Funktion lesen.

B: Ausgabe des Labyrinths auf dem Bildschirm, damit der Benutzer einen geeigneten Start- und Zielpunkt wählen kann.

C: Einlesen der Start- und Zielkoordinaten von der Tastatur.

D: Suchen eines Weges mit Hilfe der Funktion weg und Ausgabe des Weges, wenn die Suche erfolgreich war.

D_07_6_2

|   | ```c
void main()
    {
    int start_z, start_s, ziel_z, ziel_s;
``` |
| **A** | ```c
    lesen();
``` |
| **B** | ```c
    ausgabe();
``` |
| **C** | ```c
    printf( "\nStart (Zeile Spalte): ");
    scanf( "%d %d", &start_z, &start_s);
    printf( "Ziel (Zeile Spalte): ");
    scanf( "%d %d", &ziel_z, &ziel_s);
    printf( "\n");
``` |
| **D** | ```c
    if( weg( start_z, start_s, ziel_z, ziel_s))
        ausgabe();
    else
        printf( "Keine Loesung gefunden!\n");
    }
``` |

▲ CD-ROM P_07_6_2/laby.c

Ein Bildschirmprotokoll dieses Programms hatten wir schon am Anfang dieses Kapitels betrachtet.
```

7.7 Aufgaben

A 7.1 In einer Datei haben Sie die Telefonnummern Ihrer Freunde und Bekannten in der Form

```
Kohl Helmut 0228-544-0
Lafontaine Oskar 0228-523-0
Kinkel Klaus 0228-547-0
Weigel Theo 089-1243-0
Fischer Joschka 0228-16-45518
Gysi Gregor 030-28409-0
...
```

abgelegt. Schreiben Sie ein Programm, das zu einer eingegebenen Person
(Name und Vorname) die zugehörige Telefonnummer in der Datei sucht
und ausgibt! Erstellen Sie zu Testzwecken eine Datei mit mindestens 100
Einträgen!

A 7.2 Schreiben Sie ein Programm, das eine Textdatei mit einem Passwort verschlüsseln und wieder entschlüsseln kann! Nutzen Sie dabei aus, dass für
den exklusiven Oder-Operator ^

$(a$ ^ $b)$ ^ $b == a$

gilt! Legen Sie das Passwort zyklisch über den Text und bilden Sie buchstabenweise eine exklusive Oder-Verbindung zwischen Passwort und Text!

Achtung: Sie müssen die Datei im Binärmodus öffnen! Sie erreichen dies, indem Sie die Datei mit dem Zusatz `"rb"` zum Lesen bzw. `"wb"` zum Schreiben öffnen.

A 7.3 Auf einem Tisch liegen 20 Streichhölzer. Zwei Spieler nehmen abwechselnd mindestens 1, aber höchstens 5 Streichhölzer von dem Haufen. Wer das letzte Streichholz nehmen muss, hat verloren. Sie kennen wahrscheinlich dieses Spiel, für das es eine einfache Gewinnstrategie gibt. Sie gewinnen, wenn Sie dem Gegner für seinen letzten Zug ein einziges Streichholz übrig lassen. Um das zu erreichen, müssen Sie dafür sorgen, dass im Zug zuvor $1+5+1 = 7$ Streichhölzer auf dem Tisch liegen. Dann kann der Gegner im nächsten Zug auf 2-6 abräumen und in jedem dieser Fälle können Sie dann alle bis auf ein Streichholz wegnehmen. Setzt man diesen Gedanken fort, so ergibt sich eine Folge von Gewinnzahlen 1, 7, 13, 19, ... und eine konkrete Gewinnstrategie. Hat man einmal eine der Gewinnzahlen erreicht, so kommt man nach einem beliebigen Zug des Gegners immer auf die nächstniedrigere Gewinnzahl und gewinnt am Ende das Spiel. Die Folge der Gewinnzahlen ist durch die Formel $x(5+1)+1$ gegeben.

Im allgemeinen Fall, n Streichhölzer, von denen k genommen werden dürfen, lautet die Folge der Gewinnzahlen $x(k+1)+1$. Eine Zahl ist also eine Gewinnzahl, wenn sie bei Division durch k+1 den Rest 1 lässt.

Erstellen Sie aufbauend auf diesen Informationen ein Programm, in dem der Computer mit dieser Gewinnstrategie gegen einen menschlichen Gegner spielt!

A 7.4 Mastermind (Superhirn) ist ein Spiel, bei dem ein Spieler eine geheime Farbkombination ermitteln muss. Dazu versucht der Spieler, die gesuchte Farbkombination auf dem Spielbrett zu stecken. Der Spieler hat eine vorgegebene Maximalzahl an Versuchen und bekommt nach jedem Versuch die Information, wie viele Farben

▶ richtig und an korrekter Position bzw.

▶ richtig, aber an falscher Position

gesteckt sind.

Anstelle von Farben verwenden wir hier Zahlen. Es ist also eine geheime Zahlenkombination zu ermitteln.

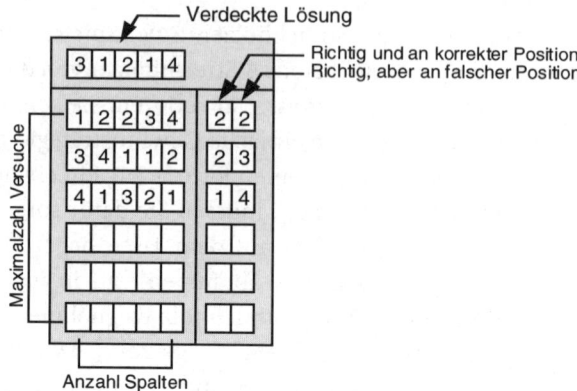

Schafft es der Spieler, innerhalb der vorgegebenen Zahl an Versuchen die richtige Zahlenkombination zu bestimmen, so hat er gewonnen.

Schreiben Sie ein C-Programm, mit dem ein Spieler Mastermind spielen kann! Das Programm selbst soll keinen Schlüssel ermitteln, sondern ledig-lich dem Spieler Aufgaben stellen und die Versuche des Spielers mit dem geheimen Schlüssel abgleichen. Programmieren Sie so, dass der Benutzer das Programm weitestgehend konfigurieren kann (Anzahl Spalten, gültige Ziffern, Versuche)! Zur Generierung von zufälligen Zahlenkombinationen verwenden Sie die Funktionen srand und rand aus der Runtime-Library!

Im Dialog mit dem Benutzer sollte das Spiel wie folgt ablaufen:

```
Anzahl Spalten (1-8): 4
Anzahl Farben (1-4): 4
Anzahl Versuche (1-20): 8


1. Versuch (4 Zahlen von 1 bis 4): 1 2 1 2

   1  2  1  2     2  0


2. Versuch (4 Zahlen von 1 bis 4): 3 2 1 3

   1  2  1  2     2  0
   3  2  1  3     1  1
```

```
3. Versuch (4 Zahlen von 1 bis 4): 1 2 3 3

   1  2  1  2     2  0
   3  2  1  3     1  1
   1  2  3  3     2  0

4. Versuch (4 Zahlen von 1 bis 4): 1 2 4 1

   1  2  1  2     2  0
   3  2  1  3     1  1
   1  2  3  3     2  0
   1  2  4  1     3  0

5. Versuch (4 Zahlen von 1 bis 4): 1 2 4 4

   1  2  1  2     2  0
   3  2  1  3     1  1
   1  2  3  3     2  0
   1  2  4  1     3  0
   1  2  4  4     4  0

Du hast gewonnen!
```

▲ **CD-ROM** P_07_7/master.exe

A 7.5 Sie kennen das Spiel »Schiffe versenken«, bei dem ein Spieler die in einer in Planquadrate unterteilten Ebene verborgenen Schiffe seines Gegners aufspüren und versenken muss. Erstellen Sie ein Programm, mit dem Sie dieses Spiel spielen können!

Das Programm sollte zunächst die Höhe und die Breite des Spielfeldes und die Anzahl der Schiffe vom Benutzer erfragen.

```
Anzahl Zeilen (0-20): 8
Anzahl Spalten (0-20): 10
Anzahl Schiffe: 4
```

Dann sollte der Benutzer die konkreten Schiffspositionen durch Angabe der Startkoordinaten, der Länge und der Richtung des Schiffs eingeben können. Das Programm gibt dabei immer die aktuelle Belegung des Spielfelds aus, damit der Benutzer sieht, wo er noch Schiffe positionieren kann:

```
   ABCDEFGHIJ
 1 ----------
 2 ----------
 3 ----------
 4 ----------
 5 ----------
 6 ----------
 7 ----------
 8 ----------


 1.Schiff: C7-3-R

   ABCDEFGHIJ
 1 ----------
 2 ----------
 3 ----------
 4 ----------
 5 ----------
 6 ----------
 7 --xxx-----
 8 ----------


 2.Schiff: G2-5-U

   ABCDEFGHIJ
 1 ----------
 2 ------x---
 3 ------x---
 4 ------x---
 5 ------x---
 6 ------x---
 7 --xxx-----
 8 ----------
```

Die Eingabe erfolgt dabei immer in der Form:

```
Spaltenbuchstabe Zeilennummer - Länge - Richtung (R,L, O, U)
```

Das Programm überprüft, ob an der gewählten Stelle ein Schiff positioniert werden kann, weist den Benutzer auf eventuelle Fehler hin und fordert im Fehlerfall eine Neueingabe an.

Wenn alle Schiffe positioniert sind, wechselt das Programm in den Rate-modus und fordert den Benutzer fortlaufend auf, Positionen zu raten. Nach jedem Rateversuch zeigt das Programm den aktuellen Spielstand an. Dazu verwendet es die folgenden Zeichen:

- – In diesem Feld ist noch nichts passiert
- o Hier wurde geraten, aber nichts getroffen
- x Hier wurde geraten und getroffen (aber noch nicht versenkt)
- # Schiff versenkt

Eine vollständige Spielstandsanzeige könnte wie folgt aussehen:

```
  ABCDEFGHIJ
1 ------o---
2 -----oxo--
3 -o----x---
4 -----o----
5 -o--------
6 ---o------
7 -o###---o-
8 -o----o---
```

Das Programm weist den Spieler bei jedem Versuch auf Fehlschüsse, Tref-fer oder Versenkung eines Schiffs hin und informiert den Spieler, wenn alle Schiffe versenkt sind.

Zerlegen Sie das Problem konsequent in Teilprobleme und verwenden Sie Funktionen zur Lösung der Teilaufgaben! Entwerfen Sie geeignete Schnittstellen für Ihre Funktionen und erstellen Sie eine Header-Datei mit Funktionsprototypen, die Sie in Ihrer Quellcode-Datei includieren!

A 7.6 Betrachten Sie das folgende Schema,

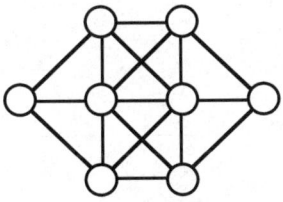

in dessen Felder die Zahlen von 1 bis 8 so einzutragen sind, dass sich die Zahlen in den durch eine Linie verbundenen Feldern um mehr als 1 un-terscheiden.

Finden Sie alle Lösungen des Problems, indem Sie das Zahlenschema auf einen Array abbilden und dann mit Hilfe des Programms perm alle möglichen Anordnungen der Zahlen erzeugen und jeweils prüfen, ob die geforderten Bedingungen erfüllt sind!

A 7.7 Binomialkoeffizienten $\binom{n}{k}$ (sprich »n über k«) sind wichtige mathematische Größen, mit denen wir uns später noch intensiv auseinandersetzen werden. Im Moment soll uns nur interessieren, dass »n über k« durch die Formel

$$\binom{n}{k} = \frac{n \cdot (n-1) \cdot (n-2) \cdots (n-k+1)}{1 \cdot 2 \cdot 3 \cdots k}$$

gegeben ist. Erstellen Sie ein Programm, das Binomialkoeffizienten nach dieser Formel berechnet!

Binomialkoeffizienten können auch über die folgende Rekursionsvorschrift berechnet werden:

$$\binom{n}{k} = \begin{cases} \binom{n-1}{k} + \binom{n-1}{k-1} & \text{falls } n > k > 0 \\ 1 & \text{falls } n = k \text{ oder } k = 0 \end{cases}$$

Erstellen Sie ein rekursives Programm zur Berechnung von Binomialkoeffizienten auf Grundlage dieser Formel!

Vergleichen Sie die Ergebnisse!

A 7.8 Der Springer ist eine leichte und bewegliche Figur beim Schach, die von ihrer aktuellen Position aus bis zu 8 Felder im sogenannten Rösselsprung (zwei vorwärts, eins seitwärts) mit einem Zug erreichen kann:

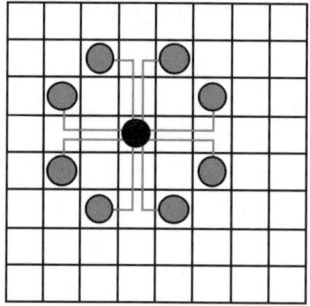

Erstellen Sie ein Programm, das einen Springer von einem beliebigen Startpunkt zu einem beliebigen Zielpunkt auf einem Schachbrett ziehen kann! Die vom Programm gewählte Zugfolge muss nicht optimal sein und soll bei der Ausgabe durch fortlaufende Nummern angezeigt werden:

```
Startpunkt (Zeile Spalte): 1 1
Zielpunkt  (Zeile Spalte): 1 2

+--+--+--+--+--+--+--+--+
| 0|39|  |33| 2|35|18|21|
+--+--+--+--+--+--+--+--+
|  |  |  | 1|36|19|22| 3|16|
+--+--+--+--+--+--+--+--+
|38|  |32|  |34|17|20| 9|
+--+--+--+--+--+--+--+--+
|  |  |37|  |23|10|15| 4|
+--+--+--+--+--+--+--+--+
|  |31|  |  |  |25| 8|11|
+--+--+--+--+--+--+--+--+
|  |  |  |24|  |14| 5|26|
+--+--+--+--+--+--+--+--+
|30|  |  |  |28| 7|12|  |
+--+--+--+--+--+--+--+--+
|  |  |29|  |13|  |27| 6|
+--+--+--+--+--+--+--+--+
```

A 7.9 Erweitern Sie das Programm aus A 7.4 so, dass eine optimale, d.h. möglichst kurze Zugfolge ermittelt wird:

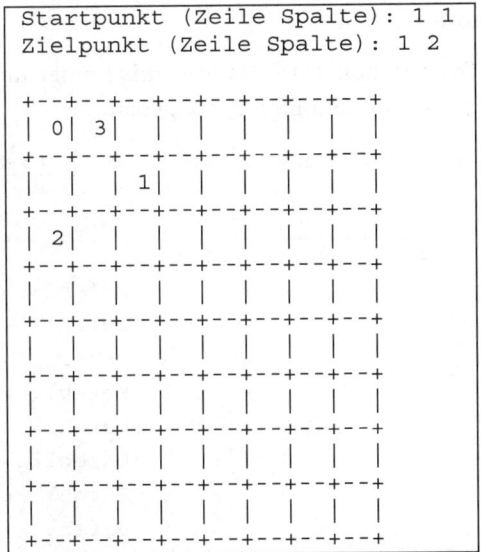

```
Startpunkt (Zeile Spalte): 1 1
Zielpunkt  (Zeile Spalte): 1 2

+--+--+--+--+--+--+--+--+
| 0| 3|  |  |  |  |  |  |
+--+--+--+--+--+--+--+--+
|  |  | 1|  |  |  |  |  |
+--+--+--+--+--+--+--+--+
| 2|  |  |  |  |  |  |  |
+--+--+--+--+--+--+--+--+
|  |  |  |  |  |  |  |  |
+--+--+--+--+--+--+--+--+
|  |  |  |  |  |  |  |  |
+--+--+--+--+--+--+--+--+
|  |  |  |  |  |  |  |  |
+--+--+--+--+--+--+--+--+
|  |  |  |  |  |  |  |  |
+--+--+--+--+--+--+--+--+
|  |  |  |  |  |  |  |  |
+--+--+--+--+--+--+--+--+
```

Lassen Sie dazu die Rekursion immer nur bis zu einer vorgegebenen Tiefe laufen, auch wenn noch keine Lösung ermittelt wurde! Starten Sie dann mit Rekursionstiefe 1 und steigern Sie schrittweise die Tiefe, bis Sie die erste Lösung gefunden haben!

A 7.10 Erstellen Sie ein rekursives Programm zur Lösung des Damenproblems! Lassen Sie sich dabei von dem Programm perm inspirieren!

A 7.11 Erstellen Sie einen Taschenrechner mit den Grundrechenarten Addition, Subtraktion, Multiplikation und Division für ganze Zahlen! Der Rechner verfügt intern über einen Speicher, der als Stack organisiert ist, und ein Rechenregister (Akkumulator). Gesteuert wird der Rechner über die folgenden Befehle:

= wert   Lies eine Dezimalzahl (wert) in den Akkumulator!

<   Lege den Inhalt des Akkumulators auf den Stack (push)!

>   Nimm den obersten Wert vom Stack und lege ihn in den Akkumulator (pop)!

+   Nimm den obersten Wert vom Stack und addiere ihn zum Akkumulator hinzu!

−   Nimm den obersten Wert vom Stack und ziehe den Akkumulator davon ab!

*   Nimm den obersten Wert vom Stack und multipliziere ihn mit dem Akkumulator!

/   Nimm den obersten Wert vom Stack und dividiere ihn durch den Akkumulator!

Bei den arithmetischen Operationen wird das Ergebnis immer im Akkumulator abgelegt und der Stack um ein Element abgebaut.

Das folgende Beispiel zeigt die Berechnung von 1+(2+3)*(4+5) mit dem Taschenrechner:

Stack3	Stack2	Stack1	Stack0	Akku	
				0	Befehl: = 1
				1	Befehl: <
			1	1	Befehl: = 2
			1	2	Befehl: <
		1	2	2	Befehl: = 3
		1	2	3	Befehl: +
			1	5	Befehl: <
		1	5	5	Befehl: = 4
		1	5	4	Befehl: <
	1	5	4	4	Befehl: = 5
	1	5	4	5	Befehl: +
		1	5	9	Befehl: *
			1	45	Befehl: +
				46	Befehl: x

Realisieren Sie den Taschenrechner mit dieser Benutzungsoberfläche!

A 7.12 Wie Sie wissen, ist die Werbeindustrie ständig auf der Suche nach neuen Produktnamen (Vectra, Calibra, Astra). Schreiben Sie zur Unterstützung dieser Suche ein Programm, das zunächst eine Liste von Wörtern aus einer Datei einliest und dann, aufgrund der in der Wortliste gefundenen Wahrscheinlichkeiten für Buchstabenkombinationen, neue Wörter erfindet!

Bestimmen Sie dazu zunächst mit Hilfe der Wortliste für alle möglichen Kombinationen aus zwei Buchstaben die Wahrscheinlichkeit, dass auf diese Kombination ein bestimmter dritter Buchstabe oder das Wortende folgt! Speichern Sie diese Wahrscheinlichkeiten in einem 3-dimensionalen Array! Setzen Sie dann eine vom Benutzer eingegebene, mindestens zwei Zeichen lange Buchstabenfolge entsprechend diesen Wahrscheinlichkeiten fort! Zur Generierung von neuen Buchstaben benutzen Sie den Zufallszahlengenerator aus der Runtime Library (srand, rand).

Füttern Sie Ihr Programm mit spezifischen Wortlisten (Dinosauriernamen, weibliche Vornamen, französische Vokabeln) und lassen Sie sich überraschen!

A 7.13 Das Streichholzspiel aus Aufgabe 7.3 hat eine Verallgemeinerung:

▶ Auf einem Tisch liegen n Haufen mit Streichhölzern. Zwei Spieler nehmen abwechselnd beliebig viele Streichhölzer von maximal k der n Haufen. Ein Steichholz muss dabei pro Spielzug mindestens genommen werden.

▶ Der Spieler, dem es als erstem gelingt, alle Streichhölzer abzuräumen, hat das Spiel gewonnen.

Auch für diese Variante des Spiels gibt es eine Gewinnstrategie, die im Folgenden beschrieben ist.

Eine Stellung des Spiels ist beschrieben durch die Spielparameter n und k sowie durch die aktuelle Belegung der Haufen. Unter einer Spaltensumme verstehen wir die Summe aller Bits gleicher Stellenwertigkeit in der Dualdarstellung der Haufenbelegungen. Eine Stellung heißt Gewinnstellung, wenn alle Spaltensummen ohne Rest durch k+1 teilbar sind.

Wir machen uns dies an einem Beispiel (n = 6, k = 2) klar:

	Spalten			
	3	2	1	0
`Haufen[0] = 2`	0	0	1	0
`Haufen[1] = 5`	0	1	0	1
`Haufen[2] = 6`	0	1	1	0
`Haufen[3] = 7`	0	1	1	1
`Haufen[4] = 2`	0	0	1	0
`Haufen[5] = 10`	1	0	1	0
`Summen`	1	3	5	2
`Reste`	1	0	2	2

Diese Stellung ist keine Gewinnstellung, da nicht alle Spaltensummen ohne Rest durch k+1 = 3 teilbar sind.

Man kann nun folgende Eigenschaften zeigen:

▶ Aus einer Nicht-Gewinnstellung kann man immer in einem Zug eine Gewinnstellung herstellen.

▶ Aus einer Gewinnstellung muss man in einem Zug immer eine Nicht-Gewinnstellung herstellen.

Hat ein Spieler also einmal eine Gewinnstellung, so muss der Gegner diese wieder in eine Nicht-Gewinnstellung überführen. Der Spieler kann dann im nächsten Zug wieder eine Gewinnstellung herstellen. Da bei jedem Zug mindestens ein Streichholz genommen wird, endet das Verfahren irgendwann mit leeren Haufen. Die Endstellung ist aber im Sinne der obigen Definition eine Gewinnstellung, die der Gegenspieler also niemals erreichen kann. Wir wollen die beiden Eigenschaften nicht beweisen, sondern an einem Beispiel den Spielablauf demonstrieren.

Ein Spieler startet in der obigen Stellung. Da es sich nicht um eine Gewinnstellung handelt, hat er die Möglichkeit, eine Gewinnstellung herzustellen. Dazu muss er zunächst das störende Bit in Spalte 3 beseitigen. Er tut dies und füllt den Rest der Dualzahl mit 1 auf, damit er sichergehen kann, bei weiteren Schritten wieder aus der bereits veränderten Zeile nehmen zu können. Er erhält das Zwischenergebnis:

	Spalten			
	3	2	1	0
Haufen[0] = 2	0	0	1	0
Haufen[1] = 5	0	1	0	1
Haufen[2] = 6	0	1	1	0
Haufen[3] = 7	0	1	1	1
Haufen[4] = 2	0	0	1	0
Haufen[5] = 7	0	1	1	1
Summen	0	4	5	3
Reste	0	1	2	0

In Spalte 2 ist jetzt ein Rest entstanden, der zuvor nicht da war und jetzt beseitigt werden muss. Dazu muss ein Bit in Spalte 2 gelöscht werden. Der Spieler nimmt es natürlich aus der bereits veränderten Zeile, um möglichst viel Spielraum für die noch anstehenden Operationen zu behalten.

	Spalten			
	3	2	1	0
Haufen[0] = 2	0	0	1	0
Haufen[1] = 5	0	1	0	1
Haufen[2] = 6	0	1	1	0
Haufen[3] = 7	0	1	1	1
Haufen[4] = 2	0	0	1	0
Haufen[5] = 3	0	0	1	1
Summen	0	3	5	3
Reste	0	0	2	0

Beachten Sie, dass die Operationen in Spalte 2 keine Auswirkungen auf die bereits bearbeitete Spalte 3 haben.

Spalte 2 und 3 sind jetzt korrekt, aber in Spalte 1 sind 2 Bit zuviel. Eins nimmt der Spieler von Haufen 6, das andere etwa von Haufen 1. Bei Haufen 1 muss wieder nach hinten mit Einsen aufgefüllt werden.

	Spalten			
	3	**2**	**1**	**0**
Haufen[0] = 1	0	0	0	1
Haufen[1] = 5	0	1	0	1
Haufen[2] = 6	0	1	1	0
Haufen[3] = 7	0	1	1	1
Haufen[4] = 2	0	0	1	0
Haufen[5] = 1	0	0	0	1
Summen	0	3	3	4
Reste	0	0	0	1

Auch hier gibt es wieder nur Auswirkungen auf die niederwertigen Spalten. Die höherwertigen bleiben unverändert.

In einem letzten Schritt müssen wir noch das soeben in Spalte 0 entstandene überschüssige Bit entfernen. Wir können es von Haufen[0] oder von Haufen[5] nehmen. Wir entscheiden uns für Haufen[0]:

	Spalten			
	3	**2**	**1**	**0**
Haufen[0] = 0	0	0	0	0
Haufen[1] = 5	0	1	0	1
Haufen[2] = 6	0	1	1	0
Haufen[3] = 7	0	1	1	1
Haufen[4] = 2	0	0	1	0
Haufen[5] = 1	0	0	0	1
Summen	0	3	3	3
Reste	0	0	0	0

Nach dem Löschen des niedrigstwertigen Bits in Spalte 0 ist jetzt eine Gewinnstellung hergestellt. Wir haben dazu insgesamt von Haufen[0] 2 und von Haufen[5] 6 Streichhölzer genommen.

Der Gegenspieler kann nun machen, was er will. Er kann eine solche Gewinnstellung nicht erzeugen. Er müsste dazu mehr als k Streichhölzer nehmen. Dies ist aber nicht erlaubt. Der erste Spieler benutzt natürlich bei seinem nächsten Zug wieder die gleiche Strategie, um für sich erneut eine Gewinnstellung zu erzeugen.

Implementieren Sie diese Variante des Streichholzspiels! Eine Lösung – allerdings ohne den Quellcode – finden Sie auf der CD (P_07_7/nimm.exe).

8 Zeiger und Adressen

Wir stellen uns eine eigentlich ganz einfach erscheinende Aufgabe. Wir wollen ein Unterprogramm erstellen, das die Werte von zwei Integer-Variablen im Hauptprogramm vertauscht. Wir legen ganz unbekümmert los:

```
void tausche( int a, int b)
    {
    int t;

    t = a;
    a = b;
    b = t;
    }
```

Dazu schreiben wir noch einen Testrahmen:

```
void main()
    {
    int x = 1;
    int y = 2;

    printf( "Vorher:  %d %d\n", x, y);
    tausche( x, y);
    printf( "Nachher: %d %d\n", x, y);
    }
```

Das Ergebnis ist enttäuschend. Nichts ist passiert:

```
Vorher:  1 2
Nachher: 1 2
```

Das war aber auch zu erwarten. Wir wissen ja bereits, dass beim Aufruf des Unterprogramms die Werte von x und y in eigenständige, auf dem Stack liegende Variablen umkopiert werden. Ein Vertauschen der Werte dieser Variablen hat keinerlei Auswirkungen auf die ursprünglichen Variablen im Hauptprogramm.

Wir könnten die Variablen x und y des Hauptprogramms global anlegen und dann im Unterprogramm auf diese globalen Variablen zugreifen. Bei genauer Betrachtung erweist sich dies aber als keine echte Lösung der gestellten Aufgabe, da das Unterprogramm dann ja nur genau diese beiden Variablen vertauschen kann und nicht allgemein zur Vertauschung von Variablen eingesetzt werden könnte.

Um das Problem wirklich zu lösen, übergeben wir nicht die <u>Werte</u>, sondern die <u>Adressen</u> der Variablen an das Unterprogramm. Die Adresse identifiziert dann eindeutig die Stelle im Speicher, an der die Variable abgelegt ist. Zur Bestimmung der Adresse benutzen wir den bereits früher kurz erwähnten Adressoperator:

> Die Adresse einer Variablen erhalten wir, indem wir dem Variablennamen den **Adressoperator** & voranstellen.

Um die Adressen von x und y an das Unterprogramm tausche zu übergeben, führen wir in unserem Testrahmen die folgenden Änderungen durch:

```
void main()
   {
   int x = 1;
   int y = 2;

   printf( "Vorher:  %d %d\n", x, y);
   tausche( &x, &y);
   printf( "Nachher: %d %d\n", x, y);
   }
```

Dadurch ändert sich die Schnittstelle der Funktion tausche. In den Parametern fließen jetzt nicht mehr Zahlenwerte, sondern Adresswerte. Übertragen wird jetzt nicht mehr die Information, welche Werte die Variablen im Hauptprogramm haben, sondern wo im Speicher die Variablen stehen. Das Unterprogramm erhält somit als Parameter Variablen, in denen Adressen von Integer-Variablen stehen. So etwas nennen wir einen Zeiger. Bevor wir mit der Behandlung des Beispiels fortfahren können, benötigen wir einige neue Begriffsbildungen:

> Eine Variable, in der die Adresse einer anderen Variablen gespeichert ist, nennen wir eine **Zeigervariable** oder kurz **Zeiger** bzw. **Pointer**.
>
> Die Variable, deren Adresse im Zeiger gespeichert ist, bezeichnen wir als die durch den Zeiger **referenzierte Variable**.
>
> Über einen Zeiger kann auf die Daten der referenzierten Variablen zugegriffen werden. Wir nennen dies **Indirektzugriff** oder auch **Dereferenzierung**.
>
> Zum Zugriff auf die referenzierte Variable stellt man der Zeigervariablen den **Dereferenzierungsoperator** * voran. Ist p ein Zeiger, so ist *p der Wert der referenzierten Variablen.

Zeigervariablen müssen, wie alle Variablen, vor ihrer ersten Verwendung definiert werden:

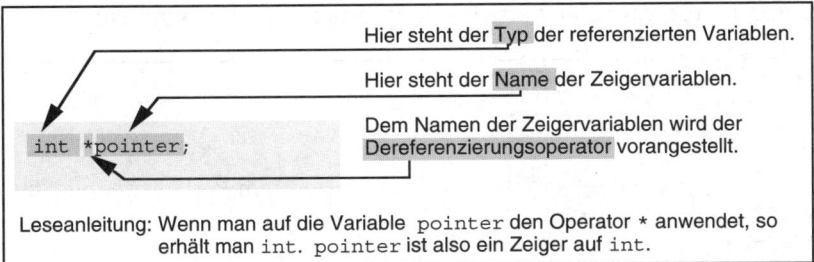

Der Typ der zu referenzierenden Variablen muss bei der Definition des Zeigers angegeben werden. Insofern gibt es in C keine »Zeiger an sich«, sondern immer nur »Zeiger auf etwas«. In unserem Beispiel ist pointer ein Zeiger auf int, und nur in diesem Sinne kann der Zeiger auch verwendet werden.

Über den Adressoperator wird die Verbindung zwischen dem Zeiger und der zu referenzierenden Variablen hergestellt. Mit Hilfe des Dereferenzierungsoperators kann über den Zeiger auf die referenzierte Variable zugegriffen[1] werden:

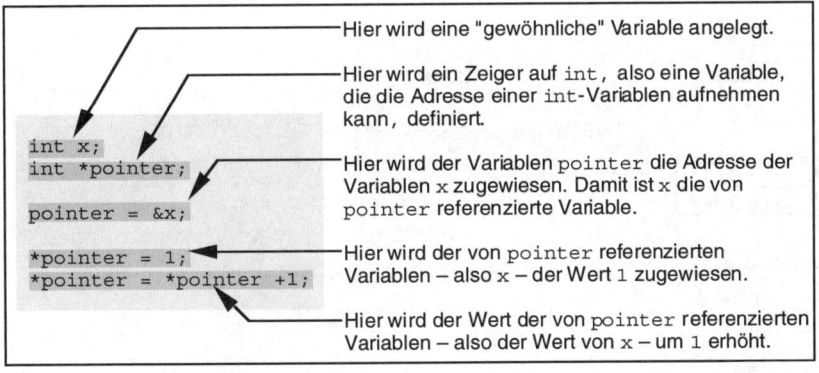

---

1. Achten Sie immer darauf, dass ein Zeiger eine gültige Referenz enthält, bevor Sie ihn verwenden. Die sorglose Verwendung von »wilden« Zeigern ist eine der Hauptfehlerquellen in C-Programmen – selbst bei fortgeschrittenen Programmierern.

Mit diesen Informationen können wir unser Unterprogramm tausche vervollständigen. Dazu müssen wir an der Schnittstelle die korrekten Datentypen »Zeiger auf int« entgegennehmen und im Funktionskörper mit dem Dereferenzierungsoperator auf die Variablenwerte im Hauptprogramm durchgreifen:

```
void tausche( int *a, int *b)
    {
    int t;

    t = *a;
    *a = *b;
    *b = t;
    }
```

Wenn wir jetzt das Programm ausführen, tritt der gewünschte Effekt ein:

```
Vorher:  1 2
Nachher: 2 1
```

Die folgende Grafik zeigt noch einmal die Zusammenhänge beim Durchgriff aus einem Unterprogramm in die Daten des Hauptprogramms:

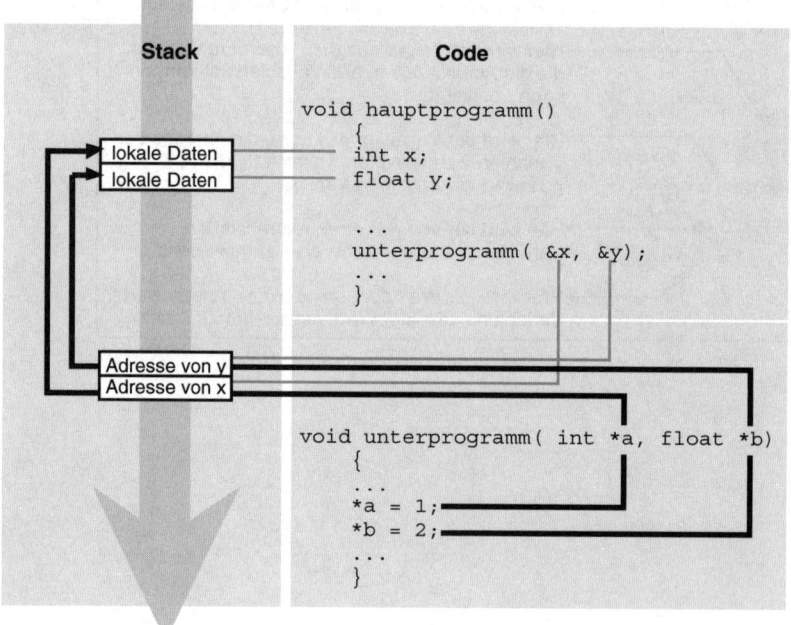

Jetzt wissen Sie auch, warum Sie beim Einlesen von Zahlen von der Tastatur ein & vor den Variablennamen schreiben müssen. Der Eingabefunktion muss statt des Wertes die Adresse der Variablen, in die der Wert eingelesen werden soll, übergeben werden.

Natürlich beschränkt sich die Verwendung von Zeigern nicht auf »Zeiger auf int«. Wir können Zeiger auf jeden uns bekannten Datentyp einrichten:

```
float *pf;              // Ein Zeiger auf float
char *pc;               // Ein Zeiger auf char
unsigned int *pu;       // Ein Zeiger auf unsigned int
...
```

Auch ein »Zeiger auf einen Zeiger« ist nichts Außergewöhnliches,

```
int **z;                // Ein Zeiger auf einen Zeiger auf int
```

auch wenn wir konkrete Beispiele dazu erst später kennen lernen werden.

8.1   Zeigerarithmetik

Bisher haben wir Zeiger nur benutzt, um auf die durch sie referenzierte Variable zuzugreifen. Wir haben dazu dem Zeiger einen Initialwert (die Adresse seiner referenzierten Variablen) gegeben und diesen Wert danach nicht mehr verändert.

Man kann aber den Wert eines Zeigers ändern[2], da es sich ja um eine ganz normale Variable handelt. Insbesondere kann man auch mit Zeigern rechnen. Was bedeutet es aber, wenn man zu einem Zeiger etwa 1 hinzuaddiert? Man könnte vermuten, dass der Adresswert des Zeigers um 1 erhöht wird. Wir testen diese Vermutung durch ein kleines Programm:

```
void main()
    {
    int *p = 0;

    printf( "p + 0 = %d\n", p + 0);
    printf( "p + 1 = %d\n", p + 1);
    printf( "p + 2 = %d\n", p + 2);
    printf( "p + 3 = %d\n", p + 3);
    }
```

---

2. Auch an dieser Stelle möchte ich Sie noch einmal vor den »wilden« Zeigern warnen. Wenn Sie den Wert eines Zeigers ändern, müssen Sie sich vergewissern, dass er eine gültige Referenz enthält.

In diesem Programm legen wir einen Zeiger p an und initialisieren ihn mit dem Wert 0. Dann geben wir die Adresswerte von p, p+1, p+2 und p+3 als Integer-Werte aus. Wir erhalten:

```
p + 0 = 0
p + 1 = 4
p + 2 = 8
p + 3 = 12
```

Der Adresswert erhöht sich offensichtlich jedesmal um 4. Dies hat damit zu tun, dass es sich bei p um einen <u>Zeiger auf</u> int handelt und eine int-Zahl 4 Bytes im Speicher belegt. Allgemein gilt der folgende Zusammenhang:

> Wenn wir zu einem Zeiger 1 hinzuaddieren, erhöht sich der Adresswert um die Größe des Datentyps, auf den der Zeiger zeigt. Bei Addition oder Subtraktion beliebiger ganzer Zahlen ändert sich der Adresswert um entsprechende Vielfache der Größe des Datentyps.

Würde man das obige Beispiel mit einem Zeiger auf char statt einem Zeiger auf int

```
void main()
   {
   char *p = 0;

   printf( "p + 0 = %d\n", p + 0);
   printf( "p + 1 = %d\n", p + 1);
   printf( "p + 2 = %d\n", p + 2);
   printf( "p + 3 = %d\n", p + 3);
   }
```

durchführen, so wäre

```
p + 0 = 0
p + 1 = 1
p + 2 = 2
p + 3 = 3
```

das Ergebnis, weil ein char auf unserem Rechner 1 Byte im Speicher belegt.

Zwei Zeiger zu addieren macht keinen Sinn, aber die Differenz zwischen zwei Zeigern, die auf den gleichen Typ zeigen, liefert durchaus einen sinnvoll zu interpretierenden Abstand.

Das Rechnen mit Zeigern ist besonders nützlich, wenn wir mit Arrays arbeiten.

8.2   Arrays und Zeiger

Der voraufgegangene Abschnitt lässt bereits erahnen, dass Zeiger und Arrays in C eng miteinander verwandt sind. Wenn wir etwa einen Array von `int`-Werten

```
int a[8]
```

anlegen, so verwendet C den Namen dieses Arrays wie einen Zeiger auf das erste Element des Arrays.[3] Da die restlichen Elemente des Arrays in festem Abstand entsprechend der Größe des Datentyps folgen, besteht dann der folgende Zusammenhang:

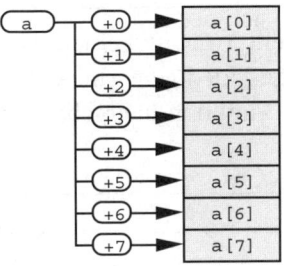

Allgemein kann man also sagen:

> Ist a ein Array, so ist a zugleich ein Zeiger auf das erste Element des Arrays. Das heißt, es gilt:
>
> `a = &a[0]`
>
> Wegen der oben bereits beschriebenen Gesetze der Zeigerarithmetik folgt:
>
> `a + i = &a[i]`
>
> Für den Zugriff auf die Elemente des Arrays erweisen sich damit
>
> `a[i]  und  *(a+i)`
>
> als gleichwertig.

Insbesondere sind damit die folgenden 3 Schleifenkonstrukte, in denen alle Felder des Arrays a mit 0 initialisiert werden, logisch gleichwertig:

---

3. Jetzt wissen Sie auch, warum Sie beim Einlesen eines Strings von der Tastatur kein & vor den Array, in den der String eingelesen werden sollte, setzen mussten. Es handelte sich ja bereits um den erforderlichen Zeiger.

```
int array[5]
int i;
int *p;

for( i = 0; i < 5; i = i+1)                  /* Variante 1 */
    array[i] = 0;

for( i = 0; i < 5; i = i+1)                  /* Variante 2 */
    *(array+i) = 0;

for( i = 0, p = array; i < 5; i = i+1, p = p+1) /* Variante 3 */
    *p = 0;
```

Auch an einer Funktionsschnittstelle wird zwischen einem Array und einem Zeiger auf ein Element des entsprechenden Typs kein Unterschied gemacht. Wenn wir beispielsweise einen Array von int-Werten an eine Funktion übergeben, so können wir die Schnittstelle in der Form

```
void funktion( int array[])
```

oder

```
void funktion( int *array)
```

festlegen.[4]

Hat man es an einer Schnittstelle mit mehrdimensionalen Arrays zu tun, so kann man immer nur den Bereich des ersten Index unbestimmt lassen, da die Bereiche der nachfolgenden Indices für die Berechnung des Zugriffs benötigt werden. Haben wir einen Array der Form,

```
int x[10][20][30]
```

so können wir diesen Array an Funktionen mit der Schnittstelle

```
void test( int x[10][20][30])
```

oder

```
void test( int x[][20][30])
```

oder

---

4. Die Information über die Größe des Arrays geht dabei natürlich nicht über die Schnittstelle. Sie wird in der Regel getrennt in einem weiteren Parameter übermittelt.

```
void test( int (*x)[20][30])
```

übergeben. Insbesondere können die Bereichsangaben 20 und 30 nicht weggelassen werden.

Von anderen Programmiersprachen (z.B. Pascal) her kennen Sie vielleicht die
Möglichkeit, einen Array mit beispielsweise 8 Elementen anzulegen, die dann
aber mit Indices von 1 bis 8 oder von -3 bis 4 angesprochen werden. In C kann
man durch eine Indexverschiebung Ähnliches erreichen. Man legt einfach einen
Zeiger p an, den man beispielsweise auf das vierte Feld des Arrays a zeigen lässt,

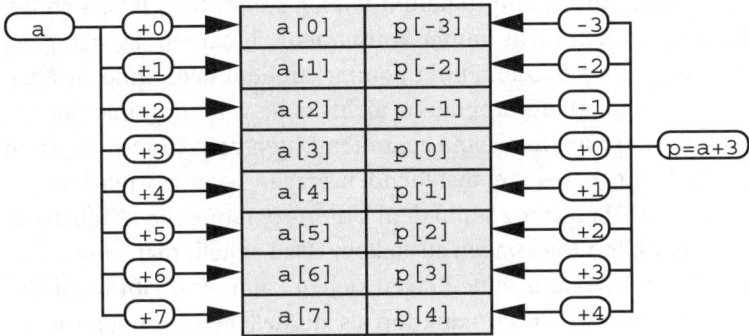

und schon kann man die einzelnen Felder mit einer entsprechenden Verschiebung ansprechen:

```
int a[8];
int *p;
int i;

p = a + 3;

for( i = -3; i < 5; i = i + 1)
    p[i] = ...;
```

Ich möchte Sie an dieser Stelle aber noch einmal eindringlich daran erinnern, dass
Sie allein dafür verantwortlich sind, dass keine Zugriffe außerhalb des für den Array angelegten Speichers erfolgen. Die Sprache C kennt keinerlei Schutz vor Be-
reichsverletzungen.

8.3   Funktionszeiger

Nicht nur Variablen, sondern auch Funktionen haben eine Adresse im Speicher.[5] Konsequenterweise kann man mit dem Adressoperator auch die Adresse einer Funktion ermitteln und diese dann in einer Variablen speichern oder durch eine Funktionsschnittstelle an ein Unterprogramm weiterreichen. Dies eröffnet uns eine außerordentlich wichtige und zugleich elegante Programmiertechnik – die Programmierung von sogenannten **Callbacks.** Ich hatte bei der Diskussion von Unterprogrammen auf die Aufgabentrennung zwischen Hauptprogramm und Unterprogramm hingewiesen und dabei betont, dass das Unterprogramm nichts über die Zusammenhänge im Hauptprogramm wissen sollte. Dies lässt sich bei komplexen Unterprogrammen nicht immer konsequent einhalten, da man gelegentlich im Unterprogramm an einen Punkt kommt, an dem man ohne zusätzliche Informationen aus dem Hauptprogramm nicht mehr weiterkommt. Im Extremfall müsste das Hauptprogramm seine gesamten Daten dem Unterprogramm zugänglich machen, damit dieses die anstehenden Fragen beantworten könnte. Eleganter ist es, wenn das Hauptprogramm dem Unterprogramm die Möglichkeit einräumt, über eine Funktion Rückfragen zu stellen. Dazu erstellt man eine Funktion, über die das Unterprogramm seine Fragen stellen kann, und gibt beim Unterprogrammaufruf die Adresse dieser Funktion als zusätzlichen Parameter mit.

Wir arbeiten uns anhand eines einfachen Beispiels Schritt für Schritt zu einer solchen Lösung vor. Wir gehen davon aus, dass wir ein Unterprogramm berechnung erstellt haben, das die Zahlen von a bis b aufsummiert:

```
int berechnung( int a, int b)
    {
    int i;
    int ergebnis;

    ergebnis = a;
    for( i = a+1; i <= b; i = i+1)
        {
        ergebnis = ergebnis + i;
        }
    return ergebnis;
    }
```

---

5. Der Programmcode liegt ja auch im Speicher des Rechners und jede Funktion hat dort einen genau festgelegten Einstiegspunkt.

Dieses Unterprogramm rufen wir im Hauptprogramm in der folgenden Weise:

```
void main()
    {
    ...
    x = berechnung( 10, 20);
    ...
    }
```

Wir wollen das Unterprogramm jetzt alternativ zum Addieren und zum Multiplizieren einsetzen. Dazu machen wir in der Schleife eine Fallunterscheidung, die wir über einen zusätzlichen Schnittstellenparameter (modus) steuern:

```
int berechnung( int a, int b, int modus)
    {
    int i;
    int ergebnis;

    ergebnis = a;
    for( i = a+1; i <= b; i = i + 1)
        {
        if( modus == 1)
            ergebnis = ergebnis + i;
        else
            ergebnis = ergebnis * i;
        }
    return ergebnis;
    }
```

Je nachdem, ob modus den Wert 1 hat oder nicht, wird jetzt die Summe oder das Produkt der Zahlen von a bis b berechnet. Im nächsten Schritt platzieren wir die beiden arithmetischen Operationen in eigenen kleinen Unterprogrammen:

```
int summe( int x, int y)
    {
    return x + y;
    }

int produkt( int x, int y)
    {
    return x * y;
    }
```

```
int berechnung( int a, int b, int modus)
    {
    int i;
    int ergebnis;

    ergebnis = a;
    for( i = a + 1; i <= b; i = i + 1)
        {
        if( modus == 1)
            ergebnis = summe( ergebnis, i);
        else
            ergebnis = produkt( ergebnis, i);
        }
    return ergebnis;
    }
```

Jetzt kommt der letzte und entscheidende Schritt. Statt der Variablen modus übergeben wir direkt die Adresse der Funktion, die im Inneren der Schleife auszuführen ist. Das heißt, wir übergeben an der Schnittstelle eine Variable f, die, wenn man sie dereferenziert (d. h. *f bildet), eine Funktion ergibt, die zwei int-Parameter erhält und einen int-Wert zurückgibt. In C können wir eine solche Variable wie folgt beschreiben:[6]

```
int (*f)( int , int);
```

Beachten Sie, dass die Klammern um *f hier unbedingt notwendig sind. Würde man sie weglassen, so würde es sich um eine Funktion, die zwei int-Werte erhält und einen Zeiger auf einen int-Wert zurückgibt, handeln.[7]

Mit der neuen Schnittstellenvariablen programmieren wir die Funktion berechnung jetzt wie folgt:

```
int berechnung( int a, int b, int (*f)( int , int))
    {
    int i;
    int ergebnis;

    ergebnis = a;
    for( i = a + 1; i <= b; i = i + 1)
        {
```

---

6. Die Namen für die Schnittstellenparameter sind in dieser Situation entbehrlich. Im Übrigen müssen auch bei den Funktionsprototypen diese Namen nicht angegeben werden. Dort ist es jedoch guter Programmierstil, solche Namen zu verwenden.

7. Im nächsten Abschnitt werden wir solche Betrachtungen noch vertiefen.

```
      ergebnis = (*f)( ergebnis, i);
   }
return ergebnis;
}
```

Da f ein Zeiger auf eine Funktion ist, bezeichnet der Ausdruck *f die gewünschte Funktion und diese bringen wir zur Ausführung, indem wir sie durch die Anweisung (*f)(ergebnis,i) auf die Argumente ergebnis und i ansetzen.[8] Das Ergebnis des Funktionsaufrufs nehmen wir in der Variablen ergebnis entgegen. Da der Compiler erkennen kann, dass es sich bei f um einen Funktionszeiger handelt, kann man den Dereferenzierungsoperator auch weglassen und schreiben:

```
ergebnis = f( ergebnis, i);
```

Das ist besser lesbar, verschleiert allerdings die Tatsache, dass wir es hier mit einem in der Parametervariablen f übergebenen Funktionszeiger zu tun haben.

Im Hauptprogramm können wir die Funktion[9] jetzt wie folgt verwenden:

```
void main()
   {
   ...
   x = berechnung( 10, 20, summe);
   ...
   y = berechnung( 1, 10, produkt);
   ...
   }
```

Der Funktionsaufruf bedeutet:

> Führe die Berechnung in dem durch die beiden ersten Parameter angegebenen Bereich durch! Zur Durchführung der einzelnen Berechnungen verwende die Funktion, deren Adresse im dritten Parameter übergeben ist!

Sie haben natürlich jetzt zu Recht den Eindruck, dass ich hier mit Kanonen auf Spatzen geschossen habe. Dieses konkrete Beispiel würde man niemals so realisieren. Das Beispiel zeigt aber das Wesentliche in einem einfach zu überblickenden Gesamtzusammenhang. Eine typische Anwendung dieses Prinzips ist bei-

---

8. Beachten Sie, dass wir dabei wegen der Vorrangregeln für Operatoren Klammern setzen müssen.
9. Beachten Sie, dass ich beim Aufruf vor summe bzw. produkt keinen Adressoperator gesetzt habe. Vom Verständnis her gehört der Operator dort hin und Sie können ihn auch verwenden. Da hier aus dem Zusammenhang klar ist, dass es sich nur um eine Funktionsadresse handeln kann, verlangt C nicht, dass Sie den Operator explizit hinschreiben.

spielsweise die Erstellung eines Sortierprogramms, bei dem der Sortieralgorithmus die Sortierkriterien oder die Art der zu sortierenden Daten gar nicht kennt.

8.4 Komplexe Variablendeklarationen

Zur Deklaration von Variablen haben wir einige wenige Grundelemente kennen gelernt. Wir kennen die elementaren Datentypen

```
int ...
float ...
...
```

und die Deklaration von Arrays mit bestimmter oder unbestimmter Größe:

```
..x[10]...
...y[]...
```

Dazu kommen der Dereferenzierungsoperator

```
...*x...
```

und die Deklaration von Funktionen:

```
...x(..., ..., ...)...
```

Aus diesen wenigen Grundelementen kann man erstaunlich komplexe Variablendeklarationen zusammensetzen. Wir betrachten dazu einige Beispiele wachsender Komplexität:

Deklaration	Auflösung
int *x	*x ist int. x ist ein Zeiger auf int.
int *x[]	*x[] ist int. x[] ist ein Zeiger auf int. x ist ein Array von Zeigern auf int.
int (*x)[]	(*x)[] ist int. (*x) ist ein Array von int. *x ist ein Array von int. x ist ein Zeiger auf einen Array von int.

Deklaration	Auflösung
`char *(*x())[]`	`*(*x())[]` ist `char`. `(*x())[]` ist ein Zeiger auf `char`. `(*x())` ist ein Array von Zeigern auf `char`. `*x()` ist ein Array von Zeigern auf `char`. `x()` ist ein Zeiger auf einen Array von Zeigern auf `char`. `x` ist eine Funktion, die einen Zeiger auf einen Array von Zeigern auf `char` zurückgibt.
`char (*(*x())[])()`	`(*(*x())[])()` ist `char`. `(*(*x())[])` ist eine Funktion, die `char` zurückgibt. `*(*x())[]` ist eine Funktion, die `char` zurückgibt. `(*x())[]` ist ein Zeiger auf eine Funktion, die `char` zurückgibt. `(*x())` ist ein Array von Zeigern auf Funktionen, die `char` zurückgeben. `*x()` ist ein Array von Zeigern auf Funktionen, die `char` zurückgeben. `x()` ist ein Zeiger auf einen Array von Zeigern auf Funktionen, die `char` zurückgeben. `x` ist eine Funktion, die einen Zeiger auf einen Array von Zeigern auf Funktionen, die `char` zurückgeben, zurückgibt.

Ein besonderes Augenmerk ist bei der Auflösung auf die Priorität und Assoziativität der Operatoren zu richten.[10] Dabei ist zu beachten, dass bei der Rückwärts-Auflösung die am schwächsten bindenden Operatoren zuerst abzuspalten sind. Konkret wird `*` vor `[]` und `()` aufgelöst. Wenn `()` und `[]` aufeinandertreffen, wird von rechts nach links abgearbeitet.[11]

Obwohl die Beispiele der höchsten Komplexitätsstufe in Programmen höchst selten vorkommen, sollten Sie sich mit der Vorgehensweise bei der Auflösung vertraut machen. Relativ häufig trifft man allerdings auf die oben ebenfalls vorkommenden Deklarationen:

```
int *x[]
int (*x)[]
```

---

10. Siehe dazu das nächste Kapitel, in dem die Assoziativität aller in C vorkommenden Operatoren im Detail beschrieben wird.
11. Wir lesen den Ausdruck bei der Auflösung rückwärts. Deshalb wird genau umgekehrt vorgegangen, wie die Priorität der Operatoren die Auswertung eines Ausdrucks vorschreibt. Stärker bindende Operatoren klammern sich sozusagen fester an und können daher nur schwerer aufgelöst werden.

Den Unterschied zwischen diesen beiden Deklarationen möchte ich deshalb durch eine Skizze verdeutlichen:

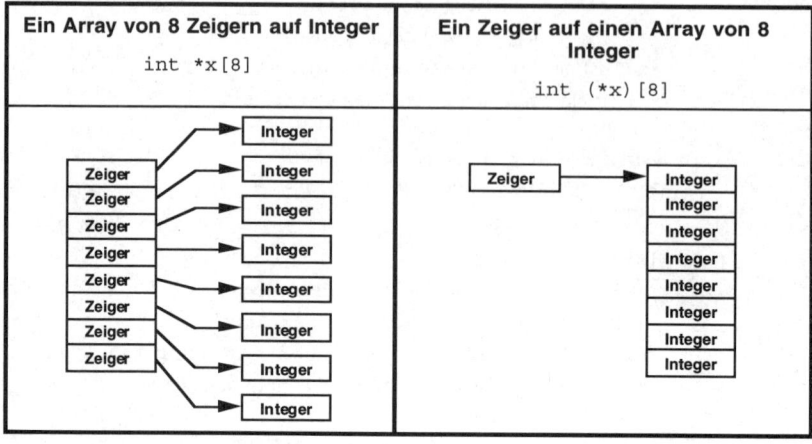

Ein Array von 8 Zeigern auf Integer	Ein Zeiger auf einen Array von 8 Integer
`int *x[8]`	`int (*x)[8]`

8.5   Aufgaben

A 8.1   Schreiben Sie ein Unterprogramm `assign`, das einer als Parameter übergebenen Integer-Variablen des Hauptprogramms einen ebenfalls als Parameter übergebenen Wert zuweist!

A 8.2   Ein mathematischer Satz besagt, dass eine stetige[12] reelle Funktion $y = f(x)$ in einem Bereich $a \leq x \leq b$ eine Nullstelle hat, wenn $f(a) \leq 0$ und $f(b) > 0$ ist. Dies ist auch anschaulich klar, wenn man die folgende Skizze betrachtet.

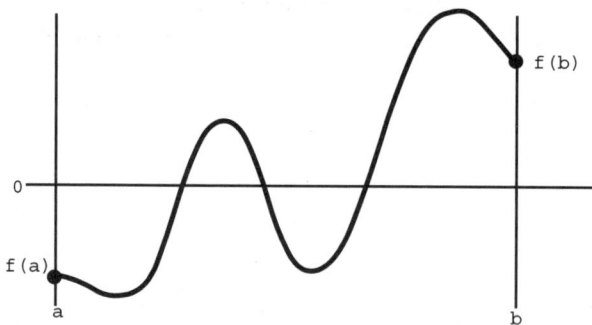

---

12. Wir wollen hier keine Mathematik betreiben. Stellen Sie sich unter einer stetigen Funktion eine Funktion vor, deren Funktionsgraphen man in einem Zug zeichnen kann, ohne den Zeichenstift zwischendurch absetzten zu müssen. Eine stetige Funktion hat also keine »Löcher« oder »Sprünge«.

Die Funktion startet bei a im negativen Bereich und endet bei b im positiven Bereich. Da sie wegen ihrer Stetigkeit nicht »abreißen« kann, muss sie irgendwo die Nullinie treffen. Dies kann, wie die Skizze auch zeigt, durchaus mehrfach passieren.

Man kann durch die sogenannte Intervallhalbierungsmethode eine Nullstelle in dem vorgegebenen Bereich näherungsweise lokalisieren. Dazu halbiert man das Ausgangsisntervall und betrachtet die Funktionswerte an den Randstellen. In einem der beiden Teilintervalle muss dann wieder die Konstellation vorliegen, dass die Funktion am linken Endpunkt kleiner oder gleich und am rechten Endpunkt größer als Null ist. Im nächsten Schritt wird dann dieses Intervall betrachtet und weiter halbiert. Mit diesem Verfahren fährt man fort, bis die beiden Endpunkte für eine Approximation der Nullstelle nah genug beieinander liegen. Die folgende Grafik zeigt das Verfahren am Beispiel der Funktion $y = x^3 + 2x^2 - 11x - 12$, die bei $x = 3$ eine Nullstelle hat.

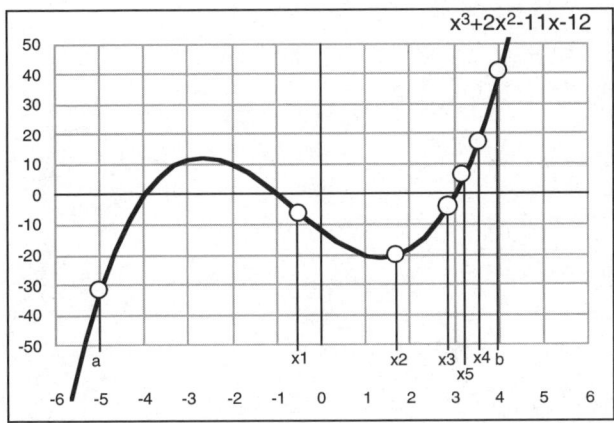

Erstellen Sie eine C-Funktion, die auf diese Weise eine Nullstelle einer Funktion mit einer Genauigkeit von $1/1000$ ermittelt. Die beiden Randwerte <u>und die zu untersuchende Funktion</u> sollen dabei als Parameter an die Funktion übergeben werden. Als Returnwert soll die C-Funktion die gesuchte Nullstelle liefern.

A 8.3 Erstellen Sie eine Funktion zur Sortierung eines Arrays von Integer-Zahlen! Übergeben Sie der Sortierfunktion als Parameter eine Funktion zum Vergleich zweier Zahlen! Erzeugen Sie unterschiedliche Sortierungen (aufsteigend, absteigend, nach letzter Ziffer, nach rückwärts gelesenen Zahlen ...), indem Sie unterschiedliche Vergleichsfunktionen an die Sortierfunktion übergeben!

9   C-Referenz (Teil 1)

Bisher haben wir uns mit ausgewählten Aspekten der Programmiersprache C beschäftigt. Einiges habe ich allerdings vereinfachend dargestellt oder sogar ganz
verschwiegen. Es ist daher an der Zeit, die Sprache C mit mehr Systematik und
Vollständigkeit zu beschreiben. Ich werde dies aber ganz kurz und knapp machen
und dabei auf Beispiele weitestgehend verzichten. Dieser Abschnitt soll als eine
kleine Sprachreferenz zum Nachschlagen dienen, wenn Sie bezüglich eines bestimmten Themas nicht ganz sicher sind und Ihr Wissen auffrischen wollen.

9.1   Reservierte Wörter

In jeder Programmiersprache gibt es eine Reihe von reservierten Wörtern. Diese
auch als **Schlüsselwörter** oder **Keyword**s bezeichneten Wörter haben eine genau
definierte Bedeutung und dürfen nur in dieser Bedeutung verwendet werden.

In C sind das die Wörter:

asm	auto	break	case	char	
const	continue		default	do	double
else	enum	extern	float	for	
goto	if	int	long	register	
return	short	signed	sizeof	static	
struct	switch	typedef	union	unsigned	
void	volatile		while		

In C++ kommen noch die folgenden Schlüsselwörter hinzu:

catch	class	delete	friend	inline	
new	operator	private	protected	public	
template		this	throw	try	virtual

9.2   Identifier

Identifier verwendet ein Programmierer überall dort, wo er Dinge eindeutig bezeichnen muss, um sie durchgängig unter einem eigenen Namen ansprechen zu
können. Solche Dinge sind z. B.:

- ▶ Variablen

- ▶ Funktionen

- ▶ Datenstrukturen

- ▶ Felder in Datenstrukturen

- ▶ Benutzerdefinierte Datentypen

Identifier setzen sich in C aus einem Buchstaben (a,...,z,A,...,Z,_) gefolgt von einer Reihe von Buchstaben bzw. Ziffern (a,...,z,A,...,Z,_,0,1,...,9) zusammen. Umlaute, Satz- oder Sonderzeichen dürfen in Identifiern nicht verwendet werden. Die oben erwähnten reservierten Wörter können nicht als Identifier verwendet werden.

C ist im Gegensatz zu vielen anderen Programmiersprachen »case-sensitive«, d. h. Groß- und Kleinbuchstaben (z. B. »a« und »A«) werden als verschiedene Buchstaben angesehen. Insofern sind Identifier wie Otto und otto voneinander verschieden.

9.3   Numerische Werte

Numerische Werte können als ganze Zahl oder als Gleitkommazahl angegeben werden. Bei den ganzzahligen Werten sind Dezimal-, Oktal- und Hexadezimaldarstellung möglich:

Typ	Beispiele
Ganze Zahlen	
Oktaldarstellung	0123 0777
Dezimaldarstellung	1234 -1234
Hexadezimaldarstellung	0xaffe 0x123e
Gleitkommazahlen	1.234 1.234e-10 -1234e12

Zur Kennzeichnung eines speziellen Datentyps können sogenannte **Suffixe** an numerische Konstanten angefügt werden.

Für ganze Zahlen gibt es die Suffixe u für unsigned und l für long:

```
123l
1234ul
```

Für Gleitkommazahlen gibt es die Suffixe f für float und l für long double. Eine Gleitkommazahl ohne Suffix ist vom Typ double:

```
1.234l
1.23e-10f
```

Die Suffixe und das Exponentenzeichen können wahlweise groß oder klein geschrieben werden.

9.4 Werte für Zeichen und Zeichenketten

Einzelne Zeichen werden in einfache, Zeichenketten in doppelte Hochkommata eingeschlossen:

Typ	Beispiele

Zeichen	`'a'`
	`'\n'`
	`'\123'`

Zeichenketten	`"Kaiser"` `"Kaiser\n"`

Zur Angabe nicht druckbarer Zeichen dienen Escape-Sequenzen:

Escape-Sequenz	Bedeutung
`\n`	neue Zeile
`\t`	horizontaler Tabulator
`\v`	vertikaler Tabulator
`\b`	backspace (Rückschritt, Löschen)
`\r`	carriage return (Wagenrücklauf)
`\f`	form feed (Seitenvorschub)
`\'`	einfaches Hochkomma
`\"`	doppeltes Hochkomma
`\a`	bell (Klingelzeichen)

Escape-Sequenz	Bedeutung
\?	Fragezeichen
\\	backslash
\zzz	Oktaldarstellung des Zeichencodes
\xzz	Hexdarstellung des Zeichencodes

Eine Zeichenkette wird intern mit einer 0 terminiert. Zur Speicherung einer Zeichenkette wird daher ein Byte mehr benötigt, als die Kette Zeichen enthält.

9.5   Skalare Datentypen

Zur Arbeit mit numerischen Werten gibt es in C die folgenden skalaren Datentypen:

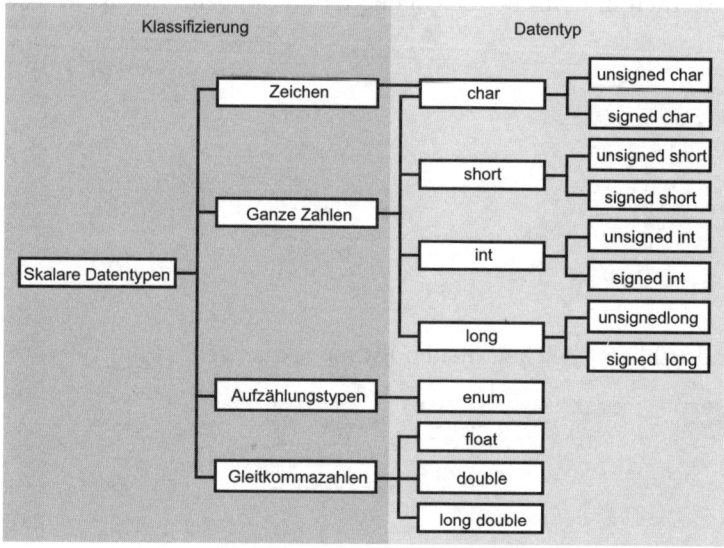

9.6   Variablen

Gruppen von Anweisungen können mit geschweiften Klammern (» { « und » } «) zu Blöcken zusammengefasst werden. Einen Block kann man dann als eine einzelne Anweisung ansehen:

```
{
printf( "Dies ");
printf( "ist ");
printf( "ein ");
printf( "Block ");
printf( "\n");
}
```

Blöcke können ineinander geschachtelt werden. Nur am Anfang eines Blockes (d.h. bevor die ersten Anweisungen kommen) können Variablen definiert werden. Diese Variablen sind dann innerhalb des Blockes, in dem sie angelegt wurden, bekannt und verwendbar. Variablen eines umschließenden (äußeren) Blocks sind auch im umschlossenen (inneren) Block bekannt und verwendbar. Wir veranschaulichen uns diese Sichtbarkeitsregeln, indem wir uns ineinander verschachtelte Blöcke auf verschiedenen Ebenen angelegt denken:

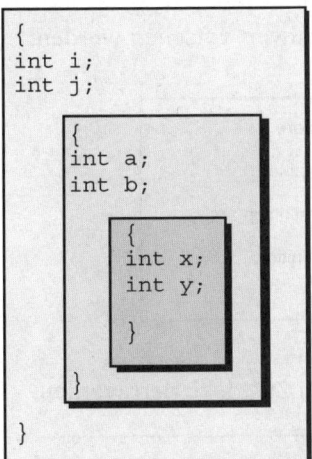

Im innersten Block des obigen Beispiels sind die Variablen i, j, a, b, x und y bekannt. Im äußeren Block kann man dagegen nur i und j verwenden. Von einer höheren Ebene kann man sozusagen auf alle Variablen der niederen Ebenen herabblicken. Von unten sieht man dagegen die Variablen auf den höheren Ebenen nicht.

Im Fall eines Namenskonfliktes überlagert eine Variable innerhalb eines eingeschlossenen Blocks eine Variable gleichen Namens in einem umschließenden Block. Im Sinne des oben gewählten Bildes heißt das, dass Variablen auf näher liegenden Ebenen »besser« zu sehen sind als Variablen auf entfernteren Ebenen.

Von der Möglichkeit, Variablen lokal zu einem inneren Block anzulegen, wird in der C-Programmierpraxis selten Gebrauch gemacht. In der Regel werden alle in einem bestimmten Kontext benötigten Variablen im äußersten umschließenden Block (dem Funktionsblock) angelegt. Namenskonflikte zwischen Variablen geschachtelter Blöcke sollten in jedem Fall vermieden werden, da sie vom Compiler zwar gehandhabt werden, aber zu unverständlichem Code führen.

Variablen haben immer einen Typ und müssen vor ihrer Verwendung definiert werden. Die einfachste Form der Variablendeklaration besteht aus einem Datentyp gefolgt von einem Variablennamen (Identifier) und einem abschließenden Semikolon:

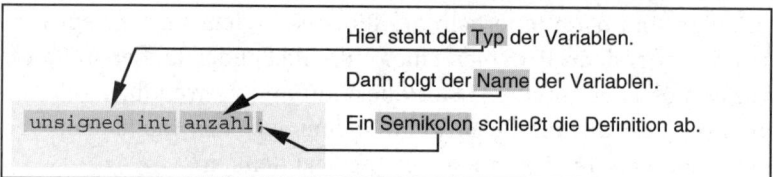

Variablen können bei der Deklaration mit einem Initialwert versehen werden:

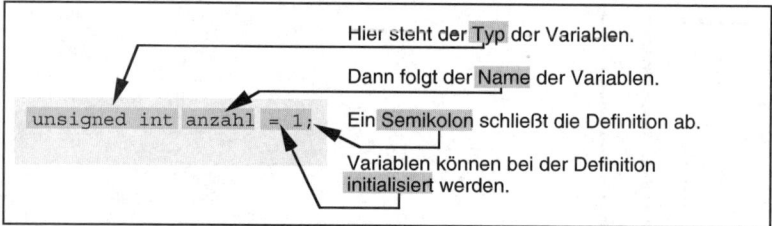

Mehrere Variablen des gleichen Typs können in einem Zug deklariert werden:

```
int a, b, c;
float x, y = 1.1, z;
```

Variablen können <u>innerhalb</u> oder <u>außerhalb</u> von Funktionen angelegt werden.

Innerhalb von Funktionen angelegte Variablen bezeichnet man als **lokale Variablen**. Solche Variablen sind nur in der Funktion, genauer in dem Block, in dem sie angelegt sind, bekannt und können auch nur dort verwendet werden. Man unterscheidet drei Arten von lokalen Variablen:

▶ automatische Variablen
▶ statische lokale Variablen
▶ Register-Variablen

Automatische Variablen sind lokale Variablen, denen bei der Definition das Schlüsselwort `auto` oder kein spezielles Schlüsselwort vorangestellt wird:

```
int i;
auto float x;
```

Die automatischen Variablen werden beim Eintritt in den zugehörigen Block auf dem Stack angelegt und beim Verlassen des Blocks wieder beseitigt. Insbesondere existieren diese Variablen bei rekursivem Funktionsaufruf auf jeder Rekursionsebene unabhängig voneinander mit eigenen Werten.

Statische lokale Variablen sind lokale Variablen, denen bei der Definition das Schlüsselwort `static` vorangestellt wird.

```
static int s;
```

Statische lokale Variablen werden beim erstmaligen Eintritt in den zugehörigen Block angelegt und beim Verlassen des Blocks nicht wieder beseitigt. Sie sind also über alle Aktivierungen des Blocks hinweg immer mit dem zuletzt zugewiesenen Wert verfügbar. Insbesondere existieren diese Variablen bei rekursivem Funktionsaufruf nur einmal in der gesamten Aufrufhierarchie.

Register-Variablen sind lokale Variablen, denen bei der Definition das Schlüsselwort `register` vorangestellt wird:

```
register int x;
```

Dieser Zusatz ist eine Aufforderung an den Compiler, die Variable – sofern möglich – nicht auf dem Stack, sondern in einem internen Register des Prozessors abzulegen. Sofern der Compiler dieser Empfehlung folgt, kann dann auf diese Variable besonders effizient zugegriffen werden. Der Compiler muss sich an diese Empfehlung nicht halten und kann ersatzweise eine automatische Variable anlegen. Da Register-Variablen wünschenswerterweise nicht im Speicher liegen, kann der Adressoperator `&` nicht auf sie angewandt werden.

Außerhalb von Funktionen angelegte Variablen sind funktionsübergreifend bekannt und können demnach auch funktionsübergreifend verwendet werden. Solche Variablen bezeichnet man als **globale Variablen**. Auch globale Variablen können `static` definiert werden. Die Verwendung solcher **statischer globaler Variablen** ist dann auf Funktionen beschränkt, die in der gleichen Kompilationseinheit (= Quellcode-Datei) wie die Variable stehen. Will man eine globale Variable in unterschiedlichen Quellcode-Dateien nutzen, so muss es einen Externverweis auf die Variable geben:

```
extern int globale_variable;
```

Ein solcher Externverweis steht dann üblicherweise in einer Header-Datei, die in allen Quellcode-Dateien, in denen die globale Variable verwendet werden soll, includiert wird.

Die folgende Grafik zeigt noch einmal die Verwendungsmöglichkeiten von Variablen:

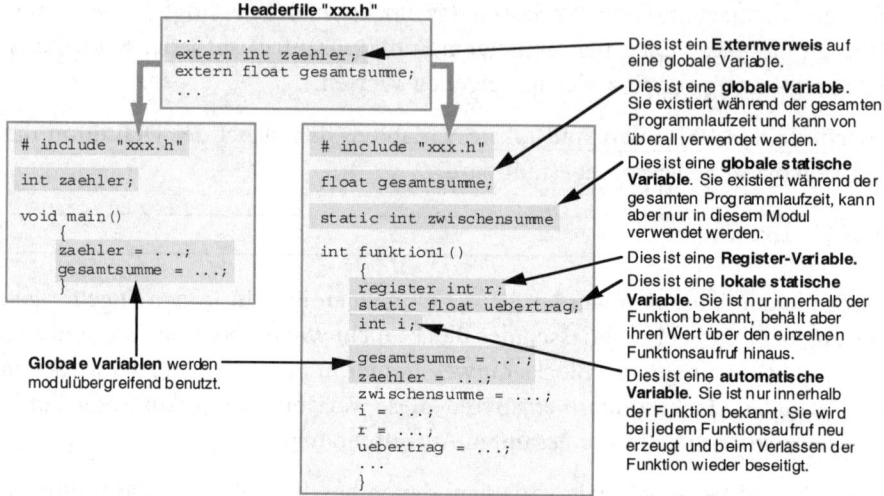

Zusätzlich kann einer Variablenvereinbarung das Schlüsselwort `const` vorangestellt werden.

```
static const float pi = 3.14;
```

Auf solche Variablen kann nach erfolgter Initialisierung nur lesend zugegriffen werden. Sie sind also konstant, da ihr Wert durch das Programm nicht verändert werden kann.[1] Das ist eine Einschränkung der Verwendbarkeit einer Variablen, die aber durchaus ihren Sinn hat. Zum einen handelt es sich um einen Schutz vor irrtümlicher Veränderung, und zum anderen eröffnet eine `const`-Vereinbarung dem Compiler erweiterte Optimierungsmöglichkeiten. Konstanten sind also »schneller« als Variablen.

Letztlich kann bei einer Variablenvereinbarung das Schlüsselwort `volatile` vorangestellt werden:

```
volatile int x;
```

---

1. Dass man trotzdem von einer »Variablen« spricht, hat historische Gründe, da es Konstanten im ursprünglichen C noch nicht gab.

Man verwendet diesen Zusatz in der maschinennahen Programmierung, wenn man verhindern will, dass der Compiler Optimierungen an dieser Variablen vornimmt, weil man sie aus für den Compiler nicht erkennbaren Gründen genau so benötigt, wie sie angelegt ist.

9.7 Arrays

Arrays sind Reihungen von Daten gleichen Typs in einem linearen, quadratischen oder mehrdimensionalen Schema:

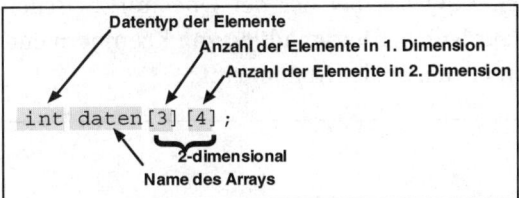

Auf die Elemente eines Arrays wird entsprechend der Dimension mit einem oder mehreren Indices zugegriffen:

```
daten[0][1] = 1;
daten[2][3] = daten[0][1];
```

Hat ein Array in einer Dimension n Elemente, so werden diese von 0 bis n-1 nummeriert.

Zeichenketten werden in eindimensionalen Arrays vom Typ char (oder unsigned char) abgelegt.

```
char name[100];
```

Eine Zeichenkette wird immer durch ein Terminatorzeichen (0) abgeschlossen, so dass zur Speicherung einer Zeichenkette immer ein Byte mehr benötigt wird, als in der Zeichenkette Buchstaben vorhanden sind.

9.8 Operatoren

Operatoren sind spezielle Funktionen, die, angewandt auf eine Reihe von Argumenten (ihre Operanden), ein Ergebnis liefern. Die nahe liegende Schreibweise dafür ist die Funktionsschreibweise

```
z = f( x, y)
```

Dabei ist f der Operator, x und y sind seine Operanden und z ist das Ergebnis der Operation. Die Zahl der Argumente, die ein Operator benötigt, bezeichnet man als die **Stelligkeit** des Operators. Im Wesentlichen haben wir es in C mit 1- und 2-stelligen Operatoren zu tun.

Denkt man an vertraute Operationen, wie etwa die Addition, so ist die Funktionsschreibweise natürlich sehr umständlich. Im Falle der Addition hätte man etwa anstatt x+y+z den Ausdruck +(x,+(y,z)) zu schreiben. Wer könnte das noch lesen? Man bevorzugt daher die sogenannte **Operatorschreibweise**. Bei 1-stelligen Operatoren unterscheidet man die Präfix- bzw. Postfix-Notation, je nachdem, ob der Operator seinem Operanden voran- oder nachgestellt ist. Bei 2-stelligen Operatoren wählt man die Infix-Schreibweise, bei der der Operator zwischen seine Operanden platziert wird. Bei zusätzlicher Verwendung von Klammern entspricht das dann der vertrauten Formelsprache der Mathematik:

```
1+1
1*(2+3)
1*2+3
(1+5)*(4-2)
```

Ein Ausdruck in Infixschreibweise (etwa x+y+z) enthält jetzt aber im Gegensatz zur Funktionsschreibweise keine Information mehr darüber, in welcher Reihenfolge die einzelnen Operationen auszuführen sind. Der Operator + ist assoziativ, d.h. es gilt stets (x+y)+z = x+(y+z), und es ist daher unerheblich, in welcher Reihenfolge wir die einzelnen Additionen ausführen. Die Schreibweise x+y+z ist daher unbedenklich. Dies gilt allerdings nicht für alle Operatoren, wie man am Beispiel der Subtraktion unmittelbar erkennt. Es ist

$(1-2)-3 \neq 1-(2-3)$

Um Probleme dieser Art bei der Auswertung von Formeln zu vermeiden, muss man festlegen, in welcher Reihenfolge (von links nach rechts oder von rechts nach links) klammerfreie Ausdrücke auszuwerten sind. Wir sprechen in diesem Zusammenhang von Links- bzw. Rechtsassoziativität. Bei der Subtraktion z.B. ist festgelegt, dass klammerfreie Ausdrücke von links nach rechts auszuwerten sind:

$1-2-3 = (1-2)-3 = -4$

Natürlich haben wir es auch mit gemischten Ausdrücken, also Ausdrücken, in denen verschiedene Operatoren vorkommen, zu tun. Auch hier stellt sich wieder die Frage der Auswertungsreihenfolge. In der Mathematik wird festgelegt, dass die Multiplikation eine höhere Priorität hat als die Addition (Punktrechnung geht vor Strichrechnung). Es ist also 2*3+4 = 10. Eine Programmiersprache sollte die »natürliche« Priorität vertrauter Operatoren respektieren und die zusätzlich benötigten Operatoren in diesen Rahmen sinnvoll einbetten, damit eine intuitiv korrekte Verwendung von Operatoren nicht behindert wird.

Wir fassen zusammen:

Will man ein komplexes System von Operatorausdrücken für eine Programmiersprache aufstellen, so muss man zusätzliche Spielregeln für die Interoperabilität von Operatoren festlegen, und zwar:

▶ Prioritäten von verschiedenen Operatoren und

▶ Assoziativität von Operatoren gleicher Priorität.

C verfügt über 47 Operatoren. Einige davon haben wir bereits besprochen, einige werden in diesem Abschnitt erstmals vorgestellt und einige werden wir erst später kennen lernen. Es folgt aber bereits hier ein tabellarischer Überblick über alle verfügbaren Operatoren, ihre Assoziativität und ihre Priorität.[2] Auf diese Tabelle sollten Sie immer dann zurückgreifen, wenn Sie unsicher bezüglich der Auswertung eines Ausdrucks sind.

Zeichen	Verwendung	Bezeichnung	Klassifizierung	Ass	Prio
()	f(x,y,..)	Funktionsaufruf	Auswertungsoperator	L	15
[]	a[i]	Array-Zugriff			
->	p->x	Indirekt-Zugriff	Zugriffsoperator		
.	a.x	Struktur-Zugriff			
++	x++	Post-Inkrement	Zuweisungsoperator		
--	x--	Post-Dekrement			
!	!x	Logische Verneinung	Logischer Operator	R	14
~	~x	bitweises Komplement	Bit-Operator		
++	++x	Pre-Inkrement	Zuweisungsoperator		
--	--x	Pre-Dekrement			
+	+x	Plus x	Arithmetischer Operator		
-	-x	Minus x			

---

2. Beachten Sie, dass durch Assoziativität und Priorität nicht festgelegt ist, zu welchem Zeitpunkt ein Teil eines Ausdrucks auf dem Rechner wirklich ausgewertet wird. Im Ausdruck 1*2-3*4-5*6 ist zwar festgelegt, dass die Subtraktionen von links nach rechts ausgeführt werden und die Multiplikationsergebnisse vorliegen müssen, bevor sie in einer Subtraktion verwendet werden. Es ist aber nicht festgelegt, dass 1*2 vor 5*6 ausgerechnet werden muss. Das ist unkritisch, solange keine »Seiteneffekte« in den Formeln vorkommen. Ein Seiteneffekt ist zum Beispiel gegeben, wenn die Auswertung eines Teils eines Ausdrucks Einfluss auf die Werte anderer Teile des Ausdrucks hat. Mit einigen der im Folgenden diskutierten Operatoren (z.B. ++-Operator) können Sie leicht solche Seiteneffekte erzeugen. Dann ist höchste Vorsicht geboten.

Zeichen	Verwendung	Bezeichnung	Klassifizierung	Ass	Prio
*	*p	Dereferenzierung	Zugriffsoperator	R	14
&	&x	Adressoperator			
()	(type)	Typ-Konvertierung	Datentyp-Operator		
sizeof	sizeof(x)	Typ-Speichergröße			
*	x * y	Multiplikation	Arithmetischer Operator	L	13
/	x / y	Division			
%	x % y	Rest bei Division			
+	x + y	Addition	Arithmetischer Operator	L	12
–	x – y	Subtraktion			
<<	x << y	Bitshift links	Bit-Operator	L	11
>>	x >> y	Bitshift rechts			
<	x < y	Kleiner als	Vergleichsoperator	L	10
<=	x <= y	Kleiner oder gleich			
>	x > y	Größer als			
>=	x >= y	Größer oder gleich			
==	x == y	Gleich	Vergleichsoperator	L	9
!=	x != y	Ungleich			
&	x & y	Bitweises und	Bit-Operator	L	8
^	x ^ y	Bitweises entweder oder	Bit-Operator	L	7
|	x | y	Bitweises oder	Bit-Operator	L	6
&&	x && y	Logisches und	Logischer Operator	L	5
||	x || y	Logisches oder	Logischer Operator	L	4
? :	x ? y : z	Bedingte Auswertung	Auswertungsoperator	L	3
=	x = y	Wertzuweisung	Zuweisungsoperator	R	2
+=	x += y	Operation mit anschließender Wertzuweisung			
-=	x -= y				
*=	x *= y				
/=	x /= y				
%=	x %= y				
&=	x &= y				
^=	x ^= y				

Zeichen	Verwen-dung	Bezeichnung	Klassifizierung	Ass	Prio
`|=`	`x |= y`	Operation mit anschlie-ßender Wertzuweisung			
`<<=`	`x <<= y`				
`>>=`	`x >>= y`				
`,`	`x , y`	Sequentielle Auswertung	Auswertungsoperator	L	1

Wichtig zur Arbeit mit der Tabelle ist noch die folgende Leseanleitung:

> Die Operatoren werden hier mit Werten von 1–15 priorisiert. Operatoren mit höherer Priorität binden dabei stärker als Operatoren niedriger Priorität und werden vorrangig ausgewertet.

Bezüglich der Assoziativität gibt es zwei Möglichkeiten:

▶ Linksassoziativität (L in der Tabelle), d.h., die Auswertung erfolgt bei gleicher Priorität von links nach rechts.

▶ Rechtsassoziativität (R in der Tabelle), d.h., die Auswertung erfolgt bei gleicher Priorität von rechts nach links.

Ein so umfangreiches Modell an Operatoren sinnvoll zu balancieren ist nicht einfach. Und in der Tat sind auch hier nicht alle Design-Entscheidungen plausibel. Beispielsweise wird dem Vergleichsoperator == eine höhere Priorität gegeben als dem logischen Operator &&. Dies bedeutet, dass der Ausdruck

```
a && b == c && d
```

als

```
a && (b == c) && d
```

zu lesen ist. Dies ist sicher gewöhnungsbedürftig und entspricht nicht der Auswertungsreihenfolge, die wir von der Aussagenlogik her kennen und hier nur durch entsprechende Klammersetzung

```
(a && b) == (c && d)
```

erzwingen können. Um vor unangenehmen Überraschungen geschützt zu sein, sollten Sie deshalb immer, wenn Sie sich Ihrer Sache nicht ganz sicher sind, Klammern setzen. Lieber ein überflüssiges Klammernpaar gesetzt[3], als ein wesentliches irrtümlich vergessen.

Im Folgenden gehe ich auf alle Operatoren noch einmal kurz ein.

---

3. Überflüssige Klammern machen den vom Compiler generierten Code **nicht** ineffizienter.

9.8.1 Arithmetische Operatoren

Die arithmetischen Grundoperationen dienen zur rechnerischen Verknüpfung von Zahlen:

Zeichen	Verwendung	Bezeichnung	Ass	Prio
+	+x	plus x	R	14
–	–x	minus x		
*	x * y	Multiplikation	L	13
/	x / y	Division		
%	x % y	Rest bei Division		
+	x + y	Addition	L	12
–	x – y	Subtraktion		

Erstmals erwähnt sind hier die unären (einstelligen) Varianten von + und –. Wichtig ist das unäre Minus, das einen Vorzeichenwechsel bewirkt:

```
a = -b;
```

Alle Operatoren, bis auf %, arbeiten mit ganzen und/oder Gleitkommazahlen. Bei gemischter Verwendung von ganzen Zahlen und Gleitkommazahlen ist das Ergebnis eine Gleitkommazahl. Der %-Operator kann nur auf ganze Zahlen angewandt werden.

Erinnern möchte ich noch einmal daran, dass die Division je nach Typ der beteiligten Operanden anders zu verstehen ist. Sind alle Operanden ganzzahlig, so wird eine Division ohne Rest durchgeführt und das Ergebnis ist eine ganze Zahl. Ist einer der beteiligten Operanden eine Gleitkommazahl, so wird im Rahmen der Rechengenauigkeit eine exakte Division durchgeführt und das Ergebnis ist eine Gleitkommazahl.

Bei arithmetischen Operationen können naturgemäß eine Reihe von Fehlern wie z.B. Division durch 0, Rechenbereichsüberschreitungen (Overflow) oder Rechenbereichsunterschreitungen (Underflow) auftreten. Eine Division durch 0 führt zu einem Systemfehler mit sofortigem Abbruch des Programms. Ob und wie das C-Laufzeitsystem auf Bereichsüberschreitungen oder Bereichsunterschreitungen reagiert, ist im C-Sprachstandard nicht festgelegt.

9.8.2 Vergleichsoperatoren

Zum Vergleich arithmetischer Werte dienen folgende Operatoren:

Zeichen	Verwendung	Bezeichnung	Ass	Prio
<	x < y	kleiner als		
<=	x <= y	kleiner gleich	L	10
>	x > y	größer als		
>=	x >= y	größer gleich		
==	x == y	gleich	L	9
!=	x != y	ungleich		

Das Ergebnis eines Vergleichs ist 0 oder 1, je nachdem, ob die Vergleichsaussage als falsch oder richtig erkannt wurde.

Achtung Eine geläufige Fehlerquelle ist die Verwechslung des Vergleichsoperators '==' mit dem Zuweisungsoperator '='.

9.8.3 Logische Operatoren

Die logischen Operatoren !, && und || realisieren die boolesche Algebra:

Zeichen	Verwendung	Bezeichnung	Ass	Prio
!	!x	logische Verneinung	R	14
&&	x && y	logisches und	L	5
||	x || y	logisches oder	L	4

Das Ergebnis einer logischen Operation ist 0 oder 1, je nachdem, ob die Aussage als falsch oder richtig erkannt wurde.

Bei der Auswertung eines Ausdrucks der Form

```
( ... ) && ( ... )
```

wird von links nach rechts vorgegangen. Es besteht keine Notwendigkeit, den rechten Teil des Ausdrucks auszuwerten, wenn sich der linke Teil bereits als falsch erwiesen hat. Falscher kann es nicht mehr werden. Ebenso besteht bei der Auswertung einer Formel der Form

```
( ... ) || ( ... )
```

keine Notwendigkeit, den rechten Teil auszuwerten, wenn der linke Teil bereits als wahr erkannt ist. Wahrer wird es nicht mehr.

Konsequenterweise wird in solchen Fällen die rechte Seite des Ausdrucks **nicht** ausgewertet.[4] Dies ist unkritisch, wenn die nicht ausgewerteten Teile keine Seiteneffekte enthalten, die z. B. die Veränderung eines Variablenwerts bewirken.

Enthalten die rechten Seiten jedoch Anweisungen, die Auswirkungen auch außerhalb der Formel haben, so können ungewollte Begleiterscheinungen auftreten oder besser gesagt, gewollte Begleiterscheinungen ausbleiben. Vermeiden Sie Probleme dieser Art dadurch, dass Sie keine Seiteneffekte in boolesche Ausdrücke »einbauen«!

9.8.4 Bit-Operatoren

Die Bit-Operatoren haben wir bereits vollständig behandelt:

Zeichen	Verwendung	Bezeichnung	Ass	Prio
~	~x	bitweises Komplement	R	14
<<	x << y	Bitshift links	L	11
>>	x >> y	Bitshift rechts		
&	x & y	bitweises und	L	8
^	x ^ y	bitweises entweder oder	L	7
|	x | y	bitweises oder	L	6

Bit-Operationen können nur auf ganze, üblicherweise vorzeichenlose Zahlen angewandt werden.

9.8.5 Zugriffsoperatoren

Zugriffsoperatoren werden verwendet, um auf die in Variablen gespeicherten Daten zugreifen zu können. Wir kennen aus früheren Abschnitten den Array-Zugriff, den Adress- und den Dereferenzierungsoperator:

Zeichen	Verwendung	Bezeichnung	Ass	Prio
[]	a[i]	Array-Zugriff		
->	p->x	Indirekt-Zugriff	L	15
.	a.x	Struktur-Zugriff		

---

4. Man nennt dies auch short cut evaluation.

Zeichen	Verwendung	Bezeichnung	Ass	Prio
*	*p	Dereferenzierung	R	14
&	&x	Adressoperator		

Die beiden anderen Operatoren (. und ->), die hier genannt werden, sind erst im Zusammenhang mit Datenstrukturen von Bedeutung und werden später noch eingehend behandelt.

9.8.6 Auswertungsoperatoren

Unter dem Begriff Auswertungsoperatoren sind hier drei Operatoren zusammengestellt, von denen Sie zwei (Funktionsaufruf und sequentielle Auswertung) bereits kennen:

Zeichen	Verwendung	Bezeichnung	Ass	Prio
()	f(x,y,..)	Funktionsaufruf	L	15
? :	x ? y : z	bedingte Auswertung	L	3
,	x , y	sequentielle Auswertung	L	1

Die sequentielle Auswertung dient zur Auswertung einer Reihe von Anweisungen und wird praktisch nur im Kopf von Schleifenanweisungen verwendet, wenn man dort im Rahmen der Initialisierung oder des Inkrements mehrere Operationen durchzuführen hat. Der Operator liefert als Ergebnis den Wert des zuletzt ausgewerteten Ausdrucks. Dieser Wert wird in der Regel aber nicht verwendet.

Bei der bedingten Auswertung handelt es sich um eine Operation mit drei Operanden. Die allgemeine Form der bedingten Auswertung ist:

```
operand1 ? operand2 : operand3
```

Die Operation wird dann in der folgenden Weise durchgeführt:

▶ Zunächst wird der erste Operand ausgewertet, um festzustellen, ob er wahr (≠0) oder falsch (=0) ist.

▶ Ist der erste Operand wahr, so wird der zweite Operand ausgewertet, und dessen Wert ist in diesem Fall das Ergebnis der gesamten Operation.

▶ Ist der erste Operand falsch, so wird der dritte Operand ausgewertet, und dessen Wert ist dann das Ergebnis der gesamten Operation.

Die Operation simuliert also eine kleine Fallunterscheidung, wie wir sie üblicherweise mit if ... else realisieren. Statt

```
if( a > b)
    maximum = a;
else
    maximum = b;
```

können wir mit bedingter Auswertung schreiben:

```
maximum = a > b ? a : b;
```

9.8.7 Datentyp-Operatoren

Die Operatoren dieses Abschnitts arbeiten nicht mit numerischen Werten, sondern auf Datentypen. Mit Datentypen kann man natürlich nicht rechnen. Man kann nur sehr wenige Operationen auf Datentypen ausführen. Man kann den Speicherplatzbedarf eines Datentyps feststellen bzw. einen Datentyp in einen anderen konvertieren, sofern das sinnvoll und möglich ist.

Zeichen	Verwendung	Bezeichnung	Ass	Prio
()	(type)	Typ-Konvertierung	R	14
sizeof	sizeof(x)	Typ-Speichergröße	-	-

Zur Feststellung des Speicherplatzbedarfs eines Datenobjekts dient der sizeof-Operator. Das Objekt kann dabei ein Datentyp, eine Variable oder eine Konstante sein. Auch ein Ausdruck ist als Operand zugelassen. Der Ausdruck wird jedoch nicht ausgewertet, es interessiert nur der Platzbedarf des resultierenden Typs. Der Operator berechnet, wie viele Bytes der Datentyp im Speicher belegt. Da der sizeof-Operator anders als andere Operatoren in Funktionsschreibweise verwendet wird, sind bezüglich dieses Operators keine Angaben über Priorität und Assoziativität erforderlich.

Der sizeof-Operator wird für uns erst dann von Bedeutung sein, wenn wir uns mit den sogenannten dynamischen Datenstrukturen beschäftigen.

Der zweite Operator dieses Abschnitts ist der Typkonvertierungs- oder Cast-Operator. Gelegentlich ist es erforderlich, einen Datentyp in einen anderen zu konvertieren. Wir betrachten dazu das folgende Beispiel:

```
float x;
int a;
int b;

a = 10;
b = 3;

x = a/b;
```

Wir wollen der Gleitkommazahl x das Ergebnis der Division a/b zuweisen. Nun wissen wir aber, dass auf der rechten Seite der Zuweisung eine Integer-Division durchgeführt wird, da alle beteiligten Operanden ganze Zahlen sind. Wenn wir in dieser Situation aber auch an den Bruchteilen interessiert sind, müssen wir eine Möglichkeit finden, den Compiler anzuweisen, hier eine Gleitkommadivision durchzuführen. Dazu konvertieren wir den Typ einer der beteiligten Integerzahlen, indem wir den gewünschten Datentyp (float) in Klammern voranstellen.

```
x = (float)a/b
```

Beachten Sie, dass wegen der hohen Bindungskraft des Cast-Operators zunächst die Typkonvertierung von a und dann die Division durchgeführt wird. Eine Division mit anschließender Typkonvertierung

```
x = (float)(a/b)
```

würde unser Problem nicht lösen.

Auch für diesen Operator werden sich weitere sinnvolle Anwendungen im Zusammenhang mit den dynamischen Datenstrukturen ergeben.

9.8.8 Ausdrücke und Zuweisungsoperatoren

Korrekte Formeln, die wir mit den in C zugelassenen Operatoren unter Verwendung von Klammern erstellen können, bezeichnen wir als **Ausdrücke**. Obwohl man mit den bisher vorgestellten Operatoren nahezu unbegrenzt Ausdrücke bilden kann – und dies gelegentlich auch macht – findet man in einem C-Programm üblicherweise nur die folgenden Typen von Ausdrücken:

▶ arithmetische Ausdrücke

▶ relationale Ausdrücke

▶ logische Ausdrücke

▶ Zuweisungs-Ausdrücke

Arithmetische Ausdrücke werden aus numerischen Werten und Variablen mit den zur Verfügung stehenden arithmetischen und den Bit-Operatoren gebildet:

```
a + 1
(a+b)/(d+e)*100
(7*(a<<2) + 5) % 2 - (b & 0xaffe)/4
```

Relationale Ausdrücke sind Ausdrücke, die man durch den Vergleich zweier arithmetischer Ausdrücke gewinnt:

```
a < 1
(a+b) < 1.1e-5
(x & 0xff) == x
```

Logische Ausdrücke sind relationale Ausdrücke, die mit logischen Operatoren zu Aussagen im Sinne der Aussagenlogik verknüpft sind:

```
a < 1
(a > 0) && (a < 10)
(a < 1) && ( b/7 == (c *3)) || !c
```

Zuweisungs-Ausdrücke sind Ausdrücke, in denen ein arithmetischer, relationaler oder logischer Ausdruck einer entsprechenden Variablen zugewiesen wird. Zum Beispiel:

```
x = a + 1
y = (a+b)/(d+e)*100
z = (a < 1)
```

Im Moment kennen wir nur das Gleichheitszeichen als Zuweisungsoperator. Wir werden aber noch in diesem Abschnitt weitere Operatoren dieses Typs kennen lernen. Vorab wollen wir uns überlegen, was für Operanden bei einer Zuweisung eigentlich zugelassen sind.

Wenn wir die Zuweisungsoperation als zweistelligen Operator betrachten, so stellen wir im Gegensatz zu anderen zweistelligen Operatoren eine gewisse Asymmetrie fest. Nicht alles ist gleichermaßen auf der rechten wie linken Seite einer Zuweisung zugelassen.

Während die Zuweisung

```
x = a + 1
```

sicherlich kein Problem darstellt, können wir in der Formel

```
a + 1 = x
```

beim besten Willen keinen Sinn erkennen. Diese Beobachtung darf uns aber nicht zu der Annahme verleiten, dass nur nackte Variablennamen auf der linken Seite einer Zuweisung möglich sind. Wir kennen auch schon Beispiele, die diese Annahme widerlegen. Wenn wir es beispielsweise mit einem Array a zu tun haben, so ist die Zuweisung

```
a[2*i+1] = 1
```

korrekt. Bei einem Zeiger p auf Integer können wir

```
*p = 1
```

schreiben. Offensichtlich sind Ausdrücke wie a[2*i+1] oder *p sowohl auf der linken als auch auf der rechten Seite einer Zuweisung zulässig, während Ausdrücke wie a+1 nur auf der rechten Seite vorkommen können. Zur Präzisierung dieser Beobachtung führen wir die folgenden Begriffe ein:

> Unter einem **R-Wert** verstehen wir einen Ausdruck, der einen Wert repräsentiert und damit auf der rechten Seite einer Zuweisungsoperation verwendet werden kann.

> Unter einem **L-Wert** verstehen wir einen Ausdruck, der einen bestimmten Speicherbereich adressiert und damit einen dort abgelegten Wert repräsentiert.

Ein L-Wert ist immer ein R-Wert und kann auf der linken wie auf der rechten Seite einer Zuweisungsoperation verwendet werden.

Mit den neuen Begriffsbildungen können wir uns jetzt der Diskussion weiterer Zuweisungsoperatoren zuwenden. Zunächst die tabellarische Übersicht:

Zeichen	Verwendung	Bezeichnung	Ass	Prio
++	x++	Post-Inkrement	L	15
--	x--	Post-Dekrement		
++	++x	Pre-Inkrement	R	14
--	--x	Pre-Dekrement		
=	x = y	Wertzuweisung		
+=	x += y			
-=	x -= y			
*=	x *= y	Operation mit anschließender Zuweisung	R	2
/=	x /= y			
%=	x %= y			
&=	x &= y			

Zeichen	Verwendung	Bezeichnung	Ass	Prio
^=	x ^= y			
|=	x |= y			
<<=	x <<= y	Operation mit anschließender Zuweisung	R	2
>>=	x >>= y			

Gemeinsam ist allen Zugriffsoperatoren, dass sie auf L-Werten arbeiten. Der wesentliche Zuweisungsoperator ist natürlich = und wird in der Form

<L-Wert> = <R-Wert>

verwandt. Die Operation reproduziert den zugewiesenen R-Wert, so dass Zuweisungen kaskadiert werden können.

```
x = y = 7;
array[5] = a = array[6] * 20;
```

Beachten Sie in diesem Zusammenhang die Rechtsassoziativität des = Operators.

Arithmetische Operationen können direkt mit Zuweisungen verbunden werden. Auf diese Weise erhält man 8 weitere Operatoren:

Operator	Verwendung	Bedeutung
+=	x += y	x = x + y
-=	x -= y	x = x - y
*=	x *= y	x = x * y
/=	x /= y	x = x / y
%=	x %= y	x = x % y
^=	x ^= y	x = x ^ y
<<=	x <<= y	x = x << y
>>=	x >>= y	x = x >> y
Mit x L-Wert und y R-Wert		

Beispiele:

```
a += 10;
a *= a+1;
```

Zusätzlich gibt es Inkrement- und Dekrement-Operatoren, und zwar in Präfix- und Postfix-Notation. Angewandt auf einen L-Wert x bewirken diese Operatoren Folgendes:

▶ x++ erhöht den Wert von x um eins **nach** der Verwendung in einem Ausdruck.

▶ x-- vermindert den Wert von x um eins **nach** der Verwendung in einem Ausdruck.

▶ ++x erhöht den Wert von x um eins **vor** der Verwendung in einem Ausdruck.

▶ --x vermindert den Wert von x um eins **vor** der Verwendung in einem Ausdruck.

Beispiele:

```
a++;
a *= (++b - c + 3);
```

9.9 Funktionen

Ein C-Programm besteht aus einer Reihe von Funktionen – darunter eine mit dem Namen main. Jede Funktion hat eine genau festgelegte Schnittstelle:

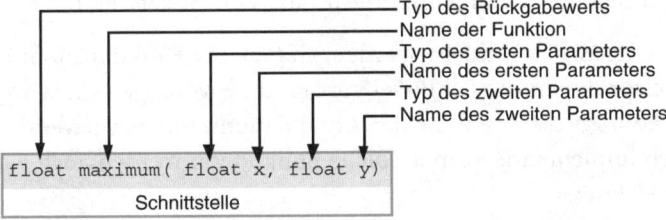

Im Funktionskopf werden der Name der Funktion, die Typen und Namen der Parameter und der Typ des Rückgabewerts der Funktion festgelegt. Die vom rufenden Programm übergebenen Parameterwerte werden in lokalen automatischen Variablen mit den im Funktionskopf festgelegten Namen bereitgestellt.

Mit einer return-Anweisung wird eine Funktion beendet und gegebenenfalls ein Rückgabewert an das rufende Programm zurückgeliefert. Eine Funktion, die keinen Wert zurückgibt, erhält den Returntyp void.

Eine ohne den Zusatz static (s.u.) eingeführte Funktion ist eine **globale Funktion** und kann von überall, also auch von Funktionen in anderen Compilationseinheiten aufgerufen werden. Zu jeder Funktion (außer main) gibt es einen Funk-

293

tionsprototypen, der Anzahl und Typ der Funktionsparameter sowie den Return-typ festlegt. Dieser Prototyp steht üblicherweise in einer Header-Datei, die in allen Dateien includiert wird, in denen die Funktion verwendet wird. Der Compiler benutzt die Funktionsprototypen zum Schnittstellenabgleich:

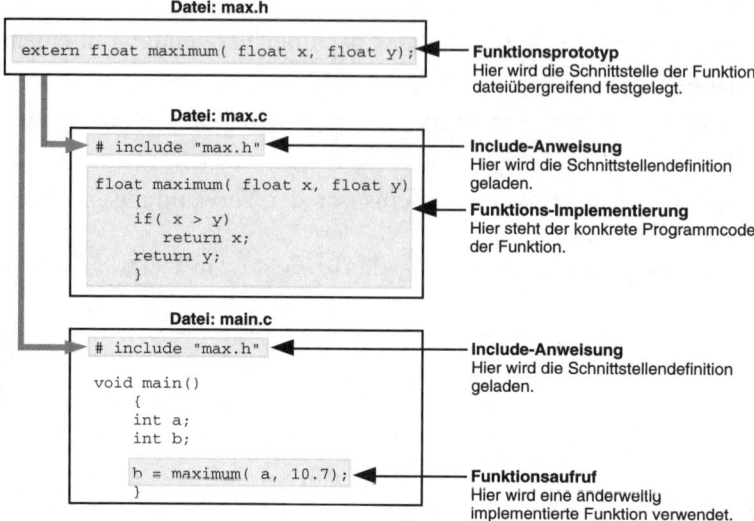

Die Parameternamen können in einem Funktionsprototypen übrigens weggelassen werden, da sie bei der Typüberprüfung keine Rolle spielen. Trotzdem ist es guter Stil, die Parameternamen auch im Funktionsprototypen zu verwenden.

Funktionen können als statisch vereinbart werden, indem der Funktionsdefinition und dem Funktionsprotypen das Schlüsselwort `static` vorangestellt wird. Statische Funktionen können dann nur in der Compilationseinheit verwendet werden, in der sie auch implementiert sind. Solche Funktionen werden auch als **lokale** Funktionen bezeichnet:

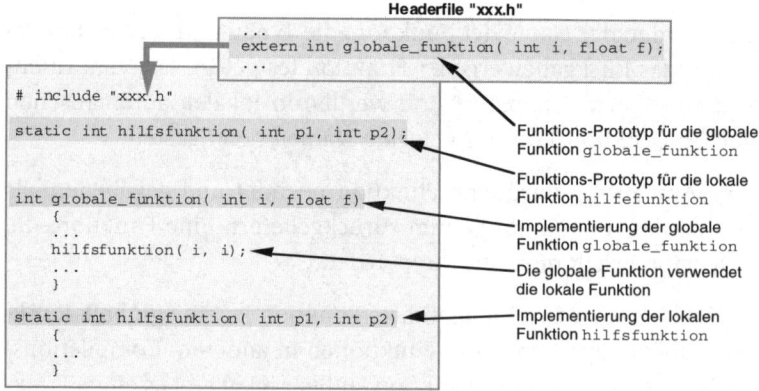

9.10 Kontrollstrukturen

C bietet die Möglichkeit, den Kontrollfluss durch

▶ Alternativen (if...else),

▶ Sprungleisten (switch),

▶ Schleifen (for, while, do...while) und

▶ Sprunganweisungen (goto)

zu modellieren.

9.10.1 Alternativen

Einfache bzw. vollständige Alternativen, wie sie die folgenden Flussdiagramme zeigen

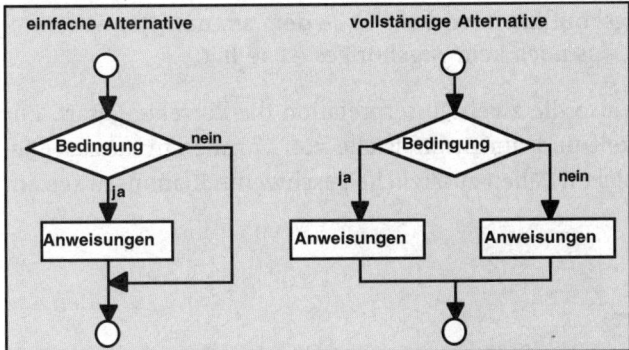

werden in C durch eine if ... else-Anweisung realisiert:

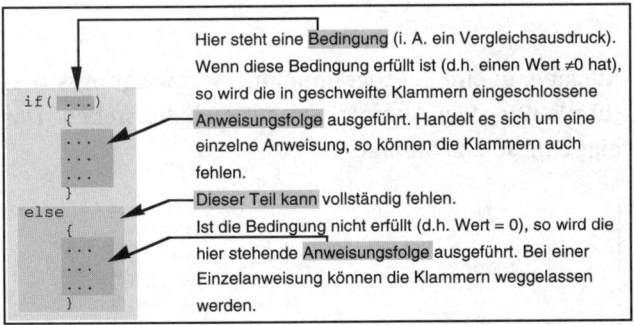

Ein verstecktes Problem bei der Verwendung von if...else haben Sie vielleicht noch gar nicht bemerkt. Wir betrachten das folgende Codefragment, bei dem ich auf die sonst üblichen Einrückungen bewusst verzichtet habe:

```
if(...)
if(...)
...
else
...
```

Es gibt zwei verschiedene Interpretationsmöglichkeiten

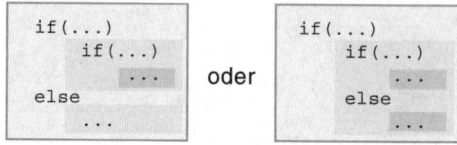

je nachdem, ob man das `else` dem ersten oder dem zweiten `if` zuordnet. Wir brauchen für solche Fälle eine präzise Leseanleitung:

> Im Falle von Zuordnungskonflikten wird ein `else` dem am nächsten voranstehenden `if` zugeordnet, das noch kein zugehöriges `else` hat.

Im obigen Beispiel liefert also die zweite Interpretation die korrekte Lesart. Zur Verbesserung der Lesbarkeit und um Zweifelsfälle von vornherein auszuschließen, sollte man aber in solchen Fällen zusätzliche geschweifte Klammern setzen:

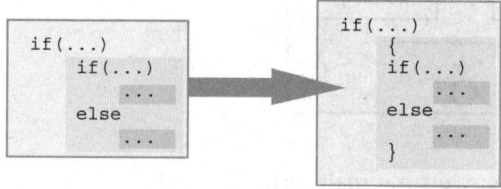

9.10.2 Sprungleisten

Häufig steht man vor der Aufgabe, in einem Programm eine Verzweigungsstruktur zu erstellen, in der mehr als nur zwei Alternativen zur Debatte stehen. Das folgende Flussdiagramm zeigt eine solche Situation:

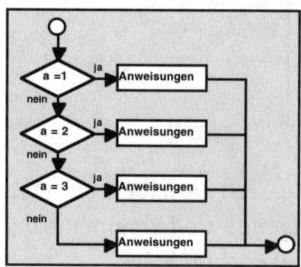

Prinzipiell können wir eine solche Mehrfachverzweigung durch eine Reihe von if…else-Anweisungen realisieren:

```
if( a == 1)
    printf( "Eins\n" );
else if( a == 2)
    printf( "Zwei\n" );
else if( a == 3)
    printf( "Drei\n" );
else
    printf( "Anderer Wert a = %d\n", a);
```

In C gibt es die Möglichkeit, in einer solchen Situation eine Sprungleiste zu verwenden. Allgemein hat eine solche Sprungleiste den folgenden Aufbau:

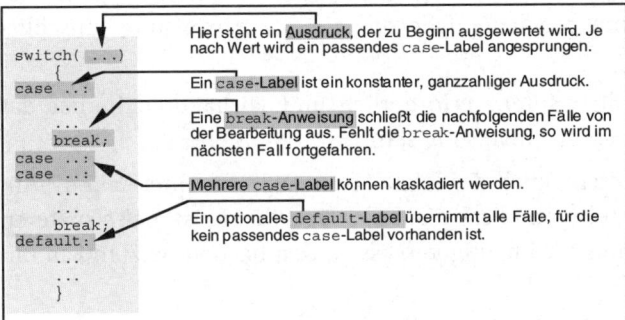

In unserem konkreten Beispiel würde man eine gleichwertige Lösung über die folgende Sprungleiste erhalten:

```
switch( a)
    {
case 1:
    printf( "Eins\n" );
    break;
case 2:
    printf( "Zwei\n" );
    break;
case 3:
    printf( "Drei\n" );
    break;
default:
    printf( "Anderer Wert a = %d\n", a);
    break;
    }
```

Beachten Sie die folgenden Spielregeln bei der Verwendung von Sprungleisten:

▶ Der Ausdruck, bezüglich dessen Wert verzweigt wird, muss im Ergebnis eine ganze Zahl liefern.

▶ Die Sprungziele (`case`-Label) müssen Konstanten oder zumindest konstante Ausdrücke sein.

▶ Alle Sprungziele müssen voneinander verschiedene Werte haben.

▶ Die zu einem `case`-Label gehörenden Anweisungen müssen nicht in geschweifte Klammern eingeschlossen werden.[5]

▶ Üblicherweise wird jeder Zielbereich mit einer `break`-Anweisung abgeschlossen, da sonst der Kontrollfluss in den nachfolgenden Fall hineinläuft. In seltenen Fällen ist dieses Verhalten aber erwünscht und gewisse oder alle `break`-Anweisungen fehlen.

▶ Eine `break`-Anweisung beendet die zugehörige `switch`-Anweisung. Sie hat keinen Einfluss auf eine gegebenenfalls die `switch`-Anweisung umschließende Schleife.

▶ Das `default`-Label sollte, sofern erforderlich und vorhanden, immer das letzte Label in einer `switch`-Anweisung sein.

▶ Es ist guter Programmierstil, auch das letzte Sprungziel mit einer `break`-Anweisung abzuschließen, obwohl diese eigentlich überflüssig ist. Beim späteren Hinzufügen weiterer Fälle wird häufig vergessen, den bis dato letzten Fall mit `break` abzuschließen.

9.10.3 Schleifen

In C gibt es drei verschiedene Kontrollstrukturen, um Programmschleifen zu realisieren. Unter diesen ist die `for`-Anweisung sicherlich die wichtigste und auch die umfassendste:

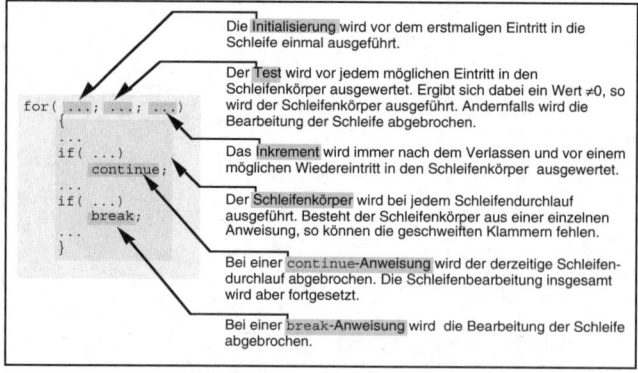

---

5. Natürlich können dort bei Bedarf etwa Schleifen mit untergeordneten Blöcken stehen.

Das folgende Bild zeigt die Ablaufsteuerung einer for-Schleife:

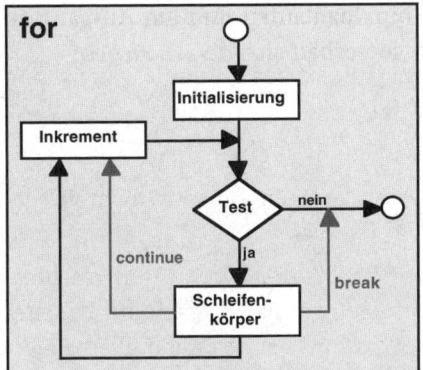

Neu ist für uns die while-Anweisung, bei der es sich aber lediglich um eine abgespeckte Version von for handelt:

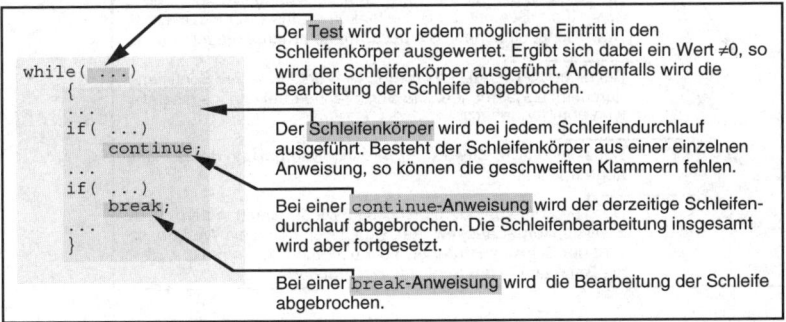

Wie Sie sehen, handelt es sich um ein for, dem Initialisierung und Inkrement fehlen. Dementsprechend verwendet man while in Schleifen, in denen nichts zu initialisieren und nichts zu inkrementieren ist. Das folgende Diagramm zeigt den entsprechend vereinfachten Ablauf:

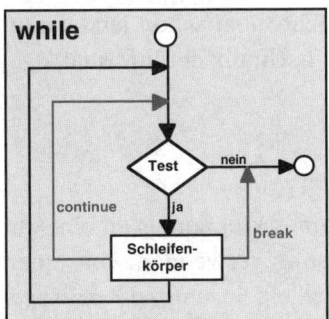

Etwas anders aufgebaut ist die dritte hier zu diskutierende Kontrollstruktur. Manchmal ist es sinnvoll, nicht zu Beginn des Schleifenkörpers zu testen, ob es hineingehen soll, sondern zunächst einmal hineinzulaufen und am Ausgang zu testen, ob es erneut hineingehen soll. Genau so verhält sich do...while:

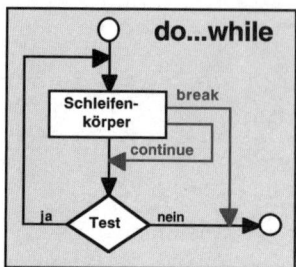

In C sieht das dann so aus:

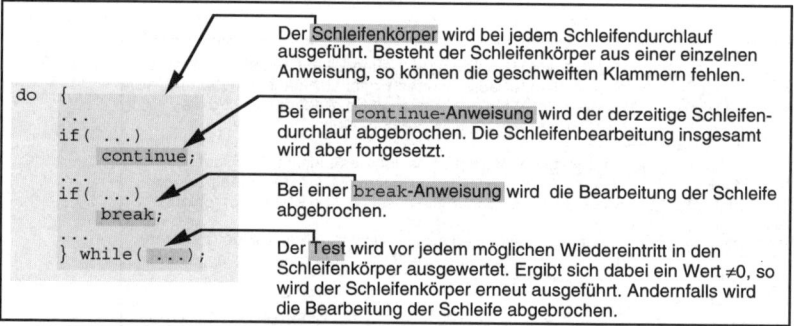

Bei ineinander verschachtelten Schleifen wirken break- und continue-Anweisungen immer nur auf die Schleife, in der sie ausgelöst werden. Die umschließenden Schleifen sind von einer solchen Anweisung nicht betroffen und laufen unbeeindruckt weiter. Manchmal möchte man sich aus einer tief verschachtelten Schleifenstrukur mit einem Schlag befreien, ohne sich mühsam von Schleife zu Schleife herauszuarbeiten. In dieser Situation hilft nur die »Notbremse«, die wir im folgenden Abschnitt diskutieren werden. Ich möchte aber schon jetzt darauf hinweisen, dass diese Notbremse eigentlich in den Giftschrank der Informatik gehört.

9.10.4 Sprunganweisungen

Wenn die Notwendigkeit besteht, von einer Stelle eines Programms an eine andere zu springen, so kann man eine Sprunganweisung verwenden. Um einen Sprung durchführen zu können, muss zunächst einmal ein Sprungziel – ein sogenanntes Label – definiert werden. Mit einem `goto`-Befehl kann dieses Sprungziel dann angesteuert werden:

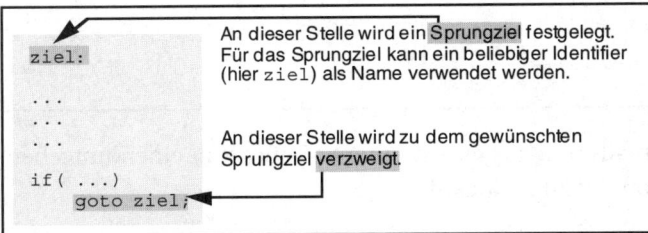

Man erkennt unmittelbar, dass man mit solchen Sprunganweisungen alle zuvor diskutierten Kontrollstrukturen nachbilden kann. Das geht allerdings zu Lasten der Verständlichkeit des Programmes. Sprunganweisungen werden daher in höheren Programmiersprachen meist nur unter großen Vorbehalten verwendet, da sie einen unübersichtlichen Kontrollfluss (sogenannten Spaghetti-Code) erzeugen können.

Normalerweise sollten Sprunganweisungen auch in einem C-Programm nicht vorkommen, zumal sie prinzipiell vermeidbar sind. Der Vollständigkeit halber möchte ich dieses Thema aber nicht übergehen. Ein unbedingter Sprung kann z. B. sinnvoll sein, um bei einer massiven Abbruchbedingung aus einer tief verschachtelten Schleifenstruktur auszusteigen. Ein `break` beendet in einer solchen Situation immer nur die innerste Schleife.

Sprünge können vorwärts und rückwärts gerichtet sein, und ein Label kann von unterschiedlichen Stellen aus angesprungen werden. Sprünge können immer nur auf einer Programmebene durchgeführt werden. Das heißt, es ist nicht möglich, aus einem Unterprogramm zu einem Label in einem übergeordneten Programm[6] zu springen.

Bei der Verwendung von `goto` sollten Sie sich strenge Selbstkontrollen auferlegen. Versuchen Sie zunächst immer, `goto` zu vermeiden! Benutzen Sie `goto` nur, wenn es keine sinnvolle Variante ohne `goto` gibt! Vermeiden Sie es auf jeden Fall, mit `goto` in einen undefinierten Kontext zu springen!

```
/*
** Ganz schlechter Programmierstil
*/
if( x == 0)
    goto sprungziel;
```

---

6. Wenn Sie so etwas machen wollen, dann schauen Sie sich die Funktionen setjmp und longjmp aus der Runtime Library an.

```
for( i = 0; i < 100; i++)
    {
sprungziel:
    x += i;
    }
```

Benutzen Sie goto allenfalls, um aus einem inneren Kontext in einen umgebenden, wohldefinierten Kontext zu springen!

9.11   Der Preprozessor

Der C-Preprozessor ist ein Werkzeug, das relativ unabhängig von der Sprache C betrachtet werden kann. Es handelt sich um einen Vorübersetzer, der, bevor der Compiler den Sourcecode übersetzt, gezielte Textersetzungen durchführt.

Dieser Ersetzungsprozess wird durch gewisse in den Programmcode eingelagerte Anweisungen, sogenannte **Preprozessor-Direktiven**, gesteuert. Diese Direktiven beginnen, damit sie klar vom C-Code unterschieden werden können, immer mit einem »#« am Zeilenanfang. In der Regel erstrecken sich Preprozessor-Direktiven auf nur eine Zeile, bei Bedarf kann jedoch mit »\« eine Fortsetzungszeile angefügt werden.

9.11.1   Includes

Mit einer Include-Direktive können komplette Dateien vor der Übersetzung in den Programmcode eingefügt werden. Üblicherweise handelt es sich dabei um die bereits bekannten Header-Dateien:

```
# include <stdio.h>
# include <stdlib.h>
# include "xyz.h"
```

Eine solche Anweisung bedeutet, dass die in der Anweisung genannte Datei an dieser Stelle einzufügen ist. Der Dateiname kann dabei in spitzen Klammern oder in doppelten Hochkommata angegeben werden. Steht der Dateiname in spitzen Klammern, so bedeutet dies, dass der Preprozessor die Datei in bestimmten Systemverzeichnissen suchen soll. Nach einer in Hochkommata eingeschlossenen Datei wird zunächst in dem Verzeichnis gesucht, in dem auch das zu übersetzende Programm steht. Das genaue Vorgehen bei der Suche nach der Datei ist von System zu System verschieden. Bei Problemen konsultieren Sie die Handbücher ihrer

Entwicklungsumgebung. Grundsätzlich werden die spitzen Klammern zum Includieren der zur Entwicklungsumgebung gehörenden Systemheaderfiles und die Hochkommata zum Includieren der von Ihnen selbst erstellten Header-Dateien verwendet.

Bevor der Compiler den Programmcode übersetzt, führt der Preprozessor seine Operationen durch. Dies hat zur Folge, dass der C-Compiler den Programmcode so sieht, als ob anstelle von # include "xyz.h" der Inhalt der Datei xyz.h stehen würde. Die Direktive wird also für den Compiler durch den Inhalt der angesprochenen Datei ersetzt. Header-Dateien können dabei ihrerseits wieder andere Header-Dateien includieren:

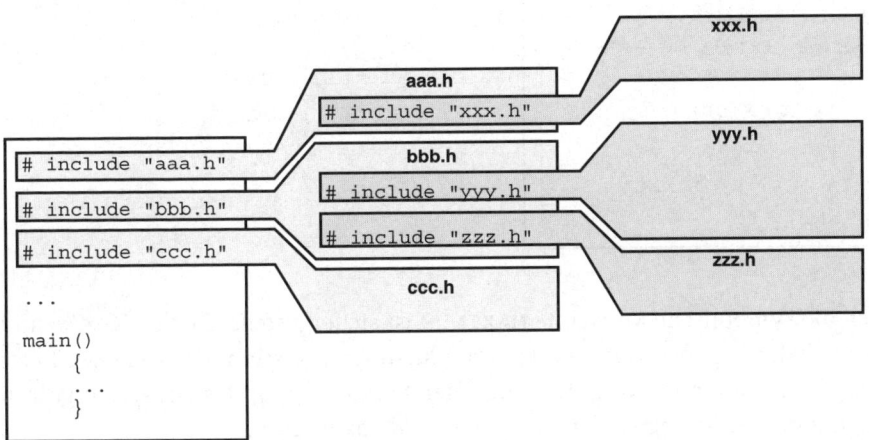

Auf diese Weise kann eine komplexe Hierarchie von ineinander geschachtelten Dateien entstehen, die unter Umständen schwer zu durchschauen ist. Insbesondere besteht die Gefahr, dass ein und dieselbe Datei mehrfach oder sogar rekursiv includiert wird. Wie man sich mit einem einfachen Trick vor solchen Problemen schützt, zeige ich Ihnen weiter unten im Abschnitt über Header-Dateien.

9.11.2 Symbolische Konstanten

Durch symbolische Konstanten werden Werte, die an unterschiedlichen Stellen im Sourcecode einheitlich verwendet werden sollen, an zentraler Stelle definiert und gepflegt.

```
# define PI 3.14
# define MAXIMUM 10
```

Diese symbolischen Konstanten können dann wie folgt benutzt werden:

```
float a[MAXIMUM]
int i;

for( i = 0; i < MAXIMUM; i++)
    a[i] = PI;
```

Im obigen Beispiel führt der Preprozessor dann vor der eigentlichen Kompilation die Ersetzungen auf der nächsten Seite dargestellt, durch.

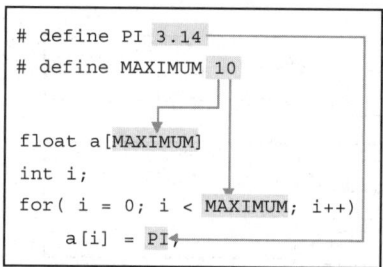

Durch die symbolische Konstante MAXIMUM ist sichergestellt, dass die Größe und die Initialisierung des Arrays a immer aufeinander abgestimmt sind. Es wird verhindert, dass bei einer Vergrößerung oder Verkleinerung des Arrays vergessen wird, die Initialisierungsschleife entsprechend anzupassen.

Symbolische Konstanten können auch durch Rückgriff auf zuvor definierte symbolische Konstanten definiert werden.

```
# define PI 3.14
# define ZWEI_PI (PI + PI)
```

Setzen Sie in solchen Fällen immer Klammern um Ausdrücke, weil Sie nie wissen, in welchem Kontext eine symbolische Konstante einmal aufgelöst bzw. verwendet wird!

Würde man in obigem Beispiel die Klammern weglassen und wie folgt

```
# define PI 3.14
# define ZWEI_PI PI + PI

x = 2*ZWEI_PI;
```

programmieren, so würde x den Wert 9.42 erhalten. Dies ist sicherlich so nicht beabsichtigt und liegt daran, dass 2*ZWEI_PI wegen der fehlenden Klammern zu 2*PI + PI und nicht zu 2*(PI + PI) expandiert wird.

Bedenken Sie also immer:

> Symbolische Konstanten sind keine Variablen, sondern nur Platzhalter für einen Ersatztext!

Wählen Sie daher die Namen für symbolische Konstanten so, dass Sie sie von Variablennamen unterscheiden können! Ein brauchbarer Ansatz ist es, für symbolische Konstanten nur Großbuchstaben und für Variablennamen nur Kleinbuchstaben zu verwenden.

Symbolische Konstanten, die übergreifend in mehreren Programmdateien benötigt werden, gehören natürlich in eine Header-Datei, damit sie dort zentral gepflegt werden können.

9.11.3 Makros

Häufig benötigt man in C »Minifunktionen«. Das Dilemma mit solchen Funktionen ist, dass man sich die einheitliche Verarbeitung durch eine Funktion wünscht, ohne die zusätzlichen Laufzeitkosten für einen Funktionsaufruf in Kauf nehmen zu wollen. Eine gewisse Abhilfe schaffen hier die sogenannten **Makros**.

Makros stellen eine Verallgemeinerung von symbolischen Konstanten dar. Makros können zusätzlich Parameter enthalten:

```
# define PI 3.14

# define KREIS_FLAECHE( r)    (PI*(r)*(r))
```

Wenn Sie obigen Makro in Ihrem Programm verwenden, so findet eine systematische Textauflösung statt:

```
KREIS_FLAECHE( 10) -> (PI*(10)*(10)) -> (3.14*(10)*(10))
```

Setzen Sie die Parameter auf der rechten Seite der Makro-Definition immer in Klammern, da Sie nicht wissen, was als Parameter verwendet wird. Das Weglassen der Klammern in obigem Beispiel

```
# define PI 3.14

# define KREIS_FLAECHE( r)    (PI*r*r)
```

kann zu der folgenden, sicherlich nicht gewünschten Auflösung führen:

```
KREIS_FLAECHE( 1+1) -> (PI*1+1*1+1) -> (3.14*1+1*1+1)
```

Setzen Sie, wie schon bei den symbolischen Konstanten, immer Klammern um den gesamten Makro, da Sie nicht wissen, wo der Makro überall eingesetzt wird.

Problematisch können Makros werden, wenn durch ungeschickte Verwendung unwissentlich Seiteneffekte ausgelöst werden. Bei einer Funktion zur Berechnung der Kreisfläche könnte man problemlos

```
KREIS_FLAECHE( a++)
```

aufrufen. Bei einem Makro führt das aber zu der Auflösung

```
KREIS_FLAECHE( a++) -> (PI*(a++)*(a++) -> (3.14*(a++)*(a++))
```

und damit zu einer unvermuteten zweimaligen Inkrementierung der Variablen a. Beachten Sie also:

> Makros sind <u>keine</u> Funktionen, sondern nur parametrierte Platzhalter für einen Ersatztext!

Verschleiern Sie dies nicht, indem Sie gleiche Namenskonventionen für Makros und Funktionen verwenden! Gehen Sie ähnlich vor wie bei Variablen und symbolischen Konstanten und schreiben Sie Funktionsnamen immer klein, Makronamen immer groß.

Makros können mehrere Parameter haben. Ein durchaus gängiger Makro ist:

```
# define MAX( a, b)     (a) > (b) ? (a) : (b)
```

Beachten Sie aber auch bei diesem Makro die verborgenen Fallstricke.

9.11.4 Bedingte Compilierung

Oft ist es erforderlich, von einem Softwaresystem unterschiedliche Varianten (z.B. für verschiedene Betriebssysteme) zu erstellen. Häufig will man eine Testversion mit Prüfdrucken und eine Auslieferungsversion ohne Prüfdrucke parallel entwickeln. Die konsistente Pflege der verschiedenen Versionen stellt dann ein erhebliches Problem dar, wenn man nicht das **Single Source Prinzip** einhält. Dieses Prinzip besagt, dass es auch bei unterschiedlichen zu erstellenden Versionen immer nur eine Version des Quellcodes geben darf. C unterstützt dieses Prinzip durch sogenannte **Compileschalter**, die es ermöglichen, unterschiedliche Varianten des Sourcecodes in einer Datei zu halten und bei Bedarf die eine oder die andere Variante zu aktivieren. Das folgende Beispiel zeigt einige Möglichkeiten.

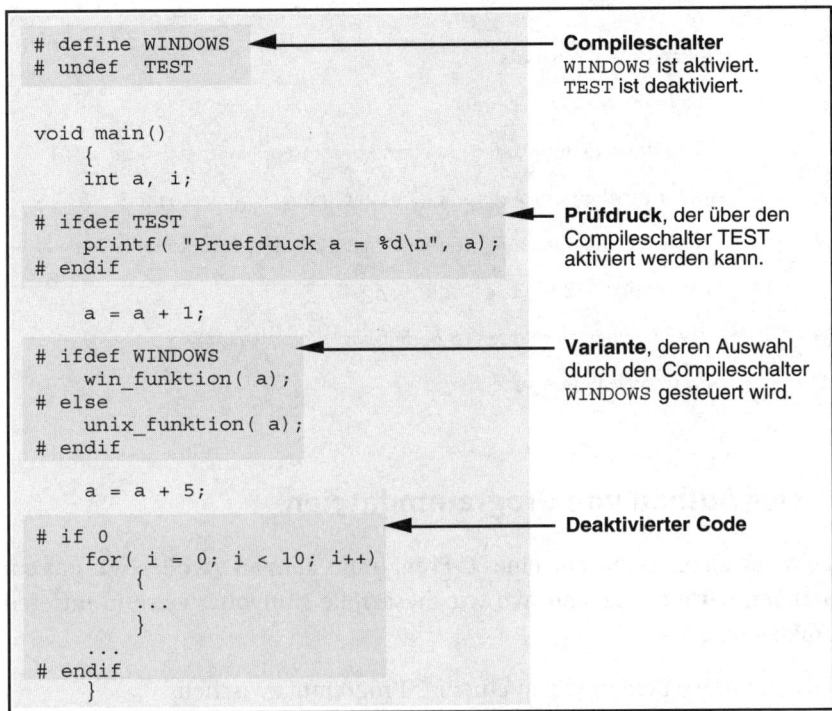

```
# define WINDOWS
# undef  TEST


void main()
    {
    int a, i;

# ifdef TEST
    printf( "Pruefdruck a = %d\n", a);
# endif

    a = a + 1;

# ifdef WINDOWS
    win_funktion( a);
# else
    unix_funktion( a);
# endif

    a = a + 5;

# if 0
    for( i = 0; i < 10; i++)
        {
        ...
        }
    ...
# endif
    }
```

Compileschalter
WINDOWS ist aktiviert.
TEST ist deaktiviert.

Prüfdruck, der über den Compileschalter TEST aktiviert werden kann.

Variante, deren Auswahl durch den Compileschalter WINDOWS gesteuert wird.

Deaktivierter Code

Das obige Beispiel zeigt auch, wie man in Programmen ganze Bereiche – etwa zur Fehlereingrenzung – deaktivieren kann. Kommentarzeichen sind dazu häufig nicht geeignet, da die zu deaktivierenden Teile ihrerseits Kommentare enthalten können und Kommentare in Kommentaren nicht zulässig sind. Bei der Deaktivierung eines Bereichs durch Compileschalter stellen Kommentare innerhalb des umschlossenen Bereichs kein Problem dar.

Für das Verständnis von Compileschaltern ist wichtig, dass die jeweils nicht aktivierten Codeteile nicht durch Abfragen zur Laufzeit umsprungen werden, sondern bereits vor der Compilation durch den Preprozessor ausgefiltert werden und von daher im Code des laufenden Programms gar nicht mehr vorkommen. Dies ist in unserem Beispiel ja auch zwingend erforderlich, da der spezifische Code des einen Systems auf dem anderen gar nicht übersetzt werden könnte.

Im Zusammenhang mit bedingter Compilierung gibt es die folgenden Steueranweisungen:

Anweisung	Bedeutung
# define	Setzen eines Schalters
# undef	Rücksetzen eines Schalters
# if	Fallunterscheidung aufgrund eines konstanten Ausdrucks (0 oder ≠0)
# ifdef	Fallunterscheidung aufgrund eines gesetzten Compileschalters
# ifndef	Fallunterscheidung aufgrund eines nicht gesetzten Compileschalters
# else	Alternative zu if, ifdef oder ifndef
# elif	Alternative mit erneuter if Bedingung
# endif	Ende der Fallunterscheidung

9.12 Der Aufbau von Programmdateien

Jetzt, da wir fast alle Bestandteile eines C-Programms kennen[7], wollen wir uns ein paar Gedanken darüber machen, wo wir diese Teile sinnvollerweise in unseren Dateien platzieren.

Grundsätzlich unterscheiden wir in einem C-Programm zwischen

▶ Direktiven,

▶ Deklarationen und

▶ Definitionen.

Direktiven richten sich an den Preprozessor. Es handelt sich dabei um die #-Anweisungen. Deklarationen sind Vereinbarungen, die nur über die Definition von gewissen Objekten informieren (z.B. ein Funktionsprototyp oder ein Externverweis auf eine globale Variable) und selbst keinen Code erzeugen. Definitionen dagegen sind Vereinbarungen, die konkrete Objekte und damit Code erzeugen (z.B.

---

7. Es fehlen uns noch die Datenstrukturen.

eine Variablendefinition oder eine Funktionsimplementierung). Ein C-Programm setzt sich aus folgenden Bestandteilen zusammen:

Preprozessor-Direktiven
    Compileschalter
    Includes
        Systemincludes
        Individuelle Includes
    Symbolische Konstanten
    Makros

Deklarative Teile
    Datendeklarationen
        Deklaration von Datenstrukturen
        Deklaration von Datentypen
    Variablendeklarationen
        Externverweise auf globale Variablen
    Funktionsprototypen
        Externverweise auf globale Funktionen
        Vorwärtsverweise auf lokale Funktionen

Code
    Variablen außerhalb von Funktionen
        lokale Variablen
        globale Variablen
    Funktionen[8]
        lokale Funktionen
        globale Funktionen

Wo immer diese Teile auftreten, sollten sie möglichst auch in dieser Reihenfolge auftreten. Nicht alle Teile kommen in Header-Dateien bzw. Quellcode-Dateien gleichermaßen vor.

9.12.1 Header-Dateien

Header-Dateien enthalten nur Direktiven und Deklarationen, also keinen Code. Genau genommen sollten Headerfiles nur Direktiven und Deklarationen enthalten, die in mehreren Quellcode-Dateien zugleich benötigt werden. Umgekehrt gehören alle Direktiven und Deklarationen, die in mehr als einem Sourcefile benötigt werden, in Header-Dateien. Dies sichert eine durchweg einheitliche und konsistente Verwendung von Direktiven und Deklarationen.

---

8. Darunter eine spezielle Funktion mit dem Namen main, mit der die Programmausführung beginnt.

Typischerweise hat ein Headerfile den folgenden Aufbau:

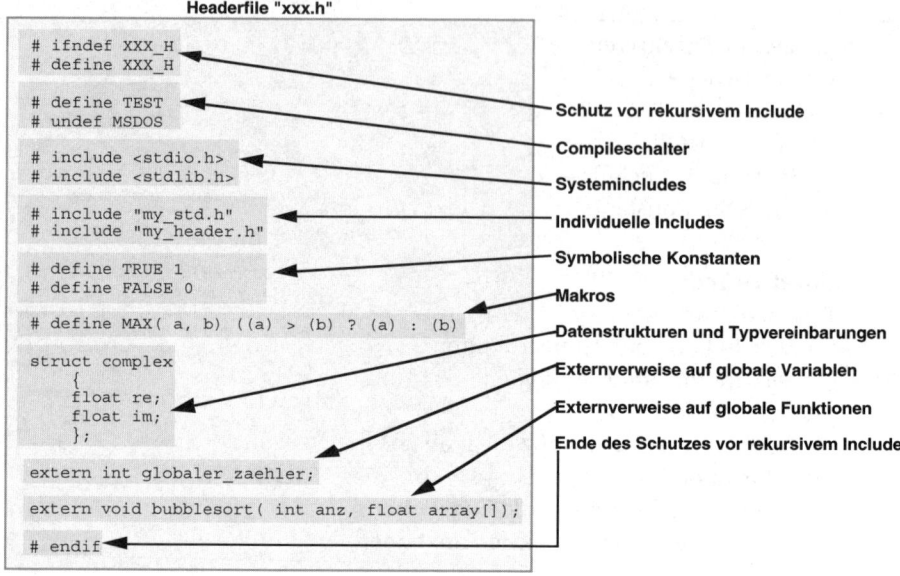

Ein Compileschalter (# ifndef XXX_H) verhindert, dass die Header-Datei mehr als einmal oder gar rekursiv durch den Preprozessor includiert wird. Statten Sie jede Header-Datei mit einem solchen Schutz aus! Sorgen Sie dafür, dass für jeden Headerfile ein eindeutiges Label (hier XXX_H) verwendet wird! Nehmen Sie etwa wie in dem obigen Beispiel den Dateinamen und ersetzen Sie ».« durch »_«! Bei der Vergabe von Filenamen sollten Sie auf die Dateinamenkonventionen unterschiedlicher Betriebssysteme achten. Die von Ihnen gewählten Dateinamen müssen auf allen Plattformen, auf die Sie Ihr C-Programm portieren wollen, zulässig sein.

9.12.2 Quellcode-Dateien

Quellcode-Dateien können alle oben genannten Sprachelemente, also Direktiven, Deklarationen und Code enthalten. Das Schwergewicht liegt dabei auf dem Programmcode. Direktiven und Deklarationen sollten grundsätzlich nur dann in einer Quellcode-Datei vorkommen, wenn sie ausschließlich in dieser Datei benötigt werden. Andernfalls gehören sie in eine Header-Datei.

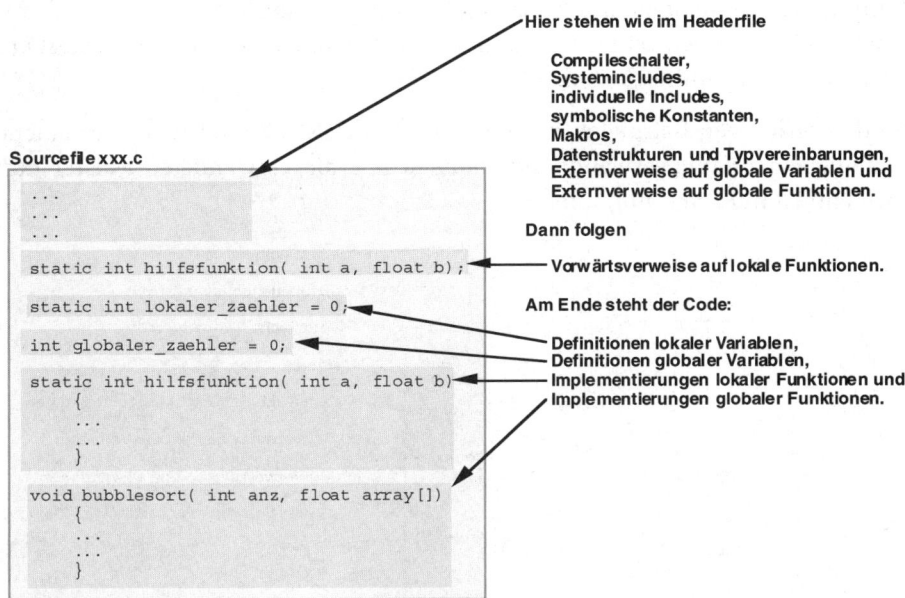

Hier stehen wie im Headerfile

Compileschalter,
Systemincludes,
individuelle Includes,
symbolische Konstanten,
Makros,
Datenstrukturen und Typvereinbarungen,
Externverweise auf globale Variablen und
Externverweise auf globale Funktionen.

Dann folgen

Vorwärtsverweise auf lokale Funktionen.

Am Ende steht der Code:

Definitionen lokaler Variablen,
Definitionen globaler Variablen,
Implementierungen lokaler Funktionen und
Implementierungen globaler Funktionen.

Sourcefile xxx.c

```
...
...
...
static int hilfsfunktion( int a, float b);

static int lokaler_zaehler = 0;

int globaler_zaehler = 0;

static int hilfsfunktion( int a, float b)
    {
    ...
    ...
    }

void bubblesort( int anz, float array[])
    {
    ...
    ...
    }
```

Einige der hier diskutierten Konzepte mögen Ihnen im Moment unmotiviert, vielleicht sogar überflüssig erscheinen. Das ist verständlich, da wir bisher immer nur kleine Programme erstellt und den Programmcode immer in einer Datei zusammengehalten haben. Eine Aufteilung unserer Miniprogramme in mehrere Module würde künstlich und aufgesetzt wirken. Die Programmerstellung wird sich aber nicht immer in einem so kleinen und überschaubaren Rahmen bewegen. Spätestens, wenn mehrere Programmierer an einem Programm arbeiten oder wenn Programmteile entstehen, die in unterschiedlichem Zusammenhang Verwendung finden sollen, ist es unumgänglich, eine Modularisierung des Systems durchzuführen. Sie sollten sich daher auch bereits »im Kleinen« an die später »im Großen« unbedingt erforderlichen Maßnahmen gewöhnen.

9.13   Einige Coding-Standards

Zum Abschluss dieses Kapitels möchte ich einige Gedanken über eine einheitliche Gestaltung des Programmcodes formulieren. Ich hatte bereits erwähnt, dass den sogenannten Coding-Standards bei Software-Erstellung im Team und im Hinblick auf Verständlichkeit und Pflegbarkeit des Programmcodes eine besondere Bedeutung zukommt. Die Wiedererkennung von Code ist stark durch Muster geprägt. Wenn Sie immer die gleichen Muster bei der Erstellung von Code verwenden, fällt es Ihnen erheblich leichter, komplexe Programme und insbesondere deren

Kontrollfluss zu verstehen. Sie werden sehr bald feststellen, dass einheitliche Muster bei der Fehlersuche, insbesondere in Programmen, die Sie nicht selbst erstellt haben, sehr hilfreich sind.

Bei den bisherigen Beispielen habe ich die Kontrollstrukturen immer in einem einheitlichen Layout verwandt. Wir müssen uns die verwendeten Muster nur noch einmal in Erinnerung rufen:

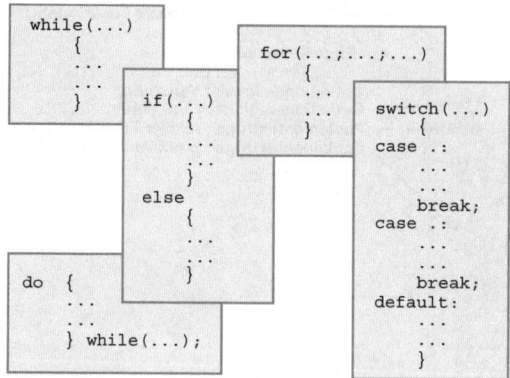

Darüber hinaus gibt es noch eine Reihe grundsätzlicher Regeln, die den Code lesbarer machen:

▶ Rücken Sie öffnende und schließende Klammern immer gleich tief ein, so dass Sie zueinander gehörige Klammern einfach ausmachen können! Spendieren Sie für geschweifte Klammern immer eine eigene Zeile![9]

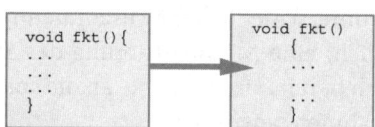

▶ Schreiben Sie nicht zwei durch Semikolon getrennte Anweisungen[10] in eine Zeile!

---

9. Ausnahme do...while
10. Gemeint sind hier natürlich nicht die Steuerausdrücke einer for-Schleife.

▶ Schreiben Sie auch bei sehr kurzem Code nie Kopf und Körper einer Kontrollanweisung in eine Zeile!

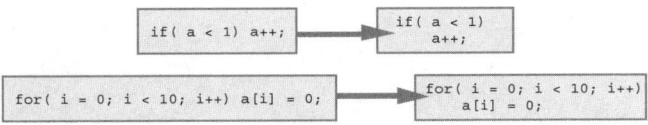

▶ Schreiben Sie höchstens einzeilige Anweisungen ohne Klammern unter den Kopf einer Kontrollanweisung! Setzen Sie ohne falschen Ehrgeiz auch überflüssige Klammern!

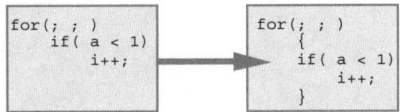

▶ Modularisieren Sie durch Funktionen überschaubarer Größe (max. eine Bildschirmseite)!

Letztlich ist es nicht so wichtig, welche Standards Sie verwenden. Wichtig ist, dass Sie Standards verwenden und sich durchgängig an diese Standards halten.

10 Kombinatorik

Kombinatorik ist ein Teilgebiet der Mathematik, das sich – vereinfacht gesprochen – mit den Möglichkeiten beschäftigt, die Elemente einer Menge in verschiedenartiger Weise auszuwählen und anzuordnen. Keine Angst, wir wollen hier keine Mathematik betreiben, aber wir interessieren uns für die Kombinatorik insoweit, wie sie uns bei der Programmierung hilft. Für die Programmierung gibt es im Wesentlichen zwei kombinatorische Fragestellungen:

▶ Wie viele verschiedene, einem bestimmten Schema folgende Auswahlen gibt es?

▶ Wie können alle, einem bestimmten Schema folgende Auswahlen erzeugt werden?

Die zweite Frage hat unmittelbar mit Programmierung zu tun, weil wir hoffen, durch solche Überlegungen konkrete Algorithmen zu finden, die uns bei der »erschöpfenden Lösungssuche« helfen. Unter einer erschöpfenden Lösungssuche versteht man ein Verfahren, das zur Lösung eines Problems alle Möglichkeiten erzeugt und aus diesen die gesuchten Lösungen herausfiltert. Wir haben in früheren Beispielen mehrfach das Prinzip der erschöpfenden Lösungssuche angewandt (Schaltungsanalyse, Höllenmaschine, Damenproblem ...). Solche Verfahren wollen wir in der zweiten Hälfte dieses Kapitels mit mehr Systematik betrachten.

Auch die erste Frage ist nicht nur von theoretischer Bedeutung. Eine Abschätzung der Anzahl der bei einer erschöpfenden Lösungssuche in Betracht zu ziehenden Möglichkeiten ist ein Indikator für die Laufzeit des Programms zur Lösungssuche. Bisher haben wir uns immer damit zufrieden gegeben, eine gestellte Aufgabe »nur« zu lösen. Wir haben uns bisher nie gefragt, was es uns denn »kostet«, eine Aufgabe mit einem Programm zu lösen. Die durch ein Programm entstehenden Kosten sind die Rechenzeit und der Speicherplatzbedarf. So wie ein Motor immer möglichst viel Leistung aus möglichst wenig zugeführter Energie erzeugen sollte, so sollte ein Programm Probleme mit möglichst wenig Rechenzeit und möglichst wenig Speicherplatz lösen.

In diesem Kapitel formulieren wir vier kombinatorische Grundaufgaben, für die wir dann die beiden oben gestellten Fragen beantworten werden.

10.1 Kombinatorische Grundaufgaben

Sie kennen die Ziehung der Lottozahlen, die allwöchentlich über den Bildschirm flimmert. Diese Ziehung könnte man in zweierlei Hinsicht abändern.

▶ Man könnte zulassen, dass eine Zahl mehrfach gezogen wird. Man würde dazu die gezogene Kugel immer wieder in das Ziehungsgerät zurücklegen.

▶ Man könnte verlangen, dass man die gezogenen Zahlen in der korrekten Ziehungsreihenfolge getippt haben muss, um zu gewinnen. Das Ziehungsverfahren müsste man dazu nicht ändern. Man müsste nur das Ziehungsergebnis in der Reihenfolge der Ziehung bekannt geben.

In beiden Fällen müssten natürlich die Tippscheine neu gestaltet werden.

Insgesamt ergeben sich durch die Kombination der beiden Varianten vier verschiedene Ziehungsmodalitäten. Man könnte mit/ohne Wiederholungen und mit/ohne Berücksichtigung der Ziehungsreihenfolge arbeiten. Genau diese vier Fälle wollen wir im Folgenden diskutieren.

10.1.1 Permutationen mit Wiederholungen

An Ihrem Fahrrad haben Sie vielleicht ein Zahlenschloss. Ein solches Schloss besteht in der Regel aus 4 Zahlenringen, die unabhängig voneinander auf Zahlen zwischen 1 und 9 eingestellt werden können. Zum Öffnen des Schlosses kommt es darauf an, die richtigen Zahlen an der korrekten Position einzustellen. Wir können uns dazu ein allgemeines Modell machen:

In einer Lostrommel befinden sich n verschiedene Kugeln. Wir ziehen k mal eine Kugel aus dieser Lostrommel, notieren uns das Ziehungsergebnis und legen die Kugel wieder in die Trommel zurück. Gewonnen hat, wer die gezogenen Kugeln in der richtigen Reihenfolge geraten hat.

Welche Gewinnchance hat man bei diesem Spiel? Natürlich $1 : x$, wobei x die Anzahl der möglichen Ziehungsergebnisse ist. Die Anzahl der möglichen Ziehungsergebnisse lässt sich einfach ermitteln:

▶ Es gibt n Möglichkeiten, die erste Kugel zu ziehen.

▶ In jedem dieser n Fälle gibt es n Möglichkeiten, die zweite Kugel zu ziehen. Das macht insgesamt n^2 Fälle.

▶ In jedem dieser n^2 Fälle gibt es n Möglichkeiten, die dritte Kugel zu ziehen. Das macht insgesamt n^3 Fälle.

Setzt man diese Überlegung auf alle k Ziehungen fort, so ergibt sich, dass es insgesamt n^k mögliche Ziehungen gibt.

Im Falle des Fahrradschlosses bedeutet dies, dass es $9^4 = 6561$ verschiedene Einstellmöglichkeiten gibt und dass die Chance, die richtige Einstellung auf Anhieb zu erraten, $1:6561$ ist.

Wir fassen unsere Ergebnisse zusammen und führen dabei einen neuen Begriff ein:

> Eine Auswahl von k Elementen aus einer n-elementigen Grundgesamtheit, bei der es auf die Reihenfolge der Auswahl ankommt, bezeichnen wir als **n-k-Permutation mit Wiederholungen**, wenn in der Auswahl Wiederholungen von Elementen vorkommen dürfen.
>
> Es gibt n^k solcher Permutationen.

10.1.2 Permutationen ohne Wiederholungen

Sie sind beim Pferderennen. Acht Pferde sind am Start und Sie wollen einen Tipp auf den korrekten Einlauf der drei ersten Pferde abgeben. Wie groß sind Ihre Gewinnchancen, wenn man annimmt, dass alle acht Pferde gleich stark sind? Eigentlich ist das die gleiche Fragestellung wie im vorherigen Abschnitt – nur, dass hier Wiederholungen ausgeschlossen sind, denn ein Pferd kann ja nicht gleichzeitig als Erster und als Zweiter oder Dritter über die Ziellinie gehen. Das oben gewählte Modell können wir in abgewandelter Form wieder verwenden:

> In einer Lostrommel befinden sich n verschiedene Kugeln. Wir ziehen k mal eine Kugel aus dieser Lostrommel, notieren uns das Ziehungsergebnis und legen die Kugel <u>nicht</u> wieder in die Trommel zurück. Gewonnen hat, wer die gezogenen Kugeln in der richtigen Reihenfolge geraten hat.

Die Anzahl der möglichen Ziehungsergebnisse lässt sich auch hier einfach ermitteln:

▶ Es gibt n Möglichkeiten, die erste Kugel zu ziehen.

▶ In jedem dieser n Fälle gibt es n-1 Möglichkeiten, die zweite Kugel zu ziehen. Das macht insgesamt n(n-1) Fälle.

▶ In jedem dieser n(n-1) Fälle gibt es n-2 Möglichkeiten, die dritte Kugel zu ziehen. Das macht insgesamt n(n-1)(n-2) Fälle.

Setzt man diese Überlegung fort, bis alle k Ziehungen durchgeführt sind, so erhält man insgesamt n(n-1)(n-2)...(n-k+1) mögliche Ziehungsergebnisse. Wenn wir uns jetzt ins Gedächtnis zurückrufen, dass wir das Produkt der ersten m natürlichen Zahlen früher bereits mit m! (sprich m-Fakultät) bezeichnet hatten, so erhalten wir als Anzahl der möglichen Ziehungen:

$$n(n-1)(n-2)\cdots(n-k+1)$$

Ergänzt man hier geschickt die Faktoren bis zur 1 herunter, so erhält man:

$$n(n - 1)(n - 2)\cdots(n - k + 1) = \frac{n(n - 1)\cdots 2 \cdot 1}{(n - k)(n - k - 1)\cdots 2 \cdot 1} = \frac{n!}{(n - k)!}$$

Die letzte Formel kann auch über eine andere Argumentation hergeleitet werden. Wir nehmen die n Kugeln und legen sie in allen denkbaren Reihenfolgen auf den Tisch. Dazu gibt es n! Möglichkeiten.

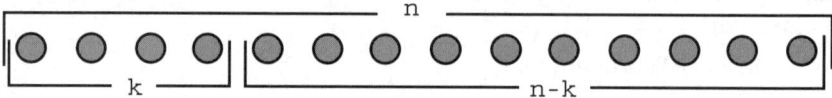

Die ersten k Kugeln sollen die ausgewählten Kugeln sein, die uns auch in genau der Reihenfolge, in der sie auf dem Tisch liegen, interessieren. Jede uns interessierende Auswahl kommt aber so oft vor, wie es Vertauschungsmöglichkeiten im hinteren Teil gibt. Um das Ergebnis zu erhalten, müssen wir also die Gesamtzahl der Möglichkeiten (n!) durch die Anzahl der Vertauschungsmöglichkeiten im hinteren Teil ((n-k)!) dividieren. Als Ergebnis erhalten wir:

$$\frac{n!}{(n - k)!}$$

Im Falle des Pferderennens (n=8, k=3) erhalten wir $\frac{8!}{5!} = 8 \cdot 7 \cdot 6 = 336$ verschiedene Zieleinläufe. Die Chance zu gewinnen ist also $1:336$.

Wir fassen auch das wieder unter einem neuen Begriff zusammen:

> Eine Auswahl von k Elementen aus einer n-elementigen Grundgesamtheit, bei der es auf die Reihenfolge der Auswahl ankommt, bezeichnen wir als **n-k-Permutation ohne Wiederholungen**, wenn in der Auswahl keine Wiederholungen von Elementen vorkommen dürfen.
> Es gibt $\frac{n!}{(n - k)!}$ solcher Permutationen.

10.1.3 Kombinationen ohne Wiederholungen

Sie wollen aus Ihrem Bücherschrank, in dem 100 Bücher stehen, 5 Bücher auswählen, um sie mit in den Urlaub zu nehmen. Wie viele verschiedene Buchpakete können Sie für den Urlaub zusammenstellen? Diese Frage ist durchaus vergleichbar mit der Fragestellung des vorherigen Abschnitts. Der Unterschied besteht darin, dass es diesmal nicht auf die Reihenfolge, in der die Bücher ausgewählt werden, ankommt.

Bei Beachtung der Reihenfolge könnten wir entsprechend der Ergebnisse des letzten Abschnitts $\frac{100!}{95!}$ Buchpakete schnüren. Dabei haben wir jedes Buchpaket so oft zu viel gezählt, wie sich Vertauschungen von Büchern innerhalb des Buchpakets durchführen lassen. Es gibt aber jeweils $5!$ solche Vertauschungen. Folglich gibt es $\frac{100!}{5! \cdot 95!}$ Buchpakete, bei deren Zusammenstellung die Reihenfolge keine Rolle spielt.

Auch hier können wir durch das Modell einer Lostrommel verallgemeinern:

> In einer Lostrommel befinden sich n verschiedene Kugeln. Wir ziehen k mal eine Kugel aus dieser Lostrommel, notieren uns das Ziehungsergebnis und legen die Kugel <u>nicht</u> wieder in die Trommel zurück. Gewonnen hat, wer die gezogenen Kugeln ohne Berücksichtigung der Ziehungsreihenfolge geraten hat.

Nach diesem Modell wird die Ziehung der Lottozahlen (n=49, k=6) durchgeführt. Für die Anzahl der möglichen Ziehungen haben wir bereits eine Formel hergeleitet. Sie lautet:

$$\frac{n \cdot (n-1) \cdot (n-2) \cdots (n-k+1)}{1 \cdot 2 \cdot 3 \cdots k} = \frac{n!}{k! \cdot (n-k)!}$$

Diese Formel können wir auch anders interpretieren. Wieder legen wir die Kugeln in allen möglichen Reihenfolgen auf einen Tisch:

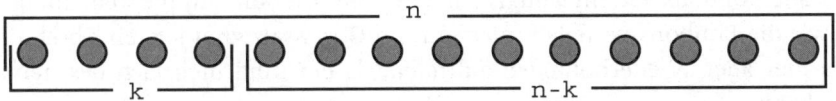

Auch diesmal interessieren uns die $(n-k)!$ möglichen Vertauschungen im hinteren Teil nicht. Diesmal interessieren uns aber auch die $k!$ möglichen Vertauschungen im vorderen Teil nicht, sodass wir insgesamt die Formel

$$\frac{n!}{k! \cdot (n-k)!}$$

erhalten. Dieser Ausdruck ist so bedeutsam für die Mathematik, dass man ihm einen eigenen Namen gegeben hat. Man nennt diesen Ausdruck **Binomialkoeffizient** und hat eine abkürzende Schreibweise dafür eingeführt, bei der man die Zahlen n und k in einer Klammer untereinander schreibt:

$$\binom{n}{k} = \frac{n!}{k! \cdot (n-k)!}$$

Man liest diesen Ausdruck dann »n über k«. Die Bedeutung der Binomialkoeffizienten reicht weit über die Kombinatorik hinaus.

Wir fassen zusammen:

> Eine Auswahl von k Elementen aus einer n-elementigen Grundgesamtheit, bei der es nicht auf die Reihenfolge der Auswahl ankommt, bezeichnen wir als **n-k-Kombination ohne Wiederholungen**, wenn in der Auswahl keine Wiederholungen von Elementen vorkommen dürfen.
>
> Es gibt $\binom{n}{k} = \dfrac{n!}{k! \cdot (n-k)!}$ solcher Kombinationen.

Für das Buchpaket (n=100, k=5) gibt es

$$\binom{100}{5} = \frac{100 \cdot 99 \cdot 98 \cdot 97 \cdot 96}{1 \cdot 2 \cdot 3 \cdot 4 \cdot 5} = 75287520$$

Alternativen[1]. Hätten Sie erwartet, dass es so viele sind?

10.1.4 Kombinationen mit Wiederholungen

Sie haben eine Tüte mit 100 Bonbons und wollen diese Bonbons an 5 Kinder verteilen. Die Frage ist: Wie viele verschiedene Verteilungen gibt es? Zur Verteilung wählen wir ein Kind aus und geben ihm das erste Bonbon. Dann wählen wir wieder ein Kind und geben ihm das nächste Bonbon. Dieses Verfahren setzen wir fort, bis alle Bonbons verteilt sind. Auch hier kommt es uns auf die Reihenfolge, in der wir die Bonbons verteilen, nicht an. Im Gegensatz zum letzten Abschnitt können hier aber Wiederholungen auftreten, da ein Kind mehrfach beschenkt werden kann.

Zur Veranschaulichung des allgemeinen Falls wählen wir wieder das Bild der Lostrommel:

> In einer Lostrommel befinden sich n verschiedene Kugeln. Wir ziehen k mal eine Kugel aus dieser Lostrommel, notieren uns das Ziehungsergebnis und legen die Kugel wieder in die Trommel zurück. Gewonnen hat, wer die gezogenen Kugeln ohne Berücksichtigung der Ziehungsreihenfolge geraten hat.

Die Berechnung der Anzahl der hier möglichen Ziehungen ist nicht so einfach wie in den drei vorausgegangenen Fällen. Zur Herleitung einer Formel stellen wir uns vor, dass wir eine Kugel aus der Menge der n Kugeln herausnehmen und auf den Tisch legen. Zu den vorhandenen Kugeln fügen wir k neue, von den anderen Kugeln unterscheidbare Kugeln hinzu. Die n+k-1 Kugeln legen wir jetzt in allen

---

1. Bei den Lottozahlen »6 aus 49« gibt es übrigens 13983816 mögliche Ziehungsergebnisse.

möglichen Reihenfolgen hinter die am Anfang herausgelegte Kugel auf den Tisch. Dazu gibt es (n+k-1)! Möglichkeiten:

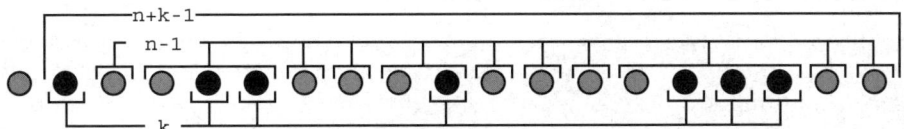

Ausgewählt sind diejenigen (grauen) Kugeln, die von einer neuen (schwarzen) Kugel gefolgt werden, und zwar so oft, wie schwarze Kugeln folgen. Auf diese Weise sind k der n Kugeln ausgewählt. Natürlich kommen hier die gesuchten Auswahlen entsprechend vielfach vor. Um die Vielfachen auszuscheiden, müssen wir noch durch die Anzahl der möglichen Vertauschungen der schwarzen Kugeln untereinander (das sind k!) und durch die Anzahl der möglichen Vertauschungen der grauen Kugeln incl. ihrer schwarzen Nachfolger untereinander (das sind (n-1)!) dividieren. Insgesamt ergibt sich also die Formel:

$$\frac{(n + k - 1)!}{k! \cdot (n - 1)!}$$

Dies ist aber nichts anderes als der Binomialkoeffizient:

$$\binom{n + k - 1}{k}$$

Wir fassen das noch einmal zusammen:

> Eine Auswahl von k Elementen aus einer n-elementigen Grundgesamtheit, bei der es nicht auf die Reihenfolge der Auswahl ankommt, bezeichnen wir als **n-k-Kombination mit Wiederholungen**, wenn in der Auswahl Wiederholungen von Elementen vorkommen dürfen.
> Es gibt $\binom{n + k - 1}{k} = \frac{(n + k - 1)!}{k! \cdot (n - 1)!}$ solcher Kombinationen.

Für das oben formulierte Bonbonverteilproblem (n=5, k=100)[2] gibt es also

$$\binom{104}{100} = \frac{104!}{100! \cdot 4!} = \frac{104 \cdot 103 \cdot 102 \cdot 101}{1 \cdot 2 \cdot 3 \cdot 4} = 4598126$$

mögliche Lösungen. Auch hier überrascht sicherlich die große Zahl.

---

2. Wir wählen 100-mal ein Kind aus der Gruppe von 5 Kindern aus, um ihm ein Bonbon zu geben.

10.1.5 Zusammenfassung

Wir haben Permutationen und Kombinationen mit und ohne Wiederholungen betrachtet und dabei die folgenden Formeln hergeleitet:

Typ der Auswahl	Wiederholungen erlaubt $0 \leq k, n$	Wiederholungen nicht erlaubt $0 \leq k \leq n$
n-k-Permutationen Ziehung von k Elementen aus einer n-elementigen Menge mit Beachtung der Reihenfolge	n^k	$\dfrac{n!}{(n-k)!}$
n-k-Kombinationen Ziehung von k Elementen aus einer n-elementigen Menge ohne Beachtung der Reihenfolge	$\dbinom{n+k-1}{k}$	$\dbinom{n}{k}$

Die vier Fälle wollen wir uns am Beispiel einer Auswahl von 2 Elementen aus der Menge der Zahlen 1...4 noch einmal veranschaulichen.

Es gibt $n^k = 4^2 = 16$ verschiedene 4-2-Permutationen der Zahlen von 1 bis 4 mit Wiederholungen. Diese sind:

```
4-2-Permutationen mit Wiederholungen
    1: ( 1,  1)
    2: ( 1,  2)
    3: ( 1,  3)
    4: ( 1,  4)
    5: ( 2,  1)
    6: ( 2,  2)
    7: ( 2,  3)
    8: ( 2,  4)
    9: ( 3,  1)
   10: ( 3,  2)
   11: ( 3,  3)
   12: ( 3,  4)
   13: ( 4,  1)
   14: ( 4,  2)
   15: ( 4,  3)
   16: ( 4,  4)
```

Die nächste Liste zeigt uns die 4-2-Permutationen der Zahlen von 1 bis 4 <u>ohne</u> Wiederholungen, von denen es $\dfrac{n!}{(n-k)!} = \dfrac{4!}{2!} = 12$ gibt:

```
4-2-Permutationen ohne Wiederholungen
 1: ( 1,  2)
 2: ( 2,  1)
 3: ( 1,  3)
 4: ( 3,  1)
 5: ( 1,  4)
 6: ( 4,  1)
 7: ( 2,  3)
 8: ( 3,  2)
 9: ( 2,  4)
10: ( 4,  2)
11: ( 3,  4)
12: ( 4,  3)
```

Die Anzahl der 4-2-Kombinationen <u>ohne</u> Wiederholungen berechnen wir durch den entsprechenden Binomialkoeffizienten als »4 über 2«: $\dbinom{n}{k} = \dbinom{4}{2} = \dfrac{4 \cdot 3}{1 \cdot 2} = 6$

Diese 6 Kombinationen zeigt uns die folgende Liste. Als Grundmenge dienen dabei wieder die Zahlen von 1 bis 4:

```
4-2-Kombinationen ohne Wiederholungen
 1: ( 1,  2)
 2: ( 1,  3)
 3: ( 1,  4)
 4: ( 2,  3)
 5: ( 2,  4)
 6: ( 3,  4)
```

Schließlich gibt es noch $\dbinom{n+k-1}{k} = \dbinom{5}{2} = \dfrac{5 \cdot 4}{1 \cdot 2} = 10$ Möglichkeiten, eine 4-2-Kombination der Zahlen von 1 bis 4 <u>mit</u> Wiederholungen zu erstellen:

```
4-2-Kombinationen mit Wiederholungen
 1: ( 1,  1)
 2: ( 1,  2)
 3: ( 1,  3)
 4: ( 1,  4)
 5: ( 2,  2)
 6: ( 2,  3)
 7: ( 2,  4)
```

```
 8:  ( 3,  3)
 9:  ( 3,  4)
10:  ( 4,  4)
```

Die Permutationen bzw. Kombinationen in den obigen Beispielen sind dabei nicht von Hand, sondern durch Programme erzeugt. Häufig hat man es in der Informatik mit Problemen zu tun, bei denen in einer erschöpfenden Suche alle möglichen Permutationen oder Kombinationen einer Grundgesamtheit auf eine oder mehrere Lösungen hin durchsucht werden müssen. In solchen Fällen ist es hilfreich, Programme zu haben, die alle in Frage kommenden Permutationen oder Kombinationen systematisch erzeugen. Aus diesem Grund wollen wir im nächsten Abschnitt die Programme, die die obigen Auswahlen erzeugt haben, betrachten.

10.2 Kombinatorische Algorithmen

Im Rahmen unserer Programmierübungen sind wir bereits mehrfach auf Probleme gestoßen, die wir durch Erzeugung von Permutationen gelöst haben:

▶ Im Abschnitt über Aussagenlogik hatten wir in einem Programm alle möglichen Schalterstellungen von 7 Schaltern erzeugt, um festzustellen, ob eine Lampe leuchtet. Letztlich handelte es sich bei den Schalterstellungen um 2-7-Permutationen mit Wiederholungen.

▶ Im Abschnitt über Rekursion hatten wir ein Programm perm erstellt, das n-n-Permutationen ohne Wiederholungen erzeugte.

▶ Das 8-Damenproblem hatten wir durch die Erzeugung von 8-8-Permutationen ohne Wiederholungen zu lösen versucht. Wir hatten hier zunächst Permutationen mit Wiederholungen erzeugt und dann die Wiederholungen (= zwei Damen in gleicher Spalte) herausgefiltert.

▶ Auch bei unserer Wanderung durch das Labyrinth haben wir im Prinzip mit Permutationen gearbeitet, ohne dass das unmittelbar sichtbar wurde.

Kombinationen waren in unseren Programmen bisher nicht vorgekommen. Aber auch dafür gibt es genügend Beispiele.

In diesem Abschnitt greifen wir das Thema der Erzeugung von Permutationen und Kombinationen noch einmal auf. Diesmal allerdings in Kenntnis der mathematischen Grundlagen und mit etwas mehr Systematik. Zur Implementierung werden wir durchweg rekursive Algorithmen verwenden.

Alle Algorithmen dieses Abschnitts werden Arrays mit Permutationen bzw. Kombinationen der Zahlen von 1 bis n als Ergebnis erzeugen. Es ist daher sinnvoll, vorweg eine zentrale Funktion zur Ausgabe solcher Arrays zu erstellen:

```
void print_array( int k, int array[])
    {
    static int count = 0;
    int i;

    printf( "%3d: (", ++count);
    for( i = 0; i < k-1; i++)
        printf( "%2d,", array[i]);
    printf( "%2d)\n", array[k-1]);
    }
```

▲ CD-ROM P_10_2_1/perm_mw.c, P_10_2_2/komb_mw.c, P_10_2_3/komb_ow.c, P_10_2_4/perm_ow.c

Die Funktion enthält einen statisch angelegten Zähler (count), um intern mitzuzählen, wie viele Permutationen bzw. Kombinationen bisher ausgegeben wurden. Dieser Zähler wird jeder Ausgabe vorangestellt. Die Ausgaben, die diese Funktion erzeugt, haben Sie ja bereits im letzten Abschnitt gesehen.

10.2.1 Permutationen mit Wiederholungen

Wir behandeln zunächst n-k-Permutationen mit Wiederholungen, da dies der einfachste der hier zu untersuchenden Fälle ist. Veranschaulichen können wir uns das Problem durch k Stangen, die von 0 bis k-1 nummeriert, jeweils mit Zahlen von 1 bis n beschriftet und verschiebbar auf einer Querleiste montiert sind.

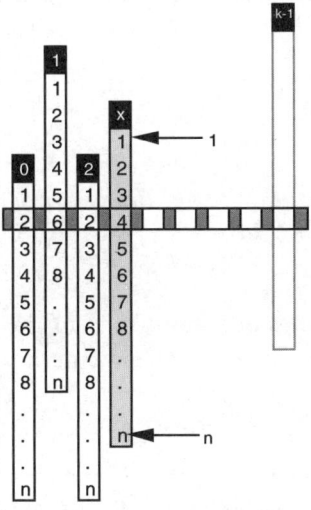

Zur Herstellung einer Permutation mit Wiederholungen lassen sich die einzelnen Stangen beliebig verschieben. Realisieren können wir dies durch k ineinander geschachtelte Schleifen, bei der jeder einzelne Schleifenindex von 1 bis n läuft:

```
for( i[0] = 1; i[0] <= n; i[0]++)
    for( i[1] = 1; i[1] <= n; i[1]++)
        for( i[2] = 1; i[2] <= n; i[2]++)
            ...
                for( i[k-1] = 1; i[k-1] <= n; i[k-1]++)
                {
                    ...
                }
```

Natürlich können wir diese Art der Implementierung nur bei fest vorgegebenem k (= Anzahl der Schleifen) wählen. Hier wollen wir so vorgehen, dass k variabel an der Schnittstelle vorgegeben wird. Am Beispiel des Damenproblems hatten wir ein ähnliches Problem bereits durch einen iterativen Algorithmus gelöst. Hier wollen wir rekursiv vorgehen.

Eine Permutation wird von links nach rechts erzeugt. Wenn wir dabei an der Stelle x (0 ≤ x ≤ k) angelangt sind, so gibt es zwei mögliche Fälle:

A: x < k In diesem Fall ist die Permutation noch nicht vollständig erzeugt. Wir setzen an der Stelle x nacheinander alle möglichen Werte (1 bis n) ein und vervollständigen in jedem dieser Fälle die Permutation ab der Stelle x+1 durch einen rekursiven Programmaufruf.

B: x = k In diesem Fall ist eine Permutation vollständig erzeugt und wir stoßen die Ausgabe (print_array) an.

Im C-Code liest sich das wie folgt:

```
    void perm_mw(int n, int k, int array[], int x)
    {
    int i;

    if( x < k)
        {
A           for( i = 1; i <= n; i++)
            {
                array[x] = i;
                perm_mw( n, k, array, x+1);
            }
        }
    else
B           print_array( k, array);
    }
```

▲ CD-ROM P_10_2_1/perm_mw.c

An der Schnittstelle werden dabei die eigentlichen Parameter n und k sowie der Array, in dem die Permutation zu erzeugen ist, übergeben. Zur Durchführung der Rekursion benötigen wir zusätzlich den Parameter x, der die Information, bis zu welcher Stelle die Permutation erzeugt ist, von Rekursionsebene zu Rekursionsebene weiterleitet.

Zur Erzeugung aller n-k-Permutationen ohne Wiederholungen müssen wir dann

```
perm_mw( n, k, array, 0)
```

aufrufen. Der letzte Parameter bedeutet dabei, dass im ersten Iterationsschritt mit der Position x=0 im Array gestartet wird.

Zum Test erstellen wir noch ein Hauptprogramm, in dem wir einen Array anlegen, um dann in diesem Array Permutationen erzeugen zu lassen:

```
main()
    {
    int array[2];

    printf( "4-2-Permutationen mit Wiederholungen\n");
    perm_mw( 4, 2, array, 0);
    }
```

D_10_2_1

▲ CD-ROM P_10_2_1/perm_mw.c

Das Programm erzeugt die bereits bekannte Ausgabe:

```
4-2-Permutationen mit Wiederholungen
 1: ( 1, 1)
 2: ( 1, 2)
 3: ( 1, 3)
 4: ( 1, 4)
 5: ( 2, 1)
 6: ( 2, 2)
 7: ( 2, 3)
 8: ( 2, 4)
 9: ( 3, 1)
10: ( 3, 2)
11: ( 3, 3)
12: ( 3, 4)
13: ( 4, 1)
14: ( 4, 2)
15: ( 4, 3)
16: ( 4, 4)
```

die wir bereits aus dem Abschnitt über Kombinatorik kennen.

10.2.2 Kombinationen mit Wiederholungen

Bei Kombinationen ist die Reihenfolge, in der die Auswahlen getroffen werden, nicht von Bedeutung. Wir können uns daher auf eine spezielle Reihenfolge, die dann stellvertretend für alle möglichen Reihenfolgen steht, beschränken. Naheliegenderweise wählen wir die Reihenfolge, bei der alle Zahlen der Größe nach geordnet sind.[3]

Bei Kombinationen mit Wiederholungen wird der Bewegungsspielraum der Schiebestangen so eingeschränkt, dass eine Stange niemals weiter nach unten geschoben werden kann als die vorhergehende Stange. Mechanisch lösen wir das Problem, indem wir uns im Baumarkt ein paar Winkeleisen besorgen, die wir unten an den Stangen als Anschlag anbringen.

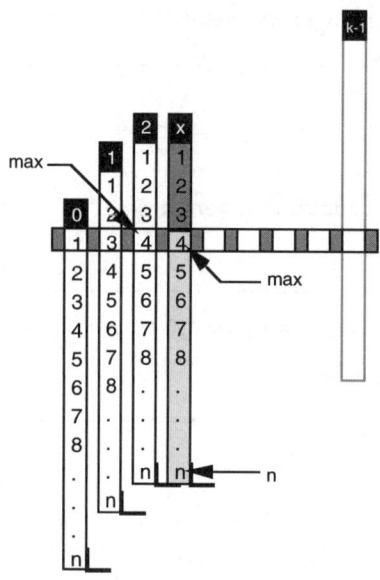

Jetzt können nur noch Kombinationen mit Wiederholungen eingestellt werden. Wenn wir eine Kombination von links nach rechts einstellen, so steht die zuletzt eingestellte Stange immer auf dem bisherigen Maximalwert (in der Skizze mit max bezeichnet). Dieser Wert kann dann im Folgenden nicht mehr unterschritten werden.

Mit diesen Vorüberlegungen können wir das Programm perm_mw durch wenige Eingriffe so umstellen, dass es Kombinationen mit Wiederholungen erzeugt. Außer dem Prozedurnamen (A) ändern wir nur den Anfangswert des Schleifenzählers, da die Schleife beim bisherigen Maximalwert starten muss (C). Diesen Maxi-

---

3. Beim Lotto macht man genau das Gleiche. Unabhängig von der Ziehungsreihenfolge werden die Zahlen anschließend der Größe nach bekannt gegeben.

malwert entnehmen wir zuvor dem Vorgänger des aktuell zu betrachtenden Array-Elements. Ganz am Anfang (x==0) gibt es natürlich noch keinen Vorgänger, und wir wählen in diesem Fall max=1 (B). Beim rekursiven Aufruf müssen wir natürlich noch den Funktionsnamen anpassen (D):

```
A   void komb_mw(int n, int k, int array[], int x)
        {
        int i;
        int max;

        if( x < k)
            {
B           max = x ? array[x-1] : 1;

C           for( i = max; i <= n; i++)
                {
                array[x] = i;
D               komb_mw( n, k, array, x+1);
                }
            }
        else
            print_array( k, array);
        }
```

▲ CD-ROM P_10_2_2/komb_mw.c

Ein entsprechender Testrahmen

```
main()
    {
    int array[2];

    printf( "4-2-Kombinationen mit Wiederholungen\n");
    komb_mw( 4, 2, array, 0);
    }
```

D_10_2_2

▲ CD-ROM P_10_2_2/komb_mw.c

erzeugt dann die folgende Ausgabe:

```
4-2-Kombinationen mit Wiederholungen
   1: ( 1, 1)
   2: ( 1, 2)
   3: ( 1, 3)
   4: ( 1, 4)
```

```
 5: ( 2,  2)
 6: ( 2,  3)
 7: ( 2,  4)
 8: ( 3,  3)
 9: ( 3,  4)
10: ( 4,  4)
```

10.2.3 Kombinationen ohne Wiederholungen

Zur Erzeugung von Kombinationen ohne Wiederholungen muss der Spielraum der Schiebestangen noch weiter eingeschränkt werden, da hier eine Stange stets um mindestens eine Position höher stehen muss als die vorausgehende Stange. Um das zu erzwingen, bringen wir die Anschläge eine Position höher an den Stangen an.

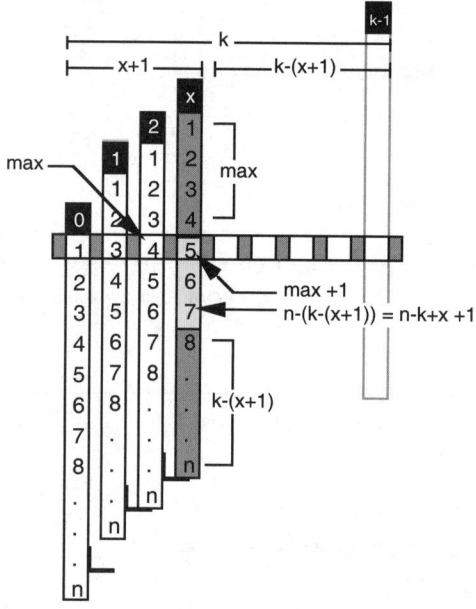

Dies hat zur Folge, dass die Stangen nicht beliebig hoch geschoben werden können, da noch Spielraum für die rechts nachfolgenden Stangen gelassen werden muss. Man sieht, dass bei der Einstellung der x-ten Stange noch der Bereich von max+1 bis n-k+x+1 zulässig ist, da noch Spielraum für k-(x+1) Stangen gelassen werden muss.

Zur Umsetzung in ein rekursives Programm nehmen wir die oben erstellte Prozedur komb_mw, benennen diese Funktion in komb_ow um (A und D) und passen
Ober- und Untergrenze der Schleife an die neue Situation an (C):

```
A    void komb_ow(int n, int k, int array[], int x)
         {
         int i;
         int max;

         if( x < k)
             {
B            max = x ? array[x-1] : 0;

C            for( i = max+1; i <= n-k+x+1; i++)
                 {
                 array[x] = i;
D                komb_ow( n, k, array, x+1);
                 }
             }
         else
             print_array( k, array);
         }
```

▲ CD-ROM P_10_2_3/komb_ow.c

Beachten Sie, dass wir initial das Maximum auf 0 setzen müssen (B), damit die
geänderte Schleife im ersten Rekursionsschritt bei 1 startet.

Den Testrahmen implementieren wir wie gewohnt

```
main()
    {
    int array[2];

    printf( "4-2-Kombinationen ohne Wiederholungen\n");
    komb_ow( 4, 2, array, 0);
    }
```

D_10_2_3

▲ CD-ROM P_10_2_3/komb_ow.c

und erhalten als Ergebnis:

```
4-2-Kombinationen ohne Wiederholungen
   1: ( 1, 2)
   2: ( 1, 3)
   3: ( 1, 4)
```

```
4 : ( 2, 3)
5 : ( 2, 4)
6 : ( 3, 4)
```

10.2.4 Permutationen ohne Wiederholungen

Es bleiben die Permutationen ohne Wiederholungen, die allerdings nicht so einfach zu behandeln sind wie die vorausgegangenen Fälle. Auch hier werden die Bewegungsmöglichkeiten einer Stange eingeschränkt, aber nicht in so einfacher Weise wie zuvor. Hier wird gefordert, dass eine Stange auf keinen der zuvor verwendeten Werte eingestellt wird.

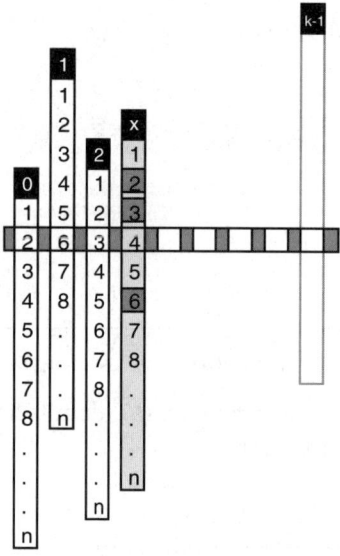

Die zur mechanischen Umsetzung dieser Vorschrift erforderlichen Bauteile gibt es leider in keinem Baumarkt.

Wir wollen hier zweistufig vorgehen, indem wir zunächst n-k-<u>Kombinationen</u> ohne Wiederholungen erzeugen und dann für jede dieser Kombinationen alle möglichen Reihenfolgen, d.h. alle k-k-Permutationen ohne Wiederholungen, berechnen. Als Ergebnis erhalten wir dann alle n-k-<u>Permutationen</u> ohne Wiederholungen.

Ein Programm zur Berechnung von k-k-Permutationen ohne Wiederholungen haben wir im Abschnitt über Rekursion unter dem Namen perm bereits kennen gelernt. Wir nehmen also dieses Programm und ändern es so ab, dass wir, wenn eine Permutation erzeugt ist, das Programm print_array aufrufen:

```
void perm( int anz, int array[], int start)
   {
   int i, sav;

   if( start < anz)
       {
       sav = array[ start];
       for( i = start; i < anz; i++)
           {
           array[start] = array[i];
           array[i] = sav;
           perm( anz, array, start + 1);
           array[i] = array[start];
           }
       array[start] = sav;
       }
   else
       print_array( anz, array);
   }
```

▲ **CD-ROM** P_10_2_4/perm_ow.c

Anschließend modifizieren wir die Funktion komb_ow so, dass an der Stelle, an der eine n-k-Kombination erzeugt ist, statt einer Ausgabe die Generierung aller k-k-Permutationen dieser Kombination angestoßen wird. Den Prozedurnamen ändern wir gleichzeitig in perm_ow:

```
void perm_ow(int n, int k, int array[], int x)
   {
   int i;
   int max;

   if( x < k)
       {
       max = x ? array[x-1] : 0;
       for( i = max+1; i <= n-k+x+1; i++)
           {
           array[x] = i;
           perm_ow( n, k, array, x+1);
```

```
            }
        }
    else
        perm( k, array, 0);
    }
```

▲ CD-ROM P_10_2_4/perm_ow.c

Um diese rekursive Prozedur packen wir den üblichen Testrahmen

```
main()
    {
    int array[2];

    printf( "4-2-Permutationen ohne Wiederholungen\n");
    perm_ow( 4, 2, array, 0);
    }
```

▲ CD-ROM P_10_2_4/perm_ow.c

und erhalten:

```
4-2-Permutationen ohne Wiederholungen
   1: ( 1, 2)
   2: ( 2, 1)
   3: ( 1, 3)
   4: ( 3, 1)
   5: ( 1, 4)
   6: ( 4, 1)
   7: ( 2, 3)
   8: ( 3, 2)
   9: ( 2, 4)
  10: ( 4, 2)
  11: ( 3, 4)
  12: ( 4, 3)
```

Alternativ zu der hier gewählten Vorgehensweise kann man auch die Menge der $(n+k-1)$-k-Kombinationen ohne Wiederholungen bestimmen und dann für jede so gewonnene Kombination $(a_1, a_2, a_3, \cdots, a_k)$ vor der Ausgabe die Transformation $(a_1, a_2 - 1, a_3 - 2, \cdots, a_k - (k - 1))$ durchführen.

10.3 Beispiele

Da in unseren Programmierbeispielen bisher nur Permutationen vorgekommen waren, wollen wir zum Abschluss dieses Kapitels zwei Beispiele mit Kombinationen erstellen. Das zweite Beispiel wird uns dabei zeigen, dass es nicht immer empfehlenswert ist, mit kombinatorischen Algorithmen zu arbeiten.

10.3.1 Juwelenraub

Zwei Ganoven haben die Scheibe eines Juwelierladens eingeschlagen und in aller Eile 10 Schmuckstücke zusammengerafft. Wieder zu Hause angekommen, streiten sie sich um eine gerechte Verteilung der Beute. Zum Glück sind alle Beutestücke mit einem Preisschild versehen, aber wie soll man eine Verteilung vornehmen, bei der beide einen annähernd gleichen Anteil erhalten? Man muss alle denkbaren Teilauswahlen mit 1, 2, 3, 4 oder 5 Beutestücken betrachten[4] und jeweils den Wert der Teilauswahl berechnen. Man entscheidet sich dann für die Teilauswahl, deren Wert der halben Gesamtsumme am nächsten liegt. Teilauswahlen sind natürlich immer Kombinationen ohne Wiederholungen, da die Reihenfolge der Zuteilung keine Rolle spielt und jedes Schmuckstück nur einmal zugeteilt werden kann. Insgesamt sind alle 10-1-, 10-2-, 10-3-, 10-4- und 10-5-Kombinationen ohne Wiederholung zu betrachten. Insgesamt sind das

$$\binom{10}{1} + \binom{10}{2} + \binom{10}{3} + \binom{10}{4} + \binom{10}{5}$$

$$= \frac{10}{1} + \frac{10 \cdot 9}{1 \cdot 2} + \frac{10 \cdot 9 \cdot 8}{1 \cdot 2 \cdot 3} + \frac{10 \cdot 9 \cdot 8 \cdot 7}{1 \cdot 2 \cdot 3 \cdot 4} + \frac{10 \cdot 9 \cdot 8 \cdot 7 \cdot 6}{1 \cdot 2 \cdot 3 \cdot 4 \cdot 5}$$

$$= 637$$

Fälle.

Zur Lösung des Problems legen wir einen globalen Array mit den Wertangaben für die einzelnen Beutestücke an:

```
double beute[10] = { 333.33, 655.99, 387.50, 1420.10, 4583.17,
                     7500.00, 215.12, 3230.17, 599.00, 3775.11};
```

▲ **CD-ROM** P_10_3_1/raub.c

---

4. Weitere Untersuchungen sind überflüssig, weil statt einer Auswahl von 6 Elementen ja auch die gegenteilige Auswahl mit 4 Elementen untersucht werden kann.

Darüber hinaus enthält unser Programm noch die folgenden globalen Variablen:

```
double summe;
int anzahl;
int auswahl[10];
double abweichung;
double teilsumme;
```

▲ CD-ROM P_10_3_1/raub.c

Diese wollen wir in der folgenden Bedeutung verwenden:

summe   ist der Gesamtwert der Beute. Dieser wird zu Beginn einmal berechnet, um dann bei jeder zu untersuchenden Kombination als Vergleichswert zur Verfügung zu stehen.

Das Programm wird sukzessive alle relevanten Kombinationen erzeugen und sich dabei die jeweils beste unter allen bisher erzeugten Kombinationen merken. Dazu werden die folgenden globalen Variablen verwendet:

anzahl   Ist die Anzahl der ausgewählten Beutestücke in der besten Kombination, also in der Kombination, die der halben Summe (bisher) am nächsten kommt.

auswahl   ist ein Array mit den Indices der Beutestücke aus der besten Kombination. Die Anzahl der gültigen Indices in auswahl wird durch die Variable anzahl beschrieben.

abweichung ist die absolute Abweichung des Gesamtwerts der besten Kombination vom Idealwert – also von der halben Gesamtsumme.

teilsumme   ist der Gesamtwert der Beutestücke aus der besten Kombination.

Zunächst erstellen wir ein kleines Hilfsprogramm zur Vorbereitung der globalen Daten:

```
void vorbereitung()
    {
    int i;

    for( i = 0, summe = 0.0; i < 10; i++)
        summe += beute[i];
    printf( "Gesamtbeute: %.2f\n\n", summe);
    abweichung = summe + 1;
    }
```

▲ CD-ROM P_10_3_1/raub.c

In diesem Programm berechnen wir die Gesamtsumme (summe) der Beute, geben diesen Wert auf dem Bildschirm aus und sorgen durch eine Zuweisung dafür, dass der Wert der Variablen abweichung zu Beginn größer ist als die größtmögliche Abweichung. Der konkrete Initialwert für abweichung ist uninteressant. Wichtig ist nur, dass der Wert groß genug ist, um von allen betrachteten Kombinationen unterboten zu werden.

Zur Lösungssuche werden Kombinationen ohne Wiederholungen benötigt. Dazu nehmen wir das Programm komb_ow und ändern es nur geringfügig ab:

```c
void komb_ow(int n, int k, int array[], int x)
{
    int i;
    int max;

    if( x < k)
        {
        max = x ? array[x-1] : 0;
        for( i = max+1; i <= n-k+x+1; i++)
            {
            array[x] = i;
            komb_ow( n, k, array, x+1);
            }
        }
    else
        aufteilung( k, array);
}
```

▲ CD-ROM P_10_3_1/raub.c

Die Änderung besteht darin, dass wir zur Bearbeitung einer fertigen Kombination nicht mehr print_array aufrufen, sondern eine noch zu erstellende Funktion aufteilung, die die Aufgabe hat, die zu der Kombination gehörende Aufteilung der Beute zu bewerten. Diese Funktion wollen wir dann auch gleich erstellen:

```c
void aufteilung( int k, int array[])
{
    int i;
    double teil;
    double abw;

    for( i = 0, teil = 0.0; i < k; i++)
        teil += beute[array[i]-1];
```

```
B          abw = fabs( summe/2 - teil);


C          if( abw < abweichung)
           {
           abweichung = abw;
           teilsumme = teil;
           anzahl = k;
           for( i = 0; i < k; i++)
               auswahl[i] = array[i];
           }
       }
```

▲ CD-ROM P_10_3_1/raub.c

In der Funktion `aufteilung` ermitteln wir zunächst den Wert des durch die Kombination ausgewählten Teils der Beute (A). Beachten Sie dabei, dass Kombinationen mit Zahlen von 1 bis n erzeugt werden, die Beutestücke aber von 0 bis n-1 nummeriert sind. Deshalb müssen wir zum Zugriff auf ein Beutestück immer 1 vom Zahlenwert in der Kombination abziehen (`array[i]-1`).[5] Im nächsten Schritt stellen wir die Abweichung der zuvor ermittelten Teilsumme (`teil`) vom Idealwert (`summe/2`) fest (B). Zur Ermittlung des Absolutbetrags verwenden wir die Funktion `fabs` aus der C-Runtime-Library. Ergibt sich eine kleinere Abweichung (`abw`) als die bisher beste in `abweichung` gespeicherte Abweichung, so speichern wir die neue Abweichung, die neue Teilsumme, die Anzahl der ausgewählten Elemente und die konkrete Auswahl in den dazu vorgesehenen Variablen (C).

Jetzt erstellen wir noch ein Unterprogramm zur Ausgabe des Ergebnisses. Dazu müssen wir die Daten aus den globalen Variablen in einer entsprechenden Aufbereitung auf dem Bildschirm ausgeben:

```
void auswertung()
    {
    int i;

    printf( "Der Komplize erhaelt:\n\n");
    for( i = 0; i < anzahl; i++)
        {
        printf( "    Beutestueck %2d %10.2f EURO\n", auswahl[i],
                                      beute[auswahl[i]-1]);
        }
```

---

5. Alternativ kann man komb_ow so umstellen, dass Kombinationen der Zahlen von 0 bis n-1 erzeugt werden.

```
printf( "\nTeilsumme        %10.2f EURO\n", teilsumme);
printf( "\nAbweichung       %10.2f EURO\n", abweichung);
}
```

▲ **CD-ROM** P_10_3_1/raub.c

Wir geben die ausgewählten Beutestücke mit ihrem Wert aus. Darüber hinaus wird der Wert der optimalen Auswahl (teilsumme) und dessen Abweichung vom Idealwert (abweichung) ausgegeben.

Im Hauptprogramm müssen wir jetzt nur noch die Teile zusammenfügen. Insbesondere müssen wir in einer Schleife dafür sorgen, dass alle Kombinationen mit 1, 2, 3, 4 und 5 Elementen untersucht werden:

D_10_3_1

```
main( )
    {
    int array[5];
    int i;

    vorbereitung();
    for( i = 1; i <= 5; i++)
        komb_ow( 10, i, array, 0);
    auswertung();
    }
```

▲ **CD-ROM** P_10_3_1/raub.c

Das Programm liefert dann die folgende optimale Aufteilung der Beute:

```
Gesamtbeute: 22699.49

Der Komplize erhaelt:

    Beutestueck  3      387.50  EURO
    Beutestueck  6     7500.00  EURO
    Beutestueck  7      215.12  EURO
    Beutestueck  8     3230.17  EURO


Teilsumme             11332.79  EURO

Abweichung               16.95  EURO
```

Ein Ganove erhält also 33,90 EURO weniger als der andere. Aber eine bessere Aufteilung ist nicht möglich.

10.3.2 Geldautomat

Wir wollen einen Geldautomaten, der intern beliebig viele 10-, 20-, 50-, 100-, 200-, 500- und 1000-EURO-Scheine vorhält, so programmieren, dass er einen Geldbetrag bis 10000 EURO (natürlich nur Vielfache von 10 EURO) mit möglichst wenig Geldscheinen auszahlt.

Eine Auszahlung ist eine Kombination der obigen 7 Banknoten mit Wiederholungen. Wir können also, ähnlich wie im letzten Beispiel, der Reihe nach alle 7-1, 7-2, 7-3, ... -Kombinationen erzeugen, bis wir eine erste Lösung gefunden haben. Sobald wir die erste Lösung gefunden haben, können wir das Verfahren abbrechen, da wir an weiteren Lösungen, die ja nicht aus weniger Geldscheinen bestehen können, nicht interessiert sind.

In einem ersten Schritt stellen wir einen Array mit den 7 verfügbaren Banknoten und eine Variable für den auszuzahlenden Betrag bereit:

```
int noten[7] = { 1000, 500, 200, 100, 50, 20, 10};
int betrag;
```

▲ CD-ROM P_10_3_2/automat.c

Diese Informationen sind global und können von allen Unterprogrammen genutzt werden.

Als Nächstes erstellen wir eine Funktion, die prüft, ob eine an der Schnittstelle übergebene Kombination[6] eine Lösung darstellt:

```
int pruefe( int k, int array[])
    {
    int i;
    int summe;

    for( i = 0, summe = 0; i < k; i++)
        summe += noten[array[i]-1];

    return (summe == betrag);
    }
```

▲ CD-ROM P_10_3_2/automat.c

---

6. Da vom übergeordneten Kombinationsgenerator wieder um 1 verschobene Indexwerte kommen, müssen wir hier wieder entsprechend korrigieren.

Dazu prüfen wir, ob die Summe der Werte der in der Kombination ausgewählten Geldscheine dem vorgegebenen Betrag entspricht. Beachten Sie, dass wir durch die Anweisung

```
return (summe == betrag);
```

den Wert 1 oder 0 zurückgeben, je nachdem ob summe und betrag übereinstimmen oder nicht. Diesen Returnwert benötigen wir, da wir die Erzeugung von weiteren Kombinationen abbrechen wollen, sobald eine Lösung gefunden wurde.

Jetzt nehmen wir aus unserem Kombinatorik-Baukasten das Programm komb_mw, und nehmen dort einige Veränderungen vor:

```
A  int komb_mw(int n, int k, int array[], int x)
       {
       int i;
       int max;

       if( x < k)
           {
           max = x ? array[x-1] : 1;
           for( i = max; i <= n; i++)
               {
               array[x] = i;
B              if( komb_mw( n, k, array, x+1))
                   return 1;
               }
C          return 0;
           }
       else
D          return pruefe( k, array);
       }
```

▲ CD-ROM P_10_3_2/automat.c

Diese Änderungen haben alle mit einem geordneten Rückzug aus der Rekursion im Falle einer gefundenen Lösung zu tun. Im Einzelnen wurden folgende Änderungen durchgeführt:

A: Die Funktion bekommt einen Rückgabewert, der aussagt, ob eine Lösung gefunden wurde (1) oder nicht (0).

B: Nach jedem rekursiven Aufruf wird abgefragt, ob auf tieferen Rekursionsebenen eine Lösung gefunden wurde. Falls das der Fall ist, werden keine weiteren Untersuchungen angestellt und der Erfolg wird an die nächsthöhere Instanz weitergemeldet.

C: Wenn das Programm an diese Stelle kommt, so wurde bei allen Versuchen in der voraufgegangenen Schleife keine Lösung gefunden. Man kann für diesen Teil der Rekursion nur resignativ einen Misserfolg zurückmelden.

D: Hier ist eine vollständige Kombination erzeugt. Über Erfolg oder Misserfolg entscheidet das Unterprogramm `pruefe`.

Jetzt fehlt nur noch das Hauptprogramm, in dem alle Fäden zusammenlaufen. Wir wollen Beträge bis € 10000 auszahlen. Das bedeutet, dass eine Kombination aus höchstens 1000 Geldscheinen bestehen kann.[7] Wir legen daher einen Array mit 1000 Elementen für die Kombination an. Den Auszahlungsalgorithmus lassen wir in einer Schleife laufen, die beendet wird, sobald ein ungültiger Betrag eingegeben wird:

```
main()
    {
    int array[1000];
    int k, i;

    for( ; ; )
        {
        printf( "Betrag: ");
        scanf( "%d", &betrag);
        fflush( stdin);
        if((betrag <= 0) || (betrag > 10000))
            break;
        for( k = 1; k <= betrag/10; k++)
            {
            if( komb_mw( 7, k, array, 0))
                {
                printf( "Auszahlung: ");
                for( i = 0; i < k; i++)
                    printf( "%d ", noten[array[i]-1]);
                printf( "\n");
                break;
                }
            }
        }
    }
```

▲ **CD-ROM** P_10_3_2/automat.c

Innerhalb der äußeren Schleife erfragen und überprüfen wir zunächst die Eingaben. Dann erzeugen wir in einer weiteren Schleife mit steigender Anzahl k die

---

7. In Wirklichkeit sind es natürlich viel weniger, aber das soll uns egal sein.

erforderlichen 7-k-Kombinationen, bis die erste Lösung gefunden ist. Diese geben wir dann auf dem Bildschirm aus und beenden danach die innere Schleife, um in der äußeren mit der nächsten Auszahlung fortzufahren.

Wir testen das Programm

```
Betrag: 590
Auszahlung: 500 50 20 20
Betrag: 990
Auszahlung: 500 200 200 50 20 20
Betrag: 770
Auszahlung: 500 200 50 20
Betrag: 890
Auszahlung: 500 200 100 50 20 20
Betrag: 0
```

und stellen fest, dass es zufrieden stellend arbeitet. Na ja, wir wollen uns fragen, ob das Programm wirklich zufrieden stellend arbeitet. Dazu überlegen wir uns, wie viele Fälle von dem Programm maximal untersucht werden, um eine Lösung zu finden. Ich habe das Programm ganz bewusst so angelegt, dass auch Zahlen eingegeben werden können, für die es keine Auszahlungsmöglichkeit gibt (z.B. 1001). Wenn man eine solche Zahl eingibt, erzeugt das Programm alle möglichen Kombinationen, um dann letztlich festzustellen, dass es keine Lösung gibt.[8] Dazu werden für eine Zahl x alle 7-1, 7-2, ... 7-x/10-Kombinationen erzeugt. Deren Gesamtzahl ist:

$$\binom{7 + 1 - 1}{1} + \binom{7 + 2 - 1}{2} + \cdots + \binom{7 + x/10 - 1}{x/10}$$

Wie viele Fälle dies für spezielle Werte von x sind, können Sie der nachfolgenden Tabelle entnehmen:

x	Zu betrachtende Kombinationen
10	7
100	19477
500	264385835
1000	26075972545
5000	1638925763772725
10000	204032533091695450

---

8. Das Programm erkennt das eigentlich nicht. Es gibt in dieser Situation einfach keine Lösung aus.

Sie beobachten auch hier wieder die »kombinatorische Explosion«, die dazu führt, dass zum Beispiel bis zu der Erkenntnis, dass die Zahl 9999 nicht auszahlbar ist, auch auf einem schnellen Rechner eine erhebliche Zahl an Auszahlungsversuchen getestet wird.

Und dabei geht es mit einem anderen Algorithmus so einfach und schnell:

```
void auszahlung()
    {
    int n;
    int rest;

    printf( "Auszahlung: ");
    for( n = 0, rest = betrag; rest > 9; )
        {
        if( noten[n] <= rest)
            {
            printf( "%d ", noten[n]);
            rest -= noten[n];
            }
        else
            n++;
        }
    printf( "\n");
    }
```

▲ CD-ROM P_10_3_2/automat.c

Wir starten mit der größten Geldnote und ziehen deren Wert so lange von dem Auszahlungsbetrag ab, bis der verbleibende Rest kleiner als die Geldnote ist. Sobald dieser Punkt erreicht ist, gehen wir zur nächstkleineren Geldnote und setzen mit dieser das Verfahren fort[9]. Wenn wir zwischendurch immer die verwendeten Noten ausgeben, erhalten wir ein funktional gleichwertiges, aber erheblich effizienteres Verfahren zur Bestimmung der gesuchten Auszahlungskombination. Dieses Programm benötigt zunächst einmal so viele Schleifendurchläufe, wie Noten zur Auszahlung erforderlich sind. Dazu kommt noch ein Schleifendurchlauf pro Geldnote, wenn auf den nächsten Notenwert umgestiegen wird. Die Auszahlung, für die die meisten Geldscheine, nämlich 15, benötigt werden, ist 9990 EURO. Sodass dieses Programm maximal 21 Schleifendurchläufe benötigt. Das ist ein erheblicher Effizienzgewinn.

---

9. Dieses Verfahren funktioniert übrigens nur, wenn ausreichend Banknoten aller Notenwerte zur Verfügung stehen. Will man etwa 60 EURO auszahlen und sind keine 10-EURO-Scheine, aber 50- und 20-EURO-Scheine vorhanden, so findet das Programm keine Lösung, obwohl doch eine Auszahlung von drei 20-EURO-Scheinen möglich wäre. Bei einer kombinatorischen Untersuchung aller Fälle würde diese Lösung gefunden.

Zwei Erkenntnisse sollten Sie aus diesem Beispiel gewinnen:

1. Kombinatorische Algorithmen, egal, ob sie zur Erzeugung von Kombinationen oder Permutationen eingesetzt werden, verursachen immer hohe Laufzeitkosten, da immer alle theoretisch möglichen Fälle erzeugt werden. Kombinatorische Algorithmen sind immer nur die *ultima ratio,* wenn keine effizienteren Algorithmen verfügbar sind.

2. Wir benötigen konkrete Verfahren, um den Laufzeitbedarf von Algorithmen ermitteln oder zumindest abschätzen zu können. Ideal wären Verfahren, mit denen wir Algorithmen klassifizieren und untereinander vergleichen könnten.

Mit dem zuletzt genannten Themenkreis werden wir uns im nächsten Kapitel beschäftigen.

10.4 Aufgaben

A 10.1 Schreiben Sie ein Programm, in das Sie den Inhalt Ihres Portemonnaies (Geldwert der vorhandenen Münzen bzw. Scheine) eingeben können, und das Ihnen dann berechnet, ob Sie bestimmte Beträge exakt auszahlen können. Erstellen Sie zwei Varianten des Programms, eine, die eine Auszahlung mit möglichst wenig und eine, die eine Auszahlung mit möglichst vielen Geldstücken bzw. Geldscheinen ermittelt.

A 10.2 Finden Sie alle Folgen z_0, z_1, z_2, z_3, z_4, aus verschiedenen Zahlen zwischen 1 und 20, die folgenden Bedingungen genügen:

▶ $z_0 + z_1 = z_2$

▶ $z_3 < z_4$

▶ z_4 teilt $z_2 + z_3$

▶ $z_0 \cdot z_1 = z_2 \cdot z_3$

Hinweis: Es gibt 6 Lösungen!

A 10.3 Lösen Sie die Aufgabe 10.2 erneut, wobei diesmal die Zahlen nicht voneinander verschieden sein müssen.

Hinweis: Jetzt gibt es 14 Lösungen.

A 10.4 Die Mädchen Anne, Berta, Clara und Doris sowie die Jungen Alex, Bert, Claus und Daniel bilden vier Paare. Gestern Abend haben die Paare eine Ausstellung, eine Bar, einen Circus bzw. eine Disco besucht. Jedes der Paare war an genau einem der genannten Orte.

Zusätzlich ist bekannt:

▶ Alex war in der Ausstellung.

▶ Claus war mit Berta zusammen.

▶ Daniel war nicht mit Doris zusammen.

▶ Clara war in der Bar.

▶ Doris war im Circus.

Erstellen Sie ein Programm, das ermittelt, **wer** gestern mit **wem wo** war!

A 10.5 Aus den sechs Ziffern 2, 3, 4, 5, 7 und 9 kann man zwei dreistellige Zahlen bilden, wobei jede Ziffer genau einmal verwendet wird. Erstellen Sie ein Programm, das zwei solche Zahlen so bestimmt, dass

▶ die Summe der beiden Zahlen möglichst klein

▶ die Summe der beiden Zahlen möglichst groß

▶ das Produkt der beiden Zahlen möglichst klein

▶ das Produkt der beiden Zahlen möglichst groß

ist!

A 10.6 Ein Taxifahrer in New York soll einen Fahrgast auf kürzestem Wege über eine bestimmte Anzahl von Blöcken von einem Punkt A zu einem süd-östlich gelegenen Punkt B bringen.

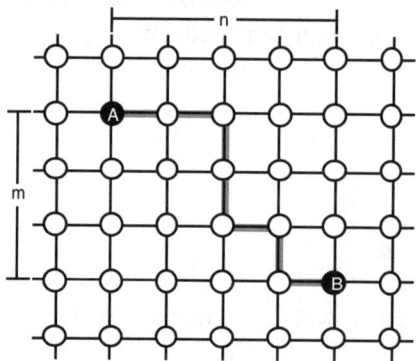

Erstellen Sie ein Programm, das zunächst die Anzahl der Blöcke, die nach Süden bzw. nach Osten zu fahren sind, erfragt und dann alle möglichen Fahrtrouten in Form konkreter Fahranweisungen ausgibt. Im Falle der oben eingezeichneten Fahrtroute lautet die Fahranweisung etwa:

```
O-O-S-S-O-S-O
```

A 10.7 Wir erweitern das Straßennetz von New York durch Hinzufügen von Diagonalverbindungen:

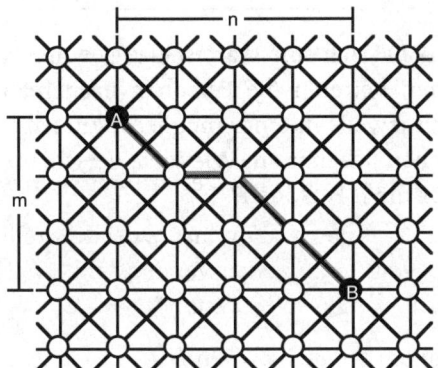

Geben Sie auch in dieser Situation dem Taxifahrer alle möglichen Fahrtrouten minimaler Länge als Hilfestellung zur Hand. In dem oben eingezeichneten Beispiel ist die Fahrtroute:

```
SO-O-SO-SO
```

A 10.8 Erstellen Sie ein Programm, das alle Teilmengen der Menge {1, 2, ..., n} ausgibt! Der Benutzer soll zuvor die Zahl n im Bereich von 1 bis 20 frei wählen können:

```
Anzahl Elemente (1-20): 3

0-elementige Teilmengen

    {}

1-elementige Teilmengen

    {1}
    {2}
    {3}

2-elementige Teilmengen

    {1,2}
    {1,3}
    {2,3}
```

```
3-elementige Teilmengen

    {1,2,3}
```

A 10.9 Vor einer geschlossenen Bank hat sich eine Warteschlange von n Personen gebildet. Als die Bank öffnet, betreten die Personen nacheinander die Schalterhalle und stellen sich jeweils in einer möglichst kurzen Schlange an einem der drei vorhandenen Schalter an. Wie viele verschiedene Aufstellmöglichkeiten gibt es für die n Personen?

11 Leistungsanalyse und -messung von Algorithmen

Bisher haben wir zur Lösung spezieller Aufgaben immer den erstbesten Algorithmus genommen und implementiert. Dabei haben wir aber auch schon gesehen, dass es Algorithmen sehr unterschiedlicher Leistungsfähigkeit für ein und dasselbe Problem geben kann. Um dies noch einmal zu vertiefen, wollen wir drei verschiedene Algorithmen für eine Aufgabe formulieren und bewerten.

Dazu stellen wir uns eine ganz einfache Programmieraufgabe. Wir wollen alle ganzzahligen, nicht-negativen Lösungen der Gleichung

$$x + y + z = n$$

bestimmen. Die Zahl n ist dabei beliebig, aber fest vorgegeben.

Beim ersten Lösungsansatz lassen wir die Variablen x, y und z im gesamten Lösungsraum (0-n) variieren und prüfen für jede Variablenkombination, ob eine Lösung vorliegt. Wir erzeugen also durch drei ineinander geschachtelte Schleifen alle Möglichkeiten und filtern die korrekten Lösungen durch eine if-Abfrage aus:

Programm 1
```
void gleichung1( int n)
    {
    int x, y, z;

    for( x = 0; x <= n; x++)
        {
        for( y = 0; y <= n; y++)
            {
            for( z = 0; z <= n; z++)
                {
                if( x + y + z == n)
                    printf( "%d +%d +%d = %d\n", x, y, z, n);
                }
            }
        }
    }
```

Anzahl der betrachteten Fälle:

$$t_1(n) = (n + 1)^3$$

Die Laufzeit des Programms hängt offensichtlich von der Anzahl der in der innersten Schleife zu untersuchenden Fälle ab. Diese können wir aber recht einfach abzählen, da es sich ja um $(n+1)$-3-Permutationen mit Wiederholungen handelt, von denen es bekanntlich $(n+1)^3$ gibt.

Es ist Ihnen natürlich längst aufgefallen, dass der Wert für z festliegt, sobald konkrete Werte für x und y vorgegeben sind. Es kommt dann nur z = n-x-y in Frage, um die geforderte Gleichung zu erfüllen. Damit erweist sich die innere Schleife als überflüssig, und wir können das Programm wie folgt vereinfachen:

Programm 2

```c
void gleichung2( int n)
    {
    int x, y, z;

    for( x = 0; x <= n; x++)
        {
        for( y = 0; y <= n; y++)
            {
            z = n - x - y;
            if( z >= 0)
                printf( "%d +%d +%d = %d\n", x, y, z, n);
            }
        }
    }
```

Anzahl der betrachteten Fälle:

$$t_2(n) = (n + 1)^2$$

Die Anzahl der zu betrachtenden Fälle reduziert sich dabei auf $(n + 1)^2$, und es ist davon auszugehen, dass dieses Programm bei gleicher Funktionalität entsprechend schneller am Ziel ist.

Wenn man jetzt noch einmal genau hinschaut, stellt man fest, dass es sinnlos ist, y immer bis zur Obergrenze n laufen zu lassen. Oberhalb von y = n-x können keine Lösungen für z gefunden werden. Wir können die Schleife über y also bei Überschreitung des Werts n − x abbrechen. Da z = n-x-y in dieser Situation stets größer oder gleich 0 ist, ist dann die Abfrage z = 0 nicht mehr erforderlich, und wir können das Programm noch einmal vereinfachen:

Programm 3

```
void gleichung3( int n)
    {
    int x, y, z;

    for( x = 0; x <= n; x++)
        {
        for( y = 0; y <= n - x; y++)
            {
            z = n - x - y;
            printf( "%d +%d +%d = %d\n", x, y, z, n);
            }
        }
    }
```

Anzahl der betrachteten Fälle:

$$t_3(n) = \frac{(n + 1)(n + 2)}{2}$$

Die Formel für die Anzahl der betrachteten Fälle ist einfach zu finden, wenn man bedenkt, dass es für gegebenes x jeweils n-x+1 mögliche Fälle für y und damit insgesamt

$$\sum_{x=0}^{n} (n - x + 1) = \sum_{k=1}^{n+1} k = \frac{(n + 1)(n + 2)}{2}$$

Fälle gibt.

Die Anzahl der zu betrachtenden Fälle halbiert sich bei Verwendung dieses Programms in etwa gegenüber dem vorherigen Programm, sodass wir nochmals eine deutliche Verringerung der Laufzeit erwarten können. Wenn wir den Laufzeitbedarf in der innersten Schleife in allen drei Programmen als gleich ansehen, so können wir die Laufzeitfunktionen untereinander vergleichen.

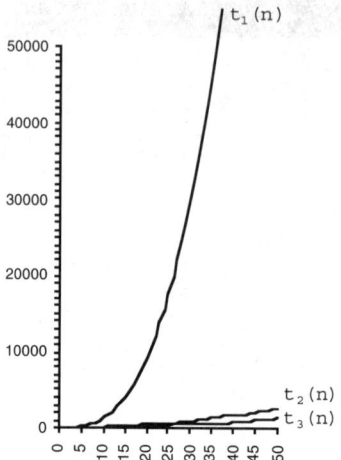

Das dritte Programm ist erwartungsgemäß doppelt so schnell wie das zweite. Auffallend ist aber, dass das erste Programm für »große« Werte von n deutlich aus dem Rahmen fällt. Hier scheinen wir es mit zwei verschiedenen »Leistungsklassen« zu tun zu haben. Diese Beobachtung wollen wir im Rahmen dieses Kapitels auf eine saubere Grundlage stellen.

11.1 Leistungsanalyse

Die theoretische Analyse von Algorithmen ist ein anspruchsvolles Feld. Nur in einfach gelagerten Fällen kann man einen Algorithmus vollständig rechnerisch in den Griff bekommen. Im Regelfall wird man unbedeutende Beiträge zur Laufzeit eines Programms unter den Tisch fallen lassen und sich mit den Teilen beschäftigen, die einen substantiellen Beitrag zur Gesamtlaufzeit des Programms leisten. Dazu muss man zunächst einmal lernen, die wesentlichen Teile, die die Laufzeit prägen, zu identifizieren. Sinnvollerweise orientiert man sich dabei an den Bausteinen von Programmen. Diese sind:

▶ Blöcke

▶ Fallunterscheidungen

▶ Schleifen

▶ Unterprogramme

Wir betrachten ein einfaches Beispiel, an dem wir eine komplette Analyse durchführen wollen.

Zunächst besteht unser Programm aus drei Unterprogrammen konstanter Laufzeit:

```
void upr3 ()
    {
    int i;

    for( i = 0; i < 100; i++)
        ;
    }

void upr2 ()
    {
    int i,j;

    for( i = 0; i < 100; i++)
        for( j = 0; j < 50; j++)
            ;
    }

void upr1 ()
    {
    int i,j, k;

    for( i = 0; i < 100; i++)
        for( j = 0; j < 50; j++)
            for( k = 0; k < 10; k++)
                ;
    }
```

Wir vermuten, dass upr2 eine 50-mal längere Laufzeit als upr3 und upr1 eine 10-mal längere Laufzeit als upr2 hat. Die effektiven Laufzeiten sind uns allerdings nicht bekannt. Wir werden sie später durch Messung ermitteln.

Der eigentliche Algorithmus, für dessen Laufzeitverhalten wir uns interessieren, ist durch das Unterprogramm test gegeben.

```
void test (int n, int m)
    {
    int i1, i2, i3;

    for( i1 = 0; i1 < n; i1++)
        {
        upr1();
```

```
        for( i2 = 0; i2 < 2*m; i2++)
            {
            if( i2 % 2)
                upr2();
            else
                for( i3 = 0; i3 < i2; i3++)
                    upr3();
            }
        }
    }
```

Die Laufzeit hängt von den Parametern n und m ab. Um die Laufzeit in den Griff zu bekommen, zerlegen wir den Algorithmus in seine Bestandteile. Wir verwenden dazu eine grafische Notation, die unmittelbar einsichtig ist:

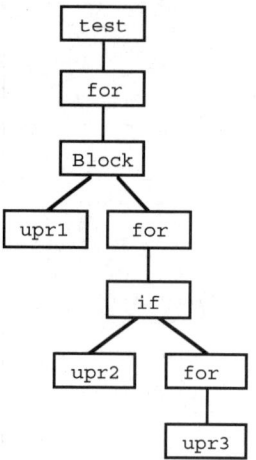

Die Grafik zeigt uns den Strukturbaum des Programms. An den Blättern des Baumes finden wir die Unterprogramme upr1 – upr3, die wir nicht weiter zerlegt haben, da sie konstante Laufzeit haben. Diese Laufzeiten werden jetzt im Baum über die Knoten nach oben propagiert, bis wir am Ende an der Wurzel die Laufzeit des gesamten Programms erhalten. Je nach Sprachkonstrukt findet an den Knoten natürlich eine andere Art der Propagierung von Laufzeiten statt. Das müssen wir diskutieren.

Wir machen uns zunächst eine detailreichere Grafik, in der auch schon die Laufzeiten der drei Unterprogramme als unbekannte Konstanten t1, t2 und t3 eingetragen sind.

Wir beginnen mit der Bottom-Up-Analyse unseres Programms. Zunächst propagieren wir die Laufzeit des Unterprogramms upr3 in die übergeordnete Schleife.

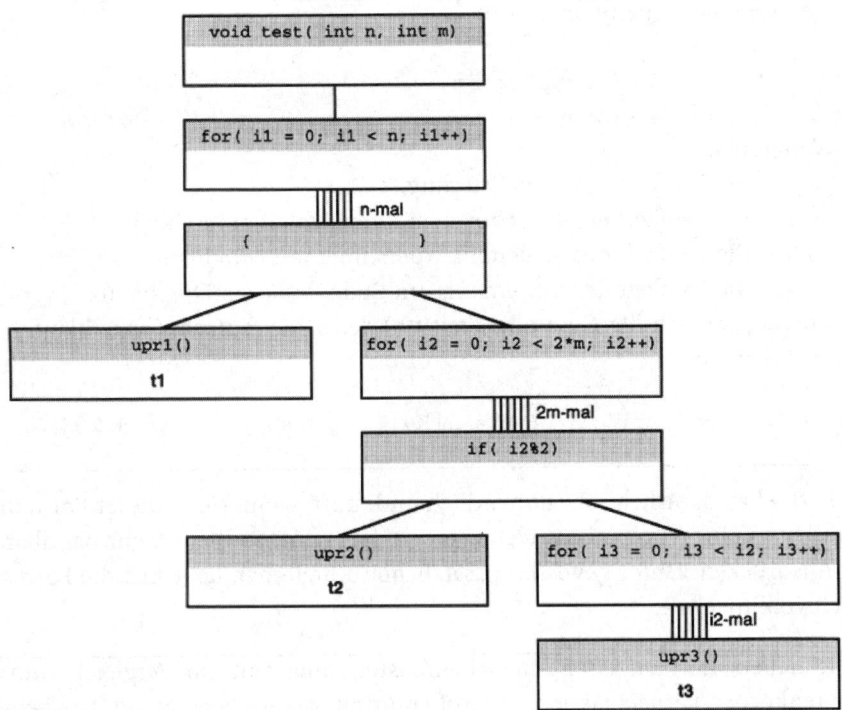

Dazu erinnern wir uns an die Kontrollfluss-Steuerung innerhalb einer Schleife:

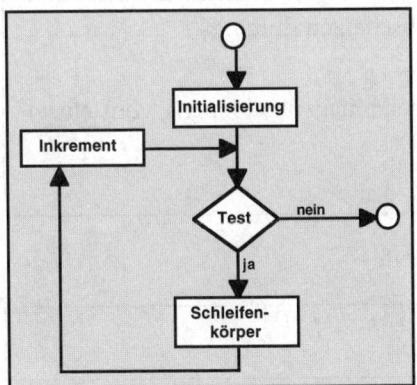

Alle Teile tragen natürlich etwas zur Gesamtlaufzeit einer Schleife bei. Im Allgemeinen kann man daher nicht einfach etwas weglassen. Es ist ja durchaus denkbar, dass etwa in der Initialisierung einer Schleife eine sehr rechenintensive Prozedur aufgerufen wird und der Aufwand zur Initialisierung der Schleife alle anderen Aufwände deutlich übersteigt.

Gegeben sei eine Schleife der Form:

```
for( init; test; incr)
      body
```

Des Weiteren sei:

t_{init} die Laufzeit der Initialisierung,

$t_{test}(k)$ die Laufzeit des Tests vor dem k-ten Schleifendurchlauf,

$t_{body}(k)$ die Laufzeit des Schleifenkörpers im k-ten Durchlauf,

$t_{incr}(k)$ die Laufzeit des Inkrements am Ende des k-ten Durchlaufs.

Dann berechnet sich die Gesamtlaufzeit t(n) der Schleife nach n Durchläufen nach der Formel:

$$t(n) = t_{init} + t_{test}(1) + \sum_{k=1}^{n} \left(t_{body}(k) + t_{incr}(k) + t_{test}(k+1) \right)$$

Diese Formel ist natürlich sehr unhandlich und führt, wenn sie in dieser Form im Strukturbaum eines Programms weiter propagiert wird, zu nicht mehr handhabbaren Ausdrücken. Unter gewissen zusätzlichen Annahmen lässt sich die Formel deutlich vereinfachen.

Häufig haben die Laufzeiten zur Schleifensteuerung eine im Vergleich zum Schleifenkörper vernachlässigbare Größenordnung. Die Formel zur Laufzeit der Schleife vereinfacht sich dann zu:

$$t(n) = \sum_{k=1}^{n} t_{body}(k)$$

Gibt es eine gemeinsame obere Schranke t_{max} für die Laufzeit des Schleifenkörpers, so kann man die Gesamtlaufzeit abschätzen durch:

$$t(n) \leq n t_{max}$$

Ist die Laufzeit des Schleifenkörpers darüber hinaus unabhängig vom einzelnen Schleifendurchlauf, so ergibt sich:

$$t(n) = n t_{body}$$

In unserem Beispiel sind in der inneren Schleife

```
for( i3 = 0; i3 < i2; i3++)
      upr3();
```

beide Bedingungen zur Vereinfachung erfüllt. Die Laufzeit des Schleifenkörpers hängt nicht von i3 ab und die Laufzeiten für Initialisierung (i3=0), Test (i3<i2) und Inkrement (i3++) sind unbedeutend im Vergleich zur Laufzeit von upr3, in dem ja eine Schleife 100-mal durchlaufen wird. Damit ergibt sich für die innere Schleife die Laufzeit i2*t3. Wir propagieren diesen Wert im Strukturbaum:

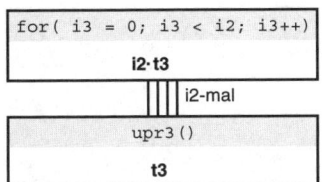

Dieses Ergebnis fließt nun zusammen mit der Laufzeit von `upr2` in eine `if`-Kontrollstruktur ein. Auch diese Kontrollstruktur hat wieder einen zusätzlichen Anteil zur Steuerung. Entsprechend dem Flussdiagramm

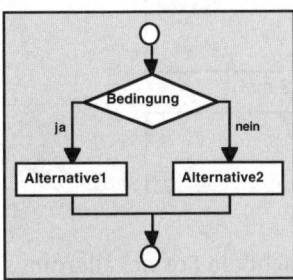

für die bedingte Verzweigung ergibt sich die folgende Laufzeitanalyse:

Gegeben sei eine Fallunterscheidung der Form:

```
if( bedingung)
        alternative1
else
        alternative2
```

Des Weiteren sei

?	die Laufzeit für die Überprüfung der Bedingung,
?	die Laufzeit der Alternative1,
?	die Laufzeit der Alternative2.

Dann berechnet sich die Gesamtlaufzeit der Fallunterscheidung nach der Formel:

$$t = t_{bed} + \begin{cases} t_{alt1} & \text{falls die Bedingung erfüllt ist} \\ t_{alt2} & \text{sonst} \end{cases}$$

Ist die Laufzeit zur Überprüfung der Bedingung vernachlässigbar gegenüber der Laufzeit für die Alternativen, so kann sie weggelassen werden.

In unserem konkreten Beispiel ergibt sich:

$$t = \begin{cases} \texttt{t2} & \texttt{falls i2 ungerade ist} \\ \texttt{i2} \cdot \texttt{t3} & \texttt{falls i2 gerade ist} \end{cases}$$

Im Programmstrukturbaum ergibt sich damit:

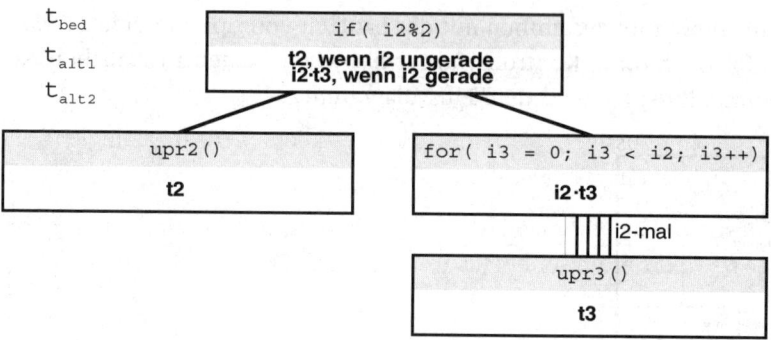

Die in der Formel vorkommende Fallunterscheidung macht die Formel allerdings unhandlich. Im Allgemeinen weiß man nicht, ob die Bedingung erfüllt ist. Und man hätte beide Varianten durchzurechnen. Dies würde bedeuten, dass bei einer weiteren Propagierung im Programmstrukturbaum immer zwei Fälle zu betrachten wären. Würden dann im Baum weitere Fallunterscheidungen angetroffen, so würde eine weitere Verdopplung der Fälle auftreten. Dies würde zu einer inakzeptablen Formelvielfalt führen. In der Regel versucht man daher, so früh wie möglich die Variantenbildung zu unterbinden. Am besten ist es, wenn Varianten erst gar nicht entstehen. Dazu gibt es zwei Möglichkeiten. Zunächst versuchen wir es mit einer gemeinsamen Abschätzung für beide Alternativen:

Wenn es eine gemeinsame obere Schranke t_{max} für die Laufzeiten der beiden Alternativen gibt, so kann man durch die Abschätzung

$$t \leq t_{bed} + t_{max}$$

die obige Formel vereinfachen. Wird die Laufzeit zur Überprüfung der Bedingung t_{bed} durch t_{max} dominiert, kann sie weggelassen werden.

Als obere Schranke immer geeignet ist die Laufzeitsumme der beiden Alternativen, also:

$$t \leq t_{bed} + t_{alt1} + t_{alt2}$$

Wird die Laufzeit zur Überprüfung der Bedingung durch $t_{alt1} + t_{alt2}$ dominiert, kann sie weggelassen werden. Wird die Laufzeit für eine Alternative durch die andere dominiert, kann sie ebenfalls weggelassen werden.

Beachten Sie hier aber zweierlei:

1. Bei den einzelnen Laufzeiten handelt es sich im Allgemeinen um Funktionen, die noch durch außenliegende Variablen gesteuert werden. Es geht hier also nicht darum, einfach nur den größeren zweier Werte zu bestimmen, sondern eine Funktion zu finden, die (möglichst knapp) oberhalb der Funktionen für die Alternativen verläuft und möglichst einfach ist. Eine solche Funktion ist nicht immer leicht zu finden.

2. Unter Umständen kommt man bei solch einer Abschätzung durch die Einbeziehung seltener (oder gar nicht vorkommender), aber rechenintensiver Sonderfälle zu sehr ungünstigen Werten, die die wirkliche Leistungsfähigkeit des Algorithmus nicht mehr wiedergeben.

In unserem Beispiel schätzen wir mit der Summe ab. Dies führt dann zu der Formel `t2 + i2*t3`, mit der wir ebenfalls propagieren können:

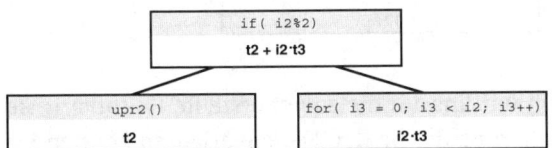

Eine weitere Möglichkeit zur Vereinfachung einer Alternativformel bietet sich, wenn man zusätzliche statistische Informationen nutzt. Weiß man etwas darüber, mit welcher Wahrscheinlichkeit die beiden Alternativen eintreten, so kann man die beiden Zeitfunktionen entsprechend bewerten.

> Gibt es Informationen darüber, mit welcher Wahrscheinlichkeit p (0=p=1) die Bedingung in der Fallunterscheidung wahr wird, so lässt sich die mittlere Laufzeit wie folgt ermitteln:
>
> $$t \approx t_{bed} + pt_{alt1} + (1 - p)t_{alt2}$$
>
> Wird die Laufzeit zur Überprüfung der Bedingung von anderen Termen dominiert, kann sie weggelassen werden. Wird einer der beiden bewerteten Terme von dem anderen dominiert, so kann auch er weggelassen werden.

In diesem Fall liefert die Formel allerdings keine Aussage mehr über die maximal zu erwartende Laufzeit, sondern über die durchschnittlich zu erwartende Laufzeit. An diesem Ergebnis ist man aber häufig genauso stark interessiert wie an der maximalen Laufzeit, weil sie etwas über das Verhalten eines Programms in typischen Lastsituationen aussagt.

In unserem Beispiel bedeutet die Bedingung `i2%2` nichts anderes als die Frage, ob `i2` ungerade oder gerade ist. In etwa der Hälfte der Fälle wird `i2` gerade und ebenfalls in der Hälfte der Fälle ungerade sein. Beachten Sie, dass für die Annahme der Wahrscheinlichkeiten nicht nur die Fallunterscheidung gerade/ungerade wichtig ist, sondern dass hier ganz wesentlich eingeht, mit welchen Werten die Bedingung aus dem umgebenden Kontext heraus benutzt wird. Würde die `if`-Abfrage etwa in eine Schleife eingebettet, in der `i2` nur gerade Werte durchlaufen würde, so hätten wir natürlich eine ganz andere Verteilung. Im Allgemeinen wird es sehr schwer sein, korrekte Verteilungen vorherzusagen. In unserem Beispiel ist die äußere Schleife »fair«, d.h., gerade und ungerade Werte kommen gleichermaßen zum Zuge. Wir können daher alternativ zu den zwei zuvor vorgeschlagenen Möglichkeiten mit der mittleren Laufzeit $\frac{1}{2}$`t2` $+ \frac{1}{2}$ `i2` $\cdot$ `t3` propagieren:

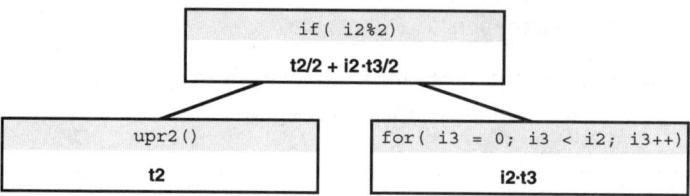

In der weiteren Diskussion wollen wir uns auf die zuerst erstellte Hauptvariante konzentrieren. Die weitere Propagierung der beiden Nebenvarianten können Sie als Übung selbst durchführen.

Auf der nächsthöheren Ebene des Strukturbaums stoßen wir wieder auf eine Schleife. Die zugehörige Theorie kennen wir bereits. Diesmal ist die Laufzeit des Schleifenkörpers aber abhängig von der Laufvariablen `i2`. Unter Vernachlässigung von Initialisierung, Test und Increment, die ja gemessen an der gewachsenen Laufzeit des Schleifenkörpers immer unwichtiger werden, erhalten wir dann als Laufzeit für die Schleife:

$$
\begin{aligned}
\text{t} &= \sum_{\text{i2}=0}^{2m-1} \begin{cases} \text{t2} & \text{wenn i2 ungerade} \\ \text{i2} \cdot \text{t3} & \text{wenn i2 gerade} \end{cases} \\[2mm]
&= \underset{\text{i2 ungerade}}{\sum_{\text{i2}=0}^{2m-1}} \text{t2} + \underset{\text{i2 gerade}}{\sum_{\text{i2}=0}^{2m-1}} \text{i2} \cdot \text{t3} \\[2mm]
&= \text{t2} \cdot \text{m} + \sum_{k=1}^{m-1} 2k \cdot \text{t3} \\[2mm]
&= \text{t2} \cdot \text{m} + 2 \cdot \text{t3} \sum_{k=1}^{m-1} k \\[2mm]
&= \text{t2} \cdot \text{m} + 2 \cdot \text{t3}\, \frac{\text{m}(\text{m}-1)}{2} \\[2mm]
&= \text{t2} \cdot \text{m} + \text{t3} \cdot \text{m}(\text{m}-1)
\end{aligned}
$$

Aufgrund der synthetischen Struktur des Beispiels gelingt es uns also, die Fallunterscheidung wieder »herauszurechnen«, und wir können wieder einen Schritt propagieren:

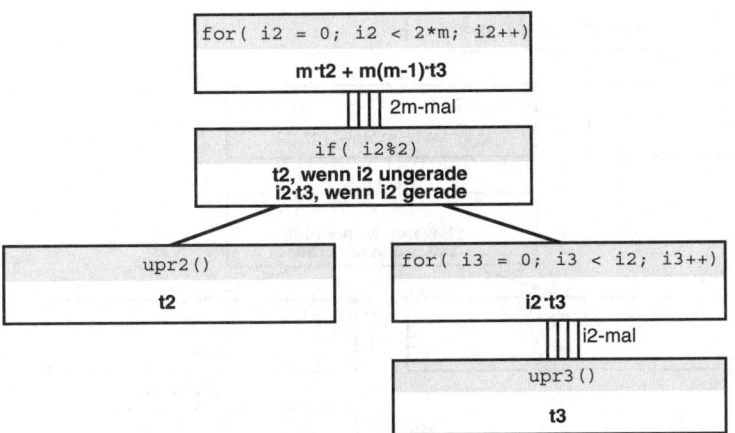

Auf der nächsten Ebene finden wir einen Block. Die Behandlungsvorschrift hierfür ist ganz einfach. Die Laufzeit in einem Block ist gleich der Summe aller Laufzeiten der einzelnen Anweisungen:

Gegeben sei ein Block der Form:

```
{
anweisung_1
anweisung_2
...
anweisung_n
}
```

Des Weiteren sei

t_k die Laufzeit der k-ten Anweisung im Block.

Dann berechnet sich die Gesamtlaufzeit des Blocks nach der Formel:

$$t = \sum_{k=1}^{n} t_k$$

Dominierte Terme können weggelassen werden.

Blöcke können auch einen Eigenanteil an Berechnungsaufwand (z. B. für das Anlegen von lokalen Variablen) haben. Dieser Aufwand ist jedoch in der Regel vernachlässigbar.

In unserem Beispiel enthält der Block zwei Anweisungen, und wir propagieren mit der Summe:

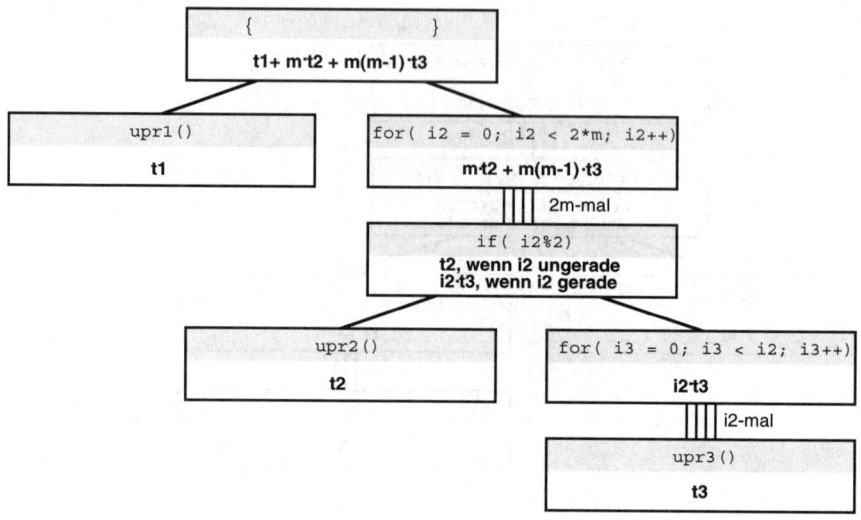

Der Block gehört zu einer Schleife. Die Laufzeit des Blocks hängt aber nicht vom Schleifendurchlauf ab, und wir erhalten im nächsten Verfahrensschritt:

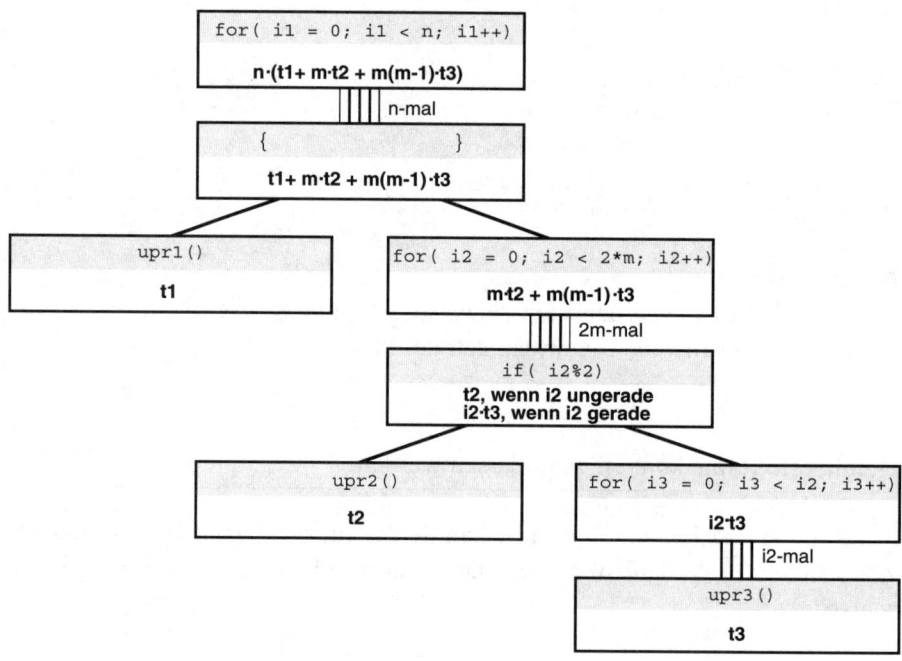

Damit ist die Analyse fast fertig. Alle Anweisungen des Algorithmus werden zu einem Unterprogramm zusammengefasst. Auch hier fällt durch die Laufzeitkosten für den Unterprogrammaufruf noch einmal ein Eigenanteil an. Aber auch diese Kosten wollen wir vernachlässigen. Wir erhalten also an der Wurzel unseres Strukturbaumes die Gesamtkosten für den Algorithmus.

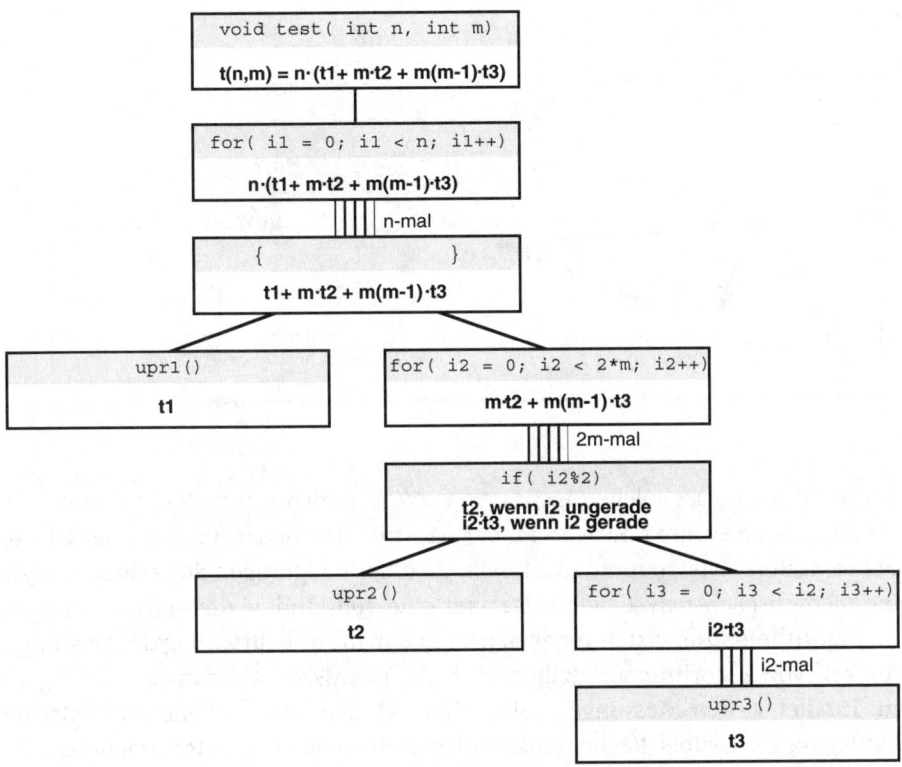

Diese Kosten hängen natürlich von den Parametern n und m ab und könnten jetzt, wenn test als Unterprogramm in einem anderen Programm aufgerufen würde, weiter in das aufrufende Programm propagiert werden.

In diesem einfachen Beispiel ist es uns gelungen, eine vollständige Analyse durchzuführen. Wir haben aber auch erkennen können, dass eine vollständige theoretische Durchdringung eines komplexen Algorithmus mit den bisher bereitgestellten Mitteln kaum möglich ist.

Im nächsten Abschnitt wollen wir feststellen, ob unsere theoretischen Vorüberlegungen auch einer praktischen Überprüfung standhalten.

11.2   Leistungsmessung

Eine Messung oder eine Messreihe ist häufig viel einfacher durchzuführen als eine mathematische Analyse. Man muss sich allerdings fragen, was eine Messung oder auch viele Messungen über die Laufzeitfunktion eines Programms aussagen:

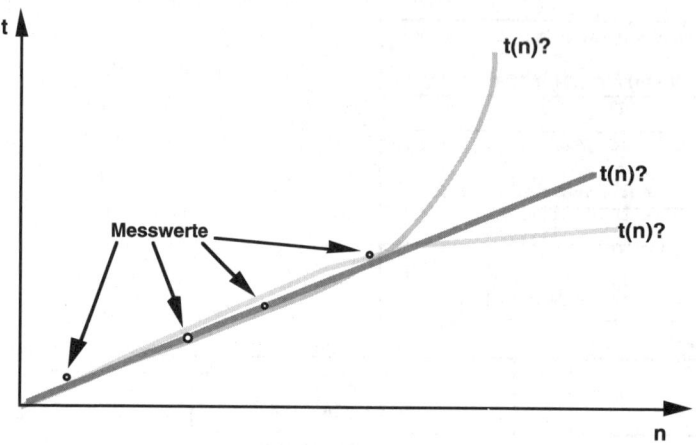

Die Grafik zeigt, dass solche Messungen eigentlich nichts über den weiteren Verlauf einer Laufzeitfunktion jenseits der Messpunkte aussagen. Auch die Hinzunahme weiterer Messpunkte führt nicht zu einer endgültigen Sicherheit, wie sie eine theoretische Analyse liefert. Da aber eine vollständige theoretische Analyse von Algorithmen zumeist unmöglich ist, muss man zur Beurteilung der Leistungsfähigkeit von Algorithmen letztlich doch auf praktische Messungen zurückgreifen. Parallel zu den Messungen sollte man sich aber stets anhand theoretischer Überlegungen darüber Rechenschaft ablegen, inwieweit die Messergebnisse zuverlässig und verallgemeinerungsfähig sind.

Für die folgenden Untersuchungen legen wir das oben bereits ausführlich diskutierte Testprogramm

```
void test(int n, int m)
```

zugrunde, für das wir die Laufzeitformel

$$t(n,m) = n\big(t_1 + mt_2 + m(m-1)t_3\big)$$

mit noch unbekannten, aber konstanten Koeffizienten t1, t2 und t3 hergeleitet hatten. Diese Koeffizienten stehen für die Laufzeiten der Unterprogramme upr1, upr2 bzw. upr3.

Bei der Leistungsmessung eines Programms interessieren vorrangig zwei Gesichtspunkte:

▶ Wie oft werden gewisse Teile des Programms durchlaufen?

▶ Wie viel Rechenzeit wird für Teile des Programms benötigt?

Um Antworten auf diese Fragen zu erhalten, müssen Messungen am laufenden Programm durchgeführt werden. Dazu besteht natürlich die Möglichkeit, die Programme durch einen Testrahmen zu erweitern. Durch spezielle, geschickt platzierte Zähler kann man ermitteln, wie oft ein bestimmter Messpunkt angelaufen wird und ob alle Teile des Algorithmus ausreichend intensiv getestet werden. Durch Aufruf von Timerfunktionen des C-Laufzeitsystems kann die abgelaufene Zeit an bestimmten Kontrollpunkten gemessen und kumuliert werden. Dies bedeutet, dass der Programmcode für Test- und Messzwecke verändert werden muss. Dieser Eingriff in das Programm verfälscht natürlich die eigentlichen Messergebnisse. Wir messen ja nicht das Programm, sondern wir messen das Programm im Messrahmen, also das in Messung befindliche Programm. Für spezielle Tests müsste der Messrahmen verändert werden. Es erhebt sich die Frage, inwieweit dann verschiedene Messungen noch vergleichbar sind? Grundsätzlich sind solche Messungen unbefriedigend und sollten nur dann angewandt werden, wenn keine anderen Möglichkeiten zur Verfügung stehen.

In der Regel finden Sie heute in jeder Software-Entwicklungsumgebung Werkzeuge zur Programmanalyse (z. B. Microsoft Profiler oder die Unix Tools tcov, prof und gprof). Diese Werkzeuge erfordern keinen Eingriff in den Programmcode und sind daher »handgestrickten« Testrahmen vorzuziehen. Prinzipiell unterscheiden wir zwei Arten der Analyse:

▶ die Überdeckungsanalyse und

▶ die Performance-Analyse

Im ersten Fall wird ermittelt, wie oft gewisse Programmteile durchlaufen werden, während im zweiten Fall die Laufzeit gewisser Programmteile gemessen wird.

Bevor wir mit den Messungen starten, versehen wir unseren Algorithmus noch mit einem Hauptprogramm, damit überhaupt ein lauffähiges Testobjekt entsteht:

```
void main()
    {
    int n = 10;
    int m = 10;

    test( n, m);
    }
```

Durch Änderung der Initialwerte für n bzw. m können wir dann verschiedene Testfälle generieren.

11.2.1 Überdeckungsanalyse

Zunächst wollen wir die theoretischen Ergebnisse dadurch überprüfen, dass wir analysieren, wie oft die einzelnen Teile unseres Programms durchlaufen werden. Wir setzen dazu n = 17 und m = 13. Entsprechend unseren Vorüberlegungen erwarten wir:

$$n = 17 \qquad \text{Aufrufe von upr1}$$

$$n \cdot m = 17 \cdot 13 = 221 \qquad \text{Aufrufe von upr2}$$

$$n \cdot m \cdot (m - 1) = 17 \cdot 13 \cdot 12 = 2652 \quad \text{Aufrufe von upr3}$$

Wir analysieren das Programm mit einem Werkzeug zur Überdeckungsanalyse (hier tcov unter Unix) und erhalten das folgende Ergebnis:

```
              void test( int n, int m)
     1 ->         {
                  int i1, i2, i3;

    17 ->         for( i1 = 0; i1 < n; i1++)
                      {
    17 ->                upr1();
   442 ->                for( i2 = 0; i2 < 2*m; i2++)
                             {
   442 ->                     if( i2 % 2)
   221 ->                         upr2();
                             else
   221 ->                         for( i3 = 0; i3 < i2; i3++)
  2652 ->                             upr3();
                             }
                      }
     1 ->         }

              void main()
     1 ->         {
                  int n = 17;
                  int m = 13;

                  test( n, m);
                  }
```

Die Messungen bestätigen das zuvor theoretisch hergeleitete Ergebnis.

Solche Überdeckungsanalysen sind übrigens nicht nur für Performance-Untersuchungen von Bedeutung. Überdeckungsanalysen sind wichtige Hilfsmittel für Test und Qualitätssicherung von Programmen. Bei dem Test von Programmen geht es ja darum, Testdaten so zu wählen, dass alle Teile eines Programms auch wirklich getestet werden. Zur Feststellung des Überdeckungsgrades eines Tests werden dann die hier diskutierten Werkzeuge eingesetzt.

11.2.2 Performance-Analyse

Es fehlen uns noch die Verarbeitungszeiten für die drei Unterprogramme. Dazu analysieren wir unser Programm mit einem Werkzeug zur Performance-Analyse (hier gprof unter Unix). Die Ausgabe von gprof ist sehr umfangreich, und wir beschränken uns hier auf das Wesentliche:

```
 %             the percentage of the total running time of the
time           program used by this function.


cumulative a running sum of the number of seconds accounted
  seconds      for by this function and those listed above it.


 self          the number of seconds accounted for by this
seconds        function alone.  This is the major sort for this
               listing.


calls          the number of times this function was invoked, if
               this function is profiled, else blank.


 self          the average number of milliseconds spent in this
ms/call        function per call, if this function is profiled,
               else blank.


total          the average number of milliseconds spent in this
ms/call        function and its descendents per call, if this
               function is profiled, else blank.


  %   cumulative    self             self    total
 time   seconds    seconds    calls  ms/call  ms/call name
 43.9     1.58       1.58      221     7.15     7.15  _upr2 [4]
 40.6     3.04       1.46       17    85.89    85.89  _upr1 [5]
 13.3     3.52       0.48     2652     0.18     0.18  _upr3 [6]
  1.1     3.56       0.04        1    40.00  3560.41  _test [3]
  0.0     3.60       0.00        1     0.00  3580.41  _main [2]
```

Diesem Output entnehmen wir:

Laufzeit von upr1: t_1 = 85,89 ms
Laufzeit von upr2: t_2 = 7,15 ms
Laufzeit von upr3: t_3 = 0,18 ms

Gesamtlaufzeit: t(17,13) = 3560,41 ms

Die Zeit für den internen Kontrollfluss in test ist mit 40 ms klein im Vergleich zur Gesamtlaufzeit von 3560.41 ms, sodass die Annahmen, auf denen die Formel für die Laufzeitabschätzung basiert, vernünftig zu sein scheinen. Wir können also mit Recht annehmen, dass für die Laufzeit unseres Programms gilt:

$$t_1(n,m) \approx n(85.89 + 7.15m + 0.18m(m - 1))$$

Eine Überprüfung weiterer Fälle[1] bestätigt dies:

n	m	gemessen [ms]	berechnet [ms]
17	13	3560,41	3517,64
18	14	3960,45	3937,50
19	15	4430,51	4387,86
20	16	4840,56	4869,80
21	17	5420,62	5384,40
22	18	5960,68	5932,74
23	19	6480,74	6515,90

Die Abweichungen halten sich im Rahmen, und wir können davon ausgehen, dass die hergeleitete Formel das Laufzeitverhalten korrekt beschreibt.

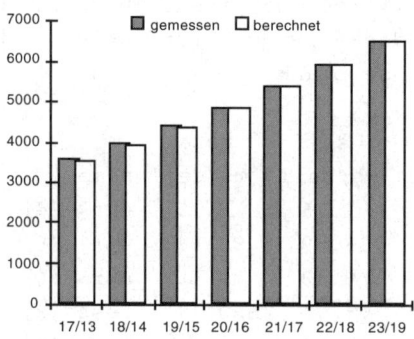

1. Die Wahl der Fälle ist nicht besonders geschickt. Besser wäre es, zufällige Werte zu nehmen.

Die ermittelten Konstanten gelten natürlich nur für den Rechner, auf dem die Messungen durchgeführt wurden.

Wenn wir die Laufzeitformel

$$t(n,m) = n\big(t_1 + mt_2 + m(m-1)t_3\big)$$

noch einmal betrachten, so stellen wir fest, dass m quadratisch in die Formel eingeht, während n nur linear vorkommt. Dies bedeutet, dass sich große Werte von m erheblich stärker in der Laufzeit des Algorithmus niederschlagen, als entsprechende Werte von n. Die Konstanten t_1, t_2 und t_3 haben auf diesen Effekt nur einen untergeordneten Einfluss. Egal, wie klein man t_2 und t_3 auch wählt, um den Einfluss von m zu verringern, für hinreichend große Werte wird sich m immer als die die Laufzeit dominierende Einflussgröße durchsetzen. Solche Überlegungen zum sogenannten asymptotischen Laufzeitverhalten wollen wir im Folgenden vertiefen. Wir benötigen dazu aber einige mathematische Grundlagen.

11.3 Mathematische Grundfunktionen

Wir betrachten die Laufzeit eines Programms in Abhängigkeit vom Umfang des zu bearbeitenden Datenvolumens. Mathematisch gesprochen ist das eine Funktion. Wir nennen dies eine **Laufzeitfunktion**. Eine Laufzeitfunktion hat in der Regel zusätzliche Eigenschaften. Zum Beispiel ist eine Laufzeitfunktion nie negativ und im Allgemeinen wird die Laufzeit bei wachsendem Datenvolumen ebenfalls wachsen. Im Sinne der Mathematik handelt es sich also um eine nicht negative, monoton wachsende Funktion. Wir werden sehen, dass sich bei konkreten Algorithmen bestimmte mathematische Funktionen (z.B. Polynome oder Logarithmen) in ganz natürlicher Weise als Laufzeitfunktionen ergeben werden. Ich setze hier voraus, dass Sie solche Grundfunktionen von der Schule her kennen, will aber trotzdem die für uns wichtigsten Funktionen mit ihren wesentlichen Eigenschaften kurz erwähnen.

11.3.1 Floor und Ceiling

Als Ergebnis von Berechnungen oder Messungen erhält man zumeist gebrochene Zahlen. Häufig will man dann, um weitere Rechnungen zu vereinfachen, zu einer »in der Nähe liegenden« ganzen oder natürlichen Zahl übergehen. Üblicherweise wird die Zahl dazu gerundet. Wir wollen hier zwei verschiedene Rundungsoperationen betrachten. Wir wollen Zahlen zur nächsten ganzen Zahl ab- bzw. aufrunden und führen dazu abkürzende Schreibweisen ein.

Für eine beliebige reelle Zahl x bezeichnen wir mit:

⌊x⌋ die größte ganze Zahl kleiner oder gleich x

⌈x⌉ die kleinste ganze Zahl größer oder gleich x

Der angelsächsischen Literatur folgend bezeichnen wir die so definierten Funktionen ⌊x⌋ bzw. ⌈x⌉ mit **floor** bzw. **ceiling**.[2]

In der graphischen Darstellung handelt es sich um Treppenfunktionen, die mal unterhalb (`floor`) und mal oberhalb (`ceiling`) der Hauptdiagonalen verlaufen.

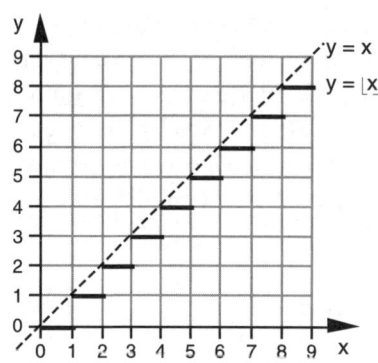 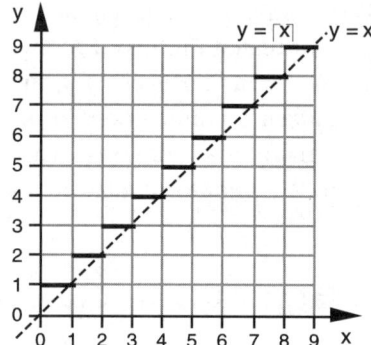

Insbesondere heißt dies:

$$\lfloor x \rfloor \leq x \leq \lceil x \rceil .$$

Die Gleichheit gilt in dieser Formel genau dann, wenn es sich bei x um eine ganze Zahl handelt.

Bei genauem Hinsehen erkennt man, dass stets

$$x - 1 < \lfloor x \rfloor \leq x \leq \lceil x \rceil < x + 1$$

ist.

Insbesondere die `floor`-Funktion ist für uns von großer Bedeutung, weil sie es erlaubt, die in der Programmierung gebräuchliche Integer-Division mathematisch auszudrücken, da Integer-Division x/y in einem Programm der mathematischen Formel $\lfloor \frac{x}{y} \rfloor$ entspricht.

Zum Abschluss dieses Abschnitts möchte ich einige Formeln über `floor` und `ceiling` auflisten. Bei x soll es sich dabei stets um eine beliebige reelle, bei n um eine beliebige ganze Zahl handeln:

---

2. Engl. floor = Boden, ceiling = Decke

$$\lfloor -x \rfloor = -\lceil x \rceil$$
$$\lceil -x \rceil = -\lfloor x \rfloor$$
$$\lfloor x + n \rfloor = \lfloor x \rfloor + n$$
$$\lceil x + n \rceil = \lceil x \rceil + n$$

Die Formeln sind unmittelbar einsichtig, sodass eine weitere Begründung oder gar ein Beweis überflüssig ist.

11.3.2 Potenzfunktionen

Die allgemeine Potenz a^b mit den üblichen Rechenregeln ist Ihnen vertraut. Variiert man hier die Basis[3] bei festem Exponenten, so erhält man eine **Potenzfunktion** der Form:

$$f(x) = x^b .$$

Die folgende Grafik zeigt einige typische Potenzfunktionen mit natürlichen Exponenten:

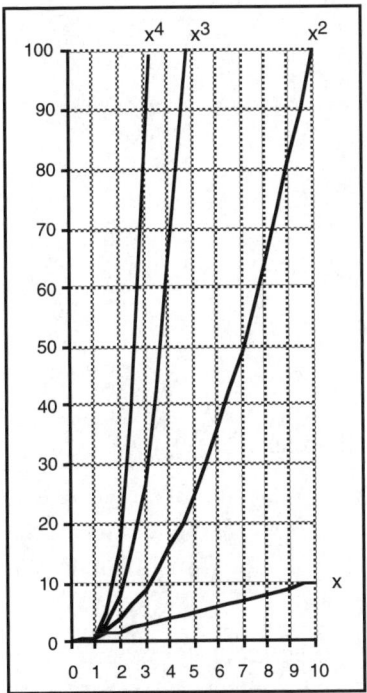

---

3. Im Rahmen der Zahlen x, für die der Ausdruck x^b sinnvoll erklärt ist.

11.3.3 Exponentialfunktionen

Variiert man in der allgemeinen Potenz a^b den Exponenten bei fester positiver Basis, so erhält man eine **Exponentialfunktion**:

$$f(x) = a^x$$

Der für die Mathematik wichtigste Vertreter dieser Funktionengruppe ist die Exponentialfunktion zur Basis e (e-Funktion, e = Eulersche Zahl = $2,718281...$). Uns interessieren hier aber vorrangig Exponentialfunktionen mit natürlicher Basis (2^x, 3^x. ...). Die folgende Grafik zeigt den Verlauf einiger Exponentialfunktionen:

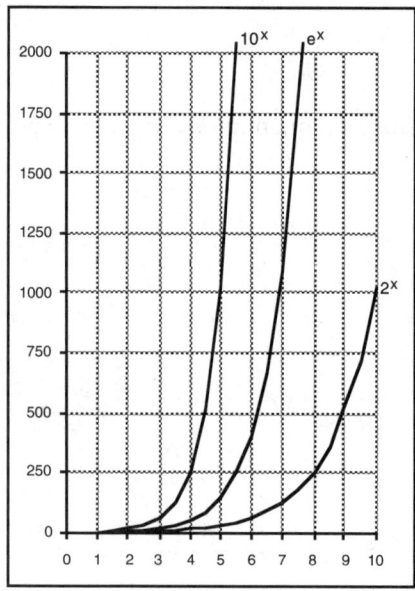

Hier noch einige Rechenregeln für Exponentialfunktionen:

$$a^x \cdot a^y = a^{x+y}$$

$$\frac{a^x}{a^y} = a^{x-y}$$

$$\frac{1}{a^x} = a^{-x}$$

$$a^x \cdot b^x = (a \cdot b)^x$$

$$\frac{a^x}{b^x} = \left(\frac{a}{b}\right)^x$$

$$\left(a^x\right)^y = a^{x \cdot y}$$

11.3.4 Logarithmen

Auf exponentielles Wachstum der Laufzeit waren wir in unseren Programmen bereits des Öfteren gestoßen. Dieses unangenehm starke Wachstum trat z.B. dann auf, wenn sich der Berechnungsaufwand mit jedem zusätzlichen Schritt verdoppelte. Wir konnten uns die Lösungssuche solcher Algorithmen mit Hilfe eines Lösungsbaums veranschaulichen. Ein Baum der »Tiefe« n, der sich an jedem Knoten in zwei Äste verzweigt, hat genau 2^{n-1} Endknoten und $2^n - 1$ Knoten insgesamt.

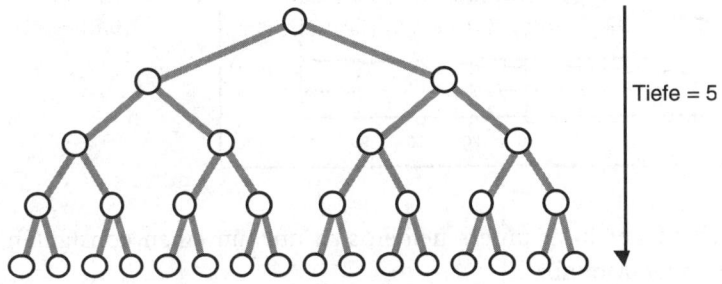

$2^4 = 16$ Endknoten, $2^5-1 = 31$ Knoten insgesamt

Das heißt, bei der Frage nach der Anzahl der Knoten in einem Baum gegebener Tiefe tritt die Exponentialfunktion in ganz natürlicher Weise auf. Ebenso natürlich, wie die Frage nach der Anzahl der Knoten in einem Baum, ist auch die Frage nach der Tiefe eines Baums bei gegebener Knotenzahl.

Sie kennen etwa das Spiel, bei dem man eine unbekannte Zahl zwischen 1 und 100 raten muss. Bei jedem Versuch bekommt man den Hinweis, ob die geratene Zahl zu groß, zu klein oder richtig ist. Sinnvollerweise verwendet man bei diesem Spiel eine Ratestrategie, die den verbleibenden Zahlenbereich jeweils halbiert. Es stellt sich die Frage nach der Maximalzahl der benötigten Versuche. Mathematisch formuliert: Wie oft muss man 100 durch 2 teilen, um einen Wert kleiner oder gleich 1 zu erhalten? Fortlaufendes Verdoppeln führt uns zur Exponentialfunktion, fortlaufendes Halbieren führt uns jetzt auf die Umkehrfunktion der Exponentialfunktion – den Logarithmus.

Der **Logarithmus** $\log_a(x)$ zur Basis a (a > 0) ist für x > 0 als Umkehrfunktion der Exponentialfunktion a^x definiert und erfüllt damit die Funktionsgleichung:

$$\log_a(a^x) = x \quad \text{bzw.} \quad a^{\log_a(x)} = x$$

In der grafischen Darstellung bedeutet dies, dass wir den Logarithmus durch Spiegelung der korrespondierenden Exponentialfunktion an der Hauptdiagonalen erhalten:

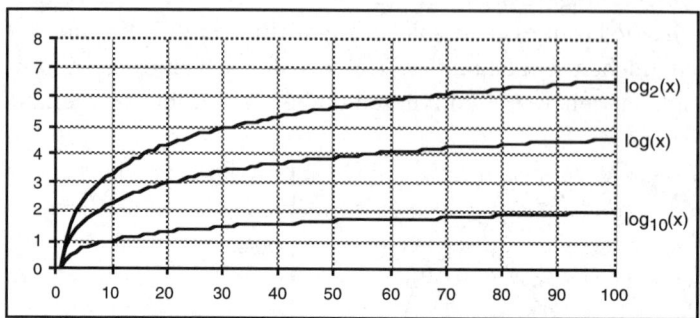

Logarithmen verschiedener Basis unterscheiden sich nur um einen konstanten Faktor (den sogenannten Modul):

$$\log_a(x) = \log_a(b)\log_b(x) = \frac{1}{\log_b(a)}\log_b(x)$$

Aus diesem Grund verzichten wir bei unseren Überlegungen häufig auf die Angabe einer Basis.

Einige Formeln zum Rechnen mit Logarithmen:

$$\log(1) = 0$$
$$\log_a(a) = 1$$
$$\log(x \cdot y) = \log(x) + \log(y)$$
$$\log\left(\frac{x}{y}\right) = \log(x) - \log(y)$$
$$\log\left(\frac{x}{y}\right) = -\log\left(\frac{y}{x}\right)$$
$$\log\left(\frac{1}{x}\right) = -\log(x)$$
$$\log(x^y) = y\log(x)$$

Das war auch schon unsere kleine Funktionsübersicht. Wichtig ist mir, dass Sie verstehen, dass es sich zwar um abstrakte mathematische Begriffsbildungen handelt, die jedoch beim Studium von Algorithmen in ganz natürlicher Weise auftreten. Der mathematische Formalismus dient uns nur dazu, die Ergebnisse unserer Betrachtungen kompakter und präziser zu formulieren.

11.4 Laufzeitklassen

Im letzten Abschnitt haben wir gelernt, eine konkrete Formel für die Laufzeit eines Algorithmus herzuleiten. Für viele Zwecke ist eine solche Formel aber zu konkret und enthält noch zu viele Detailinformationen über den Aufbau des Algorithmus. Wir möchten Algorithmen auf einer abstrakteren Ebene miteinander vergleichen. Dazu benötigen wir ein Maß für die Leistungsfähigkeit eines Algorithmus.

Wollen wir Algorithmen bezüglich ihrer Laufzeit miteinander vergleichen, so müssen wir die zugehörigen Laufzeitfunktionen betrachten. Der Vergleich zweier Funktionen ist allerdings nicht so einfach wie der Vergleich zweier Zahlenwerte, da beim Vergleich von Funktionen unendlich viele Funktionswerte betrachtet werden müssen. Die Idealvorstellung, dass eine Laufzeitfunktion immer (d.h. für alle Funktionswerte) besser ist als eine andere, wird sich im Allgemeinen nicht ergeben. Stellen Sie sich vor, dass Sie ein Programm geschrieben haben, bei dem in einer Schleife eine komplexe Berechnung durchgeführt wird. Sie optimieren dieses Programm und es gelingt Ihnen, die Laufzeit im Inneren der Schleife deutlich zu verkürzen. Leider müssen Sie dabei einen größeren Aufwand zur Initialisierung der Schleife in Kauf nehmen. Dies bedeutet nun, dass der neue Algorithmus u.U. für kleine Datenmengen schlechter ist als der alte und erst für große Datenmengen seine Überlegenheit beweist, da die Initialisierung der Schleife ja bei wenigen Schleifendurchläufen stärker ins Gewicht fällt. Die konkreten Laufzeitfunktionen könnten qualitativ etwa wie folgt aussehen:

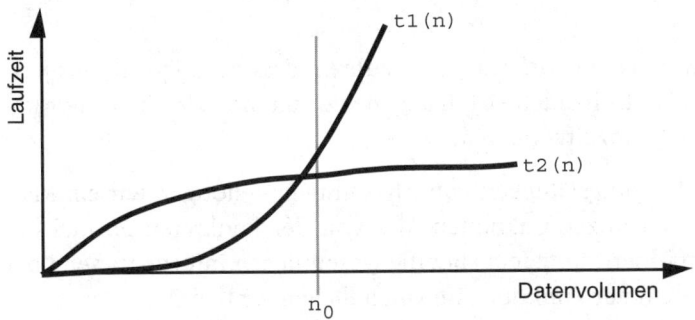

Welchen Algorithmus würden Sie jetzt bevorzugen? Sicherlich den zweiten mit der Laufzeitfunktion t2(n).[4] Sinnvollerweise fordern wir daher nicht, dass eine Laufzeitfunktion »immer« besser sein muss als eine andere, sondern »nur« ab ei-

---

4. Das hängt natürlich noch davon ab, ab welchem Wert der zweite Algorithmus besser ist. Wenn die Verbesserung erst bei einem Datenvolumen eintritt, das in unserem Programm realistischerweise gar nicht vorkommt, so würden wir uns natürlich für den ersten Algorithmus entscheiden.

nem bestimmten Wert n_0, der beliebig, aber fest ist. Diese Art des Vergleichs hat eine ganz neue Qualität. Wir haben es jetzt mit einer infinitesimalen Begriffsbildung zu tun. Dies bedeutet, dass man endlich viele Werte der Funktion abändern kann, ohne dass die Vergleichsaussage an Wert verliert. Die Entscheidung über den besseren Algorithmus fällt sozusagen erst »im Unendlichen«. Dies unterstreicht noch einmal die früher bereits getroffene Feststellung, dass endlich viele Messwerte eigentlich nichts über die Qualität eines Algorithmus aussagen.

Bevor wir das in einer Definition festhalten, wollen wir noch einen anderen Aspekt bei der Beurteilung von Laufzeitfunktionen diskutieren. Stellen Sie sich vor, dass Sie ein Programm geschrieben haben, das Integer-Zahlen sortiert. Dieses Programm stellen Sie auf die Sortierung von Gleitkommazahlen um. Da ein Rechner Gleitkommazahlen nicht so effizient verarbeiten kann wie Integerzahlen, wird sich die Laufzeit des Programms durch diese Änderung um einen konstanten Faktor c verschlechtern:

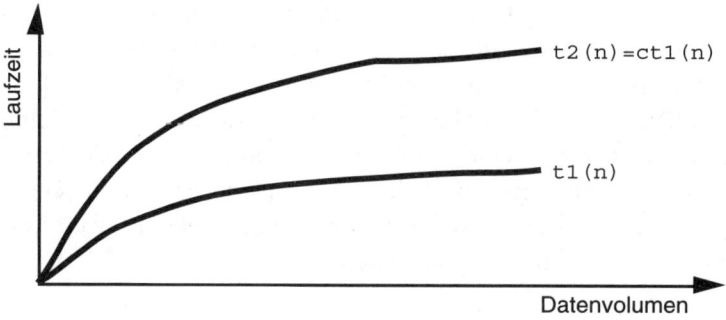

Trotzdem sind wir weit davon entfernt zu behaupten, dass der Algorithmus jetzt schlechter geworden ist. Es handelt sich nach wie vor um den gleichen Algorithmus mit dem gleichen Laufzeitverhalten.

Zur Beurteilung der Leistungsfähigkeit von Algorithmen benötigen wir ein Klassifizierungsschema für Laufzeitfunktionen, das von der konkreten Formel der Laufzeitfunktion abstrahiert, trotzdem aber die wesentlichen Informationen über das qualitative Verhalten der Funktion »im Unendlichen« enthält.

Im Folgenden betrachten wir allgemein Laufzeitfunktionen $t(n)$. Der Parameter n ist dabei eine nicht-negative ganze Zahl und steht für das Datenvolumen (z.B. die Anzahl der zu bearbeitenden Datensätze). Unausgesprochen soll stets $t(n) \geq 0$ für alle n gelten, auch wenn viele der im Folgenden getroffenen Aussagen auch für beliebige Funktionen gelten.

Wir fassen die Ergebnisse unserer Vorüberlegungen in einer Definition zusammen:

> Wir sagen, eine Laufzeitfunktion `f(n)` hat höchstens die Laufzeitkomplexität der Laufzeitfunktion `g(n)`, wenn es eine Konstante `c > 0` und eine Zahl n_0 gibt, so dass `f(n) ≤ cg(n)` für alle $n \geq n0$ gilt.
>
> Wir notieren das in der Form: `f(n) ≺ g(n)`

Die folgende Skizze veranschaulicht diese Definition:

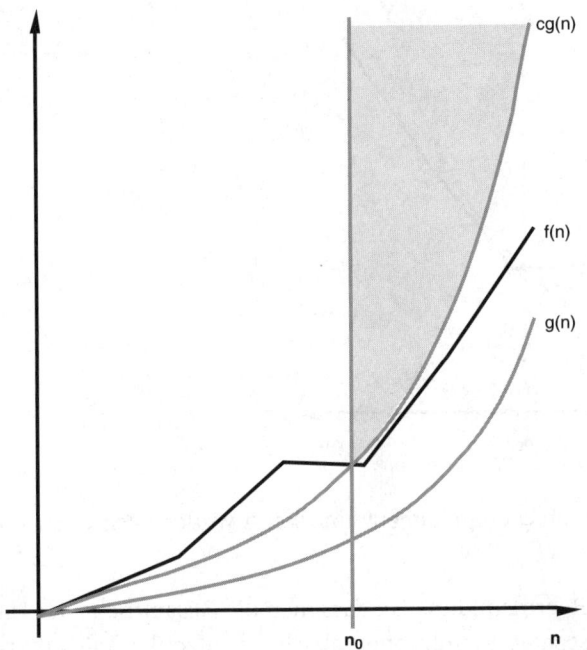

Durch die Definition wird ein »Tabubereich« festgelegt, in dem die Funktion `f(n)` sich nicht aufhalten darf. Links von n_0 bzw. unterhalb von `cg(n)` darf die Funktion beliebig verlaufen.

Eine Abschätzung der Laufzeit nach oben liefert natürlich nur eine Aussage der Form: »Die Laufzeit von `f` ist höchstens so schlecht wie die von `g`.« Bei einer zu groben Abschätzung ist das keine sehr tiefgehende Erkenntnis. Um die Laufzeit von `f` durch `g` vollständig in den Griff zu bekommen, benötigen wir noch eine Abschätzung nach unten. Dazu formulieren wir eine weitere Definition:

> Wir sagen, zwei Laufzeitfunktionen `f(n)` und `g(n)` haben die gleiche Laufzeitkomplexität, wenn sowohl `f(n) ≺ g(n)` als auch `g(n) ≺ f(n)` gilt.
>
> Wir notieren das in der Form: `f(n) ≈ g(n)`

Dies bedeutet, dass es einen[5] Wert n_0 und Konstanten c_1 und c_2 gibt, sodass die Ungleichung $c_1 g(n) \le f(n) \le c_2 g(n)$ für alle $n > n_0$ gilt. Diese Interpretation erlaubt wieder eine grafische Veranschaulichung:

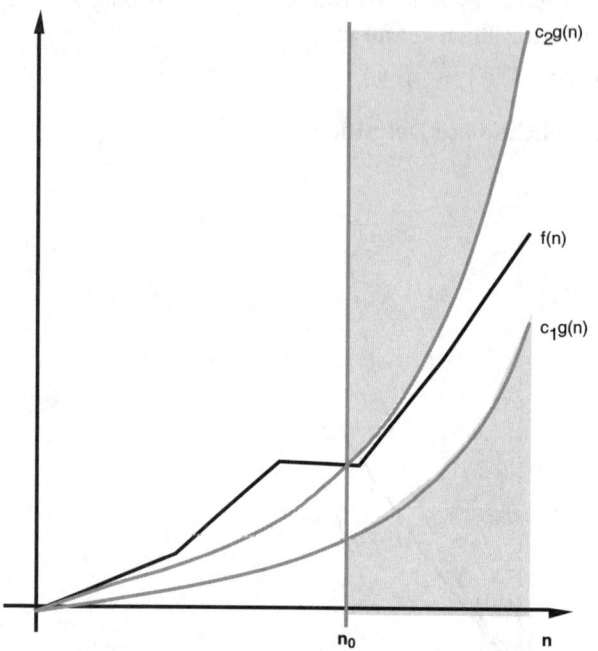

Die Funktion f ist jetzt durch g eingefangen[6] und kann weder nach oben noch nach unten entkommen.

Das Interessante an dieser Begriffsbildung ist, dass man die Gesamtheit aller Laufzeitfunktionen jetzt in Klassen von Funktionen gleicher Laufzeitkomplexität zerlegen kann. Funktionen gleicher Laufzeitkomplexität kommen sozusagen in eine Schublade (= Laufzeitklasse). Aus jeder Schublade wählen wir eine möglichst einfache Funktion aus, schreiben die Funktionsvorschrift auf ein Etikett und kleben dieses Etikett zur Kennzeichnung auf die Schublade. Die zur Etikettierung verwendeten Funktionen nennen wir Repräsentanten ihrer Klasse. Insgesamt haben wir damit ein Klassifizierungsschema[7] für Laufzeitfunktionen erhalten.

Im Folgenden wollen wir einige wichtige Laufzeitklassen und deren Repräsentanten betrachten.

---

5. Zunächst bedeutet dies, dass es zwei verschiedene Startwerte gibt, ab der die jeweiligen Ungleichungen gelten. Aber der größere der beiden Werte ist als gemeinsamer Startwert geeignet.
6. Wie man sich leicht klar machen kann, ist g in dieser Situation natürlich genauso durch f gefangen.
7. Um im Bild zu bleiben, ist dies eine Kommode mit unendlich vielen Schubladen.

Wir starten mit den konstanten Funktionen f(n) = c. Wie man unmittelbar sieht, sind diese Funktionen alle in der gleichen Laufzeitklasse. Als Repräsentant wählen wir die Funktion g(n) = 1.

Als Nächstes betrachten wir alle linearen Funktionen der Form f(n) = an+b mit a > 0.

Einerseits gilt für n ≥ 1:

$$f(n) = an + b \le |a|n + |b| \le |a|n + |b|n = (|a| + |b|)n$$

und andererseits gilt für $n \ge 2 \dfrac{|b|}{a}$

$$f(n) = an + b = \frac{a}{2}n + \left(\frac{a}{2}n + b\right) \ge \frac{a}{2}n + \underbrace{\left(\frac{a}{2}n - |b|\right)}_{\ge 0} \ge \frac{a}{2}n \, .$$

Also sind alle Funktionen der Form f(n) = an+b mit a > 0 in einer Laufzeitklasse. Als Repräsentant bietet sich die Funktion f(n) = n an.

Sie sehen, dass Terme aus niederen Laufzeitklassen einfach von den Termen höherer Klassen geschluckt werden. Dieses Prinzip setzt sich auch auf höhere Potenzen fort und wir erhalten den folgenden Satz:

> Ein Polynom vom Grade k:
> $$f(n) = a_k n^k + a_{k-1} n^{k-1} + \cdots + a_2 x^2 + a_1 x + a_0 \text{ mit } a_k > 0$$
> hat die gleiche Laufzeitkomplexität wie die Funktion
> $$g(n) = n^k$$
> Wir wählen daher $g(n) = n^k$ als Repräsentant für alle Polynome k-ten Grades und sagen, f hat polynomiale Laufzeit. Für k = 0 sprechen wir von konstanter, für k = 1 von linearer, für k = 2 von quadratischer Laufzeit.
> Polynome unterschiedlicher Grade gehören unterschiedlichen Laufzeitklassen an und es gilt:
> $$1 \prec n \prec n^2 \prec n^3 \prec \cdots \prec n^k$$

Bei der Betrachtung unterschiedlicher Logarithmen hatten wir bereits festgestellt, dass sich Logarithmen unterschiedlicher Basis nur durch einen konstanten Faktor voneinander unterscheiden. Im Übrigen gilt log(n) = n, sodass wir feststellen können:

> Alle Logarithmusfunktionen $\log_b(n)$ gehören ungeachtet ihrer Basis b der gleichen Laufzeitklasse an, und wir wählen den natürlichen Logarithmus log(n) als Repräsentant dieser Klasse.
> Darüber hinaus gilt
> $$1 \prec \log(n) \prec n \, ,$$

> wobei es sich um voneinander verschiedene Klassen handelt.
>
> Betrachtet man Potenzen von Logarithmen, so gilt
>
> $$1 \prec \log(n) \prec \log^2(n) \prec \cdots \prec \log^k(n) \prec \cdots \prec n,$$
>
> wobei auch hier alle Klassen voneinander verschieden sind.
>
> Wir sprechen in all diesen Fällen von logarithmischer Laufzeitkomplexität.

Für die Programmierung haben darüber hinaus die Exponentialfunktionen eine große Bedeutung. Exponentialfunktionen bilden bezüglich jeder Basiszahl eine eigene Laufzeitklasse und übersteigen mit ihrem Wachstum jedes Polynom.

Insgesamt ergibt sich damit das folgende grobe Klassifizierungsschema für Laufzeitfunktionen.

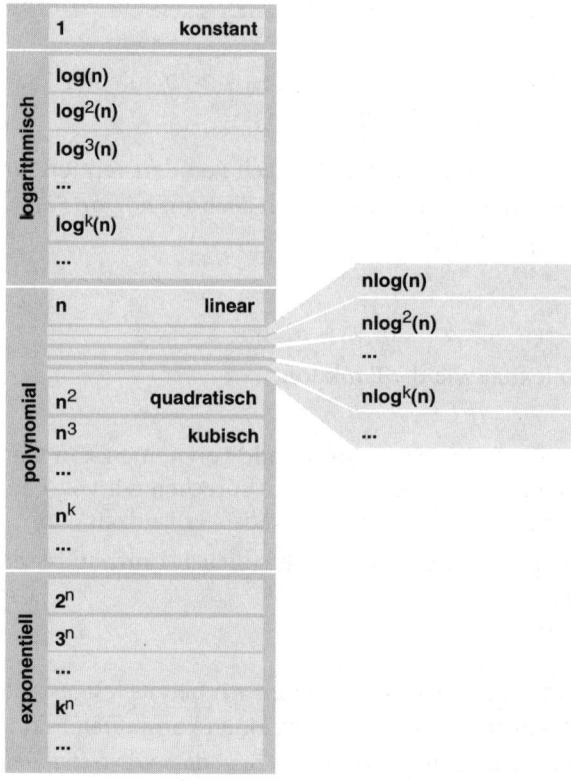

Innerhalb der Grafik sind die Klassen nach Berechnungskomplexität geordnet, d.h., je weiter unten die Laufzeitfunktion eines Algorithmus eingeordnet werden muss, desto schlechter ist sein asymptotisches Laufzeitverhalten. Die Grafik ist allerdings keineswegs vollständig. Zwischen je zwei Klassen können, wie auch angedeutet, jeweils beliebig viele weitere Klassen gefunden werden. Im Prinzip haben wir aber vier große Leistungsbereiche für Algorithmen ermittelt:

1. **Algorithmen exponentieller Laufzeitkomplexität** (untereinander abgestuft nach der Größe der Basis). Dies sind die Algorithmen mit inakzeptabel wachsendem Zeitbedarf. Der Programmierer sollte diese Algorithmen meiden, wo immer es möglich ist.

2. **Algorithmen polynomialer Laufzeitkomplexität** (untereinander abgestuft nach der höchsten vorkommenden Potenz). Dies sind Algorithmen mit einem akzeptabel wachsenden Zeitbedarf. Natürlich ist man hier immer bemüht, die höchste vorkommende Potenz so niedrig wie möglich zu halten.

3. **Algorithmen logarithmischer Laufzeitkomplexität** (untereinander gleichwertig, unabhängig von der Basis). Dies sind Algorithmen mit einem sehr moderaten Wachstum, die sich jeder Programmierer wünscht.

4. **Algorithmen konstanter Laufzeit**. Dies sind natürlich die besten Algorithmen. Nur kommen sie bei ernsthaften Problemen in der Regel nicht vor.

Nun könnte man argumentieren, dass es eigentlich egal ist, welcher Leistungsklasse ein Algorithmus angehört, da unsere Rechner immer schneller werden und irgendwann so schnell sein werden, dass die Frage nach der Effizienz von Algorithmen zu den Akten gelegt werden kann. Dem kann man zweierlei entgegenhalten. Zum einen ist Effizienz ein grundsätzlicher Wert, den man immer anstreben sollte, denn auch auf einem schnelleren Rechner bleibt ein »guter« Algorithmus besser als ein »schlechter«. Schnelle Rechner machen aus schlechten Programmen keine guten Programme. Ein zweites Argument ist aber noch gewichtiger. Wir betrachten die folgende Tabelle, die zeigt, welche Gewinne man für Algorithmen unterschiedlicher Leistungsklassen aus einer Vervielfachung der Rechnerleistung zieht:

Laufzeitklasse des Algorithmus	Heutiger Rechner	10-mal schnellerer Rechner	100-mal schnellerer Rechner	1000-mal schnellerer Rechner
$\log_2(n)$	x	x10	x100	x1000
n	x	10x	100x	1000x
n2	x	3.16x	10x	31.6x
2n	x	x+3.32	x+6.64	x+9.97
10n	x	x+1	x+2	x+3

Die Tabelle zeigt, dass selbst eine Vertausendfachung der Rechnerleistung nur geringe Gewinne im Bereich der exponentiell wachsenden Algorithmen bringt. Selbst ein 1000-mal schnellerer Rechner schafft es nur, ein Problem der Leistungsklasse 2^n für knapp 10 Elemente mehr in der gleichen Zeitvorgabe zu lösen. Für uns bedeutet dies, dass die Suche nach Algorithmen niedriger Zeitkomplexität immer ein wichtiges Anliegen der Programmierung sein wird und es keinen Sinn macht, auf zukünftige Rechner zu warten. Unser Ziel muss immer sein, einen Algorithmus in eine möglichst optimale Leistungsklasse zu bringen.

Grundsätzlich sollte allerdings auch gesagt werden, dass Algorithmen einer höheren Laufzeitkomplexität nicht in jeder Situation schlechter sind als solche mit einer niedrigeren Laufzeitkomplexität. Sie erinnern sich, dass die entsprechende Ungleichung erst ab einer bestimmten, unter Umständen sehr großen Zahl gelten muss.

Es gibt Fälle, in denen asymptotisch schlechtere Verfahren, z.B. aufgrund einer einfacheren Implementierung, eingesetzt werden, weil entsprechend große Datenmengen nicht zu verarbeiten sind, und es gibt auch Fälle, in denen die asymptotisch besten bekannten Verfahren nicht eingesetzt werden, weil ihre Vorzüge erst in Bereichen zum Tragen kommen, die nicht mehr praxisrelevant sind.

Und es gibt leider auch Fälle, in denen exponentiell wachsende Verfahren eingesetzt werden müssen, weil keine effizienteren Verfahren bekannt sind.

Nur ein Fall sollte auf keinen Fall eintreten. Es sollte nicht vorkommen, dass ineffiziente Verfahren aus Unkenntnis effizienterer Algorithmen oder aus dem Unvermögen heraus, eine Laufzeitanalyse durchzuführen, eingesetzt werden. Das ist so, als würde ein Maschinenbauer, ohne sich um den Wirkungsgrad zu kümmern, einen Motor konstruieren, der im Ergebnis überwiegend Verlustwärme produziert.

11.5 Beispiele

Um eine gewisse Routine in der Beurteilung von Programmlaufzeiten und der Ermittlung von Leistungsklassen zu erhalten, wollen wir im Folgenden einige einfache Programme betrachten und deren Zeitfunktionen bestimmen. Bei den Programmen handelt es sich durchweg um Doppelschleifen, wobei in der inneren Schleife eine Funktion upr gerufen wird. Diese Funktion soll eine konstante Laufzeit $t_0 = 1$ haben. Die Formel für die Laufzeit der Programme entspricht dann jeweils der Anzahl der Aufrufe von upr. Darüber hinaus soll die Programmlaufzeit immer nur von einer veränderlichen Größe n abhängen. Obwohl es in vielen Fällen relativ einfach ist, direkt asymptotische Abschätzungen für das Laufzeitverhalten der Programme anzugeben, wollen wir uns hier bemühen, zunächst exakte Formeln herzuleiten und danach erst Gedanken über das asymptotische Verhalten anzustellen. Den exakten Formeln werden wir jeweils gemessene Werte gegenüberstellen.

Die Berechnungen, die wir dazu anstellen, sind nicht schwer, aber teilweise recht verwickelt. Wenn es Ihnen primär darum geht, Programmieren zu lernen, können Sie diesen Abschnitt einstweilen überspringen.

Programm 1

Wir betrachten das folgende Programm:

```
void programm_1( int n)
    {
    int i, k;

    for( i = 1; i <= n; i++)
        {
        for( k = 1; k <= i; k += (i/10 + 1))
            upr();
        }
    }
```

D_11_5_1

▲ CD-ROM P_11_5/laufzeit.c

Außen haben wir es mit einer »gewöhnlichen« Zählschleife zu tun. Im Inneren dieser Schleife finden wir eine weitere Schleife, bei der der Schleifenzähler stets um i/10+1 erhöht wird. Sieht man genau hin, so erkennt man, dass die innere Schleife unabhängig vom Wert von i höchstens 11-mal durchlaufen wird, also von konstanter Laufzeit ist. Dies lässt vermuten, dass der Algorithmus insgesamt von linearer Zeitkomplexität ist. Aber wir wollen eine exakte Formel bestimmen.

Dazu betrachten wir das Wachstumsverhalten des Schleifenindex k. Dieser Index startet mit dem Wert 1 und wird bei jedem Durchlauf um i/10+1 erhöht. Beim s-ten Schleifendurchlauf hat k dann den Wert:

$$k_s = 1 + (s - 1)\left(\lfloor i/10 \rfloor + 1\right)$$

Die innere Schleife wird so lange ausgeführt, wie $k_s \leq i$ gilt. Dies bedeutet:

$$k_s \leq i \Leftrightarrow 1 + (s - 1)\left(\lfloor i/10 \rfloor + 1\right) \leq i \Leftrightarrow s \leq \left\lfloor \frac{i - 1}{\lfloor i/10 \rfloor + 1} \right\rfloor + 1$$

Die Anzahl der Schleifendurchläufe der inneren Schleife ist also durch die Formel

$$t_{innen}(i) = \left\lfloor \frac{i - 1}{\lfloor i/10 \rfloor + 1} \right\rfloor + 1$$

383

gegeben. Für die Gesamtlaufzeit des Algorithmus erhalten wir dann:

$$t_{p1}(n) = \sum_{i=1}^{n}\left(\left\lfloor\frac{i-1}{\lfloor i/10\rfloor + 1}\right\rfloor + 1\right)$$

Von der Richtigkeit dieser Formel überzeugen wir uns, indem wir das Programm konkret implementieren und uns ausgeben lassen, wie oft upr für n=1,2,..12 aufgerufen wird:

	1	2	3	4	5	6	7	8	9	10	11	12
programm_1:	1	3	6	10	15	21	28	36	45	50	56	62

Die gleichen Werte erhalten wir, wenn wir n=1,2,..12 in die obige Formel für $t_{p1}(n)$ einsetzen und ausrechnen. Zur Bestimmung der Laufzeitkomplexität müssen wir jetzt abschätzen. Zunächst können wir wegen $\lfloor i/10\rfloor + 1 \geq i/10$ wie folgt nach oben abschätzen:

$$t_{p1}(n) = \sum_{i=1}^{n}\left(\left\lfloor\frac{i-1}{\lfloor i/10\rfloor + 1}\right\rfloor + 1\right) \leq \sum_{i=1}^{n}\left(\frac{10(i-1)}{i} + 1\right)$$

$$\leq \sum_{i=1}^{n}\left(\frac{10i}{i} + 1\right) \leq \sum_{i=1}^{n} 11 = 11n$$

Dies bedeutet, dass der Algorithmus keinesfalls schlechter als linear ist. In Formeln:

$$t_{p1}(n) \prec n$$

Um zu zeigen, dass er linear ist, benötigen wir noch eine Abschätzung in der umgekehrten Richtung. Diese ist aber ganz einfach:

$$t_{p1}(n) = \sum_{i=1}^{n}\left(\left\lfloor\frac{i-1}{\lfloor i/10\rfloor + 1}\right\rfloor + 1\right) \geq \sum_{i=1}^{n} 1 = n$$

Damit ist insgesamt $n \leq t_{p1}(n) \leq 11n$. Der Algorithmus ist also von linearer Laufzeitkomplexität. In Formeln:

$$t_{p1}(n) \approx n$$

Beachten Sie, dass Abschätzungen, im Gegensatz zu Umformungen mit Gleichheit, eine gewisse Willkür innewohnt. Man kann eben grob oder fein abschätzen. Wichtig ist, dass man so grob abschätzt, dass sich der Ausdruck sinnvoll vereinfacht, aber andererseits so fein abschätzt, dass man das Ziel nicht verfehlt. In gewisser Weise muss man beim Abschätzen also schon wissen, worauf man hinaus will.

Wenn wir in obigem Beispiel etwa in der Form

$$t_{p1}(n) = \sum_{i=1}^{n} \left(\left\lfloor \frac{i-1}{\lfloor i/10 \rfloor + 1} \right\rfloor + 1 \right) \leq \sum_{i=1}^{n} \left(\left\lfloor \frac{i-1}{1} \right\rfloor + 1 \right)$$

$$= \sum_{i=1}^{n} i = \frac{n(n+1)}{2}$$

abschätzen, so ist die Abschätzung an sich völlig korrekt, aber wir sind über das Ziel hinausgeschossen. Mit dieser Abschätzung können wir den Algorithmus nur als »schlechtestenfalls quadratisch« klassifizieren, obwohl er in Wirklichkeit besser ist. Wir haben beim Abschätzen etwas zu viel verschenkt. Das Augenmaß dafür, wie viel man verschenken kann, ohne über das Ziel hinauszuschießen, lernen Sie nur durch praktische Übungen.

Programm 2

Im zweiten Programm wird der Index in der äußeren Schleife immer verdreifacht, während der Index in der inneren Schleife linear wächst.

```
void programm_2( int n)
    {
    int i, k;

    for( i = 1; i <= n; i *= 3)
        {
        for( k = 1; k <= i; k += 2)
            upr();
        }
    }
```

D_11_5_2

▲ CD-ROM P_11_5/laufzeit.c

Die Messung zeigt, dass dies zu einem ausgesprochen moderaten Wachstum führt:

	1	2	3	4	5	6	7	8	9	10	11	12
programm_2:	1	1	3	3	3	3	3	3	8	8	8	8

Aber wer weiß, was »im Unendlichen« passiert.

Die innere Schleife wird ungefähr $i/2$ mal durchlaufen, weil der Schleifenindex immer um zwei hochgezählt wird. Exakt sind dies, wie man leicht sieht, $\left\lfloor \dfrac{i+1}{2} \right\rfloor$ Durchläufe. Damit ergibt sich für die Laufzeit der inneren Schleife:

$$t_{innen}(i) = \left\lfloor \frac{i+1}{2} \right\rfloor$$

Bei Betrachtung der äußeren Schleife erkennen wir, dass für den Schleifenindex i beim s-ten Durchlauf gilt:

$$i_s = 3^{s-1}$$

Die Anwendung des Kriteriums für das Schleifenende

$$i_s \leq n \Leftrightarrow 3^{s-1} \leq n \Leftrightarrow s - 1 \leq \lfloor \log_3(n) \rfloor \Leftrightarrow s \leq \lfloor \log_3(n) \rfloor + 1$$

lässt uns erkennen, dass die äußere Schleife $\lfloor \log_3(n) \rfloor + 1$ mal durchlaufen wird. Damit folgt für die Gesamtlaufzeit:

$$t_{p2}(n) = \sum_{s=1}^{\lfloor \log_3(n) \rfloor + 1} t_{innen}(i_s) = \sum_{s=1}^{\lfloor \log_3(n) \rfloor + 1} t_{innen}\left(3^{s-1}\right) = \sum_{s=0}^{\lfloor \log_3(n) \rfloor} t_{innen}\left(3^s\right)$$

$$= \sum_{s=0}^{\lfloor \log_3(n) \rfloor} \left\lfloor \frac{3^s + 1}{2} \right\rfloor = \sum_{s=0}^{\lfloor \log_3(n) \rfloor} \frac{3^s + 1}{2}$$

Die letzte Gleichheit gilt, weil $3^s + 1$ immer eine gerade Zahl ist und die Division durch 2 daher immer ohne Rest aufgeht. Mit der allgemein bekannten Formel für die geometrische Reihe

$$\sum_{k=0}^{n} q^k = \frac{q^{n+1} - 1}{q - 1} \quad \text{für} \quad q \neq 1$$

können wir den Ausdruck weiter auswerten:

$$t_{p2}(n) = \sum_{s=0}^{\lfloor \log_3(n) \rfloor} \frac{3^s + 1}{2} = \frac{1}{2}\left(\sum_{s=0}^{\lfloor \log_3(n) \rfloor} 3^s + \sum_{s=0}^{\lfloor \log_3(n) \rfloor} 1 \right)$$

$$= \frac{1}{2}\left(\frac{3^{\lfloor \log_3(n) \rfloor + 1} - 1}{3 - 1} + \lfloor \log_3(n) \rfloor + 1 \right)$$

$$= \frac{1}{2}\left(\frac{3 \cdot 3^{\lfloor \log_3(n) \rfloor} - 1}{2} + \lfloor \log_3(n) \rfloor + 1 \right)$$

Hätten Sie gedacht, dass ein so einfaches Programm eine so komplizierte Laufzeitfunktion hat? Zur Feststellung des asymptotischen Verhaltens schätzen wir wieder nach oben und nach unten ab. Zur Abschätzung beseitigen wir zunächst die floor-Funktion, da $\lfloor x \rfloor \leq x$ ist, und nutzen aus, dass der Logarithmus zur Basis 3 die Umkehrfunktion von 3^x ist. Damit ergibt sich:

$$t_{p2}(n) \leq 3 \cdot 3^{\lfloor \log_3(n) \rfloor} - 1 + \lfloor \log_3(n) \rfloor + 1 \leq 3 \cdot 3^{\log_3(n)} + n = 4n$$

Zur Abschätzung nach unten lassen wir störende Terme weg und erhalten:

$$t_{p2}(n) \geq \frac{1}{2}\left(\frac{3 \cdot 3^{\lfloor \log_3(n) \rfloor} - 1}{2} \right) = \frac{3^{\lfloor \log_3(n) \rfloor + 1} - 1}{4}$$

$$\geq \frac{3^{\log_3(n)} - 1}{4} = \frac{n - 1}{4} \underset{\text{für } n \geq 2}{\geq} \frac{n - n/2}{4} = \frac{n}{8}$$

Insgesamt also:

$$t_{p2}(n) \approx n$$

Die beiden ersten Programme liegen also trotz der Verschiedenartigkeit ihrer Algorithmen, Laufzeitfunktionen und Messwerte in der gleichen Leistungsklasse. Der Zuwachs an Rechenzeit ist bei beiden Programmen asymptotisch linear.

Programm 3

Das dritte Programm ist dem zweiten oberflächlich durchaus ähnlich. Die Vervielfachung findet jetzt in der inneren Schleife statt, während der Index der äußeren Schleife linear wächst. Diesmal werden wir aber kein lineares Verhalten erkennen. Doch zunächst werfen wir einen Blick auf das Programm:

```
void programm_3 ( int n)
    {
    int i, k;

    for( i = 1; i <= n; i++)
        {
        for( k = 1; k <= i; k *= 2)
            upr ();
        }
    }
```

D_11_5_3

▲ CD-ROM P_12_5/laufzeit.c

387

Wir beobachten, dass der Zählindex der inneren Schleife mit jedem Durchlauf verdoppelt wird. Dies bedeutet ein besser als lineares Verhalten in der inneren Schleife. Bei Berücksichtigung der äußeren Schleife insgesamt also ein besser als quadratisches Verhalten. Die Messungen scheinen dies zu bestätigen:

	1	2	3	4	5	6	7	8	9	10	11	12
`programm_3`:	1	3	5	8	11	14	17	21	25	29	33	37

Endgültige Klarheit bringt aber nur eine einfache Rechnung. Wir betrachten nach dem inzwischen vertrauten Schema die innere Schleife. Beim s-ten Schleifendurchlauf hat k den Wert:

$$k_s = 2^{s-1}$$

Die Iteration wird durchgeführt, solange $k_s \leq i$ ist. Dies bedeutet:

$$k_s \leq i \Leftrightarrow 2^{s-1} \leq i \Leftrightarrow s - 1 \leq \lfloor \log_2(i) \rfloor \Leftrightarrow s \leq \lfloor \log_2(i) \rfloor + 1$$

Für die Laufzeit der inneren Schleife gilt also:

$$t_{innen}(i) = \lfloor \log_2(i) \rfloor + 1$$

Damit folgt für die Laufzeit der Doppelschleife:

$$t_{p3}(n) = \sum_{i=1}^{n} t_{innen}(i) = \sum_{i=1}^{n} \left(\lfloor \log_2(i) \rfloor + 1 \right)$$

Um die asymptotische Laufzeit zu ermitteln, schätzen wir diesen Ausdruck nach oben ab:

$$t_{p3}(n) = \sum_{i=1}^{n} \left(\lfloor \log_2(i) \rfloor + 1 \right) \leq \sum_{i=1}^{n} \left(\log_2(i) + 1 \right) \leq \sum_{i=1}^{n} \left(\log_2(n) + 1 \right)$$

$$\leq n \left(\log_2(n) + 1 \right) \underset{\text{für } n \geq 2}{\leq} 2n \cdot \log_2(n)$$

Die letzte Ungleichung gilt nur, wenn $\log_2(n) \geq 1$ ist, also nur für n = 2. Dies ist aber für unsere asymptotischen Betrachtungen kein Problem.

Umgekehrt ist aber auch:

$$t_{p3}(n) = \sum_{i=1}^{n} \left(\lfloor \log_2(i) \rfloor + 1 \right) \geq \sum_{i=1}^{n} \log_2(i) = \log_2 \left(\prod_{i=1}^{n} i \right)$$

$$= \log_2(n!)$$

Da die Logarithmus-Funktion monoton steigend ist und $n! \geq n^{\frac{n}{2}}$ gilt, können wir die Abschätzung fortsetzen:

$$t_{p3}(n) \geq \log_2(n!) \geq \log_2\left(n^{\frac{n}{2}}\right) = \frac{n}{2}\log_2(n)$$

Insgesamt ist dann:

$$t_{p3}(n) \approx n \cdot \log(n)$$

Dieses Programm ist also in einer schlechteren Leistungsklasse als die beiden zuvor diskutierten. Das bedeutet jedoch nicht, dass dieses Programm durchweg schlechter ist als die Programme 1 und 2 – es hat nur die schlechtere Perspektive. Legt man die konkreten Messwerte für Programm 1 und Programm 3 nebeneinander,

	1	2	3	4	5	6	7	8	9	10	11	12
programm_1:	1	3	6	10	15	21	28	36	45	50	56	62
programm_3:	1	3	5	8	11	14	17	21	25	29	33	37

so entsteht sogar ein gegenteiliger Eindruck. Der asymptotische Vorteil von Programm 1 kommt in diesem Fall allerdings auch erst sehr spät zum Tragen. Erst ab ca. $n = 2000$ zeigt Programm 1 seine Überlegenheit gegenüber Programm 3.

Diese Beobachtung unterstreicht noch einmal, dass einzelne Messwerte für das asymptotische Verhalten keine große Aussagekraft haben.

Programm 4

Zur Entspannung analysieren wir jetzt ein ganz einfaches Programm, bei dem die innere Schleife immer bis zum Quadrat des Schleifenindex der äußeren Schleife läuft. Die Laufzeitkomplexität kann man dann schon erahnen:

D_11_5_4

```
void programm_4( int n)
    {
    int i, k;

    for( i = 1; i <= n; i++)
        {
        for( k = 1; k <= i * i; k++)
            upr();
        }
    }
```

▲ CD-ROM P_11_5/laufzeit.c

Für dieses Programm ergibt sich die folgende Messreihe:

	1	2	3	4	5	6	7	8	9	10	11	12
programm_4:	1	5	14	30	55	91	140	204	285	385	506	650

Zur Herleitung einer allgemeingültigen Formel müssen wir uns nur klarmachen, dass es für n = 1, 2, 3, ... immer 1, 4, 9, ... Durchläufe der inneren Schleife gibt. In Formeln ausgedrückt:

$$t_{innen}(i) = i^2$$

Damit ergibt sich für die Gesamtlaufzeit:

$$t_{p4}(n) = \sum_{i=1}^{n} t_{innen}(i) = \sum_{i=1}^{n} i^2 = \frac{n(n + 1)(2n + 1)}{6}.$$

Wir wissen bereits, dass in diesem Fall das asymptotische Verhalten durch die höchste vorkommende Potenz bestimmt wird. Es ist also:

$$t_{p4}(n) = n^3.$$

Asymptotisch ist dies das schlechteste der bisher betrachteten Programme.

Programm 5

Auch rückwärts und nur Teilbereiche durchlaufende Zählschleifen stellen kein besonderes Problem dar:

D_11_5_5

```
void programm_5( int n)
    {
    int i, k;

    for( i = 1; i <= n; i++)
        {
        for( k = 4*i; k >= i; k--)
            upr();
        }
    }
```

▲ CD-ROM P_11_5/laufzeit.c

Für dieses Programm ergibt sich die folgende Messwerttabelle:

	1	2	3	4	5	6	7	8	9	10	11	12
programm_5:	4	11	21	34	50	69	91	116	144	175	209	246

Hier ist es einfach, die zugehörige Formel zu finden. Für die innere Schleife ist:

$$t_{innen}(i) = 4i - i + 1 = 3i + 1$$

Bei Einbeziehung der äußeren Schleife erhalten wir asymptotisch quadratisches Verhalten:

$$t_{p5}(n) = \sum_{i=1}^{n} t_{innen}(i) = \sum_{i=1}^{n}(3i + 1) = 3\,\frac{n(n+1)}{2} + n \approx n^2$$

Programm 6

Bei unserem sechsten Beispiel wachsen die Schleifenindices in beiden Schleifen exponentiell:

```
void programm_6( int n)
    {
    int i, k;

    for( i = 1; i <= n; i *= 2)
        {
        for( k = 1; k <= i; k *= 2)
            upr();
        }
    }
```

D_11_5_6

▲ CD-ROM P_11_5/laufzeit.c

Die Messungen zeigen dagegen ein in etwa lineares Wachstum:

	1	2	3	4	5	6	7	8	9	10	11	12
programm_6:	1	3	3	6	6	6	6	10	10	10	10	10

Zur exakten Ermittlung des Wachstums müssen wir wieder rechnen. Der Index der inneren Schleife läuft exponentiell seinem Ziel entgegen, das er deshalb in logarithmischer Zeit erreicht. Exakt gilt:

$$t_{innen}(i) = \left(\lfloor \log_2(i) \rfloor + 1\right)$$

Für die äußere Schleife gilt das Gleiche und wir erhalten damit:

$$t_{p6}(n) = \sum_{s=1}^{\lfloor \log_2(n) \rfloor + 1} t_{innen}(2^{s-1}) = \sum_{s=1}^{\lfloor \log_2(n) \rfloor + 1} \left(\lfloor \log(2^{s-1}) \rfloor + 1 \right) = \sum_{s=1}^{\lfloor \log_2(n) \rfloor + 1} s$$

$$= \frac{\left(\lfloor \log_2(n) \rfloor + 1 \right)\left(\lfloor \log_2(n) \rfloor + 2 \right)}{2}$$

Wegen

$$t_{p6}(n) = \frac{\left(\lfloor \log_2(n) \rfloor + 1 \right)\left(\lfloor \log_2(n) \rfloor + 2 \right)}{2}$$

$$\leq \frac{\left(\log_2(n) + 1 \right)\left(\log_2(n) + 2 \right)}{2} \underset{\text{für } n \geq 4}{\leq} \frac{2 \log_2(n) \cdot 2 \log_2(n)}{2}$$

$$= 2 \log^2(n)$$

und

$$t_{p6}(n) = \frac{\left(\lfloor \log_2(n) \rfloor + 1 \right)\left(\lfloor \log_2(n) \rfloor + 2 \right)}{2} \geq \frac{\log_2(n) \log_2(n)}{2}$$

$$= \frac{1}{2} \log^2(n)$$

ist dann:

$$t_{p6}'(n) = \log^2(n)$$

Programm 6 ist damit das asymptotisch beste Programm in diesem Abschnitt.

Programm 7

Zum Abschluss wollen wir ein Programm mit katastrophalem Zeitverhalten betrachten:

D_11_5_7

```
void programm_7( int n)
    {
    int i, k, m;

    for( i = 1, m = 1; i <= n; i++, m *= 2)
        {
        for( k = 1; k <= m; k++)
            upr();
        }

    }
```

▲ CD-ROM P_11_5/laufzeit.c

Im Vergleich zu diesem Programm verhalten sich die bisher diskutierten Programme geradezu moderat. Dies zeigen schon die Messwerte:

	1	2	3	4	5	6	7	8	9	10	11	12
programm_7:	1	3	7	15	31	63	127	255	511	1023	2047	4095

Die Analyse des Algorithmus ist hier besonders einfach. Denn wegen $m = 2^{i-1}$ ist

$$t_7(n) = \sum_{i=1}^{n} \sum_{k=1}^{m} 1 = \sum_{i=1}^{n} m = \sum_{i=1}^{n} 2^{i-1} = \sum_{i=0}^{n-1} 2^i = \frac{2^n - 1}{2 - 1} = 2^n - 1 \approx 2^n.$$

Der Algorithmus hat also exponentielles Wachstum.

Wir fassen die Ergebnisse dieses Abschnitts noch einmal zusammen. Wir haben acht Algorithmen betrachtet und dabei die folgende Klassenzuordnung gefunden.

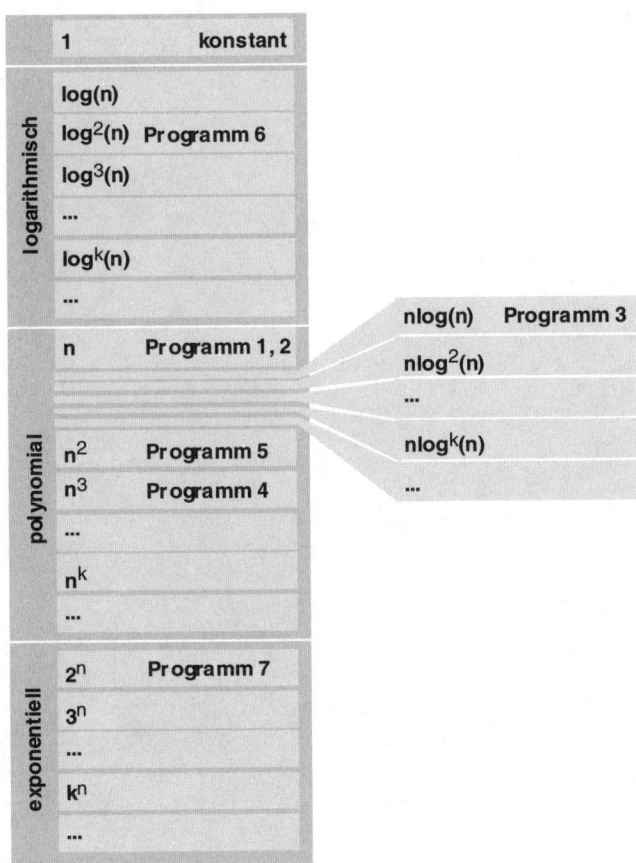

Diese Zuordnungen sagen etwas über das grundsätzliche Laufzeitverhalten der Algorithmen aus, ohne überflüssigen Ballast über das konkrete Laufzeitverhalten zu enthalten. Unsere Beispiele bestanden fast ausschließlich aus Programmierschleifen. Dies ist nicht unbedingt ein Verlust an Allgemeingültigkeit, da die asymptotischen Laufzeiteigenschaften von Programmen eigentlich immer durch die Komplexität von Iterationen bzw. Rekursion geprägt werden. Wobei die Analyse über das bloße Zählen von Schleifen hinausgeht. Mit Rekursion haben wir uns hier allerdings nicht beschäftigt. Später werden wir im Rahmen der Beschäftigung mit »Quicksort« auch die Analyse eines rekursiven Verfahrens versuchen.

Wir lösen uns von diesen doch eher künstlichen Beispielen und betrachten im nächsten Kapitel wichtige Algorithmen aus der Programmierpraxis.

12 Sortierverfahren

Eine klassische Aufgabe der Datenverarbeitung ist das Sortieren von Datensätzen. Eine algorithmische Lösung dieser Aufgabe hängt naturgemäß stark von Art und Umfang der Daten, von der Art der durchzuführenden Vergleiche sowie von den Zugriffsmöglichkeiten auf die Daten ab. Will man beispielsweise Strings alphabetisch sortieren, so ist unabhängig vom gewählten Sortierverfahren der Vergleich erheblich aufwendiger als bei der Sortierung von Zahlen. Wir wollen die Rahmenbedingungen stark vereinfachen, um uns auf den eigentlichen algorithmischen Kern von Sortierverfahren konzentrieren zu können. In der Terminologie von C gesprochen, stellen wir uns die Aufgabe, einen Array von n Integer-Zahlen in aufsteigender Reihenfolge zu sortieren.

Aus unserem Programmfundus können wir ganz einfach einen Sortieralgorithmus zusammenstellen:

> Wir nehmen das Permutationsprogramm `perm` und erzeugen damit alle Permutationen der zu sortierenden Daten, bis wir auf eine Permutation stoßen, bei der die Daten korrekt sortiert sind.

Würden wir diesen Algorithmus verwenden, so würde uns das Dilemma der kombinatorischen Algorithmen nicht erspart bleiben und wir müssten bereits bei relativ kleinen Datenmengen vor der immensen Rechenzeit kapitulieren. Wir müssen also effizientere Algorithmen als den oben vorgeschlagenen finden.

Das Thema der Sortierung ist so wichtig und zugleich so ergiebig, dass wir verschiedene Lösungsverfahren formulieren und als C-Programme realisieren werden. Konkret werden wir die folgenden Verfahren betrachten:

▶ Bubblesort

▶ Selectionsort

▶ Insertionsort

▶ Shellsort

▶ Quicksort

▶ Heapsort

Die verschiedenen Verfahren werden wir als Unterprogramme implementieren und mit einer einheitlichen Schnittstelle ausstatten:

```
void xxxsort( int n, int daten[])
```

An der Schnittstelle werden die Anzahl der Daten (n) und der Array mit den Daten (daten) an das Unterprogramm übergeben.

Für alle Verfahren wollen wir auch diesmal Laufzeitbetrachtungen anstellen. Wir werden hier aber nicht so akribisch-mathematisch wie in voraufgegangenen Abschnitten vorgehen, sondern versuchen, mit qualitativen Argumenten Aussagen über das Laufzeitverhalten zu erhalten. Am Ende des Abschnitts werden dann die Überlegungen zum Laufzeitverhalten auf den Prüfstand gestellt, indem wir vergleichende Laufzeitmessungen durchführen.

12.1 Bubblesort

Das erste Sortierverfahren, das wir untersuchen wollen, wird allgemein als Bubblesort bezeichnet. Der Name rührt vielleicht daher, dass die zu sortierenden Elemente im Array wie Luftblasen im Wasser aufsteigen.

Das Verfahren läuft wie folgt ab:

Durchlaufe den Array in aufsteigender Richtung! Betrachte dabei immer zwei benachbarte Elemente. Wenn zwei benachbarte Elemente in falscher Ordnung sind, dann vertausche sie! Nach diesem Durchlauf ist auf jeden Fall das größte Element am Ende des Arrays.

Wiederhole den obigen Verfahrensschritt so lange, bis der Array vollständig sortiert ist! Dabei muss jeweils das letzte Element des vorherigen Durchlaufs nicht mehr betrachtet werden, da es schon seine endgültige Position gefunden hat!

Die folgende Grafik veranschaulicht die einzelnen Durchläufe des Verfahrens am Beispiel eines Arrays mit 6 Elementen. In dieser Grafik wird ein Vergleichsschritt durch ein graues Rechteck und eine Vertauschung durch gekreuzte Linien dargestellt.

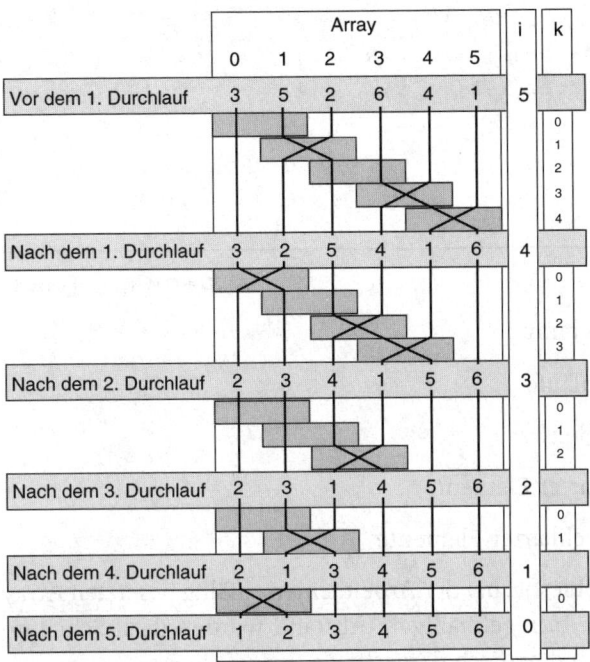

Im ersten Durchlauf starten wir mit dem Vergleich der beiden ersten Zahlen (hier 3 und 5). Eine Vertauschung ist nicht erforderlich, da die beiden Zahlen in der korrekten Reihenfolge stehen. Im nächsten Verfahrensschritt betrachten wir dann die zweite und die dritte Zahl (hier 5 und 2). Diesmal ist eine Vertauschung erforderlich ... Die in den beiden rechten Spalten stehenden Zahlen stellen dabei bereits einen Bezug zu den Schleifenzählern des nachfolgenden C-Programms her. Wir benötigen insgesamt 5 Durchläufe, um einen Array von 6 Elementen zu sortieren. Innerhalb des i-ten Durchlaufs finden dabei $6 - i$ Vergleiche mit den gegebenenfalls erforderlichen Vertauschungen statt.

Das folgende C-Programm implementiert den zuvor beschriebenen Algorithmus:

```
     void bubblesort( int n, int daten[])
     {
     int i, k, t;

A       for( i = n-1; i > 0; i--)
        {
B           for( k = 0; k < i; k++)
            {
C               if( daten[k] > daten[k+1])
                {
```

D_12_1

397

```
D       t = daten[k];
        daten[k] = daten[k+1];
        daten[k+1] = t;
          }
        }
      }
    }
```

▲ CD-ROM P_12_1/bubsort.c

Einige Erklärungen zum Programm:

A: Schleife für die n-1 Durchläufe

B: Schleife für die Einzelvergleiche

C: Vergleich zweier benachbarter Elemente

D: Vertauschung zweier benachbarter Elemente

Die folgende Grafik zeigt Bubblesort bei der Arbeit, einen zufällig besetzten Array mit 100 Zahlen zu sortieren. In regelmäßigem Abstand wurden dazu Schnappschüsse des Arrays gemacht und grafisch dargestellt.

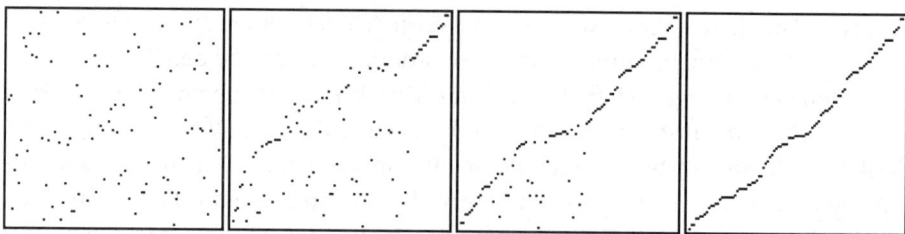

Man sieht, wie große Elemente immer weiter nach hinten geschoben werden und so von rechts nach links die Ordnung Einzug in die chaotische Punktwolke hält.

12.2 Selectionsort

Eine andere Möglichkeit zur Sortierung besteht darin, immer ein passendes Element im Array zu suchen und dieses dann direkt an die richtige Stelle zu bringen. Dieses Verfahren nennen wir »Selectionsort«.

Verfahrensbeschreibung:

Durchlaufe den Array in aufsteigender Reihenfolge und suche das kleinste Element! Vertausche das kleinste Element mit dem ersten Element! Das neue erste Element ist jetzt an der korrekten Position und muss im Weiteren nicht mehr betrachtet werden. Durchlaufe den Array jetzt ab dem zweiten Element aufwärts und suche wieder das kleinste Element! Vertausche das gefundene Element mit dem zweiten Element! Jetzt sind die beiden ersten Elemente im Array in der richtigen Reihenfolge und müssen im Weiteren nicht mehr betrachtet werden.

Iteriere das Verfahren, bis der gesamte Array sortiert ist!

Auch hier demonstrieren wir wieder die einzelnen Verfahrensschritte mit Hilfe einer Grafik:

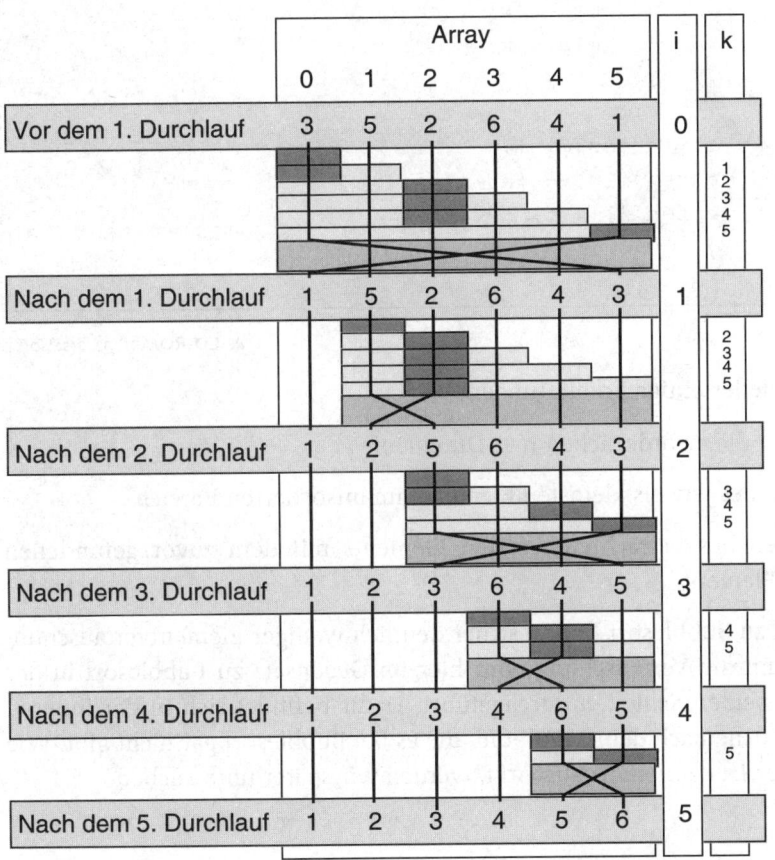

Die dunklen Felder zeigen dabei das aktuell im Verfahren gewählte Element. Am Ende eines Verfahrensschritts erfolgt dann der Tausch des gewählten (also jeweils kleinsten) mit dem zuerst betrachteten Element.

Als C-Programm realisieren wir das wie folgt:

D_12_2

```
        void selectionsort( int n, int daten[])
            {
            int i, k, t, min;

A           for( i = 0; i < n-1; i++)
                {
B               min = i;
                for( k = i+1; k < n; k++)
                    {
                    if( daten[k] < daten[min])
                        min = k;
                    }

C               t = daten[min];
                daten[min] = daten[i];
                daten[i] = t;
                }
            }
```

▲ **CD-ROM** P_12_2/selsort.c

Auch dazu wieder einige Erläuterungen:

A: Schleife für die erforderlichen n-1 Durchläufe

B: Ermittlung des jeweils kleinsten Elements im unsortierten Bereich

C: Vertauschen des betrachteten ersten Elements mit dem zuvor gefundenen kleinsten Element

Im Vergleich zu Bubblesort finden sicher deutlich weniger Elementvertauschungen statt, denn die Vertauschung wird hier im Gegensatz zu Bubblesort in der äußeren der beiden Schleifen durchgeführt. Dafür befindet sich in der inneren Schleife die Suche nach dem Minimum, die es bei Bubblesort gar nicht gibt. Wie sich das in der Laufzeitbilanz auswirkt, werden wir später untersuchen.

Auch hier beobachten wir den Algorithmus bei der Arbeit:

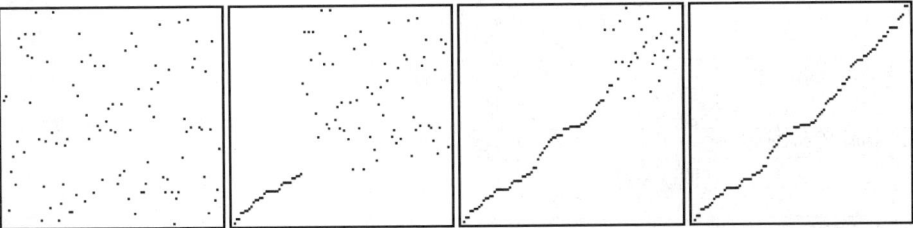

Durch das Einfügen des Minimums wird der sortierte Array systematisch von links nach rechts aufgebaut. Rechts verbleiben die noch unsortierten Elemente, die aber stets größer als alle Elemente im bereits sortierten Teil sind.

12.3 Insertionsort

Insertionsort ist ein weiteres Sortierverfahren und arbeitet so, wie wir Spielkarten auf der Hand sortieren.

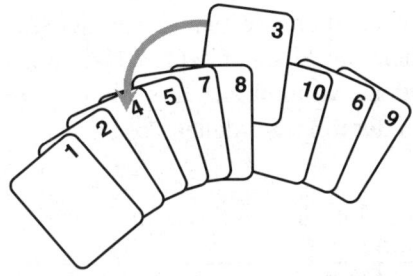

Verfahrensbeschreibung:

> Die erste Karte ganz links ist sortiert. Wir nehmen die zweite Karte und stecken sie, je nach Größe, vor oder hinter die erste Karte. Damit sind die beiden ersten Karten relativ zueinander sortiert. Wir nehmen die dritte, vierte, fünfte ... Karte und schieben sie so lange nach links, bis wir an die Stelle kommen, an der sie hineinpasst. Dort stecken wir sie hinein.

Im Array geht das natürlich nicht so leicht wie mit einem Kartenspiel auf der Hand. Wir können im Array nicht einfach ein von links kommendes Element »dazwischenschieben«. Dazu müssen zunächst alle übersprungenen Elemente nach rechts aufrücken, um für das einzusetzende Element Platz zu machen.

Zur Veranschaulichung des Verfahrens dient uns wieder eine Grafik:

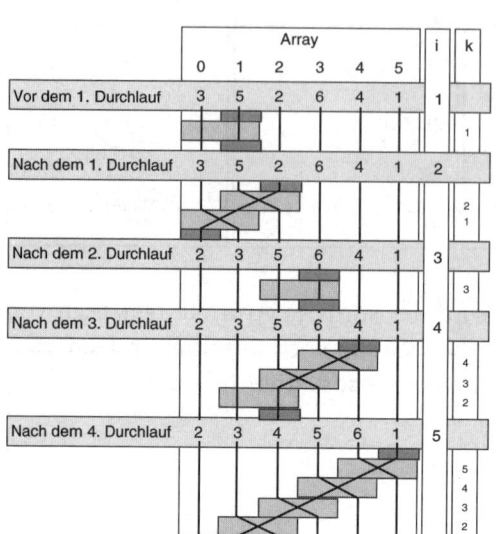

Zu Beginn jedes Verfahrensschritts wird das einzusortierende Element aus dem Array entnommen. Solange wie das einzusortierende Element seinen Platz noch nicht gefunden hat, rücken die Vergleichselemente von links nach rechts auf. Am Ende wird das zuvor entnommene Element an der freigewordenen Position abgelegt.

Mit diesen Informationen ist insertionsort einfach zu realisieren:

D_12_3

```
        void insertionsort( int n, int daten[])
        {
        int i, j, v;

A       for( i = 1; i < n; i++)
        {
B           v = daten[i];

C           for( j = i; j && (daten[j-1] > v); j--)
                daten[j] = daten[j-1];

D           daten[j] = v;
        }
        }
```

▲ **CD-ROM** P_12_3/inssort.c

A: Schleife über die n-1 Durchläufe

B: Entnehmen des aktuellen Elements

C: Verschieben aller größeren Elemente nach rechts

D: Einordnen des zuvor entnommenen Elements

Wie bei Bubblesort und Selectionsort haben wir es im C-Programm mit einer Doppelschleife zu tun. Statt mit Elementvertauschungen wird jetzt jedoch mit Elementverschiebungen gearbeitet.

Auch hier betrachten wir einige Schnappschüsse:

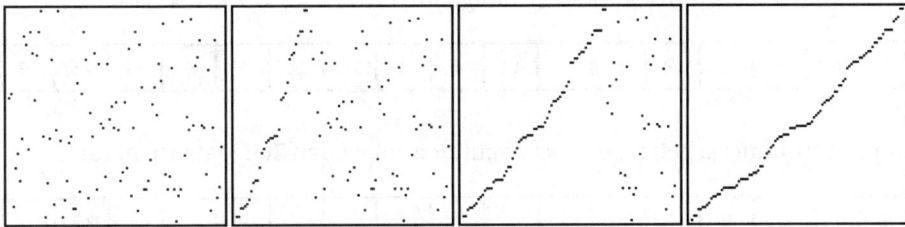

Man sieht, wie die Punktwolke von links nach rechs abgearbeitet wird. Im Gegensatz zu den bisher diskutierten Verfahren werden die noch unsortierten Daten im rechten Bereich nicht umgeordnet und im sortierten Bereich können immer noch Elemente eingeschoben werden.

12.4 Shellsort

Zur Einführung eines weiteren Sortierverfahrens schwächen wir das Verfahren Insertionsort aus dem vorigen Abschnitt zunächst ab. Wir modifizieren insertionsort so, dass der Array nicht in 1-er Schritten, sondern in h-er Schritten durchlaufen wird. Dazu ersetzen wir die in insertionsort vorkommende Konstante 1 durch eine Variable h, die wir zusätzlich an der Schnittstelle der Funktion übergeben:

```
void insertion_h_sort( int n, int daten[], int h)
    {
    int i, k, v;

    for( i = h; i < n; i++)
        {
        v = daten[i];
```

```
        for( k = i; (k >= h) && (daten[k-h] > v); k -= h)
            daten[k] = daten[k-h];
        daten[k] = v;
        }
    }
```

Für h = 1 ist dies unser altbekanntes Programm insertionsort. Aber was macht dieses Programm für h > 1? Im Prinzip das Gleiche wie insertionsort, allerdings mit dem Unterschied, dass sich der Algorithmus bei einem Durchlauf immer nur für Elemente mit Abstand h interessiert.

Betrachten wir dies am Beispiel des folgenden Arrays (n = 17, h = 3):

3	12	5	2	14	9	8	11	4	1	10	16	7	6	17	15	13

Der Algorithmus arbeitet so, dass er auf den folgenden Teil-Datenstrukturen

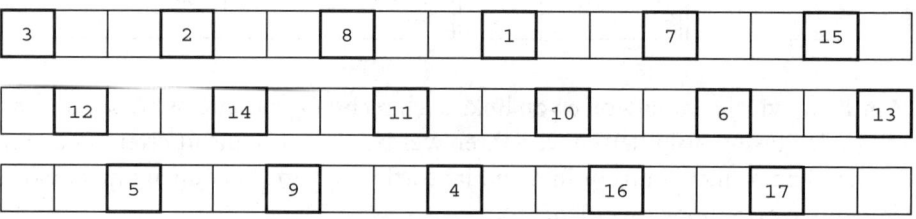

unabhängig voneinander eine Sortierung vornimmt.

Das Ergebnis ist dann:

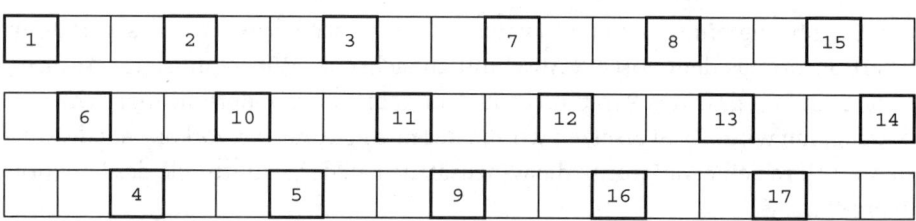

Zusammengefasst ergibt sich damit die folgende Vorsortierung im Array:

1	6	4	2	10	5	3	11	9	7	12	16	8	13	17	15	14

Eine solche Ordnung, in der jeweils Elemente im Abstand h korrekt sortiert sind, nennen wir h-Sortierung. Eine 1-Sortierung ist in diesem Sinne eine vollständige

Sortierung. Durch schrittweise Verfeinerung von h überführen wir nun den Array von einer h-Sortierung in eine 1-Sortierung. Dazu muss man natürlich noch eine geeignete Schrittfolge wählen. Wir arbeiten hier mit der Folge

$$h_n = \begin{cases} 1 & \text{für } n = 0 \\ 3 \cdot h_{n-1} + 1 & \text{für } n \geq 1 \end{cases}$$

also:

```
1, 4, 13, 40, 121, ...,
```

die wir natürlich rückwärts durchlaufen müssen.

Wir erhalten damit das folgende C-Programm:

```
    void shellsort( int n, int daten[])
        {
        int h;

A       for( h = 1; h <= n/9; h = 3*h+1)
            ;

B       for( ; h > 0; h /= 3)
                insertion_h_sort( n, daten, h);
        }
```

A: Hier wird der Startwert für die Folge h_n ermittelt, indem das erste Folgenglied gesucht wird, das größer als n/9 ist.

B: Vom unter A gefundenen Startwert h aus wird die Folge rückwärts durchlaufen (..., 40, 13, 4, 1) und somit für immer kleinere h-Werte insertion_h_sort ausgeführt. Beachten Sie in diesem Zusammenhang, dass, wegen der ganzzahligen Division, $h_n = h_{n+1} / 3$ ist. Da h = 1 stets als letzter Wert vorkommt, wird am Ende eine 1-Sortierung vorgenommen. Nach dem letzten Aufruf von insertion_h_sort ist der Array also auf jeden Fall sortiert.

Es ist effizienter, den Unterprogrammaufruf zu eliminieren und insertion_ h_sort direkt im übergeordneten Hauptprogramm zu implementieren:

```
void shellsort( int n, int daten[])
    {
    int i, j, h, v;

    for( h = 1; h <= n/9; h = 3*h+1)
        ;
```

D_12_4

```
for( ; h > 0; h /= 3)
    {
    for( i = h; i < n; i++)
        {
        v = daten[i];
        for( j = i; (j >= h) && (daten[j-h] > v); j -= h)
            daten[j] = daten[j-h];
        daten[j] = v;
        }
    }
}
```

▲ CD-ROM P_12_4/shlsort.c

Dass der Array auf diese Weise sortiert wird, steht außer Frage, da ja für h=1 Insertionsort durchgeführt wird. Es drängt sich natürlich die Frage auf, warum man den Algorithmus derart verkompliziert und nicht sofort eine 1-Sortierung durchführt?

Eine plausible Antwort auf diese Frage zu geben ist nicht einfach. Der Vorteil liegt grob gesprochen darin, dass shellsort zunächst weiträumige Vertauschungen im Array durchführt, während insertionsort mit vielen (zu vielen) Nachbar-Vergleichen und -Vertauschungen arbeitet. Wenn shellsort schließlich mit h=1 insertionsort durchführt, ist der Array schon so geschickt vorsortiert, dass insertionsort hier viel effizienter abläuft als auf einem nicht vorsortierten Array. Wir werden später sehen, dass shellsort in der Praxis viel effizienter arbeitet als insertionsort und den scheinbaren Mehraufwand geradezu spielend kompensiert.

Auch in den Schnappschüssen zeigt sich für shellsort ein ganz anderes Bild als bei den bisherigen Verfahren:

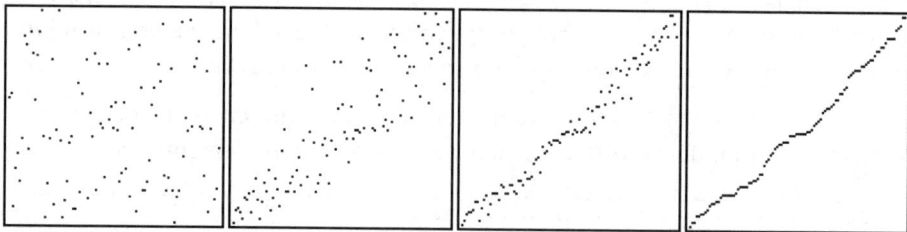

Durch die h-Sortierungen tritt im Array sehr früh eine grobe Ausrichtung aller Elemente ein, die dann durch die zunehmende Verfeinerung verbessert wird.

12.5   Quicksort

Wir wollen jetzt ein Sortierverfahren konstruieren, das auf dem Prinzip »Teile und herrsche« beruht und rekursiv arbeitet.

Das Prinzip ist einfach:

Zerlege den Array in zwei Teile, wobei alle Elemente des ersten Teils kleiner oder gleich allen Elementen des zweiten Teils sind. Anschließend können die beiden Teile einzeln sortiert werden. Dazu werden sie jeweils wieder in zwei Teile zerlegt ...

Besonders effizient ist dieses Verfahren, wenn die beiden Teile, in die wir zerlegen, annähernd gleich groß konstruiert werden, da sich die Größe der zu betrachtenden Teile dann jeweils halbiert.

Zur Zerlegung des Arrays konstruieren wir einen sogenannten Median. Dabei handelt es sich um ein von der Größe her möglichst in der Mitte liegendes Element mit der Eigenschaft, dass alle Elemente links vom Median kleiner (im Sinne von $\leq$) und alle Elemente rechts vom Median größer (im Sinne von $\geq$) als der Median sind. Der Median selbst ist unter diesen Voraussetzungen bereits richtig platziert und muss bei der weiteren Verarbeitung nicht mehr betrachtet werden.

Die folgende Grafik zeigt uns die Verfahrensidee:

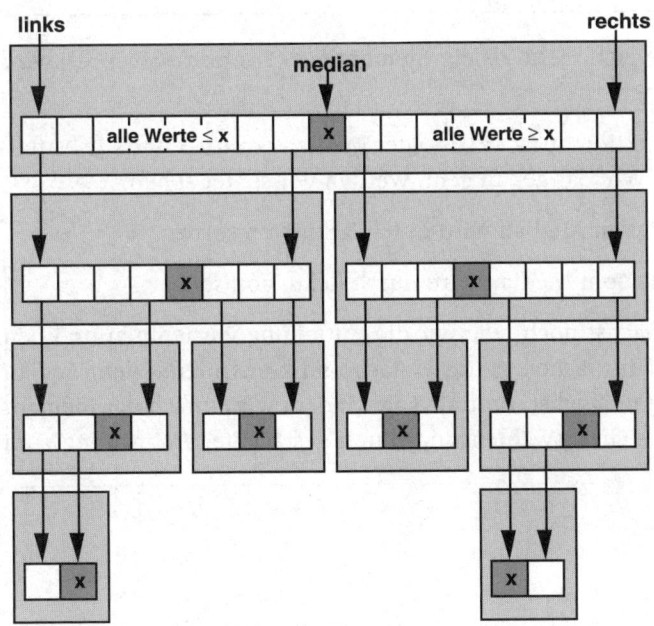

Die Rekursion bricht ab, wenn wir durch Zerlegung auf Arrays mit einem oder gar keinem Element stoßen, bei denen ja nichts mehr zu sortieren ist.

Wenn wir annehmen, dass wir bereits über eine Funktion

```
int aufteilung( int links, int rechts, int daten[])
```

verfügen, die die gewünschte Aufteilung vornimmt und uns für die weitere Verarbeitung den Index des Medians, also die Stelle, an der aufgeteilt wurde, zurückgibt, so können wir das Hauptprogramm wie folgt realisieren:

```
    void quicksort( int links, int rechts, int daten[])
        {
        int median;

A       if( rechts > links)
            {
B           median = aufteilung( links, rechts, daten);

C           quicksort( links, median-1, daten);

D           quicksort( median+1, rechts, daten);
            }
        }
```

A: Nur wenn der Teilbereich mehr als ein Element hat (`rechts > links`), wird der Teilbereich bearbeitet.

B: Hier wird mit der Funktion `aufteilung` der Median ermittelt und die Aufteilung vorgenommen. Wie das genau geht, werden wir später sehen.

C: Der Teilbereich links vom Median wird durch Rekursion sortiert.

D: Der Teilbereich rechts vom Median wird durch Rekursion sortiert.

Unklar bleibt dabei zunächst noch, wie wir die Aufteilung vornehmen und den Median konstruieren. Wir machen es uns einfach und konstruieren den Median ohne Rücksicht auf eine möglichst zentrale Lage, indem wir einfach das Element ganz rechts[1] im Teilbereich auswählen und durch geschickte Umordnung zum Median machen.

---

1. Dies ist, da der Bereich noch nicht sortiert ist, keineswegs das größte Element im Bereich. Bei einer zufälligen Verteilung der zu sortierenden Daten wird das keine schlechte Wahl sein.

Wir machen uns das Verfahren zunächst an einem Beispiel mit der folgenden Ausgangslage klar:

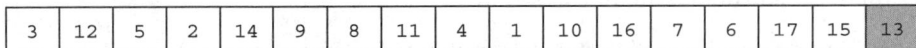

| 3 | 12 | 5 | 2 | 14 | 9 | 8 | 11 | 4 | 1 | 10 | 16 | 7 | 6 | 17 | 15 | 13 |

Wir wählen das Element ganz rechts (13) aus und wollen es zum Median machen. Dazu müssen wir eine Ordnung herstellen, in der alle Elemente links vom Median kleiner als der Median und rechts vom Median größer als der Median sind. Wir arbeiten uns dazu von den Ecken des Arrays zur Mitte hin vor und überspringen dabei alle Elemente, die im Sinne der angestrebten Aufteilung bereits korrekt platziert sind.

| 3 | 12 | 5 | 2 | 14 | 9 | 8 | 11 | 4 | 1 | 10 | 16 | 7 | 6 | 17 | 15 | 13 |

Wenn es nicht mehr weitergeht, vertauschen wir die beiden Elemente, die unser weiteres Vorgehen blockiert haben, und können uns dann weiter zur Mitte vorarbeiten.

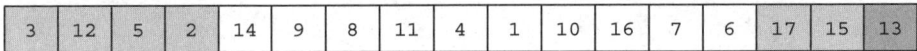

| 3 | 12 | 5 | 2 | 6 | 9 | 8 | 11 | 4 | 1 | 10 | 16 | 7 | 14 | 17 | 15 | 13 |

Noch einmal vertauschen wir die blockierenden Elemente. Dann stoßen wir bei unserem Vorgehen von links und rechts aufeinander.

| 3 | 12 | 5 | 2 | 6 | 9 | 8 | 11 | 4 | 1 | 10 | 7 | 16 | 14 | 17 | 15 | 13 |

Abschließend vertauschen wir noch den zukünftigen Median mit dem Element rechts vom Treffpunkt, das ja mindestens so groß wie der Median ist.

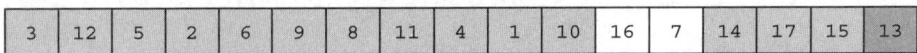

| 3 | 12 | 5 | 2 | 6 | 9 | 8 | 11 | 4 | 1 | 10 | 7 | 13 | 14 | 17 | 15 | 16 |

Die gewünschte Aufteilung ist damit hergestellt. Der Median ist irgendwo – hoffentlich halbwegs in der Mitte – und links vom Median ist alles kleiner, rechts vom Median alles größer. Der linke und der rechte Teil des Arrays können jetzt unabhängig voneinander sortiert werden. Der Median hat bereits seine endgültige Position gefunden.

Wir können nicht garantieren, dass der Median wirklich zentral liegt. Sollte das als Median gewählte Element das größte oder kleinste Element des Arrays sein, so erhalten wir eine denkbar ungünstige Aufteilung. Das kann z.B. passieren, wenn im Array bereits eine gewisse Vorsortierung vorliegt. Verbessern lässt sich die Wahl des Medians etwa, indem man 3 Elemente aus verschiedenen Bereichen des Arrays als mögliche Kandidaten betrachtet und dann das von der Größe her mittlere dieser drei Elemente auswählt.

Jetzt können wir die Funktion zur Aufteilung implementieren:

```
      int aufteilung( int links, int rechts, int daten[])
         {
         int median, i, j, t;

A        median = daten[rechts];

B        i = links-1;
         j = rechts;
         for( ; ;)
            {
C           while( daten[++i] < median)
               ;

D           while((j>i) && (daten[--j]>median))
               ;

E           if( i >= j)
               break;

F           t = daten[i];
            daten[i] = daten[j];
            daten[j] = t;
            }
G        daten[rechts] = daten[i];
         daten[i] = median;

H        return i;
         }
```

A: Das am weitesten rechts stehende Element wird als Median gewählt.

B: Hier werden die Indices in den Array initialisiert.

C: Hier wird so lange von links nach rechts marschiert, bis man auf ein Element stößt, das größer als der Median ist.

D: Hier wird so lange von rechts nach links marschiert, bis man auf ein Element stößt, das kleiner als der Median ist.

E: Sind bei C und D die beiden Indices übereinander hinweggelaufen, so können wir die Schleife beenden.

F: Die blockierenden Elemente werden vertauscht, und die unter C und D beschriebenen Wanderungen nach rechts bzw. links werden fortgesetzt.

G: Der Median wird durch Vertauschung mit dem Element rechts vom Treffpunkt an seine exakte Position im Array gebracht. Dieses Element ist bereits endgültig positioniert.

H: Die Position des Medians wird an das aufrufende Programm zurückgemeldet.

Eine gewisse Effizienzsteigerung erreichen wir auch hier dadurch, dass wir auf den Funktionsaufruf von `aufteilung` verzichten und die Funktionalität innerhalb von `quicksort` realisieren.

D_12_5

```c
void quicksort( int links, int rechts, int daten[])
    {
    int median, i, j, t;

    if( rechts > links)
        {
        median = daten[rechts];
        i = links-1;
        j = rechts;
        for( ; ;)
            {
            while( daten[++i] < median)
                ;
            while(j>i) && (daten[--j]>median))
                ;
            if( i >= j)
                break;
            t = daten[i];
            daten[i] = daten[j];
            daten[j] = t;
            }
        daten[rechts] = daten[i];
        daten[i] = median;
        /* i ist der Index des Median */
        quicksort( links, i-1, daten);
        quicksort( i+1, rechts, daten);
        }
    }
```

▲ CD-ROM P_12_5/qcksort.c

411

Die Sortierung des gesamten Arrays wird dann durch den Aufruf

```
quicksort( 0, n-1, daten)
```

veranlasst.

Aus Gründen der Einheitlichkeit und im Hinblick auf die weiter unten folgenden Performance-Messungen versehen wir quicksort mit der gleichen Schnittstelle wie die anderen Sortierverfahren.

```
void quick_sort( int n, int daten[])
    {
    quicksort( 0, n-1, daten);
    }
```

▲ **CD-ROM** P_12_5/qcksort.c

Da bei unserer Quicksort-Implementierung immer zunächst ein rekursiver Abstieg in die linke Hälfte des Arrays erfolgt, ergibt sich ein Aufbau des sortierten Arrays von links nach rechts:

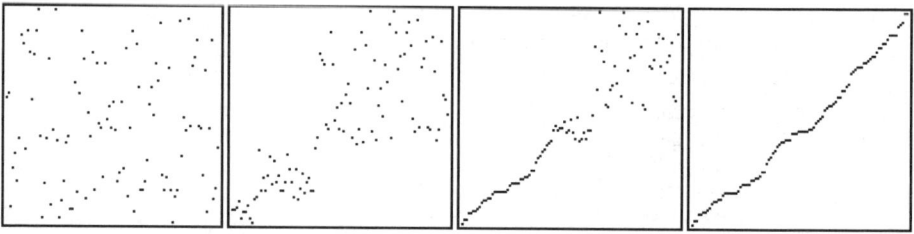

Man sieht, wie dabei immer kleinere Pakete entstehen, die unabhängig bearbeitet werden können, da alle Werte in einem Paket größer als die Werte in den linken Nachbarpaketen bzw. kleiner als die Werte in den rechten Nachbarpaketen sind.

12.6   Heapsort

Bevor wir unser letztes Sortierverfahren einführen, machen wir uns ein paar Gedanken über sogenannte Heaps[2].

---

2. engl. heap = Haufen

Wir können uns die Elemente eines Arrays wie in einem Baum angeordnet denken.

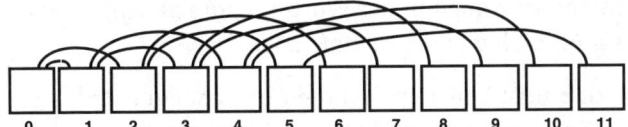

Die Verweise von Knoten auf Folgeknoten bzw. Blätter sind dabei natürlich nicht explizit, sondern nur gedanklich vorhanden. In etwas übersichtlicherer Darstellung haben wir also:

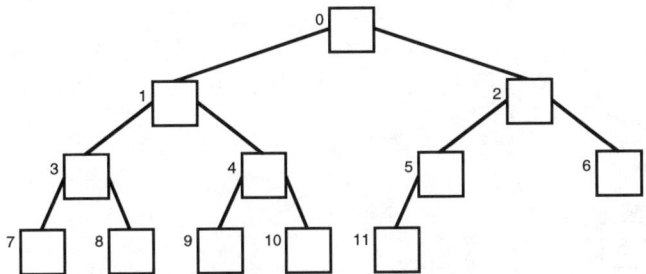

Allgemein gilt, dass die Nachfolger von `a[i]` die Elemente `a[2*i+1]` und `a[2*i+2]` sind. Der Baum ist dabei immer von links aufgefüllt. Rechts sind gegebenenfalls noch gewisse Lücken. Wir speichern in diesem Baum nun Zahlen so, dass sie der folgenden sogenannten Heap-Bedingung genügen:

Heap-Bedingung:

Der Zahlenwert in einem Knoten ist immer größer oder gleich den Zahlenwerten seiner beiden Nachfolgerknoten.

Einen Baum, der die Heap-Bedingung erfüllt, bezeichnen wir als **Heap**.

Ein Heap stellt eine Vorstufe zur Sortierung dar. Inwieweit wir einen Heap zur Sortierung verwenden können, werden wir noch sehen. Zunächst betrachten wir einmal einen Baum, der die Heap-Bedingung erfüllt:

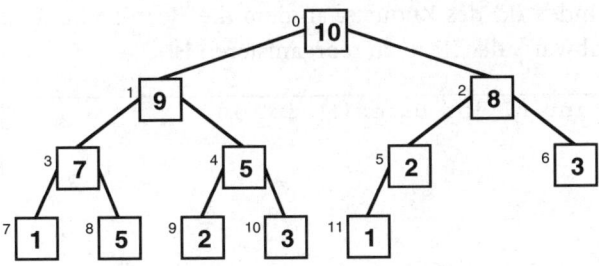

In einem solchen Baum ist der Wert an einem Knoten immer größer (im Sinne von ≥) als die Werte an allen nachfolgenden Knoten oder Blättern. Insbesondere steht immer das größte Element ganz oben in der Wurzel. Dadurch kann man einem Heap sehr einfach das größte Element entnehmen.

Wir betrachten jetzt einen an einem beliebigen Knoten beginnenden Teilbaum. Ist die Heap-Bedingung an diesem Knoten verletzt, aber in den beiden darunter liegenden Teilbäumen erfüllt, so ist es leicht, die Bedingung im gesamten Teilbaum wiederherzustellen. Wir vertauschen dazu den Inhalt des Knotens mit dem Inhalt seines größten Nachfolgerknotens. Dadurch ist die Störung noch nicht behoben, aber sie ist auf einen Knoten eine Ebene tiefer verlagert. Wenn wir dieses Verfahren fortsetzen, wächst sich die Störung in dem Baum sozusagen nach unten heraus.

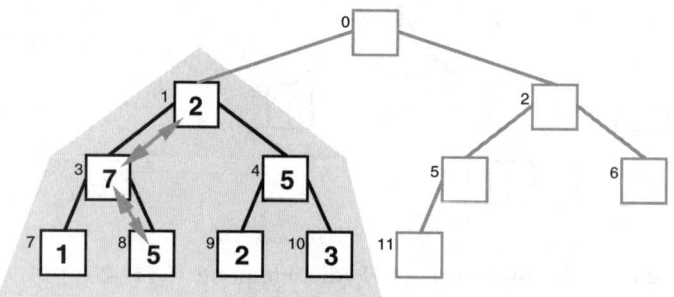

In unserem Beispiel vertauschen wir zunächst 2 und 7 und dann 2 (vormals 7) und 5. Auf diese Weise rücken große Zahlen im Baum zur Wurzel hin auf, und am Ende gilt wieder die Heap-Bedingung. Zusammengefasst bedeutet dies, dass man einem Heap oben an der Wurzel das größte Element entnehmen kann und dann relativ einfach das nächstgrößte Element aus dem Heap hervorholen kann. Mit dieser Vorüberlegung sind wir dem Ziel, einen Heap für die Sortierung zu verwenden, schon ein gutes Stück näher gekommen.

Jetzt erstellen wir ein Hilfsprogramm, um einen am Knoten k gestörten Heap[3], entsprechend dem obigen Vorgehen, wiederherzustellen – zu adjustieren. Als Parameter erhält diese Funktion den Heap (daten), die Gesamtzahl der Elemente auf dem Heap (n) und den Index (k) des Knotens, an dem die Heap-Bedingung gestört ist und von dem an abwärts der Heap zu reorganisieren ist:

```
void adjustheap( int n, int daten[], int k)
{
    int j, v;
```

---

3. Genau genommen ist das kein Heap mehr, aber Sie wissen, was ich meine.

A	`v = daten[k];`
B	`while( k < n/2)` `{`
C	`j = 2*k+1;`
D	`if( (j < n-1) && (daten[j] < daten[j+1]))` `j++;`
E	`if( v >= daten[j])` `break;`

F	`daten[k] = daten[j];`
	`k = j;`
	`}`

G	`daten[k] = v;` `}`

▲ **CD-ROM** P_12_6/heapsort.c

A: Der Wert des gegebenenfalls falsch platzierten Knotens mit dem Index `k` wird dem Baum entnommen, ohne dass zunächst Elemente aufrücken.

B: Solange der Knoten mit dem Index `k` noch mindestens einen Nachfolger hat, wird mit der Bearbeitung fortgefahren.

C: Hier wird der Index `j` des linken Nachfolgers des Knotens `k` berechnet. Der rechte Nachfolger ist dann, sofern es ihn gibt, durch den Index `j+1` gegeben.

D: Wenn es einen rechten Nachfolger gibt (`j < n-1`) und dieser Knoten einen größeren Wert hat als der linke Nachfolger (`daten[j] < daten[j+1]`), so betrachten wir im Folgenden den rechten Nachfolger (`j++`). Andernfalls bleibt alles beim Alten, d.h., wir betrachten weiterhin den linken Nachfolger.

E: Wenn der Wert am Knoten `k` größer oder gleich dem Wert des betrachteten Nachfolgers ist, so ist kein weiteres Absteigen mehr notwendig und wir beenden die Schleife.

F: Wir ziehen den Nachfolger im Baum einen Level höher und steigen mit unserem Algorithmus in den Ast des Nachfolgers ein.

G: Wir legen den anfänglich gesicherten Wert des Störenfrieds auf seine korrekte Position, die vom letzten aufrückenden Nachfolger frei gemacht wurde.

Mit diesem Hilfsprogramm können wir ein weiteres Sortierverfahren, das unter dem Namen »Heapsort« bekannt ist, realisieren. Wir bauen dazu zunächst vom rechten Rand des Arrays her einen Heap aus den n Elementen des Arrays auf. Dann nehmen wir das größte Element von der Wurzel des Baumes, vertauschen es mit dem letzten Element im Array und stellen die Heap-Bedingung durch ad-justheap in dem um ein Element verkleinerten Baum (= um ein Element ver-kleinerter Array) wieder her. Jetzt steht das größte Element am Ende des Arrays, die n-1 Elemente davor bilden wieder einen Heap. Damit steht das zweitgrößte Element am Anfang, und wir tauschen es jetzt gegen das vorletzte Element im Ar-ray aus und adjustieren wieder den Heap, der jetzt nur noch n-2 Elemente hat. Dadurch wird das drittgrößte Element nach vorn geholt ... Im C-Code liest sich das dann wie folgt:

D_12_6

```
        void heapsort( int n, int daten[])
          {
          int k, t;

A         for( k = n/2; k;)
              adjustheap( n, daten, --k);

B         while( --n)
              {
C             t = daten[0];
              daten[0] = daten[n];
              daten[n] = t;

D             adjustheap( n, daten, 0);
              }
          }
```

▲ **CD-ROM** P_12_6/heapsort.c

A: Hier wird der Heap aufgebaut. Da dieser Vorgang etwas schwer einzusehen ist, gehe ich weiter unten noch einmal auf diesen Programmteil ein.

B: Solange noch Elemente einzusortieren sind, werden die Punkte C und D aus-geführt.

C: Das größte Element `daten[0]` wird von der Spitze des Heap genommen und gegen das letzte noch zu betrachtende Element des Arrays ausgetauscht. Die Heap-Bedingung wird dadurch an der Wurzel (`daten[0]`) gestört.

D: In dem um ein Element verkleinerten Heap, dessen Heap-Bedingung an der Wurzel (Index 0) gegebenenfalls gestört ist, wird eine Reorganisation durchge-führt. Damit kommt das größte Element aus dem verbliebenen Heap wieder an die Spitze.

Der mit A bezeichnete Programmteil bedarf, obwohl es sich nur um zwei Zeilen handelt, einer zusätzlichen Erläuterung.

Wir beginnen mit dem letzten Element im Baum, das einen Nachfolger hat. Dies ist das Element mit dem Index n/2 – 1 (beachten Sie --k im Aufruf von adjustheap). Dann adjustieren wir den Mini-Teilbaum an dieser Wurzel:

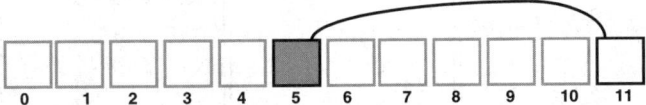

Der Rest ist ein schrittweiser Rückzug mit ständiger Adjustierung:

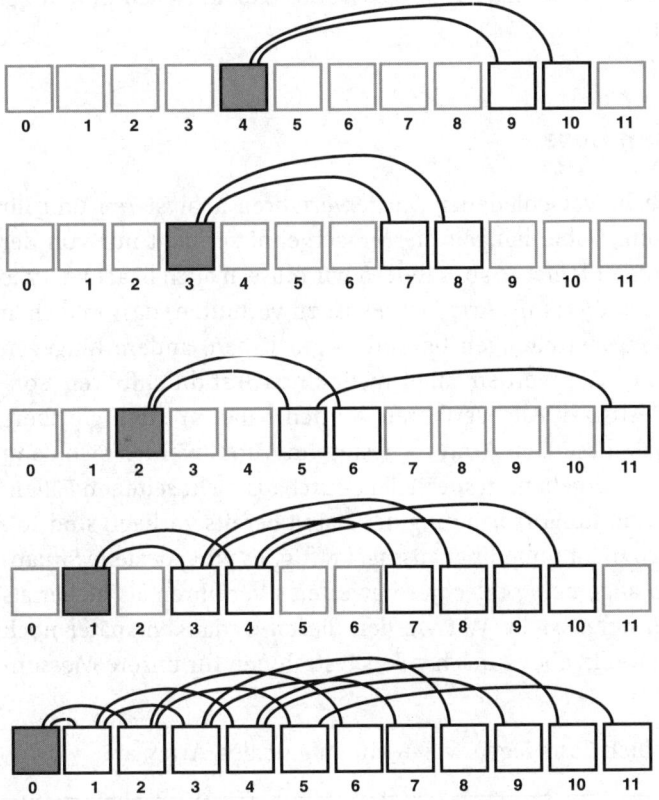

Am Ende ist die Heapbedingung erfüllt, wir haben den Array also so umorganisiert, dass ein Heap entstanden ist.

In den Schnappschüssen sieht man sehr schön, wie die größten Elemente im Heap zunächst nach vorn wandern, um dann zum Aufbau der Sortierung nach hinten geworfen zu werden.

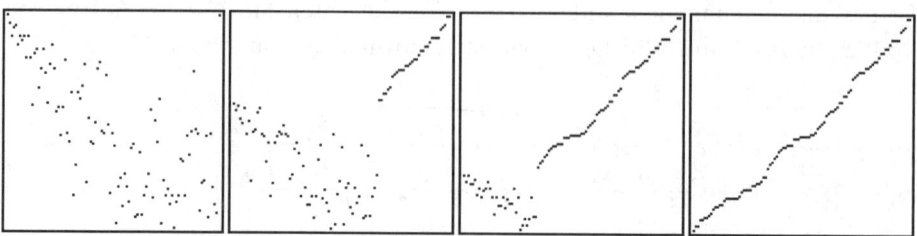

Der erste Schnappschuss wurde hier übrigens nicht ganz am Anfang, sondern erst nach dem Aufbau des Heaps und nachdem das größte Element nach hinten gebracht wurde, gemacht.

12.7   Leistungsanalyse

Wir wollen jetzt die sechs verschiedenen Sortierverfahren analysieren und ihr Laufzeitverhalten messen. Dabei hängen die Messergebnisse nicht nur von der Anzahl der zu sortierenden Elemente ab, sondern wir müssen auch beachten, wie die Anfangsverteilung der Werte im Array ist. Es ist zu vermuten, dass manchen Verfahren gewisse Anfangsverteilungen besonders gut liegen, andere hingegen besonders ungünstig sind. Wir werden daher nicht einen Test durchführen, sondern immer mehrere Testläufe. Alle Verfahren werden dabei mit den gleichen, nach einem Zufallsprinzip besetzten Arrays getestet. Im Mittel werden sich dann realistische Leistungsdaten ergeben. In speziellen, durchaus nicht seltenen Fällen, in denen etwa eine bestimmte Vorsortierung der Daten bereits vorliegt, sind solche Messungen natürlich nicht unbedingt aussagekräftig. Es gibt spezielle Situationen, in denen sich ein allgemein schlechter bewertetes Verfahren als besser als andere Sortierverfahren herausstellt. Wir werden diesen Gedanken später noch einmal aufgreifen, entwickeln aber zunächst den Testrahmen für unsere Messungen.

Die Daten für die einzelnen Tests legen wir in einem globalen Array ab:

```
int testdaten[ANZAHL_ELEMENTE];
```

Die Menge der Testdaten halten wir dabei über die symbolische Konstante ANZAHL_ELEMENTE konfigurierbar.

Im Testrahmen werden dann Testdaten erzeugt und den verschiedenen Verfahren zur Sortierung übergeben. Die Anzahl der Tests, die je Verfahren durchgeführt werden sollen, kann ebenfalls über eine symbolische Konstante (ANZAHL_TESTS) gesteuert werden[4]:

```
main()
    {
    int verfahren, test, k;

    for( verfahren = 1; verfahren <= 6; verfahren++)
        {
        srand(STARTWERT);
        for( test=1; test <= ANZAHL_TESTS; test++)
            {
            for( k = 0; k < ANZAHL_ELEMENTE; k++)
                testdaten[k] = rand();
            switch( verfahren)
                {
            case 1:
                bubblesort( ANZAHL_ELEMENTE, testdaten);
                break;
            case 2:
                selectionsort( ANZAHL_ELEMENTE, testdaten);
                break;
            case 3:
                insertionsort( ANZAHL_ELEMENTE, testdaten);
                break;
            case 4:
                shellsort( ANZAHL_ELEMENTE, testdaten);
                break;
            case 5:
                quick_sort( ANZAHL_ELEMENTE, testdaten);
                break;
            case 6:
                heapsort( ANZAHL_ELEMENTE, testdaten);
                break;
                }
            }
        }
    }
```

▲ **CD-ROM** P_12_7/sorttst1.c

---

4. Das Programm auf der CD enthält zusätzlich noch eine Überprüfung auf korrekte Sortierung. Wenn Sie dieses Programm starten, sehen Sie bereits deutlich die unterschiedlichen Sortiergeschwindigkeiten der verschiedenen Verfahren.

Zur Erzeugung der benötigten Zufallszahlen verwenden wir die Funktionen srand und rand aus der C-Runtime-Library. Die Funktion srand initialisiert den Zufallszahlengenerator mit einem Startwert, der ebenfalls durch eine symbolische Konstante gegeben ist. Die Funktion rand liefert dann jeweils eine Zufallszahl.

In diesem Abschnitt wollen wir nur Überdeckungstests fahren. Wir setzen dazu

```
# define ANZAHL_ELEMENTE 1000
# define ANZAHL_TESTS 1
```

und führen einen Testlauf für alle Sortierverfahren durch. Die Ergebnisse werden nachfolgend diskutiert.

12.7.1 Bubblesort

Der Überdeckungstest liefert bei Bubblesort das folgende Ergebnis:

```
              void bubblesort( int n, int daten[])
   1 ->           {
                  int i, j, t;

 999 ->           for( i = n - 1; i > 0; i--)
                  {
 999 ->             for( j = 0; j < i; j++)
                    {
499500 ->             if( daten[j] > daten[j+1])
                      {
239518 ->               t = daten[j];
                        daten[j] = daten[j+1];
                        daten[j+1] = t;
                      }
                    }
                  }
   1 ->           }
```

Die Zahlen links vom Quellcode geben dabei an, wie oft das jeweilige Statement bzw. der jeweilige Block im Wege der Progammausführung durchlaufen wurde.

Strukturell besteht bubblesort aus einem Kern, der in zwei Schleifen eingebettet ist. Die Laufzeit des Kerns hängt natürlich davon ab, ob eine Vertauschung durchzuführen ist oder nicht. Wenn wir eine zufällige Verteilung der Daten annehmen, so können wir davon ausgehen, dass in etwa der Hälfte aller Fälle eine Vertauschung durchzuführen ist. Der Überdeckungstest bestätigt dies, da

$$239518 / 499500 \approx 1 / 2$$

ist. Der Kern wird bei zufälliger Verteilung der Elemente eine mittlere Laufzeit c_{bub} haben, die etwa die Hälfte der zur Vertauschung von zwei Elementen benötigten Rechenzeit ausmacht. Unter dieser Annahme lässt sich die Gesamtlaufzeit leicht ausrechnen:

$$t_{bub}(n) = \sum_{i=1}^{n-1} \sum_{j=0}^{i-1} c_{bub} = c_{bub} \sum_{i=1}^{n-1} i = c_{bub} \frac{n(n-1)}{2}$$

Diese Formel wird durch den Überdeckungstest bestätigt, da der Kern exakt

$$\frac{n(n-1)}{2} = \frac{1000(1000-1)}{2} = 499500$$

mal ausgeführt wurde.

Aus der oben hergeleiteten Formel folgt, dass `bubblesort` ein quadratisches Laufzeitverhalten aufweist. In Formeln:

$$t_{bub}(n) \approx n^2$$

Das ist zumindest schon einmal erheblich besser als der in der Einleitung vorgeschlagene, auf `perm` basierende Algorithmus. Ob es allerdings noch besser geht, müssen die noch folgenden Analysen zeigen.

12.7.2 Selectionsort

Ähnliche Überlegungen wie bei Bubblesort wenden wir jetzt auf Selectionsort an. Zunächst zeigt der Überdeckungstest bei identischer Ausgangssituation das folgende Bild:

```
              void selectionsort( int n, int daten[])
     1 ->         {
                  int i, j, t, min;

                  for( i = 0; i < n-1; i++)
                      {
   999 ->              min = i;
   999 ->              for( j = i+1; j < n; j++)
                          {
499500 ->                     if( daten[j] < daten[min])
  5419 ->                         min = j;
                          }
   999 ->              t = daten[min];
                      daten[min] = daten[i];
```

```
                        daten[i] = t;
                        }
        1 ->    }
```

Die innere Schleife wird genauso oft (499500 mal) durchlaufen wie bei bubble-sort, ist jedoch erheblich weniger rechenintensiv. Dafür liegt hier zusätzliche Rechenzeit in der umschließenden Schleife, die aber erheblich seltener (999 mal) durchlaufen wird. Aufgrund dieser qualitativen Überlegungen erwarten wir, insbesondere für eine große Zahl an Elementen, ein verbessertes Zeitverhalten gegenüber bubblesort, obwohl beide Verfahren asymptotisch gleich sind.[5]

Bewerten wir die mittlere Laufzeit des Kerns mit c_{sel2} und die Laufzeit für Zuweisung und Vertauschung in der äußeren Schleife mit c_{sel1}, so erhalten wir für die Gesamtlaufzeit von selectionsort den folgenden analytischen Ausdruck:

$$
\begin{aligned}
t_{sel}(n) &= \sum_{i=0}^{n-2} \left(c_{sel1} + \sum_{j=i+1}^{n-1} c_{sel2} \right) \\
&= \sum_{i=0}^{n-2} \left(c_{sel1} + (n-i-1)c_{sel2} \right) \\
&= c_{sel1}(n-1) + c_{sel2} \sum_{i=0}^{n-2} (n-i-1) \\
&= c_{sel1}(n-1) + c_{sel2} \left(\sum_{i=0}^{n-2}(n-1) - \sum_{i=0}^{n-2} i \right) \\
&= c_{sel1}(n-1) + c_{sel2} \left((n-1)(n-1) - \frac{(n-2)(n-1)}{2} \right) \\
&= c_{sel2} \frac{n(n-1)}{2} + c_{sel1}(n-1)
\end{aligned}
$$

Für kleine Werte von n mag selectionsort wegen des Terms $c_{sel1}(n-1)$ schlechter sein als bubblesort. Für große Werte von n ist selectionsort wegen der offensichtlich besseren Laufzeit im Kern ($c_{sel2} < c_{bub}$) sicherlich schneller als bubblesort. Insgesamt liegen beide Verfahren aber in der gleichen, quadratischen Laufzeitklasse:

$$
t_{sel}(n) \approx n^2
$$

---

5. Asymptotische Gleichheit zweier Verfahren schließt ja nicht aus, dass das eine Verfahren z.B. immer doppelt so schnell abläuft wie das andere.

12.7.3 Insertionsort

Auch bei `insertionsort` haben wir zwei ineinander verschachtelte Schleifen zu analysieren. Hier wird jedoch die innere Schleife über eine zusätzliche Bedingung (`daten[k-1] > v`) gesteuert, die wir in unsere Überlegungen mit einbeziehen müssen. Bei zufällig verteilten Daten können wir davon ausgehen, dass diese Bedingung im Mittel bei der Hälfte des zu durchlaufenden Indexbereichs erfüllt ist, die Schleife also im Durchschnitt auf halber Strecke abgebrochen werden kann. Das Ergebnis des Überdeckungstests ($239518 \sim 499500/2$) bestätigt diesen Ansatz:

```
                void insertionsort( int n, int daten[])
      1 ->          {
                    int i, j, v;

                    for( i = 1; i < n; i++)
                       {
    999 ->              v = daten[i];
                       for( j = i; (j >= 1) && (daten[j-1] > v); j--)
 239518 ->                 daten[j] = daten[j-1];
    999 ->              daten[j] = v;
                       }
      1 ->          }
```

Bezeichnen wir die Laufzeiten in der inneren bzw. äußeren Schleife mit c_{ins2} bzw. c_{ins1}, so ergibt sich die folgende Formel für das Laufzeitverhalten von insertionsort:

$$t_{ins}(n) \approx \sum_{i=1}^{n-1} \left(c_{ins1} + \sum_{j=1}^{i/2} c_{ins2} \right)$$

$$\approx \sum_{i=1}^{n-1} \left(c_{ins1} + \frac{i}{2} c_{ins2} \right)$$

$$= c_{ins1}(n-1) + \frac{c_{ins2}}{2} \sum_{i=1}^{n-1} i$$

$$= c_{ins2} \frac{n(n-1)}{4} + c_{ins1}(n-1)$$

Auch hier haben wir wieder asymptotisch quadratisches Verhalten. Also:

$$t_{ins}(n) \approx n^2$$

Vergleicht man Insertionsort mit Selectionsort, so stellt man zunächst fest, dass die Berechnung in der inneren Schleife bei Insertionsort etwas aufwendiger ist.

Das heißt: $c_{ins2} > c_{sel2}$. Auf der anderen Seite ist nicht anzunehmen, dass der Berechnungsaufwand in der inneren Schleife bei insertionsort mehr als doppelt so hoch ist wie bei selectionsort, sodass man trotz $c_{ins2} > c_{sel2}$ insgesamt $\frac{c_{ins2}}{4} < \frac{c_{sel2}}{2}$ erhoffen kann. Wir können also damit rechnen, dass insertionsort durchweg schneller ist als selectionsort, vielleicht sogar fast doppelt so schnell.

12.7.4 Shellsort

Die bisher betrachteten Sortierverfahren hatten ein asymptotisch quadratisches Laufzeitverhalten, weil sie aus zwei verschachtelten Schleifen bestanden, die, grob gesprochen, beide linear von 1 bis n durchlaufen wurden. Die Unterschiede lagen im Wesentlichen im Berechnungsaufwand innerhalb der Schleifen. Bei shellsort finden wir sogar drei ineinander verschachtelte Schleifen. Die Befürchtung, dass daraus ein kubisches Laufzeitverhalten resultieren könnte, kann jedoch schon durch den Überdeckungstest zerstreut werden. Im Überdeckungstest ergeben sich deutlich kleinere Anzahlen von Schleifendurchläufen als bei den bisher betrachteten Sortierverfahren:

```
        void shellsort( int n; int daten[])
1 ->    {
        int i, j, h, v;

        for( h = 1; h <= n/9; h = 3*h+1)
            ;
1 ->    for( ; h > 0; h /= 3)
            {
5 ->        for( i = h; i < n; i++)
                {
4821 ->             v = daten[i];
                    for( j = i; (j >= h) && (daten[j-h] > v); j -=h)
9690 ->                 daten[j] = daten[j-h];
4821 ->             daten[j] = v;
                }
            }
1 ->    }
```

Wie oft die inneren Schleifen aber wirklich durchlaufen werden (hier 4821 bzw. 9690), konnte bisher nicht allgemein berechnet werden, zumal hier ja auch noch die spezielle Wahl der Distanzenfolge (hier 1, 4, 7, ...) eine wichtige Rolle spielt. Man kennt relativ schlechte und relativ gute Distanzenfolgen. Die hier gewählte ist z.B. eine relativ gute. Aber man kennt nicht »die beste« Distanzenfolge. Für das obige Programm wird ein asymptotisches Verhalten wie $n(\log n)^2$ oder $n^{1,25}$ vermutet. Bewiesen ist aber keine der beiden Vermutungen.

Eine Abschätzung, die wir hier nicht beweisen wollen, besagt, dass `shellsort` für die hier gewählte Distanzenfolge asymptotisch nicht schlechter als $n^{3/2}$ und damit zumindest für entsprechend große Arrays besser als `bubblesort`, `insertionsort` und `selectionsort` ist. Auch in der Praxis zeigt `shellsort` eine deutlich bessere Performance als die zuvor diskutierten Verfahren.

12.7.5 Quicksort

Im Gegensatz zu `shellsort` gibt es über das Laufzeitverhalten von `quicksort` reichhaltige Untersuchungen mit konkreten Ergebnissen. Zunächst betrachten wir wieder die Ergebnisse des Überdeckungstests:

```
              void quicksort( int links, int rechts, int daten[])
   1333 ->        {
                  int median, i, j, t;

                  if( rechts > links)
                  {
    666 ->            median = daten[rechts];
                      i = links-1;
                      j = rechts;
                      for( ; ;)
                      {
   2407 ->                while( daten[++i] < median)
                              ;
   2407 ->                while(j>i) && (daten[--j] >median))
                              ;
   2407 ->                if( i >= j)
    666 ->                    break;
   1741 ->                t = daten[i];
                          daten[i] = daten[j];
                          daten[j] = t;
                      }
    666 ->            daten[rechts] = daten[i];
                      daten[i] = median;

                  quicksort( 1, i-1, daten);

                  quicksort( i+1, r, daten);
                  }
```

```
1333 ->        }

        void quick_sort( int n, int daten[])
   1 ->        {
              quicksort( 0, n-1, daten);
              }
```

Wir wollen hier nur qualitative Überlegungen zur Laufzeit anstellen und betrachten dazu noch einmal die Aufrufstruktur von Quicksort:

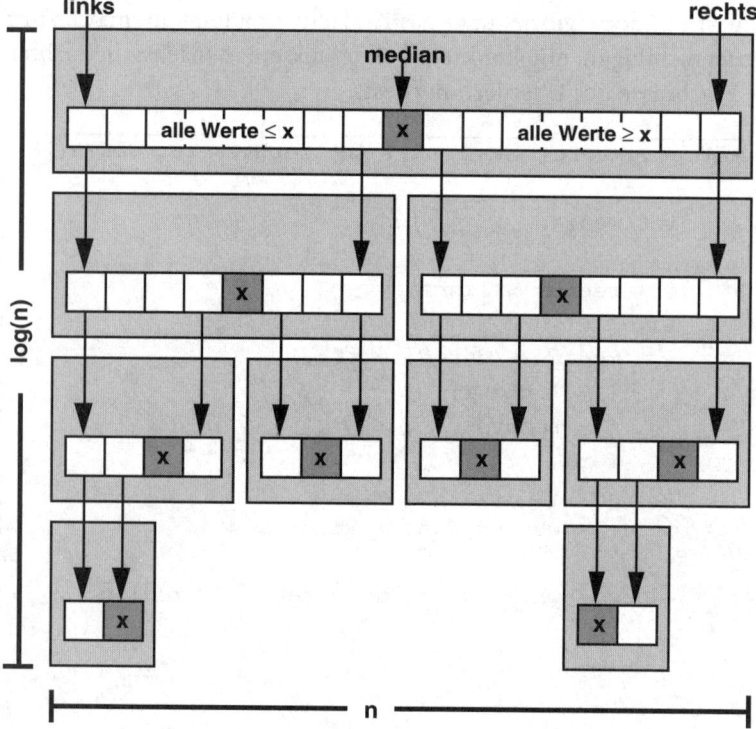

Wenn wir eine in etwa zentrierte Lage des Medians unterstellen, so hat quicksort wegen der fortlaufenden Halbierung der zu betrachtenden Teilstücke eine Rekursionstiefe von log(n). Auf jedem Teilbereich arbeitet dann das Unterprogramm aufteilung. Sie erinnern sich, dass in diesem Unterprogramm linear von den Ecken des aufzuteilenden Bereichs zu einem Treffpunkt vorgerückt wurde, wobei gelegentlich Vertauschungen durchgeführt werden mussten. Selbst wenn bei jedem Schritt eine Vertauschung erforderlich wäre, käme dabei nicht mehr als eine linear wachsende Laufzeit heraus. Da auf jeder Rekursionsebene über alle Teilbereiche hinweg (maximal) n Elemente[6] zu betrachten sind und das Unterprogramm aufteilung in jedem dieser Teilbereiche mit linearer Zeitkomplexität arbeitet, ergibt sich für Quicksort ein Laufzeitverhalten von nlog(n):

$$t_{qck}(n) = n \cdot log(n)$$

Damit ist Quicksort das effizienteste der bisher betrachteten Sortierverfahren. Zumindest bei der Sortierung großer Arrays wird Quicksort die Nase vorn haben.

12.7.6 Heapsort

Auch für Heapsort führen wir eine Codeüberdeckung durch und betrachten zunächst das Hauptprogramm:

```
          void heapsort( int n, int daten[])
  1 ->        {
              int k, t;

              for( k = n/2; k;)
500 ->            adjustheap( n, daten, --k);
  1 ->        while( --n)
                  {
999 ->            t = daten[0];
                  daten[0] = daten[n];
                  daten[n] = t;
                  adjustheap( n, daten, 0);
                  }
  1 ->        }
```

Die erste Schleife wird n/2 mal, die zweite n-1 mal durchlaufen. In beiden Schleifen wird adjustheap aufgerufen. Insgesamt erfolgen damit

$$\frac{n}{2} + n - 1 = 500 + 999 = 1499$$

Aufrufe von adjustheap. Die Laufzeit von adjustheap hängt von den beiden Parametern n und k ab und wird mit $t_{adj}(n,k)$ bezeichnet. Diese Laufzeit ist am größten, wenn mit der Adjustierung an der Wurzel gestartet wird, weil dann ja der Baum in der vollen Tiefe zu reorganisieren ist. In Formeln heißt das:

---

6. Auf der nächsten Ebene muss jeweils der Median nicht mehr betrachtet werden, sodass auf Rekursebene k noch n-k Elemente »im Rennen« sind. Da der Schwund aber maximal log(n) beträgt und damit klein im Verhältnis zu n ist, können wir, ohne etwas Wesentliches zu verschenken, davon ausgehen, dass auf jeder Ebene noch alle n Elemente im Verfahren sind.

$$t_{adj}(n, k) \leq t_{adj}(n, 0)$$

Mit einem geeigneten Faktor c gilt dann für die Gesamtlaufzeit von Heapsort:

$$t_{heap}(n) \leq c \cdot n \cdot t_{adj}(n, 0)$$

Da aber zur Adjustierung des Baums durch Adjustheap höchstens so viele Verfahrensschritte benötigt werden, wie der Baum tief ist, können wir weiter abschätzen:

$$t_{heap}(n) \leq c \cdot n \cdot t_{adj}(n, 0) \leq c \cdot n \cdot \log(n)$$

Insgesamt ist damit Heapsort höchstens von der Laufzeitkomplexität `nlog(n)`.

Eine exakte Rechnung, die wir hier nicht durchführen wollen,[7] zeigt:

$$t_{heap}(n) \approx n \cdot \log(n)$$

Obwohl Heapsort im asymptotischen Verhalten Quicksort entspricht, erwarten wir aufgrund der aufwendigeren inneren Schleife ein schlechteres Laufzeitverhalten als Quicksort. Allen anderen Verfahren dürfte Heapsort aber für hinreichend große Datenmengen überlegen sein.

12.8 Vergleich und Bewertung

Bevor wir nun konkrete Messungen durchführen, fassen wir zusammen, was wir als Ergebnis erwarten:

Es gibt drei Leistungsklassen:

1. Quicksort und Heapsort

2. Shellsort

3. Bubblesort, Selectionsort und Insertionsort

Für große n müssten die Leistungsunterschiede zwischen den verschiedenen Klassen deutlich zutage treten. Von Quicksort erwarten wir die beste Performance. In der niedrigsten Leistungsklasse dürfte Insertionsort am besten und Bubblesort am schlechtesten abschneiden. Shellsort ist schwer einzuschätzen.

Für die Laufzeitmessungen verwenden wir den gleichen Testrahmen wie für die Überdeckungstests. Hier variieren wir nur die Anzahl (symbolische Konstante `ANZAHL_ELEMENTE`) und führen auch immer mehrere Testläufe (symbolische

---

7. Dass Heapsort und auch Quicksort nicht besser sein können als nlog(n), wird noch einmal im Abschnitt über die »Grenzen der Optimierung von Sortierverfahren« begründet.

Konstante ANZAHL_TESTS) durch, um zu statistisch aussagefähigen Ergebnissen zu kommen. Dies sind die konkreten Ergebnisse[8] der Laufzeittests:

n	Bubble-sort	Selection-sort	Insertion-sort	Shellsort	Quicksort	Heapsort
5	0,10	0,09	0,05	0,10	0,13	0,18
10	0,38	0,30	0,21	0,28	0,30	0,51
50	9,02	6,35	3,97	2,54	1,88	3,86
100	36,35	24,93	15,50	6,21	4,45	9,32
500	912,96	605,68	369,41	47,76	29,96	68,22
1000	3661,06	2412,70	1470,41	114,03	62,02	138,04
5000	91506,55	60217,41	36590,62	800,23	400,12	780,23
10000	367385,94	240829,44	147902,65	1860,54	800,23	1660,48
50000	–	–	–	14364,14	4661,34	9942,86
100000	–	–	–	33459,64	9892,85	21446,18
500000	–	–	–	214631,82	55546,00	121555,01
Asymp.	n^2	n^2	n^2	?	$n\log(n)$	$n\log(n)$

Die Messergebnisse bestätigen noch einmal nachdrücklich unsere theoretischen Vorüberlegungen.

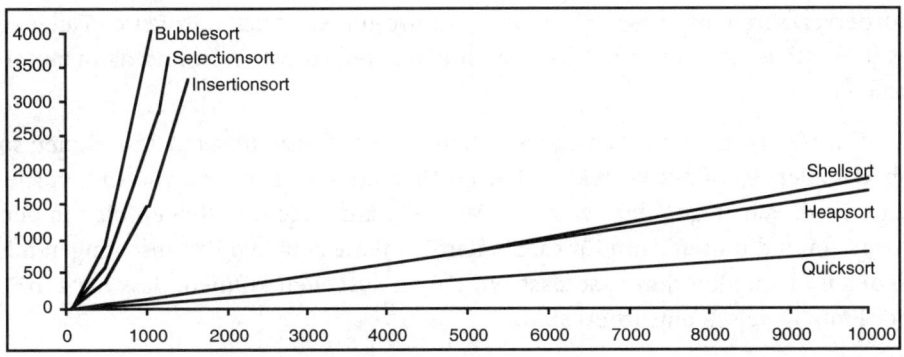

---

8. Die Einheit der angegebenen Werte ist ms/Aufruf.

Die erste Wahl unter den vorgestellten Sortierverfahren ist Quicksort. Dieser Algorithmus erzielt durchweg die besten Ergebnisse. Heapsort ist, obwohl in der gleichen Leistungsklasse, deutlich langsamer als Quicksort. Shellsort hält noch erstaunlich lange gut mit. Schließlich geht aber doch die Schere zu Heapsort und Quicksort auf.

Wir hatten schon darüber gesprochen, dass die Leistung eines Sortier-Algorithmus unter Umständen stark von der Ausgangsreihenfolge der Daten abhängt. Ein Extremfall ist sicherlich, dass die Daten bereits korrekt sortiert sind. Bubblesort[9] benötigt in diesem Fall nur einen Durchlauf. Quicksort hingegen setzt in unserer Implementierung immer das größte Element als Median und kommt damit zur schlechtestmöglichen Aufteilung für den nächsten Iterationsschritt. Nun ist die Annahme, dass die Daten bereits sortiert sind, sicherlich unrealistisch, aber eine gewisse Vorsortierung ist oft gegeben. Häufige Situationen sind z.B:

▶ Die Sortierung ist im Wesentlichen korrekt, nur einige wenige Elemente sind aufgrund von Schlüssel-Änderungen falsch einsortiert.

▶ Die Daten sind im vorderen (größeren) Teil korrekt sortiert, nur einige wenige Elemente sind unsortiert am Ende angefügt.

▶ Die Daten bestehen aus zwei vollständig sortierten Teilen, die aneinander gefügt worden sind.

Mit den beiden ersten Fällen werden wir uns noch näher beschäftigen, indem wir untersuchen, welche Auswirkungen diese Vorgaben auf unsere 6 Sortierverfahren haben. Im dritten Fall muss eigentlich gar nicht sortiert werden, sondern die beiden Teile müssen ineinander gemischt werden. Dies kann mit einfachen, asymptotisch linearen Algorithmen geschehen, und es macht wenig Sinn, unsere Sortierverfahren mit dieser Situation zu konfrontieren. Auch im zweiten Fall mag es u.U. effizienter sein, zunächst den hinteren Teil zu sortieren und dann zu mischen.

Zunächst betrachten wir den ersten Fall und ändern dazu unseren Testrahmen so ab, dass der Array mit korrekt sortierten Daten, die »leicht gestört« sind, vorbesetzt wird. Wir tragen dazu zunächst Werte in aufsteigender Reihenfolge in den Array ein und führen dann für ca. 5% der Elemente zufällige Vertauschungen mit anderen Elementen durch, so dass wir davon ausgehen können, dass max. 10% der Einträge falsch einsortiert sind.

---

9. Hier so abgeändert, dass vorzeitig abgebrochen wird, wenn keine Vertauschungen mehr nötig sind. Siehe entsprechende Übungsaufgabe.

Die folgende Abbildung zeigt den neuen Testrahmen, wobei alle Änderungen grau hinterlegt sind und der Aufruf der einzelnen Sortierverfahren in der Sprungleiste aus Platzgründen weggelassen ist.

```
main()
    {
    int verfahren, test, k;
    int tmp, index1, index2;

    for( verfahren = 1; verfahren <= 6; verfahren++)
        {
        srand( STARTWERT);
        for( test = 1; test <= ANZAHL_TESTS; test++)
            {
            for( k = 0; k < ANZAHL_ELEMENTE; k++)
                testdaten[k] = k;
            for( k = 0; k < ANZAHL_ELEMENTE/20; k++)
                {
                index1 = rand() % ANZAHL_ELEMENTE;
                index2 = rand() % ANZAHL_ELEMENTE;
                tmp = testdaten[index1];
                testdaten[index1] = testdaten[index2];
                testdaten[index2] = tmp;
                }
            switch( verfahren)
                {
                /* Aufruf der Sortierverfahren */
                }
            }
        }
    }
```

▲ CD-ROM P_12_8a/sorttst2.c

Mit diesem Rahmenprogramm führen wir jetzt wieder Laufzeitmessungen durch und erhalten die folgenden Zeiten:

n	Bubble-sort	Selection-sort	Insertion-sort	Shellsort	Quicksort	Heapsort
5	0,03	0,10	0,05	0,06	0,16	0,19
10	0,06	0,30	0,07	0,17	0,44	0,57
50	4,40	6,31	0,79	1,50	4,24	4,22
100	21,73	24,77	2,56	3,76	10,78	9,62
500	620,18	604,87	48,51	34,81	92,68	63,77
1000	2535,33	2414,49	191,25	79,82	208,26	138,64
5000	62898,08	60217,31	4163,25	600,17	1280,37	780,22
10000	255472,66	240788,48	17925,10	1400,40	2270,65	1870,53
50000	–	–	447830,94	9422,76	17685,17	10343,02
100000	–	–	–	21576,32	34120,00	21726,37
500000	–	–	–	144992,49	223875,61	123996,34
	deutlich verbessert	kaum Änderungen	deutlich verbessert	deutlich verbessert	deutlich verschlechtert	kaum Änderungen

Bemerkenswert ist hier der Leistungsabfall von Quicksort. Quicksort ist in dieser speziellen Situation nicht mehr die erste Wahl. Für kleine und mittlere Arrays überzeugt jetzt Shellsort, für große Arrays sortiert jetzt Heapsort am schnellsten. Dass Bubblesort für n=5 und n=10 gewinnt, hat keine Bedeutung, da die Daten in diesen beiden Fällen korrekt sortiert sind, weil bei der Testdatengenerierung hier noch keine Vertauschungen durchgeführt werden.

Mit einem erneut modifizierten Testrahmen testen wir abschließend den Fall, dass der Array im vorderen Teil bereits sortiert ist und lediglich 10% der Elemente im hinteren Teil unsortiert sind:

```
main()
    {
    int verfahren, test, k;

    for( verfahren = 1; verfahren <= 6; verfahren++)
        {
        srand( 1234);
        for( test = 1; test <= ANZAHL_TESTS; test++)
            {
```

```
        for( k = 0; k < (ANZAHL_ELEMENTE *9)/10; k++)
            testdaten[k] = k;
        for( k = (ANZAHL_ELEMENTE *9)/10;
                        k < ANZAHL_ELEMENTE; k++)
            testdaten[k] = rand();
    switch( verfahren)
        {
        /* Aufruf der Sortierverfahren */
        }
        }
    }
}
```

▲ CD-ROM P_12_8b/sorttst3.c

Diese Situation ist natürlich für Insertionsort wie geschaffen. Für kleine und mittlere Arrays ist deshalb zu erwarten, dass Insertionsort gut mithält. Quicksort hätte nur bei einer geschickteren Wahl des Medians eine Chance. Für große Arrays wird sich wieder Heapsort, aufgrund des besten asymptotischen Verhaltens, durchsetzen. Gespannt darf man auch hier auf das Abschneiden von Shellsort sein.

n	Bubble-sort	Selection-sort	Insertion-sort	Shellsort	Quicksort	Heapsort
5	0,03	0,09	0,04	0,05	0,17	0,20
10	0,07	0,32	0,06	0,18	0,43	0,56
50	0,90	6,34	0,45	1,37	4,70	4,26
100	3,60	24,77	0,86	2,70	14,94	9,88
500	102,23	606,48	7,40	20,71	304,99	63,12
1000	425,12	2413,50	21,41	44,61	1181,34	137,64
5000	11302,26	60219,39	405,12	311,09	28612,26	848,25
10000	45835,13	240803,00	1542,44	702,20	113904,64	1838,53
50000	1170444,41	–	36890,54	4161,19	–	10477,99
100000	–	–	148662,47	9222,64	–	22666,48
500000	–	–	–	65458,70	–	126416,12
	noch einmal deutlich verbessert	kaum Änderungen	noch einmal deutlich verbessert	noch einmal verbessert	noch einmal deutlich verschlechtert	kaum Änderungen

Zur Ehrenrettung von Quicksort sollte man natürlich sagen, dass die schlechte Performance von Quicksort aus der extrem ungünstigen Wahl des Medians resultiert. Verändert man Quicksort nur leicht dahingehend, dass der Median zufällig gewählt wird, so erhält man eine Variante, die bei einer zufälligen Verteilung der Daten im Array zwar schlechter ist als der hier vorgestellte Algorithmus, die sich andererseits aber auch in Spezialfällen als sehr effizient erweist.

Die Frage nach dem »besten« Sortieralgorithmus haben wir trotz vieler Mühen letztlich nicht beantworten können. Bei einer zufälligen Verteilung der Daten sollte man Quicksort bevorzugen. Quicksort ist jedoch anfällig, wenn gewisse ungünstige Vorverteilungen der Daten vorliegen. Heapsort erweist sich dagegen als völlig »immun« gegenüber Vorsortierungen im Array. Dies ist aber auch verständlich, wenn man sieht, wie `adjustheap` die Daten zum Aufbau des Heaps durcheinanderwirbelt und dabei jede gegebenenfalls vorliegende Vorsortierung zerstört. Die anderen Verfahren kann man nur für kleine Datenmengen verwenden.

Es gibt aber auch andere Anforderungen, die die Auswahl eines Sortierverfahrens beeinflussen können. Wenn Sie beispielsweise eine Namensliste mit Vornamen und Nachnamen wie im Telefonbuch sortieren müssen, also nach Nachnamen und bei gleichem Nachnamen nach Vornamen, so können Sie das sehr einfach durch zwei hintereinander geschaltete Sortierläufe machen. Im ersten Sortierlauf sortieren Sie nach Vornamen, im zweiten dann nach Nachnamen. Sie erhalten ein korrektes Ergebnis, sofern der zweite Sortierlauf keine Elemente gleichen Nachnamens in ihrer Reihenfolge vertauscht. Sortierverfahren, die diese Eigenschaft haben, Elemente mit gleichem Schlüsselwert nicht in ihrer Reihenfolge zu vertauschen, nennt man stabil. In unserem Beispiel kann man für den zweiten Sortierlauf nur ein stabiles Verfahren einsetzen. Quicksort, Heapsort und Shellsort sind aber nicht stabil und kämen nicht in Frage. Bubblesort, Selectionsort und Insertionsort sind dagegen stabil und könnten verwendet werden.

12.9 Grenzen der Optimierung von Sortierverfahren

Wir haben eine Reihe von Sortierverfahren unterschiedlicher Leistungsfähigkeit betrachtet, aber keinem der Verfahren gelingt es, die magische Grenze $n\log(n)$ zu unterbieten. Wir wollen uns an dieser Stelle klarmachen, dass dies auch mit Verfahren, die auf Einzelvergleichen und Einzelvertauschungen basieren, prinzipiell nicht möglich ist.

Ein Sortierverfahren erzeugt eine ganz bestimmte n-n-Permutation des zu sortierenden Arrays. Wir wissen, dass es $n!$ solcher Permutationen gibt. Ein Sortierverfahren, das einen beliebigen Array mit n Elementen sortieren kann, muss also prinzipiell in der Lage sein, alle möglichen Permutationen zu erzeugen. Wenn das Verfahren dabei nur Einzelvertauschungen im Array vornehmen darf, so können wir einfach abschätzen, wie viele Tauschoperationen dazu mindestens erforderlich sind. Unter einer Tauschoperation wollen wir dabei immer einen Vergleich zweier Elemente mit einer gegebenenfalls erforderlichen Vertauschung verstehen.

Mit einer Tauschoperation können max. 2 Permutationen erzeugt werden.

Mit k Tauschoperationen können maximal doppelt so viele Permutationen erzeugt werden wie mit $k-1$ Tauschoperationen, da wir auf jede zuvor erzeugte Permutation eine weitere Tauschoperation anwenden können und dabei die alte Permutation behalten und gegebenenfalls eine neue hinzugewinnen.[10]

Insgesamt erhalten wir also die Aussage, dass mit k Tauschoperationen maximal 2^k Permutationen erzeugt werden können. Wollen wir also $n!$ Permutationen erzeugen, so müssen wir k mindestens so groß wählen, dass $2^k \geq n!$ gilt. Dies bedeutet aber, dass mindestens

$$k \geq \log_2(n!)$$

Tauschoperationen erforderlich sind. Dies bedeutet, dass für die Laufzeit $t(n)$ unseres Verfahrens wegen der erforderlichen Tauschschritte $t(n) \succ \log(n!)$ gilt.

Nun ist aber $n^{\frac{n}{2}} \leq n! \leq n^n$ und damit:

$$\frac{n}{2}\log(n) \leq \log\left(n^{\frac{n}{2}}\right) \leq \log(n!) \leq \log(n^n) \leq n\log(n)$$

und damit ist

$$t(n) \succ \log(n!) \approx n \cdot \log(n).$$

Zusammenfassend erhalten wir die wichtige Aussage:

Ein Sortierverfahren, das auf Einzelvergleichen und Einzelvertauschungen basiert, ist <u>mindestens</u> von der Laufzeitkomplexität $n \cdot \log(n)$.

In dem Bereich, in dem wir bisher Lösungen gesucht haben, gibt es also keine »wirklich« besseren Verfahren als Quicksort oder Heapsort. Man kann aber durchaus Verfahren konstruieren, die nicht auf Einzelvergleichen und Einzelvertauschungen beruhen. Wir betrachten dazu ein Verfahren, mit dem die Post Briefe nach Postleitzahlen sortiert.

Zur Vereinfachung stellen wir uns vor, dass es 4-stellige Postleitzahlen gibt, die nur die Ziffern 1, 2 und 3 enthalten dürfen. Im ersten Verfahrensschritt nehmen

---

10. Gewisse Permutationen können dabei mehrfach erzeugt werden, aber das soll uns hier nicht kümmern, da wir ja an einer Maximalzahl von erzeugten Permutationen interessiert sind.

wir die Briefe und sortieren sie entsprechend der letzten Ziffer der Postleitzahl in drei verschiedene Fächer:

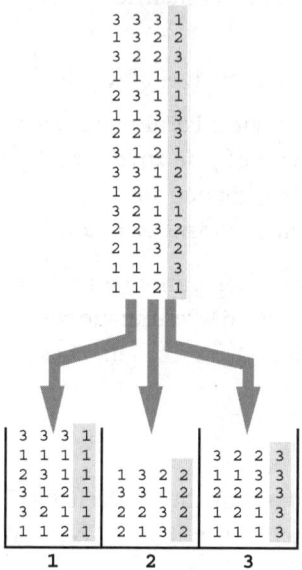

Dann entnehmen wir die Stapel den 3 Fächern und legen sie aufeinander, den Stapel aus Fach 1 zuoberst, dann den Stapel aus Fach 2, zuunterst den Stapel aus Fach 3. Anschließend sortieren wir die Briefe wieder in die 3 Fächer ein. Diesmal sortieren wir aber nach der vorletzten Stelle und legen Wert darauf, dass die im ersten Schritt hergestellte Vorsortierung dabei nicht zerstört wird:

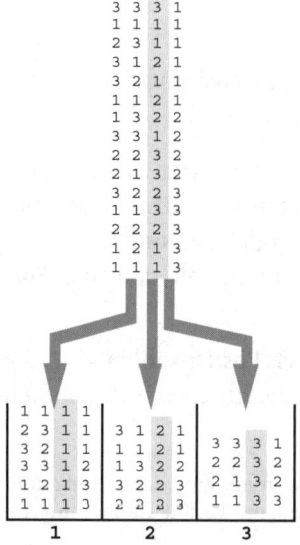

Die Briefe in den drei Kästen sind jetzt nach den beiden letzten Ziffern korrekt sortiert. Wir legen die Briefe noch einmal zusammen und ordnen nach der drittletzten Ziffer wieder ein:

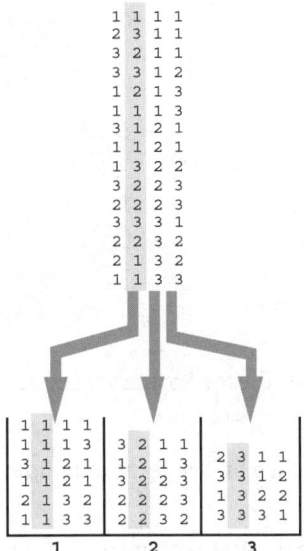

Wieder werden die Briefe zusammengelegt und ein letztes Mal, diesmal nach der ersten Ziffer, in die Fächer verteilt:

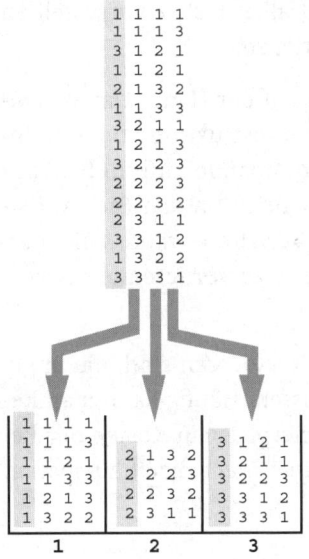

437

Ein letztes Mal legen wir die Briefe in der gewohnten Weise aufeinander, und der dabei entstehende Stapel ist korrekt sortiert:

```
1 1 1 1
1 1 1 3
1 1 2 1
1 1 3 3
1 2 1 3
1 3 2 2
2 1 3 2
2 2 2 3
2 2 3 2
2 3 1 1
3 1 2 1
3 2 1 1
3 2 2 3
3 3 1 2
3 3 3 1
```

Zwei Dinge fallen bei einer nachträglichen Betrachtung dieses Sortierverfahrens auf:

▶ Zu keinem Zeitpunkt haben wir die Postleitzahlen zweier Briefe miteinander verglichen.

▶ Zu keinem Zeitpunkt haben wir zwei Briefe im Stapel miteinander vertauscht.

Und noch etwas ist frappierend:

> Wir haben 4 (= Anzahl der Stellen der Postleitzahl) Sortierläufe gemacht und in jedem Durchlauf jeden Brief genau einmal in die Hand genommen. Das heißt, unser Verfahren ist asymptotisch linear und damit allen bisher vorgestellten Sortierverfahren für große Datenmengen weit überlegen.

Die Nachteile dieses Verfahrens liegen natürlich auch auf der Hand. Das Verfahren lässt sich nicht allgemein implementieren, da zur Konstruktion konkrete Informationen über den Schlüssel (Anzahl Stellen, vorkommende Ziffern) benötigt werden, und es wird zusätzlicher Platz zur Ablage der Briefe in den Fächern benötigt. Bei den auf Elementvertauschung basierenden Verfahren war das nicht erforderlich. Hier fanden alle Operationen innerhalb des zu sortierenden Arrays statt.

Wir sehen hier, dass Laufzeit und Speicherplatz zwei Ressourcen sind, die in gewisser Weise gegeneinander aufgerechnet werden müssen. Häufig kann man Rechenzeit auf Kosten zusätzlichen Speichers oder Speicherplatz auf Kosten der Rechenzeit sparen. Das Ziel, sowohl Speicherplatz als auch Rechenzeit zu sparen, lässt sich in der Regel nur als Kompromiss erreichen.

12.10 Aufgaben

A 12.1 Stellen Sie die in diesem Abschnitt diskutierten Sortierverfahren auf die Sortierung von Gleitkommazahlen um!

A 12.2 Jemand zeigt Ihnen stolz ein einfaches Sortierprogramm, das er geschrieben hat:

```
void sort( int anzahl, int daten[])
    {
    int i, t;

    for( i = 1; i < anzahl; i++)
        {
        if( daten[i-1] < daten[i])
            {
            t = daten[i];
            daten[i] = daten[i-1];
            daten[i-1] = t;
            i = 0;
            }
        }
    }
```

Prüfen Sie zunächst, ob das Programm korrekt arbeitet!

Der Ersteller des Programms behauptet, dass dieses Programm, weil es nur eine Schleife hat, asymptotisch linear und somit besser als alle bekannten Sortierverfahren ist.

Widerlegen Sie diese Behauptung, indem Sie die Laufzeitkomplexität dieses Programms untersuchen und mit der Laufzeitkomplexität bekannter Sortierprogramme vergleichen!

13 Datenstrukturen

Im Prinzip können wir mit den bisher bereitgestellten Programmiermitteln jede nur erdenkliche Programmieraufgabe lösen. Trotzdem erkennt man sehr schnell die Grenzen unserer Möglichkeiten, wenn man sich z.B. die Aufgabe stellt, die Daten für eine Strichzeichnung, bestehend aus Kreisen, Linien und Rechtecken, in einem Programm so abzulegen, dass man die Zeichnung einfach ausgeben, in einer Datei speichern und flexibel ändern kann. Beim Versuch, komplexere Datenmengen zu bearbeiten, erkennt man sofort die Notwendigkeit, zusammengehörige Daten (etwa alle Daten eines Rechtecks) zusammenzufassen, um sie als »Ganzes« bearbeiten zu können. Wir benötigen Techniken, um elementare Daten (z.B. Zahlen oder Zeichen) zu komplexeren **Datenstrukturen** (z.B. Kreis, Linie, Rechteck) zusammenzufassen. Streng genommen sind solche Datenstrukturen überflüssig. Sie bringen aber deutliche Verbesserungen in Richtung Komfort, Verständlichkeit, Erweiterbarkeit, Wiederverwertbarkeit, kurz Qualität des Programmcodes und sind daher für die Software-Entwicklung unentbehrlich.

Für die Software-Entwicklung spielen Datenstrukturen sogar häufig eine weitaus wichtigere Rolle als Algorithmen, da Datenstrukturen in der Regel längerlebig sind als Algorithmen und daher eine zentrale Rolle im Design von Softwaresystemen bilden. Denken wir uns als Beispiel ein Programm, das die Studenten einer Hochschule verwaltet. Die einem Studenten zugehörigen Daten wären hier »Name«, »Vorname«, »Matrikelnummer« sowie weitere Informationen über belegte Vorlesungen, Noten etc. Die erforderlichen Datenstrukturen sind ein unmittelbares Abbild der in der Realität vorkommenden Daten und ihrer Beziehungen untereinander und als solches weitaus stabiler als ein bestimmter Algorithmus, der etwa aus Einzelnoten eine Gesamtnote berechnet oder die Teilnehmer einer Klausur nach aufsteigenden Matrikelnummern ordnet. Ein Algorithmus kann in einem gut modularisierten Programm relativ einfach durch einen anderen Algorithmus ersetzt werden, ohne dass Auswirkungen auf andere Teile des Programms zu befürchten sind. Änderungen an einer Datenstruktur erfordern dagegen in der Regel Änderungen in allen Algorithmen, die auf dieser Datenstruktur arbeiten, und haben somit Auswirkungen in unterschiedlichen Teilen eines Programms.

Die Wahl einer Datenstruktur ist also in aller Regel eine wesentlich »härtere« Design-Entscheidung als die Wahl eines Algorithmus. Daraus folgt, dass die Festlegung von Datenstrukturen mit großer Sorgfalt getroffen werden muss, um zukünftige Änderungsaufwendungen so gering wie möglich zu halten. Dies ist besonders schwierig, da man häufig zu dem Zeitpunkt, zu dem die Datenstruktur festgelegt werden muss, noch nicht weiß, welche Algorithmen auf der Datenstruktur arbeiten werden.

Die elementaren Datentypen (`int`, `float`, . . .) sind der Rohstoff, aus dem wir komplexere Datenstrukturen zusammensetzen werden. Obwohl wir uns unter Daten etwas gänzlich anderes als Algorithmen vorstellen, sind die Abstraktionsmechanismen bei Daten und Algorithmen durchaus vergleichbar. Bei Algorithmen hatten wir Sequenz, Alternative, Iteration und Rekursion kennen gelernt, und wir konnten diesen abstrakten Kontrollstrukturen jeweils konkrete C-Sprachelemente zuordnen:

Kontrollabstraktion	C-Sprachelement
Sequenz	Block
Alternative	`if ... else, switch`
Iteration	`for, while, do ... while`
Rekursion	Rekursive Funktion

Bei den Datenstrukturen haben wir vergleichbare Abstraktionen und Zuordnungen:

Datenabstraktion	C-Sprachelement
Sequenz	`struct`
Alternative	`union`
Iteration	Array
Rekursion	Rekursive Datenstruktur (Graph, Baum, Liste)

Arrays haben wir schon kennen gelernt. Als nächstes Thema stehen die Sequenz und Alternative (also `struct` und `union`) an. Die rekursiven Datenstrukturen folgen dann im nächsten Abschnitt und werden uns darüber hinaus noch in vielen Anwendungsbeispielen beschäftigen.

Als Problemstellung, die sich wie ein roter Faden durch diesen Abschnitt ziehen wird, stellen wir uns die Aufgabe, einen kleinen grafischen Editor zu erstellen. Wir stellen uns dazu vor, dass unser Laufzeitsystem das Zeichnen von Rechtecken, Ellipsen und Linien durch drei einfache Funktionen unterstützt. Die erste soll `rectangle` heißen und ein Rechteck zeichnen:

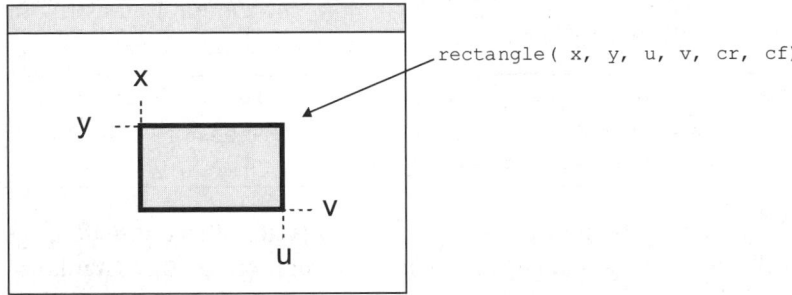

Als Parameter erhält diese Funktion die Koordinaten der beiden Eckpunkte (x,y) und (u,v) des Rechtecks sowie die Randfarbe (cr) und die Füllfarbe (cf). Bei allen Parametern soll es sich um ganze Zahlen handeln. Als Farben verwenden wir Klartextbezeichnungen wie ROT oder BLAU. Stellen Sie sich vor, dass es sich dabei um symbolische Konstanten handelt, deren Wert der Zahl entspricht, die für die jeweilige Farbe steht. Uns interessiert im Moment nicht, wie das Koordinatensystem aufgebaut ist oder wie Farben durch Zahlen dargestellt werden können.

Die Funktion `ellipse` erhält die gleichen Parameter wie `rectangle`, zeichnet dann aber eine Ellipse, oder als Spezialfall einen Kreis, in das durch die Eckpunkte gegebene Rechteck:

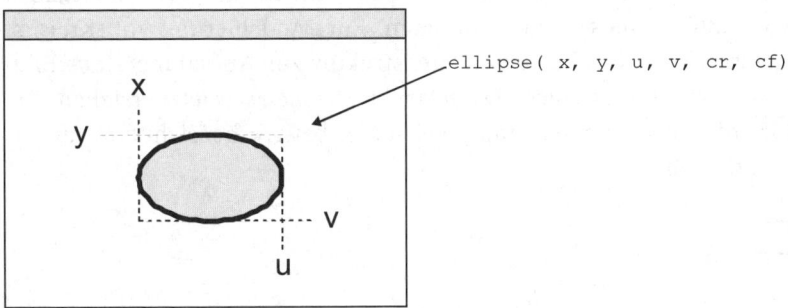

Die Funktion `line` zeichnet eine Linie zwischen Anfangs- und Endpunkt:

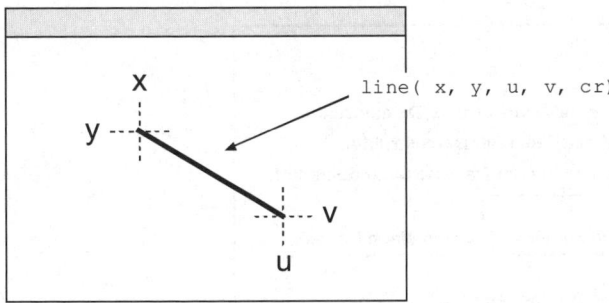

Eine Linie hat natürlich nur eine Randfarbe und keine Füllfarbe.

In den folgenden Beispielen verwenden wir also die drei „imaginären" Zeichenfunktionen mit der Aufrufsyntax:

```
void rectangle( int x, int y, int u, int v, int cr, int cf);
void ellipse( int x, int y, int u, int v, int cr, int cf);
void line( int x, int y, int u, int v, int cr);
```

Diese Funktionen existieren nur in unserer Vorstellung und sollen uns helfen, das Folgende zu illustrieren. Dabei geht es uns nicht darum, etwas über Grafikprogrammierung zu lernen, sondern wir wollen lernen, wie man größere Datenpakete zusammenstellt und verwendet.

13.1 Datensequenz (struct)

Datensequenzen sind – ähnlich wie Arrays – Aneinanderreihungen von Daten. Im Gegensatz zu Arrays müssen die aneinander gefügten Daten jedoch nicht den gleichen Typ haben, und sie werden nicht über einen Index, sondern über einen vom Programmierer gewählten Namen angesprochen.

In unserem grafischen Editor wollen wir Kreise, Linien und Rechtecke als Datenstrukturen modellieren. Die Lage dieser Grafikelemente auf dem Bildschirm beschreiben wir durch Bildschirmkoordinaten. Zur Modellierung von Kreisen, Linien und Rechtecken ist daher eine Datenstruktur zur Aufnahme eines Bildschirmpunktes hilfreich. Eine solche Datenstruktur wollen wir jetzt erstellen. Die Datenstruktur soll punkt heißen und zwei mit x bzw. y bezeichnete Integer-Koordinaten enthalten:

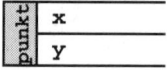

In C deklarieren wir die Datenstruktur wie folgt:

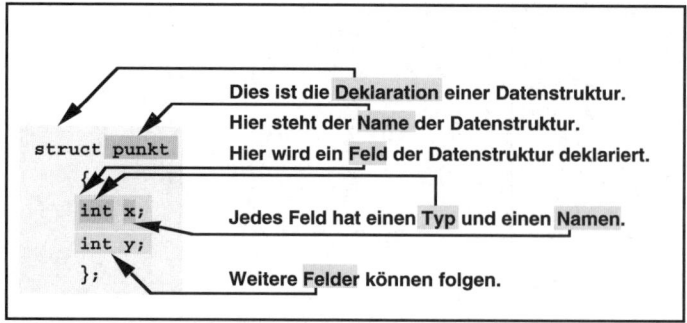

Von jetzt an ist punkt eine Datenstruktur mit zwei Integer-Koordinaten, die wir mit x bzw. y bezeichnet haben.

Bei der Deklaration einer Datenstruktur werden (noch) keine Variablen angelegt (definiert). Obwohl es in C möglich ist, die Deklaration von Datenstrukturen direkt mit dem Definieren von Variablen zu verbinden, sollten Sie im Sinne einer sauberen Trennung von Deklarationen und Definitionen von diesen Möglichkeiten keinen Gebrauch machen. In der Regel befinden sich die Deklarationen von Datenstrukturen in einem Headerfile, damit sie von unterschiedlichen Modulen einheitlich verwendet werden können. Im Sourcecode kann man dann Variablen vom Typ punkt anlegen:

```
struct punkt p1;
struct punkt p2;
```

Auch solche Variablen können bei der Definition initialisiert werden, indem man, eingeschlossen in geschweifte Klammern, Werte für die einzelnen Felder der Struktur angibt:

```
struct punkt p3 = { 123, 456};
```

Auf die einzelnen Felder einer Struktur kann mit dem ».«-Operator zugegriffen werden:

```
p1.x = 1;
p1.y = 2;
p3.x = 5*(p1.x + p2.y)
if( p3.x > 5)
    p3.y = 0;
```

Die Felder (p1.x, p2.y, ...) können dabei benutzt werden wie Variablen des zugehörigen Typs (hier int).

Strukturen können ihrerseits wieder Strukturen als Felder enthalten. Wir veranschaulichen uns das, indem wir die Datenstruktur kreis für unseren Grafik-Editor modellieren. Ein Kreis hat einen Mittelpunkt und einen Radius. Dazu kommen noch Informationen über die Farbe des Randes und des Inneren:

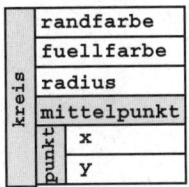

Der Mittelpunkt ist dabei seinerseits wieder eine Datenstruktur – eben ein punkt. Wir implementieren diese Datenstruktur in C.

```
struct kreis
    {
    int randfarbe;
    int fuellfarbe;
    int radius;
    struct punkt mittelpunkt;
    };
```

Wir sehen an diesem Beispiel, dass eine Datenstruktur wiederum eine Datenstruktur als Feld haben kann. Die eingelagerte Unterstruktur (punkt) bekommt einen Namen (mittelpunkt), über den sie im Weiteren angesprochen wird. Jetzt können wir Kreise anlegen:

```
struct kreis k1;
```

Bei der Initialisierung müssen wir die Initialwerte entsprechend der Schachtelung der Datenstruktur in geschweiften Klammern bereitstellen:

```
struct kreis k2 = {1, 2, 5, {2,4}};
```

Der Zugriff auf die Datenfelder erfolgt jetzt längs des in der Deklaration vorgegebenen Zugriffspfades:

```
k1.radius = 3;
k1.mittelpunkt.x = 1;
k1.mittelpunkt.y = k2.mittelpunkt.y + 1;
```

Auch die Zuweisung von Teilstrukturen oder die Zuweisung ganzer Strukturen ist möglich:

```
struct punkt p1;
struct kreis k1, k2;

k1.mittelpunkt = p1;
k2 = k1;
```

Voraussetzung dafür ist natürlich, dass die Typen links und rechts vom Zuweisungsoperator zueinander passen, d.h. von der gleichen Struktur sind.

Sie verwendet dazu unsere imaginäre Funktion ellipse.

Datenstrukturen können auch als Parameter an Funktionen übergeben werden. Als Beispiel dazu erstellen wir eine Funktion zeichne_kreis, die einen als Parameter übergebenen Kreis k auf dem Bildschirm ausgibt:

```
void zeichne_kreis( struct kreis k)
    {
    ellipse( k.mittelpunkt.x - k.radius,
             k.mittelpunkt.y - k.radius,
             k.mittelpunkt.x + k.radius,
             k.mittelpunkt.y + k.radius,
                 k.randfarbe, k.fuellfarbe);
    }
```

Sie verwendet dazu unsere imaginäre Funktion ellipse.

Datenstrukturen können auch Rückgabewerte von Funktionen sein. Auch dazu erstellen wir ein Beispiel. Die folgende Funktion mache_kreis nimmt die Mittelpunktkoordinaten (mx, my), den Radius (r) sowie die Rand- (fr) und die Füllfarbe (ff) für einen Kreis entgegen, trägt diese Werte in eine Datenstruktur (k) ein und gibt diese abschließend als Ergebnis an das aufrufende Programm zurück:

```
struct kreis mache_kreis( int mx, int my, int r, int fr, int ff)
    {
    struct kreis k;

    k.mittelpunkt.x = mx;
    k.mittelpunkt.y = my;
    k.radius = r;
    k.randfarbe = fr;
    k.fuellfarbe = ff;
    return k;
    }
```

Wir erweitern das Datenmodell unseres Grafik-Editors, indem wir eine Datenstruktur für ein Rechteck modellieren. Ein Rechteck ist durch zwei Punkte (linke obere bzw. rechte untere Ecke) bestimmt und hat darüber hinaus wie ein Kreis eine Randfarbe und eine Füllfarbe

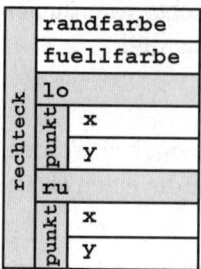

Das können wir bereits in C übersetzen:

```
struct rechteck
    {
    int randfarbe;
    int fuellfarbe;
    struct punkt lo;    /* linke obere Ecke   */
    struct punkt ru;    /* rechte untere Ecke */
    };
```

Dazu erstellen wir wieder zwei Funktionen, eine (zeichne_rechteck), die ein Rechteck auf dem Bildschirm ausgibt, und eine andere (mache_rechteck), die ein Rechteck aus seinen Basisdaten erzeugt:

```
void zeichne_rechteck( struct rechteck r)
    {
    rectangle(r.lo.x, r.lo.y, r.ru.x, r.ru.y,
                                r.randfarbe, r.fuellfarbe);
    }
```

```
struct rechteck mache_rechteck( int x1, int y1, int x2, int y2,
                                                int fr, int ff)
    {
    struct rechteck r;

    r.lo.x = x1;
    r.lo.y = y1;
    r.ru.x = x2;
    r.ru.y = y2;
    r.randfarbe = fr;
    r.fuellfarbe = ff;
    return r;
    }
```

Neben Kreisen und Rechtecken soll unser Grafik-Editor auch mit Linien arbeiten können. Eine Linie ist wie ein Rechteck durch zwei Punkte (Anfangs- bzw. Endpunkt) festgelegt. Darüber hinaus soll eine Linie eine Farbe haben. Bei der Modellierung von Anfangs- und Endpunkt wollen wir aber diesmal die Verwendung von Arrays demonstrieren:

linie		farbe	
		pkt [2]	
	punkt	x	
		y	
	punkt	x	
		y	

In C implementiert man das dann wie folgt:

```
struct linie
    {
    int farbe;
    struct punkt pkt[2];
    };
```

Wir erkennen hier zweierlei:

▶ Eine Datenstruktur kann einen Array als Feld enthalten, denn der Array pkt ist in unserem Beispiel ein Feld in der Datenstruktur linie.

▶ Ein Array kann Datenstrukturen als Elemente enthalten, denn die Elemente des Arrays pkt sind in unserem Beispiel Datenstrukturen vom Typ punkt.

Der Zugriff auf den Array und über den Array auf die Strukturen im Array erfolgt in nahe liegender Weise:

```
struct punkt p1;
struct linie l1;

l1.pkt[0] = p1;
l1.pkt[1].x = 1;
l1.pkt[1].y = l1.pkt[0].y;
```

Zur Vervollständigung der Funktionen des Grafik-Editors erstellen wir wieder zwei Funktionen zum Zeichnen (zeichne_linie) bzw. zum Erstellen (mache_linie) von Linien:

```
void zeichne_linie( struct linie l)
    {
    line( l.pkt[0].x, l.pkt[0].y, l.pkt[1].x, l.pkt[1].y
                                            l.farbe);
    }
```

```
struct linie mache_linie( int x1, int y1, int x2, int y2, int f)
    {
    struct linie l;

    l.pkt[0].x = x1;
    l.pkt[0].y = y1;
    l.pkt[1].x = x2;
    l.pkt[1].y = y2;
    l.farbe = f;
    return l;
    }
```

Wenn wir jetzt noch einige Grafik-Elemente als globale Variablen anlegen,

```
struct kreis kopf;
struct rechteck rumpf;
struct linie arm1;
struct linie arm2;
struct linie bein1;
struct linie bein2;
```

geeignet initialisieren

```
kopf  = mache_kreis( 200, 50, 30, SCHWARZ, GELB);
rumpf = mache_rechteck( 170, 80, 230, 180, SCHWARZ, ROT);
arm1  = mache_linie( 170,  80, 120,  30, SCHWARZ);
arm2  = mache_linie( 230,  80, 280, 130, SCHWARZ);
bein1 = mache_linie( 170, 180, 170, 250, SCHWARZ);
bein2 = mache_linie( 230, 180, 230, 250, SCHWARZ);
```

und dann mit unseren imaginären Zeichenfunktionen ausgeben,

```
zeichne_kreis( kopf);
zeichne_rechteck( rumpf);
zeichne_linie( arm1);
zeichne_linie( arm2);
zeichne_linie( bein1);
zeichne_linie( bein2);
```

so können wir uns mit etwas Fantasie die folgende Bildschirmausgabe vorstellen:

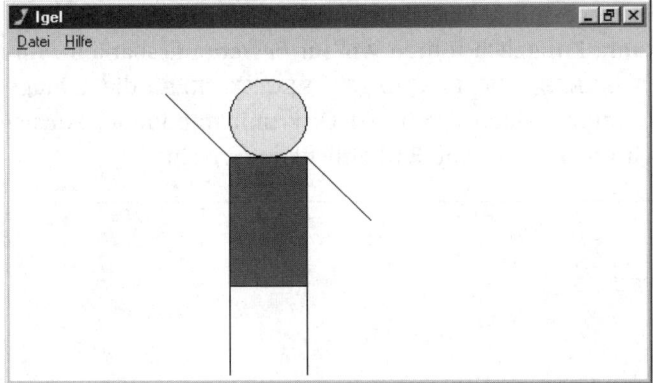

Für einen Grafik-Editor ist uns das alles aber noch nicht flexibel genug. Auf dem Weg zu einer flexibleren Lösung wollen wir im nächsten Abschnitt zunächst eine gewisse Vereinheitlichung der verschiedenen Datenstrukturen herbeiführen. Dazu benötigen wir ein neues Konzept zur Datenstrukturierung – die Unions.

13.2   Datenalternative (union)

Kreise, Linien und Rechtecke sollen die Grundelemente unseres grafischen Editors sein. In mancherlei Hinsicht ist es wünschenswert, diese strukturell verschiedenen Objekte einheitlich zu behandeln. Wir wollen diese drei Datentypen daher in einer Datenstruktur mit dem Namen `element` zusammenfassen. Dazu könnten wir so vorgehen, dass wir alle drei vorkommenden Strukturen in einer neuen Struktur zusammenfassen:

```
struct element
    {
    struct kreis k;
    struct rechteck r;
    struct linie l;
    };
```

Je nachdem, ob es sich dann im konkreten Fall um einen Kreis, ein Rechteck oder eine Linie handelt, würden wir dann das entsprechende Feld mit Werten versehen.

Das ist in der Form allerdings noch problematisch. Zur vollständigen Beschreibung der Datenstruktur gehört nämlich zusätzlich die Information, ob es sich bei einer vorliegenden Struktur um einen Kreis, ein Rechteck oder eine Linie handelt. Wie sollte sonst eine Funktion, die ein `element` als Parameter übergeben be-

kommt – etwa, um es auf dem Bildschirm auszugeben – erkennen, um welchen
der drei möglichen Typen es sich handelt? Wir fügen der Datenstruktur ein zusätzliches Feld (typ), eine sogenannte **Diskriminante**, hinzu, an der der gültige
Typ abgelesen werden kann. Zusätzlich führen wir zur besseren Lesbarkeit symbolische Konstanten (IST_KREIS, IST_LINIE, IST_RECHTECK) für die in Frage
kommenden Typen ein. Wenn wir den Typ in der Diskriminante immer konsistent mitführen, haben wir die gewünschte Einheitlichkeit erreicht:

```
# define IST_KREIS    1
# define IST_LINIE    2
# define IST_RECHTECK 3

struct element1
    {
    int typ;
    struct kreis k;
    struct rechteck r;
    struct linie l;
    };
```

Wenn man sich das Ergebnis noch einmal vor Augen hält, so stellt man allerdings
fest, dass wir mit dem Speicherplatz nicht sehr ökonomisch umgegangen sind.
Die gewählte Datenstruktur hat den folgenden Aufbau:

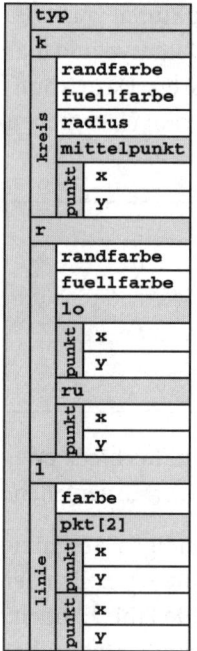

Da aber ein Element zu einem Zeitpunkt immer nur <u>entweder</u> ein Kreis <u>oder</u> eine Linie <u>oder</u> ein Rechteck ist, würden bei diesem Ansatz zwei der drei Felder immer ungenutzt sein. Das ist eine inakzeptable Speicherplatzvergeudung.[1] Sinnvoll wäre es, die drei Felder sich so überlagern zu lassen, dass nur der Speicherplatz für ein Feld benötigt wird.

In C ist dies möglich. Wir fassen Kreis, Linie und Rechteck zu einer sogenannten Union zusammen. Während bei einer `struct` die einzelnen Felder hintereinander im Speicher liegen, liegen sie bei einer `union` (gedanklich) übereinander. Dies bedeutet, dass eine Union nur so viel Speicherplatz beansprucht, wie das größte ihrer Felder. Dies bedeutet aber auch, dass zu einem Zeitpunkt nur ein Feld der Union benutzt werden kann. Grafisch stellen wir das wie folgt dar:

In C fassen wir die drei Grafikbausteine unter dem Namen `objekt` zu einer Union zusammen:

```
union objekt
    {
    struct kreis k;
    struct rechteck r;
    struct linie l;
    };
```

Bei der Deklaration einer Union verwenden wir lediglich anstelle des Schlüsselworts `struct` das Schlüsselwort `union`. Ansonsten ist der formale Aufbau von `struct`- und `union`-Deklarationen der gleiche.

Zusammen mit der oben bereits eingeführten Diskriminante erstellen wir dann die endgültige Datenstruktur für ein Grafikelement

---

1. Um Speicherplatz zu sparen, sollte man natürlich auch die elementaren Feldtypen optimal wählen. Eine 4-Byte-Integer zur Speicherung einer Bildschirmkoordinate zu verwenden, ist auch Vergeudung von Speicherplatz. Eine `short`-Integer reicht hier aus. Später werden wir uns noch ein paar Gedanken zur Speicherplatzoptimierung machen.

```
struct element
    {
    int typ;
    union objekt obj;
    };
```

Der gravierende Unterschied zwischen dem ersten und dem zweiten Ansatz liegt in der Umsetzung durch den Compiler und dem sich dabei ergebenden Speicherplatzbedarf für die Datenstrukturen. Auf einem Rechner mit einer 4-Byte-Integer-Darstellung ergibt sich der folgende Speicherplatzbedarf:[2]

Datenstruktur	Inhalt	Speicher-platzbedarf
punkt	2 int	8 Bytes
kreis	1 punkt + 3 int	20 Bytes
linie	2 punkt + 1 int	20 Bytes
rechteck	2 punkt + 2 int	24 Bytes
element (als struct)	1 kreis + 1 rechteck + 1 linie + 1 int	68 Bytes
element (als union)	max(kreis, rechteck, linie) + 1 int	28 Bytes

Durch die Verwendung einer Union können wir also erheblich Speicherplatz sparen. Dies funktioniert allerdings nur, um es noch einmal zu betonen, wenn die übereinander gelegten Felder niemals gleichzeitig benötigt werden.

Im Zugriff entsprechen Unions den Strukturen, hier haben wir nichts Neues hinzuzulernen. Es ist jedoch penibel darauf zu achten, eine Union zu einem Zeitpunkt immer nur in einem Sinne zu verwenden. Wichtig dafür ist, dass die jeweils gültige Variante in der Diskriminante sauber mitgeführt wird:

```
struct element e;

e.typ = IST_KREIS;
e.obj.k.radius = 20;
e.obj.k.mittelpunkt.x = 50;
e.obj.k.mittelpunkt.y = 30;
e.obj.k.randfarbe = SCHWARZ;
e.obj.k.fuellfarbe = GELB;
```

---

2. Prüfen Sie dies nach, indem Sie die Größe der Datenstrukturen mit dem `sizeof`-Operator ermitteln!

Zum Abschluss dieses Abschnitts stellen wir unseren Grafik-Editor auf die Verwendung von Elementen um. Die Zeichenfunktionen lassen wir dabei unverändert. Die Funktionen zur Erstellung von Kreisen, Rechtecken bzw. Linien ändern wir so ab, dass sie jetzt Elemente erzeugen. Am Beispiel der Funktion `mache_kreis` sieht das dann wie folgt aus:

```
struct element mache_kreis( int mx, int my, int r, int fr, int ff)
  {
  struct element e;

  e.obj.k.mittelpunkt.x = mx;
  e.obj.k.mittelpunkt.y = my;
  e.obj.k.radius = r;
  e.obj.k.randfarbe = fr;
  e.obj.k.fuellfarbe = ff;
  e.typ = IST_KREIS;
  return e;
  }
```

Die Funktion erzeugt jetzt ein `element` e und füllt es mit den Daten für den gewünschten Kreis. Vor der Auslieferung des Elements wird die Diskriminante auf den korrekten Typ (`IST_KREIS`) gesetzt.

Die Funktionen `mache_rechteck` und `mache_linie` werden in gleicher Weise modifiziert:

```
struct element mache_rechteck( int x1, int y1, int x2, int y2,
                                                 int fr, int ff)
  {
  struct element e;

  e.obj.r.lo.x = x1;
  e.obj.r.lo.y = y1;
  e.obj.r.ru.x = x2;
  e.obj.r.ru.y = y2;
  e.obj.r.randfarbe = fr;
  e.obj.r.fuellfarbe = ff;
  e.typ = IST_RECHTECK;
  return e;
  }
```

455

```
struct element mache_linie( int x1, int y1, int x2, int y2,
                                                     int f)
    {
    struct element e;

    e.obj.l.pkt[0].x = x1;
    e.obj.l.pkt[0].y = y1;
    e.obj.l.pkt[1].x = x2;
    e.obj.l.pkt[1].y = y2;
    e.obj.l.farbe = f;
    e.typ = IST_LINIE;
    return e;
    }
```

Zur Ausgabe eines beliebigen Elements erstellen wir eine neue Funktion mit dem Namen zeichne_element:

```
void zeichne_element( struct element e)
    {
    switch( e.typ)
        {
    case IST_KREIS:
        zeichne_kreis( e.obj.k);
        break;
    case IST_RECHTECK:
        zeichne_rechteck( e.obj.r);
        break;
    case IST_LINIE:
        zeichne_linie( e.obj.l);
        break;
        }
    }
```

Die Funktion wertet die Diskriminante aus, um den korrekten Typ festzustellen. Sie ruft dann aus einer Sprungleiste die zuständige Ausgabefunktion auf.

In unserem Grafik-Editor können wir jetzt einheitlich mit Elementen arbeiten, ohne immer darauf achten zu müssen, ob wir es mit einem Kreis, einem Rechteck oder einer Linie zu tun haben:

```
struct element kopf;
struct element rumpf;
struct element arm1;
struct element arm2;
struct element bein1;
struct element bein2;


kopf  = mache_kreis( 200, 50, 30, SCHWARZ, GELB);
rumpf = mache_rechteck( 170, 80, 230, 180, SCHWARZ, ROT);
arm1  = mache_linie( 170,  80, 120,  30, SCHWARZ);
arm2  = mache_linie( 230,  80, 280, 130, SCHWARZ);
bein1 = mache_linie( 170, 180, 170, 250, SCHWARZ);
bein2 = mache_linie( 230, 180, 230, 250, SCHWARZ);


zeichne_element( kopf);
zeichne_element( rumpf);
zeichne_element( arm1);
zeichne_element( arm2);
zeichne_element( bein1);
zeichne_element( bein2);
```

Funktionell hat sich unser Programm durch diese Erweiterungen nicht geändert, aber die Datenstruktur unseres Programms ist flexibler geworden. Während in der vorherigen Version kopf beispielsweise immer nur ein Kreis sein konnte, können wir jetzt nicht nur die Position und die Farbe, sondern auch den Typ unserer Elemente frei ändern. Unserem Ziel, einen flexiblen Grafik-Editor zu programmieren, sind wir damit wieder ein kleines Stück näher gekommen. Aber wir sind noch lange nicht am Ziel.

13.3   Optimierung von Datenstrukturen

Unter dem Oberbegriff »Optimierung von Datenstrukturen« kann man zwei verschiedene – ja sogar gegenläufige – Gesichtspunkte verstehen. Man kann eine Datenstruktur so optimieren, dass möglichst performant (d.h. schnell) auf sie zugegriffen werden kann, oder so, dass sie möglichst wenig Speicherplatz in Anspruch nimmt. Beide Anforderungen sind nicht immer in Einklang zu bringen. Wir diskutieren hier im Wesentlichen den Speicherplatzbedarf.

Sie werden vielleicht vermuten, dass sich der Speicherplatzbedarf einer einfachen Datenstruktur leicht aus den Grunddatentypen berechnen lässt. Wir machen dazu ein kleines Experiment. Wir erstellen die folgende Datenstruktur:

```
struct s1
    {
    char c1;
    long l1;
    char c2;
    long l2;
    };
```

Wenn wir davon ausgehen, dass `char` 1 Byte und `long` 4 Bytes im Speicher belegt, so sollte man annehmen, dass die Struktur `s1` insgesamt 10 Bytes groß ist. Die Größe eines Datentyps oder einer Datenstruktur können wir mit dem `sizeof`-Operator berechnen. Zur Überprüfung des Speicherplatzbedarfs erstellen wir das folgende Testprogramm

```
void main()
    {
    printf( "char: %d\n", sizeof( char));
    printf( "long: %d\n", sizeof( long));
    printf( "s1:   %d\n", sizeof( struct s1));
    }
```

und betrachten seine Ausgabe:

```
char: 1
long: 4
s1:   12
```

Das Ergebnis erstaunt, da wir mit 10 Bytes gerechnet hatten. Noch erstaunlicher wird die Sache, wenn wir Feldvertauschungen in der Datenstruktur vornehmen. Wir deklarieren die folgende Datenstruktur `s2`,

```
struct s2
    {
    long l1;
    long l2;
    char c1;
    char c2;
    };
```

in der im Vergleich zu `s1` nur die `char`-Felder ans Ende gerückt sind. Wir erweitern das Hauptprogramm und testen erneut:

```
void main()
  {
  printf( "char: %d\n", sizeof( char));
  printf( "long: %d\n", sizeof( long));
  printf( "s1:   %d\n", sizeof( struct s1));
  printf( "s2:   %d\n", sizeof( struct s2));
  }
```

Das Ergebnis

```
char: 1
long: 4
s1:   12
s2:   10
```

ist für jemanden, der sich bisher keine Gedanken über die Umsetzung von Datenstrukturen auf einer konkreten Rechnerarchitektur gemacht hat, sicherlich verwunderlich. Die erste Datenstruktur ist 2 Bytes größer als die zweite. Um dieses Phänomen zu verstehen, müssen wir uns näher mit der Rechnerarchitektur befassen:

Manche Systeme stellen besondere Anforderungen an die Ausrichtung von Daten im Speicher, etwa in der Form, dass eine 4-Byte-Integerzahl immer auf einer durch 4 teilbaren Adresse stehen muss. Wir sprechen in diesem Zusammenhang von **Alignment**. Alignment schränkt zwar die Flexibilität bei der Anlage von Datenstrukturen ein, erlaubt aber einen effizienteren Zugriff auf die jeweiligen Daten im Speicher. Dies hat mit dem Datenbus des Rechners zu tun. Wenn wir uns vorstellen, dass ein Rechner einen 4-Byte (32 Bit) breiten Datenbus hat, so kann der Prozessor mit einem Zugriff auf den Datenbus eine 4-Byte-Zahl lesen. Konsequenterweise tastet der Rechner seinen Speicherbereich in 4-Byte-Segmenten ab. Würde sich nun eine 4-Byte-Zahl im Speicher über mehr als ein 4-Byte-Segment erstrecken, so könnte sie nicht in einem Zug gelesen werden.

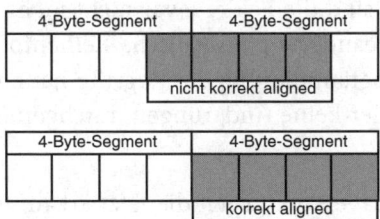

Es wären in dieser Situation zwei Zugriffe auf den Datenbus erforderlich, und die Zahl müsste zusätzlich aus den Ergebnissen der beiden Zugriffe montiert werden. Viele Rechnerarchitekturen verbieten daher Datenstrukturen mit falschem Alignment. Andere lassen unpräzises Alignment zu, arbeiten aber weniger performant mit solchen Datenstrukturen. Häufig kann man über Optionen des Compilers steuern, welche Art von Alignment man für die Daten seines Programms haben möchte.

In dem obigen Beispiel hat der Compiler die Datenstrukturen so angelegt, dass ein korrektes 2-Byte-Alignment vorliegt. Im ersten Fall mussten dazu Lücken in der Datenstruktur gelassen werden:

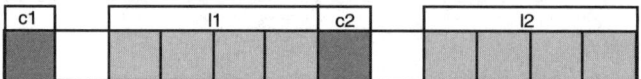

Im zweiten Fall war das nicht erforderlich:

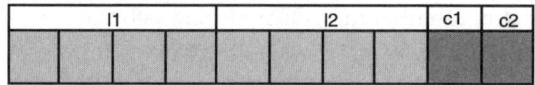

Sie sollten in Ihren Programmen immer dafür sorgen, dass alle Datenstrukturen ein optimales Alignment ermöglichen. Mit einem einfachen Trick ist das möglich. Ordnen Sie die Datenelemente der Größe nach:

Zuerst alle Unterstrukturen,

dann alle `long double`,
dann alle `double`,
dann alle `float`,
dann alle `long`,
dann alle Zeiger,
dann alle `int`,
dann alle `short`,
schließlich alle `char`.

Nimmt man eine solche Umordnung vor, so sind die Felder zwar nicht mehr in einer sachbezogenen Reihenfolge, aber die geänderte physikalische Reihenfolge erlaubt ein optimales Alignment. Auf die Programmierung der Zugriffe hat eine solche Umordnung keinen Einfluss, sodass hier keine Änderungen durchgeführt werden müssen.

Bei den Datenstrukturen des Grafik-Editors haben wir gegen die jetzt erkannten Prinzipien verstoßen, und wir sind auch ansonsten recht verschwenderisch mit dem Speicherplatz umgegangen. Für die Bildschirmkoordinaten haben wir zum Beispiel ein `int`-Feld verwendet, obwohl ein `short`-Feld durchaus ausgereicht hätte. Wir unterziehen unsere gesamte Datenstruktur noch einmal einer Revision und optimieren sie in der folgenden Weise:

```
struct punkt
    {
    short x;
    short y;
    };

struct kreis
    {
    struct punkt mittelpunkt;
    short radius;
    char randfarbe;
    char fuellfarbe;
    };

struct rechteck
    {
    struct punkt lo;
    struct punkt ru;
    char randfarbe;
    char fuellfarbe;
    };

struct linie
    {
    struct punkt pkt[2];
    char farbe;
    };

union objekt
    {
    struct kreis k;
    struct rechteck r;
    struct linie l;
    };

struct element
    {
    union objekt obj;
    char typ;
    };
```

Durch Messung mit dem `sizeof`-Operator lassen sich dann die folgenden Veränderungen ermitteln:

Struktur	vorher	nachher
punkt	8	4
kreis	20	8
linie	20	10
rechteck	24	10
objekt	24	10
element	28	12

Das bedeutet immerhin eine Speicherplatzersparnis von deutlich mehr als 50%.

13.4 Zeiger und Datenstrukturen

Wir betrachten noch einmal die Funktion `zeichne_kreis`:

```
void zeichne_kreis( struct kreis k)
    {
    ellipse( k.mittelpunkt.x - k.radius,
             k.mittelpunkt.y - k.radius,
             k.mittelpunkt.x + k.radius,
             k.mittelpunkt.y + k.radius,
                k.randfarbe, k.fuellfarbe);
    }
```

Als Parameter erhält diese Funktion eine Datenstruktur. Wir wissen, dass zur Parameterübergabe eine Kopie dieser Datenstruktur auf dem Stack erstellt wird, mit der das Unterprogramm dann arbeitet. Das Anlegen solcher Kopien kann bei großen Datenstrukturen zeitaufwendig sein und unter Umständen sogar scheitern, wenn der für den Stack verfügbare Speicherbereich dabei überschritten wird (stack overflow). Aus Gründen der Performance und der Speicherökonomie ist es daher sinnvoll, anstelle der gesamten Struktur nur einen Zeiger auf die Daten zu übergeben. Der Zugriff auf die Daten erfolgt dann über den bereits bekannten *-Operator:

```
void zeichne_kreis( struct kreis *k)
    {
    ellipse( (*k).mittelpunkt.x - (*k).radius,
            (*k).mittelpunkt.y - (*k).radius,
            (*k).mittelpunkt.x + (*k).radius,
            (*k).mittelpunkt.y + (*k).radius,
                (*k).randfarbe, (*k).fuellfarbe);
    }
```

Die hier erforderliche Dereferenzierung (*k) mit gleichzeitigem Strukturzugriff (*k).radius kommt in der C-Programmierung so häufig vor, dass man für die Kombination dieser beiden Operationen einen eigenen Operator (->) eingeführt hat:

> Ist p ein Zeiger auf eine Datenstruktur und x ein Feld dieser Datenstruktur, so lässt sich auf das Feld mit den beiden geichwertigen Ausdrücken
>
> (*p).x bzw. p->x
>
> zugreifen. Beide Ausdrücke sind dabei als R-Value und L-Value – also sowohl auf der rechten als auch auf der linken Seite einer Zuweisung – geeignet.
>
> Den Ausdruck p->x lesen wir als »p points x«

Wir stellen die Funktion zeichne_kreis auf die Verwendung dieses Operators um:

```
void zeichne_kreis( struct kreis *k)
    {
    ellipse( k->mittelpunkt.x - k->radius,
            k->mittelpunkt.y - k->radius,
            k->mittelpunkt.x + k->radius,
            k->mittelpunkt.y + k->radius,
                k->randfarbe, k->fuellfarbe);
    }
```

Ein weiterer – allerdings unerwünschter – Nebeneffekt der Schnittstellenänderung ist, dass das Unterprogramm jetzt über den Zeiger in die Daten des Hauptprogramms eingreifen und dort Feldwerte verändern kann. Um das zu verhindern, können wir den Parameter als konstant (const) deklarieren.

```
void zeichne_kreis( const struct kreis *k)
    {
    ...
    }
```

Versuche, über den Zeiger schreibend auf die Datenstruktur zuzugreifen, werden jetzt vom Compiler zurückgewiesen:

Die gleichen Änderungen führen wir auch in den beiden anderen Zeichenfunktionen `zeichne_rechteck`

```
void zeichne_rechteck( const struct rechteck *r)
    {
    rectangle( r->lo.x, r->lo.y, r->ru.x, r->ru.y,
                        r->randfarbe, r->fuellfarbe);
    }
```

und `zeichne_linie`

```
void zeichne_linie( const struct linie *l)
    {
    line( l->pkt[0].x, l->pkt[0].y),
                    l->pkt[1].x, l->pkt[1].y, l->farbe);
    }
```

durch.

Die Schnittstellenänderung bei den Zeichenfunktionen hat natürlich auch an anderer Stelle Konsequenzen. Überall, wo eine der Zeichenfunktionen aufgerufen wird, müssen wir jetzt statt der Struktur einen Zeiger auf die Struktur übergeben. Wir erreichen dies, indem wir beim Funktionsaufruf dem Argument den Adressoperator voranstellen. Bei dieser Gelegenheit stellen wir auch die Funktion `zeichne_element` auf die Verwendung von Zeigern um:

```
void zeichne_element( const struct element *e)
    {
    switch( e->typ)
        {
    case IST_KREIS:
        zeichne_kreis( &e->obj.k);
        break;
    case IST_RECHTECK:
        zeichne_rechteck( &e->obj.r);
        break;
    case IST_LINIE:
        zeichne_linie( &e->obj.l);
        break;
        }
    }
```

Das führt dann dazu, dass wir auch auf der nächsthöheren Ebene Zeiger statt Strukturen übergeben müssen:

```
zeichne_element( &kopf);
zeichne_element( &rumpf);
zeichne_element( &arm1);
zeichne_element( &arm2);
zeichne_element( &bein1);
zeichne_element( &bein2);
```

Funktionell hat sich in diesem Abschnitt an unserem Grafik-Editor nichts geändert. Das Programm ist ein wenig performanter und speichereffizienter geworden. Viel wichtiger ist aber, dass wir unser Programm durch diese Änderungen für die Verwendung von dynamischen Datenstrukturen vorbereitet haben. Dazu benötigen wir nämlich eine konsequente Verwendung von Zeigern in unserem Programm.

13.5 Dynamische Datenstrukturen

Der größte Mangel unseres Grafik-Editors ist, dass das Datenvolumen auf die 6 Elemente kopf, rumpf, arm1, arm2, bein1 und bein2 beschränkt ist. Wir haben zwar schon dadurch an Flexibilität gewonnen, dass wir Typ und Inhalt der Daten beliebig ändern können, aber wirklich flexibel ist unser Programm erst, wenn es uns gelingt, die erforderlichen Datenstrukturen bedarfsgerecht auf- und auch wieder abzubauen. Ein Grafik-Editor, der eine Beschränkung auf eine bestimmte Anzahl von Elementen enthält, ist für uns als Benutzer nicht akzeptabel. Bisher haben wir uns, um solche Beschränkungen zu umgehen, immer mit einem entsprechend groß ausgelegten Array beholfen, aber das ist keine akzeptable Lösung. In diesem Abschnitt wollen wir lernen, wie wir uns zur Laufzeit Speicher vom Betriebssystem zuteilen lassen können, und wie wir diesen Speicher wieder freigeben können, wenn wir ihn nicht mehr benötigen.

Anstelle der bisher ausschließlich betrachteten **statischen Datenstrukturen** wollen wir jetzt dynamische Datenstrukturen in unseren Programmen aufbauen. Unter **dynamischen Datenstrukturen** verstehen wir Datenstrukturen, die erst zur Laufzeit vom Programm nach Bedarf auf- bzw. abgebaut werden. Um Datenstrukturen dynamisch aufzubauen, muss man in der Lage sein, zur Laufzeit vom Betriebssystem Speicher anzufordern und diesen, wenn er nicht mehr benötigt wird, wieder zurückzugeben. Die C-Runtime Library bietet drei spezielle Funktionen

▶ `malloc`,

▶ `calloc` und

▶ `realloc`,

um Speicher anzufordern, und eine Funktion

▶ `free`,

um Speicher an das Betriebssystem zurückzugeben. Wir beschäftigen uns zunächst nur mit `malloc` und `free`. Die folgende Grafik zeigt, wie man mit diesen beiden Funktionen arbeitet:

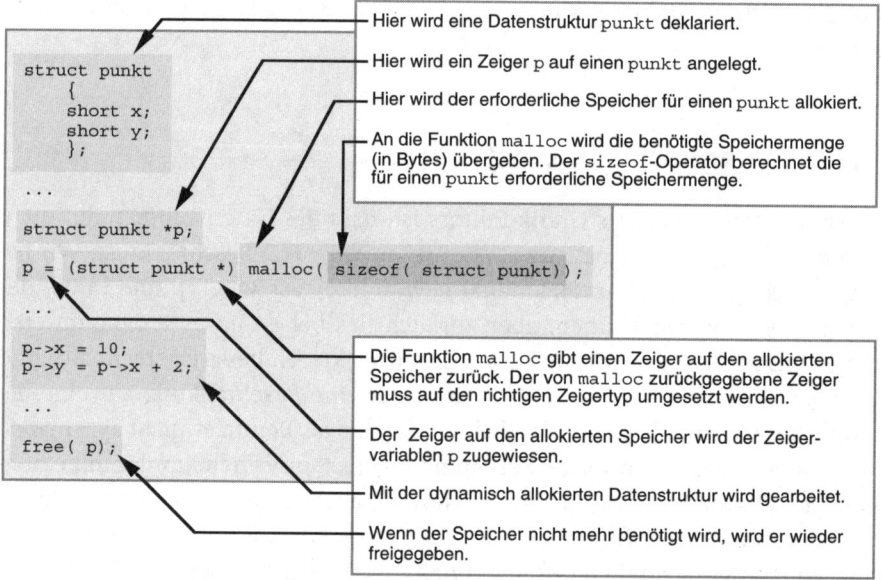

Die hier vorkommende Typumwandlung mit dem Cast-Operator haben wir schon in Abschnitt 9.8.7 kennen gelernt. Wir haben sie bisher nur so selten verwendet, dass sie zwischenzeitlich vielleicht in Vergessenheit geraten ist. Im Übrigen ist die Typumwandlung nicht wirklich notwendig. Wenn wir sie weglassen, so meldet der Compiler in Form einer Warnung, dass die Zeigertypen auf der linken und der rechten Seite der Zuweisung nicht zueinander passen. Die Zuweisung wird aber trotzdem übersetzt. Grundsätzlich sollte man an dieser Stelle erwähnen, dass man Warnungen des Compilers immer nachgehen sollte, da sie Indiz für einen wirklichen Fehler sein können. Nur ein Programm, das ohne Fehler und ohne Warnungen übersetzt wird, sollte akzeptiert werden.

Der von `malloc` ausgelieferte Speicher liegt nicht auf dem Stack, wo er ja über kurz oder lang anderweitig verwendet würde, sondern er liegt auf dem sogenannten **Heap**[3]. Dies ist ein gesonderter Datenbereich, der unter der Kontrolle der sogenannten **Freispeicherverwaltung**[4] ist. Einmal vom Heap allokierter Speicher bleibt so lange reserviert, bis er mit der `free`-Funktion ausdrücklich wieder freigegeben wird.

Jetzt wollen wir die Funktion `mache_kreis` so abändern, dass sie sich den erforderlichen Speicher für ein neues Element vom Betriebssystem holt, die gewünschten Eintragungen vornimmt und dann einen Zeiger auf das neue Element an das rufende Programm zurückgibt:

A	`struct element *mache_kreis( int mx, int my, int r,`
	`                                       int fr, int ff)`
	`{`
B	`struct element *e;`
C	`e = (struct element *)malloc( sizeof( struct element));`
D	`e->obj.k.mittelpunkt.x = mx;`
	`e->obj.k.mittelpunkt.y = my;`
	`e->obj.k.radius = r;`
	`e->obj.k.randfarbe = fr;`
	`e->obj.k.fuellfarbe = ff;`
	`e->typ = IST_KREIS;`
E	`return e;`
	`}`

Dazu einige Erklärungen:

A: Die Schnittstelle der Funktion ändert sich so, dass jetzt nicht mehr ein Element (`struct element`), sondern ein Zeiger auf ein Element (`struct element *`) zurückgegeben wird.

B: Hier wird ein Zeiger angelegt, der die Adresse des zugewiesenen Speichers aufnehmen soll.

C: Der Speicher wird im erforderlichen Umfang (`sizeof(struct element)`) allokiert und dem Zeiger wird die Anfangsadresse des reservierten Speicherbereichs zugewiesen.

---

3. engl. heap = Haufen
4. siehe dazu Abschnitt 13.7, »Die Freispeicherverwaltung«

D: Über den Zeiger wird auf den allokierten Speicher zugegriffen, um dort die notwendigen Daten einzutragen.

E: Die Adresse des allokierten Speichers wird dem rufenden Programm übergeben.

Mit den Funktionen `mache_rechteck`

```
struct element *mache_rechteck( int x1, int y1, int x2, int y2,
                                              int fr, int ff)
   {
   struct element *e;

   e = (struct element *)malloc( sizeof( struct element));
   e->obj.r.lo.x = x1;
   e->obj.r.lo.y = y1;
   e->obj.r.ru.x = x2;
   e->obj.r.ru.y = y2;
   e->obj.r.randfarbe = fr;
   e->obj.r.fuellfarbe = ff;
   e->typ = IST_RECHTECK;
   return e;
   }
```

und `mache_linie` verfahren wir genauso:

```
struct element *mache_linie( int x1, int y1, int x2, int y2,
                                           int f)
   {
   struct element *e;

   e = (struct element *)malloc( sizeof( struct element));
   e->obj.l.pkt[0].x = x1;
   e->obj.l.pkt[0].y = y1;
   e->obj.l.pkt[1].x = x2;
   e->obj.l.pkt[1].y = y2;
   e->obj.l.farbe = f;
   e->typ = IST_LINIE;
   return e;
   }
```

Jetzt brauchen wir auf der oberen Ebene keine Elemente mehr, da diese ja in den Unterprogrammen allokiert werden. Statt globaler Elemente benötigen wir jetzt nur noch globale Zeiger auf Elemente:

```
struct element *kopf;
struct element *rumpf;
struct element *arm1;
struct element *arm2;
struct element *bein1;
struct element *bein2;
```

Die Initialisierung der Grafikelemente ist formal identisch, aber beachten Sie, dass jetzt an der Schnittstelle nicht mehr komplette Elemente, sondern nur noch Zeiger auf Elemente zurückgegeben werden:

```
kopf  = mache_kreis( 200, 50, 30, SCHWARZ, GELB);
rumpf = mache_rechteck( 170, 80, 230, 180, SCHWARZ, ROT);
arm1  = mache_linie( 170,  80, 120,  30, SCHWARZ);
arm2  = mache_linie( 230,  80, 280, 130, SCHWARZ);
bein1 = mache_linie( 170, 180, 170, 250, SCHWARZ);
bein2 = mache_linie( 230, 180, 230, 250, SCHWARZ);
```

Beim Zeichnen müssen wir jetzt die Adress-Operatoren entfernen, da es sich bei kopf, rumpf, arm1, arm2, bein1 und bein2 ja bereits um Zeiger handelt:

```
zeichne_element( kopf);
zeichne_element( rumpf);
zeichne_element( arm1);
zeichne_element( arm2);
zeichne_element( bein1);
zeichne_element( bein2);
```

Wer malloc sagt, muss auch free sagen. Das heißt, Speicher, der irgendwo in einem Programm allokiert wird, muss auch irgendwo wieder freigegeben werden.

```
free( kopf);
free( rumpf);
free( arm1);
free( arm2);
free( bein1);
free( bein2);
```

Das machen wir aber erst ganz am Ende des Programms, wenn die Elemente nicht mehr benötigt werden.

Das war ein wichtiger Schritt in Richtung auf eine sich dynamisch den Volumen-anforderungen des Grafik-Editors anpassende Datenstruktur. Noch besteht die

Beschränkung, da wir zwar den Speicher für die Elemente dynamisch allokieren, aber nur so viele Elemente allokieren können, wie zuvor Zeigervariablen bereitgestellt wurden. Von dieser Beschränkung werden wir uns im nächsten Abschnitt lösen.

Im Zusammenhang mit der Allokierung von Speicher gibt es noch zwei weitere Funktionen – `calloc` und `realloc`. Diese Funktionen wollen wir aber erst später (Abschnitt 14.6) besprechen.

Funktionen zur Speicherallokierung können unter Umständen – z.B. dann, wenn kein Speicher mehr verfügbar ist – nicht in der Lage sein, ihre Aufgabe zu erfüllen. Man erkennt dies am Returnwert 0, den die Funktionen in diesem Fall zurückmelden. Streng genommen müsste der Returnwert bei jedem Versuch, Speicher zu allokieren, überprüft werden, um entsprechend reagieren zu können. Die Behandlung einer solchen schweren Ausnahmesituation ist ausgesprochen schwierig und es gibt vielfältige Strategien, damit umzugehen. Die einfachste, aber nicht immer glücklichste ist, das Programm einfach zu beenden. Aber was ist, wenn man für eine kontrollierte Beendigung des Programms, die ja eine Sicherung der Daten erfordert, zusätzlichen Speicher benötigt? Dann muss man seine Daten reorganisieren, um zu viel allokierten Speicher freizugeben. Aber was ist, wenn man für die Reorganisation der Daten zunächst zusätzlichen Speicher benötigt? Eine Möglichkeit ist, sich zu Programmstart einen großen Speicherblock – sozusagen als Reservetank – zurückzulegen und diesen Block für die Reorganisation (Umkopieren der Daten) zu verwenden. Wir wollen uns mit solchen Themen hier nicht beschäftigen, zumal bei unseren doch sehr kleinen Programmen solche Probleme sicher nicht auftreten. Moderne Betriebssysteme verfügen in der Regel über einen ausreichend großen sogenannten virtuellen Speicher (z.B. 4 GB), dass solche Probleme auch bei großen Programmen selten oder gar nicht auftreten.

13.6   Verkettete Datenstrukturen (Listen)

In der letzten Version des Grafik-Editors hatten wir uns zwar schon von den statischen Datenstrukturen lösen können, mussten aber für jedes Element noch einen Zeiger anlegen. Auch von dieser Restriktion wollen wir uns jetzt lösen, um dann, im Rahmen des verfügbaren Speichers, völlige Freiheit beim Aufbau der Datenstruktur zu gewinnen.

Aber wie löst man sich von dieser Restriktion? Auf die Zeiger können wir nicht verzichten, da die Zeiger ja die minimal benötigte Information zum Zugriff auf die Elemente enthalten. Die Lösung liegt nahe – wir müssen den Speicherplatz für die Zeiger auch dynamisch allokieren. Zusätzlich müssen wir die Zeiger so organisieren, dass sie den Zugriff auf alle Elemente ermöglichen. Dazu gibt es verschiedene Möglichkeiten. Man könnte zum Beispiel an einen dynamisch wachsenden Array von Zeigern denken. Also einen Array, den man bei Bedarf mit `realloc` vergrößert oder auch verkleinert. Wir diskutieren hier die neben den Arrays einfachste Organisationsform – die einer Liste.

Bei einer Liste verketten wir die einzelnen Elemente so, dass ein Element immer auf ein weiteres – seinen Nachfolger – verweist.

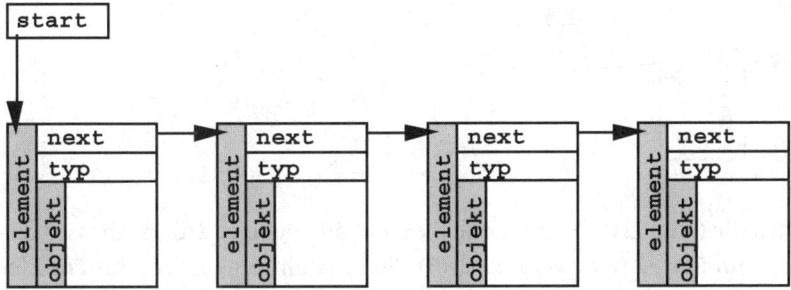

Die Verkettung lässt sich dadurch realisieren, dass man in ein Element die Adresse des nachfolgenden Elements einträgt. Dazu sehen wir in jedem Element ein zusätzliches Feld (`next`) vor:

```
struct element
    {
    union objekt obj;
    struct element *next;
    char typ;
    };
```

Bei `next` handelt es sich um einen Zeiger auf ein Element, der dazu vorgesehen ist, die Adresse eines möglichen Nachfolge-Elements aufzunehmen.

Zum Einstieg in die Liste benötigen wir nur noch einen Zeiger (`start`), der auf das erste Element und damit letztlich auf alle Elemente der Liste zeigt. Dieser Zeiger wird auch als der **Listenanker** bezeichnet:

```
struct element *start = 0;
```

Der Listenanker wird mit dem Wert 0 initialisiert. Dies bedeutet, dass der Zeiger derzeit noch auf kein gültiges Element zeigt, die Liste also noch leer ist. Der Wert 0 kann nicht als gültige Adresse eines Speicherblocks vorkommen und kann daher zur Kennzeichnung eines solchen Sonderfalls herangezogen werden. Wir sprechen in diesem Zusammenhang auch von einem Null-Zeiger oder einem Nil-Zeiger. Den Null-Zeiger werden wir auch zur Markierung des Listenendes verwenden.

Die Liste muss natürlich gepflegt werden. Insbesondere müssen wir Elemente zur Liste hinzufügen können. Die folgende Grafik zeigt, was dazu zu geschehen hat, wenn man ein Element am Anfang der Liste einfügen will:

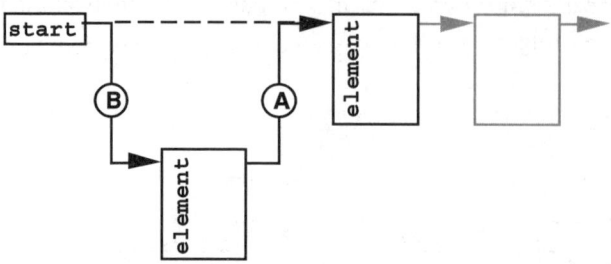

Zunächst wird die (alte) Liste an das neue Element angehangen (A), dann wird das neue Element im Start-Zeiger verankert (B). So entsteht eine neue, um ein Element erweiterte Liste. Wichtig ist, dass der Schritt A vor B ausgeführt wird. Würde man mit B beginnen und zuerst das neue Listenelement verankern, so würde der Zugriff auf die Elemente der alten Liste verloren gehen.

Wir erstellen eine Funktion add_element, die nach der oben beschriebenen Methode ein neues Element e am Anfang der Liste einfügt:

```
    void add_element( struct element *e)
    {
A   e->next = start;

B   start = e;
    }
```

Beachten Sie, dass der Null-Zeiger beim Einketten des ersten Elements in das next-Feld des Elements übertragen wird und dort das Listenende markiert. Da das zuerst eingekettete Element immer das letzte Element der Liste bleibt, ist damit dafür gesorgt, dass die Liste stets sauber terminiert ist.

Die '->'-Notation für den indirekten Strukturzugriff erweist sich übrigens bei Listen als besonders elegant und suggestiv. Will man etwa auf das Typ-Feld des dritten Elements unserer Liste zugreifen, so kann man das in der Form

```
start->next->next->typ
```

realisieren. Mit einzelnen Dereferenzierungen und nachfolgenden Strukturzugriffen ist der gleiche Zugriff viel komplexer und nahezu unleserlich:

```
(*(*(*start).next).next).typ
```

Mit Hilfe der neuen Funktion `add_element` können wir jetzt die mit den mache-Funktionen erzeugten Elemente in die Liste einketten:

```
struct element *e;

e = mache_kreis( 200, 50, 30, SCHWARZ, GELB);
add_element( e);
e = mache_rechteck( 170, 80, 230, 180, SCHWARZ, ROT);
add_element( e);
e = mache_linie( 170,  80, 120,  30, SCHWARZ);
add_element( e);
e = mache_linie( 230,  80, 280, 130, SCHWARZ);
add_element( e);
e = mache_linie( 170, 180, 170, 250, SCHWARZ);
add_element( e);
e = mache_linie( 230, 180, 230, 250, SCHWARZ);
add_element( e);
```

Obwohl ich hier weiterhin das Männchen mit seinen 6 Grafikelementen erzeuge, sollte klar sein, dass man jetzt – natürlich im Rahmen des verfügbaren Speichers – beliebig viele Elemente erzeugen kann.

Um die Zeichnung auszugeben, müssen wir jetzt die Liste »abfahren« und dabei alle Elemente nacheinander ausgeben. Auch das ist in C eine sehr einfache Operation. Wir nehmen einen Hilfszeiger e, den wir initial auf das Startelement (start) setzen:

```
void zeichnung()
    {
    struct element *e;

    for( e = start; e; e = e->next)
        zeichne_element( e);
    }
```

Falls wir noch nicht das Listenende erreicht haben (d.h. noch nicht auf den Null-Zeiger gestoßen sind), geben wir das durch den Hilfszeiger adressierte Element aus (`zeichne_element(e)`) und gehen zum nächsten Element (e = e->next).

Zu Programmende müssen wir alle Elemente der Liste freigeben:

```
struct element *e;

while( e = start)
    {
    start = e->next;
    free( e);
    }
```

Dazu setzen wir einen Zeiger auf das erste Element der Liste (e = start). Sofern es sich dabei nicht um den Null-Zeiger handelt, ketten wir das zugehörige Element aus der Liste aus und ziehen dabei die restliche Liste in den Listenanker zurück (start = e->next). Dann geben wir das ausgekettete Element frei (free(e)).

13.7 Die Freispeicherverwaltung

Mit den Funktionen zur Freispeicherverwaltung (malloc, calloc, realloc und free) können wir uns jetzt – im Rahmen des verfügbaren Speichers – von den Fesseln der statischen Datenstrukturen lösen. Doch zusätzliche Freiheiten bringen auch zusätzliche Gefahren, und es ist eine besondere Sorgfalt im Umgang mit den erweiterten Möglichkeiten geboten. Durch die neue Funktionalität ergibt sich eine ganz neue Art von schwer zu entdeckenden, ja geradezu heimtückischen Fehlerquellen. Die neue Qualität dieser Fehler liegt darin, dass sie

▶ vom Compiler nicht entdeckt werden können und erst zur Laufzeit auftreten

▶ sich wie Zeitbomben verhalten, da die Auswirkungen des Fehlers unter Umständen erst lange, nachdem der Fehler gemacht worden ist, sichtbar werden

▶ Fernwirkung haben können, da die Fehlersymptome an ganz anderen Stellen des Programms auftreten als die Fehler und keine ursächliche Verknüpfung zwischen Fehlerursache und Fehlerwirkung zu erkennen ist

▶ schwer zu reproduzieren sind, da sie stark vom dynamischen Programmkontext abhängen und manchmal nur in selten vorkommenden Konstellationen auftreten

▶ sich manchmal gar nicht zeigen, sondern das Programm nur verschlechtern oder bei Langzeitbetrieb das System zunehmend beanspruchen oder gar blockieren.

Um diese neuen Fehlerquellen zu verstehen und um Fehler im Umgang mit dem Freispeichersystem vermeiden zu lernen, müssen wir uns mit der dynamischen Speicherverwaltung des Laufzeitsystems beschäftigen. Es handelt sich dabei natürlich um Dienste, die vom jeweiligen Betriebssystem bereitgestellt werden und daher auf verschiedenen Systemen verschieden implementiert sein können. Trotzdem gibt es einige gemeinsame Prinzipien, die wir hier darstellen wollen.

Das Betriebssystem verwaltet den Speicher in Form von Seiten (Pages). Typische Page-Größen sind 512 Bytes oder 1024 Bytes. Bei einem virtuellen[5] Speichersystem sieht der C-Programmierer gar nicht die wirklichen (physikalischen) Adressen, sondern das System stellt einem Programm einen virtuellen Adressraum zur Verfügung, der unter Umständen viel größer sein kann als der vorhandene, physikalische Adressraum.

Das Betriebssystem muss dann natürlich sicherstellen, dass immer dann, wenn ein Programm über eine virtuelle Adresse zugreift, die physikalische Adresse hinterlegt wird. Diesen Vorgang des bedarfsgerechten Seitenwechsels nennt man »paging«. Da ein Programm aber seinen Speicher in unterschiedlichen Größenordnungen anfordern möchte, muss es über dem Paging-System noch eine Organisation zur Speicherzuteilung geben.

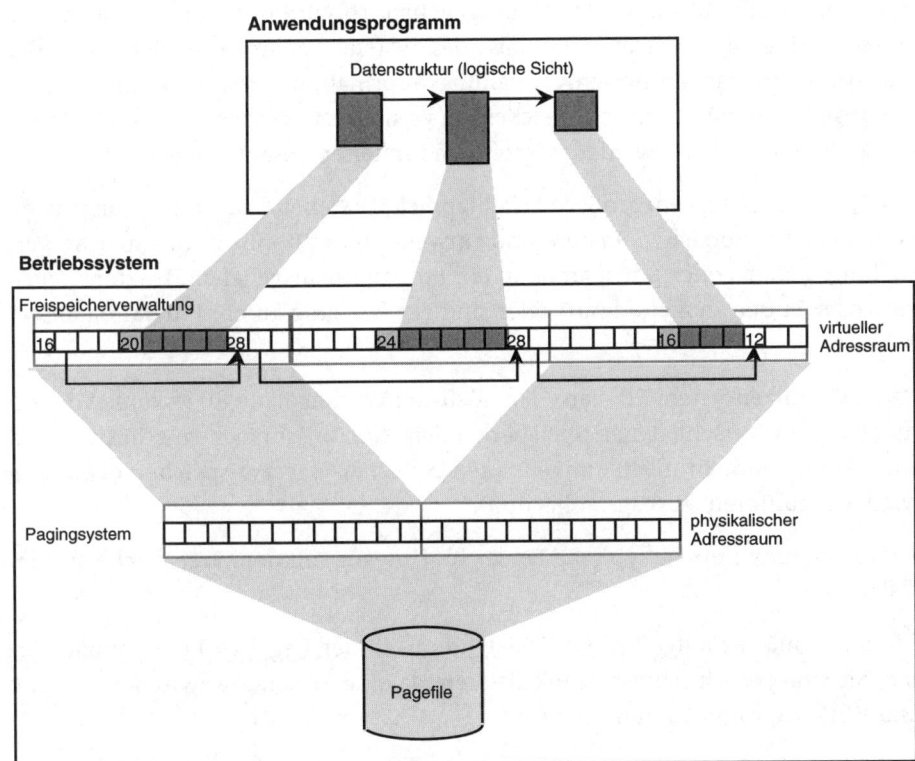

---

5. physikalisch = man hat es und man sieht es;
   virtuell = man sieht es, aber man hat es nicht;
   transparent = man hat es, aber man sieht es nicht.

Das System verwaltet dazu eine Kette (Liste) von freien Speicherblöcken. Diese Liste ist z.B. nach aufsteigenden Speicheradressen geordnet. Jeder Speicherblock enthält am Anfang eine gewisse Verwaltungsinformation (Länge, nächster freier Block, ...). Fordert nun ein Programm Speicher einer gewissen Größe an, so durchläuft das System diese Kette auf der Suche nach einem Speicherblock geeigneter Größe. Es gibt dafür verschiedene Strategien. Das System kann sich für den ersten Block, der groß genug ist (first fit), oder für den kleinsten freien Block, der groß genug ist (best fit), entscheiden. Wird kein Block gefunden, werden neue Pages vom Betriebssystem angefordert. Geht das auch nicht, kann die Nachfrage nicht befriedigt werden. Ist ein Block gefunden, kann das System den Block noch optimal anpassen, indem der nicht benötigte Teil abgespalten und in die Freikette aufgenommen wird. Das System kann aber auch einfach einen zu großen Block ausliefern, etwa wenn der Rest zu klein ist, um noch nach Abzug des Verwaltungsanteils genutzt zu werden. In jedem Fall liefert das System als Ergebnis der Speicherallokierung einen Zeiger auf den Nutzbereich des allokierten Blocks an das rufende Programm.

Wird ein Speicherblock wieder zurückgegeben, so wird der Block wieder in die Freikette eingefügt. Beachten Sie, dass das System die Größe des Blocks an der transparent mittransportierten Verwaltungsinformation erkennen kann. Um eine unnötige Fragmentierung des Speichers zu vermeiden, werden dann benachbarte Blöcke in der Freikette wieder zu größeren Einheiten zusammengefasst.

Der Speicher ist also ein großer Flickenteppich, bestehend aus Verwaltungsdaten und nutzbaren Bereichen. Erstere sind entweder unter Kontrolle des Speicherverwaltungssystems oder transparent an ein Programm ausgeliehen. Letztere liegen entweder in der Freikette brach oder sind zur Nutzung an ein Programm ausgeliehen.

Da im C-Laufzeitsystem Effizienz den höchsten Vorrang hat, gibt es keine Vorkehrungen, diese verschiedenen Speicherbereiche vor Missbrauch zu schützen, und auch keine Vorkehrungen, ungenutzten Speicher der Freispeicherverwaltung wieder zuzuführen (garbage collection).

Jetzt können wir einige typische Fehler im Umgang mit dem Freispeichersystem diskutieren.

Die hier zunächst aufgeführten Fehler führen in der Regel zu Programmabstürzen. Sie sind jedoch schwer zu lokalisieren, da eine Beziehung zwischen Ursache und Wirkung kaum auszumachen ist.

Fehler	Effekt
Es wird vergessen, Speicher zu allokieren.	Über »wilde«, d.h. nicht sinnvoll initialisierte Zeiger wird irgendwo im Speicher geschrieben. Die Folge sind korrupte Daten und/oder Programmabstürze.
Speicher wird nach der Freigabe noch benutzt.	Dies kann noch gutgehen, bis das Betriebssystem diesen Speicherbereich wieder ausliefert. Spätestens dann aber treten unabsehbare Fehler auf.
Allokierter Speicher wird mehrfach freigegeben.	Die Daten der Freispeicherverwaltung werden zerstört. Früher oder später treten interessante Fehler oder scheinbar unmotivierte Programmabstürze auf.
Ein Programmteil schreibt in Datenbereichen anderer Programmteile.	In den anderen Programmteilen treten unerklärliche Fehler auf, die ihrerseits wieder unabsehbare Folgefehler haben können. Oft treten unerklärliche Fehler in Programmen auf, die seit langer Zeit stabil laufen. Oft sind sogar beide Programmteile lange stabil gelaufen, und der Fehler wird erst beobachtbar, nachdem an ganz anderer Stelle etwas geändert und dadurch etwa nur die Reihenfolge, in der die beiden Programmteile ablaufen, vertauscht wurde. Eine Zuordnung von Ursache und Wirkung ist nicht möglich.
Das Programm überschreibt die Verwaltungsinformation des Freispeichersystems.	Die Freispeicherverwaltung ist korrupt. Der Fehler muss nicht sofort sichtbar werden, sondern erst, wenn das System eine Operation auf dem korrupten Block durchführen will. Auch hier ist eine Zuordnung von Ursache und Wirkung nicht möglich.

Die folgenden Fehler sind schwer zu erkennen, da sie nur in einer schleichenden Verschlechterung des Laufzeitverhaltens des Programms sichtbar werden.

Fehler	Effekt
Allokierter Speicher wird nicht freigegeben.	Geschieht dies etwa in einer häufig durchlaufenen Schleife, so kann das Programm krebsartig wachsen und letztlich soviel Ressourcen beanspruchen, dass das System überlastet ist.
Speicher wird in zu großen Portionen allokiert.	Das System arbeitet ineffizient, da große Speicherbereiche ungenutzt sind.
Speicher wird in zu kleinen Portionen allokiert.	Das Programm arbeitet ineffizient. Gemeinsam zu verarbeitende Datenbereiche sind über viele Pages verstreut. Das System wird durch übermäßiges Paging verlangsamt oder blockiert. Das Verhältnis von Nutzdaten zu Verwaltungsdaten in der Freispeicherverwaltung ist sehr schlecht.

Scheinbar geringfügige Fehler dieser Art können insbesondere in großen Systemen, bei denen in der Regel verschiedene Programmierer an den betroffenen Programmteilen arbeiten, erhebliche Aufwände zur Fehlersuche verursachen.

13.8 Abstrakte Datentypen

In diesem Abschnitt werde ich mit Ihnen einen kleinen Exkurs über einen »guten« Umgang mit Datenstrukturen machen. Ziel ist es, dass Sie einen Programmierstil kennen lernen, der von vielen C-Programmierern als ungeschriebene Regel der C-Programmierung akzeptiert und verwendet wird. Gleichzeitig zeigt sich hier ein Mangel der Programmiersprache C, da sie diesen Programmierstil nicht wirkungsvoll durch geeignete Sprachelemente unterstützt. Erst mit der Einführung objektorientierter Programmiertechniken – also mit C++ – wird dieser Mangel in befriedigender Weise behoben.

Mit einem Datentyp sind immer gewisse auf dem Datentyp »zulässige« Operationen verbunden. So können wir Zahlen etwa addieren, subtrahieren, multiplizieren oder der Größe nach vergleichen. In der Definition einer Programmiersprache ist genau festgelegt, welche Operationen wir auf die jeweiligen Grundtypen anwenden dürfen und welche nicht. Unzulässige Operationen (Addition zweier Arrays, Zugriff auf die i-te Koordinate einer Zahl) werden beim Versuch, ein Programm zu übersetzen, erkannt und abgelehnt. In nahezu jeder Programmiersprache hat der Programmierer die Möglichkeit, eigene, komplexe Datenstrukturen aus den Grundtypen zusammenzusetzen. Sinnvollerweise fragt man sich bei der Definition einer neuen Datenstruktur immer, welche Operationen denn auf dieser Struktur zugelassen sein sollen. Sinnvoll wäre es dann, die Datenstruktur und ihre Operationen so miteinander zu verschweißen, dass das Ergebnis wie ein »eingebauter« Datentyp erscheint.

Als Beispiel betrachten wir ein Kalenderdatum als Datenstruktur. Hier hat man nahe liegender Weise Integer-Datenfelder für Tag, Monat und Jahr. Bei einer unreflektierten Verwendung in C ist es aber der Willkür des Programmierers überlassen, was er mit dieser Struktur macht. Aus der Sicht des C-Compilers unterscheidet sich diese Struktur, abgesehen von der Namensgebung, überhaupt nicht von anderen Strukturen, wie etwa einem Punkt in einem 3-dimensionalen Koordinatensystem. Die spezielle Bedeutung eines Kalenderdatums und die daraus folgenden Einschränkungen bei der Verwendung sind dem Compiler nicht bekannt. Dabei gibt es für Kalenderdaten eine ganze Reihe von wichtigen Einschränkungen

▶ Die Monate müssen zwischen 1 und 12 liegen

▶ Die Länge eines Monats variiert zwischen 28 und 31 Tagen

▶ Die Schalttagsregelung ist zu beachten

und eine Reihe von wünschenswerten Operationen:

▶ Berechnung des Wochentags zu einem Datum

▶ Addition einer Anzahl von Tagen zu einem Datum

- ▶ Berechnung der Differenz zwischen zwei Kalenderdaten

- ▶ Vergleich zweier Kalenderdaten (im Sinne von früher/später)

Sinnvoll wäre es, die Datenstruktur mit ihren Restriktionen und den zulässigen Operationen so zu verknüpfen, dass ein zukünftiger Missbrauch ausgeschlossen ist. Die Datenstruktur mit ihren Konsistenzbedingungen und den zulässigen Operationen bildet dann einen sogenannten abstrakten Datentyp.

> Ein **abstrakter Datentyp** (ADT) ist eine Datenstruktur mit einem Satz von Funktionen und Operatoren, die auf dieser Datenstruktur zur Ausführung gebracht werden können. Alle Implementierungsdetails der Datenstruktur und der Funktionen sind von außen unsichtbar. Der abstrakte Datentyp wird ausschließlich über die genau definierte Schnittstelle seiner Funktionen und Operatoren bedient.

Wir veranschaulichen uns das durch die folgende Skizze:

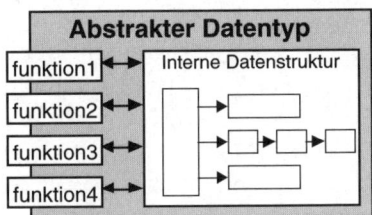

Der ADT verbirgt alle Implementierungsdetails (z. B. den internen Aufbau der Datenstruktur) vor dem Benutzer. Neben den Operationen zur Bedienung des abstrakten Datentyps gibt es noch zwei weitere Operationen, die benötigt werden, wenn der abstrakte Datentyp erstmalig angelegt bzw. nach Benutzung wieder beseitigt werden soll. Diese Operationen werden als der **Konstruktor** bzw. der **Destruktor** des abstrakten Datentyps bezeichnet und werden jeweils nur einmal im Lebenszyklus einer konkreten Instanz des ADT angestoßen. Sie sind insofern anders als die Operationen der Anwendungsschnittstelle, als sie vom Benutzer des Datentyps nicht explizit verwendet werden, sondern automatisch ablaufen, wenn der Datentyp angelegt bzw. beseitigt wird.

Da der ADT alle Interna verbirgt, nur über die nach außen freigegebene Schnittstelle bedient werden kann und selbst für seine Konstruktion und Destruktion sorgt, kann er nicht mehr missbräuchlich verwendet werden. Im Falle unseres Kalenderdatums ist es dann z. B. unmöglich, ein falsches Datum (etwa 29.2.1999) zu erzeugen.

Anhand zweier wichtiger Beispiele (Stack und Queue) wollen wir die Denkweise kennen lernen, die hinter dem Konzept des abstrakten Datentyps steht. Zunächst einmal ist ein abstrakter Datentyp allerdings eine rein gedankliche Abstraktion, und wir müssen uns fragen, inwieweit C diesen Abstraktionsprozess überhaupt unterstützt. Leider ist es so, dass C die Implementierung abstrakter Datentypen nicht unterstützt, sodass es hier mehr darum geht, einen gewissen Programmierstil kennen zu lernen, der der Implementierung von abstrakten Datentypen nahe kommt. Trotzdem ist die Vorstellung, es bei der Implementierung mit abstrakten Datentypen zu tun zu haben, sehr hilfreich beim Design von C-Programmen und führt zu einer konsequenteren Modularisierung und letztlich zu qualitativ besseren Programmen. Später, wenn wir uns mit dem Klassenkonzept in C++ beschäftigen, werden die hier vorgestellten Ansätze eine befriedigende Abrundung erfahren.

13.8.1 Der abstrakte Datentyp »Stack«

Ein Stack, das hatten wir früher schon einmal festgestellt, ist eine Datenstruktur, bei der Daten ähnlich einem Stapel Teller in einem Restaurant verwaltet werden. Die eingehenden Daten werden der Reihe nach gespeichert und das zuletzt eingegangene Datum wird als erstes wieder ausgegeben:

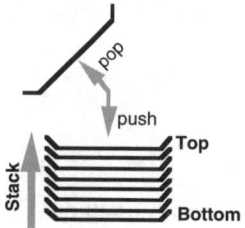

Auf diese Weise entsteht ein abstrakter Datentyp zur Zwischenspeicherung von Daten, der über zwei gegenläufige Operationen, die gemeinhin mit push und pop bezeichnet werden, bedient wird.

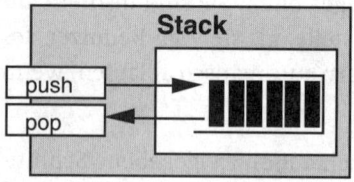

Neben diesen beiden Operationen benötigen wir noch einen Konstruktor, dem wir den Namen construct geben, und einen Destruktor, dem wir den Namen `destruct` geben. Die folgende Tabelle zeigt alle Operationen auf dem abstrakten Datentyp »Stack«:

Operation	Parameter	Ergebnis	Bedeutung
construct	–	Stack oder Fehler	Konstruiere einen leeren Stack
push	Stack Element	ok oder Fehler	Lege ein Element auf den Stack
pop	Stack	Element oder Fehler	Nimm das oberste Element vom Stack
destruct	Stack	–	Beseitige den Stack

Üblicherweise werden Stacks durch Arrays implementiert. Wir wollen hier aber, um unsere Fähigkeit im Umgang mit Listen zu verbessern, eine Implementierung als Liste wählen. Gleichzeitig wollen wir uns darauf beschränken, Integer-Werte in unserem Stack zu speichern.

In einem Headerfile **stack.h** legen wir die Deklaration der zugrunde liegenden Datenstruktur sowie die Prototypen aller Schnittstellenfunktionen ab:

```
struct stack_entry
    {
    struct stack_entry *nxt;
    int value;
    };

struct stack
    {
    struct stack_entry *top;
    };

extern struct stack *stck_construct();
extern void stck_destruct( struct stack *stck);
extern int stck_push( struct stack *stck, int val);
extern int stck_pop( struct stack *stck, int *val);
```

▲ CD-ROM P_13_8_1/stack.h

Die Datenstruktur `stack_entry` nimmt einen Integer-Wert auf und enthält zusätzlich ein Feld zur Verkettung als Liste. Bei `stack` handelt es sich um eine Struktur, die nur den Listenanker speichert. Der Listenanker zeigt immer auf den Stack-Top.

Die Implementierung beginnt damit, dass zunächst die erforderlichen Headerfiles (insbesondere der soeben erstellte `stack.h`) includiert werden:

```
# include <stdio.h>
# include <stdlib.h>
# include "stack.h"
```

▲ CD-ROM P_13_8_1/stack.c

Zur Konstruktion eines (leeren) Stacks allokieren wir eine Struktur `stack` und initialisieren den Listenanker mit 0. Dies bedeutet, dass momentan noch keine Liste mit gespeicherten Werten vorhanden ist:

```
struct stack *stck_construct()
    {
    struct stack *stck;

    stck = (struct stack *)malloc( sizeof( struct stack));
    if( !stck)
        return 0;
    stck->top = 0;
    return stck;
    }
```

▲ CD-ROM P_13_8_1/stack.c

Die Funktion gibt einen Zeiger auf die allokierte Datenstruktur an das rufende Programm zurück. Das rufende Programm benutzt diesen Zeiger wie einen Ausweis, den es wieder vorlegt, wenn es Operationen auf dem Stack durchführen will.

Die erste der zulässigen Operationen ist push. Für diese Operation benötigen wir zwei Informationen, den zu speichernden Wert und den Stack, auf dem der Wert zu speichern ist:

```
int stck_push( struct stack *stck, int val)
    {
    struct stack_entry *se;

    se = (struct stack_entry *)
                    malloc( sizeof( struct stack entry));
    if( !se)
        return 0;
    se->value = val;
    se->nxt = stck->top;
```

```
    stck->top = se;
    return 1;
    }
```

▲ CD-ROM P_13_8_1/stack.c

Um einen neuen Wert auf den Stack zu pushen, allokieren wir einen neuen `stack_entry`, tragen den übergebenen Wert dort ein und ketten anschließend den neuen Entry vorn in die Liste ein. Dazu hängen wir, wie bereits beim Grafik-Editor praktiziert, die bisherige Liste an dem neu allokierten Entry an und tragen den Entry selbst als neues erstes Listenelement in den Listenanker ein.

In der pop-Operation wird der Wert im ersten Element der Liste (sofern vorhanden) über den als Parameter übergebenen Zeiger in die Variable des rufenden Programms geschrieben. Ist der Stack leer, so beenden wir das Programm mit Returncode 0:

```
int stck_pop( struct stack *stck, int *val)
    {
    struct stack_entry *se;

    se = stck->top;
    if( !se)
        return 0;
    *val = se->value;
    stck->top = se->nxt;
    free( se);
    return 1;
    }
```

▲ CD-ROM P_13_8_1/stack.c

Anschließend wird das erste Stackelement ausgekettet und freigegeben. Am Returncode 1 kann das rufende Programm dann erkennen, dass erfolgreich ein Wert vom Stack gelesen und in die bereitgestellte Variable (`*val`) übertragen wurde.

Der Destruktor leert zunächst den Stack, indem er so lange pop-Operationen auf dem Stack ausführt, bis der Returncode von `stck_pop` anzeigt, dass alles abgeräumt ist. Anschließend wird dann noch die Struktur für den Listenanker freigegeben:

```
void stck_destruct( struct stack *stck)
    {
    int dummy;
```

```
        while( stck_pop( stck, &dummy)
            ;
        free( stck);
        }
```

▲ CD-ROM P_13_8_1/stack.c

Im Hauptprogramm können wir dann einen Stack wie folgt benutzen:

D_13_8_1

```
        # include <stdio.h>
        # include <stdlib.h>
   A    # include "stack.h"


        main()
            {
   B        struct stack *stck;
            int i;

   C        stck = stck_construct();
            printf( "Push:");
            for( i = 0; i < 10; i++)
                {
                printf( " %d", i);
   D            stck_push( stck, i);
                }
            printf( "\nPop :");
   E        while( stck_pop( stck, &i))
                printf( " %d", i);
            printf( "\n");
   F        stck_destruct( stck);
            }
```

▲ CD-ROM P_13_8_1/stackapp.c

A: Um die Schnittstelle korrekt zu verwenden, wird `stack.h` inkludiert.

B: Hier wird ein Zeiger auf einen Stack angelegt. Diese Variable dient zum Zugriff auf den noch zu konstruierenden Stack.

C: Der Stack wird konstruiert. Die Variable `stck` enthält nach dem Aufruf einen Zeiger auf den noch leeren Stack.

D: In einer Schleife werden die Zahlen von 0 bis 9 auf den Stack gepusht.

E: Solange noch Zahlen auf dem Stack liegen, werden diese in die Variable `i` »heruntergepoppt« und auf dem Bildschirm ausgegeben.

F: Der Stack wird nicht mehr benötigt und wieder beseitigt.

Das Programm arbeitet dann wie folgt:

```
Push: 0 1 2 3 4 5 6 7 8 9
Pop : 9 8 7 6 5 4 3 2 1 0
```

Sie sehen, dass die Eingabe durch die Zwischenspeicherung auf dem Stack umgekehrt wird.

Wir haben natürlich nur so getan, als ob wir einen abstrakten Datentyp vorliegen hätten. Niemand zwingt das Anwendungsprogramm wirklich dazu, den Konstruktur und den Destruktor zu verwenden, und niemand hindert das Anwendungsprogramm daran, an der Schnittstelle vorbei direkt die Daten in der Liste zu manipulieren. Die Konsistenz eines Stacks kann nur durch Programmierrichtlinien sichergestellt werden. Wenn ein Programmierer gegen diese Richtlinien verstößt, kann die Datenstruktur zerstört werden. Auch eine korrekte Verwendung der Datenstruktur an der Schnittstelle vorbei ist problematisch, da dies die Austauschbarkeit der internen Datenstruktur behindert. Der Programmiersprache C durch geeignete Erweiterungen mehr »Typsicherheit« zu geben, ist eines der Hauptanliegen von C++.

13.8.2 Der abstrakte Datentyp »Queue«

Eine Queue[6] ist eine Speicherstruktur, die wie eine Warteschlange an einem Bus organisiert ist.

Queue

Hier wird nach dem First-in-First-out-Prinzip zuerst bedient, wer zuerst kommt. Den zugehörigen abstrakten Datentyp veranschaulichen wir uns wie folgt:

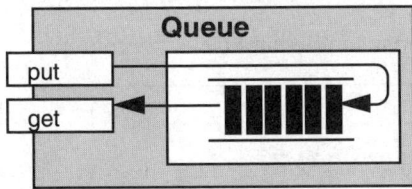

6. engl. queue = Warteschlange, sprich »Kju«

Statt push und pop heißen die Speicher- bzw. Entnahmeoperationen jetzt put und get.

Operation	Parameter	Ergebnis	Bedeutung
construct	–	Queue	Konstruiere eine leere Queue!
put	Queue Element	ok oder Fehler	Füge ein Element am Ende der Warteschlange an!
get	Queue	Element oder Fehler	Nimm das erste Element aus der Warteschlange!
destruct	Queue	–	Beseitige die Queue!

Wir können für eine Queue praktisch die gleiche interne Datenstruktur verwenden wie für einen Stack. Der einzige Unterschied ist, dass wir uns in der Datenstruktur zusätzlich einen Zeiger auf das letzte Element der Liste speichern, um hier bei Bedarf Elemente anfügen zu können. Die erforderlichen Deklarationen und Funktions-Prototypen schreiben wir in die Datei **queue.h**:

```
struct queue_entry
    {
    struct queue_entry *nxt;
    int value;
    };

struct queue
    {
    struct queue_entry *first;
    struct queue_entry *last;
    };

extern struct queue *que_construct();
extern void que_destruct( struct queue *que);
extern int que_put( struct queue *que, int val);
extern int que_get( struct queue *que, int *val);
```

▲ CD-ROM P_13_8_2/queue.h

Bei der Implementierung können wir fast genauso wie bei Stacks vorgehen:

```
# include <stdio.h>
# include <stdlib.h>
# include "queue.h"
```

▲ CD-ROM P_13_8_2/queue.c

Nachdem die erforderlichen Includes gemacht sind, implementieren wir zunächst den Konstruktor. Im Konstruktor allokieren wir den Speicher für die Datenstruktur queue und initialisieren im Erfolgsfall das first-Feld mit 0:

```
struct queue *que_construct()
    {
    struct queue *que;

    que = (struct queue *)malloc( sizeof( struct queue));
    if( !que)
        return 0;
    que->first = 0;
    return que;
    }
```

▲ **CD-ROM** P_13_8_2/queue.c

Das last-Feld müssen wir nicht initialisieren, da wir immer das first-Feld als Indikator für eine leere Queue verwenden werden.

Bei einer put-Operation hängen wir das neue Element am Ende der Liste an:

```
int que_put( struct queue *que, int val)
    {
    struct queue_entry *qe;

    qe = (struct queue_entry *)
                        malloc( sizeof( struct queue_entry));
    if( !qe)
        return 0;
    qe->nxt = 0;
    qe->value = val;
    if( que->first)
A           que->last->nxt = qe;
    else
B           que->first = qe;

C   que->last = qe;
    return 1;
    }
```

▲ **CD-ROM** P_13_8_2/queue.c

Wir machen uns noch einmal klar, was hier genau passiert. Wenn schon Elemente in der Queue sind (que->first != 0), dann wird zunächst das neue Element hinter dem bisher letzten eingekettet (**A**). Abschließend wird dann das neue Element als letztes in der Queue markiert (**C**):

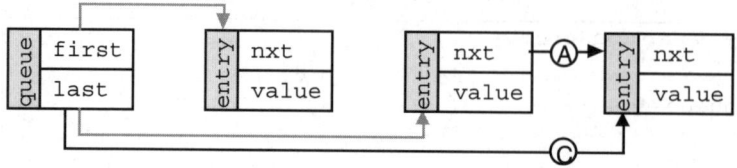

Wenn noch keine Elemente in der Queue sind (que->first == 0), so wird das neue Element das erste (**B**) und das letzte in der Queue (**C**):

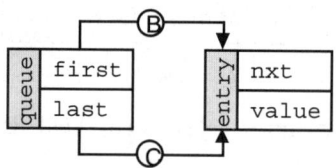

Die Queue-Operation get ist identisch mit der Stack-Operation pop, weil die Entnahme ja vom Anfang der Liste her erfolgt:

```
int que_get( struct queue *que, int *val)
    {
    struct queue_entry *qe;

    qe = que->first;
    if( !qe)
        return 0;
    *val = qe->value;
    que->first = qe->nxt;
    free( qe);
    return 1;
    }
```

▲ **CD-ROM** P_13_8_2/queue.c

Wird die Queue nach der Entnahme leer, so wird der Listenanker durch die Zuweisung que->first = qe->nxt automatisch wieder auf 0 gesetzt.

Und auch der Queue-Destruktur bietet nichts Neues im Vergleich zum Stack-Destruktor:

```
void que_destruct( struct queue *que)
    {
    int dummy;

    while( que_get( que, &dummy)
        ;
    free( que);
    }
```

▲ **CD-ROM** P_13_8_2/queue.c

Im Anwendungsprogramm tauschen wir im Wesentlichen nur push mit put und pop mit get, und schon ist der Testrahmen für Queues fertig:

```
# include <stdio.h>
# include <stdlib.h>
# include "queue.h"

void main()
    {
    struct queue *que;
    int i;

    que = que_construct();

    printf( "Put:");
    for( i = 0; i < 10; i++)
        {
        printf( " %d", i);
        que_put( que, i);
        }

    printf( "\nGet:");
    while( que_get( que, &i))
        printf( " %d", i);
    printf( "\n");
    que_destruct( que);
    }
```

D_13_8_2

▲ **CD-ROM** P_13_8_2/queueapp.c

Bei der Ausgabe zeigt sich der Unterschied zwischen Stacks und Queues:

```
Put:  0 1 2 3 4 5 6 7 8 9
Get:  0 1 2 3 4 5 6 7 8 9
```

Hier werden die Zahlen in genau der Reihenfolge wieder ausgegeben, in der sie eingegeben wurden.

Stacks und Queues bilden wichtige Datenstrukturen zur Zwischenspeicherung von Daten, je nachdem, ob man die zuletzt gespeicherten Daten zuerst oder zuletzt zurückerhalten möchte, verwendet man einen Stack oder eine Queue. Im Zusammenhang mit der »Traversierung von Bäumen« im Kapitel »Ausgewählte Datenstrukturen« werden wir weitere Beispiele für den Einsatz von Stacks und Queues kennen lernen.

13.9 Aufgaben

A 13.1 In einem Homebanking-Programm finden Sie die folgende Eingabemaske für einen Überweisungsauftrag:

Erstellen Sie eine Datenstruktur, die alle Informationen dieses Formulars aufnehmen kann! Für den Überweisungsbetrag sehen Sie dabei eine Gleitkommazahl und für die beiden Termine eine einheitliche Unterstruktur mit Tag, Monat und Jahr vor! Alle anderen Eingaben (auch Kontonummer und Bankleitzahl) speichern Sie in Textfeldern geeigneter Länge ab!

Legen Sie in Ihrem Programm einen Array für 10 Überweisungen an und erstellen Sie die nötigen Funktionen, um Daten für die Überweisungen einzugeben, zu ändern bzw. anzuzeigen! Versehen Sie das Programm mit einer geeigneten Benutzerschnittstelle!

A 13.2 Ändern Sie die Implementierung des abstrakten Datentyps `stack` so ab, dass als Datenstruktur statt einer Liste ein Array verwendet wird! Legen Sie dazu die folgende Datenstruktur an:

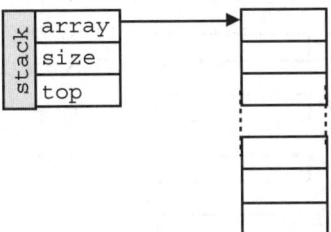

Verwenden Sie einen Array, den Sie mit `calloc` (Abschnitt 14.6) in einer bestimmten Initial-Größe (z. B. 100) allokieren und bei Bedarf mit `realloc` um einen bestimmten Betrag (z. B. 50) vergrößern! Speichern Sie dazu in `size` die aktuelle Größe des Arrays und in `top` den Index des ersten freien Elements! Lassen Sie die Schnittstelle des ADT unverändert, damit Sie den Testrahmen der alten Implementierung weiter verwenden können!

A 13.3 Führen Sie analoge Änderungen wie in Aufgabe 13.2 auch für Queues durch!

A 13.4 In einer Datei stehen Namen und Größenangaben von Dinosauriern. Name und Größe sind dabei durch ein Komma, einzelne Datensätze durch einen Zeilenvorschub getrennt. Am Anfang der Datei steht als zusätzliche Hilfe für das Einlesen der Daten die Gesamtzahl der Datensätze:

```
10
Tyrannosaurus, 12
Euoplocephalus, 6
Triceratops, 7
Pachycephalosaurus, 6
Shantungosaurus, 15
Ornithominus, 4
Deinonychus, 3
Iguanodon, 9
Stegosaurus, 6
Brachiosaurus, 25
```

491

Lesen Sie den Inhalt dieser Datei in eine Datenstruktur ein, indem Sie zunächst die Anzahl lesen, dann entsprechend der Anzahl einen Array von Zeigern auf Dinosaurier (struct DINO) bereitstellen (calloc in Abschnitt 14.6) und dann Dinosaurier für Dinosaurier so einlesen, dass die folgende Datenstruktur aufgebaut wird:

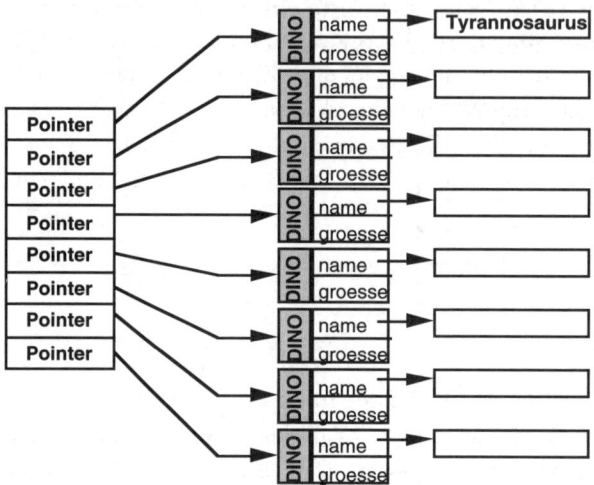

Zum Einlesen eines einzelnen Dinosauriers allokieren Sie zunächst die Datenstruktur für einen Dinosaurier (DINO). Lesen Sie dann den Namen aus der Datei zunächst in einen ausreichend großen Puffer! Allokieren Sie Speicher für den Namensstring entsprechend der Länge des Namens[7], kopieren Sie den Namen in den Speicher (strcpy) und stellen Sie die Zeigerverbindung zwischen Datenstruktur und String her! Die Größe des Dinosauriers können Sie natürlich direkt in die Datenstruktur DINO einlesen.

Testen Sie die Datenstruktur durch ein Hauptprogramm, in dem Sie fortlaufend Nummern eingeben können, um dann den Dinosaurier mit dem entsprechenden Index angezeigt zu bekommen:

```
Index: 0
Tyrannosaurus, 12 Meter gross

Index: 4
Shantungosaurus, 15 Meter gross


...
```

---

7. Beachten Sie, dass Sie wegen des Terminatorzeichens ein Byte mehr benötigen als der Name Buchstaben hat.

A 13.5 Erweitern Sie das Programm aus Aufgabe 13.4 so, dass die Dinosaurier-Daten nach dem Einlesen in die Datenstruktur alphabetisch nach Namen sortiert werden!

Nehmen Sie dazu einen der Sortieralgorithmen (z.B. insertionsort) aus Kapitel 12 und ändern Sie ihn so ab, dass statt eines Arrays von Integer-Zahlen ein Array von Zeigern auf Dinosaurier an der Schnittstelle übergeben wird! Sorgen Sie dafür, dass überall dort, wo zwei Zahlen im Array verglichen werden, jetzt zwei über Zeiger im Array gegebene Dinosaurier bezüglich ihres Namens verglichen werden! Kapseln Sie den Vergleich in einer Funktion nvergleich(DINO *d1, DINO *d2), die je nach Vergleichsergebnis den Wert -1 (kleiner), 0 (gleich) oder 1 (größer) zurückgibt!

Nach dem Sortieren sollten die Dinosaurier der Reihe nach ausgegeben werden:

```
Sortiert nach Name
     Brachiosaurus, 25
     Deinonychus, 3
     Euoplocephalus, 6
     Iguanodon, 9
     Ornithominus, 4
     Pachycephalosaurus, 6
     Shantungosaurus, 15
     Stegosaurus, 6
     Triceratops, 7
     Tyrannosaurus, 12
```

Hinweis: Vertauschen sollten Sie natürlich nur die Zeiger im Array, und nicht die Inhalte der Datenstrukturen.

A 13.6 Erweitern Sie das Programm aus Aufgabe 13.7 so, dass die Dinosaurier wahlweise nach Name oder nach Größe sortiert werden können!

Erstellen Sie eine Funktion gvergleich(DINO *d1, DINO *d2), die einen Vergleich nach Größe durchführt! Übergeben Sie die zum Vergleich zu verwendende Funktion als zusätzlichen Parameter an der Schnittstelle des Sortierverfahrens!

```
Sortiert nach Name
     Brachiosaurus, 25
     Deinonychus, 3
     Euoplocephalus, 6
     Iguanodon, 9
```

```
    Ornithominus, 4
    Pachycephalosaurus, 6
    Shantungosaurus, 15
    Stegosaurus, 6
    Triceratops, 7
    Tyrannosaurus, 12

Sortiert nach Groesse
    Deinonychus, 3
    Ornithominus, 4
    Euoplocephalus, 6
    Pachycephalosaurus, 6
    Stegosaurus, 6
    Triceratops, 7
    Iguanodon, 9
    Tyrannosaurus, 12
    Shantungosaurus, 15
    Brachiosaurus, 25
```

A 13.7 Erstellen Sie eine weitergehende Lösung der Aufgabe 7.1, indem Sie alle Daten der Telefondatei in eine dynamisch erstellte und alphabetisch sortierte Liste einlesen! Implementieren Sie dann eine Suchfunktion, die Teilbereiche der Liste ausgibt:

```
Suchbereich:
  von: Ka
  bis: Lz

Suchergebnis:
  Kinkel Klaus 0228-547-0
  Kohl Helmut 0228-544-0
  Lafontaine Oskar 0228-523-0
```

A 13.8 In einer Datei stehen mindestens 100 Wörter, die jeweils durch einen Zeilenvorschub getrennt sind. Erstellen Sie ein Programm, das diese Wörter in eine Liste einliest und anschließend in unterschiedlichen Formatierungen ausgeben kann!

Kommando	Bedeutung
i <datei>	Liest alle Wörter aus der angegebenen Datei ein und erzeugt dabei die erforderliche Listenstruktur.
l <breite>	Gibt die Wörter linksbündig in der gewünschten Textbreite aus.
r <breite>	Gibt die Wörter rechtsbündig in der gewünschten Textbreite aus.
b <breite>	Gibt die Wörter im Blocksatz in der gewünschten Textbreite aus.
x	Beendet das Programm.

Bauen Sie die Wortliste der nachfolgenden Skizze entsprechend dynamisch auf:

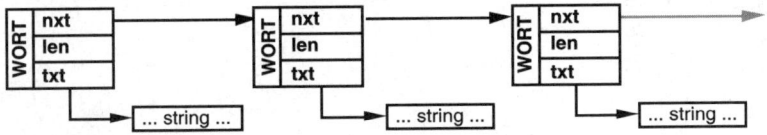

Dabei bedeutet:

nxt   Zeiger auf das nächste Wort der Liste

len   Länge des Wortes

txt   Zeiger auf den Worttext (0-terminierter String)

14 C-Referenz (Teil 2)

Wir fassen das, was im Zusammenhang mit Datenstrukturen wichtig ist, in diesem Abschnitt noch einmal zusammen.

14.1 Einfache Strukturen

In C kann man Daten unterschiedlicher Typen zu einer Datenstruktur zusammenfassen (aggregieren). In einer einfachen Form sieht das wie folgt aus:

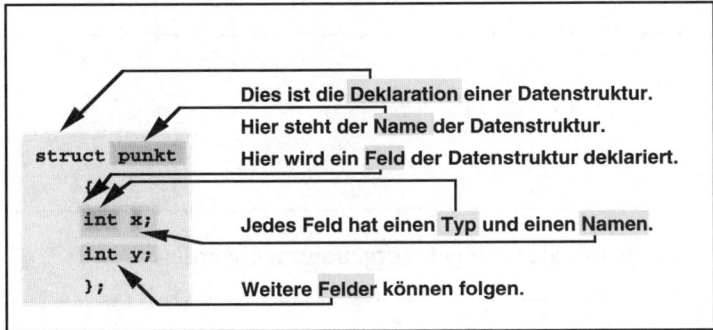

Zur Strukturbildung können alle Grunddatentypen (`char`, `unsigned  char`, `short`, `unsigned short`, `float`, `double`, ...), Arrays dieser Grunddatentypen und natürlich auch Zeiger in beliebiger Anzahl und Reihenfolge herangezogen werden:

```
struct angestellter
    {
    char name[20];
    char vornname[20];
    char *adresse;
    int alter;
    float gehalt;
    };
```

Eine solche Deklaration beschreibt nur die Struktur, sie besagt nicht, dass konkrete Daten dieser Struktur angelegt werden. Ist eine Datenstruktur aber einmal deklariert, so können Variablen dieser Struktur angelegt und mit Initialwerten versehen werden:

```
struct punkt
    {
    int x;
    int y;
    };

struct punkt p1, p2;
struct punkt p3 = { 1, 2};
```

Man kann in einem Zug eine Datenstruktur deklarieren und Variablen dieser Struktur anlegen:

```
struct punkt
    {
    int x;
    int y;
    } p1, p2;
```

Dabei können auch bereits Initialisierungen vorgenommen werden:

```
struct punkt
    {
    int x;
    int y;
    } p1, p2 = { 1, 2};
```

Im Interesse einer sauberen Trennung von deklarativen (Strukturvereinbarungen) und definitorischen (Anlegen von Variablen) Teilen des Programms sollte man aber von diesen Möglichkeiten nur in Ausnahmefällen Gebrauch machen.

Statt durch Angabe konkreter Werte können Datenstrukturen auch durch Aufruf einer Funktion, die den passenden Returntyp hat, initialisiert werden.

```
struct punkt
    {
    int x;
    int y;
    };
```

```
struct punkt init_punkt( int x, int y)
    {
    struct punkt p;

    p.x = x;
    p.y = y;
    return p;
    }
struct punkt p = init_punkt( 1, 2);
```

Datenstrukturen werden, wenn sie funktionsübergreifend benötigt werden, außerhalb von Funktionen deklariert. Werden sie sogar modulübergreifend – und das ist eigentlich die Regel – verwendet, so werden sie in einem Headerfile (».h«-Datei) deklariert, der dann von allen betroffenen Modulen (».c«-Dateien) inkludiert wird.

Wird eine Datenstruktur nur lokal in einer Funktion benötigt, so kann sie dort auch deklariert werden:

```
void funktion()
    {
    struct punkt
        {
        int x;
        int y;
        } p1, p2 = { 1, 2};

    ... Funktionscode ...

    }
```

In diesem Fall ist die Datenstruktur nur innerhalb der Funktion bekannt, in der sie deklariert wurde. In anderen Funktionen können andere Strukturen gleichen Namens deklariert werden.

Wird die Datenstruktur nur in einem sehr begrenzten Umfeld verwendet und außerhalb der Deklaration kein Bezug auf den Strukturnamen genommen, so ist der Name sogar entbehrlich:

```
void funktion()
    {
    struct
        {
        int x;
```

```
        int y;
    } p1, p2 = { 1, 2};

... Funktionscode ...


}
```

Die beiden zuletzt genannten Möglichkeiten werden zu Recht sehr selten verwendet, da sie eher zur Verwirrung von Programmierern als zur Erstellung eines verständlichen Programmcodes geeignet sind.

14.2   Zusammengesetzte Strukturen

Strukturen können ihrerseits wieder andere, zuvor deklarierte Strukturen enthalten:

```
struct punkt
    {
    int x;
    int y;
    };

struct kreis
    {
    int randfarbe;
    int fuellfarbe;
    int radius;
    struct punkt mittelpunkt;
    };
```

Auch hier können anschließend Variablen definiert und initialisiert werden:

```
kreis k1, k2 = { 1, 2, 3, { 4, 5}};
```

Die Initialisierung erfolgt gemäß der Zerlegung der Gesamtstruktur in Teilstrukturen, wobei die zu einer Struktur gehörenden Initialwerte immer mit geschweiften Klammern umschlossen werden.

Strukturen können Arrays enthalten und es können Arrays von Strukturen gebildet werden.

```
struct linie
    {
    int farbe;
    struct punkt pkt[2];
    };
```

Die in eine Struktur eingebetteten Strukturen können auch am Ort der Einbettung

```
struct kreis
    {
    int randfarbe;
    int fuellfarbe;
    int radius;
    struct punkt
        {
        int x;
        int y;
        } mittelpunkt;
    };
```

und dort sogar ohne Namen deklariert werden:

```
struct kreis
    {
    int randfarbe;
    int fuellfarbe;
    int radius;
    struct
        {
        int x;
        int y;
        } mittelpunkt;
    };
```

Dies macht aber allenfalls Sinn, wenn die Unterstruktur nur an dieser Stelle einmalig verwendet wird. Im Interesse einer besseren Lesbarkeit von Datenstrukturdeklarationen sollte man auf diese Möglichkeiten der Deklaration sogar ganz verzichten.

14.3 Zugriff auf Strukturen

In den Beispielen dieses Abschnitts werden die Strukturdeklarationen für `punkt`, `kreis` und `linie` aus den vorausgegangenen Abschnitten als bereits deklariert vorausgesetzt. Je nachdem, ob eine Datenstruktur direkt durch eine Variable oder indirekt durch einen Zeiger gegeben ist, unterscheiden wir zwischen direktem und indirektem Zugriff.

14.3.1 Direkter Zugriff

In Variablen abgelegte Datenstrukturen können als Ganzes kopiert und zugewiesen werden:

```
struct punkt p1, p2;

p2 = p1
```

Mit der Anweisung p2 = p1 werden alle Daten aus p1 nach p2 kopiert.[1]

Achtung Hat man einen Zeiger in einer Datenstruktur, so wird dieser bei einer Zuweisung als Feld der Datenstruktur natürlich mit kopiert. Keineswegs werden dabei aber die Daten, auf die der Zeiger verweist, dupliziert oder kopiert.

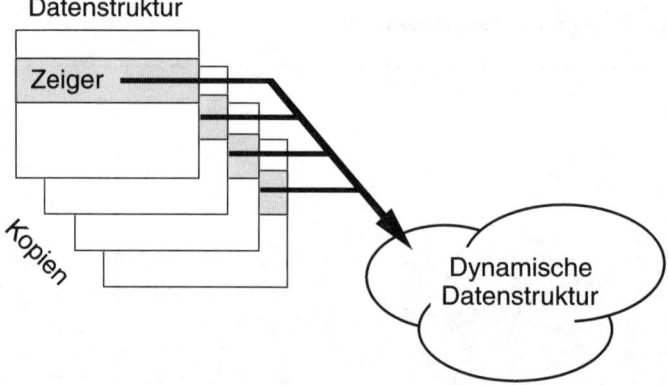

Dies kann bei dynamischen Datenstrukturen problematisch sein, weil man festlegen muss, wer als »Besitzer« der Daten für deren Freigabe verantwortlich ist. Gibt der Besitzer die Daten frei, so haben alle zuvor angefertigten Kopien »wilde Zeiger«, die nicht mehr benutzt werden dürfen.

---

1. Das mag Ihnen selbstverständlich erscheinen, aber im klassischen C (Kernighan-Ritchie-C) war das noch nicht möglich. Dort musste eine Datenstruktur Feld für Feld in eine andere übertragen werden.

Zum gezielten Zugriff auf die einzelnen Felder einer Datenstrukur dient der '.'-Operator:

```
struct punkt p1, p2;

p1.x = 1;
p1.y = p2.y
```

Bei geschachtelten Strukturen wird der Schachtelung der Struktur folgend zugegriffen:

```
struct kreis k1, k2;

k1.mittelpunkt.x = 7;
k1.mittelpunkt.x = k2.mittelpunkt.x;
```

Der Zugriff in Arrays folgt den gleichen Prinzipien:

```
struct linie l;

l.pkt[0].x = 1;
l.pkt[0].y = l.pkt[1].y;
```

Mit Hilfe des '.'-Operators kann auch auf komplette Unterstrukturen zugegriffen werden und diese können als Ganzes kopiert und zugewiesen werden:

```
struct punkt p;
struct kreis k;
struct linie l;

k1.mittelpunkt = p;
p = l.pkt[1];
```

14.3.2 Indirekter Zugriff

Auf Strukturen oder Teilstrukturen kann der Adressoperator (&) angewandt werden. Man erhält dann einen Zeigerwert, den man in einer geeigneten Zeigervariablen speichern kann:

```
struct punkt p;
struct kreis k;

struct punkt *pptr;
struct kreis *kptr;
```

```
kptr = &k;
pptr = &k.mittelpunkt;
```

Auf eine über einen Zeiger gegebene Struktur kann mit dem Dereferenzierungs-Operator (*) zugegriffen werden:

```
struct punkt p;
struct kreis k;

struct punkt *pptr;
struct kreis *kptr;

kptr = &k;
pptr = &k.mittelpunkt;

(*kptr).mittelpunkt.x = 3;
(*kptr).mittelpunkt.y = (*pptr).y;
(*kptr).mittelpunkt = *pptr;
```

Zum indirekten Zugriff über einen Zeiger in ein Feld einer Datenstruktur gibt es einen eigenen Operator:

> Ist p ein Zeiger auf eine Datenstruktur und x ein Feld dieser Datenstruktur, so lässt sich auf das Feld mit den beiden geichwertigen Ausdrücken
>
> (*p).x bzw. p->x
>
> zugreifen. Beide Ausdrücke sind dabei als R-Value und L-Value – also sowohl auf der rechten wie auf der linken Seite einer Zuweisung – geeignet.
>
> Den Ausdruck p->x lesen wir als »p <u>points</u> x«.

Die Zugriffe aus dem obigen Beispiel lassen sich mit dem Points-Operator funktionell gleichwertig, aber besser lesbar, wie folgt formulieren:

```
struct punkt p;
struct kreis k;

struct punkt *pptr;
struct kreis *kptr;

kptr = &k;
pptr = &k.mittelpunkt;
```

```
kptr->mittelpunkt.x = 3;
kptr->mittelpunkt.y = pptr->y;
kptr->mittelpunkt = *pptr;
```

14.4   Unions

Gelegentlich hat man mehrere Felder in einer Datenstruktur, von denen man alternativ immer nur ein bestimmtes Feld benötigt. Zur Speicherplatzersparnis kann man diese Felder dann in einer Union übereinander legen. Die Deklaration einer Union wird mit dem Schlüsselwort union eingeleitet. Ansonsten haben Struct- und Union-Deklarationen den gleichen Aufbau. Als Beispiel betrachten wir eine Union (zahl), in der wir eine Zahl alternativ als Integer-Wert (int x) oder als maximal 8-buchstabige Zeichenkette (char s[9]) ablegen wollen:

```
union zahl
    {
    int x;
    char s[9];
    };
```

Bezüglich des Anlegens von Variablen sowie der Deklaration in bzw. außerhalb von Funktionen mit oder ohne Namen gibt es keinen Unterschied zwischen struct und union.

Die Initialisierung einer Union ist allerdings problematisch, da man ja nicht weiß, welche Variante initialisiert werden soll. Eine Initialisierung ist dennoch möglich, beschränkt sich allerdings auf die erste Variante.

Eine union kann als Feld in einer struct oder union vorkommen. Ebenso kann eine struct als Feld in einer union vorkommen. Den formalen Aufbau solcher Schachtelungen kennen Sie bereits aus dem Abschnitt 14.2.

Auch beim direkten bzw. indirekten Zugriff auf die einzelnen Felder gibt es keinen Unterschied zwischen struct und union.

Da man bei der Verwendung einer Union zu jedem Zeitpunkt genau wissen muss, welche Variante gültig ist, ist es sinnvoll, einer Union eine sogenannte Diskriminante beizugeben, anhand derer die erforderliche Unterscheidung getroffen werden kann. Die Diskriminante kann außerhalb der Union in einer separaten Variablen liegen. Im Allgemeinen ist es jedoch sinnvoll, sie mit der Union zusammen in einer Datenstruktur zu verwalten. Dazu bettet man die Union in eine Struktur ein, die zusätzlich die Diskriminante als Feld enthält:

```
union zahl
    {
    int x;
    char s[9];
    };

struct zahl_mit_diskriminante
    {
    int diskriminante;
    union zahl z;
    }
```

Für die möglichen Diskriminantenwerte sieht man dann üblicherweise noch symbolische Konstanten vor:

```
# define IST_INT    1
# define IST_STRING 2
```

Wichtig ist, dass man die Diskriminante immer der aktuellen Variante anpasst:

```
struct zahl_mit_diskriminante a;

a.z.x = 123;
a.diskriminante = IST_INT;
```

Dies sind Vorschläge zu einer konsistenzwahrenden Verwendung von Unions. Die Sprache C selbst unterstützt[2] diskriminierende Unions nicht.

14.5   Datenstrukturen und Funktionen

Strukturen können als Parameter an Funktionen übergeben werden und sie können Rückgabewert von Funktionen sein. Das folgende Programm mitte ermittelt den geometrischen Mittelpunkt zwischen zwei Punkten und gibt diesen als Rückgabewert an das rufende Programm zurück:

---

2. Im Gegensatz zu Pascal

```
struct punkt mitte( struct punkt p, struct punkt q)
    {
    struct punkt m;

    m.x = (p.x + q.x)/2;
    m.y = (p.y + q.y)/2;

    return m;
    }

void main()
    {
    struct punkt a, b, c;
    int i;

    ...
    c = mitte( a, b);
    ...
    i = mitte( a, b).x;
    ...
    }
```

An der Schnittstelle werden dabei jeweils Kopien der Datenstrukturen übergeben und der Rückgabewert kann wie eine Variable des entsprechenden Typs verwendet werden.

Will man das u. U. zeitaufwendige Kopieren der Datenstrukturen an der Funktionsschnittstelle vermeiden, so kann man die Eingabeparameter durch Zeiger an die Funktion übergeben. Um dann ein versehentliches Verändern der Werte des Hauptprogramms zu verhindern, kann man die Zeiger als const deklarieren. Der Versuch in der Funktion schreibend auf die so übergebenen Daten zuzugreifen wird dann bereits vom Compiler zurückgewiesen:

```
struct punkt mitte( const struct punkt *p, const struct punkt *q)
    {
    struct punkt m;

    m.x = (p->x + q->x)/2;
    m.y = (p->y + q->y)/2;

    return m;
    }
```

```
void main()
   {
   struct punkt a, b, c;
   int i;

   ...
   c = mitte( &a, &b);
   ...
   i = mitte( &a, &b).x;
   ...
   }
```

Beim Aufruf ist jetzt natürlich Sorge zu tragen, dass die Adressen der Daten übergeben werden. Der Zugriff in der Funktion erfolgt jetzt über den '->'-Operator.

Zeiger können auch zur Rückgabe von Funktionsergebnissen verwendet werden. Dazu wird ein Zeiger auf eine Struktur, in die das Ergebnis einzutragen ist, als zusätzlicher Parameter übergeben.

```
void mitte( struct punkt *m, const struct punkt *p,
                                    const struct punkt *q)
   {
   m->x = (p->x + q->x)/2;
   m->y = (p->y + q->y)/2;
   }
void main()
   {
   struct punkt a, b, c;

   ...
   mitte( &c, &a, &b);
   ...
   }
```

Das Ergebnis ist dann nach dem Aufruf von mitte(&c, &a, &b) in der Variablen c verfügbar. Den Rückgabeparameter (m) darf man natürlich nicht const deklarieren, da über ihn ja verändernd in die Datenstruktur eingegriffen werden soll.

Eine Funktion kann auf diese Weise mehr als einen Rückgabeparameter – aber nur einen Returnwert – haben.

Achtung: Sie können keinen Zeiger auf lokale Daten des Unterprogramms an das Hauptprogramm zurückgeben, da der Stackbereich, in dem diese Daten liegen, nach dem Rücksprung aus dem Unterprogramm für anderweitige Verwendung freigegeben wird:

```
struct punkt *make_punkt()
    {
    struct punkt p;

    p.x = 1;
    p.y = 2;

    return &p;   /* schwerwiegender Fehler !!!!!! */
    }
```

14.6   Dynamische Datenstrukturen

Der Speicher für eine Datenstruktur kann dynamisch zur Laufzeit besorgt werden. Dazu stellt man mit dem `sizeof`-Operator den Speicherbedarf für die Datenstruktur fest, um dann den Speicher im entsprechenden Umfang mit der Funktion `malloc` zu allokieren:

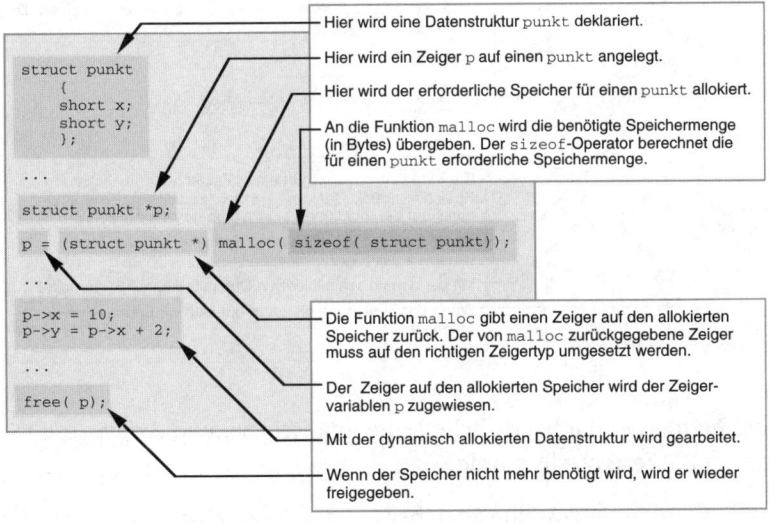

Die vom Betriebssystem erhaltene Speicheradresse speichert man in einer Zeigervariablen, über die dann auf den Speicher zugegriffen werden kann.

Allokierter Speicher sollte, wenn er nicht mehr benötigt wird, wieder an das Betriebssystem zurückgegeben werden. Dazu dient die Funktion `free`, der die Adresse als Parameter übergeben wird, die man beim Allokieren des Speicherblocks erhalten hat.

Nach der Freigabe verliert die Speicheradresse im Zeiger p ihre Gültigkeit für das Programm und darf keinesfalls mehr verwendet werden.

Speicher für Arrays wird mit der Funktion `calloc` allokiert. Diese Funktion benötigt zwei Parameter:

1. Die Anzahl der gewünschten Array-Elemente

2. Die Größe eines einzelnen Array-Elements

Um den Speicher für einen Array mit 100 Punkten zu allokieren, geht man wie folgt vor:

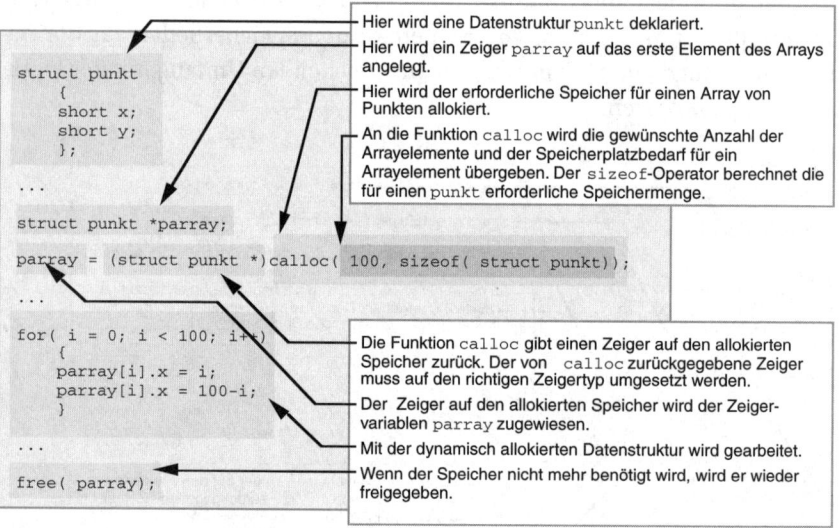

Beachten Sie hierbei die begriffliche Nähe von Zeigern und Arrays, die ja schon in Abschnitt 8.2 festgestellt wurde.

Der von `calloc` bereitgestellte Speicher hat die Eigenschaft, dass er mit 0 initialisiert ist. Bei `malloc` muss dies nicht der Fall sein. Einen in beiden Koordinaten mit 0 initialisierten einzelnen Punkt kann man sich daher durch die Anweisungen

```
struct punkt *p;

p = (struct punkt *)calloc( 1, sizeof( struct punkt));
```

besorgen.

Ändert sich die Größenanforderung an einen dynamisch allokierten Speicherbereich, so kann er durch `realloc` in seiner Größe verändert werden. Die Adresse des Speicherbereichs ändert sich dabei unter Umständen. Die Dateninhalte werden aber in diesem Fall aus dem alten in den neuen Speicherbereich kopiert.

```
char *buffer;

buffer = (char *)malloc( 100)

Speicherbereich ist zu klein

buffer = (char *)realloc( buffer, 200);
```

In dem obigen Beispiel wird unter Angabe des alten Speicherbereichs (`buffer`) und der gewünschten neuen Größe (200) mit `realloc` ein vergrößerter Speicherbereich angefordert. Zur Freigabe des mit `realloc` allokierten Speichers dient ebenfalls die Funktion `free`.

14.7 Zeiger in Datenstrukturen

Eine Datenstruktur kann sich natürlich nicht selbst als Feld enthalten, da dies zu einer endlosen Rekursion führen würde. Eine Datenstruktur kann aber einen Zeiger auf eine andere Datenstruktur gleichen oder verschiedenen Typs enthalten. Auf diese Weise können Listen, Bäume, aber auch beliebige Verflechtungen von Daten entstehen. In Verbindung mit der dynamischen Bereitstellung von Speicher können solche Datenstrukturen angepasst an die Anforderungen eines Programms zur Laufzeit wachsen und schrumpfen. Erst mit solchen Datenstrukturen können Programmieraufgaben mit einem großen Datenbestand flexibel angegangen werden.

Um in einer Datenstruktur einen Verweis auf eine andere Datenstruktur aufzunehmen, wird ein Zeiger auf den entsprechenden Typ eingefügt. Die bereits des Öfteren diskutierte Datenstruktur `kreis` könnte man so abändern, dass die Struktur für den Mittelpunkt ausgelagert und durch einen Zeiger angebunden wird:

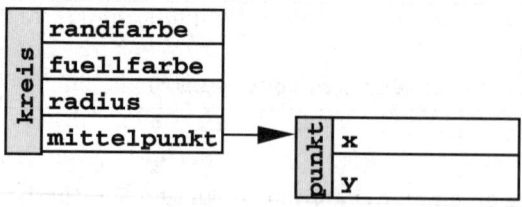

In C deklariert man die erforderliche Datenstruktur wie folgt:

```
struct punkt
    {
    int x;
    int y;
    };

struct kreis
    {
    int randfarbe;
    int fuellfarbe;
    int radius;
    struct punkt *mittelpunkt;
    };
```

Wenn jetzt ein `kreis` angelegt wird,

```
kreis k;
```

so bedeutet dies nicht, dass zugleich auch ein punkt angelegt wird. Lediglich der Zeiger (`mittelpunkt`) ist dann vorhanden. Um zu einer intakten Datenstruktur zu kommen, müssen wir noch einen punkt anlegen

```
punkt p;
```

und den punkt über einen Zeiger mit dem `kreis` verbinden:

```
k.mittelpunkt = &p;
```

Ist diese Verbindung einmal hergestellt, können wir mit dem Points-Operator über den `kreis` auf die Daten des Mittelpunkts zugreifen:

```
k.mittelpunkt->x = 1;
```

Dieses Beispiel ist allerdings nicht sehr sinnvoll, da der Mittelpunkt untrennbar zum Kreis gehört. Es gibt keinen Kreis ohne Mittelpunkt und Kreis und Mittelpunkt haben die gleiche »Lebensdauer«. Im obigen Beispiel würde man einen erhöhten Verwaltungs- und Pflegeaufwand sowie einen höheren Speicherplatzbedarf in Kauf nehmen, um eine Flexibilität zu gewinnen, an der man eigentlich nicht interessiert ist.

Häufig hat man es aber mit Strukturen zu tun, die nicht so eng miteinander verbunden sind wie ein Kreis mit seinem Mittelpunkt, deren »Lebensdauer« unterschiedlich ist und deren Beziehungen zueinander sich dynamisch ändern. In solchen Situationen ist es sinnvoll, über Zeiger verkettete Datenstrukturen aufzubauen.

Wollen wir etwa die Datenstruktur für einen Linienzug realisieren, der sich über beliebig viele Punkte erstrecken können soll, so ermpfiehlt sich die folgende Datenstruktur:

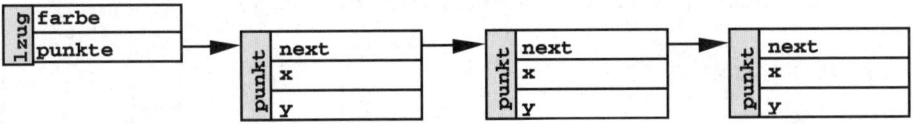

Die Datenstruktur für den Linienzug erhält einen Zeiger auf den ersten Punkt (punkte) und jeder Punkt verweist über ein Verkettungsfeld (next) auf seinen Nachfolger:

```
struct punkt
    {
    struct punkt *next;
    int x;
    int y;
    };

struct lzug
    {
    int farbe;
    struct punkt *punkte;
    };
```

Die Programmiersprache C stellt uns nur die nackten Bausteine für die Gesamtstruktur zur Verfügung. Für den Aufbau und die Pflege der Datenstruktur (Anlegen neuer Punkte, Einketten neuer Punkte in den Linienzug, Entfernen und Freigeben von Punkten, Löschen des gesamten Linienzuges) ist der Programmierer jetzt selbst verantwortlich. Üblicherweise werden solche Strukturen dynamisch, also mittels `malloc` und `free` auf- bzw. abgebaut. Das folgende Beispiel zeigt dazu einige typische Funktionen.

Erzeugen eines leeren Linienzuges:

```
struct lzug *make_lzug()
    {
    struct lzug *lz;

    lz = (struct lzug *)malloc( sizeof( struct lzug));
    lz->farbe = 1;
    lz->punkte = 0;
    }
```

Hinzufügen eines neuen Punktes am Anfang eines Linienzuges:

```
void add_punkt( struct lzug *lz, int x, int y)
    {
    struct punkt *pkt;

    pkt = (struct punkt *)malloc( sizeof( struct punkt));
    pkt->x = x;
    pkt->y = y;
    pkt->nxt = lz->punkte;
    lz->punkte = pkt;
    }
```

Löschen eines kompletten Linienzuges:

```
void free_lz( struct linienzug *lz)
    {
    struct punkt *pkt;

    while( pkt = lz->punkte)
        {
        lz = pkt->next;
        free( pkt);
        }
    free( lz);
    }
```

Um die Verwaltung der Datenstruktur effizient durchführen zu können, wird man in der Regel weitere Verwaltungsinformationen (z.B. einen Zeiger auf den letzten Punkt des Linienzuges, um effizient Punkte am Ende anfügen zu können) in die Datenstruktur aufnehmen. Dabei ist immer zu beachten, dass zusätzliche Informationen einerseits die Arbeit erleichtern können, andererseits aber zusätzlichen Speicherplatz benötigen und laufend aktuell gehalten werden müssen. Insbesondere ist dafür zu sorgen, dass stets zu erkennen ist, ob ein Zeigerfeld eine gültige Referenz enthält oder nicht. Zur Kennzeichnung einer ungültigen Referenz (z.B. am Listenende) verwendet man den als gültige Referenz nicht vorkommenden Zeigerwert 0.

14.8 Typvereinbarungen

C-Programmierer sind schreibfaule Menschen. Sicher hat es Sie auch schon gestört, dass Sie nach der Deklaration einer neuen Datenstruktur ständig struct vor den Strukturnamen schreiben mussten, obwohl der Name der Datenstruktur zur Kennzeichnung völlig ausreicht. Durch eine Typvereinbarung können wir das zukünftig vermeiden.

```
typedef struct punkt PUNKT;


struct punkt
    {
    int x;
    int y;
    };
```

Jetzt können wir überall dort, wo wir bisher struct punkt schreiben mussten, nur noch PUNKT schreiben. Das ist nicht nur kürzer, sondern auch die Lesbarkeit unserer Programme wird dadurch verbessert:

```
PUNKT *make_punkt()
    {
    PUNKT *pkt;

    pkt = (PUNKT *)malloc( sizeof( PUNKT));
    pkt->x = 0;
    pkt->y = 0;
    return pkt;
    }
```

Eigentlich handelt es sich dabei aber nur um die Einführung einer Kurzschreibweise, die man auch durch den Preprozessor erreichen kann:

```
# define PUNKT struct punkt

PUNKT
    {
    int x;
    int y;
    };
```

In dieser Form – also ohne Benutzung von `typedef` – findet man Strukturdeklarationen häufig in C-Programmen. In der Verwendung der so deklarierten Datentypen sind beide Varianten gleichwertig.[3]

Durch Typvereinbarungen kann man aber auch neue Typen deklarieren, die nicht durch Preprozessor-Direktiven nachgebildet werden können. So wird beispielsweise durch

```
typedef int (* meine_funktion)( float x);
```

ein »Zeiger auf eine Funktion, die eine Gleitkommazahl als Parameter erhält und eine Integer-Zahl als Wert zurückgibt«[4] als neuer Typ mit dem Namen `meine_funktion` vereinbart.

14.9   Bitfelder

Häufig steht man vor dem Problem, einzelne Flags, d.h. 1-Bit-Informationen, möglichst platzsparend in einer Datenstruktur unterzubringen. Als Beispiel stellen wir uns vor, dass wir in der Datenstruktur einer Linie zusätzlich die Information halten wollen, ob die Linie mit einem Pfeil am Anfang, einem Pfeil am Ende oder gestrichelt dargestellt werden soll. Damit ergibt sich die folgende Erweiterung der Datenstruktur:

```
struct linie
    {
    int pfeil_am_anfang;
    int pfeil_am_ende;
```

---

3. In C++ sind beide Varianten obsolet, da dort mit der Deklaration einer Datenstruktur automatisch eine Typvereinbarung einhergeht.
4. Siehe auch Abschnitt 8.4, »Komplexe Variablendeklarationen«.

```
    int gestrichelt;

    ...

    };
```

Für die drei 1-Bit-Informationen jeweils ein ganzes Integer-Feld zu benutzen ist sicherlich Platzverschwendung. C bietet als Alternative die sogenannten Bitfelder an. Durch Bitfelder können auch Teile von Integerfeldern innerhalb von Datenstrukturen über einen eigenen Namen angesprochen werden. Dazu setzt man hinter den Feldnamen einen Doppelpunkt und gibt dann an, wie viele Bits im Feld benötigt werden. In unserem Beispiel ist das jeweils 1-Bit:

```
struct linie
    {
    int pfeil_am_anfang : 1;
    int pfeil_am_ende : 1;
    int gestrichelt : 1;

    ...

    };
```

Der Compiler kombiniert dann die Bits in einem Datenwort und ermöglicht es, über den Namen gezielt auf die einzelnen Bits zuzugreifen:

```
struct linie lin;

lin.pfeil_am_ende = 1;
lin.pfeil_am_anfang = 1;
lin.gestrichelt = 0;

...

if( lin.pfeil_am_anfang)
    {
    ... Pfeil zeichnen ...
    }
```

Auch mehr als 1 Bit kann man auf diese Weise vereinbaren:

```
struct linie
    {
    int strichstaerke : 3;
    int farbe : 4;

    ...

    };
```

Wie der Compiler die einzelnen Informationen zu Datenworten zusammenfasst, bleibt seiner Implementierung überlassen. Da man aber diese Art der bit-orientierten Datenstrukturen häufig zur maschinennahen Programmierung benötigt und dort in der Regel genau festlegen muss, welches Bit an welcher Stelle in einem Datenwort steht, werden Bitfelder in der C-Programmierung ausgesprochen selten verwendet.

Der C-Programmierer verwendet statt dessen für die einzelnen Bits symbolische Konstanten,

```
# define PFEIL_AM_ANFANG   1    /* 00000001 */
# define PFEIL_AM_ENDE      2    /* 00000010 */
# define GESTRICHELT        4    /* 00000100 */
```

die den Stellenwert des Bits bereits enthalten. Die einzelnen Bits werden dann im Programm durch Bit-Operationen gesetzt, gelöscht, invertiert oder abgefragt.[5] Im obigen Beispiel würde das wie folgt aussehen:

```
struct linie
    {
    unsigned int flags;
    ...
    };

struct linie lin;

lin.flags = PFEIL_AM_ANFANG | PFEIL_AM_ENDE;

if( lin.flags & PFEIL_AM_ANFANG)
    {
    ... Pfeil zeichnen ...
    }
```

----

5. Details siehe Abschnitt 6.4

15 Ausgewählte Datenstrukturen

Bei der Einführung des Begriffs der Datenstruktur hatte ich erwähnt, dass wir nicht für alle möglichen Aufgabenstellungen angepasste Datenstrukturen bereitstellen können. Ähnlich wie bei Algorithmen müssen wir hier eine Auswahl treffen. Die wichtigste Aufgabe von Datenstrukturen ist, eine große Menge von Daten so zu speichern, dass konkrete Daten in der Datenstruktur effizient gesucht und natürlich auch gefunden werden können. Dazu gibt es verschiedene Ansätze, die wir verfolgen werden. Zunächst aber präzisieren wir die Aufgabenstellung.

15.1 Aufgabenstellung

In diesem Kapitel wollen wir Datenstrukturen für eine wichtige und in der Datenverarbeitung häufig vorkommende Aufgabenstellung untersuchen. Wir stellen uns vor, dass wir in einem Programm Daten zu verwalten haben, die über einen Namen identifiziert werden. Um was es sich bei den Daten konkret handelt, soll bewusst offen gelassen werden, um die Allgemeingültigkeit der angestrebten Lösung nicht zu beeinträchtigen. Wir stellen uns daher die sehr allgemein formulierte Aufgabe, »benannte Objekte«[1] möglichst effizient und flexibel zu speichern. Unter einem »benannten Objekt« verstehen wir hier eine Datenstruktur, der ein Name zugeordnet ist.

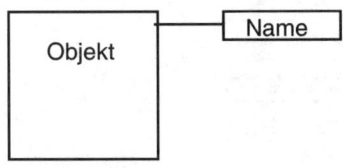

In einem Anwendungsprogramm wollen wir beliebig viele solcher Objekte erzeugen und dann so speichern können, dass wir über ihren Namen flexibel auf sie zugreifen können.

Dieser Ansatz ist so allgemein, dass wir uns vielfältige Anwendungen vorstellen können, ohne diese im Einzelnen zu diskutieren. Wir wollen im Folgenden eine strikte Aufgabentrennung zwischen

---

1. Objekt ist hier als Allerweltsbegriff zu verstehen und hat nichts mit objektorientierter Programmierung zu tun.

▶ Speichermodul und

▶ Anwendungsprogramm

einhalten. Das heißt, das Anwendungsprogramm kennt die zu speichernden Objekte und deren Struktur, nicht aber die Organisationsform, in der sie im Speichermodul gespeichert werden. Das Speichermodul kennt die Speichertechnik und die dazu erforderlichen Speicherstrukturen, nicht aber die Struktur der Objekte, die es speichert.

Immer, wenn das Anwendungsprogramm eine Speicheroperation wie:

▶ Einfügen,

▶ Suchen oder

▶ Löschen

von Objekten durchzuführen hat, delegiert es diese Aufgabe an das Speichermodul. Dieses führt dann die Operation durch und erfragt dabei, falls es erforderlich ist, mit Hilfe einer Callback-Funktion den Namen des Objekts.

Die folgende Skizze zeigt die Zusammenhänge, wobei die uns noch unbekannte interne Struktur des Speichermoduls als eine undurchsichtige Wolke gezeichnet ist:

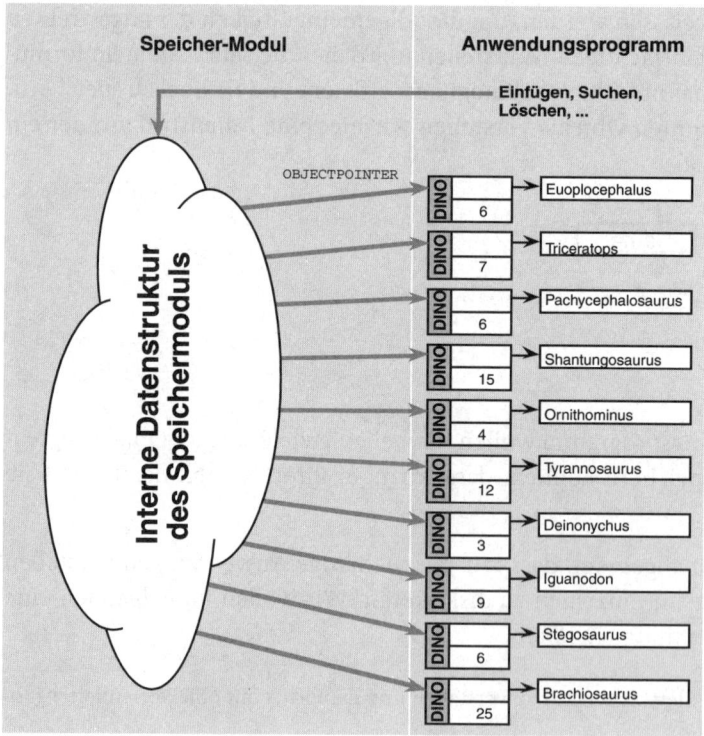

Wir wollen dem Anwendungsprogramm verschiedene Speichertechniken unterlegen und diese miteinander vergleichen. Konkret wird es sich um

▶ Listen,

▶ Binärbäume,

▶ ausgeglichene Binärbäume und

▶ Hashtabellen

handeln. Wir wollen das so realisieren, dass das Anwendungsprogramm gar nicht weiß, mit welcher der oben genannten Speichertechniken es arbeitet. Wir sind deshalb besonders an einer Schnittstellenvereinbarung zwischen Anwendungsprogramm und Speichermodul interessiert, die es uns ermöglicht, die Speichertechnik durch eine andere zu ersetzen, ohne dass irgendwelche Programmierarbeiten im Anwendungsprogramm erforderlich sind. Man muss die alte Speichertechnik aus dem Gesamtprogramm wie eine Schublade aus einer Kommode herausziehen und durch eine andere Schublade mit anderem Inhalt ersetzen können, ohne dass das zu Problemen – d.h. bildhaft zu zusätzlichen Schreinerarbeiten – führt. Sie werden einsehen, dass das nur funktioniert, wenn man zuvor exakte Konstruktionspläne für die Kommode und ihre Schubladen erstellt und dieses dann auch maßgenau umsetzt.

Als Konstruktionsplan dient uns die im nächsten Abschnitt getroffene Schnittstellenvereinbarung.

15.2 Schnittstellenvereinbarung

Wir wissen noch nicht, wie wir die Datenstrukturen und Funktionen des Speichermoduls implementieren werden, aber wir können bereits jetzt die Schnittstelle zwischen Anwendungsprogramm und Speichermodul durch Funktionsprototypen und Typvereinbarungen verbindlich festlegen. Alle Deklarationen dieses Abschnitts fassen wir in einer Header-Datei mit dem Namen spm.h zusammen. Das Kürzel spm steht dabei hier und im Weiteren für Speichermodul.

Das Speichermodul verwaltet aus seiner Sicht »strukturlose« Daten[2] oder genauer gesagt, »Zeiger auf strukturlose Daten«. Die Daten selbst können vielgestaltig sein und werden vom Anwendungsprogramm erzeugt und gepflegt. An der Schnitt-

---

2. So etwas gibt es natürlich nicht, denn Daten haben immer eine Struktur. Ich will damit nur ausdrücken, dass das Speichermodul nichts über diese Strukturen weiß bzw. wissen soll.

stelle wird dem Speichermodul ein unspezifizierter Zeiger (`void *`) übergeben. Zur besseren Lesbarkeit des Codes führen wir dafür einen eigenen Typ ein:

```
typedef void * OBJECTPOINTER;
```

Da das Speichermodul die Objekte unter ihrem Namen abspeichern soll, ohne zu wissen, wie es auf den Namen zugreifen kann, stellt das Anwendungsprogramm dem Speichermodul eine Funktion (Callback-Funktion) zur Verfügung, die den Namen eines Objekts bei Bedarf ermittelt. Konkret handelt es sich dabei um eine Funktion, die einen OBJECTPOINTER erhält und einen String, d.h. einen Zeiger auf `char` zurückgibt. Für einen Zeiger auf eine solche Funktion treffen wir eine `typedef`-Vereinbarung:[3]

```
typedef char * (*NAMENSFUNKTION) (OBJECTPOINTER );
```

In gewissen Situationen muss das Speichermodul auch in der Lage sein, ein Objekt im Speicher zu beseitigen. Da es auch hier nicht wissen kann, wie das zu geschehen hat, stellt das Anwendungsprogramm eine Funktion zur Verfügung, die in dieser Situation die erforderlichen Aufräumarbeiten durchführt. Wir deklarieren auch hierfür einen passenden Datentyp:

```
typedef void (*FREIGABEFUNKTION) (OBJECTPOINTER )
```

Es handelt sich also um einen Zeiger auf eine Funktion, die einen OBJECTPOINTER als Parameter erhält und keinen Rückgabewert hat.

In `spm.h` deklarieren wir dann einen Prototypen für eine Funktion, die die interne Datenstruktur des Speichermoduls kreiert und initialisiert:

```
extern SPEICHERSTRUKTUR spm_create ( NAMENSFUNKTION nf,
                                     FREIGABEFUNKTION rf);
```

Die Funktion heißt `spm_create`. Aus Gründen der Einheitlichkeit stellen wir allen Funktionen des Speichermoduls das Namenspräfix `spm` voran.[4] Die Funktion hat zwei Parameter. Der erste (`nf`) ist vom Typ NAMENSFUNKTION und transportiert damit einen Zeiger auf eine Funktion, die einen OBJECTPOINTER als Parameter erhält und einen Zeiger auf `char` – also einen String – zurückgibt. Der

---

3. Wenn Sie Schwierigkeiten haben, die Vereinbarung zu verstehen, so schlagen Sie noch einmal in den Abschnitten 8.3, »Funktionszeiger«, 8.4, »Komplexe Variablendeklarationen« und 14.8, »Typvereinbarungen«, nach.
4. In großen Programmsystemen wählt man gern für alle Funktionen eines Moduls ein gemeinsames Präfix. Durch solche Benennungskonventionen wird für einen Programmierer die Zuordnung von Funktionen zu Modulen klarer und gleichzeitig wird die Gefahr von Namenskollisionen gebannt.

zweite Parameter (rf) übermittelt die oben bereits angesprochene Freigabefunktion. In diesen Parametern werden wir die Namens- und die Freigabefunktion an das Speichermodul übergeben. Die Create-Funktion erzeugt die noch unbekannte, oben als Wolke gezeichnete Speicherstruktur des Speichermoduls und gibt einen Zeiger auf diese Datenstruktur an das Anwendungsprogramm zurück. Auch hier handelt es sich derzeit noch um einen unstrukturierten Zeiger:

```
typedef void * SPEICHERSTRUKTUR;
```

Die Funktion spm_insert legt ein neues, über einen OBJECTPOINTER gegebenes Objekt obj in der Speicherstruktur (s) ab:

```
extern int spm_insert( SPEICHERSTRUKTUR s, OBJECTPOINTER obj);
```

Ein neues Objekt wird nur in die Speicherstruktur aufgenommen, wenn es dort noch kein Objekt gleichen Namens gibt. Die Funktion spm_insert gibt 1 (= Erfolg) zurück, wenn das Einsetzen erfolgreich war. Im Falle eines Namenskonfliktes ist der Returnwert 0 (= Misserfolg).

Die Funktion spm_find sucht ein Objekt mit einem bestimmten Namen (name) in der Speicherstruktur (s) und gibt im Erfolgsfall einen Zeiger auf das Objekt[5] zurück:

```
extern OBJECTPOINTER spm_find( SPEICHERSTRUKTUR s, char *name);
```

Einen Misserfolg (es ist kein Objekt dieses Namens vorhanden) erkennt man am Returnwert 0.

Die Funktion spm_remove entfernt ein Objekt mit einem bestimmten Namen (name), sofern es gefunden werden konnte, aus der Speicherstruktur (s):

```
extern int spm_remove( SPEICHERSTRUKTUR s, char *name);
```

Der Returncode ist hier ein Zeiger auf das entfernte Objekt oder 0, wenn das Objekt nicht gefunden wurde. Das Objekt wird durch spm_remove nicht gelöscht, sondern nur aus der Speicherstruktur entfernt. Will das Anwendungsprogramm das Objekt löschen, so kann es das über den zurückerhaltenen Zeiger nachträglich tun.

---

5. Das ist natürlich genau der Zeiger, den das Listenmodul beim Einsetzen des Objekts erhalten hat.

Die Funktion `spm_freeall` gibt die gesamte Speicherstruktur s einschließlich der in ihr befindlichen Objekte frei:

```
extern void spm_freeall( SPEICHERSTRUKTUR s );
```

Sie bedient sich der Freigabefunktion des Anwendungsprogramms, um auch die Objekte zu löschen.

Die Funktion `spm_show` schließlich gibt den Inhalt der gesamten Speicherstruktur s auf dem Bildschirm aus:

```
extern void spm_show( SPEICHERSTRUKTUR s );
```

Das ist die Schnittstellenspezifikation, soweit sie das Anwendungsprogramm benötigt. Später werden wir noch die internen Datenstrukturen für das Speichermodul hinzufügen.

Anwendungsprogramm und Speichermodul werden jetzt entsprechend dieser Spezifikation implementiert. Mehr Abstimmungsbedarf gibt es nicht. Zwei verschiedene Programmierer können die beiden Programmteile jetzt unabhängig voneinander entwickeln.

15.3   Anwendungsprogramm

Im Anwendungsprogramm haben wir es konkret mit den Dinosauriern zu tun. Wir erstellen eine Datei `dinos.txt`, in die wir 10 Dinosaurier mit ihrer Größe eintragen:

```
Euoplocephalus       6
Triceratops          7
Pachycephalosaurus   6
Shantungosaurus      15
Ornithominus         4
Tyrannosaurus        12
Deinonychus          3
Iguanodon            9
Stegosaurus          6
Brachiosaurus        25
```

▲ **CD-ROM** P_15_4/dinos.txt, P_15_5/dinos.txt, P_15_6/dinos.txt, P_15_7/dinos.txt

Im Anwendungsprogramm wollen wir die Dinosaurier aus dieser Datei einlesen und zur Speicherung an das Speichermodul übergeben.

In Kenntnis der Funktionsschnittstelle des letzten Abschnitts können wir bereits Anwendungsprogramme erstellen, die die Schnittstelle des Speichermoduls nutzen. Wir befinden uns dabei aber in einer Situation, die auf den ersten Blick wie ein Dilemma wirkt:

> Wenn wir das Anwendungsprogramm erstellen wollen, benötigen wir die Funktionen (spm_...) des Schnittstellenmoduls. Diese sind aber noch nicht verfügbar. Wenn wir das Schnittstellenmodul erstellen wollen, benötigen wir auch Funktionen des Anwendungsprogramms (Namensfunktion, Freigabefunktion), aber auch diese sind noch nicht fertig.

Eine solche Situation ist aber bei der Entwicklung größerer Systeme völlig normal. Programmierer A hat ein Modul zu erstellen, wobei er Funktionen benötigt, die Programmierer B noch zu erstellen hat. Umgekehrt benötigt aber auch Programmierer B Funktionen, die A erst noch erstellen muss. Wichtig ist, dass in einer solchen Situation eine klare Schnittstellenvereinbarung (= Header-Datei) besteht, an der sich beide Seiten orientieren können und müssen. Zumindest lassen sich so beide Teile getrennt entwickeln und einzeln kompilieren. Die Header-Datei stellt sicher, dass sich die Teile am Ende passgenau zusammenfügen lassen. Will man Teile seiner Funktionen in einer solchen Situation testen, so muss man fehlende Unterprogramme durch sogenannte Stubs[6], fehlende rufende Programme durch einen Testrahmen nachbilden.

Die Schnittstellenvereinbarung zwischen Anwendungsprogramm und Speichermodul steht in der Header-Datei spm.h. Diese Datei müssen wir in unserem Anwendungsprogramm inkludieren:

```
# include "spm.h"
```

▲ **CD-ROM** P_15_4/app.c, P_15_5/app.c, P_15_6/app.c, P_15_7/app.c

Zur Speicherung der Daten verwenden wir die bereits in der Aufgabe 13.6 vorkommende Datenstruktur DINO zur Aufnahme von Namen und Größen von Dinosauriern:

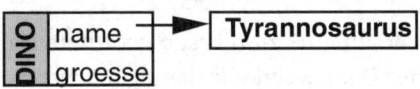

---

6. Engl. stub = Stummel. Darunter versteht man leere und damit (noch) funktionslose Funktionen, die nur erstellt werden, um ein Programm linken zu können.

Diese Datenstruktur ist nicht Teil der Schnittstellenvereinbarung, da das Speichermodul nichts über diese Datenstruktur wissen soll. Wir deklarieren sie daher im Anwendungsprogramm selbst[7]:

```
# define DINO struct dino

DINO
    {
    char *name;
    int groesse;
    };
```

▲ **CD-ROM** P_15_4/app.c, P_15_5/app.c, P_15_6/app.c, P_15_7/app.c

Für das Anwendungsprogramm benötigen wir eine Funktion, um die Daten eines Dinosauriers aus einer Datei einzulesen und in eine dynamisch erzeugte Datenstruktur umzuspeichern. Diese Funktion implementieren wir wie folgt:

```
DINO *dino_lesen( FILE *pf)
    {
    DINO *d;
    char name[40];
    int groesse;

    fscanf( pf, "%s %d", name, &groesse);
    if( feof( pf))
        return 0;
    d = (DINO *)malloc( sizeof( DINO));
    d->name = (char *)malloc( strlen( name) + 1);
    strcpy( d->name, name);
    d->groesse = groesse;
    return d;
    }
```

▲ **CD-ROM** P_15_4/app.c, P_15_5/app.c, P_15_6/app.c, P_15_7/app.c

Die Funktion erhält als Parameter einen Zeiger auf eine zum Lesen geöffnete Datei (`pf`), aus der die Daten zu lesen sind. In der Datei lesen wir dann zunächst die Daten für einen Dinosaurier mit `fscanf` in die Hilfsvariablen `name` und `groesse` ein. Wurde beim Versuch, die Daten einzulesen, das Dateiende gefunden (`feof`), melden wir dem Hauptprogramm durch Rückgabe von `0`, dass in der Datei kein weiterer Dinosaurier gefunden wurde. Andernfalls allokieren wir den

---

7. Natürlich kann man auch diese Deklaration in eine Headerdatei auslagern. Sie gehört dann aber nicht in die Datei `spm.h`, sondern in eine Headerdatei, die vom Speichermodul nicht inkludiert wird.

Speicher für einen Dinosaurier (d) und seinen Namen (d->name) und kopieren die Daten aus den Hilfsvariablen in die zuvor allokierte Datenstruktur. Abschließend geben wir einen Zeiger auf die Datenstruktur an das rufende Programm zurück.[8]

Für das Speichermodul müssen wir zwei Callbacks bereitstellen. Die erste Funktion ist die Namensfunktion, die einen OBJECTPOINTER erhält und einen Zeiger auf den Namensstring des Objekts zurückgibt:

```
char *dino_name( OBJECTPOINTER obj)
    {
    return ((DINO *)obj)->name;
    }
```

▲ **CD-ROM** P_15_4/app.c, P_15_5/app.c, P_15_6/app.c, P_15_7/app.c

Der unspezifizierte Zeiger (obj) wird in der Funktion auf den richtigen Datentyp (DINO *) umgesetzt. Dann kann auf den Namen zugegriffen und ein Zeiger auf den Namen an das rufende Programm zurückgegeben werden.

Die zweite Funktion ist die Freigabefunktion, die den Speicher für einen per OBJECTPOINTER übergebenen Dinosaurier freigibt:

```
void dino_freigabe( OBJECTPOINTER obj)
    {
    free( ((DINO *)obj)->name);
    free( obj);
    }
```

▲ **CD-ROM** P_15_4/app.c, P_15_5/app.c, P_15_6/app.c, P_15_7/app.c

Zuerst wird der Speicher für den Namen, dann der Speicher für die DINO-Struktur freigegeben. Um den Zugriff auf den Namen durchführen zu können, muss auch hier der unspezifizierte Objektzeiger obj zuvor auf den korrekten Typ (DINO *) umgesetzt werden.

---

8. Das Programm ist im Übrigen nicht robust. Wenn die Struktur in der Datei nicht exakt der hier erwarteten entspricht, kann es zu Fehlern kommen. Dies soll uns aber nicht weiter kümmern, da Dateieingabe hier nicht unser Thema ist.

Zum Abschluss erstellen wir noch das Hauptprogramm:

	```main()```
	```{```
	```FILE *pf;```
	```DINO *d;```
A	```SPEICHERSTRUKTUR s;```
	```char name[80];```
	```int i;```
B	```s = spm_create(dino_name, dino_freigabe);```
C	```pf = fopen("dinos.txt", "r");```
	```while(d = dino_lesen(pf))```
	``` spm_insert(s, (OBJECTPOINTER)d);```
	```fclose(pf);```
D	```spm_show(s);```
	```for(i = 1; i <= 3; i++)```
	``` {```
E	``` printf("\nDinosauriername: ");```
	``` scanf("%s", name);```
	``` fflush(stdin);```
F	``` d = (DINO *)spm_find(s, name)```
G	``` if(d)```
	``` printf("Ein %s ist %d Meter gross!\n", d->name,```
	``` d->groesse);```
	``` else```
	``` printf("Dinosaurier %s ist nicht gespeichert!\n",```
	``` name);```
	``` }```
H	```spm_freeall(s);```
	```}```

▲ **CD-ROM** P_15_4/app.c, P_15_5/app.c, P_15_6/app.c, P_15_7/app.c

Dazu einige Anmerkungen:

A: Hier wird eine Variable für die SPEICHERSTRUKTUR angelegt. Je nach Implementierung des Speichermoduls wird sich eine andere Datenstruktur hinter dieser Deklaration verbergen. Letztlich handelt es sich aber immer um einen Zeiger, den wir beim Anlegen der Speicherstruktur bekommen und bei allen anderen Funktionen zur Identifikation der Speicherstruktur als Parameter übergeben.

B: Durch Aufruf der Create-Funktion wird die Datenstruktur des Speichermoduls initialisiert. Als Parameter werden dabei die Namensfunktion (name) und Freigabefunktion (freigabe) für Dinosaurier übergeben. Das Speichermodul wird diese Funktionen bei Bedarf zurückrufen.

C: Hier wird die Datei dinos.txt zum Lesen geöffnet. Mit der Funktion lies_dino werden dann jeweils die Daten des nächsten Dinosauriers aus der Datei gelesen und anschließend mit der Funktion spm_insert in der Datenstruktur gespeichert. Die Schleife endet, wenn beim Versuch, weitere Daten zu lesen, das Dateiende gefunden wird (Returncode von lies_dino = 0).

D: Der Inhalt der Speicherstruktur wird auf dem Bildschirm ausgegeben.

E: Hier wird der Benutzer gebeten, einen Dinosauriernamen einzugeben.

F: Mit der Funktion spm_find wird in der Datenstruktur s nach einem Dinosaurier mit dem Namen name gesucht.

G: Je nachdem, ob der Dinosaurier gefunden wurde (d ? 0) oder nicht (d = 0), erfolgt eine passende Bildschirmausgabe.

H: Die gesamte Speicherstruktur wird freigegeben.

Die Funktion spm_remove benutzen wir in diesem Anwendungsprogramm nicht. Die Implementierung dieser Funktion werde ich Ihnen auch als Aufgabe überlassen.

Wir können das Anwendungsprogramm natürlich noch nicht testen, da das Speichermodul noch nicht implementiert ist. Das Speichermodul mit verschiedenen grundlegenden Speichertechniken (Listen, Bäume, Hashtabellen) zu implementieren, ist Aufgabe der folgenden Abschnitte. Wir starten mit der Implementierung des Speichermoduls als Liste.

15.4 Listen

Listen und Bäume sind die wichtigsten Datenstrukturen der Informatik. Listen sind so bedeutsam, dass sie in manchen Sprachen (z. B. Lisp = List Processing Language) bereits als Grundelemente vorkommen. In C ist dies nicht der Fall. Der Grund dafür ist, dass Programmiersprachen, die Listen oder allgemein dynamische Datenstrukturen als Grundelemente anbieten, dem Programmierer keinen direkten Zugriff auf die Freispeicherverwaltung gewähren. Das heißt, dass das Allokieren und die Freigabe von Speicher nicht mehr in den Händen des Programmierers liegt, sondern vollständig vom Laufzeitsystem übernommen wird. Dies ist aber mit Effizienzverlusten bei der sogenannten Garbage Collection[9] verbunden, und in puncto Effizienz macht C keine Kompromisse.

Im bisherigen Verlauf sind uns Listen bereits mehrfach begegnet, wir haben sie nur noch nicht konsequent implementiert. Bevor wir uns aber mit der Implementierung beschäftigen, stellen wir noch einmal einige Grundbegriffe zusammen.

15.4.1 Grundbegriffe

Eine **Liste** ist eine endliche Menge von (Daten-)Elementen, die durch eine **Nachfolgeoperation** miteinander verbunden oder verkettet sind. Über die Nachfolgeoperation sind dann in nahe liegender Weise die Begriffe **Nachfolger** und **Vorgänger** eines Elements definiert. Es gibt genau ein Element, das keinen Vorgänger hat. Dieses Element heißt **Listenanfang**. Weiterhin gibt es genau ein Element, das keinen Nachfolger hat. Dieses Element heißt **Listenende**. Jedes Element der Liste ist vom Listenanfang aus durch eine genau bestimmte Anzahl von Nachfolgeoperationen erreichbar.

Als grafische Notation für ein Element wählen wir ein Rechteck. Die Nachfolgeroperation visualisieren wir durch Pfeile:

Listen sind eine häufig anzutreffende und sehr flexible Form der Speicherung von vorrangig sequentiell zu verarbeitenden Daten. Die Daten können dabei durchaus inhomogen sein, müssen also untereinander weder die gleiche Struktur noch die gleiche Größe haben. Jedes Datenelement enthält einen Zeiger auf das nächstfolgende Element. Das heißt, in jeder Datenstruktur ist die Adresse der nachfolgenden Datenstruktur eingetragen. Die Liste wird durch den NULL-Zeiger abgeschlos-

---

9. Engl. garbage collection = Müllabfuhr. Das System muss nicht mehr benötigten Speicher (Müll) aufspüren und wieder der Freispeicherverwaltung zuführen (recyceln).

sen. Der NULL-Zeiger ist ein Zeiger mit Wert 0. Da 0 nicht als normaler Adresswert vorkommt, kann man mit diesem Wert das Listenende markieren.

Die folgende Grafik zeigt die logische Sicht auf eine Liste und die physikalische Implementierung im linearen Adressraum des Speichers:

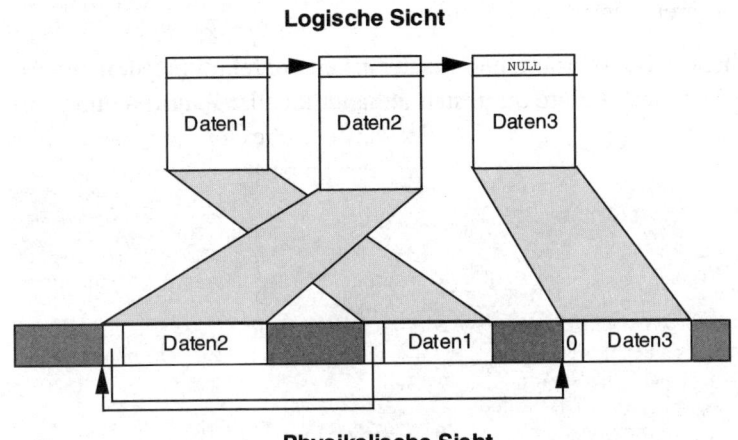

Im Fall der oben gezeigten Liste sprechen wir von einer einfach verketteten Liste. Enthält jedes Element der Liste auch einen Rückverweis auf seinen Vorgänger, so sprechen wir von einer doppelt verketteten Liste. Im Allgemeinen gehören zu einer Liste noch zwei weitere Zeiger: Ein Zeiger auf das erste Element (Anker), um für eine sequentielle Verarbeitung in die Liste einsteigen zu können, ein weiterer Zeiger auf das letzte Element, um am Ende anfügen zu können, ohne die ganze Liste sequentiell durchlaufen zu müssen. Das folgende Bild zeigt die logische Sicht einer doppelt verketteten Liste mit drei Elementen und Zeigern auf das erste und das letzte Element:

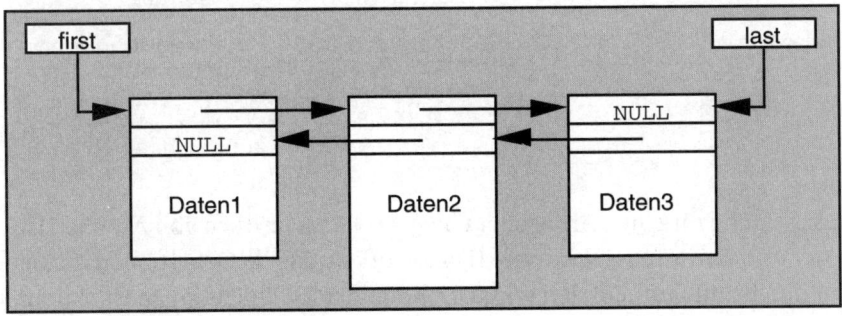

15.4.2 Arrays oder Listen

Die Frage, ob man zur Speicherung einer Folge gleichartiger Daten einen Array oder eine Liste verwendet, kann nur beantwortet werden, wenn man sich Gedanken über die Art des erforderlichen Zugriffs auf die Datenelemente macht. Grundsätzlich kann man sagen, dass Listen vielseitiger und flexibler sind, während Arrays einen effizienteren Zugriff ermöglichen.

Die folgende Tabelle zeigt die Stärken und Schwächen von eindimensionalen Arrays, doppelt und einfach verketteten Listen anhand üblicher Zugriffs- und Bearbeitungsfunktionen:

	Array	einfach verkettete Liste	doppelt verkettete Liste
Wahlfreier Zugriff	Sehr gut durch Zugriff über Index	Schlecht, da die Liste sequentiell durchlaufen werden muss	
Einfügen hinter einem Element	Schlecht, da alle nachfolgenden Elemente verschoben werden müssen. Wenn kein Platz im Array ist, sogar sehr aufwendig	Sehr einfach durch Einketten des neuen Elements	
Einfügen vor einem Element		Aufwendig, da der Vorgänger gesucht werden muss	Einfach durch Einketten des neuen Elements
Entfernen hinter einem Element	Schlecht, da alle nachfolgenden Elemente verschoben werden müssen	Sehr einfach durch Ausketten des Elements	
Entfernen vor einem Element		Aufwendig, da der Vorgänger gesucht werden muss	Einfach durch Ausketten des Elements
Gehe zum Nachfolger	Einfach durch Erhöhung des Index	Einfach durch Ausnutzung der Vorwärtsverkettung	
Gehe zum Vorgänger	Einfach durch Erniedrigung des Index	Aufwendig, da der Vorgänger gesucht werden muss	Einfach durch Ausnutzung der Rückwärtsverkettung
Vertauschen zweier Elemente	Einfach	Aufwendig, da zur Aktualisierung der Verkettung eine Vorgängersuche erforderlich ist	Etwas verzwickt, aber nicht so aufwendig wie bei einfach verketteten Listen

Die Entscheidung für einen Array oder eine Liste hängt letztlich von Art und Häufigkeit der erforderlichen Zugriffe ab. Häufig vorkommende Operationen müssen effizient durchzuführen sein. Bei selten vorkommenden Operationen ist man unter Umständen bereit, eine notgedrungen weniger effiziente Verarbeitung zu akzeptieren. Wichtig ist, die »mittlere« Zugriffszeit so klein wie möglich zu halten. Grundsätzlich ist der Arbeitsaufwand in einer doppelt verketteten Liste natürlich größer als in einer einfach verketteten Liste und dort wiederum größer als in einem Array, da ja die Zeiger zusätzlich verwaltet werden müssen. Gleiches gilt für den Speicherbedarf, da die Zeiger abgespeichert werden müssen. Die Speicherbedarfsanalyse ergibt aber nicht immer günstigere Werte für Arrays, da Arrays oft auf maximalen Bedarf ausgelegt werden und Listen immer nur so groß (klein) sein müssen, wie sie aktuell benötigt werden. Eine allgemeingültige Empfehlung kann also nicht gegeben werden. Es gilt aber die Faustregel:

> Bei dynamisch wachsenden und schrumpfenden, vielleicht sogar inhomogenen Datenbeständen stark variierender Anzahl mit häufigen Einsetz- und Löschoperationen und vorrangig sequentiellem Zugriff sind Listen zu bevorzugen.
>
> Bei homogenen Datenbeständen fester Anzahl, die einen effizienten und wahlfreien Zugriff erfordern, sind Arrays die erste Wahl.

15.4.3 Speicherstruktur

Wir wollen jetzt das Speicher-Modul mit Hilfe von Listen implementieren. Dazu erweitern wir die Schnittstellenbeschreibung in der Header-Datei spm.h um die erforderlichen Deklarationen.

Da die innere Struktur der zu speichernden Objekte aus der Sicht des Speicher-Moduls nicht bekannt ist, kann sie natürlich auch nicht verändert werden. Wir müssen daher die zur Verkettung der Objekte benötigten Datenstrukturen außerhalb der Objekte anlegen. Dazu deklarieren wir zunächst die Datenstruktur für einen einzelnen Eintrag (Entry) der Liste.

```
# define LST_ENTRY struct lst_entry


LST_ENTRY
    {
    OBJECTPOINTER obj;
    LST_ENTRY *nxt;
    };
```

▲ CD-ROM P_15_4/spm.h

Ein Entry enthält also lediglich zwei Verweise. Einen auf das Objekt, das er verwaltet, und einen zweiten auf den nächsten Entry in der Liste. Auf diese Weise realisieren wir die für Listen erforderliche Nachfolgerfunktion. Gibt es keinen Nachfolger, so enthält das Feld nxt den Wert 0.

Den Listenanker verwalten wir in einer gesonderten Datenstruktur (LST_HEADER):

```
# define LST_HEADER struct lst_header

LST_HEADER
    {
    LST_ENTRY *first;
    NAMENSFUNKTION name;
    FREIGABEFUNKTION freigabe;
    };
```

▲ CD-ROM P_15_4/spm.h

Neben dem Listenanker (first) legen wir hier auch die vom Anwendungsprogramm übergebenen Callback-Funktionen ab, um sie bei Bedarf aufrufen zu können, ohne dass sie jeweils neu übergeben werden müssen.

Der LST_HEADER ist der Einstiegspunkt in unsere Speicherstruktur. Einen Zeiger auf diese Datenstruktur werden wir an der Schnittstelle zwischen Anwendungsprogramm und Speichermodul als SPEICHERSTRUKTUR verwenden. Wie nehmen in der Header-Datei daher noch die folgende Änderung vor:

```
typedef LST_HEADER * SPEICHERSTRUKTUR;
```

▲ CD-ROM P_15_4/spm.h

Damit bei der isolierten Darstellung der Änderungen und Ergänzungen der Blick auf das Ganze nicht verloren geht, schauen wir noch einmal auf den Headerfile spm.h, der die Schnittstelle zwischen Anwendungsprogramm und Listen-Modul jetzt vollständig und kompakt beschreibt:

```
A   # ifndef SPM_H
    # define SPM_H

B   typedef void * OBJECTPOINTER;

C   typedef char *(*NAMENSFUNKTION)( OBJECTPOINTER obj);
    typedef void (*FREIGABEFUNKTION)( OBJECTPOINTER obj);

D   # define LST_ENTRY struct lst_entry

    LST_ENTRY
        {
        OBJECTPOINTER obj;
        LST_ENTRY *nxt;
        };
```

```
         # define LST_HEADER struct lst_header

         LST_HEADER
           {
           LST_ENTRY *first;
           NAMENSFUNKTION name;
            FREIGABEFUNKTION freigabe;
           };
```

E   `typedef LST_HEADER * SPEICHERSTRUKTUR;`

F
```
         extern SPEICHERSTRUKTUR spm_create( NAMENSFUNKTION nf,
                                        FREIGABEFUNKTION rf);
         extern int spm_insert( SPEICHERSTRUKTUR s, OBJECTPOINTER obj);
         extern int spm_remove( SPEICHERSTRUKTUR s, char *name);
         extern OBJECTPOINTER spm_find( SPEICHERSTRUKTUR s, char *name);
         extern void spm_freeall( SPEICHERSTRUKTUR s);
         extern void spm_show( SPEICHERSTRUKTUR s);
```

A   `# endif`

▲ CD-ROM P_15_4/spm.h

A: Dies bildet zusammen mit der letzten ebenfalls mit A gekennzeichneten Zeile den Schutz vor mehrfachem oder sogar rekursivem Include. Bei erstmaliger Benutzung dieser Datei innerhalb eines Compilationslaufes ist die symbolische Konstante SPM_H noch nicht gesetzt, und die Datei wird durchlaufen. Dabei wird insbesondere die symbolische Konstante SPM_H definiert. Bei jedem Versuch, die Datei innerhalb desselben Compilationslaufes noch einmal zu verwenden, wird der gesamte Inhalt zwischen # ifndef und # endif dann ausgeblendet. Jede Header-Datei sollte mit einem solchen Schutz ausgestattet sein.[10]

B: Dies ist die Deklaration des »strukturlosen« Objektzeigers, den die Applikation verwendet, wenn sie ein Objekt an das Speichermodul übergibt.

C: Hier werden Datentypen für die beiden Callback-Funktionen deklariert. Dies dient letztlich nur dazu, Schreibarbeit zu sparen. Man könnte auch überall dort, wo die Callbackfunktionen in dieser Datei vorkommen, ihre vollständige Schnittstellenspezifikation hinschreiben.

D: Hier werden die Datenstrukturen LST_ENTRY und LST_HEADER deklariert.

---

10. Siehe auch Abschnitt 9.12.1

E: Hier wird dem vom Anwendungsprogramm verwendeten Strukturnamen
SPEICHERSTRUKTUR die vom Speichermodul wirklich verwendete Datenstruktur »Zeiger auf LST_HEADER« unterlegt. Sie werden vielleicht fragen, warum man an dieser Stelle nicht auch einen amorphen Zeiger verwendet, der
dann unterhalb der Schnittstelle von den Funktionen des Listen-Moduls auf
den korrekten Typ umgesetzt wird. Im Sinne einer vollständigen Trennung der
Datenstrukturen wäre das auch sinnvoll. Durch ein solches Vorgehen würde
man aber auch wichtige Prüfungen des Compilers auf eine korrekte Verwendung der Schnittstelle unterbinden. Das Anwendungsprogramm könnte dem
Listen-Modul dann irgendetwas als Speicherstruktur unterschieben.

F: Hier werden alle nach außen bekannten Funktionen des Listen-Moduls durch
Funktionsprototypen festgelegt.

Wir kennen jetzt die Datenschnittstelle zu unserem Anwendungsprogramm und
können die Struktur der bisher nur als Wolke gezeichneten internen Datenstruktur des Speichermoduls konkretisieren:[11]

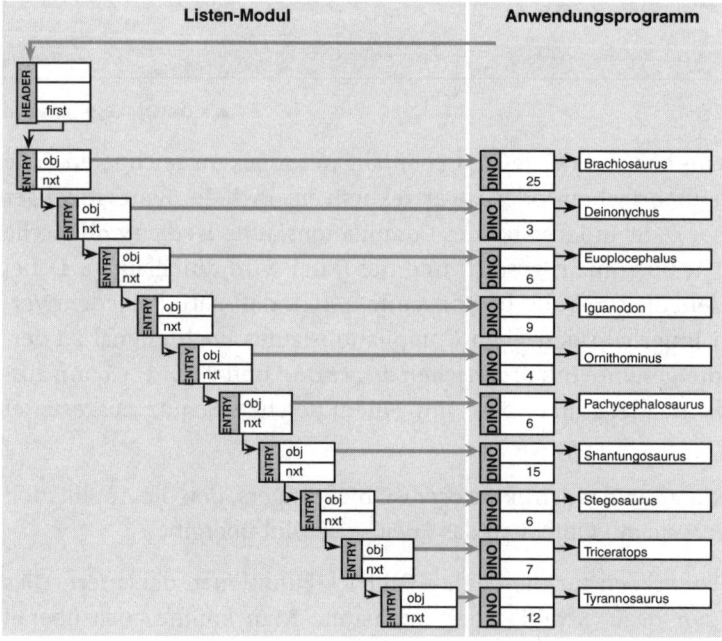

Jetzt können wir darangehen, die Zugriffsfunktionen des Listen-Moduls zu programmieren.

---

11. Wir werden die Liste, wie hier dargestellt, stets alphabetisch sortiert aufbauen, das verkürzt den Suchaufwand.

15.4.4 Implementierung

Funktion für Funktion implementieren wir jetzt die Funktionen des Listen-Moduls. Als Erstes stellen wir sicher, dass auch im Listen-Modul alle Deklarationen des Headerfiles spm.h verfügbar sind:

```
# include "spm.h"
```

▲ CD-ROM P_15_4/spm.c

In der Create-Funktion wird der Speicherplatz für einen LST_HEADER allokiert, und die übergebenen Callback-Funktionen werden in die Datenstruktur eingetragen:

```
SPEICHERSTRUKTUR spm_create( NAMENSFUNKTION nf,
                                        FREIGABEFUNKTION rf)

   {
   SPEICHERSTRUKTUR s;

   s = (SPEICHERSTRUKTUR)malloc( sizeof( LST_HEADER));
   s->first = 0;
   s->name = nf;
   s->freigabe = rf;
   return s;
   }
```

▲ CD-ROM P_15_4/spm.c

Die Liste enthält initial noch keine Einträge. Es ist daher wichtig, den Listenanker first vorerst auf 0 zu setzen. Ein Zeiger auf die in der Funktion dynamisch erstellte Datenstruktur wird zum Abschluss an das rufende Programm zurückgegeben. Beachten Sie, dass bei jedem Aufruf der Create-Funktion eine neue Liste erstellt wird und jeweils ein anderer Zeigerwert an das rufende Programm zurückgegeben wird. Das Anwendungsprogramm kann daher beliebig viele Listen erzeugen und mit diesen Listen unabhängig voneinander arbeiten.

Zum Einfügen von Objekten in die Liste dient die Funktion spm_insert. Direkt beim Einsetzen wollen wir die Liste alphabetisch sortiert[12] aufbauen. Zum Einfügen eines neuen Objekts durchlaufen wir daher die Liste, bis das erste Objekt gefunden wird, das alphabetisch hinter das einzusetzende Objekt gehört. Vor diesem ist dann das neue Objekt einzufügen. Bei diesem Vorgehen sind zwei Sonderfälle zu beachten. Wenn wir das Listenende erreichen, so wird das Objekt am

---

12. Besser gesagt: »nach ASCII-Zeichencodes sortiert«. Die Folge der Zeichencodes entspricht ja im Bereich der Groß-/Kleinschreibung und bei den nicht englischen Zeichen nicht dem Alphabet. In unserem Beipiel, in dem immer nur der erste Buchstabe groß geschrieben ist und nur Zeichen des englischen Alphabets vorkommen, entspricht dies einer alphabetischen Sortierung.

Ende angefügt. Wenn wir bei der Suche ein Objekt gleichen Namens finden, so kann das neue Objekt nicht eingesetzt werden.

Im C-Code liest sich das wie folgt:

```
int spm_insert( SPEICHERSTRUKTUR s, OBJECTPOINTER obj)
{
    LST_ENTRY **pe, *neu;
    char *name;
    int cmp;

A   name = (s->name)(obj);

B   for( pe = &(s->first); *pe; pe = &((*pe)->nxt))
    {
C       cmp = strcmp( name, (s->name)((*pe)->obj));
        if( !cmp)
            return 0;
        else if( cmp < 0)
            break;
    }
D   neu = (LST_ENTRY *)malloc( sizeof( LST_ENTRY));
    neu->nxt = *pe;
    neu->obj = obj;
    *pe = neu;
    return 1;
}
```

▲ **CD-ROM** P_15_4/spm.c

A: Hier besorgen wir uns mit der Namensfunktion des Anwendungsmoduls den Namen des Objekts. Dazu holen wir uns aus der Datenstruktur s den Zeiger auf die Namensfunktion (s->name) und bringen diese auf dem Objekt zur Ausführung ((s->name)(obj)). Das Ergebnis ist ein Zeiger auf den Namensstring, den wir in der Variablen name festhalten.

B: In dieser Schleife wird die Liste abgearbeitet. Bei Betrachtung des Codes werden Sie feststellen, dass zum Durchlaufen der Liste eine doppelte Indirektion (LST_ENTRY **pe) verwendet wird. Die Variable pe enthält jeweils die Adresse des Feldes, über das die Verkettung realisiert ist. In der Schleife laufen wir also nicht von einem Element zum nächsten Element, sondern vom Verkettungsfeld eines Elements zum Verkettungsfeld des nächsten Elements.[13]

---

13. Diese Art der Listenbearbeitung ist insbesondere dann angebracht, wenn man beim Durchlaufen der Liste die Verkettung der Liste ggf. ändern will. Wir gehen unten noch einmal auf diese Art der Listenbearbeitung ein.

Die Schleife wird beendet, wenn wir am Ende der Liste angekommen sind (im Verkettungsfeld steht 0, d.h.: `*pe == 0`).

C: Hier wird der Name eines Objekts aus der Liste mit dem Namen des einzusetzenden Objekts verglichen. Das Ergebnis des Vergleichs wird in der Variablen `cmp` abgelegt. Haben beide Objekte den gleichen Namen (`cmp == 0` bzw. `!cmp`), so wird der Versuch, das Objekt einzusetzen, erfolglos abgebrochen. Liegt das einzusetzende Objekt alphabetisch hinter dem Objekt in der Liste, so wird die Schleife abgebrochen, um das Objekt vor dem gerade betrachteten Objekt in die Liste einzuketten.

D: Hier ist entweder die Schleife vorzeitig abgebrochen worden, um das Objekt innerhalb der Liste einzufügen, oder die Schleife ist voll abgearbeitet worden, und das Objekt muss am Ende der Liste angefügt werden. In jedem Fall enthält `pe` die Adresse des Verkettungsfeldes, in dem der neue Entry eingehangen werden muss. Zunächst wird Speicher für einen neuen Entry allokiert, dann wird ein gegebenenfalls existierender Listenrest an den neuen Entry angehangen, dann wird Objekt an den Entry gebunden, und schließlich wird der neue Entry in die Liste eingefügt. Das Programm endet mit einer Erfolgsmeldung (`return 1`) an das rufende Programm.

Die hier gewählte Art der Listenverarbeitung bedarf noch einer vertiefenden Diskussion. Bisher haben wir Listen immer viel einfacher – ohne Verwendung einer doppelten Indirektion – durchlaufen:

```
LST_ENTRY *e;

for( e = lst->first; e; e = e->nxt)
    {
    ... Bearbeite das Listenelement ...
    }
```

Dieses Vorgehen werden wir auch immer dann wählen, wenn wir die Liste verarbeiten, ohne die Listenstruktur zu verändern. In der `insert`-Funktion wollen wir die Liste aber verändern. Würden wir das oben skizzierte Vorgehen für die `insert`-Funktion verwenden, so würden wir problemlos das Element finden, vor dem unser neues Objekt einzuketten ist. Aber dann sind wir über den Vorgänger, hinter dem es ja eingekettet werden muss, schon hinweggelaufen. Wir müssten also einen Schritt zurückgehen, was in einer nur vorwärts verketteten Liste nicht so einfach ist. Eine Alternative wäre, einen zweiten Zeiger, der immer ein Element »hinterher hinkt«, mitzuführen. Noch einfacher geht es, wenn wir nicht von Listeneintrag zu Listeneintrag, sondern von Verkettungsfeld (Adresse, an der der Zeiger auf ein Listenelement eingetragen ist) zu Verkettungsfeld gehen. Am Ende haben wir dann einen Zeiger auf die Speicherstelle, an der wir den Zeiger auf das neue Listenelement eintragen müssen. Auch das Einfügen vor dem ersten Element ordnet sich bei dieser Vorgehensweise problemlos ein.

Die folgende Grafik zeigt die Unterschiede zwischen den beiden Arten, die Liste abzuarbeiten:

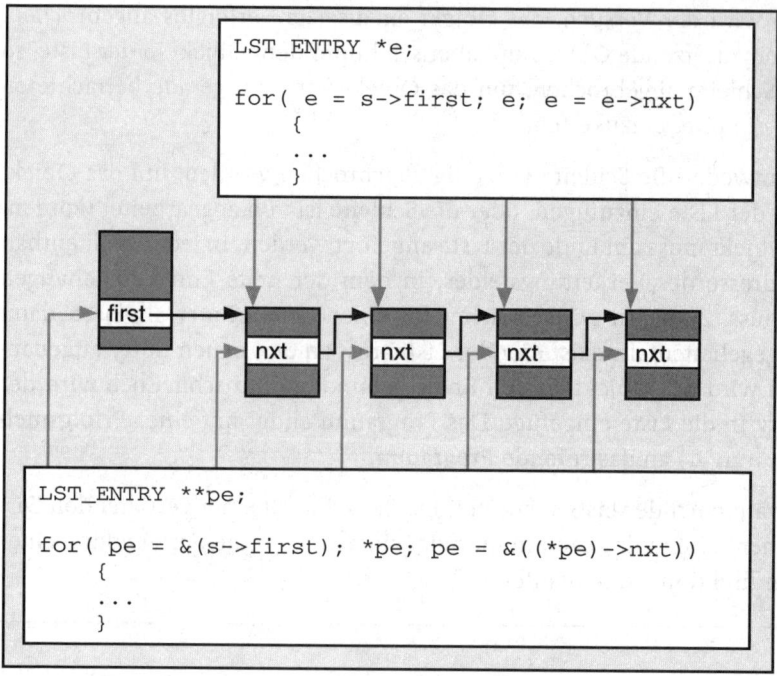

Beachten Sie dabei besonders den Ausdruck, den wir zum Voranschreiten in der Liste verwenden:

▶ pe ist die Adresse des Zeigers auf den nächsten Listeneintrag

▶ *pe ist damit ein Zeiger auf den nächsten Listeneintrag

▶ (*pe)->next ist damit der Zeiger auf den übernächsten Listeneintrag

▶ &((*pe)->next) ist damit die Adresse des Zeigers auf den übernächsten Listeneintrag

Zum Suchen eines Objekts durchlaufen wir die Liste – diesmal allerdings auf die einfache Art – und vergleichen die Namen der Objekte. Bei Übereinstimmung (!cmp) geben wir den Objektzeiger im Entry zurück. Sind wir im Alphabet bereits über den gesuchten Namen hinweggelaufen (cmp < 0) oder am Ende der Liste angekommen, so war die Suche erfolglos (Returncode 0):

```
    OBJECTPOINTER spm_find( SPEICHERSTRUKTUR   s, char *name)
       {
       LST_ENTRY *e;
       int cmp;

A      for( e = s->first; e; e = e->nxt)
          {
B         cmp = strcmp( name, (s->name)(e->obj));
          if( !cmp)
C             return e->obj;
          else if( cmp < 0)
D             break;
          }
E      return 0;
       }
```

▲ CD-ROM P_15_4/spm.c

A: Schleife über alle Einträge der Liste

B: Vergleich des Namens des gesuchten Objekts mit dem Namen des Objekts in der Liste

C: Objekt gefunden, Rückgabe des Objektzeigers

D: Vorzeitiger Abbruch, da das Objekt nicht mehr kommen kann

E: Objekt nicht gefunden

Zur Freigabe der gesamten Listenstruktur ziehen wir Entry für Entry in den Header zurück. Der jeweils ausgekettete Entry wird freigegeben, nachdem zuvor das zugehörige Objekt freigegeben wurde. Zum Abschluss kann auch der Header beseitigt werden:

```
void spm_freeall( SPEICHERSTRUKTUR   s)
    {
    LST_ENTRY *e;

    while( e = s->first)
        {
        s->first = e->nxt;
        (s->freigabe)(e->obj);
        free( e);
```

```
        }
    free( s);
    }
```

▲ CD-ROM P_15_4/spm.c

Funktionen dieser Art haben wir schon des Öfteren implementiert. Nach Aufruf von spm_freeall verfügt das Anwendungsprogramm noch immer über den Zeiger auf die Speicherstruktur. Dieser Zeiger ist jedoch ungültig geworden und darf nicht mehr benutzt werden. Eine weitere Benutzung des Zeigers kann unabsehbare Fehler zur Folge haben.

Zum Abschluss programmieren wir noch eine Funktion zur Bildschirmausgabe der Liste:

```
void spm_show( SPEICHERSTRUKTUR   s)
    {
    LST_ENTRY *e;

    for( e = s->first; e; e = e->nxt)
        printf( "%s\n", (s->name)( e->obj));
    }
```

▲ CD-ROM P_15_4/spm.c

Den Namen für die Ausgabe holen wir uns natürlich wieder vom Anwendungsprogramm.

15.4.5 Test

Jetzt können wir die Bausteine zusammenfügen und das Programm testen. Im Anwendungsprogramm müssen wir dazu nichts ändern.

Das Programm gibt zunächst die Liste in alphabetischer Sortierung aus,

D_15_4

```
Brachiosaurus
Deinonychus
Euoplocephalus
Iguanodon
Ornithominus
Pachycephalosaurus
Shantungosaurus
Stegosaurus
Triceratops
Tyrannosaurus
```

um dann beispielsweise den folgenden Dialog abzuwickeln:

```
Dinosauriername: Iguanodon
Ein Iguanodon ist 9 Meter groß!
Dinosauriername: Kaiser
Ein Dinosaurier Kaiser ist nicht gespeichert!
Dinosauriername: Brachiosaurus
Ein Brachiosaurus ist 25 Meter groß!
```

15.5 Bäume

Listen sind einfach zu implementieren und durch kleine, überschaubare Funktionen pflegbar. Aber, je größer der Datenbestand in einer Liste wird, umso mehr zeigen sich die Nachteile gegenüber Arrays. Der Suchaufwand in einer Liste ist proportional zur Anzahl der gespeicherten Objekte. Durch baumartige Datenstrukturen lassen sich die Suchwege unter Umständen erheblich verkürzen.

Zunächst stellen wir wieder einige Grundbegriffe über Bäume zusammen.

15.5.1 Grundbegriffe

Intuitiv haben wir eine recht gute Vorstellung von einem Baum. Im Gegensatz zur Natur haben die Bäume der Datenverarbeitung in der Darstellung allerdings die Wurzel meistens oben.

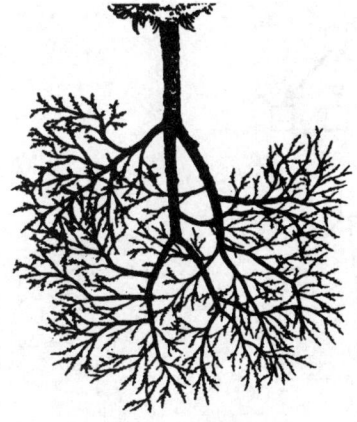

Ein **Baum** verallgemeinert den Begriff der Liste dahingehend, dass jedes Element nicht nur einen, sondern eine endliche Folge von **Nachfolgern** haben kann. Wir sprechen dann vom 1., 2., 3. Nachfolger usw. Einen Baum zeichnen wir in der folgenden Weise:

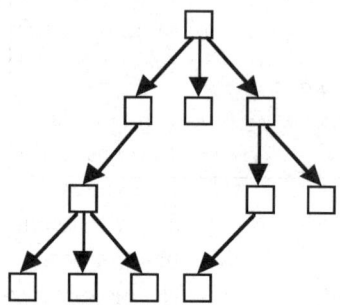

Durch die obige vorläufige Begriffsbildung sind aber noch viele »pathologische« Fälle denkbar, die wir noch ausgrenzen müssen. Zusätzlich fordern wir von einem Baum daher, dass es ein ausgezeichnetes Element, die sogenannte **Wurzel** gibt, von der aus sich jedes andere Element auf genau einem Weg (d.h. durch iterierte Anwendung der Nachfolgeroperation mit Auswahl jeweils eines Nachfolgers aus der Menge aller Nachfolger) erreichen lässt. Durch diese Forderung sind Entartungen wie

kein Zusammenhang

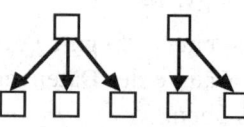

zyklische Verkettung

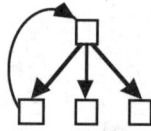

Überspringen von Knoten

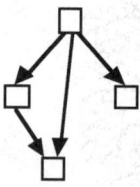

oder Verschmelzen von »Teilbäumen«

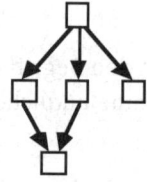

ausgeschlossen. Zusätzlich ist dadurch sichergestellt, dass die Wurzel der einzige Knoten ohne Vorgänger ist und dass jedes Element außer der Wurzel genau einen Vorgänger hat.

Die Elemente eines Baumes bezeichnen wir auch als **Knoten**. Knoten, die keine Nachfolger haben, bezeichnen wir als **Blätter**.

Die Anzahl der Nachfolgeroperationen, die anzuwenden sind, um von der Wurzel zu einem Knoten K zu gelangen, bezeichnen wir als das **Level** des Knotens K. Das höchste in einem Baum vorkommende Level + 1 heißt die **Tiefe** des Baumes. Hat jeder Knoten höchstens n Nachfolger, so sprechen wir von einem n-ären Baum. Für n = 2 sprechen wir von einem **Binärbaum**. Bei einem Binärbaum sprechen wir statt vom 1. bzw. 2. Nachfolger auch vom linken bzw. rechten Nachfolger. Für n = 1 erhalten wir als Spezialfall eine Liste.

Die folgende Grafik zeigt einen Binärbaum der Tiefe 5:

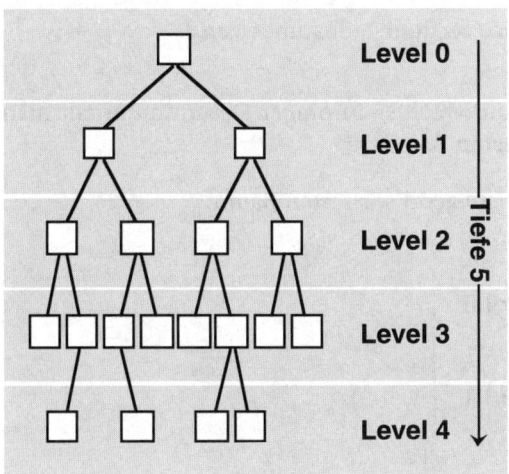

In einem n-ären Baum gibt es auf dem Level k maximal n^k Knoten. In einem n-ären Baum der Tiefe t gibt es insgesamt maximal $\sum_{v=0}^{t-1} n^v = \dfrac{n^t - 1}{n - 1}$ Knoten. Ein Binärbaum der Tiefe 5 hat also maximal $\sum_{v=0}^{4} 2^v = \dfrac{2^5 - 1}{2 - 1} = 31$ Knoten.

Betrachten wir einen Baum, so stellen wir eine starke Selbstähnlichkeit fest. Wenn wir uns auf einen beliebigen Knoten K des Baumes positionieren und alle von diesem Knoten aus erreichbaren Knoten betrachten, so bildet diese Unterstruktur wieder einen Baum. Diese Unterstruktur wird als **Teilbaum** mit der Wurzel K bezeichnet. Bei einem Binärbaum bezeichnen wir den mit dem linken Nachfolger eines Knotens κ als Wurzel beginnenden Teilbaum als den **linken Teilbaum** des Knotens κ. Entsprechend definieren wir den **rechten Teilbaum**.

Im Folgenden werden wir uns nur mit Binärbäumen beschäftigen, obwohl viele unserer Ergebnisse mit Leichtigkeit auf n-äre Bäume übertragen werden können. Wenn ich im Folgenden einfach »Baum« sage, so meine ich immer einen Binärbaum.

Sind die Knoten eines Binärbaumes durch eine Ordnungsrelation[14] miteinander vergleichbar, so können wir definieren, was wir unter einem aufsteigend bzw. absteigend geordneten Baum verstehen.

> Ein Binärbaum, bei dem die Knoten mittels einer Ordnungsrelation verglichen werden können, heißt **aufsteigend sortiert**, wenn an jedem Knoten κ die Bedingungen
>
> $$X < K \text{ für alle Knoten } X \text{ des linken Teilbaumes von } K$$
>
> und
>
> $$X > K \text{ für alle Knoten } X \text{ des rechten Teilbaumes von } K$$
>
> gelten.
>
> Durch Vertauschen von »links« und »rechts« in obiger Definition erhält man den Begriff des **absteigend sortierten** Baumes.

Das folgende Beispiel zeigt einen aufsteigend sortierten Baum:

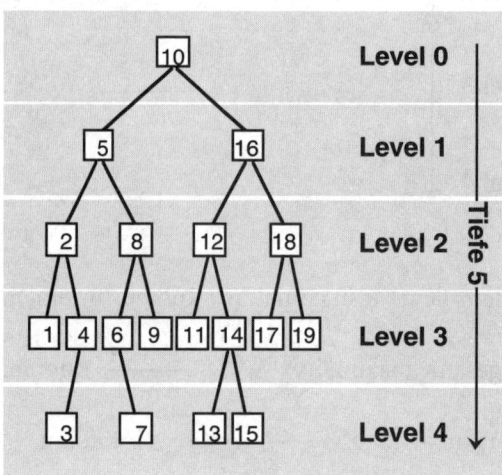

Die besondere Eignung von sortierten Bäumen zur Speicherung von Daten liegt darin, dass es einfache und effiziente Suchstrategien in diesen Bäumen gibt. Aus-

---

14. Es ist nirgendwo gesagt, was genau unter einer Ordnungsrelation zu verstehen ist. Denken Sie dabei an die Ordnung von Zahlen der Größe nach oder die alphabetische Ordnung von Strings.

gehend von der Wurzel weiß man immer, ob ein gesuchtes Element im linken oder im rechten Teilbaum stehen muss. Wenn wir im obigen Baum etwa den Knoten mit dem Wert 7 suchen, so können wir gezielt absteigen:

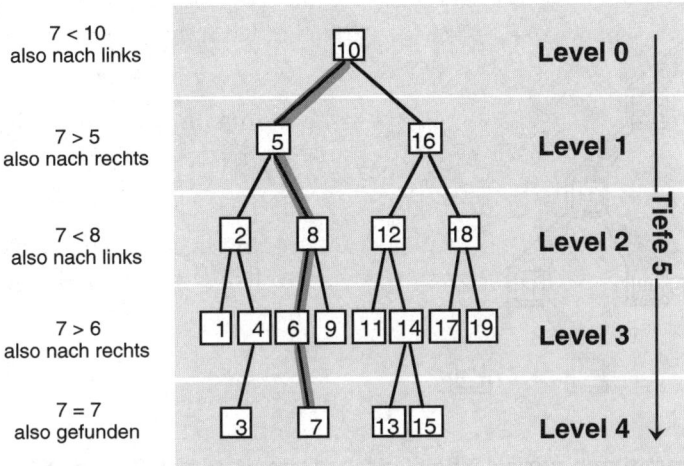

Man sieht, dass man maximal 5 (= Tiefe des Baumes) Schritte braucht, um ein Element aus den 19 vorhandenen Elementen herauszufinden[15], oder um zu erkennen, dass es nicht vorhanden ist. Bei jedem Schritt halbiert sich dabei in etwa die Menge der noch in Frage kommenden Elemente. Bei einer Liste wären in diesem Fall bis zu 19 Suchschritte erforderlich.

Aufsteigend geordnete Binärbäume werden wir im Folgenden einsetzen, um unser Speichermodul zu verbessern. Doch zuvor beschäftigen wir uns allgemein mit der Frage, wie man sich in Bäumen »bewegt«.

15.5.2 Traversierung von Bäumen

Bevor wir das Speichermodul mit einem Binärbaum als Datenstruktur implementieren, wollen wir uns ein paar grundlegende Gedanken über die Traversierung (Durchquerung) von Bäumen machen.

> Unter der **Traversierung** eines Baumes verstehen wir das systematische Aufsuchen aller Knoten des Baumes, um an den Knoten gewisse Operationen durchführen zu können.

---

15. Und dieser Baum ist ja noch nicht einmal »voll«, es hätten bei gleicher Tiefe sogar bis zu 31 Elemente Platz.

Als Beispiel dient uns dabei immer der folgende, aufsteigend sortierte Binärbaum:

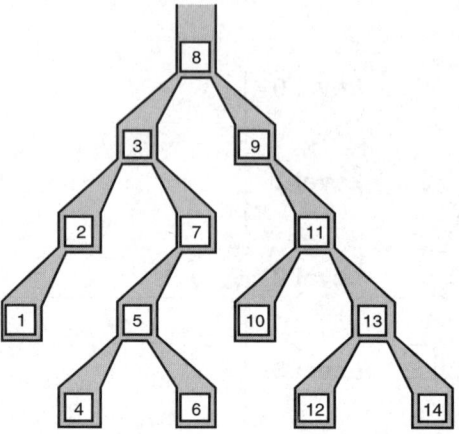

Diesen Baum implementieren wir als eine statische Datenstruktur. Beachten Sie, dass wir den Baum ja nicht erweitern, sondern nur traversieren wollen.

```
# define NODE struct node


NODE
    {
    NODE *left;
    NODE *right;
    int value;
    };

/* Knoten des Levels 4 */
NODE n4  = {    0,    0,   4};
NODE n6  = {    0,    0,   6};
NODE n12 = {    0,    0,  12};
NODE n14 = {    0,    0,  14};

/* Knoten des Levels 3 */
NODE n1  = {    0,    0,   1};
NODE n5  = {  &n4,  &n6,   5};
NODE n10 = {    0,    0,  10};
NODE n13 = { &n12, &n14,  13};
```

```
/* Knoten des Levels 2 */
NODE n2   = {   &n1,      0,   2};
NODE n7   = {   &n5,      0,   7};
NODE n11  = {  &n10,   &n13,  11};

/* Knoten des Levels 1 */
NODE n3   = {   &n2,    &n7,   3};
NODE n9   = {     0,   &n11,   9};

/* Wurzel */
NODE n8   = {   &n3,    &n9,   8};
```

▲ **CD-ROM** P_15_5_2/traverse.c

In der ersten Traversierungsstrategie besuchen wir, in der Hierarchie absteigend, immer einen Knoten, führen dort die notwendige Bearbeitung durch, um danach zunächst den linken, dann den rechten Teilbaum unterhalb des Knotens zu traversieren. In unserem Beispiel ergibt sich damit die folgende Besuchsreihenfolge:

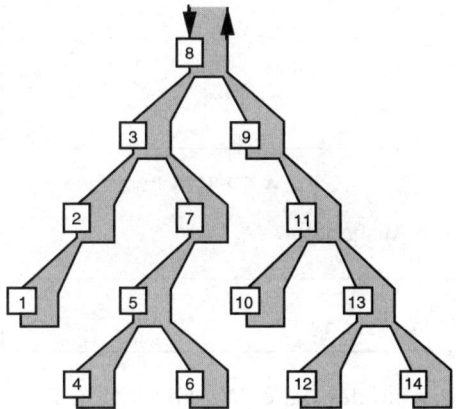

Wir nennen dieses Verfahren **Preorder-Traversierung**. Den zugehörigen Algorithmus können wir wie folgt rekursiv programmieren:

```
void preorder( NODE *n)
    {
    if( n)
        {
        tu_was( n);
        preorder( n->left);
```

```
        preorder( n->right);
        }
    }
```

▲ CD-ROM P_15_5_2/traverse.c

In der `tu_was`-Funktion wird die Bearbeitung des Knotens durchgeführt. In unserem Fall geben wir lediglich den Zahlenwert des Knotens aus:

```
void tu_was( NODE *n)
    {
    printf( "%2d ", n->value);
    }
```

▲ CD-ROM P_15_5_2/traverse.c

Wir bearbeiten mit diesem Traversierungsverfahren den zuvor statisch angelegten Baum, indem wir die Adresse der Wurzel (&n8) an die Funktion `preorder` übergeben:

```
void main()
    {
    printf( "Preorder:\n");
    preorder( &n8);
    }
```

▲ CD-ROM P_15_5_2/traverse.c

Erwartungsgemäß erhalten wir die folgende Ausgabe:

```
Preorder:
 8  3  2  1  7  5  4  6  9 11 10 13 12 14
```

Zwei weitere Traversierungsverfahren liegen auf der Hand. Wir können die Bearbeitung des Knotens zwischen oder nach der Bearbeitung der beiden am Knoten hängenden Teilbäume vornehmen.

Wenn wir einen Knoten zwischen der Traversierung seines linken und seines rechten Teilbaums behandeln, so sprechen wir von einer **Inorder-Traversierung**. Im Programm müssen wir dazu nur die entsprechenden Programmzeilen vertauschen:

```
void inorder( NODE *n)
    {
    if( n)
        {
        inorder( n->left);
```

```
        tu_was( n);
        inorder( n->right);
        }
    }
```

▲ CD-ROM P_15_5_2/traverse.c

Wir können dann die folgende Traversierung erwarten:

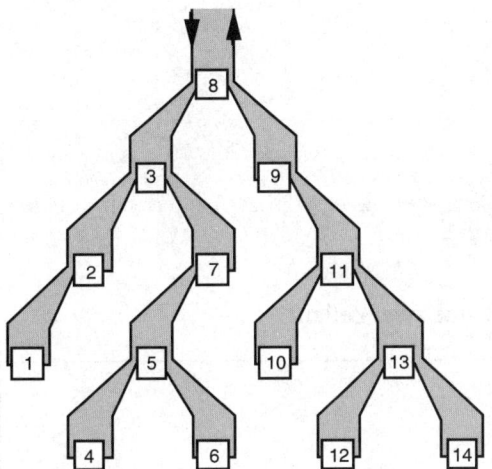

Das entsprechend angepasste Hauptprogramm

```
void main()
    {
    printf( "Inorder:\n");
    inorder( &n8);
    }
```

▲ CD-ROM P_15_5_2/traverse.c

liefert dann auch genau diese Traversierungsreihenfolge,

```
Inorder:
  1   2   3   4   5   6   7   8   9  10  11  12  13  14
```

bei der die Knoten entsprechend der aufsteigenden Sortierung ausgegeben werden.

Es bleibt noch die **Postorder-Traversierung** bei der zunächst die Unterbäume eines Knotens traversiert werden, bevor der Knoten selbst bearbeitet wird:

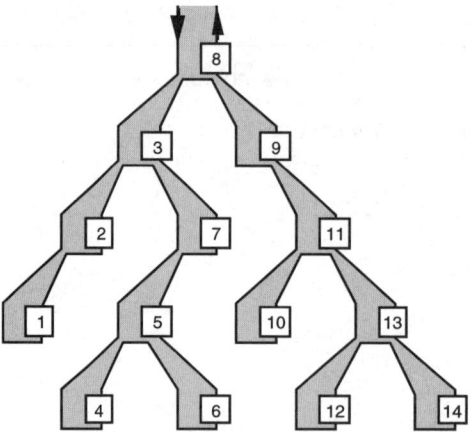

Im Programm vertauschen wir wieder nur zwei Zeilen:

```
void postorder( NODE *n)
    {
    if( n)
        {
        postorder( n->left);
        postorder( n->right);
        tu_was( n);
        }
    }
```

▲ CD-ROM P_15_5_2/traverse.c

Danach passen wir das Hauptprogramm an:

```
void main()
    {
    printf( "Postorder:\n");
    postorder( &n8);
    }
```

▲ CD-ROM P_15_5_2/traverse.c

Die Ausgabe zeigt das, was wir entsprechend der Grafik zu erwarten haben:

```
Postorder:
   1   2   4   6   5   7   3  10  12  14  13  11   9   8
```

Die rekursive Implementierung dieser drei Traversierungsstrategien drängt sich förmlich auf. Wir benutzen den Unterprogrammstack, um die Knoten längs des aktuellen Pfades zwischenzuspeichern. Nach der Rückkehr von der Traversierung eines Unterbaums kann unser Algorithmus wieder bei dem richtigen Vaterknoten aufsetzen:

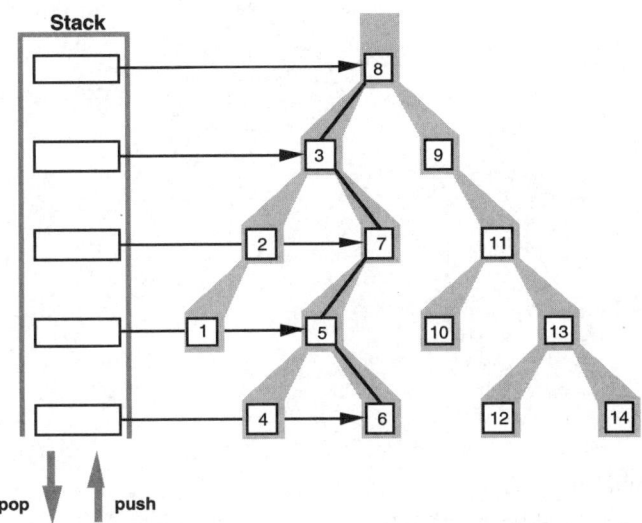

Durch die explizite Verwendung eines Stacks können wir die Rekursion aber auch vermeiden. Wir implementieren einen Stack mit den Operationen

▶ initstack initialisiere den Stack,

▶ push lege ein Element auf den Stack,

▶ pop hole ein Element vom Stack und

▶ stackempty teste, ob der Stack leer ist.

Als Elemente nimmt dieser Stack Datenstrukturen (STACKENTRY), die einen Verweis auf einen Knoten des Baumes und ein Statusfeld enthalten:

```
# define STACKENTRY struct stackentry

STACKENTRY
    {
    NODE *n;
    int status;
    };
```

▲ **CD-ROM** P_15_5_2/traverse.c

Das Statusfeld benutzen wir, um festzuhalten, ob wir den Knoten zum ersten (auf dem Weg nach unten), zum zweiten (auf dem Weg vom linken in den rechten Unterbaum) oder zum dritten Mal (auf dem Weg zurück nach oben) erreichen.[16]

Den Stack implementieren wir dann wie folgt:

```
STACKENTRY stack[20];
int stacktop;

void initstack()
    {
    stacktop = 0;
    }

int stackempty()
    {
    return stacktop == 0;
    }

void push( NODE *n, int status)
    {
    stack[stacktop].n = n;
    stack[stacktop].status = status;
    stacktop++;
    }

STACKENTRY pop()
    {
    stacktop--;
    return stack[stacktop];
    }
```

▲ CD-ROM P_15_5_2/traverse.c

Sie kennen den Stack als abstrakte Datenstruktur bereits aus Abschnitt 13.8.1. Hier wird die interne Datenstruktur jedoch als Array implementiert. Eine globale Variable (stacktop) speichert immer den Index des nächsten im Array zu besetzenden Feldes. Die Stackoperationen push und pop sind dann in nahe liegender Weise implementiert. Für unser Beispiel ist der Stack mit 20 Elementen groß genug. Es sollte jedoch beachtet werden, dass Stacküberlauf bzw. Stackunterlauf nicht abgefangen werden.

---

16. Siehe dazu die weiter unten definierten Makronamen (BESUCH1, BESUCH2 und BESUCH3).

Die Traversierungsfunktion kann jetzt einheitlich für alle drei Traversierungsformen implementiert werden.[17] Zunächst definieren wir symbolische Konstanten für die verschiedenen Traversierungsvarianten:

```
# define  INORDER     1
# define  PREORDER    2
# define  POSTORDER   3
```

▲ CD-ROM P_15_5_2/traverse.c

Im Laufe der Traversierung erreichen wir jeden Knoten drei Mal: wenn wir aus dem übergeordneten Knoten auf diesen Knoten absteigen, dann, wenn wir aus dem linken Teilbaum zurückkommen, und schließlich wenn wir aus dem rechten Teilbaum zurückkommen. Um das festzuhalten, verwenden wir die folgenden Makros:

```
# define  BESUCH1     1
# define  BESUCH2     2
# define  BESUCH3     3
```

▲ CD-ROM P_15_5_2/traverse.c

Dann programmieren wir die Traversierungsfunktion:

```
        void traverse( NODE *n, int mode)
            {
            STACKENTRY e;

            initstack();
A           push( n, BESUCH1);

B           while( !stackempty())
                {
C           e = pop();
            switch( e.status)
                {
            case BESUCH1:
D               push( e.n, BESUCH2);
                if( mode == PREORDER)
                    tu_was( e.n);
                if( e.n->left)
                    push( e.n->left, BESUCH1);
                break;
```

---

17. Es gibt effizientere Implementierungen; insbesondere solche, die ohne ein Status-Feld auf dem Stack auskommen. Ich habe mich für diese Implementierung entschieden, weil sie die drei möglichen Fälle gleichartig behandelt und eine nahe liegende Umsetzung der rekursiven Algorithmen ist.

```
                    case BESUCH2:
E                       push( e.n, BESUCH3);
                        if( mode == INORDER)
                            tu_was( e.n);
                        if( e.n->right)
                            push( e.n->right, BESUCH1);
                        break;
                    case BESUCH3:
F                       if( mode == POSTORDER)
                            tu_was( e.n);
                        break;
                    }
                }
            }
```

▲ CD-ROM P_15_5_2/traverse.c

A: Nachdem wir den Stack initialisiert haben, legen wir die Wurzel des Baumes mit dem Status BESUCH1 auf den Stack. Wenn wir die Wurzel später erstmalig vom Stack holen, wissen wir dann, dass dies der erste Besuch ist.

B: Solange noch Knoten zur Bearbeitung auf dem Stack liegen, werden die nachfolgenden Anweisungen ausgeführt.

C: Der nächste, zur Bearbeitung anstehende Knoten wird vom Stack geholt und mitsamt Status in die Datenstruktur e übertragen. Je nach Status (BESUCH1, BESUCH2 oder BESUCH3) wird anschließend unterschiedlich verfahren.

D: Wird der Knoten zum ersten Mal besucht (BESUCH1), so wird er für den zweiten Besuch (BESUCH2) wieder auf den Stack gelegt. Im Falle einer Preorder-Traversierung wird er dann bearbeitet. Anschließend wird ein gegebenenfalls vorhandener linker Unterknoten zur Bearbeitung auf den Stack gelegt.

E: Wird der Knoten zum zweiten Mal besucht (BESUCH2), so wird er für den dritten Besuch (BESUCH3) wieder auf den Stack gelegt. Im Falle einer Inorder-Traversierung wird er dann bearbeitet. Anschließend wird ein gegebenenfalls vorhandener rechter Unterknoten zur Bearbeitung auf den Stack gelegt.

F: Wird der Knoten zum dritten Mal besucht (BESUCH3), so muss er nicht wieder auf den Stack gelegt werden, da keine weiteren Besuche mehr erforderlich sind. Beim dritten Besuch wird der Knoten nur im Falle einer Postorder-Traversierung bearbeitet.

Mit einem kleinen Programmrahmen testen wir die drei neuen Varianten der Traversierungsalgorithmen, indem wir die jeweiligen Programme mit einem Zeiger auf die Wurzel des Baumes (&n8) aufrufen:

```
void main()
    {
    printf( "Preorder:\n");
    traverse( &n8, PREORDER);
    printf( "\n");
    printf( "Inorder:\n");
    traverse( &n8, INORDER);
    printf( "\n");
    printf( "Postorder:\n");
    traverse( &n8, POSTORDER);
    printf( "\n");
    }
```

▲ **CD-ROM** P_15_5_2/traverse.c

Wir erhalten die folgende Programmausgabe:

```
Preorder:
 8   3   2   1   7   5   4   6   9  11  10  13  12  14
Inorder:
 1   2   3   4   5   6   7   8   9  10  11  12  13  14
Postorder:
 1   2   4   6   5   7   3  10  12  14  13  11   9   8
```

Zum Abschluss dieses Abschnitts betrachten wir noch eine letzte Traversierungsstrategie, die als Level-Order-Traversierung bezeichnet wird. Der Baum wird dabei Level für Level abgearbeitet.

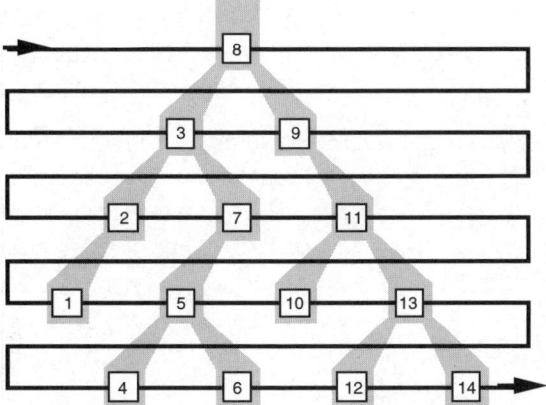

Zur Implementierung dieser Traversierung verwendet man statt eines Stacks eine
Queue und legt beim Bearbeiten eines Knotens die noch zu bearbeitenden Knoten des nächsten Levels in der Warteschlange ab.

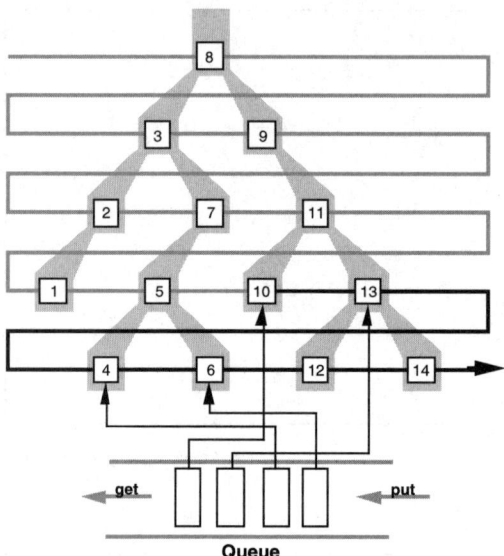

Haben wir eine Queue mit den Operationen

▶ initqueue initialisiere die Queue,

▶ put lege ein Element in die Warteschlange,

▶ get hole ein Element aus der Warteschlange und

▶ quempty teste, ob die Warteschlange leer ist,

so können wir diese Traversierung wie folgt implementieren:

```
level_traversierung( NODE *n)
    {
    put( n);
    while( !quempty())
        {
        n = get();
        tu_was( n);
        if( n->left)
            put( n->left);
        if( n->right)
            put( n->right);
        }
    }
```

Die Details überlasse ich Ihnen als Übungsaufgabe.

Ersetzt man übrigens in diesem Beispiel die Queue durch einen Stack (ohne Statusfeld) und vertauscht die beiden letzten Statements, so erhält man mit

```
traversierung( NODE *n)
    {
    push( n);
    while( !stackempty())
        {
        n = pop();
        tu_was( n);
        if( n->right)
            push( n->right);
        if( n->left)
            push( n->left);
        }
    }
```

eine elegante, rekursionsfreie Preorder-Traversierung des Baumes.

15.5.3 Speicherstruktur

Nach dem Exkurs über die Traversierung von Bäumen kehren wir zur ursprünglichen Aufgabe dieses Abschnitts zurück. Wir wollen in dem Speichermodul Bäume anstelle von Listen als Datenstruktur einsetzen.

Im Vergleich zum Listen-Modul ändert sich die Schnittstelle des jetzt zu erstellenden Baum-Moduls nur geringfügig. Die Elemente der Speicherstruktur sind jetzt Knoten im Baum, die jeweils einen rechten bzw. linken Nachfolgerknoten haben und einen Verweis auf das Objekt speichern:

```
# define TREE_NODE    struct tree_node

TREE_NODE
    {
    TREE_NODE *left;
    TREE_NODE *right;
    OBJECTPOINTER obj;
    };
```

▲ CD-ROM P_15_5/spm.h

Auch hier fassen wir den Baum und die benötigten Zusatzinformationen (Callback-Funktionen) in einer Datenstruktur zusammen:

```
# define TREE_HEADER struct tree_header


TREE_HEADER
    {
    TREE_NODE *root;
    NAMENSFUNKTION name;
    FREIGABEFUNKTION freigabe;
    };
```

▲ CD-ROM P_15_5/spm.h

Einen Zeiger auf diese Basisstruktur unterlegen wir dann noch der vom Anwendungsprogramm verwendeten Speicherstruktur:

```
typedef TREE_HEADER * SPEICHERSTRUKTUR;
```

▲ CD-ROM P_15_5/spm.h

Mit diesen Bausteinen werden wir eine baumartige Speicherstruktur aufbauen. Im Falle der Dinosaurier-Anwendung wird sich konkret der folgende Baum ergeben:

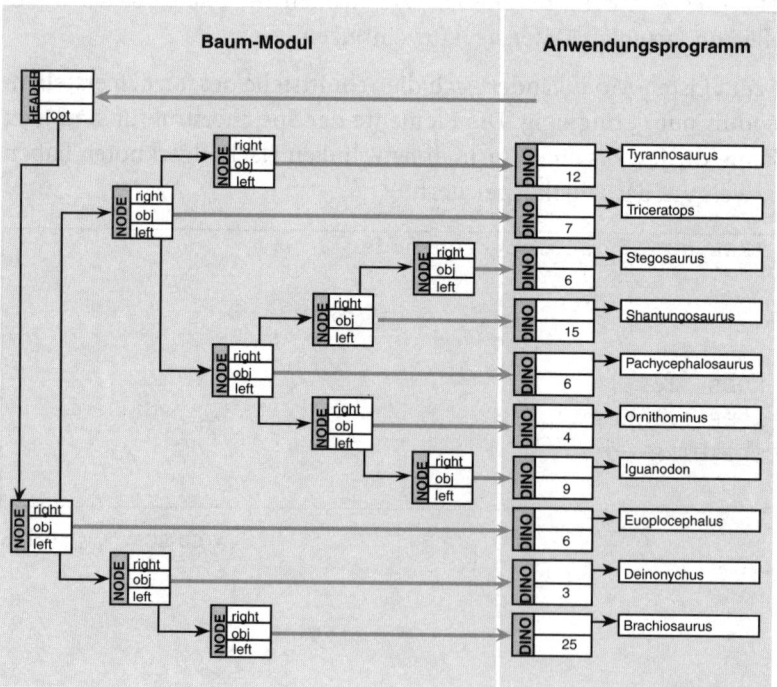

Zum Abschluss betrachten wir noch einmal den gesamten Headerfile, in dem sich nur die Datenstrukturen des Speichermoduls geändert haben:

```
# ifndef SPM_H
# define SPM_H

typedef void * OBJECTPOINTER;

typedef char *(*NAMENSFUNKTION)( OBJECTPOINTER obj);
typedef void (*FREIGABEFUNKTION)( OBJECTPOINTER obj);

# define TREE_NODE   struct tree_node

TREE_NODE
    {
    TREE_NODE *left;
    TREE_NODE *right;
    OBJECTPOINTER obj;
    };

# define TREE_HEADER struct tree_header

TREE_HEADER
    {
    TREE_NODE *root;
    NAMENSFUNKTION name;
    FREIGABEFUNKTION freigabe;
    };

typedef TREE_HEADER * SPEICHERSTRUKTUR;

extern SPEICHERSTRUKTUR spm_create( NAMENSFUNKTION nf,
                                    FREIGABEFUNKTION rf);
extern int spm_insert( SPEICHERSTRUKTUR s, OBJECTPOINTER obj);
extern int spm_remove( SPEICHERSTRUKTUR s, char *name);
extern OBJECTPOINTER spm_find( SPEICHERSTRUKTUR s, char *name);
extern void spm_freeall( SPEICHERSTRUKTUR s);
extern void spm_show( SPEICHERSTRUKTUR s);

# endif
```

▲ CD-ROM P_15_5/spm.h

Die Funktionen des Speichermoduls bleiben an der Schnittstelle unverändert. Sie sind natürlich, angepasst an die neue Speicherstruktur, komplett neu zu programmieren. Das zu tun ist die Aufgabe des nächsten Abschnitts.

15.5.4 Implementierung

Als Erstes implementieren wir wieder die `create`-Funktion, die sich aber nicht wesentlich von der entsprechenden Funktion für Listen unterscheidet:

```
SPEICHERSTRUKTUR spm_create( NAMENSFUNKTION nf,
                                          FREIGABEFUNKTION rf)
    {
    SPEICHERSTRUKTUR s;

    s = (SPEICHERSTRUKTUR)malloc( sizeof( TREE_HEADER));
    s->root = 0;
    s->name = nf;
    s->freigabe = rf;
    return s;
    }
```

▲ **CD-ROM** P_15_5/spm.c

Wir markieren die Wurzel (`root`) des Baumes mit dem NULL-Zeiger und tragen die Adressen der Callback-Funktionen (`nf`, `rf`) in die dafür vorgesehenen Felder ein.

Ein neues Objekt wollen wir natürlich nicht irgendwo im Baum ablegen, sondern so, dass immer ein sortierter Baum vorliegt. Nur dann können wir die Vorteile von kürzeren Suchpfaden wirklich nutzen. In einem unsortierten Baum hätten wir zur Suche eines Eintrags immer eine vollständige Traversierung durchzuführen. In einem sortierten Baum können wir zielgerichtet zu dem gesuchten Objekt absteigen.

Die Strategie zum Einsetzen eines Elements in einen aufsteigend geordneten Baum orientiert sich an der Suchstrategie, die wir früher bereits einmal grafisch dargestellt hatten.

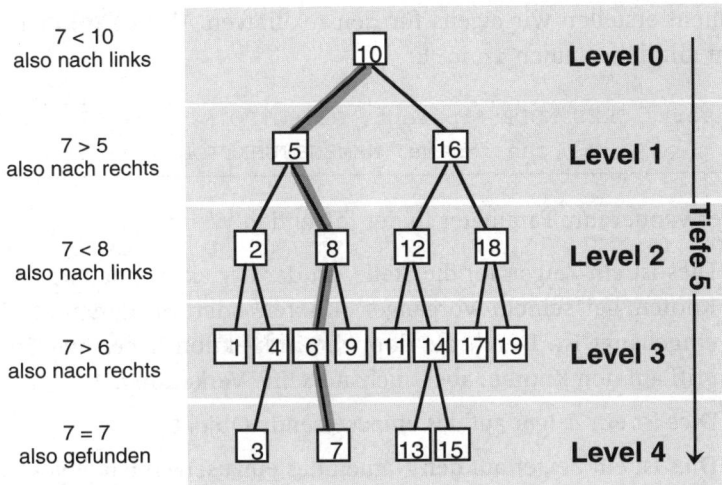

7 < 10 also nach links	Level 0
7 > 5 also nach rechts	Level 1
7 < 8 also nach links	Level 2
7 > 6 also nach rechts	Level 3
7 = 7 also gefunden	Level 4

Sie ist einfach zu formulieren:

A: Starte an der Wurzel des Baumes!

B: Ist an der betrachteten Stelle kein Objekt gespeichert, so setze das neue Objekt dort ein und beende das Verfahren mit einer Erfolgsmeldung!

C: Ist an der betrachteten Stelle ein Objekt gespeichert, so vergleiche es mit dem einzusetzenden Objekt! Dabei ergeben sich drei mögliche Fälle, die mit D, E und F bezeichnet sind:

D: Das einzusetzende Objekt ist größer als das Objekt an der betrachteten Stelle. Dann gehört das neue Objekt in den rechten Teilbaum. Betrachte also die Wurzel des rechten Teilbaums und fahre bei B fort!

E: Das einzusetzende Objekt ist kleiner als das Objekt an der betrachteten Stelle. Dann gehört das neue Objekt in den linken Teilbaum. Betrachte also die Wurzel des linken Teilbaums und fahre bei B fort!

F: Das einzusetzende Objekt ist gleich dem Objekt an der betrachteten Stelle. Dann kann das Objekt nicht gespeichert werden. Beende das Verfahren mit einer Fehlermeldung!

Das müssen wir jetzt nur noch als C-Funktion umsetzen. Es ist sehr einfach und sogar sinnvoll, einen iterativen Algorithmus zur Implementierung der obigen Verfahrensbeschreibung zu wählen. Im Hinblick auf eine spätere Erweiterung der insert-Funktion entscheiden wir uns hier aber für Rekursion. Da wir die Rekursion nicht mit der vorgegebenen Schnittstelle

```
int spm_insert( SPEICHERSTRUKTUR s, OBJECTPOINTER obj)
```

durchführen können, erstellen wir eigens für den rekursiven Abstieg im Baum eine Hilfsfunktion mit dem Namen `insert`:

```
static int insert( TREE_NODE **parent, OBJECTPOINTER obj,
                            char *name, NAMENSFUNKTION namefct)
```

Diese Funktion verwendet ihre Parameter in der folgenden Weise:

- `parent`   Dies ist ein Zeiger auf die Stelle, an der der aktuell betrachtete Knoten bei seinem Vorgänger (Knoten oder Headerstruktur) eingehängt ist. Durch die doppelte Indirektion haben wir Zugriff auf den Knoten, aber auch auf seine Verkettung.[18]

- `obj`   Dies ist ein Zeiger auf das einzusetzende Objekt.

- `name`   Dies ist ein Zeiger auf den Namen des einzusetzenden Objekts. Damit wir den Namen nicht auf jeder Rekursionsebene erneut mit der Namensfunktion ermitteln müssen, ermitteln wir ihn am Anfang einmal und reichen ihn dann durch die Schnittstelle weiter.

- `namefct`   Dies ist die Namensfunktion, die wir benötigen, um jeweils den Namen des Vergleichsobjekts zu ermitteln.

Die Hilfsfunktion implementieren wir dann wie folgt:

```
       static int insert( TREE_NODE **parent, OBJECTPOINTER obj,
                                   char *name, NAMENSFUNKTION namefct)
          {
          int cmp;

A         if( !*parent)
             {
             *parent = (TREE_NODE *) malloc( sizeof( TREE_NODE));
             (*parent)->left = 0;
             (*parent)->right = 0;
             (*parent)->obj = obj;
             return 1;
             }

B         cmp = strcmp( name, namefct((*parent)->obj));
          if( cmp > 0)
C            return insert(&((*parent)->right), obj, name, namefct);
          if( cmp < 0)
```

---

18. Eine ähnliche Verwendung der doppelten Indirektion kennen sie bereits von Listen.

D	`return insert(&((*parent)->left), obj, name, namefct);`
E	`return 0;` `}`

▲ CD-ROM P_15_5/spm.c

Hier finden wir die in der obigen Verfahrensbeschreibung genannten Punkte A – E wieder:

A: Wir sind beim rekursiven Abstieg an einer freien Stelle im Baum angekommen. Hier können wir einen neuen Knoten einhängen. Wir allokieren den Speicher für ein neues Knotenelement, schreiben den NULL-Zeiger in das linke und das rechte Nachfolgerfeld und hängen das neue Knotenelement im Vorgängerknoten (bzw. in der Basisstruktur) ein. Nachdem wir noch die Verbindung zu dem zu speichernden Objekt hergestellt haben, geben wir den Returncode 1 (= Erfolg) zurück. Der rekursive Abstieg ist damit beendet und der Returncode wird durch alle Hierarchie-Ebenen hindurch (siehe dazu C und D) zum rufenden Programm der obersten Ebene zurückgereicht.

B: Wir vergleichen das einzusetzende Objekt mit dem an der betrachteten Stelle im Baum und bereiten dadurch die nachfolgende Fallunterscheidung vor.

C: Das einzusetzende Objekt ist größer als das Objekt im Baum. Wir steigen also nach rechts ab und melden den aus dem rechten Teilbaum kommenden Returncode nach oben zurück.

D: Das einzusetzende Objekt ist kleiner als das Objekt im Baum. Wir steigen also nach links ab und melden den aus dem linken Teilbaum kommenden Returncode nach oben zurück.

E: Das einzusetzende Objekt hat den gleichen Namen wie das Objekt im Baum. Wir können das Objekt nicht einsetzen und melden Misserfolg zurück. Der rekursive Abstieg ist damit beendet und der Returncode wird durch alle Hierarchie-Ebenen hindurch (siehe dazu C und D) zum rufenden Programm der obersten Ebene zurückgereicht.

Die Schnittstelle der Hilfsfunktion ist so gewählt worden, um die Funktion »rekursionsfähig« zu machen. Damit die Schnittstelle der Schnittstellenspezifikation entspricht, müssen wir noch eine Funktionsschale herum setzen.

```
int spm_insert( SPEICHERSTRUKTUR s, OBJECTPOINTER obj)
    {
    return insert( &(s->root), obj, (s->name)(obj), s->name);
    }
```

▲ CD-ROM P_15_5/spm.c

Wir rufen die rekursionsfähige Funktion insert und übergeben dabei die Adresse der Wurzel, den Namen des einzusetzenden Objekts und die Adresse der Namensfunktion. Den aus der Rekursion kommenden Returncode geben wir an das rufende Programm zurück.

Zum Auffinden eines Objekts im Baum verwenden wir im Prinzip die gleiche Strategie, gehen dabei aber nicht rekursiv vor. In einer for-Schleife laufen wir durch den Baum zu den Blättern hin und nehmen dabei immer entsprechend der Vergleichsergebnisse den Weg nach links oder nach rechts. Entweder finden wir das Objekt oder das Verfahren endet an einem Knoten, von dem aus aber kein Weg mehr in die einzuschlagende Richtung weiterführt.

```
OBJECTPOINTER spm_find( SPEICHERSTRUKTUR   s, char *name)
    {
    TREE_NODE *n;
    int cmp;

    for( n = s->root; n; )
        {
        cmp = strcmp( name, s->name(n->obj));
        if( cmp > 0)
            n = n->right;
        else if( cmp < 0)
            n = n->left;
        else
            return n->obj;
        }
    return 0;
    }
```

▲ CD-ROM P_15_5/spm.c

Eine Remove-Funktion zum Entfernen von Objekten aus dem Baum wollen wir in diesem Abschnitt nicht realisieren. Trotzdem wollen wir uns einige Gedanken darüber machen, wie sie denn zu realisieren wäre. Das Entfernen von Objekten ist bei Bäumen nicht so einfach zu realisieren wie bei Listen. Will man einen Knoten aus einem Baum entfernen, so muss man die beiden gegebenenfalls vorhandenen Nachfolger an geeigneter Stelle im Baum unterbringen. Das entfernte Element macht zwar einen Platz frei, aber wenn es zwei Nachfolger hat, so ist die Frage: Wohin mit dem zweiten Nachfolger?

Wir betrachten mehrere Fälle.

Im ersten Fall hat der zu entfernende Knoten A nur einen linken Nachfolger B:

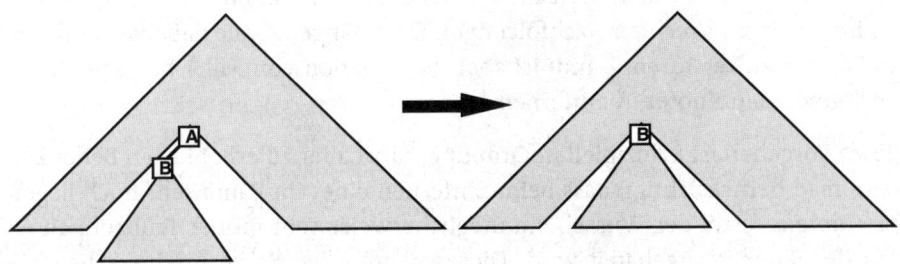

Dann können wir den Knoten A entfernen und seinen linken Nachfolgerknoten B ein Level hochziehen. Beachten Sie, dass die Ordnung des Baumes dabei erhalten bleibt!

Ähnlich einfach ist die Situation, wenn nur ein rechter Nachfolger existiert. Hier ziehen wir den rechten Nachfolgerknoten ein Level hoch:

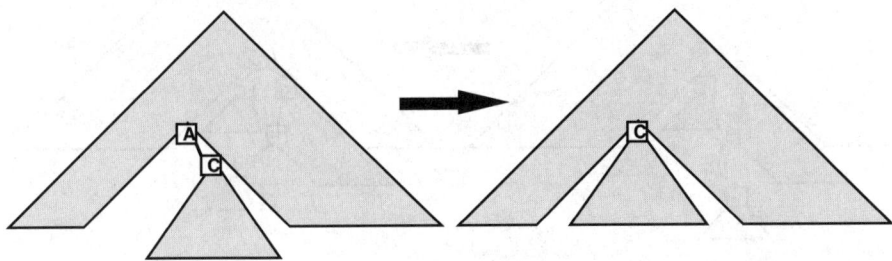

Es bleibt der schwierige Fall, dass der zu entfernende Knoten A zwei Nachfolger (B und C) hat. Wir betrachten dann den größten Knoten im linken mit B als Wurzel beginnenden Teilbaum. In der nachfolgenden Skizze ist dieser Knoten mit D bezeichnet:

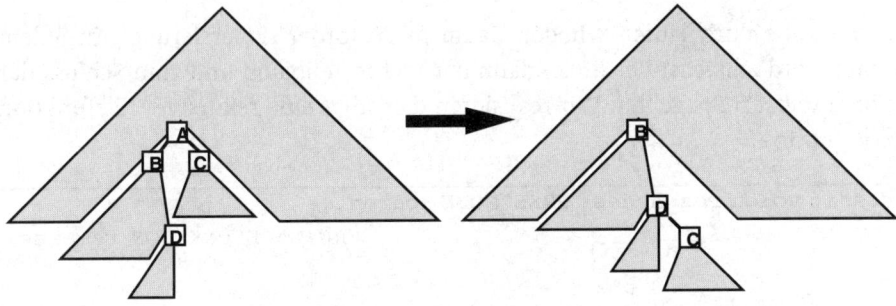

Dieser Knoten D kann keinen rechten Nachfolger haben, denn sonst wäre er nicht der größte Knoten in dem betrachteten Teilbaum. Wir können den Knoten C in den freien Platz als rechten Nachfolger von D einhängen, ohne dabei die Ordnung des Baumes zu zerstören. Damit ist aber die Situation von Fall 1 hergestellt, und wir können den Knoten A entfernen.

Dieses Vorgehen ist prinzipiell in Ordnung, führt aber zu erheblichen Bedenken, wenn man berücksichtigt, dass beim Entfernen eines im Baum sehr hoch liegenden Knotens (etwa der Wurzel) ein möglicherweise sehr großer Teilbaum an ein Blatt des Baumes angehängt wird. Dieses könnte den Baum in eine erhebliche Schieflage bringen und die Vorteile eines Baumes, kurze Such- und Zugriffspfade zu bieten, würden verspielt.

Es empfiehlt sich daher eine Vorgehensweise, die nicht zu einem Tiefenwachstum im Baum führt. Die folgende Skizze zeigt ein solches Verfahren:

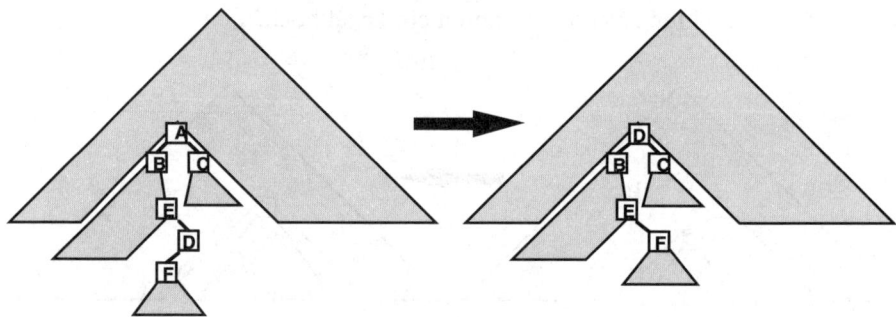

Wir ersetzen den Knoten A durch den Knoten D, da der Knoten D ja an seiner Position problemlos entfernt werden kann (Fall 1) und von seiner Größe her (größter Knoten links unterhalb A und kleiner als alle Knoten rechts von A) an diese Stelle passt.

Die Implementierung dieses Verfahrens überlasse ich Ihnen als Übungsaufgabe.

Zur Freigabe durchlaufen wir den Baum in Postorder-Traversierung. An jedem Knoten wird zunächst der linke, dann der rechte Teilbaum und zum Schluss der Knoten selbst freigegeben. Wir realisieren dies über eine rekursive Hilfsfunktion `free_nodes`,

```
static void free_nodes( TREE_NODE *parent,

                                FREIGABEFUNKTION release)
    {
    if( parent)
        {
```

```
            free_nodes( parent->left, release);
            free_nodes( parent->right, release);
            release( parent->obj);
            free( parent);
            }
      }
```

▲ CD-ROM P_15_5/spm.c

die aus der Schnittstellenfunktion mit der Wurzel des Baumes gestartet wird:

```
void spm_freeall( SPEICHERSTRUKTUR  s)
    {
    free_nodes( s->root, s->freigabe);
    free( s);
    }
```

▲ CD-ROM P_15_5/spm.c

Wenn zum Abschluss noch die Header-Struktur freigegeben wird, ist der Baum vollständig beseitigt.

Um den Baum in seiner Struktur auf dem Bildschirm auszugeben, muss noch die Schnittstellenfunktion spm_show realisiert werden. Sie finden diese Funktion auf der beiliegenden CD (P_15_5/spm.c), sollten aber versuchen, sie selbstständig zu realisieren.

15.5.5 Test

Das Hauptprogramm müssen wir nur neu kompilieren und linken, da sich an der Schnittstelle ja nichts geändert hat. Das Programm gibt die Baumstruktur auf dem Bildschirm aus

```
          /--Tyrannosaurus
      /--Triceratops
      |   |         /--Stegosaurus
      |   |     /--Shantungosaurus
      |   \--Pachycephalosaurus
      |         \--Ornithominus
      |               \--Iguanodon
   Euoplocephalus
   \--Deinonychus
         \--Brachiosaurus
```

D_15_5

und wickelt dann den Dialog ab, den wir von den Listen her bereits kennen.

Der Aufbau des Baumes hängt dabei natürlich davon ab, in welcher Reihenfolge die Dinosaurier in der Datei vorgefunden werden. Wenn wir die Dinosaurier in der Datei alphabetisch ordnen und erneut einlesen, so ergibt sich die folgende Baumstruktur:

```
                                    /--Tyrannosaurus
                               /--Triceratops
                          /--Stegosaurus
                     /--Shantungosaurus
                /--Pachycephalosaurus
           /--Ornithominus
      /--Iguanodon
   /--Euoplocephalus
 /--Deinonychus
Brachiosaurus
```

Das war zu erwarten, da aufgrund der Ordnung in der Datei die neuen Objekte immer nur rechts im Baum angefügt werden. In diesem Fall entartet der Baum zu einer Liste und die erhofften kürzeren Zugriffswege kommen nicht zustande. Die Lösung ist in diesem Spezialfall sogar schlechter als eine Liste, da im Baum zusätzlicher Speicher für die ungenutzten Zeiger auf linke Teilbäume allokiert ist.

Bei einer zufälligen Anordnung der Elemente im Baum können wir auf einen einigermaßen »ausgeglichenen« Aufbau des Baumes hoffen. Droht der Baum aber »in Schieflage« zu geraten, so benötigen wir Algorithmen, um die Schieflage wieder auszugleichen. Mit solchen Algorithmen beschäftigen wir uns im nächsten Abschnitt.

15.6 Ausgeglichene Bäume

Wir betrachten noch einmal das katastrophale Ergebnis, das wir am Ende des letzten Abschnitts erhalten hatten:

```
                                    /--Tyrannosaurus
                               /--Triceratops
                          /--Stegosaurus
                     /--Shantungosaurus
                /--Pachycephalosaurus
           /--Ornithominus
      /--Iguanodon
   /--Euoplocephalus
 /--Deinonychus
Brachiosaurus
```

Es handelt sich um einen Baum der Tiefe 10, der von seiner Kapazität her bis zu $2^{10} - 1 = 1023$ Elemente aufnehmen kann. Und diese Kapazität verschwenden wir hier für 10 Knoten.

Um die volle Kapazität eines Baumes auszunutzen, muss der Baum in geeigneter Weise balanciert oder ausgeglichen werden. Dieser Gedanke führt uns zu den sogenannten AVL-Bäumen[19], die wir in diesem Abschnitt behandeln wollen.

15.6.1 Grundbegriffe

Wenn wir die volle Kapazität eines Baumes ausnutzen wollen, ist es erforderlich, immer ein Level vollständig mit Knoten aufzufüllen, bevor wir das nächste Level in Angriff nehmen.

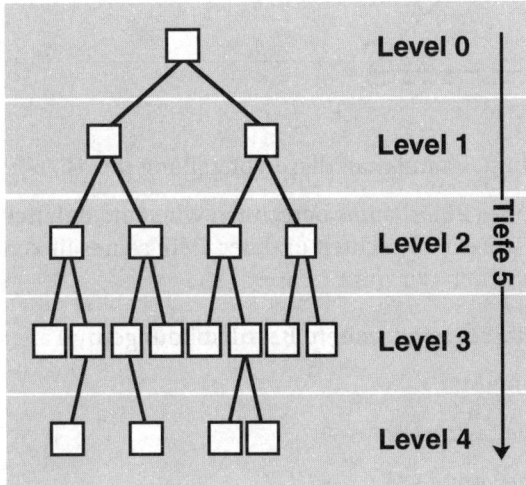

Wir formulieren dies als Definition:

> Ein Baum, bei dem alle Level bis auf das letzte vollständig mit Knoten aufgefüllt sind, heißt **vollständiger Baum**.

Dies bedeutet, dass jeder Knoten bis zum vorletzten Level genau zwei Nachfolgerknoten haben muss.

Man kann sich vorstellen, dass es nicht einfach ist, einen Baum bei Einsetz- und Löschoperationen stets geordnet und vollständig zu halten. Zumindest ist zu befürchten, dass der ständige Reorganisationsaufwand beim Einsetzen und Löschen von Knoten den Zeitgewinn beim Zugriff auf die Knoten übersteigt. Wir suchen

---

19. Die Namensgebung verweist auf die russischen Mathematiker Adelson-Velskii und Landis, die diese Bäume eingeführt haben.

deshalb eine »abgeschwächte« Form von Vollständigkeit, bei der sich aber einfache Reorganisationsalgorithmen finden lassen.

Wir gehen dabei von einer gewissen intuitiven Vorstellung von der Ausgeglichenheit oder Balanciertheit eines Baumes aus. Diese Vorstellung besagt, dass die Teilbäume links und rechts unterhalb eines Knotens nicht »ungleichgewichtig« sein sollten:

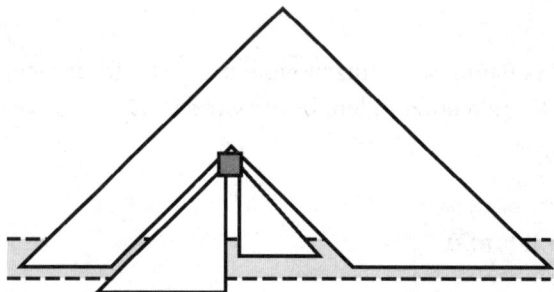

Über den Begriff der Tiefe eines Baumes kann man diese Vorstellung präzisieren:

> Für einen beliebigen Knoten K eines Binärbaums berechnen wir seine **Balance** als die Differenz zwischen der Tiefe seines rechten und der Tiefe seines linken Teilbaums. Diese Differenz bezeichnen wir mit balance(K).

An diese Definition knüpfen wir direkt einige weitere Begriffsbildungen:

> Ein Knoten K eines Binärbaums heißt:
>
> | | **balanciert,** | wenn balance(K) = 0, |
> |---|---|---|
> | | **linksorientiert,** | wenn balance(K) = -1, |
> | | **rechtsorientiert,** | wenn balance(K) = 1, |
> | | **linkslastig,** | wenn balance(K) < -1, |
> | | **rechtslastig,** | wenn balance(K) > 1 |
>
> ist.
>
> In den grafischen Darstellungen von Bäumen verwenden wir dazu die oben jeweils voranstehende Notation.

Ein Baum mit einer balancierten Wurzel muss nicht im Sinne unserer intuitiven Vorstellungen ausgeglichen, geschweige denn vollständig sein, wie das folgende Beispiel zeigt:

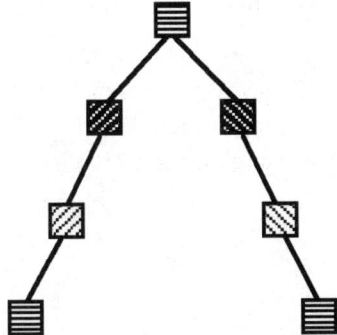

Wir definieren daher verschärfend:

> Ein Binärbaum heißt **ausgeglichen** (oder AVL-Baum), wenn kein Knoten des Baumes rechts- oder linkslastig ist. Wenn sich also der linke und der rechte Teilbaum unterhalb eines jeden Knotens in ihrer Tiefe um maximal 1 unterscheiden.

Trotz dieser Verschärfung muss ein ausgeglichener Baum nicht vollständig sein:

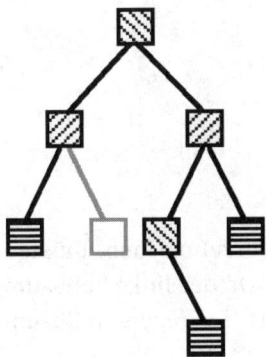

Man kann leicht weitere Beispielbäume konstruieren, bei denen auch auf weiter von den Blättern entfernten Leveln Knoten ausfallen. Trotzdem hat ein ausgeglichener Baum immer einen gewissen Grad an Vollständigkeit. Wir denken uns einen ausgeglichenen Baum, bei dem auf einem bestimmten Level die Vollständigkeit verletzt ist. Ohne die Allgemeinheit unserer Überlegungen einzuschränken, können wir annehmen, dass der Baum so umgestellt ist, dass die Stelle, an der der Knoten fehlt, ganz links im Baum ist.

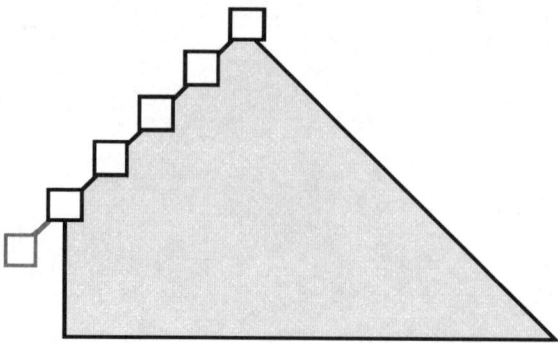

Wir betrachten nun den Vaterknoten des fehlenden Knotens. Da dieser Knoten nicht rechtslastig sein darf, kann sich rechts unterhalb dieses Knotens höchstens ein Baum der Tiefe 1 – also maximal ein einzelner Knoten befinden:

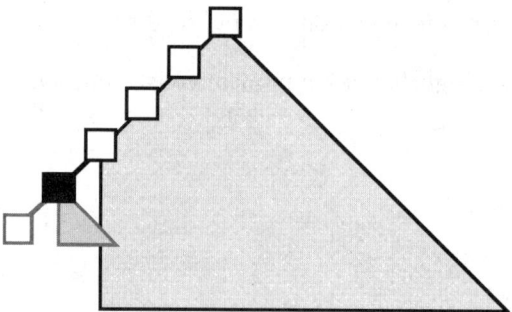

Wenn wir jetzt einen weiteren Schritt in Richtung der Wurzel machen, müssen wir wieder auf einen nicht rechtslastigen Knoten stoßen. Da der linke Teilbaum unterhalb dieses Knotens höchstens die Tiefe 2 hat, darf der rechte Teilbaum höchstens die Tiefe 3 haben.

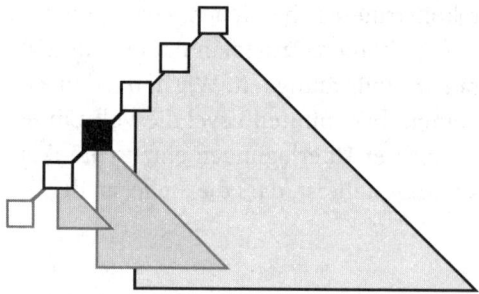

Setzen wir diese Betrachtung bis zur Wurzel des Baumes fort,

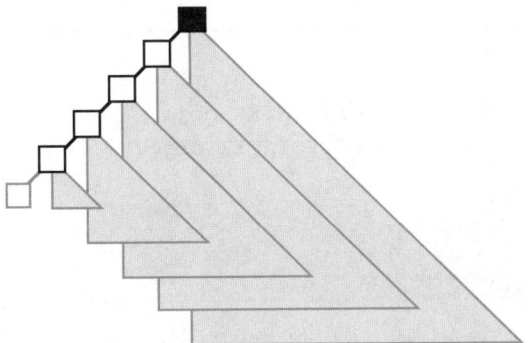

so sehen wir, dass ein ausgeglichener Baum immer bis zur Hälfte seiner Tiefe vollständig mit Knoten aufgefüllt sein muss.

Diese Überlegung gilt natürlich nicht nur für den Baum als Ganzes, sondern auch für jeden seiner Teilbäume. In einem AVL-Baum können wir daher sicher sein, dass der gesamte Baum und auch jeder seiner Teilbäume stets zumindest bis zur halben Tiefe vollständig mit Knoten aufgefüllt ist. Insgesamt ist ein ausgeglichener Baum also ein guter Kompromiss zwischen einem beliebigen und einem vollständigen Baum, zumal wir weiter unten bei der Implementierung ausgeglichener Bäume sehen werden, dass sich die Balancierung von Knoten relativ einfach durchführen lässt.

Zunächst aber beschäftigen wir uns mit der Anpassung der Speicherstruktur an ausgeglichene Bäume.

15.6.2 Speicherstruktur

Aus der Sicht des Anwenderprogramms ändert sich die Schnittstelle nicht.

Intern erweitern wir die Datenstruktur für die Knoten des Baumes jedoch so, dass die Information über die Links- bzw. Rechtslastigkeit des zugehörigen Teilbaums gespeichert werden kann. Wir sehen dazu ein zusätzliches Feld (`balance`) in der Knotenstruktur vor. In dieses Feld tragen wir ein, ob der am Knoten anhängende Teilbaum ausgeglichen bzw. rechts- oder linksorientiert ist. Wir benutzen dazu symbolische Konstanten (LINKSORIENTIERT, BALANCIERT, RECHTSORIENTIERT). Die Fälle, dass ein Knoten links- oder rechtslastig ist, wird durch die noch zu entwickelnden Balancierungsalgorithmen ausgeschlossen, sodass wir für diese Fälle keine symbolischen Konstanten vorsehen müssen. Das sind neben elementaren Umbenennungen (AVL statt TREE) bereits alle Änderungen, die wir in der Header-Datei spm.h vornehmen müssen:

```
typedef void * OBJECTPOINTER;


typedef char *(*NAMENSFUNKTION)( OBJECTPOINTER obj);
typedef void (*FREIGABEFUNKTION)( OBJECTPOINTER obj);


# define LINKSORIENTIERT   -1
# define BALANCIERT         0
# define RECHTSORIENTIERT   1


# define AVL_NODE    struct avl_node

AVL_NODE
    {
    AVL_NODE *left;
    AVL_NODE *right;
    OBJECTPOINTER obj;
    char balance;
    };


# define AVL_HEADER struct avl_header

AVL_HEADER
    {
    AVL_NODE *root;
    NAMENSFUNKTION name;
    FREIGABEFUNKTION freigabe;
    };


typedef AVL_HEADER * SPEICHERSTRUKTUR;


extern SPEICHERSTRUKTUR spm_create( NAMENSFUNKTION nf,
                                    FREIGABEFUNKTION rf);
extern int spm_insert( SPEICHERSTRUKTUR s, OBJECTPOINTER obj);
extern int spm_remove( SPEICHERSTRUKTUR s, char *name);
extern OBJECTPOINTER spm_find( SPEICHERSTRUKTUR s, char *name);
extern void spm_freeall( SPEICHERSTRUKTUR s);
extern void spm_show( SPEICHERSTRUKTUR s);
```

▲ **CD-ROM** P_15_6/spm.h

Die Speicherstruktur wollen wir jetzt als ausgeglichenen Baum aufbauen. Als Ergebnis erhoffen wir uns eine geringere Tiefe und damit kürzere Zugriffswege, als wir sie beim nicht ausgeglichenen Baum vorgefunden hatten. Dies wird auch gelingen. Im Vorgriff auf die Ergebnisse des nächsten Abschnitts zeige ich Ihnen schon einmal den Baum, der sich beim Einlesen der Dinosaurier ergeben wird:

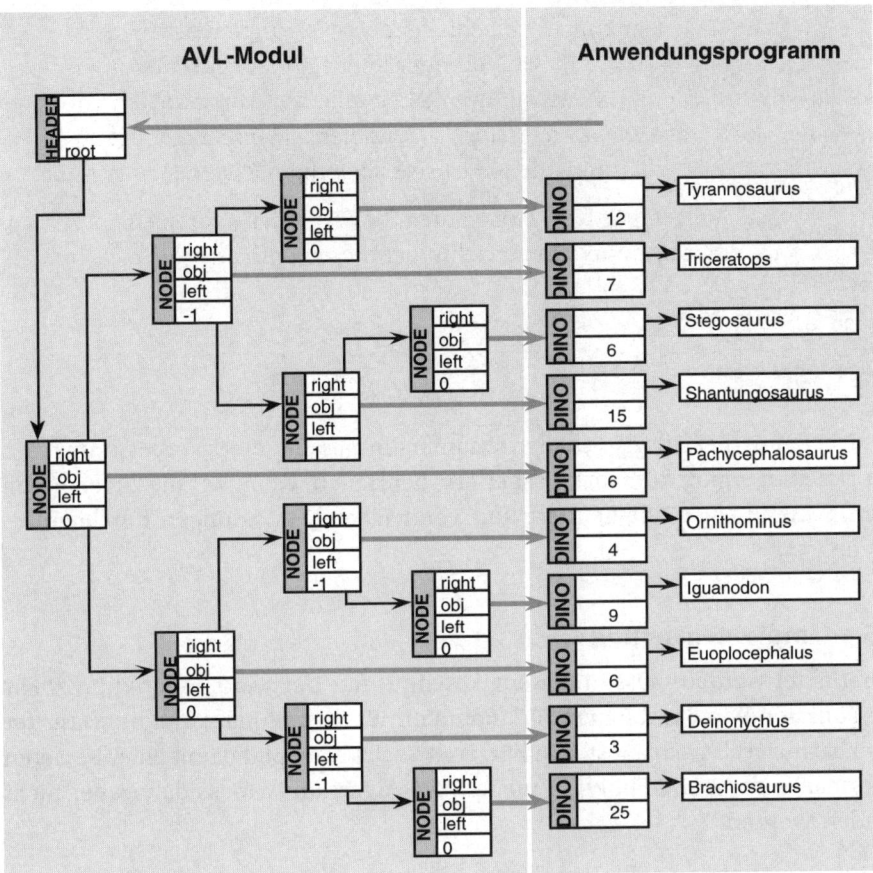

Wir haben jetzt drei Varianten. Den unbalancierten Baum in seiner »zufälligen« und seiner zur Liste entarteten Variante sowie den hier konzipierten ausgeglichenen Baum. In den konkreten Beispielen ergeben sich dabei nach dem Aufbau des Baumes die folgenden Suchtiefen:

	Suchtiefe		
	Liste	Baum	AVL
Brachiosaurus	1	3	4
Deinonychus	2	2	3
Euoplocephalus	3	1	2
Iguanodon	4	5	4
Ornithominus	5	4	3
Pachycephalosaurus	6	3	1
Shantungosaurus	7	4	3
Stegosaurus	8	5	4
Triceratops	9	2	2
Tyrannosaurus	10	3	3
Mittlere Suchtiefe	5,5	3,2	2,9

Ob sich damit bei ausgeglichenen Bäumen insgesamt eine Verbesserung der Zugriffszeiten ergibt, können wir aber erst beurteilen, wenn wir die zugehörigen Zugriffsfunktionen implementiert und vergleichende Messungen durchgeführt haben.

15.6.3 Implementierung

Überarbeitet werden muss in diesem Abschnitt nur die insert-Funktion[20]. Für eine Funktion wie find ist ein AVL-Baum ein Baum wie jeder andere. Dass der Baum balanciert ist, schlägt sich in kürzeren Suchwegen und damit einer besseren Performance der find-Funktion nieder. Die Algorithmik muss dafür aber nicht geändert werden.

Die insert-Funktion sollte so arbeiten, dass ein unbalancierter Baum beim Einsetzen der Knoten erst gar nicht entstehen kann. Wir werden daher den Baum nach oder besser bei jeder Einsetzoperation immer sofort wieder ausgleichen. Linksorientierung bzw. Rechtsorientierung eines Baumes sind tolerabel, im Allgemeinen sogar unvermeidbar. Erst wenn Linkslast oder Rechtslast entsteht, müssen wir den Baum ausgleichen und dazu Knoten von der überlasteten Seite des Baumes in die weniger belastete Seite des Baumes verlagern:

---

20. Und natürlich auch die remove-Funktion, aber die haben wir ja bereits bei den unbalancierten Bäumen nicht implementiert.

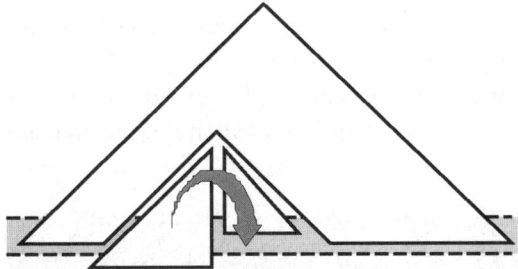

Bei dieser Verlagerung müssen wir natürlich die Ordnungsstruktur des Baumes erhalten. Eine Verletzung der Ordnungsstruktur würde dazu führen, dass Elemente (bzw. ganze Teilbäume) im Baum unauffindbar wären.

Prinzipiell werden wir beim Einsetzen eines neuen Elements in den Baum wie folgt vorgehen:

Rekursiv absteigend werden wir die Stelle suchen, an der das Element im Baum einzufügen ist. Dort werden wir es auch einfügen:

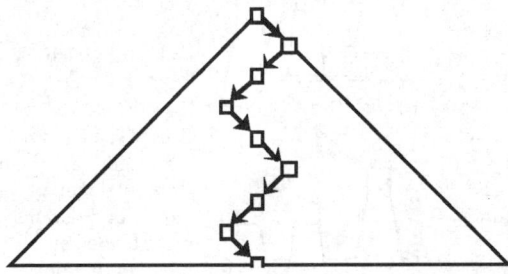

An jedem Knoten, den wir dann beim Rückzug aus der Rekursion erreichen, werden wir den zugehörigen Unterbaum auf Rechts- bzw. Linkslastigkeit untersuchen und bei Bedarf Balancierungen vornehmen.

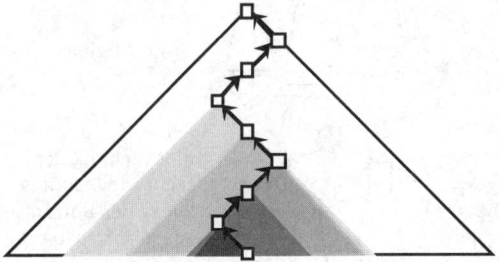

Wieder an der Wurzel angekommen, ist dann der gesamte Baum balanciert.

Um die Lösung des Problems systematisch angehen zu können, verschaffen wir uns zunächst einen Überblick über die Fälle, die wir beim Rückzug im Baum vorfinden können. Betrachtet werden natürlich nur Fälle, in denen der zu bearbeitende Knoten rechts- oder linkslastig ist. In allen anderen Fällen liegt ja eine akzeptable Situation vor.

Linkslastiger Teilbaum		Rechtslastiger Teilbaum	
Typ	Abgleich	Typ	Abgleich
	Dieser Fall kann nicht eintreten, da der linke Teilbaum im Wege des Bottom-up-Abgleichs zuvor abgeglichen worden wäre.		Dieser Fall kann nicht eintreten, da der rechte Teilbaum im Wege des Bottom-up-Abgleichs zuvor abgeglichen worden wäre.
	Dieser Fall kann eintreten. Es muss ein Abgleich durchgeführt werden. → LL-Abgleich		Dieser Fall kann eintreten. Es muss ein Abgleich durchgeführt werden. → RR-Abgleich
	Dieser Fall kann nicht eintreten, da nur ein Knoten eingefügt wurde und dadurch nicht beide Teilbäume um eine Ebene gewachsen sein können.		Dieser Fall kann nicht eintreten, da nur ein Knoten eingefügt wurde und dadurch nicht beide Teilbäume um eine Ebene gewachsen sein können.
	Dieser Fall kann eintreten. Es muss ein Abgleich durchgeführt werden. → LR-Abgleich		Dieser Fall kann eintreten. Es muss ein Abgleich durchgeführt werden. → RL-Abgleich
	Dieser Fall kann nicht eintreten, da der linke Teilbaum im Wege des Bottom-up-Abgleichs zuvor abgeglichen worden wäre.		Dieser Fall kann nicht eintreten, da der rechte Teilbaum im Wege des Bottom-up-Abgleichs zuvor abgeglichen worden wäre.

Wir diskutieren die verbleibenden Fälle und beschränken uns dabei auf Balancierung von linkslastigen Teilbäumen. Die rechtslastigen Fälle sind natürlich völlig symmetrisch angelegt und durch einfache Übertragung der Lösungen für den linkslastigen Fall zu gewinnen.

Als Erstes betrachten wir den Fall, in dem ein LL-Ausgleich erforderlich ist. Vor dem Abgleich finden wir im Baum die folgende Situation vor:

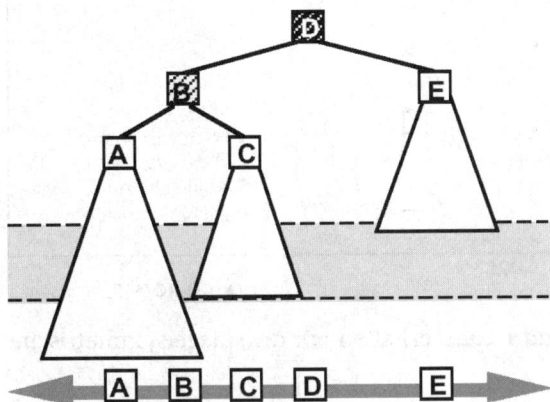

Wir können die Balancierung durch die folgende Reorganisation des Baumes wieder herstellen:

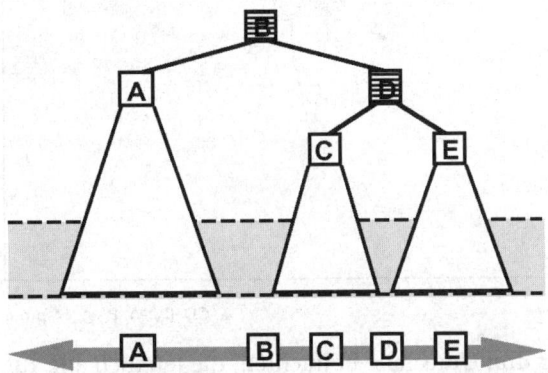

Die Knoten D und B sind anschließend beide balanciert. Beachten Sie, dass die Sortierordnung des Baumes trotz des durchgreifenden strukturellen Umbaus erhalten bleibt.

Das Verfahren setzen wir unmittelbar in eine C-Funktion um und benutzen dabei die Knotenbezeichnungen aus der obigen Skizze:

```
static void ll_ausgleich( AVL_NODE **wurzel)
    {
    AVL_NODE *D, *B;

    D = *wurzel;
    B = (*wurzel)->left;
    D->left = B->right;
    B->right = D;
    D->balance = BALANCIERT;
    B->balance = BALANCIERT;
    *wurzel = B;
    }
```

▲ CD-ROM P_15_6/spm.c

Durch Vertauschung von `left` und `right` erhalten wir die spiegelsymmetrische Funktion für den RR-Ausgleich:

```
static void rr_ausgleich( AVL_NODE **wurzel)
    {
    AVL_NODE *D, *B;

    D = *wurzel;
    B = (*wurzel)->right;
    D->right = B->left;
    B->left = D;
    D->balance = BALANCIERT;
    B->balance = BALANCIERT;
    *wurzel = B;
    }
```

▲ CD-ROM P_15_6/spm.c

Für den LR-Ausgleich müssen wir drei Unterfälle betrachten, die letztlich alle auf die strukturell gleiche Reorganisationsmaßnahme führen, den Teilbaum allerdings in unterschiedlichen Balancierungszuständen hinterlassen. Die Ausgangssituation ist hier, dass der zu betrachtende Knoten (F) linkslastig und sein linker Nachfolger (B) rechtsorientiert ist:

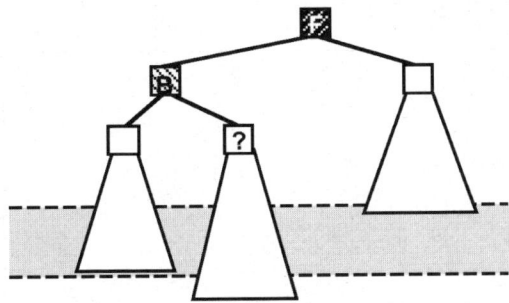

Wir betrachten zunächst den Unterfall, dass der rechte Nachfolger von B links-orientiert ist. Diesen Fall bezeichnen wir als LR-L-Fall:

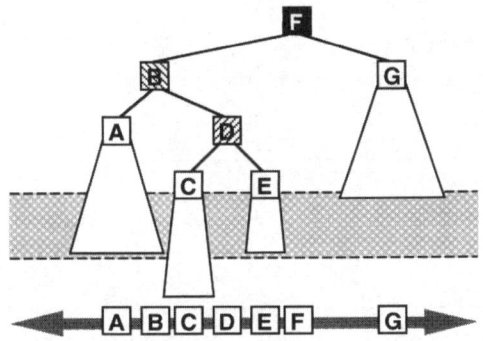

Die Reorganisation nehmen wir in diesem Fall nach folgendem Schema vor:

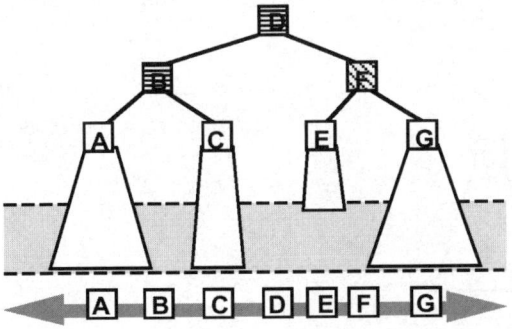

Auch dies implementieren wir unmittelbar in C:

```
static void lr_ausgleich( AVL_NODE **wurzel)
  {

  F = *wurzel;
  B = F->left;
  D = B->right;
  B->right = D->left;
  D->left = B;
  F->left = D->right;
  D->right = F;


  switch( D->balance)
    {
  case LINKSORIENTIERT:                         /* Fall: LR-L */
     F->balance = RECHTSORIENTIERT;
     B->balance = BALANCIERT;
     break;
     }
  D->balance = BALANCIERT;
  *wurzel = D;
  }
  AVL_NODE *F, *B, *D;
```

▲ CD-ROM P_15_6/spm.c

Das case-Statement in dieser Funktion wirkt unmotiviert, ist aber bereits zur Aufnahme der beiden noch anstehenden Fälle vorbereitet.

Der nächste Fall wird mit LR-R bezeichnet. Dies bedeutet, dass der Nachfolgerknoten D rechtsorientiert ist:

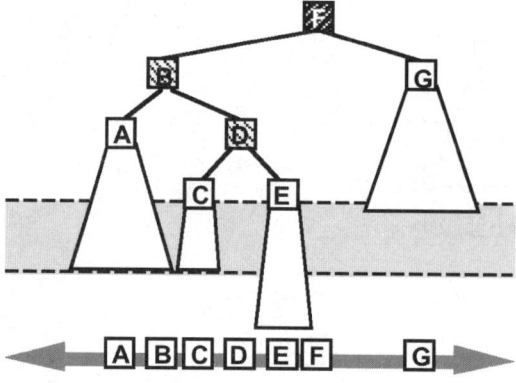

Wir führen die gleiche Reorganisation durch. Es ergeben sich lediglich andere Balancestati für die Knoten F und B:

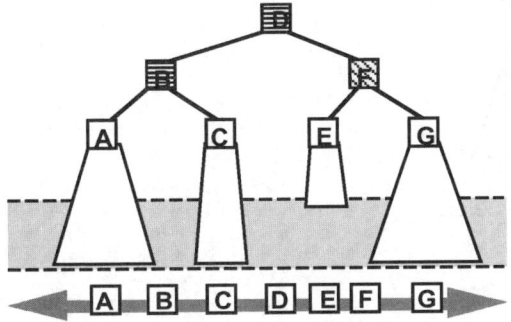

Wir nehmen diesen Fall in die Funktion `lr-ausgleich` mit auf:

```
static void lr_ausgleich( AVL_NODE **wurzel)
    {
    AVL_NODE *F, *B, *D;

    F = *wurzel;
    B = F->left;
    D = B->right;
    B->right = D->left;
    D->left = B;
    F->left = D->right;
    D->right = F;

    switch( D->balance)
        {
    case LINKSORIENTIERT:                    /* Fall: LR-L */
        F->balance = RECHTSORIENTIERT;
        B->balance = BALANCIERT;
        break;
    case RECHTSORIENTIERT:                   /* Fall: LR-R */
        F->balance = BALANCIERT;
        B->balance = LINKSORIENTIERT;
        break;
        }
    D->balance = BALANCIERT;
    *wurzel = D;
    }
```

▲ **CD-ROM** P_15_6/spm.c

585

Es bleibt der letzte Fall, dass der Knoten D balanciert ist:

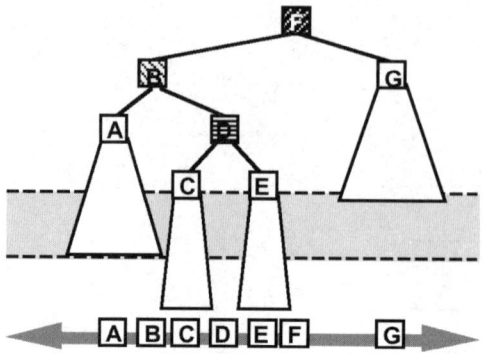

Wir bezeichnen diesen Fall als LR-0 und können ihn in der gleichen Weise bearbeiten wie die beiden ersten Fälle. Als Ergebnis sind B und F jetzt balanciert:

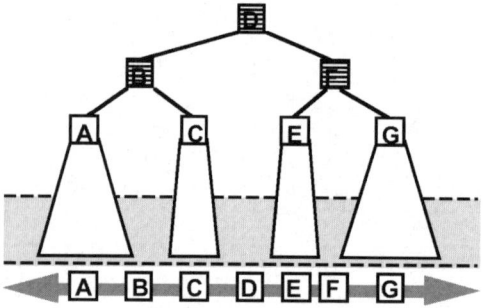

Man kann natürlich einwenden, dass der Fall, so wie er oben gezeichnet ist, eigentlich gar nicht vorkommen kann. Denn um in diese Situation zu kommen, müssten zwei Elemente eingefügt worden sein. Dies ist korrekt, aber dennoch kommt dieser Fall in einer sehr speziellen Situation vor, nämlich dann, wenn alle oben gezeichneten Teilbäume leer sind:

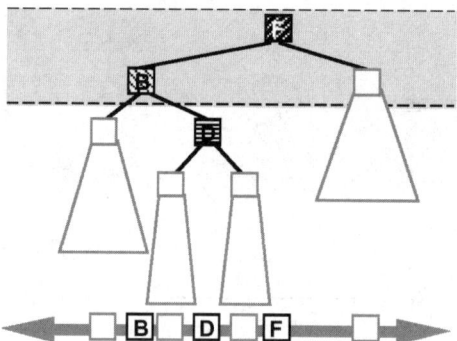

Aber ob sich an den bearbeiteten Knoten wirklich Teilbäume befinden, ist für den Reorganisationsalgorithmus ohne Bedeutung, und der seltene Spezialfall ordnet sich hier mit ein:

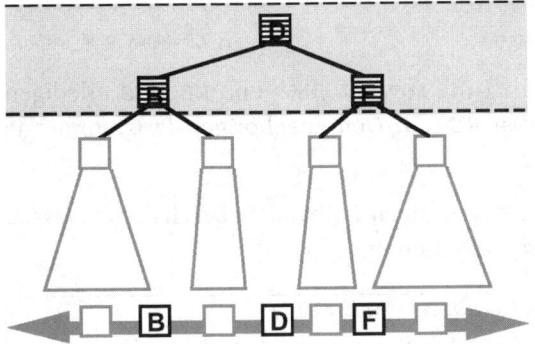

Damit können wir die Funktion zur Balancierung im RL-Fall komplettieren:

```
static void lr_ausgleich( AVL_NODE **wurzel)
    {
    AVL_NODE *F, *B, *D;

    F = *wurzel;
    B = F->left;
    D = B->right;
    B->right = D->left;
    D->left = B;
    F->left = D->right;
    D->right = F;

    switch( D->balance)
        {
    case LINKSORIENTIERT:                   /* Fall: LR-L */
        F->balance = RECHTSORIENTIERT;
        B->balance = BALANCIERT;
        break;
    case BALANCIERT:                        /* Fall: LR-0 */
        F->balance = BALANCIERT;
        B->balance = BALANCIERT;
        break;
    case RECHTSORIENTIERT:                  /* Fall: LR-R */
        F->balance = BALANCIERT;
        B->balance = LINKSORIENTIERT;
        break;
```

```
        }
    D->balance = BALANCIERT;
    *wurzel = D;
    }
```

▲ CD-ROM P_15_6/spm.c

Durch Vertauschen von left und right sowie LINKS und RECHTS erledigen wir wieder den korrespondierenden RL-Fall. Den zugehörigen Programmcode finden Sie auf der beiliegenden CD.

Die beiden Funktionen, die sich mit linkslastigen Teilbäumen beschäftigen, fassen wir in einer Funktion l_ausgleich zusammen:

```
static void l_ausgleich( AVL_NODE **wurzel)
    {
    if( (*wurzel)->left->balance == LINKSORIENTIERT)
        ll_ausgleich( wurzel);
    else
        lr_ausgleich( wurzel);
    }
```

▲ CD-ROM P_15_6/Spm.c

Gleiches machen wir mit den Funktionen für rechtslastige Teilbäume:

```
static void r_ausgleich( AVL_NODE **wurzel)
    {
    if( (*wurzel)->right->balance == RECHTSORIENTIERT)
        rr_ausgleich( wurzel);
    else
        rl_ausgleich( wurzel);
    }
```

▲ CD-ROM P_15_6/spm.c

Jetzt haben wir die erforderlichen Hilfsfunktionen, um die Insert-Operation mit gleichzeitigem Ausgleich des Baumes realisieren zu können.

Zur besseren Lesbarkeit des Codes führen wir zuvor noch die folgenden Makros ein:

```
# define ENTRY_EXISTIERT    1
# define ENTRY_EINGESETZT   2
```

▲ CD-ROM P_15_6/spm.c

Und hier ist der rekursionsfähige Teil der Insert-Funktion:

| **A** | ```
static void insert( jmp_buf *env, AVL_NODE **parent,
                                OBJECTPOINTER *obj, char *name,
                                NAMENSFUNKTION namefct)
``` |
| | ```
{
    int cmp;
``` |
| **B** | ```
    if( !*parent)
    {
        *parent = (AVL_NODE *) malloc( sizeof( AVL_NODE));
        (*parent)->left = 0;
        (*parent)->right = 0;
        (*parent)->balance = BALANCIERT;
        (*parent)->obj = obj;
        return;
    }
``` |
| **C** | ```
    cmp = strcmp( name, namefct((*parent)->obj));
    if( cmp == 0)
``` |
| **D** | ```
        longjmp( *env, ENTRY_EXISTIERT);
    else if( cmp < 0)
    {
``` |
| **E** | ```
        insert( env, &((*parent)->left), obj, name, namefct);
        switch( (*parent)->balance)
        {
        case RECHTSORIENTIERT:
``` |
| **F** | ```
            (*parent)->balance = BALANCIERT;
            longjmp( *env, ENTRY_EINGESETZT);
        case BALANCIERT:
``` |
| **G** | ```
            (*parent)->balance = LINKSORIENTIERT;
            return;
        case LINKSORIENTIERT:
``` |
| **H** | ```
            l_ausgleich( parent);
            longjmp( *env, ENTRY_EINGESETZT);
        }
    }
    else
    {
``` |
```

```
I          insert( env, &((*parent)->right), obj, name, namefct);
           switch( (*parent)->balance)
              {
           case LINKSORIENTIERT:
              (*parent)->balance = BALANCIERT;
              longjmp( *env, ENTRY_EINGESETZT);
           case BALANCIERT:
              (*parent)->balance = RECHTSORIENTIERT;
              return;
           case RECHTSORIENTIERT:
              r_ausgleich( parent);
              longjmp( *env, ENTRY_EINGESETZT);
              }
           }
        }
```

▲ **CD-ROM** P_15_6/spm.c

Da dies eines der komplexesten Programme in diesem Kurs ist, wollen wir alle Teile detailliert diskutieren:

A: Bis auf den ersten Parameter ist dies die gleiche Schnittstelle, die wir auch bei unbalancierten Bäumen (siehe dort) verwendet hatten. Neu hinzugekommen ist der Parameter env, bei dem es sich um den von setjmp und longjmp verwendeten Jumpbuffer handelt.[21] Wir benutzen longjmp, um direkt – also unter Umgehung der zwischenliegenden Rekursionsebenen – ins übergeordnete Programm zurückzuspringen, sobald der Baum ausreichend balanciert ist. Wenn es uns gelingt, auf einer tiefen Ebene eine Balancierung herbeizuführen, so hat dies auf höheren Ebenen keinen Einfluss mehr und wir können, statt uns durch die Rekursion zurückzuarbeiten, direkt ins übergeordnete Programm zurückkehren.

B: Wir sind im Wege des rekursiven Abstiegs am Ende des Baumes angekommen und können den neuen Knoten einfügen. Wie üblich allokieren wir den Speicher und stellen die erforderlichen Verkettungen her. Der neu eingefügte Knoten hat weder einen linken noch einen rechten Nachfolger und ist daher balanciert. Mit der abschließenden return-Anweisung beginnt der Rückzug aus der Rekursion.

C: Wir sind auf der Suche nach einer geeigneten Stelle, um das neue Objekt einzufügen. Wir vergleichen den Namen des einzusetzenden Objekts mit dem

---

21. Die Arbeitsweise der Funktionen setjmp und longjmp und die Bedeutung des Jumpbuffers sind in Abschnitt 7.5.8 beschrieben.

Namen des aktuell betrachteten Knotens und bereiten dadurch die nachfolgende Fallunterscheidung vor.

D: Wir haben einen Knoten gleichen Namens im Baum gefunden und führen einen sofortigen Rücksprung (`longjmp`) ins übergeordnete Programm[22] aus. Als zusätzliche Information übermitteln wir dabei den Code `ENTRY_EXISTIERT`.

E: Das zu speichernde Objekt muss vor dem betrachteten Objekt im Baum abgelegt werden. Wir steigen daher rekursiv in den linken Unterbaum ab. Beachten Sie, dass die `insert`-Funktion hierhin nur dann zurückkommt, wenn auf dieser Ebene oder auf einer darüber liegenden Ebene gegebenenfalls noch etwas zu balancieren ist! Gelingt es, den Baum nach dem Einsetzen auf tieferer Ebene bereits wieder auszugleichen, so wird diese Rekursionsebene mit einem `longjmp` übersprungen. Wir können also davon ausgehen, dass hinter diesem Punkt nur noch Fälle mit Reorganisationsbedarf auftreten.

F: Der betrachtete Knoten war rechtsorientiert. Auf den darunter liegenden Rekursionsebenen ist der Baum nach links vertieft worden, ohne dass dies auf tieferen Ebenen kompensiert werden konnte. Auf dieser Ebene tritt jetzt eine Kompensation ein, der betrachtete Knoten ist jetzt balanciert und wir können direkt mit der Meldung `ENTRY_EINGESETZT` ins übergeordnete Programm zurückspringen.

G: Der betrachtete Knoten war balanciert und ist durch das Einsetzen im linken Unterbaum jetzt linksorientiert geworden. Auf dieser Ebene ist das in Ordnung. Vielleicht sind dadurch aber Ausgleichsoperationen auf den nächsthöheren Leveln erforderlich. Mit einem »gewöhnlichen« Rücksprung geben wir daher die Kontrolle an die nächsthöhere Rekursionsebene (oder an `spm_insert`, wenn dies die höchste Rekursionsebene ist) zurück.

H: Der Knoten war linksorientiert und ist durch das linksseitige Einsetzen jetzt sogar linkslastig geworden. Ein L-Ausgleich ist daher erforderlich. Nach dem L-Ausgleich ist der Knoten (genaugenommen derjenige, der durch den Ausgleich an seine Stelle gesetzt wurde) balanciert, und an der Tiefe des Unterbaums hat sich nichts geändert, so dass ein direkter Rücksprung unter Umgehung aller Zwischenstufen erfolgen kann.

I: Dies ist die Behandlung des Falls, dass der neue Knoten größer ist als der Vergleichsknoten und daher im rechten Teilbaum eingesetzt werden muss. Die Bearbeitung ist spiegelsymmetrisch zu den oben bereits diskutierten Fällen.

---

22. Nicht auf die nächsthöhere Rekursionsebene, sondern dahin, wo mit `setjmp` der Jumpbuffer eingerichtet wurde. Diese Stelle haben wir noch nicht gesehen.

Jetzt müssen wir die insert-Funktion nur noch aus der Schnittstellenfunktion spm_insert heraus aufrufen und zuvor die Ausnahmefallbehandlung mit setjmp vorbereiten:

```
       int spm_insert( SPEICHERSTRUKTUR s, OBJECTPOINTER obj)
       {
       jmp_buf env;
       int rcode;
  A    if( rcode = setjmp( env))
       return rcode-1;

  B    insert( &env, &(s->root), obj, (s->name)( obj), s->name);
       return 1;
       }
```

▲ CD-ROM P_15_6/spm.c

Auch diese Funktion ist, wegen der verborgenen zweiten Kontrollflussebene, nicht so einfach zu verstehen, wie es vielleicht auf den ersten Blick erscheint:

A: Hier wird mit setjmp der Wiederaufsetzpunkt festgelegt. Die Funktion setjmp kommt dabei mit Wert 0 zurück, sodass die nachfolgende return-Anweisung nicht ausgeführt wird.

B: Hier wird die insert-Funktion aufgerufen. Es gibt jetzt zwei Möglichkeiten.

Erstens: Die Funktion kommt auf normalem Wege (also über return) zurück. Dann konnte das neue Objekt in den Baum eingesetzt werden und wir melden Erfolg (return 1) an das rufende Programm zurück.

Zweitens: Die Funktion kommt nicht zurück, weil irgendwo in der Rekursion ein longjmp ausgelöst wurde. Dann kommt setjmp erneut zurück, und zwar mit dem Code (ENTRY_EINGESETZT = 2, ENTRY_EXISTIERT = 1), der beim Aufruf von longjmp als Parameter übergeben wurde. Entsprechend geben wir dann 1 (Erfolg) oder 0 (Misserfolg) an das rufende Programm zurück.

Zur Realisierung der AVL-Bäume war doch einiges an Aufwand erforderlich und wir hoffen, dass der Vergleich später zeigt, dass sich dieser Aufwand auch gelohnt hat.

Zunächst testen wir das AVL-Modul mit dem üblichen Anwendungsprogramm.

15.6.4 Test

Aus der Sicht des Anwendungsprogramms hat sich nichts geändert, da die Schnittstelle ja gleich geblieben ist. Die show-Funktion modifizieren wir so, dass der in der Knotenstruktur stehende Balancestatus (-1, 0, 1) mit ausgegeben wird. Dann erhalten wir beim Einlesen der Dinosaurier-Daten die folgende Ausgabe:

```
        /--Tyrannosaurus (0)
    /--Triceratops (-1)
    |   |   /--Stegosaurus (0)
    |   \--Shantungosaurus (1)
Pachycephalosaurus (0)
    |   /--Ornithominus (-1)
    |   |   \--Iguanodon (0)
    \--Euoplocephalus (0)
        \--Deinonychus (-1)
            \--Brachiosaurus (0)
```

die ich zum besseren Verständnis auch noch einmal grafisch aufbereitet habe:

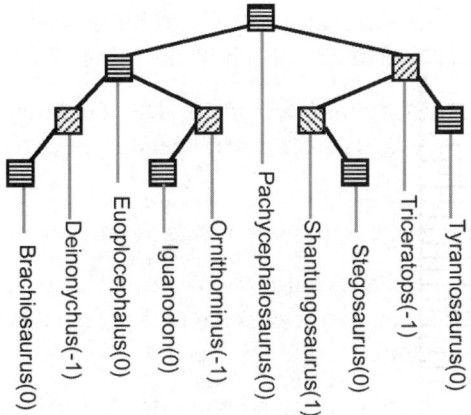

Die erwarteten kürzeren Suchwege haben sich ergeben. Ob das zu einer Verbesserung der Zugriffszeiten führt, werden wir noch sehen.

15.7 Hashtabellen

Wir hatten bereits des Öfteren Arrays und Listen miteinander verglichen und dabei festgestellt, dass Arrays effizienter und Listen flexibler sind. Da entsteht natürlich der Wunsch, Speicherstrukturen zu haben, die so effizient wie Arrays und so flexibel wie Listen sind. Sicherlich gibt es solche Speicherstrukturen nicht. Wir werden einen Kompromiss ansteuern müssen. Das Verfahren, das wir dazu einführen wollen, wird als **Hashing**[23] bezeichnet und bildet in der Form, in der wir

---

23. Engl. to hash = zerkleinern

es diskutieren werden, eine gelungene Synthese zwischen Array und Liste. Die dem Hashing zugrunde liegende Datenstruktur wird als **Hashtabelle** bezeichnet.

Auch hier gehen wir wieder in vier Schritten vor. Zunächst werden wir das Verfahren und seine Grundlagen allgemein kennen lernen, dann spezifizieren wir eine C-Schnittstelle für die nachfolgende Implementierung, dann implementieren wir das Verfahren und schließlich testen wir die Implementierung mit dem Dinosaurier-Anwendungsprogramm.

15.7.1 Grundbegriffe

Ideal wäre, wenn man einen Array a einrichten und dann jedes Objekt mit seinem Namen als Index a["Name"] ansprechen könnte.

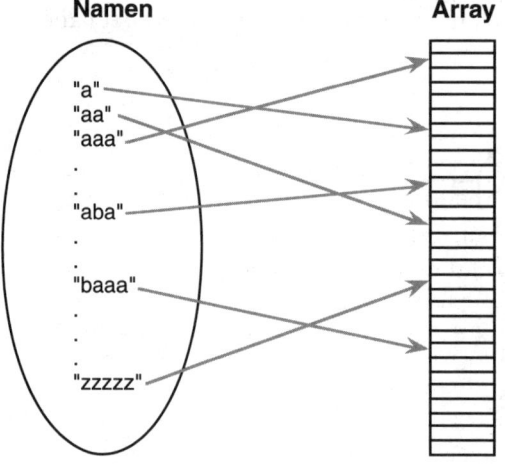

Rein logisch betrachtet ist das sogar einfach zu realisieren, da ja jeder String mit n Zeichen als eine Zahl mit n Bytes aufgefasst werden kann. Der Name – in dieser Weise als Zahl interpretiert – kann dann als Index in einem entsprechenden Array verwendet werden.

Diese Idee ist verlockend, aber unrealistisch, da der Vorrat an möglichen Namen viel zu groß ist, um für jeden denkbaren Namen einen Platz in einem Array zu reservieren. Selbst wenn wir uns auf vierbuchstabige Namen beschränken würden, gäbe es dann noch so viele Strings, wie es 4-Byte-Zahlen gibt. Ein entsprechend großer Array kann nicht angelegt werden und auch eine Reduktion auf eine 7- oder 6-Bytes-Zeichendarstellung würde keine ausreichende Entlastung bringen. Im Übrigen wäre ein solcher Array praktisch immer leer und schon unsere Vorstellung von Speicherökonomie hindert uns daran, den Gedanken weiterzuverfolgen.

Trotzdem wollen wir die Idee nicht ganz verwerfen. Wir verkleinern den Array auf eine realistische Größe und benutzen eine sogenannte **Hashfunktion**, um zu jedem Namen einen Index zu berechnen.

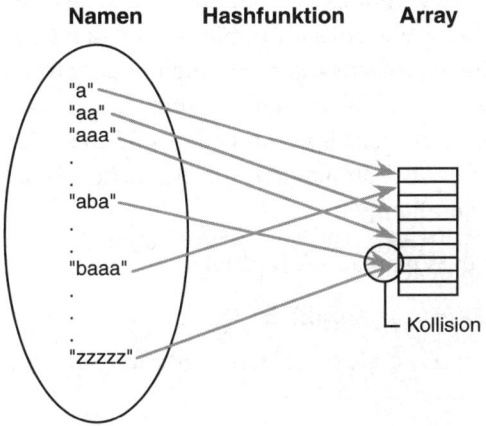

Die Hashfunktion sollte dabei möglichst weit streuen und so den gesamten Bereich des Arrays ausnutzen. Bei der Abbildung des »großen« Namensraumes auf den »kleinen« Array ist es allerdings unvermeidlich, dass gelegentlich verschiedene Namen durch die Hashfunktion auf den gleichen Index abgebildet werden. So etwas nennen wir eine **Kollision**.

Egal, wie wir die Hashfunktion wählen, wir müssen davon ausgehen, dass es Kollisionen gibt. Wir müssen eine Strategie finden, Kollisionen zu erkennen und die daraus entstehenden Zuordnungskonflikte zu lösen. Wir implementieren dazu sogenannte **Synonymketten**[24], in denen wir die Namen ablegen, zu denen über den gleichen Index eingestiegen wird.

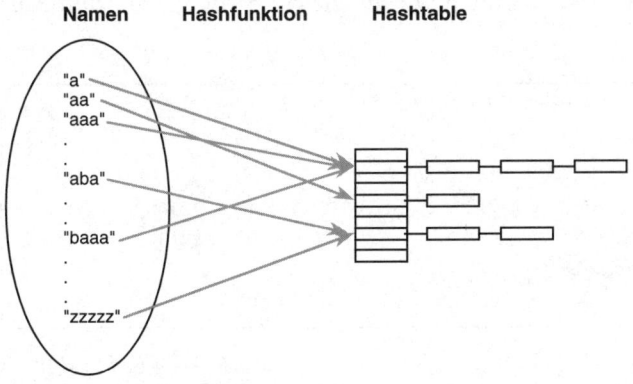

---

24. Es gibt auch andere Methoden, solche Konflikte aufzulösen. Damit wollen wir uns hier aber nicht beschäftigen.

Zum Auffinden eines Namens müssen wir jetzt den zugehörigen Index berechnen und dann die Synonymkette nach dem Namen absuchen. Wir haben also eine lineare Suche mit einer – hoffentlich sehr breit gefächerten – Vorselektion.

Die Qualität der Vorselektion hängt dabei von der Hashfunktion und der Verteilung der vorkommenden Namen ab. Wenn wir etwa als Index einfach den Code des ersten Buchstabens im Namen wählen und aus irgendwelchen Gründen nur Namen, die mit »A« beginnen, vorkommen, so kollabiert die Hashtabelle zu einer Liste, und wir haben ein Verfahren, das mit mehr Speicherbedarf und mehr Rechenaufwand lediglich eine gewöhnliche Liste implementiert. Ähnliche »Entartungsphänomene« kennen wir bereits von Bäumen.

Zwei »Parameter« bestimmen letztlich die Qualität des Hashings:

▶ Die Größe der Hashtabelle im Verhältnis zur Anzahl der Daten
▶ Die verwendete Hashfunktion, angepasst an die statistische Verteilung der vorkommenden Namen

Beide Größen sind nicht leicht in den Griff zu bekommen, da man in der Regel weder die Zahl der zu speichernden Datensätze noch die statistische Verteilung ihrer Namen im Voraus kennt.

Da nur das Anwendungsprogramm Informationen darüber haben kann, wie viele Einträge in der Hashtabelle zu erwarten sind und wie die statistische Verteilung der Namen ist, wollen wir hier so vorgehen, dass wir dem Anwendungsprogramm die Möglichkeit geben, die Größe der Hashtabelle und die zu verwendende Hashfunktion von außen vorzugeben. Dazu müssen wir allerdings die Schnittstelle des Speichermoduls geringfügig erweitern.

15.7.2 Speicherstruktur

Zum Aufbau der Synonymketten können wir die gleiche Struktur wie zum Aufbau von Listen verwenden:

```
# define HTB_ENTRY struct htb_entry

HTB_ENTRY
    {
    HTB_ENTRY *nxt;
    OBJECTPOINTER *obj;
    };
```

▲ **CD-ROM** P_15_7/spm.h

In die Basis-Struktur für die Hashtabelle müssen wir neben den üblichen Feldern jetzt die Größe der Hashtabelle (`size`), einen Zeiger auf den Array für die Hashtabelle (`hashtable`) und einen Zeiger auf die Hashfunktion (`hash`) aufnehmen:

```
# define HTB_TABLE struct htb_table


HTB_TABLE
    {
    NAMENSFUNKTION name;
    FREIGABEFUNKTION freigabe;
    HASHFUNKTION hash;
    unsigned int size;
    HTB_ENTRY **hashtable;
    };
```

▲ CD-ROM P_15_7/spm.h

Den Datentyp der `HASHFUNKTION` haben wir zuvor in der folgenden Weise deklariert:

```
typedef unsigned int (*HASHFUNKTION) ( char *name,
                                       unsigned int size);
```

▲ CD-ROM P_15_7/spm.h

Eine Hashfunktion ist also eine Funktion, die einen String (`name`) und die Tabellengröße (`size`) als Parameter erhält und daraus einen Index berechnet.

Die Synonymketten werden in einem Array (`hashtable`) gebündelt. Da wir die Größe dieser Tabelle nicht bereits zum Compilezeitpunkt festlegen wollen, wird der erforderliche Array in der `create`-Funktion dynamisch alloziert. Die Elemente dieses Arrays sind jeweils Zeiger auf einen Entry oder, besser gesagt, Zeiger auf den ersten Entry der jeweiligen Synonymkette. Zur Aufhängung des Arrays in der Basis-Struktur benötigen wir daher ein Feld vom Typ »Zeiger auf Zeiger auf HTB_ENTRY« (`HTB_ENTRY **`).

Wie üblich werfen wir noch einen abschließenden Blick auf die gesamte Header-Datei mit den hier grau hinterlegten Änderungen:

```
typedef void * OBJECTPOINTER;


typedef char *(*NAMENSFUNKTION) ( OBJECTPOINTER obj);
typedef void (*FREIGABEFUNKTION) ( OBJECTPOINTER obj);
```

```
typedef unsigned int (*HASHFUNKTION)( char *name,
                                      unsigned int size);


# define HTB_ENTRY struct htb_entry

HTB_ENTRY
   {
   HTB_ENTRY *nxt;
   OBJECTPOINTER obj;
   };


# define HTB_TABLE struct htb_table

HTB_TABLE
   {
   NAMENSFUNKTION name;
   FREIGABEFUNKTION freigabe;
   HASHFUNKTION hash;
   unsigned int size;
   HTB_ENTRY **hashtable;
   };


typedef HTB_TABLE * SPEICHERSTRUKTUR;


extern SPEICHERSTRUKTUR spm_create( NAMENSFUNKTION nf,
                                    FREIGABEFUNKTION rf,
                                    int size, HASHFUNKTION hf);

extern int spm_insert( SPEICHERSTRUKTUR s, OBJECTPOINTER obj);
extern int spm_remove( SPEICHERSTRUKTUR s, char *name);
extern OBJECTPOINTER spm_find( SPEICHERSTRUKTUR s, char *name);
extern void spm_freeall( SPEICHERSTRUKTUR s);
extern void spm_show( SPEICHERSTRUKTUR s);
```

▲ **CD-ROM** P_15_7/spm.h

Beachten Sie, dass wir hier eine Änderung vorgenommen haben, die auch das Anwendungsprogramm betrifft! Die create-Funktion hat zwei zusätzliche Parameter erhalten, in denen die Größe der Hashtabelle (size) und die gewünschte Hashfunktion (hf) übergeben wird.

15.7.3 Implementierung

Bei der Implementierung der `create`-Funktion für das Hashtabellen-Modul haben wir jetzt zu beachten, dass zwei zusätzliche Parameter übergeben werden und dass wir den Speicher für die Hashtabelle allokieren müssen:

```
SPEICHERSTRUKTUR spm_create( NAMENSFUNKTION nf,
            FREIGABEFUNKTION rf,
            int size, HASHFUNKTION hf)
{
SPEICHERSTRUKTUR s;

s = (SPEICHERSTRUKTUR) malloc( sizeof( HTB_TABLE));
s->name = nf;
s->freigabe = rf;
s->size = size;
s->hash = hf;
s->hashtable = (HTB_ENTRY **) calloc( size, sizeof( HTB_ENTRY *));
return s;
}
```

▲ CD-ROM P_15_7/spm.c

Den Array für die Hashtabelle allokieren wir mit `calloc` in der gewünschten Größe. Die Größe der Hashtabelle limitiert natürlich nicht die Zahl der möglichen Einträge, denn es gibt ja noch die Synonymketten. Trotzdem hat die Größe der Hashtabelle, neben der Wahl der Hashfunktion, ganz entscheidenden Einfluss auf die Effizienz des Verfahrens. Eine Faustregel besagt, dass eine Hashtabelle mindestens doppelt so groß wie die Zahl der zu erwartenden Einträge sein sollte.

Das Einfügen von Einträgen in eine Hashtabelle ähnelt dem Einfügen von Elementen in eine Liste, wobei jeweils die Auswahl der Liste (= Synonymkette) durch die Hashfunktion vorgeschaltet ist:

```
int spm_insert( SPEICHERSTRUKTUR s, OBJECTPOINTER obj)
    {
    unsigned int ix;
    int cmp;
    char *name;
    HTB_ENTRY **pe, *neu;

A   name = (s->name)( obj);

B   ix = s->hash( name, s->size);
```

```
C    for( pe = s->hashtable + ix; *pe; pe = &((*pe)->nxt))
     {
         cmp = strcmp( name, (s->name)((*pe)->obj));
         if( !cmp)
             return 0;
         else if( cmp < 0)
             break;
     }

D    neu = (HTB_ENTRY *)malloc( sizeof( HTB_ENTRY));
     neu->nxt = *pe;
     neu->obj = obj;
     *pe = neu;
     return 1;
     }
```

▲ CD-ROM P_15_7/spm.c

A: Hier wird der Name des einzusetzenden Objekts ermittelt.

B: Jetzt wird mit der Hashfunktion der Index in die Hashtabelle berechnet.

C: Hier wird die Synonymkette, die an der durch den Index gegebenen Position im Array beginnt, durchlaufen. Wird dabei ein Objekt gleichen Namens gefunden, so wird das Programm vorzeitig mit Misserfolg (return 0) beendet. Ansonsten stoppt die Schleife, wie beim Listen-Modul, an der Stelle, an der das neue Objekt einzufügen ist.

D: Der Speicher für ein neues Verkettungselement (HTB_ENTRY) wird allokiert. Mit Hilfe dieser Datenstruktur wird das neue Objekt dann in die Synonymkette eingefügt. Auch das hatten wir im Listen-Modul bereits genau so gemacht.

Das Auffinden eines Elements in der Hashtabelle läuft nach dem gleichen Schema ab. Zuerst wird mit der Hashfunktion der Index der Synonymkette berechnet, dann wird das Objekt in der Synonymkette gesucht:

```
OBJECTPOINTER spm_find( SPEICHERSTRUKTUR   s, char *name)
    {
    unsigned int index;
    HTB_ENTRY *e;

    index = s->hash( name, s->size);
```

```
    for( e = s->hashtable[index]; e; e = e->nxt)
        {
        if( !strcmp( name, (s->name)(e->obj)))
            return e->obj;
        }
    return 0;
    }
```

▲ **CD-ROM** P_15_7/spm.c

Das Erstellen der remove- bzw. show-Funktion überlasse ich Ihnen wieder als Übungsaufgabe. Wir wollen uns hier noch um die Freigabe der gesamten Speicherstruktur kümmern:

```
void spm_freeall( SPEICHERSTRUKTUR   s)
    {
    unsigned int ix;
    HTB_ENTRY *e;

    for( ix = 0; ix < s->size; ix++)
        {
        while( e = s->hashtable[ix])
            {
            s->hashtable[ix] = e->nxt;
            s->freigabe( e->obj);
            free( e);
            }
        }
    free( s->hashtable);
    free( s);
    }
```

▲ **CD-ROM** P_15_7/spm.c

Die gesamte Hashtabelle wird Feld für Feld durchlaufen. Jede Synonymkette wird dabei vollständig, d.h. mit den Verkettungsbausteinen und den anhängenden Objekten, beseitigt. Zum Abschluss wird die Hashtabelle selbst und die Basis-Struktur freigegeben.

15.7.4 Test

Um das Hashtabellen-Modul testen zu können, benötigen wir zunächst eine Hash-funktion. Wir starten mit einer sehr einfachen Funktion, bei der wir nur den ersten Buchstaben des Namens auswerten. Als Hashindex wählen wir den Rest, der sich ergibt, wenn wir den ersten Buchstaben des Namens durch die Tabellengröße dividieren:

```
unsigned int hash1( char *name, unsigned int size)
    {
    return *name % size;
    }
```

▲ CD-ROM P_15_7/app.c

Achtung: Diese Funktion ist für ernsthaftes Hashing völlig ungeeignet, da sie nur einen geringen Teil einer großen Hashtabelle nutzt und alle Objekte mit gleichem Anfangsbuchstaben in der gleichen Synonymkette ablegt. Ich habe die Funktion hier gewählt, weil sie ein einfach vorhersehbares Verhalten hat und wir daher die Ergebnisse leicht überprüfen können. Diese Funktion trifft bei einer Hashtabelle der Größe 10 die folgenden Zuordnungen:

Erster Buchstabe			Index
	F	P	Z	0
	G	Q		1
	H	R		2
	I	S		3
	J	T		4
A	K	U		5
B	L	V		6
C	M	W		7
D	N	X		8
E	O	Y		9

Alle Objekte, deren Name mit I oder S beginnt (in unserem Beispiel sind das Iguanodon, Shantungosaurus und Stegosaurus), landen also in der Synonymkette mit dem Index 3.

Wir überprüfen dies mit unserem Standard-Anwendungsprogramm, das wir wegen der erweiterten Schnittstelle der `create`-Funktion nur an einer Stelle geringfügig ändern müssen:

```
void main()
    {
    ... wie bisher ...

    s = spm_create( dino_name, dino_freigabe, 10, hash1);
    ... wie bisher ...
    }
```

▲ **CD-ROM** P_15_7/app.c

Wir übergeben der `create`-Funktion die gewünschte Tabellengröße (`10`) und die Hashfunktion (`hash1`). Als Ausgabe erhalten wir die folgende Übersicht über die Belegung der Hashtabelle:

```
0: Pachycephalosaurus.
1:
2:
3: Iguanodon, Shantungosaurus, Stegosaurus.
4: Triceratops, Tyrannosaurus.
5:
6: Brachiosaurus,
7:
8: Deinonychus,
9: Euoplocephalus, Ornithominus.
```

D_15_7

Die berechneten Indices entsprechen der obigen Funktionstabelle. Innerhalb der Synonymketten sind die Dinosaurier alphabetisch geordnet. Genau dieses Ergebnis war bei der zugrunde liegenden (schlechten) Hashfunktion zu erwarten. Die folgende Grafik zeigt den Aufbau der Speicherstruktur, wie er sich bei diesem Beispiel konkret ergibt.

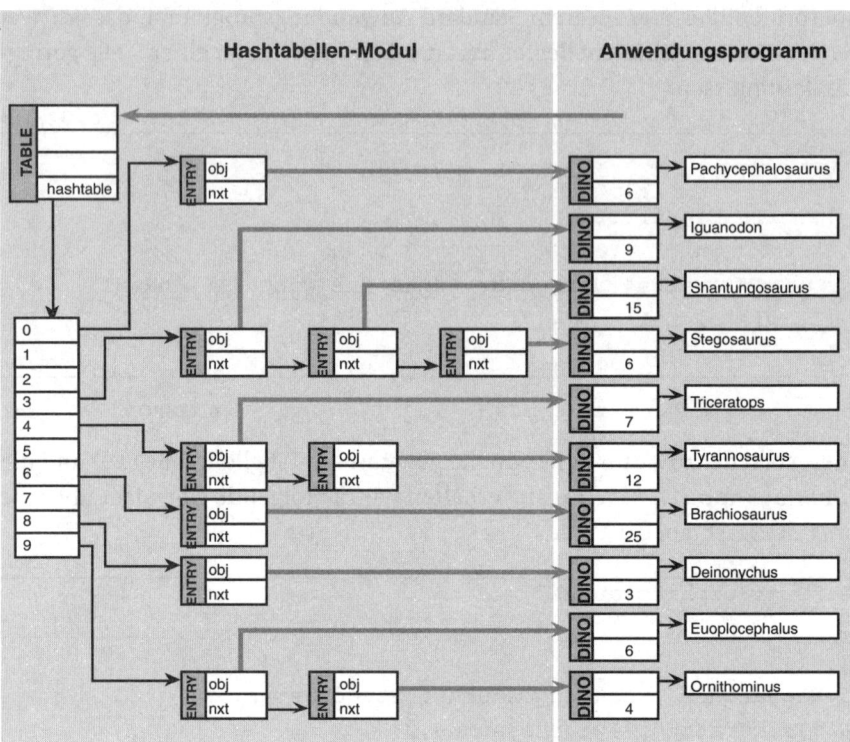

Mit der Hashfunktion `hash1` können wir nicht zufrieden sein, auch wenn man die Probleme mit dieser Funktion hier im Kleinen nicht sieht. Eine gute Hashfunktion sollte im Prinzip wie ein Zufallszahlengenerator arbeiten. Sie sollte unabhängig von der Buchstabenverteilung in den Namen breit gefächert über die ganze Tabelle Indexwerte erzeugen. Es gibt umfangreiche Untersuchungen über Hashfunktionen, auf die ich hier allerdings nicht eingehen kann. Als recht brauchbar erweisen sich Funktionen, die mit Bitshift- oder Multiplikationsoperationen die einzelnen Buchstaben verknüpfen und die Ergebnisse durch Restbildung immer wieder in den verfügbaren Indexbereich abbilden. Eine solche Funktion ist zum Beispiel:

```
unsigned int hash2( char *name, unsigned int size)
    {
    unsigned int h;

    for( h = 0; *name; name++)
        h = ((h << 6) | (*name - '@')) % size;
    return h;
    }
```

Das bisher erzielte Ergebnis wird immer um 6 Bit nach links geschoben und dann wird der nächste Buchstabe nach Abzug des Zeichens '@'[25] in die freigewordenen unteren 6 Bit platziert. Anschließend wird das Ergebnis wieder in den Indexbereich der Tabelle gebracht. Numerisch entspricht dies der Formel:

```
h = (h * 64 + *name - '@') % size;
```

Wählt man dazu im Dinosaurierbeispiel eine Tabellengröße von 17, so ergibt sich die folgende, sehr ordentliche Verteilung in der Hashtabelle:

```
 0:
 1:
 2: Iguanodon, Ornithominus.
 3:
 4: Stegosaurus.
 5:
 6:
 7: Euoplocephalus.
 8: Deinonychus.
 9:
10:
11: Tyrannosaurus.
12: Pachycephalosaurus.
13:
14: Shantungosaurus.
15: Triceratops.
16: Brachiosaurus.
```

Aber Achtung: Wählen wir bei der gleichen Hashfunktion die Tabellengröße 16, so ergibt sich das folgende Ergebnis:

```
 0:
 1:
 2:
 3: Brachiosaurus, Deinonychus, Euoplocephalus, Ornithominus,
    Pachycephalosaurus, Shantungosaurus, Stegosaurus,
    Triceratops, Tyrannosaurus.
 4:
 5:
 6:
 7:
 8:
 9:
```

25. Das ist dann eine Zahl zwischen 0 und 63. Siehe ASCII-Zeichensatz.

```
10:
11:
12:
13:
14:  Iguanodon.
15:
```

Alle bis auf einen Saurier werden in der gleichen Synonymkette (Index 3) abgelegt. Der Grund dafür ist, dass immer mit 64 multipliziert und dann durch 16 (= Tabellengröße) dividiert wird. Die multiplizierten Buchstaben liefern dabei keinen Rest und über den Index entscheidet ausschließlich der letzte Buchstabe, der nicht mehr mit 64 multipliziert wird. Alle Namen mit gleichem Endbuchstaben kommen auf diese Weise in die gleiche Synonymkette. Das heißt nicht, dass die Hashfunktion schlecht ist, man sollte sie nur immer mit einer Tabellengröße verwenden, bei der solche Phänomene nicht auftreten. Am besten verwendet man als Tabellengröße eine Primzahl, wie das Beispiel mit der Tabellengröße 17 ja auch zeigt.

15.8   Vergleich und Bewertung

Für die Bewertung der in diesem Kapitel vorgestellten Speichertechniken haben wir zwei Aspekte zu berücksichtigen:

▶ Wie viel zusätzlicher Speicherplatz muss zur Speicherung der Objekte angelegt werden?

▶ Welches Laufzeitverhalten haben die Algorithmen zur Bearbeitung der Speicherstrukturen?

Erst bei Würdigung beider Aspekte können wir eine Gesamtbewertung vornehmen. Nur, um es vorwegzunehmen, wir werden auf das bereits mehrfach angesprochene Dilemma stoßen:

Die laufzeiteffizienteren Verfahren benötigen mehr Speicher,

die speichereffizienteren Verfahren benötigen mehr Laufzeit!

Die Frage ist also letztlich, welchem der beiden Effizienzbegriffe wir das höchste Gewicht zumessen. Und diese Frage kann keine Theorie beantworten.

15.8.1   Speicherkomplexität

Den Speicherplatzbedarf unserer Module können wir leicht ermitteln, wenn wir die Größe der zugrunde liegenden Datenstrukturen betrachten. Im Wesentlichen enthalten diese Datenstrukturen Zeiger. Wenn wir den Speicherbedarf eines Zeigers mit p (p = sizeof (void *)) und den Speicherbedarf eines Zeichens mit c (c = sizeof (char)) bezeichnen, so erhalten wir für den Speicherbedarf der jeweiligen Techniken:

$$s_{lst}(n) = 2pn$$

$$s_{tree}(n) = 3pn$$

$$s_{avl}(n) = 3pn + cn \approx 3,5pn$$

$$s_{htb}(n) = 2pn + 2pn = 4pn$$

Wir vernachlässigen dabei sowohl die für die nur einmal vorkommende Basis-Struktur erforderlichen Daten als auch einen gegebenenfalls auftretenden Mehrbedarf durch Alignment. Den Verwaltungsanteil für die Freispeicherverwaltung des Betriebssystems haben wir ebenfalls nicht berücksichtigt. Es handelt sich also in gewisser Weise um den Netto-Speicherbedarf der Module.

Beim Hashing bin ich davon ausgegangen, dass eine Tabelle für doppelt so viele Einträge angelegt wird, wie erwartet werden.

Alle Module haben einen linearen Speicherbedarf. Hashing benötigt allerdings doppelt so viel zusätzlichen Speicher wie eine Liste.

15.8.2 Laufzeitmessungen

Im Gegensatz zu den früher betrachteten Sortieralgorithmen enthalten die hier zu untersuchenden Module mehr als nur eine Funktion. Entsprechend differenziert muss man auch die Laufzeitanalyse angehen. Wir konzentrieren uns hier auf die insert- und die find-Funktionen.

Für die Gesamtbewertung eines Moduls kommt es dann auf die Gewichtung der einzelnen Ergebnisse an. Diese Gewichtung hängt aber ihrerseits von der Art der Anwendung ab. In einem Anwendungssystem, das die Objekte einmal in die Speicherstruktur einträgt, um dann sehr häufig nach Objekten zu suchen, würde man einen erhöhten Insert-Aufwand gern in Kauf nehmen, wenn dafür der Find-Aufwand substantiell gesenkt werden könnte.

Wir führen für jedes der Module Laufzeitmessungen durch. Für diese Messungen generieren wir mit dem Zufallszahlengenerator n (n = 1000, 10000, 100000) Objekte, tragen diese Objekte in die Speicherstruktur ein und führen anschließend für jedes Objekt eine Find-Operation durch.

Wir interessieren uns dabei für die folgenden Messwerte:

1. Wie viele Objektvergleiche werden bei Insert im Mittel durchgeführt?

2. Wie viel Rechenzeit verbraucht die Insert-Funktion pro Aufruf?

3. Wie viele Objektvergleiche werden bei Find im Mittel durchgeführt?

4. Wie viel Rechenzeit verbraucht die Find-Funktion pro Aufruf?

Die Anzahl der erfolgten Objektvergleiche erkennen wir daran, wie oft die Namensfunktion aufgerufen wird.

Für das Listen-Modul erwarten wir

zu 1: Ca. n/2 Objektvergleiche

zu 2: Ein lineares Wachstum

zu 3: Ca. n/2 Objektvergleiche

zu 4: Ein lineares Wachstum

Insgesamt erwarten wir eine Laufzeit proportional zu n^2, da wir den Zeitbedarf pro Aufruf mit der Anzahl der Aufrufe multiplizieren müssen.

Hier sind die konkreten Messergebnisse für Listen:[26]

Liste (Zufallsdaten)				
Anzahl	Insert		Find	
	namefct/insert	ms/call	namefct/find	ms/call
1000	500,50	10,07	500,50	9,72
10000	4915,85	99,52	4915,83	94,55
100000	–	–	–	–

Für den unbalancierten Binärbaum erwarten wir ein deutlich besseres Verhalten, da sich durch die Eingabe von Zufallsdaten ein einigermaßen ausgeglichener Baum einstellen wird. Bedenken Sie aber, dass im Extremfall die gleichen Ergebnisse wie bei einer Liste möglich sind.

---

26. Die absoluten Werte sind dabei nicht von Bedeutung, da hier die Rechnergeschwindigkeit in die Messungen eingeht. Die Zahlen sind nur im Vergleich untereinander aussagekräftig.

Konkret erwarten wir für unbalancierte Bäume:

zu 1: Ca. $\log_2(n)$ Objektvergleiche, wobei das Optimum sicher nicht erreicht wird

zu 2: Ein Wachstum proportional zu $\log_2(n)$

zu 3: Ca. $\log_2(n)$ Objektvergleiche, wobei das Optimum sicher nicht erreicht wird

zu 4: Ein Wachstum proportional zu $\log_2(n)$

Insgesamt rechnen wir mit einer asymptotischen Laufzeit von $n\log_2(n)$ und einer deutlichen Verbesserung gegenüber dem Listen-Modul:

Binärbaum (Zufallsdaten)				
Anzahl	Insert		Find	
	namefct/insert	ms/call	namefct/find	ms/call
1000	12,20	0,38	12,20	0,42
10000	16,74	0,62	16,72	0,54
100000	21,09	0,81	20,97	0,68

Die Messergebnisse bestätigen diese Vermutung. Beachten Sie die deutliche Reduktion der Suchtiefe und das moderatere Anwachsen der Rechenzeiten.

Bei den ausgeglichenen Bäumen haben wir Suchpfade nah am Optimum, so dass wir auf noch bessere Zeiten für die Find-Operation hoffen können. Bei der Insert-Operation müssen wir natürlich den Zusatzaufwand für die Reorganisation des Baums berücksichtigen, wobei die insert-Funktion selbst bereits von den kürzeren Suchpfaden profitiert. Es ist von vornherein nicht klar, wie sich das auswirkt.

Konkret erwarten wir:

zu 1: Ca. $\log_2(n)$ Objektvergleiche nah am Optimum

zu 2: Ein Wachstum wie $\log_2(n)$, vielleicht schlechter als bei unbalancierten Bäumen

zu 3: Ca. $\log_2(n)$ Objektvergleiche nah am Optimum

zu 4: Ein Wachstum proportional zu $\log_2(n)$, sicher besser als bei unbalancierten Bäumen

Asymptotisch haben wir die gleiche Laufzeit wie zuvor ($n \log_2(n)$) mit dem Unterschied, dass die Laufzeit jetzt nicht mehr von der Vorsortierung der Daten abhängt.[27]

Die durchgeführten Messungen bestätigen unsere Vermutungen:

AVL-Baum (Zufallsdaten)				
Anzahl	Insert		Find	
	namefct/insert	ms/call	namefct/find	ms/call
1000	9,79	0,48	9,26	0,24
10000	13,09	0,69	12,56	0,37
100000	16,29	0,81	15,74	0,52

Die AVL-Bäume schneiden durchweg besser ab als unbalancierte Bäume.

Bei Hashtabellen haben wir zwei Aspekte zu berücksichtigen: Die Größe der Hashtabelle und die Qualität der Hashfunktion. Wir wählen hier die Tabelle doppelt so groß wie die zu erwartende Anzahl von Einträgen und entscheiden uns für die Hashfunktion hash2 aus dem letzten Abschnitt. Unter diesen Voraussetzungen dürfte es zu wenig Kollisionen kommen, und das Hashverfahren müsste wegen der zusätzlich sehr einfachen Algorithmik das beste Laufzeitverhalten zeigen.

Wir erwarten:

zu 1: Ca. 1–2 Objektvergleiche nah am Optimum

zu 2: Eine konstante Laufzeit unabhängig von n

zu 3: Ca. 1–2 Objektvergleiche nah am Optimum

zu 4: Eine konstante Laufzeit unabhängig von n

Wegen der einfachen Algorithmen dürfte Hashing unschlagbar sein:

Hashtabelle (Zufallsdaten)				
Anzahl	Insert		Find	
	namefct/insert	ms/call	namefct/find	ms/call
1000	1,24	0,10	1,24	0,07
10000	1,24	0,11	1,23	0,09
100000	1,35	0,10	1,23	0,07

---

27. Dazu muss man sich natürlich noch vergewissern, dass sich der Balancierungsalgorithmus in dieser Situation nicht »zu sehr« verschlechtert. Wir diskutieren dies hier allerdings nicht. Siehe auch die Gegenüberstellung am Ende des Abschnitts.

Hashing erweist sich damit als die beste der hier vorgestellten Speichertechniken.[28] Die anderen Speichertechniken sind übrigens auch deshalb langsamer, weil sie zusätzlich etwas leisten, was im Anforderungsprofil unseres Anwendungsprogramms nicht gefordert war. Sie sortieren die Eingabedaten alphabetisch. Deshalb ist auch nicht zu erwarten, dass sie asymptotisch leistungsfähiger sind als die besten der früher vorgestellten Sortieralgorithmen, deren Laufzeitkomplexität $n \log_2(n)$ war.

Zum Abschluss stellen wir noch einmal nicht ausgeglichene und ausgeglichene Bäume für eine vorsortierte Eingabe von 1000 bzw. 10000 Objekten gegenüber:

Binärbaum (sortierte Daten)				
Anzahl	Insert		Find	
	namefct/insert	ms/call	namefct/find	ms/call
1000	500,50	19,06	500,50	16,42
10000	5000,50	188,16	5000,50	159,59

AVL-Baum (sortierte Daten)				
Anzahl	Insert		Find	
	namefct/insert	ms/call	namefct/find	ms/call
1000	9,97	0,54	8,99	0,24
10000	13,36	0,70	12,36	0,42

Hier zeigt sich deutlich die größere Leistungsfähigkeit der ausgeglichenen Bäume, bei denen jetzt natürlich die Insert-Operation etwas aufwendiger ist, weil immer eine einseitige Last im Baum auszugleichen ist. Insgesamt erweist sich die `insert`-Funktion aber als relativ stabil gegenüber dieser Änderung. Die Laufzeiten der nicht ausgeglichenen Bäume fallen dem gegenüber deutlich ab und sind erwartungsgemäß sogar schlechter als die entsprechenden Werte für Listen.

---

28. Hashing ist natürlich nicht wirklich asymptotisch konstant. Diese Messungen gelten nur, solange ausreichend Platz in der Tabelle ist. Sobald die Tabelle gefüllt ist, steigt auch die Zeit für Hashing linear an.

15.9 Aufgaben

A 15.1 Implementieren Sie die `remove`-Funktionen für Listen, unbalancierte Bäume und Hashtabellen! Erweitern Sie dann das Anwendungsprogramm so, dass Sie auch das Entfernen von Objekten testen können!

A 15.2 Implementieren Sie eine nicht rekursive `insert`-Funktion für nicht balancierte Bäume!

A 15.3 Erstellen Sie ein Programm, das einen Text mit ca. 5000 Wörtern aus einer Datei einliest und ermittelt, wie oft jedes Wort vorkommt. Das Programm soll nach dem Einlesen der Wörter gezielt nach einzelnen Wörtern befragt werden können:

```
Name der Datei: test.txt


1123 Wörter eingelesen!


Gesuchtes Wort: ein
Das Wort "ein" kommt 123 mal vor!
Gesuchtes Wort: Ein
Das Wort "Ein" kommt 12 mal vor!
```

A 15.4 Testen Sie das Programm mit einem entsprechend umfangreichen Text!

A 15.5 Ändern Sie das Programm aus Aufgabe 15.3 so ab, dass nicht zwischen Groß- und Kleinschreibung unterschieden wird:

```
Name der Datei: test.txt


1123 Wörter eingelesen!


Gesuchtes Wort: ein
Das Wort "ein" kommt 135 mal vor!
Gesuchtes Wort: Ein
Das Wort "Ein" kommt 135 mal vor!
```

A 15.6 Erweitern Sie das Listen-Modul so, dass aus dem Anwendungsprogramm heraus durch die Liste iteriert werden kann, um die Objekte sequentiell zu verarbeiten! Dies soll natürlich so geschehen, dass das Anwendungsprogramm nicht direkt auf der Speicherstruktur, sondern nur über eine saubere Funktionsschnittstelle arbeitet.

A 15.7 Implementieren Sie die in 15.5.2 angesprochene Level-Order-Traversierung von Bäumen!

16 Elemente der Graphentheorie

Die geografische Lage von Königsberg am Pregel ist gekennzeichnet durch vier Landgebiete (Festland oder Inseln), die durch sieben Brücken miteinander verbunden sind.

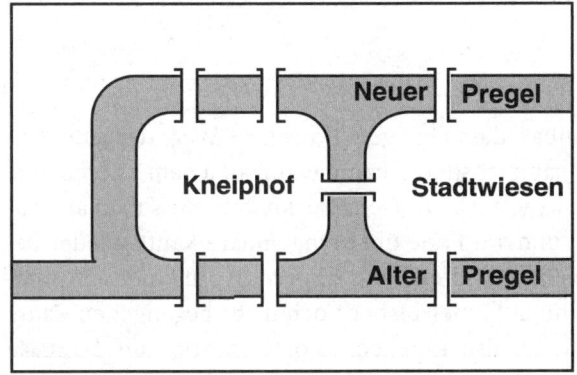

Die Königsberger Bürger stellten sich die Frage, ob es einen Spazierweg gäbe, bei dem sie jede Brücke genau einmal überqueren und am Ende zum Ausgangspunkt zurückkehren könnten. Als der berühmte Mathematiker Leonhard Euler[1] mit diesem Problem konfrontiert wurde, abstrahierte er von der konkreten geografischen Situation

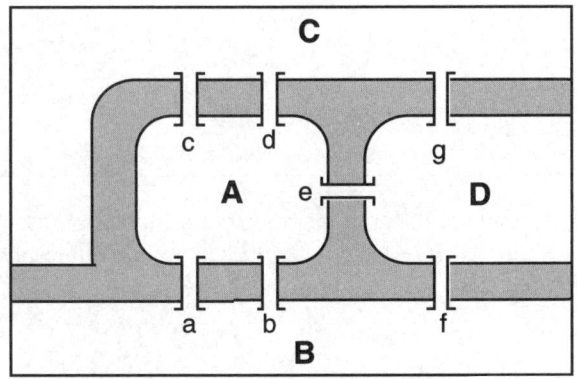

---

1. Leonhard Euler (1707–1783) gilt als einer der Väter der modernen Analysis. Nach ihm ist die Eulersche Konstante $e = 2,1718...$ benannt.

und stellte die Struktur des Problems durch einen »Graphen« dar, in dem Kreise (Knoten, A–D) die Landgebiete und Linien (Kanten, a–g) die Brücken repräsentierten.

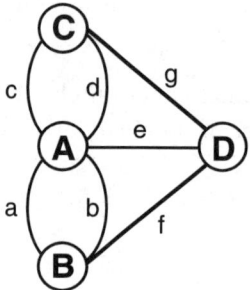

In dieser Darstellung ist erkennbar, dass ein »geschlossener« Weg, der jede Brücke genau einmal enthält,[2] nur dann existieren kann, wenn an jedem Knoten eine gerade Anzahl von Kanten ein- bzw. ausläuft. Den Startknoten muss man am Anfang über eine Kante verlassen und am Ende über eine andere Kante wieder betreten. Und immer, wenn man einen Knoten längs des Weges auf einer bestimmten Kante erreicht, muss man ihn auf einer bisher noch nicht begangenen Kante wieder verlassen. Die Kanten treten also an jedem Knoten »paarig« auf. Da diese Situation beim Königsberger Brückenproblem nicht vorlag, erkannte Euler, dass es den gesuchten Spazierweg nicht gab. Er bewies sogar mehr, und zwar, dass in einem beliebigen »zusammenhängenden Graphen« ein solcher Weg – man nennt das heute einen Eulerschen Weg – genau dann existiert, wenn alle Knoten eine gerade Anzahl von Kanten haben.

Das folgende Beispiel zeigt einen Graphen mit dieser Eigenschaft:

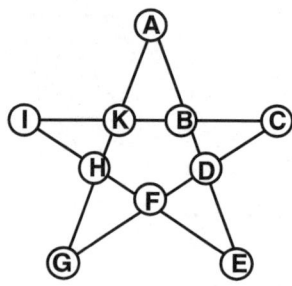

---

2. Wir nennen dies einen Eulerschen Weg.

An jedem Knoten gibt es hier 2 bzw. 4 Kanten und der Eulersche Weg ist unmittelbar zu erkennen. Dass dies so ist, liegt allerdings an der hier gewählten Anordnung der Knoten. Ändern wir die Darstellung nur geringfügig ab, so ist der Eulersche Weg nicht mehr so einfach zu finden:

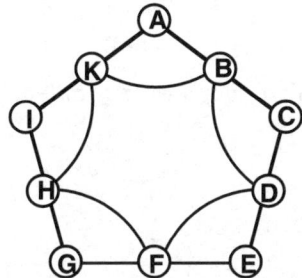

Das Königsberger Brückenproblem war mit Eulers Überlegungen gelöst und zugleich hatte Leonhard Euler mit der Art der Darstellung des Problems und seiner Beweisführung den Grundstein zur Graphentheorie gelegt.

Euler konnte damals noch nicht ahnen, welche Bedeutung die Graphentheorie einmal für die Informatik haben würde. Heute kann man sagen, dass die von der klassischen Mathematik weitgehend als trivial angesehene Theorie endlicher (oder diskreter) Strukturen sich neben der Theorie der Berechenbarkeit als die wesentliche Grundlage der Informatik etabliert hat.

16.1 Grundbegriffe

Zum Aufbau der Graphentheorie müssen wir zunächst einige Begriffe einführen. Die neuen Begriffsbildungen sind in der Regel sehr einfach und anschaulich.

Wir wollen Strukturen, wie wir sie beim Königsberger Brückenproblem kennen gelernt haben, einführen. Abweichend vom Königsberger Brückenproblem wollen wir hier jedoch keine Parallelwege, dafür aber gerichtete Verbindungen (Einbahnstraßen) zulassen:

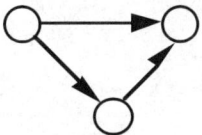

Auch Verbindungen eines Knotens mit sich selbst sollen nicht von vornherein ausgeschlossen sein:

Im Allgemeinen müssen auch nicht alle Knoten erreichbar oder auch nur miteinander verbunden sein.

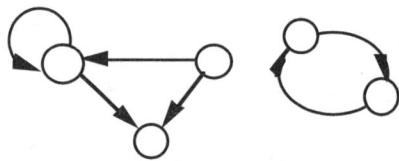

Allgemein besteht ein Graph also aus einer Menge von Ecken und einer Menge von Kanten, wobei wir jede Kante durch Angabe von zwei Ecken (Anfangs- und Endecke) eindeutig beschreiben können. Diese Rahmenvereinbarungen führen zu einer sehr einfachen Bgriffsbildung:

> Unter einem **Graph** verstehen wir eine Struktur, die aus endlich vielen **Knoten** und **Kanten** besteht.
>
> Jede Kante wird durch Angabe von zwei Knoten A und B eindeutig identifiziert[3] und in der Form (A,B) notiert.
>
> Ein Graph kann gerichtet oder ungerichtet sein.
>
> In einem **gerichteten Graphen** verbindet eine Kante (A,B) den Knoten A mit dem Knoten B. In diesem Fall wird A als der **Anfangs-** und B als der **Endknoten** der Kante (A,B) bezeichnet.
>
> In einem **ungerichteten** (oder auch **symmetrischen**) **Graphen** verbindet eine Kante (A,B) sowohl den Knoten A mit dem Knoten B als auch den Knoten B mit dem Knoten A. Die Bezeichnungen (A,B) und (B,A) identifizieren hier die gleiche Kante.

Durch diese Definition wird eine sehr allgemeine Struktur eingeführt, und man erkennt sofort, dass Listen und Bäume spezielle Graphen sind.

---

3. Das schließt Parallelkanten aus.

Zur Visualisierung von Graphen verwenden wir eine nahe liegende Notation:

Die Knoten eines Graphen visualisieren wir durch Kreise, die Kanten eines gerichteten Graphen durch Pfeile vom Anfangsknoten zum Endknoten:

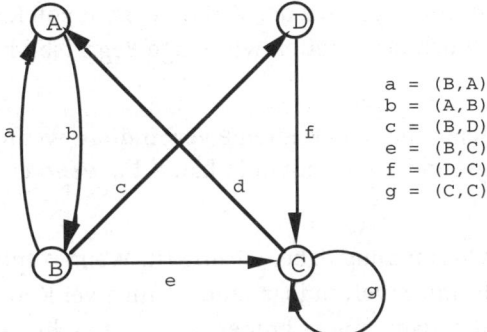

$$a = (B,A)$$
$$b = (A,B)$$
$$c = (B,D)$$
$$e = (B,C)$$
$$f = (D,C)$$
$$g = (C,C)$$

Im Falle eines ungerichteten Graphen lassen wir die Pfeile weg.

Die Knoten bezeichnen wir in der Regel mit Groß- (A, B, ...), die Kanten mit Kleinbuchstaben (a, b, c, ...).

Über die Kanten sind in einem Graphen in nahe liegender Weise Wege vorgezeichnet. Ein Weg ist eine Abfolge von Knoten, die jeweils durch eine Kante miteinander verbunden sind:

> Eine endliche Folge von zwei oder mehr Knoten[4] eines Graphen heißt **Weg** oder **Pfad**, wenn je zwei aufeinander folgende Knoten durch eine Kante miteinander verbunden sind.
>
> Der erste Knoten der Folge heißt der **Anfangsknoten** des Weges w.
>
> Der letzte Knoten der Folge heißt der **Endknoten** des Weges w.
>
> Die Anzahl der zur Verbindung der Knoten verwendeten Kanten wird als die **Länge** des Weges w bezeichnet.

An diese Definition knüpfen wir sofort einige weitere Begriffsbildungen:

> Ein Weg heißt **geschlossen** oder **Schleife**, wenn Anfangsknoten und Endknoten des Weges gleich sind.
>
> Ein Weg heißt **schleifenfrei**, wenn alle Knoten des Weges voneinander verschieden sind.
>
> Ein Weg heißt **Kantenzug**, wenn alle zur Verbindung der Knoten verwendeten Kanten voneinander verschieden sind.
>
> Ein geschlossener Kantenzug heißt **Kreis**.

---

4. Die Knoten müssen nicht voneinander verschieden sein.

Ein schleifenfreier Weg ist immer ein Kantenzug, aber ein Kantenzug muss nicht schleifenfrei sein. Ein Kreis ist immer eine Schleife, aber eine Schleife muss kein Kreis sein. Ein geschlossener Weg ist nicht schleifenfrei, aber ein nicht schleifenfreier Weg muss nicht geschlossen sein.

Von besonderem Interesse ist für uns die Frage nach der Verbindbarkeit von Knoten durch Wege in einem Graphen. Auch dazu treffen wir einige Begriffsbildungen:

> In einem Graphen heißt der Knoten A mit dem Knoten B **verbindbar**, wenn es einen Weg gibt, der A als Anfangs- und B als Endpunkt hat, d.h., wenn es einen Weg von A nach B gibt.

Beachten Sie, dass die Richtung der Verbindung dabei wichtig ist. Wenn A mit B verbindbar ist, muss deshalb B nicht mit A verbindbar sein. Wenn zwei Knoten aber durch einen Weg verbindbar sind, dann gibt es immer auch einen schleifenfreien Weg, der die Knoten verbindet. Man muss nur die gegebenenfalls vorhandenen Schleifen »abkneifen«. Insbesondere bedeutet dies, dass zwei Knoten, sofern sie überhaupt verbindbar sind, immer durch einen Weg, der höchstens so lang ist, wie der Graph Knoten hat, verbindbar sind. Andernfalls kämen Knoten im Weg mehrfach vor, wir hätten eine Schleife und könnten den Weg durch Abkneifen der Schleife verkürzen.

Mit Blick auf Datenstrukturen sind für uns »zusammenhängende« Graphen von besonderer Bedeutung. In dieser allgemeinen Situation kann man unterschiedlich starke Zusammenhangsbegriffe formulieren. Wir starten zunächst mit einer recht schwachen Formulierung:

> Ein Graph heißt **unzerlegbar**, wenn es bei jeder möglichen Aufteilung der Knotenmenge in zwei Teilmengen Elemente in den verschiedenen Mengen gibt, die über einen Weg (egal in welcher Richtung) miteinander verbindbar sind.

Einfache Beispiele wie

zeigen, dass diese Formulierung von »Zusammenhang« noch nicht viel über die Erreichbarkeit von Knoten im Graphen aussagt. In dem obigen Beispiel sind der rechte und der linke Knoten von nirgendwo aus erreichbar. Trotzdem ist der Graph unzerlegbar. Immerhin gibt es in unzerlegbaren Graphen keine isolierten Teile, also Teile, aus denen man nicht heraus und in die man auch nicht hinein kommt.

Wir definieren jetzt verschärfend:

> Ein Graph heißt **schwach zusammenhängend**, wenn es für je zwei verschiedene Knoten A und B einen Weg von A nach B oder einen Weg von B nach A gibt.

Schwach zusammenhängende Graphen sind natürlich unzerlegbar, aber eine vollständige Erreichbarkeit von Knoten untereinander ist immer noch nicht gewährleistet, wie das folgende Beipiel eines einfach zusammenhängenden Graphen zeigt:

Wir verschärfen daher noch einmal unseren Zusammenhangsbegriff:

> Ein Graph heißt **stark zusammenhängend** oder auch **zusammenhängend**, wenn jeder Knoten mit jedem anderen Knoten durch einen Weg verbindbar ist. Das heißt, wenn es für je zwei verschiedene Knoten A und B immer einen Weg von A nach B und einen Weg von B nach A gibt.

Der Graph des Beispiels ist zusammenhängend:

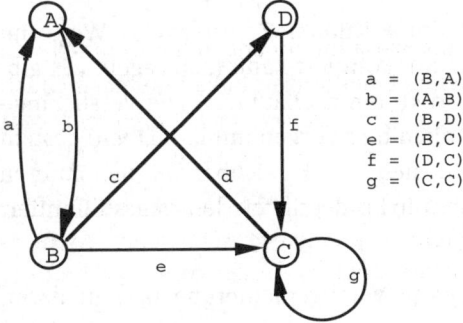

$$
\begin{aligned}
a &= (B,A) \\
b &= (A,B) \\
c &= (B,D) \\
e &= (B,C) \\
f &= (D,C) \\
g &= (C,C)
\end{aligned}
$$

Es gibt einen Weg von A nach B über D nach C und wieder zurück nach A. Daran erkennt man, dass jeder Knoten von jedem Knoten aus erreichbar ist.

Bei symmetrischen Graphen sind übrigens die drei oben diskutierten Zusammenhangsbegriffe gleichwertig, da bereits ein unzerlegbarer symmetrischer Graph stark zusammenhängend ist. In unseren Beispielen werden wir es häufig mit symmetrischen Graphen zu tun haben.

Wir wollen den uns bereits aus früheren Abschnitten vertrauten Begriff eines Baumes noch in den graphentheoretischen Zusammenhang einbetten. Dazu definieren wir:

> Ein Graph heißt **Baum**, wenn er unzerlegbar und kreisfrei ist.

Dies ist eine Verallgemeinerung unseres bisher verwendeten Baumbegriffs und erfasst auch Fälle wie z. B.

die wir nicht im klassischen Sinne als Baum auffassen. Wir verschärfen daher noch einmal:

> Ein Graph heißt **Wurzelbaum** mit dem Knoten W als **Wurzel**, wenn es zu jedem Knoten K des Graphen genau einen Weg von W nach K gibt.

Ein Wurzelbaum ist insbesondere unzerlegbar und kreisfrei. Ein Wurzelbaum ist also ein Baum in dem Sinne, wie wir ihn in Abschnitt 15.5 verwendet hatten.

Die Bedeutung der Bäume für die Theorie der Datenstrukturen zeigt sich darin, dass die hier abstrakt gegebene Definition eines Wurzelbaums inhaltlich praktisch deckungsgleich ist mit unserer ersten Definition für Datenstrukturen:

> Eine **Datenstruktur** ist ein Modell, das die zur Lösung eines Problems benötigten Informationen (Ausgangsdaten, Zwischenergebnisse, Endergebnisse) enthält und für alle Informationen genau festgelegte Zugriffswege bereitstellt.

Setzen Sie hier Modell = Graph, Information = Knoten, Zugriffsweg = Weg, und Sie erhalten Datenstruktur = (Wurzel-)Baum. Pointiert kann man sagen: »Es gibt in der Informatik keine anderen Datenstrukturen als Bäume.«[5] Die Verallgemeinerung, die wir mit dem Begriff des Graphen hier vorgenommen haben, besteht darin, dass bei beliebigen Graphen nicht mehr die Erreichbarkeit aller Knoten und im Falle der Erreichbarkeit nicht mehr die Eindeutigkeit des Weges garantiert ist.[6]

Eine für praktische Anwendungen wichtige Verallgemeinerung besteht darin, dass man sozusagen Gebühren für die Benutzung von Kanten und Wegen erhebt, indem man den Kanten des Graphen eine Kostenfunktion zuordnet:

> Eine Funktion, die jeder Kante eines Graphen eine reelle Zahl zuordnet, heißt **Kostenfunktion** oder **Bewertungsfunktion** des Graphen.
>
> Ein Graph mit zugeordneter Kostenfunktion heißt **bewerteter Graph**.
>
> In einem bewerteten Graph kann man jedem Weg Kosten zuordnen, indem man die längs des Weges beim Durchschreiten der Kanten entstehenden Kosten aufsummiert.

---

5. In C ist die physikalische Implementierung eines mehrdimensionalen Arrays auch ein Baum.
6. Spitzfindig könnten Sie jetzt sagen, dass man dann Graphen, die keine Bäume sind, nicht als Datenstrukturen modellieren kann. Im Prinzip ist das auch richtig. Wir werden Graphen zur Darstellung im Rechner immer in Bäume (z. B. Arrays) »einbetten«.

Das folgende Beispiel zeigt einen bewerteten Graphen, bei dem die Kosten jeweils neben den Kanten aufgeführt sind:

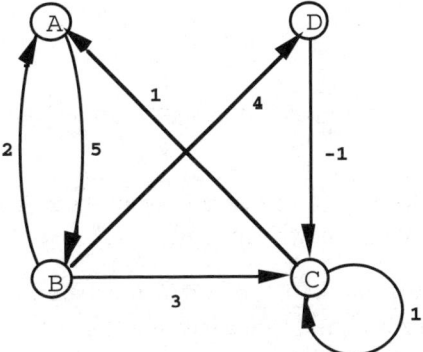

Für spezielle Wege ergeben sich daraus die folgenden Kosten:

Weg	Kosten
(A,B,C,C,C)	5+3+1+1 = 10
(C,A,B,D)	1+5+4 = 10
(D,C,C)	1-1=0

Die Interpretationsmöglichkeiten für Kosten sind vielfältig. Zum Beispiel können die Knoten eines Graphen Städte sein, und die Kanten bezeichnen Flugverbindungen zwischen diesen Städten. Eine Bewertung könnte dann die Entfernung, aber auch die Flugkosten zwischen zwei Städten ausdrücken. Bewertungen können natürlich auch negativ sein (negative Kosten = Gewinne).

Wir werden uns bei der Diskussion von ausgewählten graphentheoretischen Problemen noch intensiv mit den in diesem Abschnitt eingeführten Begriffen auseinandersetzen, sodass wir an dieser Stelle auf weitere Beispiele verzichten können.

16.2 Darstellung von Graphen durch Datenstrukturen

Wir können einen Graphen durch eine dynamische Datenstruktur realisieren. Dazu definieren wir Datenstrukturen zur Modellierung der Knoten und bilden die Kanten über Zeiger ab. Bei einer solchen Organisation der Datenstruktur wird es allerdings ausgesprochen ineffizient sein, bestimmte Fragen wie z.B. »Was ist der kürzeste Weg von A nach B?« zu beantworten. Um solche Fragen möglichst effizient beantworten zu können, ist es unter Umständen sinnvoll, die Knoteninformationen von den Verbindungsinformationen zu trennen. Als Beispiel betrachten wir noch einmal den Graphen aus dem letzten Abschnitt:

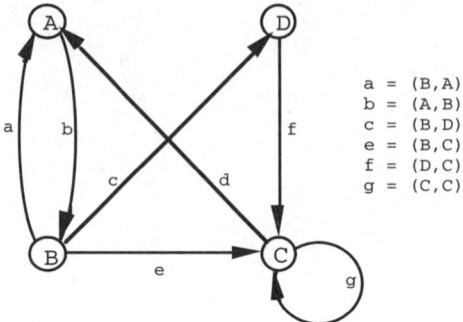

$$
\begin{aligned}
a &= (B,A)\\
b &= (A,B)\\
c &= (B,D)\\
e &= (B,C)\\
f &= (D,C)\\
g &= (C,C)
\end{aligned}
$$

Da die Kanten jeweils durch Angabe von Anfangs- und Endpunkt bestimmt sind, können wir die Information über die Kanten im Graphen in einem Array mit n Zeilen und n Spalten[7] (n ist dabei die Anzahl der Knoten) festhalten. In der i-ten Zeile und der k-ten Spalte des Arrays vermerken wir durch eine 1 oder eine 0, ob es eine Kante vom i-ten Knoten zum k-ten Knoten des Graphen gibt.

Bei einer fortlaufenden Nummerierung (A=1, B=2, C=3, D=4) der Knoten in unserem Beispiel ergibt sich dann der folgende Array bzw. die folgende Matrix:

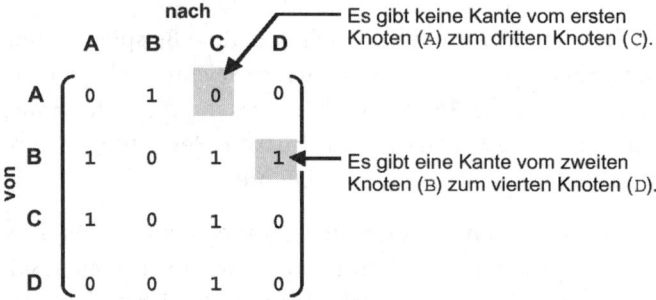

Bis auf die Benennung der Knoten und Kanten enthält die Matrix alle Informationen über den Graphen. Insbesondere ist die gesamte Strukturinformation über den Graphen in der Matrix abgebildet. Sollen zu den Knoten weitere Informationen gespeichert werden, so können wir dazu einen Array anlegen, auf den wir mit der Knotennummer zugreifen. Auf diese Weise gelingt es, die Strukturinformation und die Knotendaten sauber zu trennen. In diesem Abschnitt werden wir uns nur mit den Strukturdaten eines Graphen beschäftigen.

---

7. In der Mathematik nennt man so etwas eine **Matrix**.

Die oben eingeführte Matrix hat auch einen Namen – sie heißt die Adjazenzmatrix des Graphen:

> Gegeben sei ein Graph G mit n fortlaufend nummerierten Knoten
> $E_1, E_2, \cdots, E_n$.
>
> $$a_{i,k} = \begin{cases} 1 & \text{wenn es eine Kante von } E_i \text{ nach } E_k \text{ gibt} \\ 0 & \text{sonst} \end{cases}$$
>
> definierte $n \times n$-Matrix
>
> $$A = \left(a_{i,k}\right) = \begin{pmatrix} a_{1,1} & a_{1,2} & \cdots & a_{1,n} \\ a_{2,1} & a_{2,2} & \cdots & a_{2,n} \\ \vdots & \vdots & \ddots & \vdots \\ a_{n,1} & a_{n,2} & \cdots & a_{n,n} \end{pmatrix}$$
>
> heißt die **Adjazenzmatrix** des Graphen G und wird mit $A(G)$ bezeichnet.

Wir wollen im Folgenden zwischen einem Graphen und seiner Adjazenzmatrix nicht unterscheiden, obwohl sich durch unterschiedliche Nummerierung von Knoten formal unterschiedliche Matrizen ergeben können. Da wir uns nur mit strukturellen Eigenschaften von Graphen beschäftigen wollen, werden unsere Aussagen über Graphen bzw. deren Adjazenzmatrizen unabhängig von der konkreten Nummerierung der Knoten sein.

Die Implementierung einer Adjazenzmatrix als 2-dimensionaler Array in C ist evident und muss hier nicht weiter erörtert werden. Einen ungerichteten Graphen erkennen wir an einer symmetrischen Adjazenzmatrix, und auch die Werte einer Kostenfunktion können wir bei Bedarf in der Matrix speichern. Wir sprechen dann von einer **Kosten-Wege-Matrix**.

Adjazenzmatrizen erlauben eine sehr effiziente Überprüfung, ob zwischen zwei Knoten eine Kante exisiert oder nicht. Adjazenzmatrizen haben aber unter Umständen einen unnötig großen Speicherplatzbedarf, insbesondere dann, wenn der Graph nur wenige Kanten im Verhältnis zur Knotenzahl hat.

Alternativ bietet sich in solchen Fällen die Speicherung der Strukturdaten in einer sogenannten **Adjazenzliste** an. In einer Adjazenzliste speichert man zu jedem Knoten eine Liste seiner unmittelbaren Nachfolgerknoten. Also eine Liste derjenigen Knoten, die man über eine Kante erreichen kann.

Im unserem Standard-Beispiel ergibt sich die folgende Struktur:

```
A:  (B)
B:  (A,C,D)
C:  (A,C)
D:  (C)
```

In C kann man diese Struktur in verschiedener Weise implementieren. Je nachdem, ob man mehr Wert auf Flexibilität oder Speicherplatzminimierung legt, ergeben sich verschiedene Datenstrukturen. Nicht alle hier vorgestellten Varianten werden wir auch implementieren. Aber inzwischen haben Sie genügend Erfahrung mit C, um die Strukturen bei Bedarf selbstständig realisieren zu können.

Volle Flexibilität liefert eine Liste von Knoten, bei der jeder Knoten einen Verweis auf eine Liste seiner unmittelbaren Nachfolgerknoten enthält:

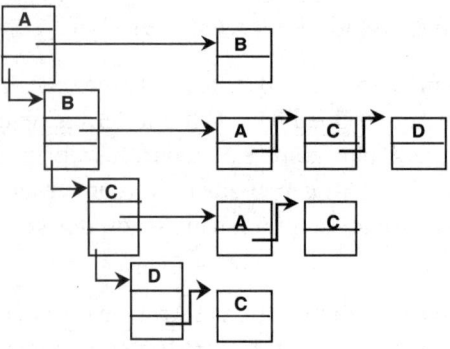

Die Daten einer Kostenfunktion können wir hier in den Datenstrukturen für die jeweiligen Endpunkte der Kanten unterbringen.

Anstelle einer Liste kann auch ein Array von Knoten verwendet werden.

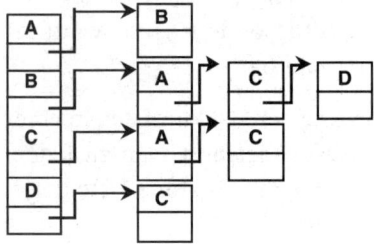

Und schließlich kann man zur Darstellung auch mit zwei Arrays auskommen. In dieser Darstellung hat man dann allerdings die geringste Flexibilität, insbesondere Erweiterungen des Graphen betreffend:

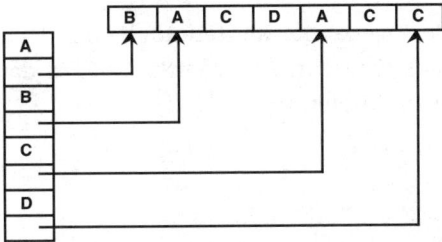

Die Querverweise in der letzten Datenstruktur werden dabei sinnvollerweise nicht über Zeiger, sondern über Indices realisiert sein.

Bisher hatten wir bei der Darstellung von Graphen immer zwei Knoten eine Kante zugeordnet. Wir können natürlich auch mit umgekehrtem Blickwinkel einer Kante immer zwei Knoten, Anfangs- und Endknoten, zuordnen. Dieser Blickwinkel führt zur sogenannten **Inzidenzmatrix**.

Mit der Inzidenzmatrix lässt sich unser Standardbeispiel nicht darstellen, da es keine Darstellung von Schlingen gibt. Andererseits lassen sich mit Inzidenzmatrizen Parallelkanten darstellen. Wir modifizieren daher unser Beispiel geringfügig

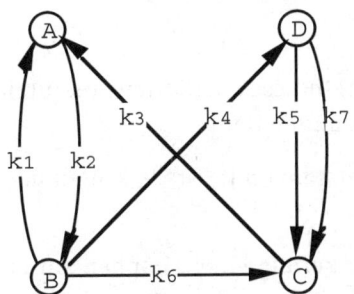

und erhalten mit einer entsprechenden Kantennummerierung die Inzidenzmatrix:

$$
I(G) = \begin{pmatrix}
-1 & 1 & -1 & 0 & 0 & 0 & 0 \\
1 & -1 & 0 & 1 & 0 & 1 & 0 \\
0 & 0 & 1 & 0 & -1 & -1 & -1 \\
0 & 0 & 0 & -1 & 1 & 0 & 1
\end{pmatrix}
$$

Der Spaltenindex dieser Matrix bezeichnet jetzt die laufende Kantennummer, der Zeilenindex die laufende Knotennummer. Eine 1 bedeutet, dass der Knoten Anfangspunkt der zugehörigen Kante ist. Eine -1 markiert entsprechend den Endpunkt einer Kante.

Als letzte Darstellungsform führen wir die sogenannte **Kantentabelle** ein. Hier halten wir Anfangs- und Endknoten für jede Kante in einer Matrix fest. Für das obige Beispiel, erweitert um eine Schlinge am Knoten C

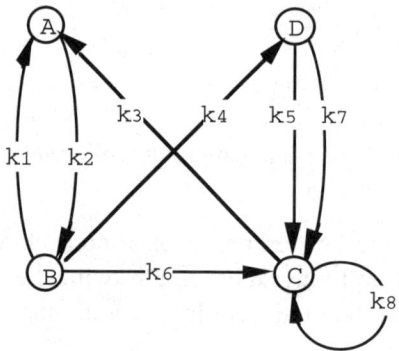

ergibt sich die Kantentabelle

$$K(G) = \begin{pmatrix} B & A & C & B & D & B & D & C \\ A & B & A & D & C & C & C & C \end{pmatrix},$$

wobei in einer konkreten Implementierung Zeiger, Indices oder Datenstrukturen zur Repräsentation der Knoten (A,B,C,D) Verwendung finden.

Kantentabellen eignen sich zur Darstellung von Graphen mit Parallelkanten und Schlingen.

Welche Datenstruktur im Einzelfall zur Implementierung eines Graphen auf einem Rechner auszuwählen ist, hängt von der Art der Operationen ab, die man auf dem Graphen ausführen will. Zum Beispiel ist die Frage, ob ein Graph symmetrisch ist, anhand einer Adjazenztabelle leichter zu beantworten als anhand einer Adjazenzliste oder Kantentabelle. Will man Kanten geordnet nach Kosten verarbeiten, so fällt das mit einer Kantentabelle leichter als mit einer Adjazenzmatrix.

Die folgende Tabelle stellt die verschiedenen Datenstrukturen und ihren Speicherplatzbedarf für einen Graphen mit n Knoten und m Kanten gegenüber:

Struktur	Speicher-komplexität	vorrangige Verwendung	Einschränkungen
Adjazenzmatrix	n^2	Knotenorientierte Verarbeitung in Graphen mit relativ vielen Kanten im Verhältnis zur Knotenzahl	Keine Parallelkanten
Adjazenzliste	n+m	Knotenorientierte Verarbeitung in Graphen mit relativ wenig Kanten im Verhältnis zur Knotenzahl	–
Inzidenzmatrix	n*m	Praktisch von geringer Bedeutung	Keine Schleifen
Kantentabelle	2*m	Kantenorientierte Verarbeitung in beliebigen Graphen	–

Beachten Sie dabei, dass eine Angabe wie n+m nur bei oberflächlicher Betrachtung besser als n^2 erscheint. Die Zahl der Kanten kann zwischen 0 und n^2 variieren, so dass sich hinter der Größe m durchaus eine Zahl in der Größenordnung von n^2 verbergen kann.

In den folgenden Beispielen werden wir vorrangig Adjazenzmatrizen und gelegentlich auch Kantentabellen verwenden. Es ist aber in der Regel nicht schwer, die Beispiele für andere Speichertechniken umzuschreiben.

16.3 Ausgewählte graphentheoretische Probleme

Für die folgenden Beispiele betrachten wir die Bundesrepublik Deutschland mit 12 Städten und einem vereinfachten Autobahnnetz.

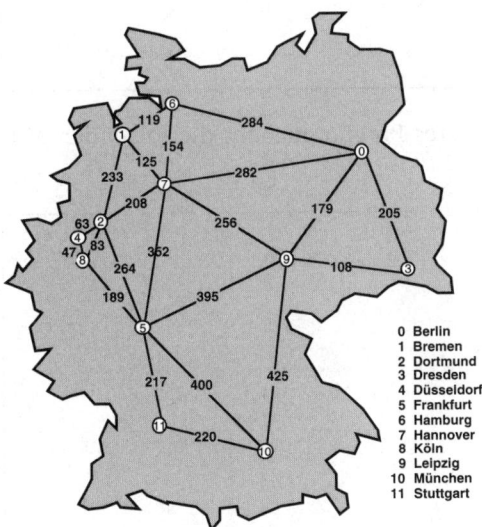

0 Berlin
1 Bremen
2 Dortmund
3 Dresden
4 Düsseldorf
5 Frankfurt
6 Hamburg
7 Hannover
8 Köln
9 Leipzig
10 München
11 Stuttgart

Eine Stadt können wir als einen Knoten, eine Verbindung zwischen zwei Städten als eine Kante in einem Graphen betrachten. Die Entfernung zwischen zwei Städten sind die Kosten der zugehörigen Kante. Die Entfernungen zwischen den Städten entnehmen wir einem Auto-Atlas.

Aus der Problemstellung heraus ergeben sich einige spezielle Eigenschaften des Graphen:

▶ Der Graph ist ungerichtet (symmetrisch)

▶ Die Gewichte sind nicht negativ

▶ Der Graph ist zusammenhängend

In C implementieren wir einen Array mit den Städtenamen

```
# define ANZAHL 12

char *stadt[ANZAHL] =
    {
    "Berlin",
    "Bremen",
    "Dortmund",
    "Dresden",
    "Duesseldorf",
    "Frankfurt",
    "Hamburg",
    "Hannover",
    "Koeln",
    "Leipzig",
    "Muenchen",
    "Stuttgart"
    };
```

und führen zur besseren Lesbarkeit unseres Programmcodes die folgenden Makros ein:

```
# define BERLIN        0
# define BREMEN        1
# define DORTMUND      2
# define DRESDEN       3
# define DUESSELDORF   4
# define FRANKFURT     5
# define HAMBURG       6
# define HANNOVER      7
# define KOELN         8
```

```
# define LEIPZIG      9
# define MUENCHEN    10
# define STUTTGART   11
```

An diesem Graphen bzw. an Varianten dieses Graphen werden wir im Folgenden einige typische Fragestellungen erörtern.

16.3.1 Existenz von Wegen

Eine der wichtigsten Fragen, die man bei der Diskussion eines Graphen stellen kann, ist die Frage, ob es zwischen zwei Knoten einen Weg gibt. Ist der Graph bewertet, so stellt sich zusätzlich die Frage nach dem kostengünstigsten Weg. Zunächst konzentrieren wir uns auf die Frage nach der Existenz von Wegen. Uns interessiert dabei nicht, wie der Weg verläuft und welche Kosten bei seiner Benutzung entstehen.

Bei kleinen, überschaubaren Graphen können wir die Frage nach der Verbindbarkeit zweier Knoten oft unmittelbar – durch scharfes Hinsehen – beantworten. In unserem Beispielgraphen

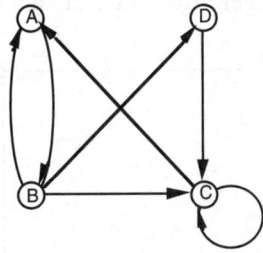

sind alle Knoten über Wege miteinander verbindbar, da es ja insbesondere einen Weg von A über B, D und C zurück nach A gibt. Computer haben diese Möglichkeit des unmittelbaren Erkennens nicht. Ausgangspunkt für eine rechnerische Beantwortung der Frage ist etwa die Adjazenzmatrix

$$A = \begin{pmatrix} 0 & 1 & 0 & 0 \\ 1 & 0 & 1 & 1 \\ 1 & 0 & 1 & 0 \\ 0 & 0 & 1 & 0 \end{pmatrix}$$

des Graphen, und wir müssen zugeben, dass es auch uns schwerfällt, aus dieser Struktur heraus zu entscheiden, ob es einen Weg zwischen zwei Knoten gibt oder nicht.

Ziel dieses Abschnitts ist es, Algorithmen zu entwerfen und zu realisieren, die die Frage nach der Existenz von Wegen anhand der Adjazenzmatrix eines Graphen beantworten.

Traversierung von Graphen

Ein erster Ansatz zum Auffinden von Wegen könnte in einer Traversierung des Graphen bestehen. Dieser Ansatz ist insbesondere deshalb verlockend, da wir Traversierungsverfahren von Bäumen her schon kennen.

Eine gezielte Suche, wie wir sie in geordneten Bäumen praktiziert hatten, ist in einem Graphen allerdings nicht möglich. Ein Graph ist wie ein Labyrinth! Wenn wir an einem Verzweigungspunkt sind, gibt es keine Orientierungshilfe, die uns sagt, in welche Richtung wir weitergehen sollen. Wie in einem Labyrinth besteht die Gefahr, dass wir uns verlaufen. Wir können endlos in unserer eigenen Spur im Kreis laufen und auf diese Weise niemals zum Ziel kommen. Bei der Traversierung eines Graphen benötigen wir also einen »Ariadnefaden«[8], der uns hilft, das erneute Begehen bereits untersuchter Wege zu verhindern.

Um die Struktur des Graphen mit dem deutschen Autobahnnetz im Programm verfügbar zu haben, implementieren wir zunächst die zugehörige Adjazenzmatrix:

```
unsigned int adjazenz[ ANZAHL][ ANZAHL]  =
    {
        {0,0,0,1,0,0,1,1,0,1,0,0},
        {0,0,1,0,0,0,1,1,0,0,0,0},
        {0,1,0,0,1,1,0,1,1,0,0,0},
        {1,0,0,0,0,0,0,0,0,1,0,0},
        {0,0,1,0,0,0,0,0,1,0,0,0},
        {0,0,1,0,1,0,0,1,1,1,1,1},
        {1,1,0,0,0,0,0,1,0,0,0,0},
        {1,1,1,0,0,1,1,0,0,1,0,0},
        {0,0,1,0,1,1,0,0,0,0,0,0},
        {1,0,0,1,0,1,0,1,0,0,1,0},
        {0,0,0,0,0,1,0,0,0,1,0,1},
        {0,0,0,0,0,1,0,0,0,0,1,0}
    };
```

▲ CD-ROM P_16_3_1_1/traverse.c

---

8. In der griechischen Mythologie gab Ariadne, die Tochter des Königs Minos, dem Helden Theseus ein Garnknäuel, damit er sich nicht im Labyrinth des Minotaurus verirrt.

Wie bei Bäumen können wir uns auch bei Graphen für eine Tiefen- oder eine Breitensuche zur Traversierung entscheiden. Wir wählen die Tiefensuche. Nur eins müssen wir dabei beachten:

Bei Bäumen konnte es nicht vorkommen, dass wir im Wege der Tiefensuche einen Knoten zweimal erreichten, da es bei einem Baum zu jedem Knoten von der Wurzel aus nur einen Pfad gibt. Hier gibt es aber durchaus verschiedene Wege von einem Ort zum anderen. Würden wir bei der Traversierung eines Graphen einen Ort zum zweiten Mal erreichen und fortfahren, als wäre nichts geschehen, so würden wir uns in einem endlosen rekursiven Abstieg verlieren.

Wir führen daher in unserem Programm einen Array war_schon_da (Ariadnefaden) mit, in dem wir festhalten, ob wir einen Knoten schon einmal besucht haben, und steigen nicht weiter ab, wenn wir zu einem Knoten kommen, den wir schon einmal besucht haben. Das Programm zur Traversierung von Graphen sieht dann wie folgt aus:

```
A   void traverse( int knoten, int war_schon_da[], int level)
    {
        int i;
B       for( i = 0; i < level; i++)
            printf( "    ");
        printf( "%s\n", stadt[knoten]);

C       war_schon_da[knoten] = 1;

        for( i = 0; i < ANZAHL; i++)
        {
D           if( adjazenz[knoten][i] && !war_schon_da[i])F
                traverse( i, war_schon_da, level +1);
        }
    }
```

▲ CD-ROM P_16_3_1_1/traverse.c

A: Wir statten die Funktion mit einer »rekursionsfähigen« Schnittstelle aus und übergeben dazu den Index des Knotens (knoten), den wir aktuell betrachten, den Ariadnefaden (war_schon_da) und einen Zähler (level) für die Rekursionstiefe. Der Array war_schon_da enthält eine 1 für jeden Knoten, der bereits besucht wurde, und eine 0 für jeden Knoten, der noch nicht besucht wurde. Beim ersten Aufruf der Traversierungsfunktion wird erwartet, dass alle Knoten auf »noch nicht besucht« gesetzt sind. Der letzte Parameter ist für das Verfahren nicht von Bedeutung. Er dient lediglich zur Unterstützung der Ausgabe.

B: Wir geben den neu gefundenen Knoten auf dem Bildschirm aus. Die Ausgabe wird dabei entsprechend der Rekursionstiefe (level) eingerückt.

C: Wir markieren den Knoten als »besucht«.

D: In einer Schleife besuchen wir jetzt rekursiv alle Knoten i, zu denen von unserem derzeitigen Standort (knoten) aus eine Kante führt (adjazenz[knoten][i]), sofern wir diese Knoten nicht bereits früher besucht haben (!war_schon_da[i]).

Im Hauptprogramm initialisieren wir den Array war_schon_da und starten die Tiefensuche zur Traversierung des Graphen von Berlin aus:

D_16_3_1_1

```
void main()
    {
    int i;
    int war_da[ANZAHL];

    for( i = 0; i < ANZAHL; i++)
        war_da[i] = 0;
    traverse( BERLIN, war_da, 0);
    }
```

▲ CD-ROM P_16_3_1_1/traverse.c

Als Ergebnis erhalten wir die folgende Bildschirmausgabe:

```
Berlin
    Dresden
        Leipzig
            Frankfurt
                Dortmund
                    Bremen
                        Hamburg
                            Hannover
                    Duesseldorf
                        Koeln
                Muenchen
                    Stuttgart
```

Genaugenommen konstruiert der Algorithmus einen Baum[9] mit Wurzel Berlin in den Graphen hinein. Die folgende Grafik zeigt das »baumartige« Vorgehen des Algorithmus bei der Tiefensuche.

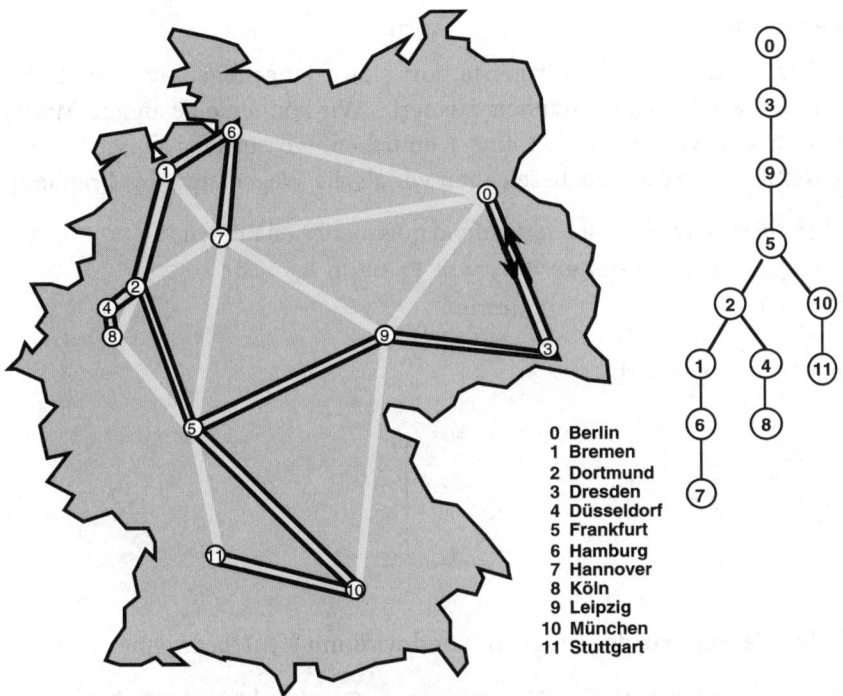

0 Berlin
1 Bremen
2 Dortmund
3 Dresden
4 Düsseldorf
5 Frankfurt
6 Hamburg
7 Hannover
8 Köln
9 Leipzig
10 München
11 Stuttgart

Wenn wir einen Ort erreichen, so wird von dort aus versucht, weiterzugehen. Erst wenn von einem Ort aus keine Orte mehr unmittelbar erreichbar sind, an denen wir noch nicht waren, erfolgt der Rückzug. Auf diese Weise erreichen wir sukzessive alle von Berlin aus erreichbaren Orte. Da unser Graph (stark) zusammenhängend ist, sind dies alle Orte.

Um den Weg zu einem bestimmten Knoten zu finden, könnte man den Index des Knotens als zusätzlichen Parameter mitgeben und die Rekursion abbrechen, sobald der Ort gefunden ist. Wir wollen das aber nicht weiter verfolgen, da man in der obigen Grafik bereits erkennt, dass auf diese Weise zwar Wege, aber nicht unbedingt sinnvolle, d.h. kurze Wege gefunden werden. Wer würde denn schon über Dresden, Leipzig, Frankfurt, Dortmund, Bremen und Hamburg von Berlin nach Hannover fahren? Der Weg, der durch dieses Programm gefunden wird, hängt von der mehr oder weniger zufälligen Reihenfolge der Knoten ab. Wir wollen uns natürlich nicht von solchen Zufälligkeiten abhängig machen und werden Verfahren entwickeln, um die kürzesten Wege in Graphen zu finden. Dieses

---

9. Dies ist ein sog. aufspannender oder spannender Baum. Wir kommen darauf noch zurück.

Thema stellen wir aber noch für einen Moment zurück. Zunächst beschäftigen wir uns weitergehend mit der Verbindbarkeit von Knoten, ohne dabei auf die Entfernung zu schauen, und machen dazu einen mathematisch geprägten Ansatz.

Die Wegematrix

In der Adjazenzmatrix hatten wir genau dort eine 1 eingetragen, wo eine Kante zwischen zwei Knoten eines Graphen existierte. Wir können eine andere Matrix definieren, in der wir überall dort eine 1 eintragen, wo ein Weg zwischen zwei Knoten existiert. Diese Matrix bezeichnen wir als die Wegematrix des Graphen:

> Gegeben sei ein Graph G mit n fortlaufend nummerierten Knoten E_1, E_2, $\cdots$, E_n.
>
> $$w_{i,k} = \begin{cases} 1 & \text{wenn es einen Weg von } E_i \text{ nach } E_k \text{ gibt} \\ 0 & \text{sonst} \end{cases}$$
>
> definierte $n \times n$-Matrix
>
> $$W = \left(w_{i,k}\right) = \begin{pmatrix} w_{1,1} & w_{1,2} & \cdots & w_{1,n} \\ w_{2,1} & w_{2,2} & \cdots & w_{2,n} \\ \vdots & \vdots & \ddots & \vdots \\ w_{n,1} & w_{n,2} & \cdots & w_{n,n} \end{pmatrix}$$
>
> heißt die **Wegematrix** des Graphen G und wird mit $W(G)$ bezeichnet.

Die Frage nach der Existenz von Wegen in einem Graphen können wir beantworten, wenn es uns gelingt, die Wegematrix des Graphen aus seiner Adjazenzmatrix zu berechnen.

Wir betrachten dazu wieder unseren Beispielgraphen,

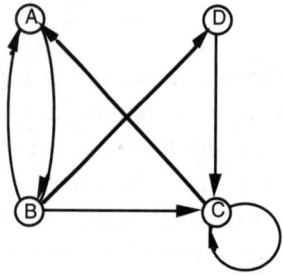

der die folgende Adjazenzmatrix hat:

$$A = \begin{pmatrix} 0 & 1 & 0 & 0 \\ 1 & 0 & 1 & 1 \\ 1 & 0 & 1 & 0 \\ 0 & 0 & 1 & 0 \end{pmatrix}$$

Wir bilden das Matrizenprodukt der Adjazenzmatrix mit sich selbst:

$$A^2(G) = \begin{pmatrix} 0 & 1 & 0 & 0 \\ 1 & 0 & 1 & 1 \\ 1 & 0 & 1 & 0 \\ 0 & 0 & 1 & 0 \end{pmatrix} \begin{pmatrix} 0 & 1 & 0 & 0 \\ 1 & 0 & 1 & 1 \\ 1 & 0 & 1 & 0 \\ 0 & 0 & 1 & 0 \end{pmatrix} = \begin{pmatrix} 1 & 0 & 1 & 1 \\ 1 & 1 & 2 & 0 \\ 1 & 1 & 1 & 0 \\ 1 & 0 & 1 & 0 \end{pmatrix}$$

Das allgemeine Bildungsgesetz für die Koeffizienten der Ergebnismatrix ist dabei durch die Formel

$$b_{ij} = \sum_{k=1}^{n} a_{ik}a_{kj}$$

gegeben. Dies bedeutet, dass zur Berechnung von b_{ij} die Elemente der i-ten Zeile und der j-ten Spalte der Matrix fortlaufend multipliziert und anschließend aufsummiert werden:

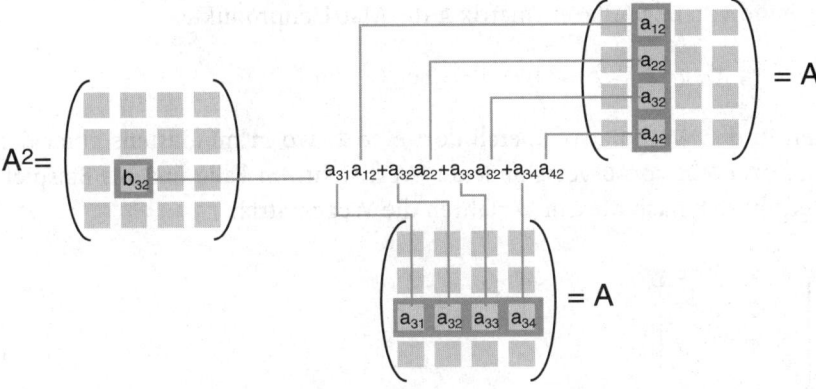

Man kippt sozusagen die i-te Zeile auf die j-te Spalte, multipliziert die aufeinander fallenden Elemente und summiert die dabei entstehenden Produkte auf. Nach der Definition der Adjazenzmatrix ist dabei ein Summand der Form $a_{ik}a_{kj}$ ungleich 0 (=1), wenn es eine Kante vom Knoten i zum Knoten k <u>und</u> eine Kante vom Knoten k zum Knoten j gibt, wenn es also einen Weg vom Knoten i über den Knoten k zum Knoten j gibt. In b_{ij} läuft also nach der Summation die Anzahl der Wege der Länge 2 vom Knoten i zum Knoten j auf.

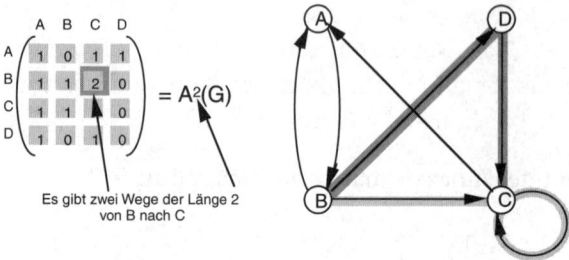

Es gibt zwei Wege der Länge 2
von B nach C

Ein Blick auf die grafische Darstellung unseres Standardbeispiels bestätigt dies. Es gibt zwei Wege, und zwar B-D-C und B-C-C der Länge 2 vom Knoten B zum Knoten C.

Diese Gesetzmäßigkeit pflanzt sich mit jeder weiteren Matrizenmultiplikation fort, so dass uns die Matrix $A^m(G)$ die Anzahl aller Wege der Länge m zwischen zwei beliebigen Knoten des Graphen aufzeigt. Wir müssen die Matrixmultiplikation auch nicht ad infinitum fortsetzen, denn wenn es einen Weg zwischen zwei Knoten gibt, dann auch einen Weg mit höchstens n+1 Knoten – also einen Weg der Länge n. Nach n-maliger Matrixmultiplikation können wir das Berechnungsverfahren also spätestens abbrechen. Wenn wir bis dahin keinen Weg zwischen zwei Knoten gefunden haben, dann gibt es auch keinen.

Theoretisch ist damit das Problem der Existenz von Wegen bereits gelöst. Wir bilden ausgehend von der Adjazenzmatrix A die Matrizenprodukte

$$A^2, A^3, \dots, A^n$$

und setzen in der Wegematrix überall dort eine 1, wo in mindestens einer der obigen Matrizen ein von 0 verschiedener Wert steht. Im Falle unseres Beispielgraphen ergibt sich nach diesem Verfahren die Wegematrix:

$$W = \begin{pmatrix} 1 & 1 & 1 & 1 \\ 1 & 1 & 1 & 1 \\ 1 & 1 & 1 & 1 \\ 1 & 1 & 1 & 1 \end{pmatrix}$$

Das war auch zu erwarten, da in unserem Beispiel jeder Knoten von jedem aus erreichbar ist.

Der Mathematiker ist an dieser Stelle zufrieden. Der Informatiker fragt nach der Effizienz des Verfahrens und danach, ob es nicht effizientere Verfahren zur Berechnung der Wegematrix gibt. Wir haben n-1 Matrizenmultiplikationen durchführen müssen. Für jede Matrixmultiplikation müssen n² Felder neu berechnet werden. Zur Berechnung eines jeden Feldes müssen n Multiplikationen (und n-1 Additionen) durchgeführt werden. Insgesamt würde sich also bei einer Implementierung dieses Verfahrens eine Zeitkomplexität von n^4 ergeben. Wir werden dieses Verfahren nicht implementieren, da das im nächsten Abschnitt beschriebene Verfahren von Warshall zeigt, dass man die Wegematrix auch mit einer Zeitkomplexität von n^3 berechnen kann.

Das Verfahren von Warshall

In diesem Abschnitt werden wir mit dem Verfahren von Warshall die Wegematrix aus der Adjazenzmatrix berechnen. Wir gehen dabei davon aus, dass die Adjazenzmatrix des Graphen in einem globalen Array adjazenz abgelegt ist und die Anzahl der Knoten des Graphen durch die symbolische Konstante ANZAHL gegeben ist. Wir betrachten das folgende Programm, das das Verfahren von Warshall realisiert:

```c
void warshall()
    {
    int zpkt, von, nach;

    for( zpkt = 0; zpkt < ANZAHL; zpkt++)
        {
        for( von = 0; von < ANZAHL; von++)
            {
            if( adjazenz[von][zpkt])
                {
                for( nach = 0; nach < ANZAHL; nach++)
                    {
                    if( adjazenz[zpkt][nach])
                        adjazenz[von][nach] = 1;
                    }
                }
            }
        }
    }
```

▲ CD-ROM P_16_3_1_2/warshall.c

Dieser Algorithmus ist so einfach aufgebaut, dass wir unmittelbar feststellen können, dass er von kubischer Laufzeitkomplexität und damit besser als das mathematische Verfahren des letzten Abschnitts ist. So einfach dieser Algorithmus allerdings von seinem Aufbau her ist, so schwer ist es zu erkennen, dass er seine Aufgabe, die Wegematrix zu berechnen, korrekt erfüllt. Dazu sind einige Erklärungen nötig:

Die Wegematrix wird durch das Verfahren von Warshall Schritt für Schritt in der Adjazenzmatrix aufgebaut.[10] Zu Beginn enthält die Adjazenzmatrix alle direkten Wege der Länge 1 (= Kanten) zwischen zwei Knoten. Im ersten Schritt der äußeren Schleife wird jetzt der Knoten mit dem Index 0 als Zwischenpunkt betrachtet (zpkt = 0). Für alle Knotenpaare (von, nach) des Graphen wird dann versucht, über diesen Zwischenpunkt eine Wegeverbindung herzustellen. Dazu wird geprüft, ob es eine Kante von von zum Zwischenpunkt und vom Zwischenpunkt nach nach gibt.[11]

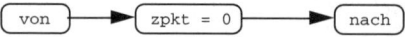

Besteht eine solche Verbindung, so wird in die Matrix eine 1 aufgenommen. Die geänderte Matrix hat jetzt überall dort eine 1, wo zwei Knoten direkt oder über den Knoten mit dem Index 0 als Zwischenpunkt verbunden werden können. Sie zeigt also die Existenz von direkten oder über den ersten Knoten als Zwischenpunkt verlaufenden Wegen an.

Im zweiten, dritten, ... Schritt wird dann jeweils der nächste Knoten als Zwischenpunkt betrachtet. Auch hier wird wieder getestet, ob die Matrix in ihrem aktuellen Zustand eine Verbindung vom Ausgangspunkt zum Zwischenpunkt und vom Zwischenpunkt zum Zielpunkt anzeigt. In ihrem aktuellen Zustand zeigt die Matrix aber die Existenz von Wegen an, die unter Verwendung der bisher untersuchten Zwischenpunkte (oder ohne Zwischenpunkt) gefunden werden konnten.

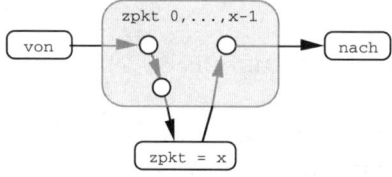

Existiert auf dem Umweg über den Zwischenpunkt eine Verbindung, so wird das im entsprechenden Feld in der Matrix vermerkt. Die Matrix zeigt jetzt die Existenz von Wegen an, die direkt oder über die bisher betrachteten Zwischenknoten 0 bis x gefunden werden konnten.

Im nächsten Schritt kommt dann der nächste Knoten (x+1) als Zwischenpunkt hinzu. Dies wird so lange fortgesetzt, bis alle Knoten als Zwischenpunkte getestet und damit alle Wege gefunden worden sind.

---

10. Die Adjazenzmatrix ist dann natürlich verloren. Wenn das rufende Programm weiterhin an der Adjazenzmatrix interessiert ist, sollte es hier nur mit einem Duplikat arbeiten.

11. Aus Effizienzgründen ist die Schleife dabei so organisiert, dass, wenn es keine Verbindung von von zum Zwischenpunkt gibt, erst gar keine Zielpunkte (nach) untersucht werden.

Später werden wir eine Verallgemeinerung dieses Verfahrens (Algorithmus von Floyd) kennen lernen. In dieser Verallgemeinerung wird dann nicht nur die Existenz der Wege nachgewiesen, sondern auch eine Wegbeschreibung geliefert.

Wir wollen das Verfahren von Warshall anhand unserer Deutschlandkarte testen. Dieses Beispiel ist allerdings von Natur aus so angelegt, dass alle Autobahnen in beiden Richtungen befahrbar sind und damit die Wegematrix nur Einsen enthalten wird. Um zu einem seriösen Testfall zu kommen, sperren wir jetzt die Autobahnen so, dass sie immer nur in einer Richtung befahren werden dürfen, und zwar immer nur in Richtung des alphabetisch größeren Orts.

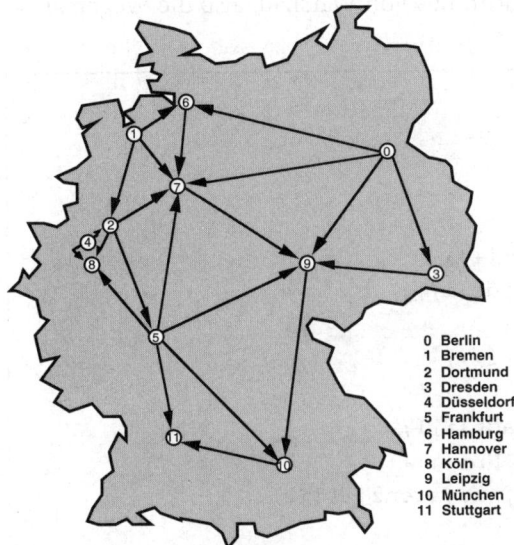

0 Berlin
1 Bremen
2 Dortmund
3 Dresden
4 Düsseldorf
5 Frankfurt
6 Hamburg
7 Hannover
8 Köln
9 Leipzig
10 München
11 Stuttgart

Nach dieser willkürlichen Änderung ist der Graph nicht mehr symmetrisch. Berlin ist z.B. als erste unter diesen Städten im Alphabet jetzt nicht mehr über Autobahnen erreichbar. Der Graph ist nicht mehr stark zusammenhängend, aber immer noch schwach zusammenhängend.

Durch die Autobahnsperrungen ergibt sich eine geänderte Adjazenzmatrix, bei der alle unterhalb der Hauptdiagonalen stehenden Elemente den Wert 0 haben:

```
unsigned int adjazenz[ ANZAHL] [ ANZAHL] =
    {
        {0,0,0,1,0,0,1,1,0,1,0,0},
        {0,0,1,0,0,0,1,1,0,0,0,0},
        {0,0,0,0,1,1,0,1,1,0,0,0},
        {0,0,0,0,0,0,0,0,0,1,0,0},
        {0,0,0,0,0,0,0,0,0,1,0,0},
        {0,0,0,0,0,0,0,1,1,1,1,1},
```

```
        { 0 , 0 , 0 , 0 , 0 , 0 , 0 , 1 , 0 , 0 , 0 , 0 },
        { 0 , 0 , 0 , 0 , 0 , 0 , 0 , 0 , 0 , 1 , 0 , 0 },
        { 0 , 0 , 0 , 0 , 0 , 0 , 0 , 0 , 0 , 0 , 0 , 0 },
        { 0 , 0 , 0 , 0 , 0 , 0 , 0 , 0 , 0 , 0 , 1 , 0 },
        { 0 , 0 , 0 , 0 , 0 , 0 , 0 , 0 , 0 , 0 , 0 , 1 },
        { 0 , 0 , 0 , 0 , 0 , 0 , 0 , 0 , 0 , 0 , 0 , 0 },
     };
```

▲ CD-ROM P_16_3_1_2/warshall.c

Bevor wir mit dem Test beginnen können, müssen wir noch eine Hilfsfunktion schreiben, die das Ergebnis des Algorithmus von Warshall, also die Wegematrix, auf dem Bildschirm ausgibt:

```
void ausgabe()
    {
    int i,j;

    printf( "    " );
    for( i = 0; i < ANZAHL; i++)
        printf( " %.3s", stadt[i] );
    printf( "\n", stadt[i] );
    for( i = 0; i < ANZAHL; i++)
        {
        printf( "%.3s ", stadt[i] );
        for( j = 0; j < ANZAHL; j++)
            printf( " %d  ", adjazenz[i][j] );
         printf( "\n" );
        }
    }
```

▲ CD-ROM P_16_3_1_2/warshall.c

Dieses Programm bedarf keiner gesonderten Erklärung, da es nur in einer Doppel-schleife alle Elemente eines 2-dimensionalen Arrays formatiert auf dem Bild-schirm ausgibt.

Im Hauptprogramm müssen jetzt nur noch der Algorithmus von Warshall und die Ausgabefunktion aufgerufen werden

D_16_3_1_2

```
void main()
    {
    warshall();
    ausgabe();
    }
```

▲ CD-ROM P_16_3_1_2/warshall.c

und wir erhalten die folgende Ausgabe:

	Ber	Bre	Dor	Dre	Due	Fra	Ham	Han	Koe	Lei	Mue	Stu
Ber	0	0	0	1	0	0	1	1	0	1	1	1
Bre	0	0	1	0	1	1	1	1	1	1	1	1
Dor	0	0	0	0	1	1	0	1	1	1	1	1
Dre	0	0	0	0	0	0	0	0	0	1	1	1
Due	0	0	0	0	0	0	0	0	1	0	0	0
Fra	0	0	0	0	0	0	0	1	1	1	1	1
Ham	0	0	0	0	0	0	0	1	0	1	1	1
Han	0	0	0	0	0	0	0	0	0	1	1	1
Koe	0	0	0	0	0	0	0	0	0	0	0	0
Lei	0	0	0	0	0	0	0	0	0	0	1	1
Mue	0	0	0	0	0	0	0	0	0	0	0	1
Stu	0	0	0	0	0	0	0	0	0	0	0	0

Anhand der obigen Grafik lässt sich überprüfen, dass dies genau die möglichen Wegeverbindungen in dem durch Teilsperrungen reduzierten Autobahnnetz sind.

Zusammenhangskomponenten

In symmetrischen Graphen ist die Frage der Verbindbarkeit von Knoten – so sagt zumindest unsere Anschauung – leichter zu beantworten als in nicht symmetrischen Graphen. Wenn wir in einem symmetrischen Graphen wissen, dass es eine Verbindung von A nach B gibt, so müssen wir uns über die Existenz einer Verbindung von B nach A keine Gedanken mehr machen. Irgendwie sollte es doch gelingen, aus der Symmetrie einen Vorteil zu ziehen, wenn es darum geht, die Fage nach der Verbindbarkeit zu beantworten.

Die Symmetrie vereinfacht in der Tat die Überlegungen. In einem symmetrischen Graphen formieren sich zusammenhängende Knoten zu »Inseln«. Wenn von einer Insel eine Brücke zu einer anderen Insel besteht, so kann diese in beiden Richtungen begangen werden und die Inseln verschmelzen miteinander – es handelt sich also in Wirklichkeit nur um eine Insel. Statt »Insel« verwenden wir natürlich einen wissenschaftlichen Begriff:

> In einem symmetrischen Graphen bezeichnen wir die Menge aller von einem Knoten K aus erreichbaren[12] Knoten als die zum Knoten K gehörige **Zusammenhangskomponente**.
>
> Für Zusammenhangskomponenten gilt:
>
> ▶ Zwei Zusammenhangskomponenten sind entweder gleich oder sie haben keine gemeinsamen Knoten.

---

12. Den Begriff »erreichbar« verstehe ich hier so, dass jeder Knoten von sich selbst aus erreichbar ist, auch wenn kein Weg zu sich selbst existiert. Hätten wir Wege der Länge 0 zugelassen, müssten wir hier nicht besonders auf diesen Sonderfall hinweisen.

> ▶ Jeder Knoten liegt in einer Zusammenhangskomponente.
>
> Das heißt, dass jeder Knoten in genau einer (seiner) Zusammenhangskomponente liegt. Die Menge der Knoten eines symmetrischen Graphen kann also disjunkt in Zusammenhangskomponenten zerlegt werden.

Wir machen uns dazu ein Beispiel, indem wir aus dem deutschen Autobahnnetz einige wichtige Nord-Süd-Verbindungen entfernen:

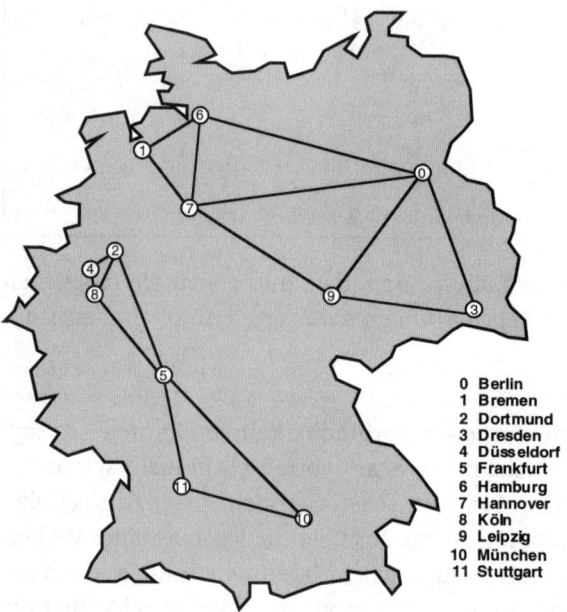

```
 0  Berlin
 1  Bremen
 2  Dortmund
 3  Dresden
 4  Düsseldorf
 5  Frankfurt
 6  Hamburg
 7  Hannover
 8  Köln
 9  Leipzig
10  München
11  Stuttgart
```

Deutlich sieht man die beiden Inseln (= Zusammenhangskomponenten), die jetzt entstanden sind. Wenn es gelingt, durch einen Algorithmus diese Komponenten zu bestimmen, ist die Frage nach der Existenz von Wegen beantwortet.

Bisher sind wir immer knoten-orientiert vorgegangen. Diesmal wollen wir aber kanten-orientiert vorgehen. Dazu erstellen wir uns eine Kantentabelle des obigen Beispielgraphen. Zunächst definieren wir eine Datenstruktur zur Aufnahme von Anfangs- und Endpunkt einer Kante:

```
# define KANTE struct kante

KANTE
    {
    int von;
    int nach;
    };
```

▲ **CD-ROM** P_16_3_1_3/join.c

Die Kantentabelle für den obigen Graphen ist dann ein aus solchen Strukturen gebildeter Array,

```
# define ANZ_KANTEN 17

KANTE k_tab[ANZ_KANTEN] =
    {
        {0,3},{1,6},{0,7},{1,7},{6,7},{2,8},{4,8},{5,8},{0,9},
        {3,9},{2,4},{2,5},{0,6},{7,9},{5,10},{5,11},{10,11}
    };
```

▲ **CD-ROM** P_16_3_1_3/join.c

den wir global anlegen und direkt mit den vorhandenen Kanten initialisieren.

Der Algorithmus, den wir jetzt erstellen werden, wird die Zusammenhangskomponenten als Baum aufbauen. Nur werden wir den Baum nicht in der gewohnten Weise, bei der jeder Knoten auf seine Nachfolger verweist, sondern in genau umgekehrter Weise speichern. Wir lassen jeden Knoten auf seinen Vorgänger verweisen. In C legen wir dazu einen Array an:

```
int vorgaenger[ANZAHL];
```

▲ **CD-ROM** P_16_3_1_3/join.c

Die hier verwendete Art, einen Baum zu speichern, ist viel einfacher als die früher diskutierten Methoden. Insbesondere reicht ein Array zur Beschreibung der vollständigen Strukturdaten des Baumes aus. Im Feld mit dem Index i steht der Index des zugehörigen Vaterknotens. Die folgende Grafik zeigt, wie auf diese Weise durch den Array vorgaenger ein Baum beschrieben ist:

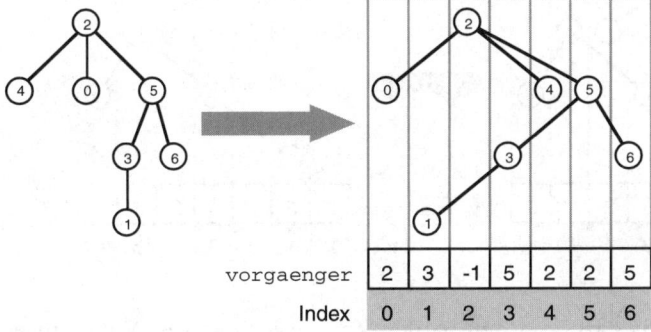

Wir haben diese Methode, die Strukturdaten eines Baumes zu speichern, bisher nicht betrachtet, weil sie keinen effizienten Zugriff von der Wurzel auf die Elemente des Baumes bietet und in der Struktur keine Information über linke bzw. rechte Nachfolger vorhanden ist. Dafür lässt sich hier sehr einfach zu einem Element die Wurzel finden, und genau diese umgekehrte Art des Zugriffs benötigen wir für unseren Algorithmus der sogenannten **Vereinigungssuche**.

Im Feld `vorgaenger[i]` tragen wir den Index des Vorgängers des Knotens `i` im Baum ein. Die Tatsache, dass ein Knoten keinen Vorgänger hat, wird durch eine `-1` im Array kenntlich gemacht. Am Anfang wollen wir jeden Knoten als vorgängerlos betrachten und initialisieren daher den Array entsprechend:

```
void init()
    {
    int i;

    for( i= 0; i < ANZAHL; i++)
        vorgaenger[i] = -1;
    }
```

▲ CD-ROM P_16_3_1_3/join.c

Die Idee, die wir in dem Algorithmus verwirklichen wollen, besteht darin, jedem Knoten die Menge der mit ihm verbindbaren Knoten als Baum zuzuordnen. Zu Beginn ist das für jeden Knoten die Menge, die nur den Knoten selbst enthält. Wenn wir im Laufe des noch näher zu beschreibenden Verfahrens zwei Knoten als verbindbar erkennen, so fügen wir die zu den beiden Knoten gehörigen Mengen (oder Bäume) zusammen. Konkret heißt das, dass wir die beiden Knoten bzw. die Bäume, in denen sie sich befinden, zu einem Baum zusammenfügen, indem wir beide Bäume unter eine gemeinsame Wurzel bringen. Die folgende Grafik zeigt (links) zwei Bäume, die wir (rechts) zu einem Baum verschmolzen haben:

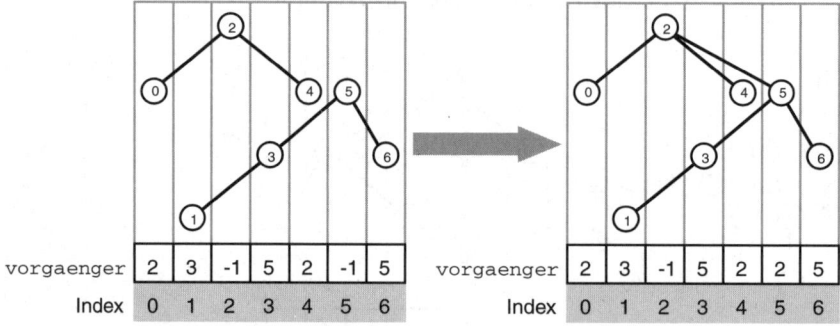

Algorithmisch laufen wir dazu von den beiden Knoten jeweils zur Wurzel ihres Baumes. Wenn die beiden auf diese Weise erreichten Wurzeln verschieden sind, so heißt dies, dass die beiden Knoten noch nicht im gleichen Baum eingeordnet sind. In diesem Fall bringen wir die eine Wurzel unter die andere, um die beiden Bäume zusammenzufügen. Im anderen Fall müssen wir nichts tun, da sich beide Knoten bereits im gleichen Baum befinden.

Das folgende Unterprogramm führt die Vereinigung durch:

A	```void join(int a, int b)``` ```{```
B	```while(vorgaenger[a] != -1)``` ```a = vorgaenger[a];```
C	```while(vorgaenger[b] != -1)``` ```b = vorgaenger[b];```

D	```if(a != b)```
	```vorgaenger[b] = a;```
	```}```

▲ **CD-ROM** P_16_3_1_3/join.c

A: An der Schnittstelle werden die Indizes der beiden Knoten übergeben, deren Bäume zusammengeführt werden sollen.

B: Gehe zur Wurzel des Baumes, in dem sich der Knoten mit Index a befindet!

C: Gehe zur Wurzel des Baumes, in dem sich der Knoten mit Index b befindet!

D: Sind die beiden Wurzeln verschieden, so bringe die Wurzel von b unter die Wurzel von a.[13]

Damit haben wir schon alle Hilfsfunktionen, die wir benötigen, um die Zusammenhangskomponenten eines Graphen zu berechnen. Wir initialisieren die Baumstruktur, fahren dann alle Kanten der Kantentabelle ab und vereinigen jeweils die zum Anfangs- und zum Endpunkt gehörigen Mengen bzw. Bäume. So ergeben sich schließlich die Zusammenhangskomponenten:

```
void bilde_komponenten()
    {
    int kante;

    init();
    for( kante = 0; kante < ANZ_KANTEN; kante++)
        join( k_tab[kante].von, k_tab[kante].nach);
    }
```

▲ **CD-ROM** P_16_3_1_3/join.c

Zwei Knoten liegen in der gleichen Zusammenhangskomponente, wenn sie die gleiche Wurzel im Baum haben. Die Wurzel repräsentiert sozusagen die Zusam-

---

13. Man kann auch die Wurzel von a unter die Wurzel von b bringen. Das ist völlig egal.

menhangskomponente. Zur Vorbereitung der Bildschirmausgabe schreiben wir noch ein Programm, das zu einem Knoten seine Wurzel bestimmt:

```
int komponente( int a)
    {
    while( vorgaenger[a] != -1)
        a = vorgaenger[a];
    return a;
    }
```

▲ CD-ROM P_16_3_1_3/join.c

Schließlich geben wir zu jedem Knoten den Repräsentanten seiner Zusammenhangskomponente aus:

```
void ausgabe()
    {
    int i;

    for( i = 0; i < ANZAHL; i++)
        printf( "%-12s gehoert zu %s\n", stadt[i],
                                stadt[komponente(i)]);
    }
```

▲ CD-ROM P_16_3_1_3/join.c

Das Hauptprogramm

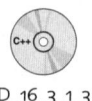

D_16_3_1_3

```
main()
    {
    bilde_komponenten();
    ausgabe();
    }
```

▲ CD-ROM P_16_3_1_3/join.c

führt dann zu der Ausgabe:

```
Berlin        gehoert zu Bremen
Bremen        gehoert zu Bremen
Dortmund      gehoert zu Frankfurt
Dresden       gehoert zu Bremen
Duesseldorf   gehoert zu Frankfurt
Frankfurt     gehoert zu Frankfurt
Hamburg       gehoert zu Bremen
Hannover      gehoert zu Bremen
Koeln         gehoert zu Frankfurt
```

```
Leipzig      gehoert zu Bremen
Muenchen     gehoert zu Frankfurt
Stuttgart    gehoert zu Frankfurt
```

Die Städte Bremen bzw. Frankfurt stehen dabei als Repräsentanten für die sich in unserem Beispiel ergebenden Zusammenhangskomponenten der nordost- bzw. südwestdeutschen Städte.

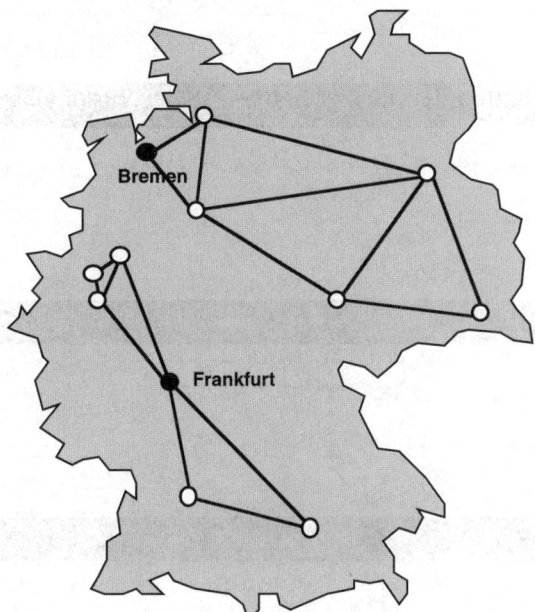

Wir wollen den Algorithmus noch genauer bei seiner Arbeit beobachten. Die folgende Grafik zeigt, wie die Zusammenhangskomponenten als rückwärts verkettete Bäume Schritt für Schritt durch den Algorithmus aufgebaut werden. Die Kanten werden dabei in der durch die Kantentabelle vorgegebenen Reihenfolge betrachtet:

```
KANTE k_tab[ANZ_KANTEN]  =
    {
        {0,3},{1,6},{0,7},{1,7},{6,7},{2,8},{4,8},{5,8},{0,9},
        {3,9},{2,4},{2,5},{0,6},{7,9},{5,10},{5,11},{10,11}
    };
```

Kanten, die keine Veränderungen bewirken, weil Anfangs- und Endpunkt bereits im gleichen Baum liegen, habe ich in der Darstellung weggelassen:

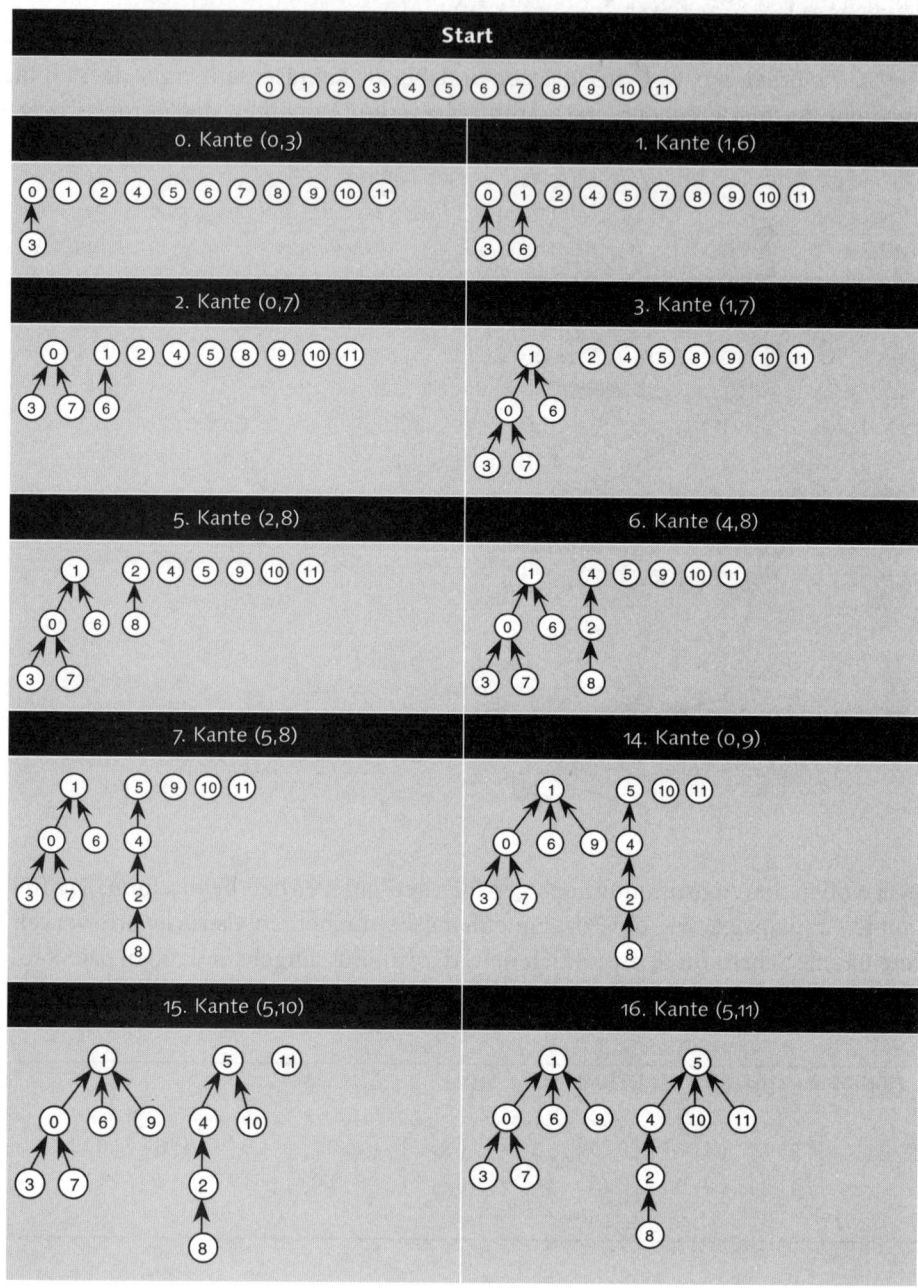

Auf diese Weise entstehen letztlich zwei Bäume, die alle Informationen der Wegematrix – wenn auch in anderer Struktur – enthalten.

Zum Abschluss diskutieren wir das Laufzeitverhalten dieses Programms in einem Graphen mit n Knoten und m Kanten. Das Vereinigen zweier Teilbäume (`join`) hängt natürlich von der Tiefe der Bäume ab, die vereinigt werden sollen. Im ungünstigsten Fall (Entartung zu einer Liste) sind dazu alle n Knoten zu durchlaufen. In der übergeordneten Funktion `bilde_komponenten` werden alle m Kanten durchlaufen, um dann jeweils zwei Teilbäume zu vereinigen. Damit ergibt sich eine pessimistische Abschätzung von m·n für die Laufzeitklasse des Programms. Für einen Graphen mit wenig Kanten ist das sicher besser[14] als eine Laufzeit von n³, wie sie das Verfahren von Warshall aufweist. Um das Verfahren zu verbessern, sollte man bemüht sein, die Bäume flach zu halten. Zum Beispiel kann man die Tiefe der Teilbäume mitführen und dann bei der Vereinigung immer den weniger tiefen Baum unter den tieferen Baum hängen. Man kann aber auch versuchen, die Bäume so zu reorganisieren, dass die Blätter immer unmittelbar unter der Wurzel hängen. Mit solchen Verbesserungen schafft man es, die Laufzeit für das Verfahren »fast« auf m zu drücken. So optimiert ist das Verfahren dann deutlich besser als das von Warshall – es funktioniert aber, um das noch einmal zu betonen, im Gegensatz zum Verfahren von Warshall nur in symmetrischen Graphen.

16.3.2 Kürzeste Wege

Bisher haben wir uns nur für die grundsätzliche Verbindbarkeit von Knoten eines Graphen interessiert und hatten von den Entfernungsangaben in unserem Beispiel keinen Gebrauch gemacht. Jetzt wollen wir uns mit Entfernungen – genauer mit den kürzestmöglichen Wegen – in einem bewerteten Graphen beschäftigen. Wir werden auch hier wieder sehen, dass es vielfältige, auf unterschiedlichen Ansätzen beruhende Verfahren gibt.

Dabei ist die Suche nach dem kürzesten Weg zwischen zwei Knoten doch so einfach. Wir bauen uns ein Drahtmodell, in dem die Längen der einzelnen Drähte den korrekten Entfernungen entsprechen. Dann fassen wir den Graphen an den beiden zur Untersuchung anstehenden Knoten und ziehen »stramm«:

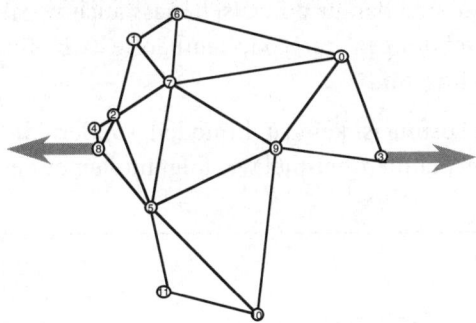

---

14. Beachten Sie, dass m einen Wert bis zu n² haben kann.

Die Folge der stramm gespannten Kanten bildet dann den gesuchten kürzesten Weg. Dies ist allerdings ein »analoges« Verfahren, das wir auf einem Digitalrechner so nicht implementieren können. Wir müssen als Ausgangspunkt eine unserer Datenstrukturen wählen.

Damit die Frage nach der kürzesten Verbindung in einem Graphen überhaupt sinnvoll gestellt werden kann, darf es keine negativ bewerteten Schleifen geben, da man in diesem Fall durch immerwährendes Durchlaufen einer solchen Schleife beliebig kleine Bewertungen produzieren würde. Wir machen es uns hier einfach und schließen negative Kantenbewertungen grundsätzlich aus. In unserem Standardbeispiel (Autobahnkarte) ist das in natürlicher Weise der Fall, da es keine negativen Entfernungen gibt:

Berlin	Bremen	Dortmund	Dresden	Düsseldorf	Frankfurt	Hamburg	Hannover	Köln	Leipzig	München	Stuttgart	
0	412	488	205	572	555	284	282	569	179	584	634	**Berlin**
	0	233	470	317	466	119	125	312	362	753	640	**Bremen**
		0	607	63	264	343	208	83	532	653	451	**Dortmund**
			0	629	469	502	364	589	108	484	524	**Dresden**
				0	232	427	292	47	558	621	419	**Düsseldorf**
					0	495	352	189	395	400	217	**Frankfurt**
						0	154	422	391	782	668	**Hamburg**
							0	287	256	639	526	**Hannover**
								0	515	578	376	**Köln**
									0	425	465	**Leipzig**
										0	220	**München**
											0	**Stuttgart**

Ich möchte aber an dieser Stelle noch einmal darauf hinweisen, dass auch negative Bewertungen in praktischen Anwendungen der Graphentheorie (z.B. für ökonomische Fragestellungen) sehr wichtig sind.

Ausgangspunkt für eine algorithmische Lösung ist kein Drahtmodell, sondern die Kosten-Wege-Matrix, die wir in unserem Standardbeispiel wie folgt implementieren:

```
# define xxx 10000

unsigned int distanz[ ANZAHL][ ANZAHL] =
    {
```

```
    {   0,xxx,xxx,205,xxx,xxx,284,282,xxx,179,xxx,xxx},
    {xxx,   0,233,xxx,xxx,xxx,119,125,xxx,xxx,xxx,xxx},
    {xxx,233,   0,xxx, 63,264,xxx,208, 83,xxx,xxx,xxx},
    {205,xxx,xxx,   0,xxx,xxx,xxx,xxx,xxx,108,xxx,xxx},
    {xxx,xxx, 63,xxx,   0,xxx,xxx,xxx, 47,xxx,xxx,xxx},
    {xxx,xxx,264,xxx,xxx,   0,xxx,352,189,395,400,217},
    {284,119,xxx,xxx,xxx,xxx,   0,154,xxx,xxx,xxx,xxx},
    {282,125,208,xxx,xxx,352,154,   0,xxx,256,xxx,xxx},
    {xxx,xxx, 83,xxx, 47,189,xxx,xxx,   0,xxx,xxx,xxx},
    {179,xxx,xxx,108,xxx,395,xxx,256,xxx,   0,425,xxx},
    {xxx,xxx,xxx,xxx,xxx,400,xxx,xxx,xxx,425,   0,220},
    {xxx,xxx,xxx,xxx,xxx,217,xxx,xxx,xxx,xxx,220,   0},
};
```

Eingetragen sind hier die Entfernungen der in unserem Autobahnnetz unmittelbar benachbarten Städte. Durch die symbolische Konstante xxx (=10000) wird eine unendlich große Entfernung simuliert, was heißen soll, dass es keine Verbindung gibt. Wichtig für unsere Algorithmen ist, dass der Wert der Konstanten einerseits größer als alle wirklich vorkommenden Wegstrecken, aber andererseits auch klein genug ist, dass bei den im Folgenden vorkommenden Rechenoperationen kein Überlauf auftritt. Der konkrete Zahlenwert ist letztlich aber unbedeutend.

Im Zusammenhang mit kürzesten Wegen können wir drei Aufgaben formulieren. Die einfachste ist:

Aufgabe 1: Finde und beschreibe den kürzesten Weg zwischen zwei Knoten A und B!

Häufig befindet man sich an einem festen Ort und möchte die kürzesten Verbindungen von dort aus zu allen anderen Orten wissen. Dies beschreibt die zweite Aufgabe:

Aufgabe 2: Finde und beschreibe die kürzesten Wege von einem festen Knoten A aus zu allen anderen Knoten des Graphen!

In der dritten und anspruchsvollsten Aufgabe ist nach allen kürzesten Wegen gefragt:

Aufgabe 3: Finde und beschreibe die kürzesten Wege für alle Knotenpaare in einem Graphen!

Aufgabe 3 ist sicher die umfassendste Aufgabe. Wenn wir eine Lösung für die dritte Aufgabe haben, sind die beiden anderen Aufgaben mit gelöst. Ebenso liefert eine Lösung der zweiten Aufgabe gleichzeitig eine Lösung der ersten. Darüber hinaus lässt sich die zweite Aufgabe effizienter lösen als die erste. Bemerkenswert ist aber, dass sich die erste Aufgabe, obwohl die Aufgabenstellung doch einfacher ist, nicht effizienter lösen lässt als die zweite. Das liegt daran, dass man zum Lösen der ersten Aufgabe alle sich anbietenden Wege von A nach B testen und der Größe nach vergleichen muss und dabei fallen die kürzesten Wege zu den anderen Knoten sozusagen als Abfallprodukt mit an. Eine Lösung der Aufgabe 1 beinhaltet also immer eine Lösung der Aufgabe 2 – egal, ob man die Aufgabe 2 lösen will oder nicht.

Praktisch müssen wir also nur Algorithmen für die Aufgabe 2 und die Aufgabe 3 entwickeln. Wir werden in diesem Abschnitt 3 Algorithmen diskutieren. Es handelt sich dabei um:

▶ den Algorithmus von Floyd,

▶ den Algorithmus von Dijkstra und

▶ den Algorithmus von Ford.

Beim Algorithmus von Floyd handelt es sich um eine knoten-orientierte Lösung der Aufgabe 3. Die Algorithmen von Dijkstra und Ford lösen die Aufgabe 2. Der Algorithmus von Dijkstra arbeitet knoten-orientiert und der von Ford kanten-orientiert.

Abschließend werden wir die Algorithmen vergleichen und bewerten.

Der Algorithmus von Floyd

Wir wollen jetzt die Aufgabe 3 lösen und erinnern uns daran, dass bei dieser Aufgabe ja nicht nur nach der kürzesten Entfernung zwischen zwei Punkten, sondern auch nach der Wegbeschreibung gefragt war. Wenn wir n Knoten im Graphen haben, so haben wir für $n(n-1)$ Knotenpaare den kürzesten Weg zu ermitteln und dessen Wegbeschreibung zu speichern. Im Hinblick auf die Realisierung in C benötigen wir dazu eine Datenstruktur, die alle Informationen, die im Laufe des Verfahrens über die kürzesten Wege anfallen, aufnimmt. Darüber hinaus sollte sich diese Datenstruktur effizient verarbeiten lassen. Nun gibt es in einem Graphen viele verschiedene Wege mit unterschiedlich vielen Zwischenstationen und Längen, die zu begutachten und, wenn sie sich als brauchbar erweisen, zu speichern sind. Erstaunlicherweise kann man alle Informationen über Zwischen- und Endergebnisse, Wege und Längen kompakt in einem 2-dimensionalen Array speichern. Dazu dienen die folgenden Überlegungen:

Wenn wir den kürzesten Weg vom Knoten A zum Knoten B betrachten, so haben wir gleichzeitig die kürzesten Verbindungen für alle Knoten, die längs dieses Weges liegen, gefunden. Denn könnte man einen dieser Teilwege verkürzen, so würde sich auch der Gesamtweg verkürzen. Dies bedeutet, dass wir uns nur einen Zwischenpunkt C auf dem Wege von A nach B merken müssen. Die restliche Information über die Streckenführung erhalten wir durch die kürzesten Wege von A nach C und von C nach B.

Anschaulich gesprochen:

> Wenn man weiß, dass der kürzeste Weg von Hamburg nach Stuttgart über Frankfurt führt, so muss man ja nur noch den kürzesten Weg von Hamburg nach Frankfurt und von Frankfurt nach Stuttgart kennen.

Diese Erkenntnis machen wir uns zunutze, um eine ganz einfache Datenstruktur, die eine Entfernungsangabe und einen Zwischenpunkt aufnimmt, zu definieren:

```
# define KNOTENINFO struct knoteninfo

KNOTENINFO
    {
    unsigned int distanz;
    int zwischenpunkt;
    };
```

▲ **CD-ROM** P_16_3_2_1/floyd.c

Für jedes Knotenpaar legen wir eine solche Datenstruktur an. Wir definieren also eine Matrix:

```
KNOTENINFO k_info[ANZAHL][ANZAHL];
```

▲ **CD-ROM** P_16_3_2_1/floyd.c

Das heißt, dass wir uns über den kürzesten Weg vom Knoten i zum Knoten j nur die Gesamtlänge des Weges und den Index für einen Zwischenpunkt merken. Da wir diese Information für jedes Knotenpaar speichern, können wir aus diesen »spärlichen« Informationen die gesamte Information über den Weg herauslesen:

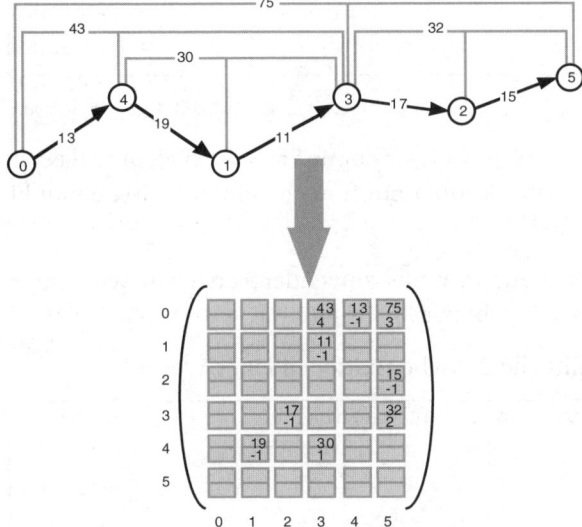

Wir stellen uns vor, dass der oben gezeichnete Weg vom Knoten 0 zum Knoten 5 als minimal ermittelt wurde. In der nullten Zeile und fünften Spalte der Matrix speichern wir die Länge (75) und den Index eines Zwischenpunkts (3). Informationen über die Teilstrecke von 0 nach 3 erhalten wir dann in der nullten Zeile und dritten Spalte. Die Teilstrecke ist 43 km lang und führt über den Knoten 4. Weitere Informationen über die noch fehlende Teilstrecke von Knoten 3 nach Knoten 5 finden wir in der drittten Zeile und fünften Spalte. Die Informationssuche setzen wir so lange fort, bis uns eine -1 anzeigt, dass es keinen weiteren Zwischenpunkt mehr gibt, da es sich um eine direkte Verbindung handelt.

Diese Informationsstruktur werden wir jetzt aufbauen und für die Suche der kürzesten Wege verwenden.

Initial haben wir bereits für alle Orte eine Verbindung ohne Zwischenpunkte. Die Entfernung ist dabei mal ein konkreter, endlicher Wert, mal aber auch xxx (der Ersatzwert für ∞). Wir können also den Array k_info durch Übertragen der Daten aus der Distanzenmatrix wie folgt initialisieren:

```
void init()
    {
    int von, nach;

    for( von = 0; von < ANZAHL; von++)
        {
        for( nach = 0; nach < ANZAHL; nach++)
            {
            k_info[von][nach].distanz = distanz[von][nach];
            k_info[von][nach].zwischenpunkt = -1;
            }
        }
    }
```

▲ CD-ROM P_16_3_2_1/floyd.c

Die Zuweisung k_info[von][nach].zwischenpunkt = -1 bedeutet, dass es auf dem Weg vom Knoten von zum Knoten nach noch keinen Zwischenpunkt gibt.

Bevor wir uns dem eigentlichen Algorithmus zuwenden, erstellen wir einige Hilfsprogramme zur Ausgabe der Ergebnisse.

Die Funktion print_nodes gibt alle Zwischenstationen eines Weges aus:

```
void print_nodes( int von, int nach)
    {
    int zpkt;
```

A	`zpkt = k_info[von][nach].zwischenpunkt;`
B	`if( zpkt == -1)` `    return;`
C	`print_nodes( von, zpkt);`
D	`printf( "->%s", stadt[zpkt]);`
E	`print_nodes( zpkt, nach);` `}`

▲ **CD-ROM** P_16_3_2_1/floyd.c

Um alle Zwischenpunkte auf dem Weg von von nach nach auszugeben, wird zunächst der im Array eingetragene Zwischenpunkt zpkt bestimmt (A). Handelt es sich um die Kennung -1, so gibt es keinen (weiteren) Zwischenpunkt und die Ausgabe ist beendet (B). Andernfalls wird rekursiv die Teilstrecke vor dem Zwischenpunkt (C) und nach dem Zwischenpunkt (E) ausgegeben. Zwischendurch wird der Städtename des Zwischenpunkts selbst ausgegeben (D). Auf diese Weise werden rekursiv alle Zwischenpunkte eines Weges in der korrekten Reihenfolge ausgegeben.

Die Funktion print_nodes gibt nur die Zwischenpunkte längs des gewünschten Weges aus. Es fehlt noch eine Funktion, die zusätzlich Start- und Zielpunkt sowie die Länge des Weges ausgibt:

```
void print_path( int von, int nach)
    {
    printf( "%s", stadt[von]);
    print_nodes( von, nach);
    printf( "->%s", stadt[nach]);
    printf( " (%d km)\n", k_info[von][nach].distanz);
    }
```

▲ **CD-ROM** P_16_3_2_1/floyd.c

Die Funktion print_path leistet dies, indem sie zunächst den Startpunkt, dann mit print_nodes alle Zwischenpunkte und schließlich den Zielpunkt und die Entfernung ausgibt.

Die Funktion print_all schließlich gibt in einer Doppelschleife über alle Knotenpaare alle berechneten Wege aus:

```
void print_all()
    {
    int von, bis;
```

```
for( von = 0; von < ANZAHL; von++)
    {
    for( bis = 0; bis < ANZAHL; bis++)
        print_path( von, bis);
    printf( "\n");
    }
}
```

▲ CD-ROM P_16_3_2_1/floyd.c

Die einfachen Teile des Programms sind damit erstellt. Jetzt kommen wir zur Hauptaufgabe, die kürzesten Wege mit dem Algorithmus von Floyd zu bestimmen:

```
void floyd()
    {
    int von, nach, zpkt;
    unsigned int d;

A   init();

B   for( zpkt = 0; zpkt < ANZAHL; zpkt++)
        {
C       for( von = 0; von < ANZAHL; von++)
            {
            for( nach = 0; nach < ANZAHL; nach++)
                {
D               d = k_info[von][zpkt].distanz +
                                k_info[zpkt][nach].distanz;
                if( d < k_info[von][nach].distanz)
                    {
                    k_info[von][nach].distanz = d;
                    k_info[von][nach].zwischenpunkt = zpkt;
                    }
                }
            }
        }
    }
```

▲ CD-ROM P_16_3_2_1/floyd.c

Strukturell und in der Vorgehensstrategie ähnelt der Algorithmus von Floyd dem Algorithmus von Warshall. Lediglich in der innersten Schleife sind Abweichungen festzustellen. Wir wollen das Verfahren im Detail diskutieren:

Bevor der eigentliche Algorithmus startet, werden die Knoteninformationen initialisiert (A).

Wie beim Verfahren von Warshall werden in der Hauptverarbeitungsschleife (B) nacheinander alle Knoten als mögliche Zwischenpunkte aller möglichen Wege ausprobiert. Dadurch wird sukzessive eine Menge M von bereits betrachteten Zwischenpunkten aufgebaut. Nach jedem Durchlauf der äußeren Schleife enthält der Array `k_info` für jedes Knotenpaar einen Weg, der nur Zwischenpunkte aus der bisher betrachteten Menge M enthält und unter allen Wegen mit dieser Eigenschaft minimal ist. Bei jedem Durchlauf wird ein neuer, nicht in M liegender Knoten als Zwischenpunkt betrachtet. Dann wird durch Betrachtung aller Knotenpaare (C) versucht, die bisher gefundenen Wege durch Einbeziehung des neuen Zwischenpunkts zu verkürzen. Dazu werden zwei Wege (bzw. deren Länge) betrachtet. Zum einen ist das der bisher kürzeste Weg von von nach nach und zum anderen ist das der Weg, der sich aus dem bisher kürzesten Weg von von zum Zwischenpunkt und vom Zwischenpunkt nach nach zusammensetzt:

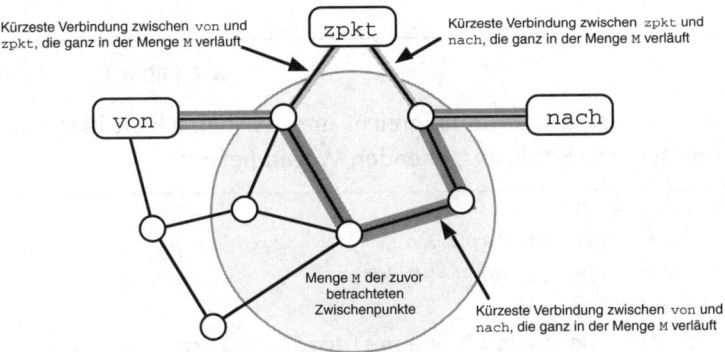

Wenn sich auf dem Weg über den neuen Zwischenpunkt eine Verkürzung ergibt, wird der Zwischenpunkt (zpkt) und die sich neu ergebende Distanz (d) in der Knoteninformation gespeichert (D).

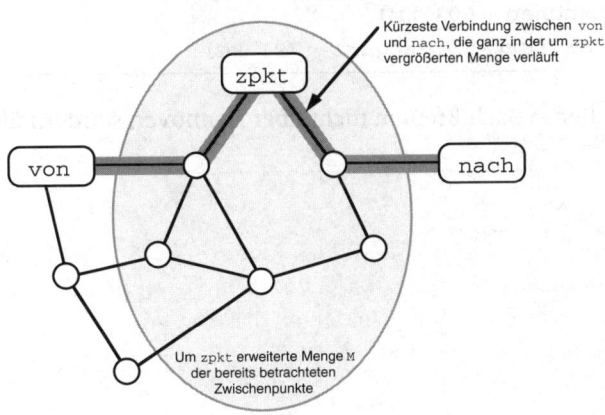

Der so gefundene Weg ist jetzt unter allen Wegen, die vollständig in der um zpkt erweiterten Menge verlaufen, optimal. Nachdem diese Betrachtung für alle Knotenpaare durchgeführt ist, wird der Zwischenpunkt zur Menge der betrachteten Zwischenpunkte hinzugenommen (zpkt++) und der Prozess wird mit dem nächsten Zwischenpunkt fortgesetzt.

Am Ende sind alle Zwischenpunkte untersucht und die gefundenen Wege sind unter allen Wegen im gesamten Graphen optimal.

Wir vervollständigen unser Programm noch durch das Hauptprogramm (main), das aber lediglich die Suche nach den kürzesten Wegen und die nachfolgende Ausgabe anstößt:

D_16_3_2_1

```
main()
  {
  floyd();
  print_all();
  }
```

▲ CD-ROM P_16_3_2_1/floyd.c

Die Ausgabe des Programms ist umfangreich, und wir betrachten hier nur den Teil, der sich mit den von Berlin ausgehenden Wegen befasst:

```
Berlin->Berlin (0 km)
Berlin->Hamburg->Bremen (403 km)
Berlin->Hannover->Dortmund (490 km)
Berlin->Dresden (205 km)
Berlin->Hannover->Dortmund->Duesseldorf (553 km)
Berlin->Leipzig->Frankfurt (574 km)
Berlin->Hamburg (284 km)
Berlin->Hannover (282 km)
Berlin->Hannover->Dortmund->Koeln (573 km)
Berlin->Leipzig (179 km)
Berlin->Leipzig->Muenchen (604 km)
Berlin->Leipzig->Frankfurt->Stuttgart (791 km)
```

Wir sehen, dass man von Berlin nach Bremen nicht über Hannover, sondern über Hamburg fahren sollte.

Die vollständigen Ergebnisse des Programmlaufs, also eine Übersicht über alle von diesem Algorithmus gefundenen Wege, deren Längen und die jeweiligen Zwischenpunkte entnehmen Sie der folgenden Tabelle:

	0	1	2	3	4	5	6	7	8	9	10	11
0	0	403 6	490 7	205 7-2	553 9	574	284	282	573 7-2	179	604 9	791 9-5
1	403 6	0	233	489 7-9	296 2	477 7	119	125	316 2	381 7	806 7-9	694 7-5
2	490 7	233	0	572 7-9	63	264	352 1	208	83	464 7	664 5	481 5
3	205	489 9-7	572 9-7	0	635 9-7-2	503 9	489 0	364 9	655 9-7-2	108	533 9	720 9-5
4	553 2-7	296 2	63	635 2-7-9	0	236 8	415 2-1	271 2	47	527 2-7	636 8-5	453 8-5
5	574 9	477 7	264	503 9	236 8	0	506 7	352	189	395	400	217
6	284	119 1	352 0	489 1	415 2	506 7	0	154	435 1-2	410 7	835 7-9	723 7-5
7	282	125	208	364 9	271 2	352	154	0	291 2	256	681 9	569 5
8	573 2-7	316 2	83	655 2-7-9	47	189	435 2-1	291 2	0	547 2-7	589 5	406 5
9	179	381 7	464 7	108	527 7-2	395	410 7	256	547 7-2	0	425	612 5
10	604 9	806 9-7	664 5	533 9	636 5-8	400	835 9-7	681 9	589 5	425	0	220
11	791 5-9	694 5-7	481 5	720 5-9	453 5-8	217	723 5-7	569 5	406 5	612 5	220	0

Wir haben den Algorithmus von Floyd hier auf einen symmetrischen Graphen angewandt. Es sollte aber festgehalten werden, dass der Algorithmus in beliebigen, also auch nicht symmetrischen Graphen korrekt arbeitet.

Wie der Algorithmus von Warshall hat auch der Algorithmus von Floyd die Laufzeitkomplexität n^3, wobei n die Anzahl der Knoten im Graphen ist.

Mit geringem Zusatzaufwand können wir mit Hilfe der durch den Algorithmus von Floyd berechneten Distanzenmatrix z.B. die folgenden Fragen beantworten:

▶ Welcher Ort hat den geringsten Maximal-Abstand zu allen anderen Orten?

▶ Welcher Ort hat den geringsten durchschnittlichen Abstand von allen anderen Orten?

Eine Warenhauskette, die etwa alle Orte von einem zentralen Auslieferungslager in einer garantierten Maximalzeit beliefern will, würde bevorzugt den ersten Ort als Standort wählen.[15] Wäre das Ziel, die Fahrtkilometer zu minimieren,[16] so würde man sich für den zweiten Ort entscheiden.

Im ersten Fall wäre Frankfurt, im zweiten hingegen Hannover der optimale Standort:

	Maximum	Durchschnitt
Berlin	791	411.50
Bremen	806	361.58
Dortmund	664	322.83
Dresden	720	439.42
Düsseldorf	636	344.33
Frankfurt	574	342.75
Hamburg	835	393.50
Hannover	681	296.08
Köln	655	344.25
Leipzig	612	358.67
München	835	532.75
Stuttgart	791	490.50

Das Programm zur Ermittlung dieser Daten können Sie zur Übung selbst erstellen.

---

15. Nebenbedingung ist hier, dass alle Autobahnen gleich schnell befahren werden können.
16. Nebenbedingung ist hier, dass alle Orte immer separat und gleich häufig angefahren werden.

Der Algorithmus von Dijkstra

Wir wenden uns jetzt der zweiten Aufgabe zu, also der Aufgabe, von einem festen Knoten aus die Wege und Entfernungen zu allen anderen Knoten zu bestimmen. Man darf erwarten, dass es bei einer gegenüber dem letzten Abschnitt reduzierten Aufgabenstellung effizientere Algorithmen als den Algorithmus von Floyd gibt.

Wir betrachten im Folgenden zwei Algorithmen für diese vereinfachte Aufgabenstellung. Der erste dieser beiden Algorithmen ist der sogenannte Algorithmus von Dijkstra.

Wie beim Algorithmus von Floyd stellen wir uns auch hier zunächst die Frage nach einer geeigneten Datenstruktur zur Ablage der Zwischenergebnisse und des Endergebnisses. Wir legen dazu einen Startort (Berlin) im Graphen fest und betrachten im Vorgriff auf spätere Berechnungen bereits das zu erwartende Ergebnis. Wir zeichnen vom Startort die kürzeste Verbindung zu jedem möglichen Ziel:

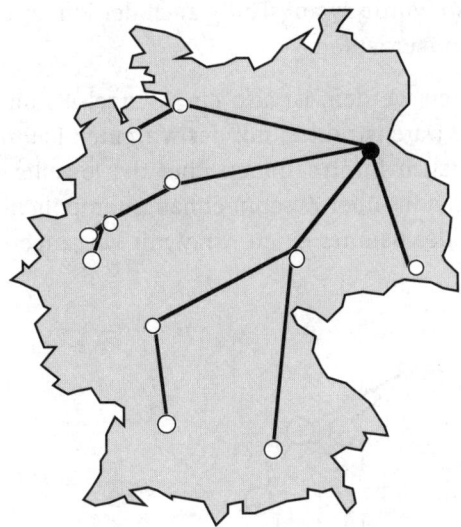

Dabei ergibt sich ein Baum mit Wurzel Berlin. Dies ist kein Zufall. Da alle Teilstrecken eines optimalen Weges ebenfalls optimal sein müssen, kann es keine Alternativstrecken geben. Wenn der kürzeste Weg von Berlin nach Stuttgart über Leipzig und Frankfurt läuft,

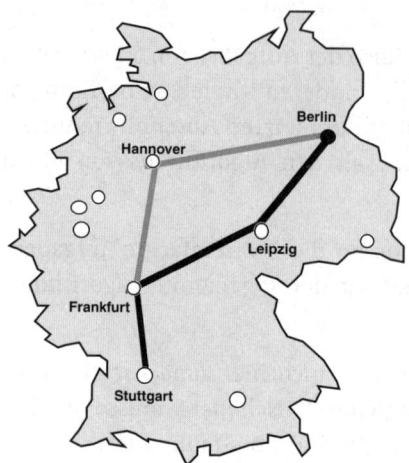

so muss der kürzeste Weg nach Frankfurt ebenfalls über Leipzig gehen. Wäre die Alternativroute über Hannover kürzer, so würde zwangsläufig auch der kürzeste Weg von Berlin nach Stuttgart über Hannover laufen.

Die Struktur, die wir als Ergebnis erhalten werden, ist also ein (Wurzel-)Baum. Darum wählen wir für das Ergebnis eine Datenstruktur, mit der wir einen Baum darstellen können und in der wir zusätzlich Informationen über die jeweilige Weglänge ablegen können. Aus dem Abschnitt über Zusammenhangskomponenten wissen wir, dass wir zur Darstellung des Baumes einen Array mit Vorgängerinformationen verwenden können.

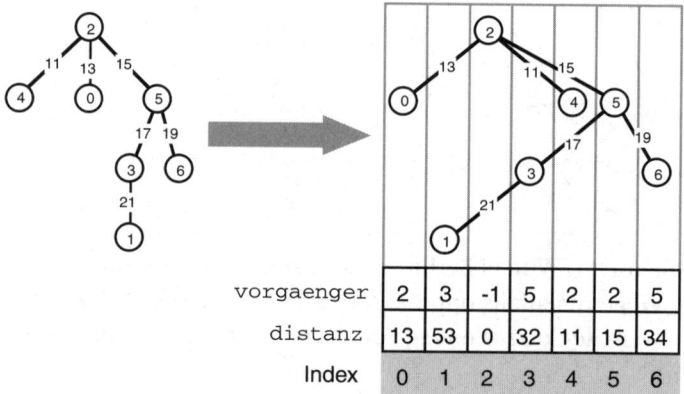

vorgaenger	2	3	-1	5	2	2	5
distanz	13	53	0	32	11	15	34
Index	0	1	2	3	4	5	6

Aufgrund der Baumstruktur reicht ein einziges Feld pro Knoten zur Speicherung des Weges aus. In diesem Feld (vorgaenger) speichern wir einen Rückverweis auf den Vaterknoten im Baum. Dies bedeutet, dass wir uns vom Zielknoten über das Vorgängerfeld bis zum Ausgangspunkt »zurückhangeln« können und nicht die gesamte Pfadinformation für jeden Zielknoten am Zielknoten selbst speichern müssen. Wenn wir in den Feldern des Arrays zusätzlich zur Knotennummer des Vorgängers Platz für die Weglänge bis zur Wurzel (distanz) schaffen, so passen alle erforderlichen Daten kompakt in einen Array.

Ausgehend von diesen Vorüberlegungen deklarieren wir eine C-Datenstruktur auf die folgende Weise:

```
# define KNOTENINFO struct knoteninfo

KNOTENINFO
    {
    unsigned int distanz;
    int vorgaenger;
    char erledigt;
    };
```

▲ CD-ROM P_16_3_2_2/dijkstra.c

Im Feld distanz legen wir die optimale Entfernung eines Knotens zum Ausgangspunkt der Wegesuche ab. Im Feld vorgaenger speichern wir in der bekannten Weise die Bauminformation. Das Flag erledigt setzen wir auf 1, wenn wir den kürzesten Weg zum Knoten bereits gefunden haben und den Knoten für die weiteren Verfahrensschritte nicht mehr betrachten müssen.

Für jeden Knoten legen wir eine solche Struktur an und erhalten damit einen Array, den wir k_info nennen:

```
KNOTENINFO k_info[ANZAHL];
```

▲ CD-ROM P_16_3_2_2/dijkstra.c

Mit diesen Festlegungen können wir eine Funktion schreiben, die den kürzesten Weg zum Knoten i ausgibt:

```
void print_path( int i)
    {
    if( k_info[i].vorgaenger != -1)
        {
        print_path( k_info[i].vorgaenger);
        printf( "->%s", stadt[i]);
        }
    else
        printf( "%s", stadt[i]);
    }
```

▲ CD-ROM P_16_3_2_2/dijkstra.c

Solange es noch einen Vorgänger gibt (k_info[i].vorgaenger != -1), arbeiten wir uns rekursiv zum Ausgangspunkt zurück, um dann die Knoten längs des Weges beim Rückzug aus der Rekursion (also vorwärts) auszugeben.

In einer Schleife können wir dann die kürzesten Wege zu allen Knoten zusammen mit der Länge des jeweiligen Weges ausgeben:

```
void print_all()
    {
    int i;

    for( i = 0; i < ANZAHL; i++)
        {
        print_path( i);
        printf( " (%d km)\n", k_info[i].distanz);
        }
    }
```

▲ CD-ROM P_16_3_2_2/dijkstra.c

Nach diesen Vorüberlegungen zur Datenstruktur können wir uns dem Algorithmus zuwenden.

Zunächst initialisieren wir die Informationsstruktur für jeden Knoten:

```
   void init( int ausgangspkt)
       {
       int i;

       for( i = 0; i < ANZAHL; i++)
           {
A          k_info[i].erledigt = 0;
           k_info[i].distanz = distanz[ausgangspkt][i];
           k_info[i].vorgaenger = ausgangspkt;
           }
B      k_info[ausgangspkt].erledigt = 1;
       k_info[ausgangspkt].vorgaenger = -1;
       }
```

▲ CD-ROM P_16_3_2_2/dijkstra.c

Alle Knoten sind noch unerledigt und haben als Vorgänger den Ausgangspunkt (A). Die Distanz zum Ausgangspunkt entnehmen wir der Entfernungsmatrix. In vielen Fällen ist das natürlich noch ∞. Nur der Ausgangspunkt selbst ist bereits erledigt und hat keinen Vorgänger (B).

Die dem Algorithmus von Dijkstra zugrunde liegende Idee ist nun, dass man sich vorsichtig tastend vom Startpunkt aus vorarbeitet. Man baut eine Menge von »erledigten« Knoten auf, die man in jedem Verfahrensschritt um ein Element vergrößert. Man leuchtet dabei sozusagen mit einer Taschenlampe, deren Strahl eine Kante weit reicht, von den erledigten Knoten in das Dunkel hinein und nimmt dann immer den dem Startpunkt nächstgelegenen Punkt, der noch nicht erledigt ist, in die Menge der erledigten Punkte auf. Dann leuchtet man von der um ein Element vergrößerten Ausgangsbasis wieder in das Dunkel hinein. Wir wollen das noch einmal Schritt für Schritt beschreiben:

Am Anfang ist der Ausgangspunkt der einzige erledigte Knoten.

Vom Ausgangspunkt sehen wir alle über eine Kante erreichbaren Knoten. Was jenseits dieser Knoten an Wegen existiert, sehen wir noch nicht. So weit reicht die Taschenlampe nicht. Den dem Ausgangspunkt nächstliegenden sichtbaren Knoten nehmen wir in die Menge der erledigten Knoten auf. Die Entfernung zu diesem Knoten kann auf anderen Wegen nicht mehr verkürzt werden.

Wir betrachten jetzt alle vom Ausgangspunkt direkt oder über den im letzten Schritt hinzugenommenen Knoten mit einer Kante erreichbaren Ziele und notieren uns, wie weit sie vom Startpunkt entfernt sind. Dazu müssen wir vergleichen, ob sie auf dem bisherigen Weg oder über den im letzten Schritt hinzugenommenen Knoten auf kürzerem Wege zu erreichen sind. Von diesen jetzt erreichbaren Zielen liegt wieder eines dem Startpunkt am nächsten. Dieses nehmen wir zur Menge der erledigten Punkte hinzu. Der Weg zu diesem Ziel kann auch nicht mehr verkürzt werden, da ja alle anderen Wege, die vom Startpunkt ausgehen, soweit wir sie bis jetzt kennen, länger als dieser Weg sind und uns daher nicht auf kürzerem Wege zu dem Ziel führen können.

Jetzt betrachten wir alle von den drei bisher erledigten Punkten aus über eine Kante erreichbaren Ziele, berechnen die Entfernungen neu und nehmen wieder das nächstgelegene Ziel hinzu ...

Dieses Verfahren führen wir fort, bis alle Ziele erreicht sind.

Zum Aufbau der Menge der erledigten Knoten erstellen wir eine Hilfsfunktion, die unter den noch nicht erledigten Knoten denjenigen mit der geringsten Distanz zum Ausgangspunkt[17] heraussucht.

```
int knoten_auswahl()
    {
    int i, minpos;
    unsigned int min;
```

---

17. In einem nicht zusammenhängenden Graphen kann diese Funktion u. U. einen solchen Knoten nicht finden und −1 zurückgeben. Dieser Fall muss dann im übergeordneten Programm abgefangen werden.

```
    min = xxx;
    minpos = -1;
    for( i = 0; i< ANZAHL; i++)
        {
        if( (k_info[i].distanz < min) && !k_info[i].erledigt)
            {
            min = k_info[i].distanz;
            minpos = i;
            }
        }
    return minpos;
    }
```

▲ **CD-ROM** P_16_3_2_2/dijkstra.c

In einer Schleife werden alle Knoten abgefahren. Der Knoten mit der geringsten Distanz unter den noch nicht erledigten Knoten wird dabei in der Variablen min-pos festgehalten und am Ende an das rufende Programm zurückgegeben.

Den Algorithmus implementieren wir dann wie folgt:

```
      void dijkstra( int ausgangspkt)
          {
          int i, knoten, k;
          unsigned int d;

A         init( ausgangspkt);

B         for( i = 0; i < ANZAHL-2; i++)
              {
C             knoten = knoten_auswahl();
              k_info[knoten].erledigt = 1;

D             for( k = 0; k < ANZAHL; k++)
                  {
                  if( k_info[k].erledigt)
                      continue;

E                 d = k_info[knoten].distanz + distanz[knoten][k];
                  if( d < k_info[k].distanz)
                      {
```

```
            k_info[k].distanz = d;
            k_info[k].vorgaenger = knoten;
          }
        }
      }
    }
```

▲ CD-ROM P_16_3_2_2/dijkstra.c

A: Zunächst einmal wird die Datenstruktur in dem oben besprochenen Sinne initialisiert. Erledigt ist nach der Initialisierung nur der Ausgangspunkt.

B: Die folgenden Verfahrensschritte werden einmal weniger durchgeführt, als der Graph Knoten hat. Beachten Sie, dass die Variable i nur zum Zählen dient. Sie wird im Inneren der Schleife nicht verwendet.

C: Jetzt wird der nächstliegende unter allen noch nicht erledigten Knoten ausgewählt und zur Menge der erledigten Knoten hinzugenommen.

D: Hier wird eine Schleife über alle noch nicht erledigten Knoten durchgeführt. Genaugenommen handelt es sich um eine Schleife über alle Knoten, die aber sofort mit continue fortgesetzt wird, wenn sich ein Knoten als schon erledigt erweist.

E: In der Schleife wird für jeden noch nicht erledigten Knoten k geprüft, ob er sich über den ausgewählten Knoten knoten auf kürzerem Wege erreichen lässt als bisher. Dazu wird in d die Entfernung als Summe der beiden Teilstrecken berechnet und mit der bisher gespeicherten Distanz verglichen. Erreicht man eine Verkürzung, so wird dem Knoten k die neue Distanz zugeordnet und er wird im Baum unter den ausgewählten Knoten gebracht, über den er ja momentan am besten zu erreichen ist.

Den Algorithmus von Dijkstra fassen wir noch mit der Ausgabe zu einem Hauptprogramm zusammen.

```
main()
  {
  dijkstra( BERLIN);
  print_all();
  }
```

D_16_3_2_2

▲ CD-ROM P_16_3_2_2/dijkstra.c

Erweitert um einige Zwischenausgaben können wir das Programm bei der Durchführung des Algorithmus überwachen.

Zunächst lassen wir den Zustand nach der Initialisierung ausgeben. Dies sind natürlich die Kanten mit den Distanzen aus der Entfernungstabelle.

```
Vor dem 1-ten Durchlauf
Berlin (0 km)
Berlin->Bremen (keine Verbindung)
Berlin->Dortmund (keine Verbindung)
Berlin->Dresden (205 km)
Berlin->Duesseldorf (keine Verbindung)
Berlin->Frankfurt (keine Verbindung)
Berlin->Hamburg (284 km)
Berlin->Hannover (282 km)
Berlin->Koeln (keine Verbindung)
Berlin->Leipzig (179 km)
Berlin->Muenchen (keine Verbindung)
Berlin->Stuttgart (keine Verbindung)
```

Das folgende Bild zeigt, wie weit die Taschenlampe in dieser Situation reicht. Die meisten Städte liegen noch im Dunkeln:

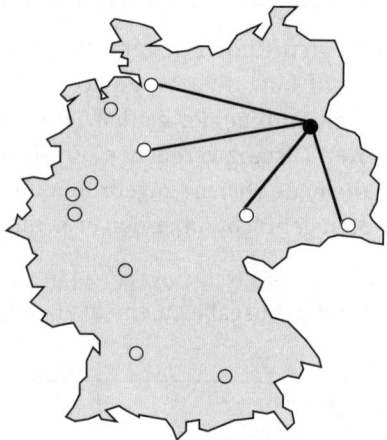

Im ersten Durchlauf wird dann Leipzig als die Berlin nächstliegende Stadt in die Menge der erledigten Knoten aufgenommen, und es ergeben sich verkürzte Wege nach Frankfurt und München:

```
1-ter Durchlauf
Gewaehlt: Berlin->Leipzig (179 km)
Verbesserung: Berlin->Leipzig->Frankfurt (574 km)
Verbesserung: Berlin->Leipzig->Muenchen (604 km)
```

Das Licht der Lampe reicht jetzt von Berlin und Leipzig aus schon etwas weiter:

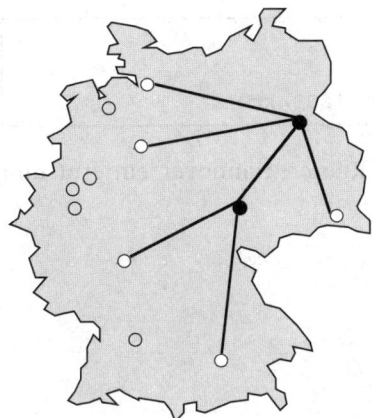

Als Nächstes wird Dresden gewählt, bringt aber keine Verbesserung. Erst die nachfolgende Wahl von Hannover ermöglicht kürzere Wege nach Bremen und Dortmund:

```
2-ter Durchlauf
Gewaehlt: Berlin->Dresden (205 km)


3-ter Durchlauf
Gewaehlt: Berlin->Hannover (282 km)
Verbesserung: Berlin->Hannover->Bremen (407 km)
Verbesserung: Berlin->Hannover->Dortmund (490 km)
```

Mehr als die Hälfte aller Orte sind jetzt bereits erledigt oder liegen im Lichtkegel der Taschenlampe:

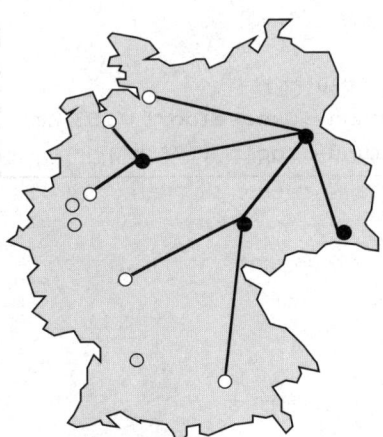

Bei der Betrachtung von Hamburg wird erkannt, dass man über Hamburg auf kürzerem Weg nach Bremen kommt als über Hannover:

```
4-ter Durchlauf
Gewaehlt: Berlin->Hamburg (284 km)
Verbesserung: Berlin->Hamburg->Bremen (403 km)
```

Bremen wird daher von dem übergeordneten Knoten Hannover entfernt und Hamburg zugeordnet:

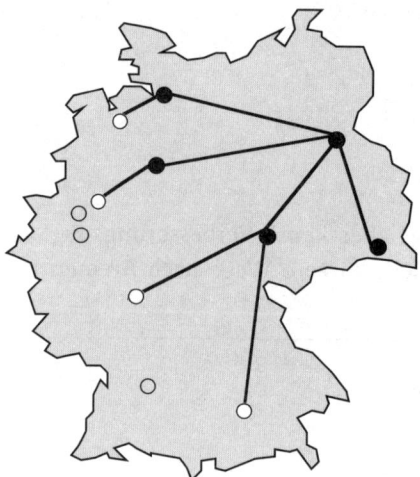

Bremen bringt keine Verbesserung. Düsseldorf und Köln werden erst über Dortmund erschlossen:

```
5-ter Durchlauf
Gewaehlt: Berlin->Hamburg->Bremen (403 km)

6-ter Durchlauf
Gewaehlt: Berlin->Hannover->Dortmund (490 km)
Verbesserung: Berlin->Hannover->Dortmund->Duesseldorf (553 km)
Verbesserung: Berlin->Hannover->Dortmund->Koeln (573 km)
```

Bis auf Stuttgart sind jetzt alle Städte zumindest im Scheinwerferlicht:

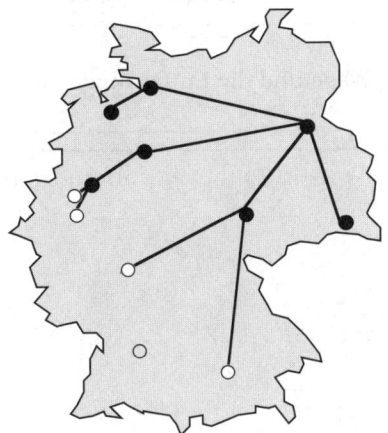

Die Hinzunahme von Düsseldorf bzw. Köln ist wieder ohne Effekt. Frankfurt jedoch erschließt jetzt den Weg nach Stuttgart:

```
7-ter Durchlauf
Gewaehlt: Berlin->Hannover->Dortmund->Duesseldorf (553 km)

8-ter Durchlauf
Gewaehlt: Berlin->Hannover->Dortmund->Koeln (573 km)

9-ter Durchlauf
Gewaehlt: Berlin->Leipzig->Frankfurt (574 km)
Verbesserung: Berlin->Leipzig->Frankfurt->Stuttgart (791 km)
```

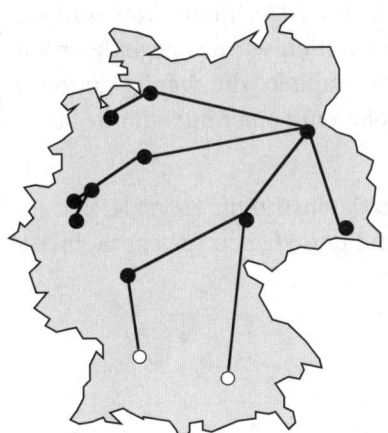

Jetzt sind alle kürzesten Wege gefunden, denn München bringt keine Verbesserung mehr, und Stuttgart muss als am weitesten entfernter Ort gar nicht mehr in Betracht gezogen werden.

Zum Abschluss lassen wir uns noch einmal alle Wege und die Entfernungen ausgeben:

```
Endergebnis:
Berlin (0 km)
Berlin->Hamburg->Bremen (403 km)
Berlin->Hannover->Dortmund (490 km)
Berlin->Dresden (205 km)
Berlin->Hannover->Dortmund->Duesseldorf (553 km)
Berlin->Leipzig->Frankfurt (574 km)
Berlin->Hamburg (284 km)
Berlin->Hannover (282 km)
Berlin->Hannover->Dortmund->Koeln (573 km)
Berlin->Leipzig (179 km)
Berlin->Leipzig->Muenchen (604 km)
Berlin->Leipzig->Frankfurt->Stuttgart (791 km)
```

Bezüglich des Laufzeitverhaltens dieses Programms können wir schon einmal festhalten, dass sowohl die äußere als auch die innere Schleife linear über alle Knoten abgearbeitet werden. Da auch das Unterprogramm knotenauswahl linear ist, haben wir insgesamt zwei lineare Anteile eingebettet in eine lineare Schleife – also quadratisches Verhalten.

Der Algorithmus von Ford

In diesem Abschnitt wollen wir die Aufgabe 2 aus dem letzten Abschnitt durch ein kanten-orientiertes Verfahren – den sogenannten Algorithmus von Ford – lösen. Von einem kanten-orientierten Verfahren erhoffen wir uns gegenüber knoten-orientierten Verfahren Verbesserungen bei Graphen, die wenig Kanten im Vergleich zur Knotenzahl haben. Dies sind Graphen mit einer nur »dünn« besetzten Adjazenzmatrix.

Zur Implementierung benötigen wir wieder die Datenstruktur KNOTENINFO und den Array k_info, um die optimale Distanz und den Pfad zu speichern, hier allerdings ohne den Merker erledigt:

```
# define KNOTENINFO struct knoteninfo

KNOTENINFO
    {
    unsigned int distanz;
    int vorgaenger;
    char erledigt;
    };

KNOTENINFO k_info[ANZAHL];
```

▲ CD-ROM P_16_3_2_3/ford.c

Zur Initialisierung werden alle Distanzen, bis auf diejenige vom Ausgangsort zum Ausgangsort, auf maximale Distanz (symbolische Konstante xxx) gesetzt:

```
void init( int ausgangspkt)
    {
    int i;

    for( i = 0; i < ANZAHL; i++)
        {
        k_info[i].distanz = xxx;
        k_info[i].vorgaenger = ausgangspkt;
        }
    k_info[ausgangspkt].distanz = 0;
    k_info[ausgangspkt].vorgaenger = -1;
    }
```

▲ CD-ROM P_16_3_2_3/ford.c

Zusätzlich erhalten alle Knoten bis auf den Ausgangspunkt den Ausgangspunkt als Vorgänger. Der Ausgangspunkt selbst hat keinen Vorgänger. Er stellt ja die Wurzel des Baumes dar.

Zur Bestimmung der kürzesten Wegverbindungen werden wir jetzt wie folgt vorgehen:

Wir betrachten der Reihe nach alle Kanten des Graphen.

Wenn sich durch die betrachtete Kante der Weg vom Ausgangspunkt zum Kantenendpunkt verkürzen lässt, so bauen wir die Kante als Verbesserung in den Baum ein. Wurde der Kantenendpunkt bisher über eine andere Kante erschlossen, so entfernen wir diese Kante aus dem Baum.

Dieses Verfahren setzen wir so lange fort, bis sich keine Kante mehr finden lässt, mit deren Hilfe sich der Baum verbessern lässt.

Dieses Verfahren implementieren wir zunächst in einer Weise, bei der die Kanten-orientierung nicht unmittelbar ins Auge springt:

```
        void ford_adjazenz( int ausgangspkt)
          {
          int von, nach;
          unsigned int d;
          int stop;

          init( ausgangspkt);

A         for( stop = 0; !stop;)
            {
            stop = 1;
B           for( von = 0; von < ANZAHL; von++)
              {
              for( nach = 0; nach < ANZAHL; nach++)
                {
C               d = k_info[von].distanz + distanz[von][nach];
                if( d < k_info[nach].distanz)
                  {
                  k_info[nach].distanz = d;
                  k_info[nach].vorgaenger = von;
                  stop = 0;
                  }
                }
              }
            }
          }
```

▲ CD-ROM P_16_3_2_3/ford.c

A: Diese Schleife wird solange durchlaufen, wie in den inneren Schleifen noch Verbesserungen erzielt werden können. Zur Steuerung des Abbruchs dient die Variable stop. Erst wenn die innere Schleife einmal vollständig durchlaufen wurde, ohne dass der Baum dabei verändert wurde, wird das Verfahren beendet.

B: In dieser Doppelschleife werden alle Knotenpaare (von, nach) und damit implizit alle Kanten getestet.[18]

C: Wenn die betrachtete Kante eine Wegverkürzung erlaubt, d.h., wenn der Weg vom Ausgangspunkt zum Kantenstartpunkt verlängert um die betrachtete

---

18. Nicht vorhandene Kanten haben die Distanz xxx (unendlich) und fallen bei der Abfrage im nachfolgenden Block automatisch aus der Betrachtung heraus.

Kante kürzer ist, als der bisher kürzeste Weg zum Kantenendpunkt, so wird die Kante in den Baum eingebaut. Dazu wird der Kantenanfang (von) zum Vorgänger des Kantenendes (nach) im Baum gemacht. Ein gegebenenfalls vorhandener anderer Zugang zum Knoten nach wird dabei automatisch gelöscht (überschrieben). Zusätzlich wird die verbesserte Distanz (d) als Teil der Knoteninformation festgehalten.

Im Hauptprogramm rufen wir den Algorithmus auf, um alle optimalen Wege von Berlin aus zu bestimmen.

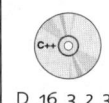

```
main()
    {
    ford_adjazenz( BERLIN);
    print_all();
    }
```

D_16_3_2_3a

▲ CD-ROM P_16_3_2_3/ford.c

Das Ergebnis ist natürlich das Gleiche wie beim Algorithmus von Dijkstra, auch wenn das Vorgehen deutlich anders ist.

Um den Algorithmus bei der Arbeit beobachten zu können, erweitern wir das Programm um einige Prüfdrucke, die uns die im Folgenden gezeigten Ausgaben liefern.

Im ersten Durchlauf ergeben sich in erster Linie Wege, die aus einer Kante bestehen. Aber auch aus mehreren Kanten zusammengesetzte Wege können bereits konstruiert werden, da bei der Betrachtung einer neuen Kante auf die im gleichen Schleifendurchlauf bereits konstruierten Wege zurückgegriffen werden kann:

```
1-ter Durchlauf
Verbesserung: Berlin->Dresden (205 km)
Verbesserung: Berlin->Hamburg (284 km)
Verbesserung: Berlin->Hannover (282 km)
Verbesserung: Berlin->Leipzig (179 km)
Verbesserung: Berlin->Hamburg->Bremen (403 km)
Verbesserung: Berlin->Hannover->Dortmund (490 km)
Verbesserung: Berlin->Hannover->Frankfurt (634 km)
Verbesserung: Berlin->Leipzig->Frankfurt (574 km)
Verbesserung: Berlin->Leipzig->Muenchen (604 km)
Verbesserung: Berlin->Leipzig->Muenchen->Stuttgart (824 km)
```

Sie sehen, dass bei der Betrachtung der Kante Hamburg-Bremen auf die zuvor bereits eingebaute Kante Berlin-Hamburg zurückgegriffen werden kann, und so bereits im ersten Durchlauf der Weg Berlin-Hamburg-Bremen gefunden wird. Auf die gleiche Weise wird der Weg Berlin-Hannover-Frankfurt gefunden, der dann im nächsten Schritt durch Einbau der Kante `Berlin-Leipzig` sofort verbessert wird. Ob sich längere Wege bereits im ersten Durchlauf ergeben, hängt natürlich von der Reihenfolge ab, in der die Kanten betrachtet werden.

Am Ende des ersten Durchlaufs zeigt sich dann bereits das folgende Bild:

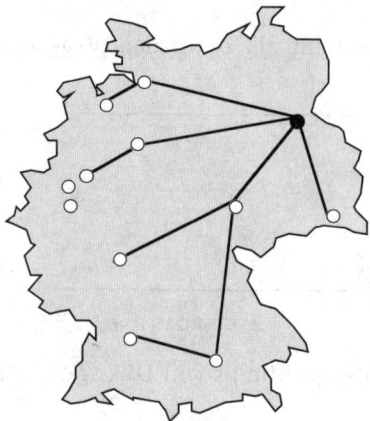

Im zweiten Durchlauf ergeben sich auch schon die restlichen Optimierungen:

```
2-ter Durchlauf
Verbesserung: Berlin->Hannover->Dortmund->Duesseldorf (553 km)
Verbesserung: Berlin->Hannover->Dortmund->Koeln (573 km)
Verbesserung: Berlin->Leipzig->Frankfurt->Stuttgart (791 km)
```

Düsseldorf und Köln werden über Dortmund erreicht und der Weg nach Stuttgart wird durch eine Route über Frankfurt statt über München verkürzt:

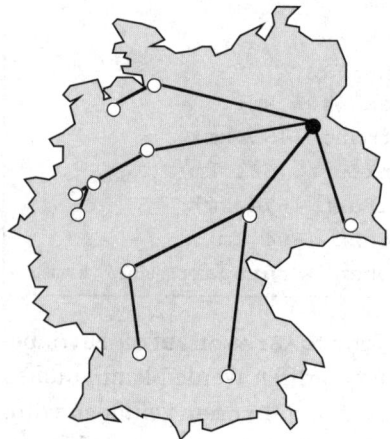

Der dritte Durchlauf bringt keine Veränderungen mehr, und das Verfahren wird abgebrochen.

Wie schnell das Verfahren zum Ziel kommt, hängt natürlich von der Reihenfolge ab, in der die Knoten betrachtet werden. Bei jedem Durchlauf wird aber der Baum um mindestens eine Stufe in der Tiefe vorangetrieben, sodass man höchstens so viele Schritte benötigt, wie der Baum Knoten hat. Umgekehrt ist auch klar, dass man so viele Schritte unter Umständen auch benötigt. Stellen Sie sich dazu nur den folgenden Graphen vor,

bei dem zusätzlich die Knoten so unglücklich nummeriert sind, dass die Kanten immer in genau der falschen Reihenfolge (von hinten nach vorne) betrachtet werden.

Insgesamt erkennen wir, dass das Verfahren in einem Graphen mit n Knoten und m Kanten eine Laufzeit proportional zu $n \cdot m$ hat. Wie gut oder wie schlecht das im Vergleich zum Verfahren von Dijkstra ist, hängt von der Dichte des Wegenetzes im Graphen ab. Die Anzahl der Kanten im Graphen kann ja zwischen 0 und n^2 betragen.

Die Beobachtung, dass in den beiden inneren Schleifen zwar Knotenpaare betrachtet, aber eigentlich Kanten untersucht werden, führt zu einer vereinfachten Sicht auf diesen Algorithmus, und es erscheint nahe liegend, statt einer Adjazenzmatrix eine Kantentabelle als Eingabe für den Algorithmus zu verwenden.

Dazu führen wir die Datenstrukturen KANTE

```
# define KANTE struct kante

KANTE
    {
    unsigned int distanz;
    int von;
    int nach;
    };
```

▲ **CD-ROM** P_16_3_2_3/ford.c

und KANTENTABELLE ein:

```
# define KANTENTABELLE struct kantentabelle

KANTENTABELLE
    {
    int anz;
    KANTE kante[ANZAHL*ANZAHL];
    };


KANTENTABELLE k_tab;
```

▲ **CD-ROM** P_16_3_2_3/ford.c

Wir dimensionieren die Kantentabelle der Einfachheit halber dabei auf die maximal zu erwartende Größe. Sinnvollerweise würde man zunächst feststellen, wie viele Kanten es überhaupt gibt, um dann die Kantentabelle in angepasster Größe dynamisch zu allokieren.

Mit einem kleinen Hilfsprogramm übertragen wir die Adjazenzmatrix in die Kantentabelle:

```
void setup_ktab()
    {
    int i, j, k;
    unsigned int d;

    for( i = 0, k = 0; i < ANZAHL; i++)
        {
        for( j = 0; j < ANZAHL; j++)
            {
            d = distanz[i][j];
            if( (d > 0) && (d < xxx))
                {
                k_tab.kante[k].distanz = d;
                k_tab.kante[k].von = i;
                k_tab.kante[k].nach = j;
                k++;
                }
            }
        }
    k_tab.anz = k;
    }
```

▲ **CD-ROM** P_16_3_2_3/ford.c

In einer Doppelschleife wird hier die Adjazenzmatrix `distanz` durchsucht. Immer wenn dabei eine Kante gefunden wird, wird ein neuer Eintrag in der Kantentabelle vorgenommen. Dazu werden Anfangs- und Endknotenindex (`i` und `j`) sowie die Distanz `d` zwischen den Knoten in das nächste Feld der Kantentabelle geschrieben. Anschließend wird der Kantenzähler `k` um 1 erhöht. Ganz am Ende des Programms wird noch die Anzahl der gefundenen Kanten (`k`) in die Datenstruktur geschrieben.

Jetzt können wir eine Implementierung des Algorithmus von Ford erstellen, die mit der Kantentabelle als Eingabe arbeitet. Die ursprüngliche Doppelschleife vereinfacht sich dabei zu einer Einfachschleife:

```c
void ford_ktab( int ausgangspkt)
  {
  unsigned int d;
  int stop;
  int kante;
  int von, nach;

  init( ausgangspkt);
  for( stop = 0; !stop;)
     {
     stop = 1;
     for( kante = 0; kante < k_tab.anz; kante++)
        {
        von = k_tab.kante[kante].von;
        nach = k_tab.kante[kante].nach;
        d = k_info[von].distanz + k_tab.kante[kante].distanz;
        if( d < k_info[nach].distanz)
           {
           k_info[nach].distanz = d;
           k_info[nach].vorgaenger = von;
           stop = 0;
           }
        }
     }
  }
```

▲ **CD-ROM** P_16_3_2_3/ford.c

Diese Variante des Algorithmus starten wir jetzt durch die folgenden Anweisungen im Hauptprogramm:

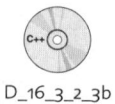

D_16_3_2_3b

```
main()
    {
    setup_ktab();
    ford_ktab( BERLIN);
    print_all();
    }
```

▲ CD-ROM P_16_3_2_3/ford.c

Das Ergebnis ist das Gleiche, und da wir zusätzlich die Kantentabelle in der Reihenfolge aufgebaut haben, wie sie im ursprünglichen Algorithmus in der Doppelschleife durchlaufen wurde, entsprechen sich die beiden Varianten auch in allen Details der Abarbeitung.

Vergleich und Bewertung

In diesem Abschnitt wollen wir die zuvor diskutierten Algorithmen zur Bestimmung kürzester Wege miteinander vergleichen. Wir fassen dazu noch einmal zusammen, was wir bereits über die Laufzeitkomplexität der drei Algorithmen wissen:

> Für Graphen mit n Knoten und m Kanten haben die Algorithmen dieses Kapitels das folgende Laufzeitverhalten:
>
> Floyd n^3
> Dijkstra n^2
> Ford $n \cdot m$

Dies heißt natürlich nicht, dass der Algorithmus von Floyd zu verwerfen ist, denn er löst ja die allgemeinere Aufgabe (Aufgabe 3), sodass wir bei den Algorithmen von Dijkstra und Ford den Faktor n für eine vergleichbare Leistung anbringen müssen.

Wir wollen uns hier auf einen Vergleich der Algorithmen von Ford und Dijkstra konzentrieren. Aus Gründen der Fairness geben wir jedem Algorithmus den Graphen in seiner bevorzugten Rechnerdarstellung mit. Für den Algorithmus von Dijkstra ist das die Adjazenzmatrix, für den Algorithmus von Ford die Kantentabelle.

Sowohl die Kanten- als auch die Knotenzahl spielt in den obigen Formeln eine Rolle. Wir testen daher mit unterschiedlichen Knoten- und Kantenzahlen. Insgesamt gibt es neun Testfälle. Für Graphen mit n = 100, 500 bzw. 1000 Knoten werden jeweils Fälle mit 2n, $n^2/2$ bzw. $n^2 - 2n$ Kanten untersucht.

Für den Algorithmus von Dijkstra ergeben sich dabei die folgenden Laufzeiten in Millisekunden:

Algorithmus von Dijkstra		
n = Knoten Anzahl	Anzahl Kanten	
	2n	n2/2	n2-2n
100	154,65	155,45	155,65
500	3891,18	3906,19	3891,18
1000	15544,72	15604,74	15724,78

Die Laufzeit des Algorithmus von Dijkstra ist, die Formel lässt das auch vermuten, unabhängig von der Zahl der Kanten.

Bei der Laufzeitabschätzung des Algorithmus von Ford geht die Anzahl der Kanten konkret ein. In einem Graphen mit wenig Kanten im Verhältnis zur Knotenzahl erwarten wir ein deutlich besseres Verhalten als in einem Graphen mit vielen Kanten. Die Laufzeitmessungen bestätigen dies:

Algorithmus von Ford (mit Kantentabelle, also ohne setup)		
n = Knoten Anzahl	Anzahl Kanten	
	2n	n2/2	n2-2n
100	24,81	152,85	211,06
500	165,05	2460,75	4876,49
1000	360,11	9823,00	19666,00

Selbst wenn man den Zusatzaufwand für die Transformation der Adjazenzmatrix in die Kantentabelle

Setup der Kantentabelle aus der Adjazenzmatrix		
n = Knoten Anzahl	Anzahl Kanten	
	2n	n2/2	n2-2n
100	63,62	85,63	110,43
500	1575,48	2185,67	2805,86
1000	6261,91	8862,71	11983,66

dem Algorithmus von Ford zusätzlich in Rechnung stellt, ist der Algorithmus von Ford für »dünn« besetzte Adjazenzmatrizen dem Algorithmus von Dijkstra überlegen. Für »dicht« besetzte Adjazenzmatrizen schlägt das Pendel dann in die andere Richtung aus, und der Algorithmus von Dijkstra hat die Nase vorn.

Wir sehen an diesen Auswertungen, dass es den besten Algorithmus auch hier nicht gibt. In diesem Fall ist es sogar so, dass konkrete Zusatzinformationen über das Verhältnis von Kanten zu Knoten im zu untersuchenden Graphen Rückwirkungen auf die Wahl der Datenstruktur für die Durchführung des Algorithmus haben.

16.3.3 Minimal spannende Bäume

Mehrfach im Laufe unserer Beschäftigung mit Graphen sind wir auf spannende Bäume gestoßen, auch wenn wir es nicht immer explizit festgestellt haben. Spannende Bäume heißen nicht so, weil es besonders spannend ist, mit ihnen zu arbeiten, sondern weil sie den Graphen aufspannen, so wie die Streben eines Regenschirms den Regenschirm aufspannen.

> In einem symmetrischen Graphen G wird ein aus einer Kantenauswahl von G bestehender und alle Knoten von G enthaltender Baum[19] als **Spannbaum (spannender Baum, aufspannender Baum)** von G bezeichnet.

Bei einem Spannbaum handelt es sich also um einen von der Anzahl der Kanten her nicht verkleinerbaren zusammenhängenden Teilgraphen, der alle Knoten des ursprünglichen Graphen erreicht.

Unser besonderes Interesse gilt in diesem Abschnitt Spannbäumen minimaler Länge. Als Anwendung stellen wir uns etwa vor, dass wir die Städte unseres Beispiels mit einem möglichst kurzen, also kostengünstigen Glasfasernetz längs der Autobahnen verkabeln wollen.

Den gesuchten Spannbaum – oder besser gesagt – einen minimalen Spannbaum finden wir mit dem Algorithmus von Kruskal, den wir im Folgenden einführen wollen. Wir haben schon das gesamte Rüstzeug für diesen Algorithmus bereitgestellt. Wir müssen die Teile nur noch richtig zusammenbauen.

Grundsätzlich arbeitet der Algorithmus so, dass er versucht, »Teilspannbäume« zu bilden und diese dann über möglichst kurze Verbindungsstücke zusammenzuführen.

Wir benutzen eine Kantentabelle und lassen diesmal alle Städteverbindungen, also nicht nur Kanten zwischen »benachbarten« Städten, als Kanten zu. Die Kantentabelle definieren wir in der üblichen Weise. Zusätzlich stellen wir einen Array

---

19. Baum im allgemeinen Sinne – also unzerlegbar und kreisfrei

bereit, in dem wir notieren, welche Kanten wir für den Spannbaum ausgewählt haben:

```
# define ANZAHL 12
# define ANZ_KANTEN ((ANZAHL*(ANZAHL-1))/2)


int vorgaenger[ANZAHL];
int ausgewaehlt[ANZ_KANTEN];


# define KANTE struct kante


KANTE
    {
    unsigned int distanz;
    int von;
    int nach;
    };
```

▲ CD-ROM P_16_3_3/kruskal.c

Die Kantentabelle erstellen wir in aufsteigender Sortierung nach der Kantenlänge. Im Allgemeinen wird natürlich solch eine Sortierung nicht vorliegen, sodass wir einen unserer Sortieralgorithmen vorschalten müssten. Der Einfachheit halber gehen wir hier aber von einer Vorsortierung aus.

Die folgende Datenstruktur zeigt einen Ausschnitt aus der Kantentabelle, die insgesamt 66 Kanten enthält:

```
KANTE k_tab[ANZ_KANTEN] = {
                    {  47,  4,  8},
                    {  63,  2,  4},
                    {  83,  2,  8},
                    { 108,  3,  9},
                    { 119,  1,  6},

                           ...

                    { 640,  1,11},
                    { 653,  2,10},
                    { 668,  6,11},
                    { 753,  1,10},
                    { 782,  6,10},
                    };
```

▲ CD-ROM P_16_3_3/kruskal.c

Wir gehen jetzt wie bei der Vereinigungssuche zur Bestimmung der Zusammen-hangskomponenten vor. Dazu übernehmen wir von dort die Initialisierungspro-zedur

```
void init()
    {
    int i;

    for( i= 0; i < ANZAHL; i++)
        vorgaenger[i] = -1;
    }
```

▲ CD-ROM P_16_3_3/kruskal.c

und passen die Vereinigungsroutine so an, dass wir am Returncode erkennen können, ob eine Vereinigung durchgeführt wurde oder nicht:

```
int join( int a, int b)
    {
    while( vorgaenger[a] != -1)
        a = vorgaenger[a];
    while( vorgaenger[b] != -1)
        b = vorgaenger[b];
    if( a == b)
        return 0;
    vorgaenger[b] = a;
    return 1;
    }
```

▲ CD-ROM P_16_3_3/kruskal.c

Im eigentlichen Kern des Algorithmus betrachten wir dann alle Kanten der Größe nach. Wenn die Kante zwei bis dahin noch getrennte Bereiche zusammenführt, so wird sie für den Spannbaum ausgewählt:

```
void kruskal()
    {
    int kante;

    init();
    for( kante = 0; kante < ANZ_KANTEN; kante++)
        ausgewaehlt[kante] =
                    join( k_tab[kante].von, k_tab[kante].nach);
    }
```

▲ CD-ROM P_16_3_3/kruskal.c

Die Ausgabefunktion gibt dann die ausgewählten Kanten sowie die Gesamtlänge des Spannbaums auf dem Bildschirm aus:

```
void ausgabe()
    {
    int kante;
    unsigned int summe;

    for( kante = 0, summe = 0; kante < ANZ_KANTEN; kante++)
        {
        if( ausgewaehlt[kante])
            {
            summe += k_tab[kante].distanz;
            printf( "%4d %s-%s\n", k_tab[kante].distanz,
                            stadt[k_tab[kante].von],
                            stadt[k_tab[kante].nach]);
            }
        }
    printf( "----\n%4d\n", summe);
    }
```

▲ CD-ROM P_16_3_3/kruskal.c

Das Hauptprogramm

```
void main()
    {
    kruskal();
    ausgabe();
    }
```

D_16_3_3

▲ CD-ROM P_16_3_3/kruskal.c

produziert dann die folgende Ausgabe:

```
  47 Düsseldorf-Köln
  63 Dortmund-Düsseldorf
 108 Dresden-Leipzig
 119 Bremen-Hamburg
 125 Bremen-Hannover
 179 Berlin-Leipzig
 189 Frankfurt-Köln
 208 Dortmund-Hannover
 217 Frankfurt-Stuttgart
```

```
 220 München-Stuttgart
 256 Hannover-Leipzig
 ----
1731
```

Wir wollen uns ansehen, wie dieser Spannbaum entsteht. Wir betrachten dazu zu ausgewählten Zeitpunkten den jeweiligen Stand beim Aufbau des Baumes in der Datenstruktur `vorgaenger`.

Initial sind alle Orte isoliert. Dann wird über die kürzeste Kante eine Verbindung von Köln nach Düsseldorf geschaffen. Die nächste Kante (Düsseldorf – Dortmund) verbindet dann Köln, Düsseldorf und Dortmund zu einem Städtedreieck:

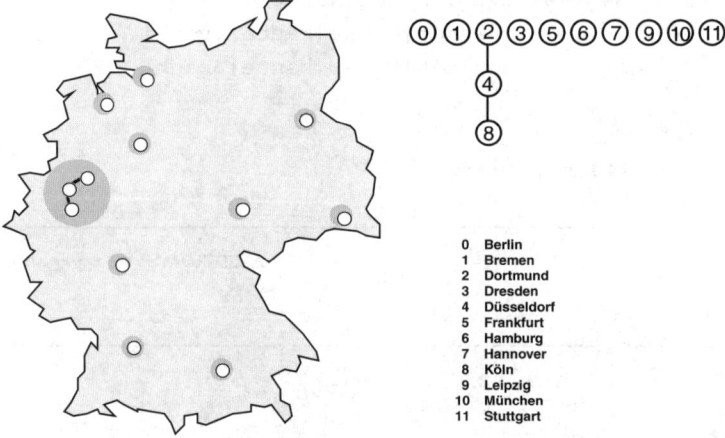

0	Berlin
1	Bremen
2	Dortmund
3	Dresden
4	Düsseldorf
5	Frankfurt
6	Hamburg
7	Hannover
8	Köln
9	Leipzig
10	München
11	Stuttgart

Durch Hinzunahme weiterer Kanten entstehen nach und nach mehrere solcher sich ständig ausweitender »Ballungsgebiete«:

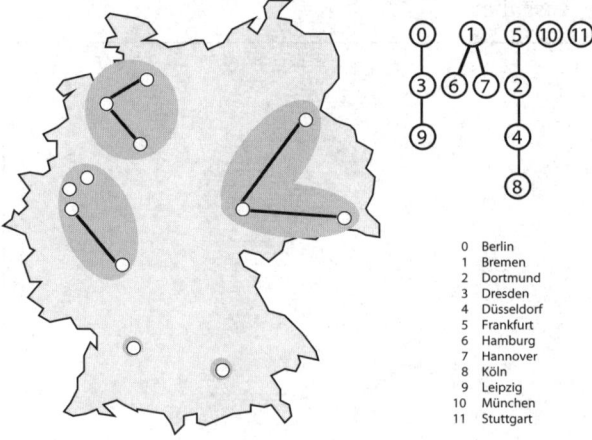

0	Berlin
1	Bremen
2	Dortmund
3	Dresden
4	Düsseldorf
5	Frankfurt
6	Hamburg
7	Hannover
8	Köln
9	Leipzig
10	München
11	Stuttgart

Sobald eine Kante an die Reihe kommt, die zwei Städte aus unterschiedlichen Gebieten verbindet, verschmelzen die Gebiete:

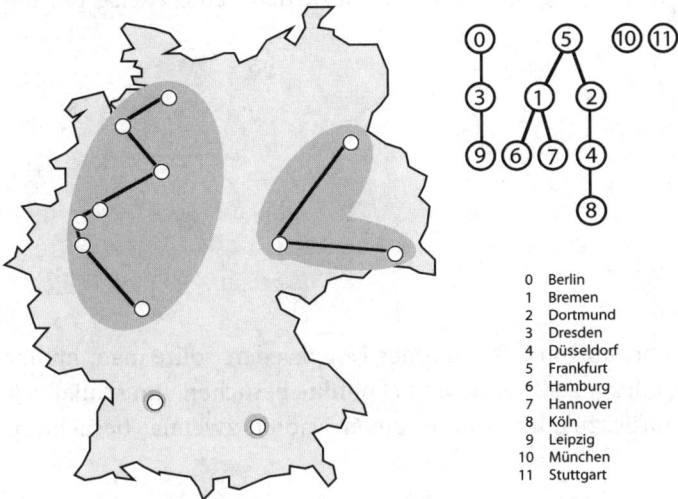

0	Berlin
1	Bremen
2	Dortmund
3	Dresden
4	Düsseldorf
5	Frankfurt
6	Hamburg
7	Hannover
8	Köln
9	Leipzig
10	München
11	Stuttgart

Am Ende sind dann alle Gebiete zusammengeführt und der minimale Spannbaum ist konstruiert:

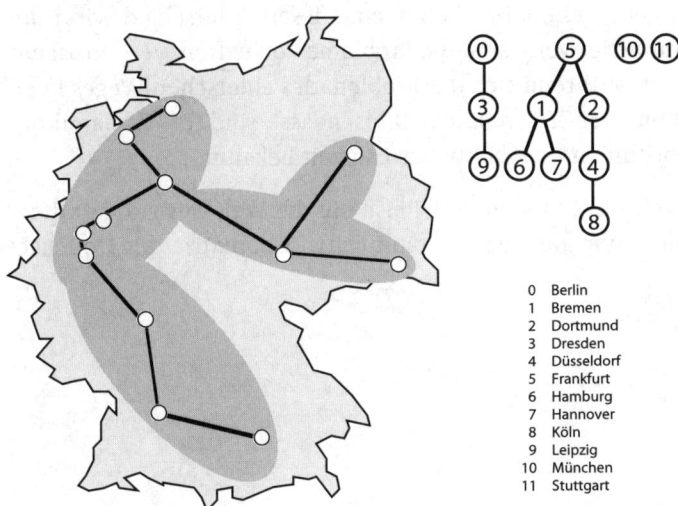

0	Berlin
1	Bremen
2	Dortmund
3	Dresden
4	Düsseldorf
5	Frankfurt
6	Hamburg
7	Hannover
8	Köln
9	Leipzig
10	München
11	Stuttgart

16.3.4 Hamiltonsche Wege

Im Jahre 1859 stellte der irische Mathematiker W.R. Hamilton[20] eine Knobelaufgabe vor, bei der es darum ging, auf einem Dodekaeder[21] eine »Reise um die Welt« zu machen.

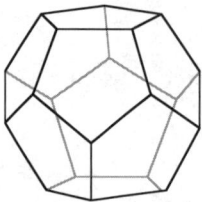

Ausgehend von einem beliebigen Eckpunkt des Dodekaeders sollte man, immer an den Kanten entlang fahrend, alle anderen Eckpunkte besuchen, um schließlich zum Ausgangspunkt zurückzukehren, ohne einen Knoten zweimal besucht zu haben.

Auf den ersten Blick ähnelt dieses Problem dem Königsberger Brückenproblem. Bei genauerem Hinsehen sind die beiden Probleme jedoch grundverschieden. Bei dem hamiltonschen Problem geht es darum, alle Knoten eines Graphen genau einmal zu besuchen, während es bei dem eulerschen Problem darum geht, alle Kanten eines Graphen genau einmal zu benutzen. Dieser Unterschied wirkt unbedeutend, doch erstaunlicherweise sind die Probleme von extrem verschiedener Berechnungskomplexität. Während sich das Problem des eulerschen Weges in einem Graphen in polynomialer Zeitkomplexität lösen lässt, sind für das hamiltonsche Problem nur Algorithmen exponentieller Laufzeit bekannt.

Zunächst formulieren wir das Problem der »Reise um die Welt« als graphentheoretisches Problem, indem wir uns von der räumlichen Geometrie des Dodekaeders lösen:

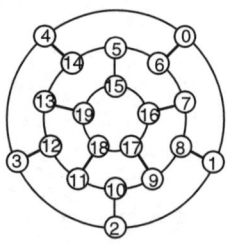

---

20. Sir William Rowan Hamilton ist insbesondere wegen seiner Beiträge zur abstrakten Algebra bekannt.
21. Ein Dodekaeder ist eine aus 12 regelmäßigen Fünfecken zusammengesetzte räumliche Figur. Hamilton formulierte auch ein ähnliches Problem für Ikosaeder (Figur aus 20 gleichseitigen Dreiecken).

Ein Dodekaeder ist jetzt ein Graph mit 20 Knoten und 30 Kanten.

Wir müssen noch präzisieren, was wir unter einem hamiltonschen Weg in einem Graphen verstehen wollen:

> Ein Weg in einem Graphen heißt **Hamiltonscher Weg**, wenn die folgenden Bedingungen erfüllt sind:
>
> ▶ Der Weg ist geschlossen.
> ▶ Alle Knoten des Weges außer Anfangs- und Endpunkt sind voneinander verschieden.
> ▶ Alle Knoten des Graphen kommen im Weg vor.

Ein hamiltonscher Weg muss in einem Graphen nicht unbedingt existieren. Ein solcher Weg hat immer so viele Kanten, wie der Graph Knoten hat, und an jedem Knoten des Graphen muss genau eine Kante des hamiltonschen Weges einlaufen und genau eine auslaufen. Dies bedeutet, dass es in dem folgenden Graphen mit 5 Knoten und 6 Kanten

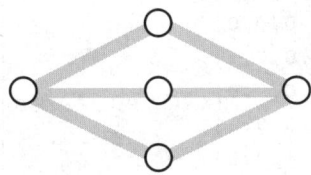

keinen hamiltonschen Weg geben kann, da keine Wahl von 5 Kanten (d.h. Weglassen von einer der 6 Kanten) auf einen hamiltonschen Weg führt. Nimmt man in dem obigen Graphen eine zusätzliche Kante hinzu, so gibt es einen hamiltonschen Weg:

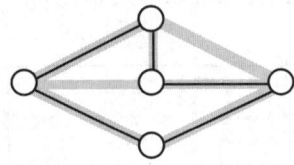

Um die Existenz eines hamiltonschen Weges für den Dodekaeder mit einem Programm nachzuweisen, werden wir eine erschöpfende Suche aller möglichen Wege durchführen. Dazu werden wir alle Permutationen von Knoten (das sind $20! \approx 2,5 \cdot 10^{18}$ Fälle) erzeugen und jeweils prüfen, ob es zu dieser Knotenfolge einen hamiltonschen Weg gibt. Wir benutzen dazu das bereits im Abschnitt über Rekursion erstellte Programm zur Generierung von Permutationen.

Zunächst implementieren wir die Adjazenzmatrix des Dodekaeders:

```
# define ANZAHL 20

unsigned int dodekaeder[ ANZAHL][ ANZAHL] =
    {
        {0,1,0,0,1,0,1,0,0,0,0,0,0,0,0,0,0,0,0,0},
        {1,0,1,0,0,0,0,0,1,0,0,0,0,0,0,0,0,0,0,0},
        {0,1,0,1,0,0,0,0,0,0,1,0,0,0,0,0,0,0,0,0},
        {0,0,1,0,1,0,0,0,0,0,0,0,1,0,0,0,0,0,0,0},
        {1,0,0,1,0,0,0,0,0,0,0,0,0,0,1,0,0,0,0,0},
        {0,0,0,0,0,0,1,0,0,0,0,0,0,0,1,1,0,0,0,0},
        {1,0,0,0,0,1,0,1,0,0,0,0,0,0,0,0,0,0,0,0},
        {0,0,0,0,0,0,1,0,1,0,0,0,0,0,0,0,1,0,0,0},
        {0,1,0,0,0,0,0,1,0,1,0,0,0,0,0,0,0,0,0,0},
        {0,0,0,0,0,0,0,0,1,0,1,0,0,0,0,0,0,1,0,0},
        {0,0,1,0,0,0,0,0,0,1,0,1,0,0,0,0,0,0,0,0},
        {0,0,0,0,0,0,0,0,0,0,1,0,1,0,0,0,0,0,1,0},
        {0,0,0,1,0,0,0,0,0,0,0,1,0,1,0,0,0,0,0,0},
        {0,0,0,0,0,0,0,0,0,0,0,0,1,0,1,0,0,0,0,1},
        {0,0,0,0,1,1,0,0,0,0,0,0,0,1,0,0,0,0,0,0},
        {0,0,0,0,0,1,0,0,0,0,0,0,0,0,0,0,1,0,0,1},
        {0,0,0,0,0,0,0,1,0,0,0,0,0,0,0,1,0,1,0,0},
        {0,0,0,0,0,0,0,0,0,1,0,0,0,0,0,1,0,1,0,0},
        {0,0,0,0,0,0,0,0,0,0,0,1,0,0,0,0,1,0,1},
        {0,0,0,0,0,0,0,0,0,0,0,0,0,1,0,1,0,0,1,0}
    };
```

▲ CD-ROM P_16_3_4a/dodek.c

Die Prozedur zur Erzeugung von Permutationen ändern wir nur an einigen Stellen geringfügig ab:

```
void hamilton( int anz, int array[], int start)
    {
    int i, sav;

    if( start == anz)
        {
        if( dodekaeder[array[anz-1]][array[0]])
            {
            for( i = 0; i < anz; i++)
                printf( "%d-", array[i]);
            printf( "%d\n", array[0]);
            }
```

```
                }
        else
            {
            sav = array[ start];
            for( i = start; i < anz; i++)
                {
                array[start] = array[i];
                array[i] = sav;
A               if( dodekaeder[array[start-1]] [array[start]])
                    hamilton( anz, array, start + 1);
                array[i] = array[start];
                }
            array[start] = sav;
            }
        }
```

▲ CD-ROM P_16_3_4a/dodek.c

A: Bevor wir tiefer in die Rekursion absteigen, prüfen wir, ob die beiden letzten Knoten durch eine Kante verbunden sind. Nur dann kann der bisher erzeugte Teilweg noch zu einem hamiltonschen Weg fortgesetzt werden. Andernfalls lohnt es sich nicht, die Reise fortzusetzen. Diese Abfrage verkürzt die Laufzeit des Programms deutlich, auch wenn sie die exponentielle Laufzeitkomplexität nicht beseitigt.

B: Eine neue Permutation (= Weg) ist erzeugt. Wir prüfen noch, ob Anfangs- und Endpunkt übereinstimmen. Wenn ja, dann handelt es sich um einen hamiltonschen Weg, der anschließend ausgegeben wird.

Im Hauptprogramm initialisieren wir einen Array (pfad) mit der Anfangspermutation und starten den Algorithmus. Wir permutieren erst ab dem zweiten Element des Arrays (hamilton(ANZAHL, pfad, 1)). Auf diese Weise reduzieren wir die Laufzeit noch einmal um den Faktor 20 und erhalten allerdings »nur« hamiltonsche Wege, die am ersten Knoten beginnen. Wegen der zyklischen Struktur solcher Wege handelt es sich dabei aber nicht um eine Einschränkung des Lösungsraums, und wir finden auch so alle in Frage kommenden Wege.

```
void main()
    {
    int pfad[ANZAHL];
    int i;

    for( i = 0; i < ANZAHL; i++)
        pfad[i] = i;
```

```
    hamilton(ANZAHL, pfad, 1);
    }
```

▲ CD-ROM P_16_3_4a/dodek.c

Als Ausgabe erhalten wir eine längere Liste mit den gesuchten Kreisen, von denen das nachfolgende Ausgabefragment nur die ersten drei Wege zeigt:

```
0-1-2-3-4-14-13-12-11-10-9-8-7-16-17-18-19-15-5-6-0
0-1-2-3-4-14-5-15-16-17-18-19-13-12-11-10-9-8-7-6-0
0-1-2-3-12-11-10-9-8-7-6-5-15-16-17-18-19-13-14-4-0
. . .
```

Das folgende Bild zeigt zwei der Reiserouten um die Dodekaeder-Welt, die unser Programm ermittelt hat:

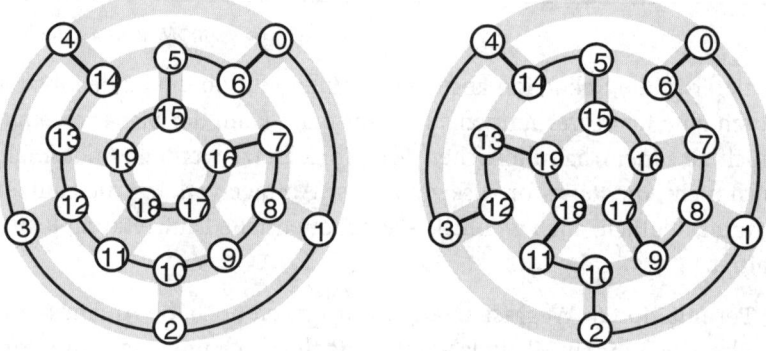

Natürlich können wir auch in unserem Beispielgraphen mit dem deutschen Autobahnnetz nach hamiltonschen Wegen suchen. Da wir es hier mit einem bewerteten Graphen zu tun haben, ergibt sich eine interessante, erweiterte Fragestellung:

Gesucht ist der kürzeste hamiltonsche Weg in einem Graphen

Die Suche nach einem kürzesten hamiltonschen Weg ist in der Literatur auch als das »Travelling Salesman Problem« oder auch als das »Problem des Handlungsreisenden« bekannt[22] und hat vielfache Anwendungen auf technischem und ökonomischem Gebiet. Viele Probleme aus den unterschiedlichsten Anwendungsgebieten lassen sich im Kern auf das Travelling Salesman Problem zurückführen, und das Travelling Salesman Problem ist daher das vielleicht am intensivsten erforschte Problem der Informatik überhaupt. Trotz aller Bemühungen ist es bis

---

22. Ein Handlungsreisender möchte auf einer möglichst kurzen Route seine Kunden besuchen. Am Ende der Tour möchte er natürlich wieder am Ausgangspunkt (zu Hause) sein.

heute nicht gelungen, für das Problem des Handlungsreisenden einen Algorithmus polynomialer Laufzeit zu finden.[23]

Im vereinfachten deutschen Autobahnnetz gibt es insgesamt nur drei prinzipiell verschiedene hamiltonsche Wege, die wir berechnen und ausgeben lassen. Das Programm dazu wurde gegenüber der Vorversion nur um die grau unterlegten Teile zur Längenberechnung bzw. -ausgabe erweitert:

```c
void hamilton( int anz, int array[], int start)
    {
    int i, sav;
    unsigned int d;

    if( start == anz)
        {
        if( distanz[array[anz-1]][array[0]] < xxx)
            {
            d = 0;
            for( i = 0; i < anz; i++)
                {
                d += distanz[array[i]][array[(i+1)%anz]];
                printf( "%d-", array[i]);
                }
            printf( "%d (%d km)\n", array[0], d);
            }
        }
    else
        {
        sav = array[ start];
        for( i = start; i < anz; i++)
            {
            array[start] = array[i];
            array[i] = sav;
            if( distanz[array[start-1]][array[start]] < xxx)
                hamilton( anz, array, start + 1);
            array[i] = array[start];
            }
```

23. Es ist zu vermuten, dass es den auch nicht gibt. Aber auch das hat bisher niemand beweisen können. Es gibt eine ganze Klasse von Problemen, die »gleich schwer« zu lösen sind wie das Problem des Handlungsreisenden. Diese Probleme nennt man N-P-vollständig. Würde es gelingen, eines dieser Probleme durch einen Algorithmus polynomialer Laufzeit zu lösen, so wäre man in der Lage, alle Probleme dieser Klasse durch polynomiale Algorithmen zu lösen. Finden Sie einen polynomialen Algorithmus für eines dieser Probleme oder beweisen Sie, dass es einen solchen Algorithmus nicht gibt und ein Platz in der Geschichte der Informatik ist Ihnen dann sicher!

```
        array[start] = sav;
        }
    }
```

▲ **CD-ROM** P_16_3_4b/hamilton.c

Das Programm gibt 6 Wege aus, von denen aber je zwei gleich sind, da sie sich nur in der Laufrichtung unterscheiden:

```
0-3-9-10-11-5-8-4-2-1-6-7-0  (2262 km)
0-3-9-10-11-5-8-4-2-1-7-6-0  (2270 km)
0-3-9-10-11-5-8-4-2-7-1-6-0  (2210 km)
0-6-1-7-2-4-8-5-11-10-9-3-0  (2210 km)
0-6-7-1-2-4-8-5-11-10-9-3-0  (2270 km)
0-7-6-1-2-4-8-5-11-10-9-3-0  (2262 km)
```

Die drei übrig bleibenden hamiltonschen Wege unterscheiden sich nur in der Streckenführung in Norddeutschland. Da wir jetzt alle hamiltonschen Wege kennen, kennen wir insbesondere auch den kürzesten:

```
0-3-9-10-11-5-8-4-2-7-1-6-0  (2210 km)
```

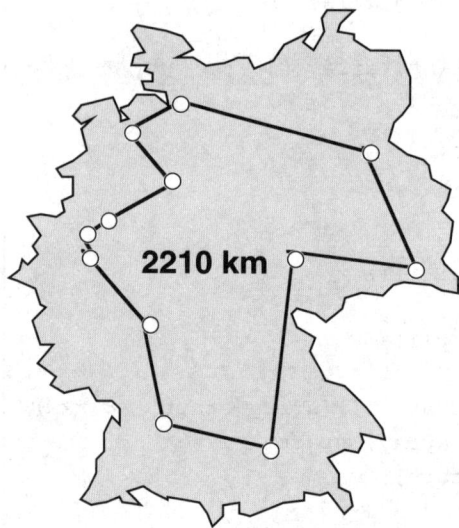

Für eine vollständige Betrachtung des Problems, die kürzeste Reiseroute durch unsere 12 Städte zu finden, müssen wir natürlich alle Distanzen und nicht nur die von uns ausgewählten Teilstrecken betrachten. Es könnte ja durchaus sein, dass die kürzeste Route beispielsweise mit einer Direktfahrt von Berlin nach Stuttgart beginnt.

Die erschöpfende Suche auf der vollständigen Distanzmatrix benötigt erhebliche Rechenzeit und liefert viele (tausende) neue hamiltonsche Wege, aber ein kürzerer als der bereits oben gefundene von 2210 km ist nicht darunter.

Irgendwie ist es uns mit Intuition oder Glück gelungen, durch eine geschickte Vorauswahl von Kanten den Umfang der Aufgabe drastisch zu verkleinern, ohne die optimale Lösung zu verlieren. Computer haben keine Intuition, und es fällt uns schwer, die von uns getroffene Vorauswahl durch ein Computerprogramm durchführen zu lassen. Trotzdem wollen wir uns abschließend die Frage stellen, wie wir die Zahl der zu betrachtenden Wege so reduzieren können, dass wir zwei gegensätzliche Ziele gleichzeitig erreichen:

▶ Zum einen wollen wir den Suchraum so verkleinern, dass wir zu einem Algorithmus von polynomialer Laufzeit kommen.

▶ Zum anderen sollte der Suchraum aber so groß sein, dass sich die optimale Lösung oder zumindest eine halbwegs optimale Lösung noch darin befindet.

Wir wollen mit einem Algorithmus polynomialer Laufzeitkomplexität eine Lösung für das Problem des Handlungsreisenden finden, die nicht allzu schlecht ist. Unter »nicht allzu schlecht« wollen wir verstehen, dass es sich um eine Näherungslösung mit einer garantierten Maximalabweichung von der uns unbekannten optimalen Lösung handelt.

Wir treffen dazu zwei zusätzliche – in wichtigen Anwendungsfällen allerdings zutreffende – Annahmen über den Graphen:

▶ Für je zwei Knoten gibt es eine direkte Verbindung (Kante) im Graphen.

▶ Direkte Verbindungen zwischen zwei Orten sind stets kürzer (im Sinne von ≤) als Umwegstrecken über einen dritten Ort.

Die Rahmenbedingungen Symmetrie, Zusammenhang und keine negativ bewerteten Kanten bleiben natürlich weiterhin bestehen.

Wenn wir aus einem hamiltonschen Weg eine Kante entfernen, so erhalten wir einen Spannbaum. Da die entfernte Kante nicht negativ bewertet ist, ist die Länge des hamiltonschen Weges also länger als dieser Spannbaum und mithin länger als die Summe aller Kantenlängen eines minimalen Spannbaums, die wir mit s bezeichnen. Folglich ist auch die Länge l_{min} eines minimalen hamiltonschen Weges größer oder gleich der Länge des minimalen Spannbaums. In Formeln:

$$l_{min} \geq s.$$

Wenn wir umgekehrt einen minimalen Spannbaum von einem beliebigen Startpunkt in Tiefensuche durchlaufen, so erreichen wir alle Knoten (gewisse auch mehrfach) und durchlaufen dabei jede Kante des Spannbaums zweimal. Wir legen also das Doppelte der Summe aller Kantenlängen des Spannbaums – also die Wegstrecke 2s – zurück. Wenn wir in dem so entstandenen Weg alle Orte überspringen, an denen wir schon einmal waren,[24] so erhalten wir einen hamiltonschen Weg, der nicht länger als 2s ist. Für die Länge 1 des so konstruierten hamiltonschen Weges gilt also:

$$s \leq l_{min} \leq 1 \leq 2s \leq 2l_{min}.$$

Insgesamt können wir also mit polynomialer Zeitkomplexität einen hamiltonschen Weg konstruieren, der höchstens doppelt so lang ist wie der optimale (kürzeste) hamiltonsche Weg.

Um dies in unserem konkreten Beispiel umzusetzen, konstruieren wir zunächst einen minimalen Spannbaum, den wir durch seine Adjazenzmatrix darstellen:[25]

```c
unsigned int spannbaum[ANZAHL][ANZAHL] =
    {
        {0,0,0,0,0,0,0,0,0,1,0,0},
        {0,0,0,0,0,0,1,1,0,0,0,0},
        {0,0,0,0,1,0,0,1,0,0,0,0},
        {0,0,0,0,0,0,0,0,0,1,0,0},
        {0,0,1,0,0,0,0,0,1,0,0,0},
        {0,0,0,0,0,0,0,0,1,0,0,1},
        {0,1,0,0,0,0,0,0,0,0,0,0},
        {0,1,1,0,0,0,0,0,0,1,0,0},
        {0,0,0,0,1,1,0,0,0,0,0,0},
        {1,0,0,1,0,0,0,1,0,0,0,0},
        {0,0,0,0,0,0,0,0,0,0,0,1},
        {0,0,0,0,0,1,0,0,0,0,1,0},
    };
```

▲ CD-ROM P_16_3_4c/salesman.c

Diesen Spannbaum durchlaufen wir dann mit dem bereits bekannten Algorithmus zur Tiefensuche:

```c
void tiefensuche( int knoten, int war_da[], int level)
    {
    int i;

    for( i = 0; i < level; i++)
        printf( "    ");
```

---

24. Natürlich nicht den Ausgangsort.
25. Sinnvollerweise wird man das Programm für den minimalen Spannbaum so modifizieren, dass es diese Matrix an einer Schnittstelle bereitstellt.

```
    printf( "%s\n", stadt[knoten]);
    war_da[knoten] = 1;
    for( i = 0; i < ANZAHL; i++)
        {
        if( spannbaum[knoten][i] && !war_da[i])
            tiefensuche( i, war_da, level +1);
        }
    }
```

▲ CD-ROM P_16_3_4c/salesman.c

Wir initialisieren den war_da-Array, starten von Berlin

```
void main()
    {
    int i;
    int war_da[ANZAHL];

    for( i = 0; i < ANZAHL; i++)
        war_da[i] = 0;
    tiefensuche( BERLIN, war_da, 0);
    }
```

▲ CD-ROM P_16_3_4c/salesman.c

und erhalten den folgenden hamiltonschen Weg von 2553 km:

```
Berlin
    Leipzig
        Dresden
        Hannover
            Bremen
                Hamburg
            Dortmund
                Düsseldorf
                    Köln
                        Frankfurt
                            Stuttgart
                                München
```

Das Verfahren können wir natürlich auch von allen anderen Städten unseres Beispiels aus startend durchführen.

Wir erhalten dann 12 hamiltonsche Wege. Der uns bereits bekannte und mit 2210 km kürzeste Weg ist leider nicht darunter:

```
0-9-3-7-1-6-2-4-8-5-11-10-0  (2558 km)
1-6-7-2-4-8-5-11-10-9-0-3-1  (2496 km)
2-4-8-5-11-10-7-1-6-9-0-3-2  (3001 km)
3-9-0-7-1-6-2-4-8-5-11-10-3  (2376 km)
4-2-7-1-6-9-0-3-8-5-11-10-4  (3126 km)
5-8-4-2-7-1-6-9-0-3-11-10-5  (2670 km)
6-1-7-2-4-8-5-11-10-9-0-3-6  (2499 km)
7-1-6-2-4-8-5-11-10-9-0-3-7  (2496 km)
8-4-2-7-1-6-9-0-3-5-11-10-8  (2821 km)
9-0-3-7-1-6-2-4-8-5-11-10-9  (2496 km)
10-11-5-8-4-2-7-1-6-9-0-3-10  (2447 km)
11-5-8-4-2-7-1-6-9-0-3-10-11  (2447 km)
```

Den kürzesten über den Spannbaum ermittelten Weg zeigt die folgende Karte:

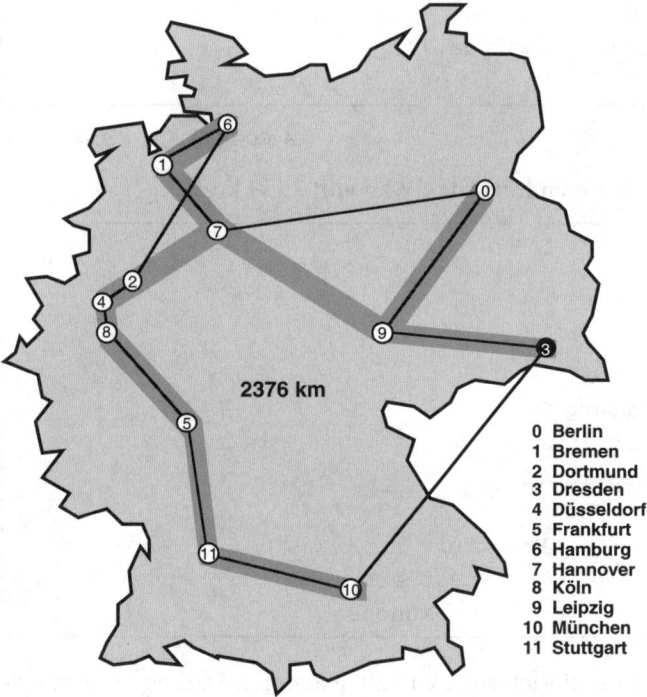

2376 km

0 Berlin
1 Bremen
2 Dortmund
3 Dresden
4 Düsseldorf
5 Frankfurt
6 Hamburg
7 Hannover
8 Köln
9 Leipzig
10 München
11 Stuttgart

Obwohl es nicht der kürzestmögliche hamiltonsche Weg ist, handelt es sich immerhin um eine recht gute Approximation mit einer garantierten Maximalabweichung, die sich – und das ist das Wesentliche – mit polynomialer Zeitkomplexität berechnen lässt.

An dieser Stelle endet die Beschäftigung mit der Programmiersprache C. Von jetzt an werden wir in C++ programmieren. Aber keine Angst – praktisch alles, was Sie bisher gelernt haben, können Sie auch weiterhin verwenden. Es kommen gewisse neue Sprachelemente hinzu und gewisse vertraute Sprachelemente verlieren an Bedeutung.

17 Projekt 2D-Grafikprogrammierung

Wenn Sie dem Buch bis hier gefolgt sind, sollten Sie in der Lage sein, ein kleines Softwareprojekt in C selbstständig durchzuführen. Nun sind die Vorstellungen von Software heute sehr stark von Programmen mit grafischer Benutzeroberfläche geprägt. Davon sind wir mit unseren Programmierkenntnissen noch weit entfernt. Das liegt aber nicht daran, dass wir die Programmiersprache noch nicht gut genug beherrschen, sondern ausschließlich daran, dass wir die Programmbibliotheken, die etwa zur Programmierung grafischer Benutzeroberflächen verwendet werden, noch nicht kennen. Solche Bibliotheken sind auch, verglichen mit dem, was wir bisher kennengelernt haben, sehr umfangreich und sehr komplex, und man benötigt einiges an Zeit und Training, um sich in solchen Bibliotheken sicher bewegen zu können. Auf der anderen Seite sind Programme mit Grafikausgaben gerade für Programmieranfänger von besonderem Interesse, weil man für das, was man programmiert, durch auf dem Bildschirm sichtbare Grafiken unmittelbar »belohnt« wird.

Ich habe daher eine kleine Grafik-Programmierbibliothek erstellt, die inzwischen in der zweiten Version vorliegt und die ich IGEL II nenne. IGEL steht für »Integrierte Grafik Entwicklungs- und Laufzeitumgebung«.

IGEL ist auf jedem Windows-System verwendbar, verbirgt dabei aber alle Schwierigkeiten der Windows-Programmierung vor Ihnen und stellt Ihnen eine sehr einfache, überschaubare Schnittstelle zur Erstellung von Grafikprogrammen zur Verfügung. Ich will Ihnen an dieser Stelle keine Einführung in IGEL II geben. Dazu habe ich Ihnen ein eigenständiges Dokument (*Igel.pdf*) erstellt, das Sie auf der beiliegenden CD im Verzeichnis *Igel II* finden. Dort finden Sie auch die Headerdatei *Igel.h*, die Sie includieren müssen, und die Funktionsbibliothek *Igel.lib*, die Sie zu Ihrem Programm hinzulinken müssen, um ein lauffähiges Programm zu erhalten. Falls Sie damit noch Probleme haben, finden Sie auf der CD auch drei vollständige Igel-Beispielprojekte für Microsoft Visual Studio 2005. Mit diesen Projekten können Sie direkt loslegen. Alles Weitere finden Sie, wie bereits gesagt, in der Dokumentation (*Igel.pdf*). Viel Spaß beim Programmieren mit Igel!

18 C++-Referenz (Teil 1)

In diesem Abschnitt werde ich einige Erweiterungen von C++ gegenüber C vorstellen, die aber noch nichts mit der eigentlichen objektorientierten Programmierung zu tun haben. Vielfach handelt es sich nur um Kleinigkeiten, die man bei C vermisst hat, teilweise handelt es sich jedoch auch um Erweiterungen, deren wirklichen Wert man erst im Zusammenhang mit der Objektorientierung vollständig erkennen kann.

Grundsätzlich hat man sich bei der Entwicklung von C++ um Kompatibilität bemüht. Dies heißt, dass ein C-Programm weitestgehend auch durch einen C++-Compiler übersetzt werden kann. Man kann also sagen:

Ein C Programm ist ein C++-Programm – wenn auch kein gutes.

In diesem Sinne können Sie also bereits C++. Auch wenn in diesem Abschnitt der Eindruck entstehen kann, dass es sich bei C++ nur um ein geringfügig erweitertes C handelt, werden wir später feststellen, dass es sich bei C++ um eine Programmiersprache handelt, die Modellierungsmöglichkeiten bietet, die weit über das von C Bekannte hinausgehen.

18.1 Schlüsselwörter

In C++ wird eine Reihe neuer Schlüsselwörter eingeführt. Diese sind:

and	and_eq	bitand	bitor
bool	catch	class	compl
const_cast	delete	dynamic_cast	explicit
export	false	friend	inline
mutable	namespace	new	not
not_eq	operator	or	or_eq
private	protected	public	reinterpret_cast
static_cast	template	this	throw
true	try	typeid	typename
using	virtual	wchar_t	xor
xor_eq			

Alle zuvor für C eingeführten Schlüsselwörter bleiben auch für C++ in ihrer Bedeutung erhalten. Die Bedeutung der neuen Schlüsselwörter wird sich für uns nach und nach ergeben.

18.2   Operatoren

Mit C++ werden auch einige neue Operatoren eingeführt. Diese sind:

`::`	Globalzugriff
`::`	Class-Member-Zugriff
`.*`	Pointer-to-Member Zugriff (direkt)
`->*`	Pointer-to Member-Zugriff (indirekt)
`new`	Object Allocator
`delete`	Object Deallocator

Mit Ausnahme des Operators für den Globalzugriff, den wir in diesem Kapitel behandeln werden, sind diese Operatoren erst im Zusammenhang mit der objektorientierten Programmierung verständlich und von Bedeutung.

Die neuen Operatoren ordnen sich wie folgt in das Gesamtsystem der Operatoren ein:

Zeichen	Verwendung	Bezeichnung	Klassifizierung	Ass	Prio
`::` `::`	`::var` `cl::memb`	Globalzugriff Class-Member-Zugriff	Zugriffsoperator		17
`()`	`f(x,y,..)`	Funktionsaufruf	Auswertungsoperator	L	16
`[]`	`a[i]`	Array-Zugriff	Zugriffsoperator		
`->`	`p->x`	Indirekt-Zugriff			
`.`	`a.x`	Struktur-Zugriff			
`++`	`x++`	Post-Inkrement	Zuweisungsoperator		
`--`	`x--`	Post-Dekrement			

Zeichen	Verwendung	Bezeichnung	Klassifizierung	Ass	Prio
!	!x	Logische Verneinung	Logischer Operator	R	15
~	~x	Bitweises Komplement	Bit-Operator		
++	++x	Pre-Inkrement	Zuweisungsoperator		
- -	- -x	Pre-Dekrement			
+	+x	Plus x	Arithmetischer Operator		
-	-x	Minus x			
*	*p	Dereferenzierung	Zugriffsoperator		
&	&x	Adressoperator			
()	(type)	Typ-Konvertierung	Datentyp-Operator		
sizeof	sizeof(x)	Typ-Speichergröße			
new	new class	Objekt allokieren			
delete	delete a	Objekt deallokieren			
.*		Pointer to Member Zugriff	Zugriffsoperator	L	14
->*		Pointer to Member Zugriff			
*	x*y	Multiplikation	Arithmetischer Operator	L	13
/	x/y	Division			
%	x%y	Rest bei Division			
+	x+y	Addition	Arithmetischer Operator	L	12
-	x-y	Subtraktion			
<<	x<<y	Bitshift links	Bit-Operator	L	11
>>	x>>y	Bitshift rechts			
<	x<y	Kleiner als	Vergleichsoperator	L	10
<=	x<=y	Kleiner oder gleich			
>	x>y	Größer als			
>=	x>=y	Größer oder gleich			
= =	x==y	Gleich	Vergleichsoperator	L	9
!=	x!=y	Ungleich			
&	x&y	Bitweises und	Bit-Operator	L	8
^	x ^ y	Bitweises entweder oder	Bit-Operator	L	7
		x	y	Bitweises oder	Bit-Operator	L	6

Zeichen	Verwendung	Bezeichnung	Klassifizierung	Ass	Prio
&&	x && y	Logisches und	Logischer Operator	L	5
||	x || y	Logisches oder	Logischer Operator	L	4
? :	x ? y : z	Bedingte Auswertung	Auswertungsoperator	L	3
=	x = y	Wertzuweisung	Zuweisungsoperator	R	2
+=	x += y	Operation mit anschließender Zuweisung			
-=	x -= y				
*=	x *= y				
/=	x /= y				
%=	x %= y				
&=	x &= y				
^=	x ^= y				
|=	x |= y				
<<=	x <<= y				
>>=	x >>= y				
,	x , y	Sequentielle Auswertung	Auswertungsoperator	L	1

Einige der hier verwendeten Operatorzeichen liegen außerhalb des Minimalzeichensatzes, den jedes System weltweit in gleicher Weise interpretiert und darstellt. Das bedeutet, dass die Zeichencodes für diese Operatoren in manchen Ländern durch nationale Zeichen belegt sind. Das macht es natürlich ausgesprochen schwierig, auf den betroffenen Systemen C/C++-Programme zu erstellen. Aus diesem Grund hat man für einige Operatoren Alternativbezeichnungen eingeführt. Diese sind:

Operator	Alternativbezeichnung
!	not
&	bitand
&&	and
|	bitor
||	or
^	xor
~	compl

Operator	Alternativbezeichnung
&=	and_eq
| =	or_eq
^=	xor_eq
!=	not_eq

In Deutschland werden diese Alternativbezeichnungen nicht benötigt. Ich erwähne diese Darstellungen hier nur, weil sie Ihnen durchaus in einem anderswo erstellten Quellcode begegnen könnten. Von einer aktiven Verwendung dieser Alternativdarstellungen rate ich jedoch ab, da sie derzeit nicht von jedem Compiler akzeptiert werden. Es gibt darüber hinaus auch sogenannte Trigraph-Darstellungen für die von dieser Problematik betroffenen Zeichen und auch Ersatzdarstellungen für spezielle Zeichen wie # oder { und }. Auf diese Darstellungen will ich hier nicht eingehen.

Es gibt in C++ jedoch auch wichtige Änderungen, die das Gebäude an Operatoren als Ganzes betreffen. Genaugenommen kann man in C++ nicht mehr von einem System von Operatoren mit einer festen Bedeutung sprechen, da in C++ nahezu alle Operatoren mit einer neuen Bedeutung versehen werden können. In C++ handelt es sich nur noch um ein System von Operatorzeichen mit fest vorgegebener Stelligkeit, Assoziativität und Priorität. Die konkrete Bedeutung eines Operators hängt in C++ von dem Zusammenhang ab, in dem er verwendet wird. Ein und dasselbe Operatorzeichen kann, angewandt auf unterschiedliche Operanden, völlig verschiedene, u. U. durch den Programmierer festgelegte Bedeutungen haben. Im Abschnitt über das Überladen von Operatoren werden wir diese Thematik noch einmal aufgreifen.

18.3 Kommentare

In C++ gibt es erweiterte Möglichkeiten, den Programmcode mit Kommentaren zu versehen. Neben den weiterhin verwendbaren Kommentaren im C-Stil kann man einen Zeilenrest mittels eines doppelten Schrägstrichs kommentieren:

```
a = 1; // Kommentar
```

Diese Art von Kommentaren eignet sich besonders dazu, einzelne Zeilen (vorübergehend) von der Compilation auszuschließen. Das folgende Codefragment zeigt einen durch Kommentarzeichen »entschärften« Prüfdruck:

```
if ( a == 1)
    {
    a++;
//    printf( "Pruefdruck %d\n", a); /* Pruefdruck */
    ...
    }
```

Durch '//' eingeleitete Kommentare enden am Zeilenende, sofern der Kommentar nicht durch ein '\' am Zeilenende in die nächste Zeile fortgesetzt wird. Diese Art der Fortführung eines Kommentars wird allerdings (zu Recht) kaum verwendet.

18.4 Datentypen, Datenstrukturen und Variablen

Auch im Bereich der Datentypen, Datenstrukturen und Variablen hat sich mit der Einführung von C++ einiges getan. Der überwiegende Teil der Änderungen betrifft die Datenstrukturen und hat unmittelbar mit der Objektorientierung zu tun. Wir konzentrieren uns zunächst auf die Gesichtspunkte, die wir losgelöst von der Objektorientierung diskutieren können.

18.4.1 Automatische Typisierung von Aufzählungstypen

Von C her kennen Sie Aufzählungstypen, die es auch in C++ gibt:

```
enum wochentag { Montag, Dienstag, Mittwoch, Donnerstag,
                            Freitag, Samstag, Sonntag };
```

Wenn man in C eine Variable dieses Typs anlegt, so hat dies in der Form

```
enum wochentag wt; /* C Stil */
```

zu geschehen. In C++ ist mit der Deklaration eines Aufzählungstyps automatisch ein neuer Datentyp eingeführt, der wie ein mit `typedef` explizit eingeführter Datentyp verwendet werden kann. Dies bedeutet, dass z. B. beim Anlegen von Variablen eines Aufzählungstyps auf das in C obligatorische Schlüsselwort `enum` verzichtet werden kann:

```
wochentag wt; // C++ Stil
```

18.4.2 Automatische Typisierung von Strukturen

Ähnlich wie Aufzählungstypen werden auch Datenstrukturen bei ihrer Deklaration in C++ automatisch als neue Typen eingeführt:

```
struct punkt
    {
    int x;
    int y;
    };
```

Statt

```
struct punkt p; /* C Stil */
```

kann man in C++

```
punkt p; // C++ Stil
```

schreiben. Damit kann in C++-Programmen die Preprozessor-Direktive

```
# define PUNKT struct punkt
```

bzw. die typedef-Vereinbarung

```
typedef struct punkt PUNKT;
```

entfallen.

Das hier über Strukturen Gesagte gilt in gleicher Weise für Unions.

18.4.3 Vorwärtsverweise auf Strukturen

Benötigt man einen Strukturnamen, **bevor** die eigentliche Strukturdeklaration vorliegt, so kann man mit einem **Vorwärtsverweis** auf die noch kommende Deklaration hinweisen:

```
struct student;        // Vorwaertsverweis auf Student
struct diplomarbeit;   // Vorwaertsverweis auf Diplomarbeit

struct student
    {
    char name[50];
    char vorname[50];
diplomarbeit *dipl;   // Verweis auf die Diplomarbeit
    ...
    };

struct diplomarbeit
    {
```

```
        char thema[200];
        float note;
    student *stud;          // Verweis auf den Studenten
        ...
        };
```

Gelegentlich sind solche Vorwärtsverweise hilfreich, weil sie mehr Flexibilität in der Abfolge der einzelnen Deklarationen ermöglichen. Zum Beispiel ist es auf diese Weise recht einfach möglich, Strukturen zu deklarieren, die wechselseitig aufeinander verweisen.

Beachten Sie aber, dass in den Datenstrukturen nur Zeiger auf die noch nicht deklarierten Strukturen vorkommen. Ein Vorwärtsverweis ermöglicht es nicht, die Struktur selbst bereits in einer anderen Struktur zu verwenden. Weder die Größe noch die einzelnen Felder einer Struktur können durch einen Vorwärtsverweis bekannt gemacht werden:

```
    struct diplomarbeit;     // Vorwaertsverweis auf Diplomarbeit

    struct student
        {
        char name[50];
        char vorname[50];
    diplomarbeit dipl;   // Unsinn, wenn diplomarbeit nicht zuvor
                         // deklariert wurde
        ...
        };
```

18.4.4 Der Datentyp bool

Viele Programmiersprachen haben einen eigenen Datentyp für Wahrheitswerte. Das klassische C hatte sich an dieser Stelle immer mit dem Datentyp int und den impliziten Setzungen wahr = 1 und falsch = 0 beholfen. Streng genommen ist das Ergebnis eines Vergleichs aber keine Zahl, sondern ein Wahrheitswert – true oder false. Die Sichtweise von C hatte durchaus ihre Vorteile, weil man mit logischen Ergebnissen wie mit Zahlen rechnen konnte. Um einerseits dem Wunsch nach einem speziellen Datentyp für Wahrheitswerte Rechnung zu tragen und andererseits die Flexibilität im Rechnen mit Wahrheitswerten zu erhalten, hat man den Datentyp bool eingeführt und diesen kompatibel mit int gehalten. Der Datentyp bool kann die Werte true und false annehmen. Gleichzeitig ist aber true = 1 und false = 0. Damit kann man alle logischen Ausdrücke, die man bisher mit `int` gebildet hat, jetzt auch mit `bool` bilden. Das folgende Codefragment zeigt dazu einige Beispiele:

```
bool b1, b2, b3, b4

b1 = true;
b2 = !b1;
b3 = 5 > 4;
if( b2 == false)
    b4 = b1 || b3;
```

Achtung, `bool` ist zwar kompatibel mit `int`, aber `bool` ist nicht `int`. Eine Wertzuweisung der Form

```
bool b = 7;
```

ist zwar möglich, aber die boolesche Variable b hat anschließend nicht den Wert 7, sondern den Wert `true` = 1. Boolesche Variablen sind also so etwas wie `int`-Variablen, die nur die Werte 0 und 1 annehmen können.

18.4.5 Wide Character

Der Datentyp `char` ist nur zur Aufnahme von Zeichen des ASCII-Zeichensatzes konzipiert und kann daher nur bis zu 256 verschiedene Zeichen aufnehmen. Das reicht natürlich bei Weitem nicht aus, um alle länderspezifischen Zeichen zu repräsentieren. Um auch größere Zeichensätze in einem C-Programm nativ verarbeiten zu können, gibt es den Datentyp `wchar_t`.[1] Nun gibt es verschiedene Arten, mit »großen« Zeichensätzen umzugehen. Es gibt zum Beispiel UTF-8, UTF-16 oder UTF-32. Der C-Standard lässt es daher offen, wie genau `wchar_t` zu implementieren ist. Grundsätzlich gibt es aber auch bei `wchar_t` Literale für Zeichen und Zeichenketten, die man am vorangestellten L erkennt:

```
wchar_t z;
wchar_t s;

z = L'a';
s = L"Test";
```

Weite Zeichen und Strings aus weiten Zeichen benötigen natürlich mehr Speicherplatz als gewöhnliche Zeichen und Strings aus gewöhnlichen Zeichen. Ein String aus weiten Zeichen ist aber auch anders aufgebaut als ein String aus gewöhnlichen Zeichen. Das bedeutet, dass man die gewohnten Stringfunktionen im

---

1. Dieser etwas seltsame Name rührt daher, dass sich dieser Datentyp über ein `typedef`, das dann zum De-facto-Standard geworden ist, in die Sprache gemogelt hat.

Zusammenhang mit `wchar_t` nicht mehr verwenden kann. Wenn man zum Beispiel versucht, auf den obigen String durch ein beherztes Cast die Funktion `strlen` anzuwenden,

```
len = strlen( (char *)s );
```

dann erhält man 1 als Ergebnis. Das liegt daran, dass in meiner Umgebung[2] die Zeichen des ASCII-Zeichensatzes in zwei Bytes dargestellt werden. Im ersten Byte steht der ASCII-Code, und das zweite Byte ist 0. Die `strlen`-Funktion nimmt daher an, dass der String bereits nach dem ersten Zeichen beendet ist. In Wirklichkeit endet der String erst später mit einer Doppelnull. Man benötigt daher spezielle Stringfunktionen, die für weite Zeichen geeignet sind. Diese Funktionen gibt es natürlich auch in der Runtime Library. Zur Längenberechnung eines Strings aus weiten Zeichen verwendet man zum Beispiel die Funktion `wcslen`:

```
len = wcslen( s );
```

Diese Funktion liefert dann das richtige Ergebnis, nämlich 4.

Weitere wichtige Funktionen für weite Zeichen und Strings sind:

Funktion auf wchar_t	Entsprechende Funktion auf char
`fwprintf`	`fprintf`
`fwscanf`	`fscanf`
`wprinf`	`printf`
`wscanf`	`scanf`
`getwchar`	`getchar`
`putwchar`	`putchar`
`wcscpy`	`strcpy`
`wcscat`	`strcat`
`wcscmp`	`strcmp`
`wcslen`	`strlen`

18.4.6 Const-Deklarationen

In C zieht man es häufig vor, anstelle von Konstanten symbolische Konstanten zu verwenden. Dies hat seinen Grund, denn in C konnten mit `const` vereinbarte Konstanten nicht überall dort verwendet werden, wo ein konstanter Ausdruck

---

2. Das ist ja implementierungsabhängig und kann bei Ihnen anders sein.

verwendet werden kann. Zum Beispiel ist in C die folgende Definition eines Arrays nicht möglich:

```
const int anzahl = 10;

int array[anzahl]; /* in ANSI-C nicht moeglich */
```

Man greift in dieser Situation zu einer symbolischen Konstanten:

```
# define ANZAHL 10

int array[ANZAHL]; /* in ANSI-C moeglich */
```

C++ beseitigt den Mangel, sodass in C++ bedenkenlos Konstanten anstelle von symbolischen Konstanten verwendet werden können

```
const int anzahl = 10;

int array[anzahl]; // in C++ moeglich
```

und auch verwendet werden sollten.

Grundsätzlich kann man feststellen, dass der C-Preprozessor, der in C noch eine tragende Rolle bei der Programmierung spielte, in C++ nur noch von untergeordneter Bedeutung ist. An die Stelle der symbolischen Konstanten treten die »echten« Konstanten und an die Stelle der Makros treten die sogenannten Inline-Funktionen (18.5.3). Include-Anweisungen und Compileschalter behalten allerdings ihren Stellenwert.

18.4.7 Typumwandlungen

Durch den Cast-Operator kann man eine beliebige Typumwandlung (Cast) erzwingen, wann immer man es für notwendig hält. Solche Typumwandlungen sind manchmal aus rein formalen Gründen notwendig, etwa um Datentypen an einer Funktionsschnittstelle aneinander anzupassen. Manchmal sind sie aber auch inhaltlich notwendig – und manchmal sind sie sehr gefährlich.

Kennengelernt hatten wir die Typumwandlung an einem Beispiel, bei dem wir eine Gleitkommarechnung erzwingen wollten:

```
float x;
int a,b;

a = 10;
b = 3;

x = (float)a/b;
```

In der letzten Zeile dieses Codefragments wird der Typ von `a` in `float` gewandelt, bevor a in die Rechnung eingeht. Dadurch ist sichergestellt, dass das gewünschte Ergebnis durch Gleitkommadivision und nicht durch Integerdivision berechnet wird. Die Umwandlung von `int` in `float` ist eine Konvertierung, die vom Compiler häufig auch selbstständig (implizit) durchgeführt wird, weil sie problemlos möglich ist. Wenn wir zum Beispiel eine Funktion, die einen `float`-Wert als Parameter erwartet, mit einem `int`-Wert aufrufen, wird die erforderliche Konvertierung implizit durchgeführt. Eine Konvertierung zwischen zwei festliegenden Typen, für die der Compiler eine Regel kennt, nennt man einen **Static Cast**. Wenn wir einen solchen Cast explizit auslösen wollen, verwenden wir die `static_cast`-Typumwandlung. In unserem Beispiel würde das wie folgt aussehen:

```
x = static_cast<float>(a)/b;
```

Beachten Sie, dass dabei funktionell kein Unterschied zum allgemeinen Cast

```
x = (float)a/b;
```

besteht. Der Unterschied besteht darin, dass der Compiler bei einem Static Cast die Typumwandlung ablehnt, wenn er keine passende Regel hat. Die Verwendung des Static Casts schützt uns also davor, irrtümlich eine aus Sicht des Compilers inkompatible Typkonvertierung zu erzwingen.

Manchmal ist es allerdings erforderlich, einen Cast zu erzwingen, der dem Compiler implizit nicht möglich ist. Dies ist insbesondere dann der Fall, wenn man verschiedene Zeigertypen ineinander konvertieren will. Als Beispiel wollen wir eine Gleitkommazahl in ihrer internen Dualdarstellung byteweise ausgeben. Wir machen dazu folgenden Ansatz:

```
float zahl = 123.456;
unsigned char *byte;

byte = &zahl;
```

Der Compiler kann die von uns gewünschte Umetikettierung eines Zeigers auf `float` (`&zahl`) zu einem Zeiger auf `unsigned char` (byte) implizit nicht durchführen. Hier würde auch kein Static Cast helfen. Wir müssen einen **Reinterpret Cast** verwenden, der eine beliebige Neuinterpretation eines Datentyps ermöglicht. Dann können wir die Bytes der Gleitkommazahl auch auf dem Bildschirm ausgeben:

```
float x = 123.456;
unsigned char *byte;

byte = reinterpret_cast<unsigned char *>(&x);

printf( "%d %d %d %d\n", byte[0], byte[1], byte[2], byte[3]);
```

Der Reinterpret Cast entspricht dem klassischen Cast. Wir könnten also auch

```
byte = (unsigned char *)&x;
```

schreiben. Der Unterschied liegt eigentlich nur darin, dass wir dem Compiler sozusagen mitteilen: »Ja, ich weiß, dass dies kein Static Cast ist, aber ich will diesen Cast explizit durchgeführt haben«.

Funktionen greifen häufig nur lesend auf einige ihrer Parameter zu. Trotzdem sind diese Parameter an der Schnittstelle nicht immer als `const` deklariert. Das führt dann zu Typunverträglichkeiten, wenn man einen solchen Parameter mit einer als `const` deklarierten Variable nutzen will. Wir machen uns dazu ein Beispiel:

```
void funktion( char *str)
    {
    printf( "%s\n", str);
    } .

void main()
    {
    const char *s = "Test";

    funktion( s);
    }
```

Der Compiler akzeptiert dieses Programm nicht, da er sich konsequent weigert, einen konstanten String durch eine Schnittstelle zu schicken, in der der zugehörige Parameter nicht explizit als `const` qualifiziert ist. Trotzdem wäre ein Aufruf dieser Funktion, auch mit einem konstanten Parameter, sinnvoll. In dieser Situation kann man die strenge Typüberprüfung durch einen **Const Cast** beim Funktionsaufruf aufweichen.[3]

```
funktion( const_cast<char *>(s) );
```

Beachten Sie, dass der Const Cast nur die Typüberprüfung abschwächt und nicht etwa aus einer unveränderlichen eine veränderliche Größe macht. Wenn es sich um eine Konstante handelt, kann der Compiler die Daten zum Beispiel in einem Speicherbereich ablegen, in dem das Programm keine Schreibrechte hat. Ein schreibender Zugriff aus dem Unterprogramm hätte dann fatale Folgen.

Es gibt noch einen weiteren Cast-Operator, den sogenannten **Dynamic Cast**. Diesen Cast kann man allerdings nur im Zusammenhang mit der objektorientierten Programmierung verstehen. Ich werde diesen Cast daher an anderer Stelle behandeln.

18.4.8 Definition von Variablen

In C müssen Variablen immer am Anfang eines Blocks eingeführt werden. In C++ ist diese Beschränkung aufgehoben. Variablen können überall im Code definiert werden – natürlich <u>bevor</u> sie erstmalig verwendet werden.

Diese Erweiterung werden Sie im Moment vielleicht für überflüssig halten. Sie hat aber ihre Berechtigung. Wie wir später sehen werden, kann beim Anlegen von Variablen (unsichtbar) spezieller Code ablaufen. Die Möglichkeit, Variablen überall anzulegen, erlaubt es, den implizit gerufenen Code dort zu platzieren, wo er ablaufen sollte.

18.4.9 Referenzen

Wir wissen, dass in C ein Unterprogramm immer Kopien der als Argumente übergebenen Werte erhält. Wenn wir im Unterprogramm Variablenwerte im Hauptprogramm ändern wollen, müssen wir Zeiger auf die Variablen übergeben. Als Beispiel hatten wir eine Funktion geschrieben, die die Werte zweier Variablen im Hauptprogramm vertauschte:

```
void swap_pointer( int *a, int *b)
    {
    int tmp;

    tmp = *a;
```

---

3. Natürlich könnte man auch die Funktionsschnittstelle ändern, aber das würde einen Eingriff in den Funktionskörper erfordern, und das ist zum Beispiel bei Bibliotheksfunktionen nicht immer möglich.

```
    *a = *b;
    *b = tmp;
    }

main()
    {
    int x, y;
    ...
    swap_pointer( &x, &y);
    ...
    }
```

Wenn wir das Programm `swap_pointer` noch einmal betrachten, stellen wir fest, dass die übergebenen Zeiger immer sofort dereferenziert werden (`*a`, `*b`), weil wir ja eigentlich nicht an den Adressen, sondern nur an den Werten interessiert sind. Die Werte können allerdings nur über die Adressen erreicht werden. In C++ gibt es eine elegante Alternative. Hier gibt es sogenannte Referenzen:

> Eine **Referenz** ist ein konstanter Zeiger, der bei jeder Verwendung automatisch dereferenziert wird.
>
> Eine Referenz ist ein L-Value. Eine Referenz kann also auf der rechten und auf der linken Seite einer Zuweisung verwendet werden.

Um an der Schnittstelle einer Funktion Referenzen zu übergeben, wird bei der Vereinbarung der Parameter dem Datentyp ein `&` hintenangestellt (A):

```
A   void swap_referenz( int& a, int& b)
        {
        int tmp;

B       tmp = a;
        a = b;
        b = tmp;
        }
```

Bei der Verwendung (B) einer Referenz muss dann nicht mehr explizit dereferenziert werden – der Compiler erledigt das automatisch. Beim Funktionsaufruf muss jetzt auch nicht mehr explizit der Adressoperator angewandt werden – der Compiler erledigt auch das für uns:

```
void main()
    {
    int x, y;
```

```
    x = 1;
    y = 2;

    printf( "Vorher:  %d %d\n", x, y);
    swap_referenz( x, y);
    printf( "Nachher: %d %d\n", x, y);
    }
```

In der Tat werden die Variablenwerte vertauscht:

```
Vorher:  1 2
Nachher: 2 1
```

Eine Funktion kann auch eine Referenz als Rückgabewert haben. Um dies zu de-monstrieren, schreiben wir eine Variante der üblichen Maximum-Funktion

```
int max1( const int a, const int b)
    {
    if( a >= b)
        return a;
    else
        return b;
    }
```

mit Referenzen:

```
int& max2( int& a, int& b)
    {
    if( a >= b)
        return a;
    else
        return b;
    }
```

Diese Funktion berechnet jetzt nicht das Maximum von a und b, sondern ermit-telt (eine Referenz auf) die Variable mit dem maximalen Wert. Verwendet man diese beiden Funktionen in der üblichen Weise,

```
z = max1( x, y);
z = max2( x, y);
```

so ist kein Unterschied zu beobachten. Es gibt aber zwei wesentliche Unter-schiede in der Verwendung der beiden Funktionen. Der erste ist eine Einschrän-

kung und besteht darin, dass der Funktion max2 keine konstanten Werte übergeben werden können:

```
z = max1( 1, 2);     // ok
z = max2( 1, 2);     // Compile-Fehler
```

Der zweite Unterschied besteht darin, dass der Rückgabewert der Funktion max2
eine Referenz und damit ein L-Value ist. Der Funktionswert von max2 kann also
nicht nur auf der rechten, sondern auch auf der linken Seite einer Zuweisung verwendet werden:

```
int x, y;

x = 1;
y = 2;

max2( x, y) = 4711;
```

Dies führt jetzt dazu, dass derjenigen Variablen mit dem größeren Wert – in unserem Beispiel ist das y – der Wert 4711 zugewiesen wird. Natürlich kann man
dies auch durch explizite Verwendung von Zeigern erreichen:

```
int *max( int *a, int *b)
    {
    if( *a >= *b)
        return a;
    else
        return b;
    }

main()
    {
    int x, y;

    x = 1;
    y = 2;

    *max( &x, &y) = 4711;
    }
```

Insofern bedeuten Referenzen nichts wirklich Neues. Sie lassen sich jederzeit
durch einen Zeiger, der bei jeder Verwendung sofort dereferenziert wird, nachbilden.

Werden die Referenzen an der Schnittstelle einer Funktion als `const` deklariert, so kann unterhalb der Schnittstelle nicht verändernd auf die Werte zugegriffen werden. Die Werte dürfen dann nur in ihrer Eigenschaft als R-Values verwendet werden:

```cpp
int max3 ( const int& a, const int& b)
    {
    if( a >= b)
        return a;
    else
        return b;
    }
```

In diesem Fall ist es dann aber auch möglich, Konstanten an die Funktion zu übergeben:

```cpp
x = max3 ( 1, 2);
```

Der Compiler generiert in diesem Fall unsichtbare Zwischenvariablen, die für den Indirektzugriff verwendet werden.

Die bisherigen Beispiele lassen zu Recht vermuten, dass Referenzen vorrangig an Funktionsschnittstellen zum Einsatz kommen. Es ist aber auch möglich, Referenzen als Variablen in einem Programm zu benutzen. Solche Referenzen stellen dann sozusagen Aliasnamen für andere Variablen dar und müssen bei ihrer Deklaration entsprechend initialisiert werden:

```cpp
int i;
int& ref = i;

i = 1;
printf( "%d %d\n", i, ref);
i++;
printf( "%d %d\n", i, ref);
ref++;
printf( "%d %d\n", i, ref);
```

In obigem Beispiel ist `ref` eine Referenz auf `i`, und die beiden Variablen `ref` und `i` können völlig synonym verwendet werden. Dies heißt:

▶ Was immer wir mit `ref` oder mit `i` machen, die beiden Variablen haben den gleichen Wert. Mehr noch, sie bezeichnen den gleichen Speicherbereich. Der Adressoperator angewandt auf `ref` bzw. `i` liefert den gleichen Adresswert.

Damit hat das obige Programm die folgende Ausgabe:

```
1 1
2 2
3 3
```

Beachten Sie, dass zwischen der Initialisierung einer Referenz

```
int& ref = i;
```

und einer späteren Zuweisung an die Variable `ref`

```
ref = x
```

ein prinzipieller Unterschied besteht. Im ersten Fall wird die Referenz auf die Variable `i` gesetzt. Dies ist ein einmaliger Vorgang. Nach der Initialisierung steht `ref` als Synonym für `i` zur Verfügung. Bei einer späteren Zuweisung (`ref = x`) wird der Wert der Variablen `x` an `ref` (also an `i`) übergeben. Solche Zuweisungen können beliebig wiederholt werden, ändern aber nichts an der Zuordnung von `ref` zu `i`.

Obwohl Konstanten keine Adresse haben, kann man in C++ auch Referenzen auf Konstanten deklarieren. Man muss dazu allerdings der Deklaration das Schlüsselwort `const` voranstellen:

```
const int& ref = 1;
```

Da eine Referenz einerseits eigentlich ein Zeiger ist, Konstanten andererseits aber keine Adresse besitzen, wird in diesem Fall eine unsichtbare Variable erzeugt, der der Wert 1 zugewiesen wird. Die Referenz verweist dann auf die unsichtbare Zwischenvariable.

Alte Hasen der C-Programmierung weigern sich oft, mit Referenzen zu arbeiten. Referenzen sind ihnen unheimlich. Sie verwenden lieber Zeiger. In gewisser Weise ist diese Skepsis berechtigt, da durch die Verwendung von Referenzen der Datenfluss zwischen Programm und Unterprogramm verschleiert werden kann. Es ist unter Umständen nicht mehr zu erkennen, welche Daten in eine Schnittstelle hinein- und welche herausfließen. Eine gewisse zusätzliche Sicherung kann man dadurch erreichen, dass man Referenzparameter dann als konstant deklariert, wenn unterhalb der Schnittstelle keine Veränderungen der referenzierten Daten vorgenommen werden dürfen. Dann wird durch den Compiler sichergestellt, dass die Daten unterhalb der Schnittstelle nicht verändert werden. Sinnvoll ist dieses Vorgehen insbesondere dann, wenn man große Datenstrukturen als Referenz übergibt, weil man aus Effizienzgründen keine Übergabe als Wert auf dem Stack will.

18.5   Funktionen und Operatoren

Auch im Bereich der Funktionen und der Operatoren gibt es einige C++-spezifische Erweiterungen, mit denen wir uns beschäftigen wollen, bevor wir in die objektorientierte Programmierung einsteigen.

18.5.1   Funktionsdeklarationen und Prototypen

In ANSI-C hatte ich es als guten Programmierstil bezeichnet, wenn für alle Funktionen Funktions-Prototypen bereitgestellt wurden. In C++ ist es erforderlich, dass jede Funktion einen Prototypen hat, wenn sie gerufen wird, bevor sie definiert wurde. Diese Forderung ermöglicht eine konsequente Typüberprüfung auch über Modulgrenzen hinweg. Letztlich haben wir hier nichts Neues hinzuzulernen, außer dass wir uns gewisse Nachlässigkeiten, die bei C noch »durchgingen«, jetzt nicht mehr erlauben können.

18.5.2   Default-Werte

Häufig hat man es mit Funktionen zu tun, bei denen man nicht immer alle Parameter benötigt. Als Beispiel wollen wir eine Funktion erstellen, die die Summe von wahlweise 2, 3 oder 4 Integer-Summanden berechnet. Nach derzeitigem Kenntnisstand haben wir nur die Möglichkeit, in der Funktionsschnittstelle die Maximalzahl an Parametern vorzusehen:[4]

```
int add( int a, int b, int c, int d)
    {
    return a + b + c + d;
    }
```

Die Funktion arbeitet einwandfrei, aber, auch wenn wir nur zwei Zahlen addieren wollen, müssen wir immer die fehlenden Argumente mit 0 ergänzen. Besser wäre es, wenn man nur die effektiv benötigten Argumente angeben müsste und die fehlenden Werte dann durch sinnvolle Vorgaben ergänzt würden. In C++ erreicht man dies durch sogenannte **Default-Werte**. Dies sind Argumentwerte, die an einer Funktionsschnittstelle immer dann verwendet werden, wenn vom rufenden Programm kein bestimmter Wert übergeben wurde. Das rufende Programm kann also gewisse Parameter einfach weglassen, die fehlenden Werte werden im Unterprogramm ergänzt. In C++ erreichen wir dies, indem wir den gewünschten Default-Wert (hier 0) wie eine Zuweisung oder Initialisierung an den entsprechenden Parameter anfügen:

---

4. Oder mit einer variablen Argumentliste zu arbeiten. Dann muss aber zusätzlich die Anzahl der Parameter an der Schnittstelle übergeben werden.

```
int add( int a, int b, int c = 0, int d = 0)
    {
    return a + b + c + d;
    }
```

Jetzt können wir die Funktion mit 2, 3 oder 4 Parametern verwenden

```
void main()
    {
    int a, b, c;

    a = add( 1, 2);
    b = add( 1, 2, 3);
    c = add( 1, 2, 3, 4);
    }
```

und erhalten a = 3, b = 6 und c = 10 als Ergebnis.

Für Default-Werte gibt es einige nahe liegende Einschränkungen:

▶ Default-Werte können immer nur für die »letzten« Argumente einer Funktion (d. h. ab einer bestimmten Position und dann aber für alle folgenden Argumente) angegeben werden.

▶ Beim Aufruf einer Funktion mit Default-Argumenten können immer nur Argumente vom Ende der Parameterliste weggelassen werden. Benötigt man einen bestimmten Parameter, so müssen auch alle davor liegenden Parameter angegeben werden.

Hat eine Funktion mit Default-Argumenten einen Funktionsprototypen, so gehört die Festlegung der Defaults natürlich in den Prototypen,

```
extern int add( int a, int b, int c = 0, int d = 0);
```

da ja alle Nutzer der Funktion über die exakte Schnittstelle informiert werden müssen. Bei der Implementierung der Funktion dürfen die Defaults dann nicht erneut definiert werden:

```
int add( int a, int b, int c, int d)
    {
    return a + b + c + d;
    }
```

18.5.3 Inline-Funktionen

Beim Programmieren – und aus noch darzulegenden Gründen besonders beim objektorientierten Programmieren – entstehen häufig kleine und kleinste Funktionen, die man aus Gründen der Effizienz in C häufig nicht als »echte« Funktionen, sondern als Preprozessor-Makros implementiert. Bei der Diskussion von Makros haben wir aber gesehen, dass gravierende Schnittstellenprobleme auftreten können und dass der Einsatz von Makros wegen möglicher Seiteneffekte problematisch sein kann.

C++ löst dieses Problem durch sogenannte **Inline-Funktionen**. Inline-Funktionen haben sozusagen die Effizienz von Makros und die Konsistenz und Schnittstellensicherheit von Funktionen. Dies wird dadurch erreicht, dass überall dort, wo eine Inline-Funktion verwendet wird, der Funktionscode anstelle des Funktionsaufrufs eingebaut wird. Dadurch wird der Overhead des Unterprogrammaufrufs vermieden. Sinnvoll ist dies nur für »kleine« Funktionen, etwa für solche, die man in C durch Makros implementiert hätte.

Es gibt zwei Arten, Funktionen zu Inline-Funktionen zu machen. Bei der ersten stellt man der Funktionsdefinition einfach das Schlüsselwort `inline` voran:

```
inline int max( int a, int b)
    {
    return a > b ? a : b;
    }
```

Die andere Methode werden wir später kennen lernen, wenn wir uns mit dem Klassenkonzept in C++ beschäftigen.

Eine `inline`-Anweisung kann vom Compiler nicht immer (zum Beispiel, wenn es sich um eine rekursive Funktion handelt) ausgeführt werden. Die `inline`-Anweisung ist daher auch nur als eine Empfehlung an den Compiler zu verstehen. Bei sehr kleinen und einfachen Funktionen bedeutet Inlining häufig sowohl einen kompakteren Programmcode als auch eine performantere Ausführung des Programms und ist in jedem Fall zu empfehlen. Bei größeren Funktionen führt »Inlining«, insbesondere dann, wenn die Funktion an unterschiedlichen Stellen im Programm verwendet wird, in der Regel zu umfangreicherem Code, aber einer besseren Performance.[5]

---

5. Inlining kann bei einer größeren Funktion, die, z. B. in einer Schleife gerufen wird, zu erheblichen Performance-Gewinnen führen. Sie können beispielsweise die Funktion `adjustheap` im Sortieralgorithmus `heapsort` (Abschnitt 12.6) als `inline` deklarieren und dadurch erhebliche Performancegewinne erzielen.

Die Definition einer Inline-Funktion (und nicht nur ihr Prototyp) muss bereits vorliegen, wenn der Compiler den Funktionsaufruf erreicht, damit er den Code an der Stelle des Funktionsaufrufes einbauen kann. Damit eine Inline-Funktion in mehreren Modulen benutzt werden kann, muss ihre Definition daher in einem Headerfile abgelegt sein,[6] der dann von den betroffenen Modulen inkludiert wird.

18.5.4 Der Scope-Resolution-Operator

In C und auch in C++ überlagern lokale Variablen bei Namensgleichheit globale Variablen. In C besteht dann keine Möglichkeit, die überlagerten globalen Variablen anzusprechen. In C++ kann man die überlagerten Variablen mit dem sogenannten **Scope-Resolution-Operator** ' : : ' erreichen:

```
int a = 1;                        // Globale Variable a


void main()
    {
    int a = 2;                    // Lokale Variable a

    printf( "global %d\n", ::a);  // Mit Scope Resolution
    printf( "lokal  %d\n", a);    // Ohne Scope Resolution
    }
```

Auf die globale Variable kann mit dem Scope-Resolution-Operator zugegriffen werden, indem dem Variablennamen ein ' : : ' vorangestellt wird. Das obige Programm erzeugt daher die Ausgabe:

```
global 1
lokal  2
```

Wir sehen, dass auf diese Weise gezielt auf die lokale bzw. globale Variante von a zugegriffen werden kann. Diese Möglichkeit ändert natürlich nichts an der Tatsache, dass Namensüberschneidungen prinzipiell vermieden werden sollten. Im Allgemeinen sollte man einen Konflikt dieser Art dadurch entschärfen, dass man die lokale Variable umbenennt. Im Übrigen kann man durch Scope-Resolution nur auf globale Variablen zugreifen. Gegebenenfalls überlagerte, nicht globale Variablen können auf diese Weise nicht sichtbar gemacht werden.

---

6. Dies widerspricht nicht der Aussage, dass in einem Headerfile kein Code steht. Wie bei einer Datenstruktur steht im Headerfile nur eine formale Definition, die erst dann Code wird, wenn sie in einem Programm benutzt wird.

18.5.5 Überladen von Funktionen

Wir kommen jetzt zur wichtigsten, nicht objektorientierten Fähigkeit von C++. In C++ können Funktionen »überladen« werden. Dies heißt, dass es in C++ durchaus verschiedene Funktionen gleichen Namens geben kann, sofern sie sich in der Art und/oder Anzahl ihrer Parameter unterscheiden.

Als Beispiel betrachten wir zwei Datenstrukturen punkt

```
struct punkt
    {
    int x;
    int y;
    };
```

und vektor,

```
struct vektor
    {
    int x;
    int y;
    int z;
    };
```

die sich in der Anzahl der Koordinaten unterscheiden. Dazu betrachten wir zwei Funktionen, die diese Strukuren auf dem Bildschirm ausgeben:

```
void print( punkt p)
    {
    printf( "Punkt: (%d, %d)\n", p.x, p.y);
    }

void print( vektor p)
    {
    printf( "Vektor: (%d, %d, %d)\n", p.x, p.y, p.z);
    }
```

In C würde der Compiler diesen Namenskonflikt nicht akzeptieren. In C++ werden die Funktionen jedoch anhand ihrer verschiedenen Aufrufparameter unterschieden. Wenn die Funktion print für einen punkt gerufen wird, so wird die erste, für einen vektor entsprechend die zweite Variante gerufen. Wir fassen das noch einmal zusammen:

> Verschiedene Funktionen gleichen Namens stellen in C++ kein Problem dar, sofern sie anhand ihrer **Parametersignatur**, d. h. durch Typ und/oder Anzahl ihrer Parameter, unterschieden werden können.

Achtung: In die Parametersignatur gehen weder der Returntyp noch die Default-Argumente einer Funktion ein!

Das folgende Programm arbeitet einwandfrei, da sich die beiden Varianten der Funktion `print` in diesem Sinne unterscheiden:

```
void main()
    {
    punkt p = {5, 4};
    vektor q = {1, 2, 3};

    print( p );
    print( q );
    }
```

Die richtige Ausgabefunktion wird vom Compiler/Linker anhand der Parametersignatur ausgewählt, und wir erhalten die folgende Ausgabe:

```
Punkt: (5, 4)
Vektor: (1, 2, 3)
```

Um dies technisch zu ermöglichen, benutzt der Compiler einen einfachen Trick. Er modifiziert den Funktionsnamen in einer Weise, dass Typ und Anzahl der Parameter in den neuen Funktionsnamen mit eingehen. Der Compiler baut also aus dem alten Funktionsnamen sowie der Parameter-Signatur einen neuen Funktionsnamen auf. Dieser neue Funktionsname wird dann vom Linker verwendet und muss eindeutig sein.

So wird beispielsweise für die Funktion xxx mit der Schnittstelle

```
void xxx( int u, char v, float w);
```

der neue Name

```
xxx__Ficf
```

erzeugt. Wir müssen diesen als Function Name Encoding bezeichneten Erzeugungsprozess nicht im Detail verstehen[7], zumal er sehr trickreich ist. Wir müssen aber wissen, dass es diesen Prozess gibt, und erkennen, dass es notwendig ist, ihn

---

7. Details finden Sie in dem Buch »The Annotated C++ Reference Manual« von Ellis/Stroustrup, das die verbindliche Sprachbeschreibung von C++ als Grundlage für die ANSI-Norm enthält.

als Bestandteil der Sprachdefinition zu normieren. Nur durch die Normierung dieses Prozesses kann nämlich die Interoperabilität verschiedener C++-Compiler gewährleistet werden.

Die Auswahl der richtigen Funktion zu einem Funktionsaufruf ist nicht immer einfach nachzuvollziehen, zumal neben der Parametersignatur auch noch Konvertierungsmöglichkeiten geprüft werden. Zum Beispiel kann man eine Funktion, die einen `float`-Parameter als Eingabe erwartet, durchaus mit einem `int`-Parameter aufrufen, da es ja eine Typumwandlung von `int` zu `float` ohne Informationsverlust gibt. Zuerst wird immer eine Funktion mit exakt passender Signatur gesucht; erst danach kommen Konvertierungen zum Zuge. Es besteht zusätzlich zu den Standardkonvertierungen die Möglichkeit, selbst programmierte Konvertierungsroutinen bereitzustellen. Dies wollen wir hier aber nicht vertiefen.

18.5.6 Überladen von Operatoren

Operatoren sind spezielle Funktionen. Statt in der üblichen Schreibweise

```
z = x + y
```
kann man einen Operatorausdruck, nach Wahl eines geeigneten Funktionsnamens (hier `operator+`), auch in Form einer Funktion

```
z = operator+( x, y)
```
notieren. Operatoren sind also gewöhnliche Funktionen und können als solche ebenfalls überladen werden. C++ erlaubt das Überladen nicht aller, aber doch der meisten Operatoren. Überladen werden können **alle Operatoren außer**:

▶ Struktur-Zugriff '.'

▶ Pointer to Member '.*'

▶ Class-Member-Zugriff '::'

▶ Bedingte Auswertung '? :'

▶ Typ-Speichergröße 'sizeof'

Ausgangspunkt der folgenden Überlegungen ist wieder die Datenstruktur Punkt, die wir bereits des Öfteren in diesem Abschnitt betrachtet haben:

```
struct punkt
    {
    int x;
    int y;
    };
```

Für diese Struktur wollen wir jetzt eine Additionsoperation einführen. Wir orientieren uns dabei an der üblichen Addition von Vektoren. Die Summe zweier Punkte (x,y) und (u,v) erhält man durch koordinatenweise Addition:

$$(x, y) + (u, v) = (x + u, y + v)$$.

Der neu einzuführende Operator »+ für Punkte« ist eine Funktion, die zwei Punkten p1 und p2 wieder einen Punkt als Summe zuordnet. Damit ergibt sich die folgende Schnittstelle für die Operatorfunktion:

```
punkt operator+( punkt p1, punkt p2)
```

Die Operatorfunktion realisieren wir dann wie folgt:

```
punkt operator+( punkt p1, punkt p2)
    {
    punkt ergebnis;

    ergebnis.x = p1.x + p2.x;
    ergebnis.y = p1.y + p2.y;
    return ergebnis;
    }
```

Als Nächstes wollen wir die Multiplikation eines Punktes mit einem ganzzahligen Skalar realisieren. Diese Operation ist wie folgt definiert

$$a \cdot (x, y) = (a \cdot x, a \cdot y)$$

und kann in der folgenden Weise implementiert werden:

```
punkt operator*( int faktor, punkt p)
    {
    punkt ergebnis;

    ergebnis.x = faktor * p.x;
    ergebnis.y = faktor * p.y;
    return ergebnis;
    }
```

Addition und Multiplikation sind jetzt auch für Punkte erklärt. Die ursprünglichen Bedeutungen für die Addition und Multiplikation von Zahlen sind von dieser Änderung nicht betroffen, da die zugehörigen Operatorfunktionen eine andere Parametersignatur haben. Der Compiler kann unterscheiden, ob zwei Zahlen oder zwei Punkte in die Addition eingehen und die korrekte Operatorfunktion zuordnen.

Für Punkte haben wir jetzt eine spezielle Arithmetik mit allen Möglichkeiten zur Formelbildung zur Verfügung:

```
void main()
   {
   punkt p1 = {1, 2};
   punkt p2 = {3, 4};
   punkt summe;


   summe = p1 + p2;
   print( 2*summe + p1);
   }
```

Als Ergebnis erwarten wir:

$$
\begin{aligned}
2 \cdot \text{summe} + p1 &= 2 \cdot (p1 + p2) + p1 \\
&= 2 \cdot \big((1, 2) + (3, 4)\big) + (1, 2) \\
&= 2 \cdot (4, 6) + (1, 2) \\
&= (8, 12) + (1, 2) \\
&= (9, 14)
\end{aligned}
$$

Und genau dieses druckt unser kleines Programm auch aus:

```
Punkt: (9, 14)
```

Beachten Sie, dass sich am Ende der Berechnungen ein punkt ergibt und der Compiler dafür die richtige print-Funktion ausgewählt hat.

18.5.7 Einbindung von C-Funktionen in C++-Programme

Der im Abschnitt über das Überladen von Funktionen beschriebene Prozess der Erzeugung eindeutiger Funktionsnamen führt zu Problemen, wenn man C- und C++-Funktionen gemeinsam nutzen will. Ruft man etwa in einem C++-Programm eine anderweitig definierte C-Funktion,

```
void xxx( int a, char b, float c);
```

so sucht der Linker eine Funktion mit dem Namen xxx__Ficf, die es aber gar nicht gibt, weil das Modul, in dem diese Funktion liegt, mit einem C-Compiler – also ohne Function Name Encoding – übersetzt wurde. Es muss also eine Möglichkeit geben, für die Funktion xxx das Function Name Encoding auszuschalten. Man erreicht dies, indem man die Funktion als extern »C« deklariert:

```
extern "C" void xxx( int a, char b, float c);
```

Mehrere solcher Anweisungen kann man zu einem Block zusammenfassen:

```
extern "C"
    {
    void xxx( int a, char b, float c);
    int aaa();
    }
```

Diese erweiterte Syntax führt nun aber zu Problemen, wenn man sie in einem Headerfile verwenden will, der sowohl in C- als auch in C++-Programmen inkludiert werden soll. Innerhalb eines C-Programms ist extern "C" eine unbekannte Anweisung und wird zu Recht als Syntaxfehler gemeldet.[8] Abhilfe schafft hier eine vom C++-Compiler vorbesetzte symbolische Konstante mit dem Namen __cplusplus. Wenn diese Konstante definiert ist, können wir davon ausgehen, dass unsere Datei momentan durch einen C++-Compiler übersetzt wird, und wir können entsprechend die extern "C"-Anweisungen einblenden. Im Headerfile sieht das dann wie folgt aus:

```
#ifdef __cplusplus
extern "C"
    {
#endif

void xxx( int a, char b, float c);
int aaa();

#ifdef __cplusplus
    }
#endif
```

Ein C-Compiler sieht dann nur,

```
void xxx( int a, char b, float c);
int aaa();
```

während ein C++-Compiler zusätzlich die umschließenden extern "C"-Anweisungen sieht.

---

8. Man darf dies auch nicht als Sprachelement in die Sprache C aufnehmen, denn die Sprache C darf gar nicht wissen, dass es die Sprache C++ gibt.

```
extern "C"
    {

void xxx( int a, char b, float c);
int aaa();


    }
```

Auf diese Weise können wir (auf Kosten der Lesbarkeit) Headerfiles erstellen, die von C und C++ einheitlich und konsistent genutzt werden können. Schauen Sie sich die Header-Dateien für die Runtime-Library Ihres Compilers an. In diesen Dateien finden Sie in der Regel solche Konstrukte.

18.6   Namensräume

Je größer unsere Programme werden und je mehr und je größere Bibliotheken wir benutzen, desto wahrscheinlicher wird es, dass es zu Namenskonflikten kommt. Ein Namenskonflikt liegt vor, wenn verschiedene globale Objekte (zum Beispiel Funktionen) gleich benannt sind. Innerhalb der eigenen Programme kann man solche Probleme durch Namenskonventionen vermeiden. Wenn man aber verschiedene Teile, die unabhängig voneinander entwickelt wurden, zusammenführt, ist dieses Problem nicht so einfach vermeidbar. Innerhalb einer Stadt kann man dafür sorgen, dass verschiedene Straßen nicht gleich benannt werden. Wenn aber zwei zuvor unabhängige Städte zusammengelegt werden, muss man damit rechnen, dass es plötzlich zwei Bahnhofstraßen und zwei Goethestraßen gibt. Wenn man die Straßen nicht umbenennen kann oder will, muss man für die neue durch Fusion entstandene Stadt zwei »Namensräume« zum Beispiel »Stadtteil_A« und »Stadtteil_B« schaffen. Wenn man dann von der Bahnhofstraße im Stadtteil_A oder der Goethestraße im Stadtteil_B redet, ist wieder eindeutig klar, wovon die Rede ist. Sie können sich vorstellen, dass man in C++ eine kompaktere Notation wie zum Beispiel

```
Stadtteil_A::Bahnhofstraße
```

bevorzugen wird.

Wir machen ein einfaches Beispiel, in dem ein Namenskonflikt sozusagen unter kontrollierten Laborbedingungen auftritt. Wir erstellen dazu zwei Module mit jeweils einer Funktion gleichen Namens. Beide Module sind für sich betrachtet konsistent und können einzeln problemlos verwendet werden. Wenn man aber versucht, beide Module gemeinsam zu nutzen, kommt es zum Konflikt:

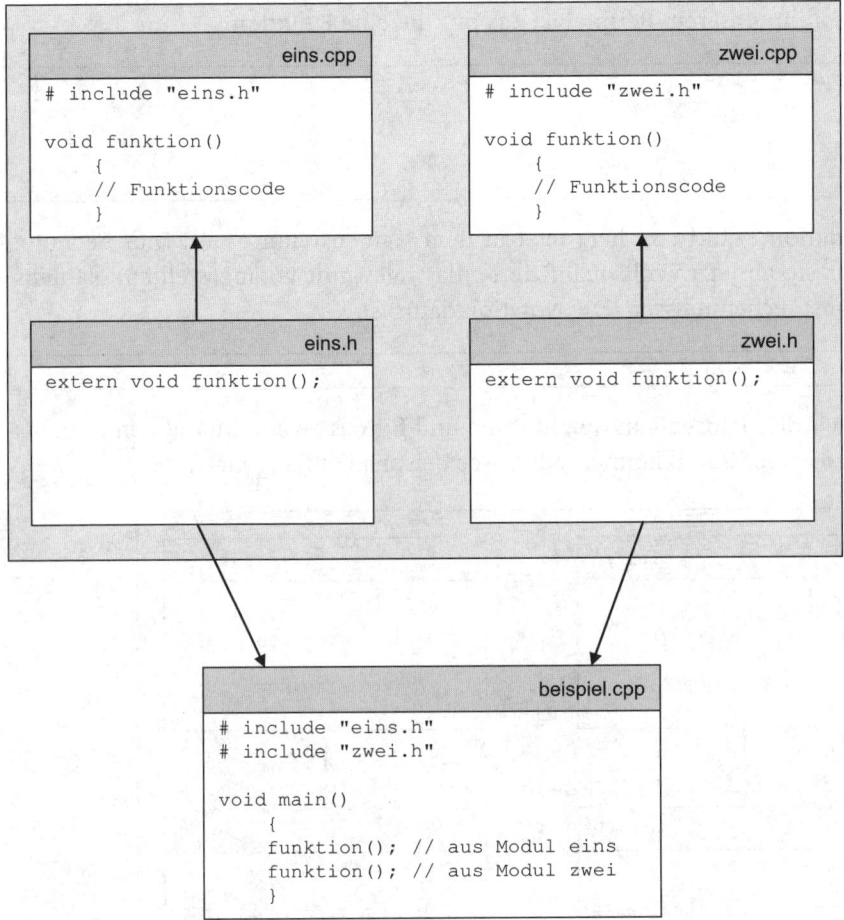

Wegen des Namenskonflikts kann das Beispiel nicht kompiliert werden. Wir wollen im Folgenden versuchen, den Konflikt durch Verwendung von Namensräumen zu entschärfen.

18.6.1 Erstellung von Namensräumen

Um den Konflikt in unserem Beispiel zu lösen, schaffen wir zunächst verschiedene Namensräume für die beiden Module. Einen Namensraum richtet man in der Headerdatei eins.h wie folgt ein:

```
namespace eins
    {
    }
```

Der Name (hier eins) ist dabei im Rahmen der üblichen Namenskonventionen frei wählbar und muss nicht dem Namen der Headerdatei entsprechen. Zwischen die geschweiften Klammern schreibt man dann all das, was in dem Namensraum liegen soll. In unserem Beispiel ist das nur die eine Funktion:

```
namespace eins
    {
    extern void funktion();
    }
```

Die Funktion funktion liegt jetzt in dem Namensraum eins. Dies bedeutet, dass wir sie ab jetzt »voll qualifiziert«, das heißt mit vorangestelltem Namensraum, ansprechen müssen. Die Notation dafür ist:

```
eins::funktion()
```

Wenn wir dies konsequent durchführen und für das zweite Modul den Namensraum zwei einführen, können wir unser Beispiel lauffähig machen:

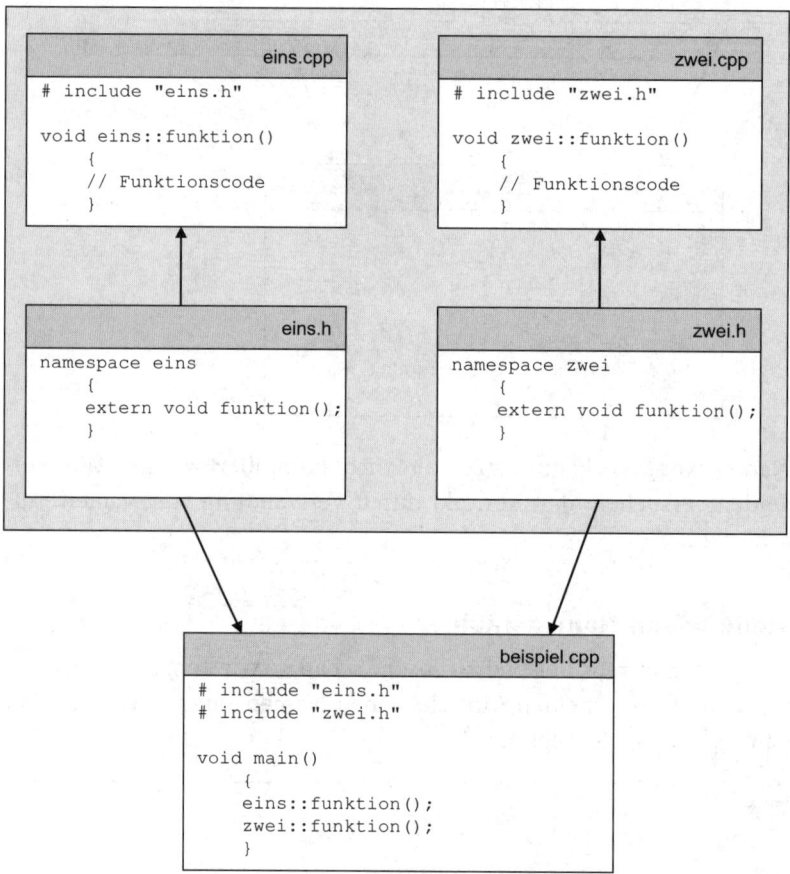

Man kann Namensräume auch in mehreren Teilen erstellen. So bedeutet zum Beispiel

```
namespace test
    {
    void f1();
    void f2();
    void f3();
    }

namespace test
    {
    void f4();
    void f5();
    void f6();
    }
```

dasselbe, wie wenn man alle Funktionen unter einer Namespace-Deklaration zusammengefasst hätte. Die Erstellung eines Namensraums in Teilen ermöglicht es, zu bereits festgelegten Namensräumen weitere Objekte hinzuzufügen, ohne bereits bestehende Dateien zu verändern.

Namensräume können auch ineinandergeschachtelt sein:

```
namespace aussen
    {
    void f1();
    namespace innen
        {
        void f2();
        }
    }
```

Der Zugriff auf die Elemente erfolgt dann voll qualifiziert entsprechend der Schachtelung der Namensräume:

```
aussen::f1();
aussen::innen::f2();
```

Es gibt – auch wenn es paradox klingt – namenlose Namensräume. Das sind Namensräume, die lokal zu einer Kompilationseinheit sind:

```
namespace
    {
    int i;
    void f();
    }

void beispielfunktion()
    {
    i++;
    f();
    }
```

Objekte aus einem namenlosen Namensraum können in der Kompilationseinheit, in der sie stehen, direkt angesprochen werden. Außerhalb ihrer Kompilationseinheit sind sie unbekannt. Namenlose Namensräume ermöglichen also die einfache, lokale Verwendung kurzer Namen in einer Kompilationseinheit, ohne dass dadurch Namenskonflikte mit anderen Kompilationseinheiten zu befürchten sind.

18.6.2 Verwendung von Namensräumen

Wir hatten schon gesehen, dass man ein Objekt eines fremden Namensraums ansprechen kann, indem man die Bezeichnung des Namensraums voranstellt. Möchte man ein Objekt nur über seinen Namen, also ohne Nennung des Namensraums, ansprechen, so kann man den Namen des Objekts über eine using-Anweisung in den eigenen Namensraum importieren. In unserem Beispiel könnte das wie folgt aussehen:

```
   # include "eins.h"
   # include "zwei.h"
A  using eins::funktion;


   void main()
       {
B      funktion();
C      zwei::funktion();
       }
```

Unter A wird die Funktion funktion aus dem Namensraum eins importiert. Diese kann dann im Weiteren (B) ohne Nennung des Namensraumes verwendet werden. Die gleichnamige Funktion aus dem Namensraum zwei muss aber nach wie vor voll qualifiziert verwendet werden. Diese Funktion kann nicht zusätzlich importiert werden, da dann der soeben beseitigte Namenskonflikt wieder aufleben würde.

Man kann auch alle Objekte eines Namensraums, also einen ganzen Namensraum importieren. Durch die Anweisung

```
using namespace eins;
```

würden alle Objekte aus dem Namensraum eins importiert und könnten fortan ohne Zusatz des Namensraums verwendet werden. Das ist natürlich nur so weit möglich, wie durch den Import keine Namenskonflikte entstehen. Der Import spezieller Objekte hat dabei immer Vorrang vor dem Import ganzer Namensräume. Dies ermöglicht es, einen ganzen Namensraum zu importieren, dabei aber ein spezielles Objekt durch ein gleichnamiges aus einem anderen Namensraum zu ersetzen:

```
namespace allgemein
    {
    void f1();
    void f2();
    void f3();
    }

namespace speziell
    {
    void f1();
    }

void main()
    {
    using speziell::f1;
    using namespace allgemein;

    f1(); // f1 aus dem Namensraum speziell
    f2(); // f2 aus dem Namensraum allgemein
    f3(); // f3 aus dem Namensraum allgemein
    }
```

Namensräume können auch in andere Namensräume importiert werden. Im folgenden Beispiel wird der Namensraum eins in den Namensraum zwei importiert. Im Hauptprogramm wird dann der Namensraum eins indirekt über den Namensraum zwei genutzt:

```
namespace eins
    {
    void f1();
    }

namespace zwei
    {
    using namespace eins;

    void f2();
    }

void main()
    {
    using namespace zwei;

    f1(); // f2 ueber Namespace zwei aus Namespace eins
    f2(); // f2 aus Namespace zwei
    }
```

Using-Anweisungen können auch innerhalb eines Blocks erstellt werden. Sie sind dann aber nur in dem Block gültig, in dem sie stehen.[9] Wir hätten in unserem Beispiel daher auch etwas künstlich

```
{
using namespace eins;
funktion(); // funktion aus Namensraum eins
}

{
using namespace zwei;
funktion(); // funktion aus Namensraum zwei
}
```

schreiben können.

Häufig ist es so, dass in einem Modul Datenstrukturen eingeführt und darüber hinaus Funktionen definiert werden, die auf diesen Strukturen arbeiten. Da die voll qualifizierten Strukturen dann bereits auf den richtigen Namensraum hinweisen, können Funktionen, die solche Strukturen als Parameter haben, auch ohne Nennung des Namensraums verwendet werden. Das folgende Beispiel zeigt, wie in einem Namensraum test eine Datenstruktur alpha und eine Funktion funk-

---

9. Das ist genauso wie mit den Sichtbarkeitsregeln von Variablen.

`tion` angelegt werden. Die Funktion benutzt dabei die Datenstruktur als Parameter:

```
namespace test
    {
    struct alpha
        {
        ...
        };

    void funktion( alpha a)
        {
        ...
        }
    }
```

Die Funktion `funktion` kann jetzt durchaus unqualifiziert gerufen werden, da die Datenstruktur ja qualifiziert angelegt und damit implizit auch der Namensraum der Funktion gewählt wird:

```
void main()
    {
    test::alpha a; // Qualifizierte Verwendung der Datenstruktur
    ...
    funktion( a);  // Unqualifizierte Verwendung der Funktion
    }
```

Namen von Namensräumen sollten nach Möglichkeit nicht miteinander kollidieren, da wir das Problem der Namenskonflikte dann nur auf eine höhere Ebene heben würden. Namensräume sollten daher immer ausreichend lange Namen haben, um die Konfliktwahrscheinlichkeit zu minimieren. Umgekehrt führt das zu unangenehm langen qualifizierten Verwendungen. Dies kann man vermeiden, indem man Aliasnamen für Namensräume vergibt. Als Beispiel stellen wir uns den folgenden Namespace vor:

```
namespace dies_ist_ein_besonders_langer_namespacename
    {
    void funktion();
    ...
    }
```

In unserem Programm können wir den Bandwurmnamen dann abkürzen und in der Kurzform zur Qualifizierung verwenden:

```
namespace kurz =
dies_ist_ein_besonders_langer_namespacename;

kurz::funktion();
```

Namensräume bieten die Möglichkeit, Namenskonflikten dauerhaft aus dem Weg zu gehen. Allerdings waren Namensräume nicht von Anfang an Bestandteil der C++-Sprachdefinition. Deshalb ist zunächst eine Standardbibliothek ohne Namensräume entstanden. Später wurde dann der Namensraum std eingeführt, mit dem wir uns im folgenden Abschnitt kurz beschäftigen wollen.

18.6.3 Der Namensraum std

Es gab bereits vor der Einführung der Namensräume einen großen Bestand an Namen in den C/C++-Standardbibliotheken. Funktionsnamen wie printf oder scanf gehören zum Beispiel dazu. Für diese bereits vorhandenen Namen hat man nachträglich den Namensraum std geschaffen. Um die Kompatibilität zu den »klassischen« Funktionen ohne Namensbereich zu gewährleisten, fährt man jetzt zweigleisig. Auf der einen Seite gibt es nach wie vor Headerdateien wie stdio.h, die in der üblichen Weise verwendet werden können:

```
# include <stdio.h>

void main()
    {
    printf("Hello World\n");
    }
```

Auf der anderen Seite gibt es alternative Headerdateien wie cstdio (wichtig: ohne ».h«), deren Objekte im Namensraum std liegen. Diese müssen dann qualifiziert

```
# include <cstdio>

void main()
    {
    std::printf("Hello World\n");
    }
```

oder über eine using-Direktive angesprochen werden:

```
# include <cstdio>

using namespace std;

void main()
    {
    printf("Hello World\n");
    }
```

Üblicherweise importiert man den gesamten Namensraum std, anstatt individuell einzelne Objekte zu importieren. Da sich C/C++-Entwickler immer bemüht haben, Namenskonflikte mit den Standardbibliotheken zu vermeiden, sollte das nicht zu Problemen führen. Zukünftig ist aber nicht mehr gewährleistet, dass nicht irgendjemand eine Funktion in einem bestimmten Namensraum printf nennt.

Die neuen Schreibweisen werden nach und nach die alten verdrängen. Da aber sehr viel Code in der alten Notation vorliegt, wird die alte Notation wohl auf Dauer erhalten bleiben. Trotzdem sollten Sie die neue Notation verwenden.

19 Objektorientierte Programmierung

In diesem Abschnitt wollen wir uns mit den wichtigsten Konzepten und Begriffen der objektorientierten Programmierung vertraut machen. Diese Konzepte und Begriffe sind unabhängig von ihrer Umsetzung in einer bestimmten Programmiersprache und werden daher der Einführung von C++ vorangestellt.

In der prozeduralen Programmierung, mit der wir uns bisher ausschließlich beschäftigt haben, sind Datenstrukturen und Funktionen strikt getrennt. Diese Trennung und die damit verbundene formale Unabhängigkeit wirken allerdings recht künstlich, wenn man sich die starke inhaltliche Verflechtung von Datenstrukturen mit den auf ihnen arbeitenden Funktionen vergegenwärtigt. Am Beispiel des Listen-Moduls, das wir ausführlich in Abschnitt 15.4 besprochen haben, wird dies deutlich. Die Datenstruktur der Liste ist erst zusammen mit ihren Operationen (`create`, `insert`, `remove`, `find`, ...) verwendbar. Umgekehrt arbeiten die Operationen auch nur auf dieser speziellen Datenstruktur und sind ohne ihre Datenstruktur wertlos. Änderungen in der Datenstruktur ziehen in der Regel Änderungen in den zugeordneten Funktionen nach sich. Andererseits erfordern neue funktionelle Anforderungen häufig auch Änderungen in der Datenstruktur. Würde man jedem Programm nach Gutdünken erlauben, neue Operationen auf der Struktur durchzuführen, würde ein nicht mehr überschaubares und damit nicht mehr wartbares System entstehen.

Ein zentraler Gesichtspunkt moderner Software-Entwicklung ist die **Wiederverwendbarkeit** von Software-Elementen in einem gegebenenfalls geänderten oder neuen Umfeld. Wenn Sie den Kosten für Hardware die Kosten für qualifiziertes Personal gegenüberstellen, erkennen Sie sofort, dass bereits bei kleinen Software-Entwicklungen die Personalkosten die Kosten für die Beschaffung von Hardware übersteigen. Die Investitionen eines Unternehmens stecken also mehrheitlich nicht in der Hardware, sondern in Entwicklung, Wartung und Pflege von Software. Will man diese Investitionen schützen, müssen einmal entwickelte Software-Bausteine vielseitig nutzbar sein. Um Wiederverwendbarkeit zu gewährleisten, muss man in der Lage sein, eine bestimmte Datenstruktur mit allen zugeordneten Operationen sozusagen mit chirurgischer Präzision aus einem System entfernen und genauso gezielt in ein anderes wieder einpflanzen zu können. Der erste Schritt in Richtung auf Wiederverwendbarkeit liegt in einer Zusammenfassung von Datenstrukturen und Algorithmen zu **Objekten**.

Neben der Wiederverwendbarkeit versucht man aber noch, ein weiteres Ziel durch Objektorientierung zu erreichen. Üblicherweise stellt man beim Entwurf von Softwaresystemen einen starken Bruch zwischen den Strukturen der realen Welt, die man in der Software abbilden möchte, und den Strukturen, die man in der Software zur Abbildung der Realität verwendet, fest. Auch durch den Einsatz von speziellen Entwurfswerkzeugen wird dieser Bruch nur unzureichend gekittet. Eine Idee der objektorientierten Programmierung ist es, die Kluft zwischen Design und Realisierung dadurch zu verkleinern, dass man mit den Objekten der Programmierung näher an die Objekte der Realität heranrückt.[1] Design – genauer gesagt **objektorientiertes Design –** hat daher einen besonderen Stellenwert im Rahmen des objektorientierten Software-Entwicklungsprozesses. In den letzten Jahren hat sich aus unterschiedlichen Ansätzen zum objektorientierten Design eine gemeinsame Methodik herauskristallisiert. Diese als UML[2] bezeichnete Design-Methodik ist so eng mit der objektorientierten Programmierung verknüpft, dass man nicht über objektorientierte Programmierung reden kann, ohne UML zu erwähnen. Aus diesem Grund werde ich wichtige Elemente von UML einführen und für den Entwurf einiger Beispielprogramme verwenden. Eine vollständige Einführung in die Modellierung objektorientierter Systeme durch UML ist aber im Rahmen dieses Buches nicht möglich.

Wenn man anfängt, sich mit einer neuen Disziplin zu beschäftigen, so muss man sich in eine neue Begriffswelt hineinfinden. Auch im Zusammenhang mit der objektorientierten Programmierung müssen wir zunächst eine Reihe von neuen Begriffen lernen. Der zentrale Begriff ist erwartungsgemäß der des »Objekts«:

> Unter einem **Objekt** versteht man die softwaretechnische Repräsentation eines realen oder gedachten, klar abgegrenzten Gegenstands oder Begriffs eines Anwendungsgebietes.
>
> Das Objekt erfasst dabei alle relevanten statischen und dynamischen Aspekte des Gegenstands durch **Attribute** und **Methoden.**

Zur Darstellung eines Objekts in UML wählt man ein Rechteck mit drei Feldern. Im oberen Feld steht der Name des Objekts:

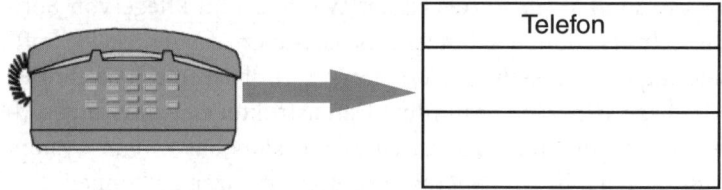

Telefon

---

1. Die Realität kann oder sollte man ja nicht an die Software anpassen.
2. Unified Modeling Language

Alles, was uns in der Begriffswelt eines Anwendungsgebietes als Hauptwort begegnet, ist ein Kandidat für ein Objekt. Ist unser Anwendungsgebiet etwa der Geschäftsverkehr einer Bank, so sind Konto, Währung, Kunde, Kredit, Sparvertrag usw. geeignete Kandidaten für Objekte.

Ein Objekt befindet sich zu jedem Zeitpunkt in einem genau definierten Zustand. Dieser Zustand wird durch die Attribute des Objekts beschrieben:

> Die **Attribute** eines Objekts enthalten Daten, die erforderlich sind, um den jeweiligen Zustand des Objekts vollständig und konsistent zu beschreiben. Die Attribute modellieren so die **statischen Aspekte** des Objekts.
>
> Attribute können **persistent** oder **transient** sein. Persistente Attribute behalten ihren Wert über die einzelne Verwendung des Objekts hinaus. Transiente Attribute haben nur innerhalb einer einzelnen Verwendung des Objekts Bedeutung.

UML zeigt die Attribute des Objekts im mittleren Feld der Objektbeschreibung:

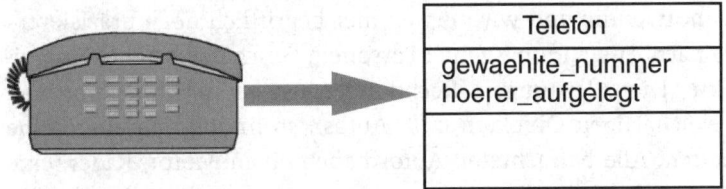

Im Falle einer Anwendung für eine Bank könnten Informationen über Kontostand, Währung, Überziehungskredit usw. in den Attributen des Objekts »Konto« abgelegt sein. Ein persistentes Attribut wäre etwa der Kontostand, der, auch wenn das Objekt einmal nicht in Benutzung ist, permanent in einer Datenbank gespeichert ist. Ein transientes Attribut wäre vielleicht eine Transaktionsnummer, die bei einer Buchung übertragen und nach Ausführung der Buchung nicht mehr benötigt wird.

Soweit wir den Objektbegriff bisher diskutiert haben, können wir uns Objekte sehr gut durch Datenstrukturen realisiert denken. Objekte enthalten aber nicht nur Daten, sie können durch Methoden auch Verhalten ausprägen:

> Die **Methoden** eines Objekts beschreiben alle Operationen, die das Objekt ausführen kann, und modellieren so das **dynamische Verhalten** des Objekts.
>
> Auf die Attribute des Objekts wird nur über die Methoden des Objekts zugegriffen. Auf diese Weise stellt das Objekt sicher, dass es immer einen konsistenten Zustand hat, der von außen nicht korrumpiert werden kann.

In UML tragen wir die Methoden eines Objekts in das untere Feld der Objektbeschreibung ein:

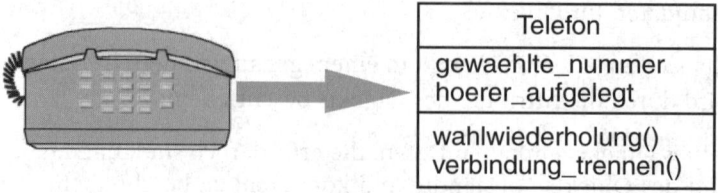

Telefon
gewaehlte_nummer hoerer_aufgelegt
wahlwiederholung() verbindung_trennen()

In dem Bankenbeispiel sind Einzahlung, Auszahlung oder Sperrung typische Methoden eines Kontos.

Bei den voranstehenden Begriffsbildungen haben wir nicht sauber zwischen einem Objekt in allgemeiner Form (z. B. ein beliebiges Konto mit seinen Attributen und Methoden) und einem konkret vorkommenden Objekt (z. B. das Konto von Herrn Meier mit einem konkreten Kontostand) unterschieden. Eine solche Unterscheidung ist aber notwendig und wir müssen hier begrifflich noch präzisieren. Objekte können je nach Anwendungsgebiet Personen, Geschäftsvorfälle, Flugreisen, Autos, Projekte, Dienstleistungen, Rechnungen usw. sein. Betrachtet man eine Menge von gleichartigen Objekten (z. B. Autos), so findet man eine Reihe von Gemeinsamkeiten. Alle betrachteten Autos haben einen Motor, Räder, eine Karosserie, Türen... Es gibt also etwas, was man als einen abstrakten Bauplan für ein Auto bezeichnen könnte, ohne dass man dabei an ein konkretes Auto denkt. Objekte existieren grundsätzlich nicht aus sich heraus, es muss einen Bauplan für sie geben. Einen solchen Bauplan bezeichnen wir als Klasse:

> Unter einer **Klasse** verstehen wir die softwaretechnische Beschreibung eines Bauplans (Attributdeklarationen und Methodendefinitionen) für ein Objekt. Je nach Detaillierungsgrad des Bauplans unterscheiden wir dabei
>
> ▶ **instantiierbare Klassen** (auch allgemein Klassen) und
>
> ▶ **abstrakte Klassen**

Der oben angesprochene allgemeine Bauplan für ein Auto ist sicherlich noch nicht detailliert genug, um konkrete straßenverkehrstaugliche Autos danach zu bauen. In diesem Sinne handelt es sich um eine abstrakte Klasse. Andererseits gibt es bei Volkswagen sicherlich ganz konkrete Baupläne, nach denen ein Golf gebaut werden kann und auch gebaut wird. Das wäre dann eine instantiierbare Klasse. Ein konkreter, nach dem Bauplan gebauter Golf mit einer ganz bestimmten Fahrgestellnummer, Motornummer und mit allen seinen Ausstattungsdetails ist dann eine Instanz der Klasse »Golf«:

> **Instantiierbare Klassen** sind Klassen, deren Bauplan so detailliert ist, dass konkrete Objekte mit diesem Plan erzeugt werden können. Der Prozess, mit dem konkrete Objekte aus dem Bauplan erzeugt werden, heißt **Instantiierung**. Ein im Wege der Instantiierung aus einer Klasse entstandenes Objekt bezeichnen wir auch als **Instanz** seiner Klasse.
>
> Die Attribute einer Instanz sind dann mit konkreten Werten versehen.

In der UML-Notation machen wir Instanzen dadurch kenntlich, dass wir den Namen unterstreichen und dem Namen die zugehörige Klasse durch einen Doppelpunkt getrennt hintenanstellen:

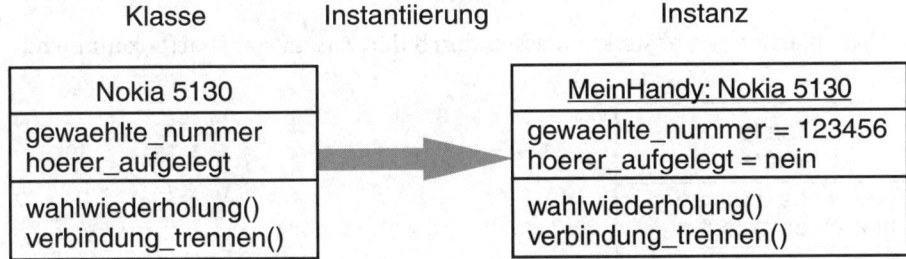

Konkrete Attributwerte schreiben wir bei Instanzen mit einem Gleichheitszeichen hinter den Attributnamen.

»Girokonto« könnte beispielsweise eine (instantiierbare) Klasse in einem Softwaresystem für eine Bank sein.

Attribute dieser Klasse wären dann etwa:

▶ Kontonummer

▶ Name des Kontoinhabers

▶ aktueller Kontostand

▶ Kreditrahmen

▶ Datum und Beträge der letzten 100 Buchungen

Mögliche Methoden dieser Klasse können etwa

▶ Einzahlung

▶ Auszahlung

▶ Sperrung

sein. Eine Instanz von Girokonto wäre dann ein konkretes Girokonto mit einer ganz bestimmten Kontonummer für eine bestimmte Person. Alle Attribute (Nummer, Inhaber, Kontostand, ...) wären dann mit Werten versehen.

Bei Verwendung des Begriffs »Objekt« bleibt offen, ob eine Klasse oder eine Instanz gemeint ist. Im Folgenden werden wir daher vorrangig die Begriffe »Klasse« und »Instanz« verwenden. Der Begriff »Objekt« wird nur noch in einem Zusammenhang verwendet, in dem es unerheblich ist, ob es sich um eine Klasse oder eine Instanz handelt. Objektorientiertes Design befasst sich vorrangig mit Objekten im Sinne von Klassen und weniger mit Objekten im Sinne von Instanzen.

Den Begriff der »abstrakten Klasse« definieren wir wie folgt:

> **Abstrakte Klassen** sind Klassen, deren Bauplan (noch) unvollständig ist, so dass mit diesem Plan keine konkreten Objekte (Instanzen) erzeugt werden können.

In UML machen wir abstrakte Klassen durch den Zusatz »{abstract}« kenntlich:

Telefon {abstract}
gewaehlte_nummer hoerer_aufgelegt
wahlwiederholung() verbindung_trennen()

Hier stellt sich natürlich die Frage, warum es Klassen gibt, die keine Instanzen haben und daher niemals konkrete Gestalt annehmen können. Die Antwort darauf ist einfach. Solche Klassen können als Vorlage für andere (abgeleitete, verfeinerte) Klassen dienen, die dann vielleicht instantiierbar sind.

Ein Beispiel für eine nicht instantiierbare Klasse in unserem Bankenbeispiel wäre die Klasse »Konto«. Erst bei einer weiteren Präzisierung zu Girokonto, Devisenkonto, Sparkonto, Festgeldkonto... können die Auszahlungsmethoden konkret definiert und Instanzen erzeugt werden. Wir erkennen hier eine weitere Forderung an die objektorientierte Programmierung. Klassen müssen präzisierbar oder verfeinerbar sein. Girokonto präzisiert und verfeinert Konto. Ein Girokonto <u>ist ein</u> Konto. Bei der Verfeinerung kommen gegebenenfalls neue Attribute und Methoden hinzu. Die alten Methoden werden übernommen und im Sinne einer Präzisierung verändert. Diesen Prozess der systematischen Verfeinerung von Klassen bezeichnen wir als Vererbung.

> **Vererbung** ist ein Strukturierungsprinzip, durch das die **Ist-ein-Beziehung** zwischen Klassen modelliert wird.
>
> Wir sprechen in diesem Zusammenhang auch von der Generalisierung bzw. Spezialisierung von Klassen. Generalisierung und Spezialisierung sind dabei nur unterschiedliche Sichtweisen auf den gleichen Prozess.

> Bei der **Spezialisierung** entstehen neue Klassen (abgeleitete Klassen, Unterklassen, Kindklassen) durch Detaillierung und Konkretisierung bestehender Klassen (Basisklassen, Oberklassen, Vaterklassen).
>
> Bei der **Generalisierung** entstehen neue Klassen durch Abstraktion aus bestehenden Klassen.
>
> Kindklassen **erben** die Attribute und Methoden ihrer Vaterklassen und können bei Bedarf weitere Attribute und Methoden ausprägen oder bestehende Methoden modifizieren.

In UML kennzeichnen wir eine Verebungs-Beziehung durch einen Pfeil:

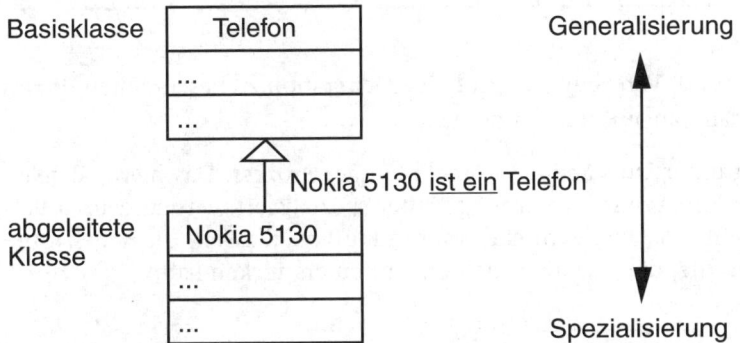

Generalisierung und Spezialisierung sind Prozesse, die wir in unserem Denken tagtäglich unbewusst durchführen. Wir generalisieren, indem wir störende Details weglassen und uns auf das Wesentliche konzentrieren. Wir spezialisieren, indem wir einen Begriff mit zusätzlichen Details anreichern. Wir haben zum Beispiel gelernt, aus der Beobachtung der uns umgebenden Welt durch Generalisierung den Begriff »Hund« zu entwickeln. Niemand hat uns eine konkrete Checkliste gegeben, anhand derer wir feststellen können, ob ein Tier ein Hund ist oder nicht. Trotzdem sind wir in der Lage, so verschieden aussehende Tiere wie einen Dackel und einen Bernhardiner zweifelsfrei als Hunde zu klassifizieren. Wir wissen:

▶ Ein Dackel <u>ist ein</u> Hund

▶ Ein Bernhardiner <u>ist ein</u> Hund

Dass im Sinne unserer Terminologie Hund die Vaterklasse zu Dackel ist, darf Sie hier nicht weiter stören, da die Begriffsbildungen nicht im Sinne der Biologie zu verstehen sind.

Das Beispiel zeigt, dass eine Basisklasse (Hund) mehrere abgeleitete Klassen (Dackel, Bernhardiner, ...) haben kann. In UML fassen wir dann die verschiedenen Pfeile zusammen.

In unserem Bankenbeispiel könnte das wie folgt aussehen:

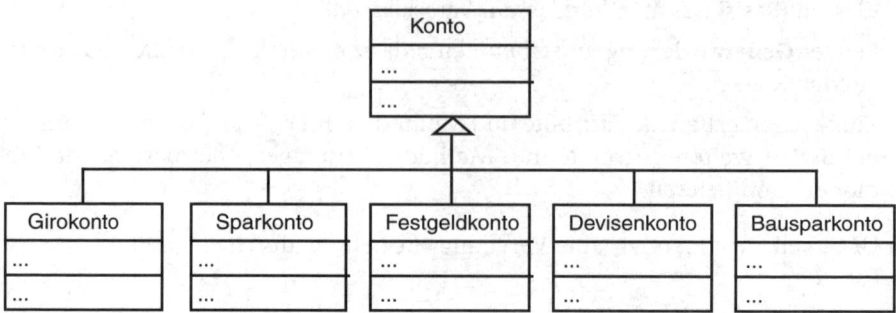

Es gibt keinen Grund, Vererbung auf nur eine Generation zu beschränken. Wenn es Kinder gibt, dann auch Kindeskinder usw.

> Vererbung ist unter Umständen ein mehrstufiger Prozess. Das heißt, abgeleitete Klassen können durch Vererbung weiter spezialisiert werden. Durch Vererbung entsteht eine hierarchische Anordnung von Klassen, die sogenannte **Klassenhierarchie**, die sich über mehrere Stufen erstrecken kann.
>
>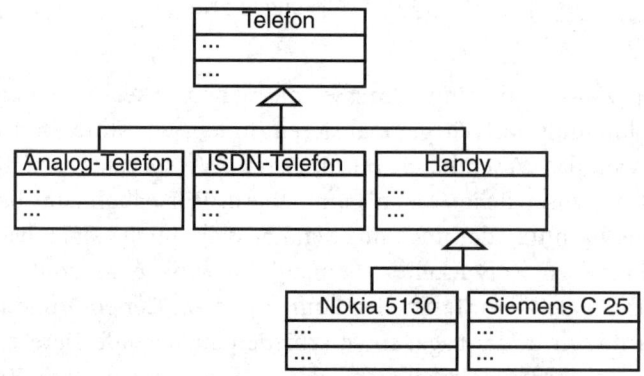
>
> Im Sinne unserer früheren Begriffsbildungen handelt es sich dabei um einen Baum.

Genauso nahe liegend wie der Gedanke, dass eine Basisklasse mehrere abgeleitete Klassen haben kann, ist der Gedanke, dass eine Klasse mehrere Basisklassen haben kann:

Eine abgeleitete Klasse kann mehrere Basisklassen haben. Wir sprechen dann von **Mehrfachvererbung**. Unsere Notation dafür ist:

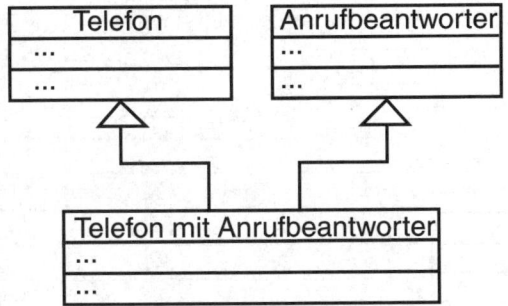

Die Klassenhierarchie wird durch diese Erweiterung komplexer:

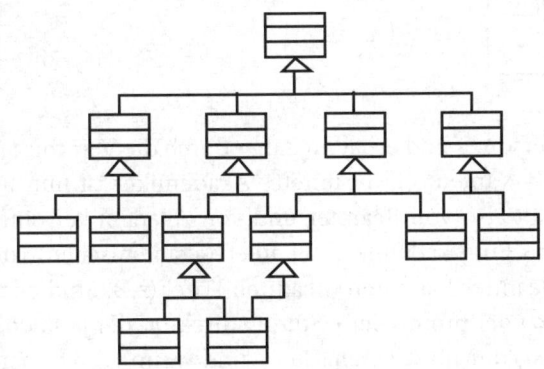

Es handelt sich nicht mehr um einen Baum, sondern um einen gerichteten Graphen, der natürlich keine Schleifen enthalten darf.

Sie könnten bei dem in der Definition genannten Beispiel einwenden, dass hier nicht die Ist-ein-, sondern die Hat-ein-Beziehung modelliert wurde. Ein Telefon mit Anrufbeantworter ist ein Telefon, das einen Anrufbeantworter hat. Umgangssprachlich formuliert man das auch oft so. Aber ein Telefon mit Anrufbeantworter hat alle Eigenschaften eines Anrufbeantworters und ist somit ein Anrufbeantworter. Ein Anrufer – also jemand, der die Klasse nur von außen sieht – kann keinen Unterschied zu einem Anrufbeantworter feststellen, wenn er auf den Anrufbeantworter eines Telefons spricht. Dass der Anrufbeantworter zusätzlich auch ein Telefon ist, nimmt er in dieser Situation nicht wahr. Natürlich gibt es auch die Hat-ein-Beziehung zwischen Objekten. Auf diese Beziehung kommen wir später in diesem Abschnitt zu sprechen.

Mehrfachvererbung ist nicht unproblematisch und wird auch nicht von allen objektorientierten Sprachen unterstützt. Betrachten Sie etwa den folgenden Ausschnitt aus einer Vererbungshierarchie:

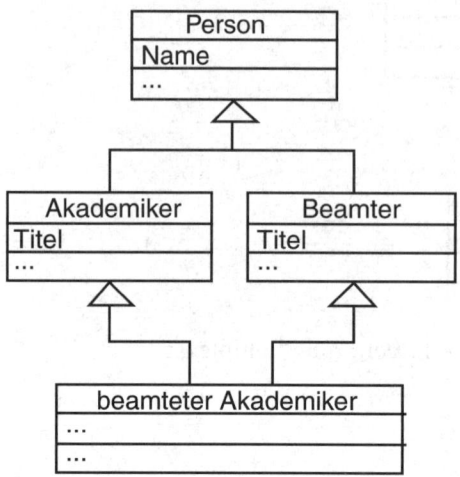

Akademiker und Beamte sind Personen und erhalten daher durch die Vererbungsbeziehung von einer Person den Namen. Ein beamteter Akademiker ist nun Beamter <u>und</u> Akademiker, er erhält also von Beamter <u>und</u> von Akademiker einen Namen. Hat er jetzt zwei Namen? Ein Akademiker hat einen (akademischen) Titel (z. B. Dr. oder Dipl.-Ing.). Ein Beamter hat einen (Beamten-)Titel (z. B. Studiendirektor oder Oberbaurat). Hat jetzt der promovierte Studiendirektor, der ja sowohl Beamter als auch Akademiker ist, nur noch einen Titel – und wenn ja, welchen? Die beiden hier dargestellten Konfliktsituationen müssen in einer objektorientierten Sprache in geeigneter Weise aufgelöst werden:

> Wenn eine abgeleitete Klasse ein und dieselbe Eigenschaft auf zwei oder mehr verschiedenen Wegen von ein und derselben Basisklasse erbt, so bezeichnen wir das als **wiederholte Vererbung**. Es muss in einer objektorientierten Sprache modellierbar sein, ob eine Eigenschaft bei wiederholter Vererbung in der abgeleiteten Klasse nur einmal oder entsprechend vielfach auftritt.

> Werden verschiedene Eigenschaften unter dem gleichen Namen von verschiedenen Basisklassen geerbt, so sprechen wir von **mehrdeutiger Vererbung**. Eine objektorientierte Sprache muss den durch mehrdeutige Vererbung entstehenden Konflikt auflösen können.

Mit Datenstrukturen konnten wir die <u>Hat-ein-</u> bzw. <u>Ist-Teil-von</u>-Beziehung modellieren. Diese Modellierungsmöglichkeiten gehen uns bei der objektorientierten Programmierung nicht verloren. Objekte erweisen sich damit als Erweiterungen von Datenstrukturen. Datenstrukturen werden durch Objekte streng genommen überflüssig.

> Durch **Aggregation** können aus einzelnen Objekten neue Objekte zusammengebaut werden. Durch Aggregation wird die Ist-Teil-von-Beziehung zwischen Objekten modelliert.
>
> In der Regel gehören durch Aggregation verbundene Objekte der gleichen Begriffswelt an und haben die gleiche Lebensdauer.

In UML verwenden wir für die Aggregation die folgende Notation:

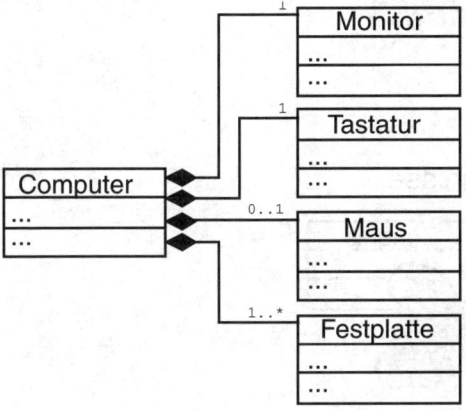

Kardinalitäten (n, n..m, n..*)[3] geben an, wie viele Teile einer bestimmten Klasse jeweils zur Gesamtheit gehören.

In unserem Bankenbeispiel könnten wir einem Konto durch Aggregation eine Person als Kontoinhaber zuordnen. Ein Konto hat einen Kontoinhaber. Dies würde aber bedeuten, dass Konto und Kontoinhaber enger als eigentlich wünschenswert miteinander verbunden würden. Der Inhaber eines Kontos gehört sicherlich einer anderen Begriffswelt an als ein Konto und hat auch eine andere »Lebensdauer« als ein Konto. Wenn ein Konto bei einer Bank gelöscht wird, kann der Inhaber immer noch in vielfältigen Geschäftsbeziehungen zu der Bank stehen (er kann z.B. noch ein weiteres Konto besitzen). Die Objekte Konto und Person sind also nicht so eng miteinander verbunden, dass man von einer Ist-Teil-von-Beziehung sprechen könnte. Eine Person kann mehrere Konten haben, ein Konto kann aber auch mehrere Inhaber haben. Wir sprechen in diesem Zusammenhang von einer Relation zwischen Konto und Inhaber:

---

3. n bedeutet genau n Teile, n..m bedeutet n bis m Teile, n..* bedeutet beliebig viele, aber mindestens n Teile.

Objekte können durch beliebige **Relationen** miteinander in Beziehung gesetzt werden. Man unterscheidet dabei:

1:1-Relationen

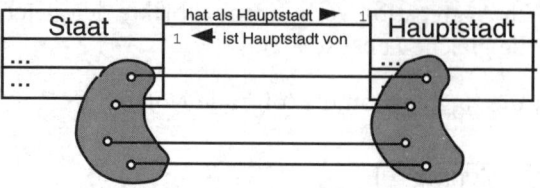

1:n-Relationen

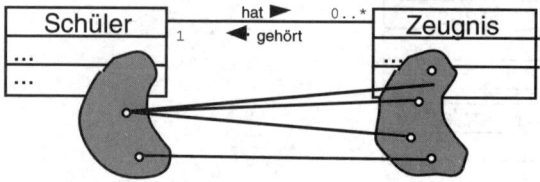

n:m-Relationen

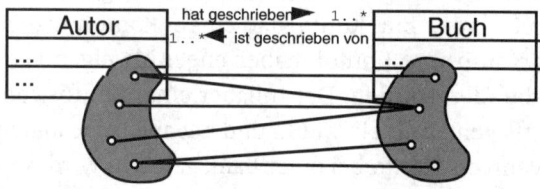

Die entsprechenden Kardinalitäten werden auf beiden Seiten der Relation notiert. Zur Verdeutlichung erhält die Relation (in einer oder beiden Richtungen) einen Namen.

Häufig gehören durch Relationen verbundene Objekte verschiedenen Begriffswelten an. In der Regel können durch Relationen verbundene Objekte unabhängig voneinander existieren und haben eine unterschiedliche Lebensdauer.

Im oben bereits angesprochenen Fall der Bankkonten besteht zwischen Konten und Kontoinhabern eine n:m-Relation:

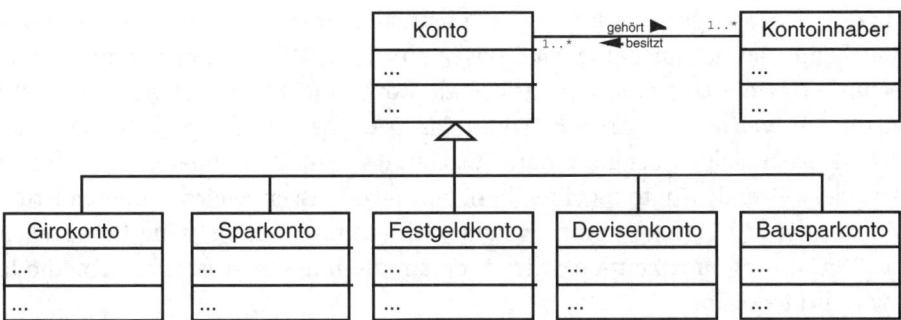

Diese Beziehung überträgt sich dann auch im Wege der Vererbung auf alle konkreten Ausprägungen von Konten – also auf Girokonten, Sparkonten, Festgeldkonten, Devisenkonten und Bausparkonten.

Bisher haben wir Objekte so beschrieben, dass sie zwar Beziehungen zur Außenwelt (zu anderen Objekten) in Form von Relationen unterhalten, in ihrem Verhalten aber völlig autonom sind. Dies ist insofern richtig, als Objekte alle sie ausschließlich selbst betreffenden Operationen in eigener Regie erledigen. Sind allerdings andere Objekte betroffen, so kommunizieren Objekte miteinander:

> Objekte kommunizieren miteinander, indem sie **Nachrichten** (Messages) austauschen. Objekte senden aus ihren Methoden Nachrichten an andere Objekte und reagieren auf eingehende Nachrichten durch Ausführung von Methoden.
>
> Die gesendeten bzw. empfangenen Nachrichten bilden die <u>einzige</u> Schnittstelle von Objekten zur Außenwelt. Der Vorgang der objektübergreifenden Kommunikation wird auch als **Message-Passing** bezeichnet.

Im Design visualisieren wir Nachrichten zwischen Objekten durch Pfeile:

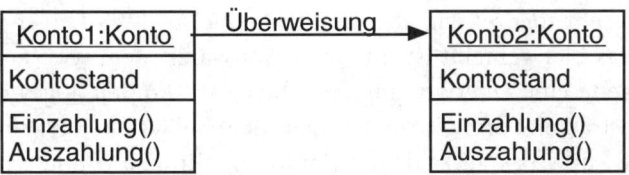

Im obigen Beispiel sendet etwa die Methode »Auszahlung« eines Kontos die Nachricht »Überweisung« an ein Empfängerkonto. Dieses reagiert auf diese Nachricht durch Aktivierung seiner Methode »Einzahlung«.

An dieser Stelle wird ein Problem sichtbar. Die konkrete Einzahlungsmethode, die die Nachricht »Überweisung« entgegennimmt, ist von Kontotyp zu Kontotyp verschieden. Bei einem Festgeldkonto wird beispielsweise der Fälligkeitstermin anhand des Festlegungszeitraums bestimmt. Bei einem Devisenkonto wird der eingehende Betrag zum aktuellen Devisenkurs in die Währung des Kontos umgerechnet. Das die Überweisung auslösende Konto möchte aber überhaupt nicht wissen, zu welch einer Art von Konto das Geld fließt und möchte daher auch nicht, je nach Zielkonto, eine andere Einzahlungsmethode aktivieren. Mehr noch: Das überweisende Konto möchte überhaupt nicht wissen, welche anderen Arten von Konten es überhaupt gibt. Es kann sich ja um exotische neue Kontotypen handeln, die es zum Zeitpunkt der Programmierung der Auszahlungsmethode noch gar nicht gab.

Wir stehen also vor dem Problem, dass wir einem Objekt eine Nachricht schicken wollen, aber zur Compilezeit unseres Programms noch nicht wissen, zu welcher Klasse (Girokonto, Sparkonto ...) der Empfänger der Nachricht gehört. Wir wissen nur, dass es sich um irgendeine Art von Konto mit einer Einzahlungsmethode handelt. Die Schnittstelle dieser Methode ist allgemein in der Klasse Konto deklariert und bekannt, aber die korrekte Methode, die zur Verarbeitung der Nachricht zur Ausführung gebracht werden muss, kann erst zur Laufzeit, wenn der konkrete Adressat der Nachricht feststeht, ausgewählt werden.

> Als **Polymorphismus**[4] bezeichnen wir die Fähigkeit, Referenzen auf Objekte zu bilden und Nachrichten an Objekte einer Basisklasse zu verschicken, deren genaue Klassenzugehörigkeit (im Sinne einer Verfeinerung der Basisklasse) zur Compilezeit noch nicht bekannt ist und sich erst zur Laufzeit zweifelsfrei ergibt.
>
> Polymorphismus wird durch **dynamisches Binden** realisiert. Erst zur Laufzeit, wenn die Klassenzugehörigkeit des Empfängers einer Nachricht bekannt ist, wird durch dynamisches Binden eines Methodenaufrufs an die konkrete Methode der Empfängerklasse festgelegt, wie die Nachricht auf Empfängerseite verarbeitet wird.

Das klingt zunächst noch sehr theoretisch, aber am Bankenbeispiel wird eigentlich recht gut deutlich, was hier gemeint ist. In einem Softwaresystem wird auf einer übergeordneten Ebene eine Überweisung zwischen zwei Konten abgewickelt. Konten in dieser abstrakten Form gibt es aber gar nicht im System. Erst zur Laufzeit stellt sich heraus, dass das auszahlende Konto ein Girokonto und das empfangende Konto ein Festgeldkonto ist. Erst dann können die richtigen Auszahlungs- und Einzahlungsmethoden zugeordnet und aktiviert werden. Die Zu-

---

4. Vielgestaltigkeit, Verschiedengestaltigkeit

ordnung der richtigen Methoden ist das oben angesprochene dynamische Binden:

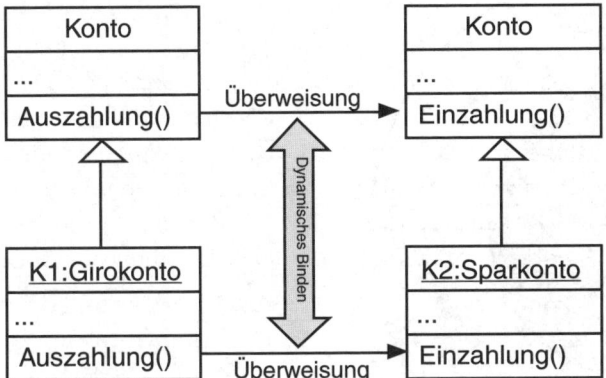

Mit dem Übergang von der prozeduralen zur objektorientierten Programmierung ändert sich auch die Architektur von Softwaresystemen. Während wir im prozeduralen Paradigma ein Schichtenmodell haben, bei dem höhere Schichten programmierend auf den Funktionen der niederen Schichten aufsetzen,

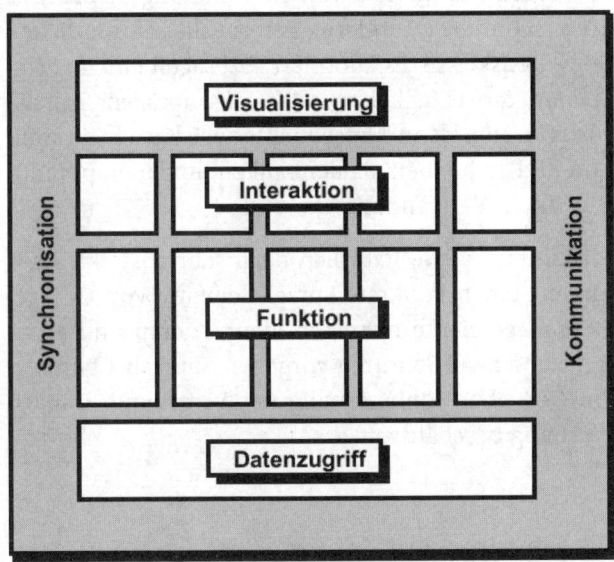

haben wir es beim objektorientierten Paradigma eher mit einem Puzzle zu tun:

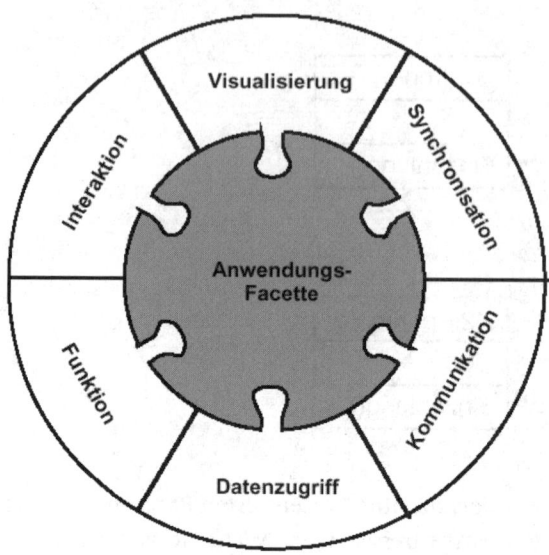

Ein Objekt hat unterschiedliche Facetten und verkörpert alle notwendigen Funktionen in sich. Wenn ein Objekt ein bestimmtes Verhalten benötigt, so ruft es nicht Funktionen einer Funktionsbibliothek, sondern es ererbt alle erforderlichen Methoden von einer geeigneten Basisklasse. Es adoptiert sozusagen einen geeigneten Vater, um dann die benötigten Fähigkeiten selbst auszuprägen. An die Stelle von Funktionsbibliotheken treten dann konsequenterweise auch Klassenbibliotheken. Dies sind, um im Bild zu bleiben, Samenbanken, in denen potentielle Väter ihre Erbmasse zur weiteren Verwendung anbieten.

Das alles ist, so wie wir es diskutiert haben, natürlich noch sehr abstrakt. Aber allen hier diskutierten Prinzipien stehen konkrete Sprachelemente von C++ gegenüber. Wir müssen diese Sprachelemente nur noch identifizieren und anzuwenden lernen. Wir werden dazu in zwei Schritten vorgehen. Zunächst betrachten wir den Klassenbegriff in C++ ohne Einbeziehung der Vererbung. Danach werden wir uns auch mit Vererbung beschäftigen.

20 Klassen in C++

Wir wollen jetzt in die objektorientierte Programmierung mit C++ einsteigen. Zunächst stellen wir das Klassenkonzept von C++ in den Mittelpunkt unserer Betrachtungen. Dieses Konzept erlaubt es uns, die bereits mehrfach angesprochenen abstrakten Datentypen in befriedigender Weise zu implementieren. Wesentliche Aspekte der objektorientierten Programmierung – wie zum Beispiel Vererbung – klammern wir vorerst noch aus. Als Beispiel greifen wir den Grafikeditor, den wir bereits im Abschnitt über Datenstrukturen Schritt für Schritt erstellt haben, wieder auf. Wir werden ein Grafikprogramm vergleichbarer Funktionalität – jetzt allerdings objektorientiert – entwickeln.

20.1 Aufbau von Klassen

Aus der grundlegenden Datenstruktur punkt des Grafikeditors wird jetzt eine Klasse. Vom äußeren Aufbau her ähnelt eine Klasse einer Datenstruktur. Es wird nur das Schlüsselwort struct durch das neue Schlüsselwort class ersetzt:

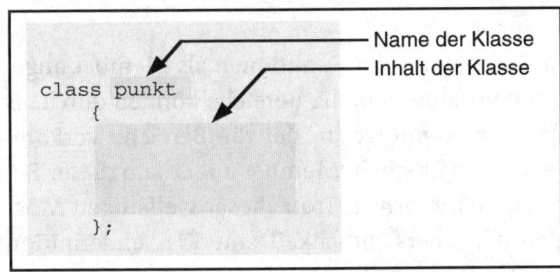

Im Gegensatz zu Datenstrukturen, die immer nur Daten enthalten, können Klassen aber Daten <u>und</u> Funktionen als Elemente enthalten. Der Sammelbegriff für die Daten und Funktionen einer Klasse ist **Member**[1]. Wir unterscheiden

▶ **Daten-Member** und

▶ **Funktions-Member**.

In der Terminologie der Objektorientierung werden die Daten-Member auch als **Attribute**, die Funktions-Member auch als **Methoden** bezeichnet.

---

1. engl. member = Mitglied

Ein weiterer grundlegender Unterschied zwischen Klassen und Datenstrukturen besteht darin, dass es einen differenzierten Zugriffsschutz für die Member einer Klasse gibt. Es gibt:

▶ öffentliche (`public`) Member,

▶ geschützte (`protected`) Member und

▶ private (`private`) Member.

Dementsprechend zerfällt die Deklaration einer Klasse in drei Bereiche:

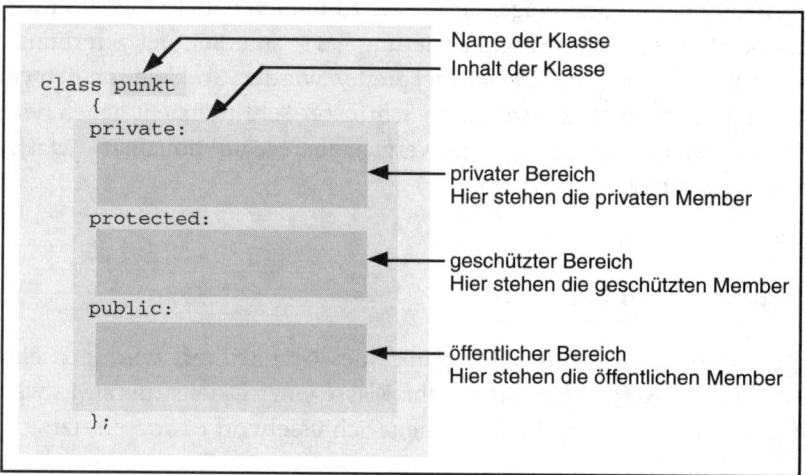

In jedem dieser Bereiche können Daten und/oder Funktionen als Member angelegt sein. Nicht alle Bereiche müssen vorkommen, die Bereiche können durchaus mehrfach vorkommen und auch die Reihenfolge, in der die Bereiche vorkommen, ist nicht von Bedeutung. Es ist auch möglich, Member außerhalb dieser Bereiche zu haben. Solche Member sind dann privat. Trotz dieser vielfältigen Möglichkeiten sollten Sie aus Gründen der Übersichtlichkeit eine Klassendefinition immer nach dem obigen Schema anlegen und alle Member einem der Bereiche zuordnen.

In ihrer Bedeutung unterscheiden sich die Bereiche wie folgt:

▶ Auf die Member des privaten Bereichs können nur Funktions-Member der Klasse selbst zugreifen.[2] Der Wert eines dort angelegten Datums kann nur durch eine Member-Funktion dieser Klasse gelesen oder verändert werden. Eine dort angelegte Funktion kann nur aus einer Member-Funktion aufgerufen werden.

---

2. Eine Ausnahme spielen hier die sog. Friends, die wir aber erst später kennen lernen werden.

▶ Auf die Member des öffentlichen Bereichs kann jedermann zugreifen. Der Wert eines dort angelegten Datums kann beliebig gelesen und verändert werden. Eine dort angelegte Funktion kann von überall aufgerufen werden.

Was es mit dem geschützten Bereich auf sich hat, lassen wir einstweilen noch offen. Mit diesem Bereich werden wir uns im Zusammenhang mit der Vererbung beschäftigen.

Eine grundlegende Frage beim Entwurf von Klassenstrukturen ist also nicht nur:

Welche Daten und Funktionen gehören zu einer Klasse?

sondern auch:

Welche Art des Zugriffs ist für Daten und Funktionen einer Klasse angemessen?

Der vermeintlich »einfache« Weg, alle Member öffentlich zu machen, damit der Zugang zu den Membern nicht versperrt ist, führt jedenfalls nicht zu einem sauberen Klassenentwurf.

20.1.1 Daten-Member

Wir wollen das oben bereits eingeführte Beispiel der Klasse punkt weiter ausgestalten. Im Abschnitt über Datenstrukturen hatten wir eine passende Datenstruktur wie folgt deklariert:

```
struct punkt
    {
    short x;
    short y;
    };
```

Die Datenstruktur enthält zwei short-Werte zur Aufnahme der x- bzw. y-Bildschirmkoordinate. Von der Struktur zur Klasse ist nur ein kleiner Schritt:

```
class punkt
    {
    public:
        short x;
        short y;
    };
```

Schon haben wir eine Klasse, die wir wie eine Datenstruktur anlegen[3] und bearbeiten können. Zum Zugriff auf die Member dient dabei, wie schon bei Datenstrukturen, der '.'-Operator:

```
punkt p;

p.x = 0;
```

Bildschirmkoordinaten sind aber nicht irgendwelche Werte. Sie sollten zum Beispiel nie negativ sein. Bei Verwendung einer struct oder einer Klasse mit öffentlichen Daten kann aber jeder Benutzer die Daten bewusst oder unbewusst korrumpieren. Wir wollen dort einen Riegel vorschieben, indem wir die Daten im privaten Bereich anlegen:

```
class punkt
    {
    private:
        short x;
        short y;
    };
```

Diese Änderung hat jetzt allerdings Konsequenzen. Wenn wir jetzt versuchen, einen Punkt anzulegen und auf ein Daten-Member zuzugreifen,

```
punkt p;

p.x = 0;
```

so weist der Compiler den Zugriffsversuch als ungültig zurück, weil die Koordinate im privaten Bereich der Klasse liegt.

Dadurch, dass wir die Daten im privaten Bereich angelegt haben, haben wir uns jeglichen Zugriff von außen versperrt. Das kann natürlich nicht Sinn der Sache sein. Bevor Sie jetzt enttäuscht alle Daten zurück in den öffentlichen Bereich legen, um wieder freien Zugriff zu haben, muss ich Sie davon überzeugen, dass das, was wir gemacht haben, durchaus sinnvoll ist. Wir wollen erreichen, dass eine Klasse immer – egal, was ein sie verwendendes Programm mit ihr anstellt – in einem konsistenten Zustand ist. Bei einem Punkt könnte man zum Beispiel die Forderung erheben, dass die Koordinaten immer gültige Bildschirmkoordinaten (etwa 0 ≤ x < 1024, und 0 ≤ y < 768) sein müssen. Bei einem uneingeschränkten Zugriff auf die Koordinaten kann das nicht garantiert werden. Konsequenterweise muss man einen direkten Schreibzugriff verbieten, während ein le-

---

3. In unserer neuen Terminologie nennen wir das »instantiieren«.

sender Zugriff problemlos möglich sein sollte. Ganz verbieten kann man den schreibenden Zugriff nicht, denn wie sollten dann den Koordinaten Werte zugewiesen werden. Man muss erreichen, dass die Werte nur in einer durch die Klasse kontrollierten Weise verändert werden. Die Lösung liegt in der Verwendung von Funktions-Membern. Wenn wir alle Lese- und Schreibzugriffe über Funktions-Member kontrollieren, liegt es vollständig in unserer Hand, welche Zugriffe sich in welcher Weise auf die Daten eines Objekts auswirken. Mit dieser differenzierten Zugriffskontrolle werden wir uns in Abschnitt 20.2.2. beschäftigen. Zuvor stellen wir aber noch Kreise, Rechtecke und Linien von Datenstrukturen auf Klassen um.

Als Daten-Member einer Klasse können alle bekannten elementaren Datentypen (`char`, `short`, `int`, `float`, `...`), alle benutzerdefinierten Strukturen, Unions und Klassen verwendet werden. Auch die Verwendung von Zeigern und Arrays ist wie bei Datenstrukturen möglich.

Aufbauend auf der Klasse `punkt` deklarieren wir Klassen für Kreise, Rechtecke und Linien. Wir orientieren uns dabei an den Datenstrukturen, die wir früher bereits verwendet hatten:

```
class kreis
    {
    private:
        punkt mittelpunkt;   // Mittelpunkt des Kreises
        short radius;
        char randfarbe;
        char fuellfarbe;
    };
class rechteck
    {
    private:
        punkt lo;            // linke obere Ecke
        punkt ru;            // rechte untere Ecke
        char randfarbe;
        char fuellfarbe;
    };
class linie
    {
    private:
        punkt pkt[2];        // Anfangs und Endpunkt
        char farbe;
    };
```

20.1.2 Funktions-Member

Die Funktions-Member einer Klasse haben uneingeschränkten Zugriff auf alle Daten ihrer Klasse. Wenn wir den lesenden Zugriff auf die Koordinaten eines Punktes freigeben wollen, so erstellen wir Member-Funktionen, die den entsprechenden Wert lesen und als Returnwert zurückgeben. Diese Member-Funktionen legen wir in den öffentlichen Bereich der Klasse, damit sie jeder verwenden kann. Am Beispiel der Klasse `punkt` sieht das dann wie folgt aus:

```
class punkt
    {
    private:
        short x;
        short y;
    public:
        short get_x() { return x;}
        short get_y() { return y;}
    };
```

Hier werden zwei Member-Funktionen (`get_x` und `get_y`) definiert, die nichts anderes tun, als den x- bzw. y-Koordinatenwert aus der Klasse zu lesen und an das aufrufende Programm zurückzugeben. Zwei Dinge sind hier neu. Zum einen werden hier Funktionen <u>in</u> einer Klasse deklariert und zum anderen wird dort auch direkt der Code zu ihrer Implementierung angegeben. Formal ist die Schreibweise nicht neu, denn bei entsprechender Umformatierung erkennt man eine vollständige Funktion:

```
short get_x()
    {
    return x;
    }
```

Wird eine Member-Funktion in dieser Weise mit Code in einer Klasse definiert, so ist das zugleich eine Aufforderung an den Compiler, diese Funktion als eine Inline-Funktion zu implementieren. Aus diesem Grund haben wir es mit sehr effizienten Funktionen zu tun, die praktisch keine schlechteren Zugriffszeiten als ein direkter Zugriff in eine Datenstruktur haben. Es besteht daher kein Grund, bei der Verwendung solcher Funktionen zurückhaltend zu sein. Es ist sogar ein übliches »Design-Muster« für Klassen, dass alle Daten-Member im privaten Bereich angelegt sind und nur über sogenannte »Getter-« und »Setter-Funktionen« im öffentlichen Teil gelesen bzw. geschrieben werden.

Es ist auch üblich, alle sinnvollen Kombinationen von Get- und Set-Funktionen mit einer Klasse zu implementieren, auch wenn noch nicht klar ist, welche dieser Funktionen von einem bestimmten Anwendungsprogramm einmal verwendet werden.[4]

In diesem Sinne erweitern wir die Klasse punkt um ein Funktions-Member zum Schreiben der Daten:

```
class punkt
    {
    private:
        short x;
        short y;
    public:
        short get_x() { return x;}
        short get_y() { return y;}
        void set( short xx, short yy) { x = xx; y = yy;}
    };
```

In der Funktion set könnten wir bei Bedarf die erforderlichen Konsistenzprüfungen (0 ≤ xx < 1024, und 0 ≤ yy < 768) durchführen und so sicherstellen, dass nur gültige Koordinatenwerte in die Daten-Member x und y übertragen werden.

Wir wollen das hier nicht machen, da die hier als Beispiel gewählte Bedingung eher eine funktionelle Einschränkung als eine für die Konsistenz erforderliche Eigenschaft darstellt. Weiter unten werden sich sinnvollere Beispiele ergeben.

Jetzt ist es möglich, einen Punkt zu instantiieren und über die Funktions-Member die internen Koordinatenwerte zu verändern. Zum Zugriff auf die Member-Funktionen dient wieder der '.'-Operator:

```
int x = 1;
punkt p;

p.set( x, 5);
p.set( p.get_x(), 123);
```

---

4. Es ist sinnvoll, beim objektorientierten Design immer vollständige, in sich abgeschlossene Einheiten (Klassen) zu entwerfen. Das bedeutet, dass man unter Umständen Funktionen entwirft und implementiert, die für eine bestimmte Anwendung (noch) nicht benötigt werden.

Bei umfangreicheren Funktionen ist es sinnvoll, die Deklaration der Funktion von ihrer Implementierung zu trennen. Dazu wird die Member-Funktion wie ein Funktionsprototyp in der Klasse deklariert und dann außerhalb der Klasse implementiert. Als Beispiel wollen wir die Klasse punkt mit einer Methode versehen, die den Punkt samt seiner Koordinatenwerte auf dem Bildschirm ausgibt. Zunächst deklarieren wir die Funktion in der Klasse

```
class punkt
    {
    private:
        short x;
        short y;
    public:
        short get_x() { return x;}
        short get_y() { return y;}
        void set( short xx, short yy) { x = xx; y = yy;}
        void zeichne();
    };
```

dann implementieren wir die Funktion außerhalb der Klasse:

```
void punkt::zeichne()
    {
    ellipse( x-2, y-2, x+2, y+2, SCHWARZ, WEISS);
    }
```

Zur Implementierung verwenden wir wieder die »imaginären« Zeichenfunktionen aus Kapitel 13.

Neu ist, dass der Funktion bei der Implementierung der Klassenname in der Form punkt::zeichne vorangestellt wird. Das ist aber auch notwendig, handelt es sich doch um die zeichne-Funktion der Klasse punkt. Andere Klassen könnten Funktionen gleichen Namens haben und die Zuordnung zur Klasse muss bei der Implementierung erkennbar sein.

Bei der Verwendung gibt es keinen Unterschied zwischen innerhalb und außerhalb der Klasse implementierten Funktions-Membern. Im folgenden Beispiel wird ein punkt angelegt, dann mit konkreten Werten besetzt und schließlich auf dem Bildschirm ausgegeben:

```
punkt p;

p.set( 100, 200);
p.zeichne();
```

Entsprechende Erweiterungen um Getter, Setter und Zeichenfunktionen nehmen wir jetzt bei den Klassen `kreis`, `rechteck` und `linie` vor.

Wir starten mit der Klasse `kreis` und implementieren zunächst alle Getter in der Klasse:

```
class kreis
    {
    private:
        short radius;
        char randfarbe;
        char fuellfarbe;
    public:
        punkt mittelpunkt;
        int get_radius() { return radius;}
        int get_randfarbe() { return randfarbe;}
        int get_fuellfarbe() { return fuellfarbe;}
    };
```

Abweichend vom ersten Entwurf dieser Klasse habe ich den Mittelpunkt in den öffentlichen Bereich der Klasse verlegt. Der Mittelpunkt kann unabhängig von den anderen Daten-Membern verändert werden, ohne dass die Gefahr einer Inkonsistenz besteht. Es gibt also keinen Grund, hier den allgemeinen Zugriff zu verwehren. Alles was für die Konsistenzsicherung des Mittelpunkts selbst erforderlich ist, regelt ja bereits die Klasse `punkt`. Getter und Setter werden für den öffentlich zugänglichen Mittelpunkt dann in dieser Klasse nicht benötigt.

Es fehlen noch Funktionen, um den Radius und die Farben eines Kreises zu setzen und einen Kreis zu zeichnen. Hier wollen wir darauf achten, dass der Radius nicht negativ ist und die Farben im vorgegebenen Bereich (0 - 7) liegen. Zunächst werden die fehlenden Funktionen in der Klasse deklariert

```
class kreis
    {
    private:
        short radius;
        char randfarbe;
        char fuellfarbe;
    public:
        punkt mittelpunkt;
        int get_radius() { return radius;}
        int get_randfarbe() { return randfarbe;}
        int get_fuellfarbe() { return fuellfarbe;}
```

```
          void set_farben( int fr, int ff);
          void set_radius( int r);
          void zeichne();
    };
```

und dann außerhalb der Klasse implementiert:

```
void kreis::set_farben( int fr, int ff)
    {
    if( fr >= 0 && fr < 8)
        randfarbe = fr;
    if( ff >= 0 && ff < 8)
        fuellfarbe = ff;
    }


void kreis::set_radius( int r)
    {
    if( r >= 0)
        radius = r;
    }


void kreis::zeichne()
    {
    ellipse( mittelpunkt.get_x() - radius,
             mittelpunkt.get_y() - radius,
             mittelpunkt.get_x() + radius,
             mittelpunkt.get_y() + radius,
                  randfarbe, fuellfarbe);
    }
```

Beachten Sie, dass die Klasse kreis zwar einen Punkt als Daten-Member hat, deswegen aber keine Privilegien beim Zugriff auf den Punkt erhält. Die Member-Funktion zeichne muss wie jeder andere Nutzer auch mit den Getter-Funktionen arbeiten, um die Koordinaten des Mittelpunkts auszulesen.

Bei einem Rechteck können wir die beiden Eckpunkte (lo und ru) nicht in den öffentlichen Bereich legen, da wir hier sicherstellen wollen, dass die Ecke lo stets links oberhalb der Ecke ru liegt. Bei öffentlich zugänglichen Ecken könnten wir das nicht garantieren. Wir implementieren die Klasse rechteck zunächst nur mit ihren Gettern:

```
class rechteck
    {
    private:
        punkt lo;
        punkt ru;
        char randfarbe;
        char fuellfarbe;
    public:
        punkt get_linksoben() { return lo;}
        punkt get_rechtsunten() { return ru;}
        int get_randfarbe() { return randfarbe;}
        int get_fuellfarbe() { return fuellfarbe;}
    };
```

Bei den Settern machen wir uns zunutze, dass in C++ Funktionen – also auch Member-Funktionen – überladen und mit Default-Argumenten versehen werden können:

```
class rechteck
    {
    private:
        punkt lo;
        punkt ru;
        char randfarbe;
        char fuellfarbe;
    public:
        punkt get_linksoben() { return lo;}
        punkt get_rechtsunten() { return ru;}
        int get_randfarbe() { return randfarbe;}
        int get_fuellfarbe() { return fuellfarbe;}

        void set_ecken( int x1, int y1, int x2, int y2);
        void set_ecken( punkt l, punkt r);

        void set_farben( int fr = SCHWARZ, int ff = WEISS);

        void zeichne();
    };
```

Wir sehen hier zwei Funktionen vor, um die Ecken eines Rechtecks zu setzen. Die beiden Funktionen haben den gleichen Namen (set_ecken), aber eine unterschiedliche Parametersignatur. Der einen Funktion werden vier einzelne Koordinatenwerte, der anderen zwei Punkte übergeben. Bei der Methode zum Setzen der Farben setzen wir Schwarz und Weiß als Defaults, wenn keine konkreten Farbwerte übergeben werden.

Diese Funktionen müssen wir natürlich noch implementieren. Vor dem Setzen der Ecken prüfen wir, ob die Anordnung der Punkte korrekt ist. Nur bei korrekter Anordnung übertragen wir die Werte in die privaten Daten:

```
void rechteck::set_ecken( int x1, int y1, int x2, int y2)
    {
    if( (x1 <= x2) && (y1 <= y2))
        {
        lo.set( x1, y1);
        ru.set( x2, y2);
        }
    }
```

Zum Setzen der Ecken durch zwei Punkte reichen wir die Koordinaten der Eckpunkte einfach an die zuvor erstellte koordinatenorientierte Set-Methode weiter:

```
void rechteck::set_ecken( punkt l, punkt r)
    {
    set_ecken( l.get_x(), l.get_y(), r.get_x(), r.get_y());
    }
```

Vor dem Setzen der Farben prüfen wir, ob korrekte Farbwerte übergeben wurden:

```
void rechteck::set_farben( int fr, int ff)
    {
    if( fr >= 0 && fr < 8)
        randfarbe = fr;
    if( ff >= 0 && ff < 8)
        fuellfarbe = ff;
    }
```

Zum Zeichnen eines Rechtecks verwenden wir die Funktion rectangle aus der IGEL-Funktionsbibliothek:

```
void rechteck::zeichne()
    {
    rectangle( lo.get_x(), lo.get_y(), ru.get_x(), ru.get_y(),
                            randfarbe, fuellfarbe);
    }
```

Bei einer Linie können Anfangs- und Endpunkt beliebig gesetzt werden. Somit spricht nichts gegen eine Veröffentlichung der beiden Punkte. Wir haben die beiden Punkte aber in einem Array angelegt[5], und wenn wir den Array öffentlich zugänglich machen, besteht die Gefahr von Inkonsistenzen, wenn jemand mit ungültigen Indexwerten in den Array greift. Wir lösen das Problem, indem wir zwei Getter-Funktionen (get_anfang, get_ende) erstellen, die eine Referenz auf den Anfangs- bzw. Endpunkt der Linie zurückgeben. Mit dieser Referenz kann dann ein Anwendungsprogramm auf den Punkten arbeiten:

```
class linie
    {
    private:
        punkt pkt[2];
        char farbe;
    public:
        int get_farbe() { return farbe;}
        punkt& get_anfang() { return pkt[0];}
        punkt& get_ende() { return pkt[1];}
        void set_farbe( int f)
                    { if( (f >= 0) && (f < 8)) farbe = f;}
        void zeichne();
    };
```

Will man etwa den Anfangspunkt einer Linie mit bestimmten Koordinatenwerten versehen, so kann das jetzt in der Form

```
linie lin;

lin.get_anfang().set( 123, 456);
```

geschehen. Außerhalb der Klasse müssen wir jetzt nur noch die Zeichen-Methode durch die IGEL-Funktionen moveto und lineto implementieren.

```
void linie::zeichne()
    {
    line( pkt[0].get_x(), pkt[0].get_y()), pkt[1].get_x(),
                            pkt[1].get_y(), farbe);
    }
```

Wir haben jetzt bereits eine erste arbeitsfähige Version des Grafikeditors erstellt. Unser Konsistenzsicherungssystem hat aber noch eine Lücke. Wir können nicht

---

5. Das ist nicht zwingend notwendig, wir haben das seinerzeit nur gemacht, um die Verwendung eines Arrays in einer Datenstruktur zu demonstrieren.

garantieren, dass sich unsere Grafikobjekte in einem konsistenten Initialzustand befinden. Um diese Sicherheitslücke zu schließen, benötigen wir Funktionen, die ein Objekt in einen konsistenten Anfangszustand bringen, **bevor** ein Anwendungsprogramm irgendetwas mit ihnen machen kann.

20.1.3 Konstruktoren und Destruktoren

Die Grafikelemente unseres Beispiels sind so konzipiert, dass eine Manipulation von Daten-Membern nur über Setter-Funktionen möglich ist. Hierüber erfolgt auch die erstmalige Belegung mit konkreten Werten. Ein Schlupfloch, das es ermöglicht, mit inkonsistenten Punkten bzw. Rechtecken zu arbeiten, ist aber immer noch offen. Man kann ein Anwendungsprogramm nicht zwingen, vor der erstmaligen Verwendung eines Punktes oder eines anderen Grafik-Elements die set-Funktion zu rufen, um einen konsistenten Initialzustand herzustellen. Es ist also nicht auszuschließen, dass ein Programm mit nicht initialisierten Grafikelementen arbeitet. Um das zu verhindern, benötigen wir Funktionen, die ohne eine direkte Anforderung des Anwendungsprogramms ablaufen, sobald ein neuer Punkt oder ein neues Rechteck erstmalig verwendet wird.

Die Verwendung von Instanzen einer Klasse läuft immer in drei Phasen ab:

1. Instantiieren und Initialisieren des Objekts

2. Benutzen des Objekts

3. Beseitigen des Objekts

Dies ist ein Ablauf, der uns auch im Alltagsleben immer wieder begegnet. Wenn wir etwa ein Spiel spielen wollen, so müssen wir zunächst das Spiel aufbauen, dann erst können wir spielen, und am Ende müssen wir alles wieder wegräumen. Eigentlich wollen wir aber nur spielen, und wir wünschen uns, dass das Aufstellen und Wegräumen des Spiels durch unsichtbare und dienstbeflissene Geister wie von selbst geschieht. In C++ gibt es diese Geister. Sie heißen **Konstruktor** (Aufstellgeist) und **Destruktor** (Aufräumgeist). Damit sie aber fleißig im Hintergrund ihre Arbeit verrichten können, müssen wir sie zunächst einmal programmieren.

Ein Konstruktor ist eine Member-Funktion einer Klasse, die so eng mit der Klasse verbunden ist, dass sie den gleichen Namen wie die Klasse trägt. Ein Konstruktor kann wie jede andere Funktion auch parameterlos sein oder Parameter unterschiedlicher Art und Anzahl haben. Im Gegensatz zu »gewöhnlichen« Funktionen hat ein Konstruktor aber keinen Returntyp (auch nicht void). Eine Klasse kann keinen, einen oder auch mehrere Konstruktoren haben. Gibt es mehrere Konstruktoren, so müssen sich diese in ihrer Parametersignatur unterscheiden. Ein Konstruktor ist dafür verantwortlich, eine Instanz einer Klasse in einen konsistenten Initialzustand zu bringen. Ein Konstruktor einer Klasse wird immer dann aufgerufen, wenn ein Objekt der Klasse instantiiert wird. Im Konstruktor werden dann alle notwendigen Initialisierungen des Objekts durchgeführt. Auf diese Weise wird die Initialisierung von Klassen nicht der Willkür anderer Programme überlassen, sondern durch die Klasse selbst erzwungen. Das Anwendungsprogramm darf diesen Prozess allenfalls parametrieren, indem es die zur Konstruktion notwendigen Daten an einer Schnittstelle übergibt.

Wir erweitern die Klasse punkt um zwei verschiedene Konstruktoren:

```
class punkt
    {
    private:
        short x;
        short y;
    public:
        punkt() { x = 0; y = 0;}
        punkt( int xx, int yy) { set( xx, yy);}
        short get_x() { return x;}
        short get_y() { return y;}
        void set( short xx, short yy) { x = xx; y = yy;};
        void zeichne();
    };
```

Zum einen handelt es sich um einen parameterlosen Konstruktor (punkt()), der die Koordinaten mit 0 initialisiert, und zum anderen um einen Konstruktor mit zwei int-Parametern (punkt(int xx, int yy)), der eine Initialisierung mit den als Parameter übergebenen Werten durchführt. Von jetzt an können Punkte in zweierlei Weise instantiiert werden:

```
punkt p1;
punkt p2( 123, 456);
```

Zur Initialisierung wird dann automatisch der Konstruktor herangezogen, der von seiner Parametersignatur her zu der bei der Instantiierung verwendeten Parameterliste passt.

Kreis, Rechteck und Linie benötigen auch noch Konstruktoren. Wir beginnen mit der Klasse kreis:

```
class kreis
    {
    private:
        short radius;
```

```
        char randfarbe;
        char fuellfarbe;
    public:
        punkt mittelpunkt;
        kreis( int mx, int my, int r, int fr = SCHWARZ,
                                        int ff = WEISS);
        int get_radius() { return radius;}
        int get_randfarbe() { return randfarbe;}
        int get_fuellfarbe() { return fuellfarbe;}
        void set_farben( int fr, int ff);
        void set_radius( int r);
        void zeichne();
    };
```

Wir entscheiden uns für eine Parametrierung, bei der die Farbangaben optional sind und im Falle des Fehlens durch SCHWARZ (Randfarbe) und WEISS (Füllfarbe) ersetzt werden. Bei der Konstruktion eines Kreises ist zu beachten, dass der eingelagerte Punkt sauber mit initialisiert wird. Dazu besteht die Möglichkeit, gewisse Parameter des Konstruktors direkt an einen Konstruktor der eingelagerten Klasse weiterzuleiten:

```
kreis::kreis( int mx, int my, int r, int fr, int ff) :
                                    mittelpunkt( mx, my)
    {
    set_radius( r);
    randfarbe = SCHWARZ;
    fuellfarbe = WEISS;
    set_farben( fr, ff);
    }
```

Dies geschieht in diesem Fall durch den Zusatz mittelpunkt(mx, my), der durch einen Doppelpunkt von der Schnittstelle des Konstruktors getrennt ist. Bevor im Konstruktor der Radius und die Farben initialisiert werden, wird passend zu den Parameterwerten ein Konstruktor für den Mittelpunkt (mittelpunkt(mx, my)) ausgewählt und aufgerufen. Im Funktionskörper des Kreis-Konstruktors kann man dann davon ausgehen, dass der Mittelpunkt bereits sauber instantiiert wurde.

Beachten Sie, dass eine Instantiierung in der Form

```
kreis k;
```

jetzt nicht mehr möglich ist, da es keinen parameterlosen Konstruktor für Kreise gibt. Parameterlos kann man nur instantiieren, wenn es keinen oder einen parameterlosen Konstruktor gibt.

Auch für ein Rechteck benötigen wir einen Konstruktor. Wir wählen einen, in dem alle Parameter weggelassen werden können:

```
class rechteck
    {
    private:
        punkt lo;
        punkt ru;
        char randfarbe;
        char fuellfarbe;
    public:
        rechteck( int x1 = 0, int y1 = 0, int x2 = 0, int y2 = 0,
                        int fr = SCHWARZ, int ff = WEISS);
        punkt get_linksoben() { return lo;}
        punkt get_rechtsunten() { return ru;}
        int get_randfarbe() { return randfarbe;}
        int get_fuellfarbe() { return fuellfarbe;}
        void set_ecken( int x1, int y1, int x2, int y2);
        void set_ecken( punkt l, punkt r);
        void set_farben( int fr, int ff);
        void zeichne();
    };
```

Hier können wir im Konstruktor noch nicht die Koordinatenwerte an die linke obere und rechte untere Ecke weiterleiten[6] und nehmen daher eine Initialisierung erst im Inneren der Funktion mit der Funktion set_ecken vor:

```
rechteck::rechteck(int x1, int y1, int x2, int y2, int fr, int ff)
    {
    set_ecken( x1, y1, x2, y2);
    randfarbe = SCHWARZ;
    fuellfarbe = WEISS;
    set_farben( fr, ff);
    }
```

Dies bedeutet jedoch nicht, dass die beiden Ecken uninitialisiert bleiben würden, wenn wir den Aufruf der set_ecken-Funktion weglassen würden. In jedem Fall

---

6. Nicht weil das in C technisch nicht möglich wäre, sondern weil wir erst prüfen müssen, ob die Punkte korrekt zueinander liegen.

werden die beiden Ecken <u>vor</u> Eintritt in den Funktionskörper des Rechteck-Konstruktors durch Aufruf ihres parameterlosen Konstruktors initialisiert. Gäbe es in dieser Situation keinen parameterlosen Konstruktor für Punkte, so würde der Compiler einen Fehler melden.

Ähnlich sieht dies bei einer Linie aus. Hier wird vor Eintritt in den Linien-Konstruktor jeder Punkt im Array pkt durch Aufruf des parameterlosen Konstruktors initialisiert.

Sie sehen, dass die Erfinder von C++ sich konsequent bemüht haben, auch das kleinste Schlupfloch, mit dessen Hilfe man einen Konstruktor umgehen könnte, zuzustopfen.

Zum Abschluss unserer Diskussion der Konstruktoren betrachten wir noch die Vervollständigung der Klasse linie durch einen geeigneten Konstruktor

```cpp
class linie
    {
    private:
        punkt pkt[2];
        char farbe;
    public:
        linie( int x1, int y1, int x2, int y2, int f = SCHWARZ);
        int get_farbe() { return farbe;}
        punkt& get_anfang() { return pkt[0];}
        punkt& get_ende() { return pkt[1];}
        void set_farbe( int f)
                { if( (f >= 0) && (f < 8)) farbe = f;};
        void zeichne();
    };
```

und dessen Implementierung:

```cpp
linie::linie(int x1, int y1, int x2, int y2, int f)
    {
    pkt[0].set( x1, y1);
    pkt[1].set( x2, y2);
    farbe = SCHWARZ;
    set_farbe( f);
    }
```

Neben den Konstruktoren kann eine Klasse <u>einen</u> Destruktor haben. Der Destruktor ist eine parameterlose Funktion, die ebenso wie ein Konstruktor keinen Returntyp hat. Als Name für den Destruktor dient der Klassenname, dem eine Tilde ~ vorangestellt ist. Der Destruktor dient dazu, alle im Rahmen der Beseitigung eines Objekts anfallenden Aufräumarbeiten zu erledigen. In unseren Beispielen gibt es keine sinnvollen Aufräumarbeiten.[7] Trotzdem wollen wir hier kurz andeuten, wie ein Destruktor – etwa für die Klasse punkt – auszusehen hätte.

```
class punkt
    {
    private:
        ...
    public:
        punkt() { x = 0; y = 0;}
        punkt( int xx, int yy) { set( xx, yy);}
        ...
        ~punkt();
    };
```

Der Destruktor kann innerhalb oder außerhalb der Klasse implementiert werden. Das folgende Codefragment deutet eine Implementierung außerhalb der Klasse punkt an:

```
punkt::~punkt()
    {
    ... Aufräumarbeiten ...
    }
```

In unseren späteren Beispielen werden wir sinnvolle Verwendungen von Destruktoren kennen lernen. Der Destruktor eines in ein Objekt eingelagerten Objekts wird nach der Destruktion des umschließenden Objekts aufgerufen. Die Destruktion läuft in diesem Sinne genau umgekehrt ab wie die Konstruktion.[8]

20.2 Instantiierung von Klassen

Mit den Grafikelementen verfügen wir über einsatzfähige Klassen, die wir instantiieren und dann verwenden können. Wie bei Datenstrukturen können wir jetzt Variablen (wir sprechen hier von Instanzen) einer Klasse anlegen. In C konnten wir eine Variable

---

7. Eine typische Aufräumarbeit ist z.B. die Freigabe von Speicher, der in der Klasse allokiert wurde.
8. Die genaue Abfolge von Konstruktor- und Destruktor-Aufrufen bei untereinander durch Aggregation und Vererbungsbeziehungen verbundenen Objekten ist komplex und wird im letzten Referenzabschnitt besprochen. Die dazu verwendeten Regeln sind aber nahe liegend und führen, wenn keine Seiteneffekte im Spiel sind, immer zu korrekten Instantiierungen.

▶ automatisch,

▶ statisch oder

▶ dynamisch

anlegen. Wir rufen uns diese Fälle noch einmal in Erinnnerung.

Die automatischen Variablen werden innerhalb von Blöcken angelegt und haben die Lebensdauer des umschließenden Blocks:

```
void funktion()
    {
    int automatisch;
    ...
    }
```

Statische Variablen sind alle Variablen, die außerhalb von Blöcken angelegt sind oder denen bei der Definition das Schlüsselwort `static` vorangestellt wird:

```
int statisch1;

static int statisch2;

void funktion()
    {
    static int statisch3;
    ...
    }
```

Statische Variablen leben von ihrer ersten Verwendung bis zum Programmende.

Die dynamischen Variablen werden zur Laufzeit (mit `malloc`) angelegt und leben bis zum Programmende bzw. so lange, bis wir sie explizit (mit `free`) wieder beseitigen. Zum Zugriff auf dynamische Datenstrukturen verwenden wir Zeiger:

```
upr()
    {
    int *pi;

    pi = (int *)malloc( sizeof( int)); /* Allokieren*/
    ...
    free( pi);                         /* Freigabe    */
    }
```

Ganz ähnlich verhält es sich mit den Klasseninstanzen in C++. Klassen können ebenfalls automatisch, statisch oder dynamisch instantiiert werden. Die einzelnen Abläufe im Lebenszyklus einer Instanz sind allerdings komplexer als bei einer C-Variablen, da hier die oben bereits eingeführten Konstruktoren und Destruktoren eine wichtige Rolle spielen.

Im Folgenden wollen wir die bereitgestellten Grafikelemente instantiieren, um eine Grafik auf dem Bildschirm auszugeben. Es handelt sich dabei um das bereits bekannte Männchen aus dem Abschnitt über Datenstrukturen. Zur Erstellung dieser Grafik müssen wir sechs Grafikelemente – einen Kreis, ein Rechteck und vier Linien – instantiieren:

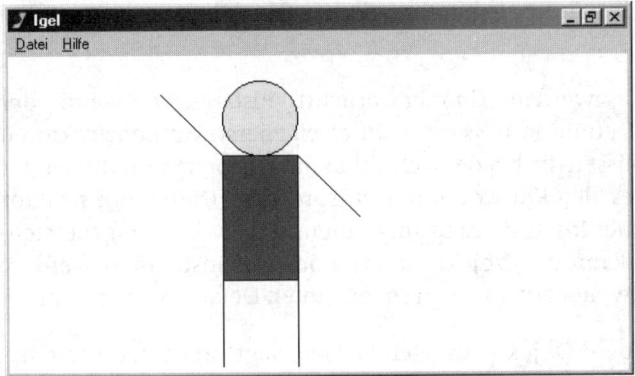

20.2.1 Automatische Instantiierung

Objekte einer Klasse werden automatisch instantiiert, wenn man eine Variable dieser Klasse in einem Block anlegt. Hat die Klasse einen oder mehrere Konstruktoren, so müssen bei der Instantiierung Parameterwerte, die zur Signatur eines der Konstruktoren passen, mitgegeben werden.

Das folgende Beispiel zeigt die automatische Verwendung von Grafikobjekten in einer Funktion zeichnung zur Erzeugung des Männchens:

```
void zeichnung()
{
    kreis kopf( 200, 50, 30, SCHWARZ, GELB);
    rechteck rumpf( 170, 80, 230, 180, SCHWARZ, ROT);
    linie arm1( 170, 80, 120, 30, SCHWARZ);
    linie arm2( 230, 80, 280, 130, SCHWARZ);
    linie bein1( 170, 180, 170, 250, SCHWARZ);
    linie bein2( 230, 180, 230, 250, SCHWARZ);
```

```
    kopf.zeichne();
    rumpf.zeichne();
    arm1.zeichne();
    arm2.zeichne();
    bein1.zeichne();
    bein2.zeichne();
    }
```

Wichtig ist, dass es einen von der Parametersignatur her passenden Konstruktor geben muss, der dann im Rahmen der Instantiierung zur Ausführung kommt, um das Objekt sauber zu initialisieren.

Allgemein gelten für die Instantiierung automatischer Objekte die folgenden Regeln:

> Automatische Objekte werden (immer erneut) instantiiert, wenn der Programmablauf ihre Definition passiert. Gibt es eigenerstellte Konstruktoren für dieses Objekt, so müssen die bei der Definition mitgegebenen Parameter der Parametersignatur eines der Konstruktoren entsprechen. Dieser Konstruktor wird dann im Rahmen der Instantiierung aufgerufen. Gibt es keine eigenerstellten Konstruktoren, so kann das Objekt nur parameterlos instantiiert werden. Das Laufzeitsystem verwendet dann einen sogenannten Default-Konstruktor.

Sind in einem Objekt andere Objekte als Member angelegt, so dürfen diese natürlich nicht uninitialisiert bleiben:

> In ein Objekt eingebettete Objekte werden vor ihrem umschließenden Objekt durch den Aufruf passender Konstruktoren initialisiert, und zwar in der Reihenfolge ihres Vorkommens in der Klassendeklaration.

Bei der Destruktion automatischer Objekte läuft der Prozess umgekehrt nach folgender Regel ab:

> Automatische Objekte werden durch einen gegebenenfalls vorhandenen Destruktor beseitigt, sobald der Block verlassen wird, in dem sie definiert wurden.

> Destruktoren werden in der genau umgekehrten Reihenfolge wie Konstruktoren gerufen. Was zuletzt konstruiert wurde, wird zuerst beseitigt. Insbesondere werden eingebettete Objekte nach ihrer umschließenden Klasse und in der umgekehrten Reihenfolge ihrer Deklaration beseitigt.

Sie sehen, dass – ganz im Gegensatz zu C – bei C++ Code ablaufen kann, ohne dass explizit und im Programm sichtbar Funktionen aufgerufen wurden. Auf der einen Seite ist dies sehr sinnvoll, wenn man mit konsistent initialisierten Objekten arbeiten will. Auf der anderen Seite macht verborgener Kontrollfluss ein Programm undurchschaubar. Sie sollten es daher vermeiden, in Konstruktoren Funktionen zu implementieren, die über die bloße Initialisierung von Objekten hinausgehen. Seiteneffekte (z. B. durch Verwendung globaler oder statischer Variablen) in Konstruktoren sind gefährlich und sollten nur in begründeten Ausnahmefällen verwendet werden.

20.2.2 Statische Instantiierung

Bei statischen Objekten müssen wir zwischen Objekten, die innerhalb, und Objekten, die außerhalb von Funktionen angelegt werden, unterscheiden. Das folgende Beispiel zeigt die statische Verwendung von Grafikobjekten innerhalb und außerhalb der Funktion `zeichnung`:

```
kreis kopf( 200, 50, 30, SCHWARZ, GELB);
rechteck rumpf( 170, 80, 230, 180, SCHWARZ, ROT);

static linie arm1( 170, 80, 120, 30, SCHWARZ);
static linie arm2( 230, 80, 280, 130, SCHWARZ);

void zeichnung()
    {
    static linie bein1( 170, 180, 170, 250, SCHWARZ);
    static linie bein2( 230, 180, 230, 250, SCHWARZ);

    kopf.zeichne();
    rumpf.zeichne();
    arm1.zeichne();
    arm2.zeichne();
    bein1.zeichne();
    bein2.zeichne();
    }
```

Die Instantiierung geschieht dann nach folgenden Regeln:

- Statische Objekte außerhalb von Funktionen werden vor dem eigentlichen Programmstart (also noch vor `main`) instantiiert.
- Statische Objekte innerhalb von Funktionen werden einmalig instantiiert, wenn der Programmablauf erstmalig ihre Deklaration passiert.
- Bezüglich der Auswahl eines Konstruktors und der Reihenfolge von Konstruktor-Aufrufen gilt das zu den automatischen Objekten Gesagte.

Statische Objekte leben, auch wenn sie innerhalb von Funktionen angelegt sind, über die gesamte Programmlaufzeit hinweg. Ihre Beseitigung erfolgt erst am Programmende:

> Statische Objekte werden nach Beendigung des Programms in der umgekehrten Reihenfolge ihrer Instantiierung wieder beseitigt.
>
> Bezüglich der Reihenfolge der Destruktor-Aufrufe gilt das zu automatischen Objekten Gesagte.

20.2.3 Dynamische Instantiierung

Dynamische Objekte sind Objekte, die wir immer dann instantiieren, wenn wir sie benötigen, und wieder beseitigen, wenn wir sie nicht mehr brauchen. In C hatten wir uns den erforderlichen Speicher mit den Runtime-Library Funktionen `malloc` bzw. `calloc` zuteilen lassen. Zum Allokieren von Klassen können wir diese Funktionen allerdings nicht verwenden, da es bei Objekten mit der bloßen Bereitstellung von Speicher nicht getan ist. Beim Allokieren des Speichers für ein Objekt muss dafür gesorgt werden, dass ein geeigneter Konstruktor zur Ausführung kommt.

In C++ werden Klassen durch den **new-Operator** dynamisch angelegt und über den **delete-Operator** wieder beseitigt.

Die Operatoren `new` und `delete` treten also, wenn wir es mit Klassen zu tun haben, an die Stelle von `malloc` und `free`. Inhaltlich allokieren bzw. beseitigen diese Operatoren nicht nur den benötigten Speicher, sondern sorgen durch Aufruf von Konstruktor und Destruktor für einen sauberen Auf- bzw. Abbau der gewünschten Klassen.

Natürlich benötigt man Zeiger, in denen das Ergebnis der new-Operation (die Adresse der neu allokierten Klasse) abgelegt wird. In unserem Beispiel legen wir daher zunächst Zeiger für die gewünschten Grafikelemente an:[9]

```
kreis   *kopf;
rechteck *rumpf;
linie   *arm1;
linie   *arm2;
linie   *bein1;
linie   *bein2;
```

---

9. Dass hier globale Zeigervariablen verwendet werden, hat seinen Grund darin, dass wir die Zeiger funktionsübergreifend verwenden wollen. Natürlich können auch lokale Zeiger zur Speicherung von Objektverweisen verwendet werden.

Dann instantiieren wir die sechs Grafikelemente dynamisch:

```
kopf = new kreis( 200, 50, 30, SCHWARZ, GELB);
rumpf = new rechteck( 170, 80, 230, 180, SCHWARZ, ROT);
arm1 = new linie( 170, 80, 120, 30, SCHWARZ);
arm2 = new linie( 230, 80, 280, 130, SCHWARZ);
bein1 = new linie( 170, 180, 170, 250, SCHWARZ);
bein2 = new linie( 230, 180, 230, 250, SCHWARZ);
```

Auch bei der dynamischen Instantiierung werden die erforderlichen Parameter mitgegeben.

Die so allokierten Objekte können dann verwendet werden:

```
kopf->zeichne();
rumpf->zeichne();
arm1->zeichne();
arm2->zeichne();
bein1->zeichne();
bein2->zeichne();
```

Erst wenn wir die Objekte nicht mehr benötigen, geben wir sie über den delete-Operator wieder frei:

```
delete kopf;
delete rumpf;
delete arm1;
delete arm2;
delete bein1;
delete bein2;
```

Zusammenfassend gilt also:

> Dynamische Objekte werden mit new angelegt und mit delete wieder beseitigt. Ein geeigneter Konstruktor wird über die bei new mitgegebenen Parameter ausgewählt. Bei delete läuft ein gegebenenfalls vorhandener Destruktor des Objekts ab.
>
> Bezüglich der Reihenfolge der Konstruktor- und Destruktor-Aufrufe eingelagerter Objekte gilt das zu automatischen Objekten Gesagte.

20.2.4 Instantiierung von Arrays

Eine besondere Beachtung verdienen noch Arrays von Objekten, die man in C++ nach dem bereits von C bekannten Schema bilden kann:

```
punkt p_array[10];
```

Um einen Array von Objekten einer Klasse instantiieren zu können, **muss** die Klasse einen Default-Konstruktor (oder einen selbst erstellten Konstruktor **ohne** Parameter) besitzen. Dieser Konstruktor wird dann für alle Objekte des Arrays fortlaufend gerufen. Der Aufruf erfolgt dabei mit wachsendem Index. Als Member eingebettete Objekte werden wie üblich vor dem Objekt, in dem sie eingebettet sind, instantiiert.

Durch einen einfachen Trick kann man es erreichen, dass dabei auch gezielte Initialisierungen durchgeführt werden. Man erstellt einen Konstruktor, der ausschließlich optionale Parameter hat, die man mit geeigneten Defaults besetzt. Da optionale Parameter nicht in die Parametersignatur eingehen, handelt es sich von der Signatur her um einen parameterlosen Konstruktor, der zur Initialisierung eines Arrays geeignet ist. Eine individuelle Initialisierung von Array-Elementen ist allerdings auch auf diese Weise nicht möglich.

Letztlich kann ein Array mit Objekten auch mit new dynamisch allokiert werden. In eckigen Klammern wird dazu die Zahl der gewünschten Elemente übergeben:

```
punkt *p_array;

p_array = new punkt[10];

... Verwendung des Arrays ...

delete[] p_array;
```

Die Freigabe hat in diesem Fall allerdings über den Operator delete[] zu erfolgen. Ohne die zusätzliche Angabe der eckigen Klammern wäre C++ nicht in der Lage, zu entscheiden, ob ein einzelnes Element oder ein Array deallokiert werden soll, da C++ in alter C-Tradition keinen Unterschied zwischen einem Array und einem Zeiger auf ein Element (eines Arrays) macht.

20.3   Friends

Der umfassende Zugriffsschutz, den wir in den vorausgegangenen Abschnitten diskutiert haben, kann sich in manchen Situationen als lästig erweisen. Die Grafikobjekte (kreis, rechteck, linie) verwenden durchweg die Klasse punkt zur Speicherung ihrer Grafikkoordinaten. Dies gibt ihnen aber keine besonderen Zugriffsrechte an Punkten. Man kann sich auf den Standpunkt stellen, dass die Grafikobjekte sehr genau wissen, was ein Punkt ist und wie mit ihm umzugehen ist. Man ist daher geneigt, ihnen Privilegien beim Zugriff auf Punkte einzuräumen. Nach unserem bisherigen Kenntnisstand geht das aber nur, indem man die Daten-Member eines Punktes in den öffentlichen Bereich legt. Damit werden die Privilegien aber nicht nur den Grafikelementen, sondern allen Verwendern der Klasse punkt eingeräumt. So weit möchte man nun auch wieder nicht gehen. Wünschenswert wäre eine Möglichkeit zur gezielten Vergabe von Zugriffsprivilegien.

Eine Klasse X kann eine andere Klasse oder auch nur eine einzelne Funktion zu ihrem Freund erklären. Die befreundete Klasse oder Funktion wird dann von ihren Zugriffsrechten her den privaten Member-Funktionen der Klasse X gleichgestellt und kann auch auf die privaten Elemente der Klasse X zugreifen.

Die Klasse punkt könnte etwa die Klasse rechteck zu ihrem Freund erklären. In der Klassendeklaration hätten wir dazu eine Zeile zu ergänzen:

```
class punkt
    {
    friend class rechteck;
    private:
      ...
    public:
      ...
    };
```

Alle Member-Funktionen von rechteck hätten dann das Recht zum Zugriff auf alle – also auch auf die privaten – Daten der Klasse punkt. Dann könnte die Member-Funktion rechteck::zeichne auch ohne Verwendung der Getter-Funktionen (punkt::get_x, punkt::get_y) erstellt werden:

```
void rechteck::zeichne()
    {
    rectangle( lo.x, lo.y, ru.x, ru.y, randfarbe, fuellfarbe);
    }
```

Durch Friends wird das Geheimnisprinzip für Klassen aufgehoben. Immer wenn Sie Friends verwenden, sollten Sie daher prüfen, ob hier nur versucht wird, durch das Aufheben von Zugriffskontrollen Designmängel zu kaschieren oder ob wirklich ein triftiger Grund zur Verwendung von Friends vorliegt.

Friend-Funktionen verwendet man gern, wenn man Funktionen erstellen will, die auf mehreren Objekten u. U. verschiedener Klassen arbeiten und man diese Funktionen nicht einer der Klassen zuordnen will. Als Beispiel wollen wir zu zwei beliebigen Punkten p1 und p2 zwei mit max(p1,p2) und min(p1,p2) bezeichnete Punkte bestimmen. Geometrisch soll es sich bei min(p1,p2) um den größtmöglichen Punkt links unterhalb, bei max(p1,p2) um den kleinsten Punkt rechts oberhalb von p1 und p2 handeln. Die folgende Skizze veranschaulicht diesen geometrischen Zusammenhang:[10]

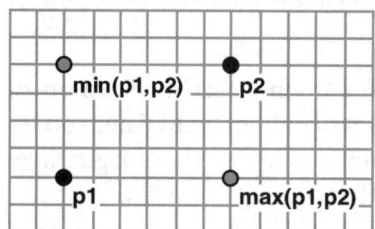

Die Berechnung von Maximum und Minimum könnte man in Member-Funktionen der Klasse punkt durchführen. Dabei ergäbe sich zur Berechnung des Maximums zweier Punkte p1 und p2 die folgende Aufrufsyntax:

```
p3 = p1.max( p2);
```

Das ist sehr gewöhnungsbedürftig. Vertraut – und damit auch wünschenswert – wäre die folgende Schreibweise:

```
p3 = max( p1, p2);
```

Im Sinne einer einfachen Implementierung der Funktion max ist es dann zweckmäßig, der Funktion den Status eines Friends der Klasse punkt einzuräumen. Wir erweitern die Klasse punkt durch die friend-Deklarationen

```
class punkt
    {
    friend punkt max( punkt p1, punkt p2);
    friend punkt min( punkt p1, punkt p2);
```

---

10. Beachten Sie in diesem Zusammenhang, dass Bildschirmkoordinaten im Gegensatz zu mathematischen Koordinaten von links oben nach rechts unten wachsen.

```
    private:
        short x;
        short y;
    public:
        ...
    };
```

erstellen zunächst zwei kleine Hilfsfunktionen zur Bestimmung des Minimums
bzw. Maximums zweier ganzer Zahlen:

```
inline int maximum( int a, int b)
    {
    return a > b ? a : b;
    }

inline int minimum( int a, int b)
    {
    return a > b ? b : a;
    }
```

und implementieren dann die Funktionen max und min:

```
punkt min( punkt p1, punkt p2)
    {
    return punkt( minimum(p1.x, p2.x), minimum(p1.y, p2.y));
    }

punkt max( punkt p1, punkt p2)
    {
    return punkt( maximum(p1.x, p2.x), maximum(p1.y, p2.y));
    }
```

Wir testen die Funktionen durch ein kleines Grafikprogramm

```
void zeichnung()
    {
    punkt p1( 50, 200);
    punkt p2( 200, 50);
    punkt p3, p4;

    p3 = min( p1, p2);
    p4 = max( p1, p2);
```

```
   p1.zeichne();
   p2.zeichne();
   p3.zeichne();
   p4.zeichne();
   }
```

und erhalten die folgende Ausgabe:

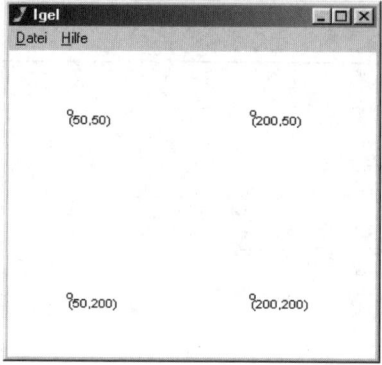

Die Punkte `p1` - `p4` sind mit ihren Koordinaten lagerichtig eingezeichnet.

20.4   Operatoren auf Klassen

Im Abschnitt 18.5.6., »Überladen von Operatoren«, hatten wir bereits eine Arithmetik für Punkte entwickelt. Die Punkte waren damals noch als Datenstrukturen und nicht als Klassen implementiert, aber man kann das Beispiel problemlos auf Klassen übertragen, wenn man die einzelnen Operatoren jeweils zu einem `friend` der Klasse `punkt` macht. Wir greifen das Thema hier noch einmal auf, weil es für Klassen eine weitere Notation zum Überladen von Operatoren gibt, die wir zusätzlich einführen wollen.

Wir wollen die Operationen »Durchschnitt« und »Vereinigung« für Rechtecke einführen und implementieren.

Unter dem Durchschnitt zweier Rechtecke `r1` und `r2` verstehen wir das (gegebenenfalls leere) Rechteck, das alle Punkte enthält, die sowohl in `r1` als auch in `r2` sind. Es handelt sich dabei um das größte Rechteck, das vollständig sowohl in `r1` als auch in `r2` liegt. Als Operatorzeichen für den Durchschnitt wollen wir & verwenden. Die folgende Skizze zeigt zwei Beispiele zur Verwendung dieses Operators:

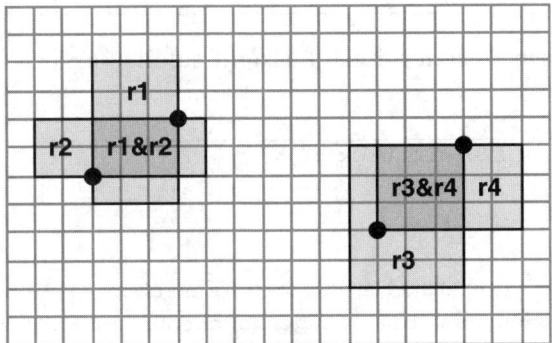

Unter der Vereinigung zweier Rechtecke r1 und r2 wollen wir das kleinste Rechteck verstehen, das sowohl r1 als auch r2 umfasst. Als Operatorzeichen verwenden wir hier |. Mit diesen Operatoren können wir jetzt in einer begrifflich sehr einfachen Weise neue Rechtecke konstruieren. Zum Beispiel:

```
r5 = (r1 & r2) | (r3 & r4)
```

Die folgende Grafik zeigt uns das Ergebnis für die zuvor skizzierten Rechtecke:

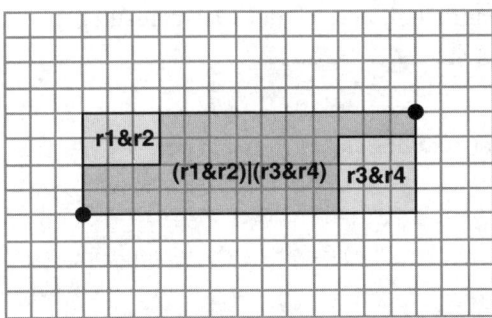

Den &-Operator wollen wir in der bereits bekannten Weise, also als Freund außerhalb der Klasse, implementieren. Dazu fügen wir in der Klasse Rechteck zunächst die `friend`-Anweisung ein:

```
class rechteck
    {
    friend rechteck operator&( rechteck r1, rechteck r2);
    private:
        ...
```

```
    public:
        ...
    };
```

Implementieren können wir diesen Operator durch Rückgriff auf die max bzw. min-Funktionen für Punkte:

```
rechteck operator&( rechteck r1, rechteck r2)
    {
    rechteck x;

    x.set_ecken( max( r1.get_linksoben(), r2.get_linksoben()),
            min( r1.get_rechtsunten(), r2.get_rechtsunten())));

    return x;
    }
```

Wir legen ein neues Rechteck x an, setzen dessen Ecken auf das Maximum der beiden linken oberen bzw. das Minimum der beiden rechten unteren Ecken der an der Operation beteiligten Rechtecke und geben das so konstruierte Rechteck als Ergebnis der Operation zurück.

Die zweite Art, einen Operator für eine Klasse zu überladen, besteht darin, den Operator als Member-Funktion im öffentlichen Bereich der Klasse anzulegen:

```
class rechteck
    {
    friend rechteck operator&( rechteck r1, rechteck r2);
    private:
        ...
    public:
        ...
        rechteck operator|( rechteck r);
    };
```

In diesem Fall benötigt ein zweistelliger Operator nur ein Argument, und zwar das für die rechte Seite der Operation. Der erste Operand ist implizit durch das Objekt gegeben, auf dem der Operator als Member-Funktion zur Ausführung kommt. Konsequent als Member-Funktion müsste man den Operator jetzt wie folgt verwenden,

```
r1.operator|(r2)
```

um die Vereinigung der Rechtecke r1 und r2 zu berechnen. Das geht auch so – es macht nur niemand. Man verwendet üblicherweise die Operator-Schreibweise, die in dieser Situation auch zulässig ist:

```
r1 | r2
```

Bei der Implementierung des Operators müssen wir uns jetzt vor Augen halten, dass der erste Operand durch das Objekt, an dem die Operatorfunktion ausgeführt wird, gegeben ist. Damit können wir auf die Daten des linken Operanden direkt zugreifen und der Funktionscode vereinfacht sich entsprechend:

```
rechteck rechteck::operator|( rechteck r)
    {
    rechteck x;

    x.set_ecken( min( lo, r.get_linksoben()),
                 max( ru, r.get_rechtsunten())));

    return x;
    }
```

Die Vereinigung erhalten wir, indem wir aus dem Minimum der beiden linken oberen und dem Maximum der beiden rechten unteren Ecken ein neues Rechteck bilden.

Damit sind beide Operatoren implementiert und wir können das obige Beispiel in Form einer IGEL-Zeichnung umsetzen:

```
void zeichnung()
    {
    rechteck r1( 30, 20, 60, 70);
    rechteck r2( 10, 40, 70, 60);
    rechteck r3( 120, 50, 160, 100);
    rechteck r4( 130, 50, 180, 80);

    rechteck r5 = (r1 & r2) | (r3 & r4);

    r5.set_farben( SCHWARZ, GELB);

    r5.zeichne();
    r1.zeichne();
    r2.zeichne();
    r3.zeichne();
```

```
    r4.zeichne();
    (r1 & r2).zeichne();
    (r3 & r4).zeichne();
    }
```

Wir instantiieren die vier Ausgangsrechtecke (r1 – r4) und berechnen daraus das Ergebnisrechteck. Die restlichen Zeilen dienen zur Ausgabe der Ausgangsrechtecke sowie der Zwischen- und Endergebnisse.[11] Als Ergebnis sehen wir die erwarteten Rechtecke im IGEL-Grafikfenster:

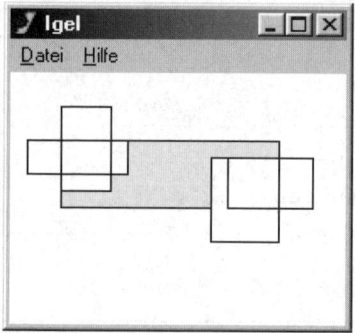

Sie sehen, dass die Verwendung von Operatoren zu sehr elegantem Programmcode führen kann. Anwenden sollte man diese Techniken aber nur in Bereichen, in denen die Operatorschreibweise und die Operatorzeichen sinnvolle und einsichtige Bedeutungen haben. Letztlich können Sie jede Funktion hinter einem Operator verstecken, aber die Verständlichkeit Ihrer Programme ist nicht mehr gegeben, wenn Sie durch Operatoren uneinsichtige Funktionen ausführen.

20.5 Ein- und Ausgabe in C++

Mit das Erste, was wir in C gelernt hatten, waren einfache Ein-/Ausgabeoperationen mit scanf und printf. Später kamen die Dateioperationen hinzu. In C++ bestehen diese Möglichkeiten nach wie vor. Zusätzlich gibt es eine mehr auf die Fähigkeiten von C++ zugeschnittene Art der Ein-/Ausgabe, die das Klassenkonzept und die Fähigkeit zum Überladen von Operatoren ausnutzt. Diese Schnittstelle zum Ein-/Ausgabesystem will ich hier kurz vorstellen, ohne dabei alle Details zu behandeln.

---

11. Die Zwischenergebnisse werden hier noch einmal neu berechnet, da sie bei der Auswertung der Formel nicht explizit anfallen.

20.5.1 Bildschirmausgabe

Zur Ausgabe von Text auf dem Bildschirm dient das Objekt cout. Bei cout handelt es sich um ein Objekt der Klasse ostream, das vom Laufzeitsystem zu Programmstart instantiiert wird. Das Objekt cout hat in C++ die Rolle, die der Standard-Output-Stream stdout in C hat. Um cout nutzen zu können, müssen Sie in Ihren Programmen die Header-Datei iostream.h inkludieren:

```
# include <iostream.h>
```

Alle Ausgabeoperationen sind dann als Methoden (Funktionen oder Operatoren) der Klasse ostream am Objekt cout verfügbar. Der wesentliche Ausgabeoperator ist '<<'. Mit diesem Operator können die elementaren Datentypen in den Ausgabestrom geleitet werden. Konkret sieht das dann wir folgt aus:

```
int a = 1;

cout << a;
```

Dazu wird eine überladene Version des '<<'-Operators mit der Schnittstelle

```
ostream& operator<<( ostream& os, int x)
```

verwendet. Für alle Grunddatentypen (char, int, float, char *, ...) existieren bereits Implementierungen dieses Operators im C++-Laufzeitsystem, sodass man solche Daten problemlos ausgeben kann. Der C++-Compiler wählt anhand der Parametersignatur die passende Variante des '<<'-Operators aus:

```
int a = 1;

cout << "Der Wert von a ist: ";
cout << a;
cout << '\n'
```

Die Referenz auf den ostream wird durch den Ausgabeoperator »durchgeschleift«.[12] Dies ermöglicht es, den Operator kaskadierend zu verwenden:

```
int a = 1;

cout << "Der Wert von a ist: " << a << '\n';
```

---

12. Der als erster Parameter in die Operation einfließende ostream kommt als Rückgabewert wieder heraus.

Die besondere Qualität der Ausgabe durch Operatoren liegt darin, dass Operatoren überladen werden können. Wir können also für die Klassen, die wir selbst erstellen, eigene Überladungen des Ausgabeoperators definieren und dann unsere Objekte ebenso einfach ausgeben wie die Grunddatentypen.

Wir wollen dies am Beispiel der Grafikelemente (kreis, rechteck, linie) durchführen.

Im Rahmen der Ausgabe von Kreisen, Rechtecken und Linien sind natürlich auch die jeweils eingelagerten Punkte auszugeben. In einem ersten Schritt erstellen wir daher eine Ausgabe für Punkte. Dazu nehmen wir eine friend-Deklaration für den Ausgabeoperator in die Klasse auf:

```
class punkt
    {
    friend ostream& operator<<( ostream& os, punkt& p);
    private:
        ...
    public:
        ...
    };
```

Dann implementieren wir den Ausgabeoperator:

```
ostream& operator<<( ostream& os, punkt& p)
    {
    os << '(' << p.x << ',' << p.y << ')';
    return os;
    }
```

Wir schieben dazu nacheinander eine öffnende Klammer, die x- und die y-Koordinate des Punktes sowie eine schließende Klammer auf den Output-Stream. Abschließend geben wir noch den Output-Stream als Returnwert zurück. Mit diesem Operator sollte sich dann für einen Punkt eine Ausgabe der folgenden Art ergeben:

```
(123,456)
```

Aufbauend auf der Ausgabe für Punkte können wir jetzt die Ausgaben für Kreise, Rechtecke und Linien erstellen. Wir beginnen mit dem Kreis, indem wir zunächst die erforderliche friend-Deklaration in die Klasse aufnehmen:

```
class kreis
    {
    friend ostream& operator<<( ostream& os, kreis& k);
    private:
        ...
    public:
        ...
    };
```

In der Implementierung können wir jetzt den Mittelpunkt einfach auf den Ausgabestream legen, da für Punkt bereits eine Ausgabe existiert:

```
ostream& operator<<( ostream& os, kreis& k)
    {
    os << "Kreis:    " << '[' << k.mittelpunkt << ','
                       << k.radius << ']' << '\n';
    return os;
    }
```

Neben dem Mittelpunkt geben wir den Radius aus und schließen das Ganze in eckige Klammern ein. Vor die Ausgabe der Kreisdaten schreiben wir noch »Kreis:« und schließen die Ausgabe mit einem Zeilenvorschub ab.

Die Erstellung der Ausgaben für Rechteck und Linie ist jetzt nur noch eine kleine Pflichtübung, deren Lösung Sie auf der beiliegenden CD finden.

Wir erweitern noch unser kleines Grafikprogramm, indem wir zusätzlich zur Ausgabe auf dem Grafikbildschirm noch eine Textausgabe programmieren:

```
kreis kopf( 200, 50, 30, SCHWARZ, GELB);
rechteck rumpf( 170, 80, 230, 180, SCHWARZ, ROT);
linie arm1( 170, 80, 120, 30, SCHWARZ);
linie arm2( 230, 80, 280, 130, SCHWARZ);
linie bein1( 170, 180, 170, 250, SCHWARZ);
linie bein2( 230, 180, 230, 250, SCHWARZ);

cout << kopf;
cout << rumpf;
cout << arm1;
cout << arm2;
cout << bein1;
cout << bein2;
```

Als Ergebnis erhalten wir zusätzlich zum bekannten Männchen im Grafikfenster eine textuelle Ausgabe der Grafikelemente im Konsol-Fenster:

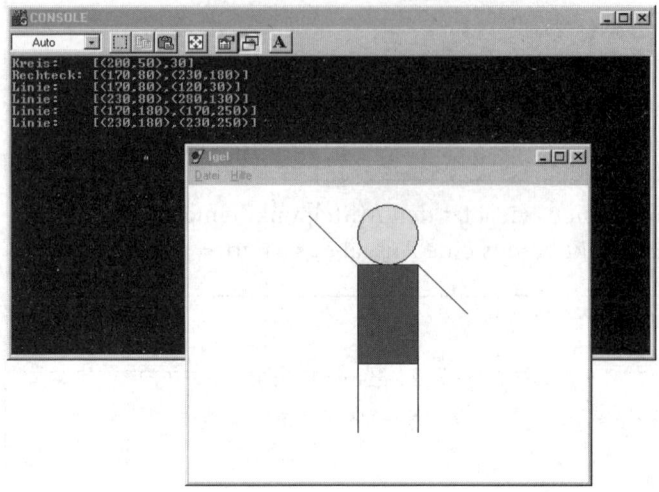

20.5.2 Tastatureingabe

Die Eingabe von Daten über die Tastatur ist in C++ ebenfalls über Klassen und Methoden geregelt. Im Mittelpunkt steht hier das Objekt `cin`, bei dem es sich um eine Instanz der Klasse `istream` handelt. Mit dem '>>'-Operator können aus einem `istream` Daten in die Variablen eines Programms gelesen werden. Formal läuft das genauso ab, wie bei der Ausgabe, nur die Datenflussrichtung kehrt sich um. Um beispielsweise einen ganzzahligen Wert in eine `int`-Variable einzulesen, erstellt man den folgenden Code:

```
int a;

cout << "Bitte a eingeben: "
cin >> a;
```

Der Adressoperator, den wir bei der C-Eingabe verwenden mussten, ist hier nicht mehr erforderlich, da an der Schnittstelle des '>>'-Operators Referenzen verwendet werden.

Für andere Datentypen funktioniert die Eingabe genauso

```
char name[100];

cout << "Bitte geben Sie Ihren Namen ein: "
cin >> name;
```

und auch Überladungen für selbst erstellte Klassen können durchgeführt werden. Als Beispiel erstellen wir eine überladene Version des '>>'-Operators zur Eingabe der Koordinaten für einen punkt. Der benötigte Operator wird dazu zunächst zum friend der Klasse punkt gemacht

```
class punkt
    {
    friend ostream& operator<<( ostream& os, punkt& p);
    friend istream& operator>>( istream& is, punkt& p);
    private:
        ...
    public:
        ...
    };
```

und dann in der folgenden Weise implementiert:

```
istream& operator>>( istream& is, punkt& p)
    {
    cout << "x-Koordinate: ";
    cin >> p.x;
    cout << "y-Koordinate: ";
    cin >> p.y;

    return is;
    }
```

Wenn wir jetzt in ein Programm die Zeilen

```
punkt p;

cin >> p;
cout << p << '\n'
```

einfügen, wird der folgende Dialog mit dem Benutzer abgewickelt:

```
x-Koordinate: 123
y-Koordinate: 456
(123,456)
```

20.5.3 Dateioperationen

Die gleichen Konzepte (Klassen und Methoden/Operatoren statt Datenstrukturen und Funktionen) finden wir auch im Zusammenhang mit Dateioperationen.

In Abschnitt 7.5.5, Dateioperationen, hatten wir ein einfaches Programm diskutiert, das eine Textdatei auf dem Bildschirm ausgeben konnte. Diesem C-Programm stellen wir jetzt eine C++-Variante gegenüber:

A	`# include <stdio.h>`	`# include <fstream.h>`
	`# include <stdlib.h>`	`# include <stdlib.h>`
	`void main()`	`void main()`
	`{`	`{`
	`int chr;`	`char chr;`
B	`FILE *datei;`	`ifstream datei( "test.txt");`
	`datei = fopen("test.txt","r");`	
C	`if( !datei)`	`if( !datei)`
	`printf( "Fehler\n");`	`cout << "Fehler\n";`
	`exit( 1);`	`exit( 1);`
	`}`	`}`
	`while(1)`	`while(1)`
	`{`	`{`
D	`chr = fgetc( datei);`	`datei.get( chr);`
E	`if( feof( datei))`	`if( datei.eof())`
	`break;`	`break;`
F	`fputc( chr, stdout);`	`cout.put( chr);`
	`}`	`}`
G	`fclose( datei);`	`datei.close();`
	`}`	`}`

Dabei erkennen wir die folgenden Änderungen im C++-Code:

A: In C++ includieren wir `fstream.h` anstelle von `stdio.h`.

B: Hier legen wir ein Objekt der Klasse `ifstream` (Input File Stream) an. Diese
Klasse ist in C++ dafür vorgesehen, Eingabedateien zu bearbeiten. Beim Anlegen der Klasse wird der Name der Datei mitgegeben, und die Datei wird automatisch zum Lesen geöffnet. Ein expliziter Aufruf einer open-Funktion wie im
C-Programm ist daher überflüssig.

C: Einen Fehler beim Versuch, die Datei zu öffnen, erkennt man wie im C-Programm am Wert von `!datei`. In C++ handelt es sich jedoch nicht um den
Negationsoperator, sondern um einen eigens für `ifstream` überladenen Operator, der den Erfolg der Dateioperation anzeigt.

D: Zum Lesen eines Zeichens aus der geöffneten Datei verwendet man jetzt die get-Methode der Klasse `ifstream`.

E: Das Dateiende erkennen wir am Rückgabewert der `eof`-Methode.

F: Auch `cout` ist eine Datei in diesem Sinne und wir können über eine put-Methode auf dem Bildschirm schreiben.

G: Geschlossen wird die Datei durch Aufruf der `close`-Methode.

Weitere Methoden der Klasse `ifstream` und Informationen über die Klasse `ofstream` (Output File Stream) entnehmen Sie dem noch folgenden Referenzabschnitt und den Handbüchern Ihres Compilers.[13] Im Übrigen können Sie bei Dateioperationen auch die Operatoren `<<` und `>>` benutzen, da Input bzw. Output File Streams spezielle `istream`- bzw. `ostream`-Klassen sind.

20.6 Der this-Pointer

Es gibt Situationen, in denen ein Objekt seine eigene Adresse benötigt, um sie beispielsweise an ein Unterprogramm oder ein anderes Objekt weiterzugeben. Üblicherweise ermitteln wir die Adresse eines Objekts mit dem Adressoperator '&'. Das ist auch kein Problem, wenn wir über das Objekt explizit verfügen:

```
punkt p;
punkt *pointer;

pointer = &p;
```

Wenn wir aber innerhalb einer Member-Funktion die Adresse des Objekts benötigen, auf dem wir gerade arbeiten, so haben wir nichts in der Hand, auf das wir den Adressoperator sinnvoll anwenden könnten. Wir befinden uns ja sozusagen im Inneren des Objekts und können die nur von außen sichtbare Adresse nicht wahrnehmen. In C++ verwendet man in dieser Situation den sogenannten this-Pointer. Dies ist ein konstanter Zeiger auf das gerade in Bearbeitung befindliche Objekt. Üblicherweise verwenden Objekte diesen Zeiger, um anderen Objekten oder Funktionen ihre Adresse mitzuteilen. Als Beispiel stellen wir uns vor, dass

---

13. Wir haben zum Beispiel überhaupt nicht darüber gesprochen, wie man die Ausgabe formatieren kann. Ich werde solche Themen auch im Referenzteil nicht erschöpfend behandeln und kann Sie hier nur auf andere Quellen verweisen. Im Übrigen hat diese Art von I/O bei professioneller Programmierung kaum noch Bedeutung. An der Benutzerschnittstelle wird dann üblicherweise ein grafikfähiges Dialogsystem, an der Dateischnittstelle eine Datenbank verwendet. Verschwenden Sie keine Energie auf ausgefeilte Ein- oder Ausgabe mit den hier vorgestellten Mitteln. Beschäftigen Sie sich statt dessen mit der Programmierung grafischer Benutzeroberflächen oder der Programmierung von Datenbanken.

wir in der set-Methode für Punkte nach dem Setzen der Koordinatenwerte zu Testzwecken eine Ausgabe machen wollen. Zur Ausgabe wollen wir dabei den überladenen Ausgabeoperator verwenden. Dieser benötigt aber eine Referenz auf das auszugebende Objekt. Durch Dereferenzierung des this-Pointers (*this) erhält das Objekt dann eine Referenz auf sich selbst, die es an den Ausgabeoperator weiterleiten kann:

```
void punkt::set( int xx, int yy)
    {
    x = xx;
    y = yy;

    cout << *this;
    }
```

Insbesondere wenn man Programme erstellen will, in denen Objekte Links (Querverweise) untereinander einrichten und verwalten, ist der this-Pointer von großer Bedeutung. Wir werden noch einige Beispiele dazu diskutieren.

20.7   Beispiele

Anhand von zwei Beispielen wollen wir das, was wir in diesem Abschnitt gelernt haben, vertiefen. Im ersten Beispiel werden wir eine vollständige Klasse für den in C++ nicht vorhandenen Datentyp einer »Menge« erstellen. Im zweiten Beispiel werden wir als Anwendung von Mengen ein Glücksspiel (Bingo) implementieren.

20.7.1   Menge

In unserem ersten Beispiel wollen wir einen Datentyp implementieren, den es in manchen anderen Programmiersprachen bereits als Grunddatentyp gibt. Es handelt sich um den Datentyp »Menge«. Zunächst wollen wir unsere Anforderungen an diesen Datentyp zusammentragen.

Mengen sollten Zahlen von 0 bis 255 aufnehmen können und die wesentlichen, aus der Mengenlehre bekannten Operationen ermöglichen:

Operation	Beschreibung
A + B	Bildet die Vereinigung der Mengen A und B.
A * B	Bildet den Durchschnitt der Mengen A und B.
A - B	Bildet die mengentheoretische Differenz »A ohne B«.
~A	Bildet das Komplement der Menge A.

Operation	Beschreibung
A + e	Bildet die Menge, die alle Elemente aus A und zusätzlich das Element e enthält.
A - e	Bildet die Menge, die alle Elemente aus A, aber nicht das Element e enthält.

Die oben genannten Operationen bilden aus ihren Operanden stets eine neue Menge. Es soll aber auch Operatoren geben, die eine bestehende Menge verändern:

Operation	Beschreibung
A += B	Fügt die Elemente aus B zur Menge A hinzu.
A *= B	Entfernt aus A alle Elemente, die nicht zu B gehören.
A -= B	Entfernt aus A alle Elemente, die zu B gehören.
A += e	Fügt das Element e zur Menge A hinzu.
A -= e	Entfernt das Element e aus der Menge A.

Darüber hinaus gibt es noch Operationen, die gewisse Prüfungen auf Mengen durchführen:

Operation	Beschreibung
A <= B	Prüft, ob A Teilmenge von B ist. Das Ergebnis ist 1, wenn die Teilmengenbeziehung besteht, ansonsten 0.
!A	Prüft, ob die Menge A leer ist. Bei einer leeren Menge ist das Ergebnis 1, ansonsten 0.
e < A	Prüft, ob die Menge A das Element e enthält. Kommt e in A vor, so ist das Ergebnis 1, andernfalls 0.

Letztlich gibt es noch eine Operation, mit deren Hilfe wir eine Menge auf einem Output-Stream ausgeben können:

Operation	Beschreibung
os << A	Gibt die Menge A auf dem ostream os aus

Wie Sie sehen, werden wir konsequent Operatoren einsetzen – vielleicht übertreiben wir es hier auch ein bisschen.

Da wir die hier entwickelte Klasse (set) im nächsten Beispiel (Bingo) wiederverwenden wollen, müssen wir eine saubere Aufteilung des Programmcodes auf Dateien vornehmen. Wir erstellen drei Dateien. Die erste set.h enthält die Deklaration der Klasse set. Die zweite set.cpp enthält die Implementierung aller

Methoden und Operatoren der Klasse set. Die dritte Datei test.cpp enthält das Hauptprogramm und dient als Testrahmen für die Klasse set. Sowohl test.cpp als auch set.cpp includieren die Header-Datei set.h.

Wir wollen eine Menge (set) intern als einen Array von vorzeichenlosen Integer-Zahlen anlegen, wobei jeweils nur ein einzelnes Bit an einer bestimmten Bitposition das Vorhandensein eines Elements in der Menge anzeigen soll:

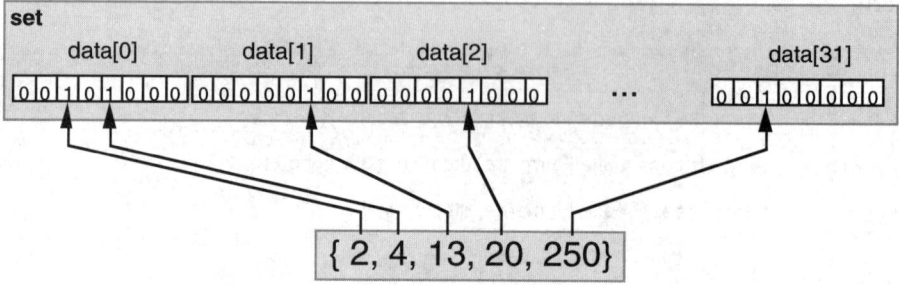

Der Basis-Datentyp zur Implementierung einer Menge ist also unsigned int und wird in der Header-Datei set.h festgelegt:

```
# define BASETYPE unsigned int
```

▲ CD-ROM P_20_7_1/set.h

Da dieser Datentyp aber auf unterschiedlichen Rechnern unterschiedlich »groß« (2 oder 4 Bytes) sein kann und wir über die Größe keine Annahmen treffen wollen, definieren wir uns einige Konstanten. Zum einen ist dies die Konstante s_size

```
const int s_size = 256;
```

▲ CD-ROM P_20_7_1/set.h

in der wir die maximale Elementzahl der Menge festhalten. Dann folgt die Konstante b_size

```
const int b_size = sizeof( BASETYPE)*8;
```

▲ CD-ROM P_20_7_1/set.h

die die Anzahl der Bits im Basisdatentyp enthält. Schließlich ist da noch die Konstante a_size

```
const int a_size = (s_size-1)/b_size + 1;
```

▲ CD-ROM P_20_7_1/set.h

in der die erforderliche Arraygröße aus den beiden anderen Konstanten berechnet wird.

Mit diesen Konstanten können wir dann die Klasse `set` mit ihren Operationen und ihrer internen Datenstruktur deklarieren:

```
class set
    {
    friend set operator+( const set& s1, const set& s2);
    friend set operator-( const set& s1, const set& s2);
    friend set operator*( const set& s1, const set& s2);
    friend set operator~( const set& s);
    friend set operator+( const set& s, const int e);
    friend set operator-( const set& s, const int e);

    friend set &operator+=( set& s1, const set& s2);
    friend set &operator-=( set& s1, const set& s2);
    friend set &operator*=( set& s1, const set& s2);
    friend set &operator+=( set& s, const int e);
    friend set &operator-=( set& s, const int e);

    friend int operator<=( const set& s1, const set& s2);
    friend int operator<( int e, const set& s);
    friend int operator!( const set& s);

    friend ostream& operator<<( ostream& os, set s);

    private:
      BASETYPE data[a_size];
    public:
      set();
    };
```

▲ CD-ROM P_20_7_1/set.h

Neben einer Vielzahl von Operatoren finden wir hier nur im privaten Bereich den Daten-Array (`data`) und einen Konstruktor (`set`) mit leerer Parameterliste.

Damit ist die Header-Datei `set.h` vollständig erstellt und wir können uns der Implementierungsdatei `set.cpp` zuwenden.

Im Konstruktor erstellen wir eine leere Menge, indem wir alle Felder des Datenarrays auf 0 setzen:

```
set::set()
    {
    int i;

    for( i = 0; i < a_size; i++)
        data[i] = 0;
    }
```

▲ CD-ROM P_20_7_1/set.cpp

Dann implementieren wir nach und nach alle Mengenoperationen. Wir starten mit dem '+='-Operator. Um die Elemente aus einer Menge s2 zur Menge s1 hinzuzufügen, müssen wir im Datenarray von s1 zusätzlich zu den bereits gesetzten Bits die Bits setzen, die im Datenarray von s1 gesetzt sind. Mit dem bitweisen Oder-Operator ist das ganz einfach:

```
set& operator+=( set& s1, const set& s2)
    {
    int i;

    for( i = 0; i < a_size; i++)
        s1.data[i] |= s2.data[i];
    return s1;
    }
```

▲ CD-ROM P_20_7_1/set.cpp

Zur Weiterverwendung in einem gegebenenfalls vorhandenen Ausdruck reichen wir die Referenz auf die geänderte Menge als Rückgabewert weiter.

Zur Implementierung der Vereinigung zweier Mengen können wir die Operation += bereits verwenden:

```
set operator+( const set& s1, const set& s2)
    {
    set r;

    r = s1;
    r += s2;
    return r;
    }
```

▲ CD-ROM P_20_7_1/set.cpp

Wir kopieren die Menge s1 in die Menge r und fügen dann zu r die Elemente aus s2 hinzu. Die Menge r geben wir als Ergebnis der Operation zurück.

Bei den Operationen '-' und '-=' läuft das im Prinzip genau so ab – mit dem Unterschied, dass bei der Differenzbildung die Bits, die in s2 gesetzt sind, in s1 nicht gesetzt, sondern gelöscht werden müssen:

```cpp
set& operator-=( set& s1, const set& s2)
    {
    int i;

    for( i = 0; i < a_size; i++)
        s1.data[i] &= ~s2.data[i];
    return s1;
    }

set operator-( const set& s1, const set& s2)
    {
    set r;

    r = s1;
    r -= s2;
    return r;
    }
```

▲ **CD-ROM** P_20_7_1/set.cpp

Zur Bildung des Durchschnitts von zwei Mengen muss man nur eine bitweise Und-Verknüpfung zwischen den Datenarrays der beiden Mengen durchführen, sodass nur die Bits gesetzt bleiben, die in beiden Mengen gesetzt sind. Damit ist auch die Implementierung der Durchschnittsoperationen klar:

```cpp
set& operator*=( set& s1, const set& s2)
    {
    int i;

    for( i = 0; i < a_size; i++)
        s1.data[i] &= s2.data[i];
    return s1;
    }
```

▲ **CD-ROM** P_20_7_1/set.cpp

```
set operator*( const set& s1, const set& s2)
    {
    set r;

    r = s1;
    r *= s2;
    return r;
    }
```

▲ **CD-ROM** P_20_7_1/set.cpp

Um das Komplement einer Menge zu bilden, müssen wir alle Bits im Array invertieren:

```
set operator~( const set& s)
    {
    int i;
    set r;

    for( i = 0; i < a_size; i++)
        r.data[i] = ~s.data[i];
    return r;
    }
```

▲ **CD-ROM** P_20_7_1/set.cpp

Um ein Element zu einer Menge hinzuzufügen, müssen wir die Stelle des Bits im Array lokalisieren und dieses Bit gezielt setzen. Das Bit für die Zahl e steht aber im Array-Element mit dem Index e/b_size und dort an der Position e%b_size. Mit diesen Informationen können wir das zugehörige Bit gezielt setzen:

```
set& operator+=( set& s1, const int e)
    {
    if((e >= 0) && (e < s_size))
        s1.data[e/b_size] |= (1 << (e%b_size));
    return s1;
    }
```

▲ **CD-ROM** P_20_7_1/set.cpp

Die Operation, um eine um ein Element erweiterte Menge zu bilden, kann in bereits bewährter Manier auf die '+='-Operation zurückgeführt werden:

```
set operator+( const set& s1, const int e)
    {
    set r;

    r = s1;
    r += e;
    return r;
    }
```

▲ **CD-ROM** P_20_7_1/set.cpp

Die Operationen zum Entfernen von Elementen aus einer Menge stellen jetzt kein Problem mehr dar:

```
set& operator-=( set& s1, const int e)
    {
    if((e >= 0) && (e < s_size))
        s1.data[ e/b_size] &= ~(1 << (e%b_size));
    return s1;
    }

set operator-( const set& s1, const int e)
    {
    set r;

    r = s1;
    r -= e;
    return r;
    }
```

▲ **CD-ROM** P_20_7_1/set.cpp

Zur Überprüfung der Teilmengenbeziehung muss man testen, ob mindestens die Bits aus der einen Menge auch in der anderen gesetzt sind:

```
int operator<=( const set& s1, const set& s2)
    {
    int i;

    for( i = 0; i < a_size; i++)
        {
```

```
        if( (s1.data[i] & s2.data[i]) != s1.data[i])
            return 0;
    }
    return 1;
}
```

▲ CD-ROM P_20_7_1/set.cpp

Dazu prüft man in einer Schleife alle Array-Elemente. Findet man dabei Bits im Daten-Array von s1, die im Array von s2 nicht gesetzt sind, so wird die Schleife vorzeitig abgebrochen (return 0), weil die Teilmengenbeziehung nicht besteht. Wird die Schleife ohne vorzeitigen Abbruch bis zum Ende durchlaufen, so besteht die Teilmengenbeziehung (return 1).

Will man feststellen, ob ein bestimmtes Element in einer Menge vorhanden ist, so muss man prüfen, ob das zugehörige Bit gesetzt ist:

```
int operator<( int e, const set& s)
    {
    if((e >= 0) && (e < s_size))
        return s.data[ e/b_size] & (1 << (e%b_size));
    return 0;
    }
```

▲ CD-ROM P_20_7_1/set.cpp

Ob die Menge leer ist oder nicht, erkennt man schließlich daran, ob alle Felder im Array den Wert 0 haben oder ob es ein von 0 verschiedenes Element gibt:

```
int operator!( const set& s)
    {
    int i;

    for( i = 0; i < a_size; i++)
        {
        if( s.data[i])
            return 0;
        }
    return 1;
    }
```

▲ CD-ROM P_20_7_1/set.cpp

Jetzt fehlt nur noch der Operator, um eine Menge auf dem Bildschirm auszugeben

```
ostream& operator<<( ostream& os, set s)
    {
    int i;
    int append;

    os << '{';
    for( i = 0, append = 0; i < s_size; i++)
        {
        if( i < s)
            {
            if( append)
                os << ',';
            append = 1;
            os << ' ' << i;
            }
        }
    os << '}' << '\n';
    return os;
    }
```

▲ CD-ROM P_20_7_1/set.cpp

und die Klasse set ist vollständig implementiert.

Zum Test schreiben wir in der Datei test.cpp ein kleines Anwendungsprogramm mit Mengenoperationen:

```
void main()
    {
    set A;

    A += 2;
    A += 4;
    A += 6;
    A += 8;
    A += 10;
    A += 12;

    set B;

    B += 2;
    B += 4;
```

```
    B += 6;
    B += 7;
    B += 9;
    B += 11;

    cout << "A = " << A;
    cout << "B = " << B;

    cout << "A+B = " << A+B;
    cout << "A*B = " << A*B;
    cout << "A-B = " << A-B;

    if(!(A*B))
        cout << "Der Durchschnitt von A und B ist leer\n";
    else
        cout << "Der Durchschnitt von A und B ist nicht leer\n";

    if(!(A <= B))
        cout << "A ist keine Teilmenge von B\n";

    cout << "Berechnung einiger Formeln:\n";
    cout << "(A+1) * ~(B+8) = " << (A+1) * ~(B+8);
    cout << "((A+1) * ~(B+8)) - 10 = " << ((A+1) * ~(B+8)) - 10;
    cout << "(((A+1) * ~(B+8)) - 10) + B = "
                        << (((A+1) * ~(B+8)) - 10) + B;
    if((A*B+15) <= (B+15))
        cout << "A*B+15 ist Teilmenge von B+15\n";

    A += (B - 11);
    cout << "A = " << A;
    A *= (B -= 2);
     cout << "A = " << A;
     cout << "B = " << B;
    }
```

▲ **CD-ROM** P_20_7_1/test.cpp

Dieses Programm liefert dann die folgende Ausgabe:

```
A = { 2, 4, 6, 8, 10, 12}
B = { 2, 4, 6, 7, 9, 11}
A+B = { 2, 4, 6, 7, 8, 9, 10, 11, 12}
A*B = { 2, 4, 6}
A-B = { 8, 10, 12}
```

```
Der Durchschnitt von A und B ist nicht leer
A ist keine Teilmenge von B
Berechnung einiger Formeln:
(A+1) * ~(B+8) = { 1, 10, 12}
((A+1) * ~(B+8)) - 10 = { 1, 12}
(((A+1) * ~(B+8)) - 10) + B = { 1, 2, 4, 6, 7, 9, 11, 12}
A*B+15 ist Teilmenge von B+15
A = { 2, 4, 6, 7, 8, 9, 10, 12}
A = { 4, 6, 7, 9}
B = { 4, 6, 7, 9, 11}
```

Es ist uns gelungen, den neuen Datentyp Menge so zu integrieren, als wäre er ein Bestandteil der Sprache C++. Im Beispiel des nächsten Abschnitts werden wir diesen neuen Datentyp verwenden.

20.7.2 Bingo

Als Anwendung der im vorigen Abschnitt eingeführten Mengen wollen wir ein Bingo-Spiel programmieren. Bingo ist ein Glücksspiel, an dem eine beliebige Anzahl von Spielern teilnehmen kann. Jeder Spieler hat vor sich eine Karte, auf der er 10 Zahlen im Bereich von 0 bis 50 notiert hat. Der Spielleiter zieht aus einer Lostrommel Zahlen (0-50) und ruft diese öffentlich aus. Immer, wenn ein Spieler die gezogene Zahl auf seiner Karte findet, streicht er die Zahl durch. Wer als erster alle Zahlen durchgestrichen hat, hat gewonnen – Bingo.

Wir wollen das Spiel Schritt für Schritt implementieren und beginnen mit der Lostrommel:

```
class lostrommel
    {
    private:
      int anzahl;
      set trommel;
    public:
      lostrommel( int max);
      int ziehen();
    };
```

▲ **CD-ROM** P_20_7_2/bingo.cpp

Die Lostrommel enthält intern eine Menge von Kugeln (trommel) und die Information über die Anzahl der in der Menge vorhandenen Kugeln (anzahl). Dazu gibt es neben dem Konstruktor nur noch eine Methode (ziehen), um aus der Lostrommel eine Zahl zu ziehen.

Im Konstruktor erwarten wir als Parameter die höchste vorkommende Nummer für eine Kugel (max) und füllen die Lostrommel dann entsprechend dieser Zahl mit Kugeln (0 – max). Das sind insgesamt max+1 Kugeln:

```
lostrommel::lostrommel( int max)
    {
    int i;

    anzahl = max+1;
    for( i = 0; i < anzahl; i++)
        trommel += i;
    }
```

▲ CD-ROM P_20_7_2/bingo.cpp

Um eine Kugel zu ziehen, bestimmen wir zunächst eine Zufallszahl z zwischen 0 und der Anzahl der noch vorhandenen Kugeln.

```
int lostrommel::ziehen()
    {
    int z, i, x;

    if( !anzahl)
        return -1;
    z = rand() % anzahl;
    for( x = 0, i = 0; i <= z; x++)
        {
        if( x < trommel)
            i++;
        }
    x--;
    trommel -= x;
    anzahl--;
    return x;
    }
```

▲ CD-ROM P_20_7_2/bingo.cpp

Dann nehmen wir die z-te Kugel[14] aus der Lostrommel heraus und geben ihre Nummer als Returnwert zurück.

---

14. Das ist nicht die Kugel mit der Nummer z, sondern aus den noch vorhandenen, aufsteigend nach Nummern sortierten Kugeln wird die z-te Kugel ausgewählt.

Jetzt realisieren wir die Klasse für einen Spieler. In die Klasse nehmen wir den Namen und die Spielkarte des Spielers auf:

```
class spieler
    {
    friend ostream& operator<<( ostream& os, spieler& sp);
    private:
        char name[20];
        set karte;
    public:
        void init( int anz, int max);
        void streiche( int z) { karte -= z;}
        int bingo() { return !karte;}
        char *get_name() { return name;}
    };
```

▲ **CD-ROM** P_20_7_2/bingo.cpp

Drei Methoden realisieren wir `inline` direkt in der Klasse:

▶ Beim Aufruf von `streiche` streicht der Spieler eine Zahl z auf seiner Karte.

▶ Auf die Frage `bingo` meldet der Spieler, ob er bereits alle Zahlen auf seiner Karte gestrichen hat.

▶ Schließlich kann ein Spieler auf Anfrage (`get_name`) noch seinen Namen nennen.

Übrig bleibt die Methode `init`, die wir aufgrund ihres Umfangs außerhalb der Klasse implementieren. Zur Initialisierung erhält der Spieler die Anzahl von Zahlen auf seiner Karte (k) und den Zahlenbereich (max = größte vorkommende Nummer) als Parameter.

```
void spieler::init( int k, int max)
    {
    char inter;
    int z;

    cout << "Name: ";
    cin >> name;
    cout << "Interaktiv (j/n): ";
    cin >> inter;
    if( inter == 'j')
        {
        while( k)
            {
```

```
            cout << "Zahl: ";
            cin >> z;
            if( (z >= 0) && (z <= max) && (z < karte))
                {
                karte += z;
                k--;
                }
            }
        }
    else
        {
        lostrommel ltr( max);
        for( ; k; k--)
            karte += ltr.ziehen();
        }
    cout << *this;
    }
```

▲ **CD-ROM** P_20_7_2/bingo.cpp

Zunächst erfragt der Spieler vom Benutzer seinen Namen und die Spielweise. Bei interaktiver Spielweise werden die Glückszahlen vom Benutzer erfragt, andernfalls werden die Zahlen aus einer eigens eingerichteten Lostrommel gezogen.

Zur Ausgabe der Daten eines Spielers auf dem Bildschirm überladen wir den <<-Operator:

```
ostream& operator<<( ostream& os, spieler& sp)
    {
    return os << sp.name << ": " << sp.karte;
    }
```

▲ **CD-ROM** P_20_7_2/bingo.cpp

Wir können dabei auf die bereits verfügbaren Operatoren zur Ausgabe von Strings und Mengen zurückgreifen.

Jetzt fehlt uns nur noch der Spielleiter, der über eine Lostrommel verfügt und eine beliebige Anzahl von Spielern in einem dynamisch allokierten Array verwaltet:

```
class leiter
    {
    private:
        int anzahl;
        spieler *teilnehmer;
```

```
      lostrommel trommel;
   public:
      leiter( int anz, int karte, int max);
      ~leiter();
      void spiel();
   };
```

▲ **CD-ROM** P_20_7_2/bingo.cpp

Der Spielleiter erhält im Konstruktor drei Parameter:

▶ anz = Anzahl Spieler

▶ karte = Anzahl Zahlen auf einer Karte

▶ max = größtmögliche Zahl auf einer Karte

Den Parameter max verwendet er zur Konstruktion seiner Lostrommel:

```
leiter::leiter( int anz, int karte, int max) : trommel( max)
   {
   teilnehmer = new spieler[anz];
   for( anzahl = 0; anzahl < anz; anzahl++)
       teilnehmer[anzahl].init( karte, max);
   }
```

▲ **CD-ROM** P_20_7_2/bingo.cpp

Dann legt er sich einen Array mit anz Spielern an, die er alle über ihre init-Methode initialisiert.

Im Destruktor beseitigt der Spielleiter die dynamisch allokierten Spieler:

```
leiter::~leiter()
   {
   delete[] teilnehmer;
   }
```

▲ **CD-ROM** P_20_7_2/bingo.cpp

Mit der Methode spiel startet der Spielleiter das Spiel:

```
void leiter::spiel()
   {
   int fertig, sp, z;

   for( fertig = 0; !fertig;)
      {
      z = trommel.ziehen();
```

```
      cout << "Gezogen: " << z << '\n';
      for( sp = 0; sp < anzahl; sp++)
         {
         teilnehmer[sp].streiche( z);
         cout << teilnehmer[sp];
         }
      for( sp = 0; sp < anzahl; sp++)
         {
         if( teilnehmer[sp].bingo())
            {
            cout<<"BINGO - "<<teilnehmer[sp].get_name()<<'\n';
            fertig = 1;
            }
         }
      }
   }
```

▲ CD-ROM P_20_7_2/bingo.cpp

In einer Schleife zieht er jeweils eine Zahl aus der Lostrommel und fordert alle Spieler nacheinander auf, die gezogene Zahl von ihrer Karte zu streichen. Anschließend fragt er alle Spieler ab, ob einer von ihnen gegebenenfalls Bingo hat. Ist das der Fall, wird der Name des Gewinners ausgegeben. Der Spielleiter beendet das Spiel, wenn in einer Spielrunde ein Spieler – im Sinne von mindestens ein Spieler – Bingo hatte.

Im Hauptprogramm initialisieren wir dann noch den Zufallszahlengenerator und erfragen vom Benutzer die erforderlichen Spielparameter. Dann instantiieren wir den Spielleiter und fordern ihn auf, das Spiel durchzuführen:

```
void main()
   {
   int seed, anzahl, karte, maximum;

   cout << "Startwert fuer Z-Generator: ";
   cin >> seed;
   srand( seed);
   cout << "Anzahl Teilnehmer: ";
   cin >> anzahl;
   cout << "Kartengroesse: ";
   cin >> karte;
   cout << "Maximum: ";
   cin >> maximum;
```

```
      if( maximum > 63)
          maximum = 63;
      if( karte > maximum+1)
          karte = maximum+1;


      leiter ltr( anzahl, karte, maximum);
      ltr.spiel( );
      }
```

▲ **CD-ROM** P_20_7_2/bingo.cpp

In einem konkreten Beispiel mit vier Spielern (Anton, Berta, Claus und Doris) ergibt sich der folgende Spielablauf:

```
Startwert fuer Z-Generator: 1234
Anzahl Teilnehmer: 3
Kartengroesse: 4
Maximum: 8
Name: Anton
Interaktiv (j/n): j
Zahl: 1
Zahl: 4
Zahl: 7
Zahl: 8
Anton: { 1, 4, 7, 8}
Name: Berta
Interaktiv (j/n): n
Berta: { 0, 3, 7, 8}
Name: Claus
Interaktiv (j/n): n
Claus: { 0, 6, 7, 8}
Gezogen: 5
Anton: { 1, 4, 7, 8}
Berta: { 0, 3, 7, 8}
Claus: { 0, 6, 7, 8}
Gezogen: 2
Anton: { 1, 4, 7, 8}
Berta: { 0, 3, 7, 8}
Claus: { 0, 6, 7, 8}
Gezogen: 8
Anton: { 1, 4, 7}
Berta: { 0, 3, 7}
Claus: { 0, 6, 7}
Gezogen: 4
```

```
Anton:  { 1,  7}
Berta:  { 0,  3,  7}
Claus:  { 0,  6,  7}
Gezogen: 3
Anton:  { 1,  7}
Berta:  { 0,  7}
Claus:  { 0,  6,  7}
Gezogen: 6
Anton:  { 1,  7}
Berta:  { 0,  7}
Claus:  { 0,  7}
Gezogen: 0
Anton:  { 1,  7}
Berta:  { 7}
Claus:  { 7}
Gezogen: 7
Anton:  { 1}
Berta:  {}
Claus:  {}
BINGO - Berta
BINGO - Claus
```

Sie sehen, wie die Spieler nach und nach die gezogenen Nummern von ihrer Karte streichen, bis am Ende Berta und Claus gewonnen haben.

20.8 Aufgaben

A 20.1 Erweitern Sie die Klasse punkt um Operatoren zur Durchführung arithmetischer Operationen! Realisieren Sie die Addition und Subtraktion von Punkten sowie die Multiplikation mit skalaren Faktoren (vgl. Abschnitt 18.5.6)!

A 20.2 Implementieren Sie einen neuen Datentyp string! Dieser Datentyp soll intern einen Puffer für eine Zeichenkette verwalten und ausschließlich durch Methoden und Operatoren bedient werden. Stellen Sie Funktionen bzw. Operatoren zur Verfügung, über die Strings miteinander verkettet, Buchstaben an Strings angefügt, Strings in Strings eingefügt werden können! Stellen Sie auch Funktionen bereit, die das Suchen in Strings und Stringvergleiche ermöglichen! Sorgen Sie insbesondere dafür, dass der interne Zeichenpuffer immer den konkreten Anforderungen entsprechend wächst bzw. schrumpft! Der Benutzer eines Strings sollte in keiner Weise mit dem Allokieren oder Beseitigen von Speicher für den String konfrontiert werden.

A 20.3 Entwerfen und implementieren Sie eine Klasse datum! Diese Klasse soll ein Kalenderdatum bestehend aus Tag, Monat und Jahr intern verwalten und an einer von Ihnen festgelegten Schnittstelle die folgende Funktionalität bieten:

▶ Setzen eines bestimmten Datums

▶ Vergleich zweier Daten (gleich, vorher, nachher)

▶ Addition einer bestimmten Anzahl von Tagen zu einem Datum

▶ Bestimmung der Differenz (= Anzahl Tage) zwischen zwei Daten

▶ Berechnung des Wochentags (0-6) eines Datums

▶ Feststellung, ob es sich um einen Feiertag handelt

▶ Erzeugen von Textstrings in unterschiedlichen Formaten
   (z.B.: 1.1.1997, 1. Jan. 1997, 1. Januar 1997)

Schreiben Sie ein Testprogramm, das alle Funktionen dieser Klasse intensiv testet!

A 20.4 Komplexe Zahlen sind eine für viele mathematische Anwendungen erforderliche Erweiterung der reellen Zahlen. Eine komplexe Zahl z besteht aus einem Real- und einem Imaginärteil, bei dem es sich jeweils um reelle Zahlen handelt. Wir notieren dies in der Form z = (Re(z), Im(z)). Reelle Zahlen sind spezielle komplexe Zahlen, deren Imaginärteil den Wert 0 hat. Für die Addition und Multiplikation von komplexen Zahlen (bzw. komplexen mit reellen Zahlen) bestehen die folgenden Rechenregeln:

$$x + y = \big(Re(x) + Re(y), Im(x) + Im(y)\big)$$

$$x \cdot y = \big(Re(x) \cdot Re(y) - Im(x) \cdot Im(y), Re(x) \cdot Im(y) + Im(x) \cdot Re(y)\big)$$

Für die Multiplikation einer reellen Zahl a mit einer komplexen Zahl z gilt damit insbesondere:

$$a \cdot z = \big(a \cdot Re(z), a \cdot Im(z)\big)$$

Den absoluten Betrag einer komplexen Zahl berechnet man mit der Formel:

$$|z| = \sqrt{\big(Re(z)\big)^2 + \big(Im(z)\big)^2}$$

Modellieren Sie den Datentyp »Komplexe Zahl« in C++ durch eine Klasse! Stellen Sie für alle geläufigen Operationen nur mit komplexen Zahlen bzw. mit komplexen und reellen Zahlen sinnvolle Operatoren zur Verfügung!

Testen Sie den neuen Datentyp, indem Sie Berechnungen mit komplexen und reellen Zahlen durchführen!

A 20.5 Die Enigma ist eine Verschlüsselungsmaschine, die im 2. Weltkrieg auf deutscher Seite zur Chiffrierung und Dechiffrierung von Nachrichten und insbesondere zur Lenkung der U-Boot-Flotte eingesetzt wurde.[15] Äußerlich ähnelt die Enigma einer Kofferschreibmaschine:

Intern besteht die Enigma aus einem Steckbrett, drei Rotoren und einem Reflektor. Die Verschlüsselung wird durch die Verdrahtung dieser drei

---

15. Die Tatsache, dass es den Engländern gelang, ohne Wissen der Deutschen von einem sinkenden U-Boot eine intakte Enigma zu bergen, hatte entscheidenden Einfluss auf den Verlauf des 2. Weltkriegs.

Grundelemente erreicht. Die folgende Grafik zeigt den schematischen Aufbau der Enigma mit einer konkreten Verdrahtung der Bauteile.

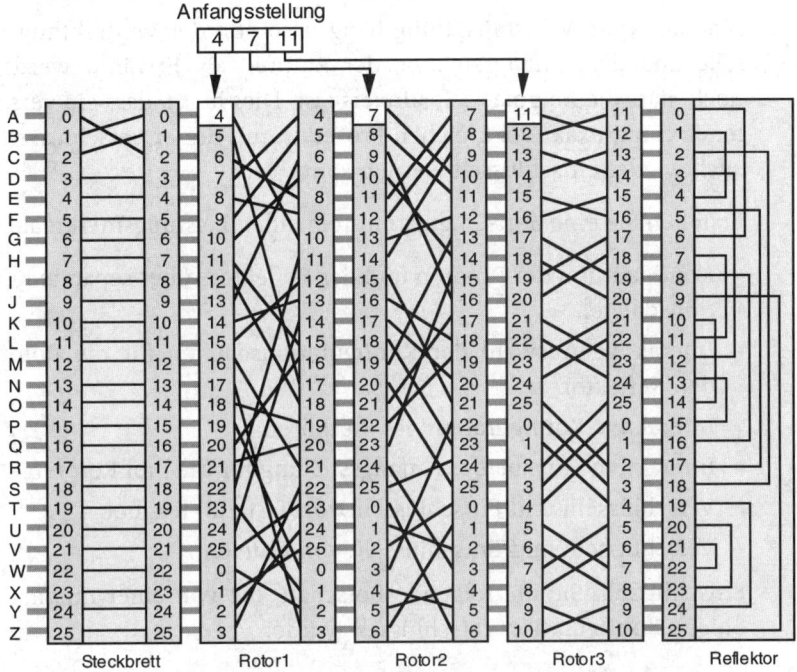

Um eine Vorstellung vom mechanischen Aufbau der Enigma zu bekommen, müssen Sie sich die einzelnen Bauteile ausgeschnitten und an den Schmalseiten zu Walzen zusammengeklebt denken. Das Steckbrett und der Reflektor sind fest, die Rotoren dagegen drehbar montiert.

Bei einer bestimmten Stellung der Rotoren kann dann ein Buchstabe chiffriert bzw. dechiffriert werden, indem durch das Drücken des Buchstabens auf der Tastatur ein Stromkreis durch die Bauteile geschlossen wird, der dann eine Lampe mit dem Ergebnisbuchstaben zum Aufleuchten bringt. In der obigen Stellung wird etwa der Buchstabe A durch den Buchstaben B verschlüsselt. Umgekehrt kann B wieder zu A entschlüsselt werden.

Der Verschlüsselungs- bzw. Entschlüsselungsprozess lief nun so ab, dass sich der linke Rotor nach jedem Drücken eines Buchstabens auf der Tastatur um eine Position weiterdrehte. In unserem Beispiel dreht sich der Rotor von 4 auf 5. Dadurch ergibt sich für den nächsten Buchstaben ein geändertes Codierungsschema. Wenn nun der erste Rotor von 25 auf 0 vorrückt, so dreht auch der zweite Rotor um einen Schritt weiter. Ebenso verhält es sich mit dem dritten Rotor, der einen Schritt vorrückt, wenn der zweite Rotor wieder auf 0 springt. Dieses Prinzip kennen Sie von mechanischen Zählwerken, wie sie früher und auch teilweise noch heute in Autos als Kilometerzähler zum Einsatz kommen.

Eine konkrete Verschlüsselung hängt also von der Verdrahtung der Bauteile und der Anfangsstellung der Rotoren ab. Erwähnt werden sollte noch, dass die Enigma »selbstinvers« ist. Dies heißt, dass ein verschlüsselter Text mit exakt der gleichen Prozedur, mit der er verschlüsselt wurde, auch wieder entschlüsselt werden kann.[16]

Erstellen Sie eine Soft-Enigma mit folgenden Leistungsmerkmalen:

- Konfiguration der Rotoren und des Reflektors über separate Konfigurationsdateien
- Interaktive Auswahl der Konfigurationsdateien für die Rotoren und den Reflektor
- Interaktive Konfiguration des Steckbretts
- Interaktive Eingabe der Anfangsstellung für die drei Rotoren
- Verschlüsseln und Entschlüsseln von Tastatureingaben
- Verschlüsseln und Entschlüsseln von Dateien

Entschlüsseln Sie die folgende Botschaft, die von einer Enigma mit der obigen Konfiguration verschlüsselt wurde:

```
JSOZL FFZPW OPMPZVJ
WYG LLW
OY WNVJL FQVLQFY
VNCGVMGW PT
UPJH DZUQY URFYV
RPX CCKPGVAQ PFMTRTSQX VN HTILX
QJVFG ZBL HSZPV
XWTGOD WD QRMB
```

---

16. Dies macht die Enigma sehr bedienfreundlich. Gleichzeitig ist das aber eine ihrer Schwachstellen. Selbstinvers wird die Enigma durch den Reflektor, der gleichzeitig verhindert, dass ein Buchstabe durch sich selbst verschlüsselt wird. Diese Erkenntnis ist aber bereits ein erster Hinweis zur Entschlüsselung.

21 Vererbung in C++

Wenn Sie sich noch einmal die Entwicklung des Grafik-Editors mittels Datenstrukturen (Kapitel 13) vergegenwärtigen, so können Sie erkennen, dass wir in zwei wichtigen Teilschritten vorgegangen waren. Zunächst hatten wir die vorkommenden Grafikelemente einzeln als Datenstrukturen modelliert, dann hatten wir die Grafikelemente vereinheitlichend in einer Union zusammengefasst. Der Grund dafür war, dass wir verschiedenartige Grafikelemente (Kreis, Rechteck) aus einer vereinheitlichenden, abstrakten Sicht bearbeiten wollten. Die Union ermöglichte es uns, die Daten des Grafikeditors mal abstrakt als »Grafikobjekte« und mal konkret als »Kreis« oder »Rechteck« zu behandeln. Genau diesen Abstraktionsschritt wollen wir jetzt auch in C++ vollziehen. Die konkrete Implementierung von Kreisen und Rechtecken durch Klassen haben wir bereits im letzten Abschnitt durchgeführt. Für die Vereinheitlichung durch Abstraktion werden wir jetzt Vererbung verwenden. Wir nehmen also das, was einem Kreis und einem Rechteck gemeinsam ist, und fassen dies unter dem Begriff »Grafikelement« zusammen. Wir wollen an dieser Stelle noch nicht genau beschreiben, was die Gemeinsamkeiten sind, aber wir haben schon die Vorstellung, dass es dort Gemeinsamkeiten[1] gibt und dass es sich daher um eine sinnvolle Abstraktion handelt. Im Sinne dieser Abstraktion __sind__ Rechtecke und Kreise Grafikelemente. Wir haben es also mit einer Vererbungsbeziehung zu tun:

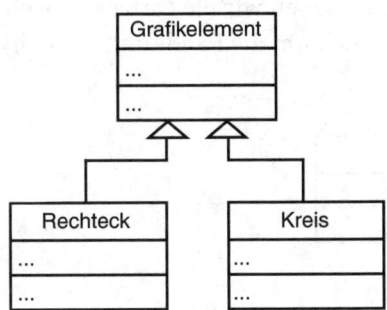

Den Begriff »Grafikelement« haben wir durch Generalisierung aus den Begriffen »Rechteck« und »Kreis« gewonnen. Umgekehrt können wir durch Spezialisierung aus dem Begriff »Rechteck« den Begriff »Quadrat« gewinnen. Ein Quadrat __ist__ ein Rechteck. Aus Symmetriegründen erscheint es an dieser Stelle sinnvoll, auch den

---

1. Zum Beispiel haben Grafikelemente eine Farbe und können gezeichnet werden.

Begriff der »Ellipse« in das Modell aufzunehmen. Ein Kreis <u>ist</u> eine Ellipse und eine Ellipse <u>ist</u> ein Grafikelement. Wir bauen die neuen Begriffe in unser Modell ein:

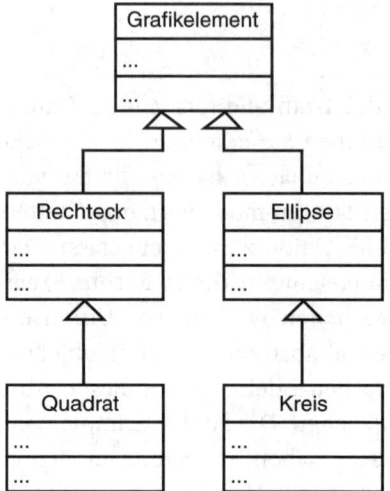

Ein Grafikelement hat zwei Aspekte: Form und Farbe. Diese Aspekte haben nichts miteinander zu tun. Es handelt sich um verschiedene Facetten eines Objekts, die wir aus dem Grafikelement herauslösen und als eigenständige Klassen modellieren wollen.[2] Unter dem Begriff »Formelement« fassen wir alles zusammen, was die Formgebung eines Grafikelements auf dieser abstrakten Ebene betrifft. Im Wesentlichen ist damit die Tatsache gemeint, dass ein Grafikelement immer durch zwei Punkte (linke obere und rechte untere Ecke) abstrakt in seiner Form beschrieben ist.[3] Unter dem Begriff »Farbelement« fassen wir die Farbaspekte eines Grafikobjekts zusammen. Hierbei handelt es sich um die Rand- und die Füllfarbe, die jedes Grafikobjekt aufweist:

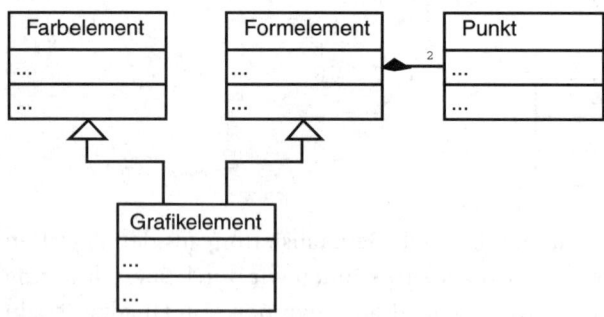

---

2. Vielleicht übertreibe ich hier ein bisschen, aber wir wollen ja möglichst viele objektorientierte Modellierungsmöglichkeiten an einem möglichst kleinen Modell kennen lernen.
3. Die konkrete Form ist auf dieser Ebene noch nicht bekannt.

Fassen wir die Einzelteile unseres Modells zusammen, so sehen wir, dass wir jetzt ein kleines Objektmodell mit einfacher und mehrfacher Vererbung und einer Aggregationsbeziehung erhalten haben:

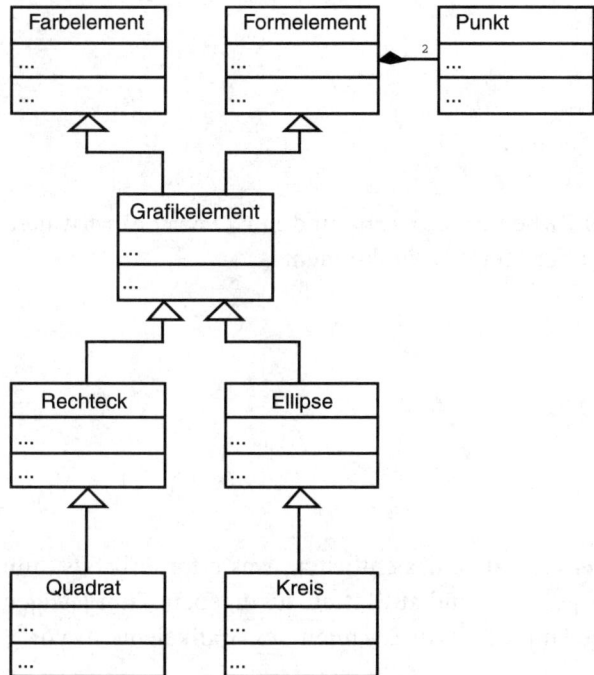

Dieses Objektmodell wollen wir im Folgenden implementieren. Ungeachtet früherer Implementierungen wollen wir dabei alle Elemente von Grund auf neu entwickeln. Dazu müssen wir uns zunächst Gedanken über die Attribute und Methoden unserer Objekte machen.

Ein Punkt erhält die x- und y-Koordinate[4] als Daten-Member. Dazu kommen Getter- und Setter-Funktionen:

Punkt
x
y
get_x()
get_y()
set_xy()

---

4. In der Modellbildung mit UML kann man auch festlegen, ob Member öffentlich oder privat sind. Darüber hinaus kann man auch die Typen der Datenmember und die Schnittstellen der Memberfunktionen modellieren. Wir wollen uns hier aber auf eine reine Aufzählung der Daten- und Funktionsmember beschränken, da die Modellierung mit UML nicht unser Kernthema ist.

Ein Formelement hat eine linke obere (lo) und rechte untere (ru) Ecke und die zum Lesen bzw. Setzen der Ecken erforderlichen Member-Funktionen:

Formelement
lo
ru
get_lo()
get_ru()
set_ecken()

Im Farbelement werden zwei Farben (`randfarbe` und `fuellfarbe`) verwaltet. Der Zugriff erfolgt auch hier über Member-Funktionen:

Farbelement
randfarbe
fuellfarbe
get_randfarbe()
get_fuellfarbe()
set_farben()

Ein Grafikelement wird später einmal all das enthalten, was erforderlich ist, um Grafikelemente in Listen zu speichern und aus Listen auszugeben. Zum jetzigen Zeitpunkt sehen wir hier eine Funktion zum Zeichnen des Grafikelements vor:

Grafikelement
zeichne()

Diese Funktion ist hier angelegt, weil wir Grafikelemente auf dieser Ebene ansprechen wollen, um sie aufzufordern, sich auf dem Bildschirm darzustellen. Wir wissen allerdings genau, dass wir eine solche Funktion auf dieser Ebene gar nicht implementieren können, da ja nicht bekannt ist, um welches konkrete Grafikelement es sich handelt. Bei der Implementierung werden wir sehen, wie man dieses Problem lösen kann.

Das Rechteck weiß, wie es sich auf dem Bildschirm darzustellen hat und erhält daher eine konkrete Zeichen-Methode:

Rechteck
zeichne()

Ein Quadrat unterscheidet sich von einem Rechteck dahingehend, dass es spezielle Konsistenzbedingungen bezüglich der Ecken gibt. Die Ecken müssen in x- und y-Richtung gleich weit voneinander entfernt sein. Daher benötigt ein Quadrat eine Funktion zum Setzen der Ecken, die diese Konsistenzbedingungen sicherstellt:

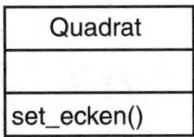

Eine spezielle Methode, um sich zu zeichnen, benötigt ein Quadrat nicht. Ein Quadrat kann wie ein Rechteck gezeichnet werden.

Für Ellipse und Kreis gilt in übertragenem Sinne das zu Rechteck und Quadrat Gesagte:

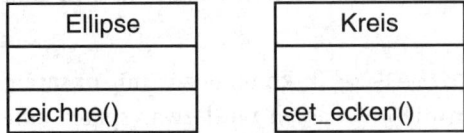

Die folgende Grafik zeigt das um Attribute und Methoden vervollständigte Klassenmodell:

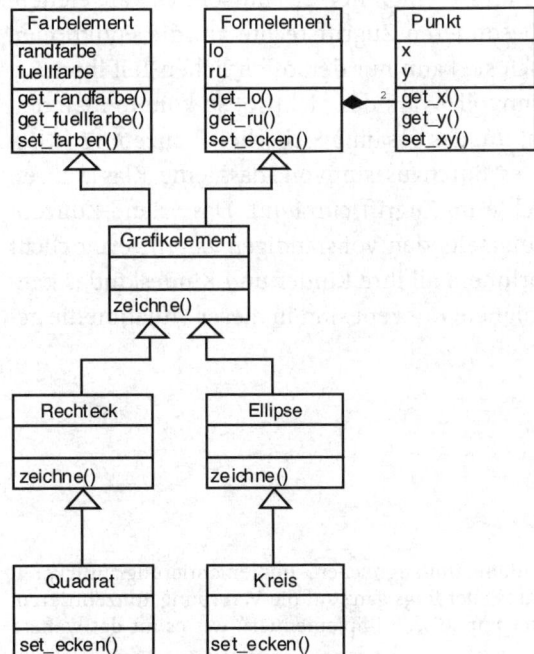

Wir beginnen mit der Umsetzung dieses Klassendiagramms, indem wir die Klasse `Punkt` implementieren. Vererbung kommt dabei ja noch nicht ins Spiel und wir können die Klasse mit ihren Membern unmittelbar definieren:

```
class Punkt
    {
    private:
        short x;
        short y;
    public:
        Punkt( int xx, int yy) { set_xy( xx, yy);}
        short get_x() { return x;}
        short get_y() { return y;}
        void set_xy( short xx, short yy) { x = xx; y = yy;};
    };
```

Es handelt sich nur um eine vereinfachte Version früherer Ansätze, einen Punkt zu implementieren.[5]

Auch die Klassen `Farbelement` und `Formelement` können wir mit unserem bisherigen Wissen implementieren. Von diesen Klassen wird zwar später eine weitere Klasse (`Grafikelement`) abgeleitet werden, aber davon müssen Klassen, die sozusagen nur ihr Erbgut hergeben, nichts wissen. Man kann jederzeit eine bestehende Klasse nehmen und von dieser eine neue Klasse ableiten, ohne in die Implementierung der bestehenden Klasse eingreifen zu müssen. Die abgeleitete Klasse hat dann allerdings keine besonderen Zugriffsrechte auf die Funktionen und Attribute ihrer Basisklasse. Auch sie kann nur den öffentlichen Teil ihrer Basisklasse nutzen. Das ist so auch sinnvoll. Wäre das nicht so, so könnte man den Vererbungsmechanismus benutzen, um das gesamte Sicherheitskonzept für Klassen auszuhebeln. Andererseits ist es durchaus sinnvoll, dass eine Klasse ihren »Nachkommen« gewisse Sonderrechte im Zugriff einräumt. Das Friend-Konzept ist dafür nicht geeignet, weil es einerseits den vollständigen Zugriff ermöglicht und andererseits eine Klasse im vorhinein all ihre Kinder und Kindeskinder kennen und benennen müsste. Das geeignete Konzept sind in dieser Situation die geschützten Member.

---

5. Natürlich können Sie auch auf eine frühere, umfangreichere Implementierung zurückgreifen. In diesem Abschnitt wollen wir uns allerdings ganz auf die Vererbung konzentrieren, und deshalb habe ich diese Klasse hier nur so weit implementiert, wie es für das weitere Vorgehen unbedingt erforderlich ist.

21.1 Geschützte Member

Wir erinnern uns, dass es in einer Klasse drei Bereiche gibt, von denen wir bisher nur zwei besprochen haben:

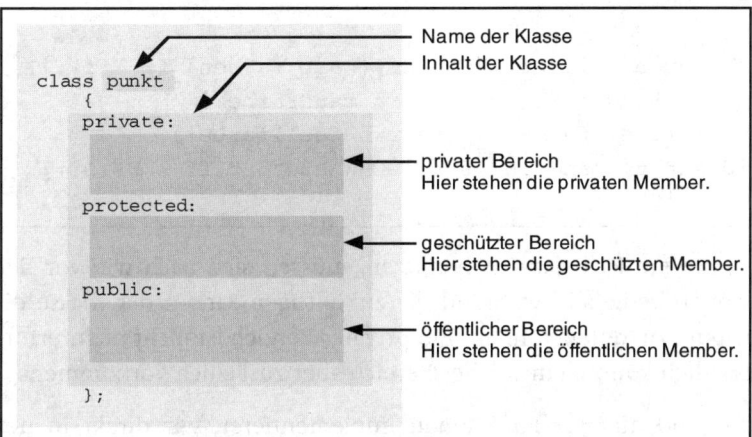

Den geschützten (protected) Bereich haben wir bisher ausgeklammert. Hier werden diejenigen Attribute und Methoden angelegt, auf die die abgeleiteten Klassen – also die Kinder einer Klasse – Zugriff haben dürfen. Insgesamt ergibt sich damit das folgende, gestaffelte Zugriffsmodell:

Bereich	Zugriff aus der Klasse selbst	Zugriff aus einer abgeleiteten Klasse	Zugriff von außerhalb
private	+	-	-
protected	+	+	-
public	+	+	+

+ = zulässig, − = unzulässig

In unserem Beispiel wollen wir allen abgeleiteten Klassen (Grafikelement, Rechteck, Quadrat, Ellipse und Kreis) Zugriff auf die privaten Daten von Farbelement und Formelement gewähren. Wir legen dazu innerhalb der beiden Klassen einen geschützten Bereich an.

Für die Klasse Farbelement befinden sich die beiden Farbinformationen (randfarbe und fuellfarbe) im geschützten Bereich:

```
class Farbelement
    {
    protected:
        char randfarbe;
        char fuellfarbe;
    public:
        Farbelement( int fr, int ff){ set_farben( fr, ff);}
        int get_randfarbe() { return randfarbe;}
        int get_fuellfarbe() { return fuellfarbe;}
        void set_farben( int fr = SCHWARZ, int ff = WEISS);
    };
```

Außenstehende, die ein Farbelement benutzen, müssen sich nach wie vor der Member-Funktionen bedienen, während die zukünftigen Kinder der Klasse direkt auf die Attribute zugreifen können. Ein privater Bereich ist nicht mehr erforderlich. Grundsätzlich könnte ein solcher Bereich aber zusätzlich vorkommen.

Den Konstruktor und die get-Funktionen implementieren wir direkt in der Klasse. Außerhalb liegt nur die Member-Funktion set_farben, innerhalb derer wir sicherstellen, dass nur gültige Farbwerte in das Farbelement übertragen werden:

```
void Farbelement::set_farben( int fr, int ff)
    {
    if( fr < 0 || fr >= 8)
        fr = SCHWARZ;
    randfarbe = fr;
    if( ff < 0 || ff >= 8)
        ff= WEISS;
    fuellfarbe = ff;
    }
```

Beachten Sie, dass die abgeleiteten Klassen sich jetzt über diese Regeln hinwegsetzen können. Aber wir gehen hier davon aus, dass diese Klassen als Grafikelemente wissen, wie man mit Farbwerten umzugehen hat.

Beim Formelement verfahren wir ganz ähnlich wie beim Farbelement. Hier legen wir die beiden Punkte (linke obere und rechte untere Ecke) in den geschützten Bereich:

```
class Formelement
    {
    protected:
        Punkt lo;
        Punkt ru;
    public:
        Formelement( int x, int y, int u, int v);
        Punkt get_lo() { return lo;}
        Punkt get_ru() { return ru;}
        void set_ecken( int x, int y, int u, int v);
    };
```

Hier müssen wir noch den Konstruktor und die Methode set_ecken implementieren.

Ich habe die Klasse Punkt bewusst <u>nicht</u> mit einem parameterlosen Konstruktor ausgestattet, damit alle Objekte bei ihrer Instantiierung explizit initialisiert werden müssen. Im Konstruktor der Klasse Formelement müssen wir daher die eingelagerten Punkte initialisieren. Wir machen dies, indem wir die Punkte zunächst mit 0 initialisieren

```
Formelement::Formelement( int x, int y, int u, int v)
                                    : lo( 0, 0), ru( 0, 0)
    {
    set_ecken( x, y, u, v);
    }
```

um dann später mit set_ecken die endgültigen Eckpunkte zu setzen. Der Grund für dieses zweistufige Vorgehen ist der, dass wir die übergebenen Koordinatenwerte nicht in die Punkte übertragen wollen, ohne sichergestellt zu haben, dass die Punkte korrekt angeordnet sind. Dies machen wir in der Funktion set_ecken. Mit nahe liegenden Hilfsfunktionen minimum und maximum ordnen wir hier die übergebenen Koordinatenwerte so um, dass die sich ergebenden Punkte korrekt zueinander liegen:

```
void Formelement::set_ecken( int x, int y, int u, int v)
    {
    lo.set_xy( minimum( x, u), minimum( y, v));
    ru.set_xy( maximum( x, u), maximum( y, v));
    }
```

Die Klassen Farbelement und Formelement sind damit fertiggestellt. Jetzt können wir darangehen, die Klasse Grafikelement abzuleiten.

21.2   Einfache Vererbung

Um uns den Einstieg in die »Vererbungslehre« zu erleichtern, wollen wir uns zunächst auf einfache Vererbung beschränken.[6] Sie erinnern sich, dass wir es bei Einfachvererbung nicht zulassen, dass eine Kindklasse mehrere Elternklassen hat. Die Vererbung ist in dieser Situation konfliktfrei, weil die Vererbungshierarchie Baumstruktur hat. Dies ist ja auch biologisch klar, wenn wir uns vorstellen, dass bei Einfachvererbung Kinder immer durch »Selbstzeugung« entstehen und keine Mischung von Erbanlagen unterschiedlicher Partner stattfindet. Dadurch entstehen natürlich reinere und »überschaubarere« Generationslinien. Andererseits wissen wir aus der Biologie auch, dass erst die Mischung von Erbanlagen unterschiedlicher Partner den Reichtum einer Art hervorbringt.

Ein Grafikelement ist ein Formelement. Um die Klasse Grafikelement von Formelement abzuleiten, gehen wir wie folgt vor:

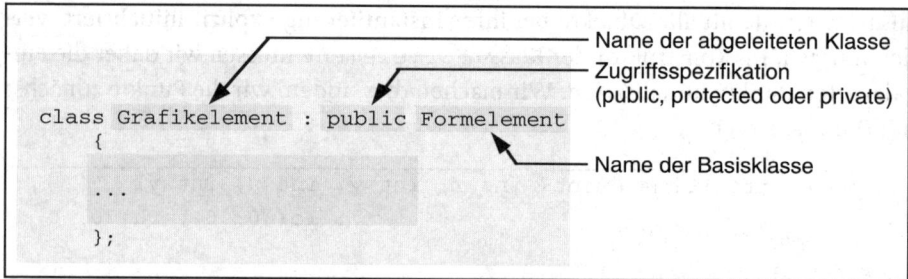

Man fügt hinter dem Namen der abgeleiteten Klasse den Namen der Basisklasse an. Dazwischen steht noch ein Trennzeichen (:) und eine Zugriffsspezifikation (hier public), die die Art des Zugriffs auf die Basisklasse festlegt. Wir wollen uns in diesem Abschnitt nur mit der auch allgemein überwiegend verwendeten Zugriffsspezifikation public beschäftigen. Informationen über die anderen Möglichkeiten der Zugriffsspezifikation finden Sie im anschließenden Referenzkapitel (Kapitel 22).

Nach obiger Deklaration ist Grafikelement als eine neue, von Formelement abgeleitete Klasse eingeführt. Ein Grafikelement ist damit ein Formelement und hat demzufolge auch alle Eigenschaften eines Formelements. Man kann diese Klasse allerdings noch nicht instantiieren, da sie noch keinen geeigneten Konstruktor hat (Abschnitt 21.3). Bevor wir einen Konstruktor implementieren, wollen wir uns um die noch fehlende Farbfacette kümmern. Ein Grafikelement soll ja sowohl eine Form- als auch eine Farbfacette haben. Wir fügen die Farbfacette hinzu, indem wir ein Grafikelement zusätzlich zu einem Farbelement machen, indem wir also zusätzlich alle Eigenschaften eines Farbelements erben.

---

6. Auch die frühen Versionen von C++ kannten zunächst nur Einfachvererbung.

21.3   Mehrfache Vererbung

Eine Klasse kann in C++ von mehreren Basisklassen abgeleitet sein. In unserem Fall soll die Klasse Grafikelement von Farbelement und von Formelement abgeleitet sein. Um dies zu erreichen, fügen wir Farbelement einfach als eine neue Basisklasse zu der bereits bestehenden Basisklasse Formelement hinzu:

```
class Grafikelement : public Farbelement, public Formelement
    {
    };
```

Das ist eine nahe liegende und geradezu selbstverständliche Erweiterung. Aus der Einführung in die objektorientierte Programmierung wissen Sie aber, dass mehrfache Vererbung nicht unproblematisch ist. Die dort genannten Probleme (wiederholte Vererbung, mehrdeutige Vererbung) treten in diesem Beispiel aber nicht auf, sodass wir diese Themen hier auch nicht diskutieren wollen. Ich verweise Sie hier auf die Referenz in Kapitel 22.

21.4   Instantiierung abgeleiteter Klassen

Wenn wir eine abgeleitete Klasse instantiieren, müssen wir dafür sorgen, dass auch alle vorhandenen Basisklassen korrekt instantiiert werden. Da die Basisklassen unseres Beispiels (Farbelement und Formelement) konkrete Konstruktoren haben, erwartet der C++-Compiler, dass diese Konstruktoren bei der Instantiierung auch mit geeigneten Werten beschickt werden. Grundsätzlich ist es so, dass eine Basisklasse nur dann nicht explizit initialisiert werden muss, wenn sie keinen oder einen parameterlosen Konstruktor hat. In diesen Fällen kann eine implizite Initialisierung über den parameterlosen oder einen vom Compiler erzeugten Default-Konstruktor vorgenommen werden. In allen anderen Fällen muss eine explizite Initialisierung mit konkreten Parameterwerten durchgeführt werden. Die Parameterwerte müssen dabei zur Signatur eines Konstruktors der Basisklasse passen. Dieser Konstruktor kommt dann im Rahmen der Instantiierung der abgeleiteten Klasse zur Anwendung, um die Basisklasse zu instantiieren. Der Ablauf ist dabei so, dass Basisklassen immer vor ihren abgeleiteten Klassen instantiiert werden.

In unserem konkreten Fall bedeutet dies, dass wir einen Konstruktor für die Klasse Grafikelement erstellen müssen und dass dieser Konstruktor die Konstruktoren von Farbelement und von Formelement aktivieren muss. Im C++-Code deklarieren wir daher zunächst den Konstruktor

```
class Grafikelement : public Farbelement, public Formelement
   {
   public:
       Grafikelement(int x,int y,int u,int v,int r,int f);
   };
```

um ihn dann außerhalb der Klasse wie folgt zu implementieren:

```
Grafikelement::Grafikelement(int x,int y,int u,int v,int r,
      int f) : Formelement( x, y, u, v), Farbelement( r, f)
      {
      }
```

Zur Konstruktion eines Grafikelements verwenden wir die Koordinaten für die linke obere (x, y) und die rechte untere (u, v) Ecke sowie Farbwerte für die Rand-farbe (r) und die Füllfarbe (f). Diese Parameter leiten wir bereits im Kopf des Konstruktors an die zuständigen Konstruktoren des Formelements bzw. des Farb-elements weiter. Im eigentlichen Funktionskörper des Konstruktors haben wir dann nichts mehr zu tun, da es keine über die Initialisierung der Basisklassen hi-nausgehenden Aufgaben gibt.

Jetzt können wir ein Grafikelement etwa in der Form

```
Grafikelement g1(0, 0, 100, 100, BLAU, GRUEN);
```

instantiieren. Die folgende Grafik zeigt, wie bei der Instantiierung die Parameter auf die beteiligten Klassen verteilt werden:

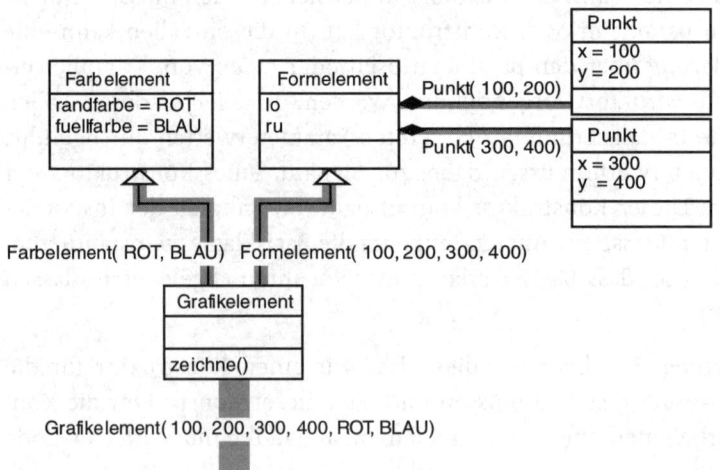

Die Instantiierung eines Grafikelements macht allerdings vorerst wenig Sinn, da mit einem Grafikelement ja noch keinerlei Funktionalität verbunden ist.

Weitere Konstruktoren, natürlich mit anderen Parametersignaturen, sind denkbar. Zum Beispiel könnten wir einen parameterlosen Konstruktor in der folgenden Weise erstellen:

```
Grafikelement::Grafikelement()  : Formelement( 0, 0, 0, 0),
                                  Farbelement( SCHWARZ, WEISS)
    {
    }
```

Wichtig ist, dass auch in dieser Situation geeignete Parameter zur Initialisierung der Basisklassen verwendet werden. Wir wollen es aber in unserem Beispiel bei dem erstgenannten Konstruktor belassen.

21.5 Erweiterung abgeleiteter Klassen

Zu einer abgeleiteten Klasse kann man in gewohnter Weise Attribute und Methoden hinzufügen. Dabei kann man die von den Basisklassen ererbten Attribute und Methoden, sofern sie zugänglich sind, verwenden. Als Beispiel wollen wir die Klasse Grafikelement mit einer Funktion zum Zeichnen des Elements ausstatten. Dazu erweitern wir die Klassendefinition in der folgenden Weise:

```
class Grafikelement : public Farbelement, public Formelement
    {
    public:
        Grafikelement(int x,int y,int u,int v,int r,int f);
        void zeichne();
    };
```

Eigentlich können wir ein Grafikelement auf dieser Ebene noch nicht zeichnen. Es hat ja noch keine konkrete Gestalt. Trotzdem wollen wir an dieser Stelle eine Zeichnungsfunktion implementieren, die allerdings nur ein mit einem Diagonalkreuz versehenes Rechteck als Ersatzdarstellung ausgibt. Wir verwenden dazu wieder die »imaginären« Funktionen aus Kapitel 13.

```
void Grafikelement::zeichne()
    {
    rectangle(lo.get_x(), lo.gex_y(), ru.get_x(),
                         ru.get_y(), randfarbe, fuellfarbe);
    line(lo.get_x(), lo.get_y(), ru.get_x(), ru.get_y(),
                                              randfarbe);
    line(lo.get_x(), ru.gex_y(), ru.get_x(), lo.get_y(),
                                              randfarbe);
    }
```

Beachten Sie, dass wir aus dieser Member-Funktion heraus auf die geschützten Elemente (lo, ru, randfarbe) der Basisklassen direkt zugreifen können. Eine außen stehende Klasse könnte dies nicht. Sie müsste die jeweiligen get-Funktionen verwenden.

Jetzt können wir Grafikelemente (automatisch, statisch oder dynamisch) instantiieren und zeichnen. Ich entscheide mich für eine dynamische Instanzierung:

```
Grafikelement *g1, *g2, *g3, *g4;

g1 = new Grafikelement(  20, 20, 120, 120, SCHWARZ, ROT);
g2 = new Grafikelement( 140, 20, 340, 120, SCHWARZ, GELB);
g3 = new Grafikelement( 360, 20, 460, 120, SCHWARZ, GRUEN);
g4 = new Grafikelement( 480, 20, 580, 120, SCHWARZ, BLAU);

set_windowpos( 100, 100, 700, 140);

g1->zeichne();
g2->zeichne();
g3->zeichne();
g4->zeichne();

delete g1;
delete g2;
delete g3;
delete g4;
```

und erhalten die folgende Ausgabe:

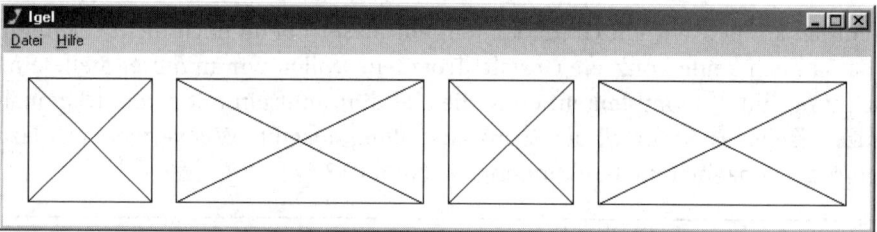

21.6   Überladen von Funktionen der Basisklasse

Bisher haben wir die abgeleitete Klasse gegenüber ihren Basisklassen mit erweiterter Funktionalität (zeichne-Methode) ausgestattet. Jetzt wollen wir vorhandene Funktionen auch überladen und modifizieren. Dazu implementieren wir den noch offenen Teil der Klassenhierarchie.

Wir starten mit der Klasse `Rechteck`. Diese Klasse müssen wir wieder mit einem eigenen Konstruktor ausstatten:

```
class Rechteck : public Grafikelement
    {
    public:
        Rechteck( int x, int y, int u, int v, int r, int f);
    };
```

Im Konstruktor müssen wir dafür sorgen, dass die Basisklasse (`Grafikelement`) angemessen mit Initialisierungswerten versehen wird. Das ist in diesem Fall aber besonders einfach, da die Parameter bedeutungsgleich mit den Parametern des Konstruktors der Basisklasse sind und daher direkt an diesen Konstruktor weitergegeben werden können. Dieser sorgt dann seinerseits für die Weitergabe der richtigen Werte an das `Formelement` bzw. das `Farbelement`:

```
Rechteck::Rechteck( int x, int y, int u, int v, int r, int f)
                        : Grafikelement( x, y, u, v, r, f)
    {
    }
```

Wenn wir jetzt ein `Rechteck` instantiieren und seine `zeichne`-Methode aufrufen, stellt es sich wie ein Grafikelement – also als Rahmen mit Diagonalkreuz – auf dem Bildschirm dar. Das ist auch korrekt so, denn diese Art, sich darzustellen hat es vom `Grafikelement` geerbt. Ein `Rechteck` weiß aber, wie es sich wirklich darzustellen hat. Es kann daher die `zeichne`-Methode seiner Basisklasse überladen

```
class Rechteck : public Grafikelement
    {
    public:
        Rechteck( int x, int y, int u, int v, int r, int f);
        void zeichne();
    };
```

und mit unseren imaginären Zeichenfunktionen typspezifisch neu implementieren:

```
void Rechteck::zeichne()
    {
    rectangle( lo.get_x(), lo.get_y(), ru.get_x(), ru.get_y(),
                                randfarbe, fuellfarbe);
    }
```

Wenn wir jetzt ein Rechteck instantiieren und zeichnen, erscheint das korrekte Bild mit der richtigen Rand- und Füllfarbe.

Im nächsten Schritt verfeinern wir das Rechteck zu einem Quadrat. Ein Quadrat ist ein spezielles Rechteck mit gleichen Kantenlängen.

```
class Quadrat : public Rechteck
    {
    public:
        Quadrat( int x, int y, int u, int v, int r, int f);
        void set_ecken( int x, int y, int u, int v);
    };
```

Hier brauchen wir keine individuelle Zeichenfunktion, denn ein Quadrat kann mit der gleichen Funktion wie ein Rechteck gezeichnet werden. Dass die Kanten dabei gleich lang sind, erfordert keine Sonderbehandlung. Hier brauchen wir aber neben dem Konstruktor eine spezielle Funktion, um die Ecken mit Werten zu versehen. Bei einem Quadrat dürfen die Ecken nicht beliebig gesetzt werden. Es ist immer darauf zu achten, dass die Eckpunkte in x- und y-Richtung den gleichen Abstand haben. Genau diese Prüfung bauen wir in die neue Eckenfunktion ein:

```
void Quadrat::set_ecken( int x, int y, int u, int v)
    {
    if( (u - x) == (v - y))
        Rechteck::set_ecken( x, y, u, v);
    }
```

In der Funktion prüfen wir zunächst, ob die Abstandsbedingung erfüllt ist. Ist das der Fall, so setzen wir die Ecken, indem wir die Funktion set_ecken der Basisklasse Rechteck in der Form

```
Rechteck::set_ecken( x, y, u, v);
```

rufen. Wir übergeben den Fall also zur weiteren Behandlung unserer Basisklasse. Was dann genau passiert, müssen wir schon nicht mehr wissen. Für uns ist nur wichtig, dass keine falsch positionierten Ecken an uns vorbei in die Klasse gelangen können. Der vorangestellte Zusatz Rechteck:: ist in dieser Situation höchst bedeutsam. Ohne diesen Zusatz würde die set_ecken-Funktion dieser Klasse – also der Klasse Quadrat – gerufen. Eine endlose Rekursion wäre die Folge. Letzlich haben wir also die Methode set_ecken unseres Großvaters (Formelement) überladen und sind trotzdem in der Lage, die alte Methode über unseren Vater[7] (Grafikelement) ausführen zu lassen.

Im Konstruktor initialisieren wir das Rechteck zunächst mit den korrekten Farben und mit formal korrekten, aber vorläufigen Ecken:

```
Quadrat::Quadrat( intx, inty, int u, int v, int r, int f)
                                : Rechteck( 0, 0, 0, 0, r, f)
    {
    set_ecken( x, y, u, v);
    }
```

Zur endgültigen Festlegung der Ecken benutzen wir dann die zuvor erstellte set_ecken-Funktion.

Ähnliches wie mit Rechteck und Quadrat machen wir jetzt mit Ellipse und Kreis. Wir starten mit der Ellipse:

```
class Ellipse : public Grafikelement
    {
    public:
        Ellipse( int mx,int my,int rx,int ry,int fr,int ff);
        void zeichne();
    };

Ellipse::Ellipse( int mx,int my,int rx,int ry,int fr,int ff)
    : Grafikelement( mx - rx,my - ry,mx + rx,my + ry,fr,ff)
    {
    }

void Ellipse::zeichne()
    {
    ellipse( lo.get_x(), lo.get_y(), ru.get_x(), ru.get_y(),
                                randfarbe, fuellfarbe);
    }
```

Erwähnenswert ist hier nur der Konstruktor, der statt mit den Eckpunkten mit den Koordinaten für den Mittelpunkt und den beiden Ellipsen-Radien parametriert ist. Aus diesen Daten werden dann die Eckpunkte berechnet und zur Initialisierung an das Grafikelement übergeben.

---

7. Im Übrigen auch über den Großvater selbst.

Wir vervollständigen das Programm mit der Klasse Kreis:

```
class Kreis : public Ellipse
    {
    public:
        Kreis( int mx, int my, int r, int fr, int ff);
        void set_ecken( int x, int y, int u, int v);
    };

Kreis::Kreis( int mx, int my, int r, int fr, int ff)
                              : Ellipse( mx, my, r, r, fr, ff)
    {
    }

void Kreis::set_ecken( int x, int y, int u, int v)
    {
    if( (u - x) == (v - y))
        Ellipse::set_ecken( x, y, u, v);
    }
```

Im Konstruktor wird jetzt nur **ein** Radius erwartet und die Basisklasse `Ellipse` wird durch den `Kreis` mit zwei gleichen Radien initialisiert. In der set_ecken-Funktion finden wir die bereits vom `Quadrat` her bekannte Überprüfung der Ecken.

Jetzt können wir Rechtecke, Quadrate, Ellipsen und Kreise instantiieren und auf dem Bildschirm ausgeben:

```
Quadrat *g1;
Rechteck *g2;
Kreis *g3;
Ellipse *g4;

g1 = new Quadrat( 20, 20, 120, 120, SCHWARZ, ROT);
g2 = new Rechteck( 140, 20, 340, 120, SCHWARZ, GELB);
g3 = new Kreis( 410, 70, 50, SCHWARZ, GRUEN);
g4 = new Ellipse( 580, 70, 100, 50, SCHWARZ, BLAU);

g1->zeichne();
g2->zeichne();
g3->zeichne();
g4->zeichne();
```

```
delete g1;
delete g2;
delete g3;
delete g4;
```

Das hier gezeigte Programm realisiert dann die folgende Ausgabe:

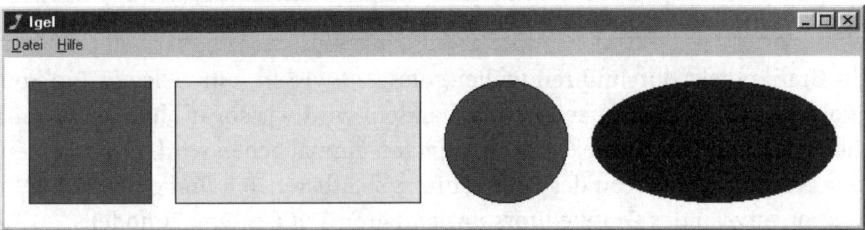

21.7   Virtuelle Member-Funktionen

Es ist unser Ziel, Rechtecke, Quadrate, Ellipsen und Kreise auch auf abstrakter Ebene als Grafikelemente behandeln zu können. Wenn wir jetzt das zuletzt erstellte Anwendungsprogramm auf die Verwendung von Grafikelementen umstellen

```
Grafikelement *g1, *g2, *g3, *g4;

g1 = new Quadrat( 20, 20, 120, 120, SCHWARZ, ROT);
g2 = new Rechteck( 140, 20, 340, 120, SCHWARZ, GELB);
g3 = new Kreis( 410, 70, 50, SCHWARZ, GRUEN);
g4 = new Ellipse( 580, 70, 100, 50, SCHWARZ, BLAU);

g1->zeichne();
g2->zeichne();
g3->zeichne();
g4->zeichne();
```

so erscheinen auf dem Bildschirm wieder die Rahmen mit Diagonalkreuzen. Das ist aber auch zu erwarten. Wir instantiieren hier zwar Rechtecke, Quadrate, Ellipsen und Kreise, verwenden diese jedoch als Grafikelemente, und wenn wir die zeichne-Methode eines Grafikelements anstoßen, erscheint eben der Rahmen mit Diagonalkreuz.

Es muss eine Möglichkeit geben, dem System mitzuteilen, dass beim Aufruf der zeichne-Funktion eines Objekts zunächst zu prüfen ist, welcher konkreten

Klasse (Grafikelement, Rechteck, Quadrat, Ellipse oder Kreis) das Objekt angehört, um dann die zeichne-Funktion dieser Klasse zu rufen. Diese Prüfung kann erst zur Laufzeit erfolgen, da die Klasse, der das Objekt angehört, zu dem Zeitpunkt, zu dem der Methodenaufruf compiliert wird, u. U. noch gar nicht bekannt, vielleicht noch nicht einmal implementiert ist. In unserem Beispiel heißt das, dass wir den Methodenaufruf

```
g1->zeichne();
```

für ein Grafikobjekt durchführen wollen, ohne zu wissen, um welchen Typ von Grafikobjekt es sich zur Laufzeit einmal handeln wird – ja sogar ohne zu wissen, welche Typen von Grafikobjekten es irgenwann einmal geben wird. Es gibt einen auf dem Abstraktionsniveau des Grafikeditors sichtbaren Teil und einen auf dem Abstraktionsniveau des Grafikeditors unsichtbaren Teil des Objektmodells:

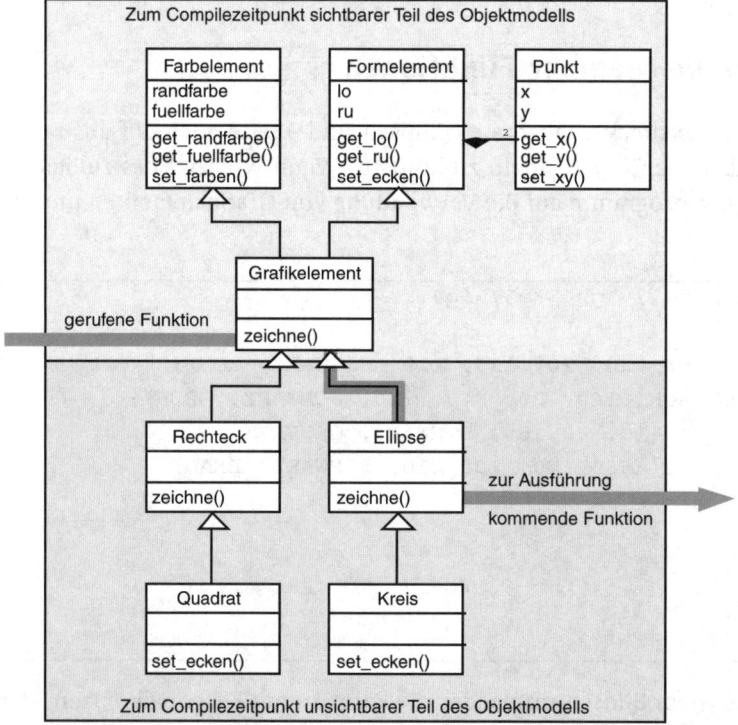

Die für das »Umleiten«[8] des Methodenaufrufs erforderlichen Mechanismen werden dadurch aktiviert, dass die entsprechende Methode als **virtuell** deklariert wird. Dazu wird der Methoden-Deklaration das Schlüsselwort virtual vorangestellt:

---

8. In der Einführung in die objektorientierte Programmierung hatten wir dies als »dynamisches Binden« bezeichnet.

```
class Grafikelement : public Farbelement, public Formelement
    {
    public:
        Grafikelement(int x,int y,int u,int v,int r,int f);
        virtual void zeichne();
    };
```

Der Zusatz virtual zu einer Methode ist also ein Hinweis an das Laufzeitsystem, beim Aufruf dieser Methode immer zunächst die Klasse festzustellen, der das Objekt angehört, und dann die Version dieser Methode zu rufen, die zu dieser Klasse gehört. Wenn wir unser Programm jetzt erneut compilieren und linken, erhalten wir wieder die »richtige« Ausgabe.

Auch die set_ecken-Funktion der Klasse Formelement sollten wir als virtuell deklarieren, um sicherzustellen, dass auch bei einer abstrakten Verwendung als Grafikelement immer die korrekten set_ecken-Funktionen für Kreis und Quadrat verwendet werden.

```
class Formelement
    {
    protected:
        Punkt lo;
        Punkt ru;
    public:
        Formelement( int x, int y, int u, int v);
        Punkt get_lo() { return lo;}
        Punkt get_ru() { return ru;}
        virtual void set_ecken( int x, int y, int u, int v);
    };
```

Ohne diesen Zusatz könnte jemand ein Quadrat als Grafikobjekt betrachten und als solches mit ungültigen Eckpunkten versehen.

Vererbung und virtuelle Funktionen sind die wichtigsten Prinzipien zum Aufbau objektorientierter Klassenbibliotheken. Nur wenn Sie diese Prinzipien verstanden haben, können Sie solche Bibliotheken in vollem Umfang nutzen. Klassenbibliotheken spielen bei der Erstellung von Softwaresystemen eine immer größere Rolle. Die beispielsweise zum Aufbau grafischer Benutzeroberflächen erforderlichen Funktionen wären ohne Klassenbibliotheken kaum noch handhabbar. Aus diesem Grunde werden zur Erstellung grafischer Benutzeroberflächen heute überwiegend Klassenbibliotheken (z. B. Microsoft Foundation Classes) verwendet. Die Elemente grafischer Benutzeroberflächen (Fenster, Dialoge, Bedienelemente) werden dabei durch Klassen, deren Standardverhalten durch Methoden beschrieben. Will man eigene Dialoge erstellen, so leitet man eigene Dialogklassen von einer geeigneten Basisklasse ab und erhält einen funktionierenden Dialog, dessen Verhalten man durch Überschreiben der dafür vorgesehenen virtuellen Funktionen ändern kann. Das Laufzeitsystem ruft dann aus den Objekten der Klassenbibliothek heraus die überladenen Mehoden, obwohl es die neuen Klassen und Methoden zu dem Zeitpunkt, als die Klassenbibliothek übersetzt wurde, noch gar nicht gab. Grafische Benutzeroberflächen sind ein Paradebeispiel für objektorientierte Programmierung und ich empfehle Ihnen, sich zur Vertiefung der Themen dieses Buches mit der Programmierung grafischer Benutzeroberflächen zu beschäftigen.

21.8 Rein virtuelle Member-Funktionen

Wir hatten für Grafikelemente eine `zeichne`-Funktion implementiert, obwohl wir uns darüber im Klaren waren, dass es auf dieser Ebene noch nichts Sinnvolles zu zeichnen gibt. In einer solchen Situation kann man auch eine **rein virtuelle Funktion** verwenden. Dazu deklariert man die virtuelle Funktion mit dem Zusatz `= 0`.

```
class Grafikelement : public Farbelement, public Formelement
    {
    public:
        Grafikelement(int x,int y,int u,int v,int r,int f);
        virtual void zeichne() = 0;
    };
```

Eine solche rein virtuelle Funktion darf dann keine Implementierung haben. Gleichzeitig bedeutet dies, dass die Klasse `Grafikelement` nicht mehr instantiiert werden kann, da sie eine noch nicht »ausentwickelte« Methode enthält. In der Einführung in die objektorientierte Begriffswelt hatten wir das als eine **abstrakte Klasse** bezeichnet. Abstrakte Klassen sind in C++ also Klassen, die mindestens eine rein virtuelle Funktion besitzen. Solche Klassen können nicht instantiiert werden. Sie dienen dazu, ihre Erbinformation an abgeleitete Klassen weiterzugeben, die dann, sofern Sie alle noch offenen rein virtuellen Funktionen implementieren, instantiiert werden können.

In unserem Beispiel ist es sinnvoll, die `zeichne`-Methode als rein virtuelle Funktion zu deklarieren, da es nicht wünschenswert ist, dass Objekte auf der abstrakten Ebene der Grafikelemente instantiiert werden.

Mit diesen Erweiterungen ist der Grafikeditor bis auf die Verkettung von Grafikelementen in Form einer dynamischen Liste fertiggestellt. Zur Erstellung der Liste wollen wir sogenannte statische Member einsetzen.

21.9 Statische Member

Wir wollen die Klassen des Grafikeditors jetzt so erweitern, dass alle Grafikobjekte in einer Liste gehalten werden. Dazu benötigen wir zunächst die üblichen Verkettungsfelder. Wir wollen hier mit doppelter Verkettung arbeiten und führen daher für jedes Grafikelement einen Zeiger auf einen möglichen Vorgänger und einen Zeiger auf einen möglichen Nachfolger ein:

```cpp
class Grafikelement : public Farbelement, public Formelement
{
private:
    Grafikelement *next;
    Grafikelement *prev;
public:
    Grafikelement(int x,int y,int u,int v,int r,int f);
    virtual void zeichne() = 0;
};
```

Die Verkettungsinformationen liegen im privaten Bereich der Klasse, da Außenstehende die Liste nicht sehen, geschweige denn verändern sollen. Beachten Sie, dass in diesem Fall auch die abgeleiteten Klassen (Rechteck, Quadrat, Ellipse und Kreis) keinen Zugriff auf diese Zeiger haben.

Wir wollen die Liste so implementieren, dass die Listenelemente selbst alles Erforderliche zum Auf- und Abbau der Liste tun. Für die Liste brauchen wir einen Listenanker, d. h. einen Zeiger auf das erste Element der Liste. Dieser Anker kann aber kein gewöhnliches Daten-Member der Klasse Grafikelement sein, da er ja nicht für jedes Objekt einzeln, sondern nur einmal für die ganze Klasse existieren soll. Benötigt man solch eine Art von Daten, so besteht die Möglichkeit, sogenannte **statische Daten-Member** anzulegen. Man stellt der Datendeklaration dazu das Schlüsselwort **static** voran:

```cpp
class Grafikelement : public Farbelement, public Formelement
{
private:
    static Grafikelement *listenanfang;
    Grafikelement *next;
    Grafikelement *prev;
public:
    Grafikelement(int x,int y,int u,int v,int r,int f);
    virtual void zeichne() = 0;
    static void zeichnung();
};
```

845

Das Member `listenanfang` ist jetzt ein Daten-Member, das den Namens- und Zugriffsschutz der Klasse genießt, aber nicht für jede Instanz der Klasse, sondern insgesamt nur einmal vorhanden ist. Dieses Daten-Member müssen wir jetzt aber noch separat anlegen und initialisieren. Dazu fügen wir den folgenden Code in unser Programm ein:

```
Grafikelement *Grafikelement::listenanfang = 0;
```

Den Konstruktor der Klasse `Grafikelement` erweitern wir jetzt so, dass sich ein neues Element im Rahmen seiner Initialisierung automatisch am Anfang der Liste einkettet:

```
Grafikelement::Grafikelement(int x,int y,int u,int v,int r,int f)
            : Formelement( x, y, u, v), Farbelement( r, f)
    {
    next = listenanfang;
    prev = 0;
    if( next)
        next->prev = this;
    listenanfang = this;
    }
```

Dazu werden vier Dinge getan:

▶ Im ersten Schritt (`next = listenanfang`) wird eine gegebenenfalls bestehende Liste an das neue Element angehangen.

▶ Im zweiten Schritt (`prev = 0`) wird markiert, dass das neue Anfangselement keinen Vorgänger hat.

▶ Im dritten Schritt wird geprüft, ob das neue Element einen Nachfolger hat. Wenn das der Fall ist, wird das neue Element als Vorgänger seines Nachfolgers eingetragen (`next->prev = this`).

▶ Zum Abschluss wird ein Zeiger auf das neue Element in den Listenanker geschrieben (`listenanker = this`). Das neue Element ist damit zum Startelement der Liste geworden.

Da der Konstruktor immer beim Anlegen eines Elements durchlaufen wird, ist somit dafür gesorgt, dass sich ein neues Element automatisch in die Liste einkettet.

Bei der Destruktion muss sich ein Element konsequenterweise wieder automatisch aus der Liste ausketten. Dazu erweitern wir die Klasse `Grafikelement` um einen Destruktor

```
class Grafikelement : public Farbelement, public Formelement
    {
    private:
        static Grafikelement *listenanfang;
        Grafikelement *next;
        Grafikelement *prev;
    public:
        Grafikelement(int x,int y,int u,int v,int r,int f);
        virtual void zeichne() = 0;
        ~Grafikelement();
    };
```

den wir wie folgt ausprogrammieren:

```
Grafikelement::~Grafikelement()
    {
    if( prev)
        prev->next = next;
    else
        listenanfang = next;
    if( next)
        next->prev = prev;
    }
```

Wenn das Objekt einen Vorgänger hat, so macht es seinen Nachfolger zum Nach-folger seines Vorgängers. Wenn es keinen Vorgänger hat, so handelt es sich um das erste Element der Liste und der Listenanker muss neu gesetzt werden. Wenn das Objekt schließlich einen Nachfolger hat, so macht es seinen Vorgänger zum Vorgänger seines Nachfolgers. Nach diesen Operationen ist das Objekt ausgeket-tet und die Kette ist wieder geschlossen.

Will man jetzt alle Elemente der Liste auf dem Bildschirm ausgeben, so erstellt man eine Member-Funktion, die die Liste entlangläuft und alle Objekte in der Kette auffordert, sich zu zeichnen. Diese Funktion muss dabei nicht wissen, um welche Art von Objekt (Rechteck oder Ellipse) es sich dabei jeweils handelt. Zur Auswahl der richtigen Zeichenfunktion wird zur Laufzeit (dynamisches Binden der virtuellen zeichne-Methode) die richtige Methode ausgewählt. Die Funk-tion zur Ausgabe aller Grafikelemente ist allerdings keine Funktion, die dem ein-zelnen Grafikelement »gehört«. Auch diese Funktion gehört der ganzen Klasse. Sie wird daher auch static deklariert

```
class Grafikelement : public Farbelement, public Formelement
    {
    private:
        static Grafikelement *listenanfang;
        Grafikelement *next;
        Grafikelement *prev;
    public:
        Grafikelement(int x,int y,int u,int v,int r,int f);
        virtual void zeichne() = 0;
        static void zeichnung();
        ~Grafikelement();
    };
```

und dann wie folgt implementiert:

```
void Grafikelement::zeichnung()
    {
    Grafikelement *e;

    for( e = listenanfang; e; e = e->next)
        e->zeichne();
    }
```

Statische Member – egal ob Daten- oder Funktions-Member – gehören nicht dem einzelnen Objekt, sondern der ganzen Klasse. Sie werden daher auch nicht am Objekt ausgelöst, sondern an der Klasse. Eine Ausgabe der Zeichnung erfolgt dann in der Form:[9]

```
Grafikelement::zeichnung();
```

Auch der Zugriff auf die statischen Daten-Member erfolgt in dieser Form. Läge der Listenanker im öffentlichen Bereich der Klasse, so könnte auf ihn mit der Anweisung

```
Grafikelement::listenanfang = ...;
```

zugegriffen werden. Da wir den Listenanker in den privaten Bereich gelegt haben, haben wir diese Art des Zugriffs allerdings unterbunden.

Die Liste ist damit natürlich noch nicht vollständig implementiert. Für ein Anwendungsprogramm besteht der Bedarf, die Liste flexibel abfahren zu können,

---

9. Eine Ausführung an einem konkreten Objekt ist auch deshalb unsinnig, weil man die Zeichnung als Ganzes ausgeben will, ohne dass man ein konkretes Objekt der Zeichnung überhaupt kennt.

um beispielsweise alle Elemente umfärben oder verschieben zu können. Für solche Aufgaben stellt man dann zusätzliche Member-Funktionen zur Verfügung. Zum Abfahren der Liste könnte man etwa zwei Funktionen `get_first` und `get_next` in der folgenden Weise erstellen:

```
class Grafikelement : public Farbelement, public Formelement
    {
    private:
        static Grafikelement *listenanfang;
        Grafikelement *next;
        Grafikelement *prev;
    public:
        Grafikelement(int x,int y,int u,int v,int r,int f);
        static Grafikelement *get_first(){ return listenanfang;}
        Grafikelement *get_next() { return next;}
        virtual void zeichne() = 0;
        static void zeichnung();
        ~Grafikelement();
    };
```

Die erste Funktion (`get_first`) gehört dabei wieder der ganzen Klasse und ist statisch. Die zweite Funktion `get_next` wird dagegen immer konkret an einem Grafikelement ausgeführt, um dessen Nachfolger zu ermitteln. Diese Funktion ist also nicht statisch.

Zum Abschluss schreiben wir noch ein kleines Beispielprogramm. Wir legen vier Grafikelemente unterschiedlichen Typs an:

```
void vorher()
    {
    new Quadrat( 20, 20, 120, 120, SCHWARZ, ROT);
    new Rechteck( 140, 20, 340, 120, SCHWARZ, GELB);
    new Kreis( 410, 70, 50, SCHWARZ, GRUEN);
    new Ellipse( 580, 70, 100, 50, SCHWARZ, BLAU);
    }
```

Die Elemente werden beim Instantiieren automatisch in der Liste gespeichert und können dann ausgegeben werden:

```
void zeichnung()
    {
    Grafikelement *ge;
    int i;
```

```
    Grafikelement::zeichnung();

    for( i = 0; i < 8; i++)
        {
        for(ge=Grafikelement::get_first(); ge; ge=ge->get_next())
            ge->set_farben( SCHWARZ, i);
        wait( 1000);
        Grafikelement::zeichnung();
        }
    }
```

Im obigen Beispiel geben wir die Zeichnung einmal in den Originalfarben aus. Dann durchlaufen wir alle acht Farben von IGEL und färben die Objekte in einer Schleife jeweils in dieser Farbe neu ein. Nach einer Wartezeit von einer Sekunde geben wir zwischendurch die Zeichnung jeweils aus. Als Ergebnis erhalten wir eine kleine Animation, in der die Grafikobjekte mehrfach ihre Farbe wechseln.

Am Ende beseitigen wir dann noch die dynamisch allokierten Grafikelemente:

```
void nachher()
    {
    Grafikelement *ge;

    while( ge = Grafikelement::get_first())
        delete ge;
    }
```

Die hier dargestellte Art, eine Liste aufzubauen, habe ich benutzt, um die Verwendung statischer Member einer Klasse zu demonstrieren. Im Allgemeinen wird man so nicht vorgehen, da es hier nur eine Liste geben kann. Ein Anwendungsprogramm kann nicht mehrere Listen von Grafikelementen anlegen und flexibel mit diesen Listen arbeiten.

21.10   Beispiele

21.10.1   Würfelspiel

In unserem ersten Beispiel wollen wir ein einfaches Würfelspiel programmieren. Es handelt sich um ein Spiel, bei dem die Spieler von einem Startfeld aus ein bestimmtes Ziel erreichen müssen. Auf dem Weg dahin gibt es Hindernisse, die einen Spieler aufhalten oder zurückwerfen. Es gibt aber auch Felder, die einen Spieler weiter voranbringen. Der Spielplan könnte etwa wie folgt aussehen:

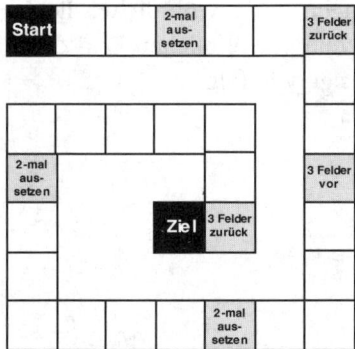

In unserem Beispiel werden wir den hier abgebildeten Spielplan erstellen. Vom Ansatz her sollte unser Programm aber so flexibel sein, dass beliebige Spielpläne dieser Art leicht erstellt werden können.

Design

Wenn wir das Spiel aus dem Karton auspacken, so finden wir:

▶ den Spielplan mit einer Reihe von hintereinander angeordneten Spielfeldern

▶ vier Spielfiguren in verschiedenen Farben

▶ einen Würfel

Damit haben wir bereits vier wesentliche Klassen für unser Design gefunden:

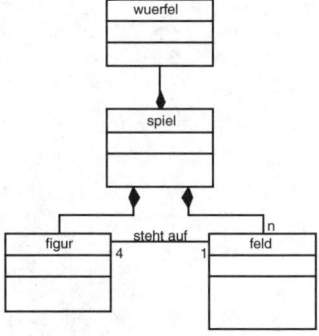

Wenn wir den Spielplan genauer betrachten, so stellen wir fest, dass es unterschiedliche Typen von Feldern gibt. Wir finden neben dem »gewöhnlichen« Feld noch die folgenden Felder:

▶ ein Startfeld

▶ ein Zielfeld

▶ Sprungfelder

▶ Wartefelder

Die speziellen Felder können wir als Verfeinerungen des gewöhnlichen Feldes auffassen. Die speziellen Felder werden also aus dem gewöhnlichen Feld durch Vererbung abgeleitet. Damit erweitert sich das Design wie folgt:

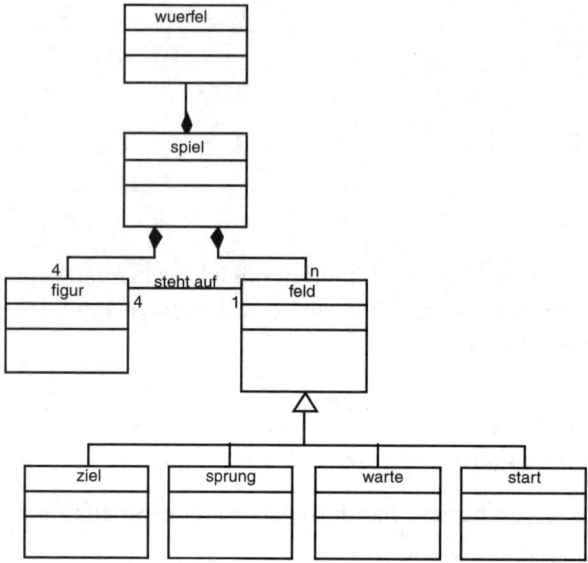

Natürlich gehört zum Spiel auch noch etwas, das nicht im Karton mit den Spielutensilien ist – der oder die Spieler. Zum Spiel gehören noch 1 bis 4 Spieler. Damit komplettiert sich der »statische« Teil unseres Klassenmodells:

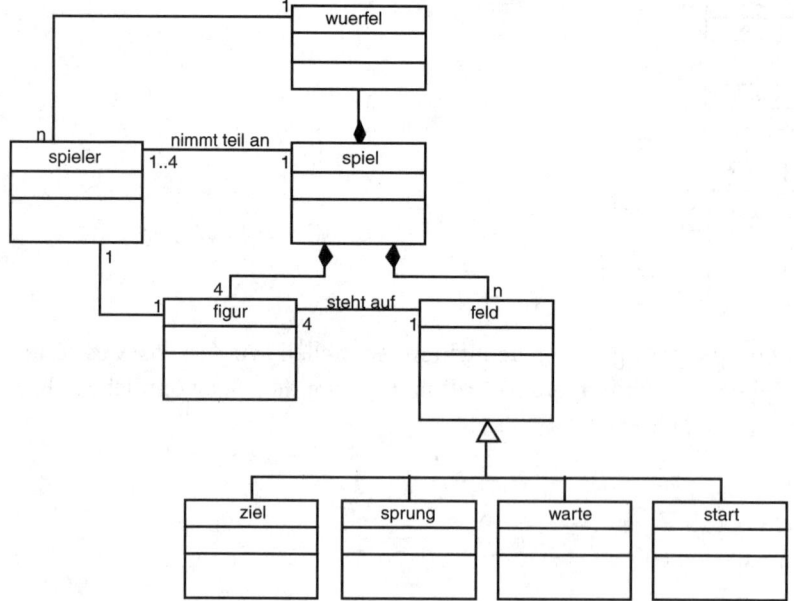

Schließlich finden wir zum Spiel auch noch eine Spielanleitung, der wir die folgenden Informationen entnehmen:

▶ Das Spiel kann von 1–4 Personen gespielt werden.

▶ Jeder Spieler bekommt eine Spielfigur und startet mit dieser vom Startfeld.

▶ Es wird reihum gewürfelt, und ein Spieler rückt immer entsprechend seiner Augenzahl vor.

▶ Es können mehrere Figuren auf einem Feld stehen, und Figuren können nicht geschlagen werden.

▶ Wenn eine Figur auf ein Sprungfeld kommt, so muss sie die dort angegebene Anzahl von Schritten vor- oder zurückgehen.

▶ Wenn eine Figur auf ein Wartefeld kommt, so muss der Spieler die dort angegebene Anzahl von Runden aussetzen.

▶ Wenn man mit einem Wurf über das Ende des Spielplans hinauskommt, so muss man die überzähligen Punkte wieder zurücksetzen.

▶ Wer als erster das Zielfeld (exakt) erreicht, hat gewonnen.

Es handelt sich also um ein einfaches »Laufspiel«, bei dem die Spieler um die Wette laufen und am Ende derjenige gewinnt, der als erster das Ziel erreicht.

Mit der Spielanleitung erschließt sich uns das »dynamische« Verhalten des Spiels und wir können die Methoden der Objekte und die Botschaften, die sich die Objekte gegenseitig schicken, beschreiben. Wir wollen diese Beschreibung ganz bewusst so formulieren, als ob wir es bei den beteiligten Objekten mit eigenständig agierenden Individuen zu tun hätten:

Am Anfang melden sich die Spieler als Teilnehmer beim Spiel an. Das Spiel hat dazu eine Methode `anmeldung`, die vom Spieler aufgerufen wird. Bei der Anmeldung erhält der Spieler eine Figur, die auf dem Startfeld aufgestellt wird (Methode `figur_aufstellen` des Startfeldes). Wenn sich genügend Spieler angemeldet haben, wird das Spiel gestartet, um eine Partie zu spielen. Dazu dient die Methode `partie` des Spiels. In der Partie übernimmt das Spiel dann die Kontrolle und fordert die Spieler nacheinander auf, einen Zug zu machen. Das Spiel sendet dazu die Botschaft »Zug machen« an den betroffenen Spieler, der daraufhin seine Methode `zug` ausführt. Bevor ein Spieler allerdings aufgefordert wird, einen Zug zu machen, fragt das Spiel beim Feld, auf dem die Figur des Spielers steht an, ob die Figur das Feld verlassen darf oder ob sie derzeit blockiert ist. Zur Anfrage dient die Methode `blockiert` des Feldes. Ist die Figur eines Spielers blockiert, so wird der Spieler übersprungen. Ist ein Spieler aufgefordert zu ziehen, so nimmt er sich den Würfel, um eine Zahl zu würfeln. Er aktiviert dazu den Würfel über dessen Methode `wurf`. Mit der gewürfelten Zahl wendet sich der Spieler an seine Figur und fordert sie auf, die entsprechende

Augenzahl vorzurücken. Diese wiederum wendet sich an ihr Feld (Methode setzen) mit dem Auftrag, entsprechend weiterzuziehen. Die Felder reichen die Figur dann mit der Methode move von Feld zu Feld weiter, bis die Figur ihre endgültige Position erreicht hat. Das Spiel setzt diesen Prozess fort, bis eine Figur das Zielfeld erreicht. Das folgende Diagramm zeigt die erforderlichen Methoden und die Botschaften, die im Laufe des Spiels zwischen den Instanzen der Klassen ausgetauscht werden:

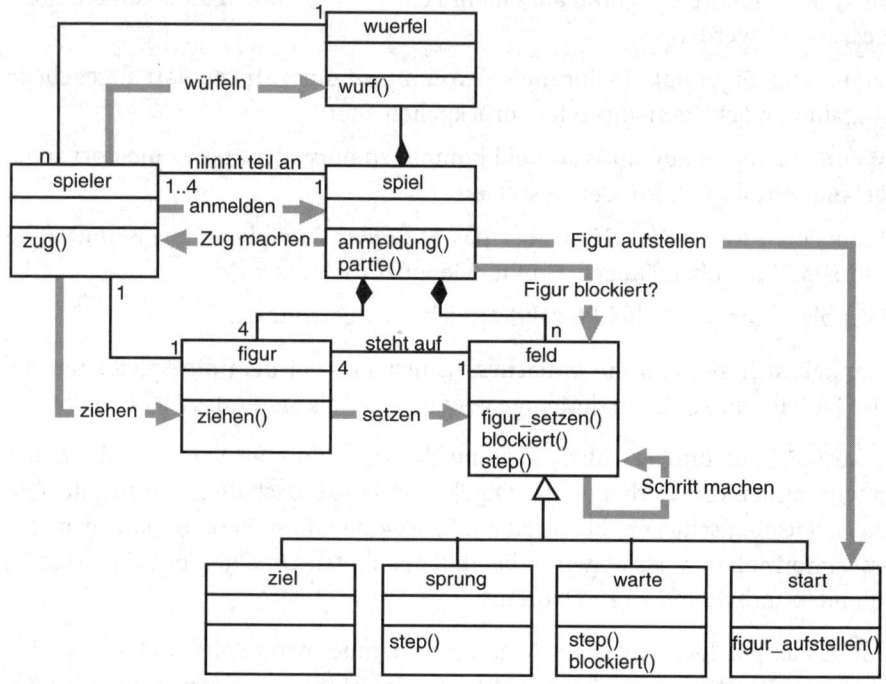

Damit ist unser Programm aus einer abstrakten Anwendungssicht beschrieben und dabei bereits soweit konkretisiert, dass wir Vorgaben für die Programmierung haben, die wir direkt umsetzen können. Viele programmiertechnische Details fehlen natürlich noch. Es ist aber auch nicht die Aufgabe des Designs festzulegen, ob der Spielplan als Array oder als Liste angelegt wird. Diese und ähnliche Fragen werden wir parallel zur Programmierung der Klassen beantworten.

Implementierung

Die erste Klasse, die wir realisieren wollen, ist der Würfel. Zum Würfeln benutzen wir den Zufallszahlengenerator (srand, rand) aus der C-Runtime-Library.

```
class wuerfel
    {
    public:
```

```
        wuerfel( int seed) { srand( seed);}
        int wurf() { return rand() % 6 + 1;}
    };
```

▲ CD-ROM P_21_10_2/wspiel.cpp

Im Konstruktor des Würfels wird der Zufallszahlengenerator mit einem Startwert initialisiert. In der Methode `wurf` wird dann jeweils eine Zufallszahl zwischen 1 und 6 berechnet.

Im nächsten Schritt wenden wir uns dem »gewöhnlichen« Feld zu. Das Klassendiagramm gibt nicht alle Implementierungsdetails dieser Klasse wieder. Die vollständige Implementation sieht wie folgt aus:

```
class feld
    {
    private:
      feld *nxt;
      feld *prv;
    protected:
      int besetzt[4];
      virtual feld *step( int fig, int steps);
    public:
      feld( feld *ende);
      feld *get_next() { return nxt;}
      virtual char get_typ() { return '.';}
      feld *figur_setzen( int fig, int wurf);
      virtual int blockiert( int nummer) { return 0;}
    };
```

▲ CD-ROM P_21_10_2/wspiel.cpp

Die folgenden Tabellen geben Aufschluss über die Bedeutung der einzelnen Member:

Private Attribute von `feld`	
nxt	Die Felder eines Spielplans werden in der Reihenfolge ihres Vorkommens in Form einer doppelt verketteten Liste gespeichert.
prv	In nxt bzw. prv werden dazu Zeiger auf das Nachfolge- bzw. Vorgängerfeld gespeichert.

Diese Daten sind privat, da niemand, nicht einmal die Kinder (Startfeld, Wartefeld, Sprungfeld, Zielfeld), in die Verkettung eingreifen soll.

855

Die nachfolgenden Daten im geschützten Bereich sollen aber für die Kinder eines Feldes zugänglich sein:

Geschützte Attribute und Methoden von `feld`	
besetzt	In diesem Array merkt sich das Feld, welche der vier Figuren (Index 0-3) aktuell auf dem Feld stehen.
step	Mit dieser Methode wird eine bestimmte Figur (`fig`) eine bestimmte Anzahl an Feldern (`steps`) weitergesetzt. Diese Methode ist virtuell, da bestimmte Felder (z. B. das Sprungfeld) sie anders als das allgemeine Feld implementieren werden und sichergestellt werden muss, dass auch bei Verwendung als allgemeines Feld immer die richtige Methode gerufen wird.

Im öffentlichen Bereich finden wir dann die folgenden Methoden:

Öffentliche Methoden von `feld`	
feld	Dies ist der Konstruktor für Felder. Da Felder zu einer Liste verkettet werden, erhält der Konstruktor als Parameter die Adresse des aktuell letzten Elements der Liste, um sich dort »anzuhängen«.
get_next	Mit dieser Methode kann man von einem Feld zum nächsten gehen. Wir benötigen diese Funktion für Ausgabefunktionen, die das ganze Spielfeld abfahren. Für die eigentlichen Spielfunktionen benötigen wir diese Funktion nicht.
get_typ	Ein Feld kann auf Verlangen seinen Typ nennen. Der Typ ist ein Buchstabe, der das Feld charakterisiert. Insgesamt wird es folgende Typen geben: '.' normales Feld 'S' Startfeld 'Z' Zielfeld '+' Vorwärts-Sprungfeld '-' Rückwärts-Sprungfeld 'W' Wartefeld Auch diese Funktion existiert nur zu Ausgabezwecken und hat für das eigentliche Spiel keine Bedeutung
blockiert	Mit dieser Funktion wird getestet, ob eine bestimmte Figur (`fig` = Index der Figur) das Feld verlassen darf oder nicht.
figur_setzen	Um eine Figur (`fig` = Index der Figur) von einem Feld eine bestimmte Augenzahl (`wurf`) zu setzen, wird diese Methode gerufen.

Die Funktionen get_next, get_typ und blockiert sind bereits in der Klasse als inline-Funktionen implementiert. Wir müssen uns nur noch um die Funktionen step, figur_setzen und um den Konstruktor kümmern.

Im Konstruktor des Feldes müssen wir im Wesentlichen die Verkettung herstellen, indem wir das Feld an das als Parameter (ende) übergebene Listenende anhängen. Die folgende Skizze zeigt die Operationen, die dazu durchgeführt werden müssen:

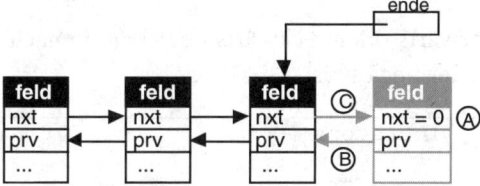

In C++ programmieren wir das wie folgt:

```
     feld::feld( feld *ende)
       {
A        nxt = 0;      // Ich habe keinen Nachfolger

B        prv = ende; // Mein Vorgaenger ist das alte  Listenende

C      if( ende)
          ende->nxt = this; // Nachfolger meines Vorgaengers bin ich

         besetzt[0] = besetzt[1] = besetzt[2] = besetzt[3] = 0;
       }
```

▲ **CD-ROM** P_21_10_2/wspiel.cpp

Neben der Aktualisierung der Verkettung werden noch alle Elemente des Arrays besetzt auf 0 gesetzt (D), dies bedeutet, dass noch keine Figur auf dem Feld steht.

Beim Setzen einer Figur wird zunächst geprüft, ob die Figur auch wirklich auf dem Feld steht und nicht blockiert ist (A). Dann wird das Feld als von dieser Figur nicht mehr besetzt markiert (B), und das Weitergehen der Figur wird durch Aufruf der step-Funktion angestoßen (C):

```
     feld *feld::figur_setzen( int fig, int wurf)
       {
A        if( !besetzt[fig] || blockiert(fig))
            return 0;
B        besetzt[fig] = 0;

C        return step( fig, wurf);
       }
```

857

Die step-Funktion werden wir so erstellen, dass sie einen Zeiger auf das Feld zurückgibt, auf dem die Figur nach dem Wurf zum Stehen kommt. Dieses Feld geben wir an das rufende Programm zurück.

Die step-Funktion kann eine Figur vorwärts oder rückwärts bewegen, je nachdem, ob der Parameter steps positiv oder negativ ist:

```
        feld *feld::step( int fig, int steps)
           {
           if( steps == 0)
              {
A             besetzt[fig] = 1;
              return this;
              }
           if(((steps > 0) && !nxt) || ((steps < 0) && !prv))
B             steps = -steps;
           if( steps > 0)
C             return nxt->step( fig, steps-1);
           else
D             return prv->step( fig, steps+1);
           }
```

▲ CD-ROM P_21_10_2/wspiel.cpp

A: Wenn keine Schritte mehr auszuführen sind (steps == 0), so ist die Figur am Ziel angekommen. Wir markieren das Feld als von der Figur besetzt und geben einen Zeiger auf das Ziel zurück.

B: Wenn vorwärts zu gehen ist, aber kein Nachfolger existiert, oder rückwärts zu gehen ist, aber kein Vorgänger existiert, so wird die Laufrichtung durch einen Vorzeichenwechsel der Variablen steps umgekehrt.

C: Wenn vorwärts zu gehen ist, so rufen wir die move-Funktion des Nachfolgers, der natürlich nur noch einen Schritt weniger auszuführen hat.

D: Wenn rückwärts zu gehen ist, wenden wir uns entsprechend an die move-Funktion des Vorgängers.

Jetzt verfeinern wir das »gewöhnliche« Feld zu Zielfeld (ziel), Startfeld (start), Sprungfeld (sprung) bzw. Wartefeld (warte).

Das Zielfeld ist eigentlich ein normales Feld, außer dass es eine andere Typ-Kennung, und zwar 'z' hat. Insofern ändert sich nur die get_typ-Funktion (B). Im Konstruktor wird der Parameter ende an den Konstruktor der Basisklasse feld weitergereicht (A). Eine eigenständige Funktionalität im Konstruktor ist nicht erforderlich:

```
      class ziel : public feld
         {
         public:
 A       ziel( feld *ende) : feld( ende) {};

 B       char get_typ() { return 'Z';}
         };
```

▲ CD-ROM P_21_10_2/wspiel.cpp

Das Startfeld hat ein gegenüber dem gewöhnlichen Feld erweitertes Verhalten. Insbesondere kann ein Startfeld ohne ein bestehendes Listenende konstruiert werden (A):

```
      class start : public feld
         {
         public:
 A       start() : feld( 0) {}

 B       char get_typ() { return 'S';}

 C       void figur_aufstellen( int fig) { besetzt[fig] = 1;}
         };
```

▲ CD-ROM P_21_10_2/wspiel.cpp

Der Typ eines Startfeldes ist 'S' (B). Für das Startfeld gibt es zusätzlich eine Methode (figur_aufstellen), um eine Figur auf dem Feld aufzustellen. Das Startfeld ist das einzige Feld, auf dem eine Figur aufgestellt werden kann (C). Auf alle anderen Felder kommt man nur durch Würfeln.

Wir kommen jetzt zum Sprungfeld, das eine zusätzliche private Variable offset hat (A):

```
      class sprung : public feld
         {
         private:
 A       int offset;

 B       feld *step( int fig, int steps);


         public:
```

```
C    sprung( feld *ende, int off) : feld( ende) {offset = off;}

D    char get_typ() { return offset > 0 ? '+' : '-';}
     };
```

▲ CD-ROM P_21_10_2/wspiel.cpp

Das Sprungfeld benötigt im Konstruktor (C) einen zusätzlichen Parameter (off), über den festgelegt wird, wie viel und in welcher Richtung gesprungen werden soll. Dieser Wert wird in der Variablen offset gespeichert. Das Listenende (ende) wird an den Konstruktor des gewöhnlichen Feldes weitergereicht, damit dort die restlichen Initialisierungen und die Einkettung des Sprungfeldes in die Liste vorgenommen werden. Der Typ eines Sprungfeldes ist '+' oder '-' – je nachdem, ob es sich um einen vorwärts oder einen rückwärts gerichteten Sprung handelt. Dieser Typ wird durch die get_typ-Funktion ermittelt (D).

Das Sprungfeld hat, das ist ja auch nicht anders zu erwarten, eine eigene step-Methode (B), die wie folgt implementiert ist:

```
     feld *sprung::step( int fig, int steps)
        {
A       if( steps == 0)
            steps = offset;

B       return feld::step( fig, steps);
        }
```

▲ CD-ROM P_21_10_2/wspiel.cpp

Endet ein Zug auf einem Sprungfeld, so wird der Zug um das Offset in vorwärtiger oder rückwärtiger Richtung verlängert (A). Zur weiteren Bearbeitung des Zuges wird dann die Kontrolle an die move-Funktion der Basisklasse übergeben (B). Auch wenn ein Zug nur über das Sprungfeld hinwegläuft, kann die move-Methode der Basisklasse verwendet werden.

Es fehlt jetzt nur noch das Wartefeld:

```
     class warte : public feld
        {
        protected:

A          int timeout;

B          int wait[4];
```

C	`        feld *step( int fig, int steps);`
	`    public:`
D	`    warte( feld *ende, int t) : feld( ende) { timeout = t;}`
E	`    virtual char get_type() { return 'W';}`
F	`    int blockiert( int nummer);`
	`    };`

▲ CD-ROM P_21_10_2/wspiel.cpp

Das Wartefeld hat eine Variable (`timeout`), die angibt, wie lange auf diesem Feld gewartet werden muss (A). Zusätzlich gibt es für jede Figur einen Zähler (`wait`), in dem nachgehalten wird, wie lange die Figur noch warten muss, bis sie weitergehen darf (B). Um Wartefelder mit unterschiedlicher Wartezeit instantiieren zu können, wird dieses Feld über einen Parameter des Konstruktors besetzt (C). Die Kennung des Wartefeldes ist '`W`' (D).

Das Wartefeld verfügt über eine spezifische `blockiert`- und `step`-Methode (D und C). Jedesmal, wenn über die `blockiert`-Methode angefragt wird, ob eine Figur mit einer bestimmten Nummer ziehen kann, wird eine gegebenenfalls noch anstehende Wartezeit um 1 vermindert und die Figur muss weiter warten (return 1). Steht keine Wartezeit für die Figur an, so kann die Figur ziehen (return 0):

```
int warte::blockiert( int nummer)
    {
    if( wait[nummer])
        {
        wait[nummer]--;
        return 1;
        }
    return 0;
    }
```

▲ CD-ROM P_21_10_2/wspiel.cpp

Bei der `step`-Funktion ist wieder eine Sonderbehandlung einzufügen, wenn ein Zug auf dem Feld endet:

```
feld *warte::step( int fig, int steps)
    {
    if( steps == 0)
        wait[fig] = timeout;
    return feld::step( fig, steps);
    }
```

▲ CD-ROM P_21_10_2/wspiel.cpp

Das Wartefeld stellt in diesem Fall die entsprechende Wartezeit (timeout) für die Figur ein und übergibt die Kontrolle an die step-Methode der Basisklasse, wo alles Weitere geregelt wird. Bei einem über das Feld hinweggehenden Zug verhält sich das Wartefeld wie das Sprungfeld neutral (d. h. wie ein feld).

Dies sind nur einige Beispiele von speziellen Feldern. Wenn Sie das Spiel erweitern wollen, so erstellen Sie weitere Felder mit spezieller Bedeutung. Dazu einige Vorschläge:

▶ Ein Feld, von dem aus man nur mit einer bestimmten Augenzahl weiterziehen darf

▶ Ein Feld, bei dem der nächste Wurf rückwärts zählt

▶ Ein Feld, das man nur überspringen kann, wenn man mindestens drei Augen über das Feld hinaus gewürfelt hat. Andernfalls bleibt man auf dem Feld stehen oder muss den Rest des Wurfes zurücksetzen.

Bei der Implementation solcher oder anderer neuer Felder werden Sie feststellen, wie einfach es ist, bei einem objektorientierten Ansatz neue Klassen konsistent in die bestehende Struktur einzubauen.

Anstatt weitere Felder zu definieren, wollen wir uns hier aber auf die Realisierung der noch fehlenden Klassen figur, spiel und der spieler konzentrieren, um zu einem funktionierenden Gesamtsystem zu kommen. Wir beginnen mit der Klasse figur:

```
class figur
    {
    friend class spiel;
    private:
      feld *pos;
      int nummer;
    public:
      figur() { pos = 0;}
      void ziehen( int wurf) {pos = pos->figur_setzen( nummer, wurf);}
      };
```

▲ CD-ROM P_21_10_2/wspiel.cpp

In den privaten Daten der Figur finden wir einen Zeiger (pos) auf das Feld, auf dem die Figur aktuell steht, und eine Nummer (nummer), die ihr vom Spiel bei der Anmeldung eines Spielers zugewiesen wird. Damit dies möglich ist, erklärt die Klasse figur die Klasse spiel zu ihrem Freund. Das Spiel kann dann in die privaten Daten einer Figur eingreifen. Wichtig ist die ziehen-Methode einer Figur. Um zu ziehen, ruft die Figur die figur_setzen-Methode des Feldes, auf dem sie gerade steht. Als Parameter gibt sie dabei ihre Nummer und die Augenzahl des Wurfes mit. In der figur_setzen-Methode wird dann so lange die step-Methode der verketteten Felder aufgerufen, bis die Figur ihr endgültiges Ziel erreicht hat. Die Adresse des Feldes, auf dem die Figur zum Stillstand kommt, erhält die Figur dann als Return-Wert der figur_setzen-Methode. Diesen Zeiger speichert sie sich in ihrer Member-Variablen pos.

Jetzt ist der Spieler an der Reihe. Der Spieler hat einen Namen (name) und Verweise auf das Spiel (game) und die ihm zugeordnete Spielfigur (fig). Diese Daten liegen in Member-Variablen im privaten Bereich:

```
class spieler
    {
    private:
      char name[20];
      spiel *game;
      figur *fig;
    public:
      spieler( char *n, spiel *s);
      char *get_name() { return name;}
      void zug();
    };
```

▲ CD-ROM P_21_10_2/wspiel.cpp

Der Spieler kann auf Verlangen seinen Namen sagen (get_name). Den Konstruktor und die Methode zug können wir erst später implementieren, da aus diesen Methoden auf das Spiel zugegriffen wird. Das Spiel müssen wir dazu aber zuvor implementieren:

```
class spiel
    {
    public:
      wuerfel w;
      figur fig[4];
    private:
      spieler *player[4];
      start *startfeld;
      int anz_spieler;
```

```
      int spielrunde();
   public:
      spiel( int seed);
      figur *anmeldung( spieler *sp);
      void spielstand();
      void partie();
      ~spiel();
   };
```

▲ **CD-ROM** P_21_10_2/wspiel.cpp

Der Würfel (w) und die vier Figuren (fig) sind öffentlich zugänglich, sodass sich jeder Spieler hier bedienen kann. Im privaten Bereich hat ein Spiel die folgenden Daten:

▶ player   ein Array mit Zeigern auf bis zu vier Spieler

▶ startfeld   ein Zeiger auf das Startfeld und damit auf die ganze Liste der Spielfelder

▶ anz_spieler   die Anzahl der aktuell angemeldeten Spieler

Dazu kommt im privaten Bereich die Methode spielrunde, mit der das Spiel eine Spielrunde abwickelt. Diese Methode ist privat, da sie nur intern in der Methode partie verwendet wird.

Im öffentlichen Bereich sind dann neben dem Konstruktor und dem Destruktor Methoden zum Anmelden eines Spielers (anmeldung), zur Ausgabe des Spielstandes (spielstand) und zum Spielen einer ganzen Partie (partie) angelegt.

Im Konstruktor baut das Spiel im Wesentlichen den Spielplan auf. Dazu werden die in der folgenden Grafik gezeigten Felder dynamisch allokiert:

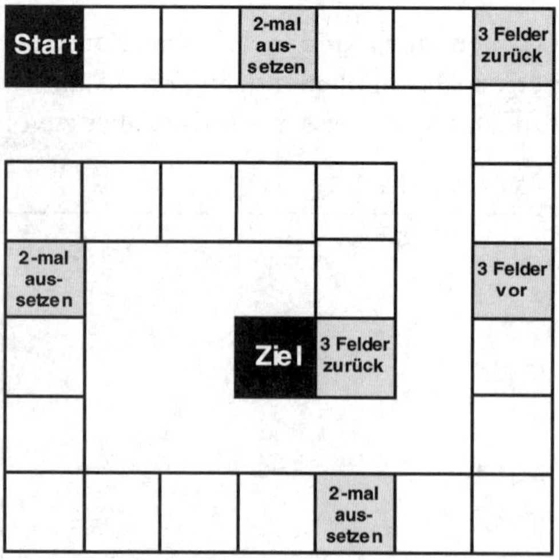

```
spiel::spiel( int seed) : w( seed)
    {
    feld *last;

    anz_spieler = 0;

    last = startfeld = new start();
    last = new feld( last);
    last = new feld( last);
    last = new warte( last, 2);
    last = new feld( last);
    last = new feld( last);
    last = new sprung( last, Ð3);
    last = new feld( last);
    last = new feld( last);
    last = new sprung( last,  3);
    last = new feld( last);
    last = new feld( last);
    last = new feld( last);
    last = new feld( last);
    last = new warte( last, 2);
    last = new feld( last);
    last = new feld( last);
    last = new feld( last);
    last = new feld( last);
    last = new feld( last);
    last = new feld( last);
    last = new warte( last, 2);
    last = new feld( last);
    last = new feld( last);
    last = new feld( last);
    last = new feld( last);
    last = new feld( last);
    last = new feld( last);
    last = new sprung( last, Ð3);
    last = new ziel( last);
    }
```

▲ CD-ROM P_21_10_2/wspiel.cpp

Die Verkettung der Felder erfolgt – auf dieser Ebene unsichtbar – im Konstruktor der Felder. Zur Verkettung wird immer ein Zeiger auf das aktuell letzte Feld (last) übergeben. Das neu allokierte Feld ist anschließend das vorläufig letzte Element.[10]

Im Destruktor beseitigen wir alle Spielfelder, indem wir die Liste der Felder abfahren und jedes Feld freigeben:

```
spiel::~spiel()
    {
    feld *f, *t;

    for( f = startfeld; t = f;)
        {
        f = f->get_next();
        delete t;
        }
    }
```

▲ CD-ROM P_21_10_2/wspiel.cpp

Die Anmeldung eines neuen Spielers nehmen wir nur an, wenn nicht bereits vier Spieler registriert sind (A):

	`figur *spiel::anmeldung( spieler *sp)`
	`    {`
A	`    if( anz_spieler >= 4)`
	`        return 0;`
B	`    player[anz_spieler] = sp;`
C	`    fig[anz_spieler].nummer = anz_spieler;`
	`    startfeld->figur_aufstellen( anz_spieler);`
	`    fig[anz_spieler].pos = startfeld;`
	`     cout << anz_spieler+1 << ".ter Spieler ist "`
	`                    << sp->get_name() << '\n';`
D	`    anz_spieler++;`
	`    return &fig[anz_spieler-1];`
	`    }`

▲ CD-ROM P_21_10_2/wspiel.cpp

---

10. Ich habe hier nur Sprungfelder mit Sprungweite 3 und Wartefelder mit Wartezeit 2 erzeugt, weil diese Zuatzinformationen bei der möglichst kompakten Ausgabe des Spielplans nicht angezeigt werden. Mit unterschiedlichen Werten wäre der Spielverlauf nur schwer nachzuvollziehen. Es ist aber durchaus möglich, Sprung- und Wartefelder mit unterschiedlichen Sprungweiten bzw. Wartezeiten zu instantiieren.

Nach der dazu erforderlichen Prüfung speichern wir uns einen Verweis auf den Spieler, um ihn später auffordern zu können, einen Zug zu machen (B). Dann tragen wir die Spielernummer in die ausgewählte Figur ein und stellen die Figur auf das Startfeld (C). Nach einer Ausgabe erhöhen wir noch die Anzahl der Spieler und geben dem Spieler einen Zeiger auf seine Figur zurück (D). Damit ist die Anmeldung abgewickelt.

Zur Durchführung einer Spielrunde prüfen wir für jeden Spieler zunächst, ob seine Figur nicht blockiert ist:

```cpp
int spiel::spielrunde()
    {
    int sp;

    for( sp = 0; sp < anz_spieler; sp++)
        {
        if( !fig[sp].pos->blockiert(sp))
            {
            player[sp]->zug();
            if( fig[sp].pos->get_typ() == 'Z')
                {
                cout << '\n';
                return 0;
                }
            }
        }
    cout << '\n';
    return 1;
    }
```

▲ CD-ROM P_21_10_2/wspiel.cpp

Ist die Figur nicht blockiert, so fordern wir den Spieler auf, einen Zug zu machen. Erreicht der Spieler dabei das Zielfeld, so beenden wir die Spielrunde vorzeitig mit Returncode 0.

Zur Durchführung einer Partie geben wir so lange den Spielstand aus, wie volle Spielrunden gespielt werden:

```cpp
void spiel::partie()
    {
    do  {
        spielstand();
        } while( spielrunde());
```

```
    spielstand();
    }
```

▲ CD-ROM P_21_10_2/wspiel.cpp

Am Schluss geben wir noch den Endstand aus. Die Funktion zur Ausgabe des Spielstands wollen wir hier nicht diskutieren. Sie finden diese Funktion auf der beiliegenden CD.

Die Implementierung des Konstruktors des Spielers hatten wir vertagt, bis wir genauer über die Anmeldeformalitäten Bescheid wissen. Dies holen wir jetzt nach:

```
spieler::spieler( char *n, spiel *s)
    {
    strcpy( name, n);
    game = s;
    fig = game->anmeldung( this);
    }
```

▲ CD-ROM P_21_10_2/wspiel.cpp

Ein Spieler kopiert den von außen übergebenen Namen in seinen internen Namensarray, stellt die Beziehung zum Spiel her und meldet sich dann beim Spiel an. Ob die Anmeldung klappt oder nicht ist hier nicht von Bedeutung. Wenn die Anmeldung nicht klappt, weil schon vier Spieler angemeldet sind, wird der Spieler nie aufgefordert, einen Zug zu machen.

Jetzt fehlt nur noch die Implementierung der Methode, mit der ein Spieler einen Zug macht:

```
void spieler::zug()
    {
    int wurf;

    wurf = game->w.wurf();
    cout << *name << '=' << wurf << ' ';
    fig->ziehen( wurf);
    }
```

▲ CD-ROM P_21_10_2/wspiel.cpp

Wird der Spieler aufgefordert, einen Zug zu machen, so nimmt er sich den Würfel des Spiels und würfelt. Anschließend fordert er seine Spielfigur auf, entsprechend der Augenzahl vorzurücken.

Im Hauptprogramm instantiieren wir ein Spiel und vier Spieler und starten die Spielpartie:

```
void main()
    {
    spiel sp(1234);

    spieler anton( "Anton", &sp);
    spieler berta( "Berta", &sp);
    spieler claus( "Claus", &sp);
    spieler doris( "Doris", &sp);
    cout << '\n';
    sp.partie();
    }
```

▲ CD-ROM P_21_10_2/wspiel.cpp

Nach Ausgabe der am Spiel beteiligten Spieler

```
1.ter Spieler ist Anton
2.ter Spieler ist Berta
3.ter Spieler ist Claus
4.ter Spieler ist Doris
```

erhalten wir ein Protokoll, das den Fortschritt nach jeder Spielrunde anzeigt.

Das Protokoll bedarf keines Kommentars. Insbesondere können Sie erkennen, wie Spielfiguren vor- bzw. zurückspringen und wie Spieler mehrfach aussetzen müssen:

```
S..W..-..+....W......W......-Z
A-----------------------------
B-----------------------------
C-----------------------------
D-----------------------------

A=1 B=5 C=6 D=6
S..W..-..+....W......W......-Z
-A---------------------------
-----B-----------------------
---C-------------------------
---D-------------------------
```

```
A=1 B=4
S..W..-..+....W......W......-Z
--A-------------------------
----------B-----------------
---C------------------------
---D------------------------


...


A=4
S..W..-..+....W......W......-Z
--------------------------A
-----------------------B----
------------C--------------
----------------------D----
```

Am Ende gewinnt der Spieler A(nton).[11]

Ich möchte noch einmal auf die in der Klasse `feld` vorkommenden virtuellen Methoden zurückkommen. Um deren Bedeutung für dieses Beispiel zu erfassen, löschen wir vorübergehend den Zusatz `virtual` bei den Member-Funktionen in der Klassendefinition von `feld`. Das Programm lässt sich auch mit diesen Änderungen problemlos übersetzen und starten. Aber schon bei der ersten Ausgabe des Spielstandes sehen wir, dass jetzt offensichtlich alle Felder als »normale« Felder angesehen werden.

```
.............................
A--------------------------
B--------------------------
C--------------------------
D--------------------------
```

Die weiteren Ausgaben zeigen, dass sich jetzt alle Felder auch wie normale Felder verhalten. Da es kein Zielfeld mehr gibt, gerät unser Programm in eine Endlosschleife, aus der wir es mit Gewalt befreien müssen.

Obwohl wir im Konstruktor des Spiels Start- und Zielfeld sowie Sprung- und Wartefelder eingerichtet haben, werden diese offensichtlich nicht erkannt, oder sie weigern sich, sich ihrer Art entsprechend zu verhalten. Das liegt daran, dass die Felder zwar konkret als Start-, Warte- oder Sprungfelder instantiiert, im Laufe des Spiels dann aber als »gewöhnliche« Felder angesprochen werden. Ohne virtuelle

---

11. Genauer: Auf meinem Macintosh gewinnt Anton. Auf einem PC gewinnt Berta. Offensichtlich ist dort der »Zufall« ein anderer.

Methoden verhalten sie sich dann auch wie »gewöhnliche« Felder. Erst bei Verwendung virtueller Funktionen wird geprüft, um welche konkreten Feldtypen es sich im Einzelnen handelt, um dann die gegebenenfalls überladenen Funktionen der speziellen Typen aufzurufen:

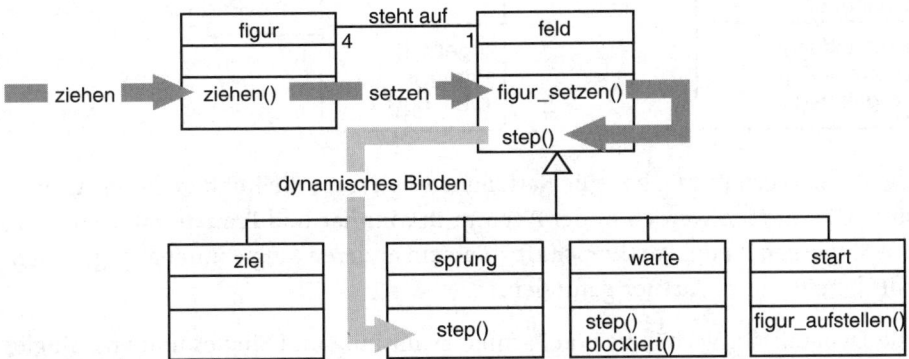

Wenn wir also den Zusatz `virtual` weglassen, so macht der Compiler das, was er zur Compilezeit erkennen kann. Das heißt, wenn wir ein Sprungfeld konkret als Sprungfeld ansprechen, so benutzt er die Methoden des Sprungfelds. Wenn wir ein Sprungfeld jedoch allgemein als Feld ansprechen, so benutzt der Compiler die allgemeinen Methoden des Feldes. Dies führt dann zu dem oben beobachteten »Fehlverhalten«.

Erst das Keyword `virtual` aktiviert für eine bestimmte Methode das dynamische Binden zur Laufzeit. Dynamisches Binden erfordert natürlich einen zusätzlichen Berechnungs- und Speicheraufwand im Programm. Es sollte daher nur dort aktiviert werden, wo es auch wirklich benötigt wird.

21.10.2 Partnervermittlung

In diesem Beispiel beschäftigen wir uns mit dem delikaten Problem der Partnervermittlung über eine Agentur. Auch hier wollen wir zunächst die beteiligten Klassen identifizieren und ein Klassendiagramm erstellen.

Design

Im Mittelpunkt unserer Betrachtung stehen eine Partnervermittlungsagentur und deren Kunden (Singles) sowie das Bemühen der Agentur, Singles zusammenzubringen bzw. das Bemühen der Singles zueinander zu finden. Damit ergeben sich unmittelbar zwei Klassen:

▶ **Partnervermittlung** und

▶ **Single**,

die wir wie folgt modellieren:

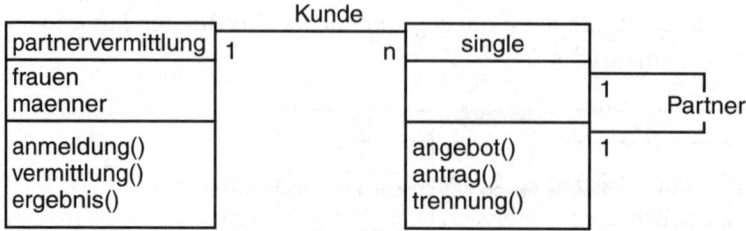

Die Partnervermittlung hat eine Kartei mit Singles, die die Kunden dieser Agentur sind. Die Kunden werden in der Agentur in **Männer** und **Frauen** unterschieden. Ein Single sucht eine **Partnerschaft** zu einem anderen Single und hat gegebenenfalls bereits einen **Partner** gefunden.

Die Dynamik im Verhältnis von Partnervermittlung und Singles und von Singles untereinander beschreiben wir durch Methoden und Botschaften.

Eine Agentur kann

▶ eine Anmeldung neuer Kunden (Singles) entgegennehmen,

▶ Vermittlungen durchführen und

▶ Vermittlungsergebnisse bekannt geben.

Ein Single kann

▶ sich mit einem Angebot der Agentur auseinandersetzen,

▶ einem anderen Single einen Antrag machen bzw. einen solchen Antrag von einem anderen Single entgegennehmen und

▶ sich von einem Partner trennen, um sich mit einem anderen Partner zu verbinden.

Damit erweitert sich unser Modell um die entsprechenden Botschaften:

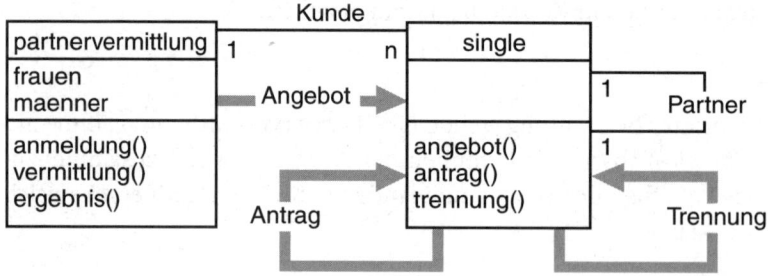

Der Ablauf der Vermittlung und Partnersuche wird über Botschaften gesteuert und läuft wie folgt ab:

> Die Agentur schickt einem Kunden ein **Angebot**, das Informationen über einen anderen Single enthält. Der Empfänger des Angebots prüft, ob der angebotene Partner seinen Vorstellungen entspricht und gegebenenfalls seinem derzeitigen Partner vorzuziehen ist. Ist das der Fall, so macht er dem von der Agentur angebotenen Partner einen **Antrag**. Der so angesprochene Wunschpartner prüft natürlich auch, ob er sich durch den Antrag verbessern kann. Ist das der Fall, so trennt er sich von seinem bisherigen Partner (**Trennung**) und nimmt den Antrag an. Andernfalls lehnt er den Antrag ab. Im Falle eines positiven Bescheids trennt sich dann auch der Antragsteller von seinem bisherigen Partner (sofern er einen hatte), und die neue Partnerschaft ist besiegelt.

Ein Single hat bisher noch keine besonderen Merkmale, außer, dass er gegebenenfalls einen Partner hat. Wir geben ihm jetzt weitere Eigenschaften, indem wir ihn zu einer **Person** machen:

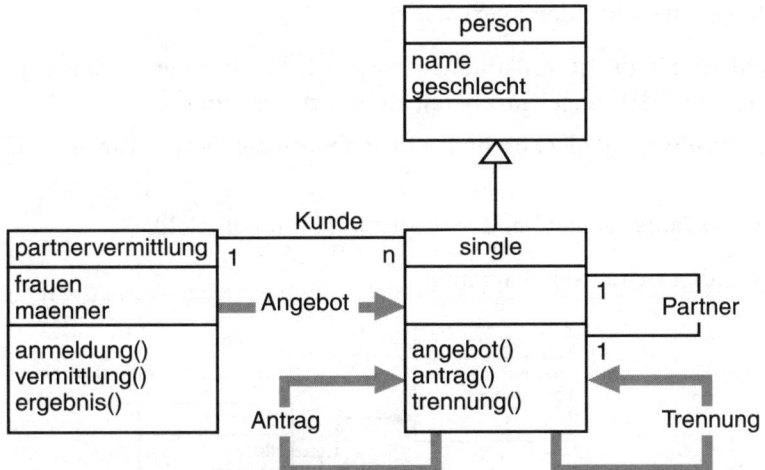

Eine Person hat einen **Namen** und ein **Geschlecht**. Letzteres ist bei der Partnersuche natürlich besonders wichtig. Der Single <u>ist eine</u> Person und erbt damit diese Eigenschaften.

Aufgrund der beiden Eigenschaften Name und Geschlecht kann sich ein Single natürlich noch kein ausreichendes Bild von einem möglichen Partner machen. Dazu benötigt er weitere Informationen. Er benötigt ein **Profil** des Partners. Wir beschränken uns hier auf die Merkmale **Größe**, **Alter** und **Vermögen**. Ein Profil kommt hier aber in zweierlei Bedeutung vor. Zum einen hat jede Person ein **Eigenprofil** und zum anderen hat jeder Single ein Ideal- oder Wunschprofil (**Partnerprofil**) seines zukünftigen Partners. In diesem Sinne ergänzen wir das Modell:

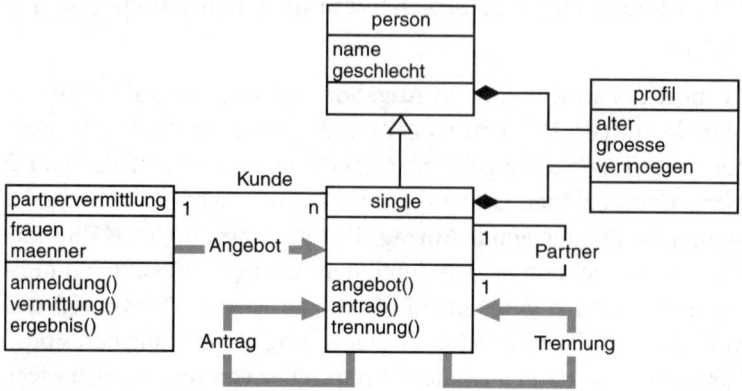

Die Partnerwahl basiert dann im Wesentlichen auf einem Abgleich des Wunschprofils mit dem Eigenprofil eines möglichen Partners.

Nun gibt es sicherlich verschiedene Typen von Singles, die unterschiedliche Kriterien bei der Partnersuche anlegen. Wir betrachten hier zusätzlich zu dem »gewöhnlichen« Single die folgenden Spezialfälle:

▶ Der **bescheidene Single** ist vollkommen anspruchslos und bereit, jeden als Partner zu nehmen, der umgekehrt bereit ist, ihn zu akzeptieren.

▶ Der **anspruchsvolle Single** legt besonders scharfe Kriterien bei der Partnerwahl an.

▶ Der **Heiratsschwindler** achtet bei der Partnerwahl nur aufs Geld.

Damit vervollständigt sich unser Diagramm:

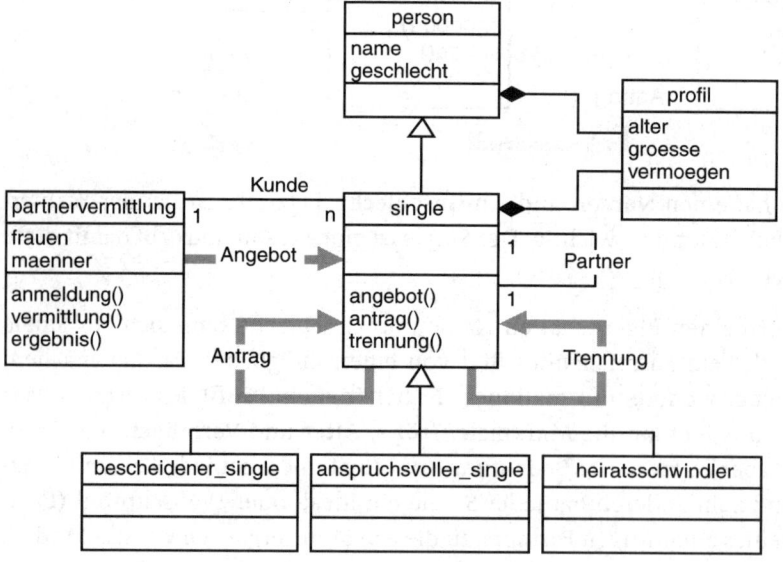

Alle jetzt noch fehlenden Details klären wir direkt bei der Implementierung.

Realisierung

Wir beginnen die Implementierung mit der Klasse `profil`, da wir diese Klasse später für das Eigenprofil und das Partnerprofil benötigen. Das Design gibt uns die folgende Grobstruktur vor:

profil
alter groesse vermoegen

Das übersetzen wir in eine C++-Klassendefinition:

```
class profil
    {
    public:
        int alter;
        double groesse;
        double vermoegen;

        profil( int a = 0, double gr = 0, double v = 0.0)
                                    { set( a, gr, v);}
        void set( int a, double gr, double v)
                { alter = a; groesse = gr; vermoegen = v;}
    };
```

▲ CD-ROM P_21_10_3/singles.cpp

Die Daten halten wir öffentlich. Im Konstruktor können konkrete Werte zur Initialisierung mitgegeben werden. Fehlende Werte werden mit 0 initialisiert. Die set-Methode dient nur dazu, das Setzen der Werte etwas komfortabler zu machen. Diese Funktion ist insbesondere dann nützlich, wenn ein Single einmal seine Wunschvorstellung über den Partner ändern möchte.

Singles sollen später einmal zwei Profile miteinander vergleichen können. Dazu muss man die »Abweichung« zweier Profile voneinander in irgendeiner Weise messbar machen. Aus der Mathematik wissen wir, dass man die relative Abweichung einer Zahl b von einer Zahl a durch die Formel

$$\left| \frac{a - b}{a} \right|$$

messen kann, sofern a ≠ 0 ist. Diese Formel lassen wir durch eine kleine Hilfs-funktion berechnen:

```
double abweichung( double a, double b)
    {
    if( !a)
        return 0;
    return (double) fabs(( a - b)/a);
    }
```

▲ CD-ROM P_21_10_3/singles.cpp

Zur Berechnung des Absolutbetrags verwenden wir die Runtime-Library-Funk-tion fabs. Der Fall a = 0 (d. h.: alter = 0 oder groesse = 0) sollte in unserer An-wendung eigentlich nicht vorkommen. Trotzdem treffen wir Vorkehrungen für diese Situation.

Aufbauend auf dieser Hilfsfunktion können wir die Abweichung zweier Profile berechnen. Wir verwenden dabei den gleichen Funktionsnamen abweichung wie oben. Für den C++-Compiler stellt das kein Problem dar, da sich beide Funk-tionen in ihren Parametern (in der Parametersignatur) deutlich unterscheiden:

```
double abweichung( profil &wunsch, profil &real)
    {
    double sum = 0;

    sum = abweichung( wunsch.alter, real.alter);
    sum += abweichung(wunsch.groesse, real.groesse);
    if( wunsch.vermoegen > real.vermoegen)
        sum += abweichung( wunsch.vermoegen, real.vermoegen);
    return sum/3;
    }
```

▲ CD-ROM P_21_10_3/singles.cpp

In der Funktion bestimmen wir die relative Abweichung im Alter und addieren dann die relative Abweichung in der Größe hinzu. Beim Vermögen ergibt sich nur dann eine zusätzliche Abweichung, wenn das reale Vermögen kleiner als das ge-wünschte Vermögen des Partners ist.[12] Die sich so ergebende Summe teilen wir noch durch 3 und erhalten damit als Ergebnis eine Zahl, die wir als die gemittelte relative Abweichung zweier Profile bezeichnen können. Dies ist ein ganz ver-nünftiger Maßstab zum Vergleich zweier Profile. Differenziertere Abgleiche von Profilen wären durch Angabe von Gewichtsfaktoren für Alter, Größe und Vermö-gen leicht zu implementieren.

---

12. Über zu viel Geld beim Partner wird sich wohl niemand beschweren.

Wir wenden uns jetzt der Klasse `person` zu, die die Basisklasse für alle Singles ist – seien sie nun anspruchsvoll, bescheiden oder gar Heiratsschwindler.

Die Designvorgaben dafür sind:

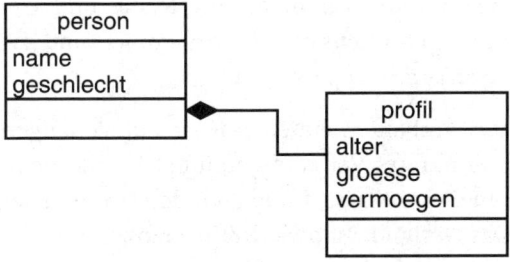

Das Design führt uns zu der folgenden Klassendefinition:

```
class person
    {
    private:
      char name[20];
      char geschlecht;
    public:
      profil eigenprofil;
      person( char *n, char g, int a, double gr, double v);
      char *get_name() { return name;}
      char get_geschlecht() {return geschlecht;}
    };
```

▲ CD-ROM P_21_10_3/singles.cpp

Für den Namen sehen wir max. 20 Zeichen vor und in dem Attribut `geschlecht` speichern wir `'m'` für männlich und `'w'` für weiblich. Unsere Personen sind, was ihr Eigenprofil betrifft, leutselig, da wir die zugehörige Klasse hier als `public` deklariert haben. Dies bedeutet, dass eine Person jedermann bereitwillig Auskunft über Alter, Größe und Vermögensverhältnisse gibt.

Im Konstruktor werden neben dem Namen und dem Geschlecht auch die für das Eigenprofil benötigten Parameter (a, gr, v) übergeben:

```
person::person( char *n, char g, int a, double gr, double v)
                                : eigenprofil( a, gr, v)
    {
    strcpy( name, n);
    geschlecht = g;
    }
```

▲ CD-ROM P_21_10_3/singles.cpp

Diese Parameter für Alter, Größe und Vermögen werden durch den Zusatz

```
: eigenprofil( a, gr, v)
```

sofort an den für das Profil zuständigen Konstruktor weitergereicht. Der Konstruktor der Person selbst verarbeitet nur die Parameter für Name und Geschlecht. Der Name (n) wird in den internen Namensarray (name) kopiert und das Geschlecht (g) wird der Variablen geschlecht zugewiesen.

Eine Person hat noch kein bestimmtes Verhalten, außer dass sie auf Verlangen Name und Geschlecht nennen kann. Konkretes Verhalten ergibt sich erst, wenn wir jetzt Person zu Single verfeinern. In dieser Klasse finden wir den Großteil der Funktionalität unseres Programms. Das Design lässt dies bereits erahnen:

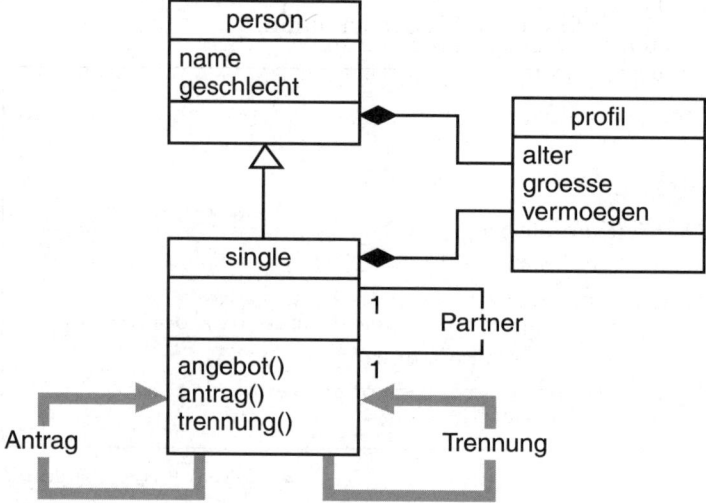

Wir erstellen also eine Klasse single als Verfeinerung der Klasse person:

```
class single : public person
    {
    friend ostream& operator<<(ostream& o, single &s);
    protected:
        single *partner;
        double abw;
        void neuer_partner( single *s);
        virtual int akzeptiert( single *s);
        virtual int verbesserung( single *s);

    public:
        profil partnerprofil;
        single( char *n, char g, int a, double gr, double v);
```

```
    void trennung();
    int antrag( single *s);
    virtual int angebot( single *s);
};
```

▲ **CD-ROM** P_21_10_3/singles.cpp

Hier finden wir eine mit `protected` gekennzeichnete Sektion. Alle Daten dieser Sektion sind für »fremde« Klassen unzugänglich, können aber in zukünftigen Verfeinerungen <u>dieser</u> Klasse unmittelbar benutzt werden.

Neben dem Partnerprofil kommen noch einige Daten hinzu, deren Bedeutung wir kurz diskutieren wollen:

► Die Member-Variable `partner`
  Hier handelt es sich um einen Zeiger auf einen andern Single. Auf diese Weise wird die Relation »Partnerschaft« aus dem Design implementiert. Zwei partnerschaftlich verbundene Singles verweisen über dieses Feld wechselseitig aufeinander.

► Die Member-Variable `abw`
  In dieser Variablen speichert ein Single die Abweichung des Profils seines aktuellen Partners vom Wunschprofil (`partnerprofil`). Je kleiner der Wert ist, umso besser passt der derzeitige Partner. Ist beispielsweise abw == 0, so besteht vollständige Profildeckung.

► Die Klasse `partnerprofil`
  Hier liegen die Informationen über das Wunschprofil, also die Idealvorstellung vom Partner.

Wir wenden uns jetzt dem Konstruktor der Klasse `single` zu:

```
single::single( char *n, char g, int a, double gr, double v)
                 : person( n, g, a, gr, v), partnerprofil()
    {
    partner = 0;
    }
```

▲ **CD-ROM** P_21_10_3/singles.cpp

Da ein Single eine Person ist und ein Profil enthält, müssen im Konstruktor die Konstruktoren für `person` und `partnerprofil` mit den richtigen Initialwerten beschickt werden. Damit ergibt sich folgender Informationsfluss bei der Instantiierung eines Singles:

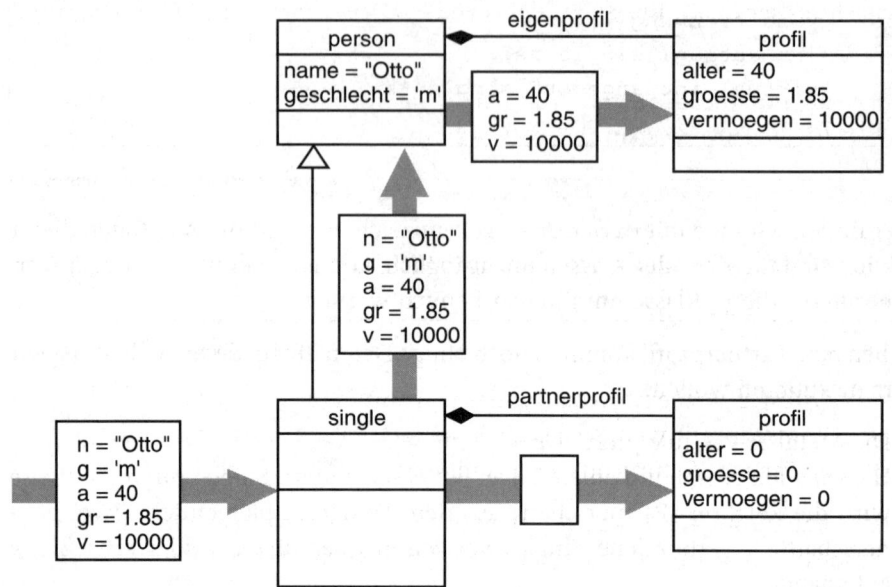

Die fünf eingehenden Parameter werden an den Konstruktor der Person weitergeleitet. Dort werden die beiden ersten Parameter (Name und Geschlecht) verarbeitet und die restlichen an den Konstruktor des Eigenprofils weitergegeben. Zusätzlich wird der Konstruktor für das Partnerprofil mit einer leeren Parameterliste gerufen. Eine Übergabe von Daten für das Partnerprofil könnte natürlich auch im Konstruktor realisiert werden. Wir ziehen es jedoch vor, diese Daten getrennt zu setzen. Schließlich kommt ein Mensch ja auch nicht mit einem Partnerprofil auf die Welt, sondern entwickelt ein solches erst im Laufe der Zeit.

Insgesamt ergeben sich die in der obigen Grafik gezeigten Initialisierungen. Sie sehen, dass bei der Instantiierung eines Objekts eine ganze Lawine von Initialisierungen losgetreten werden kann, ohne dass wir die dahinter steckende Logik immer vollständig überblicken können. Dies bedeutet, dass bei der Programmierung von Konstruktoren mit besonderer Sorgfalt vorgegangen werden muss. Insbesondere müssen Seiteneffekte ausgeschlossen werden.

Im geschützten (protected) Bereich der Klasse single befinden sich zwei Funktionen (akzeptiert und verbesserung), denen das Schlüsselwort virtual vorangestellt ist. Es handelt sich um die Funktionen, mit der ein Single die Partnerauswahl steuert. Verfeinerungen von single werden jeweils eigene Implementierungen für diese Funktionen beisteuern, um die Partnerauswahl in die eigene Hand zu nehmen. Die Bedeutung dieses Zusatzes für das dynamische Binden haben wir bereits am Beispiel des Würfelspiels kennen gelernt.

Als nächstes sehen wir uns an, wie ein »gewöhnlicher« Single bei der Partnerwahl vorgeht.

In der Funktion akzeptiert prüft ein Single, ob ein angebotener Partner prinzipiell für eine Partnerschaft in Frage kommt:

```
int single::akzeptiert( single *s)
    {
    return abweichung( partnerprofil, s->eigenprofil) < 0.25;
    }
```

▲ CD-ROM P_21_10_3/singles.cpp

Der Single testet, ob die Abweichung des Eigenprofils des möglichen Partners von seinem Wunschprofil weniger als 25 % beträgt. Wenn ja, so akzeptiert er den möglichen Partner (Returncode 1), ansonsten nicht (Returncode 0).

Mit der Funktion verbesserung stellt ein Single fest, ob eine Entscheidung für einen bestimmten Partner zu einer Verbesserung seiner bestehenden Situation führt:

```
int single::verbesserung( single *s)
    {
    if( !akzeptiert( s))
        return 0;
    if( !partner)
        return 1;
    if( abweichung( partnerprofil, s->eigenprofil) < abw)
        return 1;
    return 0;
    }
```

▲ CD-ROM P_21_10_3/singles.cpp

Wenn der mögliche Partner nicht akzeptabel ist, so ist keine Verbesserung möglich (Returncode 0), selbst wenn der Single derzeit keinen Partner hat.[13] Ist der Partner akzeptabel und hat der Single im Moment keinen Partner, so ist die Verbesserung offensichtlich (Returncode 1). Ist der Partner akzeptabel, und hat der Single einen Partner, so entscheidet die geringere Abweichung der Profile über die bevorzugte Wahl.

Es gibt noch eine weitere geschützte Funktion in der Single-Klasse. Dies ist die Funktion neuer_partner, mit der sich ein Single einen neuen Partner wählt. Da sich ein Single nicht von außen einen anderen Partner aufzwingen lassen will,

---

13. Lieber gar keinen Partner als den hier angebotenen.

sondern diese Entscheidung immer selbst treffen will, ist diese Funktion nicht öffentlich:

```
void single::neuer_partner( single *s)
    {
    if( partner)
        partner->trennung();
    partner = s;
    abw = abweichung( partnerprofil, s->eigenprofil);
    }
```

▲ **CD-ROM** P_21_10_3/singles.cpp

Zunächst trennt sich der Single von einem gegebenenfalls vorhandenen alten Partner, indem er dessen Trennungsmethode (Implementierung weiter unten) aktiviert. Dann knüpft er die Verbindung zum neuen Partner (partner = s) und merkt sich den Profilabstand zum neuen Partner (abw = ...).

Wir kommen jetzt zu der öffentlichen Schnittstelle der Klasse single. Über diese Funktionen wird der Single von außen gesteuert.

Die Funktion trennung veranlasst einen Single, sich von seinem Partner zu trennen. Diese Funktion wird vom Partner gerufen, wenn er sich trennen will. Der Betroffene kann das nur zur Kenntnis nehmen und resigniert die Trennung vollziehen, indem er seinen Partnerlink auf 0 setzt:

```
void single::trennung()
    {
    cout << "Trennung: " << get_name() << " >< "
                         << partner->get_name() << '\n';
    partner = 0;
    }
```

▲ **CD-ROM** P_21_10_3/singles.cpp

Zusätzlich sehen wir eine Ausgabe vor, mit der die Trennung auf dem Bildschirm dokumentiert wird.

Mit der Funktion antrag nimmt ein Single den Verlobungsantrag eines anderen Singles entgegen:

```
int single::antrag( single *s)
    {
    if( !verbesserung( s))
        return 0;
    neuer_partner( s);
```

```
        return 1;
    }
```

▲ CD-ROM P_21_10_3/singles.cpp

Der Umworbene prüft, ob der neue Partner für ihn eine Verbesserung darstellt. Ist dies der Fall, so nimmt er den neuen Partner und meldet seine Bereitschaft, den Antrag anzunehmen, zurück.

Mit der Funktion angebot werden einem Single von der Partnervermittlungsagentur Angebote unterbreitet:

```
int single::angebot( single *s)
    {
     cout << "Angebot:  " << get_name() << " ?? "
                                << s->get_name() << '\n';
    if( !verbesserung( s))
            return 0;
    if( !s->antrag( this))
        return 0;
    neuer_partner(s);
    cout << "Partner:  " << *this;
    return 1;
    }
```

▲ CD-ROM P_21_10_3/singles.cpp

Am Anfang steht hier wieder ein Prüfdruck, der funktionell ohne Bedeutung ist. Dann fragt sich der Single, ob der angebotene Partner für ihn eine Verbesserung darstellt. Ist dies der Fall, so stellt er dem Kandidaten einen Antrag, in dem er sich (this) als Parameter übergibt. Wird der Antrag angenommen, so etabliert er den Umworbenen als neuen Partner (sein Gegenüber hat das ja bereits in der Antragsfunktion getan) und gibt seine Verlobung auf dem Bildschirm bekannt.

In einigen der obigen Funktionen haben wir einen Single auf dem Bildschirm ausgegeben. Damit die Ausgabe auch funktioniert, müssen wir den Ausgabeoperator '<<' noch entsprechend überladen:

```
ostream& operator<<(ostream& os, single &s)
    {
    os << s.get_name();
    os << " == ";
    if( s.partner)
        os << s.partner->get_name();
    else
        os << '-';
```

```
    os << '\n';
    return os;
    }
```

▲ CD-ROM P_21_10_3/singles.cpp

Damit wir jetzt zu einem funktionierenden System kommen, müssen wir noch die Partnervermittlung implementieren. Wir erinnern uns dazu wieder an das Design:

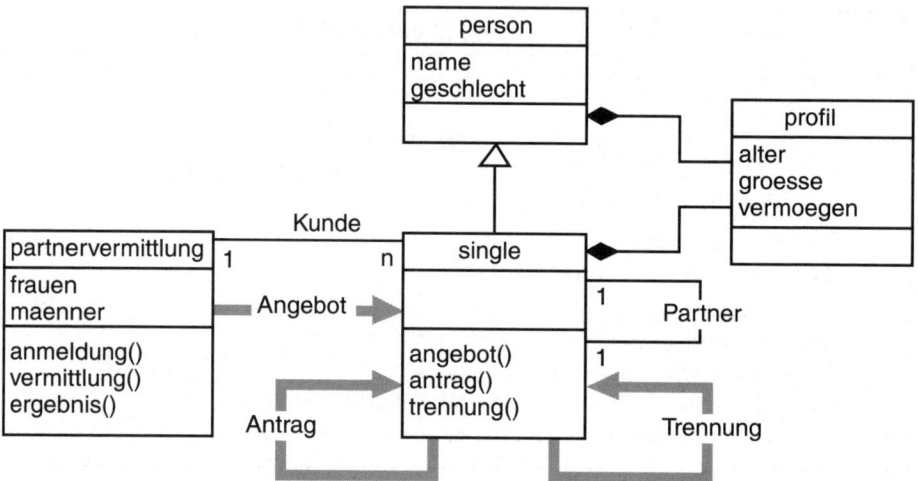

Die Partnervermittlung hat zwei Karteikästen (Fassungsvermögen 100 Karteikarten), einen für Männer und einen für Frauen. Zusätzlich benötigt die Agentur die Information, wie viele Männer (anzahl_m) bzw. Frauen (anzahl_f) im Bestand sind:

```
class partnervermittlung
    {
    private:
        single *frauen[100];
        int anzahl_f;
        single *maenner[100];
        int anzahl_m;
    public:
        partnervermittlung();
        void anmeldung( single *k);
        void vermittlung();
        void ergebnis();
    };
```

▲ CD-ROM P_21_10_3/singles.cpp

Im Konstruktor zum Einrichten einer Agentur werden die beiden Zähler auf 0 gesetzt, da beide Karteikästen am Anfang leer sind:

```
partnervermittlung::partnervermittlung()
    {
    anzahl_m = 0;
    anzahl_f = 0;
    }
```

▲ CD-ROM P_21_10_3/singles.cpp

Über die Funktion anmeldung wird ein neuer Kunde bei der Agentur registriert:

```
void partnervermittlung::anmeldung( single *k)
    {
    if( k->get_geschlecht() == 'm')
        maenner[anzahl_m++] = k;
    else
        frauen[anzahl_f++] = k;
    }
```

▲ CD-ROM P_21_10_3/singles.cpp

Die Agentur stellt das Geschlecht des neuen Kunden fest und legt seine Daten in dem entsprechenden Karteikasten ab. Die Anzahl der Karteikarten wird dabei um eins hochgezählt.

Zur Ausgabe der Vermittlungsergebnisse dient die folgende Funktion:

```
void partnervermittlung::ergebnis()
    {
    int i;

    cout << "\nFrauen:\n";
    for( i = 0; i < anzahl_f; i++)
        cout << "    " << *frauen[i];
    cout << "\nMänner:\n";
    for( i = 0; i < anzahl_m; i++)
        cout << "    " << *maenner[i];
    cout << '\n';
    }
```

▲ CD-ROM P_21_10_3/singles.cpp

Durch diese Funktion wird eine Liste aller Frauen und aller Männer, jeweils mit ihren Partnern, erstellt.

Jetzt kommen wir zum eigentlichen Vorgang der Partnervermittlung. Hier macht es sich unsere Agentur sehr einfach. Sie interessiert sich gar nicht für die Profile der Kunden und wie sie gegebenenfalls zusammenpassen, sondern bietet der Reihe nach allen Männern alle Frauen und allen Frauen alle Männer an:

```
void partnervermittlung::vermittlung()
    {
    int i,j;

    for( i = 0; i < anzahl_m; i++)
        {
        for( j = 0; j < anzahl_f; j++)
            maenner[i]->angebot( frauen[j]);
        }

    for( i = 0; i < anzahl_f; i++)
        {
        for( j = 0; j < anzahl_m; j++)
            frauen[i]->angebot( maenner[j]);
        }
    }
```

▲ CD-ROM P_21_10_3/singles.cpp

Jetzt haben wir ein arbeitsfähiges System von Objekten. Es fehlt nur noch ein Hauptprogramm, in dem wir Singles erzeugen und bei der Partnervermittlung anmelden. Anschließend kann die Agentur mit ihrer Vermittlungstätigkeit beginnen. Da sich aber alle Singles nach der gleichen Strategie verhalten, fehlt noch das Salz in der Suppe. Wir definieren dazu noch einige spezielle Single-Typen (anspruchsvoller Single, bescheidener Single und Heiratsschwindler), die sich bei der Partnerwahl jeweils unterschiedlich verhalten. Für das Verständnis des Programms ist aber wichtig, dass wir an den bisher erstellten Teilen dabei nichts mehr ändern müssen. Die Partneragentur kennt die jetzt noch zu erstellenden speziellen Typen nicht, und es liegt ja auch im Interesse des Heiratsschwindlers, dass die Agentur ihn für einen normalen Single hält und keinen Wind von seinen wirklichen Absichten bekommt.

Der anspruchsvolle Single

```
class anspruchsvoller_single : public single
    {
    private:
        int akzeptiert( single *s);
    public:
```

```
anspruchsvoller_single( char *n, char g, int a,
        double gr,double v) : single( n, g, a, gr, v) {}
};
```

▲ CD-ROM P_21_10_3/singles.cpp

verhält sich wie ein normaler Single mit dem einzigen Unterschied, dass er die Akzeptanz des Partners für sich anders definiert:

```
int anspruchsvoller_single::akzeptiert( single *s)
    {
    return abweichung( partnerprofil, s->eigenprofil) <
        0.10;
    }
```

▲ CD-ROM P_21_10_3/singles.cpp

Der anspruchsvolle Single erlaubt eine Abweichung von maximal 10 % beim Partnerprofil und lehnt damit Interessenten ab, die ein gewöhnlicher Single unter Umständen akzeptieren würde.

Der bescheidene Single akzeptiert jedes Angebot – egal welches Profil der Partner hat. Er schaut nicht einmal in das Angebot hinein:

```
class bescheidener_single : public single
    {
    private:
      int akzeptiert( single *s) { return 1;}
    public:
      bescheidener_single( char *n, char g, int a,
          double gr, double v) : single( n, g, a, gr, v) {}
    };
```

▲ CD-ROM P_21_10_3/singles.cpp

Es bleibt der Heiratsschwindler, der ganz eigene Vorstellungen über Akzeptanz, Verbesserung und den Umgang mit Angeboten der Agentur hat:

```
class heiratsschwindler : public single
    {
    private:
      int akzeptiert( single *s);
      int verbesserung( single *s);
    public:
      heiratsschwindler( char *n, char g, int a, double gr,
                  double v) : single( n, g, a, gr, v) {}
```

```
        int angebot ( single *s);
    };
```

▲ **CD-ROM** P_21_10_3/singles.cpp

Der Heiratsschwindler akzeptiert nur einen Partner mit mindestens 50 000 EURO auf dem Sparbuch:

```
int heiratsschwindler::akzeptiert ( single *s)
    {
    return s->eigenprofil.get_vermoegen() >= 50000.00;
    }
```

▲ **CD-ROM** P_21_10_3/singles.cpp

Alter und Größe sind ihm dabei egal. Dementsprechend sieht er eine Verbesserung auch ausschließlich darin, einen Partner mit mehr Vermögen zu ergattern:

```
int heiratsschwindler::verbesserung ( single *s)
    {
    if ( !akzeptiert ( s))
        return 0;
    if ( !partner)
        return 1;
        return s->eigenprofil.vermoegen >
                        partner->eigenprofil.vermoegen;
    }
```

▲ **CD-ROM** P_21_10_3/singles.cpp

Auf den Geldbeutel des Partners zu schielen, ist ja noch kein Verbrechen, aber bei einem Angebot zeigt er seine kriminellen Absichten:

```
int heiratsschwindler::angebot ( single *s)
    {
    cout << "Angebot:  " << get_name() << " ?? "
                        << s->get_name() << '\n';
    if ( !verbesserung ( s))
            return 0;

    eigenprofil.set ( s->partnerprofil.alter,
                    eigenprofil.groesse,
                    s->partnerprofil.vermoegen);

    if ( !s->antrag ( this))
        return 0;
```

```
neuer_partner( s);
cout << "Partner:   " << *this;
return 1;
}
```

▲ CD-ROM P_21_10_3/singles.cpp

Wenn der Heiratsschwindler ein Angebot der Agentur erhält, so manipuliert er
sein Alter und sein Vermögen entsprechend den Wünschen des Partners, die er ja
aus dem Angebot kennt. Er erhofft sich damit natürlich bessere Chancen bei den
Interessenten. Seine Größe kann er nicht manipulieren, sonst würde er das sicher
auch noch tun.

Jetzt fehlt nur noch das Hauptprogramm:

```
void main()
    {
    partnervermittlung pv;

    single anton( "Anton", 'm', 55, 1.75, 100000);
    anton.partnerprofil.set( 50, 1.70, 0);
    pv.anmeldung( &anton);

    single berta( "Berta", 'w', 50, 1.70, 60000);
    berta.partnerprofil.set( 50, 1.80, 10000);
    pv.anmeldung( &berta);

    heiratsschwindler claus( "Claus", 'm', 30, 1.80, 100000);
    claus.partnerprofil.set( 25, 1.70, 0);
    pv.anmeldung( &claus);

     anspruchsvoller_single doris("Doris",'w',60,1.65,100000);
    doris.partnerprofil.set( 65, 1.80, 10000);
    pv.anmeldung( &doris);

    bescheidener_single ernst( "Ernst", 'm', 50, 1.80, 8000);
    ernst.partnerprofil.set( 50, 1.80, 20000);
    pv.anmeldung( &ernst);

    pv.ergebnis();
    pv.vermittlung();
    pv.ergebnis();
    }
```

▲ CD-ROM P_21_10_3/singles.cpp

Wir legen zunächst einige Singles mit ihren Profildaten an, setzen jeweils das Profil ihres Wunschpartners und melden die Personen dann bei der Partnervermittlung an. Zur Kontrolle geben wir den Stand vor der Vermittlung aus und lassen dann die Agentur arbeiten, um uns zum Schluss die Ergebnisse anzusehen.

Und hier ist das Ergebnis. Zunächst gibt das Programm die Liste der Frauen und Männer, die noch alle partnerlos sind, aus:

```
Frauen:
    Berta == -
    Doris == -

Männer:
    Anton == -
    Claus == -
    Ernst == -
```

Dann folgt das Protokoll der Vermittlungsbemühungen. Zunächst verloben sich Anton und Berta. Eine Verbindung zwischen Anton und Doris kommt nicht zustande. Wahrscheinlich ist Doris für Anton zu alt.

```
Angebot:   Anton ?? Berta
Partner:   Anton == Berta
Angebot:   Anton ?? Doris
```

Dann tritt Claus (der Heiratsschwindler) auf den Plan und spannt zunächst dem Anton die Berta aus, weil sie immerhin über 60 000 EURO verfügt.

```
Angebot:   Claus ?? Berta
Trennung:  Anton >< Berta
Partner:   Claus == Berta
```

Als er dann auf Doris trifft, wechselt er sofort unter Vorspiegelung falscher Tatsachen den Partner. 100 000 EURO sind schließlich ein überzeugendes Argument.

```
Angebot:   Claus ?? Doris
Trennung:  Berta >< Claus
Partner:   Claus == Doris
```

Doris wird auch im Weiteren ihren »Traummann« nicht mehr freigeben. Ernst liiert sich jetzt mit der frei gewordenen Berta, die ihm dann aber von Anton wieder ausgespannt wird. Vermutlich ist Ernst für Berta zu arm.

```
Angebot:    Ernst ?? Berta
Partner:    Ernst == Berta
Angebot:    Ernst ?? Doris
Angebot:    Berta ?? Anton
Trennung:   Ernst >< Berta
Partner:    Berta == Anton
```

Weitere Vermittlungsversuche führen nicht mehr zu Änderungen:

```
Angebot:    Berta ?? Claus
Angebot:    Berta ?? Ernst
Angebot:    Doris ?? Anton
Angebot:    Doris ?? Claus
Angebot:    Doris ?? Ernst
```

Damit ergibt sich das folgende Ergebnis:

```
Frauen:
     Berta == Anton
     Doris == Claus

Männer:
     Anton == Berta
     Claus == Doris
     Ernst == -
```

Der Heiratsschwindler staubt die reiche Witwe ab, die besonders anspruchsvolle Dame fällt auf einen Schwindler herein und der arme, bescheidene Single geht leer aus. Vielleicht werden ja Anton und Berta bei ihrem zweiten Anlauf glücklich. Alles fast wie im richtigen Leben.

22 C++-Referenz (Teil 2)

In der abschließenden Referenz fassen wir die Ergebnisse der beiden letzten Kapitel zusammen und ergänzen einige noch fehlende Aspekte der C++-Programmierung.

22.1 Klassen und Instanzen

Eine **Klasse** hat bei oberflächlicher Betrachtung den gleichen Aufbau wie eine Datenstruktur. Lediglich das Schlüsselwort `struct` wird durch das Schlüsselwort `class` ersetzt:

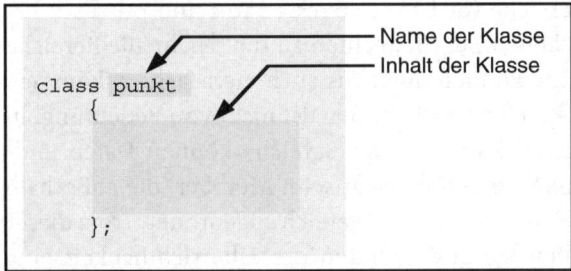

Eine solche Klassendeklaration ist nur eine Vereinbarung über einen neuen Typ. Konkrete Daten mit konkreten Werten werden aufgrund einer solchen Typvereinbarung nicht erzeugt. Konkrete Daten entstehen erst, wenn man eine **Instanz** einer Klasse erzeugt. Im folgenden Beispiel[1] wird eine Instanz der Klasse `punkt` erzeugt. Der Name dieser Instanz ist `p1`:

```
punkt p1;
```

Wie eine Datenstruktur kann eine Klasse Datenfelder haben. Diese werden bei Klassen als Daten-Member bezeichnet. Neu im Vergleich zu Datenstrukturen ist, dass eine Klasse aber auch Funktionen enthalten kann und über ein abgestuftes System von Zugriffsrechten verfügt.

---

1. In Abschnitt 22.6 werden wir die Möglichkeiten zur Instantiierung von Klassen noch genauer beleuchten.

Bei näherer Betrachtung hat eine Klasse den folgenden Aufbau:

Die Unterteilung in die drei Bereiche (`private`, `protected` und `public`) hat mit den oben bereits angesprochenen Zugriffsrechten zu tun. Nicht alle Bereiche müssen vorkommen, die Bereiche können durchaus auch mehrfach vorkommen und die Reihenfolge, in der die Bereiche vorkommen, ist nicht von Bedeutung. In jedem der drei Bereiche und auch außerhalb der Bereiche können Daten und/oder Funktionen als sogenannte Member angelegt sein. Member, die außerhalb der Bereiche angelegt sind, werden dem privaten Bereich zugeordnet. Trotz dieser vielfältigen Möglichkeiten sollten Sie aus Gründen der Übersichtlichkeit eine Klassendefinition immer nach dem obigen Schema anlegen und alle Member einem der Bereiche zuordnen.

Die Zugriffsrechte werden in Abschnitt 22.3 besprochen. Im nächsten Abschnitt geht es erst einmal um die Daten und Funktionen einer Klasse.

22.2   Member

Eine Klasse kann Daten und Funktionen enthalten. Der Sammelbegriff für die Daten und Funktionen einer Klasse ist **Member**. Je nachdem, ob wir es mit den Daten oder den Funktionen einer Klasse zu tun haben, sprechen wir von Daten- oder Funktions-Membern.

22.2.1 Daten-Member

Die innerhalb einer Klasse angelegten Daten werden als Daten-Member der
Klasse bezeichnet. Daten-Member haben, wie Datenfelder in Datenstrukturen, einen Typ und einen Namen:

```
class punkt
    {
    private:
        short x;
        short y;
        ... weitere private Daten-Member
    protected:
        ... weitere geschuetzte Daten-Member
    public:
        ... weitere oeffentliche Daten-Member
    };
```

Als Typ kommen alle elementaren Datentypen (char, short, int, float, ...),
benutzerdefinierte Strukturen, Unions, Klassen und Aufzählungstypen in Frage.
Auch die Verwendung von Zeigern, Arrays und Bitfeldern ist möglich. Die Notation dafür ist von Datenstrukturen her bekannt. Einige Beispiele:

```
struct aaa
    {
    ...
    };

class bbb
    {
    ...
    };

class test
    {
    private:
        aaa member1;        // Eine eingelagerte Struktur
        bbb member2;        // Eine eingelagerte Klasse
        bbb *member3;       // Ein Zeiger auf eine Klasse
        float member4[10];  // Ein Array von Gleitkommazahlen
        bbb member5[5];     // Ein Array von eingelagerten Klassen
        ...
    };
```

Für die Namen von Daten-Membern gelten die bekannten Regeln für Identifier.[2]

Innerhalb einer Klasse können neue Klassen bzw. Datenstrukturen mit Namen oder sogar namenlos eingeführt werden:[3]

```
class test
    {
    private:
        struct
            {
            ...
            } a;
    ...
    };
```

Wie aber auch schon bei Datenstrukturen sollte hier erwähnt werden, dass solche Konstruktionen verwirrend sein können und einem klar gegliederten Klassendesign nicht unbedingt zuträglich sind. Entsprechend selten finden Sie deshalb auch solche Konstruktionen.

Häufiger findet man dagegen die Deklaration von Aufzählungstypen innerhalb einer Klasse:

```
class zensur
    {
    ...
    public:
        enum note { sehrgut, gut, befriedigend, ausreichend,
                                mangelhaft, ungenuegend};
    };
```

Diese Notation sowie Sinn und Zweck von Aufzählungstypen sind Ihnen aus Abschnitt 6.3.2 bekannt. Neu ist hier nur, dass die Deklaration des Aufzählungstypen innerhalb einer Klasse steht. Der Aufzählungstyp genießt auf diese Weise den Schutz der Klasse.

22.2.2 Funktions-Member

Die innerhalb einer Klasse angelegten Funktionen werden als **Funktions-Member** bezeichnet. Funktions-Member haben einen Namen und eine exakt festgelegte Schnittstelle:[4]

---

2. Siehe Abschnitt 9.2
3. Siehe auch Abschnitt 14.1
4. Siehe Abschnitt 9.9

```
class punkt
    {
    private:
        short x;
        short y;
        ... weitere Funktions-Member
    protected:
        ... weitere Funktions-Member
    public:
        short get_x();
        short get_y();
        void set( short xx, short yy);
        ... weitere Funktions-Member
    };
```

Funktions-Member können innerhalb oder außerhalb ihrer Klasse implementiert werden.

Bei einer Implementierung innerhalb der Klasse wird der Funktionskörper direkt an die Deklaration der Schnittstelle angefügt:

```
class punkt
    {
    private:
        short x;
        short y;
    public:
        short get_x() { return x;}
        short get_y() { return y;}
        void set( short xx, short yy);
    };
```

Innerhalb einer Klasse angelegte Funktions-Member sind automatisch als in-line[5] deklariert. Im Funktionscode eines Funktions-Members kann auf alle Daten-Member der Klasse direkt zugegriffen werden.

Bei einer Implementierung außerhalb der Klasse werden Schnittstellenvereinbarung und Implementierung getrennt. Die Schnittstelle wird in der Klasse festgelegt. Zur Implementierung wird dem Funktionsnamen der Klassenname gefolgt von '::' vorangestellt:

```
class punkt
    {
```

---

5. Siehe Abschnitt 18.5.3

```
    private:
        short x;
        short y;
    public:
        short get_x() { return x;}
        short get_y() { return y;}
        void set( short xx, short yy);
    };

void punkt::set( short xx, short yy)
    {
    x = xx;
    y = yy;
    }
```

Die Parameterlisten von Funktions-Membern können Default-Werte[6] enthalten:

```
class punkt
    {
    private:
        short x;
        short y;
    public:
        void set( short xx = 0, short yy = 0) { x = xx; y = yy;}
    };
```

Die Funktions-Member einer Klasse können überladen werden. Das heißt: Innerhalb einer Klasse kann es Funktions-Member gleichen Namens mit unterschiedlicher Parametersignatur[7] geben.

```
class punkt
    {
    private:
        short x;
        short y;
    public:
        void set( short xx, short yy) { x = xx; y = yy;}
        void set() { x = 0; y = 0;}
    };
```

---

6. Siehe Abschnitt 18.5.2
7. Siehe Abschnitt 18.5.5

22.2.3 Konstante Member

Eine Klasse kann konstante Daten- und Funktionsmember enthalten. Bei einem konstanten Datenmember wird das Schlüsselwort `const` vorangestellt:

```
class xxx
    {
    public:
        const int a;
    };
```

Das Datenmember a ist jetzt konstant und kann weder von außen noch von innen, also von einer Memberfunktion, verändert werden. Die Klasse muss jetzt aber einen Konstruktor bereitstellen, der die Konstante geeignet initialisiert. Umgekehrt muss jeder Konstruktor die Konstante auch initialisieren. Die Initialisierung eines konstanten Datenmembers erfolgt nicht im Funktionskörper des Konstruktors, sondern in der Initialisierungsliste, in der auch Basisklassen und eingelagerte Klassen initialisiert werden. In unserem Beispiel könnte das so aussehen:

```
class xxx
    {
    public:
        const int a;
        xxx();
    };
xxx::xxx() : a(4711)
    {
    ...
    }
```

Durch den Konstruktor xxx wird jetzt das konstante Datenmember a mit dem Wert 4711 initialisiert.

Funktionsmember werden als konstant deklariert, indem man das Schlüsselwort `const` hintenanstellt:

```
class xxx
    {
    public:
        int test;
        void member() const;
    };
void xxx::member() const
    {
    test = 1; // Fehler!
    }
```

Eine konstante Funktion kann nur lesend auf die Datenmember ihrer Klasse zugreifen. Das heißt, aus der Sicht der Funktion sind alle Datenmember konstant. Will man einer konstanten Funktion trotzdem den Zugriff auf ein bestimmtes Datenmember erlauben, so kann man dieses Member als `mutable` (veränderlich) deklarieren:

```
class xxx
    {
    public:
        mutable int test;
        void member() const;
    };

void xxx::member() const
    {
    test = 1; // Zugriff moeglich
    }
```

Jetzt ist der schreibende Zugriff auf die Membervariable `test` möglich, da die Variable als `mutable` deklariert wurde.

22.2.4 Statische Member

Einem Funktions- oder Daten-Member kann bei der Deklaration das Schlüsselwort `static` vorangestellt werden. Solche **statischen Member** gibt es dann nicht für jede Instanz der Klasse, sondern nur einmal für die ganze Klasse.

Für einen auf dem Bildschirm darzustellenden Punkt könnten etwa die maximale x- bzw. y-Koordinate, die ja für alle Punkte gleichermaßen gelten und somit nicht einem einzelnen Punkt gehören, statische Daten-Member sein:

```
class punkt
    {
    private:
        short x;
        short y;
    public:
        static int maxx;
        static int maxy;
        ...
    };
```

Statische Daten-Member müssen außerhalb ihrer Klasse angelegt und können dort bei Bedarf initialisiert werden:[8]

```
int punkt::maxx = 1024;
int punkt::maxy = 768;
```

Konstante statische Membervariablen müssen natürlich mit einem Wert versehen werden. Dies kann bereits in der Klassendeklaration geschehen. Dazu ein Beispiel:

```
class beispiel
    {
    public:
        static const int x = 0; // Festlegung des Werts
                                 // in der Klasse
    };

const int beispiel::x;
```

Die Möglichkeit, den Wert außerhalb der Klasse festzulegen, bleibt bestehen. Allerdings kann der Wert einer Konstanten nur an einer der beiden Stellen festgelegt werden.

Mehr über den Zugriff auf statische Daten-Member erfahren Sie im nächsten Abschnitt.

Statische Funktions-Member werden in der Klasse durch den Zusatz static deklariert und können wie gewöhnliche Funktions-Member innerhalb

```
class punkt
    {
    private:
        short x;
        short y;
        static int maxx;
        static int maxy;
    public:
        static void setmax(int mx,int my){maxx = mx; maxy = my;}
    };
```

---

8. Sie liegen ja auch außerhalb von jeglicher Instanz der Klasse. Sie liegen nur im Namensraum der Klasse und genießen dort den Zugriffsschutz der Klasse.

oder außerhalb ihrer Klasse implementiert werden:

```
class punkt
    {
    private:
        short x;
        short y;
        static int maxx;
        static int maxy;
    public:
        static void setmax( int mx, int my);
    };

void punkt::setmax( int mx, int my)
    {
    maxx = mx;
    maxy = my;
    }
```

22.2.5 Operatoren

Um Operatoren für Klassen zu erstellen, gibt es zwei Möglichkeiten. Die erste besteht darin, eine externe Operatorfunktion (Abschnitt 18.5.6) zu erstellen. Soll eine solche Funktion auch auf die geschützten oder privaten Daten der Klasse zugreifen, so kann die Klasse die Funktion zu ihrem Freund erklären (Abschnitt 22.3.4). Die zweite Möglichkeit besteht darin, einen Operator als Member einer Klasse zu deklarieren.[9] Wir betrachten die folgende Klasse punkt mit dem zugeordneten Operator +:

```
class punkt
    {
    private:
        int x;
        int y;
    public:
        punkt( int xx = 0, int yy = 0) { x = xx; y = yy;}
        punkt operator+( punkt p);
    };
```

---

9. Die Operatoren Zuweisung =, Funktionsaufruf (), Indizierung [], und Indirektzugriff -> können nur auf diese Weise und nicht als Nichtmemberfunktionen implementiert werden.

Als Member kommt der Operator immer auf einem konkreten Objekt zur Ausführung und wird wie folgt implementiert:

```
punkt punkt::operator+( punkt p)
    {
    punkt q;

    q.x = x + p.x;
    q.y = y + p.y;

    return q;
    }
```

Die Operatorfunktion kann jetzt wie eine »gewöhnliche« Member-Funktion verwendet werden:

```
punkt a, b, c;

a = b.operator+( c);
```

Die Operation wird am Objekt b aufgerufen und erhält dabei das Objekt c als Parameter. Die Operation erzeugt ein neues Objekt, das an der Schnittstelle zurückgegeben und a zugewiesen wird.

Die so definierte Operatorfunktion kann aber auch in Operatorschreibweise verwendet werden:

```
punkt a, b, c;

a = b + c;
```

Von der Verwendung her ist dieser Operator identisch mit einem außerhalb der Klasse definierten Operator.

Alle auf diese Weise überladenen Operatoren bis auf den Operator = werden an abgeleitete Klassen vererbt.

22.3 Zugriff auf Member

Klassen wie zum Beispiel

```
class punkt
    {
    };
```

werden durch Anlegen einer Klassenvariablen instantiiert:

```
punkt p;
```

Zum Zugriff auf die Member einer Instanz verwendet man, wie bei Datenstrukturen, für den Direktzugriff den Operator '.' und für den Indirektzugriff den Operator '->'. Der Unterschied zu Datenstrukturen besteht darin, dass für Klassen ein abgestuftes Zugriffskonzept mit unterschiedlichen Zugriffsrechten besteht.

Grundsätzlich kann man sich gedanklich »innerhalb« oder »außerhalb« der Instanz einer Klasse befinden. Innerhalb einer Instanz befindet man sich, wenn man die Instanz aus der Sicht einer Member-Funktion der Klasse betrachtet. Außerhalb einer Instanz befindet man sich zum Beispiel, wenn man die Instanz aus der Sicht einer Funktion, in der das Objekt instantiiert wurde, betrachtet. Die äußere Sicht ist die klassische, von den Datenstrukturen her vertraute Sicht. Die beiden Sichten unterscheiden sich erheblich bezüglich ihrer Zugriffsart und ihrer Zugriffsrechte.

22.3.1 Zugriff von außen

Von außen sind nur die Daten im public-Bereich einer Klasse zugänglich. Auf die Daten-Member im private- und protected-Bereich kann man von außen weder lesend noch schreibend zugreifen. Als Beispiel betrachten wir die folgende, nur bruchstückhaft erstellte Klasse:

```
class xxx
    {
    ...
    public:
        int zahl;
        void funktion( int wert);
    }
```

Haben wir es mit einer Instanz der Klasse zu tun, so greifen wir mittels des ».«-Operators auf die öffentlichen Member zu. Daten können auf diese Weise gelesen und geschrieben, Funktionen aufgerufen werden:

```
xxx instanz;

instanz.zahl = 0; // Zugriff auf ein oeffentliches Datenmember
instanz.funktion( 1); // Aufruf einer oeffentlichen Member-Funktion
```

Verfügen wir über einen Zeiger auf die Instanz, so greifen wir mit dem »->«-Operator zu:

```
xxx instanz;    // eine Instanz der Klasse xxx
xxx *p;         // ein Zeiger auf eine Instanz der Klasse xxx

p = &instanz;   // Der Zeiger erhält die Adresse der Instanz

p->zahl = 0;        // Zugriff auf ein oeffentliches Datenmember
p->funktion( 1); // Aufruf einer oeffentlichen Member-Funktion
```

Natürlich ist in dieser Situation auch der umständliche Zugriff durch separate Dereferenzierung mit anschließendem Zugriff durch den ».«-Operator möglich:

```
xxx instanz;    // eine Instanz der Klasse xxx
xxx *p;         // ein Zeiger auf eine Instanz der Klasse xxx

p = &instanz;   // Der Zeiger erhält die Adresse der Instanz

(*p).zahl = 0;      // Zugriff auf ein oeffentliches Datenmember
(*p).funktion( 1); // Aufruf einer oeffentlichen Member-Funktion
```

Bei statischen Membern ist der Zugriffsschutz der Gleiche wie bei nicht statischen Membern, die Art des Zugriffs ist jedoch eine andere. Statische Member gehören ja nicht einer einzelnen Instanz, sondern einer ganzen Klasse. Statische Member will man daher auch nicht an einem bestimmten Objekt verwenden, sondern unabhängig von jeglichen Objekten, vielleicht sogar zu einem Zeitpunkt, zu dem gar keine Instanz der betreffenden Klasse existiert.

Öffentliche statische Member einer Klasse

```
class xxx
    {
    ...
    public:
        static int zahl;
        static void funktion( int wert);
    }
```

verwendet man von außen, indem man den Namen der Klasse bei der Verwendung voranstellt:

```
xxx::zahl = 0;
xxx::funktion( 1);
```

Bei öffentlichen statischen Membern handelt es sich also um globale und allgemein zugängliche Daten bzw. Funktionen, die nur im Namensraum der Klasse liegen und daher durch zusätzliche Angabe des Klassennamens angesprochen werden müssen.

Ähnlich verhält es sich mit den innerhalb einer Klasse im `public`-Bereich angelegten Datenstrukturen und Aufzählungstypen, die ja auch nicht einem einzelnen
Objekt, sondern der ganzen Klasse gehören:

```
class zensur
    {
    ...
    public:
        enum note { sehrgut, gut, befriedigend, ausreichend,
                                  mangelhaft, ungenuegend};
    }
```

Auch hier kann über den Klassennamen mit einem nachgestellten doppelten
Doppelpunkt zugegriffen werden:

```
zensur::note meine_note;

meine_note = zensur::befriedigend;
```

Zum Zugriff auf die im öffentlichen Bereich einer Klasse eingelagerten Klassen
und Datenstrukturen

```
class aaa
    {
    public:
        int x;
    ...
    };

class bbb
    {
    public:
        aaa eingelagert;
        aaa *zeiger;
    };
```

können die Zugriffsoperatoren '.' und '->' in der bekannten Weise kaskadierend
verwendet werden:

```
bbb instanz;
bbb *p;


p = &instanz;

instanz.eingelagert.x = 123;
instanz.zeiger->x = 456;


p->eingelagert.x = 123;
p->zeiger->x = 456;
```

Um es aber noch einmal in aller Deutlichkeit zu sagen, der äußere Zugriff beschränkt sich auf den öffentlichen Bereich einer Klasse. Beim Versuch von außen auf den protected- oder private-Bereich einer Klasse zuzugreifen, erhalten Sie eine Fehlermeldung des Compilers.

22.3.2 Zugriff von innen

Den Zugriff von innen haben wir bei der Implementierung von Funktions-Membern bereits kennen gelernt. Trotzdem möchte ich auf diese spezielle Sicht noch einmal eingehen. Wenn wir uns im Inneren eines Objekts befinden, können wir auf alle Member, insbesondere auch auf Member im geschützten oder privaten Bereich zugreifen. Wir müssen nicht einmal wissen, in welchem Objekt wir uns befinden – wir sind ja »drin«. Deshalb können wir direkt auf alle Member zugreifen, ohne den Namen des Objekts voranstellen zu müssen. Am Beispiel der Klasse punkt hatten wir das bereits gesehen:

```
class punkt
    {
    private:
        short x;
        short y;
    public:
        void set( short xx, short yy);
        void set() { x = 0; y = 0;}
    };

void punkt::set( short xx, short yy)
    {
    x = xx;
    y = yy;
    }
```

Egal, ob wir eine Member-Funktion innerhalb oder außerhalb der Klasse implementieren, wir greifen direkt auf die Daten-Member x und y zu. Es interessiert uns dabei nicht, wie und wo die konkrete Instanz, auf der die Member-Funktion zur Ausführung kommt, angelegt ist und wie sie heißt.

Die Zugriffsrechte einer Member-Funktion beschränken sich aber nicht auf das konkrete Objekt, an dem die Funktion zur Ausführung kommt. Die Funktion kann auch uneingeschränkt in Objekte der gleichen Klasse eingreifen, sofern sie ihrer habhaft wird. Wir machen dazu ein Beispiel. Wir erweitern die Klasse punkt um eine Member-Funktion, in der wir die Koordinaten eines Punkts anhand der Koordinaten eines anderen Punktes setzen wollen. Dieser andere Punkt wird von außen per Zeiger übergeben:

```cpp
class punkt
    {
    private:
        short x;
        short y;
    public:
        void set( short xx, short yy);
        void set() { x = 0; y = 0;}
        void set( punkt *p);
    };
```

Bei der Implementierung dieser Funktion greifen wir ganz selbstverständlich in den privaten Bereich des fremden Objekts (p) hinein:

```cpp
void punkt::set( punkt *p)
    {
    x = p->x;
    y = p->y;
    }
```

Der Zugriffsschutz arbeitet also nicht auf Instanzebene sondern auf Klassenebene. Das ist auch sinnvoll so, denn alle Punkte wissen, wie sie konsistenzwahrend miteinander umzugehen haben. Ein Zugriffsschutz auf Instanzebene wäre eher ein Entwicklungshemmnis als ein Qualitätsgewinn.

Dadurch, dass eine Klasse eine andere Klasse als Daten-Member enthält, erhält sie keine besonderen Zugriffsrechte an dieser Klasse. Die eingelagerte Klasse bleibt in diesem Sinne ein »Fremdkörper« in der umschließenden Klasse:

```
class aaa
    {
    private:
        int x;
    };

class bbb
    {
    private:
        aaa a;          // eingelagerte Klasse
        void f();
    };

void bbb::f()
    {
    ...
    a.x = 1             // unzulaessiger Zugriff - Compilefehler
    }
```

Das ist so auch sinnvoll. Würde man der umschließenden Klasse Sonderrechte einräumen, so könnte man jegliche Schutzmechanismen dadurch aufheben, dass man eine Klasse in eine andere »einpackt«.

Der Zugriff aus einer Member-Funktion auf statische Member, Aufzählungstypen oder interne Datenstrukturen der Klasse ist uneingeschränkt möglich. Hier muss allerdings nicht mehr der Klassenname vorangestellt werden, da wir uns ja im Namensraum der Klasse befinden:

```
class zensur
    {
    ...
    private:
        enum note { sehrgut, gut, befriedigend, ausreichend,
                                  mangelhaft, ungenuegend};
         note meine_note;
    public:
        void berechne_note();
    };

void zensur::berechne_note()
    {
    ...
    meine_note = ausreichend;
    }
```

Da umgekehrt eine statische Member-Funktion als Funktion einer ganzen Klasse nicht auf einer konkreten Instanz der Klasse zur Ausführung kommt, kann aus einer statischen Member-Funktion nicht auf die nicht-statischen Member der Klasse zugegriffen werden:[10]

```
class xxx
    {
    private:
        int x;
        static void funktion();
    };

void xxx::funktion()
    {
    x = ... // Unsinn
    }
```

Sofern eine statische Member-Funktion aber eine Instanz – etwa als Funktionsparameter oder über eine globale Variable – zu fassen bekommt, kann sie als Klassenmitglied auf deren Member uneingeschränkt zugreifen:

```
class xxx
    {
    private:
        int x;
        static void funktion( xxx *px);
    };

void xxx::funktion( xxx *px)
    {
    px->x = 123;
    }
```

22.3.3 Der this-Pointer

Wenn wir in einer Member-Funktion, also im Inneren eines Objekts sind und aus irgendwelchen Gründen die Adresse unseres Objekts benötigen, so gibt es nichts, auf das wir den Adressoperator anwenden könnten. Wir sehen ja unser Objekt gar nicht und haben nichts in der Hand, auf das wir den Adressoperator anwenden könnten. In einer solchen Situation verwendet man den this-Pointer, der in einer Member-Funktion die Adresse der aktuell bearbeiteten Instanz ermittelt.

---

10. Nicht weil es verboten wäre, sondern weil die nicht-statischen Member gar nicht im Blick einer statischen Memberfunktion liegen.

Objekte schicken sich häufig gegenseitig ihre this-Pointer, um Querverweise untereinander einzurichten:

```
class xxx
    {
    private:
        xxx *partner;
    public:
        void anmeldung( xxx *px);
    }

void xxx::anmeldung( xxx *px)
    {
    partner = px;        // Verweis von mir auf meinen Partner
    px->partner = this; // Rueckverweis meines Partners auf mich
    }

main()
    {
    xxx eins, zwei;

    eins.anmeldung( &zwei);
    }
```

In statischen Member-Funktionen kann der this-Pointer natürlich nicht verwendet werden – es gibt ihn dort gar nicht.

22.3.4 Zugriff durch Friends

Will eine Klasse einer anderen Klasse oder einer bestimmten Funktion Sonderrechte beim Zugriff einräumen, so kann sie die Klasse oder Funktion zu ihrem Freund erklären. Als Friends kommen in Frage:

► nicht zu Klassen gehörende Funktionen oder Operatoren

► spezielle Member-Funktionen bestimmter Klassen

► alle Member-Funktionen bestimmter Klassen

Um Freunde zu erklären, fügt man – üblicherweise am Anfang – in der Deklaration der Klasse Friend-Deklarationen ein.

```
class xxx
    {
    // Die Funktion funktion1 ist mein Freund
    friend int funktion1( xxx *px, int a);
```

```
    // Die Member-Funktion member1 der Klasse aaa ist mein Freund
    friend int aaa::member1( double d);

    // Alle Member-Funktionen der Klasse bbb sind meine Freunde
    friend class bbb;

    ...
    }
```

Die Freunde sind dann im Zugriff den eigenen Membern gleichgestellt.

Beachten Sie, dass nur die Klasse selbst das Recht hat, andere zu ihrem Freund zu ernennen. Es ist umgekehrt nicht möglich, dass sich jemand einfach zum Freund einer Klasse erkärt.

Friend-Beziehungen werden übrigens nicht vererbt[11] und sind auch nicht transitiv. Letzteres heißt, dass ein Freund meines Freundes nicht automatisch mein Freund ist. Ich muss ihn explizit dazu ernennen.

Die Möglichkeit, Freunde zu deklarieren, erlaubt es, sich über die Gesetzmäßigkeiten der »reinen« Objektorientierung hinwegzusetzen, da hier sozusagen jenseits der üblichen Zugriffswege Einstiegsmöglichkeiten in Klassen geöffnet werden. Von diesen Möglichkeiten sollten Sie nur dann Gebrauch machen, wenn es zwingend erforderlich ist. In jedem Fall sollten Sie prüfen, ob Sie vielleicht durch einen Seiteneinstieg über Friends nur einen Designfehler kaschieren wollen.

Friend-Funktionen werden zum Beispiel gern verwendet, wenn eine Funktion Aufgaben in zwei verschiedenen Klassen zu erledigen hat. Häufig ist es dann aber so, dass die Friendfunktion nicht wirklich auf beiden Klassen, sondern auf einem Teil, der beiden Klassen gemeinsam ist, arbeitet. In solchen Fällen ist es unter Umständen sinnvoll, diesen gemeinsamen Teil als eigenständige Klassen zu modellieren, und die Funktion dann als Member dieser Klasse zu implementieren. Die beiden ursprünglichen Klassen werden dann von dieser Klasse durch Vererbung abgeleitet. Als Beispiel denken Sie an zwei Klassen student und rentner und eine Funktion, die einen Altersvergleich zwischen zwei Instanzen dieser Klassen durchführen soll. Anstatt die Funktion zum Freund der beiden Klassen zu ernennen, sollte man den gemeinsamen Teil von student und rentner etwa unter dem Namen person eigenständig modellieren. Zu einer Person gehört dann auch das Alter und die Funktion zum Altersvergleich. Rentner und Student sind dann nur spezielle Personen im Sinne von Vererbung.

---

11. Vererbung wird im nächsten Abschnitt besprochen.

22.4 Vererbung

In C++ können durch Vererbung neue Klassen aus bestehenden Klassen gewonnen werden. Kindklassen erben die Eigenschaften ihrer Eltern und können zusätzliche Eigenschaften ausprägen.

22.4.1 Einfachvererbung

Um eine neue Klasse (abgeleitete Klasse) von einer bestehenden Klasse (Basisklasse) abzuleiten, geht man wie folgt vor:

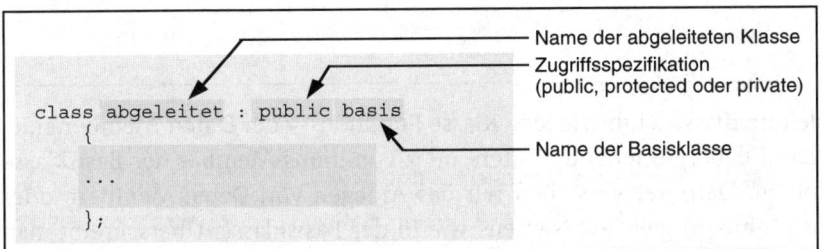

Die bei der Vererbung verwendete Zugriffsspezifikation (`public`, `protected` oder `private`) schränkt gegebenenfalls den Zugriff auf die geerbten Daten- und Funktions-Member ein und wird in Abschnitt 22.5.2 diskutiert.

Die abgeleitete Klasse erbt alle Daten- und Funktions-Member ihrer Basisklasse und kann unmittelbar verwendet werden:

```
class basis                         // Basisklasse
    {
    public:
        int x;
        void print() {printf( "basis: %d\n", x);}
    };

class abgeleitet : public basis // abgeleitete Klasse
    {
    };
```

```
main()
    {
    basis b;                        // Instanz der Basisklasse

    b.x = 1;
    b.print();
```

```
        abgeleitet a;              // Instanz der abgeleiteten Klasse

        a.x = 2;
        a.print();
        }
```

Im obigen Beispielprogramm ist a bereits ein voll funktionsfähiges Objekt und verhält sich als Instanz einer von basis abgeleiteten Klasse wie eine Instanz der Basisklasse. Somit erhält man die Ausgabe:

```
basis: 1
basis: 2
```

Die abgeleitete Klasse kann wie jede Klasse Funktions- oder Daten-Member anlegen. Sie kann dabei bestehende Daten- oder Funktions-Member der Basisklasse überschreiben. Darunter verstehen wir das Anlegen von Daten-Membern oder Funktions-Membern gleichen Namens wie in der Basisklasse. Überschreibt man in obigem Beispiel die Member-Funktion print

```
class basis                       // Basisklasse
    {
    public:
        int x;
        void print() {printf( "basis: %d\n", x);}
    };

class abgeleitet : public basis // abgeleitete Klasse
    {
    public:
        void print() {printf( "abgeleitet: %d\n", x);}
    };
```

so ergibt sich bei gleichem Hauptprogramm die Ausgabe:

```
basis: 1
abgeleitet: 2
```

Trotz der Überladung ist die Funktion der Basisklasse nach wie vor vorhanden und kann auch verwendet werden. Dazu muss man nur spezifizieren, dass man auf die Funktion der Basisklasse zugreifen will. Das Programmfragment:

```
abgeleitet a;

a.x = 2;
a.basis::print();
a.print();
```

führt zu der Ausgabe:

```
basis: 2
abgeleitet: 2
```

Durch den Zugriff `basis::print()` wird die überdeckte `print`-Funktion der Basisklasse wieder sichtbar gemacht. Dieses Prinzip macht man sich gern zunutze, wenn man eine Funktion der Basisklasse verfeinern oder konkretisieren will, ohne auf die bereits an der Basisklasse zur Verfügung stehenden Funktionalität zu verzichten. In solchen Fällen überschreibt man die Methode der Basisklasse, ruft diese jedoch aus der neuen Methode an geeigneter Stelle wieder auf:

```
class abgeleitet : public basis
    {
    public:
        void print();
    };

abgeleitet::print()
    {
    ...    // Spezieller Code der abgeleiteten Klasse
    basis::print(); // Aufruf der Methode der Basisklasse
    ...    // Spezieller Code der abgeleiteten Klasse
    }
```

Auch Daten-Member können in einer abgeleiteten Klasse überschrieben werden:

```
class basis                        // Basisklasse
    {
    public:
        int x;
        void print() {printf( "basis: %d\n", x);}
    };

class abgeleitet : public basis // abgeleitete Klasse
    {
    public:
        int x;
```

```
        void print() {printf( "abgeleitet: %d\n", x);}
    };
```

Dies führt dann dazu, dass das Daten-Member x zweimal mit gegebenenfalls unterschiedlichem Wert vorhanden ist. Der Programmcode

```
abgeleitet a;

a.basis::x = 1;
a.x = 2;
a.basis::print();
a.print();
```

führt jetzt zu der Ausgabe:

```
basis: 1
abgeleitet: 2
```

Sie sehen, dass eine abgeleitete Klasse die angeforderten Daten-Member zunächst bei sich und dann bei Ihrer Basisklasse sucht. Im Falle einer Überladung kann man mit dem Scope-Resolution-Operator (::) auf die Member der Basisklasse zugreifen.

Während das Überschreiben von Funktions-Membern sehr sinnvoll ist, um abgeleitete Klassen mit speziellem Verhalten auszustatten, sollte das Überladen von Daten-Membern vermieden werden, da es eher zur Verwirrung, als zu einer sauberen Modellbildung beiträgt.

Vererbung ist natürlich ein mehrstufiger Prozess. Von den abgeleiteten Klassen können ihrerseits wieder Klassen abgeleitet werden. Der Zugriff auf Member der Groß- und Urgroßeltern in der Klassenhierarchie erfolgt auch dann durch Voranstellen des Klassennamens:

```
class grossmutter
    {
    public:
        void f() {}
    };

class mutter : public grossmutter
    {
    public:
        void f() {}
    };
```

```
class kind : public mutter
    {
    public:
        void f() {}
    };

main()
    {
    kind k;

    k.f();              // Methode des Kindes
    k.mutter::f();      // Methode der Mutter
    k.grossmutter::f(); // Methode der Grossmutter
    }
```

22.4.2 Mehrfachvererbung

Eine abgeleitete Klasse kann durchaus mehr als eine Basisklasse haben. Wir sprechen dann von **Mehrfachvererbung**. An die Stelle einer einzelnen Basisklasse tritt in der Klassendeklaration eine Liste von Basisklassen:

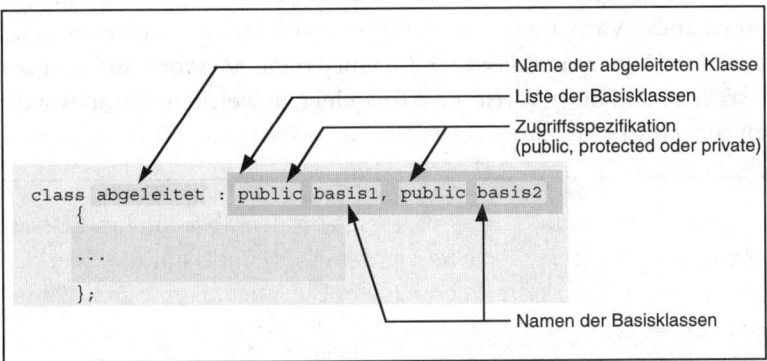

Mehrfachvererbung ist unkritisch, solange sich das Erbgut der beteiligten Basisklassen sauber trennen lässt. Bei Überschneidungen im Erbgut treten Konflikte auf, die gelöst werden müssen. Solche Konfliktfälle werden in den folgenden Unterabschnitten diskutiert.

Mehrdeutige Vererbung

Wenn eine Klasse ein gleichartiges Member (eine Membervariable oder Member-Funktion gleichen Namens) von verschiedenen Basisklassen erbt, so können sich aufgrund eines Namenskonflikts Mehrdeutigkeiten ergeben. Im folgenden Beispiel ist das Daten-Member x an der Klasse abgeleitet mehrdeutig, da es von basis1 oder von basis2 abgeleitet sein kann:

```
class basis1
    {
    public:
        int x;
    ...
    };
```

```
class basis2
    {
    public:
        int x;
    ...
    };

class abgeleitet : public basis1, public basis2
    {
    ...
    };
```

An der abgeleiteten Klasse sind <u>beide</u> Member x trotz gleichen Typs und Namens unabhängig voneinander vorhanden. Zur Auflösung von Mehrdeutigkeiten setzt man beim Zugriff den Namen der Klasse voran, von der das Member, auf das man zugreifen will, stammt. Auf diese Weise wird festgelegt, in welchem Namensraum das Member zu suchen ist:

```
main()
    {
    abgeleitet a;

    a.basis1::x = 1;
    a.basis2::x = 2;
    }
```

Namenskollisionen dieser Art sollten nicht bewusst herbeigeführt werden. Wenn möglich sollten sie frühzeitig durch Umbenennung von Membern ausgeräumt werden! Solche Konflikte sind jedoch gelegentlich unvermeidbar, wenn unabhängig voneinander erstellte Klassen über eine von beiden Klassen abgeleitete dritte Klasse in eine nicht vorherzusehende Beziehung gesetzt werden.

Wiederholte Vererbung

Wenn das Erbgut einer Klasse auf verschiedenen Wegen zu einer abgeleiteten Klasse vererbt wird, so sprechen wir von wiederholter Vererbung. Im folgenden

Beispiel wird das Erbgut der Klasse aaa zum einen über bbb und zum anderen über ccc an die Klasse xxx weitergegeben:

```
class aaa
    {
    public:
        int a;
    };

class bbb : public aaa
    {
    };

class ccc : public aaa
    {
    };

class xxx : public bbb, public ccc
    {
    };
```

Grafisch können wir uns das wie folgt veranschaulichen:

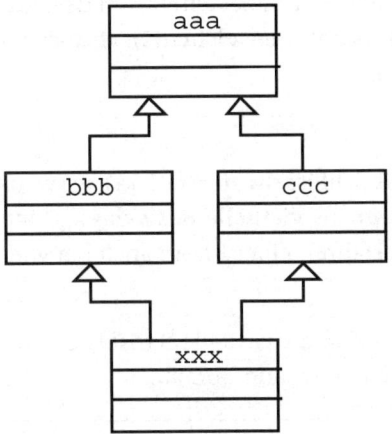

Es stellt sich jetzt die Frage, ob das Erbgut von aaa, also das Daten-Member a, in der Klasse xxx einmal oder zweimal vorhanden ist. Durch einfache Tests findet man heraus, dass das Daten-Member zweimal vorhanden ist und über den Namensraum der Klasse, von der es unmittelbar geerbt wurde, angesprochen werden kann. Für eine konkrete Instanz von xxx

```
xxx instanz;
```

wird also das via bbb geerbte Daten-Member a in der Form

```
instanz.bbb::a = ...
```

angesprochen. Für das zweite, über ccc geerbte Daten-Member gilt Entsprechendes.

Für konkrete Instanzen stellen sich die Zusammenhänge also wie folgt dar:

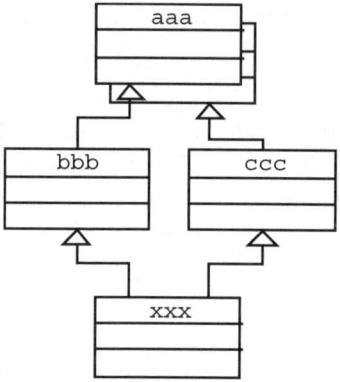

Es hängt von der konkreten Aufgabenstellung ab, ob dieses Verhalten dem Problem angemessen ist oder nicht. Häufig will man aber, dass das Erbgut einer wiederholt vorkommenden Basisklasse nur einmal bei der abgeleiteten Klasse auftritt. In dieser Situation verwendet man die sogenannten **virtuellen Basisklassen**, die wir im folgenden Abschnitt behandeln.

Virtuelle Basisklassen

Bei der Festlegung der Basisklasse kann man das Schlüsselwort virtual verwenden. Eine solche Basisklasse bezeichnen wir dann als **virtuelle Basisklasse**. Eine virtuelle Basisklasse kommt dann unter den Vorfahren einer Klasse auch bei wiederholter Vererbung nur einmal vor.

Wir nehmen das obige Beispiel und deklarieren aaa als virtuelle Basisklasse von bbb und ccc. Dann leiten wir die Klasse xxx von bbb und ccc ab:

```
class aaa
    {
    public:
        int a;
    };
class bbb : virtual public aaa
    {
    };
```

```
class ccc : virtual public aaa
    {
    };

class xxx : public bbb, public ccc
    {
    };
```

Alle virtuellen Vorkommen der Basisklasse aaa werden jetzt zu einer Instanz zusammengefasst. Da die Klasse aaa in bbb und ccc jetzt nur noch einmal vorkommt, kommt auch bei xxx das Erbgut von aaa nur noch einmal vor. Jetzt können wir eine Instanz der Klasse xxx anlegen und dem nur noch einmal vorhandenen Member a einen Wert geben, ohne die Abstammung zu berücksichtigen:

```
xxx instanz;

instanz.a = 123;
```

Lassen wir uns dann über die verschiedenen Basisklassen ebenfalls den Wert von a anzeigen

```
cout << instanz.a << '\n';
cout << instanz.bbb::a << '\n';
cout << instanz.ccc::a << '\n';
```

so zeigt das Ergebnis,

```
123
123
123
```

dass es sich um ein und dasselbe Daten-Member handelt.

Parallel zu den virtuellen kann es aber auch noch gewöhnliche Vorkommnisse einer Basisklasse in einer Vererbungsstruktur geben. Im folgenden Beispiel wird eine Klasse ddd hinzugefügt, die aaa als gewöhnliche Basisklasse hat. Die Klasse xxx wird dann zusätzlich von ddd abgeleitet:

```
class aaa
    {
    public:
        int a;
    };
```

```
class bbb : virtual public aaa
    {
    };

class ccc : virtual public aaa
    {
    };

class ddd : public aaa
    {
    };

class xxx : public bbb, public ccc, public ddd
    {
    };
```

Jetzt gibt es zwei Vorkommnisse der Basisklasse aaa in xxx. Einmal die von bbb bzw. ccc geerbte virtuelle Basisklasse und zum anderen die von ddd geerbte nicht virtuelle Basisklasse. Wegen der jetzt wieder vorkommenden Mehrdeutigkeit müssen hier beim Zugriff wieder die Klassennamen vorangestellt werden.

```
xxx instanz;

instanz.bbb::a  // Zugriff auf Daten-Member a der virtuellen Basis
instanz.ccc::a  // Zugriff wie zuvor
instanz.ddd::a  // Zugriff auf die nicht virtuelle Basis
```

Beispiele dieser Art zeigen, dass beliebig komplexe Situationen modelliert werden können. Die Beispiele sind jedoch sehr künstlich, und es ist unwahrscheinlich, dass Sie jemals vor der Situation stehen werden, ein Klassenmodell dieser Struktur zu bilden. Wir wollen dies deshalb an dieser Stelle nicht weiter vertiefen, obwohl man zum vollen Verständnis aller hier denkbaren Kombinationen und dem innewohnenden Konfliktpotential noch weitere Beipiele diskutieren müsste.

Wir wenden uns statt dessen den häufig vorkommenden und für die objektorientierte Programmierung ausgesprochen wichtigen virtuellen Funktionen zu.

22.4.3 Virtuelle Funktionen

Objektorientierte Systeme werden durch Wiederverwendung und Verfeinerung bestehender Klassen erweitert. Zum Zeitpunkt der Erstellung einer Klasse weiß man in der Regel noch nicht, welche Verfeinerungen es von dieser Klasse zukünftig einmal geben wird. Es besteht daher der Bedarf, Systeme zu erstellen, die mit zukünftigen noch nicht bekannten Erweiterungen nahtlos zusammenarbeiten. Dieses Ziel erreicht man durch den Einsatz **virtueller Funktionen**.

Wir versetzen uns durch ein sehr einfaches Beispiel in die oben dargestellte Situation. Wir haben das folgende Programm erstellt:

```
class aaa
    {
    public:
        void print() { cout << "Klasse aaa\n";}
    };

void ausgabe( aaa &a)
    {
    a.print();
    }
```

Zunächst ist dort eine Klasse aaa, die lediglich über eine Member-Funktion print ihren Namen auf dem Bildschirm ausgeben kann. Dann ist dort die Funktion ausgabe, der wir eine Referenz auf eine Instanz der Klasse aaa als Parameter übergeben, und die dann nur die Ausgabe des Klassennamens über die print-Funktion veranlasst.

Wenn wir jetzt im Hauptprogramm eine Instanz der Klasse aaa anlegen und diese Instanz der Funktion ausgabe übergeben,

```
main()
    {
    aaa instanz_a;
    ausgabe( instanz_a);
    }
```

so erhalten wir erwartungsgemäß die Ausgabe:

```
Klasse aaa
```

Jetzt erweitern wir das Programm, indem wir eine Klasse bbb von aaa ableiten. Wir überladen dabei die print-Funktion, in der wir jetzt den Klassennamen bbb ausgeben.

```
class bbb : public aaa
    {
    public:
        void print() { cout << "Klasse bbb\n";}
    };
```

Wenn wir jetzt im Hauptprogramm eine Instanz der Klasse bbb erzeugen und an die ausgabe-Funktion übergeben,

```
main()
    {
    bbb instanz_b;
    ausgabe( instanz_b);
    }
```

so ändert sich die Ausgabe nicht:

```
Klasse aaa
```

Ein Objekt der Klasse bbb ist ein Objekt der Klasse aaa, sodass wir es problemlos an die Funktion ausgabe übergeben können. Innerhalb der Funktion ausgabe ist nur bekannt, dass es sich um ein Objekt der Klasse aaa handelt. Die Klasse bbb existierte noch gar nicht, als wir die Funktion ausgabe erstellt und compiliert haben. Konsequenterweise wird der Klassenname aaa ausgegeben. Wir wollen aber erreichen, dass hier der Name der Klasse, um die es sich wirklich handelt, auf dem Bildschirm erscheint. Die wirkliche Klassenzugehörigkeit des Parameters a der ausgabe-Funktion kann aber erst zur Laufzeit festgestellt werden, und erst dann kann die richtige print-Methode zugeordnet werden. Dadurch, dass wir die Member-Funktion print der Klasse aaa als virtuell deklarieren, aktivieren wir die dynamische Zuordnung der richtigen Funktion zum Funktionsaufruf in der ausgabe-Funktion. Wir betrachten noch einmal das vollständige Programm:

```
class aaa
    {
    public:
        virtual void print() { cout << "Klasse aaa\n";}
    };

void ausgabe( aaa &a)
    {
    a.print();
    }

class bbb : public aaa
    {
    public:
        void print() { cout << "Klasse bbb\n";}
    };
```

```
main()
    {
    aaa instanz_a;
    ausgabe( instanz_a);

    bbb instanz_b;
    ausgabe( instanz_b);
    }
```

Die Ausgabe ist jetzt:

```
Klasse aaa
Klasse bbb
```

Wir sind hier auf ein ganz wichtiges Prinzip der objektorientierten Modellbildung in C++ gestoßen. Bei der Modellierung einer möglichen Basisklasse, also einer Klasse, von der später einmal weitere Klassen abgeleitet werden, erklärt man die Methoden zu virtuellen Methoden, die später einmal von den abgeleiteten Klassen überschrieben werden und auch dann in ihrer konkreten Ausprägung zur Ausführung kommen sollen, wenn sie abstrakt an der Basisklasse aufgerufen werden.

Alle Funktions-Member einer Klasse von vornherein als virtuell zu deklarieren, ist nicht sinnvoll, da man den Effekt der dynamischen Zuordnung nicht immer will und da mit der Zuordnung des Funktionscodes zum Funktionsaufruf ein zwar geringer aber immerhin doch vorhandener zusätzlicher Laufzeitbedarf verbunden ist. Aus Effizienzgründen versucht man daher, nur die Funktionen als virtuell zu deklarieren, deren Virtualität auch wirklich benötigt wird.

22.4.4 Virtuelle Destruktoren

Basisklassen sollten immer dann einen virtuellen Destruktor haben, wenn zu erwarten ist, dass abgeleitete Klassen einen Destruktor benötigen. Durch den virtuellen Destruktor der Basisklasse wird sichergestellt, dass der Destruktor der abgeleiteten Klasse auch dann zur Ausführung kommt, wenn die abgeleitete Klasse bei ihrer Beseitigung nur als Basisklasse angesprochen wird. Wir machen uns dazu ein Beispiel:

```
class basis
    {
    public:
        ~basis() { cout << "Destruktor von basis\n"; }
    };
```

```
class abgeleitet : public basis
    {
    public:
     ~abgeleitet() { cout << "Destruktor von abgeleitet\n";}
    };

void main()
    {
    basis *b = new abgeleitet;
    delete b;
    }
```

Dieses Programm erzeugt die folgende Ausgabe:

```
Destruktor von basis
```

Das bedeutet, dass bei der Beseitigung des Objekts b durch die Anweisung delete b der Destruktor der Klasse abgeleitet nicht gerufen wird, obwohl das zu beseitigende Objekt der Klasse abgeleitet angehört. Erst wenn man den Destruktor der Klasse basis als virtuell deklariert

```
class basis
    {
    public:
        virtual ~basis() { cout << "Destruktor von basis\n";}
    };
```

wird in dieser Situation die Beseitigung des Objekts korrekt durchgeführt, und man erhält die Ausgabe:

```
Destruktor von abgeleitet
Destruktor von basis
```

Dieser Hinweis ist besonders wichtig, weil durch den nicht-virtuellen Konstruktor in der Regel kein beobachtbarer Fehler entsteht, sondern sich das Programm graduell verschlechtert, da zum Beispiel dynamisch allokierter Speicher durch den fehlenden Destruktoraufruf nicht freigegeben wird. Man spricht in diesem Fall von einem Speicherleck.

22.4.5 Rein virtuelle Funktionen

Gelegentlich erstellt man Klassen mit virtuellen Funktionen, bei denen es nicht sinnvoll ist, die virtuellen Methoden zu implementieren. Erst bei weiterer Konkretisierung der Klasse gibt es sinnvolle Implementierungen der virtuellen

Methoden. In solchen Fällen erstellt man die fraglichen Funktionen als **rein virtuelle Funktionen**. Rein virtuelle Funktionen haben statt einer Implementierung
den Zusatz »= 0« in der Klassendeklaration:

```
class aaa                          // abstrakte Klasse
    {
    public:
        virtual void print() = 0; // rein virtuelle Methode
    };
```

Eine solche Deklaration hat zur Folge, dass die Klasse aaa nicht mehr instantiiert
werden kann. Das ist auch sinnvoll, da eine solche Klasse noch nicht »reif« zur Instantiierung ist. Wir sprechen in diesem Zusammenhang von einer **abstrakten
Klasse**. Die Kinder und Kindeskinder der Klasse aaa <u>müssen</u> die an der Basisklasse vorhandenen rein virtuellen Funktionen überschreiben, sofern sie instantiiert werden wollen. Solange eine Klasse noch eine virtuelle Methode enthält,
kann sie nicht instantiiert werden:

```
class aaa                          // abstrakte Klasse
    {
    public:
        virtual void print() = 0; // rein virtuelle Funktion
    };

void ausgabe( aaa &a)
    {
    a.print();
    }

class bbb : public aaa             // instantiierbare Klasse
    {
    public:
        void print() { cout << "Klasse bbb\n";}
    };

main()
    {
    aaa instanz_a; // Fehler: aaa kann nicht instantiiert
                   // werden

    bbb instanz_b; // ok
    ausgabe( instanz_b);
    }
```

22.4.6 Dynamische Typüberprüfungen

Im Abschnitt über virtuelle Funktionen hatten wir gesehen, dass sich der wirkliche Typ einer Klasse oft erst zur Laufzeit erkennen lässt. Das liegt daran, dass die strenge Typüberprüfung bei Vererbung aufgeweicht werden muss. Wenn wir an einer Schnittstelle ein Objekt von einem bestimmten Typ erwarten, so kann zur Laufzeit auch ein Objekt eines abgeleiteten Typs übergeben werden. Salopp gesprochen: Wenn wir an der Schnittstelle einen Hund erwarten, so kann auch ein Dackel kommen, da ein Dackel ja ein Hund ist. Normalerweise kann das unterschiedliche Verhalten abgeleiteter Klassen durch virtuelle Funktionen ausreichend modelliert werden und es besteht kein Bedarf, explizit nach der Klassenzugehörigkeit eines Objekts zu fragen. In seltenen Fällen, zum Beispiel bei der Ausgabe von Prüfdrucken zu Testzwecken, möchte man vielleicht trotzdem wissen, ob ein Objekt von einem bestimmten Typ ist oder ob zwei Objekte vom selben Typ sind. Wir machen uns dazu ein Beispiel. Zunächst legen wir zwei rudimentäre Klassen, `basis` und `abgeleitet`, an, zwischen denen eine Vererbungsbeziehung besteht:

```
class basis
    {
    virtual void x(){}
    };

class abgeleitet : public basis
    {
    };
```

Die virtuelle Funktion x in der Klasse `basis` wird nicht verwendet. Sie ist nur dazu da, dass der Compiler den Code erzeugt, der für die bei virtuellen Funktionen notwendigen Laufzeitüberprüfungen erforderlich ist. Eine Klasse mit mindestens einer virtuellen Funktion nennt man auch eine **polymorphe Klasse**. Die folgenden Überlegungen sind nur für polymorphe Klassen sinnvoll.

Wir wollen jetzt eine Funktion schreiben, die überprüft, ob zwei ihr übergebene Objekte vom gleichen Typ sind. Dazu verwenden wir den `typeid`-Operator, der uns eine Referenz auf den Laufzeittyp (Instanz der Klasse `type_info`, deklariert in der Headerdatei `typeinfo`) eines Objekts liefert:

```
int test( basis *b1, basis *b2)
    {
    return typeid(*b1) == typeid(*b2);
    }
```

Beachten Sie, dass an der Schnittstelle in beiden Parametern formal der gleiche Typ entgegengenommen wird. Zur Laufzeit können dort aber – neben basis selbst – verschiedene von basis abgeleitete Typen ankommen. Aufgrund der Laufzeitinformationen wird das erkannt und an das rufende Programm zurückgemeldet. Im Hauptprogramm könnte die Funktion jetzt wie folgt verwendet werden:

```
void main()
    {
    basis alpha;
    abgeleitet beta;

    if( test( &alpha, &beta))
        ... // Die Klassen haben den gleichen Typ
    else
        ... // Die Klassen haben unterschiedliche Typen
    }
```

In unserem Beispiel[12] werden die unterschiedlichen Typen erkannt, und das Programm verzweigt entsprechend. Über den Operator typeid kann man auch an den Namen einer Klasse kommen, denn die Klasse type_info hat eine Memberfunktion name, die den Namen des Typs zurückgibt. Man ruft in unserem Beispiel etwa

```
typeid( alpha).name();
```

und erhält von dieser Funktion einen konstanten Zeiger auf einen 0-terminierten String mit dem Klassennamen. Was genau in diesem String steht, ist implementierungsabhängig. Bei meinem Compiler enthält der String den Text »class abgeleitet«. Das kann aber, wie gesagt, bei Ihnen anders sein.

Der Operator typeid erzeugt eine Exception (bad_typeid), wenn er falsch verwendet wird. Wie man solche Exceptions »fängt« und im Code behandelt, wird in einem eigenen Abschnitt an anderer Stelle beschrieben.

22.4.7 Dynamische Typumwandlung

Bisher hatten wir eine Typumwandlung als einen sehr schlichten Prozess kennengelernt, um etwa Gleitkommazahlen in ganze Zahlen zu konvertieren. Völlig verschiedene Klassen ineinander zu konvertieren hat keinen Sinn. Wenn aber Klassen durch eine Vererbungsbeziehung miteinander verbunden sind, findet man die Basisklasse in der abgeleiteten Klasse wieder[13] und eine Konvertierung, zu-

---

12. Der Typvergleich wirkt hier etwas sonderbar, da uns ja die Typen bekannt sind. Aber Sie können leicht einen Fall konstruieren, in dem die Typen nicht bekannt sind und Ihr Programm nur über Zeiger auf die Basisklassen verfügt.
13. Da ein Dackel ein Hund ist, findet man alle Eigenschaften des Hundes im Dackel wieder. Umgekehrt geht es nicht.

mindest von der abgeleiteten Klasse in die Basisklasse, ist vorstellbar. Im Zusammenhang mit Vererbung gewinnt die Typumwandlung an Facetten. Bei einer einfachen Vererbung kann man mit dem bereits bekannten `static_cast`-Operator Typumwandlungen zwischen Basisklasse und abgeleiteter Klasse durchführen. Als Beispiel legen wir zwei Klassen an, zwischen denen eine Vererbungsbeziehung besteht:

```
class basis
    {
    };

class abgeleitet : public basis
    {
    };
```

Jetzt könnte man mit dem `static_cast`-Operator die folgenden Casts durchführen:

```
basis b;
abgeleitet a;
basis *pb;
abgeleitet *pa;

pb = static_cast<basis *>(&a);
pa = static_cast<abgeleitet *>(&b);
```

Der erste Cast ist harmlos, da ein Objekt vom Typ `abgeleitet` wegen der Vererbungsbeziehung auch vom Typ `basis` ist. Dieser Cast könnte auch implizit durchgeführt werden:

```
pb = &a;
```

Der zweite Cast ist möglich, aber sehr gefährlich. Sobald man nach dem Cast etwa über `pa` auf spezielle Datenmember von `abgeleitet` zuzugreifen versuchte, wäre ein Programmabsturz unvermeidbar.

Uns interessiert aber eine allgemeinere Situation, in der uns ein Static Cast nicht weiterhilft. Wir betrachten eine Vererbungshierarchie, wie die folgende Grafik sie zeigt:

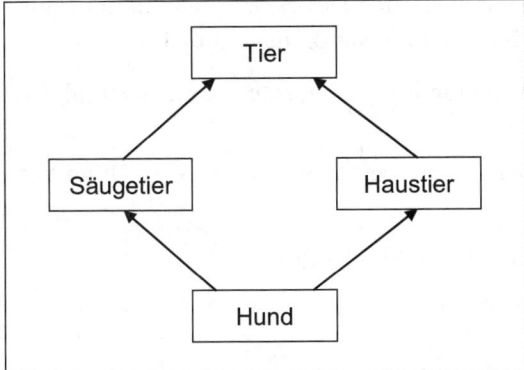

Ein Hund ist sowohl ein Säugetier als auch ein Haustier. Säugetiere und Haustiere sind Tiere, aber weder muss ein Säugetier ein Haustier sein noch muss ein Haustier ein Säugetier sein.

In diesem Zusammenhang gibt es verschiedene zulässige Arten von Typumwandlungen:

▶ Einen Hund kann ich als Tier behandeln, weil er ein Tier ist.

▶ Ein Haustier kann ich als Tier behandeln, weil es ein Tier ist.

▶ Einen Hund kann ich als Haustier behandeln, weil er ein Haustier ist.

Die folgende Grafik zeigt die letzte dieser Typumwandlungen als grauen Pfeil:

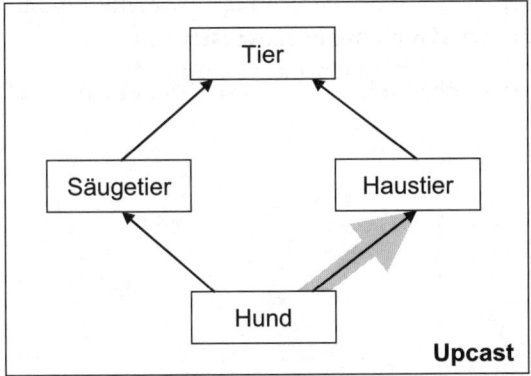

Eine Typumwandlung eines abgeleiteten Typs in einen seiner Basistypen wird als **Upcast** bezeichnet, weil er in der Vererbungshierarchie »aufwärts« gerichtet ist. Ein Upcast ist uneingeschränkt möglich und kann in C++ auch implizit durchgeführt werden.

Unter speziellen Voraussetzungen sind aber auch **Downcasts**, also in der Vererbungshierarchie nach »unten« gerichtete Typumwandlungen möglich:

▶ Ein Tier kann man als Säugetier behandeln, wenn es sich um einen Hund handelt.

▶ Ein Tier kann man als Haustier behandeln, wenn es sich um einen Hund handelt.

Die folgende Grafik zeigt wieder den letzten dieser Fälle:

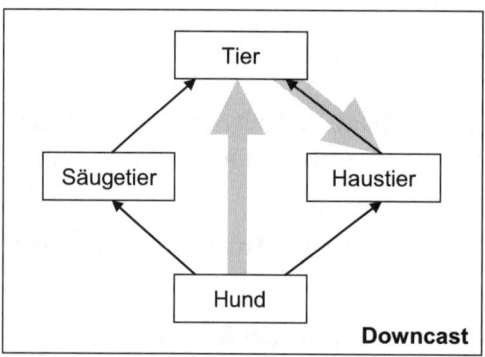

Beachten Sie, dass man ein Tier allgemein nicht als Haustier behandeln kann, sodass diese Typumwandlung nur unter der speziellen Voraussetzung, dass es sich bei dem Tier um einen Hund handelt, möglich ist.

Man kann aber auch »quer« oder »seitwärts« in der Vererbungshierarchie Typumwandlungen vornehmen. Das nennt man dann einen **Crosscast**:

▶ Ein Säugetier kann man als Haustier behandeln, wenn es sich um einen Hund handelt.

Dies kann man wie folgt darstellen:

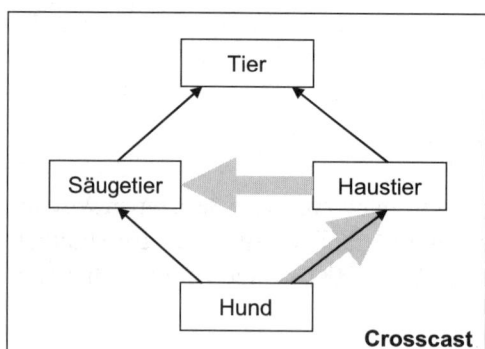

Auch hier ist die Konvertierung natürlich nur unter der speziellen Voraussetzung möglich, dass es sich bei dem Haustier um einen Hund handelt.

Alle Konvertierungen sind nur dann sinnvoll, wenn der Ergebnistyp ein Basistyp des wirklichen Ausgangstyps ist. Nun wissen wir aber, dass der wirkliche Typ einer polymorphen Klasse – also einer Klasse mit virtuellen Funktionen – unter Umständen erst zur Laufzeit zweifelsfrei feststeht. Um zu lernen, wie man in C++ mit dieser Situation umgeht, bauen wir die obige Vererbungshierarchie durch Klassen auf:

```
class tier
    {
    virtual void xxx(){}
    };

class saeugetier : public virtual tier
    {
    };

class haustier : public virtual tier
    {
    };

class hund : public saeugetier, public haustier
    {
    };
```

Die virtuelle Vererbung ist hier notwendig, da das Tier ja nur einmal zum Hund vererbt werden soll. Die virtuelle Funktion in `tier` ist erforderlich, um polymorphe Klassen zu erzeugen, ohne die die folgenden Überlegungen sinnlos wären.

Wir wollen in dieser Situation die drei verschiedenen Cast-Typen durchführen und benutzen dazu den `dynamic_cast`-Operator. Als Erstes betrachten wir den Upcast von hund in haustier. Dazu besorgen wir uns einen Hund (h) und einen Zeiger auf diesen Hund (ph).

```
hund h;
hund *ph = &h;
haustier *pht;
```

Zusätzlich habe ich noch einen Zeiger auf ein Haustier (pht) angelegt. Jetzt konvertieren wir den Zeiger auf hund in einen Zeiger auf haustier:

```
pht = dynamic_cast<haustier *>( ph);
```

Im Falle eines Upcast ist der `dynamic_cast`-Operator allerdings überflüssig, da der Compiler die Typkonvertierung auch implizit durchführen kann:

```
pht = ph;
```

Als Nächstes implementieren wir den Downcast von `tier` in `haustier`, wobei es sich bei dem Tier um einen Hund handelt:

```
hund h;
tier *pt = &h;
haustier *pht;

pht = dynamic_cast<haustier *>(pt);
```

Beachten Sie, dass wir dazu zuvor einen impliziten Upcast von `hund` zu `tier` machen.

Jetzt kommt noch der Crosscast eines Hundes als Haustier zu einem Säugetier, den wir wie folgt implementieren können:

```
hund h;
haustier *pht = &h;
saeugetier *pst;

pst = dynamic_cast<saeugetier *>(pht);
```

Der Compiler kann im Allgemeinen nicht erkennen, ob ein dynamischer Cast wirklich möglich ist, da der zu konvertierende Typ in der Regel erst zur Laufzeit identifizierbar ist.[14] Ein ungültiger Cast wird daher auch erst zur Laufzeit anhand der Laufzeitinformationen über die Objekte erkannt. Wir erkennen einen ungültigen Cast daran, dass er einen Nullzeiger zurückliefert. Insofern sollte in allen obigen Beispielen, bevor fortgefahren wird, geprüft werden, ob der Cast einen gültigen Zeiger geliefert hat. Wenn wir zum Beispiel versuchen würden, ein Haustier, das ja nicht notwendigerweise ein Hund ist, in ein Säugetier zu konvertieren, würden wir einen Nullzeiger erhalten:

```
haustier ht;
haustier *pht = &ht;
saeugetier *pst;

pst = dynamic_cast<saeugetier *>(pht);

if( !pst)
    ... // Ungueltiger Cast
```

---

14. In unserem Beispiel ist der Typ natürlich erkennbar. Aber wir hätten den Typ ja wieder durch eine Schnittstelle schieben und so seine Herkunft verschleiern können.

Mit einem `dynamic_cast` können statt Zeigern auch Referenzen auf Objekte konvertiert werden. Da Referenzen ja nur Zeiger sind, die bei jeder Verwendung implizit dereferenziert werden, können wir das, was wir soeben mit Zeigern gemacht haben, leicht auf Referenzen übertragen. Ich zeige hier nur für den Downcast von `tier` auf `haustier` ein Beispiel:

```
hund h;
tier &rt = h;
haustier &rht = dynamic_cast<haustier &>(rt);
```

In diesem Fall kann jedoch ein ungültiger Cast nicht durch eine 0 als Returncode signalisiert werden. Der Cast-Operator löst in diesem Fall eine `bad_cast`-Exception aus. Wie man solche Exceptions »fängt« und im Code behandelt, wird in einem eigenen Abschnitt an anderer Stelle beschrieben.

Dynamische Casts sind sinnvoll, wenn Objektzeiger oder Objektreferenzen in höheren Abstraktionsstufen (zum Beispiel Hund als Tier) durch Schnittstellen laufen und die Objekte irgendwann wieder auf einem niedrigeren Abstraktionsniveau (zum Beispiel Tier als Haustier) bearbeitet werden sollen. Die Notwendigkeit dynamischer Casts kann aber auch ein Hinweis auf einen Designfehler sein. Prüfen Sie daher immer, ob ein dynamischer Cast nicht durch ein besseres Klassendesign, insbesondere durch Verwendung virtueller Funktionen, vermieden werden kann.

22.5 Zugriffsschutz und Vererbung

Bisher hatten wir bei der Diskussion des Zugriffs auf Klassen immer zwei Sichten, die innere und die äußere Sicht unterschieden. Bei Einbeziehung der Vererbung kommt jetzt eine dritte Sicht hinzu. Es handelt sich um die Sicht einer abgeleiteten Klasse auf ihre Basisklasse(n) und deren Vorfahren – also um die Sicht in der Vererbungshierarchie.

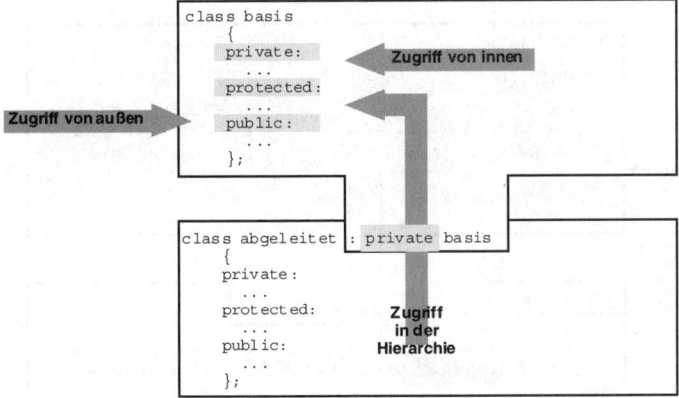

Der Zugriff auf die Elemente einer Klasse wird an zwei Stellen gesteuert. Erstens über die als `private`, `protected` und `public` gekennzeichneten Bereiche in der Klasse und zweitens über die Zugriffsspezifikation (ebenfalls `private`, `protected` oder `public`), die bei der Vererbung den Zugriff auf die Basisklasse festlegt.

22.5.1 Geschützte Member

So wie Kinder ein spezielles Verhältnis zu ihren Eltern haben, haben auch abgeleitete Klassen ein spezielles Verhältnis zu ihren Basisklassen. Sie haben erweiterte Zugriffsrechte im Vergleich zu nicht verwandten Klasse, die jedoch nicht so weit gehen, dass sie auf alle Daten und Funktionen der Basisklasse zugreifen können.

Die Daten- und Funktions-Member im `protected`-Bereich einer Klasse bezeichnen wir als **geschützte Member**. Eine abgeleitete Klasse hat uneingeschränkten Zugriff auf die geschützten Member ihrer Basisklasse. Auf die privaten Daten hat sie jedoch trotz der Ableitungsbeziehung keinen Zugriff. Auf die Daten und Funktionen im öffentlichen Bereich kann eine abgeleitete Klasse natürlich, wie jede andere Klasse auch, zugreifen. Insgesamt ergibt sich damit das folgende abgestufte System an Zugriffsrechten,

Bereich	Zugriff aus der Klasse selbst	Zugriff aus einer abgeleiteten Klasse	Zugriff von außerhalb
`private`	+	−	−
`protected`	+	+	−
`public`	+	+	+
+ = zulässig, − = unzulässig			

das auch durch die folgende Grafik noch einmal veranschaulicht wird:

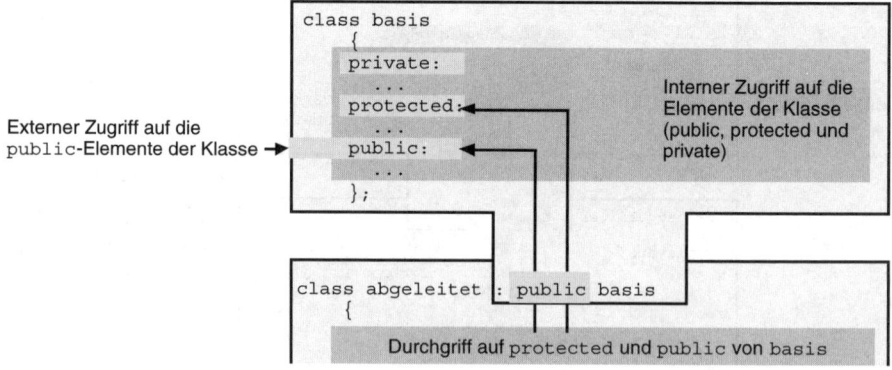

22.5.2 Zugriff auf die Basisklasse

Bei der Vererbung kann man eine Zugriffsspezifikation (`public`, `protected` oder `private`) für die Basisklasse vereinbaren:

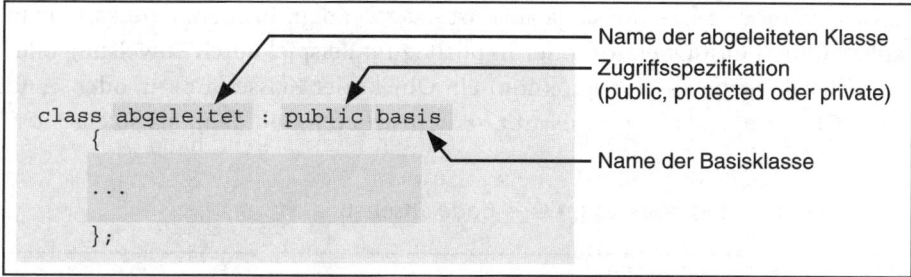

Fehlt die Zugriffsspezifikation, so wird vom Compiler die restriktivste Form – das ist `private` – angenommen. Bisher hatten wir als Zugriffsspezifikation immer `public` verwendet und das ist auch der am weitaus häufigsten vorkommende Fall. Im Folgenden werden die drei möglichen Zugriffsspezifikationen diskutiert und durch Beispiele voneinander abgesetzt.

Öffentlicher Zugriff auf die Basisklasse

Wenn wir als Zugriffsspezifikation `public` verwenden, so werden der `public`- und `protected`-Bereich in die entsprechenden Bereiche der abgeleiteten Klasse übernommen und sind dort in gleicher Weise wie an der Basisklasse verfügbar:

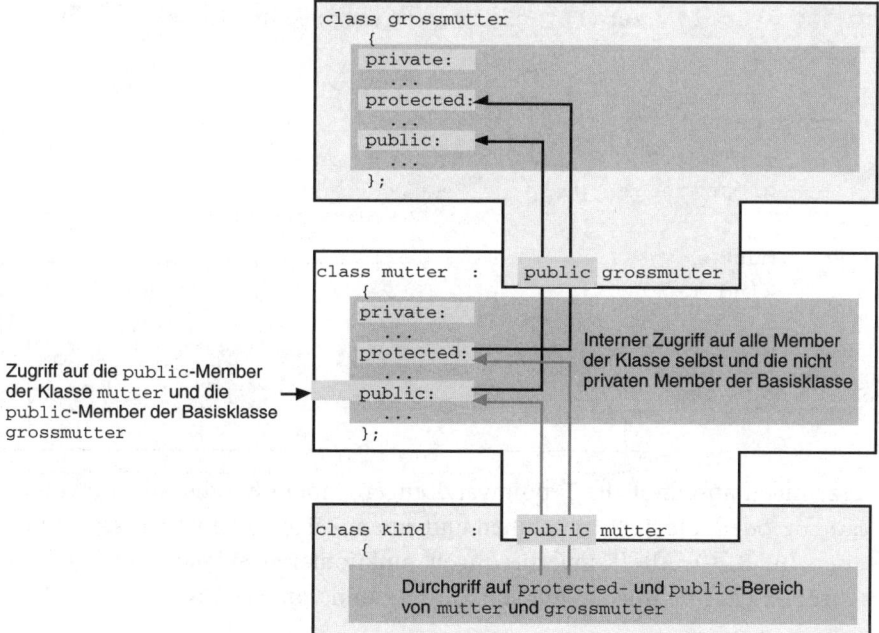

Die Klasse grossmutter findet sich somit sowohl aus allen drei Blickwinkeln (von innen, von außen, in der Vererbungshierarchie) vollständig in der abgeleiteten Klasse mutter und auch in deren abgeleiteter Klasse kind wieder. Insofern kann jedermann eine Instanz der Klasse mutter oder kind wie eine Instanz der Klasse grossmutter – die sie ja auch ist – verwenden. Insbesondere kann man explizit (durch Cast-Operator) oder implizit (zum Beispiel durch Zuweisung oder Parameterübergabe an eine Funktion) ein Objekt der Klasse mutter oder kind in ein Objekt der Klasse grossmutter konvertieren und dann als solches verwenden.

Wir wollen uns dies konkret im C++-Code ansehen:

```
        class grossmutter
            {
            };

        class mutter : public grossmutter
            {
            public:
A               void test() { grossmutter *g; g = this;}    // ok
            };

        class kind : public mutter
            {
            public:
B               void test() { grossmutter *g; g = this;}    // ok
            };

        void main()
            {
            grossmutter *g;

            mutter m;
            kind k;

C           g = &m;                                          // ok
            g = &k;                                          // ok
            }
```

Wir erzwingen nun implizite Typumwandlungen, indem wir die Adresse von einer mutter oder einem kind nehmen und einem Zeiger auf eine grossmutter zuweisen (A, B, C). Alle Konvertierungen funktionieren einwandfrei, weil die großmutter ein öffentlicher Teil von mutter und von kind ist.

Geschützter Zugriff auf die Basisklasse

Will man Vererbung restriktiver handhaben, so kann man die Zugriffsspezifikation `protected` verwenden. Jetzt werden die öffentlichen und die geschützten Member der Basisklasse zu geschützten Membern der abgeleiteten Klasse. Was also an der Basisklasse noch öffentlich zugänglich war, bleibt an der abgeleiteten Klasse der abgeleiteten Klasse selbst und ihren Kindern vorbehalten:

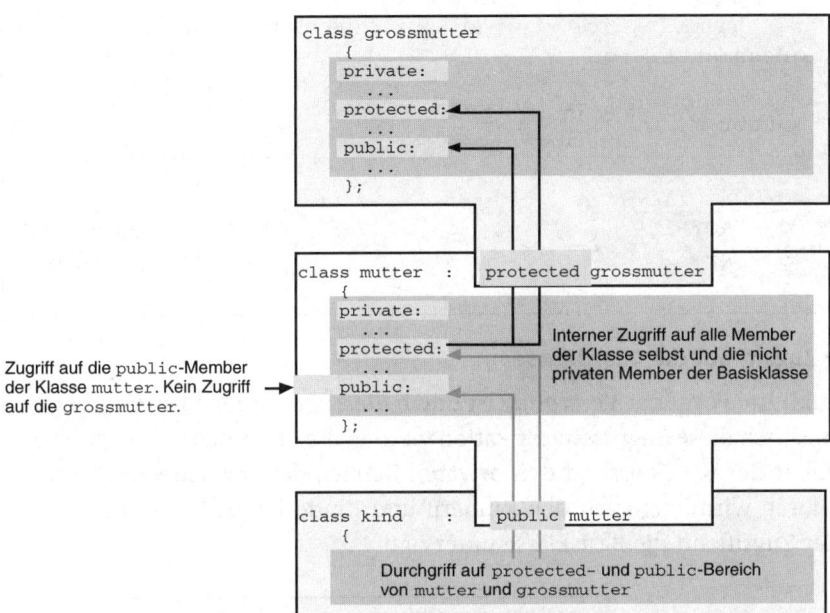

Jetzt darf natürlich nicht mehr jedermann eine `mutter` als `grossmutter` betrachten, da man auf diese Weise den Zugriffsschutz umgehen könnte. Sobald man eine `mutter` in eine `grossmutter` konvertiert, werden die an der `mutter` geschützten, öffentlichen Member der `grossmutter` wieder allgemein zugänglich. Konsequenterweise dürfen jetzt nur noch die `mutter` selbst und die von ihr abgeleiteten Klassen diese Konvertierung durchführen (A, B):

```
    class grossmutter
        {
        };


    class mutter : public grossmutter
        {
        public:
A       void test() { grossmutter *g; g = this;}  // ok
        };
```

```
        class kind : public mutter
            {
            public:
B           void test() { grossmutter *g; g = this;}   // ok
            };


    void main ()
        {
        grossmutter *g;

        mutter m;
        kind k;

C           g = &m;                                    // Fehler
            g = &k;                                    // Fehler
        }
```

Privater Zugriff auf die Basisklasse

Die restriktivste Form der Vererbung ist durch die Zugriffsspezifikation private gegeben. Durch diese Zugriffsspezifikation werden die öffentlichen und geschützten Member der Basisklasse in den privaten Bereich der abgeleiteten Klasse gelegt. Dadurch wird jetzt auch den Kindern und Kindeskindern der abgeleiteten Klasse der Zugriff auf die Basisklasse untersagt:

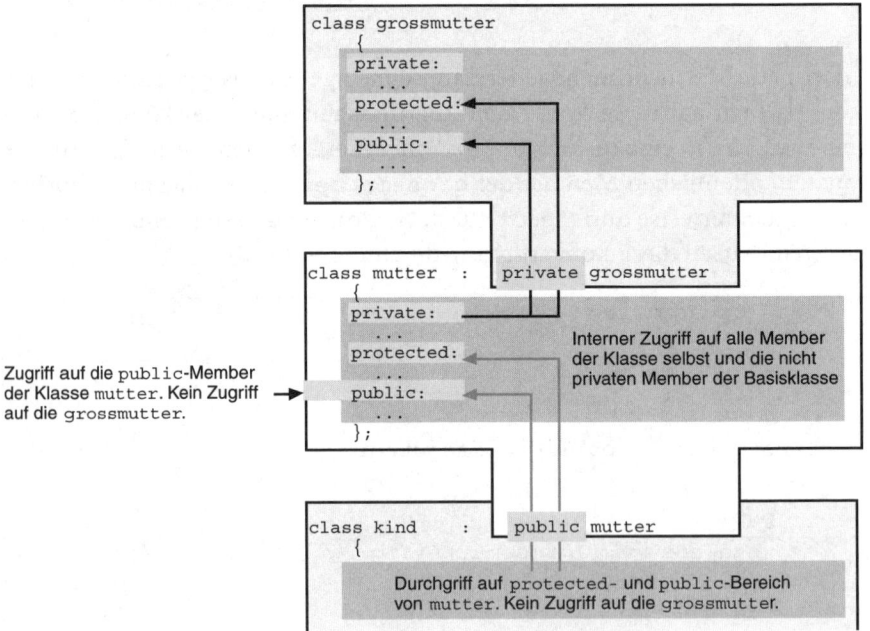

Insbesondere dürfen jetzt auch die Kinder keine Konvertierungen mehr durchführen, die den durch die `mutter` eingerichteten Zugriffsschutz umgehen würden (B):

```
        class grossmutter
            {
            };

        class mutter : public grossmutter
            {
            public:
A           void test() { grossmutter *g; g = this;}   // ok
            };

        class kind : public mutter
            {
            public:
B           void test() { grossmutter *g; g = this;}   // Fehler
            };

        void main()
            {
            grossmutter *g;

            mutter m;
            kind k;

C           g = &m;                                    // Fehler
            g = &k;                                    // Fehler
            }
```

22.5.3 Modifikation von Zugriffsrechten

Ist man mit dem pauschalen Zugriff auf die Basisklasse nicht zufrieden, so besteht die Möglichkeit, zunächst restriktiv (`private`) zu erben und dann selektiv den Zugriff auf die geerbten Member zu lockern:[15]

```
class basis
    {
    public:
```

---

15. Es geht auch umgekehrt, indem man zunächst `public` erbt und dann den Zugriff auf gewisse member verschärft. Allerdings handelt es sich dann um einen Pseudoschutz, den man durch Konvertierung der abgeleiteten Klasse in die Basisklasse wieder aufheben kann.

```
    int a;
    int b;
    int c;
};
```

In der Basisklasse sind alle Elemente öffentlich. Durch private Vererbung werden sie in der abgeleiteten Klasse privat:

```
class abgeleitet : private basis
    {
    };
```

In der abgeleiteten Klasse kann der Zugriff auf die Member dann aber selektiv gelockert werden:

```
class abgeleitet : private basis
    {
    protected:
      basis::b;
    public:
      basis::c;
    };
```

In der abgeleiteten Klasse ist jetzt a privat, b geschützt und c öffentlich.[16]

Man kann auf diese Weise allerdings nicht ein privates Element der Basisklasse nachträglich noch veröffentlichen. Nur die Basisklasse kann dies, indem sie das entsprechende Element in einen anderen Bereich (protected oder public) legt oder indem sie eine bestimmte (besonders vertrauenswürdige) Klasse oder Funktion zu einem Freund ernennt.

22.6   Der Lebenszyklus von Objekten

Objekte werden vor ihrer ersten Verwendung instantiiert und, wenn sie nicht mehr benötigt werden, wieder beseitigt. Die Instantiierung eines Objekts ent-

---

16. Beachten Sie, dass es sich bei basis::b nicht um die Deklaration eines Datenmembers, sondern nur um eine Änderung der Sichtbarkeitsregeln für das Datenmember b der Basisklasse basis handelt. Deshalb steht hier auch nur der Zugriffspfad und nicht etwa auch der Datentyp. Gleiches gilt für Funktionen. Will man die Zugriffsmöglichkeiten auf eine Memberfunktion ändern, so gibt man auch nur den Zugriffspfad an. Dies bedeutet dann aber auch, dass sich der Zugriff für alle durch Funktionsüberladung ggf. vorhandenen Varianten ändert. Man kann also nicht selektiv den Zugriff auf nur eine Variante mit einer bestimmten Parametersignatur ändern.

spricht bei oberflächlicher Betrachtung dem Anlegen von Variablen in C. Wie bei Variablen gibt es auch für Objekte drei verschiedene Speicherklassen. Es gibt:

▶ automatische Objekte

▶ statische Objekte

▶ dynamische Objekte

Automatische Objekte sind Objekte, die innerhalb von Blöcken ohne den Zusatz static angelegt werden:

```
void funktion()
    {
    punkt p1;      // ein automatisches Objekt

    for( ...; ...; )
        {
        punkt p2; // noch ein automatisches Objekt
        ...
        }
    }
```

Automatische Objekte werden jedesmal erneut instantiiert, wenn der Kontrollfluss ihre Defintion erreicht und beseitigt, wenn der Kontrollfluss den Block verlässt, in dem sie definiert wurden. Automatische Objekte sind nur innerhalb des Blockes bekannt, in dem sie angelegt wurden.

Statische Objekte sind Objekte, die außerhalb von Blöcken mit oder ohne den Zusatz static oder innerhalb von Blöcken mit dem Zusatz static definiert werden.

```
punkt p1;         // ein globales statisches Objekt

static punkt p2; // ein modulweit bekanntes statisches Objekt

void funktion()
    {
    static punkt p3; // ein lokales statisches Objekt

    for( ...; ...; )
        {
        static punkt p4; // noch ein lokales statisches Objekt
        ...
        }
    }
```

Statische Objekte werden einmalig und zwar vor ihrer erstmaligen Verwendung instantiiert und erst bei Programmende wieder beseitigt. Insbesondere behalten solche Objekte ihren Zustand (= Werte ihrer Daten-Member) blockübergreifend bei. Innerhalb von Blöcken definierte statische Objekte heißen **lokale statische Objekte** und sind nur in dem Block bekannt, in dem sie definiert wurden. Außerhalb von Blöcken mit dem Zusatz `static` definierte Objekte sind innerhalb des Moduls (= Compilationseinheit = Quellcode-Datei) bekannt, in dem sie definiert wurden. Außerhalb von Blöcken ohne den Zusatz `static` definierte Objekte sind überall bekannt. Vor ihrer Verwendung in anderen Modulen müssen sie dort allerdings durch einen `extern`-Verweis bekannt gemacht werden:

```
extern punkt p1;
```

Üblicherweise steht ein solcher Externverweis in einer Headerdatei, die von allen Modulen, die das Objekt verwenden wollen, inkludiert wird.

Dynamische Objekte sind Objekte, die der Programmierer anlegt, wenn er sie benötigt und wieder beseitigt, wenn er sie nicht mehr benötigt. Zum Anlegen der Objekte dient der new-, zum Beseitigen der `delete`-Operator. Der new-Operator liefert einen Zeiger auf das angelegte Objekt. Zum Beseitigen eines Objekts wird der `delete`-Operator auf den von new gelieferten Objektzeiger angewandt:

```
void funktion()
    {
    punkt *p        // Zeiger fuer ein dynamisches Objekt

    p = new punkt;  // Anlegen des dynamischen Objekts

    ...             // Verwenden des Objekts

    delete p;       // Beseitigen des dynamischen Objekts
    }
```

Will man Arrays von Objekten instantiieren, so gibt man bei automatischen und statischen Objekten die gewünschte Arraygröße (= Anzahl der Objekte im Array) in eckigen Klammern an:

```
punkt a1[10];               // ein globaler Array mit 10 Punkten

void funktion()
    {
    punkt a2[10];           // ein lokaler Array mit 10 Punkten
```

```
        ...

    }
```

Will man einen Array von Objekten dynamisch instantiieren, so verwendet man
new mit einer zusätzlichen Angabe der gewünschten Arraygröße:

```
punkt *array;

array = new punkt[10];
```

Beseitigt werden dynamisch angelegte Arrays von Objekten mit dem delete[]-
Operator:

```
delete[] array;
```

Der wesentliche Unterschied zwischen C-Variablendefinitionen und C++-Objekt-
instantiierungen besteht darin, dass der Programmierer durch spezielle Funktionen dafür sorgen kann, dass Objekte immer konsistent aufgebaut und auch konsistenzwahrend wieder beseitigt werden. Diese Funktionen heißen Konstruktoren und Destruktoren und werden bei der Instantiierung bzw. Beseitigung eines
Objekts automatisch verwendet.

22.6.1 Konstruktion von Objekten

Um sicherzustellen, dass Klassen bei der Instantiierung in einen konsistenten Initialzustand gebracht werden, kann eine Klasse mit einem oder mehreren Konstruktoren ausgestattet werden.

Ein **Konstruktor** ist eine Funktion der Klasse, die den Namen der Klasse trägt und
im Gegensatz zu Funktions-Membern keinen Rückgabetyp – auch nicht void –
hat.

Im folgenden Beispiel wird eine Klasse implementiert, die einen String aufnehmen soll. Die Klasse verwaltet intern ein Längenfeld (len) und einen Zeiger auf
einen dynamisch zu allokierenden Zeichenpuffer (txt), in dem der zu verwal-
tende Text steht:

```
class string
    {
    private:
        int len;
        char *txt;
    };
```

Solange die Klasse keinen Konstruktor hat, kann sie in der Form

```
string s;
```

instantiiert werden. Das kann zu Problemen führen, da weder das Längenfeld noch der Zeiger bei dieser Form der Instantiierung sinnvoll initialisiert werden. Wir erstellen daher einen Konstruktor, um eine Instanz der Klasse string aus einer als Parameter übergebenen Zeichenkette zu initialisieren:

```
class string
    {
    private:
        int len;
        char *txt;
    public:
        string( char *t);                  // 1. Konstruktor
    };
```

Den Konstruktor implementieren wir außerhalb der Klasse:

```
string::string( char *t)
    {
    len = strlen(t);
    txt = (char *)malloc( len+1);
    strcpy( txt, t);
    }
```

Im Konstruktor wird die Länge des übergebenen Strings bestimmt und im Daten-Member len abgelegt. Dann wird ein ausreichend großer Zeichenpuffer allokiert und der übergebene Text wird mit strcpy in diesen Zeichenpuffer kopiert. Damit ist der String korrekt initialisiert.

Um ein Objekt der Klasse string zu instantiieren muss jetzt ein Text übergeben werden:

```
string s1("Test1");    // Verwendet 1. Konstruktor
```

Eine Klasse kann mehrere Konstruktoren natürlich mit unterschiedlicher Parametersignatur haben. Wir erstellen einen weiteren Konstruktor, der eine Zahl in eine Zeichenkette umwandelt und mit dieser Zeichenkette die Klasse string initialisiert:

```
class string
    {
    private:
        int len;
        char *txt;
    public:
        string( char *t);              // 1. Konstruktor
        string( int z);                // 2. Konstruktor
    };

string::string( int x)
    {
    txt = (char *)malloc( 10);
    sprintf( "%d", x);
    len = strlen(txt);
    }
```

Jetzt kann ein `string` mit einem Text oder einer Zahl initialisiert werden. Anhand der Parametersignatur wird der richtige Konstruktor ausgewählt:

```
string s1("Test1");     // Verwendet 1. Konstruktor
string s2( 123);        // Verwendet 2. Konstruktor
```

Wenn wir jetzt noch einen parameterlosen Konstruktor – diesmal innerhalb der
Klasse – erstellen,

```
class string
    {
    private:
        int len;
        char *txt;
    public:
        string( char *t);                     // 1. Konstruktor
        string( int z);                       // 2. Konstruktor
        string(){ len = 0; txt = 0;}          // 3. Konstruktor
    };
```

so kann wieder ohne Parameter instantiiert werden:

```
string s1("Test1");     // Verwendet 1. Konstruktor
string s2( 123);        // Verwendet 2. Konstruktor
string s3;              // Verwendet 3. Konstruktor
```

Aber auch in diesem Fall ist jetzt durch Aufruf des ersten Konstruktors sichergestellt, dass das Längenfeld (`len`) und der Textzeiger (`txt`) korrekte Initialwerte
haben.

Konstruktoren einer Klasse liegen üblicherweise im öffentlichen Bereich der
Klasse, damit sie von jedermann zur Konstruktion von Objekten verwendet werden können. Aber auch Konstruktoren im geschützten und privaten Bereich sind
zwar selten anzutreffen, aber durchaus möglich. Über solche Konstruktoren können dann nur Instanzen der Klasse selbst oder Freunde der Klasse neue Instanzen
erzeugen.

Konstruktoren können auch Default-Argumente haben. Diese gehen wie üblich
nicht in die Parametersignatur ein.

Konstruktoren können aus nahe liegenden Gründen nicht virtuell sein.[17]

22.6.2 Destruktion von Objekten

Die Beseitigung eines Objekts ist in der Regel einfacher durchzuführen als die
Konstruktion. Für die Beseitigung eines Objekts ist der **Destruktor** der zugehörigen Klasse zuständig. Eine Klasse hat höchstens einen Destruktor. Der Destruktor
ist eine parameterlose Funktion ohne Returntyp, die den Namen ihrer Klasse mit
einer vorangestellten Tilde »~« trägt. Bei der Destruktion müssen keine Parameter
fließen, da ein Objekt immer seinen Zustand kennt und daher weiß, was zu seiner
Selbstzerstörung zu tun ist.

```
class string
    {
    private:
        int len;
        char *txt;
    public:
        ...                     // Konstruktoren
        ~string();              // Destruktor
    };
```

Häufig benötigen Klassen keinen Destruktor, da keine besonderen Aufräumarbeiten im Rahmen der Beseitigung ihrer Objekte abfallen. Im Beispiel des Strings
muss aber der zur Speicherung des Textes verwendete Zeichenpuffer freigegeben
werden. Also implementiert man einen Destruktor in der folgenden Weise:

---

17. Konstruktoren werden ja nicht für ein bereits bestehendes Objekt aufgerufen, anhand
dessen die Funktionszuordnung vorgenommen werden könnte.

```
string::~string()
    {
    if( txt)
        free( txt);
    }
```

Sie sehen, dass sich der Destruktor voll und ganz darauf verlässt, dass das Objekt durch den Konstruktor korrekt initialisiert und das Objekt später nicht korrumpiert wurde.

Der Destruktor liegt praktisch immer im öffentlichen Bereich der Klasse. Fälle, in denen ein Destruktor im geschützten oder privaten Bereich liegt, können aber konstruiert werden.

Destruktoren können im Gegensatz zu Konstruktoren virtuell sein. Die Verwendung virtueller Destruktoren ist sogar sehr sinnvoll, wenn man Objekte auf einer abstrakten Ebene beseitigt und dabei sicherstellen will, dass individuelle Aufräumarbeiten durchgeführt werden.

22.6.3 Kopieren von Objekten

Zur Laufzeit eines Programms müssen oft implizit Kopien von Objekten erzeugt werden. Dies ist zum Beispiel dann der Fall, wenn ein Objekt als Wert an einer Funktionsschnittstelle übergeben wird oder wenn ein Objekt einem anderen zugewiesen wird. Zum Erzeugen einer Kopie gibt es ein Standardverhalten, bei dem ein identisches Duplikat des zu kopierenden Objekts erzeugt wird. Auf den ersten Blick wird man vielleicht sagen, dass das ja genau das ist, was man auch benötigt. In vielen Situationen ist das auch der Fall. Es gibt aber Situationen, in denen dieses Verhalten unerwünscht ist und sogar zum Absturz eines Programms führt. Wir erstellen uns dazu ein Beispiel und legen eine kleine Klasse str an, die intern eine Zeichenkette verwalten soll. Wir wollen nur das Wesentliche für dieses Beispiel implementieren. Das könnte zum Beispiel so aussehen:

```
class str
    {
    private:
        int len;
        char *txt;

    public:
        str( char *t);
        ~str();
    };
```

```
str::str( char *t)
    {
    len = (int)strlen( t);
    txt = (char *)malloc( len+1);
    strcpy( txt, t);
    }

str::~str()
    {
    free( txt);
    }
```

Die Klasse hat einen Konstruktor, in dem sie mit einer Zeichenkette initialisiert wird, und einen Destruktor, in dem der im Konstruktor allokierte Speicher wieder freigegeben wird. Die Klasse ist fertig und kann verwendet werden:

```
void main()
    {
    str s( "test1");
    }
```

So weit ist alles in Ordnung. Sobald wir jetzt aber eine Funktion (tuwas) erstellen und dieser das Objekt s übergeben, erleben wir eine Überraschung:

```
void tuwas( str x)
    {
    }

void main()
    {
    str s( "test1");
    tuwas( s);
    }
```

Das Programm stürzt ab. Warum ist das so? Mit der Anweisung

```
str s( "test1")
```

erzeugen wir ein Objekt, das wie folgt aufgebaut ist:

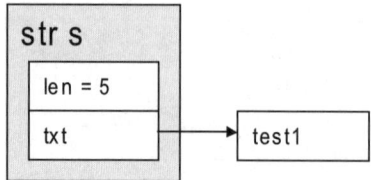

Zum Funktionsaufruf wird nun eine identische Kopie dieses Objekts erzeugt und an die Funktion übergeben. Das sieht dann so aus:

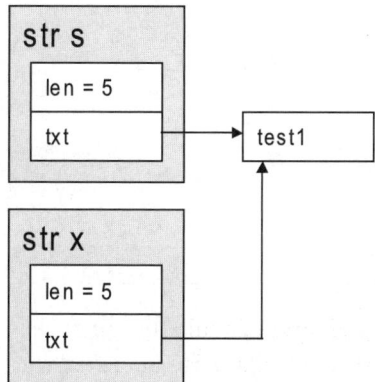

Beachten Sie, dass nur das eigentliche Objekt dupliziert wird, da das Laufzeitsystem nicht entscheiden kann, ob der Textbuffer nur ein Anhängsel des Objekts oder ein eigenständiges Objekt mit eigener Lebensdauer ist. Jetzt ist klar, was passiert: Beim Verlassen der Funktion tuwas wird das Parameterobjekt wieder beseitigt. Dazu wird sein Destruktor gerufen. Dieser beseitigt den anhängenden Textbuffer. Nach der Rückkehr aus der Funktion ergibt sich damit das folgende Ergebnis:

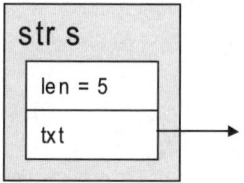

Damit ist unser Ursprungsobjekt korrupt. Der interne Zeiger verweist auf Speicher, der längst freigegeben ist. Zum Programmende, wenn das Objekt s wieder beseitigt wird, kommt es zum unvermeidlichen Programmabsturz.[18] Vermeiden können wir diesen Programmabsturz, indem wir festlegen, dass beim Kopieren eines Objekts vom Typ str der anhängende Textbuffer mitkopiert werden muss. Dazu verwenden wir einen sogenannten **Copy-Konstruktor**. Der Copy-Konstruktor ist ein Konstruktor, der als Parameter eine konstante Referenz auf die Klasse erhält, zu der er gehört. In unserem Beispiel hat er also die folgende Schnittstelle:

```
str( const str& s);
```

Der Copy-Konstruktor hat dann die Aufgabe, eine »saubere« Kopie des Originals zu erstellen. Wir erweitern daher unser Beispiel in der folgenden Weise:

---

18. Der Fehler würde übrigens nicht auftreten, wenn wir anstelle des Objekts nur einen Zeiger auf das Objekt übergeben würden.

```
class str
    {
    private:
        int len;
        char *txt;
    public:
        str( char *t);
        str( const str& s);
        ~str();
    };
str::str( const str& s)
    {
    len = s.len;
    txt = (char *)malloc( len+1);
    strcpy( txt, s.txt);
    }
```

Jetzt wird an der Funktionsschnittstelle eine korrekte Kopie erzeugt, und das Programm stürzt nicht mehr ab:

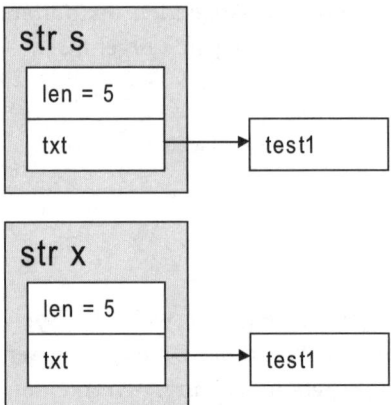

Mit dem gleichen Problem sind wir konfrontiert, wenn wir versuchen, einen String einem anderen zuzuweisen. Auch das folgende Programm stürzt trotz des soeben implementierten Copy-Konstruktors ab:

```
void main()
    {
    str s( "test1");
    str t( "test2");

    t = s;
    }
```

Das liegt daran, dass bei einer Zuweisung nicht der Copy-Konstruktor verwendet wird. Um das Problem auch in dieser Situation zu lösen, müssen wir eine überladene Version des Zuweisungsoperators (=) bereitstellen:

```
class str
    {
    private:
        int len;
        char *txt;
    public:
        str( char *t);
        str( const str& s);
        ~str();
        str& operator=( str s);
    };

str& str::operator=( str s)
    {
    free( txt);
    len = s.len;
    txt = (char *)malloc( len+1);
    strcpy( txt, s.txt);
    return *this;
    }
```

Dieser überladene Operator macht im Prinzip das Gleiche wie der Copy-Konstruktor. Er sorgt dafür, dass eine saubere Kopie mit eigenem Textbuffer entsteht. Der alte Textbuffer, der ja in unserem Beispiel bei einem instantiierten Objekt immer vorhanden ist, wird zuvor freigegeben.

Als Konsequenz dieser Betrachtungen sollten Sie es sich zur Regel machen, Klassen immer mit Copy-Konstruktor und überladenem Zuweisungsoperator auszustatten, wenn eine einfache Bit-Kopie kein in sich konsistentes Objekt erzeugt. Man kann ja nie vorhersehen, wie eine Klasse zukünftig verwendet wird.

22.6.4 Instantiierung von Objekten

Es gibt unterschiedliche Methoden, ein Objekt zu instantiieren. Um uns einen Überblick zu verschaffen, betrachten wir noch einmal die Klasse string mit folgenden Konstruktoren:

```
class string
    {
    private:
        ...
```

```
    public:
        string();                       // 1.Konstruktor
        string( char *t);               // 2.Konstruktor
        string( int x);                 // 3.Konstruktor
        string( const string &s);       // Copy-Konstruktor
    };
```

Der erste Konstruktor erzeugt einen leeren String. Der zweite Konstruktor erzeugt einen String aus einer 0-terminierten Zeichenkette, indem er einen Buffer allokiert und die Zeichenkette in den Buffer kopiert. Der dritte Konstruktor erzeugt einen String aus einer Zahl, indem er einen Buffer allokiert und die Zahl mit sprintf als Zeichenkette in den Buffer schreibt.[19]

Der Copy-Konstruktor ist aus dem vorherigen Abschnitt bekannt.

Zunächst einmal können wir mit den Konstruktoren in folgender Weise Objekte instantiieren:

```
    string s1;                  // Verwendet den 1.Konstruktor
    string s2( "Test");         // Verwendet den 2.Konstruktor
    string s3( 123);            // Verwendet den 3.Konstruktor
```

Es gibt noch weitere Formen der Instantiierung:

```
    string s4 = "Test";         // Verwendet den 2.Konstruktor
    string s5 = 123;            // Verwendet den 3.Konstruktor
```

Der Compiler erkennt, dass er hier den zweiten bzw. dritten Konstruktor verwenden kann, um aus dem Datentyp der rechten Seite (char * bzw. int) den Typ der linken Seite (string) zu erzeugen.[20]

Man kann ein Objekt auch durch den expliziten Aufruf eines Konstruktors

```
    string s6 = string();       // Verwendet den 1.Konstruktor
    string s7 = string( "Test"); // Verwendet den 2.Konstruktor
    string s8 = string( 123);   // Verwendet den 3.Konstruktor
```

oder durch Zuweisung eines bereits konstruierten Objekts instantiieren:

```
    string s9 = s8;             // Verwendet den Copy-Konstruktor
```

---

19. Wir haben diesen Konstruktor in den voraufgegangenen Beispielen nicht implementiert. Aber das ist nicht schwer.
20. Durch einen Konstruktor kann man also eine implizite Typumwandlung ermöglichen. Durch Überladen des Cast-Operators kann man auch explizite Typumwandlungen durchführen.

Schließlich besteht auch noch die Möglichkeit der Instantiierung durch den Aufruf einer Funktion, die ein Objekt der entsprechenden Klasse als Returnwert hat:

```
string funktion()
    {
    return string( "Test");
    }

main()
    {
    string s10 = funktion();
    }
```

Um Objekte dynamisch zu instantiieren, müssen wir bei der Verwendung des new-Operators zu einem Konstruktor passende Parameter übergeben:

```
string *s11 = new string;        // Verwendet den
                                 // 1.Konstruktor
string *s12 = new string( "Test"); // Verwendet den
                                 // 2.Konstruktor
string *s13 = new string( 123);   // Verwendet den
                                 // 3.Konstruktor

...

delete s11;
delete s12;
delete s13;
```

Arrays von Objekten können in der folgenden Weise angelegt werden:

```
string s14[10];          // Verwendet 10 mal den  1.Konstruktor
```

Für diese Art der Instantiierung muss ein parameterloser Konstruktor existieren. Die Objekte im Array werden dann einheitlich über diesen Konstruktor in aufsteigender Reihenfolge instantiiert.

Die Objekte eines Arrays können auch durch expliziten Konstruktoraufruf instantiiert werden:

```
string s15[3] = { string(), string( "Test"), string( 123)};
                    // Verwendet 1. 2. und 3.Konstruktor
```

Da in den beiden letzten Fällen Konvertierungen über Konstruktoren bekannt sind, müssen die Konstruktoren nicht explizit gerufen werden:

```
string s16[3] = { string(), "Test", 123};
                    // Verwendet 1. 2. und 3.Konstruktor
```

Dynamisch werden Arrays über den new-Operator angelegt:

```
string *s17 = new string[10];
                    // Verwendet 10 mal den 1.Konstruktor
```

Auch hier wird der erste Konstruktor in aufsteigender Reihenfolge für alle Objekte im Array gerufen. Eine Initialisierung wie bei statischen Arrays ist in diesem Fall nicht möglich.

Es besteht die Möglichkeit, durch trickreiche Verfahren, die über globale Variablen gesteuert werden, Arrays individuell zu initialisieren. Solche Verfahren enthalten jedoch Seiteneffekte und sollten nicht verwendet werden. Üblicherweise initialisiert man alle Elemente in gleicher Weise durch einen parameterlosen Konstruktor und nimmt anschließend in einer Verarbeitungsschleife eine individuelle Initialisierung vor.

22.6.5 Implizite und explizite Verwendung von Konstruktoren

Objekte werden immer unter Verwendung von Konstruktoren instantiiert. Zur Konkretisierung dessen, was wir bereits im letzten Abschnitt kennengelernt haben, sehen wir uns ein Beispiel an. Wir erstellen dazu eine Klasse, die intern einen int-Wert verwaltet und einen Konstruktor hat, der diesen Wert initialisiert:

```
class xxx
    {
    private:
        int wert;
    public:
        xxx( int a){ wert = a;}
    };
```

Wir wissen aus dem letzten Abschnitt, dass wir jetzt in der folgenden Weise Instanzen der Klasse erzeugen können:

```
xxx x1(5);
xxx x2 = 7;
```

Die erste Art der Instantiierung nennen wir **explizite Instantiierung**, da wir hier den Konstruktor explizit aufrufen. Die zweite Art nennen wir **implizite Instantiierung**, weil wir hier darauf vertrauen, dass der Compiler einen geeigneten Konstruktor findet, an den er den übergebenen Wert implizit weiterreichen kann. Diese Art der Instantiierung funktioniert natürlich nur für Konstruktoren mit genau einem Pflicht-Parameter. Der Typ des Parameters muss dabei nicht unbedingt einer der Grunddatentypen sein, es kann sich zum Beispiel auch um eine selbst erstellte Klasse handeln. Der Typ muss auch nicht exakt passen, der Compiler muss nur eine implizite Konvertierung durchführen können.

Wenn man nicht wünscht, dass ein Konstruktor implizit verwendet wird, kann man ihm das Schlüsselwort `explicit` voranstellen:

```cpp
class xxx
    {
    public:
        int wert;
        explicit xxx( int a){ wert = a;}
    };
```

Eine explizite Verwendung des Konstruktors ist dann nach wie vor möglich, während der Compiler eine implizite Verwendung unterbindet:

```cpp
xxx x1(5);
xxx x2 = 7; // Fehler!
```

Man kann die Grunddatentypen übrigens auch explizit instantiieren. Zum Beispiel:

```cpp
int i = int(7);
```

Ich habe das nur nie gemacht, weil die implizite Notation für Grunddatentypen kürzer und besser verständlich ist als die explizite Notation.

22.6.6 Initialisierung eingelagerter Objekte

Klassen sind im Rahmen ihrer Konstruktion dazu verpflichtet, alle als Daten-Member eingelagerten Objekte zu initialisieren. Haben die eingelagerten Objekte keine eigens erstellten Konstruktoren, so ist zu ihrer Initialisierung nichts Besonderes zu tun, da die Initialisierung mit dem Default-Konstruktor ohne besonderen Aufruf geschieht. Hat eine eingelagerte Klasse aber einen oder mehrer Konstruktoren, so muss einer dieser Konstruktoren über eine geeignete Parametrierung angestoßen werden. Wir machen dazu ein Beispiel. Die Klassen aaa und bbb

```cpp
class aaa
    {
    public:
        aaa( int x, int y);    // 1. Konstruktor von aaa
        aaa( double d);        // 2. Konstruktor von aaa
    };
```

```
class bbb
    {
public:
    bbb( char c);          // 1. Konstruktor von bbb
    bbb();                 // 2. Konstruktor von bbb
    }
```

dienen nur dazu, in einer weiteren Klasse xxx eingelagert zu werden. Sie haben jeweils zwei Konstruktoren, deren Implementierung uns hier nicht interessiert.

Die Klasse xxx enthält Objekte der Klassen aaa und bbb als Daten-Member und darüber hinaus mehrere Konstruktoren, an denen wir unterschiedliche Szenarien zur Initialisierung studieren wollen:

```
class xxx
    {
private:
    aaa eingelagert_a;
    bbb eingelagert_b;
public:
    xxx( double x, char a);
    xxx( int m, int n);
    xxx( int z);
    xxx( double d, char a, char *t, int z = 0);
    }
```

Die eingelagerten Klassen werden initialisiert, indem geeignete Parameter an ihre Konstruktoren weitergeleitet werden. Zur Identifikation der eingelagerten Klassen dient deren Member-Name. Konkret sieht das zum Beispiel wie folgt aus:

```
xxx::xxx( double x, char y) : eingelagert_a( x),
                                          eingelagert_b( y)
    {
    ... Initialisierung von xxx
    }
```

Entsprechend der Parametersignatur werden dann geeignete Konstruktoren zur Initialisierung der eingelagerten Klassen aufgerufen. Der Aufruf erfolgt dabei vor dem Eintritt in den Konstruktor der umschließenden Klasse, sodass man davon ausgehen kann, dass die eingelagerten Objekte im Inneren des eigentlichen Konstruktors bereits initialisiert sind und verwendet werden können.

Da es in unserem Beispiel für die Klasse bbb einen parameterlosen Konstruktor gibt, kann auf eine explizite Initialisierung von `eingelagert_b` verzichtet werden:

```
xxx::xxx( int m, int n) : eingelagert_a( m, n)
    {
    ... Initialisierung von xxx
    }
```

Die zur Initialisierung der eingelagerten Klassen verwendeten Parameter müssen nicht von außen kommen, sie können auch im Konstruktor erzeugt oder berechnet werden:

```
xxx::xxx( int z) : eingelagert_a( z+1, 17), eingelagert_b( 'a')
    {
    ... Initialisierung von xxx
    }
```

Nicht alle Parameter müssen zur Initialisierung der eingelagerten Klassen dienen. Gewisse können auch im Konstruktor selbst konsumiert werden. Darüber hinaus ist die Verwendung von Default-Argumenten möglich:

```
xxx::xxx( double d, char a, char *t, int z = 0) :
                      eingelagert_a( d), eingelagert_b( a)
    {
    ... Verwendung von d, a, t, und z
    }
```

Die Initialisierung der eingelagerten Objekte erfolgt, unabhängig von der Reihenfolge der Aufrufe im Konstruktor, in der Reihenfolge, in der die Objekte in der Klasse angelegt sind.

Eingelagerte Arrays von Klassen spielen insofern eine Sonderrolle, da Sie nur angelegt werden können, wenn sie keinen oder einen parameterlosen Konstruktor haben. Die Array-Elemente werden dann in aufsteigender Reihenfolge initialisiert. Ein gesonderter Aufruf eines speziellen Konstruktors für die einzelnen Array-Elemente ist dabei nicht möglich. Alle Elemente werden einheitlich durch den parameterlosen Konstruktor initialisiert. Individuelle Initialisierungen müssen später durchgeführt werden:

```
class xxx
    {
    private:
        bbb array[100];
        aaa eingelagert_a;
```

```
        bbb eingelagert_b;
    public:
        xxx( double x, char a);
    };


xxx::xxx( double x, char y) : eingelagert_a( x), eingelagert_b( y)
    {
    int i;

    for( i = 0; i < 100; i++
        {
        ... Weitere Initialisierung von array[i]
        }
    }
```

22.6.7 Initialisierung von Basisklassen

Klassen sind im Rahmen ihrer Konstruktion auch dazu verpflichtet, ihre Basisklassen zu initialisieren. Auch hier werden, ähnlich wie bei eingelagerten Objekten, geeignete Parameter aus dem Konstruktor eines Objekts an geeignete Konstruktoren der Basisklassen weitergeleitet. Wir machen auch hier ein Beispiel.[21]

Die Klassen aaa und bbb

```
class aaa
    {
    public:
        aaa( int x, int y);       // 1. Konstruktor von aaa
        aaa( double d);           // 2. Konstruktor von aaa
    };

class bbb
    {
    public:
        bbb( char c);             // 1. Konstruktor von bbb
        bbb();                    // 2. Konstruktor von bbb
    }
```

dienen als Basisklassen der Klasse xxx:

---

21. Die folgenden Erklärungen sind nahezu wortgleich mit den Erklärungen des vorigen Abschnitts.

```
class xxx : public aaa, public bbb
    {
    public:
        xxx( double x, char a);
        xxx( int m, int n);
        xxx( int z);
        xxx( double d, char a, char *t, int z = 0);
    }
```

Die Basisklassen werden initialisiert, indem geeignete Parameter an ihre Konstruktoren weitergeleitet werden. Zur Identifikation der Basisklassen dient deren Klassenname. Konkret sieht das zum Beispiel wie folgt aus:

```
xxx::xxx( double x, char y) : aaa( x), bbb( y)
    {
    ... Initialisierung von xxx
    }
```

Entsprechend der Parametersignatur werden dann geeignete Konstruktoren zur Initialisierung der Basisklassen aufgerufen. Der Aufruf erfolgt dabei vor dem Eintritt in den Konstruktor der umschließenden Klasse, sodass man davon ausgehen kann, dass die Basisklassen im Inneren des eigentlichen Konstruktors bereits initialisiert sind und verwendet werden können.

Da es in unserem Beispiel für die Klasse bbb einen parameterlosen Konstruktor gibt, kann auf eine explizite Initialisierung von bbb verzichtet werden:

```
xxx::xxx( int m, int n) : aaa( m, n)
    {
    ... Initialisierung von xxx
    }
```

Die zur Initialisierung der Basisklassen verwendeten Parameter müssen nicht von außen kommen, sie können auch im Konstruktor erzeugt oder berechnet werden:

```
xxx::xxx( int z) : aaa( z+1, 17), bbb( 'a')
    {
    ... Initialisierung von xxx
    }
```

Nicht alle Parameter müssen zur Initialisierung der Basisklassen dienen. Gewisse Parameter können auch im Konstruktor der Klasse selbst konsumiert werden. Darüber hinaus ist die Verwendung von Default-Argumenten möglich:

```
xxx::xxx( double d, char a, char *t, int z = 0) : aaa( d), bbb( a)
    {
    ... Verwendung von d, a, t, und z
    }
```

Die Initialisierung der Basisklassen erfolgt, unabhängig von der Reihenfolge der Aufrufe im Konstruktor, in der Reihenfolge, in der die Basisklassen in der Klassendeklaration genannt wurden.

Natürlich können die Initialisierungen für Basisklassen und eingelagerte Klassen parallel verwendet werden. Konflikte können dabei nicht auftreten, da zur Identifikation der Basisklassen deren Klassenname und zur Identifikation von eingelagerten Klassen deren Member-Name verwendet wird. Unabhängig von der Reihenfolge der Aufrufe im Konstruktor werden Basisklassen immer vor allen eingelagerten Objekten initialisiert.

22.6.8 Initialisierung virtueller Basisklassen

Virtuelle Basisklassen spielen eine Sonderrolle, da sie nur einmal in der Ahnengalerie eines Objektes vorkommen und auch nur einmal initialisiert werden dürfen. Die virtuelle Basis wird daher nur an der zuletzt abgeleiteten Klasse initialisiert. Alle vorherigen Initialisierungen in der Vererbungshierarchie werden ignoriert.

Wir machen dazu ein Beispiel. Zunächst legen wir eine Klasse vvv an, die als virtuelle Basisklasse aller folgenden Klasse dient:

```
class vvv
    {
    public:
        vvv( char *s) { cout << "vvv initialisiert durch "
                                            << s << "\n";}
    };
```

Diese Klasse hat lediglich einen Konstruktor, in dem sie ausgibt, von wem sie initialisiert wurde.

Im nächsten Schritt erstellen wir zwei Klassen aaa und bbb, die zzz als virtuelle Basisklasse verwenden:

```
class aaa : public virtual vvv
    {
    public:
        aaa() : vvv( "aaa") { cout << "Konstruktor von aaa\n";}
    };
```

```
class bbb : public virtual vvv
    {
    public:
        bbb() : vvv( "bbb") { cout << "Konstruktor von bbb\n";}
    };
```

Beide Klassen initialisieren ihre virtuelle Basisklasse vvv unter Nennung ihres Namens.

Jetzt wird noch eine Klasse ccc von aaa und bbb abgeleitet:

```
class ccc : public aaa, public bbb
    {
    public:
        ccc() : vvv( "ccc") { cout << "Konstruktor von ccc\n";}
    };
```

Diese Klasse muss im Konstruktor noch einmal vvv initialisieren. Die Basisklassen aaa und bbb müssen nicht explizit initialisiert werden, da diese Klassen ja über parameterlose Konstruktoren verfügen.

Wenn wir jetzt im Hauptprogramm die Klassen aaa, bbb und ccc instantiieren

```
void main()
    {
    aaa a;
    cout << '\n';
    bbb b;
    cout << '\n';
    ccc c;
    }
```

so erhalten wir die folgende Ausgabe:

```
vvv initialisiert durch aaa
Konstruktor von aaa

vvv initialisiert durch bbb
Konstruktor von bbb

vvv initialisiert durch ccc
Konstruktor von aaa
Konstruktor von bbb
Konstruktor von ccc
```

Sie sehen, dass die virtuelle Basisklasse immer nur einmal durch die letzte abgeleitete Klasse initialisiert wird. Insbesondere finden bei der Instantiierung der Klasse ccc keine Initialisierungen der Klasse vvv durch aaa oder bbb statt, obwohl die Konstruktoren von aaa und bbb aktiviert werden.

Virtuelle Basisklassen werden vor allen nicht virtuellen Basisklassen initialisiert. Die Initialisierung erfolgt dabei ausgehend von der zu instantiierenden Klasse in einer Tiefensuche im »Netzwerk der Vorfahren« einer Klasse, wobei die Verbindungen zu den Basisklassen in der Reihenfolge ihrer Nennung in der jeweiligen Klassendeklaration abgesucht werden.

22.6.9 Instantiierungsregeln

Mit der Instantiierung eines Objekts tritt man unter Umständen eine Lawine von Initialisierungen los, die in einer ganz bestimmten Reihenfolge durchgeführt werden, um alle mit diesem Objekt durch Aggregation oder Vererbung in Beziehung stehenden Objekt ebenfalls korrekt zu instantiieren. Die Reihenfolge, in der die Konstruktoren der betroffenen Objekte aufgerufen werden, ergibt sich dabei aus ganz bestimmten Regeln. Diese Regeln wollen wir in diesem Abschnitt noch einmal zusammenstellen.

Regel 1

▶ Wer ein Objekt instantiiert, ist für dessen korrekte Initialisierung zuständig. Zur Initialisierung eines Objekts wird ein Konstruktor der zugehörigen Klasse gerufen. Für Objekte, die keinen explizit erstellten Konstruktor haben, wird ein parameterloser Default-Konstruktor erstellt.

▶ Bei der Beseitigung des Objekts wird der Destruktor der zugehörigen Klasse gerufen, sofern ein solcher explizit erstellt wurde.

Regel 2

▶ Ein Objekt wird in der Regel mit konkreten Parameterwerten initialisiert. Anhand der zur Initialisierung verwendeten Parameter wird ein Konstruktor mit passender Parametersignatur ausgewählt. In die Parametersignatur gehen nur Parameter ohne Default-Werte ein. Ein Objekt kann nur dann ohne Angabe von Parametern initialisiert werden, wenn es keinen oder einen explizit erstellten parameterlosen Konstruktor hat.

▶ Destruktoren haben keine Parameter.

Regel 3

▶ Eine abgeleitete Klasse ist für die Initialisierung ihrer Basisklasse zuständig. Der Konstruktor der abgeleiteten Klasse reicht dazu alle erforderlichen Parameter an den Konstruktor der Basisklasse weiter. Auf eine explizite Initialisierung der Basisklasse kann nur verzichtet werden, wenn die Basisklasse keinen oder einen explizit erstellten parameterlosen Konstruktor hat.

Regel 4

▶ Bei der Instantiierung eines Objekts einer abgeleiteten Klasse kommt der Konstruktor der Basisklasse vor dem Konstruktor der abgeleiteten Klasse zur Ausführung.

▶ Bei der Destruktion ist der Vorgang genau umgekehrt.

Regel 5

▶ Bei Mehrfachvererbung werden die Konstruktoren für die Basisklassen in der Reihenfolge ihres Vorkommens in der Deklaration der abgeleiteten Klasse aufgerufen.

▶ Bei der Destruktion ist der Vorgang genau umgekehrt.

Regel 6

▶ Bei wiederholter Vererbung wird eine mehrfach vorhandene Basisklasse entsprechend der Häufigkeit ihres Vorkommens über ihre abgeleiteten Klassen initialisiert.

▶ Bei der Destruktion ist der Vorgang genau umgekehrt.

Regel 7

▶ Virtuelle Basisklassen werden, sofern eine explizite Initialisierung erforderlich ist, von der letzten abgeleiteten Klasse einmalig initialisiert. Weitere bei den Vorfahren gegebenenfalls vorhandene Initialisierungen werden nicht ausgeführt.

Regel 8

▶ Virtuelle Basisklassen werden vor allen nicht virtuellen Basisklassen initialisiert. Die Initialisierung erfolgt dabei ausgehend von der zu instantiierenden Klasse in einer Tiefensuche im »Netzwerk der Vorfahren«, wobei die Verbindungen zu den Basisklassen in der Reihenfolge ihrer Nennung in der jeweiligen Klassendeklaration abgesucht werden.

▶ Bei der Destruktion ist der Vorgang genau umgekehrt.

Regel 9

▶ Objekte sind für die Initialisierung ihrer eingelagerten Objekte zuständig. Sie reichen dazu im Konstruktor entsprechende Initialisierungsparameter an das eingelagerte Objekt weiter. Auf die explizite Initialisierung eines eingelagerten Objekts kann nur verzichtet werden, wenn die Klasse des eingelagerten Objekts keinen oder einen explizit erstellten parameterlosen Konstruktor hat.

Regel 10

▶ Eingelagerte Objekte werden nach den Objekten in der Vererbungshierarchie (Basisklassen, virtuelle Basisklassen), aber vor ihrer umschließenden Klasse initialisiert.

▶ Bei der Destruktion ist der Vorgang genau umgekehrt.

Regel 11

▶ Verschiedene eingelagerte Objekte einer Klasse werden in der Reihenfolge ihres Vorkommens in der Klassendeklaration initialisiert.

▶ Bei der Destruktion ist der Vorgang genau umgekehrt.

Regel 12

▶ Arrays von Objekten können nur erstellt werden, wenn die Objekte nicht explizit initialisiert werden müssen. Arrays von eingelagerten Objekten werden wie gewöhnliche eingelagerte Objekte initialisiert. Innerhalb des Arrays werden die Objekte nach aufsteigenden Indices initialisiert.

▶ Bei der Destruktion ist der Vorgang genau umgekehrt.

Sie sehen, dass es bei einer komplexen Klassenhierarchie schon einer eingehenden Analyse bedarf, um zu erkennen, in welcher Reihenfolge die Initialisierung von Objekten erfolgt. Um so wichtiger ist die Forderung nach überschaubaren Konstruktoren und Destruktoren, die frei von Seiteneffekten sind.

22.7 Pointer to Member

Manchmal erreichen die Informationen über ein Objekt und ein Member eine Funktion auf verschiedenem Wege. In solchen Fällen muss man in der Lage sein, das separat gelieferte Member wieder an das Objekt zu binden.

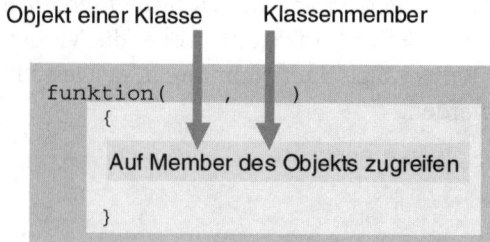

Member kann dabei eine Funktion sein, die auf dem Objekt ausgeführt werden soll. Aber auch ein Daten-Member, auf das zugegriffen werden soll, ist hier denkbar. Wir wollen diese Art des Zugriffs anhand eines Beispiels kennen lernen. Dazu erstellen wir zunächst eine Klasse Punkt

```
class punkt
   {
   private:
      int x;
      int y;
   public:
      punkt( int xx, int yy) {x = xx; y = yy;}
      int get_x() {return x;}
      int get_y() {return y;}
      void show() {cout << '(' << x << ',' << y << ')' << '\n';}
   }
```

und stellen uns dann die Aufgabe, einen Array von Punkten wahlweise nach der
x-bzw. der y-Koordinate zu sortieren. Zur Sortierung verwenden wir der Einfachheit halber bubblesort aus Abschnitt 12.1. An der Schnittstelle übergeben wir
die Anzahl der zu sortierenden Punkte (anzahl), einen Zeiger auf den Array mit
den zu sortierenden Punkten (daten) und einen Zeiger auf eine Member-Funktion der Klasse punkt (koordinate), die ohne Parameter aufgerufen wird und
einen int-Wert liefert. Diese Member-Funktion kann get_x oder get_y sein
und je nachdem, welche der beiden Funktionen wir an bubblesort übergeben,
werden x- bzw. y-Koordinaten verglichen und somit nach x bzw. y-Koordinaten
sortiert:

```
void bubblesort( int anzahl, punkt *daten[],
                               int (punkt::*koordinate)())
   {
   int i, j;
   punkt *t;

   for( i = anzahl-1; i > 0; i--)
      {
      for( j = 0; j < i; j++)
         {
         if( (daten[j]->*koordinate)() >
                              (daten[j+1]->*koordinate)())
            {
            t = daten[j];
            daten[j] = daten[j+1];
            daten[j+1] = t;
            }
         }
      }
   }
```

Bubblesort nimmt im letzten Parameter einen Zeiger auf die Member-Funktion entgegen, ohne zu wissen, ob es sich um die Funktion zur Bestimmung der x- oder y-Koordinate handelt und ruft diese Methode immer dann, wenn ein Koordinatenwert zum Größenvergleich benötigt wird. Bubblesort kann damit seine Sortieraufgabe »neutral« durchführen.

Beim Aufruf muss die Methode allerdings noch mit dem Pointer-to-Member-Operator an ein konkretes Objekt gebunden werden. Dazu gibt es in C++ zwei Möglichkeiten.

Verfügen wir über das Objekt selbst, so benutzen wir den .* Operator:

```
objekt.*pointer_to_member
```

Halten wir nur einen Zeiger auf das Objekt in Händen, so müssen wir statt dessen den ->* Operator verwenden:

```
pointer_to_object->*pointer_to_member
```

Letzteres entspricht dann erwartungsgemäß:

```
(*pointer_to_object).*pointer_to_member
```

In unserem Beispiel sind die Elemente des Arrays Zeiger auf Punkte. Wir müssen also schreiben:

```
daten[i]->*koordinate
```

Dies ist dann die gewünschte Member-Funktion, die wir natürlich noch aufrufen müssen:

```
(daten[i]->*koordinate)()
```

Durch diese Anweisung wird die als Parameter übergebene Methode (get_x oder get_y) am Objekt daten[i] zur Ausführung gebracht und wir erhalten je nach Funktion die x- oder y-Koordinate des entsprechenden Punktes.

Mit einem kleinen Testrahmen testen wir das Sortierprogramm:

```
void main()
    {
    int i;

    punkt *array[5];
```

```
    array[0] = new punkt( 1, 5);
    array[1] = new punkt( 3, 3);
    array[2] = new punkt( 2, 1);
    array[3] = new punkt( 5, 4);
    array[4] = new punkt( 4, 2);

    cout << "Unsortiert:\n";
    for( i= 0; i < 5; i++)
        array[i]->show();
    bubblesort( 5, array, punkt::get_x);
    cout << "\nSortiert nach x-Koordinate:\n";
    for( i= 0; i < 5; i++)
        array[i]->show();
    bubblesort( 5, array, punkt::get_y);
    cout << "\nSortiert nach y-Koordinate:\n";
    for( i= 0; i < 5; i++)
        array[i]->show();

    for( i= 0; i < 5; i++)
        delete array[i];
}
```

Wir legen einen Array mit 5 Zeigern auf Punkte an, die wir mit unterschiedlichen Koordinatenwerten instantiieren. Dreimal geben wir den Array mit allen Punkten aus, wobei wir zwischendurch einmal nach der x- und einmal nach der y-Koordinate sortieren lassen.

Als Ausgabe erhalten wir drei Listen, die den Array unsortiert, sortiert nach x-Koordinaten und sortiert nach y-Koordinaten zeigen:

```
Unsortiert:
(1,5)
(3,3)
(2,1)
(5,4)
(4,2)

Sortiert nach x-Koordinate:
(1,5)
(2,1)
(3,3)
(4,2)
(5,4)
```

```
Sortiert nach y-Koordinate:
(2,1)
(4,2)
(3,3)
(5,4)
(1,5)
```

22.8   Generische Klassen (Templates)

Zur Modellierung generischer Klassen gibt es in C++ das Konzept der Templates:

> Eine **generische Klasse** ist eine Schablone (Template), mit deren Hilfe »echte«
> Klassen erzeugt werden können. Die generische Klasse hat formale Parameter,
> die als Platzhalter für die in die Schablone einzusetzenden Daten stehen.
> Durch einen Generierungsprozess wird aus der Schablone eine »echte« Klasse
> erzeugt. Dabei werden die formalen Parameter durch die konkreten bei der
> Generierung übergebenen Daten ersetzt.

Eine generische Klasse ist also gar keine Klasse im strengen Sinn, sondern nur
eine leere Hülse, der erst durch einen Generierungsprozess Leben eingehaucht
wird. Als Beispiel wollen wir einen Stack als generische Klasse erstellen, wobei
wir es offen lassen wollen, zu welcher Klasse die im Stack zu speichernden Objekte gehören. Erst durch den in der folgenden Grafik schematisiert dargestellten
Generierungsprozess entsteht dann aus dem Template eine funktionierende
Klasse – ein »Stack für Punkte«:

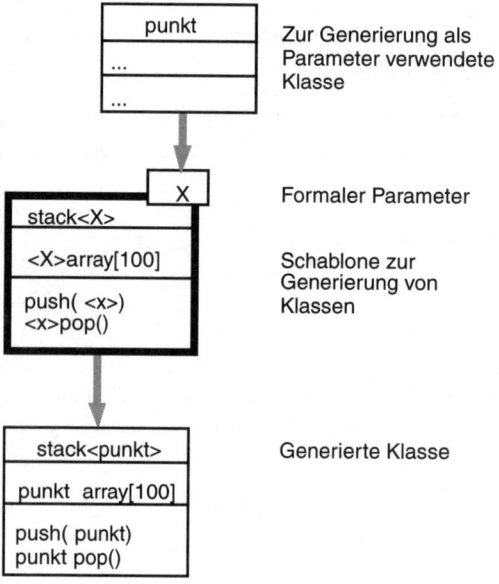

970

Durch Generierung mit anderen Parametern können dann Stacks zur Speicherung anderer Objekte erstellt werden, wobei immer auf die zentralen Deklarationen in der Schablone zurückgegriffen wird.

Als Beispiel betrachten wir zunächst eine »echte« Klasse, die einen Stack über der Klasse punkt implementiert:

```
class punkt_stack
    {
    private:
      punkt stck[100];
      int top;
    public:
      stack() {top = 0;}
      int push( punkt elm);
      punkt pop();
      int isempty() { return top == 0;}
    };

int punkt_stack::push(punkt elm)
    {
    if( top < 100)
        {
        stck[top] = elm;
        top++;
        return 1;
        }
    return 0;
    }

punkt punkt_stack::pop()
    {
    if( top > 0)
        top--;
    return stck[top];
    }
```

Diese Klasse implementiert einen Stack, auf dem wir mit push- und pop-Operationen bis zu 100 Punkte verwalten können. Wünschenswert wäre es, sowohl die Klasse (hier punkt), auf der der Stack aufbaut, als auch die Maximalzahl der Elemente (hier 100) konfigurierbar zu haben. Natürlich könnten wir immer, wenn wir einen neuen Stack benötigen, der auf einer anderen Klasse als punkt aufbaut oder eine andere Maximalzahl haben soll, diese Klasse nehmen, den Code duplizieren, den Namen der Klasse ändern und die Klasse punkt und die Maximalzahl

100 durch andere Werte ersetzen. Genau dies erreichen wir, ohne die Fehler-
trächtigkeit eines manuellen Kopier- und Änderungsprozesses, durch Verwendung eines Templates:

```cpp
template<class T, int SIZE> class stack
    {
    private:
      T stck[SIZE];
      int top;
    public:
      stack() {top = 0;}
      int push( T elm);
      T pop();
      int isempty() { return top == 0;}
    };

template<class T, int SIZE> int stack<T,SIZE>::push(T elm)
    {
    if( top < SIZE)
        {
        stck[top] = elm;
        top++;
        return 1;
        }
    return 0;
    }

template<class T, int SIZE> T stack<T,SIZE>::pop()
    {
    if( top > 0)
        top--;
    return stck[top];
    }
```

▲ **CD-ROM** P_22_8/genstck.h

Auch wenn Ihnen dieses Template auf den ersten Blick unverständlich erscheint,
so haben wir doch nichts anderes getan, als den Namen der Klasse punkt und die
Zahl 100 durch die Parameter T und SIZE auszudrücken, und über eine »Schnittstelle« nach außen bekannt zu machen. Überall, wo vorher punkt stand, steht
jetzt T, und überall, wo 100 stand, steht jetzt SIZE. Zusätzlich ist bei der Deklaration der Klasse und bei der Implementierung aller Member-Funktionen die
»Schnittstelle« in spitzen Klammern angegeben. Das zusätzlich erforderliche
Schlüsselwort template weist darauf hin, dass es sich hier nicht um fertigen

Code, sondern um eine Code-Schablone, also ein Template handelt. Templates sind vergleichbar mit Makros und werden wie Makros üblicherweise in Header-Dateien deklariert. Beachten Sie, dass mit der Deklaration eines Templates noch kein »wirklicher« Code entsteht. Echter Code entsteht erst, wenn wir aus dem Template für eine konkrete Klasse einen Stack generieren. Dazu erstellen wir eine Datei test.cpp, in der wir die Header-Datei mit der Template-Beschreibung includieren

```
# include "genstck.h"
```

▲ **CD-ROM** P_22_8/test.cpp

und dann im Hauptprogramm wie folgt fortfahren:[22]

```
punkt p;
int i;

stack<punkt,10> pstack;

for( i = 1; i <= 5; i++)
    {
    p.set( i, i);
    pstack.push( p);
    cout << "push: " << p << '\n';
    }
while( !pstack.isempty())
    {
    p = pstack.pop();
    cout << "pop:  " << p << '\n';
    }
```

▲ **CD-ROM** P_22_8/test.cpp

Mit der Anweisung

```
stack<punkt,10> pstack
```

instantiieren wir hier einen Stack für die Klasse punkt mit einer Kapazität von 10 Elementen, dem wir den Namen pstack geben. Anschließend legen wir in einer Schleife mit der Operation push fünf Punkte auf den Stack und holen sie anschließend mit pop wieder herunter. Durch die Ausgabeanweisungen in den beiden Schleifen ergibt sich dabei das folgende Bildschirmprotokoll:

---

22. Wir nehmen dabei an, dass die Implementierung der Klasse punkt aus früheren Abschnitten bekannt ist.

```
push:  (1,1)
push:  (2,2)
push:  (3,3)
push:  (4,4)
push:  (5,5)
pop:   (5,5)
pop:   (4,4)
pop:   (3,3)
pop:   (2,2)
pop:   (1,1)
```

Der aus dem Template erzeugte Stack arbeitet einwandfrei. Das Besondere ist nun, dass wir gleichzeitig zum Beispiel einen Stack für 20 int-Werte einrichten und benutzen können, indem wir das Template zusätzlich wie folgt verwenden:

```cpp
stack<int,20> istack;

for( i = 1; i <= 5; i++)
    {
    istack.push( i);
    cout << "push: " << i << '\n';
    }
while( !istack.isempty())
    {
    i = istack.pop();
    cout << "pop:  " << i << '\n';
    }
```

▲ CD-ROM P_22_8/test.cpp

Durch diesen Code ergibt sich dann die folgende Ausgabe:

```
push:  1
push:  2
push:  3
push:  4
push:  5
pop:   5
pop:   4
pop:   3
pop:   2
pop:   1
```

Bei der Definition von Templates muss mit besonderer Sorgfalt vorgegangen werden, da man ja zur Zeit der Erstellung des Templates noch nicht weiß, für welche Klassen der Generierungsprozess zukünftig verwendet wird. Insbesondere sollten Templates immer »aus sich heraus« funktionieren und keine Seiteneffekte (Benutzung globaler Variablen etc.) haben. Verwendet ein Template globale Variablen, so können sich verschiedene, aus dem gleichen Template generierte und in verschiedenen Kontexten verwendete Klassen gegenseitig beeinflussen, ohne dass der Zusammenhang unmittelbar sichtbar ist. Sie wissen inzwischen, wie heimtückisch solche Fehler sein können.

Die folgende Grafik veranschaulicht noch einmal den Prozess, mit dem aus dem Template die Implementierung der Klasse `stack<punkt,10>` gewonnen wird.

In das Template eingehende Parameter

```
class punkt
    {
    ...
    ...
    ...
    };
```

```
10
```

Deklaration des Templates im Headerfile

```
template<class T, int SIZE> class stack
    {
    private:
      T stck[SIZE];
      int top;
    public:
      stack() {top = 0;}
      int push( T elm);
      T pop();
      int isempty() { return top == 0;}
    };
```

Durch das Template mit den konkreten Parametern erzeugte Klasse

```
class stack<punkt,10>
    {
    private:
      punkt stck[10];
      int top;
    public:
      stack() {top = 0;}
      int push( punkt elm);
      punkt pop();
      int isempty() { return top == 0;}
    };
```

In ähnlicher Weise wird der Code für die Member-Funktionen gewonnen.

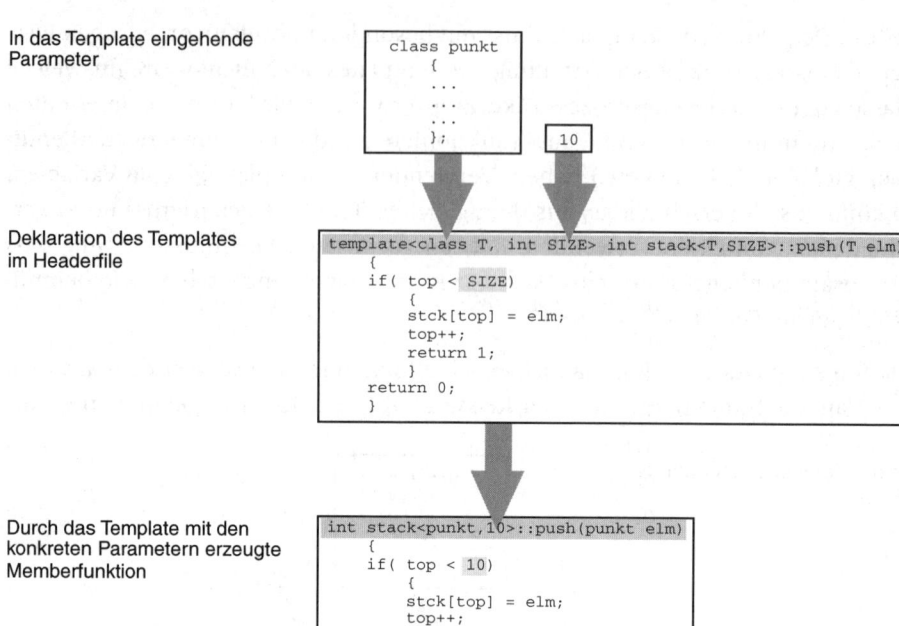

In das Template eingehende Parameter

```
class punkt
    {
    ...
    ...
    ...
    };          10
```

Deklaration des Templates im Headerfile

```
template<class T, int SIZE> int stack<T,SIZE>::push(T elm)
    {
    if( top < SIZE)
        {
        stck[top] = elm;
        top++;
        return 1;
        }
    return 0;
    }
```

Durch das Template mit den konkreten Parametern erzeugte Memberfunktion

```
int stack<punkt,10>::push(punkt elm)
    {
    if( top < 10)
        {
        stck[top] = elm;
        top++;
        return 1;
        }
    return 0;
    }
```

Beachten Sie dabei, dass bei jeder Verwendung des Templates für unterschiedliche Klassen neuer, eigenständiger Code erzeugt wird. Insofern besteht weiterhin das Problem der Codevervielfachung. Das ist aber jetzt nur noch ein Mengenproblem. Das viel gravierendere Konsistenzproblem, das man hat, wenn man Code manuell vervielfacht, ist jedenfalls beseitigt.[23]

22.9 Ausnahmefallbehandlung

Ein besonderes Problem bei der Erstellung von Softwaresystemen stellt die Behandlung von Ausnahme- und Fehlersituationen dar. Solche Sonderfälle lassen sich oft nur schwer in den regulären Code integrieren, da sie unerwartet an den unterschiedlichsten Stellen des Programms auftreten können und einer sofortigen Behandlung bedürfen. In der Regel weiß der Programmteil, in dem eine Ausnahme auftritt nicht, wie mit ihr umzugehen ist und kann nur hoffen, dass irgendwo in der Aufrufhierarchie jemand weiß, wie mit dieser Situation umzugehen ist. Versucht man in solchen Situationen den Fehler über Returncodes in der

---

23. Beachten Sie, dass bei der manuellen Vervielfachung von Code alle Fehler und Unzulänglichkeiten mit vervielfältigt werden. Bei der Fehlerbehebung und Wartung des vervielfachten Codes müssen dann alle Duplikate konsistent gehalten werden. Wer dieses Problem einmal in der Praxis erlebt hat, weiß die Qualität von Templates zu schätzen.

Aufrufhierarchie zurückzumelden, so wird man sehr schnell feststellen, dass der Code für selten auftretende Sonderfälle den eigentlichen Code überwuchert und unverständlich macht. Besonders schwierig gestaltet sich die transparente Einbindung von Bibliotheksfunktionen, da diese ja die Fehler durchleiten müssen. Wünschenswert wäre es, die Information über den Ausnahmefall an allen zwischengeschalteten Funktionen vorbei direkt an jemanden zu leiten, der sich als zuständig für die Behandlung solcher Fälle erklärt hat.

In Abschnitt 7.5.8 hatten wir bereits gesehen, wie man die Bearbeitung eines Ausnahmefalls in C realisieren konnte. Es gab dort die Funktionen `setjmp` und `longjmp`. Mit `setjmp` konnte man einen Wiederaufsetzpunkt im Code festlegen und mit `longjmp` konnte man aus einer beliebig tief geschachtelten Aufrufhierarchie direkt den Aufsetzpunkt anspringen. In C++ können wir dieses Verfahren nicht verwenden, da bei einem Longjump zwar der Stack zurückgefahren wird, aber nicht die Destruktoren zur Beseitigung der auf dem Stack liegenden Objekte aktiviert werden. Für C++ benötigen wir also ein erweitertes Konzept zur Behandlung von Ausnahmefällen.

Wir stellen uns vor, dass es in einem Programm zwei Ausnahmefälle zu behandeln gibt. Diesen weisen wir Nummern zu:

```
# define AUSNAHME1      1
# define AUSNAHME2      2
```

Eine Ausnahme wird über eine Klasse definiert. Diese Klasse enthält alle zur vollständigen Beschreibung der Ausnahme erforderlichen Daten. In unserem Falle soll das nur die Nummer der Ausnahme sein, die wir im privaten Daten-Member `reason` speichern:

```
class ausnahme
    {
    private:
        int reason;
    public:
        ausnahme( int r) { reason = r;}
        int get_reason() { return reason;}
    };
```

Zur Konstruktion wird die Nummer der Ausnahme mitgegeben, und über die Methode `get_reason` kann man den Grund für die Ausnahme wieder auslesen.

Jetzt bauen wir zu Testzwecken eine kleine Funktionshierarchie auf, in der eine Funktion `test1` eine Funktion `test2` und diese wiederum eine Funktion `test3` ruft. Der Parameter `i` dient nur zum Zählen der Funktionsaufrufe und wird innerhalb der Funktionshierarchie von Funktion zu Funktion weitergereicht:

```
void test1( int i)
    {
    cout << "Aufruf von test2(" << i << ")\n";
    test2( i);
    }
void test2( int i)
    {
    cout << "Aufruf von test3(" << i << ")\n";
    test3( i);
    }
```

Die Funktion test3 »wirft« dann über die C++ Anweisung throw eine Klasse vom oben definierten Typ ausnahme aus:

```
void test3( int i)
    {
    switch( i%3)
        {
    case 0:
        return;
    case 1:
        cout<< "++++++ AUSNAHME1 wird ausgeworfen!\n";
        throw ausnahme( AUSNAHME1);
    case 2:
        cout<< "++++++ AUSNAHME2 wird ausgeworfen!\n";
        throw ausnahme( AUSNAHME2);
        }
    }
```

Abhängig vom Wert des Parameters i erzeugen wir keine Ausnahme oder AUSNAHME1 bzw. AUSNAHME2.

Die vom Unterprogramm test3 ausgeworfene Ausnahme muss auf einer höheren Ebene der Aufrufhierarchie wieder »gefangen« werden. Dazu rufen wir im Hauptprogramm zunächst in einem try-Block »versuchsweise« die Funktion test1 und fangen dann eine gegebenenfalls unterhalb dieses Aufrufs ausgeworfene Exception vom Typ ausnahme mit einer catch-Anweisung. Im Code liest sich das dann wie folgt:

```
void main()
    {
    int i;
```

```
    for( i = 0; i < 4; i++)
        {
        try
            {
            cout << "Aufruf von test1(" << i << ")\n";
            test1( i );
            cout << "Kein Ausnahmefall eingetreten!\n";
            }

        catch( ausnahme a )
            {
            switch( a.get_reason())
                {
            case AUSNAHME1:
                cout << "++++++ AUSNAHME1 wurde gefangen!\n";
                break;
            case AUSNAHME2:
                cout << "++++++ AUSNAHME2 wurde gefangen!\n";
                break;
                }
            }
        cout << '\n';
        }
    }
```

Wichtig ist, dass der catch-Block unmittelbar auf den try-Block, dessen Exceptions er fangen soll, folgt. Im catch-Block wird die eingefangene Exception ausgewertet und entsprechend behandelt. In unserem Beispiel erfolgt lediglich eine Bildschirmausgabe.

Der Ablauf im Hauptprogramm ist nun wie folgt:

In einer vierfachen Schleife wird jeweils der reguläre Code – das ist der Code im try-Block – ausgeführt. Tritt dabei kein Ausnahmefall ein, so wird der Code des try-Blocks vollständig ausgeführt und der nachfolgende Exception-Handler – das ist der Code im catch-Block – wird ignoriert. Das ist der reguläre, eigentlich geplante Ablauf des Programms.

Tritt jedoch bei der Ausführung der Funktion test ein Ausnahmefall ein, so kommt die Funktion test nicht zurück. Statt dessen geht es in dem für die Ausnahme zuständigen catch-Block weiter.

Die folgende Grafik zeigt uns, was wir von dem Beispielprogramm zu erwarten haben:

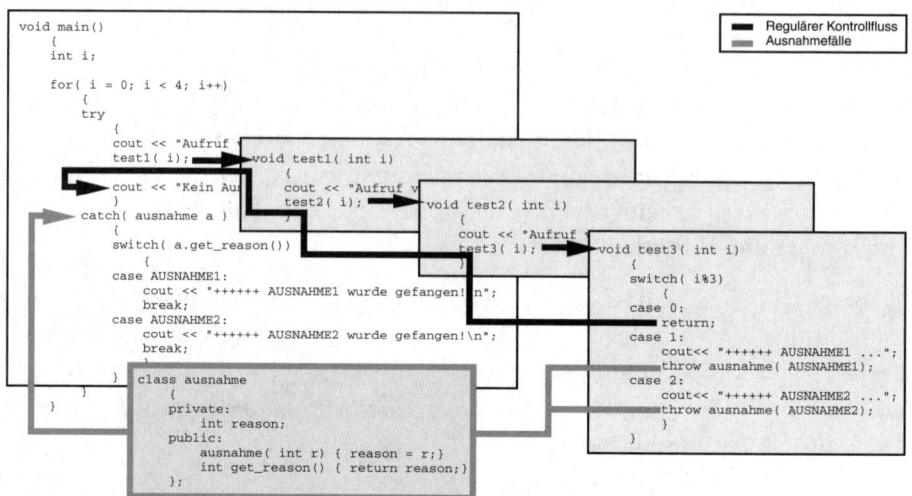

Im Hauptprogramm wird über die Funktion `test1` mittelbar die Funktion `test3` gerufen. Die von dieser Funktion ausgeworfenen Exceptions führen den Kontrollfluss unter Umgehung der zwischenliegenden Funktionen direkt in den `catch`-Block des Hauptprogramms zurück. Diesem `catch`-Block wird die Exception in Form eines die Exception beschreibenden Objekts (hier a vom Typ `ausnahme`) übergeben.

Die vom Programm ausgegebenen Prüfdrucke bestätigen dies:

```
Aufruf von test1(0)
Aufruf von test2(0)
Aufruf von test3(0)
Kein Ausnahmefall eingetreten!

Aufruf von test1(1)
Aufruf von test2(1)
Aufruf von test3(1)
++++++ AUSNAHME1 wird ausgeworfen!
++++++ AUSNAHME1 wurde gefangen!

Aufruf von test1(2)
Aufruf von test2(2)
Aufruf von test3(2)
++++++ AUSNAHME2 wird ausgeworfen!
++++++ AUSNAHME2 wurde gefangen!
```

```
Aufruf von test1(3)
Aufruf von test2(3)
Aufruf von test3(3)
Kein Ausnahmefall eingetreten!
```

Wichtig ist noch einmal festzuhalten, dass die auf dem Stack liegenden, in den Funktionen `test1`, `test2` und `test3` angelegten Objekte beim Zurückfahren des Stacks ordnungsgemäß durch Aufruf ihrer Destruktoren beseitigt werden. Nicht automatisch beseitigt werden natürlich gegebenenfalls dynamisch in den Unterprogrammen angelegte Objekte.

Die obige Grafik zeigt, dass durch diese Art des Exception-Handlings eine zweite Kontrollflussebene angelegt wird. Die »Abkürzungen«, die der Kontrollfluss in dieser zweiten Ebene nimmt, sind nicht immer leicht nachzuvollziehen. Sie sollten diese zweite Kontrollflussebene deshalb niemals zur Implementierung von »eigentlichem« Kontrollfluss, sondern immer nur zur gezielten Bearbeitung von seltenen Ausnahmefällen verwenden.

Auch wenn Sie in Ihren Programmen keine Exceptions auswerfen, kommen Sie in der Regel nicht darum herum, Exceptions zu fangen, da C++-Klassenbibliotheken heute üblicherweise in genau definierten Ausnahmefällen Exceptions erzeugen.

Es gibt eine Reihe von Modellierungsmöglichkeiten im Zusammenhang mit Exceptions, die bisher nicht konkret angesprochen sind:

▶ Auf einen `try`-Block können mehrere Handler (`catch`-Blöcke) folgen, in denen unterschiedliche Typen von Ausnahmen gefangen werden können.

▶ Gibt es mehrere Handler zu einem `try`-Block, so wird eine Exception dem ersten passenden Handler zugeordnet.

▶ Gibt es mehrere Handler für eine Ausnahme in der Aufrufhierarchie, so wird der im Sinne der Aufrufhierarchie nächstliegende Handler aktiviert. Die Exception gilt damit als behandelt. In einem `catch`-Block kann allerdings wieder eine Exception ausgeworfen werden. Insbesondere kann die gleiche Exception noch einmal ausgeworfen werden, um die Kontrolle an einen in der Aufrufhierarchie übergeordneten Handler weiterzuleiten.

▶ Exceptions können durch Vererbungsmechanismen gruppiert werden. Handler für Basisklassen fangen dann auch abgeleitete Klassen. Auf diese Weise kann eine Klassifizierung oder Gruppierung von Ausnahmefällen in Form einer Vererbungshierarchie erstellt werden und es können Handler für bestimmte Gruppen von Ausnahmen eingerichtet werden.

23 Die C++-Standard-Library

Wenn man einen C++-Programmierer fragt, was ihm im Vergleich zu anderen Programmiersprachen in C++ am meisten fehlt, so wird er vielleicht die folgenden Punkte nennen:

▶ **Unterstützung von Strings**
Statt mit Zeichenarrays fester Länge möchte man mit Strings arbeiten, die man zum Beispiel verketten kann, ohne sich dabei um das Speichermanagement kümmern zu müssen.

▶ **Unterstützung von Arrays variabler Länge**
Man möchte zum Beispiel dynamisch an Arrays Felder anfügen können, ohne immer explizit den Speicher dafür allokieren zu müssen.

▶ **Unterstützung von Listen**
Man möchte Listen erstellen und verwenden können, ohne die Verkettungsoperationen oder das Speichermanagement immer wieder neu schreiben zu müssen.

▶ **Unterstützung von assoziativen Arrays**
Man möchte assoziativ, zum Beispiel über Namen, auf Daten zugreifen können, ohne sich Gedanken über den internen Aufbau einer geeigneten Datenstruktur machen zu müssen.

Solche Leistungen, die andere Programmiersprachen, wie zum Beispiel Python, von Haus aus bereitstellen, werden in C++ durch die Standardbibliothek zur Verfügung gestellt. Einige Programmiertechniken, die Sie sich, vielleicht mit viel Mühe, im Laufe der Lektüre dieses Buches angeeignet haben, werden dadurch in Klassen verborgen und müssen nicht mehr explizit verwendet werden. Trotzdem bleibt es von großem Wert, Programmierkonzepte wie Listen oder Bäume kennengelernt zu haben.

Klassen und Funktionen für die oben genannten Bereiche – insbesondere dynamische Arrays, Listen, assoziative Arrays und noch einiges mehr – werden wir im Folgenden kennenlernen. Allgemein werden solche Klassen als **Container** bezeichnet, weil sie Instanzen anderer Klassen verwalten, die die eigentlichen Daten enthalten.

Die Klassen der Bibliothek sind durchweg generisch, also durch Templates realisiert. Nur dadurch erhält man die Flexibilität, die man benötigt, um Container für beliebige Klassen zu konstruieren.

Bevor wir aber die ersten Container konkret betrachten, wollen wir uns mit einem Konzept beschäftigen, das allen Containern gemeinsam ist. Es handelt sich um das Konzept der Iteratoren.

23.1 Iteratoren

Iteratoren sind ein allgemeines Konzept, das in der Standard-Library durchgängig verwendet wird. Ich hatte in den Vorbemerkungen zu diesem Abschnitt schon gesagt, dass wir uns mit Containern beschäftigen wollen. Stellen Sie sich darunter im Moment zum Beispiel einen Array oder eine Liste vor. Beide Datenstrukturen dienen zum Speichern von Objekten. In beiden Datenstrukturen will man sich bewegen und auf die Objekte zugreifen. In einem Array macht man das typischerweise mit einem Index und in einer Liste mit einem Zeiger.

Bei einem Array sieht das zum Beispiel wie folgt aus:

```
int i;

for( i = 0; i < 100; i++)
    array[i] = ...
```

In einem Array kann man sich aber auch mit einem Zeiger bewegen:

```
int *p;

for( p = array; p < array+100; p++)
    p[i] = ...
```

In einer Liste bewegt man sich immer mit einem Zeiger:

```
listenelement *p;

for( p = listenanker; p != 0; p = p->next)
    p->... = ...
```

In den Beispielen fungieren i beziehungsweise p als »Iteratoren«, mit deren Hilfe die Datenstruktur durchlaufen wird. So verschieden die beiden Vorgehensweisen auch sind, konzeptionell haben sie vieles gemeinsam:

▶ Der Iterator kann auf das erste Element der Struktur gesetzt werden.

▶ Der Iterator kann auf das nächste Element der Struktur vorangerückt werden.

▶ Es kann geprüft werden, ob der Iterator am Ende der Struktur angekommen ist.

▶ Über den Iterator kann auf die in der Struktur gespeicherten Objekte zugegriffen werden.

Bei allen Gemeinsamkeiten gibt es aber auch Trennendes. Zum Beispiel ist ein Arrayindex sehr viel flexibler als ein Listenzeiger. Der Index kann rückwärts oder in einem Zug über mehrere Elemente hinweg bewegt werden. Das Konzept des Zeigers in einer vorwärts verketteten Liste ist sozusagen der kleinste gemeinsame Nenner aller Iteratoren. Um optimal auf den jeweiligen Datenstrukturen arbeiten zu können, wird man mit unterschiedlich leistungsfähigen Typen von Iteratoren arbeiten müssen.

Die Standard-Library kennt fünf verschiedene Typen von Iteratoren:

▶ Der **Input-Iterator** kann sich immer nur um einen Schritt vorwärtsbewegen und erlaubt nur einen lesenden Zugriff. Stellen Sie sich als Beispiel einen Zeiger in einen Eingabestrom (`cin`) vor.

▶ Der **Output-Iterator** kann sich immer nur um einen Schritt vorwärtsbewegen und erlaubt nur einen schreibenden Zugriff. Stellen Sie sich als Beispiel einen Zeiger in einen Ausgabestrom (`cout`) vor.

▶ Der **unidirektionale Iterator** kann sich immer nur um einen Schritt in eine bestimmte Richtung (vorwärts oder rückwärts) bewegen, erlaubt aber sowohl lesenden als auch schreibenden Zugriff. Stellen Sie sich als Beispiel einen Zeiger in eine einfach verkettete Liste vor.

▶ Der **bidirektionale Iterator** kann sich vorwärts und rückwärts bewegen und erlaubt lesenden und scheibenden Zugriff. Stellen Sie sich hier einen Zeiger in eine doppelt verkettete Liste vor.

▶ Der **Random-Access-Iterator** kann sich frei bewegen und ermöglicht wahlfreien schreibenden und lesenden Zugriff. Stellen Sie sich als Beispiel einen Index oder einen Zeiger in einem Array vor.

Uns interessieren hier besonders die bidirektionalen Iteratoren und die Random-Access-Iteratoren.

Bidirektionale Iteratoren (p, q) können wie Zeiger in einer doppelt verketteten Liste verwendet werden. Man kann

▶ einen Iterator auf das erste oder letzte Element des Containers setzen

▶ einen Iterator inkrementieren oder dekrementieren (`p++, p--`)

▶ über einen Iterator auf ein Objekt zugreifen (`*p`)

▶ über einen Iterator auf ein Daten- oder Funktionsmember zugreifen (`p->...`)

▶ Iteratoren bezüglich Gleichheit und Ungleichheit vergleichen (`p == q, p != q`)

Random-Access-Iteratoren (p, q) können wie Zeiger in einem Array verwendet werden. Man kann also zusätzlich zu den oben bereits genannten Punkten:

▶ einen Iterator um einen Wert erhöhen oder erniedrigen (p+=n, p-=n)

▶ mit Iteratoren wie mit Zeigern rechnen (p = q + n)

▶ über einen Iterator wahlfrei zugreifen (p[n])

▶ Iteratoren der Größe nach vergleichen (p<q, p<=q, p>q, p>=q)[1]

Die letzten vier Punkte können natürlich für bidirektionale Iteratoren, die keinen Random-Access unterstützen, nachgebildet werden. So kann beispielsweise die Operation p+=n durch n-malige Ausführung von p++ nachgebildet werden. Das ist natürlich bei Weitem nicht so effektiv wie ein wahlfreier Zugriff. Bei den am Ende dieses Kapitels dargestellten Algorithmen sollte man daher immer prüfen, ob die verwendeten Iteratoren die erforderlichen Operationen effektiv unterstützen.

Iteratoren dienen auch dazu, fortlaufende Bereiche innerhalb eines Containers festzulegen. Bereiche werden dadurch definiert, dass man zwei Iteratoren als Bereichsgrenzen wählt. Der erste legt die Anfangsposition, der zweite die Endposition fest. Der gewählte Teilbereich versteht sich dann immer einschließlich der Anfangs- und ausschließlich der Endposition:

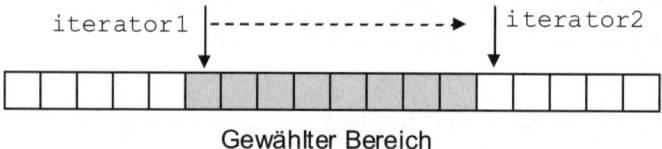

Gewählter Bereich

Für den gewählten Bereich verwende ich dann die folgende Notation: [iterator1, iterator2). Eine ähnliche Notation kennen Sie vielleicht aus der Mathematik für Intervalle reeller Zahlen.

Um vollständig durch einen Container zu iterieren, verwendet man die Containerfunktionen begin und end beziehungsweise rbegin und rend. Diese liefern dann die Bereichsgrenzen für eine Vorwärts- (begin, end) beziehungsweise Rückwärtsiteration (rbegin, rend) durch den Container.

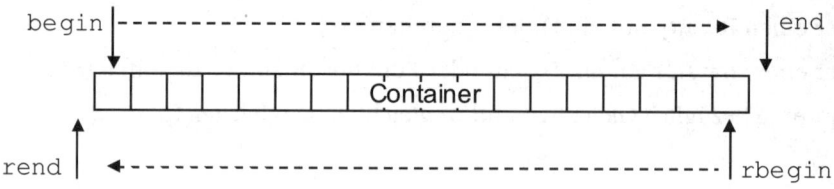

---

1. Der Größenvergleich reflektiert dann auch wie in einem Array die Position innerhalb des Containers.

Beachten Sie in diesem Zusammenhang, dass die Iteratoren end und rend bereits außerhalb des gültigen Zugriffsbereichs liegen und dass ein Zugriffsversuch über diese Iteratoren zu einem Fehler führt.

Wir können an dieser Stelle noch keine konkreten Beispiele mit Iteratoren zeigen, da wir noch keine Container kennen gelernt haben und Iteratoren immer zu einem Container gehören. Andererseits abstrahieren Iteratoren mit ihrer Schnittstelle von dem konkreten Container, zu dem sie gehören, sodass sie es ermöglichen, Algorithmen auf Containern zu schreiben, ohne konkret zu wissen, um welche Art von Containern es sich handelt. Wir stehen hier vor dem bekannten »Henne-Ei-Problem«. Um zu verstehen, was ein Container ist, muss man verstanden haben, was ein Iterator ist, und um zu verstehen, was ein Iterator ist, muss man verstanden haben, was ein Container ist. Wir werden uns mit dem in diesem Abschnitt gewonnenen Vorverständnis von Iteratoren mit den einzelnen Containern beschäftigen und dabei unser Wissen über Iteratoren und Container weiter ausbauen.

23.2 Strings (string)

Die Klasse string dient dazu, Zeichenketten möglichst einfach und umfassend verarbeiten zu können. Die Klasse verbirgt den Puffer, in dem die Zeichen stehen, vor dem Anwender und ermöglicht nur einen indirekten Zugriff auf die Zeichen durch einen Satz von Memberfunktionen und Operatoren. Dieses Design ermöglicht es, das Speichermanagement für Strings vollständig in die Klasse zu legen, sodass der Anwender selbst keinen Speicher mehr allokieren oder freigeben muss. Das erleichtert die Arbeit mit Zeichenketten natürlich erheblich. Da man jetzt aber alle Funktionen, insbesondere solche, die Zeichenketten verändern, nur noch über entsprechende Memberfunktionen oder Operatoren durchführen kann, ergibt sich zwangsläufig eine sehr umfangreiche Schnittstelle, die wir im Folgenden besprechen wollen. Um die Klasse string nutzen zu können, sollte man seinem Programm die folgenden Zeilen voranstellen:

```
# include <string>
using namespace std;
```

Dadurch werden die erforderlichen Deklarationen geladen und in den Namensraum Ihres Programms importiert.

23.2.1 Konstruktion

Die einfachste Form, einen String zu erzeugen, ist folgende:

```
string s;
```

Ein solcher String ist dann natürlich zunächst einmal leer. Will man einen String direkt bei der Instantiierung mit Inhalt versehen, kann man einen der zahlreichen Konstruktoren explizit oder implizit verwenden:

```
string s1 = s;         // Inhalt wird aus String s kopiert
string s2( s);         // Inhalt wird aus String s kopiert
string s3( s, 2);      // Ab Position 2 alle Zeichen aus s
string s4( s, 2, 5);   // Ab Position 2 die folgenden
                       // 5 Zeichen aus s

string s5 = "abc";     // Inhalt wird aus Zeichenpuffer
                       // kopiert
string s6( "abc");     // Inhalt wird aus Zeichenpuffer
                       // kopiert
string s7( "abc", 1);  // Ab Position 1 alle folgenden
                       // Zeichen
string s8( "abc", 0, 2); // Ab Position 0 die 2 folgenden
                       // Zeichen

string s9( 5, '*');    // Fülle mit 5 mal *
```

Beachten Sie, dass Positionen, wie in Arrays, immer ab 0 gezählt werden. Anstelle der hier übergebenen Zeichenpuffer (»abc«) können auch Variablen vom Typ »const char *« stehen.

Ein String kann auch mittels Iteratoren aus einem anderen String konstruiert werden. Dazu gibt man im Konstruktor zwei Iteratoren an, die den Anfang beziehungsweise das Ende des Teilstrings markieren, der zur Konstruktion verwendet werden soll. Konkret könnte das so aussehen:

```
string s = "123456789"; // Ein String

string::iterator i1, i2; // Zwei String-Iteratoren werden
                         // angelegt

i1 = s.begin();          // Iterator i1 zeigt auf Anfang von s
i2 = s.end();            // Iterator i2 zeigt auf Ende von s

string str( i1+1, i2-1); // str = "2345678"
```

Mehr Informationen zu String-Iteratoren erhalten Sie im übernächsten Abschnitt über den Zugriff auf Strings.

23.2.2 Ein-/Ausgabe

Strings können mit den Operatoren >> beziehungsweise << von cin gelesen und auf cout geschrieben werden, da die Operatoren entsprechend überladen sind.

```
string s;

cout << "Eingabe: ";
cin >> s;
cout << s;
```

Wie man mit dieser Art der Ein- beziehungsweise Ausgabe umgeht, wissen Sie bereits aus dem Abschnitt 20.5.

23.2.3 Zugriff

Es gibt zahlreiche Möglichkeiten, auf die Zeichen eines Strings zuzugreifen. Um die aktuelle Länge eines Strings zu erhalten, kann man seine Memberfunktion size aufrufen:

```
string s = "abcdefg";
string::size_type l;

l = s.size();
```

Der Rückgabetyp der size-Funktion ist string::size_type. Bei Bedarf casten Sie diesen Datentyp auf int oder unsigned int:

```
string s = "abcdefg";
int l;

l = (int)s.size();
```

Ob ein String leer ist, kann man mit seiner empty-Funktion prüfen:

```
String s;

if( s.empty())
    ... // String ist leer
```

Auf die einzelnen Zeichen eines Strings können Sie wie in einem Zeichenarray zugreifen:

```
string s = "abcdefg";

char c = s[5];               // c = 'f'
int l = (int)s.size();       // Laenge holen, l = 7
for( int i = 0; i < l; i++)  // Alle Zeichen auf 'f' setzen
    s[i] = c;
```

Mit dieser Art des Zugriffs ist keine Bereichsprüfung verbunden. Die Konsequenzen eines Zugriffs außerhalb des gültigen Bereichs sind unabsehbar. In der Regel erfolgt ein Absturz Ihres Programms, aber das kennen Sie ja schon von den klassischen Zeichenketten. Wenn Sie einen Zugriff mit Bereichsprüfung wünschen, verwenden Sie die Memberfunktion at:

```
string s = "abcdefg";

char c = s.at(5);            // c = 'f'
int l = (int)s.size();       // Laenge holen, l = 7
for( int i = 0; i < l; i++)  // Alle Zeichen auf 'f' setzen
    s.at(i) = c;
```

Beim Zugriff mit at sind Bereichsprüfungen eingebaut. Im Falle einer Bereichsverletzung wirft die Memberfunktion at eine out_of_range-Exception.

Wenn Sie einen effektiven Lesezugriff auf den internen Datenpuffer des Strings benötigen, können Sie die Memberfunktion c_str verwenden:

```
string s = "abcdefg";

const char *ptr = s.c_str();
```

Über diesen Zeiger können Sie aber nur lesend zugreifen, und er kann seine Gültigkeit verlieren, wenn auf dem String eine Funktion ausgeführt wird, die ihn verändert, denn es kann dann nicht ausgeschlossen werden, dass das Memory-Management den internen Puffer neu allokiert. Benutzen Sie diesen Zeiger daher nur zum kurzfristigen Lesen von Daten aus dem String.

Auf Strings kann auch über Iteratoren zugegriffen werden. Als Beispiel legen wir einen String s und einen Iterator it für Strings an:

```
String s = "abcdefg";

string::iterator it;
```

Den Iterator können wir jetzt mit der Memberfunktion `begin` so initialisieren, dass er auf den Anfang des Strings »zeigt«:

```
it = s.begin();
```

Wir können den Iterator auch hinter das letzte Zeichen des Strings setzen:

```
it = s.end();
```

Mit einem Iterator können wir zum Beispiel Zeichen für Zeichen durch den String gehen und die Zeichen ändern:

```
for( it = s.begin(); it != s.end(); it++)
    *it = 'z';
```

Bei einem String-Iterator handelt es sich um einen Random-Access-Iterator, mit dem wir wahlfrei auf alle Zeichen des Strings zugreifen können. Dazu einige Beispiele:

```
string s = "123456789";// Der Ausgangsstring

string::iterator it;    // Anlegen des Iterators

it = s.begin() + 3;     // Iterator steht auf dem 4. Zeichen
                        // des Strings

*it = *(it+2);          // Ergebnis: s = "123656789"

it += 2                 // Iterator steht auf dem 6. Zeichen
                        // des Strings

it[1] = it[2]           // Ergebnis: s = "123656889"
```

Man kann auch verschiedene Iteratoren im gleichen String durch <, <=, > und >= miteinander vergleichen und dadurch feststellen, welcher der Iteratoren momentan weiter vorn oder weiter hinten im String steht.

Mit einem Iterator, wie wir ihn oben angelegt hatten (`string::iterator`), kann man auch rückwärts durch einen String iterieren. Da dies aber nicht so elegant geht wie vorwärts, gibt es einen eigenen Iterator für die Rückwärtsiteration. Um Anfang und Ende des Iterationsbereichs zu ermitteln, verwendet man jetzt die Memberfunktionen `rbegin` und `rend`:

```
String s = "abcdefg";

string::reverse_iterator rit;

for( rit = s.rbegin(); rit != s.rend(); rit++)
    *rit = 'z';
```

Dieser Iterator läuft jetzt rückwärts durch den String, obwohl er mit ++ »hochge-zählt« wird. Beachten Sie dabei, dass rbegin den Iterator auf das letzte Zeichen das Strings und nicht wie end hinter das letzte Zeichen des Strings setzt. Endspre-chendes gilt für rend und begin. Ich erinnere in diesem Zusammenhang noch einmal an die Positionen der hier verwendeten Iteratoren:

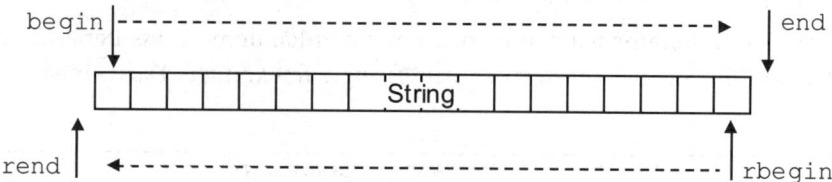

Beachten Sie in diesem Zusammenhang, dass die Iteratoren end und rend bereits außerhalb des gültigen Zugriffsbereichs liegen und dass ein Zugriffsversuch über diese Iteratoren zu einem Fehler führt.

23.2.4 Manipulation

Es gibt zahlreiche Funktionen, um Strings zu verändern. Dazu zählen Funktionen, um Strings zusammenzufügen, Zeichen in einen String einzufügen oder Teile ei-nes Strings durch einen anderen zu ersetzen. Wir wollen uns hier einen Überblick verschaffen.

Die einfachste Möglichkeit, einen String zu verändern, besteht darin, ihm einen neuen Inhalt zu geben. Das geht über den Zuweisungsoperator (=):

```
string s1;
string s2;

s1 = "abcdefg";
s2 = s1;
```

Darüber hinaus gibt es die Funktion assign, mit der sich weitere Wertzuweisun-gen durchführen lassen:

```
string s1 = "abcdefg";
string s2;

s2.assign( s1 );          // Wie Zuweisung mit =
s2.assign( s1, 1, 3 );    // Weise ab Pos. 1 3 Zeichen zu

s2.assign( "xyz" );       // Wie Zuweisung mit =
s2.assign( "xyz", 2 );    // Zuweisung der ersten 2 Zeichen
s2.assign( "xyz", 0, 2 ); // Zuweisung von 2 Zeichen ab Pos. 0

s2.assign( 5, '*' );      // Zuweisung von 5 mal *
```

Bei `assign` kann auch ein Stringbereich über Iteratoren gewählt werden:

```
string s1 = "abcdefg";
string s2;

s2.assign( s1.begin()+2, s1.end() ); // Zuweisung eines
                                      // Teils von s1
```

Beachten Sie, dass sich der Bereich immer einschließlich des Startiterators (hier `s1.begin()+2`) und ausschließlich des Enditerators (hier `s1.end()`) versteht.

Das Anfügen eines Strings an einen anderen wird mit Hilfe des += Operators durchgeführt:

```
string s1 = "abcdefg";
string s2;

s2 += s1;      // s2 = "abcdefg"
s2 += "uvw";   // s2 = "abcdefguvw"
s2 += 'z';     // s2 = "abcdefguvwz"
```

Dazu muss sicherlich nichts Weiteres gesagt werden. Für komplexere Anfügungen verwendet man die append-Funktion:

```
string s1 = "abcdefg";
string s2 = "hijklmn";

s2.append( s1 );          // Wie s1 += s2
s2.append( s1, 1, 3 );    // Fuege ab Pos. 1 3 Zeichen an

s2.append( "xyz" );       // Wie s2 += "xyz"
s2.append( "xyz", 2 );    // Fuege die ersten 2 Zeichen
                          // von "xyz" an
```

```
s2.append( "xyz", 0, 2);  // Fuege ab Pos. 0 2 Zeichen von
                          // "xyz" an

s2.append( 5, '*');       // Fuege 5 mal * an

s2.append( s1.begin()+2, s1.end()); // Anfuegen eines Teils
                                    // von s1
```

Sie sehen, dass die Schnittstelle identisch mit der der `assign`-Funktion ist. Allerdings wird der gewählte Teilstring nicht zugewiesen, sondern an den bestehenden String angehängt.

Um einen String oder einen Teilstring eines Strings in einen anderen String einzusetzen, verwendet man die Funktion `insert`. Wie bei append oder `assign` wählt man dazu einen Teilstring aus. Man muss aber zusätzlich festlegen, an welcher Stelle dieser Teilstring in den Ergebnisstring einzubauen ist. Dazu übergibt man die zusätzlich benötigte Positionsangabe als ersten Parameter:

```
string s1 = "abcdefg";
string s2 = "hijklmn";

s2.insert( 3, s1);
s2.insert( 3, s1, 1, 3);

s2.insert( 3, "xyz");
s2.insert( 3, "xyz", 2);
s2.insert( 3, "xyz", 0, 2);

s2.insert( 3, 5, '*');

s2.insert( s2.begin()+3, s1.begin()+2, s1.end());
```

Statt am Ende angehängt zu werden, werden die Teilstrings in dem obigen Beispiel an der Position 3 in den String s2 eingebaut.

Wenn man Teilstrings in einem String durch Strings oder Teilstrings aus einem anderen String ersetzen will, muss man nicht nur wie bei append einen Startpunkt, sondern zusätzlich eine Länge wählen. Die Funktion `replace`, die für das Ersetzen zuständig ist, beginnt daher immer mit zwei Parametern. Der erste definiert den Startpunkt, der zweite die Länge des zu ersetzenden Bereichs:

```
string s1 = "abcdefg";
string s2 = "hijklmn";


s2.replace( 3, 2, s1);
s2. replace( 3, 2, s1, 1, 3);


s2. replace( 3, 2, "xyz");
s2. replace ( 3, 2, "xyz", 2);
s2. replace ( 3, 2, "xyz", 0, 2);


s2. replace ( 3, 2, 5, '*');
```

Die letzte Anweisung ersetzt zum Beispiel die ab Position 3 in s2 stehenden 2 Zeichen durch 5 Sterne. Der durch die beiden ersten Parameter festgelegte Bereich wird also immer durch den in den restlichen Parametern festgelegten String oder Substring ersetzt. Diese restlichen Parameter haben die gleiche Bedeutung wie bei insert, append oder assign. Der zu ersetzende Bereich kann statt durch Position und Länge auch durch zwei Iteratoren gegeben sein.

Die Funktion substr erzeugt einen Teilstring eines Strings und kann auf folgende Weise verwendet werden:

```
string s1 = "abcdefg";
string s2;


s2 = s1.substr( 1, 5); // s2 = "bcdef"
```

Der erste Parameter legt wie üblich den Startpunkt, der zweite die Länge des Teilstrings fest.

Dann gibt es noch die Funktion swap, die den Inhalt zweier Strings tauscht, ohne dazu einen temporären String zur Zwischenspeicherung zu verwenden:

```
string s1 = "abcdefg";
string s2 = "hijklmn";


s1.swap( s2);
```

Solch eine Funktion ist natürlich viel effizienter als ein Tausch mit Zwischenspeicher, da diese Funktion nur die internen Bufferpointer tauscht und nicht die Inhalte der Strings umkopiert.

Zum Löschen von Daten aus einem String verwendet man die Funktion erase, die es ebenfalls in verschiedenen Parametrierungen gibt:

```
s.erase( 2, 3);                    // Lösche ab Position 2 3 Zeichen
s.erase( 7);                       // Lösche alles ab dem 7. Zeichen
s.erase();                            // Lösche alles
s.erase( s.begin());                  // Lösche das erste Zeichen
s.erase( s.begin()+1,s.end()-1); // Lösche den Bereich
```

So weit die Übersicht über die Möglichkeiten, Strings zu manipulieren. Ich habe dabei nichts über das Verhalten der Funktionen gesagt, das sie zeigen, wenn man sie mit falschen Parametern versorgt. In der Regel suchen die Funktionen dann eine »vernünftige« Lösung. Wenn man zum Beispiel »Lösche 5 Zeichen« sagt und der String hat nur 3 Zeichen, dann werden eben nur die drei Zeichen gelöscht.

Wird eine der obigen Funktionen mit ungültigen Bereichsangaben aufgerufen, so erzeugt sie eine out_of_range-Exception, die Sie dann mit einem entsprechenden Exception-Handler fangen sollten. Die meisten dieser Funktionen geben eine Referenz auf den Ergebnisstring zurück, damit man das Ergebnis sofort in einer Formel weiterverarbeiten kann. Wir sehen uns dazu zwei Beispiele an. Im ersten Beispiel wollen wir das Ergebnis einer Memberfunktion in einer anderen Memberfunktion als Parameter verwenden:

```
string s1 = "abcdef";
string s2 = "ghijkl";
string s3 = "123456";

s1.insert( 3, s2.insert( 3, s3));
```

Hier passiert Folgendes:

1. Zunächst wird s3 in der Mitte von s2 eingesetzt.
   Jetzt ist s2 = "ghi123456jkl".

2. Das Ergebnis des inneren Funktionsaufrufs ist eine Referenz auf s2. Diese Referenz kann im äußeren Funktionsaufruf als Parameter verwendet werden.

3. Jetzt wird s2 in der Mitte von s3 eingesetzt.
   Damit erhalten wir s1 = "abcghi123456jkldef".

Im zweiten Beispiel wollen wir am Ergebnis einer Memberfunktion wieder eine Memberfunktion aufrufen:

```
string s1 = "abcdef";
string s2 = "ghijkl";
string s3 = "123456";

s1.append( s2).replace( 3, s3.size(), s3);
```

Hier passiert Folgendes:

1. Zunächst wird an den String s1 der String s2 angehängt.
   Das ergibt: s1 = "abcdefghijkl".

2. Aus der Funktion append kommt eine Referenz auf s1 zurück, sodass die
   replace-Funktion für den Ergebnisstring aufgerufen werden kann.

3. Die replace-Funktion führt dann eine Ersetzung im Inneren von s1 durch,
   und das Ergebnis ist: s1 = "abc123456jkl".

23.2.5 Vergleich

Zum Vergleichen von Strings können die üblichen Vergleichsoperatoren (==, !=,
<, <=, >, >=) verwendet werden. Beachten Sie insbesondere, dass man einen Ver-
gleich auf Gleichheit oder Ungleichheit von Strings mit den Operatoren == beziehungsweise != durchführen kann:

```
string s1 = ...;
string s2 = ...;

if( s1 == s2)
    ...;

if( s1 != s2)
    ...;
```

Bei 0-terminierten Zeichenketten im C-Stil waren solche Vergleiche ungeeignet,
da dort nicht die Inhalte der Zeichenketten, sondern deren Speicheradressen verglichen wurden. Hier haben wir es jedoch mit überladenen Operatoren zu tun,
die intern Zeichen für Zeichen der Strings vergleichen. Verglichen wird dabei auf
Basis der Zeichencodes, sodass die Ordnung der Strings die Ordnung der Zeichen
widerspiegelt. Hat man es beispielsweise nur mit Strings in Kleinbuchstaben zu
tun, so vergleichen diese Operatoren bezüglich der alphabetischen Ordnung.

Neben den überladenen Operatoren gibt es auch eine Vergleichsfunktion com-
pare, die sich ähnlich verhält wie die Funktion strcmp aus der C-Runtime-
Library. Das heißt, dass diese Funktion die Differenz der Zeichen an der Stelle berechnet, an der sich die beiden Vergleichsobjekte erstmalig unterscheiden. Diese
Funktion gibt es auch wieder in zahlreichen Parametrierungen:

```
s1.compare( s2);          // Vergleiche s1 mit s2
s1.compare( 1, 5, s2);    // Vergleiche Bereich aus s1
                          // mit s2
```

```
s1.compare( 1, 5, s2, 2, 3);  // Vgl. Bereich aus s1 mit
                              // Bereich aus s2

s1.compare( "asdfg");           // Vergleiche s1 mit
                               // "asdfg"
s1.compare( 1, 5, "asdfg");     // Vgl. Bereich aus s1 mit
                               // "asdfg"
s1.compare(1, 5, "asdfg", 1);   // Vgl. Bereich aus s1 mit
                               // "sdfg"
s1.compare(1, 5, "asdfg", 1, 3); // Vgl. Bereich aus s1 mit
                               // "sdf"
```

Bereiche werden dabei immer durch die Angabe einer Länge oder durch die Angabe einer Position und einer Länge spezifiziert.

23.2.6 Suchen

Es gibt zahlreiche Funktionen, jeweils in unterschiedlichen Parametrierungen, um Zeichen oder Zeichenketten in Strings zu finden. Diese Funktionen geben – sofern sie gefunden haben, was sie suchen – eine Positionsangabe vom Typ `string::size_type` zurück. In der Regel bezieht sich die Positionsangabe auf die Stelle, an der die gesuchte Zeichenfolge erstmalig aufgetreten ist. Mit dieser Positionsangabe können Sie dann direkt auf die Fundstelle zugreifen. Die Positionsangabe können Sie, falls das erforderlich ist, auf `int` oder `unsigned int` casten. Wenn die Suchfunktionen nichts finden, geben Sie den konstanten Wert `string::npos` zurück. Dadurch haben Sie die Möglichkeit, explizit zu prüfen, ob die Suche erfolgreich oder nicht erfolgreich war. Häufig verwendet man die Ergebnisposition aber auch ungeprüft direkt in einer Stringfunktion – zum Beispiel, um an der Fundstelle etwas einzusetzen oder zu löschen. Wenn dann der Parameter `string::npos` in unzulässiger Weise verwendet wird, werfen die Funktionen eine `out_of_range`-Exception.

Als Erstes betrachten wir die Funktion `find`, die einen String oder ein einzelnes Zeichen in einem String sucht:

```
string s1 = "abcdefg";
string s2 = "de";

s1.find( s2);        // Suche s2 in s1
s1.find( s2, 2);     // Suche s2 in s1 ab Position 2

s1.find( "de");      // Suche "de" in s1
s1.find( "de", 1);   // Suche "de" in s1 ab Position 1
```

```
s1.find( "de", 1, 5);// Suche "de" in s1 in den 5 Zeichen
                     // ab Pos. 1

s1.find( 'd');       // Suche 'd' in s1
s1.find( 'd', 3);    // Suche 'd' in s1 ab Position 3
```

Die Funktion find durchsucht den String von vorn nach hinten und meldet den ersten Treffer. Will man den String von hinten nach vorn durchsuchen, so verwendet man die Funktion rfind, die genauso verwendet wird wie find. Es gibt noch einige weitere Funktionen mit unterschiedlichen Suchaufgaben oder Suchrichtungen, die aber alle wie find parametriert werden können. Ich gebe daher in der folgenden Tabelle immer nur die erste Variante an:

s1.rfind(s2)	Rückwärtssuche von s2 in s1
s1.find_first_of(s2)	Suche das erstmalige Auftreten eines Zeichens in s1, das in s2 vorkommt. Davor sind alle Zeichen nicht aus s2.
s1.find_last_of(s2)	Suche das letztmalige Auftreten eines Zeichens in s1, das in s2 vorkommt. Dahinter sind alle Zeichen nicht aus s2.
s1.find_first_not_of(s2)	Suche das erstmalige Auftreten eines Zeichens in s1, das nicht in s2 vorkommt. Davor sind alle Zeichen aus s2.
s1.find_last_not_of(s2)	Suche das letztmalige Auftreten eines Zeichens in s1, das nicht in s2 vorkommt. Dahinter sind alle Zeichen aus s2.

Es sollte unmittelbar klar sein, wozu diese Funktionen verwendet werden und wie man sie verwendet.

23.2.7 Speichermanagement

Ein großer Vorteil bei der Verwendung von Strings besteht darin, dass sich der Anwender nicht um das Speichermanagement kümmern muss. Er kann das Speichermanagement aber unterstützen, damit es effektiver arbeitet.

Ein konkreter String hat, was das Speichermanagement betrifft, drei wichtige Kenngrößen. Die erste ist die Länge des Strings. Damit meine ich die Anzahl der Zeichen, die der String hat. Die zweite Kennzahl ist die Größe des für den String allokierten Buffers. Die Größe des allokierten Buffers ist natürlich stets größer als die Länge des Strings, da der Buffer ja mindestens die Zeichenkette und den Terminator aufnehmen muss. Die maximale Länge einer Zeichenkette, die man, ohne weiteren Speicher zu allokieren, im internen Buffer eines Strings speichern kann, nennen wir die **Kapazität** eines Strings. Die Kapazität ist die dritte wichtige Kenngröße, die natürlich in enger Beziehung zur Größe des allokierten Buffers steht. Das Speichermanagement sorgt dafür, dass die Kapazität immer ausreichend groß ist. Nun gilt allerdings nicht unbedingt die Gleichung »Kapazität = Länge«, da nicht festgelegt ist, in welchen Quantitäten Speicher allokiert wird. Wenn ein String wächst, so kann es durchaus sein, dass er noch in den verfügbaren Speicher passt und daher keine Anpassung der Kapazität nötig ist. Irgendwann übersteigt die Länge des Strings aber die verfügbare Kapazität, und es muss neuer Speicher allokiert werden. Das kann dann durchaus mehr sein, als für die Zeichenkette effektiv benötigt wird. Es entsteht also eine gewisse Überkapazität. Wenn umgekehrt ein String in seiner Länge schrumpft, wird Kapazität frei. Das bedeutet aber nicht unbedingt, dass Speicher freigegeben und dadurch die Kapazität verkleinert wird. In der Regel behält ein String die zusätzliche Kapazität, um für ein mögliches erneutes Wachstum des Strings gewappnet zu sein. Sie sehen, dass ich mich hier sehr vage ausdrücke. Das liegt daran, dass dies Implementierungsdetails der Stringklasse sind, die nicht dem Standard unterliegen. Trotzdem lassen sich aus diesen allgemeinen Bemerkungen Regeln für einen performanten Umgang mit Strings ableiten. Wenn man zum Beispiel einen String hat, von dem man weiß, dass er wachsen wird, wobei er aber eine bestimmte Obergrenze nicht überschreitet, ist es sinnvoll, den String sofort auf die erforderliche Maximalkapazität auszulegen, um so das ständige Neuallokieren des Speichers zu vermeiden. Beachten Sie, dass mit dem Neuallokieren des Speichers auch ein Umkopieren der vorhandenen Daten verbunden ist.

Es gibt eine Funktion, um die aktuelle Kapazität eines Strings zu ermitteln:

```
string str = "abcdefgh";
string::size_type cap;

cap = str.capacity();
```

Den Typ `string::size_type` können Sie bei Bedarf auf `int` oder `unsigned int` casten:

```
string s = "abcdefgh";
int cap;

cap = (int)s.capacity();
```

Obwohl der String `str` nur 8 Zeichen lang ist, ergibt sich auf meinem System eine Kapazität von 15 Bytes. Offensichtlich wurden 16 Bytes allokiert. Davon muss ein Byte für das Terminatorzeichen reserviert werden, sodass eine Kapazität von 15 Zeichen übrig bleibt. Vergrößere ich den String auf 16 Zeichen, so springt die

Kapazität auf 31 Bytes. Verkleinere ich den String danach auf 1 Zeichen, bleibt die Kapazität bei 31.

Die Kapazität nur zu lesen, ohne sie beeinflussen zu können, ist natürlich nicht sehr sinnvoll. Mit der Funktion `reserve` kann man eine gewisse Kapazität für einen String anfordern:

```
string s;

s.reserve( 200);
```

Nach einem Aufruf von `reserve` ist sichergestellt, dass der String mindestens die angeforderte Kapazität (im obigen Beispiel 200) hat. Damit ist aber keineswegs gesagt, dass der String genau die geforderte Kapazität hat. Wie die Kapazitätsforderung umgesetzt wird, ist implementierungsabhängig. Wie kann man nun die Funktion `reserve` zur Effizienzsteigerung einsetzen? Wir sehen uns dazu ein kleines Beispiel an:

```
string s;

for( int i = 1; i <= 10; i++)
    {
    s += "********************";
    cout <<"Laenge: "<<10*i<<" Kapazitaet: "<<s.capacity()<<'\n';
    }
```

Dieses Programm, das einen anfangs leeren String 10-mal um 20 Zeichen verlängert und dabei die Länge und die Kapazität des Strings auf dem Bildschirm protokolliert, erzeugt auf meinem Rechner die folgende Ausgabe:

```
Laenge: 20 Kapazitaet: 31
Laenge: 40 Kapazitaet: 47
Laenge: 60 Kapazitaet: 70
Laenge: 80 Kapazitaet: 105
Laenge: 100 Kapazitaet: 105
Laenge: 120 Kapazitaet: 157
Laenge: 140 Kapazitaet: 157
Laenge: 160 Kapazitaet: 235
Laenge: 180 Kapazitaet: 235
Laenge: 200 Kapazitaet: 235
```

Sie sehen, dass hier offensichtlich sechsmal neuer Speicher alloziert und der String umkopiert wird. Man kann dies vermeiden, wenn man der Schleife die Anweisung

```
s.reserve(200);
```

voranstellt. Da der String jetzt von vornherein auf die Maximalkapazität ausgelegt ist, muss in der folgenden Schleife kein Speicher mehr allokiert werden.

Man kann mit reserve auch versuchen, die Kapazität im String herunterzusetzen, indem man eine kleinere Zahl als die momentane Kapazität als Parameter übergibt. Die Funktion reserve schneidet dabei aber niemals die im String vorhandene Zeichenkette ab. Das heißt, wenn im String eine 100 Zeichen lange Zeichenkette steht, wird diese durch einen Aufruf von reserve(10) nicht beeinträchtigt. Ob und inwieweit die Kapazität durch einen Aufruf von reserve wirklich heruntergesetzt wird, ist implementierungsabhängig.

Während die Funktion reserve niemals die Zeichenkette im String verändert, ist die Funktion resize so konzipiert, dass der String gegebenenfalls modifiziert wird. Ein Aufruf von

```
s.resize( 123 '*' );
```

verändert die Länge der Zeichenkette im String auf 123 Zeichen. Ist 123 dabei kleiner als die aktuelle Länge der Zeichenkette, so wird die Zeichenkette abgeschnitten. Ist 123 größer als die aktuelle Länge, so wird die Zeichenkette mit einem Füllzeichen (hier *) aufgefüllt. Was das Memorymanagement betrifft, verhält sich resize wie reserve. Das heißt, notwendige Kapazitäten werden bereitgestellt; inwieweit überflüssige Kapazitäten abgebaut werden, ist implementierungsabhängig. Resize kann auch ohne Angabe eines Füllzeichens aufgerufen werden. In diesem Falll wird die Zeichenkette, wenn sie aufgefüllt werden muss, mit 0-Zeichen aufgefüllt.

23.3   Bitsets (bitset)

Bitsets dienen dazu, eine Reihe von Ja/Nein-Informationen – also Bits – effizient zu speichern. Programme, die Bitsets enthalten, sollten zu Beginn die folgenden Zeilen enthalten:

```
# include <vector>
using namespace std;
```

23.3.1   Konstruktion

Bitsets sind generisch, also durch ein Template realisiert. Bei der Konstruktion eines Bitsets gibt man durch einen Template-Parameter an, wie viele Bits man benötigt:

```
bitset<16> bs;
```

Bei dieser Art der Konstruktion werden alle Bits des Bitsets auf den Initialwert 0 gesetzt. Will man die Bits mit anderen Werten initialisieren, so kann das bereits im Konstruktor über eine Zahl (typischerweise unsigned long) oder einen String mit 0- und 1-Zeichen geschehen:

```
bitset<32> bs1( 1234ul);

bitset<8> bs2( string("01001101"));
```

Initialisiert werden die Bits dabei fortlaufend vom niederwertigsten zum höchstwertigen Bit, so weit das bei der Konstruktion mitgegebene Bitmuster »reicht«. Alle darüber hinausgehenden Bits erhalten den Wert 0. Im initialisierenden String steht das niederwertigste Bit an der letzten Stelle. Der String kann also wie eine Dualzahl gelesen werden.

23.3.2 Zugriff

Um die Anzahl der Bits in einem Bitset zu ermitteln, kann man die Memberfunktion size aufrufen:

```
bitset<64> bs;
size_t s;

s = bs.size();
```

Den Ergebnistyp size_t kann man bei Bedarf auf int casten.

Auf die Bits eines Bitsets kann man wie auf die Elemente eines Arrays zugreifen:

```
bitset<64> bs;

bs[0] = 1;
bs[63] = bs[0];
```

Beachten Sie, dass, wie bei Arrays, die Zählung der Indices bei 0 beginnt. Als Werte können den Bits 0 oder 1 aber auch die booleschen Konstanten true und false zugewiesen werden. Zugriffe außerhalb des zulässigen Indexbereichs werden nicht abgefangen und enden gegebenenfalls mit einem Programmabsturz.

Will man mit Bereichsüberprüfungen testen, ob ein Bit oder mehrere Bits gesetzt sind, so kann man eine der folgenden Funktionen verwenden:

test	Testet, ob ein bestimmtes Bit gesetzt ist.
count	Gibt die Anzahl der im Bitset gesetzten Bits zurück.
any	Prüft, ob mindestens ein Bit im Bitset gesetzt ist.

none	Prüft, ob kein Bit im Bitset gesetzt ist.
to_ulong	Konvertiert das Bitset in eine unsigned long-Zahl. Wenn das Bitset zu groß für diese Konvertierung ist, wird eine out_of_range-Exception geworfen.
to_string	Konvertiert das Bitset in einen String mit '0' und '1'. Das niederwertigste Bit steht dabei am Ende des Strings.

Bis auf die Funktion test, die einen Index erwartet, sind diese Funktionen parameterlos. Beispiele zur Verwendung sind daher nicht nötig.

23.3.3 Manipulation

Um einzelne Bits in einem Bitset zu setzen, zu löschen oder zu invertieren, verwendet man die folgenden Memberfunktionen:

set	Setzt ein bestimmtes Bit in einem Bitset.
reset	Löscht ein bestimmtes Bit in einem Bitset.
flip	Invertiert ein bestimmtes Bit in einem Bitset.

Alle Funktionen können ohne Parameter oder mit einem Index aufgerufen werden. Mit Index wirkt die Funktion auf das durch den Index ausgewählte Bit. Ohne Parameter wird die Funktion auf alle Bits angewendet. Bei Verwendung eines falschen Index wird eine out_of_range-Exception geworfen.

Darüber hinaus gibt es eine Reihe von Operatoren, die auf ganze Bitsets angewandt werden können. Die zulässigen Operatoren entnehmen Sie der folgenden Tabelle:

~bs	Invertiert alle Bits im Bitset bs (entspricht bs.flip()).
bs1 &= bs2	Verändert bs1 durch bitweise und-Operation mit bs2.
bs1 |= bs2	Verändert bs1 durch bitweise oder-Operation mit bs2.
bs1 ^= bs2	Verändert bs1 durch bitweise entweder-oder-Operation mit bs2.
bs <<= n	Bitshift nach links innerhalb des Bitsets bs.
bs >>= n	Bitshift nach rechts innerhalb des Bitsets bs.
bs1 & bs2	Erzeugt neues Bitset durch bitweise Und-Operation.
bs1 | bs2	Erzeugt neues Bitset durch bitweise Oder-Operation.
bs1 ^ bs2	Erzeugt neues Bitset durch bitweise Entweder-oder-Operation.
bs << n	Erzeugt neues Bitset durch Bitshift nach links.

bs >> n	Erzeugt neues Bitset durch Bitshift nach rechts.
bs1 == bs2	Testet zwei Bitsets auf Gleichheit.
bs1 != bs2	Testet zwei Bitsets auf Ungleichheit.
bs1 = bs2	Zuweisungsoperation

Die Operationen lehnen sich unmittelbar an die aus der C-Programmierung bekannten Bit-Operationen an. Die miteinander verknüpften Bitsets müssen dabei immer gleich viele Bits haben.

Bitsets werden recht selten verwendet, da man sie mit den Grunddatentypen (unsigned long) und den Bitoperationen in der Regel für bis zu 32 Bits aufwandsarm selbst implementieren kann.

23.4 Dynamische Arrays (vector)

Dynamische Arrays sind Reihungen von gleichartigen Daten, die sich zur Laufzeit an unterschiedliche Größenanforderungen anpassen, ohne dass man die Speicherverwaltung (zum Beispiel durch realloc) explizit übernehmen muss. Dynamische Arrays bieten einen wahlfreien Zugriff auf die einzelnen Elemente der Reihung und ähneln in vielerlei Hinsicht den Strings. Strings verwalten intern eine Aneinanderreihung von Zeichen. In Erweiterung dessen kann ein dynamischer Array jedoch über einem beliebigen Datentyp aufgebaut werden. Wir wollen im Folgenden eine einfache Klasse test betrachten, die hier nur den Zweck hat, als Grunddatentyp für dynamische Arrays zu dienen:

```
class test
    {
    private:
        int x;
    public:
        test(int xx = 0){ x = xx;}
        void setx( int xx){ x = xx;}
        int getx(){ return x;}
    };
```

Suchen Sie keinen tieferen Sinn in dieser Klasse, die intern eine ganze Zahl x verwaltet und über Memberfunktionen sowohl lesenden (getx) als auch schreibenden (setx) Zugriff auf diese Zahl gestattet.

Um dynamische Arrays, die auch als Vektoren bezeichnet werden, verwenden zu können, müssen Sie die Headerdatei `vector` includieren. Zusätzlich sollten Sie den Namensraum `std` importieren:

```
# include <vector>
using namespace std;
```

23.4.1 Konstruktion

Dynamische Arrays werden durch ein Template realisiert. Nur so kann man erreichen, dass Arrays generisch über unterschiedlichsten Basistypen erzeugt werden können.

Zur Konstruktion eines dynamischen Arrays oder Vektors gibt es verschiedene Möglichkeiten. Zum Beispiel kann man einen leeren Vektor über der Klasse `test` anlegen:

```
vector<test> v1;
```

Alternativ kann man den Array bereits mit einer bestimmten Elementzahl (hier 100) initialisieren:

```
vector<test> v2( 100);
```

Diese beiden Initialisierungen funktionieren natürlich nur, wenn ein parameterloser Konstruktor oder der Default-Konstruktor zur Konstruktion von Instanzen der Klasse `test` verwendet werden kann. Ansonsten muss für eine korrekte Initialisierung der zugrunde liegenden Klasse durch einen geeigneten Konstruktor gesorgt werden. Dazu verwendet man üblicherweise einen expliziten Konstruktoraufruf:

```
vector<test> v4( 100, test(17));
```

In unserem Falle kann der Konstruktor aber auch implizit aufgerufen werden:

```
vector<test> v3( 100, 17);
```

Beachten Sie, dass wir ja auch

```
test t = 17;
```

schreiben könnten. Das heißt, dass unsere Klasse auch durch einen Zahlenwert initialisiert werden kann. Der Konstruktor mit der Schnittstelle `test(int xx = 0)` macht dies möglich.

Man muss übrigens nicht eigens eine Klasse als Basisklasse für einen dynamischen Array einrichten. Man kann einen `vector` auch direkt über einem der Grunddatentypen wie `int` oder `float` erzeugen:

```
vector<int> iv;
vector<float> fv(1000);
```

Man macht das sogar sehr häufig, da dynamische Zahlenspeicher bei der Programmierung sehr hilfreich sind.

23.4.2 Zugriff

Analog zu Strings ermittelt man die Anzahl der Elemente in einem dynamischen Array mit der `size`-Funktion:

```
vector<test> v( 100);
int l;

l = (int)v.size();
```

Ich habe das Ergebnis hier wieder direkt in `int` umgewandelt. Der eigentliche Rückgabetyp der `size`-Funktion ist `vector::size_type`.

Ob ein dynamischer Array leer ist, kann man mit der `empty`-Funktion testen:

```
vector<test> v;

if( v.empty())
    ... // Array ist leer
```

Der Zugriff auf die einzelnen Elemente eines dynamischen Arrays erfolgt wahlfrei über einen Index mit dem `[]`-Operator oder mit der `at`-Funktion:

```
vector<test> v( 100);
int l;

l = (int)v.size();

for( int i = 0; i < l; i++)
    v[i].setx( i);

for( int i = 0; i < l; i++)
    v.at(i).setx( i);
```

Der Ausdruck `v[i]` beziehungsweise `v.at(i)` ist eine Referenz auf den Basistyp (hier `test`) und erlaubt alle Manipulationen, die auf dem Basistyp möglich sind.

In unserem Beispiel rufen wir die `setx`-Funktion auf. Der Unterschied zwischen den beiden Zugriffsarten besteht darin, dass der Zugriff über den `[]`-Operator keine Bereichsprüfungen beinhaltet und das Programm bei einer Bereichsverletzung unkontrolliert abstürzt, während der Zugriff über die `at`-Funktion im Fall einer Bereichsverletzung eine `out_of_range`-Exception wirft. Dieses Verhalten kennen Sie bereits von den Strings. Anders als Strings kennen Vektoren aber noch Funktionen zum Zugriff auf das erste (`front`) und letzte (`back`) Element des Arrays:

```
vector<test> v( 100);

v.front().setx( 123); // v[0]
v.back().setx( 456);  // v[99]
```

Beachten Sie in diesem Zusammenhang auch noch einmal, dass die Elemente in einem Array mit 100 Elementen von 0 bis 99 nummeriert sind.

23.4.3 Iteratoren

Iteratoren dienen in dynamischen Arrays zur Positionierung und zum Durchlaufen des gesamten Arrays oder von Teilen des Arrays. Wie bei Strings gibt es Vorwärts- und Rückwärtsiteratoren sowie die Funktionen `begin`, `end`, `rbegin` und `rend` zur Positionierung von Iteratoren auf den Anfang beziehungsweise das Ende des Arrays. In Bewegung und Zugriff simulieren die Iteratoren dann Zeiger, sodass sie zum Beispiel in der folgenden Weise benutzt werden können:

```
vector<test> v( 100);

vector<test>::iterator it;   // Vorwaerts-Iterator

for( it = v.begin(); it != v.end(); it++)   // Vorwaerts-Iteration
    it->setx( 123);

vector<test>::reverse_iterator rit;   // Rueckwaerts-Iterator

for( rit = v.rbegin(); rit != v.rend(); rit++)   // Rueckwaerts-
                                                 // Iteration
    rit->setx( 123);
```

Es handelt sich um Random-Access-Iteratoren, sodass Sie über die Iteratoren wahlfrei auf die Daten des Arrays zugreifen können. Diese Art des Zugriffs kennen Sie bereits von Strings und bedarf keiner weiteren Erklärung.

23.4.4 Manipulation

In diesem Abschnitt werden wir die folgenden Funktionen zur Manipulation von Vektoren besprechen:

operator=	Zuweisung durch =-Operator
assign	Zuweisung durch Funktion
insert	Einsetzen eines Arrays in einen Array
erase	Löschen eines Teils eines Arrays
swap	Vertauschen von Arrays
pop_back	Verwendung eines Arrays als Stack, Anfügen am Ende
push_back	Verwendung eines Arrays als Stack, Entfernen vom Ende
clear	Löschen des gesamten Inhalts

Die einfachste Möglichkeit, einen dynamischen Array zu verändern, besteht darin, ihm Daten aus einem anderen Array zuzuweisen. Dazu verwendet man den =-Operator oder die `assign`-Funktion. Die zugewiesenen Daten müssen natürlich »passen«. Das heißt, dass eine elementweise Zuweisung, also eine Zuweisung der Basistypen, möglich sein muss. Dies ist zum Beispiel gewährleistet, wenn beide Arrays den gleichen Basistyp haben. Das muss aber nicht der Fall sein. Die Arrays müssen auch nicht gleich viele Elemente haben, um eine Zuweisung durchzuführen. Einige Beispiele:

```
vector<test>v1( 10 );
vector<test>v2( 50 );

v1 = v2;
v1.assign( v2.begin()+5, v2.end()-1 );
```

Im zweiten Fall wird der zuzuweisende Bereich durch Iteratoren ausgewählt.

Da wir dem Basistyp `test` einen `int`-Wert zuweisen können, ist auch eine Zuweisung von Teilen eines dynamischen `int`-Arrays möglich:

```
vector<test>v1( 10 );
vector<int> v3(100);

v1.assign( v3.begin()+5, v3.end()-1 );
```

Es lassen sich auch Elemente aus einem »gewöhnlichen« Array über Zeiger zuweisen, sofern die Zuweisung von einzelnen Elementen gewährleistet ist:

```
vector<test>v1( 10 );

test a[50];
v1.assign( a+1, a+10 );

int b[50];
v1.assign( b, b+10 );
```

Beim Zuweisen wird der bestehende Inhalt durch den neuen Inhalt ersetzt. Man kann den neuen Inhalt aber auch an einer bestimmten Stelle in den bestehenden Array einsetzen. Dazu verwendet man die Funktion insert. Natürlich muss man dann zusätzlich die Position angeben, an der die Daten eingefügt werden sollen:

```
vector<test>v1( 10 );
test t = 4711;

v1.insert( v1.begin()+1, t );       // Fuege t an Position 1
ein
v1.insert( v1.begin()+1, 12, t ); // Fuege 12 mal t ab
Position 1 ein
```

In unserem speziellen Fall geht das auch mit ganzen Zahlen, die ja implizit in ein Objekt vom Typ test umgewandelt werden können:

```
vector<test>v1( 10 );

v1.insert( v1.begin()+1, 123 );
v1.insert( v1.begin()+1, 12, 123 );
```

Abschnitte aus dynamischen oder statischen Arrays kann man einfügen, sofern die Elementtypen passen:

```
vector<test>v1( 10 );

vector<test>v2( 100 );
v1.insert( v1.begin()+1, v2.begin(), v2.end() );

test a[50];
v1.insert( v1.begin()+1, a, a+10 );

int b[50];
v1.insert( v1.begin()+1, b, b+10 );
```

In dynamischen Arrays erfolgen die Positionsangaben durch Iteratoren in statischen Arrays durch Zeiger. Die hinter der Einsetzposition gegebenenfalls vorhandenen Elemente werden beim Einsetzen der neuen Elemente im Array nach hinten geschoben. Der Array vergrößert sich entsprechend.

Um Elemente aus einem dynamischen Array zu entfernen, verwendet man die erase-Funktion. Man kann dazu eine einzelne Position oder einen Bereich angeben. Mit einer einzelnen Position sieht die Löschanweisung dann so aus:

```
vector<test>v1( 10);

v1.erase( v1.begin()+3);
```

Das Arrayelement an der betroffenen Position (hier 3) wird dann entfernt. Nachfolgende Elemente rücken um eine Position auf.

Man kann beim Löschen auch einen Bereich angeben:

```
vector<test>v1( 10);

v1.erase( v1.begin(), v1.begin()+3);
```

Entfernt werden dann alle Elemente ab der erstgenannten Position bis zur, aber nicht einschließlich der zweitgenannten Position. In dem obigen Beispiel werden also die Positionen 0, 1 und 2 im Array gelöscht. Nachfolgende Positionen rücken entsprechend auf, und der Array verkleinert sich entsprechend.

Zum Löschen von Daten dient auch die clear-Funktion. Die clear-Funktion ist jedoch parameterlos und löscht den Inhalt des gesamten Arrays:

```
vector<test>v1( 10);

v1.clear();
```

Will man den Inhalt zweier Arrays tauschen, ohne aufwändig Elementkopien zu erstellen, verwendet man die swap-Funktion:

```
vector<test>v1( 10);
vector<test>v2( 100);

v1.swap( v2);
```

Es gibt zwei spezielle Funktionen, die es ermöglichen, einen dynamischen Array als Stack zu benutzen. Es handelt sich um die Funktionen push_back und pop_back. Mit push_back wird ein Element am Ende des Arrays angefügt, mit pop_back wird das letzte Element eines Arrays entfernt und beseitigt. Das folgende Beispiel zeigt die Verwendung dieser beiden Funktionen:

```
vector<test>v;
test t;


v.push_back( t);
v.pop_back();
```

Das Objekt t, oder besser gesagt eine Kopie des Objekts t, wird auf den Stack gelegt und sofort danach wieder vom Stack entfernt und beseitigt (Destruktoraufruf). Beide Funktionen haben keinen Returnwert. Zum Zugriff auf das oberste Element des Stacks kann die Funktion back verwendet werden.

Mit der Verwendung von dynamischen Arrays und auch Listen als Stacks werden wir uns noch in einem gesonderten Abschnitt beschäftigen.

23.4.5 Speichermanagement

Das Speichermanagement von dynamischen Arrays entspricht dem von Strings, und auch die Funktionen zur Unterstützung des Speichermanagements sind dieselben. Genauere Informationen über die inhaltliche Bedeutung der Funktionen

▶ resize

▶ capacity

▶ reserve

finden Sie daher im Abschnitt über das Speichermanagement von Strings.

23.5   Beidseitige Warteschlangen (deque)

Vektoren sind sehr geeignete Datenstrukturen, wenn man auf einen wahlfreien Zugriff großen Wert legt. Ein effizientes Einfügen neuer Elemente ist allerdings nur am Ende möglich, da Einfügungen am Anfang oder im Inneren zu unter Umständen umfangreichen Verschiebeoperationen führen. Listen ermöglichen effiziente Einfügungen an beliebiger Stelle, sind aber ineffizient, wenn es um wahlfreien Zugriff geht. Zwischen Listen und Vektoren liegen die sogenannten **Dequeues** (Double Ended Queues), die einerseits einen wahlfreien Zugriff und andererseits ein effizientes Einfügen am Anfang und am Ende ermöglichen. Dequeues sind intern aufwändiger konstruiert als Vektoren, da sie ihre Daten nicht in einem fortlaufenden Speicherbereich ablegen.[2] Das soll uns aber nicht bekümmern, da uns nur die Schnittstelle interessiert, durch die wir die Dequeue bedienen. Wichtig ist, dass eine Dequeue eine dynamische Struktur mit wahlfreiem Zu-

---

2. Dann wäre ein effizientes Einfügen am Anfang nicht möglich.

griff ist, bei der effizient am Anfang und am Ende Elemente eingefügt werden können.

Dequeues sind von ihrer Schnittstelle her fast identisch mit Vektoren. Ich werde daher nur auf die wenigen Unterschiede eingehen, die hier bestehen. Ansonsten verweise ich auf den Abschnitt über Vektoren.

Um Dequeues zu verwenden, müssen Sie die zugehörige Headerdatei includieren:

```
# include <deque>
using namespace std;
```

Konstruiert werden Dequeues wie Arrays über einem Basisdatentyp. Mit der Basisstruktur `test` aus dem Abschnitt über Vektoren kann eine Dequeue in der folgenden Weise konstruiert werden:

```
deque<test> dq;
```

Alle im Kapitel über Vektoren angesprochenen Instantiierungsvarianten sind hier, sinngemäß übertragen, ebenfalls zulässig.

Eine Dequeue ermöglicht das effiziente Einfügen von Elementen auch am Anfang. Dies geschieht über die Funktionen `push_front` und `pop_front`, die zusätzlich zu den Funktionen `push_back` und `pop_back` verfügbar sind und analog zu diesen verwendet werden:

```
deque<test>dq;
test t;

dq.push_front( t);
dq.pop_front();
```

Mit den Push- und Pop-Funktionen ist eine Dequeue sozusagen von beiden Enden her als Stack verwendbar.

Das waren auch schon die wesentlichen Unterschiede. Erwähnt werden sollte noch, dass bei Dequeues, wegen der von Vektoren verschiedenen internen Speicherorganisation, die Speichermanagement-Funktionen `reserve` und `capacity` nicht verfügbar sind.[3]

Alles Weitere über Dequeues schlagen Sie bitte im vorherigen Abschnitt über Vektoren nach.

---

3. Es müsste ja jeweils ein rechtsseitiges und ein linksseitiges `reserve` beziehungsweise `capacity` geben.

23.6   Listen (list)

Listen kommen in der Programmierung häufig dann zum Einsatz, wenn große Mengen von Objekten mit häufigen Einsetz- und Löschoperationen verwaltet und vorrangig sequentiell verarbeitet werden. Wir hatten bei der Einführung von Listen zwischen einfach und doppelt verketteten Listen unterschieden. Die C++-Standardbibliothek kennt nur doppelt verkettete Listen und verwendet dafür den Datentyp list. Um diese Listen in Ihren Programmen verwenden zu können, sollte Ihr Programm am Anfang die beiden folgenden Zeilen enthalten:

```
# include <list>
using namespace std;
```

Eine Liste verwaltet einen Datentyp und muss daher über einem Datentyp konstruiert werden. Wir verwenden hier wieder den Datentyp test, den Sie schon aus den vorigen Abschnitten kennen.

23.6.1 Konstruktion

Die einfachste Form, eine Liste zu konstruieren, ist:

```
list<test> l;
```

Diese Zeile erzeugt eine leere Liste l, in der Instanzen der Klasse test verwaltet werden können. Die Anweisung

```
list<test> l(1000);
```

erzeugt eine Liste von 1000 Elementen vom Typ test. Dies funktioniert natürlich nur, wenn die entsprechenden Objekte parameterlos konstruiert werden können. In unserem Beispiel ist das gewährleistet. Man kann die Listenelemente auch durch einen Integerwert oder durch einen expliziten Konstruktoraufruf initialisieren:

```
list<test> l1( 1000, 123);
list<test> l2( 1000, test(123));
```

Diese Beispiele hatten Sie ja auch bei den anderen Containertypen bereits gesehen.

Zur Konstruktion einer Liste kann man auch eine andere Liste verwenden:

```
list<test> l1( 1000, 123);

list<test> l2 = l1;
list<test> l3( l1);
list<test> l4( l1.begin(), l1.end());
```

Im vorangehenden Beispiel werden die Listen i2, 13 und 14 jeweils als Kopien der Liste 11 erzeugt. Im letzten Fall muss der Basistyp nicht identisch sein: Hauptsache, die Zuweisung der verwendeten Basistypen lässt sich durchführen:

```
list<int> 11( 1000, 123);

list<test> 14( 11.begin(), 11.end());
```

23.6.2 Zugriff

Die Anzahl der Elemente in einer Liste erhält man, wie bei anderen Containern auch, über die size-Methode:

```
list<test> 1( 100);
int l;

l = (int)l.size();
```

Der eigentliche Rückgabetyp (list::size_type) wird dabei üblicherweise in int oder unsigned int gecastet.

Natürlich gibt es bei Listen, wie bei anderen Containern auch, die Möglichkeit, zu testen, ob eine Liste leer ist:

```
list<test> 1;

if( 1.empty())
    ... // Liste ist leer
```

Da Listen keinen wahlfreien Zugriff kennen, gibt es einen direkten Zugriff nur auf das erste beziehungsweise letzte Element der Liste. Die Memberfunktionen front und back liefern Referenzen auf das erste beziehungsweise letzte Element einer Liste. Die folgenden Beispiele zeigen die Verwendung dieser Funktionen:

```
list<test> 1(1000);

test& t1 = 1.front();
test& t2 = 1.back();

t1.setx( t2.getx());
1.back().setx( 123);
```

23.6.3 Iteratoren

Die wichtigste Operation auf Listen ist die Iteration, also das systematische Durchlaufen der Liste. Iteratoren sind bei Listen allerdings nicht so mächtig wie bei Arrays oder Strings, da es sich um bidirektionale Iteratoren und nicht um Random-Access-Iteratoren handelt. Ein Iterator auf einer Liste kann nur das, was auch ein Zeiger in einer doppelt verketteten Liste könnte. Operationen zum Addieren eines beliebigen Offsets zu einem Iterator oder zum Vergleich (<, <=) zweier Iteratoren sind bei Listen zwar grundsätzlich denkbar, aber im Vergleich zu Arrays nur sehr ineffizient zu implementieren. Wenn man solche Operationen benötigt, sollte man sich fragen, ob man den richtigen Containertyp gewählt hat und ob man nicht doch einen Container mit wahlfreiem Zugriff verwenden sollte. Für Listen-Iteratoren werden die Operationen von bidirektionalen Iteratoren unterstützt. Diese sind:

=	Zuweisung
==	Vergleich auf Gleichheit
!=	Vergleich auf Ungleichheit
++	Nächstes Listenelement
--	Vorheriges Listenelement
*	Zugriff auf Listenelement
->	Zugriff in Listenelement

Das sind genau die Operationen, die auch bei Listen, so wie wir sie im Rahmen der C-Programmierung kennen gelernt hatten, sinnvoll waren. Ein expliziter Zugriff auf die internen Verkettungsfelder einer Liste ist hier natürlich nicht möglich und auch nicht wünschenswert, da dies ja einer destruktiven Verwendung Tür und Tor öffnen würde.

Die Operatoren ++ und -- können sowohl in Präfix- (++p, --p) als auch in Postfix-Notation (p++, p--) verwendet werden.

Einen Iterator legt man in unserem Beispiel wie folgt an:

```
list<test> l(1000);
list<test>::iterator it;
```

Der Iterator kann dann zum Beispiel auf das erste Element der Liste gesetzt werden:

```
it = l.begin();
```

Danach kann man etwa mit dem ++-Operator durch die Liste iterieren:

```
list<test> l(1000);

list<test>::iterator it;

for( it = l.begin(); it != l.end(); it++)
    it->setx( 123);
```

Natürlich gibt es auch Rückwärtsiteratoren und die Listenmember rbegin und
rend, mit denen man Rückwärtsläufe durch die Liste realisieren kann:

```
list<test> l(1000);

list<test>::reverse_iterator rit;

for( rit = l.rbegin(); rit != l.rend(); rit++)
    rit->setx( 123);
```

Durch Iteratoren werden Bereiche in Listen abgesteckt. Viele der nachfolgend beschriebenen Listenfunktionen arbeiten auf Teilbereichen von Listen. Diese Teilbereiche werden dann dadurch festgelegt, dass man zwei Iteratoren als Parameter
an die Funktion übergibt. Der erste legt die Anfangsposition, der zweite die Endposition in der Liste fest. Der gewählte Teilbereich versteht sich dann einschließlich der Anfangs- und ausschließlich der Endposition. Beachten Sie in diesem Zusammenhang, dass die Iteratoren end und rend bereits außerhalb des gültigen
Listenbereichs liegen und dass ein Zugriffsversuch über diese Iteratoren zu einem
Fehler führt.

23.6.4 Manipulation

Es gibt zahlreiche Funktionen zur Manipulation von Listen. Bevor wir uns mit
den Details beschäftigen, verschaffen wir uns einen Überblick:

operator=	Zuweisung einer Liste
assign	Zuweisung einer Liste oder eines Teiles einer Liste
push_front	Neues Element am Anfang einfügen
pop_front	Element am Anfang entfernen
push_back	Neues Element am Ende anfügen
pop_back	Element am Ende entfernen
insert	Elemente oder Teile anderer Listen in eine Liste einfügen
erase	Löschen von Elementen oder Bereichen von Elementen

clear	Löschen aller Elemente
swap	Vertauschen zweier Listen
reverse	Umkehren einer Liste
splice	Einfügen von Elementen aus einer Liste in eine andere Liste
remove	Entfernen von allen Elementen, die mit einem bestimmten Objekt übereinstimmen
unique	Beseitigen von aufeinanderfolgenden Duplikaten
remove_if	Beseitigen von Elementen, die einer bestimmten Bedingung genügen
sort	Sortieren einer Liste
merge	Zwei sortierte Listen ineinandermischen

Diese Funktionen wollen wir im Weiteren besprechen.

Zuweisungen von Listen an Listen können mit dem =-Operator oder der assign-Funktion durchgeführt werden. Dazu einige Beispiele:

```
list<test> l(1000);
list<test> l1, l2, l3, l4;
test t(4711);

l1 = l;
l2.assign( ++l.begin(), --l.end());
l3.assign( 20, t);
l4.assign( 20, 123);
```

Im ersten Fall (l1) wird eine komplette Liste, im zweiten Fall (l2) ein durch Iteratoren eingegrenzter Bereich einer bestehenden Liste zugewiesen. Dabei werden Kopien der entsprechenden Daten aus l erstellt. Im dritten Fall (l3) wird eine Liste mit 20 Elementen erzeugt, die alle mit t initialisiert werden. Im letzten Fall (l4) wird ebenfalls eine Liste mit 20 Elementen erzeugt, die durch den Konstruktoraufruf test(123) initialisiert werden.

Mit den »Stack-Operationen« push_front, pop_front, push_back und pop_back kann man Elemente am Anfang (front) oder Ende (back) einer Liste einfügen (push) oder entfernen (pop):

```
list<test> l(1000);
test t(123);

l.push_front( t);   // t am Anfang anfuegen
l.push_back( t);    // t am Ende anfuegen
```

```
l.pop_front();      // Erstes Listenelement entfernen
l.pop_back();       // Letztes Listenelement entfernen
```

Später werden wir sehen, wie man diese Funktionen benutzt, um einen Stack auf einer Liste aufzubauen.

Zum Einfügen von Elementen in eine Liste verwendet man die insert-Funktion, die es in drei Varianten gibt:

```
list<test> l(1000);
list<test> ll(10);
test t(123);

l.insert( l.begin(), t);
l.insert( l.begin(), 7, t);
l.insert( l.begin(), ll.begin(), ll.end());
```

Gemeinsam ist allen drei Varianten, dass als erster Parameter eine durch einen Iterator festgelegte Einfügeposition übergeben wird. Im ersten Fall wird dann das Element t, im zweiten Fall 7-mal das Element t und im dritten Fall ein bestimmter Bereich aus der Liste ll an der gewählten Position eingefügt.

Um Elemente aus einer Liste zu entfernen, verwendet man die Funktionen erase beziehungsweise clear. Beide Funktionen rufen die Destruktoren der zu entfernenden Elemente auf, sodass Sie davon ausgehen können, dass die Elemente ordnungsgemäß entsorgt werden. Einige Beispiele:

```
list<test> l(10);

l.erase(l.begin());               // Loesche das erste Element
l.erase(++l.begin(),--l.end());   // Loesche alles bis auf
                                  // Anfang u. Ende

l.clear();                        // Loesche alles
```

Wie Sie sehen, kann bei erase ein Element an einer bestimmten Position oder ein bestimmter Bereich von Elementen gelöscht werden. Positionen und Bereich sind dabei immer durch Iteratoren spezifiziert. Die Funktion clear benötigt keinen Parameter und löscht alle Elemente der Liste. Beachten Sie, dass die Liste selbst dabei nicht gelöscht wird. Sie kann, zum Beispiel durch Einfügen neuer Elemente, weiter genutzt werden.

Das Umkopieren von Daten ist bei Listen im Vergleich zu Arrays sehr effizient zu realisieren, da bei Listen keine kompletten Datenstrukturen, sondern nur Zeiger

kopiert werden müssen. Die Funktion `swap` ermöglicht das Vertauschen zweier
Listen, `reverse` kehrt eine ganze Liste um, und `splice` tauscht listenübergrei-
fend Elemente aus:

```
list<test> l1(10);
list<test> l2(100);

l1.splice( l1.end(), l2);
l1.splice( l1.end(), l2, l2.begin());
l1.splice( l1.end(), l2, --l2.begin(), --l2.end());
```

Die erste `splice`-Anweisung fügt die Elemente der Liste `l2` am Ende der Liste
`l1` an. Die Liste `l2` ist anschließend leer. Die zweite `splice`-Anweisung fügt das
erste Element der Liste `l2` am Ende der Liste `l1` an. Das gewählte Element wird
dabei aus der Liste `l2` entfernt. Die dritte `splice`-Anweisung fügt alle Elemente
des gewählten Bereichs am Ende der ersten Liste an. Diese Elemente verschwinden aus der zweiten Liste, sodass diese nach der Operation nur noch das erste und
das letzte Element enthält.

Die Funktionen `swap` und `reverse` verstehen sich von selbst:

```
l1.swap( l2); // Tausche Liste l1 mit l2
l1.reverse(); // Kehre Liste l1 um
```

Für die nun folgenden Beispiele wollen wir die Klasse `test` mit einigen Zusatz-
funktionen – oder besser gesagt mit zwei zusätzlichen Operatoren – ausstatten,
um Objektvergleiche zu ermöglichen.

```
class test
    {
    private:
        int x;
    public:
        test( int xx = 0){ x = xx;}
        void setx( int xx){ x = xx;}
        int getx() const { return x;}
        bool operator==( const test& cmp) {return x == cmp.x;}
        bool operator<( const test& cmp) const {return x < cmp.x;}
    };
```

Dabei handelt es sich um die Operatoren `==` und `<`, die prüfen, ob eine entsprechende Beziehung zwischen den x-Membern zweier Objekte vom Typ `test` besteht. Mit diesen Ergänzungen wird es möglich, Vergleiche der folgenden Art anzustellen:

```
test t1 = 7;
test t2 = 12;

if( t1 == t2)
    ...

if( t1 < t2)
    ...
```

Wir wollen solche Vergleiche nicht explizit anstellen, sondern Listenfunktionen verwenden, die diese Vergleiche implizit ausführen. Diese Funktionen sind: remove, unique, sort und merge. Damit wir diese Funktionen in ihrem Verhalten untersuchen können, erstellen wir einen Testrahmen:

```
list<test> l;
list<test>::iterator it;

for( int i = 9; i >= 0; i--)
    l.push_back( i/2);

cout << "vorher:   ";
for( it = l.begin(); it != l.end(); it++)
    cout << *it << ' ';
cout << '\n';

// Hier kommt die zu testende Listenfunktion hin

cout << "nachher: ";
for( it = l.begin(); it != l.end(); it++)
    cout << *it << ' ';
cout << '\n';
```

Im Testrahmen wird eine Liste l erstellt und mit Werten gefüllt. Dann wird sie zweimal ausgegeben. Zwischen den beiden Ausgaben werden wir die zu untersuchenden Listenfunktionen aufrufen. Da dort noch kein Funktionsaufruf steht, erhalten wir zweimal die gleiche Ausgabe:

```
vorher:  4 4 3 3 2 2 1 1 0 0
nachher: 4 4 3 3 2 2 1 1 0 0
```

Die remove-Funktion dient dazu, alle Objekte, die mit einem bestimmten Objekt übereinstimmen, aus der Liste zu entfernen. Ein Aufruf von

```
l.remove( 3);
```

oder

```
l.remove( test(3));
```

in unserem Testrahmen führt zu der folgenden Ausgabe:

```
vorher:  4 4 3 3 2 2 1 1 0 0
nachher: 4 4 2 2 1 1 0 0
```

Sie sehen, dass die Objekte, die gleich dem übergebenen Parameter sind, aus der Liste entfernt wurden. Die Objekte werden dabei auch beseitigt, das heißt, ihr Destruktor wird aufgerufen. Um zu entscheiden, ob ein Objekt gelöscht werden soll, wird der ==-Operator der zugrunde liegenden Klasse test aufgerufen.

Die Funktion unique sorgt für eine Bereinigung der Liste. Ein Aufruf von

```
l.unique();
```

sorgt dafür, dass Folgen von mehrfach hintereinander vorkommenden gleichen Elemente in der Liste auf ein Element reduziert werden. In unserem Beispiel ergibt sich dadurch die Ausgabe:

```
vorher:  4 4 3 3 2 2 1 1 0 0
nachher: 4 3 2 1 0
```

Auch hier werden die aus der Liste entfernten Objekte ordnungsgemäß beseitigt. Beachten Sie, dass unique nur auf unmittelbar hintereinander stehende Listenelemente wirkt. Das heißt, eine Liste mit der Elementfolge »1 2 3 1 2 3« wird nicht bereinigt. Andererseits werden auch mehr als zwei aufeinanderfolgende gleiche Elemente reduziert, sodass aus der Liste »1 2 2 2 3« die Liste »1 2 3« werden würde.

Durch einen Aufruf von

```
l.sort()
```

wird eine Liste sortiert. In unserem Testrahmen führt das zu dieser Ausgabe:

```
vorher:  4 4 3 3 2 2 1 1 0 0
nachher: 0 0 1 1 2 2 3 3 4 4
```

Zum Sortieren wurde dabei der <-Operator der Klasse test verwendet.

Mit der Funktion merge kann man zwei sortierte Listen ineinander mischen. Wir legen zu Testzwecken eine weitere Liste l2 an und initialisieren diese mit Werten von 9 bis 0:

```
list<test> 12;

for( int i = 9; i >= 0; i--) // 9 8 7 6 5 4 3 2 1 0
    12.push_back( i);
```

Wenn wir die Listen 11 und 12 zunächst getrennt sortieren und dann 12 in 11 mischen ...

```
1.sort();      // 1  = 0 0 1 1 2 2 3 3 4 4
12.sort();     // 12 = 0 1 2 3 4 5 6 7 8 9
1.merge( 12);  // 1  = 0 0 0 1 1 1 2 2 2 3 3 3 4 4 4 5 6 7 8 9
```

erhalten wir das folgende Ergebnis:

```
vorher:  4 4 3 3 2 2 1 1 0 0
nachher: 0 0 0 1 1 1 2 2 2 3 3 3 4 4 4 5 6 7 8 9
```

Beachten Sie, dass die in den Mischprozess eingehenden Listen sortiert sein sollten, da sich sonst kein sinnvolles Ergebnis einstellt.

Wir kehren noch einmal zur Funktion remove zurück. In vielen Fällen ist diese Funktion unzureichend, weil man nicht Elemente entfernen will, die gleich einem bestimmten Element sind, sondern Elemente, die einer bestimmten Bedingung genügen. Zum Beispiel möchte man aus unserer Liste 1 alle Elemente entfernen, deren x-Member einen Wert größer als 2 hat. Die remove-Funktion ist dazu nicht geeignet. In solchen Fällen kann man die Funktion remove_if verwenden. Dieser Funktion muss man aber ein sogenanntes **Prädikat** übergeben. Unter einem Prädikat verstehen wir eine boolesche Funktion, die im Einzelfall entscheidet, ob ein Element gelöscht werden soll oder nicht. Wir erstellen daher zunächst ein Prädikat (greater2) für die oben genannte Löschbedingung »x > 2«. Das ist ganz einfach:

```
bool greater2( test& t)
    {
    return t.getx() > 2;
    }
```

Jetzt können wir die Funktion remove_if wie folgt in unserem Testrahmen verwenden, indem wir das Prädikat als Parameter übergeben:

```
1.remove_if( greater2);
```

Jetzt werden alle Elemente gelöscht, für die das Prädikat true zurückmeldet. Das sind natürlich alle Listenelemente mit x > 2:

```
vorher:  4 4 3 3 2 2 1 1 0 0
nachher: 2 2 1 1 0 0
```

Manchmal möchte man mehr Flexibilität beim Entfernen der Objekte haben, als ein solches Pädikat zulässt. Zum Beispiel möchte man alle Elemente entfernen, die größer als eine Zahl min sind, die sich erst zur Laufzeit ergibt. Das könnte man bei einem Prädikat nur durch eine globale Variable, also durch einen Seiteneffekt, lösen:

```
int min = 2;

bool greater2( test& t)
    {
    return t.getx() > min;
    }
```

Durch Ändern des Variablenwerts könnte man dann das Prädikat konfigurieren. Die Verwendung von Seiteneffekten verletzt allerdings die Grundsätze des objektorientierten Programmierens. Es sollte daher versucht werden, das Prädikat und die Variable zur Konfiguration des Prädikats in einer Klasse zu kapseln. Das sieht dann zum Beispiel so aus:

```
class greater_min
    {
    private:
        int min;
    public:
        greater_min( int m) {min = m;}
        bool operator() (test& t){ return t.getx() > min;}
    };
```

Aus der globalen Variable min ist eine private Membervariable der Klasse greater_min geworden. Diese muss im Konstruktor der Klasse initialisiert werden. Aus dem Prädikat ist eine Überladung des ()-Operators geworden. Beachten Sie, dass man jetzt eine Instanz (cmp) dieser Klasse erzeugen und dann das Prädikat in folgender Weise mit einem Testobjekt (t) aufrufen kann:

```
test t = 27;
greater_min cmp( 25);

if( cmp( t))
    cout << "Wert ist groesser als min\n";
```

Wir wollen das Prädikat aber nicht explizit aufrufen, sondern implizit von der remove_if-Funktion aufrufen lassen. Dazu übergeben wir eine Instanz der Klasse greater_min an die Funktion remove_if:

```
l.remove_if( greater_min(2));
```

Als Ergebnis erhalten wir wieder eine Liste, die nur Elemente mit x <= 2 enthält:

```
vorher:   4 4 3 3 2 2 1 1 0 0
nachher:  2 2 1 1 0 0
```

Der Gewinn besteht darin, dass wir jetzt den Regeln der Objektorientierung folgen und den Minimalwert, der zum Vergleich verwendet wird, konfigurieren können.

Prädikate können auch mit den Funktionen unique, sort und merge verwendet werden, Klassen mit überladenem ()-Operator funktionieren im Zusammenspiel mit unique und sort. Diese Funktionen benötigen allerdings ein Prädikat beziehungsweise eine Überladung des ()-Operators mit zwei Parametern, da hier ja immer zwei Objekte miteinander verglichen werden müssen. Im Zusammenhang mit sort ist diese Art der Parametrierung besonders wertvoll, da man mit dieser Technik in der Lage ist, Listen nach beliebigen Kriterien zu sortieren. Zum Abschluss betrachten wir daher noch ein vollständiges Beispiel zum Sortieren einer Liste über eine Klasse mit überladenem ()-Operator. Zugrunde liegt dabei nach wie vor die Klasse test.

Zunächst erstellen wir eine Klasse für die Vergleiche:

```cpp
class cmp_class
    {
    private:
        int modus;
    public:
        cmp_class( int m){ modus = m;}
        bool operator() (test& t1, test& t2)
            {
            switch( modus)
                {
            case 0:
                return t1.getx() < t2.getx();
            case 1:
                return t1.getx()%2 < t2.getx()%2;
            case 2:
                return t1.getx()%3 < t2.getx()%3;
                }
            }
    };
```

Über die Membervariable modus können drei verschiedene Sortierungen eingestellt werden:

- ▶ 0 Sortierung aufsteigend nach Größe
- ▶ 1 Sortierung nach geradem/ungeradem Wert (Rest bei Division durch 2)
- ▶ 2 Sortierung aufsteigend nach Rest bei Division durch 3

Die folgende Hilfsfunktion setup dient dazu, eine Liste zu initialisieren. Dazu
werden die Listenelemente mit Werten von 9 bis 0 in absteigender Reihenfolge
an die Liste l angehängt:

```
void setup( list<test>& l)
   {
   for( int i = 9; i >= 0; i--)
       l.push_back( i);
   }
```

Die Funktion ausgabe gibt die Liste l in einer Zeile auf dem Bildschirm aus, wobei sie der Ausgabe noch einen Text (txt) voranstellt:

```
void ausgabe( list<test>& l, string txt)
   {
   list<test>::iterator it;

   cout << txt;
   for( it = l.begin(); it != l.end(); it++)
       cout << *it << ' ';
   cout << '\n';
   }
```

Wenn wir jetzt eine Liste erstellen, initialisieren, mit den verschiedenen Varianten
der Vergleichsfunktion sortieren und zwischendurch immer wieder ausgeben ...

```
list<test> l;

setup( l);
ausgabe( l, "eins: ");
l.sort( cmp_class(0));
ausgabe( l, "zwei: ");
l.sort( cmp_class(1));
ausgabe( l, "drei: ");
l.sort( cmp_class(2));
ausgabe( l, "vier: ");
```

erhalten wir die folgende Ausgabe:

```
eins: 9 8 7 6 5 4 3 2 1 0
zwei: 0 1 2 3 4 5 6 7 8 9
drei: 0 2 4 6 8 1 3 5 7 9
vier: 0 6 3 9 4 1 7 2 8 5
```

Sie sehen, dass wir die Liste sehr flexibel nach verschiedenen Kriterien sortieren können, wobei die Sortierung durch eine Klasse mit überladenem ()-Operator durchgeführt wird, der wir über einen Konstruktionsparameter mitteilen, welcher Sortiermodus zu wählen ist.

23.6.5 Speichermanagement

Mit der Funktion `resize` können Listen vergrößert oder auch verkleinert werden. Beim Vergrößern kann ein Initialwert beziehungsweise ein Initialobjekt für die neuen Listenelemente mitgegeben werden:

```
list<test> l(100);

l.resize( 50);          // Verkuerzung der Liste auf
                        // 50 Elemente
l.resize( 60, test(10)); // Verlaengerung auf 60
                        // mit Initialisierung
```

23.7   Stacks (stack)

Ein Stack ist eine Struktur zur Zwischenspeicherung von Daten, die nach dem LIFO-Prinzip (last in, first out) arbeitet. Wir haben diese Struktur mit ihren Grundoperationen `push` und `pop` bereits an anderer Stelle ausführlich diskutiert. Ich hatte auch schon erwähnt, dass man Vektoren, Dequeues und Listen wie Stacks verwenden kann. Bei einer solchen Nutzung verwendet man nur sehr eingeschränkt die Funktionalität des zugrunde liegenden Containers. Man benötigt genau genommen nur einen Container, der die folgenden Funktionen bereitstellt:

▶ `push_back` – füge ein Element am Ende an

▶ `pop_back` – entferne das Element am Ende

▶ `back` – gib mir das Element am Ende

Über diese Funktionen kann man dann einen Stack auf dem Container implementieren. Die Standardbibliothek enthält ein Template `stack`, das wie ein Adapter auf die Containerklassen Vektor, Dequeue und Liste gesetzt werden kann, damit diese dann wie ein Stack fungieren.

Zunächst muss man die Headerdatei `stack` includieren, um mit Stacks arbeiten zu können. Das sieht zum Beispiel so aus:

```
# include <string>
using namespace std;
```

Um dann einen Stack konkret einzurichten braucht man dreierlei:

1. eine Basisklasse, in der die eigentlichen Daten liegen

2. einen Container, der die Elemente der Basisklasse verwaltet

3. einen Stack-Adapter auf dem Container

Als Basisklasse verwenden wir wieder die Klasse `test`, an die ich hier noch einmal erinnere:

```
class test
    {
    private:
        int x;
    public:
        test(int xx = 0){ x = xx;}
        void setx( int xx){ x = xx;}
        int getx(){ return x;}
    };
```

Der einzige Sinn dieser Klasse ist, sich durch einen Container verwalten zu lassen. Auch das hatten wir in den vorherigen Abschnitten schon gesehen. Jetzt erzeugen wir einen Stack über einem Vektor, der als Basisklasse die Klasse `test` verwendet:

```
stack<test, vector<test>> vstack;
```

Völlig analog können wir einen Stack über einer Liste

```
stack<test, list<test>> lstack;
```

oder über einer Dequeue erzeugen:

```
stack<test, deque<test>> dstack;
```

Im Falle einer Dequeue kann man den zweiten Template-Parameter auch weglassen, da Dequeue bei der Instantiierung eines Stacks der Default ist:

```
stack<test> meinstack;
```

Häufig ist es einem völlig egal, auf welchem Containertyp der Stack aufgesetzt wird. Dann verwendet man die zuletzt gezeigte Form. Der Stack verbirgt den konkreten Containertyp vor dem Anwender. Dass ist ja auch richtig so. Denn, wenn ich den unterliegenden Container explizit verwenden würde, könnte ich ihn ja in seiner Funktion als Stack korrumpieren.

Man muss nicht eigens eine Klasse als Basisklasse einrichten. Man kann einen Stack auch über einem der Grunddatentypen wie int oder float erzeugen:

```
stack<int> istack;
stack<float, vector<float>> fstack;
```

Das macht man sogar sehr häufig so.

Zur Initialisierung eines Stacks kann man auch einen bereits existierenden Container benutzen. Es entsteht dann aber eine Kopie des Containers mit allem Inhalt. Man kann also einen Stack nicht auf einen bestehenden Container »aufpfropfen«.[4]

```
vector<test> v;
deque<test> d;
list<test> l;

stack<test, vector<test>> vs( v);
stack<test, deque<test>> ds( d);
stack<test, list<test>> ls( l);
```

Im Falle einer Dequeue, das ist ja der Default, kann man das wieder etwas vereinfachen:

```
deque<test> d;

stack<test> ds( d);
```

Sobald man einen Stack eingerichtet hat, kann man ihn über die folgenden Memberfunktionen bedienen:

push	Legt ein Element des Basistyps oben auf dem Stack ab.
pop	Entfernt das oberste Element vom Stack.
top	Erzeugt eine Referenz auf das oberste Element auf dem Stack.
size	Gibt die Anzahl der Elemente auf dem Stack zurück.
empty	Informiert darüber, ob der Stack leer ist.

---

4. Wenn man das will, sollte man den Container direkt wie einen Stack verwenden. Die Funktionen dazu sind ja da. Der Vorteil eines Stacks liegt, auch wenn das vielleicht verwundert, in der Einschränkung der Funktionalität.

Über diese sehr schlichte und überschaubare Schnittstelle kann ein Stack bedient werden. Wir erstellen dazu ein Beispiel und verwenden dabei der Einfachheit halber int als Basisdatentyp:

```
stack<int> stck;

for( int i = 111; i < 120; i++)
    stck.push( i);

cout << stck.size() << '\n';

while( !stck.empty())
    {
    cout << stck.top() << ' ';
    stck.pop();
    }
```

In dem obigen Programm passiert Folgendes:

Wir legen einen Stack stck an und packen in einer Schleife die Zahlen von 111 bis 119 auf den Stack (push). Nachdem die Größe des Stacks ausgegeben wurde (size), werden die Zeichen nach und nach wieder vom Stack geholt (pop). Zuvor wird jeweils die oberste Zahl auf dem Stack (top) ausgegeben. Das Programm endet, sobald der Stack wieder leer (empty) ist. Die Ausgabe des Programms zeigt, dass alles wie erwartet abläuft:

```
9
119 118 117 116 115 114 113 112 111
```

23.8   Warteschlangen (queue)

Auch Warteschlangen (Queues) haben wir an anderer Stelle schon ausgiebig diskutiert. Bei einer Queue handelt es sich um eine Speicherstruktur, die nach dem FIFO-Prinzip (first in, first out) arbeitet. Die erforderlichen Grundfunktionen einer Queue sind:

▸ push_back – füge ein Element am Ende der Warteschlange an

▸ pop_front – entferne das Element am Anfang der Warteschlange

▸ front – gib mir das Element am Anfang der Warteschlange

▸ back – gib mir das Element am Ende der Warteschlange

Die Container, auf denen wir diese Minimalforderungen implementieren können, sind Dequeues und Listen. Die Vektoren scheiden hier aus, da sie die Funktion pop_front nicht effektiv implementieren können.

Auch hier muss dem Code zunächst ein Include vorangestellt werden:

```
# include <queue>
using namespace std;
```

Die Instantiierung einer Queue kann dann wie die Instantiierung eines Stacks durchgeführt werden, wobei berücksichtigt werden muss, dass der Container vector aus den oben bereits genannten Gründen nicht zur Verfügung steht. Es folgen einige Beispiele, die auf der Basisklasse test beziehungsweise dem Grunddatentyp int basieren:

```
queue<test, list<test>> lqueue;
queue<test, deque<test>> dqueue;
queue<test> meinequeue;              // Default deque

queue<int> iqueue;
```

Zur Initialisierung können auch hier wieder Kopien von bereits instantiierten Listen oder Dequeues verwendet werden:

```
deque<test> d;
list<test> l;

queue<test, deque<test>> dq( d);
queue<test, list<test>> lq( l);
```

Die folgende Tabelle zeigt die Memberfunktionen einer Queue:

push	Legt ein Element am Ende der Warteschlange ab.
pop	Entfernt das Element am Anfang der Warteschlange.
front	Erzeugt eine Referenz auf das Element am Anfang der Warteschlange.
back	Erzeugt eine Referenz auf das Element am Ende der Warteschlange.
size	Gibt die Anzahl der Elemente in der Warteschlange zurück.
empty	Informiert darüber, ob die Warteschlange leer ist.

Über diese Schnittstelle wird eine Warteschlange bedient. Wir legen dazu ein Beispiel an und verwenden dabei der Einfachheit halber int als Basisdatentyp:

```
queue<int> que;

for( int i = 111; i < 120; i++)
    que.push( i);

cout << que.size() << '\n';

while( !que.empty())
    {
    cout << que.front() << ' ';
    que.pop();
    }
```

In diesem Programm werden die Zahlen von 111 bis 120 in die Queue gegeben und anschließend aus der Queue wieder abgeholt. Jetzt ergibt sich eine andere Reihenfolge als im Kapitel über Stacks. Das Element, das am längsten wartet, wird jetzt zuerst ausgegeben (FIFO):

```
9
119 118 117 116 115 114 113 112 111
```

Wir haben jetzt zwei Arten von Warteschlangen kennen gelernt:

▶ der Stack: Wer als Letzter gekommen ist, kommt zuerst dran.

▶ die Queue: Wer als Erster gekommen ist, kommt zuerst dran.

Es gibt aber noch eine dritte Strategie, die im wirklichen Leben wahrscheinlich weitaus häufiger vorkommt als die beiden erstgenannten. Diese lautet: Wer am wichtigsten ist, kommt zuerst dran. Mit dieser Strategie beschäftigen wir uns im nächsten Abschnitt.

23.9 Prioritätswarteschlangen (priority_queue)

Eine Prioritätswarteschlange ist eine Warteschlange, an deren Ende (wie bei einer normalen Warteschlange) Objekte eingestellt werden. Am Anfang werden dann aber nicht die Objekte entnommen, die am längsten warten, sondern die, die am wichtigsten – das heißt zum Beispiel am größten – sind. Dies bedeutet insbesondere, dass man in eine Prioritätswarteschlange nur Objekte einstellen kann, für die ein Größenvergleich möglich ist. Es gibt zahlreiche Anwendungen von Prioritätswarteschlangen. Denken Sie zum Beispiel an ein Meldungssystem, bei dem ein Empfänger laufend Botschaften mit unterschiedlicher Priorität erhält. Diese

Botschaften stellt der Empfänger in eine Prioritätswarteschlange ein. Zur Weiterverarbeitung wird dann aus dieser Warteschlange immer die Meldung mit der höchsten Priorität entnommen. Intern ist eine Prioritätswarteschlange als Heap organisiert. Vielleicht erinnern Sie sich, dass wir bei der Diskussion des Sortierverfahrens Heapsort gelernt hatten, wie man einen Heap über einem Array einrichtet. Einen solchen Heap konnte man elegant und effizient nutzen, um das jeweils größte Element im Array nach vorn zu bringen und bei Bedarf zu entnehmen. Prioritätswarteschlangen können über einem Vektor oder einer Dequeue aufgebaut werden. Natürlich benötigen wir hier auch wieder einen Basisdatentyp, der in der Warteschlange verwaltet wird.

Am Anfang steht wie immer die erforderliche Include-Anweisung:

```
# include <queue>
using namespace std;
```

Der Einfachheit halber starten wir in unserem ersten Beispiel mit dem Basisdatentyp int und richten eine Prioritätswarteschlange ein, die ganze Zahlen ihrer Größe nach verwaltet:

```
priority_queue<int> myqueue;
```

Standardmäßig wird diese Queue als Adapter über einem Vektor aus ganzen Zahlen eingerichtet. Wir können dies auch explizit verlangen:

```
priority_queue<int, vector<int>> myqueue;
```

Alternativ können wir unserer Prioritätswarteschlange auch eine Dequeue zugrunde legen:

```
priority_queue<int, deque<int>> myqueue;
```

Die bisher eingerichteten Warteschlangen arbeiten so, dass sie zum Vergleich von Objekten den <-Operator (less) für ganze Zahlen verwenden. Man kann dies auch explizit festlegen:

```
priority_queue<int, vector<int>, less<int>> myqueue;
```

Das führt dazu, dass die größten Objekte (Zahlen) zuerst entnommen werden. Will man umgekehrt vorrangig die kleinen Zahlen entnehmen, so legt man als Vergleichsoperator den >-Operator (greater) fest:

```
priority_queue<int, vector<int>, greater<int>> myqueue;
```

Die Anwendungsschnittstelle einer Prioritätswarteschlange ist formal identisch mit der eines Stacks, wobei die Entnahme nicht nach dem LIFO-Prinzip, sondern prioritätsgesteuert erfolgt:

push	Legt ein Element des Basistyps in der Warteschlange ab. Das Element steht damit nicht am Ende der Warteschlange. Es reiht sich entsprechend seiner Priorität ein.
pop	Entfernt das Element am Anfang der Warteschlange. Dies ist das Element mit der höchsten Priorität. Haben zwei oder mehrere Elemente die höchste Priorität, so ist es eines davon.
top	Erzeugt eine Referenz auf das Element am Anfang der Warteschlange. Dies ist das Element mit der höchsten Priorität. Haben zwei oder mehrere Elemente die höchste Priorität, so ist es eines davon.
size	Gibt die Anzahl der Elemente in der Warteschlange zurück.
empty	Informiert darüber, ob die Warteschlange leer ist.

Mit diesen Informationen können wir unser erstes Beispiel vollständig erstellen:

```
priority_queue<int> myqueue;

srand( 123);
for( int i = 0; i < 10; i++)
    myqueue.push( rand()% 100);

while( !myqueue.empty())
    {
    cout << myqueue.top() << '\n';
    myqueue.pop();
    }
```

Das Programm erzeugt 10 Zufallszahlen zwischen 0 und 99 und stellt diese in die Prioritätswarteschlange myqueue ein. Anschließend entnimmt es die Zahlen nacheinander der Warteschlange und stellt sie auf dem Bildschirm dar. Die Ausgabe des Programms[5] zeigt, dass die Zahlen ihrer Größe nach entnommen werden:

```
78 75 65 64 63 60 53 49 40 4
```

Nun will man im Allgemeinen – denken Sie an das einführende Beispiel eines Meldungssystems – keine Zahlen, sondern Objekte, für die es keine natürlichen Vergleichsmöglichkeiten gibt, in einer Prioritätswarteschlange ablegen. Damit dies möglich wird, muss man für solche Objekte Vergleichsmöglichkeiten schaf-

---

5. Auf Ihrem System könnten sich andere Zahlenwerte ergeben, da der Zufallszahlengenerator möglicherweise andere Werte liefert.

fen. Man erreicht dies zum Beispiel dadurch, dass man die benötigten Vergleichs-operatoren (< und/oder >) so überlädt, dass sie die gewünschte Rangfolge oder Priorität abbilden. Wir erweitern unser Standardbeispiel (`test`) so, dass es die benötigten Operatoren enthält:

```cpp
class test
    {
    private:
        int x;
    public:
        test( int xx = 0){ x = xx;}
        void setx( int xx){ x = xx;}
        int getx() const { return x;}
        bool operator<( const test& cmp) const {return x < cmp.x;}
        bool operator>( const test& cmp) const {return x > cmp.x;}
    };

ostream& operator<<( ostream &os, test& t)
    {
    os << t.getx();
    return os;
    }
```

Ich habe zusätzlich den Operator << zur Ausgabe eines Objekts in einen Stream überladen, damit ich Instanzen der Klasse `test` wie ganze Zahlen auf dem Bild-schirm ausgeben kann.

Nach diesen Erweiterungen können wir Instanzen der Klasse `test` in einer Prio-ritätswarteschlange verwalten. Wir können dabei wählen, ob die Ordnung abstei-gend (`less`) oder aufsteigend (`greater`) sein soll. Wir betrachten ein Beispiel mit aufsteigender Ordnung:

```cpp
priority_queue<test, vector<test>, greater<test>> myqueue;

srand( 123);
for( int i = 0; i < 10; i++)
    myqueue.push( rand()% 100);

while( !myqueue.empty())
    {
    cout << myqueue.top() << '\n';
    myqueue.pop();
    }
```

Beachten Sie, dass das Beispiel bis auf die Konstruktion der Warteschlange iden-tisch mit der Prioritätswarteschlange über ganzen Zahlen ist. Das liegt daran, dass ich Instanzen der Klasse `test`, was Wertzuweisung und Ausgabe betrifft, wie ganze Zahlen behandeln kann. Ausgegeben werden durch dieses Programm die gleichen Zahlen wie zuvor, allerdings wegen der umgekehrten Priorisierung in umgekehrter, also aufsteigender Reihenfolge:

```
4  40  49  53  60  63  64  65  75  78
```

Als Nächstes möchte ich Ihnen anhand eines Beispiels zeigen, wie man den Vergleich auch außerhalb der Klasse `test` durch eine separate Funktion realisieren kann. So etwas kann sich ja durchaus als notwendig erweisen, wenn man keinen Zugriff auf den Quellcode der Klasse hat, die man in der Warteschlange verwalten will. Stellen Sie sich also vor, dass die Klasse `test` keine überladenen Operatoren < und > hätte und dass Ihnen der Quellcode dieser Klasse nicht zugänglich wäre.

Wir erstellen zunächst eine Funktion `testcmp`, die in der Lage ist, zwei Instanzen der Klasse `test` bezüglich ihres Inhalts (Member x) zu vergleichen:

```cpp
bool testcmp( test& t1, test& t2)
    {
    return t1.getx() < t2.getx();
    }
```

Bei der Instantiierung einer Prioritätswarteschlange können wir jetzt zusätzlich diese Funktion an das Template übergeben:

```cpp
priority_queue< test, vector<test>, bool(*)(test& t1,
                                    test& t2)>myqueue( testcmp);

srand( 123);
for( int i = 0; i < 10; i++)
    myqueue.push( rand()% 100);

while( !myqueue.empty())
    {
    cout << myqueue.top() << '\n';
    myqueue.pop();
    }
```

Die Schnittstelle der Funktion wird als Template-Parameter, ihre konkrete Adresse als Konstruktor-Parameter übergeben. Immer wenn jetzt innerhalb der Prioritätswarteschlange ein Vergleich zweier Objekte vom Typ `test` erforderlich ist, wird die Funktion `testcmp` aufgerufen. Mit dem Testprogramm, das wir unverändert übernehmen können, erhalten wir dann die zufällig erzeugten Werte in absteigender Reihenfolge.

Wenn man zum Beispiel bei der Instantiierung einer Prioritätswarteschlange zwischen auf- und absteigender Sortierung wählen will, ist eine externe Vergleichsfunktion keine glückliche Wahl, denn man kann die Funktion ja nur durch eine externe Variable zu einem unterschiedlichen Verhalten zwingen. Das entspricht sicher nicht dem Paradigma der objektorientierten Programmierung. Alternativ kann man in diesem Fall den Vergleich über eine Klasse realisieren. Dazu erstellen wir eine neue Klasse mycmp, die dem Zweck dient, Instanzen der Klasse test miteinander zu vergleichen:

```
class mycmp
    {
    private:
        bool richtung;

    public:
        mycmp(bool r = true) {richtung = r;}

        bool operator()( test& t1, test& t2)
            {
            if( richtung)
                return t1.getx() < t2.getx();
            else
                return t1.getx() > t2.getx();
            }
    };
```

Die Klasse enthält eine private boolesche Membervariable richtung, über die die Vergleichsrichtung (< oder >) gesteuert wird. Im Konstruktor mycmp kann diese Variable gesetzt werden. Wird sie nicht gesetzt, so wird als Default der boolesche Wert true angenommen. Die Klasse enthält dann noch eine Überladung des ()-Operators, in der, je nach vorgegebener Richtung, zwei Instanzen der Klasse test miteinander verglichen werden. Diese Klasse könnten wir jetzt in der folgenden Weise benutzen, um Instanzen der Klasse test miteinander zu vergleichen:

```
test t1= 3;
test t2 =8;
mycmp cmp;

if( cmp( t1, t2))
    ...
```

In der obigen `if`-Anweisung findet eine Überprüfung auf < statt, da die Default-Richtung verwendet wird. Wollen wir auf > vergleichen, so müssen wir die Klasse `cmp` bei der Instantiierung entsprechend parametrieren:

```
mycmp cmp( false);
```

Wir wollen diese Klasse aber nicht selbst verwenden, sondern zur Verwendung an die Prioritätswarteschlange weiterreichen. Dazu ändern wir das Standardbeispiel dieses Abschnitts wie folgt ab:

```
priority_queue< test, vector<test>, mycmp> myqueue;

srand( 123);
for( int i = 0; i < 10; i++)
    myqueue.push( rand()% 100);

while( !myqueue.empty())
    {
    cout << myqueue.top() << '\n';
    myqueue.pop();
    }
```

Der Unterschied zur Vorgängerversion besteht darin, dass wir bei der Konstruktion der Warteschlange zusätzlich die Vergleichsklasse `mycmp` als Parameter an das Template übergeben. Die zur Priorisierung erforderlichen Objektvergleiche werden jetzt über diese Klasse – oder besser gesagt über den in dieser Klasse vorhandenen Operator – durchgeführt. Als Ausgabe erscheint die bereits bekannte absteigende Zahlenfolge.

Will man die Priorität in der Warteschlange umkehren, so kann man das über eine entsprechende Parametrierung des Konstruktors der Klasse `mycmp` erreichen. Den dazu notwendigen Parameterwert übergibt man bei der Konstruktion der Klasse `myqueue`. Ersetzen Sie die erste Zeile des obigen Programms durch

```
priority_queue< test, vector<test>, mycmp> myqueue( mycmp(
false));
```

und die Reihenfolge der Zahlen in der Ausgabe kehrt sich um.

23.10 Geordnete Paare (pair)

Geordnete Paare dienen dazu, zwei Objekte, die gegebenenfalls verschiedenen Klassen angehören, zu einem Objekt zusammenzufassen. Als »Container« haben Paare wegen ihrer beschränkten Kapazität keine besondere Bedeutung. Da sie aber bei den im Folgenden betrachteten Containern gelegentlich als Hilfsklassen verwendet werden, wollen wir uns vorab mit den Eigenschaften von geordneten Paaren beschäftigen.

Ein Paar fasst zwei Datentypen, die durchaus verschieden sein können, zu einem neuen Ganzen zusammen. Zum Beispiel:

```
pair< int, string> p1;
pair< int, string> p2( 2, "zwei");
```

Der Zugriff auf die beiden Komponenten eines Paares erfolgt über die Member first und second:

```
p1.first = p2.first - 1;
p1.second = "eins";
```

Die Funktion swap vertauscht zwei gleichartige Paare:

```
pair< int, string> p1( 1, "zwei");
pair< int, string> p2( 2, "zwei");

p1.swap( p2); // Tausche p1 und p2
```

Paare können mit den Vergleichsoperatoren ==, !=, <, <=, > und >= verglichen werden, sofern die Grunddatentypen das unterstützen:

```
pair< int, string> p1( 1, "zwei");
pair< int, string> p2( 2, "zwei");

if( p1 < p2)
    p1.swap( p2); // Tausche p1 und p2
```

Um zu verstehen, was »unterstützen« in diesem Zusammenhang bedeutet, müssen wir uns ansehen, wie die Vergleichsoperatoren implementiert sind:

p1 == p2	p1.first == p2.first && P1.second == p2.second
p1 < p2	p1.first < p2.first || !(p2.first < p1.first)&&(p1.second < p2.second)
p1 != p2	!(p1== p2)
p1 > p2	p2 < p1
p1 <= p2	!(p1 > p2)
p1 >= p2	!(p1 < p2)

Bei den Vergleichen auf <, <=, > und >= hat also das erste Element eines Paares ein höheres Gewicht als das zweite. Das kennen Sie vom Datumsvergleich innerhalb eines Jahres. Wenn es darum geht, ob ein Datum vor einem anderen liegt, so kommt es zuerst auf den Monat an. Bei gleichem Monat entscheidet dann der Tag. Die Formulierungen in der obigen Tabelle sind deshalb teilweise etwas umständlich, weil auf der rechten Seite zwischen den Elementen der Paare nur der ==- und der <-Operator verwendet wird. Das bedeutet, dass bei einem Vergleich auf Gleichheit oder Ungleichheit der ==-Operator von beiden Typen des Paares unterstützt werden muss. Bei der Überprüfung einer <-, <=-, >- oder >=-Beziehung muss der <-Operator unterstützt werden. Wenn beide Typen also den ==- und den <-Operator implementieren, werden alle Vergleichsoperatoren für Paare unterstützt.

Paare allein werden Sie in Ihren Programmen eher selten verwenden, aber Paare werden zum Beispiel als Schlüssel-Wert-Kombinationen in einigen der nachfolgenden Container-Klassen verwendet.

23.11   Mengen (set und multiset)

Listen sind sehr flexible Strukturen zum Speichern von Objekten. Sie speichern Objekte genau an der Position, an der der Anwender sie einfügt. Das ermöglicht eine sequentielle Verarbeitung von Objekten in einer vom Anwender festgelegten und jederzeit durch Umordnung änderbaren Reihenfolge. Das Suchen nach einem bestimmten Objekt in einer Liste ist unter diesen Rahmenbedingungen allerdings nicht sehr effizient zu implementieren, da sequentiell gesucht werden muss. Wenn wir die Anordnung der Objekte dem Container überlassen würden, könnte man im Container viel effizientere Suchverfahren – zum Beispiel durch geordnete Binärbäume – implementieren. Der Anwender verzichtet also darauf, die Elemente in einer von ihm bestimmten Reihenfolge abzulegen, und erhält dafür im Gegenzug einen effizienteren Suchalgorithmus. Genau diese Idee wird bei Mengen verfolgt. Damit Objekte aber für einen effizienten Zugriff, etwa in Bäumen, angeordnet werden können, müssen Sie eine Funktion oder einen Operator implementieren, über den ein <-Vergleich möglich ist. Die Gleichheit von zwei Objekten ist dann gegeben, wenn weder das eine kleiner als das andere noch das andere kleiner als das eine ist.

Zur Verwendung von Mengen (Templates set und multiset) muss man die Headerdatei set includieren:

```
# include <set>
using namespace std;
```

23.11.1 Konstruktion

Objekte, die in Mengen verwaltet werden, müssen miteinander vergleichbar sein. Das kann über eine Zahl, einen String, ein Datum oder irgendetwas anderes geschehen. Dies erfordert, dass die Objekte eine <-Operation implementieren müssen, die einen Objektvergleich durchführt. Dies kann durch einen überladenen <-Operator, eine externe Vergleichsfunktion oder eine Vergleichsklasse geschehen. Die zum Objektvergleich verwendeten Attribute nennen wir den **Schlüssel** des Objekts.

Mengen werden, wie alle Containerklassen, über dem Objekttyp konstruiert, den sie verwalten sollen. In unseren Beispielen soll dies wieder die Klasse test sein:

```
set<test> s; // Eine leere Menge ueber der Klasse test
```

Diese Konstruktion ist möglich, da die Klasse test einen <-Operator implementiert. Der Vergleichsschlüssel ist der Zahlenwert, der im Objekt gespeichert ist.

Alternativ können auch eine Vergleichsfunktion oder eine Vergleichsklasse verwendet werden. Wir hatten diese Fälle bereits mehrfach – zum Beispiel im Abschnitt über Prioritätswarteschlangen – diskutiert, sodass ich hier nur auf die unterschiedliche Parametrierung im Konstruktor hinweisen will. Hat man eine externe Vergleichsfunktion mit der Schnittstelle

```
bool cmp_fct( const test& t1, const test& t2)
```

so konstruiert man die Menge in folgender Weise:

```
set<test, bool (*)( const test&, const test&)> s( cmp_fct);
```

Hat man eine Vergleichsklasse cmp_class mit einem überladenen ()-Operator, die parameterlos konstruiert werden kann, so reicht es aus, die Menge wie folgt zu konstruieren:

```
set<test, cmp_class> s;
```

Benötigt die Klasse cmp_class Initialisierungsparameter, so muss man diese übergeben. Zum Beispiel so:

```
set<test, cmp_class> s( cmp_class( 0));
```

Schließlich kann man eine Menge auch unter Verwendung einer anderen oder eines Teils einer anderen Menge konstruieren. Den gewünschten Teil wählt man dabei über Iteratoren aus:

```
set<test> s2( s.begin(), s.end());
```

Multisets unterscheiden sich von Sets dadurch, dass sie mehrere Objekte mit gleichem Schlüsselwert aufnehmen und verwalten können. Bei der Konstruktion muss man natürlich `multiset` statt `set` schreiben, um ein Multiset zu erhalten. In der Verwendung sind Sets und Multisets dann aber weitestgehend gleich, sodass ich nur vereinzelt auf Unterschiede hinweisen werde.

23.11.2   Zugriff

Zunächst einmal diskutieren wir zwei Funktionen, mit denen man die Anzahl der Elemente in einer Menge feststellen kann beziehungsweise testen kann, ob eine Menge leer ist. Diese Funktionen sind `size` und `empty`:

```
set<test> s;

int siz = (int)s.size();  // 0, da Menge leer
if( s.empty())
    ...   // Die Menge ist leer
```

Auch für Mengen gibt es das Konzept der Iteratoren. Das kennen Sie bereits von zahlreichen anderen Containern:

```
set<test>::iterator it;
for( it = s.begin(); it != s.end(); it++)
    cout << it->getx() << ' ';
```

Da der Container die Objekte in einem aufsteigend sortierten Baum ablegt, erfolgt die Ausgabe hier in aufsteigender Reihenfolge.

Rückwärtsiteratoren sind natürlich auch möglich:

```
set<test>::reverse_iterator rit;
for( rit = s.rbegin(); rit != s.rend(); rit++)
    cout << rit->getx() << ' ';
```

Die zulässigen Iteratoroperationen sind wie bei Listen:

=	Zuweisung
==	Vergleich auf Gleichheit
!=	Vergleich auf Ungleichheit
++	Nächstes Element
--	Vorheriges Element
*	Zugriff auf Element
->	Zugriff in Element

Die wesentliche Funktion zum Zugriff auf die Elemente einer Menge ist die `find`-Funktion. Dieser Funktion übergibt man ein Objekt. Wenn ein gleiches (im Sinne von weder größer noch kleiner) Element in der Menge vorhanden ist, erhält man einen Iterator zurück, der auf das gefundene Objekt zeigt. Wird das Objekt nicht gefunden, so wird der Iterator zurückgegeben, der auf das Ende der Menge zeigt.

```
set<test> s;
set<test>::iterator it;


it = s.find( 123)


if( it == s.end())
    cout << "nicht gefunden"
```

Auch bei einem Multiset liefert die Funktion `find` maximal einen Treffer. In einem Multiset verwendet man daher häufig anstelle von `find` die Funktion `equal_range`. Diese Funktion liefert nicht einen einzelnen Treffer, sondern einen Trefferbereich. Dieser Bereich wird durch zwei Iteratoren beschrieben, die den Anfang und das Ende des Bereichs markieren. Wie immer bei Bereichsangaben liegt der Ende-Iterator bereits außerhalb des Trefferbereichs. Die beiden Iteratoren werden von der Funktion `equal_range` als Paar (siehe Abschnitt Geordnete Paare (pair) über geordnete Paare) bereitgestellt. In einem Beispiel könnte eine Verwendung der `equal_range`-Funktion wie folgt aussehen:

```
multiset<test> m;

... // Elemente in das Multiset einfuegen

// Iteratorpaar fuer den Trefferbereich anlegen
pair<multiset<test>::iterator, multiset<test>::iterator> itpair;

// Trefferbereich mit equal_range erzeugen
itpair = m.equal_range( 123);

// Auswerten des Trefferbereichs
multiset<test>::iterator it;
for( it = itpair.first; it != itpair.second; it++)
    ... // Bearbeiten eines Treffers
```

Häufig interessiert man sich für Elemente, deren Schlüsselwerte in einem bestimmten Bereich liegen. Um solche Elemente in einer Menge zu finden, verwendet man die Funktionen `lower_bound` und `upper_bound`. Beide Funktionen geben Iteratoren zurück und können in der folgenden Weise verwendet werden:

```
set<test> s;

... // Elemente in das Set einfuegen

// Iteratoren fuer lower und upper bound anlegen
set<test>::iterator lb, ub;

// Iteratoren berechnen
lb = m.lower_bound( 123);
ub = m.upper_bound( 456);

// Auswerten des Trefferbereichs
set<test>::iterator it;
for( it = lb; it != ub; it++)
    ... // Bearbeiten eines Treffers
```

Mit lower_bound erhält man das kleinste Objekt, das größer oder gleich der angegebenen Schranke ist. Mit upper_bound erhält man das kleinste Objekt, das größer als die angegebene Schranke ist. Das mit lower_bound gefundene Objekt ist also das erste Objekt, das innerhalb des Trefferbereichs liegt, während das mit upper_bound gefundene Objekt das erste ist, das außerhalb des Trefferbereichs liegt. Damit eignen sich diese beiden Iteratoren zum Durchlaufen des exakten Trefferbereichs.

Achtung: Über einen Iterator erhalten Sie Zugriff auf das in der Menge verwaltete Objekt. Ändern Sie nicht den Schlüssel des Objekts. Da der Container dies nicht bemerkt, wird er auch nicht reorganisiert. Dies bedeutet, dass das Objekt mit den geänderten Schlüsselwerten im Container falsch positioniert ist. Der Container ist damit korrupt. Bei zukünftigen Such-, Einsetz- oder Löschoperationen kann es zu unvorhersehbaren Fehlern kommen. Wenn Sie den Schlüssel eines Objekts ändern wollen, müssen Sie es aus dem Container entnehmen und mit geändertem Schlüssel wieder einfügen.

23.11.3 Manipulation

Zum Auf-, Ab- und Umbau von Sets dienen folgende Funktionen:

▶ insert

▶ erase

▶ clear

▶ swap

Mit insert kann ein Element in ein Set oder Multiset eingefügt werden. Die einfachste Form der Verwendung ist bei Sets und Multisets gleich:

```
set<test> s;

s.insert( 123);

multiset<test> m;

m.insert( 123);
```

Bei genauerer Betrachtung unterscheiden sich die beiden Funktionen jedoch. Die
insert-Funktion für Multisets gibt einen Iterator zurück, der das neu eingefügte
Element referenziert. Sie kann damit wie folgt verwendet werden:

```
multiset<test> m;
multiset<test>::iterator it;

it = m.insert( 123);
```

Bei Sets besteht die Möglichkeit, dass man ein Element einzusetzen versucht, das
im Set bereits vorhanden ist. Um das erkennen zu können, liefert insert für Sets
ein geordnetes Paar aus einem Iterator und einem booleschen Wert zurück. Anhand des booleschen Wertes kann man dann erkennen, ob das Einsetzen möglich
war. Abhängig vom Erfolg der Operation zeigt der Iterator dann auf das neu ein-
gesetzte oder das bereits vorhandene Element mit dem gleichen Schlüssel. Im Beispiel sieht das so aus:

```
set<test> s;
pair< set<test>::iterator, bool> ret;

for( int i = 1; i < 10; i++) // erst mal ein paar Elemente
                             // einsetzen
    s.insert( i);

ret = m.insert( 5);
if( ret.second == false)
    ... // 5 konnte nicht eingesetzt werden, da
        // schon vorhanden
```

23.12   Relationen (map und multimap)

Die Elemente der im letzten Abschnitt betrachteten Mengen trugen einen Schlüssel in sich, anhand dessen sie in der Menge wiederauffindbar abgelegt wurden.
Wenn man Elemente speichern will, die kein sinnvolles Schlüsselattribut haben,
oder wenn man zur Speicherung einen Schlüssel verwenden will, der nicht in den
Elementen liegt, kann man eine Relation oder Map verwenden. Eine **Relation** ist

eine Menge, deren Elemente Schlüssel-Wert-Paare sind. Mit einem Element wird also zusätzlich ein Schlüssel gespeichert, über den das Element wieder gefunden werden kann.

Zur Verwendung von Relationen (Templates `map` und `multimap`) muss man die Headerdatei `set` includieren:

```
# include <set>
using namespace std;
```

Multimaps unterscheiden sich von Maps dadurch, dass es zum selben Schlüssel mehrere Objekte geben kann. Auf die sich daraus ergebenden Unterschiede werde ich im Weiteren hinweisen.

23.12.1 Konstruktion

Zur Konstruktion einer Relation benötigen wir einen Schlüssel-Typ und einen Wert-Typ. Der Wert-Typ unterliegt keinen Einschränkungen. Der Schlüsseltyp muss natürlich wieder einen »<«-Vergleich unterstützen, um eine effiziente Schlüsselsuche zu ermöglichen. Der Vergleich kann dabei durch einen Operator, eine Funktion oder eine Klasse gegeben sein.

Am einfachsten ist es, wenn wir zum Beispiel die Standardklasse `string` als Schlüssel und unsere Klasse `test` als Wert zum Aufbau einer Relation verwenden. Das würde dann so aussehen:

```
map< string, test> mymap;
```

Das ist sicherlich auch das am häufigsten vorkommende Beispiel. Man legt Objekte unter einem Namen ab und verwendet für den Namen die Klasse `string`. Die Klasse `string` trägt alles, was für einen effektiven Zugriff über den Namen erforderlich ist, bereits in sich.

Würde man an dieser Stelle eine eigene Klasse verwenden, so müsste diese, wie schon gesagt, einen »<«-Vergleich unterstützen. Zum Beispiel könnte man eine Klasse `identifier` wie folgt mit einem »<«-Operator implementieren

```
class identifier
    {
    private:
        int id;
    public:
        identifier( int i) { id = i;}
        bool operator<( const identifier& cmp) const
                                { return id < cmp.id;}
    };
```

und diese dann als Schlüssel in der Relation verwenden:

```
map< identifier, test> mymap;
```

Sie werden natürlich zu Recht einwenden, dass dieses Beispiel an den Haaren herbeigezogen ist, da man ja direkt int als Schlüssel hätte verwenden können, ohne künstlich eine Klasse drumherum zu bauen. Das ist richtig, aber stellen Sie sich vor, dass zu einem Identifier mehr gehören würde als nur eine nackte Zahl. Zum Beispiel müsste sichergestellt sein, dass die Zahlen immer aus einem bestimmten Bereich sind. Dann würde das Beispiel schon sinnvoll sein.

Der notwendige Schlüsselvergleich kann auch über eine externe Vergleichsfunktion oder eine externe Vergleichsklasse bereitgestellt werden. Wir haben dafür in früheren Abschnitten schon einige Beispiele gesehen. Trotzdem will ich Ihnen hier jeweils ein kurzes Beispiel zu diesen Techniken zeigen. Als Erstes erstellen wir die Klasse identifier mit einer externen Vergleichsfunktion cmp_identifier:

```
class identifier
    {
    private:
        int id;
    public:
        identifier( int i) { id = i;}
        int getid() const {return id;}
    };

bool cmp_identifier( const identifier& i1,
                                    const identifier& i2)
    {
    return i1.getid() < i2.getid();
    }
```

Beachten Sie, dass es jetzt keinen »<«-Operator mehr gibt. Die Funktion getid dient nur zum Auslesen der id aus dem privaten Bereich der Klasse. Jetzt können wir eine Relation in der folgenden Weise konstruieren:

```
map<identifier, test, bool (*)( const identifier&,
                const identifier&)>mymap( cmp_identifier);
```

Template-Parameter sind dabei die Schlüsselklasse (identifier), die Wert-Klasse (test) und der Typ der Vergleichsfunktion (bool (*)(const identifier&, const identifier&)). Der konkrete Zeiger auf die Vergleichsfunktion (cmp_identifier) wird dann als Parameter zur Konstruktion angegeben.

Mit einer Vergleichsklasse würde das gleiche Beispiel wie folgt aussehen:

```
class identifier
    {
    private:
        int id;
    public:
        identifier( int i) { id = i;}
        int getid() const {return id;}
    };


class cmp_id_class
    {
    public:
        bool operator() (const identifier& i1,
                                    const identifier& i2)
                const { return i1.getid() < i2.getid();}
    };
```

Der Vergleich findet jetzt im überladenen ()-Operator der Klasse `cmp_id_class` statt. Mit diesen Vorbereitungen können wir dann eine Relation wie folgt instantiieren:

```
map<identifier, test, cmp_id_class> mymap;
```

Zur Instantiierung der Klasse `cmp_id_class` gegebenenfalls erforderliche Parameter könnten dabei zusätzlich als Parameter übergeben werden:

```
map<identifier, test, cmp_id_class>
mymap(...Parameterliste...);
```

Die Parameter in der Parameterliste müssen dabei zu einem Konstruktor der Klasse `cmp_id_class` passen.

Natürlich können Maps durch Zuweisung einer bestehenden Map oder durch Auswahl eines bestimmten Bereichs einer Map initialisiert werden:

```
map< string, test> map1;

map< string, test> map2 = map1;
map< string, test> map3( map2.begin(), map2.end());
```

Das hatten wir ja auch schon bei anderen Containern gesehen.

Multimaps unterscheiden sich von Maps dadurch, dass sie mehrere Objekte mit gleichem Schlüsselwert aufnehmen und verwalten können. Bei der Konstruktion muss man natürlich `multimap` statt `map` schreiben, um eine Multimap zu erhalten. Ansonsten gibt es bei der Konstruktion keine Unterschiede.

23.12.2 Zugriff

Was den Zugriff betrifft, so sind Maps genauso wie Sets und Multimaps genauso wie Multisets zu verwenden. Es gibt die Funktionen `size` und `empty` sowie den Zugriff über Iteratoren und die Funktionen `find`, `equal_range` und `lower_bound`. Als Parameter bei der Suche übergibt man hier ein passendes Schlüsselobjekt. Die Details schlagen Sie bitte im Abschnitt über Sets und Multisets nach.

Zusätzlich zu den Mengen gibt es bei Maps – allerdings nicht bei Multimaps – einen Zugriff über den `[]`-Operator. Das heißt, Sie können den Schlüssel wie einen Index in einen Array verwenden. Wir betrachten dazu ein Beispiel:

```
map< string, test> mymap;

mymap[ "eins"] = 1;
mymap[ "zwei"] = 2;
mymap[ "drei"] = mymap["eins"].getx()+mymap["zwei"].getx();
```

Diese einfache Art des »assoziativen« Zugriffs auf die Elemente einer Map macht die Map zum vielleicht wichtigsten Container der Standardbibliothek.

23.12.3 Manipulation

Zur Manipulation von Maps beziehungsweise Multimaps dienen folgende Funktionen:

▶ insert

▶ erase

▶ clear

▶ swap

Diese Funktionen sind bedeutungsgleich mit den gleichnamigen Funktionen für Maps und Multimaps. Schlagen Sie daher bei Bedarf die Bedeutung dieser Funktionen im vorangegangenen Abschnitt über Sets nach.

23.13 Algorithmen der Standard-Library

Iteratoren sind ein allgemeines Konzept der Standard-Library, das es für alle Container gibt. Es liegt daher nahe, generische Funktionen zu erstellen, die allgemein

Iteratoren verwenden, und auf diese Weise wichtige Aufgaben, wie etwa Suchen oder Sortieren, allgemein in beliebigen Containern auszuführen. Ich möchte dieses Konzept kurz an einem Beispiel erklären und Ihnen danach eine kommentierte Liste aller Algorithmen der Standard-Library zur Verfügung stellen. Eine vollständige Diskussion aller ca. 70 Funktionen mit Beispielen würde den Rahmen dieser Übersicht sprengen.

Eine Grundaufgabe, die man als generische Funktion implementieren könnte, wäre zum Beispiel eine Iteration über alle Elemente eines Containers, um auf jedem Element eine bestimmte Aufgabe zu erledigen. Sie kennen das aus anderen Programmiersprachen (zum Beispiel C#), bei denen dem Laufzeitsystem die Größe von Arrays bekannt ist. Dort kann man mit einer Anweisung – typischerweise heißt diese foreach – durch den Array iterieren, ohne auf Anfang und Ende achten zu müssen. In C/C++ ist das nicht möglich, da Arrays so effizient wie möglich ohne Bereichsinformationen implementiert sind. Wenn wir jetzt aber einen dynamischen Array oder eine andere Containerklasse aus der STL haben, dann können wir eine solche foreach-Anweisung durch eine generische Funktion nachbilden.

Was brauchen wir dazu? Wir brauchen einen Start und einen Enditerator und eine Funktion, die mit einem Objekt aus dem Container als Parameter gerufen werden kann. Um was für eine Art von Container (dynamischer Array, Liste, Set, ...) es sich dabei handelt, ist egal. Wir wollen ja nur iterieren, über den Iterator ein Objekt holen und dieses an eine Funktion übergeben. In der STL wird dies durch das Funktionstemplate for_each realisiert.

Um ein Beispiel zur Anwendung dieses Funktionstemplates anlegen zu können, benötigen wir zunächst eine Klasse und einen Container, in dem diese Klasse verwaltet wird. Wir nehmen dazu wieder unsere Klasse test und entscheiden uns für einen dynamischen Array. Den Code zum Aufbau der Klasse test kennen Sie bereits:

```
class test
    {
    private:
        int x;
    public:
        test( int xx = 0){ x = xx;}
        void setx( int xx){ x = xx;}
        int getx() const { return x;}
    };
```

Dazu erstellen wir jetzt eine Funktion, die auf Instanzen der Klasse test ausgeführt werden kann:

```
void myfunction( test& t)
    {
    cout << t.getx() << ' ';
    }
```

Diese Funktion gibt den im Objekt gekapselten Integer-Wert auf dem Bildschirm aus.

Wenn wir jetzt einen dynamischen Array (vector) einrichten, drei willkürliche Werte im Array ablegen und dann die Funktion for_each aufrufen,

```
vector< test> myvector;

myvector.push_back( 1);
myvector.push_back( 2);
myvector.push_back( 3);
for_each( myvector.begin(), myvector.end(), myfunction);
```

wird für jedes Element zwischen den Iteratoren myvector.begin() und myvector.end() die Funktion myfunction aufgerufen. Dies führt dann dazu, dass die folgende Ausgabe auf dem Bildschirm erscheint:

```
1 2 3
```

Manchmal reicht eine einfache Funktion nicht, um das durchzuführen, was gewünscht ist. Wenn man zum Beispiel ein frei wählbares Vielfaches aller Werte im Array ausgeben wollte, so müsste man den gewünschten Faktor über eine globale Variable übertragen. Das wäre natürlich ein unerwünschter Seiteneffekt. In einem solchen Fall kann man auch eine Klasse erstellen und in dieser Klasse den ()-Operator überladen:

```
class myclass
    {
    private:
        int faktor;
    public:
        myclass(int f){ faktor = f;}
        void operator() (test& t) {cout << t.getx()*
                                        faktor << ' ';}
    };
```

Der Operator macht wie die Funktion myfunction eine Ausgabe, multipliziert aber zuvor den Wert, den er im Objekt t findet, mit dem intern gespeicherten Faktor (faktor). Der Faktor muss im Konstruktor der Klasse als Parameter angegeben werden.

Wenn wir jetzt das gleiche Programm schreiben und nur statt der Funktion `myfunction` eine Instanz der Klasse `myclass` übergeben,

```
vector< test> myvector;

myvector.push_back( 1);
myvector.push_back( 2);
myvector.push_back( 3);
for_each( myvector.begin(), myvector.end(), myclass(3));
```

so erhalten wir folgende Ausgabe

```
3  6  9
```

weil wir die Klasse mit dem Faktor 3 initialisiert haben. Wir können natürlich auch eine Instanz der Klasse außerhalb des Funktionsaufrufs anlegen und diese dann im Funktionsaufruf verwenden:

```
myclass mcl(5);
for_each( myvector.begin(), myvector.end(), mcl);
```

Das Ergebnis ist das gleiche.

Es gibt eine ganze Reihe solcher Algorithmen, die ich Ihnen im Folgenden in einer tabellarischen Übersicht vorstellen möchte.

Grundsätzlich möchte ich vorausschicken, dass es sich im Folgenden bei `start`, `end` und `ziel` auch mit gegebenenfalls angehängten Nummmern (`start1`, ...) stets um Iteratoren handelt, ohne dass das im Einzelnen immer wieder betont wird.

Des Weiteren bezeichnet eine Angabe wie [`start`, `end`) immer die Sequenz aller Elemente zwischen den beiden Iteratoren `start` und `end` einschließlich des Iterators `start`, aber ausschließlich des Iterators `end`.

23.13.1 Iterieren

Mit den Algorithmen `for_each` und `transform` kann man durch eine Teilsequenz eines Containers iterieren und auf jedem Objekt der Sequenz eine bestimmte Operation ausführen.

Viel präziser als durch Worte kann man diese Algorithmen durch Angabe ihres Codes beschreiben.

Algorithmus	Parameter	Beschreibung
for_each	start end funtion	Führt die Funktion für alle Objekte im Bereich [start, end) aus.
transform	start end ziel einstelliger_op oder start1 end start2 ziel zweistelliger_op	Wendet den Operator einstelliger_op auf alle Objekte im Bereich [start, end) an und speichert die Ergebnisse im Bereich [ziel, ...). Wendet den Operator zweistelliger_op auf alle Objekte im Bereich [start1, end) an. Der zweite Operand wird dabei aus dem Bereich [start2, ...) genommen. Das Ergebnis wird im Bereich [ziel, ...) gespeichert.

for_each:

```
while( start != end)
    funktion( *start++);
```

transform mit einem einstelligen Operator:

```
while( start != end)
    *ziel++ = einstelliger_op( *start++);
```

transform mit einem zweistelligen Operator:

```
while( start != end)
    *ziel++ = zweistelliger_op( *start1++, *start2++);
```

23.13.2 Suchen und Finden

Um Objekte in Containern zu suchen, gibt es eine ganze Reihe von Algorithmen. Bei der in den folgenden Beschreibungen vorkommenden Funktion vergleich handelt es sich um eine Funktion mit der Schnittstelle

```
bool vergleich( T obj1, T obj2)
```

wobei T der im Container verwaltete Datentyp ist. Diese Funktion wird verwendet, um die erforderlichen Objektvergleiche durchzuführen. Sie ist bei allen Algorithmen optional. Wird diese Funktion nicht angegeben, wird der ==-Operator der Objekte verwendet.

Algorithmus	Parameter	Beschreibung
find	start end objekt	Sucht das erste Element im Bereich [start, end), das gleich mit objekt ist, und gibt einen Iterator auf das gefundene Objekt zurück.
find_if	start end bedingung	Sucht das erste Element im Bereich [start, end), das die bedingung erfüllt, und gibt einen Iterator auf das gefundene Objekt zurück. Die bedingung ist dabei durch eine boolesche Funktion gegeben, die ein Objekt als Parameter erhält.
find_end	start1 end1 start2 end2 vergleich	Durchsucht den Bereich [start1, end1) auf das letzte Vorkommen der Sequenz [start2, end2) und gibt einen Iterator auf den Anfang der gefundenen Sequenz zurück.
find_first_of	start1 end1 start2 end2 vergleich	Durchsucht den Bereich [start1, end1) auf das erste Vorkommen irgendeines Elements aus dem Bereich [start2, end2) und gibt einen Iterator auf das gefundene Element zurück.
adjacent_find	start end vergleich	Durchsucht den Bereich [start, end) auf zwei unmittelbar aufeinanderfolgende gleiche Elemente und gibt einen Iterator auf das erste der beiden gefundenen Elemente zurück.
search	start1 end1 start2 endr2 vergleich	Durchsucht den Bereich [start1, end1) auf das erste Vorkommen der Sequenz [start2, end2) und gibt einen Iterator auf den Anfang der gefundenen Sequenz zurück.
search_n	start end anzahl objekt vergleich	Prüft, ob es im Bereich [start, end) eine Sequenz von mindestens anzahl vielen Elementen gibt, die alle mit objekt übereinstimmen. Die Funktion gibt einen Iterator auf das erste Element der gefundenen Sequenz zurück.

Zur Verdeutlichung zeige ich Ihnen hier den Code von find und find_if.

find:

```
for ( ; start!=end; start++)
    {
    if ( *start == objekt)
        break;
    }
return start;
```

find_if:

```
for ( ; start!=end; start++)
    {
    if ( bedingung( *start))
        break;
    }
return start;
```

23.13.3   Vergleichen

Zum Vergleichen von Teilsequenzen eines Containers gibt es zwei Algorithmen. Die hier vorkommende Vergleichsfunktion ist wieder optional und hat die im vorherigen Abschnitt »Suchen und Finden« beschriebene Schnittstelle:

Algorithmus	Parameter	Beschreibung
equal	start1 end1 start2 vergleich	Prüft, ob die Sequenzen [start1, end1) und [start2, ...) Objekt für Objekt übereinstimmen.
mismatch	start1 end1 start2 vergleich	Vergleicht die Elemente im Bereich [start1, end1) mit denen im Bereich [start2, ...) und gibt das erste Iteratorpaar zurück, für das sich die beiden Sequenzen unterscheiden.

Damit Sie die beiden Algorithmen besser verstehen, zeige ich Ihnen wieder den Code der beiden Algorithmen.

equal:

```
while ( start1!=end1 )
    {
    if(!vergleich(*start1,*start2)) // oder *start1 != *start2
        return false;
    ++start1;
    ++start2;
    }
return true;
```

mismatch:

```
while ( start1!=end1 )
    {
    if (!vergleich(*start1,*start2)) // oder *start1 != *start2
        break;
    ++start1;
    ++start2;
    }
return make_pair( start1, start2); // Erzeugt ein geordnetes Paar
```

23.13.4 Zählen

Man kann diejenigen Objekte eines Bereichs zählen, die mit einem bestimmten Objekt übereinstimmen oder einer bestimmten Bedingung genügen:

Algorithmus	Parameter	Beschreibung
count	start end objekt	Zählt die Anzahl der Elemente im Bereich [start, end), die gleich dem übergebenen Objekt sind.
count_if	start end bedingung	Zählt die Anzahl der Elemente im Bereich [start, end), die die bedingung erfüllen. Die bedingung ist dabei durch eine boolesche Funktion gegeben, die ein Objekt als Parameter erhält.

Im Code sieht das wie folgt aus:

count:

```
ptrdiff_t ret = 0; // Pointerdifferenz kann auf int gecastet
                   // werden

while( start != end)
    {
    if( *start++ == objekt)
        ++ret;
    }
return ret;
```

count_if:

```
ptrdiff_t ret = 0; // Pointerdifferenz kann auf int gecastet
                   // werden

while( start != end)
    {
    if( bedingung( *start++))
        ++ret;
    }
return ret;
```

23.13.5 Kopieren

Beim Kopieren von Objektbereichen innerhalb eines Containers muss man bei Überschneidungen von Quell- und Zielbereich aufpassen, wie der Quell- und der Zielbereich zueinander liegen.

Liegt der Zielbereich vor dem Quellbereich, kann man den Quellbereich aufsteigend durchlaufen, ohne dass die Gefahr besteht, dass Elemente überschrieben werden, die noch kopiert werden müssen.

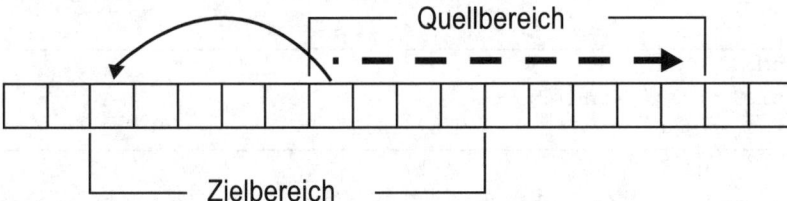

Liegt der Zielbereich hinter dem Quellbereich, muss man den Quellbereich in absteigender Richtung durchlaufen, um Überschreibungen von noch zu kopierenden Elementen zu vermeiden.

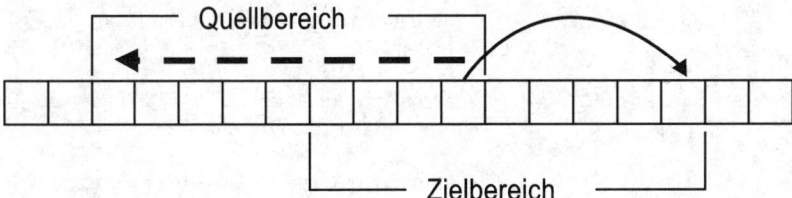

Im Allgemeinen kann im Container nicht effizient entschieden werden, ob ein Iterator vor einem anderen liegt.[6] Darum gibt es zwei Funktionen zum Kopieren von Bereichen:

Algorithmus	Parameter	Beschreibung
copy	start end ziel	Kopiert den Bereich [start, end) in den Bereich [ziel, ...). Diese Funktion sollte verwendet werden, wenn ziel vor start liegt.
copy_backward	start end ziel	Kopiert den Bereich [start, end) in den Bereich [ziel, ...). Diese Funktion sollte verwendet werden, wenn ziel hinter start liegt.

Der Code zeigt, wie einmal vorwärts und einmal rückwärts kopiert wird.

copy:

```
while (start != end)
    *ziel++ = *start++;
return ziel;
```

copy_backward:

```
while (end != start)
    *(--ziel) = *(--end);
return ziel;
```

23.13.6 Tauschen

Tauschen kann man einzelne Objekte oder ganze Bereiche von Objekten:

Algorithmus	Parameter	Beschreibung
swap	objekt1 objekt2	Tauscht den Inhalt zweier Objekte vom gleichen Typ.
iter_swap	iterator1 iterator2	Tauscht den Inhalt der durch die beiden Iteratoren festgelegten Objekte.
swap_ranges	start end ziel	Tauscht den Inhalt der Objekte im Bereich [start, end) mit den entsprechenden Elementen im Bereich [ziel, ...). Die Bereiche sollten sich nicht überlappen. Der Algorithmus gibt einen Iterator auf das Ende des Zielbereichs zurück.

---

6. Denken Sie an eine Liste. Man müsste durch die Liste iterieren, um die Frage zu beantworten.

Auch hier werfen wir einen kurzen Blick auf die Implementierungen:

swap:

```
T tmp(objekt1);   // T ist der Typ im Container
objekt1 = objekt2;
objekt2 = tmp;
```

Sie sehen, dass dieser Mini-Algorithmus drei Kopiervorgänge auslöst: einen durch den Copy-Konstruktor und zwei weitere durch den Zuweisungsoperator. Bei komplexen Objekten sollte man im Container besser Zeiger verwalten und dann nur die Zeiger tauschen.

iter_swap dereferenziert die Iteratoren und ruft dann swap auf:

```
swap (*iterator1, *iterator2);
```

Der Algorithmus swap_ranges ruft dann swap für alle Objekte der betroffenen Bereiche auf:

```
while (start != end)
    swap(*start++, *ziel++);
return ziel;
```

Sie sehen an diesem Beispiel, dass es sich bei den Algorithmen der Standard-Library um sehr schlichte Funktionen handeln kann.

23.13.7 Ersetzen

In diesem Abschnitt behandeln wir die Algorithmen zum Ersetzen von Objekten in Containern.

Algorithmus	Parameter	Beschreibung
replace	start end objekt1 objekt2	Ersetzt im Bereich [start, end) jedes Vorkommen von objekt1 durch objekt2.
replace_if	start end bedingung objekt	Ersetzt im Bereich [start, end) alle Elemente, die der bedingung genügen, durch objekt.

Algorithmus	Parameter	Beschreibung
replace_copy	start end ziel objekt1 objekt2	Kopiert alle Elemente aus dem Bereich [start, end) in den Bereich [ziel, ...) und ersetzt dabei jedes Vorkommen von objekt1 durch objekt2.
replace_copy_if	start end ziel bedingung objekt	Kopiert alle Elemente aus dem Bereich [start, end) in den Bereich [ziel, ...) und ersetzt dabei alle Elemente, die der bedingung genügen, durch objekt.

Das exakte Verhalten der Algorithmen entnehmen Sie bitte den nachfolgenden Codefragmenten.

replace:

```
for(; start != end; ++start)
    {
    if(*start == objekt1)
        *start=objekt2;
    }
```

replace_if:

```
for(; start != end; ++start)
    {
    if( bedingung( *start))
        *start=objekt;
    }
```

replace_copy_if:

```
for (; start != end; ++start, ++ziel)
    *ziel = (*start == objekt1)? objekt2 : *start;
return ziel;
```

replace_copy:

```
for (; start != end; ++start, ++ziel)
    *ziel = bedingung( *start) ? objekt : *start;
return ziel;
```

23.13.8 Wertzuweisung

Zuweisungen von Objekten an alle Containerelemente in einem gewissen Bereich können mit den Funktionen dieses Abschnitts durchgeführt werden. Ein Bereich ist dabei durch Anfang und Ende oder Anfang und Anzahl der Elemente gegeben:

Algorithmus	Parameter	Beschreibung
fill	start end objekt	Weist allen Elementen im Bereich [start, end) objekt als Wert zu.
fill_n	start anzahl end	Weist allen Elementen im Bereich [start, start+anzahl) objekt als Wert zu.
generate	start end generator	Ruft für jedes Element aus dem Bereich [start, end) die parameterlose Funktion generator auf. Diese muss ein Objekt zurückgeben, das dann dem Element zugewiesen wird.
generate_n	start anzahl generator	Ruft für jedes Element aus dem Bereich [start, start+anzahl) die parameterlose Funktion generator auf. Diese muss ein Objekt zurückgeben, das dann dem Element zugewiesen wird.

Wir schauen noch kurz in den Code, der die Algorithmen am besten erklärt:

fill:

```
while ( start != end)
    *start++ = objekt;
```

fill_n:

```
for ( ; anzahl>0; --anzahl)
    *start++ = objekt;
```

generate:

```
while ( start != end)
    *start++ = generator();
```

generate_n:

```
for ( ; anzahl>0; --anzahl)
    *start++ = generator();
```

Bei der Generatorfunktion kann es sich natürlich auch um die Instanz einer Klasse mit überladenem ()-Operator handeln.

23.13.9 Entfernen von Elementen

Algorithmus	Parameter	Beschreibung
remove	start end objekt	Entfernt die Elemente aus dem Bereich [start, end), die mit dem übergebenen Objekt übereinstimmen.
remove_if	start end bedingung	Entfernt alle Elemente aus dem Bereich [start, end), die der Bedingung bedingung genügen.
remove_copy	start end ziel objekt	Kopiert alle Elemente aus dem Bereich [start, end), die nicht mit dem übergebenen Objekt übereinstimmen, in den Bereich [ziel, ...).
remove_copy_if	start end ziel bedingung	Kopiert alle Elemente aus dem Bereich [start, end), die der Bedingung bedingung nicht genügen, in den Bereich [ziel, ...).
unique	start end vergleich	Beseitigt im Bereich [start, end) von unmittelbar aufeinanderfolgenden gleichen Elementen alle bis auf das erste.
unique_copy	start end ziel vergleich	Kopiert die Elemente aus dem Bereich [start, end) in den Bereich [ziel, ...), wobei von unmittelbar aufeinanderfolgenden gleichen Elementen immer nur das erste kopiert wird.

Die Vergleichsfunktion bei unique und unique_copy ist optional. Fehlt sie, wird der ==-Operator zum Vergleich der Objekte verwendet.

Zum besseren Verständnis der Algorithmen remove, remove_if und unique betrachten wir noch deren Code.

remove:

```
ForwardIterator pos = start;

for ( ; start != end; ++start)
if (!(*start == objekt))
    *pos++ = *start;
return pos;
```

Sie sehen, dass die Elemente, die behalten werden sollen, im Bereich aufrücken. Der Algorithmus gibt einen Iterator hinter das letzte zu behaltende Element zurück. Im Bereich [start, pos) stehen dann die behaltenen Elemente. Dahinter im Bereich [pos, end) stehen noch die »alten« Elemente.

remove_if:

```
ForwardIterator pos = start;

for ( ; start != end; ++start)
if ( bedingung( *start)
    *pos++ = *start;
return pos;
```

Dazu ist das Gleiche zu sagen wie zu remove.

unique:

```
ForwardIterator pos = start;

while ( ++start != end)
    {
    if (!(*pos == *start))
        *(++pos)=*start;
    }
return ++result;
```

Sie sehen, dass auch hier nur die »guten« Elemente aufrücken und der »Schmutz« am Ende des Bereichs liegen bleibt.

23.13.10 Reorganisation

Es folgen einige Algorithmen, die ich unter dem allgemeinen Oberbegriff »Reorganisation« zusammengefasst habe.

Algorithmus	Parameter	Beschreibung
`reverse`	start end	Kehrt die Reihenfolge der Elemente im Bereich [start, end) um.
`reverse_copy`	start end ziel	Erzeugt eine Kopie des Bereichs [start, end) im Bereich [ziel, ...) und kehrt dabei die Reihenfolge der Elemente um.
`rotate`	start zwischen end	Rotiert die Elemente aus dem Bereich [start, end) so, dass das Objekt an der Position zwischen an den Anfang des Bereichs kommt.
`rotate_copy`	start zwischen end ziel	Erzeugt eine Kopie des Bereichs [start, end), in der die Elemente so rotiert sind, wie unter rotate beschrieben ist, und legt diese Kopie im Bereich [ziel, ...) ab.
`random_shuffle`	start end zf_generator	Erzeugt eine zufällige neue Reihenfolge der Elemente im Bereich [start, end). Falls der optionale Zufallszahlengenerator angegeben wird, wird dieser anstelle des Standardgenerators verwendet.
`partition`	start end bedingung	Ordnet den Bereich [start, end) so um, dass alle Elemente, die bedingung erfüllen, vor allen Elementen liegen, die bedingung nicht erfüllen.
`stable_partition`	start end bedingung	Ordnet den Bereich wie partition um, garantiert dabei jedoch, dass die Reihenfolge von Elementen, für die bedingung das gleiche Ergebnis liefert, nicht verändert wird.

Der Zufallszahlengenerator ist dabei eine Funktion mit folgender Schnittstelle:

```
ptrdiff_t zf_generator(ptrdiff_t i)
```

Diese Funktion sollte bei jedem Aufruf eine Zeigerdifferenz – letztlich eine Integer-Zahl – zwischen 0 und i zurückgeben. Der Algorithmus verwendet diese Zahl zum Umordnen der Elemente im Container.

23.13.11 Sortieren

Sortieren ist eine der Grundaufgaben für Container. Die folgenden Algorithmen unterstützen die Sortierung von Containern:

Algorithmus	Parameter	Beschreibung
sort	start end vergleich	Sortiert die Elemente im Bereich [start, end) in aufsteigender Reihenfolge.
stable_sort	start end vergleich	Sortiert die Elemente im Bereich [start, end) in aufsteigender Reihenfolge mit einem stabilen Sortierverfahren.[7]
partial_sort	start zwischen end vergleich	Ordnet die Objekte im Bereich [start, end) so, dass der Bereich [start, zwischen) aufsteigend sortiert ist und alle Elemente in diesem Bereich nicht größer als die Elemente im restlichen Bereich [zwischen, end) sind.
partial_sort_copy	start1 end1 start2 end2 vergleich	Kopiert die kleinsten Elemente aus dem Quellbereich [start1, end1) in aufsteigender Reihenfolge in den Zielbereich [start2, end2). Es werden maximal so viele Elemente kopiert, wie der Zielbereich aufnehmen kann, und natürlich nicht mehr, als im Quellbereich vorhanden sind.
nth_element	start zwischen end vergleich	Ordnet den Bereich [start, end) so, dass an der Stelle des Zwischen-Iterators zwischen das Element zu stehen kommt, das bei einer aufsteigenden Sortierung ebenfalls dort stehen würde.

23.13.12 Binäre Suche

In einem sortierten Bereich kann man mit binärer Suche Objekte finden. Bei einer binären Suche betrachtet man immer das Element in der Mitte des verbliebenen Suchraums und entscheidet dann aufgrund eines Objektvergleichs, ob man im linken oder rechten Teilraum weitersucht. Die binäre Suche ist natürlich besonders effektiv, wenn der Suchbereich durch Random-Access-Iteratoren abgegrenzt ist.

Die Vergleichsfunktion ist bei allen Funktionen dieser Tabelle optional. Wird keine Vergleichsfunktion angegeben, so wird der <-Operator der Objekte verwendet.

---

7. Ein stabiles Sortierverfahren ist ein Verfahren, das die Reihenfolge von gleich großen Objekten bei der Sortierung nicht tauscht. Quicksort ist zum Beispiel nicht stabil. Stabile Verfahren ermöglichen es, einen Bereich mehrfach nacheinander zu sortieren, wobei die alte Ordnung als »Unterordnung« erhalten bleibt.

Algorithmus	Parameter	Beschreibung
lower_bound	start end objekt vergleich	Liefert einen Iterator auf das erste Element im Bereich [start, end), das nicht kleiner als objekt ist.
upper_bound	start end objekt vergleich	Liefert einen Iterator auf das erste Element im Bereich [start, end), das größer als objekt ist.
equal_range	start end objekt vergleich	Liefert den größten Teilbereich von [start, end), in dem alle Elemente gleich dem übergebenen Objekt sind. Dies ist der Bereich zwischen upper_bound und lower_bound. Zurückgegeben wird ein Iteratorpaar, das diesen Bereich eingrenzt.
binary_search	start end objekt vergleich	Prüft, ob das übergebene Objekt in dem Bereich [start, end) vorkommt.

23.13.13 Mischen

Durch Mischen können zwei verschiedene in sich sortierte Bereiche reißverschlussartig[8] so zusammengeführt werden, dass der Ergebnisbereich wieder sortiert ist. Zum Mischen gibt es in der Standardbibliothek die zwei Funktionen merge und inplace_merge:

Algorithmus	Parameter	Beschreibung
merge	start1 end1 start2 end2 ziel vergleich	Mischt die Bereiche [start1, end1) und [start2, end2) und speichert das Ergebnis in dem Bereich [ziel, ...).
inplace_merge	start zwischen end vergleich	Mischt die Bereiche [start, zwischen) und [zwischen, end) ineinander. Das Ergebnis liegt anschließend im Bereich [start, end).

---

8. Im Gegensatz zum Reißverschluss können durchaus mehrere Zähne der gleichen Seite aufeinander folgen.

Beide Funktionen nutzen die optionale Vergleichsfunktion zum Objektvergleich, wenn sie übergeben wird. Andernfalls verwenden die Funktionen den <-Operator.

Beim Mischen durch `merge` wird immer das jeweils kleinste Element aus den beiden Bereichen in den Zielbereich übernommen. Dann wird in dem Bereich vorangeschritten, aus dem das kleinste Element genommen wurde. Im Code sieht das so aus:

```
while (true)
    {
    *ziel++ = (*start2 < *start2) ? *start2++ : *start1++;
    if (start1 == end1)
        return copy( start2, end2, ziel);
    if (start2 == end2)
        return copy( start1, end1, ziel);
    }
```

Sobald ein Bereich abgearbeitet ist, wird der Rest des anderen Bereichs komplett übernommen (`copy`).

23.13.14 Mengenoperationen

Aus der Mengenlehre kennen Sie einige wichtige Grundoperationen:

▶ Die **Vereinigung** von zwei Mengen enthält alles, was in der einen oder der anderen Menge ist.

▶ Der **Durchschnitt** von zwei Mengen enthält alles, was sowohl in der einen als auch in der anderen Menge ist.

▶ Die **Differenz** von zwei Mengen enthält das, was in der einen, aber nicht in der anderen Menge ist.

▶ Die **symmetrische Differenz** von zwei Mengen enthält das, was in einer der Mengen, aber nicht in beiden Mengen ist.

Zusätzlich gibt es die Teilmengenbeziehung:

▶ Eine Menge heißt **Teilmenge** einer anderen Menge, wenn alles, was in der einen Menge ist, auch in der andern ist.

Wenn man jetzt durch Iteratoren markierte Bereiche als Mengen auffasst, kann man die oben angesprochenen Mengenoperationen und eine Prüfung auf Teilmengenbeziehung implementieren. Dazu stellt die Standard-Library die folgenden Funktionen bereit, die voraussetzen, dass die Elemente in den vorkommenden Bereichen bereits im Sinne der <-Operation oder im Sinne einer speziellen Vergleichsfunktion geordnet sind:

Algorithmus	Parameter	Beschreibung
includes	start1 end1 start2 end2 vergleich	Prüft, ob die Elemente im Bereich [start1, end1) eine Teilmenge der Elemente im Bereich [start2, end2) bilden.
set_union	start1 end1 start2 end2 ziel vergleich	Kopiert die Vereinigung der Bereiche [start1, end1) und [start2, end2) in den Bereich [ziel, ...).[8]
set_intersection	start1 end1 start2 end2 ziel vergleich	Kopiert den Durchschnitt der Bereiche [start1, end1) und [start2, end2) in den Bereich [ziel, ...).
set_difference	start1 end1 start2 end2 ziel vergleich	Kopiert die Differenz der Bereiche [start1, end1) und [start2, end2) in den Bereich [ziel, ...).
set_symmetric_difference	start1 end1 start2 end2 ziel vergleich	Kopiert die symmetrische Differenz der Bereiche [start1, end1) und [start2, end2) in den Bereich [ziel, ...).

Zum Elementvergleich wird die Vergleichsfunktion verwendet oder, wenn keine solche Funktion angegeben wird, der <-Operator. Wichtig ist, dass die gleiche

---

9. Der Unterschied zwischen set_union und merge ist der, dass gleiche Elemente in den verschiedenen Bereichen bei set_union im Ergebnis nur einmal vorkommen, bei merge jedoch doppelt.

Ordnungsrelation verwendet wird, die auch zur Reihenfolgebildung in den einzelnen Bereichen verwendet wurde.

Am Beispiel der Implementierung des Mengendurchschnitts sieht man, dass der Algorithmus beim Herausfiltern der Elemente, die in beiden Mengen vorkommen, davon ausgeht, dass die Bereiche aufsteigend sortiert sind:

```
while (start1 != end1 && start2 != end2)
    {
    if ( *start1<*start2)
        ++fstart1;
    else if ( *start2 < *start1)
        ++start2;
    else
        {
        *ziel++ = *start1++;
        start2++;
        }
    }
return result;
```

Ohne die vorausgesetzte Sortierung wäre der Algorithmus erheblich aufwändiger zu implementieren.

23.13.15 Heap-Algorithmen

Sie erinnern sich vielleicht noch an das Sortierverfahren Heapsort. Dieses Verfahren verwendete intern einen sogenannten Heap. Das war eine Baumstruktur, in die man sehr einfach Elemente einfügen und aus der man ebenso einfach immer das aktuell größte Element abrufen konnte. Wichtig war, dass die Einsetz- und Abrufoperationen mit logarithmischer Zeit – also sehr performant – durchgeführt werden konnten. Die Standard-Library unterstützt die Verwendung von Heaps durch die folgenden Funktionen:

Algorithmus	Parameter	Beschreibung
push_heap	start end vergleich	Fügt ein neues Element (end-1) in einen bestehenden Heap [start, end-1) ein. Das Ergebnis ist ein Heap im Bereich [start, end).
pop_heap	start end vergleich	Wirft das größte Element des Heaps [start, end) an der Position end-1 aus. Der Bereich [start, end-1) wird dabei wieder zu einem Heap reorganisiert.

Algorithmus	Parameter	Beschreibung
make_heap	start end vergleich	Ordnet die Elemente des Bereichs [start, end) so an, dass sie einen Heap bilden.
sort_heap	start end vergleich	Sortiert die Objekte in dem Heap [start, end), indem Heapsort durchgeführt wird. Die Eigenschaft ein Heap zu sein, geht dabei natürlich verloren.

Alle Funktionen verwenden für die erforderlichen Objektvergleiche die angegebene Vergleichsfunktion. Falls eine Vergleichsfunktion nicht angegeben wird, wird der <-Operator der Objekte zum Vergleich herangezogen. Beachten Sie, dass die Vergleichsfunktion für einen einmal mit make_heap erzeugten Heap immer die gleiche sein muss. Bei Betrachtung des Heaps mit einer anderen Vergleichsfunktion geht die Heap-Eigenschaft verloren und Funktionen wie push_heap oder pop_heap würden nicht sinnvoll arbeiten.

23.13.16 Minima und Maxima

Minima beziehungsweise Maxima können aus zwei einzelnen Objekten oder aus Bereichen von Objekten bestimmt werden:

Algorithmus	Parameter	Beschreibung
min	objekt1 objekt2 vergleich	Bestimmt das kleinere der beiden Objekte.
max	objekt1 objekt2 vergleich	Bestimmt das größere der beiden Objekte.
min_element	start end vergleich	Bestimmt das kleinste Element im Bereich [start, end) und gibt einen Iterator auf dieses Objekt zurück.
max_element	start end vergleich	Bestimmt das größte Element im Bereich [start, end) und gibt einen Iterator auf dieses Objekt zurück.

Die optionale Vergleichsfunktion vergleich prüft die <-Beziehung und wird, falls sie nicht angegeben ist, durch den <-Operator der Objekte ersetzt.

Der Algorithmus `min` mit Vergleichsfunktion ist natürlich ganz einfach zu implementieren:

```
return vergleich(objekt1, objekt2)? objekt1 : objekt2;
```

Ohne Vergleichsfunktion sieht der Algorithmus so aus:

```
return objekt1 < objekt2 ? objekt1 : objekt2;
```

Bei der bereichsbezogenen Minimumsbildung wird über den gesamten Bereich iteriert und das jeweils kleinste Element durch einen Iterator markiert. Dies ist der Code in der Variante ohne Vergleichsfunktion:

```
ForwardIterator mini = start;

if( start == end)
    return end;
while(++start != end)
    {
    if(*start < *mini)
        mini = start;
    }
return mini;
```

23.13.17 Lexikografische Ordnung und Permutationen

Wenn man Folgen von Objekten betrachtet, deren einzelne Objekte untereinander vergleichbar sind, so kann man die Folgen »lexikografisch« ordnen. Man sieht dabei diejenige von zwei Folgen als kleiner an, die an der Stelle, an der sich die beiden Folgen erstmalig unterscheiden, das kleinere Objekt hat. In diesem Sinne ist dann zum Beispiel:

$(2,4,1,5) < (2,4,2,0,3,1)$

Gibt es bis zum Ende der kürzeren Folge keine Entscheidung, so wird die kürzere Folge als kleiner angesehen:

$(2,4,1,5) < (2,4,1,5,1,1)$

Ein Beispiel für eine lexikografische Ordnung ist die Anordnung von Wörtern in einem Wörterbuch, bei der genau nach dem oben beschriebenen Schema die Ordnung der Buchstaben auf die Wörter (= Folgen von Buchstaben) übertragen wird. Ein weiteres Beispiel ist die Datumsangabe in der Form (Jahr, Tag, Monat). Hier entspricht die lexikografische Ordnung der kalendarischen Ordnung.

Die Standard-Library unterstützt die lexikografische Ordnung durch die folgende Funktion:

Algorithmus	Parameter	Beschreibung

`lexicographical_compare`	`start1`
	`end1`
	`start2`
	`end2`
	`vergleich`
		Prüft, ob die Sequenz im Bereich [`start1`, `end1`) im Sinne der lexikografischen Ordnung kleiner als die Sequenz im Bereich [`start2`, `end2`) ist. Die Bereiche müssen dabei nicht unbedingt gleich viele Objekte haben.

Der Algorithmus arbeitet sich von links nach rechts durch die Sequenzen, bis er auf eine Differenz trifft. Der folgende Code zeigt die Variante ohne Vergleichsfunktion, bei der der <-Operator zum Einsatz kommt:

```
while ( start1 != end11)
    {
    if(*start2<*start1 || start2 == end2)
        return false;
    else if (*start1<*start2)
        return true;
    start1++;
    start2++;
    }
  return true;
```

Permutationen von Objekten können in dem oben diskutierten Sinn lexikografisch angeordnet werden. Die folgende Liste zeigt die Permutationen der Zahlen 1 bis 3 in lexikografisch aufsteigender Reihenfolge:

(1 2 3)
(1 3 2)
(2 1 3)
(2 3 1)
(3 1 2)
(3 2 1)

Mit Hilfe der Standard-Library lassen sich solche Permutationen – und natürlich auch Permutationen von beliebigen Objekten, die einen Vergleich ermöglichen –

einfach erzeugen. Dazu dienen die Funktionen `next_permutation` und `prev_permutation`:

Algorithmus	Parameter	Beschreibung
next_permutation	start end vergleich	Ordnet die Elemente im Bereich [start, end) so um, dass die lexikografisch nächstgrößere Permutation entsteht.
prev_permutation	start end vergleich	Ordnet die Elemente im Bereich [start, end) so um, dass die lexikografisch nächstkleinere Permutation entsteht.

Die Vergleichsfunktion (`vergleich`) ist beim lexikografischen Vergleich für den <-Vergleich zuständig. Sie ist, wie immer, optional und wird, falls nicht angegeben, durch den <-Operator ersetzt.

23.14 Vererbung und virtuelle Funktionen in Containern

Zum Abschluss dieses Abschnitts über die Standardbibliothek möchte ich Sie noch auf das Verhalten der Container bei der Verwendung von Vererbung beziehungsweise virtuellen Funktionen hinweisen. Wir wollen das Verhalten am Beispiel der dynamischen Arrays (`vector`) studieren. Analoges gilt natürlich auch für die anderen Container.

Zu Testzwecken erstellen wir zwei Klassen, `basis` und `abgeleitet`, mit einer einfachen Vererbungsbeziehung:

```
class basis
    {
    public:
        virtual void test() { cout << "Basis\n";}
    };

class abgeleitet : public basis
    {
    public:
        void test() { cout << "Abgeleitet\n";}
    };
```

Instanzen dieser Klassen können durch den Aufruf der virtuellen Memberfunktion `test` ihre Klassenzugehörigkeit ausgeben.

Als Nächstes erstellen wir einen Container, um Objekte der Basisklasse aufzunehmen:

```
vector<basis> v;
```

Da Instanzen der Klasse `abgeleitet` ja auch vom Typ `basis` sind, können wir in diesem Container problemlos Objekte vom Typ `abgeleitet` ablegen:

```
abgeleitet a;

v.push_back( a );
```

Wir haben jetzt einen Container, in dem wir an Position 0 ein Objekt der Klasse `abgeleitet` abgelegt haben. Im Container liegt aber eine Kopie dieses Objekts, und das Objekt ist als `basis` in den Container kopiert worden. Wir erkennen dies, sobald wir die Memberfunktion `test` aufrufen. Die Funktionsaufrufe

```
a.test();
v[0].test();
```

erzeugen diese Ausgabe:

```
abgeleitet
basis
```

Das heißt: Obwohl das Objekt a sich bei Aufruf von `test` mit »abgeleitet« meldet, gibt seine Kopie im Container beim Aufruf der gleichen Funktion »basis« aus. Dies bedeutet, dass die Verfeinerung zur Klasse `abgeleitet` beim Kopiervorgang verloren gegangen ist. Der Container speichert nur die Basisklasse.

Will man die Eigenschaften abgeleiteter Klassen im Container erhalten, so sollte man statt der Objekte nur Zeiger auf die Objekte im Container verwalten. Wir legen auch dazu ein Beispiel an, indem wir jetzt einen dynamischen Array von Zeigern auf Objekte vom Typ `basis` verwenden:

```
vector<basis *> v;
```

Jetzt können wir eine Instanz der Klasse `abgeleitet` erzeugen und deren Adresse im Container an Position 0 ablegen:

```
abgeleitet a;

v.push_back( &a );
```

Bei Aufruf der test-Funktion

```
a.test();
v[0]->test();
```

erhalten wir jetzt die »richtige« Ausgabe:

```
abgeleitet
abgeleitet
```

Das war natürlich auch zu erwarten, da jetzt nur noch ein Zeiger in den Container kopiert wurde und die Originalklasse nach wie vor außerhalb des Containers liegt. Dies bedeutet natürlich auch, dass der Container nicht das Memorymanagement für die Objekte übernimmt, die er referenziert. Das bedeutet einerseits, dass wir die Objekte so lange leben lassen müssen, wie der Container eine Referenz auf sie hält, und dass bei einer Löschoperation nur der Zeiger, nicht aber das zugehörige Objekt beseitigt wird. Darum müssen wir uns in diesem Fall selbst kümmern.

24 Projekt: 3D-Grafikprogrammierung

Wenn Sie bis hier gekommen sind, dann haben Sie Ihr Ziel erreicht. Sie sind jetzt in der Lage, jedes Programmierprojekt in C++ – zum Beispiel die Erstellung eines 3D-Computerspiels – durchzuführen. Ich habe für Sie eine Klassenbibliothek erstellt, mit der man sehr einfach Computerspiele ohne Kenntnis der Windows- oder DirectX-Programmierung erstellen kann. Die Bibliothek heißt *SpaCE* (Spatial Computing Environment). Sie finden die zugehörige Dokumentation (*Space.pdf*), die Bibliothek (*SpaCE.lib*) und die erforderlichen Headerdateien wie üblich auf der dem Buch beiliegenden CD im Verzeichnis *Space*. Dort finden Sie auch ein mit Visual Studio 2003 erstelltes Beispielprojekt, das Sie als Startpunkt für eigene Spiele-Entwicklungen verwenden können. Das Beispiel zeigt zwei Raumschiffe aus dem Film »2001: Odyssee im Weltraum«, die zur Musik von »Raumpatrouille Orion« um die Erde kreisen. Mit der Maus können Sie in dieser Szene navigieren.

Bauen Sie dieses Szenario zu einem vollständigen Computerspiel aus. Viel Spaß bei diesem Projekt.

Anhang

Vorwort

Die Aufgaben dieses Buches stellen keine strenge Vorgabe dar, wie die Lösungen aussehen sollen. Sie sollen vielmehr eine Anregung sein, nicht nur die gestellten Probleme zu bearbeiten, sondern sie kreativ zu erweitern und sich damit zu beschäftigen.

Deshalb stellen meine vorgestellten Lösungen nicht den Anspruch, die richtigen oder sogar die einzig möglichen zu sein.

Wahrscheinlich wird einem erfahrenen Programmierer die eine oder andere Lösung sogar sehr umständlich erscheinen. Der Grund dafür ist mein Bemühen, alle Aufgaben ausschließlich mit den bis zu dem jeweiligen Kapitel vermittelten Programmierkenntnissen zu lösen.

Die Lösungen sind in 3 Stufen unterteilt:

▶ Vorüberlegung

▶ Programmausgabe

▶ Programmcode und -erklärung

Mein Wunsch ist, dass Sie in den meisten Fällen bereits nach der »Vorüberlegung« genügend Hinweise zur möglichen Lösung der Aufgabe erhalten, um sie doch noch selbstständig bearbeiten zu können. Denn nur dann erfahren Sie einen persönlichen Gewinn und einen Lernerfolg, der Ihnen andernfalls vorenthalten bliebe.

Danksagung

Ich danke allen Mitarbeitern des Galileo-Verlags, insbesondere Frau Judith Stevens-Lemoine, die mir das Vertrauen für die Erstellung dieses Lösungskapitels geschenkt und mich dabei stets betreut hat.

Weiterhin danke ich Maren, meiner Verlobten, für Ihre Geduld. Sie hat mich während der Arbeit an diesem Kapitel kaum zu sehen bekommen.

Besonderen Dank schulde ich meinem Professor, Herrn Dr. Ulrich Kaiser, der als Autor des Buches es mir überhaupt ermöglicht hat, diesen Beitrag leisten zu können. Er stand mir während der gesamten Entstehung des Kapitels mit Kritik und unzählbaren Verbesserungsvorschlägen zur Seite und trägt einen großen Anteil an der Qualität der Lösungen.

Kleve, August 2002
Christoph Kecher

Anhang

Lösungen

Kapitel 1

A 1.1 Formulieren Sie Ihr morgendliches Aufsteh-Ritual vom Klingeln des Weckers bis zum Verlassen des Hauses als Algorithmus. Berücksichtigen Sie dabei auch verschiedene Wochentags-Varianten! Zeichnen Sie ein Flussdiagramm!

Vorüberlegung:

Natürlich haben wir alle unterschiedliche »Aufsteh-Rituale«, jedoch ist es hier wichtig, sich möglichst genaue Gedanken über den zeitlichen Ablauf des typischen Morgens zu machen. Sehr leicht werden Sie dabei erkennen, wie viele unbewusste Entscheidungspfade ein auf den ersten Blick so simpler Vorgang wie das tägliche Aufstehen beinhaltet.

Lösungsteil 1 (Algorithmus):

1. Stelle den Wecker aus!

2. Ist der heutige Wochentag ein Samstag oder ein Sonntag, dann schlaf ruhig weiter!

   Andernfalls fahre mit Punkt 3 fort!

3. Ist das Badezimmer gerade besetzt, dann warte solange, bis es frei wird!

   3.1 Ist dies nicht der Fall, dann kannst Du jetzt duschen und Dich danach anziehen!

4. Ist das Frühstück von keinem anderen bereits vorbereitet worden, musst Du es wohl selbst tun!

   4.1 Andernfalls kannst Du sofort Dein Frühstück zu Dir nehmen!

5. Ist das Badezimmer gerade besetzt, dann warte solange, bis es frei wird!

   5.1 Ist dies nicht der Fall, dann kannst Du Dir nun Deine Zähne putzen!

6. Nun musst Du nur noch Deine Schuhe und Jacke anziehen,

   6.1 die Schulsachen mitnehmen

   6.2 und das Haus in Richtung Schule verlassen!

Lösungsteil 2 (Flussdiagramm)

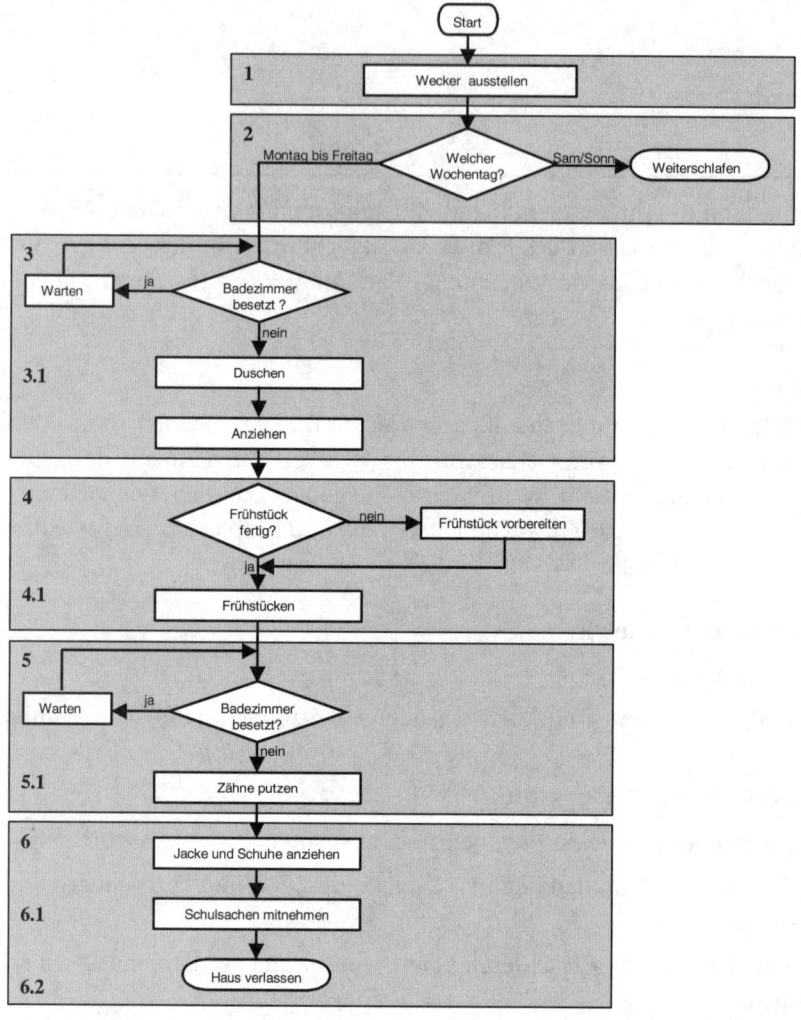

A 1.2   Verfeinern Sie den Algorithmus zur Division zweier Zahlen aus Abschnitt 1.1 so, dass er von jemandem, der nur Zahlen addieren, subtrahieren und der Größe nach vergleichen kann, durchgeführt werden kann! Zeichnen Sie ein Flussdiagramm!

Vorüberlegung:

Zuallererst sollten wir uns genau den Algorithmus aus Abschnitt 1.1 anschauen. Das Ziel ist, die Stellen herauszufinden, an denen die obigen Bedingungen nicht erfüllt werden. Wir suchen also die Anweisungen heraus, in denen andere Operationen als Addition, Division oder ein Vergleich verwendet werden. Diese werden wir dann so umformulieren, dass sie nur noch die in der Aufgabenstellung erlaubten Operationen verwenden.

Der ursprüngliche Algorithmus:

Problem:

Berechne den Quotienten zweier natürlicher Zahlen!

Anfangsdaten:

z = Zähler (z ≥ 0)
n = Nenner (n > 0) und
a = Anzahl der zu berechnenden Nachkommastellen.

Anweisungen:

1. Bestimme die größte ganze Zahl x mit n·x ≤ z! Dies ist der Vorkommaanteil der gesuchten Zahl.

2. Zur Bestimmung der Nachkommastellen fahre wie folgt fort:

    2.1 Sind noch Nachkommastellen zu berechnen (d. h. a > 0)? Wenn nein, dann beende das Verfahren!

    2.2 Setze z = 10(z-n·x)!

    2.3 Ist z = 0, so beende das Verfahren!

    2.4 Bestimme die größte ganze Zahl x mit n·x ≤ z! Dies ist die nächste Ziffer.

    2.5 Jetzt ist eine Ziffer weniger zu bestimmen. Vermindere also den Wert von a um 1 und fahre anschließend bei 2.1 fort!

Die Anweisungen 1 und 2.4 enthalten eine Division, denn um die geforderte Zahl x zu bestimmen, müssen wir die Operation x = z/n durchführen. Dies ist durch die Aufgabenstellung nicht erlaubt. Um diese Anweisungen zu ersetzen, benötigen wir eine zusätzliche Variable y. Wir werden y solange um den Wert des Nenners n erhöhen, bis wir den Wert des Zählers z übertroffen haben.

Wir ersetzen diese Anweisungen also durch:

1. Um die größte Zahl x mit n·x ≤ z zu bestimmen, fahre wie folgt fort:

    1.1 Setze x = 0 und y = n!

    1.2 Ist y > z, so ist x der gesuchte Vorkommaanteil!

    1.3 Ist dies nicht der Fall, dann setze x = x+1 und y = y+n und fahre mit Punkt 1.2 fort!

Die Anweisung 2.2 enthält zwei Multiplikationen: n·x und 10·Klammerinhalt.

Den Wert $n \cdot x$ können wir aus y berechnen. Unser y ist um den Wert des Nenners n zu hoch, denn wir mussten ihn solange erhöhen, bis wir über den Wert des Zählers z hinausgekommen sind, also einmal zu viel. Deshalb können wir $n \cdot x$ einfach durch $y-n$ ersetzen.

Die Multiplikation des Klammerinhalts mit 10 lassen wir verschwinden, indem wir den Klammerinhalt in einer Zwischenvariablen k speichern und ihn zehnmal in der Variable add aufaddieren. Wie oft wir schon addiert haben, zählen wir in der Variablen i mit.

Somit ergeben sich für die Anweisung 2.2 folgende Algorithmusanweisungen:

2.2 Setze add = 0 und i = 1!

2.3 Speichere den Klammerinhalt z-(y-n) in der Variablen k, setze also
   k = z-(y-n)!

2.4 Solange die Zählvariable i $\leq$ 10 ist

   2.4.1 Addiere k zu add und

   2.4.2 Erhöhe den Wert von i um 1!

2.5 Setze z = add!

Der neue Algorithmus:

Problem:

   Berechne den Quotienten zweier natürlicher Zahlen!

Anfangsdaten:

   z = Zähler $(z \geq 0)$
   n = Nenner $(n > 0)$
   a = Anzahl der zu berechnenden Nachkommastellen

   i = Zählvariable
   y = Zwischenspeicher für $n \cdot x$
   k = Zwischenspeicher für den Inhalt der ursprünglichen Klammer $(z-n \cdot x)$
   add = Zwischenspeicher für die Aufaddierung des Klammerwertes

Anweisungen:

1. Um die größte Zahl x mit $n \cdot x \leq z$ zu bestimmen, fahre wie folgt fort:

   1.1 Setze x = 0 und y = n!

   1.2 Ist y > z, so ist x der gesuchte Vorkommaanteil!

   1.3 Ist dies nicht der Fall, dann erhöhe den Wert von x um 1, den Wert von y um den Wert des Nenners n und fahre mit Punkt 1.2 fort!

2. Zur Bestimmung der Nachkommastellen fahre wie folgt fort:

2.1 Sind noch Nachkommastellen zu berechnen (d.h. a > 0)? Wenn nein, dann beende das Verfahren!

2.2 Setze add = 0, i = 1 und speichere den Klammerinhalt z-(y-n) in der Variablen k, setze also k = z-(y-n)!

2.3 Solange die Zählvariable i ≤ 10 ist, addiere k zu add und erhöhe den Wert von i um 1!

2.4 Setze z = add !

2.5 Ist z = 0, so beende das Verfahren!

3. Um die größte Zahl x mit n·x ≤ z zu bestimmen, fahre wie folgt fort:

3.1 Setze x = 0 und y = n!

3.2 Ist y > z, so ist x die nächste Ziffer!

3.3 Ist dies nicht der Fall, dann erhöhe den Wert von x um 1, den Wert von y um den Wert des Nenners n und fahre mit Punkt 3.2 fort!

4. Jetzt ist eine Ziffer weniger zu bestimmen. Vermindere also den Wert von a um 1 und fahre anschließend bei 2.1 fort!

Das Flussdiagramm:

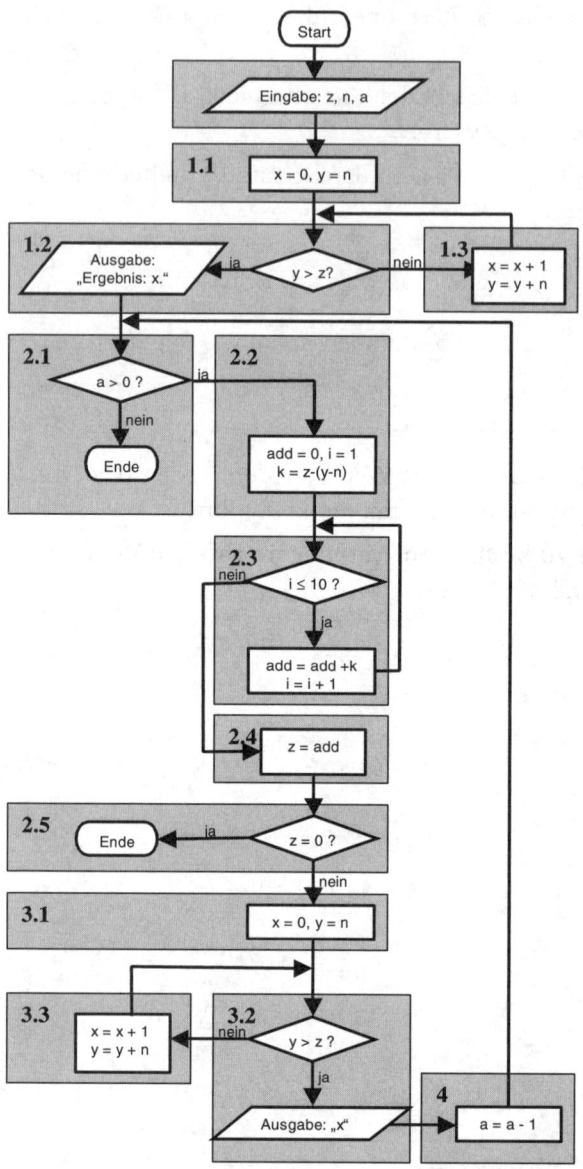

A 1.3 In unserem Kalender sind zum Ausgleich der astronomischen und der kalendarischen Jahreslänge in regelmäßigen Abständen Schaltjahre eingebaut. Zur exakten Festlegung der Schaltjahre dienen die folgenden Regeln:

(1) Ist die Jahreszahl durch 4 teilbar, so ist das Jahr ein Schaltjahr.

Diese Regel hat allerdings eine Ausnahme:

(2) Ist die Jahreszahl durch 100 teilbar, so ist das Jahr doch kein Schaltjahr.

Diese Ausnahme hat wiederum eine Ausnahme:

(3) Ist die Jahreszahl durch 400 teilbar, so ist das Jahr doch ein Schaltjahr.

Formulieren Sie einen Algorithmus, mit dessen Hilfe man feststellen kann, ob ein bestimmtes Jahr ein Schaltjahr ist oder nicht!

Vorüberlegung:

Wir können diesen Algorithmus bereits anhand der Aufgabenstellung, die bereits das gesamte Regelwerk enthält herausarbeiten:

Einsetzen der ersten Regel:

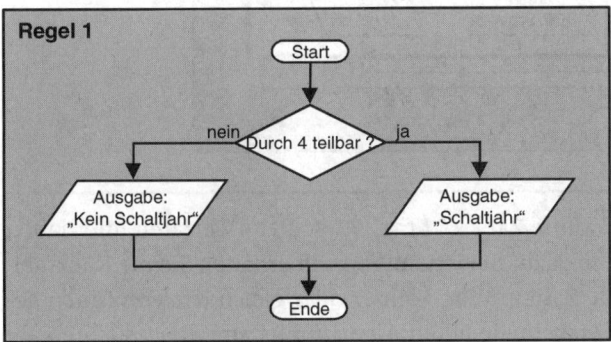

Einsetzen der zweiten Regel:

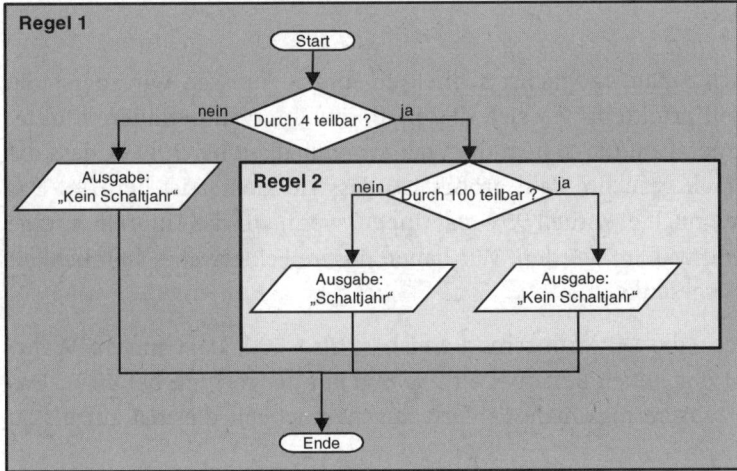

Einsetzen der dritten Regel:

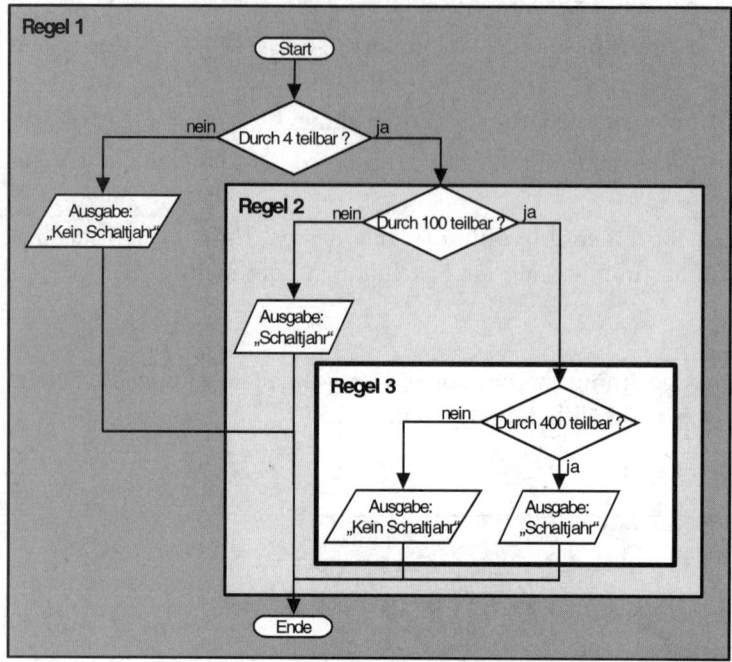

A 1.4 Sie sollen eine unbekannte Zahl x (1 ≤ x ≤ 1000) erraten und haben beliebig viele Versuche dazu. Bei jedem Versuch erhalten Sie die Rückmeldung, ob die gesuchte Zahl größer, kleiner oder gleich der von Ihnen geratenen Zahl ist. Entwickeln Sie einen Algorithmus, um die gesuchte Zahl möglichst schnell zu ermitteln! Wie viele Versuche benötigen Sie bei Ihrem Verfahren maximal?

Vorüberlegung:

Um unsere gesuchte Zahl möglichst schnell zu finden, müssen wir zuerst die Wahrscheinlichkeit ermitteln, wo sich diese Zahl im Intervall befinden könnte. Tippen wir z. B. zuerst auf die 1, liegt die Wahrscheinlichkeit bei 99,9 %, dass die in unserem Intervall gesuchte Zahl größer ist; dass sie kleiner ist bei 0 %. Das heißt, wir müssten noch eventuell 999 mal tippen, wenn wir die Tippreihenfolge einfach aufsteigend wählen würden. Wir haben unsere Fehlerwahrscheinlichkeit lediglich um 0,1 % gesenkt.

Wählen wir jedoch die Mitte unseres Bereiches, also 500, liegt unsere Wahrscheinlichkeit auf der linken Seite bei 49,9 % und auf der rechten bei 50 %. Das heißt, wir haben unsere maximale Fehlerwahrscheinlichkeit diesmal auf bis zu 49,9 % gesenkt !

Die Wahrscheinlichkeit, dass wir beim ersten Mal sofort die richtige Zahl erraten, liegt sowieso bei allen Taktiken bei 0,1 %.

Bereits jetzt wird es einsichtig, dass wir mit dem Verfahren der Intervallhalbierung am schnellsten zum Ziel kommen.

Der Algorithmus:

Problem:

Erraten Sie eine unbekannte Zahl im Intervall $1 \leq x \leq 1000$!

Anfangsdaten:

`geheimzahl` = Die zu erratende Zahl
`tipp` = Die von uns geratene Zahl
`untergrenze` = Die untere Grenze des Intervalls
`obergrenze` = Die obere Grenze des Intervalls

Anweisungen:

1. Setze tipp = (untergrenze+obergrenze)/2!
2. Falls `tipp` = `geheimzahl`, beende das Verfahren!

   2.1 Überprüfe, ob `tipp` < `geheimzahl` ist!

      2.1.1 Falls ja, setze `untergrenze` = `tipp` + 1!

      2.1.2 Falls nein, setze `obergrenze` = `tipp` – 1!

3. Fahre mit Punkt 1 fort.

Erläuterungen:

1. Wir tippen auf die Mitte des Intervalls.
2. Ist die gesuchte Zahl größer als die von uns geratene,

   2.1 dann können wir unsere untere Intervallgrenze bis auf die nächsthöhere als die von uns geratene Zahl hochziehen. Wir reduzieren also das mögliche Intervall, in dem sich unsere Geheimzahl befinden kann, auf die Hälfte.

   2.2 Das entsprechende tun wir, falls die gesuchte Zahl kleiner ist, als unser aktueller Tipp.

Anzahl der maximal benötigten Versuche:

Um die Anzahl der maximal benötigten Versuche zu bestimmen, müssen wir uns noch einmal vor Augen führen, dass wir unser Intervall immer wieder ganzzahlig halbieren.

Nehmen wir unser Beispiel von 1000 Zahlen, um uns dies deutlich zu machen:

1. Versuch: $\dfrac{1000}{2} = 500$

2. Versuch: $\dfrac{500}{2} = 250$

3. Versuch: $\dfrac{250}{2} = 125$ usw.

Die Frage ist also, wie oft (x) muss ich die Anzahl meiner Intervallelemente n durch 2 teilen, um höchstens nur noch eine Möglichkeit zum Auswählen zu haben?

Mathematisch ausgedrückt:

$$\frac{n}{2^x} \leq 1$$
$$\Leftrightarrow\ n \leq 2^x$$
$$\Leftrightarrow\ \log_2(n) \leq x$$

In unserem Falle, also für n=1000, folgt:

$$x \geq \log_2(1000)$$
$$x \geq 9,966$$
$$x = 10$$

Wir benötigen mit unserem Verfahren also höchstens 10 Versuche, um die richtige Zahl zu raten.

A 1.5   Formulieren Sie einen Algorithmus, der prüft, ob eine eingegebene Zahl eine Primzahl ist oder nicht!

Vorüberlegung:

Eine Primzahl ist eine Zahl ≥ 2, die nur durch sich selbst und durch 1 teilbar ist. Die nahe liegende Lösung wäre, einfach alle Zahlen bis zu unserer eingegebenen Prüfzahl darauf zu testen, ob eine davon ein Teiler unserer Prüfzahl ist. Dann handelt es sich nicht um eine Primzahl.

Wir können uns den Aufwand an einem Beispiel (Prüfzahl ist die 16) veranschaulichen:

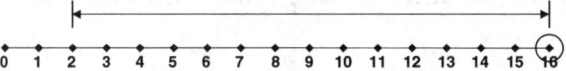

Bei dieser Methode müssten wir also 14 von 16 Zahlen überprüfen!

Wir wollen uns jedoch die Frage stellen, ob wir den Algorithmus effizienter gestalten können.

Würden wir z. B. nur bis zu der Hälfte der eingegebenen Zahl testen, dann könnten wir uns auch sicher sein, ob es sich um eine Primzahl handelt. Alle Zahlen, die größer als die Hälfte der Prüfzahl und kleiner als sie selbst sind, brauchen nicht mehr in Betracht gezogen zu werden, da sie nicht mehr ein ganzzahliger Teiler der Prüfzahl sein können.

Wir verdeutlichen uns auch diesen Aufwand:

Hier bräuchten wir noch 6 Zahlen zu überprüfen, wir haben unseren Algorithmus also ca. doppelt so schnell gemacht.

Wenn wir aber nur bis zu der Quadratwurzel der Prüfzahl testen, dann erhalten wir dieselbe Sicherheit, ob die Prüfzahl eine Primzahl ist oder nicht.

Dies können wir uns folgendermaßen erklären:

Wenn wir einen Teiler x von einer Zahl z gefunden haben, dann gilt:

$$z = x \cdot y$$

wobei y der zweite Teiler ist. Wären nun x <u>und</u> y größer als $\sqrt{z}$, dann wäre auch $x \cdot y > z$.

Deshalb muss ein Teiler auf jeden Fall kleiner oder gleich $\sqrt{z}$ sein. Also reicht es, die Zahlen bis zu $\sqrt{z}$ zu untersuchen.

Wir verdeutlichen uns dies grafisch:

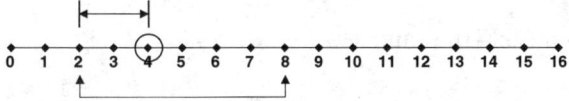

Wir überprüfen bei der Zahl 16 nur noch die Zahlen 2, 3 und 4 als mögliche Teiler. In diesem Beispiel gibt es noch eine Zahl, die größer ist als die Quadratwurzel aus 16 und die ein ganzzahliger Teiler von 16 ist: die 8.

Die Überprüfung dieser Zahl haben wir aber durch das Testen der Zahl 2 schon erledigt.

Wie Sie erkennen, müssen wir mit dieser Methode nur noch 3 von 16 Zahlen testen!

Wir haben unser Verfahren also erheblich beschleunigt!

Der Algorithmus:

Problem:

Überprüfen Sie, ob die eingegebene Zahl eine Primzahl ist!

Anfangsdaten:

`pruefzahl` = Die zu prüfende Zahl
`test` = Die Zahl, die gerade geprüft wird, ob sie ein Teiler von `pruefzahl` ist.

Anweisungen:

1. Setze `test` = 2!

2. Überprüfe, ob das Quadrat von `test` kleiner oder gleich der `pruefzahl` ist! Trifft dies nicht zu, dann ist `pruefzahl` eine Primzahl. Beende das Verfahren!

3. Überprüfe, ob `pruefzahl` durch `test` teilbar ist!

   3.1 Falls ja, dann ist `pruefzahl` keine Primzahl!
   Beende das Verfahren!

   3.1.1 Erhöhe `test` um 1 und fahre mit Punkt 2 fort!

A 1.6 Ihr CD-Ständer hat 100 Fächer, die fortlaufend von 1–100 nummeriert sind. In jedem Fach befindet sich eine CD. Formulieren Sie einen Algorithmus, mit dessen Hilfe Sie die CDs alphabetisch nach Interpreten sortieren können! Das Verfahren soll dabei auf den beiden folgenden Grundfunktionen basieren:

▶ `vergleiche (n,m)`
Vergleiche die Interpreten der CDs in den Fächern n und m! Ergebnis: »richtig« oder »falsch« je nachdem, ob die beiden CDs in der richtigen oder falschen Reihenfolge im Ständer stehen.

▶ `tausche (n,m)`
Tausche die CDs in den Fächern n und m!

Vorüberlegung:

Die erste Lösung, die Ihnen hier wahrscheinlich einfallen wird, beruht wohl auf dem Verfahren, wie wir Menschen meistens Dinge sortieren. Wir suchen das kleinste Element und legen es an der ersten Stelle ab. Dann das nächst größere auf der zweiten usw. Diese Lösung ist mit den zur Verfügung stehenden Funktionen realisierbar. Wir müssten alle CDs durchlaufen und uns unterwegs merken, welche CD die gerade »kleinste« ist, also der Name welchen Musikers gehört an die erste Stelle. Am Ende angekommen, wären wir uns sicher, dass diejenige CD, die wir gerade als »kleinste« in Erinnerung haben, an die erste Stelle gehört. Dann dasselbe für die zweite Stelle usw. Um die Lösung auf diese Weise zu realisieren, bräuchten wir also ein zusätzliches »Gedächtnis«, eine Variable, in der wir uns die gerade »kleinste« CD merken.

Ich möchte jedoch bei dieser Lösung ein Verfahren vorstellen, bei dem wir dieses »Gedächtnis« nicht brauchen.

Wir durchlaufen die CDs in aufsteigender Richtung und vergleichen immer nur die nebeneinander stehenden CDs. Wenn diese nicht in der richtigen Reihenfolge stehen, vertauschen wir sie sofort. Nach einem Durchlauf können wir uns dann sicher sein, dass die letzte CD auf dem richtigen Platz steht und brauchen diese nicht mehr zu betrachten.

Wir fangen wieder am Anfang an und fahren solange fort, bis wir nur noch die erste mit der zweiten CD vergleichen müssen.

Danach sind unsere CDs ganz sicher richtig sortiert!

Wir veranschaulichen uns dies grafisch an einem Beispiel:

Wir nehmen an, die Interpreten hätten als Künstlernamen alle jeweils einen einzigen Buchstaben gewählt und ständen in unserem CD-Regal in folgender Reihenfolge:

D B C A

Wir laufen also die CDs durch, vergleichen und vertauschen gegebenenfalls:

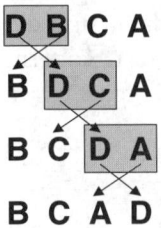

Wie Sie sehen, steht die CD mit dem »größten« Interpreter (Künstlernamen »D«) bereits auf der richtigen Stelle. Beim nächsten Durchlauf werden wir diese CD also nicht mehr beachten müssen:

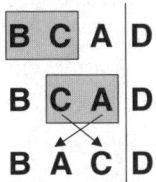

Auch hier erkennen Sie, dass die CD »C« schon auf ihrem richtigen Platz steht. Diese brauchen wir beim nächsten Durchlauf nicht mehr zu beachten:

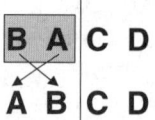

Wie Sie leicht erkennen, sind unsere CDs damit sortiert!

Der Algorithmus:

Problem:

Sortieren Sie Ihre CD-Sammlung alphabetisch!

Anfangswerte:

n = Index der gerade betrachteten CD (erste CD hat den Index 1)
a = Gesamtzahl der zu betrachtenden CDs

Anweisungen:

1. Falls a ≥ 2 ist, setze n = 1!
   Ansonsten beende das Verfahren! Die CDs sind sortiert.

2. Ist n < a, dann fahre mit Punkt 3 fort!
   Trifft dies nicht zu, erniedrige den Wert von a um 1 und fange wieder vorne bei Punkt 1 an!

3. Ist das Ergebnis der Funktion vergleiche(n,n+1) falsch, dann rufe die Funktion tausche(n,n+1) auf und fahre danach mit Punkt 4 fort. Andernfalls fahre sofort mit Punkt 4 fort.

4. Setze n = n+1 und fahre mit Punkt 2 fort!

Eine bessere Übersicht erhalten wir mithilfe eines Flussdiagramms:

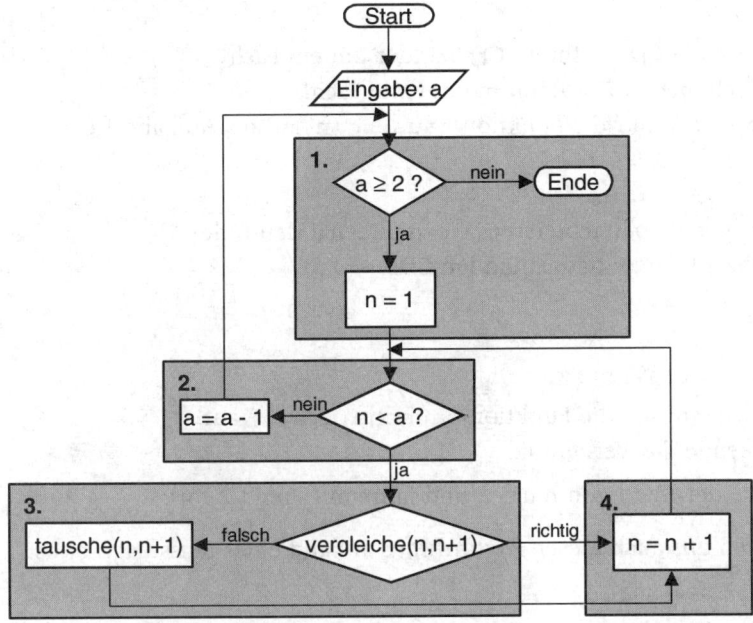

A 1.7 Formulieren Sie einen Algorithmus, mit dessen Hilfe Sie die CDs in Ihrem CD-Ständer jeweils um ein Fach aufwärts verschieben können! Die dabei am Ende herausgeschobene CD kommt in das erste Fach. Das Verfahren soll nur auf der Grundfunktion `tausche` aus Aufgabe 1.6 beruhen.

Vorüberlegung:

Wir wollen bei diesem Algorithmus von hinten nach vorne arbeiten. Wir fangen bei der letzten CD an und tauschen sie mit der vorletzten, dann die vorletzte mit der vorvorletzten usw.

Dabei wird die letzte CD von hinten nach vorne durchgereicht und landet am Ende auch im ersten Fach, wie es in der Aufgabenstellung gefordert ist.

Verdeutlichen wir uns das Vorgehen grafisch:

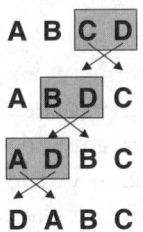

Der Algorithmus:

Problem:

Verschieben Sie die CDs in Ihrem CD-Ständer um ein Fach!
Die herausgeschobene CD kommt in das erste Fach!
Verwenden Sie dazu nur die Funktion tausche(n,m) aus Aufgabe 1.6!

Anfangsdaten:

n = Index der gerade betrachteten CD (erste CD hat den Index 1)
a = Gesamtanzahl der zu betrachtenden CDs

Anweisungen:

1. Setze n = a!

2. Ist n-1 ≥ 1, dann rufe die Funktion tausche(n,n-1) auf!
   Ansonsten beende das Verfahren!

   2.1 Erniedrige den Wert von n um 1 und fahre mit Punkt 2 fort!

Wir verdeutlichen uns auch diesen Algorithmus anhand eines Flussdiagramms:

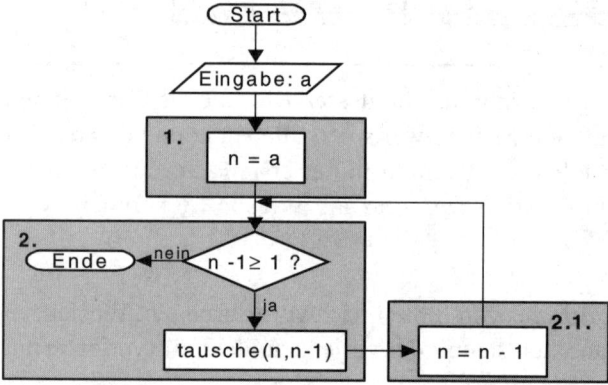

A 1.8 Formulieren Sie einen Algorithmus, mit dessen Hilfe Sie die Reihenfolge der CDs in Ihrem CD-Ständer umkehren können! Das Verfahren soll nur auf der Grundfunktion tausche aus Aufgabe 1.6 beruhen.

Vorüberlegung:

Hier werden wir die Möglichkeit verwenden, dass die Funktion tausche(n,m) nicht nur nebeneinander stehende CDs, sondern auch weit entfernte tauschen kann. Wenn wir die Reihenfolge der CDs umkehren sollen, dann muss am Ende die erste CD auf dem letzten Platz landen, die zweite auf dem vorletzten usw. Die letzte CD gehört dann hingegen auf den ersten Platz, die vorletzte auf den zweiten usw.

Die naheliegende Lösung, die wir auch hier benutzen werden, ist also, die erste CD mit der letzten zu tauschen, die zweite mit der vorletzten usw., bis wir in der Mitte angekommen sind. Dann haben wir die gesamte Reihenfolge der CDs umgekehrt. Im Falle einer ungeraden Anzahl von CDs wird die mittlere CD nicht mehr umgetauscht, da sie sich bereits auf dem richtigen Platz befindet.

Grafisch können wir uns das so veranschaulichen:

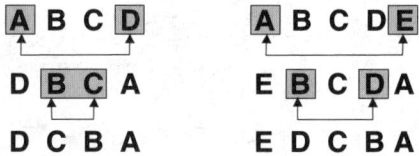

Der Algorithmus:

Problem:

Kehren Sie die Reihenfolge der CDs in Ihrem CD-Ständer um! Verwenden Sie dazu nur die Funktion tausche(n,m) aus Aufgabe 1.6!

Anfangsdaten:

n, m = Indizes der gerade betrachteten CDs (erste CD hat den Index 1)
a = Gesamtanzahl der zu betrachtenden CDs

Anweisungen:

1. Setze n = 1 und m = a!

2. Ist n < m, dann rufe die Funktion tausche(n,m) auf!
   Ansonsten beende das Verfahren!

   2.1 Erhöhe den Werte von n um 1, erniedrige den Wert von m um 1 und fahre mit Punkt 2 fort!

Das Flussdiagramm:

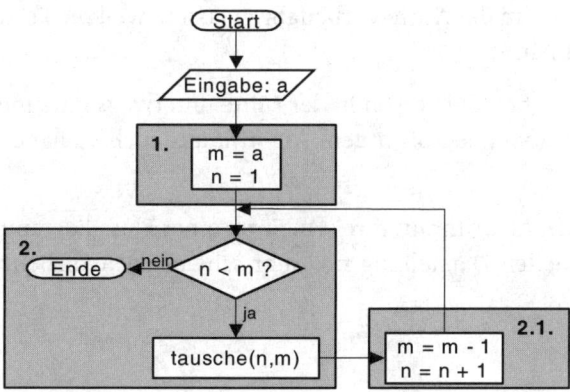

A 1.9 In einem Hochhaus mit 20 Stockwerken fährt ein Aufzug. Im Aufzug sind 20 Knöpfe, mit denen man sein Fahrziel wählen kann, und auf jeder Etage ist ein Knopf, mit dem man den Aufzug rufen kann. Entwickeln Sie einen Algorithmus, der den Aufzug so steuert, dass alle Aufzugbenutzer gerecht bedient werden! Sie können dabei annehmen, dass der Aufzug über die folgenden Befehle zur Fahrtsteuerung bzw. zum Auslesen der Bedienelemente verfügt:

▶ `fahre(n)`
Fahre das Stockwerk n an!

▶ `lade()`
Lade oder entlade in dem zuletzt angefahrenen Stockwerk Fahrgäste!

▶ `pruefe(n)`
Prüfe, ob Stockwerk n (innen oder außen) als Fahrziel gewählt wurde! Ergebnis: »ja« oder »nein«.

▶ `max()`
Liefert die höchste Etage, die aktuell als Fahrziel (innen oder außen) gewählt wurde. Ergebnis: Etagennummer.

▶ `min()`
Liefert die niedrigste Etage, die aktuell als Fahrziel (innen oder außen) gewählt wurde. Ergebnis: Etagennummer.

▶ `loesche(n)`
Löscht Etage n als Fahrziel.

Vorüberlegung:

Unter »gerechte Bedienung der Fahrgäste« könnte man verstehen: »Wer zuerst drückt, der fährt zuerst«. Vielleicht wäre das eine der gerechtesten Lösungen, aber sicherlich nicht die effizienteste. Wir nehmen den Fall an, dass jemand erst ganz oben drückt und danach jemand in der Mitte. Nach der jetzigen Strategie müssten wir den Fahrstuhl an der Person in der Mitte vorbeifahren lassen, weil die Person ganz oben ja zuerst gedrückt hat.

Wesentlich effizienter wäre es aber, die Person in der Mitte unterwegs mitzunehmen. Dies wollen wir in unserem nachfolgendem Algorithmus auch so handhaben.

Ich möchte an dieser Stelle den Algorithmus direkt in Form eines Flussdiagramms vorstellen, da er in der textuellen Darstellung nur sehr schwer nachvollziehbar ist:

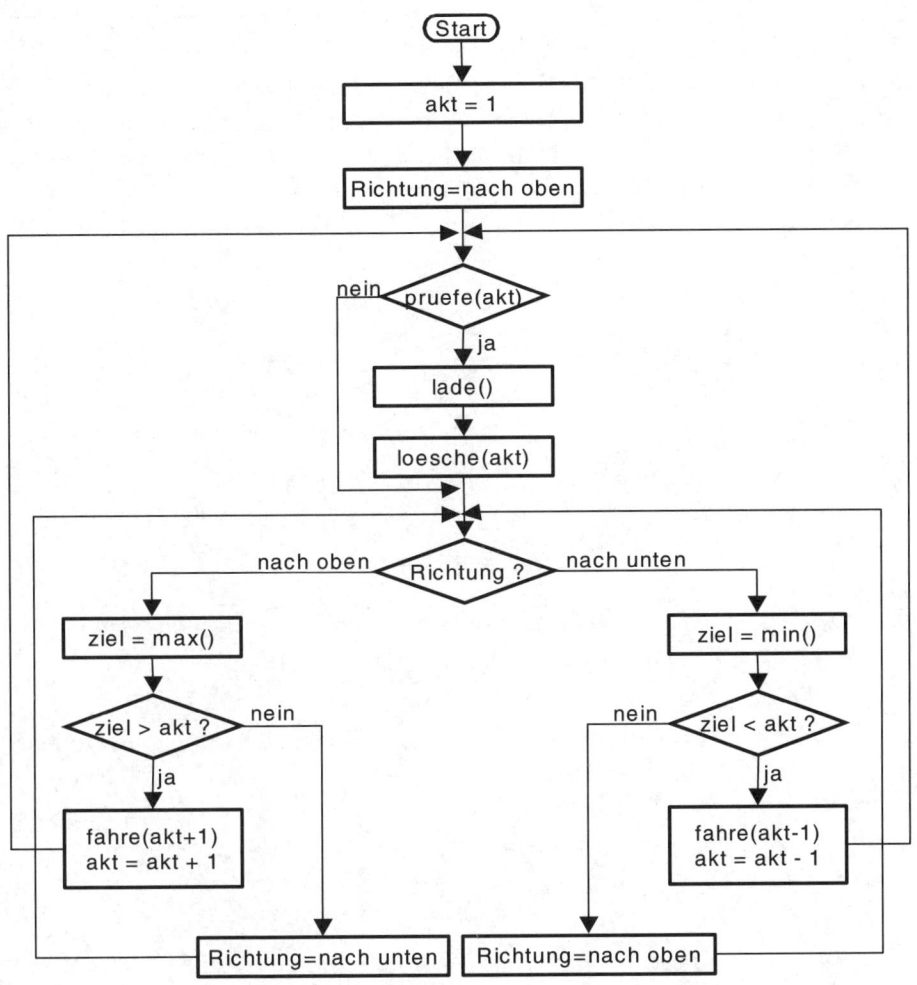

Kapitel 3

A 3.2 Schreiben Sie ein Programm, das Ihren Namen und Ihre vollständige Adresse auf dem Bildschirm ausgibt!

Programmdialog:

```
Max Mustermann
Musterstrasse 99
99999 Musterstadt
Deutschland
```

Das Programm:

```c
#include <stdio.h>
#include <stdlib.h>

void main()
    {
    printf("Max Mustermann\n");
    printf("Musterstrasse 99\n");
    printf("99999 Musterstadt\n");
    printf("Deutschland\n\n");
    }
```

A 3.3 Schreiben Sie ein Programm, das zwei ganze Zahlen von der Tastatur einliest und anschließend deren Summe, Differenz, Produkt, den Quotienten und den Divisionsrest auf dem Bildschirm ausgibt!

Programmdialog:

```
1. Zahl: 24
2. Zahl: 55

Summe     24 + 55 = 79
Differenz 24 - 55 = -31
Produkt   24 * 55 = 1320
Quotient  24 / 55 = 0 Rest 24
```

Das Programm:

```
#include <stdio.h>
#include <stdlib.h>

void main()
    {
A    int zahl1;
     int zahl2;

B    printf("1. Zahl: ");
     scanf("%d", &zahl1);
     printf("2. Zahl: ");
     scanf("%d", &zahl2);

C    printf("\n\n");

D    printf("Summe     %d + %d = %d\n", zahl1, zahl2,
                                        zahl1 + zahl2 );
     printf("Differenz %d - %d = %d\n", zahl1, zahl2,
                                        zahl1 - zahl2 );
     printf("Produkt   %d * %d = %d\n", zahl1, zahl2,
                                        zahl1 * zahl2 );

E    if(zahl2 != 0)
         printf("Quotient  %d / %d = %d Rest %d\n\n",
                                        zahl1,
                                        zahl2,
                                        zahl1 / zahl2,
                                        zahl1% zahl2 );
     else
         printf("Division durch 0!\n\n");
    }
```

A: Wir legen zwei Variablen an, in denen wir die Benutzereingaben speichern werden.

B: Hier fragen wir den Benutzer nach den beiden Zahlen und speichern sie in den zuvor bereitgestellten Variablen.

C: Diese Zeile dient lediglich der Ausgabeformatierung. Sie verursacht zwei Zeilensprünge.

D: Wir geben die geforderten Operationen (Addition, Subtraktion und Multiplikation) auf dem Bildschirm aus. Genutzt wird dabei die Möglichkeit, anstatt eines auszugebenden Wertes auch ganze Formelausdrücke verwenden zu können.

E: Bevor wir die Division durchführen, überprüfen wir, ob der Divisor ungleich 0 ist. Ist er 0, geben wir lediglich eine Warnmeldung aus.

A 3.4 Erstellen Sie ein Programm, das zu einem eingegebenen Datum (Tag und Monat) prüft, ob ein Mitglied Ihrer Familie an diesem Tag Geburtstag hat und gegebenenfalls den Namen des Geburtstagskindes ausgibt!

Programmdialog:

```
Tag der Geburt: 11
Monat der Geburt: 1


Geburtstagskind: Mutter
```

Das Programm:

```
      #include <stdio.h>
      #include <stdlib.h>

      void main()
          {
A         int mutter_tag      = 11;
          int mutter_monat    = 1;
          int vater_tag       = 22;
          int vater_monat     = 2;


B         int geburtstag;
          int geburtsmonat;


C         int gefunden = 0;


D         printf(" Tag der Geburt: ");
          scanf("%d", &geburtstag );
          printf(" Monat der Geburt: ");
          scanf("%d", &geburtsmonat );
          printf("\n");
E         if(geburtstag == mutter_tag)
              {
              if(geburtsmonat == mutter_monat)
                  {
                  printf(" Geburtstagskind: Mutter\n");
```

```
                        gefunden = 1;
                    }
            }

        if(geburtstag == vater_tag)
            {
            if(geburtsmonat == vater_monat)
                {
                printf(" Geburtstagskind: Vater\n");
                gefunden = 1;
                }
            }

F       if ( gefunden == 0 )
            printf(" Keines der Familienmitglieder hat am");
            printf("%d.%d. Geburtstag.\n", geburtstag,
                                            geburtsmonat );
        printf("\n");
        }
```

A: In diesen Variablen werden wir die Daten der Geburtstage von der Mutter und dem Vater speichern.

B: In geburtstag und geburtsmonat werden wir die Benutzereingaben speichern.

C: Die Variable gefunden wird notwendig, wenn wir die Meldung **F** ausgeben möchten. Hier initialisieren wir sie direkt beim Anlegen mit 0. Dieser Wert bedeutet: »Noch kein passendes Familienmitglied gefunden«. Finden wir jemanden, ändern wir den Variablenwert auf 1.

D: Wir fragen den Benutzer nach dem zu überprüfenden Tag und Monat und speichern die Eingaben in den entsprechenden Variablen.

E: Es wird überprüft, ob der eingegebene Tag und Monat dem Geburtstag und -monat der Mutter und/oder des Vaters entsprechen.

Falls dies zutrifft, wird eine entsprechende Meldung auf dem Bildschirm ausgegeben und wir setzen die Variable gefunden auf 1.

F: Haben wir kein Familienmitglied gefunden, das an dem eingegebenen Tag und Monat seinen Geburtstag feiern kann, bestätigen wir dies mit einer Meldung.

A 3.5 Erstellen Sie ein Programm, das unter Verwendung der in A 1.3 formulierten Regeln berechnet, ob eine vom Benutzer eingegebene Jahreszahl ein Schaltjahr ist oder nicht!

Programmdialog:

```
Geben Sie eine Jahreszahl ein: 2002


Das Jahr 2002 ist kein Schaltjahr.
```

Das Programm:

```
      # include <stdio.h>
      # include <stdlib.h>

      void main()
         {
         int jahr;

         printf("Geben Sie eine Jahreszahl ein: ");
         scanf("%d", &jahr);
A        if (jahr % 4 != 0)
            {
B               printf("\nDas Jahr %d ist kein Schaltjahr.\n\n",
                                                            jahr);

            }
C        else
            {
            if (jahr % 100 != 0)
               {
D               printf("\nDas Jahr %d ist ein Schaltjahr.\n\n"
                                               \n\n",jahr);

               }
E           else
               {
               if (jahr % 400 == 0)
                  {
F               printf("\nDas Jahr %d ist ein Schaltjahr.
                                               \n\n",jahr);

                  }
G              else
                  {
                  printf("\nDas Jahr %d ist kein Schaltjahr.\n\n",
                                                            jahr);
```

```
            }
          }
        }
      }
```

Wir weisen den einzelnen Anweisungen des Algorithmus die entsprechenden Codeabschnitte zu:

A: Prüfe, ob `jahr` ohne Rest durch 4 teilbar ist!

B: Ist dies nicht der Fall, dann ist die eingegebene Jahreszahl kein Schaltjahr! Beende die Schaltjahrbestimmung!

C: Ist `jahr` jedoch durch 4 teilbar, dann überprüfe, ob `jahr` ohne Rest durch 100 teilbar ist!

D: Trifft dies nicht zu, dann handelt es sich bei der eingegebenen Jahreszahl um ein Schaltjahr!
Beende die Schaltjahrbestimmung!

E: Ist `jahr` jedoch durch 100 teilbar, dann überprüfe, ob `jahr` ohne Rest auch durch 400 teilbar ist!

F: Trifft dies zu, dann stellt die Jahreszahl `jahr` ein Schaltjahr dar!

G: Andernfalls handelt es sich nicht um ein Schaltjahr!
Beende die Schaltjahrbestimmung!

A 3.6 Erstellen Sie ein Programm, das zu einem eingegebenen Datum (Tag, Monat und Jahr) berechnet, um den wievielten Tag des Jahres es sich handelt! Berücksichtigen Sie dabei die Schaltjahrregel!

Vorüberlegung:

Um unter Berücksichtigung der Schaltjahrregel berechnen zu können, um den wievielten Tag des jeweiligen Jahres es sich handelt, werden wir den Code aus der vorigen Aufgabe verwenden. Dieser überprüft ja bekanntlich, ob es sich um ein Schaltjahr handelt oder nicht. Wir werden aber anstatt das Ergebnis auszugeben, uns in einer Variable merken (Wert der Variablen wird 1 oder 0 sein), ob es sich um ein Schaltjahr handelt und diese Variable schließlich in unsere Berechnungen einbeziehen.

Programmdialog:

```
Geben Sie ein Datum ein [DD.MM.JJJJ]: 31.12.2002

Der 31.12. ist der 365ste Tag des Jahres 2002.
```

Das Programm:

```
# include <stdio.h>
# include <stdlib.h>

void main()
    {
A      int tag;
       int monat;
       int jahr;
       int schaltjahr;
       int tag_des_jahres;

B      printf("Geben Sie ein Datum ein [DD.MM.JJJJ]: ");
       scanf("%d.%d.%d", &tag, &monat, &jahr);

C      if (jahr % 4 != 0)
           schaltjahr = 0;
       else
           if (jahr % 100 != 0)
               schaltjahr = 1;
           else
               if (jahr % 400 == 0)
                   schaltjahr = 1;
               else
                   schaltjahr = 0;

D      if( monat == 1 )
           tag_des_jahres = tag;
       if( monat == 2 )
           tag_des_jahres = 31+tag;
       if( monat == 3 )
           tag_des_jahres = 31+(28+schaltjahr)+tag;
       if( monat == 4 )
           tag_des_jahres = 31+(28+schaltjahr)+31+tag;
       . . .

E      printf("\nDer %d.%d. ist der %dste Tag des Jahres");
       printf("%d.\n\n", tag, monat, tag_des_jahres, jahr);
    }
```

A: Wir legen folgende Variablen an:

`tag, monat, jahr` = Das Datum, von dem der genaue Tag des Jahres bestimmt werden soll.

`schaltjahr` = In dieser Variable speichern wir, ob es sich bei dem jeweiligen Jahr um ein Schaltjahr handelt. Die Variable erhält den Wert 1 für »Schaltjahr« und eine 0 für »kein Schaltjahr«. Unser Vorteil ist, dass wir diese Variable immer zu unserer Tageszählung einfach hinzuaddieren können. Sie wird im Falle eines Schaltjahres einen Tag hinzufügen oder eben nicht.

B: Wir fragen den Benutzer nach einem Datum und speichern es in den jeweiligen Variablen.

C: Wir bestimmen mit dem uns bereits bekannten Algorithmus, ob das aktuell eingegebene Jahr ein Schaltjahr ist und weisen der Variable `schaltjahr` einen entsprechenden Wert zu.

D: Abhängig vom eingegebenen Monat zählen wir die Tage der vorherigen Monate zusammen und addieren die Tage des aktuellen Monats hinzu.

E: Ausgabe des Ergebnisses.

A 3.7 Schreiben Sie ein Programm, das alle durch 7 teilbaren Zahlen zwischen zwei zuvor eingegebenen Grenzen ausgibt!

Vorüberlegung:

Für dieses Programm ist der »%«-Operator erforderlich. Bekanntlich gibt er den ganzzahligen Rest einer Division zurück. Ist also bei einer Division durch 7 das Ergebnis dieses Operators 0, dann ist diese Zahl auch durch 7 teilbar.

Programmdialog:

```
Intervallanfang: 1
Intervallende: 70


Folgende Zahlen zwischen 1 und 70
sind durch 7 teilbar: 7 14 21 28 35 42 49 56 63 70
```

Das Programm:

```c
# include <stdio.h>
# include <stdlib.h>

  void main()
    {
```

```
A    int start;
     int ende;
     int i;

B    printf("Intervallanfang: ");
     scanf("%d", &start);
     printf("Intervallende: ");
     scanf("%d", &ende);
     printf("\n");
     printf("Folgende Zahlen zwischen %d und %d\n",start
                                          ,ende);
     printf("sind durch 7 teilbar: ");
C    for (i=start;i<=ende;i=i+1)
        {
          if ( i%7 == 0)
             printf("%d ", i);
        }
     printf("\n\n");
     }
```

A: Wir legen drei Variablen an:

start = Intervallanfang

ende = Intervallende

i = Zählvariable, die zwischen den Grenzen start und ende hochgezählt wird.

B: Wir fragen den Benutzer nach dem Intervallanfang und dem Intervallende.

C: In einer Schleife laufen wir alle Zahlen zwischen start und ende durch. Ist die gerade betrachtete Zahl ohne Rest durch 7 teilbar, geben wir sie am Bildschirm aus.

A 3.8 Schreiben Sie ein Programm, das berechnet, wie viele Legosteine zum Bau der folgenden Treppe mit der zuvor eingegebenen Höhe h erforderlich sind:

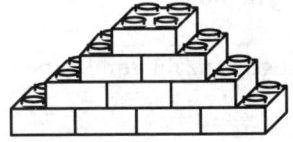

Vorüberlegung:

Wenn man sich die Anzahl der Steine jeweils für die einzelnen Reihen anschaut, erkennt man schnell eine einfache Zahlenfolge. Für die oberste Reihe braucht man einen Stein, für die darunter zwei Steine, dann drei , bis wir bei h Steinen für eine einzelne Reihe angelangen.

Dies können wir mithilfe einer einfachen Schleife nachbilden.

Programmdialog:

```
Geben Sie die Hoehe h der Pyramide ein: 5


Sie benoetigen 15 Steine.
```

Das Programm:

	`#include <stdio.h>`
	`#include <stdlib.h>`
	`void main()`
	`  {`
A	`    int h;`
	`    int i;`
	`    int steine;`
B	`    printf("Geben Sie die Hoehe h der Pyramide ein: ");`
	`    scanf("%d", &h);`
	`    printf("\n");`
C	`    for( i = 1, steine = 0; i <= h; i = i + 1 )`
	`      {`
	`        steine = steine + i;`
	`      }`
D	`    printf("Sie benoetigen %d Steine.\n\n", steine );`
	`  }`

A: Wir benötigen bei dieser Lösung drei Variablen:

   `h` = Die vom Benutzer eingegebene Höhe der Pyramide.
   `i` = Zählvariable
   `steine` = Die für den Bau der Pyramide benötigte Anzahl von Steinen.

B: Wir erfragen die Höhe der Pyramide.

C: Wir zählen in einer Schleife die benötigte Anzahl der Steine.

D: Ausgabe des Ergebnisses

A 3.9 Schreiben Sie ein Programm, das eine vom Benutzer festgelegte Anzahl von Zahlen einliest und anschließend die größte und die kleinste der eingegebenen Zahlen auf dem Bildschirm ausgibt!

Vorüberlegung:

Um diese Aufgabe zu bewältigen, benötigen wir zwei Variablen, in denen wir uns die bisher kleinste und größte Zahl merken.

Wir werden den Benutzer nacheinander um die Eingabe einer Zahl bitten. Nach jeder Eingabe müssen wir vergleichen, ob die eingegebene Zahl größer ist, als die bisher uns bekannte größte Eingabe, bzw. ob sie kleiner ist als die bisher kleinste Zahl.

Es taucht hierbei jedoch das Problem auf, wie wir unsere Variablen, die den größten bzw. den kleinsten Wert aufnehmen, initialisieren sollen.

Initialisiert man sie mit 0, dann wird unser Ergebnis falsch sein, wenn alle Zahlen über oder unter 0 sind. Dieses Problem erhalten wir bei jeder anderen fest vorgegebenen Initialisierung.

Um dieses Problem zu umgehen, und um die richtige größte und kleinste Zahl auszugeben, können wir uns folgende Frage stellen:

Was müssten wir als kleinste und größte Zahl ausgeben, wenn der Benutzer nur eine einzige Zahl eingegeben hätte?

Die Antwort ist einfach: Die erste eingegebene Zahl wäre dann die kleinste und gleichzeitig die größte.

Somit beantwortet sich unsere Frage: Wir werden die beiden Speicher für den größten und den kleinsten Wert mit der ersten Eingabezahl initialisieren!

Programmdialog:

```
Anzahl: 7

1. Zahl: 10
2. Zahl: 0
3. Zahl: 299
4. Zahl: -3658
5. Zahl: -64
6. Zahl: 56
7. Zahl: -12
```

```
Groesste Zahl: 299
Kleinste Zahl: -3658
```

Das Programm:

```c
#include <stdio.h>
#include <stdlib.h>

void main()
    {
    int anzahl;
    int eingabe;
    int kleinste;
    int groesste;
    int i;

    printf("Anzahl: ");
    scanf("%d", &anzahl);
    printf("\n");
    for( i = 1; i <= anzahl; i = i + 1 )
        {
        printf("%d. Zahl: ", i);
        scanf("%d", &eingabe);

        if(i == 1)
            {
            kleinste = eingabe;
            groesste = eingabe;
            }
        else
            {
            if ( eingabe < kleinste )
                kleinste = eingabe;

            if ( eingabe > groesste )
                groesste = eingabe;
            }
        }
    printf("\n");
    printf("Groesste Zahl: %d\n", groesste );
    printf("Kleinste Zahl: %d\n\n", kleinste );
    }
```

A 3.10 Implementieren Sie das Ratespiel aus A 1.4 entsprechend dem von Ihnen gewählten Algorithmus!

Vorüberlegung:

In der Aufgabe A 1.4 haben wir einen Algorithmus ausgearbeitet, der wesentlich flexibler ist, als es in der Aufgabestellung verlangt war.

Wir haben uns mit unbestimmten Grenzen des Intervalls beschäftigt, so dass diese nicht nur auf 1 und 1000 beschränkt sind, sondern vom Benutzer frei gewählt werden können.

Wir möchten unsere Zusatzarbeit auch in unserem Programm verwenden und werden daher den Benutzer nach den Grenzen fragen.

Programmdialog:

```
Untere Grenze: -100
Obere Grenze: 200


Ueberlegen Sie sich bitte eine Zahl zwischen -100 und 200.


Eingaben:
 > fuer groesser
 < fuer kleiner
 = fuer richtig


Ich tippe auf die 50
Die gesuchte Zahl ist: >
Ich tippe auf die 125
Die gesuchte Zahl ist: <
Ich tippe auf die 87
Die gesuchte Zahl ist: =


Die gesuchte Zahl lautet: 87
```

Das Programm:

```c
# include <stdio.h>
# include <stdlib.h>


void main()
   {
```

```
A    int untergrenze;
     int obergrenze;
     int tipp;
     char erg;


B    printf("Untere Grenze: ");
     scanf("%d", &untergrenze);
     printf("Obere Grenze: ");
     scanf("%d", &obergrenze);


     printf("\nUeberlegen Sie sich bitte eine Zahl zwischen");
     printf("%d und %d.\n\n", untergrenze, obergrenze);
     printf("Eingaben:\n");
     printf(" > fuer groesser\n");
     printf(" < fuer kleiner\n");
     printf(" = fuer richtig\n\n");


C    for( ; ; )
         {
         fflush(stdin);
D        tipp=(untergrenze+obergrenze)/2;


E        printf("Ich tippe auf die %d\n", tipp);
         printf("Die gesuchte Zahl ist: ");
         scanf("%c", &erg);


F        if (erg == '=')
             {
             printf("\nDie gesuchte Zahl lautet: %d\n\n", tipp);
             break;
             }

         else
             {
G            if(erg == '>')
H                untergrenze=tipp + 1;
             else
I                obergrenze=tipp - 1;
             }
         }
     }
```

A: Wir legen folgende Variablen an:

untergrenze = Untere Grenze des Intervalls
obergrenze = Obere Grenze des Intervalls
tipp = Die Zahl, die vom Computer »geraten« wird.
erg = Information vom Benutzer, ob die gesuchte Zahl größer, kleiner oder
gleich im Vergleich zu der aktuell getippten Zahl ist.

B: Wir erfragen die benötigten Daten.

C: In einer Endlosschleife wiederholen wir unsere Rateversuche. Diese Schleife wird erst abgebrochen, wenn der Rechner auf die richtige Zahl getippt hat.

D: Hier fängt unser Algorithmus aus der Aufgabe A 1.4 an:
Setze tipp = (untergrenze+obergrenze)/2!

E: Das Vergleichsergebnis wird vom Benutzer erfragt.

F: Falls tipp = geheimzahl, beende das Verfahren!

G: Überprüfe, ob tipp < geheimzahl ist!

H: Falls ja, setze untergrenze = tipp + 1!

I: Falls nein, setze obergrenze = tipp - 1!

A 3.11 Implementieren Sie Ihren Algorithmus aus A 1.5 zur Feststellung, ob eine Zahl eine Primzahl ist!

Programmdialog:

```
Zahl groesser 1: 19

19 ist eine Primzahl
```

Das Programm:

```
#include <stdio.h>
#include <stdlib.h>

void main()
   {
   int pruefzahl;
   int test;
   int primzahl;

   printf("Zahl groesser 1: ");
   scanf("%d", &pruefzahl);
```

```
        primzahl = 1;
A       for( test = 2; test*test <= pruefzahl; test = test + 1 )
            {
B           if ( pruefzahl % test == 0 )
                {
                primzahl = 0;
                break;
                }
            }
        if ( primzahl == 1 )
            printf("%d ist eine Primzahl\n", pruefzahl);
        else
            printf("%d ist keine Primzahl\n", pruefzahl);
        }
```

A: Alle Zahlen zwischen 2 und der Wurzel von `pruefzahl` werden durchlaufen!

B: Ist `pruefzahl` durch `test` teilbar, dann ist `pruefzahl` keine Primzahl!
Beende die Schleife!

A 3.12 Schreiben Sie ein Programm, das das kleine Einmaleins berechnet und in
Tabellenform auf dem Bildschirm ausgibt!

Vorüberlegung:

Wir können diese Aufgabe mit zwei ineinandergeschachtelten `for`-Schleifen lösen. Während die äußere Schleife die erste Zahl festhält, multipliziert die innere
Schleife diese Zahl nacheinander mit allen Zahlen von 1 bis 10.

Nachdem dies geschehen ist, nimmt die äußere Schleife die nächste Zahl und die
innere multipliziert sie wieder mit 1 bis 10.

So geht es weiter, bis die äußere Schleife bei 10 angelangt ist und wir in der inneren bis zum Produkt `10*10` gekommen sind.

Programmausgabe:

```
   |   1    2    3    4    5    6    7    8    9   10
---+-------------------------------------------------
 1 |   1    2    3    4    5    6    7    8    9   10
 2 |   2    4    6    8   10   12   14   16   18   20
 3 |   3    6    9   12   15   18   21   24   27   30
 4 |   4    8   12   16   20   24   28   32   36   40
 5 |   5   10   15   20   25   30   35   40   45   50
 6 |   6   12   18   24   30   36   42   48   54   60
 7 |   7   14   21   28   35   42   49   56   63   70
 8 |   8   16   24   32   40   48   56   64   72   80
 9 |   9   18   27   36   45   54   63   72   81   90
10 |  10   20   30   40   50   60   70   80   90  100
```

Das Programm:

```c
#include <stdio.h>
#include <stdlib.h>

void main()
   {
A   int i, j;

B   printf("   |");
    for ( i = 1; i <= 10; i = i + 1 )
        printf("%4d", i);
    printf("\n");
    printf("---+----------------------------------------\n");

C   for( i = 1; i <= 10; i = i + 1 )
      {
D       printf("%2d |", i);

E       for ( j = 1; j <= 10; j = j + 1)
            printf("%4d", i*j);
        printf("\n");
      }
    printf("\n");
   }
```

A: Wir legen die Zählindizes i und j an.

B: Die ersten zwei Zeilen werden ausgegeben.

C: In der äußeren Schleife laufen wir die Zahlen 1 bis 10 in der Variablen i nacheinander durch.

D: Die Zeilennummern werden bei jedem Durchlauf ausgegeben.

E: In der inneren Schleife laufen wir in der Variable j auch die Zahlen von 1 bis 10 durch, multiplizieren sie mit i und geben das Ergebnis aus.

Beachten Sie, dass bei jedem einzelnen Durchlauf der äußeren Schleife, die innere Schleife 10-mal durchlaufen wird!

Kapitel 4

A 4.1 Schreiben Sie ein Programm, das zu einem gegebenen Anfangskapital und einem jährlichen Zinssatz berechnet, wie viele Jahre benötigt werden, damit das Kapital eine bestimmte Zielsumme überschreitet!

Programmdialog:

```
Anfangskapital: 10000
Zielsumme: 15000
Zinssatz: 3.5

    1. Jahr:    10350.00
    2. Jahr:    10712.25
    3. Jahr:    11087.18
    4. Jahr:    11475.23
    5. Jahr:    11876.86
    6. Jahr:    12292.55
    7. Jahr:    12722.79
    8. Jahr:    13168.09
    9. Jahr:    13628.97
   10. Jahr:    14105.99
   11. Jahr:    14599.70
   12. Jahr:    15110.69

Das Kapital ueberschreitet die Zielsumme nach 12 Jahren.
```

Das Programm:

```c
# include <stdio.h>
# include <stdlib.h>

void main()
   {
      float kapital,ziel,zins;
      int jahre;
      printf("Anfangskapital: ");
      scanf("%f", &kapital);
      printf("Zielsumme: ");
```

```
        scanf("%f", &ziel);
        printf("Zinssatz: ");
        scanf("%f", &zins);

        printf("\n");

B       for ( jahre = 1 ; kapital <= ziel ; jahre = jahre + 1)
          {
C           kapital = kapital + (kapital * zins / 100);

            printf("%3d. Jahr: %10.2f\n", jahre, kapital);
          }

        printf("\nDas Kapital ueberschreitet die Zielsumme");
        printf(" nach %d Jahren.\n\n", jahre - 1);
      }
```

A: Wir legen folgende Variablen an:

kapital = Anfangskapital
ziel = Zielsumme
zins = Zinssatz
jahre = Zähler für die Jahre

B: In einer Schleife, die solange läuft, bis kapital die Zielsumme ziel überschreitet, zählen wir die Anzahl der Jahre in der Zählvariable jahre mit.

C: Wir erhöhen das derzeitige Kapital, indem wir die erhaltenen Zinsen hinzuaddieren.

A 4.2 Sie haben zwei ausreichend große Eimer. Im ersten befinden sich x im
zweiten y Liter Wasser. Sie füllen nun immer a% des Wassers aus dem ersten in den zweiten und anschließend b% des Wassers aus dem zweiten in
den ersten Eimer. Diesen Umfüllprozess führen Sie n-mal durch. Erstellen
Sie ein Programm, das nach Eingabe der Startwerte (x, y, a, b und n)
die Füllstände der Eimer nach jedem Umfüllen ermittelt und auf dem
Bildschirm ausgibt! Welche Aufteilung des Wassers ergibt sich auf lange
Sicht für unterschiedliche Startwerte?

Vorüberlegung:

Beim Umfüllen des Wassers von einem Eimer in den anderen müssen wir darauf
achten, dass wir nicht nur die Wassermenge des einen Eimers dem anderen hin-

zuaddieren, sondern diese auch sofort von der Wassermenge des wasserspendenden Eimers subtrahieren.

Bei der Aufteilung des Wassers erwarten wir auf lange Sicht gesehen ein Nähern der Wasserstände an feste Werte, bei denen die Entnahme des Wassers aus dem ersten Eimer der Entnahme des Wassers aus dem zweiten Eimer gleicht.

Lassen Sie uns dies etwas formaler ausdrücken:

Sei a der Prozentsatz des Wassers (zwischen 0 und 1), der aus dem ersten Eimer x in den zweiten Eimer y gegossen werden soll. Weiterhin sei b der Prozentsatz des Wassers (auch zwischen 0 und 1), der aus dem Eimer y in den Eimer x umgefüllt werden soll. Seien x' und y' die neuen Wasserstände der Eimer nach dem Umfüllen. Damit nun nach dem Umfüllen keine Änderung der Wasserstände zu beobachten ist, müssen die umgefüllten Wassermengen gleich sein:

$$a \cdot x' = b \cdot (y' + a \cdot x')$$

Natürlich darf kein Wasser verschüttet werden oder hinzukommen, deshalb muss auch gelten:

$$x' + y' = x + y$$

Insgesamt ergibt sich also:

$$(a - ab) \cdot x' = b \cdot y'$$
$$(a - ab) \cdot x' = b \cdot (x + y) - b \cdot x'$$
$$(a - ab + b) \cdot x' = b \cdot (x + y)$$

Nach x' umgeformt:

$$x' = \frac{b}{a - ab + b} \cdot (x + y)$$

Mit $y' = x + y - x'$ ergibt sich:

$$y' = \frac{a - ab}{a - ab + b} \cdot (x + y)$$

Wir wenden diese Formeln an einem Beispiel an, damit wir die Richtigkeit unseres Programms überprüfen können. Wir nehmen an, dass der Eimer x initial 30 Liter enthält, der Eimer y 20 Liter. Es sollen 15 % vom Eimer x in Eimer y umgefüllt werden und 20 % vom Eimer y in Eimer x.

$$x' = \frac{0,2}{0,15 - 0,15 \cdot 0,2 + 0,2} \cdot (30 + 20) = 31,25$$

$$y' = \frac{0,15 - 0,15 \cdot 0,2}{0,15 - 0,15 \cdot 0,2 + 0,2} \cdot (30 + 20) = 18,75$$

Programmdialog:

```
Anzahl der Liter im ersten Eimer: 30
Anzahl der Liter im zweiten Eimer: 20
Wieviel Prozent des 1. sollen in den 2.? 15
Wieviel Prozent des 2. sollen in den 1.? 20
Wie oft soll umgefuellt werden: 15

Vorgang  1. Eimer   2. Eimer
      1      30.40 l     19.60 l
      2      30.67 l     19.33 l
      3      30.86 l     19.14 l
      4      30.98 l     19.02 l
      5      31.07 l     18.93 l
      6      31.13 l     18.87 l
      7      31.17 l     18.83 l
      8      31.19 l     18.81 l
      9      31.21 l     18.79 l
     10      31.22 l     18.78 l
     11      31.23 l     18.77 l
     12      31.24 l     18.76 l
     13      31.24 l     18.76 l
     14      31.24 l     18.76 l
     15      31.25 l     18.75 l
```

Das Programm:

```c
# include <stdio.h>
# include <stdlib.h>

void main()
    {
    float x, y;
    int a, b, n, i;

    printf("Anzahl der Liter im ersten Eimer: ");
    scanf("%f", &x);
    printf("Anzahl der Liter im zweiten Eimer: ");
```

```
        scanf("%f", &y);
        printf("Wieviel Prozent des 1. sollen in den 2.? ");
        scanf("%d", &a);
        printf("Wieviel Prozent des 2. sollen in den 1.? ");
        scanf("%d", &b);
        printf("Wie oft soll umgefuellt werden: ");
        scanf("%d", &n);

        printf("\nVorgang  1. Eimer  2. Eimer\n");
A       for (i = 1; i <= n; i = i + 1)
          {
            printf(" %4d ", i);
B           y = y + (x * a / 100);
            x = x - (x * a / 100);

C           x = x + (y * b / 100);
            y = y - (y * b / 100);

D           printf("    %5.2f l", x);
            printf("    %5.2f l", y);
            printf("\n");
          }
        printf("\n");
        }
```

A: Wir wiederholen die Berechnung der Wasserstände x und y in den beiden Eimern in einer Schleife, die n-mal durchlaufen wird.

B: Wir füllen a% des Wassers aus dem ersten Eimer in den zweiten, indem wir diese Wassermenge dem zweiten Eimer hinzuaddieren und von dem ersten subtrahieren.

C: Wir füllen b% der Wassermenge aus dem zweiten in den ersten Eimer.

D: Ausgabe des aktuellen Wasserstandes der beiden Eimer.

A 4.3 Herr und Hund machen einen Spaziergang von s Kilometern. Der Herr geht mit einer konstanten Geschwindigkeit von $v1$ Kilometern in der Stunde. Der Hund läuft mit konstanter Geschwindigkeit $v2$ ($v2 > v1$) zum Zielpunkt voraus und kehrt von dort jeweils zu seinem Herrn zurück (siehe nächste Abbildung).

Erstellen Sie ein Programm, das die Eingabedaten s, v1, v2 sowie die Anzahl der zu berechnenden Treffpunkte vom Benutzer erfragt und dann die Folge der Treffpunkte auf dem Bildschirm ausgibt!

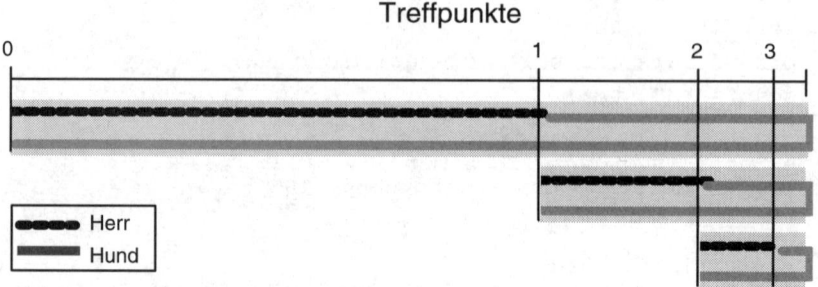

Hinweis Wenn der Herr die Strecke a bis zum 1. Treffpunkt zurücklegt, so schafft der Hund in der Zeit die Strecke 2s-a. Die beiden Strecken verhalten sich zueinander wie v1 zu v2. Es muss also gelten:

$$\frac{a}{2s - a} = \frac{v1}{v2}$$

Vorüberlegung:

Unsere Aufgabe ist es, die Treffpunkte a auszurechnen. Da wir im Hinweis bereits einen mathematischen Zusammenhang zwischen allen unseren Daten erhalten haben, müssen wir diesen zuerst so auflösen, dass wir a direkt berechnen können.

$$\frac{a}{2s - a} = \frac{v_1}{v_2}$$

$$\Leftrightarrow \frac{v_2}{v_1} \cdot a = 2s - a$$

$$\Leftrightarrow \left(1 + \frac{v_2}{v_1}\right) \cdot a = 2s$$

$$\Leftrightarrow a = \frac{2s}{1 + \frac{v_2}{v_1}}$$

Mithilfe dieses Zusammenhangs sind wir also in der Lage den ersten Treffpunkt sofort zu berechnen.

Um die restlichen Treffpunkte zu finden, müssen wir einfach einen neuen Treffpunkt so bestimmen, als wenn die restliche Strecke eine ganz neue Strecke wäre. Der neu errechnete wird dann zu dem alten Treffpunkt hinzuaddiert, um die bisher vom Herrchen zurückgelegte Gesamtstrecke zu bestimmen. Damit erhalten wir den nächsten Ort des Treffens.

Genauso werden wir mit allen weiteren Treffpunkten verfahren.

Programmdialog:

```
Gesamtstrecke: 500
Geschw. des Herrchens: 7
Geschw. des Hundes: 28
Anzahl der zu berechnenden Treffpunkte: 10

  1. Treffpunkt: 200.00
  2. Treffpunkt: 320.00
  3. Treffpunkt: 392.00
  4. Treffpunkt: 435.20
  5. Treffpunkt: 461.12
  6. Treffpunkt: 476.67
  7. Treffpunkt: 486.00
  8. Treffpunkt: 491.60
  9. Treffpunkt: 494.96
 10. Treffpunkt: 496.98
```

Das Programm:

```
    #include <stdio.h>
    #include <stdlib.h>

    void main()
        {
A       float s, v1, v2, anz;
        float a;
        float strecke;
        int i;
        printf("Gesamtstrecke: ");
        scanf("%f", &s);
        printf("Geschw. des Herrchens: ");
        scanf("%f", &v1);
        printf("Geschw. des Hundes: ");
        scanf("%f", &v2);
        printf("Anzahl der zu berechnenden Treffpunkte: ");
        scanf("%f", &anz);
        printf("\n");
```

```
        for ( a = 0, i = 1; i <= anz; i = i + 1 )
        {
B           s = strecke - a;
C           a = a + ( 2*s/(1+(v2/v1)));
            printf("%3d. Treffpunkt: %5.2f\n", i, a);
        }
    printf("\n");
    }
```

A: Folgende Variablen werden benötigt:

s = Zusatzspeicher für die Gesamtstrecke
v1 = Geschwindigkeit des Herrchens
v2 = Geschwindigkeit des Hundes
anz = Anzahl der zu berechnenden Treffpunkte
a = Treffpunkt Herrchen-Hund
strecke = Gesamtstrecke
i = Zählvariable

B: Die übriggebliebene Strecke s ist die ursprüngliche Strecke strecke minus dem aktuellen Treffpunkt a. $a = \dfrac{2s}{1 + \dfrac{v2}{v1}}$

C: Unsere hergeleitete Formel wird implementiert. Der neue Treffpunkt, den wir mit dieser Formel berechnen wird zum alten Treffpunkt a hinzuaddiert.

A 4.4 In einem Schulbezirk gibt es 1200 Planstellen für Lehrer. Die Planstellen sehen derzeit 40 Studiendirektoren, 160 Oberstudienräte und 1000 Studienräte vor. Alle drei Jahre ist eine Beförderung möglich, dabei steigen jeweils 10 % der Oberstudienräte und 20 % der Studienräte in die nächsthöhere Gruppe auf. Darüber hinaus gehen 20 % einer jeden Gruppe innerhalb von drei Jahren in den Ruhestand. Die dadurch frei werdenden Planstellen werden mit Studienräten besetzt. Schreiben Sie ein Programm, das die bestehende Situation in 3-Jahreszyklen fortschreibt! Welche Verteilung von Direktoren, Oberräten und Räten ergibt sich auf lange Sicht? Drehen Sie an der »Beförderungsschraube« für Oberstudienräte und Studienräte, um andere Verteilungen zu erreichen!

Vorüberlegung:

Wir sollen die bestehende Situation in 3-Jahreszyklen fortschreiben. Wie in der Aufgabe geschildert, gehen <u>innerhalb</u> dieser 3 Jahre 20 % einer jeden Gruppe in den Ruhestand, wobei diese frei werdenden Stellen mit Studienräten besetzt werden. Das heißt für uns, dass wir diese Berechnung durchführen müssen, <u>bevor</u>

wir mit Beförderungsberechnungen anfangen. Erst danach können wir die Verteilung aufgrund der Beförderungen berechnen, da diese nur alle 3 Jahre möglich sind.

Man erkennt bereits, dass es sich hier um zwei Berechnungen handeln wird:

1. Welche Änderungen der Verteilung ergeben sich durch die Abwanderung in den Ruhestand?
2. Welche Änderungen ergeben sich durch die Beförderungen?

Programmdialog:

```
Anzahl der zu berechnenden Jahre: 30
Jahr    Direkt.    Oberstu.    Studi.
-----+---------------------------------
    3 |     44        324         832
    6 |     62        414         724
    9 |     83        462         655
   12 |    104        485         611
   15 |    122        495         583
   18 |    137        498         565
   21 |    149        498         553
   24 |    159        496         545
   27 |    167        493         540
   30 |    173        490         537
```

Das Programm:

```
      #include <stdio.h>
      #include <stdlib.h>


      void main()
         {
A        int ges = 1200;
         int d = 40;
         int o = 160;
         int s = 1000;
         int obef = 10;
         int sbef = 20;
         int ruhe = 20;
         int jahre;
         int i;
         printf("Anzahl der zu berechnenden Jahre: ");
         scanf("%d", &jahre);
```

```
        printf("Jahr    Direkt.    Oberstu.    Studi.\n");
        printf("-----+----------------------------\n");
B       for( i = 1; i <= jahre/3; i = i + 1 )
          {
C           d = d - (d * ruhe / 100);
            o = o - (o * ruhe / 100);
            s = ges - (d + o);


D           d = d + (o * obef / 100);
            o = o - (o * obef / 100) + (s * sbef / 100);
            s = s - (s * sbef / 100);
            printf("%3d  |  %4d  %4d  %4d\n", 3*i, d, o, s);
          }
        printf("\n");
        }
```

A: Folgende Variablen werden angelegt:

ges = Gesamtanzahl der Planstellen

d = Aktuelle Anzahl der Direktoren

o = Aktuelle Anzahl der Oberstudienräte

s = Aktuelle Anzahl der Studienräte

obef = Beförderungsrate für Oberstudienräte

sbef = Beförderungsrate für Studienräte

ruhe = Ruhestandsrate innerhalb von 3 Jahren

jahre = Gesamtanzahl der zu berechnenden Jahre

i = Zählvariable

B: Wir laufen in einer Schleife alle Jahreszyklen durch.

C: Berechnung der Situation nach 3 Jahren, die aufgrund der Abwanderung in den Ruhestand entsteht.

D: Berechnung der Beförderungen

A 4.5 Epidemien (z. B. Grippewellen) breiten sich in der Bevölkerung nach gewissen Gesetzmäßigkeiten aus. Die Bevölkerung zerfällt im Verlauf einer Epidemie in drei Gruppen. Als **Gesunde** bezeichnen wir Menschen, die mit dem Krankheitserreger noch nicht in Berührung gekommen sind und deshalb ansteckungsgefährdet sind. **Kranke** sind Menschen, die akut infiziert und ansteckend sind. **Immunisierte** letztlich sind Menschen, die die Krankheit überstanden haben und weder ansteckend noch ansteckungsgefährdet sind.

Als Ausgangssituation betrachten wir eine feste Population von x Menschen, unter denen sich bereits eine gewisse Anzahl y von Kranken befindet:

```
gesund0 = x - y
krank0 = y
immun0 = 0
```

Ausgehend von diesen Daten wollen wir die Ausbreitung der Krankheit in Zeitsprüngen von einem Tag berechnen. Wir überlegen uns dazu, welche Veränderungen von Tag zu Tag auftreten. Es gibt zwei Arten von Übergängen zwischen den Gruppen. Aus Gesunden werden Kranke (**Infektion**) und aus Kranken werden Immune (**Immunisierung**).

Die Zahl der Infektionen ist proportional zur Zahl der Gesunden und proportional zum Anteil der Kranken in der Gesamtbevölkerung. Denn je mehr Gesunde es gibt, desto mehr Menschen können angesteckt werden. Mit einem geeigneten Proportionalitätsfaktor (Infektionsrate) nimmt daher die Zahl der Gesunden ständig ab:

```
gesundn+1 = gesundn - infektionsrate · gesundn · krankn/x
```

Die Zahl der Immunisierungen ist proportional zur Zahl der Kranken, denn je mehr Menschen erkrankt sind, desto mehr Menschen erlangen Immunität. Mit einem geeigneten Proportionalitätsfaktor (Immunisierungsrate) gilt daher:

```
immunn+1 = immunn + immunisierungsrate ·krankn
```

Die Proportionalitätsfaktoren (Infektionsrate und Immunisierungsrate) hängen dabei von medizinisch-sozialen Faktoren wie Art der Krankheit, hygienische Bedingungen, Bevölkerungsdichte, medizinische Versorgung etc. ab und können daher nur empirisch ermittelt werden. Sind diese Faktoren aber aus der Kenntnis früherer Epidemien her bekannt, so können Sie mit einem einfachen Programm den Verlauf der Krankheitswelle vorausberechnen. Erstellen Sie das Programm, und ermitteln Sie den Verlauf einer Epidemie mit den folgenden Basisdaten:

Infektionsrate:	0.6
Immunisierungsrate:	0.06
Gesamtpopulation:	2000
Akut Kranke:	10
Anzahl Tage:	25

Die folgende Grafik zeigt für die obigen Basisdaten das epidemische Anwachsen des Krankenstandes, bis dem Virus der Nährboden entzogen wird und der Krankenstand langsam wieder abfällt:

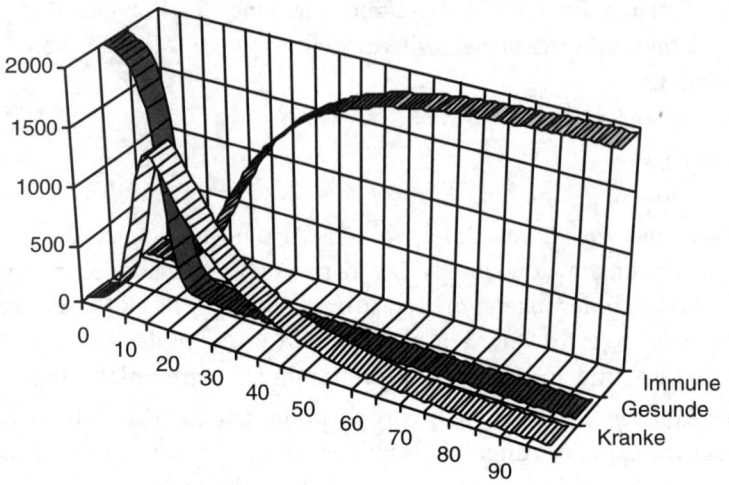

Programmdialog:

```
Infektionsrate: 0.6
Immunisierungsrate: 0.06
Gesamtpopulation: 2000
Akut Kranke: 10
Anzahl Tage: 25
Tag   Gesunde   Kranke   Immun
----+-------------------------
  1 |  1984        15        1
  2 |  1975        24        2
  3 |  1961        36        3
...
```

Das Programm:

```c
#include <stdio.h>
#include <stdlib.h>

void main()
    {
    float infrate;
    float immrate;
    float gesamt;
    float gesund;
    float krank;
    float immun;
    int tage;
    int i;
```

```
              ... Einlesen der Daten ...

A             gesund = gesamt - krank;
              immun = 0;
              printf("Tag   Gesunde   Kranke   Immun\n");
              printf("----+-------------------------\n");

              for( i = 1; i <= tage; i = i + 1 )
                 {
B                    gesund = gesund - infrate * gesund * krank / gesamt;
                     immun = immun + immrate * krank;
                     krank = gesamt - gesund - immun;
                     printf("%3d |   %4.0f    %4.0f     %4.0f\n",
                                         i, gesund, krank, immun );
                 }
              printf("\n");
              }
```

A: Die Variablen gesund und immun werden gemäß dem Aufgabentext initialisiert.

B: Die Anzahl der Gesunden (gesund), der Immunisierten (immun) und der Kranken (krank) werden, wie im Aufgabentext beschrieben, berechnet.

A 4.6 Erstellen Sie das Berechnungsprogramm für die Treppe und vergleichen Sie die Ergebnisse mit der hergeleiteten Formel!

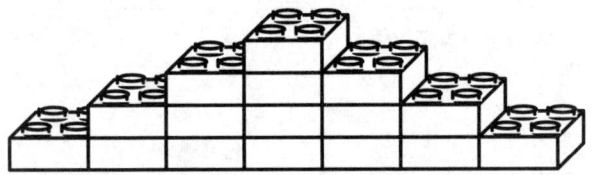

Vorüberlegung:

Wenn man die Anzahl der Steine in den einzelnen Reihen von oben nach unten zählt, erkennt man eine einfache Zahlenreihe:

1, 3, 5, 7 ...

Wir können diese Zahlenreihe »nachbauen«, indem wir in einer Schleife, die bis zu der Höhe h läuft, die Anzahl der Steine für die gerade betrachtete Treppenstufe bei jedem Durchlauf um zwei erhöhen. Wir beginnen dabei mit einem Stein für die erste Stufe.

Programmdialog:

```
maximale Hoehe: 10

Hoehe:    1   Steine:    1
Hoehe:    2   Steine:    4
Hoehe:    3   Steine:    9
Hoehe:    4   Steine:   16
Hoehe:    5   Steine:   25
Hoehe:    6   Steine:   36
Hoehe:    7   Steine:   49
Hoehe:    8   Steine:   64
Hoehe:    9   Steine:   81
Hoehe:   10   Steine:  100
```

Das Programm:

```c
#include <stdio.h>
#include <stdlib.h>

void main()
   {
   int h;
   int steine;
   int stufe;
   int i;

   printf("maximale Hoehe: ");
   scanf("%d", &h);

   printf("\n");
   steine = 0;
   stufe = 1;
   for( i = 1; i <= h; i = i + 1, stufe = stufe + 2 )
      {
      steine = steine + stufe;
      printf("Hoehe: %3d  Steine: %3d\n", i, steine);
      }
   printf("\n");
   }
```

A 4.7 Erstellen Sie das Berechnungsprogramm für die Pyramide mit quadratischem Grundriss und vergleichen Sie die Ergebnisse mit der hergeleiteten Formel!

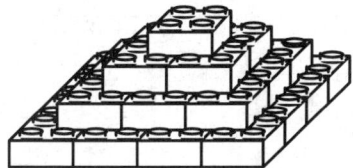

Welche Ergebnisse erhalten Sie, wenn die Pyramide innen hohl ist?

Vorüberlegung:

Teil 1 (ausgefüllte Pyramide):

Wir schauen uns die Anzahl der benötigten Steine für eine einzelne Stufe an und versuchen, eine Zahlenreihe zu erkennen:

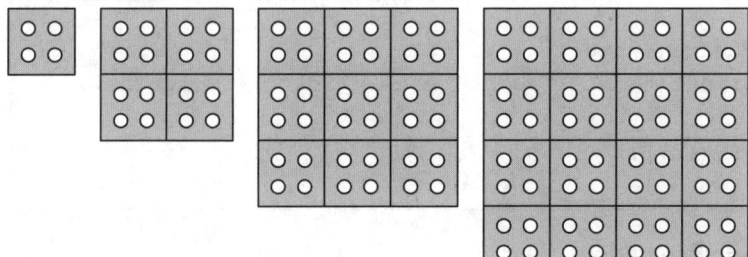

```
1, 4, 9, 16 ...
```

Wie man leicht sieht, handelt es sich um die Folge der Quadratzahlen.

Auch dies lässt sich leicht mit einer Schleife berechnen.

Programmdialog:

```
maximale Hoehe: 10

Hoehe:    1  Steine:    1
Hoehe:    2  Steine:    5
Hoehe:    3  Steine:   14
Hoehe:    4  Steine:   30
Hoehe:    5  Steine:   55
Hoehe:    6  Steine:   91
Hoehe:    7  Steine:  140
```

```
Hoehe:    8  Steine: 204
Hoehe:    9  Steine: 285
Hoehe:   10  Steine: 385
```

Das Programm:

```c
#include <stdio.h>
#include <stdlib.h>

void main()
    {
    int h;
    int steine = 0;
    int i;

    printf("maximale Hoehe: ");
    scanf("%d", &h);
    printf("\n");
    for( i = 1; i <= h; i = i + 1 )
        {
        steine = steine + (i*i);
        printf("Hoehe: %3d  Steine: %3d\n", i, steine);
        }
    printf("\n");
    }
```

Teil 2 (innen hohle Pyramide):

Auch hier müssen wir uns vorstellen, wie die Stufen einzeln aussähen, wenn man die Pyramide stufenweise auseinander nehmen würde:

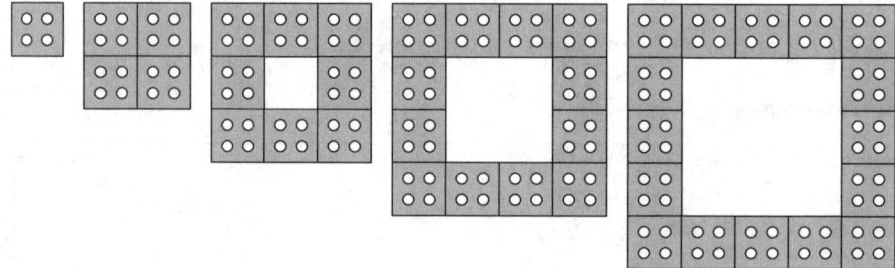

Wenn man hier die Anzahl der benötigten Steine für die jeweiligen Stufen betrachtet, erkennt man ebenfalls eine einfache Zahlenreihe:

```
1, 4, 8, 12, 16 ...
```

Auch diese Reihe lässt sich leicht mit einer Schleife berechnen.

Programmdialog:

```
maximale Hoehe: 10

Hoehe:    1   Steine:    1
Hoehe:    2   Steine:    5
Hoehe:    3   Steine:   13
Hoehe:    4   Steine:   25
Hoehe:    5   Steine:   41
Hoehe:    6   Steine:   61
Hoehe:    7   Steine:   85
Hoehe:    8   Steine:  113
Hoehe:    9   Steine:  145
Hoehe:   10   Steine:  181
```

Das Programm:

```c
#include <stdio.h>
#include <stdlib.h>

void main()
    {
    int h;
    int steine = 1;
    int stufe = 4;
    int i = 1;

    printf("maximale Hoehe: ");
    scanf("%d", &h);
    printf("\n");
    printf("Hoehe: %3d   Steine: %3d\n", i, steine);

    for( i = 2; i <= h; i = i + 1, stufe = stufe + 4 )
        {
        steine = steine + stufe;
        printf("Hoehe: %3d   Steine: %3d\n", i, steine);
        }
    printf("\n");
    }
```

A 4.8 Erstellen Sie das Berechnungsprogramm für die Pyramide mit dreieckigem Grundriss und vergleichen Sie die Ergebnisse mit der hergeleiteten Formel!

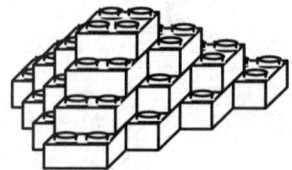

Vorüberlegung:

Die Stufen dieser Pyramide bestehen selbst wiederum aus Treppen. Wenn wir hier die einzelnen Stufen betrachten, ergeben sich die folgenden Bilder:

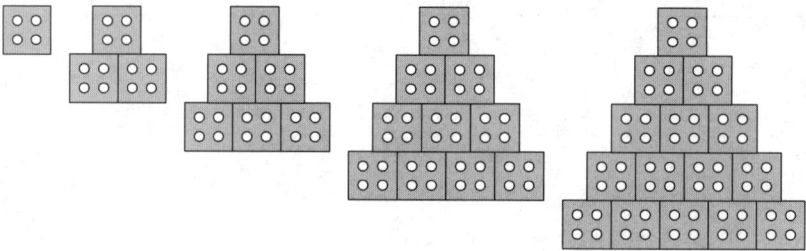

Die Anzahl der benötigten Steine für eine Stufe haben wir aber schon in der Aufgabe A 3.8 berechnet, was die Lösung dieser Aufgabe erleichtert.

Wir müssen die Anzahl der benötigten Steine für jede einzelne Stufe (Treppe) berechnen und diese wiederum aufaddieren.

Programmdialog:

```
maximale Hoehe: 10

Hoehe:    1   Steine:    1
Hoehe:    2   Steine:    4
Hoehe:    3   Steine:   10
Hoehe:    4   Steine:   20
Hoehe:    5   Steine:   35
Hoehe:    6   Steine:   56
Hoehe:    7   Steine:   84
Hoehe:    8   Steine:  120
Hoehe:    9   Steine:  165
Hoehe:   10   Steine:  220
```

Das Programm:

```
#include <stdio.h>
#include <stdlib.h>

void main()
    {
    int h;
    int steine = 0;
    int stufe = 0;
    int i;

    printf("maximale Hoehe: ");
    scanf("%d", &h);
    printf("\n");

    for( i = 1; i <= h; i = i + 1 )
        {
A       stufe = stufe + i;

B       steine = steine + stufe;
        printf("Hoehe: %3d  Steine: %3d\n", i, steine);
        }
    printf("\n");
    }
```

A: Zuerst wird die Anzahl der Steine für die einzelne Stufe berechnet. Diese Berechnung kennen wir bereits aus Aufgabe A 3.8.

B: Dann wird die Anzahl der Steine für die aktuelle Stufe zu der Gesamtanzahl der Steine hinzuaddiert.

A 4.9 Der belgische Mathematiker Viktor d'Hondt entwickelte 1882 ein Verfahren, um zu einem Wahlergebnis die zugehörige Sitzverteilung für ein Parlament zu berechnen. Dieses Verfahren (d'Hondtsches Höchstzahlverfahren) wurde bis 1983 verwendet, um die Sitzverteilung für den deutschen Bundestag festzulegen.

Zur Durchführung des Verfahrens werden die Stimmergebnisse der Parteien fortlaufend durch die Zahlen 1, 2, 3, 4 ... dividiert. Sind n Sitze im Parlament zu vergeben, so werden die n größten Divisionsergebnisse ausgewählt und die zugehörigen Parteien erhalten für jede ausgewählte Zahl einen Sitz. Das folgende Beispiel zeigt das Ergebnis einer Wahl mit drei Parteien und 200000 abgegebenen Stimmen, wobei 10 Sitze zu vergeben waren:

	Partei A	Partei B	Partei C
Stimmen	100000	80000	20000

	Partei A	Partei B	Partei C
1	100000	80000	20000
2	50000	40000	10000
3	33333	26666	6666
4	25000	20000	5000
5	20000	16000	4000
6	16666	13333	3333
7	14285	11429	2857
8	12500	10000	2500

Sitze	5	4	1

Schreiben Sie ein Programm, das für eine beliebige Wahl mit drei Parteien die Sitzverteilung berechnet! Die Anzahl der zu vergebenden Sitze und die Stimmen für die drei Parteien sollen dabei vom Benutzer eingegeben werden.

Vorüberlegung:

Zunächst müssen wir bei diesem Verfahren die Partei mit den meisten erhaltenen Stimmen finden. Wenn wir diese durch 1 teilen, wird sie sicherlich das größte Divisionsergebnis erhalten. Diese Partei erhält einen Sitz. Der nächste Teiler, durch den die Stimmenanzahl dieser Partei geteilt werden muss, wird nun aber die 2 sein. Die Teiler der anderen Parteien bleiben 1. Bei jedem Durchlauf wird der größte aktuelle Quotient bestimmt. Die zugehörige Partei erhält einen Sitz und ihr Teiler wird um 1 erhöht. Dies wiederholen wir, bis alle Sitze vergeben sind.

Man kann sich das Vorgehen grafisch leichter verdeutlichen:

1. Durchlauf:

Partei A	Teiler
100000	A

Partei B	Teiler
80000	B

Partei C	Teiler
20000	C

100000	1

80000	1

20000	1

Sitze	1

Sitze	0

Sitze	0

2. Durchlauf:

Partei A	Teiler
100000	A

Partei B	Teiler
80000	B

Partei C	Teiler
20000	C

100000	1
50000	2

80000	1
80000	1

20000	1
20000	1

Sitze	1

Sitze	1

Sitze	0

3. Durchlauf:

Partei A	Teiler
100000	A

Partei B	Teiler
80000	B

Partei C	Teiler
20000	C

100000	1
50000	2
50000	2

80000	1
80000	1
40000	2

20000	1
20000	1
20000	1

Sitze	2

Sitze	1

Sitze	0

Programmausgabe:

```
Stimmen fuer Partei A: 10000
Stimmen fuer Partei B: 8000
Stimmen fuer Partei C: 6000
Gesamtanzahl der Sitze: 15


Sitzverteilung:

Partei A | Partei B | Partei C
---------+----------+---------
    6    |    5     |    4
```

Das Programm:

```
    void main()
    {
        int StimmenA, StimmenB, StimmenC;
        int sitze;
        int SitzeA, SitzeB, SitzeC;
        int teilerA, teilerB, teilerC;
        int QuotientA, QuotientB, QuotientC;
        int max;

        ... Einlesen der Variablen ...
        ... Initialisieren der Variablen ...

A       for( ; sitze; sitze = sitze-1)
        {
B           if(QuotientA > QuotientB)
            {
                if(QuotientA > QuotientC)
                    max = 1;
                else
                    max = 3;
            }
            else
            {
                if(QuotientB > QuotientC)
                    max = 2;
                else
                    max = 3;
            }
```

```
C      if(max == 1)
         {
         SitzeA = SitzeA+1;
         QuotientA = StimmenA / teilerA;
         teilerA = teilerA + 1;
         }
       if(max == 2)
         ...das selbe für die anderen beiden Parteien...
       }
       ... Ausgabe der Sitzverteilung ...
     }
```

A: Die Schleife wird wiederholt, bis alle Sitze vergeben wurden.

B: Der größte Quotient wird bestimmt. In max merken wir uns den Index der Partei (1 für ParteiA, 2 für ParteiB ...). Leider fehlen uns an dieser Stelle gewisse Sprachkonstrukte, um diese Bestimmung eleganter zu gestalten. Später im Buch werden wir Sprachelemente kennen lernen, mit dessen Hilfe sich Maximalwerte wesentlich einfacher ermitteln lassen.

C: Die Partei mit dem größten Quotienten erhält den nächsten Sitz.

A 4.10 In dem folgenden Zahlenkreis stehen die Buchstaben jeweils für eine Ziffer.

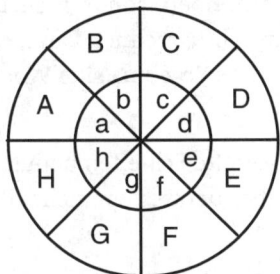

Diese Ziffern (1-9) sind so zu bestimmen, dass folgende Bedingungen erfüllt werden:

1. Aa, Bb, Cc, Dd, Ee, Ff, Gg und Hh sind Primzahlen.
2. ABC ist ein Vielfaches von Aa.
3. abc ist gleich cba.
4. CDE ist Produkt von Cc mit der Quersumme von CDE.
5. Bb ist gleich der Quersumme von cde.
6. EFG ist ein Vielfaches von Aa.
7. efg ist Produkt von Aa mit der Quersumme von efg.

8. GHA ist Produkt von eE mit der Quersumme von ABC.

9. Die Quersumme von gha ist Cc.

Zeigen Sie durch ein Programm, dass es genau eine mögliche Ziffernzuordnung gibt, und bestimmen Sie diese!

Vorüberlegung:

Bevor wir zu der eigentlichen Lösung des Programms kommen, lassen Sie uns einen kurzen Blick auf den Aufwand werfen, den unser Programm betreiben muss, um diese Aufgabe zu lösen.

Vorgegeben sind 16 Buchstaben, von denen jeder jeweils für eine Ziffer zwischen 1 und 9 stehen kann. Wir können dies leicht mit 16 ineinandergeschachtelten Schleifen nachbilden, die alle von 1 bis 9 laufen.

Bei dem ersten Buchstaben sind also 9 Möglichkeiten zu überprüfen, bei dem zweiten sind es 81 ($9*9 = 9^2 = 81$), bei dem dritten sind es schon $9^3 = 729$. Wenn wir also alle Möglichkeiten für alle 16 Buchstaben überprüfen wollen, müssen wir insgesamt 9^{16}, also ca. 1,85 Billiarden Ziffernkombinationen überprüfen!

Dieser Fall tritt ein, wenn wir erst am Ende des Bildungsprozesses der Ziffernkombination (in der innersten Schleife) überprüfen, ob alle unsere Bedingungen zutreffen.

Natürlich stellen wir uns die Frage, ob wir diesen Aufwand verringern können. Es ist wichtig, nicht nur korrekte Programme zu schreiben, sondern auch effiziente. Was hat man von einem Programm, das zwar richtig rechnen kann, bei dem Sie aber, ich drücke es bewusst überspitzt aus, auf jedes Ergebnis eine Woche lang warten müssen?

Wir werden zwar tatsächlich 16 ineinandergeschachtelte Schleifen benutzen, um alle Möglichkeiten abdecken zu können, werden aber bei weitem nicht alle Möglichkeiten einzeln überprüfen.

Dies schaffen wir, indem wir die auferlegten Bedingungen von einer anderen Seite betrachten. Der Aufgabentext sagt prinzipiell:

»Wenn **alle** diese Bedingungen von einer Ziffernkombination **erfüllt werden**, dann **ist** dies die gesuchte Ziffernzuordnung!«

Wir wollen dies »negieren« und diese Aussage genau von der anderen Seite her betrachten:

»Wenn **eine** der Bedingungen schon **nicht erfüllt wird**, dann ist diese Ziffernkombination **auf keinen Fall** die gesuchte Ziffernzuordnung!«

Wenn wir also im Laufe des Bildungsprozesses der Ziffernkombination schon eine Bedingung finden, die bereits nicht zutrifft, werden wir diesen Durchlauf abbrechen und bereits in einer höheren Ebene zur nächsten Ziffernkombination übergehen.

Wenn wir z. B. nach der Bildung der ersten beiden Ziffern Aa feststellen, dass eine der schon überprüfbaren Bedingungen (Bedingung 1) nicht zutrifft, dann werden wir alle anderen Ziffernkombinationen, die auf Aa basieren, erst gar nicht zu bilden versuchen und auch keine weiteren Bedingungen überprüfen.

Denn dann trifft eine Bedingung nicht mehr zu und es interessiert uns auch nicht mehr, ob alle anderen zutreffen.

Auf diese Weise können wir Tausende und Millionen von Ziffernkombinationen und deren Überprüfungen überspringen!

Programmausgabe:

```
Loesung:


A B  C D E F G H a b c d e f g h
7 1  1 3 3 1 6 5 9 7 9 1 7 1 1 9
```

Programmanfang:

Leider ist es aus Platzgründen nicht möglich, den gesamten Programmcode in einem Stück hier abzudrucken und zu erklären. Dies wäre viel zu unübersichtlich und Sie müssten ziemlich oft blättern, um von der jeweiligen Codestelle zu deren Erklärung zu springen.

Deshalb werde ich hier nur die wichtigsten Bestandteile des Programms einzeln ansprechen. Den gesamten Code finden Sie auf der beiliegenden CD.

```
    # include <stdio.h>
    # include <stdlib.h>

    void main()
        {
A       int A,B,C,D,E,F,G,H;
        int a,b,c,d,e,f,g,h;

B       int z
```

A: Die benötigten Variablen werden angelegt. Sie stellen die einzelnen Ziffern gemäß der Aufgabe dar.

B: Aus den Ziffern zusammengesetzte Zahl.

Bildung der Ziffernkombinationen:

```
    ... Programmanfang ...

A  for ( A = 1; A <= 9; A = A + 1 )
   {
       for ( a = 1; a <= 9; a = a + 1 )
       {
           for ( B = 1; B <= 9; B = B + 1 )
           {
               for ( b = 1; b <= 9; b = b + 1 )
               {
                   . . .
               }
           }
       }
   }
```

C: In 16 ineinandergeschachtelten Schleifen bilden wir alle Ziffernkombinationen der 16 Ziffern.

Die Bedingungen:

1. Bedingung: »`Aa`, `Bb`, `Cc`, `Dd`, `Ee`, `Ff`, `Gg` und `Hh` sind Primzahlen.«

Bei dieser Bedingung können wir jede Menge Aufwand sparen, wenn wir bedenken, das nur Zahlen zwischen 11 und 99 überhaupt überprüft werden müssen. Wenn die aktuelle Zahl also nicht durch 2, 3, 5 oder 7 teilbar ist, dann handelt es sich ganz sicher um eine Primzahl:

```
    ... weiterer Code ...

z = A*10+a;
if (!((z%2)&&(z%3)&&(z%5)&&(z%7)))
    continue;
...
```

Wie wir oben herausgearbeitet haben, wollen wir die Überprüfungen der Bedingungen so früh wie nur möglich durchführen, um den tatsächlichen Berechnungsaufwand so niedrig wie möglich zu halten.

Die erste Bedingung zerlegen wir deshalb in Einzelbedingungen:

1a) Aa ist eine Primzahl

1b) Bb ist eine Primzahl

1c) Cc ist eine Primzahl usw.

So können wir die Teilbedingung 1a) bereits bei der zweiten Schleife überprüfen, da wir dort die Zahl Aa bereits vorliegen haben:

```
for ( A = 1; A <= 9; A = A + 1 )
{
    for ( a = 1; a <= 9; a = a + 1 )
    {
A       z = A*10+a;
        ... Überprüfung ob Primzahl ...
        for ( B = 1; B <= 9; B = B + 1 )
        {
            for ( b = 1; b <= 9; b = b + 1 )
            {
                ...
            }
        }
    }
}
```

A: Wir überprüfen, ob z eine Primzahl darstellt. Trifft dies nicht zu, überspringen wir alle anderen Kombinationen, die auf Aa folgen würden. Hier sparen wir bereits 9^{14}, also ca. 22,8 Billionen Durchläufe!

Dementsprechend werden auch die weiteren Teilbedingungen von 1 überprüft.

2. Bedingung: »ABC ist Vielfaches von Aa.«

Wie in der Vorüberlegung herausgearbeitet, negieren wir die Bedingung, um im Falle des Zutreffens, den aktuellen Zahlenbildungsprozess sofort unterbrechen zu können und damit Berechnungsaufwand zu sparen:

Wenn ABC kein Vielfaches von Aa ist, dann ist die aktuelle Zahlenkombination nicht die gesuchte.

Diese Bedingung lässt sich einfach in Code umsetzen:

```
(((A*100)+(B*10)+C) % ((A*10)+a)) != 0
```

Lösungen

Ist der Rest der Division zwischen ABC und Aa nicht 0, dann ist ABC auch kein Vielfaches von Aa, die Bedingung 2 trifft nicht zu und wir können den Schleifendurchlauf mit einem continue-Befehl überspringen.

Sie können diese Überprüfung durchführen, nachdem das C gebildet wurde:

```
... Programmcode ...
for ( C = 1; C <= 9; C = C + 1 )
    {
    if ( (((A*100)+(B*10)+C) % ((A*10)+a)) != 0)
        continue;
    }
...
```

Ich denke, dass Sie nach dieser Vorarbeit die restlichen Bedingungen selbst werden überprüfen können. Sollten doch Schwierigkeiten auftreten, können Sie auch einen Blick in den vollständigen Programmcode auf der CD werfen.

A 4.11 Erstellen Sie ein Programm, das zu einer vom Benutzer eingegebenen Zahl die Primzahlzerlegung ermittelt und auf dem Bildschirm ausgibt!

Vorüberlegung:

Wir fangen natürlich mit der kleinsten Primzahl an, mit der 2. Wir werden die eingegebene Zahl auf Teilbarkeit mit 2 überprüfen. Falls dies zutrifft, führen wir die Division durch und überprüfen das Divisionsergebnis wieder auf Teilbarkeit mit 2, und zwar so oft, bis der Quotient nicht mehr durch 2 teilbar ist.

Trifft diese Tatsache zu, nehmen wir einfach die nächste Zahl, die ja glücklicherweise selbst wieder eine Primzahl ist, und führen dasselbe mit der 3 als Teiler durch.

Dann wenden wir uns einfach der nächsten Zahl zu, der 4, die keine Primzahl ist. Wir überprüfen der Einfachheit halber unsere aktuelle Zahl auch auf Teilbarkeit durch 4. Wir können uns aber sicher sein, dass die 4 nicht mehr als Teiler ausgegeben werden kann, da wir schon unsere Zahl so oft durch 2 geteilt haben, bis wir kein ganzzahliges Ergebnis mehr erhalten konnten. Ist unser Quotient also nicht mehr durch 2 teilbar, dann wird er auch nicht durch 4 teilbar sein.

Wir nehmen einfach wieder die nächste Zahl usw.

So erhalten wir einen »schlanken« Algorithmus, bei dem wir nicht jede Zahl erst überprüfen müssen, ob sie eine Primzahl ist, bevor wir die eingegebene Zahl auf Teilbarkeit prüfen.

Programmdialog:

```
Zahl: 13230

13230 = 2 * 3 * 3 * 3 * 5 * 7 * 7
```

Das Programm:

```
# include <stdio.h>
# include <stdlib.h>

void main()
    {
    int zahl;
    int merker = 0;
    int i;

    printf("Zahl: ");
    scanf("%d", &zahl);
    printf("\n");
    printf("%d = ", zahl);
A   for ( i = 2; i*i <= zahl; i++)
        {
B       for( ;(zahl % i) == 0; )
            {
            printf("%d ", i);
            zahl = zahl / i;
            if(zahl > 1)
                printf("* ");
            }
        }
C   if(zahl > 1)
        printf("%d", zahl);
    printf("\n\n");
    }
```

A: In einer Schleife laufen wir mit unserem Index i von 2 bis zu der Wurzel unserer Zahl.

B: Wie in der Vorüberlegung beschrieben, versuchen wir so lange durch die Zahl i zu teilen, bis kein Quotient ohne Rest mehr zu erhalten ist.

C: Ist noch ein Rest größer 1 übriggeblieben, geben wir ihn aus. Das ist der letzte Faktor der Primzahlzerlegung.

Lösungen

A 4.12 Wichtige mathematische Funktionen können näherungsweise durch Summen (man nennt dies Potenzreihenentwicklung) berechnet werden.

Zum Beispiel:

$$\sin(x) = x - \frac{x^3}{3!} + \frac{x^5}{5!} - \frac{x^7}{7!} + \ldots \quad \cos(x) = 1 - \frac{x^2}{2!} + \frac{x^4}{4!} - \frac{x^6}{6!} + \ldots$$

$$e^x = 1 + x + \frac{x^2}{2!} + \frac{x^3}{3!} + \ldots$$

Erstellen Sie auf diesen Formeln basierende Berechnungsprogramme für Sinus, Kosinus und e-Funktion! Überprüfen Sie die Ergebnisse Ihrer Programme mit einem Taschenrechner!

Vorüberlegung:

Bei der Bildung der einzelnen Faktoren wie $\frac{x^5}{5!}$ besteht die Gefahr, dass wir sehr schnell sehr hohe Zahlen im Zähler und Nenner erhalten, falls wir diese einzeln ausrechnen. Es besteht somit die Möglichkeit, in einen Zahlenbereich vorzustoßen, den unser Computer gar nicht mehr darstellen kann.

Deshalb werden wir bei der Faktorberechnung nicht zuerst x^5, dann $5!$ ausrechnen und erst dann die Division durchführen, sondern diesen Quotienten »auseinander ziehen«.

Lassen Sie uns dies an dem Beispiel $\frac{x^5}{5!}$ tun:

$$\frac{x^5}{5!} = \frac{x \cdot x \cdot x \cdot x \cdot x}{1 \cdot 2 \cdot 3 \cdot 4 \cdot 5} = \frac{x}{1} \cdot \frac{x}{2} \cdot \frac{x}{3} \cdot \frac{x}{4} \cdot \frac{x}{5}$$

Wie Sie erkennen, kommen in den Zwischenfaktoren wesentlich kleinere Zahlen vor, was die Gefahr der großen Zahlen deutlich verringert.

Berechnung der Sinus-Funktion:

Programmdialog (Sinus):

```
x: 0.5

sin(x) = 0.479426
```

Das Programm (Sinus):

```
     void main()
       {
A        float x;
         float sinx;
         float faktor;
         float n;
         printf("x: ");
         scanf("%f", &x);
B        sinx = faktor = x;

C        for(n = 2; n <= 20; n = n + 2)
           {
D            faktor = -faktor * (x/n)*(x/(n+1));
             sinx = sinx + faktor;
           }
         printf("\nsin(x) = %f\n\n", sinx);
       }
```

A: Es werden folgende Variablen benötigt:

x = Von dieser Zahl soll der Sinus-Wert berechnet werden.
sinx = Der Sinus der eingegebenen Zahl
faktor = Der Faktor der nächsten Additions/Subtraktionsstufe (z. B. $\dfrac{x^5}{5!}$)
n = Nenner zur Berechnung von faktor (z. B. 5!)

B: Initialisierung: Der erste Faktor ist laut unserer Formel einfach das x selbst.

C: Wir wollen uns hier auf 10 Berechnungsstufen beschränken.

D: Abwechselnd wird der jeweilige Faktor mal addiert, mal subtrahiert.

Kapitel 5

A 5.2 Erstellen Sie ein Programm, das Wahrheitstafeln für die folgenden booleschen Ausdrücke auf dem Bildschirm ausgibt:

a) $(A \wedge B) \Rightarrow (C \vee D)$

b) $\overline{\left((A \wedge B) \vee C\right)} \wedge D$

c) $\overline{(\overline{A} \Rightarrow B)} \Rightarrow (C \vee \overline{D})$

d) $(A \vee \overline{B}) \wedge \overline{((A \vee C) \wedge D)}$

Beachten Sie, dass Sie eine Implikation $x \Rightarrow y$ durch $\overline{x} \vee y$ ausdrücken können!

Vorüberlegung:

Wir wollen diese Ausdrücke zuerst in eine einfachere Form bringen, um den Pro-
grammieraufwand und die möglichen Fehlerquellen zu minimieren:

Ausdruck a:

$f(A, B, C, D) = (A \wedge B) \Rightarrow (C \vee D)$

$f(A, B, C, D) = \overline{(A \wedge B)} \vee (C \vee D)$

$f(A, B, C, D) = \overline{A} \vee \overline{B} \vee C \vee D$

Ausdruck b:

$f(A, B, C, D) = \overline{\left((A \wedge B) \vee C\right)} \wedge D$

$f(A, B, C, D) = \left(\overline{(A \wedge B)} \wedge \overline{C}\right) \wedge D$

$f(A, B, C, D) = A \wedge B \wedge \overline{C} \wedge D$

Ausdruck c:

$f(A, B, C, D) = \overline{(\overline{A} \Rightarrow B)} \Rightarrow (C \vee \overline{D})$

$f(A, B, C, D) = \overline{(\overline{A} \vee B)} \Rightarrow (C \vee \overline{D})$

$f(A, B, C, D) = \overline{\overline{(\overline{A} \vee B)}} \vee (C \vee \overline{D})$

$f(A, B, C, D) = \overline{A} \vee B \vee C \vee \overline{D}$

Ausdruck d:

$$f(A, B, C, D) = (A \lor \bar{B}) \land \overline{((A \lor C) \land D)}$$

$$f(A, B, C, D) = (A \lor \bar{B}) \land (\overline{(A \lor C)} \lor \bar{D})$$

$$f(A, B, C, D) = (A \lor \bar{B}) \land ((\bar{A} \land \bar{C}) \lor \bar{D})$$

$$f(A, B, C, D) = (A \lor \bar{B}) \land (\bar{A} \lor \bar{D}) \land (\bar{C} \lor \bar{D})$$

Programmausgabe:

```
 A B C D | a | b | c | d
---------+---+---+---+---
 0 0 0 0 | 1 | 0 | 1 | 1
 0 0 0 1 | 1 | 0 | 1 | 1
 0 0 1 0 | 1 | 0 | 1 | 1
 . . .
```

Das Programm:

```c
#include <stdio.h>
#include <stdlib.h>

void main()
    {
    int A, B, C, D;
    int a, b, c, d;
    printf(" A B C D | a | b | c | d\n");
    printf("---------+---+---+---+---\n");
    for(A = 0; A <= 1; A = A + 1)
        {
        for(B = 0; B <= 1; B = B + 1)
            {
            for(C = 0; C <= 1; C = C + 1)
                {
                for(D = 0; D <= 1; D = D + 1)
                    {
                    a = !A || !B || C || D;
                    b = A && B && !C && D;
                    c = !A || B || C || !D;
                    d = (A || !B) && (!A || !D) && (!C || !D);
                    printf(" %d %d %d %d | %d | %d | %d | %d \n",
                            A, B, C, D, a, b, c, d);

                    }
                }
```

```
                    }
                }
            printf("\n");
        }
```

A: Die großgeschriebenen Variablen A, B, C, D stellen die Eingangssignale dar, die kleingeschriebenen die Ausgangssignale der zugehörigen booleschen Ausdrücke.

B: Über diese vier Schleifen bilden wir alle 16 Kombinationen der Eingangssignale.

C: Die Ausgangssignale werden berechnet und ausgegeben.

A 5.5 Die Schaltung aus Abschnitt 5.6.2 wird dahingehend abgeändert, dass die Schalter S3 und S5 miteinander gekoppelt werden und eine neue Leitung vom Ausgang von S2 zum Ausgang von S6 gelegt wird.

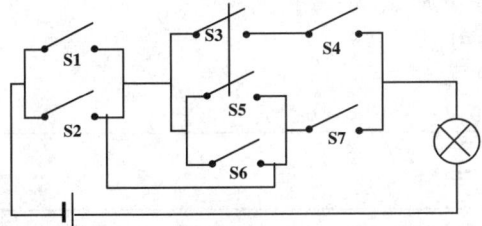

Finden Sie eine möglichst einfache boolesche Funktion für diese Schaltung und erstellen Sie ein Programm, das alle Schalterstellungen ausgibt, in denen die Lampe leuchtet!

Vorüberlegung:

Die zusätzliche Leitung überbrückt die Schalter S5 und S6. Damit kann die Schaltung wie folgt vereinfacht werden:

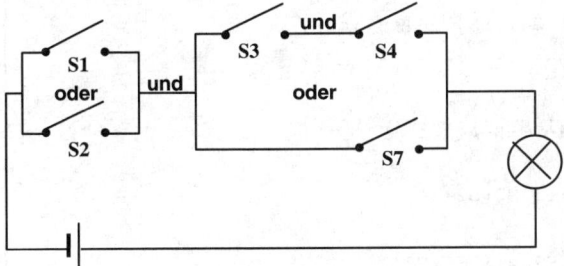

Nun können wir sehr einfach eine boolesche Funktion für diese Schaltung aufstellen:

$$(S1 \lor S2) \land ((S3 \land S4) \lor S7)$$

Bei der Implementierung des Programms müssen wir noch beachten, dass S5 = S3 sein muss (aufgrund der ursprünglich vorhandenen Verbindung zwischen diesen beiden Schaltern).

S6 ist sogar wirkungslos, da er durch die zusätzliche Leitung überbrückt wurde und mit keinem anderen Schalter verbunden ist.

Programmausgabe:

```
Bei folgenden Schalterkombinationen wird
das Laempchen leuchten:

S1| S2| S3| S4| S5| S6| S7
---+---+---+---+---+---+---
 0 | 1 | 0 | 0 | 0 | 0 | 1
 0 | 1 | 0 | 0 | 0 | 1 | 1
 0 | 1 | 0 | 1 | 0 | 0 | 1
...
```

Das Programm:

```c
# include <stdio.h>
# include <stdlib.h>

void main()
    {
    int S1, S2, S3, S4, S5, S6, S7;
    int lampe;

    printf("Bei folgenden Schalterkombinationen wird\n");
    printf("das Laempchen leuchten:\n\n");
    printf(" S1| S2| S3| S4| S5| S6| S7\n");
    printf("---+---+---+---+---+---+---\n");

    for ( S1=0; S1<=1; S1=S1+1)
        {
        for ( S2=0; S2<=1; S2=S2+1)
            {
            for ( S3=0; S3<=1; S3=S3+1)
                {
```

```
A|                    S5=S3;
              for ( S4=0;  S4<=1;  S4=S4+1)
                 {
                 for ( S6=0;  S6<=1;  S6=S6+1)
                    {
                    for ( S7=0;  S7<=1;  S7=S7+1)
                       {
B|                     lampe = (S1||S2)
                                && ((s3 && s4) || S7);
                       if ( lampe == 1 )
                    printf(" %d | %d | %d | %d | %d | %d |%d \n",
                              S1, S2, S3, S4, S5, S6, S7);
                       }
                    }
                 }
              }
           }
         }
      }
```

A: Da die Schalter S3 und S5 miteinander verbunden sind, können sie auch nur die gleichen Werte annehmen.

B: Es wird berechnet, ob bei der aktuellen Schalterstellung das Lämpchen leuchten würde.

A 5.6 Erstellen Sie ein Programm, das die folgende Logelei löst, indem es alle möglichen Schalterkombinationen durchprobiert:

> Herr Drakulus ist vom Stultizid besessen, von dem bösen Drange nämlich, alle Dummen (lat. stultus = dumm) umzubringen, damit, wie er in seinem schrecklichen Wahn behauptet, die Erde dereinst nur noch von klugen Menschen bewohnt werde. Zu diesem teuflischen Zweck hat er sich ein teuflisches Werkzeug ausgedacht, die IQ-Höllenmaschine. Er schickt sie arglosen Mitmenschen mit der Post ins Haus. Wenn der damit Bedachte ein solches Paket öffnet, findet er darin einen Kasten mit neun nummerierten Knöpfen (sogenannten Kippschaltern) daran. Dazu eine Art Gebrauchsanweisung. Sie liest sich so:

Achtung

Wenige Minuten, nachdem Sie dieses Paket geöffnet haben, explodiert der Kasten in einer gewaltigen Detonation. Es sei denn, Sie stellen die daran befindlichen neun Schalter so ein, dass sie die einzig richtige Stellung haben. Sie ist unschwer den folgenden Ausführungen zu entnehmen: Jeder Schalter kann in genau drei verschiedene Stellungen gebracht werden, nämlich in die Stellungen »oben«, »unten« und in die neutrale Mittelstellung, in der sie sich jetzt befinden. Wo »oben« und »unten« sind, ist deutlich gekennzeichnet. Jeder Schalter muss entweder in die Stellung »oben« oder »unten« gebracht werden. Dabei ist zu beachten:

1. Wenn Schalter 3 auf »oben« gestellt wird, dann müssen sowohl Schalter 7 als auch Schalter 8 auf »unten« gestellt werden.

2. Wenn 1 auf »unten«, dann muss von den Schaltern 2 und 4 mindestens einer auf »unten« gestellt werden.

3. Von den beiden Schaltern 1 und 6 muss mindestens einer auf »unten« stehen.

4. Falls 6 auf »unten«, dann müssen 7 auf »unten« und 5 auf »oben« stehen.

5. Falls sowohl 9 auf »unten« als auch 1 auf »oben«, dann muss 3 auf »unten« stehen.

6. Von den Schaltern 8 und 2 muss mindestens einer auf »oben« stehen.

7. Wenn 3 auf »unten« oder 6 auf »oben« stehen oder beides der Fall ist, dann müssen 8 auf »unten« und 4 auf »oben« stehen.

8. Falls 9 auf »oben« steht, dann müssen 5 auf »unten« und 6 auf »oben« stehen.

9. Wenn 4 auf »unten« steht, dann müssen 3 auf »unten« und 9 auf »oben« stehen.

Soweit die Anleitung zur Lebensrettung. Intelligente Leute wissen jetzt genau, in welche Stellung jeder der neun Schalter zu bringen ist. Dumme freilich haben nicht viel Chancen, dem Tod zu entgehen, es sei denn, sie kämen auf die Idee, gleich fortzulaufen, anstatt sich mit der Lösung des Problems herumzuschlagen. Aber welcher Dummkopf kommt schon auf eine so kluge Idee – Logler jedenfalls nicht. Sie finden die lebensrettenden Schalterstellungen, noch ehe die Bombe platzt – hoffentlich.

Hinweis: Bei der Umsetzung der Wenn-Dann-Aussagen können Sie die logische Gleichwertigkeit von $A \Rightarrow B$ und $\overline{A} \vee B$ ausnutzen.

Vorüberlegung:

Um die Aussagen in boolesche Ausdrücke umwandeln zu können, werden wir die Schalter als boolesche Variablen ansehen. »Schalter oben« heißt für uns also, der Wert dieser Variablen ist 1, »Schalter unten« heißt, ihr Wert ist 0.

Wir wandeln die textuellen Aussagen also zuerst in boolesche Ausdrücke um:

1. Wenn Schalter 3 auf »oben« gestellt wird, dann müssen sowohl Schalter 7 als auch Schalter 8 auf »unten« gestellt werden.

   Für uns bedeutet diese Aussage:

   $$S3 \Rightarrow \overline{S7} \wedge \overline{S8}$$
   $$\Leftrightarrow \overline{S3} \vee \overline{S7} \wedge \overline{S8}$$

2. Wenn 1 auf »unten« steht, dann muss von den Schaltern 2 und 4 mindestens einer auf »unten« gestellt werden:

   $$\overline{S1} \Rightarrow \overline{S2} \vee \overline{S4}$$
   $$\Leftrightarrow S1 \vee \overline{S2} \vee \overline{S4}$$

3. Von den beiden Schaltern 1 und 6 muss mindestens einer auf »unten« stehen:

   $$\overline{S1} \vee \overline{S6}$$

4. Falls 6 auf »unten« steht, dann müssen 7 auf »unten« und 5 auf »oben« stehen:

   $$\overline{S6} \Rightarrow \overline{S7} \wedge S5$$
   $$\Leftrightarrow S6 \vee \overline{S7} \wedge S5$$

5. Falls sowohl 9 auf »unten« als auch 1 auf »oben« stehen, dann muss 3 auf »unten« stehen:

   $$\overline{S9} \wedge S1 \Rightarrow \overline{S3}$$
   $$\Leftrightarrow \overline{\overline{S9} \wedge S1} \vee \overline{S3}$$
   $$\Leftrightarrow S9 \vee \overline{S1} \vee \overline{S3}$$

6. Von den Schaltern 8 und 2 muss mindestens einer auf »oben« stehen:

   $$S8 \vee S2$$

7. Wenn 3 auf »unten« oder 6 auf »oben« stehen oder beides der Fall ist, dann müssen 8 auf »unten« und 4 auf »oben« stehen:

   $$\overline{S3} \vee S6 \Rightarrow \overline{S8} \wedge S4$$
   $$\Leftrightarrow \overline{\overline{S3} \vee S6} \vee \overline{S8} \wedge S4$$
   $$\Leftrightarrow S3 \wedge \overline{S6} \vee \overline{S8} \wedge S4$$

8. Falls 9 auf »oben« steht, dann müssen 5 auf »unten« und 6 auf »oben« stehen:

$$S9 \Rightarrow \overline{S5} \wedge S6$$
$$\overline{S9} \vee \overline{S5} \wedge S6$$

9. Wenn 4 auf »unten« steht, dann müssen 3 auf »unten« und 9 auf »oben« stehen:

$$\overline{S4} \Rightarrow \overline{S3} \wedge S9$$
$$\Leftrightarrow S4 \vee \overline{S3} \wedge S9$$

Da alle Bedingungen gleichzeitig gelten müssen, damit unsere Bombe nicht platzt, müssen wir nur noch alle einzelnen Ausdrücke in unserem Programm und-ver-knüpfen und gegebenenfalls die jeweilige Kombination ausgeben.

Programmausgabe:

```
s1 s2 s3 s4 s5 s6 s7 s8 s9

----------------------------

 1  1  0  1  1  0  0  0  0
```

Das Programm:

```
      # include <stdio.h>
      # include <stdlib.h>

      void main()
          {
          int s1, s2, s3, s4, s5, s6, s7, s8, s9;
          int sicher;
A         for(s1=0;s1<=1;s1=s1+1)
            {
            ... weitere for-Schleifen ...
            for(s9=0;s9<=1;s9=s9+1)
              {
B             sicher =  (
                             (!s3 || !s7 && !s8)
                       && (  s1 || !s2 || !s4)
                       && (!s1 || !s6)
                       && (  s6 || !s7 && s5)
                       && (  s9 || !s1 || !s3)
                       && (  s8 ||  s2)
                       && (  s3 && !s6 || !s8 && s4)
```

```
                    && (!s9 || !s5 &&  s6)
                    && ( s4 || !s3 &&  s9)
                    );
            if ( sicher )
            {
            printf(" s1 s2 s3 s4 s5 s6 s7 s8 s9 \n");
            printf("---------------------------\n");
            printf(" %u %u %u %u %u %u %u %u %u \n\n",
                    s1, s2, s3,  s4, s5,  s6, s7, s8, s9);
            }
        }
    }
```

A: Mit diesen Schleifen werden alle möglichen Schalterkombinationen erzeugt.

B: Die aktuelle Schalterkombination wird überprüft und gegebenenfalls ausgegeben.

A 5.7   Familie Müller ist zu einer Geburtstagsfeier eingeladen. Leider können sich die Familienmitglieder (Anton, Berta, Claus und Doris) nicht einigen, wer hingeht und wer nicht. In einer gemeinsamen Diskussion kann man sich jedoch auf die folgenden Grundsätze verständigen:

1. Mindestens ein Familienmitglied geht zu der Feier.

2. Anton geht auf keinen Fall zusammen mit Doris.

3. Wenn Berta geht, dann geht Claus mit.

4. Wenn Anton und Claus gehen, dann bleibt Berta zu Hause.

5. Wenn Anton zu Hause bleibt, dann geht entweder Doris oder Claus.

Helfen Sie der Familie Müller, indem Sie ein Programm erstellen, das alle Gruppierungen ermittelt, in denen Familie Müller zur Feier gehen könnte.

Vorüberlegung:

Auch hier betrachten wir die einzelnen Personen als boolesche Variablen und wandeln zuerst die Aussagen in boolesche Ausdrücke um.

1. Mindestens ein Familienmitglied geht zu der Feier:

$$a \vee b \vee c \vee d$$

2. Anton geht auf keinen Fall zusammen mit Doris:

$$a \Rightarrow \overline{d}$$
$$\Leftrightarrow \overline{a} \vee \overline{d}$$

3. Wenn Berta geht, dann geht Claus mit:

$$b \Rightarrow c$$
$$\Leftrightarrow \bar{b} \vee c$$

4. Wenn Anton und Claus gehen, dann bleibt Berta zu Hause:

$$a \wedge c \Rightarrow \bar{b}$$
$$\Leftrightarrow \overline{a \wedge c} \vee \bar{b}$$
$$\Leftrightarrow \bar{a} \vee \bar{c} \vee \bar{b}$$

5. Wenn Anton zu Hause bleibt, dann geht entweder Doris oder Claus:

$$\bar{a} \Rightarrow (d \wedge \bar{c}) \vee (\bar{d} \wedge c)$$
$$\Leftrightarrow a \vee (d \wedge \bar{c}) \vee (\bar{d} \wedge c)$$

Nun brauchen wir nur noch diese Ausdrücke und zu verknüpfen und alle Möglichkeiten damit zu überprüfen.

Programmausgabe:

```
Folgende Personen koennen zusammen gehen:

1. Doris
2. Claus
3. Berta Claus
4. Anton
5. Anton Claus
```

Das Programm:

```c
# include <stdio.h>
# include <stdlib.h>

void main()
    {
    int a, b, c, d;
    int gehen;
    int z;
    printf(" Folgende Personen koennen zusammen gehen: \n\n");
    z=0;
```

```
A       for ( a = 0; a <= 1; a = a + 1)
            {
            for ( b = 0; b <= 1; b = b + 1)
                {
                for ( c = 0; c <= 1; c = c + 1)
                    {
                    for ( d = 0; d <= 1; d = d + 1)
                        {
B                       gehen =    (
                                      ( a || b || c || d )
                                   && (!a || !d )
                                   && (!b ||  c )
                                   && (!a || !c || !b)
                                   && ( a || d && !c || !d && c)
                                   );
                        if (gehen)
                            {
                            printf(" %d. ", z = z+1);
                            if (a) printf("Anton ");
                            if (b) printf("Berta ");
                            if (c) printf("Claus ");
                            if (d) printf("Doris ");
                            printf("\n");
                            }
                        }
                    }
                }
            }
        printf("\n");
        }
```

A: Alle Möglichkeiten werden erzeugt.

B: Die aktuelle Kombination wird durch unseren Ausdruck überprüft und gegebenenfalls ausgegeben.

A 5.8 Otto ist nervös. Morgen stellt er sich zur Wiederwahl als Vorsitzender seines Kegelclubs und ist sich nicht sicher, ob er die erforderliche absolute Mehrheit erreichen wird. Er fragt daher den Wirt des Lokals, der das Stimmungsbild unter den 10 Kegelbrüdern genau kennt, um Rat. Dieser sagt ihm: »Wenn Anton und Klaus gegen dich stimmen, dann stimmt Gerd gegen dich. Stimmt Jürgen für dich, dann tut dies auch Fritz. Falls Bernd für dich und Gerd gegen dich stimmen, stimmt Egon gegen dich.

Stimmt Jürgen gegen dich, dann stimmt Egon für dich. Wenn Anton oder Egon gegen dich stimmen, dann stimmen auch Fritz und Igor gegen dich. Wenn Detlef gegen dich stimmt, dann stimmt Bernd für und Hans gegen dich. Stimmt Egon für dich, dann stimmt Klaus gegen dich. Stimmt Detlef für dich, so tut dies auch Igor, aber Egon stimmt in diesem Fall gegen dich.«

Helfen Sie dem ratlosen Otto, indem Sie ein Programm schreiben, das feststellt, ob er Chancen bei der Wahl hat oder nicht.

Vorüberlegung:

Wie uns bereits bekannt ist, vergeben wir jeder Person eine boolesche Variable und wandeln die Aussagen in boolesche Ausdrücke um.

Wenn Anton und Klaus gegen dich stimmen, dann stimmt Gerd gegen dich:

$$\bar{a} \wedge \bar{k} \Rightarrow \bar{g}$$
$$\Leftrightarrow \overline{\bar{a} \wedge \bar{k}} \vee \bar{g}$$
$$\Leftrightarrow a \vee k \vee \bar{g}$$

Stimmt Jürgen für dich, dann tut dies auch Fritz:

$$j \Rightarrow f$$
$$\bar{j} \vee f$$

Falls Bernd für dich und Gerd gegen dich stimmen, stimmt Egon gegen dich:

$$b \wedge \bar{g} \Rightarrow \bar{e}$$
$$\Leftrightarrow \overline{b \wedge \bar{g}} \vee \bar{e}$$
$$\Leftrightarrow \bar{b} \vee g \vee \bar{e}$$

Stimmt Jürgen gegen dich, dann stimmt Egon für dich:

$$\bar{j} \Rightarrow e$$
$$\Leftrightarrow j \vee e$$

Wenn Anton oder Egon gegen dich stimmen, dann stimmen auch Fritz und Igor gegen dich:

$$\bar{a} \vee \bar{e} \Rightarrow \bar{f} \wedge \bar{i}$$
$$\Leftrightarrow \overline{\bar{a} \vee \bar{e}} \vee \bar{f} \wedge \bar{i}$$
$$\Leftrightarrow a \wedge e \vee \bar{f} \wedge \bar{i}$$

Wenn Detlef gegen dich stimmt, dann stimmt Bernd für und Hans gegen dich:

$$\overline{d} \Rightarrow b \wedge \overline{h}$$
$$\Leftrightarrow d \vee b \wedge \overline{h}$$

Stimmt Egon für dich, dann stimmt Klaus gegen dich:

$$e \Rightarrow \overline{k}$$
$$\Leftrightarrow \overline{e} \vee \overline{k}$$

Stimmt Detlef für dich, so tut dies auch Igor, aber Egon stimmt in diesem Fall gegen dich:

$$d \Rightarrow i \wedge \overline{e}$$
$$\Leftrightarrow \overline{d} \vee i \wedge \overline{e}$$

Nun verbinden wir alle Aussagen mithilfe einer und-Verknüpfung und erhalten damit unseren Gesamtausdruck, mit dem wir alle Möglichkeiten der Stimmabgaben überprüfen können.

Programmausgabe:

```
Es gibt folgende moegliche Wahlausgaenge:

   Wahlausgang    | Personen, die Otto gewaehlt haben
----------------+----------------------------------
1. Nicht gewaehlt| Anton Bernd Egon Gerd
2. Nicht gewaehlt| Anton Bernd Egon Gerd Igor
3. Nicht gewaehlt| Anton Bernd Egon Fritz Gerd
4. Gewaehlt      | Anton Bernd Egon Fritz Gerd Juergen
5. Gewaehlt      | Anton Bernd Egon Fritz Gerd Igor
6. Gewaehlt      | Anton Bernd Egon Fritz Gerd Igor Juergen
```

Da dieses Programm den beiden letzten Programmen sehr ähnlich ist, verzichte ich hier auf das Anführen des Quellcodes. Sollten Sie diesen jedoch einsehen wollen, finden Sie ihn selbstverständlich auf der beiliegenden CD.

Kapitel 6

A 6.1 Erstellen Sie ein Programm, das eine vom Benutzer eingegebene, vorzeichenlose Zahl vom Dezimalsystem in das 7-er System umrechnet!

Vorüberlegung:

Wir können bei dieser Aufgabe nach dem in Kapitel 6 vorgestellten Verfahren vorgehen.

Wir teilen die Zahl aus dem Dezimalsystem fortlaufend durch 7. Der Rest der Division ist die gesuchte Stelle der entsprechenden Zahl im 7-er System, das ganzzahlige Divisionsergebnis ist die neue zu teilende Zahl. Dabei ist zu beachten, dass der erste Rest der Division die letzte Stelle der gesuchten Zahl ist.

Wir können uns das Vorgehen grafisch an einem Beispiel verdeutlichen. Die umzuwandelnde Zahl sei hier die 1111:

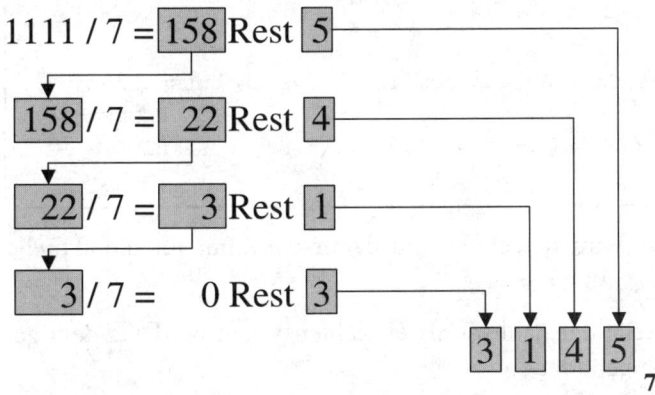

Programmausgabe:

```
Geben Sie die umzuwandelnde Zahl ein: 1111

Die Zahl 1111 aus dem 10-er System entspricht
der Zahl 3145 im 7-er System.
```

Lösungen

Das Programm:

```
void main ()
    {
    int altzahl, neuzahl;
    int tempzahl, multi, rest;

    printf("Geben Sie die umzuwandelnde Zahl ein: ");
    scanf("%d", &altzahl);

    neuzahl = 0;
    multi=1;
    tempzahl = altzahl;

    for (; altzahl > 0;)
        {
A       rest = altzahl % 7;

B       neuzahl = neuzahl + rest * multi;

C       multi = multi * 10;

D       altzahl = altzahl / 7;
        }
    printf("\nDie Zahl %d aus dem 10-er System entspricht\n",
                                                    tempzahl);
    printf("der Zahl %d im 7-er System.\n\n", neuzahl );
    }
```

A: Der Rest der Division wird berechnet und damit die Ziffer für die aktuelle Stelle der neuen Zahl.

B: Die entsprechende Stelle der Zahl im neuen Zahlensystem wird aus dem gerade berechneten Rest gebildet.

C: Wir wollen beim nächsten Durchlauf die nächste Stelle der neuen Zahl berechnen.

D: Der ganzzahlige Teil der Division wird für den nächsten Durchlauf berechnet.

Um Irritationen zu vermeiden, möchte ich Sie an dieser Stelle darauf aufmerksam machen, dass die Zahl, die wir in `neuzahl` berechnen, natürlich selbst wieder eine Dezimalzahl ist. Lediglich Ihre Ziffern stellen mit Ihren Positionen die gesuchte Zahl im 7-er System dar.

A 6.2 Erweitern Sie den Bit-Editor aus Abschnitt 6.5.2 so, dass auch die folgenden Kommandos ausgeführt werden können:

= x Weise der Zahl den Hexadezimalwert x zu!

> n Schiebe das Bitmuster der Zahl um n Stellen nach rechts!

< n Schiebe das Bitmuster der Zahl um n Stellen nach links!

& x Bilde das bitweise »und« zwischen der Zahl und x!

| x Bilde das bitweise »oder« zwischen der Zahl und x!

^ x Bilde das bitweise »entweder oder« zwischen der Zahl und x!

Bei n sollte es sich um eine Dezimal-, bei x um eine Hexadezimaleingabe handeln. Eine Hexadezimaleingabe können Sie durch die Formatanweisung %x erreichen.

Bei Eingabe eines Punktes soll das Programm enden.

Programmdialog:

```
0000000000000000  000000  0000         0         0  Befehl: = affe
1010111111111110  127776  affe    -20482     45054  Befehl: & 0f0f
0000111100001110  007416  0f0e      3854      3854  Befehl: | 111d
0001111100011111  017437  1f1f      7967      7967  Befehl: ^ ffff
1110000011100000  160340  e0e0     -7968     57568  Befehl: + 3
1110000011101000  160350  e0e8     -7960     57576  Befehl: - 15
0110000011101000  060350  60e8     24808     24808  Befehl: > 4
0000011000001110  003016  060e      1550      1550  Befehl: < 4
0110000011100000  060340  60e0     24800     24800  Befehl: ~ 15
1110000011100000  160340  e0e0     -7968     57568  Befehl: .
```

Das Programm:

Ich möchte hier nur den Teil des Programms vorstellen, der sich zum »Ur-Bit-Editor« geändert hat. Den vollständigen Programmcode finden Sie auf der CD.

```
A  for( ; ; )

       Programmcode . . .

   printf( "  Befehl: ");
B  scanf( "%c", &cmd);
   if( cmd == '+')
       {
C          scanf("%d", &bitno);
           uzahl = uzahl | (0x0001 << bitno);
       }
```

```
   if ( cmd == '-')
      {
      scanf("%d", &bitno);
      uzahl = uzahl & ~(0x0001 << bitno);
      }
   if ( cmd == '~')
      {
      scanf("%d", &bitno);
      uzahl = uzahl ^ (0x0001 << bitno);
      }
   if ( cmd == '=')
      {
D     scanf("%x", &bitno);
      uzahl = bitno;
      }
   if ( cmd == '>')
      {
E     scanf("%d", &bitno);
      uzahl = uzahl >> bitno;
      }
   ... weitere Operatoren ...
F  if ( cmd == '.')
      break;
```

A: Die Verarbeitungsschleife wird zu einer Endlosschleife. Der Biteditor soll nun nicht nach 10 Kommandos abbrechen, sondern so lange arbeiten, bis wir ihn explizit durch die Eingabe des Befehls '.' beenden.

B: Da wir nun die Eingabe in unterschiedlichen Formaten einlesen müssen (in Dezimal- oder in Hexadezimaldarstellung), werden wir das zweite Argument des Befehls jeweils erst nach dem Erkennen des Kommandos in den jeweiligen Unterpunkten einlesen.

C: Nach dem Erkennen des '+'-Operators, müssen wir das zweite Argument als eine Dezimalzahl einlesen.

D: Ist das Kommando ein '=', lesen wir das zweite Argument als eine Hexadezimaleingabe ein und führen die Zuweisung durch.

E: Ist das Kommando ein '>', lesen wir das zweite Argument als eine Dezimaleingabe ein und verschieben das Bitmuster um bitno Stellen nach rechts. Auf diese Art und Weise behandeln wir alle weiteren Operatoren.

F: Ist das Kommando ein '.', brechen wir die Verarbeitung der Endlosschleife ab. Das Programm wird beendet.

Lösungen

A 6.3 Erstellen Sie ein Programm, das einen Buchstaben (a-z, A-Z) einliest, und im Falle eines Kleinbuchstabens den zugehörigen Großbuchstaben, im Falle eines Großbuchstabens den zugehörigen Kleinbuchstaben ausgibt!

Vorüberlegung:

Um diese Aufgabe zu lösen, müssen wir zunächst herausfinden, ob es sich um einen Klein- oder Großbuchstaben handelt. Werfen wir hierzu einen Blick in die ASCII-Tabelle aus dem Kapitel 6. Diese verrät uns, dass der letzte Großbuchstabe ('Z') dem Wert 0x5a entspricht. Wenn also der eingegebene Buchstabe einem größeren Wert als 'Z' gleicht, dann handelt es sich um einen Kleinbuchstaben.

Nun müssen wir noch herausfinden, wie wir aus einem Kleinbuchstaben, einen Großbuchstaben machen und umgekehrt. Auch da hilft uns die ASCII-Tabelle weiter. Daraus entnehmen wir, dass der Unterschied zwischen einem Kleinbuchstaben und seinem entsprechend großen Pendant genau 0x20 beträgt. Diesen können wir berechnen, indem wir 'A' von 'a' subtrahieren. Damit können wir durch Addition oder Subtraktion von 'a'-'A' aus einem Klein- einen Großbuchstaben machen und umgekehrt.

Programmdialog:

```
Eingabe von '.' fuer Programmende.

Ihr Buchstabe:   a
Mein Buchstabe: A
Ihr Buchstabe:   Z
Mein Buchstabe: z
Ihr Buchstabe:   .
```

Das Programm:

```
void main()
    {
    unsigned char eingabe;
    printf("Eingabe von '.' fuer Programmende.\n\n");
    for ( ; ; )
        {
        printf("Ihr Buchstabe:   ");
        scanf("%c", &eingabe);
        fflush(stdin);
        if (eingabe == '.')
            break;
A       if ( eingabe > 'Z')
            eingabe = eingabe - ('a'-'A');
```

```
              else
    B             eingabe = eingabe + ('a'-'A');
              printf("Mein Buchstabe: %c\n", eingabe);
              }
          }
```

A: Ist der Wert des eingelesenen Buchstabens größer als 'z', dann handelt es sich um einen Kleinbuchstaben. Wir wandeln ihn in einen Großbuchstaben um.

B: Andernfalls handelt es sich wohl um einen Großbuchstaben, den wir in einen Kleinbuchstaben umwandeln.

A 6.4 Schreiben Sie ein Programm, das 10 Zahlen einliest und anschließend auf Wunsch bestimmte Zahlen wieder ausgibt!

Vorüberlegung:

Bei dieser Aufgabe sollten wir die eingegebenen Zahlen in einem Array speichern. Wie in diesem Kapitel dargelegt wurde, können wir einfach und effizient auf ein beliebiges Element des Arrays zugreifen und somit die gewünschte Zahl ausgeben.

Programmdialog:

```
Gib die 1. Zahl ein: 23
Gib die 2. Zahl ein: 17
Gib die 3. Zahl ein: 234
Gib die 4. Zahl ein: 875
Gib die 5. Zahl ein: 328
Gib die 6. Zahl ein: 0
Gib die 7. Zahl ein: 519
Gib die 8. Zahl ein: 712
Gib die 9. Zahl ein: 1000
Gib die 10. Zahl ein: 14

Welche zahl soll ich ausgeben [0=Ende]: 3
Die 3. Zahl ist 234

Welche zahl soll ich ausgeben [0=Ende]: 9
Die 9. Zahl ist 1000

Welche zahl soll ich ausgeben [0=Ende]: 0
```

Das Programm:

```
void main()
    {
    int zahl[10];
    int i;

    for(i = 0; i < 10; i = i + 1)
        {
        printf("Gib die %d. Zahl ein: ", i+1);
        scanf("%d", &zahl[i]);
        }

    for(; ;)
        {
        printf("\nWelche zahl soll ich ausgeben [0=Ende]: ");
        scanf("%d", &i);

        if ( i == 0 )
            break;

        printf("Die %d. Zahl ist %d\n", i, zahl[i-1]);
        }
    printf("\n");
    }
```

A: Ein Array für 10 Integer-Zahlen wird angelegt.

B: Wir lesen nacheinander die 10 Zahlen ein und speichern sie als Array-Elemente ab. Beachten Sie bitte, dass das erste Element eines Arrays den Index 0 hat. Bei 10 Elementen ist also das Element mit dem Index 9 das letzte.

C: Wir geben die geforderte Zahl aus, indem wir auf das »$i-1$«-te Element zugreifen. Auch hier benötigen wir die »-1«, weil das erste Element den Index 0 besitzt. Es wird dabei nicht überprüft, ob der geforderte Index außerhalb der Arraygrenzen zugreifen würde.

A 6.5 Schreiben Sie ein Programm, das 10 Zahlen einliest, und anschließend in aufsteigender Reihenfolge sortiert ausgibt!

Vorüberlegung:

In Aufgabe A 1.6 haben wir einen Algorithmus herausgearbeitet, der CDs in ihren Fächern sortieren konnte. Diesen können wir hier wieder verwenden.

Wir werden also die 10 Zahlen in ein Array einlesen, dessen einzelne Elemente wir als CDs in Fächern ansehen können. Dann können wir die Zahlen in dem Array sortieren und das Array einfach von Vorne nach Hinten ausgeben.

Programmdialog:

```
Gib die  1. Zahl ein: 45
Gib die  2. Zahl ein: 98
Gib die  3. Zahl ein: 365
Gib die  4. Zahl ein: -54
Gib die  5. Zahl ein: 987
Gib die  6. Zahl ein: 0
Gib die  7. Zahl ein: 2
Gib die  8. Zahl ein: 136
Gib die  9. Zahl ein: 76
Gib die 10. Zahl ein: 55


Sortiert:
Die  1. Zahl:  -54
Die  2. Zahl:    0
Die  3. Zahl:    2
Die  4. Zahl:   45
Die  5. Zahl:   55
Die  6. Zahl:   76
Die  7. Zahl:   98
Die  8. Zahl:  136
Die  9. Zahl:  365
Die 10. Zahl:  987
```

Das Programm:

```
      void main()
         {
         int zahl[10];
         int temp;
         int i, j;
A        for(i = 0; i <= 9; i = i + 1)
            {
            printf("Gib die %2d. Zahl ein: ", i+1);
            scanf("%d", &zahl[i]);
            }

B        for(i = 9; i >= 0; i = i - 1)
            {
```

```
C       for(j = 0; j < i; j = j + 1)
            {
D             if(zahl[j] > zahl[j+1])
                {
                  temp=zahl[j];
                  zahl[j]=zahl[j+1];
                  zahl[j+1]=temp;
                }
            }
        }
        printf("\nSortiert: \n");
E       for(i = 0; i <= 9; i = i + 1)
            {
              printf("Die %2d. Zahl: %4d\n", i+1, zahl[i]);
            }
        printf("\n");
    }
```

A: Die 10 Zahlen werden eingelesen und in dem vorgesehenen Array gespeichert.

B: Hier fängt unser Sortieralgorithmus aus Aufgabe A1.6 an. In der äußeren Schleife zählen wir die Anzahl der Elemente, die noch verglichen werden müssen.

C: In der inneren Schleife laufen wir das Array bis zu der Anzahl der noch zu vergleichenden Elemente durch.

D: Finden wir zwei benachbarte Elemente, die in falscher Reihenfolge stehen, vertauschen wir sie.

E: Das sortierte Array wird ausgegeben.

A 6.6 Unter einem Magischen Quadrat verstehen wir eine Anordnung der Zahlen $1, 2, \ldots n^2$ in einem quadratischen Schema derart, dass die Summen in allen Zeilen, Spalten und Hauptdiagonalen gleich sind.

Magische Quadrate ungerader Kantenlänge lassen sich nach folgendem Verfahren konstruieren:

1. Positioniere die 1 in dem Feld unmittelbar unter der Mitte des Quadrats.

2. Wenn die Zahl x in der Zeile i und der Spalte k positioniert wurde, dann versuche die Zahl x+1 in der Zeile i+1 und der Spalte k+1 abzulegen! Handelt es sich bei diesen Angaben um ungültige Zeilen-

oder Spaltennummern, so verwende Regel 4! Ist das Zielfeld bereits besetzt, so verwende Regel 3!

3. Wird versucht, eine Zahl in einem bereits besetztem Feld in der Zeile i und der Spalte k zu positionieren, so versuche statt dessen die Zeile i+1 und die Spalte k-1. Handelt es sich bei diesen Angaben um ungültige Zeilen- oder Spaltennummern, so verwende Regel 4. Ist das Zielfeld bereits besetzt, so wende Regel 3 erneut an!

4. Die Zeilen- und Spaltennummern laufen von 0 bis n-1. Ergibt sich im Laufe des Verfahrens eine zu kleine Zeilen- oder Spaltennummer, so setze die Nummer auf den Maximalwert n-1! Ergibt sich eine zu große Spalten- oder Zeilennummer, so setze die Nummer auf den Minimalwert 0!

Erstellen Sie nach diesen Angaben ein Programm, das für beliebige ungerade Kantenlängen ein Magisches Quadrat erzeugt!

Vorüberlegung:

Die Hinweise in der Aufgabenstellung sind so exakt, dass wir sie direkt in ein Programm umsetzen können.

Programmdialog:

```
Geben Sie die Kantenlaenge ein: 9
  DAS MAGISCHE QUADRAT :

  ------------------------
   37  78  29  70  21  62  13  54   5
    6  38  79  30  71  22  63  14  46
   47   7  39  80  31  72  23  55  15
   16  48   8  40  81  32  64  24  56
   57  17  49   9  41  73  33  65  25
   26  58  18  50   1  42  74  34  66
   67  27  59  10  51   2  43  75  35
   36  68  19  60  11  52   3  44  76
   77  28  69  20  61  12  53   4  45
```

Das Programm:

```
   void main()
     {
A    int quadrat[29][29];
     int zeile, spalte, zahl;
     int kantenl;

     zahl = 1;
```

```
          printf("Geben Sie die Kantenlaenge ein: ");
          scanf("%d", &kantenl);
B         for ( spalte = 0; spalte < 30; spalte = spalte + 1)
              {
              for ( zeile = 0; zeile < 30; zeile = zeile + 1)
                  quadrat[spalte][zeile] = 0;
              }
          printf("\n  DAS MAGISCHE QUADRAT :\n");
          printf(" ----------------------\n\n");
C         zeile = ( kantenl + 1 ) / 2 ;
          spalte = ( kantenl - 1 ) / 2;


D         for ( zahl = 1; zahl <= kantenl * kantenl; )
              {
E             zeile  = (zeile+kantenl) % kantenl;
              spalte = (spalte+kantenl) % kantenl;


F             if ( quadrat[spalte][zeile] == 0)
                  {
G                 quadrat[spalte][zeile] = zahl;
                  zahl = zahl + 1;
                  spalte = spalte + 1;
                  zeile = zeile + 1;
                  }
              else
                  {
H                 zeile = zeile + 1;
                  spalte = spalte - 1;
                  }
              }
          ... Ausgabe des Quadrats ...
      }
```

A: Wir legen ein Quadrat mit der maximalen Kantenlänge 30 an.

B: Das Quadrat wird mit Nullen initialisiert.

C: Wir bestimmen die Position unmittelbar unter der Mitte des Quadrats (Regel 1).

D: Die Kantenlänge zum Quadrat ist die Anzahl der Zahlen, die insgesamt eingesetzt werden müssen.

E: Die aktuelle Zeile und Spalte wird berechnet.

F: Wir überprüfen, ob auf dem aktuell betrachteten Feld bereits eine Zahl einge-setzt worden ist. Ist dies der Fall, geht es bei H weiter.

G: Wir setzen die aktuelle Zahl ein und rücken gemäß der Regel 2 im Quadrat vor.

H: Ist das gerade betrachtete Feld bereits besetzt, rücken wir gemäß Regel 3 vor.

A 6.7 Schreiben Sie ein Programm, das einen Text und einen Buchstaben ein-liest, und ermittelt, wie oft der Buchstabe in dem Text vorkommt.

Programmdialog:

```
Text: Von den Grundlagen zur professionellen Programmierung

Buchstabe: o

Der Buchstabe o kommt 4-mal vor.
```

Das Programm:

```
      void main()
          {
A         char text[100];
          unsigned char buchstabe;
          int i, anzahl;
B         printf("Text: ");
          gets(text);
          printf("\nBuchstabe: ");
          scanf("%c", &buchstabe);
          anzahl = 0;
C         for ( i = 0; text[i] != 0; i++)
              {
D             if ( text[i] == buchstabe )
                  anzahl++;
              }
          printf("\nDer Buchstabe %c kommt %d mal vor.\n\n",
                              buchstabe, anzahl);

          }
```

A: Wir verwenden einen Array text für maximal 100 Buchstaben, sowie eine Variable buchstabe, die genau einen Buchstaben speichern kann.

B: Der String und der einzelne Buchstabe werden eingelesen.

C: Wir laufen den gesamten String Buchstabe für Buchstabe durch.

D: Finden wir unseren gesuchten Buchstaben, erhöhen wir den zugehörigen Zähler.

A 6.8 Schreibe Sie ein Programm, das aus einem Text alle mehrfach vorkommenden Leerzeichen entfernt.

Programmdialog:

```
Eingabe: Von   den   Grundlagen   zur   professionellen
         Programmierung


Ausgabe: Von den Grundlagen zur professionellen Programmierung
```

Das Programm:

```
void main()
    {
    char text[150];
    int i, j;

    printf("Eingabe: ");
    gets(text);
A   for ( i = 0, j = 0; text[j]; j = j + 1)
        {
        text[i] = text[j];
B       if((text[i]!=' ') || ((i>0) && text[i-1]!=' '))
            i = i + 1;
        }
    text[i] = 0;
    printf("\nAusgabe: %s\n\n", text);
    }
```

A: Wir laufen den gesamten String durch. j ist dabei der Index des Quellbuchstabens, i der des Zielbuchstabens.

B: Der Zielindex wird nur erhöht, falls der gerade kopierte Buchstabe kein Leerzeichen war oder der letzte Buchstabe kein Leerzeichen war, und wir nicht mehr am Anfang des Strings stehen. Damit werden sowohl voranstehende als auch im String mehrfach vorkommende Leerzeichen entfernt.

A 6.9 Jedes Buch hat eine ISBN (Internationale Standard-Buchnummer). Diese ISBN besteht aus 9 Ziffern (z_1-z_9) und einem Prüfzeichen (z_0). Die Ziffern liegen jeweils im Bereich 0 bis 9. Das Prüfzeichen ist eine Ziffer (0-9) oder ein X, welches für die Zahl 10 steht. Die Nummer ist durch drei Bindestriche gegliedert, wobei die Position der Bindestriche nicht exakt festgelegt ist. Die Prüfziffer ist aber in jedem Fall das letzte Zeichen der ISBN.

Das Prüfzeichen dient dazu, festzustellen, ob eine ISBN (z. B. bei einer Buchbestellung) korrekt übermittelt wurde. Eine ISBN gilt als korrekt übertragen, wenn die Summe

$$\sum_{i=0}^{9} (i + 1) \cdot z_i$$

ohne Rest durch 11 teilbar ist.

Schreiben Sie ein C-Programm, das einen String von der Tastatur einliest und feststellt, ob es sich um eine korrekte ISBN handelt! Testen Sie das Programm anhand der Bücher in Ihrem Bücherschrank!

Programmdialog:

```
ISBN: 3-934358-03-9
ISBN korrekt!
```

Das Programm:

```
    void main()
       {
       char isbn[14];
       int sum,i,a;

       printf("ISBN: ");
       scanf("%s",isbn);
A      for(a=0,i=0,sum=0; isbn[a]!=0; a=a+1)
          {
B         if(isbn[a]=='-')
             continue;

C         if( (a == 12) && (isbn[a]=='X') )
             sum = sum + (i+1) * 10;
          else
D            {
             sum = sum + (i+1) * (isbn[a] - '0');
             i = i + 1;
             }
          }
E      sum = sum % 11;
```

```
    if(sum==0)
     printf("ISBN korrekt!\n");
    else
     printf("ISBN nicht korrekt!\n");
    }
```

A: Wir laufen in einer Schleife den gesamten String durch.

B: Stoßen wir auf einen Bindestrich, so überspringen wir ihn einfach.

C: Befindet sich an der letzten Stelle des Strings ein X, dann setzen wir für ihn in unsere Berechnungsformel eine 10 ein.

D: Andernfalls wandeln wir das jeweilige Zeichen des Strings in eine Ziffer um, indem wir von seinem ASCII-Wert den ASCII-Wert des Zeichens '0' abziehen (siehe ASCII-Tabelle) und die erhaltene Ziffer in unserer Berechnungsformel verwenden.

E: Hier wird überprüft, ob die Gesamtsumme durch 11 teilbar ist. In diesem Falle erhält sum den Wert 0.

A 6.10 Ein Palindrom ist ein Text. Der vorwärts wie rückwärts gleich gelesen werden kann. Auf Leerzeichen, Satzzeichen sowie Groß- bzw. Kleinschreibung wird dabei kein Wert gelegt. Erstellen Sie ein Programm, das feststellt, ob es sich bei einem nur in Kleinschreibung eingegebenen Text um ein Palindrom handelt oder nicht!

Vorüberlegung:

Wir werden die Texteingabe in einem Array speichern. Da ein Palindrom von vorne wie von hinten gleich gelesen werden kann, muss auch erste und der letzte Buchstabe gleich sein, der zweite und der vorletzte usw.

Wir müssen also nur jeweils zwei Buchstaben von den Rändern des Arrays angefangen bis zur Mitte hin vergleichen. Die Sonderzeichen müssen dabei übersprungen werden.

Veranschaulichen wir uns dies Vorgehen grafisch:

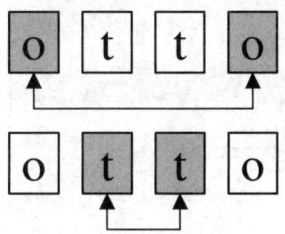

Im Falle eines Wortes ungerader Länge wird der mittlere Buchstabe nicht mehr überprüft, da wir nur solange vergleichen werden, bis sich die Pfeile in der Mitte treffen bzw. aneinander vorbeiziehen würden.

Auch hier können wir uns dies grafisch verdeutlichen:

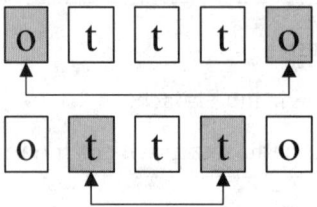

Jetzt würden sich die Pfeile in der Mitte treffen, wir brechen die Vergleichsoperation ab und können uns sicher sein, dass es sich bei »ottto« um ein Palindrom handelt.

Programmdialog:

```
Eingabe: die liebe ist sieger - rege ist sie bei leid

"die liebe ist sieger - rege ist sie bei leid" ist ein Palindrom!
```

Das Programm:

```
    void main()
      {
      char wort[150];
      int a, b;

      printf("Eingabe: ");
      gets(wort);
A     for(b=0; wort[b]!=0; b = b + 1)
        {
        if((wort[b]<='Z')&&((wort[b]>='a')&&(wort[b] <='z')))
          wort[b] = wort[b] + ('a'-'A');
        }

B     b = b - 1;

C     for( a = 0; a < b; a = a + 1, b = b - 1)
        {
D       for( ;(a<=b) && ((wort[a] < 'a') || (wort[a] > 'z')); )
          a = a + 1;
```

```
            for( ;(a<=b) && ((wort[b] < 'a') || (wort[b] > 'z')); )
                b = b - 1;
E           if((a > b) || (wort[a] != wort[b]))
                break;
        }
    if(a > b)
        printf("\n\"%s\" ist ein Palindrom!\n\n", wort);
    else
        printf("\n\"%s\" ist kein Palindrom!\n\n", wort);
    }
```

A: In dieser Schleife bestimmen wir die Länge des eingegebenen Satzes. Diese Schleife zählt b so lange hoch, bis das Ende des Strings erreicht ist. Gleichzeitig wandeln wir alle Groß- in Kleinbuchstaben um, weil bei der Bestimmung, ob es sich um ein Palindrom handelt, Groß- und Kleinschreibung keine Rolle spielen soll.

B: Da wir mit dem b vom Ende des Arrays werden starten müssen, und der letzte Index eines Arrays mit seiner Länge –1 nummeriert ist, müssen wir b um 1 verringern.

C: Mit dem a fangen wir vorne an und durchlaufen damit das Array von links nach rechts. Mit b laufen wir es von rechts nach links durch. Wir laufen so lange, bis sich a und b treffen oder passieren.

D: Wir verschieben das a nach rechts, bis wir einen regulären Buchstaben finden oder die beiden Indizes sich passieren.

E: Sollten wir ein Buchstabenpaar finden, dass nicht gleich ist, so handelt sich bei dem eingegebenen Satz um kein Palindrom. Wir können die Überprüfung abbrechen. Ein Abbruch erfolgt ebenfalls, wenn die Indizes aneinander vorbeigelaufen sind. Dann ist der Satz jedoch ein Palindrom.

A 6.11 Programmieren Sie die nachfolgend beschriebene Variante des Spiels »Galgenmännchen«, bei der der Spieler einen unbekannten Text erraten soll. Am Anfang wird der Text (Kleinbuchstaben und Leerzeichen) nur durch Striche angedeutet. Der Benutzer kann bei jedem Versuch mehrere Buchstaben raten. Die richtig geratenen Buchstaben werden dann an der korrekten Position angezeigt.

Das Spiel ist beendet, wenn der Text vollständig ermittelt wurde.

Vorüberlegung:

Auch hier lesen wir zunächst die Texteingabe in einen Array ein. Um das Ratespiel zu führen, benötigen wir ein Hilfsarray, in das wir die geratenen Buchstaben hereinschreiben und das wir immer wieder mit dem Originalarray vergleichen werden. Auf diese Weise können wir feststellen, wann der gesamte Text richtig geraten wurde. Das Spiel kann daraufhin beendet werden.

Programmdialog:

```
--- --- ---------- --- -------------- --------------
1. Versuch: ernstl
--n -en -r-n-l--en --r -r--ess--nellen -r--r----er-n-

2. Versuch: aiou
-on -en -run-la-en -ur -ro-essionellen -ro-ra--ierun-

3. Versuch: dstch
-on den -rundla-en -ur -ro-essionellen -ro-ra--ierun-

4. Versuch: vgzpf
von den grundlagen zur professionellen progra--ierung

5. Versuch: m
von den grundlagen zur professionellen programmierung
```

Das Programm:

```
    void main()
      {
A     char quelle[100];
      char hilfs[100];
      char rate[11];
      int anzahl=0;
      int i,z,y;
      printf("Ratetext [nur kleinbuchstaben]:\n");
      gets(quelle);
B     for ( i = 0; i <= 30; i = i + 1)
          printf("\n");

C     for ( i = 0; quelle[i] != 0; i = i + 1)
        {
        if (quelle[i] == ' ')
            hilfs[i] = ' ';
        else
          {
```

```
                    hilfs[i] = '-';
                    anzahl = anzahl + 1;
                    }
               }
       hilfs[i] = 0;
       printf("\n%s\n", hilfs);
D      for ( i = 0; anzahl != 0 ; i = i + 1)
               {
               printf("%d. Versuch: ", i+1);
               gets(rate);
E              for ( z = 0; rate[z] != 0; z = z + 1)
                       {
                       for ( y = 0; quelle[y] != 0; y = y + 1)
                               {
                               if((quelle[y]==rate[z])&&(hilfs[y]!=quelle[y]))

                                       {
                                       hilfs[y] = quelle[y];
                                       anzahl = anzahl - 1;
                                       }
                               }
                       }
               printf("%s\n\n", hilfs);
               }
       }
```

A: Folgende Variablen werden angelegt:

quelle[100] = Das Array mit dem Originaltext

hilfs[100] = Das Hilfsarray, hier werden die Rateversuche hereingeschrieben

rate[11] = Wir beschränken die Anzahl der auf einmal zu ratenden Buchstaben auf 10.

anzahl = Anzahl der noch zu erratenden Buchstaben

i,z,y = Hilfs- und Zählvariablen

B: Wir geben 30 Zeilenvorschübe aus, um den eingegebenen Text verschwinden zu lassen.

C: Das Hilfsarray wird initialisiert. Steht im Originaltext ein Leerzeichen, wird auch ein Leerzeichen ins Hilfsarray eingefügt. Andernfalls schreiben wir bei jedem anderen Buchstaben einen Bindestrich in das Hilfsarray und erhöhen die Anzahl der zu erratenden Buchstaben.

Lösungen

D: Das ist die Hauptschleife. Das Ratespiel soll so lange laufen, bis der gesamte Text richtig geraten wurde.

E: In der äußeren Schleife werden alle geratenen Buchstaben durchlaufen. Wir nehmen uns also einen Buchstaben daraus und suchen im gesamten Originalarray danach. Finden wir diesen Buchstaben, kopieren wir ihn aus dem Originaltext in den Hilfstext. Jetzt gibt es einen Buchstaben weniger, der geraten werden muss.

A 6.12 Lösen Sie die Aufgabe A 4.9 (d'Hondtsches Höchstzahlverfahren) noch einmal, wobei diesmal bis zu 10 Parteien zur Wahl zugelassen sein sollen. Der Benutzer soll vor der Berechnung der Sitzverteilung jetzt zusätzlich die Anzahl der Parteien und deren Namenskürzel eingeben können.

Vorüberlegung:

Den Algorithmus zu diesem Verfahren haben wir schon in der Aufgabe A 4.6 erarbeitet. Wir müssen also nur das Programm aus dieser Aufgabe um die gewünschte Funktionalität erweitern. Dabei erleichtert uns die Verwendung von Arrays die Bestimmung des größten Quotienten erheblich.

Programmdialog:

```
Gesamtanzahl der Sitze: 20
Anzahl der Parteien: 5

Kuerzel der 1. Partei: ABC
Kuerzel der 2. Partei: DEF
Kuerzel der 3. Partei: GHI
Kuerzel der 4. Partei: JKL
Kuerzel der 5. Partei: MNO

Stimmen fuer ABC: 60000
Stimmen fuer DEF: 20000
Stimmen fuer GHI: 10000
Stimmen fuer JKL: 5000
Stimmen fuer MNO: 5000

Sitzverteilung:

    ABC   |   DEF   |   GHI   |   JKL   |   MNO   |
---------+---------+---------+---------+---------+
    12    |    4    |    2    |    1    |    1    |
```

Das Programm:

Da das Programm etwas länger ist, schauen wir uns die einzelnen Bestandteile nacheinander an.

Die Variablen:

```
A   int Stimmen[10];
    int Sitze[10];
    int Kuerzel[10][4];
    int anzahl_parteien;
    int moegliche_sitze;
    int stimmenges;

    int i, j, s;
    int teiler[10];
    int max;
```

A: Diese Variablen werden benötigt

- ▶ Stimmen[10] = Ein Array von 10 Integern, in dem wir die tatsächlich abgegebenen Stimmen für die jeweilige Partei speichern werden.

- ▶ Sitze[10] = In diesem Array speichern wir die Anzahl der tatsächlich vergebenen Sitze.

- ▶ Kuerzel[10][4] = Ein zweidimensionales Array. Für 10 Parteien wird jeweils Platz für 3 Buchstaben + abschließende '0' als Kürzel des Parteinamens reserviert.

- ▶ anzahl_parteien = Gesamtanzahl der Parteien

- ▶ moegliche_sitze = Gesamtanzahl der zu verteilenden Sitze

- ▶ stimmenges = Gesamtanzahl aller abgegebenen Stimmen

- ▶ i,j,s = Zählvariablen

- ▶ teiler[10] = Aktueller Divisor für jede Partei

- ▶ max = Index der Partei, die bei dem aktuellen Durchlauf den größten Quotienten hat

Berechnung der Sitzverteilung:

```
     void main()
       {

          . . .

          Variablendeklarationen

          . . .

          Einlesen der Daten und Initialisierungen

          . . .
B        for( i = 0; i < anzahl_parteien; i++)
           {
             teiler[i] = 1;
             Sitze[i] = 0;
           }

C        for( s = 1; s <= moegliche_sitze; s++)
           {
D          for( max = 0, j = 1; j < anzahl_parteien; j++)
             {
               if( Stimmen[max]/teiler[max] < Stimmen[j]/teiler[j])
                   max = j;
             }

E          Sitze[max]++;
           teiler[max]++;
           }
       ... Ausgabe der Sitzverteilung ...
       }
```

B: Die Quotienten und die Sitze aller Parteien werden initialisiert.

C: Die Sitzverteilung erfolgt bis alle Sitze vergeben wurden.

D: Die Partei mit dem aktuell höchsten Divisionsergebnis wird bestimmt. Ihr Index wird in max gespeichert.

E: Dieser Partei wird ein weiterer Sitz zugewiesen. Ihr Teiler wird erhöht.

A 6.13 Mit einem Vigenère-Schlüssel (auch Verschiebe-Schlüssel genannt) kann man Texte Verschlüsseln. Man benötigt dazu ein Passwort und das Vignerè-Quadrat:

```
    abcdefghijklmnopqrstuvwxyz
 A  ABCDEFGHIJKLMNOPQRSTUVWXYZ
 B  BCDEFGHIJKLMNOPQRSTUVWXYZA
 C  CDEFGHIJKLMNOPQRSTUVWXYZAB
 D  DEFGHIJKLMNOPQRSTUVWXYZABC
 E  EFGHIJKLMNOPQRSTUVWXYZABCD
 F  FGHIJKLMNOPQRSTUVWXYZABCDE
 G  GHIJKLMNOPQRSTUVWXYZABCDEF
 H  HIJKLMNOPQRSTUVWXYZABCDEFG
 I  IJKLMNOPQRSTUVWXYZABCDEFGH
 J  JKLMNOPQRSTUVWXYZABCDEFGHI
 K  KLMNOPQRSTUVWXYZABCDEFGHIJ
 L  LMNOPQRSTUVWXYZABCDEFGHIJK
 M  MNOPQRSTUVWXYZABCDEFGHIJKL
 N  NOPQRSTUVWXYZABCDEFGHIJKLM
 O  OPQRSTUVWXYZABCDEFGHIJKLMN
 P  PQRSTUVWXYZABCDEFGHIJKLMNO
 Q  QRSTUVWXYZABCDEFGHIJKLMNOP
 R  RSTUVWXYZABCDEFGHIJKLMNOPQ
 S  STUVWXYZABCDEFGHIJKLMNOPQR
 T  TUVWXYZABCDEFGHIJKLMNOPQRS
 U  UVWXYZABCDEFGHIJKLMNOPQRST
 V  VWXYZABCDEFGHIJKLMNOPQRSTU
 W  WXYZABCDEFGHIJKLMNOPQRSTUV
 X  XYZABCDEFGHIJKLMNOPQRSTUVW
 Y  YZABCDEFGHIJKLMNOPQRSTUVWX
 Z  ZABCDEFGHIJKLMNOPQRSTUVWXY
```

Zur Verschlüsselung legt man das Passwort über den Klartext und verschlüsselt dann buchstabenweise, indem man den verschlüsselten Buchstaben dem Vignerè-Quadrat entnimmt. Die Spalte ist dabei durch den Klartextbuchstaben, die Zeile durch den Passwortbuchstaben gegeben.

Wir gehen der Einfachheit halber von einem Text aus, der nur Kleinbuchstaben (keine Umlaute, keine Satzzeichen, keine Zahlen etc.) und Leerzeichen enthält. Leerzeichen werden nicht verschlüsselt. Das Passwort besteht nur aus Großbuchstaben (A–Z) ohne Leerzeichen.

Schreiben Sie ein Programm, das einen Textstring mit einem Passwort nach dem Vignerè-Algorithmus verschlüsseln und wieder entschlüsseln kann!

Vorüberlegung:

Die Verschiebung können wir berechnen, indem wir zu dem Passwortbuchstaben die Stelle des Klartextbuchstabens hinzuaddieren.

Beispiel: Klartextbuchstabe sei das 'f', Passwortbuchstabe sei das 'D'.

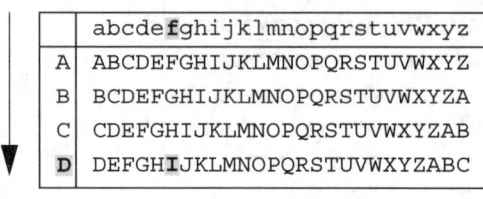

Programmdialog:

```
Eingabetext:    professionelle programmierung
Passwort:       KAISER

Verschluesselt: ZRWXIJCIWFICVE XJSXBAUEMVBUVY

Entschluesselt: professionelle programmierung
```

Das Programm:

```
void main()
    {
    char text[1000];
    char passwort[100];
    int i, p;

    ... Eingabe der Daten ...

    for( i = 0, p = 0; text[i]; i++)
        {
        if( text[i] == ' ')
            continue;
        text[i] = 'A' + ((passwort[p]-'A') + (text[i]-'a'))%26;
```

```
B        p = p + 1;
         if( passwort[p]  == 0)
             p = 0;
      }
    printf("%s\n", text);

    ... Entschlüsselung ...
    }
```

A: Der verschlüsselte Buchstabe wird bestimmt:

'A' + ((passwort[p]-'A') berechnet die Zeile des Quadrats,
(text[i]-'a'))%26 berechnet die Spalte.

B: Um das Passwort zyklisch über den Eingabetext zu legen, müssen wir immer nach vorne springen, wenn wir am Ende des Passworts angelangt sind.

Da die Entschlüsselung nach dem selben Prinzip arbeitet, verzichten wir an dieser Stelle auf Erläuterungen.

Kapitel 7

A 7.1 In einer Datei haben Sie die Telefonnummern Ihrer Freunde und Bekannten in der Form:

```
Albrecht Duerer 1471-1528
Lukas Cranach 1472-1553
Nikolaus Kopernicus 1473-1543
Martin Luther 1483-1546
Phillip Melanchthon 1497-1560
Johann Reuchlin 1455-1522
...
```

abgelegt. Schreiben Sie ein Programm, das zu einer eingegebenen Person (Name und Vorname) die zugehörige Telefonnummer in der Datei sucht und ausgibt! Erstellen Sie zu Testzwecken eine Datei mit mindestens 100 Einträgen!

Programmdialog:

```
Suche Telefonnummer von: Schumann

Die Telefonnummer von Robert Schumann lautet 1810-1856
```

Das Programm:

```c
void main()
    {
    FILE *pf;
    char suchname[100];
    char vorname[50];
    char nachname[50];
    char telnr[20];
A   pf = fopen("telnum.txt","r");
    if(!pf)
        exit(0);
    printf("Suche Telefonnummer von: ");
    gets(suchname);
    printf("\n");
```

```
        for(;;)
           {
B          fscanf(pf, "%s %s %s", vorname, nachname, telnr);
           if(feof(pf))
               break;

C          if( !strcmp(nachname, suchname))
               printf("Die Telefonnummer von %s %s lautet %s\n\n",
                                   vorname, nachname, telnr);
           }
D       fclose(pf);
        }
```

A: Die Datei wird geöffnet und es wird überprüft, ob der Vorgang des Öffnens erfolgreich war.

B: Wir lesen so lange den nächsten Datensatz ein, bis wir das Dateiende erreichen.

C: Wird der gesuchte Name gefunden, geben wir ihn aus.

D: Die Datei wird wieder geschlossen.

A 7.2 Schreiben Sie ein Programm, das eine Textdatei mit einem Passwort verschlüsseln und wieder entschlüsseln kann! Nutzen Sie dabei aus, dass für den exklusiven Oder-Operator ^

(a ^ b) ^ b == a

gilt! Legen Sie das Passwort zyklisch über den Text und bilden Sie buchstabenweise eine exklusive Oder-Verbindung zwischen Passwort und Text!

Achtung! Sie müssen die Datei im Binärmodus öffnen! Sie erreichen dies, indem Sie die Datei mit dem Zusatz »rb« zum Lesen bzw. »wb« zum Schreiben öffnen.

Programmdialog:

Bei der Verschlüsselung:

```
Originaldatei: orig.txt

Inhalt der Datei "orig.txt":

Des Menschen Taetigkeit kann allzuleicht erschlaffen,
Er liebt sich bald die unbedingte Ruh;
```

```
Drum geb' ich gern ihm den Gesellen zu,
Der reizt und wirkt und muss als Teufel schaffen.


Passwort: Johann Wolfgang von Goethe


Zieldatei: ziel.txt
```

Nun geben wir zur Überprüfung die Zieldatei als das Original an. Mit derselben Verschlüsselungsmethode muss nun der Originaltext wieder erscheinen:

```
Originaldatei: ziel.txt

Passwort: Johann Wolfgang von Goethe

Zieldatei: orig.txt

Inhalt der Datei "orig.txt":

Des Menschen Taetigkeit kann allzuleicht erschlaffen,
Er liebt sich bald die unbedingte Ruh;
Drum geb' ich gern ihm den Gesellen zu,
Der reizt und wirkt und muss als Teufel schaffen.
```

Wie Sie leicht erkennen, können wir mit dem selben Algorithmus Textdateien verschlüsseln und entschlüsseln.

Das Programm:

Diese Funktion erledigt für uns die Ausgabe des gesamten Dateiinhalts:

```
A  void zeige_datei(char datei[100])
       {
       char c;
       FILE *fp;

       fp = fopen(datei, "r");
       printf("\nInhalt der Datei \"%s\":\n\n", datei);
       while(1)
           {
B          fscanf(fp, "%c", &c);

C          if(feof(fp))
               break;
```

```
        printf("%c", c);
    }
    printf("\n\n");
    fclose(fp);
}
```

A: Unsere Funktion zum Auslesen der Datei erhält als Parameter den Namen der Datei.

B: Wir lesen einen Buchstaben ein.

C: Haben wir das Dateiende erreicht, brechen wir die Leseschleife ab.

Nun können wir uns um die Funktion zum Verschlüsseln der Datei kümmern:

A	`void verschluessel_datei(char orig[100], char ziel[100],`
	`                         char passwd[100])`
	`    {`
	`    char c;`
	`    int i;`
	`    int len;`
	`    FILE *orig_fp;`
	`    FILE *ziel_fp;`
B	`    int len = strlen(passwd);`
	`    orig_fp = fopen(orig, "rb");`
	`    ziel_fp = fopen(ziel, "wb");`
	`    for( i = 0; ; i++)`
	`        {`
C	`        fscanf(orig_fp,"%c", &c);`
	`        if(feof(orig_fp))`
	`            break;`
D	`        c = c ^ passwd[i%len];`
E	`        fprintf(ziel_fp,"%c", c);`
	`        }`
	`    fclose(ziel_fp);`
	`    fclose(orig_fp);`
	`}`

A: Unsere Verschlüsselungsfunktion benötigt als Parameter die Namen der Quell- und der Zieldatei sowie das Passwort, mit dem verschlüsselt werden soll.

B: In der Variable `len` speichern wir die aktuelle Länge des Passwortes. Diese erhalten wir mithilfe der Funktion `strlen` (= string length), die uns von der C-Runtime-Library zur Verfügung gestellt wird.

C: Wir lesen ein Zeichen aus der Originaldatei ein.

D: Dieses Zeichen wird verschlüsselt ...

E: ... und in die Zieldatei hineingeschrieben.

Unser übrig gebliebenes Hauptprogramm fällt aufgrund der konsequenten Verwendung von Funktionen sehr übersichtlich aus:

```
      void main()
         {
         char passwd[100];
         char original[100];
         char ziel[100];
A        printf("Originaldatei: ");
         gets(original);
         zeige_datei(original);

B        printf("Passwort: ");
         gets(passwd);

C        printf("\nZieldatei: ");
         gets(ziel);

D        verschluessel_datei(original, ziel, passwd);
         zeige_datei(ziel);
         }
```

A: Zuerst lesen wir den Namen der Originaldatei ein und zeigen deren Inhalt an.

B: Das Passwort wird eingelesen ...

C: ... der Name der Zieldatei ebenso.

D: Die Originaldatei wird verschlüsselt und der Inhalt der Zieldatei ausgegeben.

A 7.3 Auf einem Tisch liegen 20 Streichhölzer. Zwei Spieler nehmen abwechselnd mindestens 1 Streichholz, aber höchstens 5 Streichhölzer von dem Haufen. Wer das letzte Streichholz nehmen muss, hat verloren. Sie kennen wahrscheinlich dieses Spiel, für das es eine einfache Gewinnstrategie gibt. Sie gewinnen, wenn Sie dem Gegner für seinen letzten Zug einen einzigen Streichholz übrig lassen. Um das zu erreichen, müssen Sie dafür sorgen, dass im Zug zuvor 1+5+1=7 Streichhölzer auf dem Tisch liegen. Dann kann der Gegner im nächsten Zug auf 2–6 abräumen und in jedem dieser Fälle können Sie dann alle bis auf einen Streichholz wegnehmen. Setzt man diesen Gedanken fort, so ergibt sich eine Folge von Gewinnzahlen 1, 7, 13, 19, ... und eine konkrete Gewinnstrategie. Hat man einmal eine der Gewinnzahlen erreicht, so kommt man nach einem beliebigen Zug des Gegners immer auf die nächst niedrigere Gewinnzahl und gewinnt am Ende das Spiel. Die Folge der Gewinnzahlen ist durch die Formel x(5+1)+1 gegeben. Im allgemeinen Fall, n Streichhölzer, von denen k genommen werden dürfen, lautet die Folge der Gewinnzahlen x(k+1)+1. Eine Zahl ist also eine Gewinnzahl, wenn sie bei Division durch k+1 den Rest 1 lässt.

Erstellen Sie aufbauend auf diesen Informationen ein Programm, in dem der Computer mit dieser Gewinnstrategie gegen einen menschlichen Gegner spielt!

Programmdialog:

```
Anzahl der Streichhoelzer: 10
Wie viele Streichhoelzer duerfen genommen werden: 5

Du bist am Zug!
Du nimmst vom Haufen: 2
Streichhoelzer auf dem Haufen: 8

Ich nehme 1
Streichhoelzer auf dem Haufen: 7

Du bist am Zug!
Du nimmst vom Haufen: 3
Streichhoelzer auf dem Haufen: 4

Ich nehme 3
Streichhoelzer auf dem Haufen: 1

Du bist am Zug!
Du nimmst vom Haufen: 1

Streichhoelzer auf dem Haufen: 0

Ich habe gewonnen!
```

Das Programm:

Auch diese Aufgabenstellung unterteilen wir in kleinere Probleme, die wir nach und nach durch Funktionen realisieren.

Widmen wir uns zunächst einmal dem Zug des menschlichen Spielers:

```
A   int spielerzug(int n, int k)
    {
    int anz
B   do{
        printf( "Du bist am Zug!\n");
        printf( "Du nimmst vom Haufen: ");
        scanf("%d", &anz);
    }while(anz < 1 || anz > k);

C   return n-anz;
    }
```

A: Die Spielerfunktion erhält zwei Parameter:

n = Anzahl der noch vorhandenen Streichhölzer auf dem Haufen

k = Höchstanzahl der Streichhölzer, die bei einem Zug weggenommen werden dürfen

B: Wir lesen die Anzahl der Streichhölzer ein, die der Spieler vom Haufen nehmen möchte. Dies wiederholen wir so lange, bis die Angabe korrekt ist.

C: Zurückgegeben wird die Anzahl der noch übrig gebliebenen Streichhölzer.

Nun kommen wir zu dem Computerspieler:

```
    int computerzug(int n, int k)
    {
    int anz;
A   anz = (n + k) % (k+1);
    printf( "Ich nehme %d\n", anz ? anz : 1);
B   return n - (anz ? anz : 1);
    }
```

A: Die Anzahl der Streichhölzer, die entnommen werden müssen, um eine Gewinnstellung zu erreichen, wird berechnet.

B: Auch hier geben wir die Anzahl der noch übriggebliebenen Streichhölzer zurück.

Lösungen

Es fehlt uns noch eine Funktion für die Spielverwaltung:

	`void spielbeginn(int n, int k)`
	`{`
	`int spieler;`
A	`for ( spieler = 1; n; spieler = !spieler )`
	`{`
B	`n = spieler ? spielerzug(n, k):computerzug(n, k);`
	`printf("\nStreichhoelzer auf dem Haufen: %d\n\n", n);`
	`}`
C	`printf( spieler ? "Du hast gewonnen!\n\n" :`
	`"Ich habe gewonnen!\n\n");`
	`}`

A: Wir beginnen mit Spieler 1, der für unseren menschlichen Spieler stehen soll. Das Spiel läuft so lange bis n = 0 ist, also bis keine Streichhölzer mehr auf dem Haufen liegen. Nach jedem Spielzug ist der andere Spieler dran.

B: Ist Spieler 1 an der Reihe, rufen wir seine Spielfunktion auf und weisen deren Rückgabewert der Variable n zu, die die Anzahl der noch übriggebliebenen Streichhölzer speichert. Andernfalls ist der Computerspieler an der Reihe.

C: Wenn wir hier angelangt sind, ist das Spiel bereits beendet, da wir die Spielschleife verlassen haben. In Abhängigkeit von dem Spieler, der gerade an der Reihe war, also der das letzte Streichholz nehmen musste, geben wir aus, wer gewonnen hat.

A 7.4 Mastermind (Superhirn) ist ein Spiel, bei dem ein Spieler eine geheime Farbkombination ermitteln muss. Dazu versucht der Spieler, die gesuchte Farbkombination auf dem Spielbrett zu stecken. Der Spieler hat eine vorgegebene Maximalzahl an Versuchen und bekommt nach jedem Versuch die Information, wie viele Farben

▶ richtig und an korrekter Position bzw.

▶ richtig, aber an falscher Position,

gesteckt sind.

Anstelle von Farben verwenden wir hier Zahlen. Es ist also eine geheime Zahlenkombination zu ermitteln.

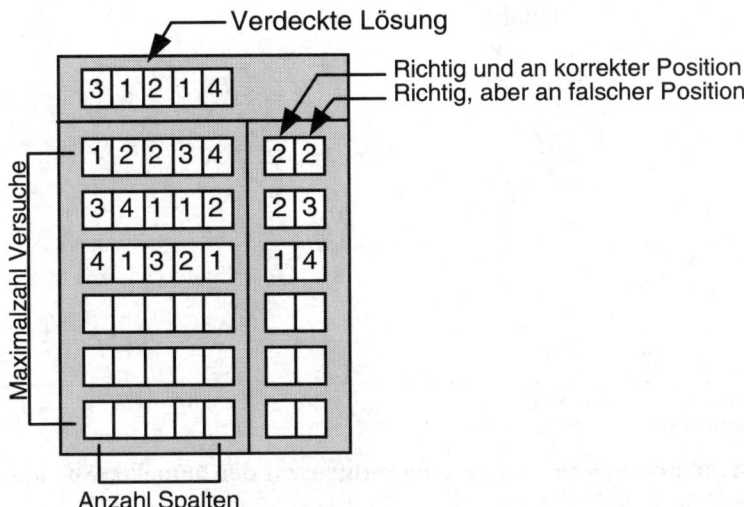

Schafft es der Spieler, innerhalb der vorgegebenen Anzahl von Versuchen die richtige Zahlenkombination zu bestimmen, so hat er gewonnen.

Schreiben Sie ein C-Programm, mit dem ein Spieler Mastermind spielen kann! Das Programm selbst soll keinen Schlüssel ermitteln, sondern lediglich dem Spieler Aufgaben stellen und die Versuche des Spielers mit dem geheimen Schlüssel abgleichen. Programmieren Sie so, dass der Benutzer das Programm weitestgehend konfigurieren kann (Anzahl Spalten, gültige Ziffern, Versuche)! Zur Generierung von zufälligen Zahlenkombinationen verwenden Sie die Funktionen srand und rand aus der Runtime-Library!

Programmdialog:

```
                M A S T E R M I N D


Anzahl Spalten (1 - 8): 3
Anzahl Farben (1 - 8): 3
Anzahl Versuche (1 - 25): 6


 1. Versuch ( 3 Zahlen von 1 bis 3): 1 1 1
               Pos Zahl
  1  1  1        0    0
 2. Versuch ( 3 Zahlen von 1 bis 3): 2 2 2
```

```
                Pos Zahl
  1   1   1        0     0
  2   2   2        2     0


3. Versuch ( 3 Zahlen von 1 bis 3): 3 2 2
                  Pos Zahl
  1   1   1        0     0
  2   2   2        2     0
  3   2   2        3     0


  R I C H T I G  ! ! !
```

Das Programm:

Mit der Funktion check_zahlen überprüfen wir den aktuellen Spielertipp:

<table>
<tr><td>A</td><td>

```c
int pos_richt;
int zahl_richt;
void check_zahlen( int anz, int loesung[8], int versuch[8]
   )
      {
      int i,j;
      int erledigt[8];

      pos_richt = 0;
      zahl_richt = 0;
```
</td></tr>
<tr><td>B</td><td>

```c
      for ( i = 0; i < anz; i++ )
            erledigt[i] = 0;
```
</td></tr>
<tr><td>C</td><td>

```c
      for ( i = 0; i < anz; i++ )
         {
          if ( versuch[i] == loesung[i] )
            {
            erledigt[i] = 1;
            pos_richt++;
            }
         }
```
</td></tr>
<tr><td>D</td><td>

```c
      for( j = 0; j < anz; j++ )
         {
          if(erledigt[j])
             continue;
```
</td></tr>
</table>

```
        for( i = 0; i < anz; i++ )
          {
            if((versuch[j] == loesung[i]) && !erledigt[i])
              {
                zahl_richt++;
                erledigt[i] = 1;
              }
          }
      }
    }
```

A: Dies sind globale Variablen, die die Anzahl der richtigen Zahlen auf der richtigen Position (pos_richt) und die der richtigen Zahlen auf der falschen Position speichern (zahl_richt).

B: Am Anfang der Funktion haben wir noch keine der Lösungszahlen behandelt.

C: Die Zahlen, die richtig geraten und an die richtige Position gestellt wurden, werden hier markiert.

D: In einer Schleife laufen wir alle geratenen Zahlen durch. Finden wir eine entsprechende Zahl in der Lösung und haben sie noch nicht behandelt, dann ist die geratene Zahl richtig, steht aber an der falschen Stelle.

Nun widmen wir uns der Funktion, die das Spiel selbst steuert:

```
A   void spiel(int spalten, int farben, int loesung[8],
                                              int versuche)
      {
        int spielbrett[25][8];
        int pos[25];
        int zahl[25];
        int runde, i;
B       for ( runde = 0; runde < versuche; runde++ )
          {
            fflush(stdin);
C           printf("\n %d. Versuch ( %d Zahlen von 1 bis %d): ",
                                      runde+1, spalten, farben);
            for( i = 0; i < spalten; i++ )
                scanf("%d", &spielbrett[runde][i]);
            printf("\n");
D           check_zahlen(spalten,loesung,spielbrett[runde]);
            pos[runde] = pos_richt;
```

```
            zahl[runde] = zahl_richt;
            zeige_spielverlauf(spalten, runde, spielbrett, pos,
                                                           zahl);


E      if (pos_richt == spalten)
          {
          printf("\n   R I C H T I G  ! ! !\n\n");
          break;
          }
      }
F      if (pos_richt != spalten )
          {
          printf("\n    DU HAST VERLOREN  ! ! !\n\n");
          printf("   Richtige Loesung:\n\n       ");
          for ( i = 0; i < spalten; i++ )
              printf("%d ", loesung[i]);
          printf("\n\n");
          }
      }
```

A: Die übergebenen Parameter sind:

spalten = Anzahl der zu erratenden Zahlen
farben = Die höchste Zahl, die unter den zu erratenden Zahlen vorkommen kann
loesung[8] = Array mit den zu erratenden Zahlen
versuche = Maximale Anzahl der Versuche

B: Der Spieler darf maximal versuche-mal raten.

C: Der aktuelle Rateversuch wird eingelesen und im zweidimensionalen Array spielbrett abgespeichert, das den gesamten Spielverlauf enthält.

D: Die Anzahl der richtigen Zahlen auf den richtigen und falschen Positionen wird bestimmt und gespeichert. Danach wird der aktuelle Spielstand ausgegeben.

E: Wurden alle Zahlen richtig geraten, brechen wir das Spiel ab.

F: Zum Schluss überprüfen wir, ob die Spielschleife verlassen wurde, weil der Spieler gewonnen hat. Andernfalls wird eine entsprechende Ausgabe erzeugt.

Das Hauptprogramm ist nun sehr einfach zu implementieren, weshalb wir an dieser Stelle auf Erläuterungen verzichten.

A 7.5 Sie kennen das Spiel »Schiffe versenken«, bei dem ein Spieler die in einer durch Planquadrate unterteilten Ebene verborgenen Schiffe seines Gegners aufspüren und versenken muss. Erstellen Sie ein Programm, mit dem Sie dieses Spiel spielen können!

Das Programm sollte zunächst die Höhe und die Breite des Spielfeldes und die Anzahl der Schiffe vom Benutzer erfragen.

Dann sollte der Benutzer die konkreten Schiffspositionen durch Angabe der Startkoordinaten, der Länge und der Richtung des Schiffs eingeben können. Das Programm gibt dabei immer die aktuelle Belegung des Spielfelds aus, damit der Benutzer sieht, wo er noch Schiffe positionieren kann.

Die Eingabe erfolgt immer in der Form:

`Spaltenbuchstabe Zeilennummer-Länge-Richtung[R,L,O,U]`

Das Programm überprüft, ob an der gewählten Stelle ein Schiff positioniert werden kann, weist den Benutzer auf eventuelle Fehler hin und fordert im Fehlerfall eine Neueingabe an.

Wenn alle Schiffe positioniert sind, wechselt das Programm in den Ratemodus und fordert den Benutzer fortlaufend auf, Positionen zu raten. Nach jedem Rateversuch zeigt das Programm den aktuellen Spielstand an. Dazu verwendet es die folgenden Zeichen:

- In diesem Feld ist noch nichts passiert
w Hier wurde geraten, aber nichts getroffen (Wasserschuss)
x Hier wurde geraten und getroffen (aber noch nicht versenkt)
\# Schiff versenkt

Das Programm weist den Spieler bei jedem Versuch auf Fehlschüsse, Treffer oder Versenkung eines Schiffs hin und informiert den Spieler, wenn alle Schiffe versenkt sind.

Zerlegen Sie das Problem konsequent in Teilprobleme und verwenden Sie Funktionen zur Lösung der Teilaufgaben! Entwerfen Sie geeignete Schnittstellen für Ihre Funktionen und erstellen Sie eine Header-Datei mit Funktionsprototypen, die Sie in Ihrer Quellcode-Datei inkludieren!

Vorüberlegung:

Um dieses Spiel implementieren zu können, müssen wir uns zunächst ein paar Gedanken zu der Spielfeldverwaltung machen.

Natürlich werden wir als Spielfeld ein zweidimensionales Array benutzen. Wenn wir dort aber für alle Schiffe einfach den Buchstaben x benutzen würden, wie es im Beispiel gezeigt ist, wüssten wir nicht, welches Schiff getroffen und schon gar nicht, ob nun eines versenkt worden ist.

Deshalb müssen wir uns von der Ausgabe-Ebene abheben und intern die Schiffe anders verwalten. Wir werden zunächst das Array mit 0-en initialisieren. Finden wir also eine 0 im Array, wissen wir, dass auf diesem Feld kein Schiff steht.

Bei der Positionierung der Schiffe werden wir alle Felder, die zu einem Schiff gehören, mit einer eindeutigen Nummer belegen, z. B. alle Felder, die zum ersten Schiff gehören, mit der 1, die zum zweiten Schiff gehörigen mit der 2 usw.

Damit wissen wir immer, welches Feld zu welchem Schiff gehört.

Bei jedem Treffer addieren wir zu dem Index des getroffenen Schiffes eine konstante Zahl. Ich habe in dieser Lösung die 400 gewählt. Die Zahl selbst ist jedoch relativ irrelevant. Sie sollte nur hoch genug sein, um mit den Indizes der Schiffe nicht in Konflikt zu kommen.

Wenn also ein Feld die Nummer 403 enthält, dann wissen wir, dass dieses Feld zu dem Schiff Nummer 3 gehört und dass es getroffen wurde. Dem Benutzer vor dem Bildschirm geben wir natürlich in diesem Falle nur ein x aus.

Um bestimmen zu können, ob ein Schiff versenkt wurde, merken wir uns die Längen der Schiffe. Bei jedem Treffer wird die Länge des jeweiligen Schiffes um 1 herabgesetzt. Hat ein Schiff die Länge 0, wurden offensichtlich alle seine Segmente getroffen, das Schiff ist versenkt. In diesem Fall füllen wir alle Felder des Benutzers, mit dem »Gartenzaun« #, um ihm anzuzeigen, dass er alle zu einem Schiff gehörenden Felder getroffen hat.

Wird bei einem Schuss gar kein Schiff getroffen, schreiben wir in dieses Feld ein 'w' für »Wasserschuss«.

Die folgende Tabelle dient zur Übersicht der verwendeten Werte eines Feldes und deren Bedeutungen:

Wert des Feldes	Bedeutung
0	Feld ist initialisiert
1 – 20	Feld gehört zu einem Schiff und wurde noch nicht getroffen
401 – 420	Feld gehört zu einem Schiff und wurde getroffen
'#'	Feld gehört zu einem versenkten Schiff
'w'	Wasserschuss

Programmdialog:

Wir betrachten zunächst die Positionierung der Schiffe:

```
   a b c d e f g h
1  - - - x x x x x
2  - - - - - - - -
3  - x x x x - - -
4  - - - - - - - -
5  - - - - - x -
6  - - - - - x -
7  - - - - - x -
8  - - - - - - - -


4. Schiff: c5-3-u


   a b c d e f g h
1  - - - x x x x x
2  - - - - - - - -
3  - x x x x - - -
4  - - - - - - - -
5  - - x - - - x -
6  - - x - - - x -
7  - - x - - - x -
8  - - - - - - - -


Alle Schiffe wurden positioniert.
Zum Weitermachen die Eingabetaste betaetigen.
```

So sieht für den Benutzer die Endphase des Spiels aus:

```
18. Schuss: g7

   a b c d e f g h
1  w - w # # # # #
2  - - - - - - - -
3  - # # # # - - -
4  - w - - - - - -
5  - - x - w - # -
6  - - x - - - # -
7  - - - - - - # -
8  - - - - - - - -


19. Schuss: c7
```

```
    a b c d e f g h
  1 w - w # # # # #
  2 - - - - - - - -
  3 - # # # - - - -
  4 - w - - - - - -
  5 - - # - w - # -
  6 - - # - - - # -
  7 - - # - - - # -
  8 - - - - - - - -


  A L L E   S C H I F F E   V E R S E N K T   ! ! !
```

Das Programm:

Da dieses Programm etwas umfangreicher ist, wollen wir es auf mehrere Dateien verteilen. Zum einen werden wir eine Quellcode-Datei schreiben, die das Hauptprogramm enthält (A7.5.c). Zum anderen werden wir eine Header-Datei verwenden, die alle benötigten Konstanten und Funktionsprototypen deklariert (schiffe.h), wie auch natürlich eine Datei, die diese Prototypen implementiert (schiffe.c).

Schauen wir uns zunächst unsere Header-Datei an:

```
A  #ifndef __schiffe_h__
   #define __schiffe_h__


B  #define GETROFFEN 400


C  void init_feld(int feld[20][20], int spalten, int zeilen);


D  void positioniere_schiffe(int feld[20][20], int spalten,
                   int zeilen, int schiffe, int schifflaenge[]);


E  extern int pruefe_rechts(int feld[20][20], int spalte,
                   int zeile, int laenge, int spaltenges);
   extern int pruefe_links(int feld[20][20], int spalte,
                   int zeile, int laenge);
   extern int pruefe_unten(int feld[20][20], int spalte,
                   int zeile, int laenge, int zeilenges);
   extern int pruefe_oben(int feld[20][20], int spalte,
                   int zeile, int laenge);
```

```
F   extern int schiff_zulaessig( int feld[20][20],
                                 int spalte,
                                 int zeile,
                                 int laenge,
                                 char richtung,
                                 int spaltenges,
                                 int zeilenges);

G   extern int treffer( int feld[20][20], int spalte,
                        int zeile,int schifflaenge[]);

H   extern void spielbeginn(int feld[20][20], int spalten,
                   int zeilen, int schiffe, int schifflaenge[]);

I   extern int spiel_ende( int feld[20][20], int spalte,
                   int zeile, int schiffe, int schifflaenge[]);

J   extern void printpositionfeld(int feld[20][20],
                                  int spalten, int zeilen);

K   extern void printratefeld(int feld[20][20],int spalten,
                                  int zeilen);
    #endif
```

A: Wir verhindern, dass die Header-Datei mehrmals inkludiert wird.

B: Dies ist unsere Konstante, die wir dem Wert im Feld hinzuaddieren, falls ein Schiff getroffen wurde.

C: An dieser Stelle deklarieren wir die Initialisierungsfunktion für das Spielfeld, das durch unser zweidimensionales Array feld repräsentiert wird.

D: Diese Funktion führt den Anfangsdialog mit dem Benutzer und positioniert die Schiffe auf dem Spielfeld.

E: Dies sind die Hilfsfunktionen zur Überprüfung der Positionierung. So soll z. B. die Funktion pruefe_rechts sicherstellen, dass die Positionierung des Schiffes nach rechts hin zulässig ist.

F: Funktion zur Überprüfung, ob die beabsichtigte Positionierung eines Schiffes auf dem Spielfeld zulässig ist. Sie stellt sicher, dass Schiffe nicht über den Spielfeldrand hinaus positioniert werden und dass sie sich nicht untereinander kreuzen.

G: Die Überprüfung, ob ein Schuss auch ein Schiff getroffen hat, findet in dieser Funktion statt.

H: Wir benötigen noch eine Funktion, die das Spiel selbst kontrolliert.

I: Diese Funktion überprüft, ob alle Schiffe versenkt worden sind.

J: Ausgabefunktion während der Positionierung der Schiffe.

K: Diese Ausgabefunktion kommt während des Ratespiels zum Einsatz.

Wir werden nun nacheinander alle Funktionen der Datei »schiffe.c« betrachten, die bekanntlich unsere Funktionsdeklarationen aus der Header-Datei implementieren.

Zunächst inkludieren wir die gerade erstellte Header-Datei »schiffe.h«:

```
# include "schiffe.h"
```

```
     void init_feld(int feld[20][20], int spalten, int zeilen)
         {
         int a,b;
A        for ( a = 0; a < zeilen; a++ )
             {
             for ( b = 0; b < spalten; b++)
                 feld[a][b] = 0;
             }

B        printpositionfeld(feld, spalten, zeilen);
         }
```

A: Das gesamte Spielfeld wird mit 0 initialisiert ...

B: ... und zum ersten Mal auf dem Bildschirm ausgegeben.

```
     void positioniere_schiffe(int feld[20][20], int spalten,
                       int zeilen, int schiffe, int schifflaenge[])
         {
         int i,a;
         char temp_x, richtung;
         int x;
         int y,laenge;
A        for( i = 1; i < schiffe; i++ )
             {
             printf("\n %d. Schiff: ", i);
             fflush(stdin);
             scanf("%c%d-%d-%c", &temp_x, &y, &laenge, &richtung);
```

```
B       x = temp_x - 'a';
        y = y - 1;


C       if ( schiff_zulaessig( feld, x, y, laenge,
                               richtung, spalten, zeilen))
           {

D          for ( a = 0; a < laenge; a++ )
             {
               if ( richtung == 'r' )
                  feld[y][x+a] = i;
               if ( richtung == 'l' )
                  feld[y][x-a] = i;
               if ( richtung == 'u' )
                  feld[y+a][x] = i;
               if ( richtung == 'o' )
                  feld[y-a][x] = i;
             }


E          schiffslaenge[1] = laenge;
           printpositionfeld(feld, spalten, zeilen);
           }
        else
           {
             printf("\nIhre Schiffsstellung ist nicht");
             printf("   zulaessig !\n\n");
             printf("Die Schiffe schneiden sich");
             printf("  oder passen nicht ins Feld.\n\n");
             printf("Geben Sie eine neue Stellung ein. \n\n");
             i--;
           }
        }
     printf("\nAlle Schiffe wurden positioniert.");
     printf("\nZum Weitermachen die Eingabetaste betaetigen.");
     scanf("%c", &temp_x);
     }
```

A: Die Positionierung wird für alle Schiffe nacheinander durchgeführt.

B: Die als char eingelesene Spaltenangabe wird in einen Integer-Index umgewandelt, um mit ihm einfacher rechnen zu können. Dieser wird zwischen 0 und dem Maximalwert spalte liegen. Der y-Wert wird um 1 erniedrigt, da für den Benutzer die erste Zeile den Index 1 hat, wir aber intern bei unserem Array mit 0 anfangen müssen.

C: Die nachfolgende Schleife wird nur ausgeführt, wenn die Schiffsposition zulässig ist. Wir werden diese Funktion erst gleich implementieren; können sie aber schon in unserem Algorithmus verwenden.

D: Das Schiff wird in unserem Spielarray positioniert. Wir schreiben in die entsprechenden Felder die Indizes der Schiffe hinein. Beachten Sie bitte, dass wir hier mit der 1 beginnen müssen, da wir unser Feld mit Nullen initialisiert haben.

E: Wir merken uns die Länge des Schiffes und geben das aktuelle Spielfeld aus.

```
    int pruefe_rechts(int feld[20][20], int spalte, int zeile,
                                    int laenge, int spaltenges)

    {
    int i;
A   if(spalte+laenge > spaltenges)
        return 0;


B   for ( i = 0; i < laenge; i++ )
        {
            if (feld[zeile][spalte+i] != 0)
                return 0;
        }
    return 1;
    }
```

A: Ist das Schiff zu lang, brauchen wir erst gar nicht weiter zu prüfen.

B: Finden wir ein Feld, das von diesem Schiff belegt werden soll, aber bereits belegt ist, so kann das Schiff ebenfalls nicht positioniert werden.

Die anderen `pruefe`-Funktionen arbeiten nach dem selben Prinzip und werden deshalb hier nicht im Detail besprochen.

```
    int schiff_zulaessig( int feld[20][20],
                                    int spalte,
                                    int zeile,
                                    int laenge,
                                    char richtung,
                                    int spaltenges,
                                    int zeileinges )

        {
```

```
if ( richtung == 'r')
    return pruefe_rechts(feld,spalte,zeile,laenge,spaltenges);
if ( richtung == 'l')
    return pruefe_links(feld,spalte,zeile,laenge);
if ( richtung == 'u')
    return pruefe_unten(feld,spalte,zeile,laenge,spaltenges);
if ( richtung == 'o')
    return pruefe_oben(feld,spalte,zeile,laenge);

    return 0;
}
```

A: Nachdem wir die Hilfsfunktionen zur Überprüfung der Schiffsposition bereits implementiert haben, ist die Hauptüberprüfungsfunktion nun sehr einfach. Soll z. B. das Schiff von seiner Startposition her gesehen nach rechts positioniert werden, dann rufen wir die entsprechende Überprüfungsfunktion, und geben sofort deren Rückgabewert zurück. Auf diese Weise verfahren wir auch mit allen anderen Richtungen.

Sollten wir ganz unten ankommen, dann geben wir sicherheitshalber eine 0 zurück. Denn soll das Schiff weder nach rechts oder links, noch nach unter oder oben positioniert werden, dann ist offensichtlich ein Richtungsbuchstabe übergeben worden, der nicht zulässig ist.

```
int treffer( int feld[20][20], int spalte, int zeile,
                                    int schifflaenge[] )
    {
    if(feld[zeile][spalte] > 0 && feld[zeile][spalte] <= 20)
        {
        schifflaenge[feld[zeile][spalte]]--;
        return 1;
        }
    return 0;
    }
```

A: Steht auf dem Feld ein noch nicht getroffenes Schiffssegment, so können wir die noch übriggebliebene Schiffslänge um eins dekrementieren, da das Schiff nun ein weiteres Mal getroffen wurde.

```
    void spielbeginn(int feld[20][20], int spalten,
                int zeilen, int schiffe, int schifflaenge[] )
      {
       int i;
       int rzeile;
       char temp_rspalte;
       int rspalte;

       for ( i = 0; i < 20; i++ )
           printf("\n\n");
       printratefeld( feld, spalten, zeilen );
A      for ( i = 0; ; i++ )
          {
           int schiff;

           printf("\n %d. Schuss: ", i+1);
           scanf("%c%d", &temp_rspalte, &rzeile);
           fflush(stdin);
B          rspalte = temp_rspalte-'a';
           rzeile = rzeile -1;
           if  (( feld[rzeile][rspalte] > GETROFFEN )
              || ( feld[rzeile][rspalte] == 'w' )
              || ( feld[rzeile][rspalte] == '#' ) )
              {
              printf("Sie haben auf dieses Feld");
              printf(" bereits geschossen.");
              printratefeld(feld, spalten, zeilen);
              continue;
              }
C          if ( treffer ( feld, rspalte,rzeile,
                                        schifflaenge) )
              {
              schiff = feld[rzeile][rspalte];
              feld[rzeile][rspalte] += GETROFFEN;
```

```
D        if ( !schifflaenge[schiff] )
           {
             int a,b;
             for ( a = 0; a < zeilen; a++ )
               {

                 for( b = 0; b < spalten; b++ )
                   {
                     if ( feld[a][b] == schiff+GETROFFEN)
                       feld[a][b] = '#';
                   }
               }
           }
E        else
           feld[rzeile][rspalte] = 'w';
         print ratefeld( feld, spalten, zeilen );
F        if ( spiel_ende ( schiffe, schifflaenge ) )
           {
             printf("\nALLE SCHIFFE VERSENKT !!!\n\n");
             break;
           }
       }
   }
```

A: Dies ist die Hauptschleife des Spiels. Sie wird nur abgebrochen, falls alle Schiffe versenkt wurden.

B: Wir weisen den Variablen `rspalte` (= Ratespalte) und `rzeile` (= Ratezeile) gemäß der Benutzereingabe Werte zu, mit denen wir intern rechnen (wie auch in der Funktion `positioniere_schiffe`).

C: Wurde auf ein Feld geschossen, auf dem sich ein Schiff befindet, markieren wir das Feld als getroffen, indem wir unsere Trefferkonstante hinzuaddieren.

D: Ist dieses Schiff versenkt worden, markieren wir sofort alle zu ihm gehörenden Felder mit `'#'`.

E: Steht auf dem Feld kein Schiff, weisen wir dem Feld den Wert des Buchstabens 'w' zu. Intern heißt das nun für uns: Auf das Feld wurde schon geschossen, aber nur Wasser getroffen.

F: Sind alle Schiffe versenkt worden, brechen wir das Spiel ab.

```
int spiel_ende( int schiffe, int schifflaenge[] )
    {
    int i;
A    for(i = 1; i <= schiffe; i++)
        {
        if(schifflaenge[i])

            return 0;
        }
    return 1;
    }
```

A: Gibt es noch ein Schiff mit einer Länge ungleich 0, ist das Spiel noch nicht zu Ende, da noch nicht alle Schiffe versenkt worden sind.

```
void printpositionfeld(int feld[20][20],int spalten,
                                            int zeilen)

    {
    int a,b;

    printf("\n  ");
A    for ( a = 0; a < spalten; a++)
        printf(" %c", 'a' + a);
    printf("\n");
     for ( a = 0; a < zeilen; a++ )
        {
        printf("%2d", a+1);
        for ( b = 0; b < spalten; b++)
            {
B            if ( feld[a][b] == 0)
                printf(" -");
            else
                printf(" x");
            }
        printf("\n");
        }
    }
```

A: Die Spaltennummerierung wird ausgegeben.

B: Eine 0 bedeutet, dass noch kein Schiff auf diesem Feld positioniert wurde. Wir geben einen Bindestrich aus.
Andernfalls steht dort schon ein Schiff, ein x wird ausgegeben.

Die Ausgabefunktion während des Spiels arbeitet ähnlich und wird deshalb hier an dieser Stelle auch nicht im Detail besprochen.

Nun fehlt uns nur noch das Hauptprogramm, das aufgrund unserer konsequenten Modularisierung sehr übersichtlich ausfällt:

```
# include < stdio.h >
# include < stdlib.h >
# include "schiffe.h"

void main()
  {
  int feld[20][20];
  int spalten, zeilen, schiffe;
  int schifflaenge[20];

  ... Einlesen der Daten ...

A    init_feld(feld, spalten, zeilen);

B    positioniere_schiffe(feld,spalten,zeilen,schiffe,
                                           schifflaenge);

C    spielbeginn( feld, spalten, zeilen, schiffe,
                                       schifflaenge );
  }
```

A: Das Spielfeld wird initialisiert.

B: Die Schiffe werden positioniert.

C: Das Spiel kann losgehen!

A 7.6 Betrachten Sie das folgende Schema,

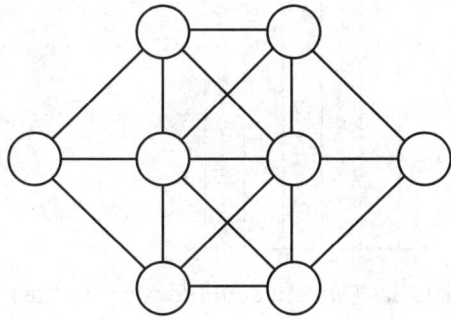

Lösungen

in dessen Felder die Zahlen von 1 bis 8 so einzutragen sind, dass sich die Zahlen in den durch eine Linie verbundenen Feldern um mehr als 1 unterscheiden.

Finden Sie alle Lösungen des Problems, indem Sie das Zahlenschema auf einen Array abbilden und dann mithilfe des Programms perm alle möglichen Anordnungen der Zahlen erzeugen und jeweils prüfen, ob die geforderten Bedingungen erfüllt sind!

Vorüberlegung:

Nachdem wir das Schema auf einen Array abgebildet haben, erzeugen wir mithilfe der Funktion »perm« alle möglichen Permutationen. Nach jeder erzeugten Permutation müssen wir überprüfen, ob die Zahlen in der aktuellen Reihenfolge den Bedingungen aus der Aufgabenstellung entsprechen.

Dabei können wir die einzelnen Arrayelemente den Felder auf folgende Weise zuordnen:

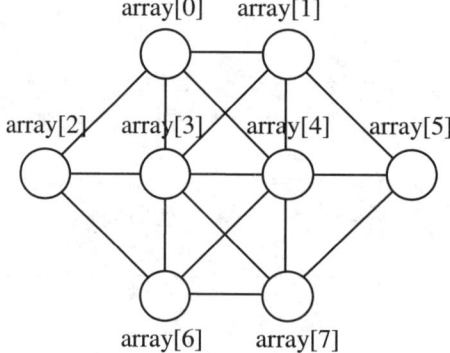

Um die Abstände der Felder überprüfen zu können, muss unser Programm wissen, welche Felder miteinander verbunden sind. Diese Information legen wir in einer Matrix ab:

	0	1	2	3	4	5	6	7
0	0	1	1	1	1	0	0	0
1	1	0	0	1	1	1	0	0
2	1	0	0	1	0	0	1	0
3	1	1	1	0	1	0	1	1
4	1	1	0	1	0	1	1	1
5	0	1	0	0	1	0	0	1
6	0	0	1	1	1	0	0	1
7	0	0	0	1	1	1	1	0

Eine 1 in dieser Matrix bedeutet, dass das Feld mit dem Index der Spalte mit dem Feld mit dem Index der Zeile verbunden ist.

Ein Beispiel: Spalte 3, Zeile 4 beinhaltet eine 1, also ist Feld 3 mit dem Feld 4 über eine Linie verbunden.

Mithilfe dieser Matrix können wir nun sehr einfach alle Verbindungen im Hinblick auf die geforderte Bedingung überprüfen. Dabei interessiert uns eigentlich nur eine Hälfte der Matrix, da sie symmetrisch zu ihrer Diagonalen ist:

	0	1	2	3	4	5	6	7
0	0	1	1	1	1	0	0	0
1	1	0	0	1	1	1	0	0
2	1	0	0	1	0	0	1	0
3	1	1	1	0	1	0	1	1
4	1	1	0	1	0	1	1	1
5	0	1	0	0	1	0	0	1
6	0	0	1	1	1	0	0	1
7	0	0	0	1	1	1	1	0

Programmausgabe:

```
Die Loesungen lauten:

| 1 | 2 | 3 | 4 | 5 | 6 | 7 | 8 |
=================================
| 3 | 5 | 7 | 1 | 8 | 2 | 4 | 6 |
+---+---+---+---+---+---+---+---+
| 4 | 6 | 7 | 1 | 8 | 2 | 3 | 5 |
+---+---+---+---+---+---+---+---+
| 5 | 3 | 2 | 8 | 1 | 7 | 6 | 4 |
+---+---+---+---+---+---+---+---+
| 6 | 4 | 2 | 8 | 1 | 7 | 5 | 3 |
+---+---+---+---+---+---+---+---+
```

Das Programm:

Zuerst legen wir die beschriebene Matrix an:

```
int matrix[8][8] = {{0, 1, 1, 1, 1, 0, 0, 0},
                    {1, 0, 0, 1, 1, 1, 0, 0},
                    {1, 0, 0, 1, 0, 0, 1, 0},
                    {1, 1, 1, 0, 1, 0, 1, 1},
                    {1, 1, 0, 1, 0, 1, 1, 1},
                    {0, 1, 0, 0, 1, 0, 0, 1},
                    {0, 0, 1, 1, 1, 0, 0, 1},
                    {0, 0, 0, 1, 1, 1, 1, 0}};
```

Lösungen

Mit der folgenden Funktion überprüfen wir, ob die aktuelle Zahlenkombination den Bedingungen aus dem Aufgabentext entspricht:

```
int array_ok ( int array[] )
    {
    int i, j;

    for(i = 0; i < 8; i++ )
        {
        for(j = i+1; j < 8; j++ )
            {
A               if(matrix[i][j] && (abs(array[i]-array[j]) <= 1))
                return 0;
            }
        }
    return 1;
    }
```

A: Besteht eine Verbindung zwischen den gerade betrachteten Feldern, doch der Unterschied, der sich darin befindenden Zahlen, entspricht nicht der Bedingung aus der Aufgabenstellung, ist diese Felderbesetzung ungeeignet.

Die Funktion abs berechnet dabei den Betrag der Differenz (siehe Abschnitt 7.5, »C-Runtime-Library«).

Bei der perm-Funktion müssen wir nur noch den else-Teil ändern, den Teil also, in dem eine neue Permutation vollständig gebildet wurde.

```
void perm( int anz, int array[], int start )
    {
    ... unveränderter Code ...
    else
        {
A       if (array_ok ( array ))
            printarray( array, anz );
        }
    }
```

A: Bei einer vollständig erzeugten Permutation überprüfen wir, ob diese den Aufgabenbedingungen entspricht und geben sie gegebenenfalls mithilfe der von uns implementierten Ausgabefunktion `printarray` aus. Da diese Funktion sehr einfach ist, verzichten wir auf deren Besprechung.

Das Hauptprogramm muss nur noch das Array initialisieren und die Erzeugung der Permutationen starten.

A 7.7 Binomialkoeffizienten $\binom{n}{k}$ (sprich »n über k«) sind wichtige mathematische Größen, mit denen wir uns später noch intensiv auseinandersetzen werden. Im Moment soll uns nur interessieren, dass »n über k« durch die Formel:

$$\binom{n}{k} = \frac{n \cdot (n-1) \cdot (n-2) \cdots (n-k+1)}{1 \cdot 2 \cdot 3 \cdots k}$$

gegeben ist. Erstellen Sie ein Programm, das Binomialkoeffizienten nach dieser Formel berechnet!

Binomialkoeffizienten können auch über die folgende Rekursionsvorschrift berechnet werden:

$$\binom{n}{k} = \begin{cases} \binom{n-1}{k} + \binom{n-1}{k-1} & falls\ n > k > 0 \\ 1 & falls\ n = k\ oder\ k = 0 \end{cases}$$

Erstellen Sie ein rekursives Programm zur Berechnung von Binomialkoeffizienten auf Grundlage dieser Formel!

Vergleichen Sie die Ergebnisse!

Vorüberlegung:

Zuerst lösen wir die Aufgabe iterativ. In einer Schleife können wir die einzelnen Produkte der Berechnung erzeugen:

$$\binom{n}{k} = \frac{n}{1} \cdot \frac{(n-1)}{2} \cdot \frac{(n-2)}{3} \cdot \ldots \cdot \frac{(n-k+1)}{k}$$

Programmdialog:

```
Eingabe erfolgt in der Form "n ueber k".

n: 10
k: 5


Iterativ: 10 ueber 5 = 252
Rekursiv: 10 ueber 5 = 252
```

Das Programm:

Wir betrachten zunächst auch die iterative Berechnungsfunktion:

```
int binomial_it(int n, int k)
    {
    int i;
    int ergebnis = 1;

    for(i = 0; i < k; i++)
        ergebnis = ergebnis * (n - i) / (i+1);

    return ergebnis;
    }
```

Für die rekursive Lösung der Aufgabe können wir ebenfalls die Berechnungsformel aus dem Aufgabentext direkt in eine rekursive Funktion umsetzen:

```
int binomial_rek(int n, int k)
    {
    if ( (n == k) || (k == 0) )
        return 1;

    return binomial_rek(n-1, k) + binomial_rek(n-1, k-1);
    }
```

A 7.8   Der Springer ist eine leichte und bewegliche Figur beim Schach, die von ihrer aktuellen Position aus bis zu 8 Felder im so genannten Rösselsprung (zwei vorwärts, ein seitwärts) mit einem Zug erreichen kann:

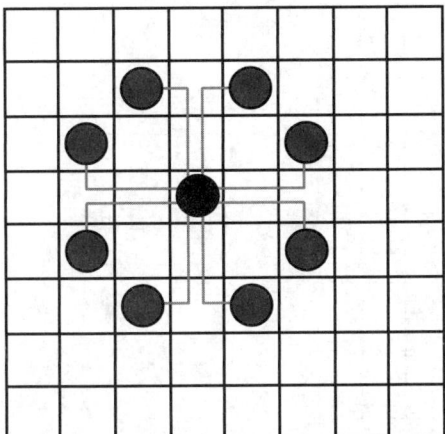

Erstellen Sie ein Programm, das einen Springer von einem beliebigen Startpunkt zu einem beliebigen Zielpunkt auf einem Schachbrett ziehen kann! Die vom Programm gewählte Zugfolge muss nicht optimal sein und soll bei der Ausgabe durch fortlaufende Nummern angezeigt werden.

Vorüberlegung:

Der Kern der Lösung ist die rekursive Funktion, die den Weg für einen Springer auf dem Schachbrett sucht.

Ich möchte sie an dieser Stelle jedoch nicht vollständig beschreiben. Nachdem man die ersten Anweisungen gesehen hat, kann man sie ohne weiteres selbst zu Ende schreiben. Den vollständigen Code finden Sie selbstverständlich auf der beiliegenden CD.

Diese Funktion basiert auf dem einfachen Grundgedanken, dass man mit dem Springer einen beliebigen Zug auf ein bisher noch nicht erreichtes Feld macht. Dann ruft sich die Funktion wieder selbst auf, um von der neuen Position des Springers wieder auf ein freies Feld zu ziehen usw. Dabei merkt man sich die Felder, auf denen man schon gewesen ist.

Dies geschieht so lange, bis der Springer auf dem richtigen Feld landet, dann haben wir den richtigen Weg gefunden. Landet der Springer außerhalb des Feldes, so gehen wir einen Schritt zurück und versuchen mit dem Springer in eine andere Richtung zu ziehen.

Programmdialog:

```
Startpunkt  [Zeile Spalte]: 8 8
Zielpunkt   [Zeile Spalte]: 1 1


        |  1|  2|  3|  4|  5|  6|  7|  8|
    ---+--+--+--+--+--+--+--+--+
    1 |56|   |  |29|48|31|14|17|
    ---+--+--+--+--+--+--+--+--+
    2 |  |46|49|32|15|18| 5|12|
    ---+--+--+--+--+--+--+--+--+
    3 |  |55|28|47|30|13|16| 3|
    ---+--+--+--+--+--+--+--+--+
    4 |45|50|33|38|19| 4|11| 6|
    ---+--+--+--+--+--+--+--+--+
    5 |54|27|52|43|34|21| 2|  |
    ---+--+--+--+--+--+--+--+--+
    6 |51|44|37|20|39|10| 7|22|
    ---+--+--+--+--+--+--+--+--+
    7 |26|53|42|35|24| 1|40| 9|
    ---+--+--+--+--+--+--+--+--+
    8 |  |36|25|  |41| 8|23| 0|
    ---+--+--+--+--+--+--+--+--+
```

Das Programm:

Zunächst bilden wir global das Schachbrett als einen Integer-Array nach:

```
int schachbrett[8][8];
```

Wie in der Vorüberlegung beschrieben, wenden wir uns nur dem Anfang der rekursiven Wegfunktion zu:

```
A  int weg(int szeile, int sspalte, int zzeile, int zspalte,
                                                 int schritt)
   {
B      if ( (szeile  > 7)||(szeile < 0)
          ||(sspalte > 7)||(sspalte < 0)
          ||(schachbrett[szeile][sspalte]>=0))
          return 0;

C      schachbrett[szeile][sspalte] = schritt;
```

```
D    if ( (szeile == zzeile) && (sspalte == zspalte) )
         return 1;

E    if ( weg(szeile-
     2,sspalte+1,zzeile,zspalte,schritt+1) )
             return 1;
     if ( weg(szeile-1,sspalte+2,zzeile,zspalte,schritt+1) )
         return 1;
     ... weitere Sprungmöglichkeiten ...
F    schachbrett[szeile][sspalte] = -1;
     return 0;
     }
```

A: Folgende Parameter werden benötigt:

szeile = Die aktuelle Sprungzeile
sspalte = Die aktuelle Sprungspalte
zzeile = Die Zielzeile
zspalte = Die Zielspalte
schritt = Die aktuelle Schritttiefe

B: Sollte der Springer außerhalb des Feldes springen wollen oder das aktuelle Feld bereits angesprungen worden sein, melden wir Misserfolg.

C: Andernfalls können wir den Springer auf dem aktuellen Feld platzieren.

D: Steht der Springer auf dem Zielfeld, beenden wir die Rekursion und melden, dass wir den richtigen Weg gefunden haben.

E: Andernfalls springen wir in eine erlaubte Richtung und versuchen von dort aus den weiteren Weg zu finden, indem wir die weg-Funktion wieder rufen.

F: Sollten wir alle Sprungmöglichkeiten ausprobiert, aber noch keinen Weg gefunden haben, müssen wir die Rekursion leider beenden und Misserfolg melden.

Das Hauptprogramm:

```
void main()
    {
    int szeile,sspalte;
    int zzeile, zspalte;
    int a, b;
    ... Einlesen der Daten ...
```

```
A   for ( a = 0; a < 8; a++ )
    {
    for( b = 0; b < 8; b++ )
        {
        array[a][b] = -1;
        }
    }

B   if ( weg( szeile-1, sspalte-1, zzeile-1, zspalte-1, 0 ) )
    {
    ausgabe();
    printf("\n\n");
    }
    else
        printf("Keine Loesung gefunden.\n\n");
    }
```

A: Das Spielfeld wird mit »leeren Feldern« initialisiert.

B: Sollte der Weg gefunden werden, geben wir ihn aus. Andernfalls wird der Misserfolg gemeldet.

Die Ausgabefunktion enthält keine Besonderheiten und wird deshalb an dieser Stelle nicht besprochen. Sie finden sie auf der beiliegenden CD.

A 7.9 Erweitern Sie das Programm aus Aufgabe A 7.4 so, dass eine optimale, d. h. eine möglichst kurze Zugfolge ermittelt wird.

Lassen Sie dazu die Rekursion immer nur bis zu einer vorgegebenen Tiefe laufen, auch wenn noch keine Lösung ermittelt wurde! Starten Sie dann mit Rekursionstiefe 1 und steigern Sie schrittweise die Tiefe, bis Sie die erste Lösung gefunden haben!

Vorüberlegung:

Um die Rekursion immer nur bis zu einer Tiefe laufen lassen zu können, müssen wir der Schnittstelle der weg-funktion einen Parameter hinzufügen, der die aktuelle Maximaltiefe enthält. Die Anzahl der bereits ausgeführten Schritte wird der Tiefe entsprechen. Sollten mehr Schritte ausgeführt werden, als es die Tiefe erlaubt, wird die Suche in die aktuelle Richtung abgebrochen.

Im Hauptprogramm rufen wir unsere weg-Funktion mit steigender Tiefe auf, bis der richtige Weg gefunden wurde.

Wie Sie bereits erkennen, werden die Änderungen an dem bestehenden Programmquellcode nur gering sein. Der Unterschied im Ergebnis kann sich jedoch sehen lassen.

Programmdialog:

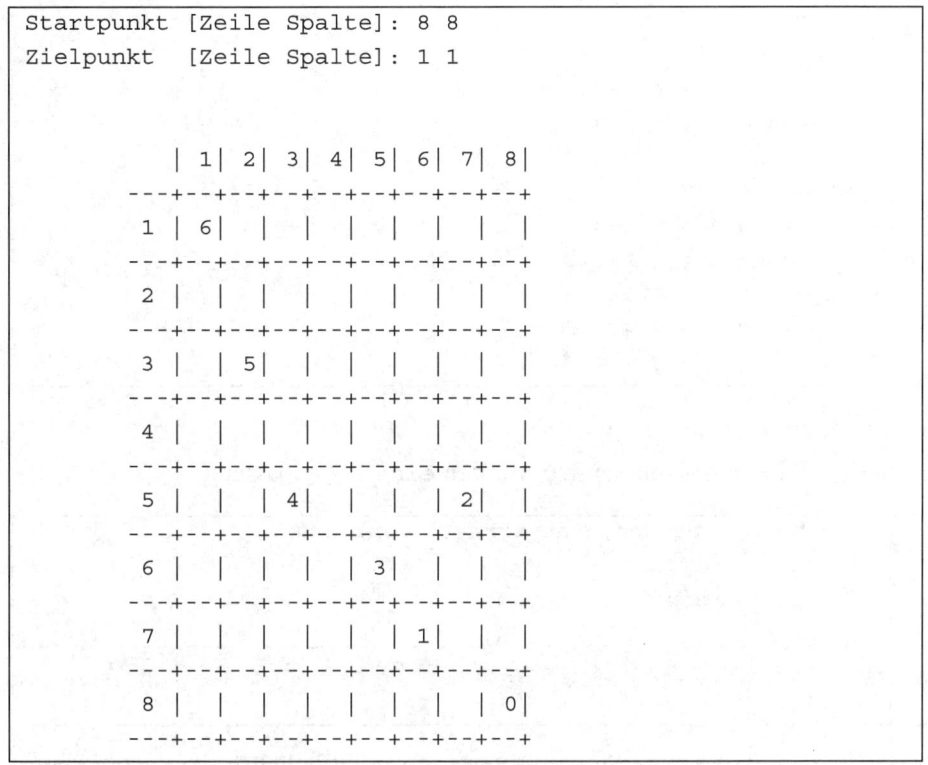

```
Startpunkt [Zeile Spalte]: 8 8
Zielpunkt  [Zeile Spalte]: 1 1


          | 1| 2| 3| 4| 5| 6| 7| 8|
      ---+--+--+--+--+--+--+--+--+
      1 | 6| | | | | | | |
      ---+--+--+--+--+--+--+--+--+
      2 | | | | | | | | |
      ---+--+--+--+--+--+--+--+--+
      3 | | 5| | | | | | |
      ---+--+--+--+--+--+--+--+--+
      4 | | | | | | | | |
      ---+--+--+--+--+--+--+--+--+
      5 | | | 4| | | | 2| |
      ---+--+--+--+--+--+--+--+--+
      6 | | | | | 3| | | |
      ---+--+--+--+--+--+--+--+--+
      7 | | | | | | 1| | |
      ---+--+--+--+--+--+--+--+--+
      8 | | | | | | | | 0|
      ---+--+--+--+--+--+--+--+--+
```

A 7.10 Erstellen Sie ein rekursives Programm zur Lösung des Damenproblems! Lassen Sie sich dabei von dem Programm perm inspirieren!

Vorüberlegung:

In der Beispiellösung des Damenproblems wurden Funktionen vorgestellt, die wir genauso wiederverwenden können. So brauchen wir die Ausgabe und die Überprüfung, ob eine Dame richtig positioniert wurde, nicht noch einmal zu implementieren.

Der Hinweis auf die Funktion perm ist hier ebenfalls sehr hilfreich. Diese Funktion erzeugt alle möglichen Zahlenpermutationen in einem Array. Da wir die Damenpositionen durch einen Array nachbilden, können wir mit perm alle möglichen Stellungen der Damen erzeugen. Nun brauchen wir nur noch nach jeder

Lösungen

neuen Permutation alle Damen zu überprüfen und gegebenenfalls die Stellung auszugeben.

Programmdialog:

```
Anzahl der Damen: 5

  1. Loesung:  1 3 5 2 4
  2. Loesung:  1 4 2 5 3
  3. Loesung:  2 4 1 3 5
  4. Loesung:  2 5 3 1 4
  5. Loesung:  3 1 4 2 5
  6. Loesung:  3 5 2 4 1
  7. Loesung:  4 2 5 3 1
  8. Loesung:  4 1 3 5 2
  9. Loesung:  5 2 4 1 3
 10. Loesung:  5 3 1 4 2
```

Das Programm:

In der Funktion perm müssen wir nur den else-Teil anpassen:

```
void perm( int anz, int array[], int start)
    {
    ... unveränderter Code ...
    else
A       teste_alle_damen(anz, array);
    }
```

A: Die bereits vorgestellte Funktion dame_ok testet lediglich die Stellung einer Dame, weshalb wir nach einer vollständig erzeugten Permutation unsere Zwischenfunktion teste_alle_damen rufen.

Die teste_alle_damen-Funktion tut nichts anderes, als durch das gesamte Damen-Array zu laufen und eine Dame nach der anderen zu überprüfen:

```
void teste_alle_damen(int anz, int damen[])
    {
    int i;

    for( i = 2; i < anz; i++ )
        {
        if(!dame_ok(i, damen))
            return;
        }
```

```
        print_loesung(anz, damen);
    }
```

Das Hauptprogramm ist ebenfalls sehr einfach und bedarf keiner Erklärung. Lediglich das Damen-Array muss initialisiert und die Funktion perm gerufen werden. Der vollständige Code ist auf der CD zu finden.

A 7.11 Erstellen Sie einen Taschenrechner mit den Grundrechenarten Addition, Subtraktion, Multiplikation und Division für ganze Zahlen! Der Rechner verfügt intern über einen Speicher, der als Stack organisiert ist, und ein Rechenregister (Akkumulator). Gesteuert wird der Rechner über die folgenden Befehle:

= wert	Lies eine Dezimalzahl (wert) in den Akkumulator!
<	Lege den Inhalt des Akkumulators auf den Stack (push)!
>	Nimm den obersten Wert vom Stack und lege ihn in den Akkumulator (pop)!
+	Nimm den obersten Wert vom Stack und addiere ihn zum Akkumulator hinzu!
-	Nimm den obersten Wert vom Stack und ziehe den Akkumulator davon ab!
*	Nimm den obersten Wert vom Stack und multipliziere ihn mit dem Akkumulator!
/	Nimm den obersten Wert vom Stack und dividiere ihn durch den Akkumulator!

Bei den arithmetischen Operationen wird das Ergebnis immer im Akkumulator abgelegt, und der Stack um ein Element abgebaut.

Vorüberlegung:

Um den Taschenrechner realisieren zu können, benötigen wir zunächst einen Stack, wie er in Abschnitt 7.3 vorgestellt wurde. Wir können ihn an dieser Stelle mit einem Array implementieren. Für die Bearbeitung des Stacks werden wir die typischen Funktionen push und pop verwenden, die wir selbst implementieren werden.

Den Akkumulator können wir durch eine Integer-Variable simulieren.

Im Hauptprogramm brauchen wir dann nur noch die Eingaben einzulesen und die jeweilige Taschenrechnerfunktionalität bereitstellen.

Programmdialog:

In diesem Dialog realisieren wir die folgende Rechnung:

8/(6-2)+(5*3)

Stack5	Stack4	Stack3	Stack2	Stack1	Stack0	Akku	
						0	Befehl: = 8
						8	Befehl: <
					8	8	Befehl: = 6
					8	6	Befehl: <
				8	6	6	Befehl: = 2
				8	6	2	Befehl: -
					8	4	Befehl: /
						2	Befehl: <
					2	2	Befehl: = 5
					2	5	Befehl: <
				2	5	5	Befehl: = 3
				2	5	3	Befehl: *
					2	15	Befehl: +
						17	Befehl: x

Das Programm:

Global definieren wir den Akkumulator:

```
A   #define MAX_NUMBERS 7

B   int akku;
```

A: Dies ist lediglich eine Konstante, damit die Ausgabe so erfolgen kann, wie es in der Aufgabenstellung dargestellt ist. Wir können auf dem Bildschirm nur eine begrenzte Anzahl von Buchstaben ausgeben, weshalb wir uns hier auf 7 Stackelemente beschränken müssen.

B: Den Akkumulator simulieren wir durch eine Integer-Variable.

Wenden wir uns zuerst der Stackimplementierung zu.

```
A   int stack[MAX_NUMBERS];
    int elem = 0;

    void push(int zahl)
        {
```

```
B        if(elem < MAX_NUMBERS)
             {

                 stack[elem] = zahl;
                 elem++;
             }
         }

     int pop()
         {
C        if(elem > 0)
             {
                 elem--;
                 return stack[elem];
             }
         return 0;
         }
```

A: Den Stack selbst simulieren wir durch einen globalen Array. In `elem` merken wir uns, wie viele Elemente der Stack aktuell besitzt.

B: Ist der Stack noch nicht voll, legen wir `zahl` auf dem Stack ab und erhöhen die Anzahl der Elemente.

C: Enthält der Stack mindestens noch ein Element, können wir dieses vom Stack holen und zurückgeben. Die Anzahl der Elemente wird dementsprechend dekrementiert.

Zum guten Schluss fehlt uns nur noch das Hauptprogramm:

```
     void main()
         {
         int i;
         char command;

         for ( i = MAX_NUMBERS-1; i >= 0 ; i-- )
             printf(" Stack%d ", i);
         printf("   Akku\n");

A        while(1)
             {
             fflush(stdin);
B            ausgabe();
             scanf("%c", &command);
```

```
C       if(command == 'x')
            break;


D       if(command == '+')
            akku = pop() + akku;


        ... weitere Befehle ...
    }
```

A: In einer Endlosschleife wartet der Taschenrechner auf Befehle.

B: Dies ist lediglich eine Ausgabefunktion, die wir zwar implementieren müssen, die aber an dieser Stelle aufgrund ihrer Einfachheit nicht besprochen wird.

C: Nur wenn das Kommando 'x' lautet, beenden wir das Programm.

D: Lautet das Kommando '+', addieren wir die oberste Zahl auf dem Stack zu der Zahl im Akku.

Die weitere geforderte Funktionalität kann auf die gleiche Art und Weise hinzugefügt werden.

A 7.12 Wie Sie wissen, ist die Werbeindustrie ständig auf der Suche nach neuen Produktnamen (Vectra, Calibra, Astra). Schreiben Sie zur Unterstützung dieser Suche ein Programm, das zunächst eine Liste von Wörtern aus einer Datei einliest und dann, aufgrund der in der Wortliste gefundenen Wahrscheinlichkeiten für Buchstabenkombinationen, neue Wörter erfindet!

Bestimmen Sie dazu zunächst mithilfe der Wortliste für alle möglichen Kombinationen aus zwei Buchstaben die Wahrscheinlichkeit, dass auf diese Kombination ein bestimmter dritter Buchstabe oder das Wortende folgt! Speichern Sie diese Wahrscheinlichkeiten in einem 3-dimensionalen Array! Setzen Sie dann eine vom Benutzer eingegebene, mindestens zwei Zeichen lange Buchstabenfolge entsprechend diesen Wahrscheinlichkeiten fort! Zur Generierung von neuen Buchstaben benutzen Sie den Zufallszahlengenerator aus der Runtime Library (srand, rand).

Füttern Sie Ihr Programm mit spezifischen Wortlisten (Dinosauriernamen, weibliche Vornamen, französische Vokabeln) und lassen Sie sich überraschen!

Vorüberlegung:

Wir werden in diesem Programm die Häufigkeiten bestimmen, wie oft ein einzelner Buchstabe (oder das Wortende) auf eine Folge von zwei Buchstaben vorkommt. Damit erhalten wir eine Häufigkeitsverteilung, die wir auch bei der Ergänzung der Wörter nachbilden sollen, d. h. die gleiche Buchstabenfolge wird nicht immer gleich fortgesetzt werden.

Solch eine Verteilung können wir uns grafisch verdeutlichen:

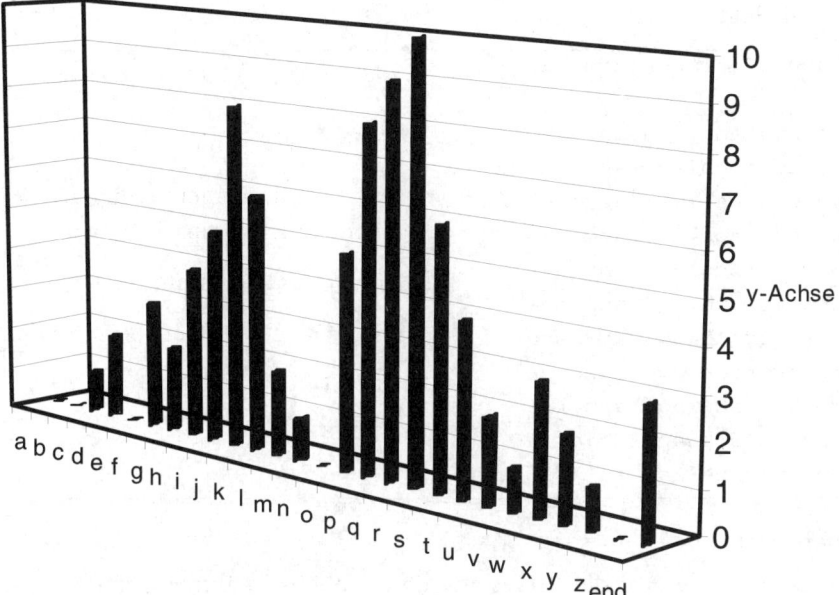

Dieses Diagramm stellt eine mögliche Häufigkeitsverteilung der Buchstaben als Nachfolger zweier Buchstaben dar. Auf der z-Achse befindet sich eine bestimmte Buchstabenfolge, z. B. »ab«. Auf der x-Achse sind mögliche Nachfolgebuchstaben aufgetragen. Die y-Achse zeigt deren tatsächliche Häufigkeit in der eingelesenen Textdatei.

Unser Ergänzungsalgorithmus soll also die Wörter so ergänzen, dass sich bei einer entsprechenden Anzahl von Wiederholungen möglichst dieselbe Häufigkeitsverteilung einstellen würde.

Wir können dies erreichen, indem wir die Häufigkeiten quasi »abfahren«:

Zunächst berechnen wir die Gesamtsumme der Häufigkeiten für die gegebene Folge von zwei Buchstaben. Sie stellt sozusagen unsere gesamte Weglänge dar.

Dann wählen wir zufällig eine Zahl zwischen 1 und der Gesamtsumme. Das ist der aktuelle Weg, den wir zurücklegen wollen.

Nun laufen wir nacheinander die Buchstaben durch und subtrahieren die Häufigkeit des einzelnen Buchstaben von der gerade zufällig gewählten Zahl. Damit legen wir quasi bei jedem Buchstaben eine Weglänge zurück, die seiner Häufigkeit entspricht. Haben wir den aktuellen Weg zurückgelegt, wählen wir den aktuellen Buchstaben als den neuen Nachfolger.

Es ist einsichtig, dass die Buchstaben mit der größten »Weglänge« am häufigsten gewählt (»angefahren«) werden.

Programmdialog:

```
Quelldatei: frauennamen.txt


    Wortanfang:      an
 1. Wortvorschlag: anta
 2. Wortvorschlag: antone
 3. Wortvorschlag: ancara
 4. Wortvorschlag: anine
 5. Wortvorschlag: anjange
 6. Wortvorschlag: anziste
 7. Wortvorschlag: anke
 8. Wortvorschlag: ancar
 9. Wortvorschlag: anja
10. Wortvorschlag: an
```

Das Programm:

Zunächst legen wir global die Arrays an, die die oben erwähnten Häufigkeiten und Weglängen aufnehmen sollen. Der Einfachheit halber wollen wir uns auf Kleinbuchstaben beschränken:

```
int haeufigkeit[26][26][27];
int gesamtweg[26][26];
```

Die folgende Funktion liest die Häufigkeiten der Buchstabenfolgen aus einer Datei ein:

```
void einlesen( char *datei)
  {
  FILE *pf;
  char buf[256];
  int i, len;

  pf = fopen( datei, "r");
  if(!pf)
      exit(1);
```

```
for( ; ; )
    {
    int x;
    fscanf(pf, "%s", buf);
    for(x = 0; buf[x]; x++)
        {
A       if(isupper(buf[x]))
            buf[x] = tolower(buf[x]);
        }
    if( feof( pf))
        break;
    len = strlen(buf);
    if(len >= 2)
        {
B       for( i = 0; i < len - 2; i++)
            haeufigkeit[buf[i]-'a'][buf[i+1]-'a'][buf[i+2]-'a']++;

C       haeufigkeit[buf[i]-'a'][buf[i+1]-'a'][26]++;
        }
    }
fclose(pf);
}
```

A: Wir wollen nur mit Kleinbuchstaben arbeiten.

B: Die Häufigkeiten, dass ein dritter Buchstabe auf die ersten beiden folgt, werden berechnet.

C: Schließlich speichern wir noch die Häufigkeiten für ein Wortende.

In der nächsten Funktion werden die Gesamtweglängen berechnet, die für die jeweiligen Buchstabenfolgen zurückgelegt werden können:

```
void gesamtwege_berechnen()
    {
    int i, j, k;

    for( i = 0; i < 26; i++)
        {
        for( j = 0; j < 26; j++)
            {
            for( k = 0; k < 27; k++)
                gesamtweg[i][j] += haeufigkeit[i][j][k];
```

```
            }
        }
    }
```

Nun fehlt uns noch die Funktion zur Ergänzung eines Wortes:

```
A   void wort_ergaenzen( char buf[], int maxlen)
    {
        int pos;
        int akt_weg;
        int ges_weg, i;
B       pos = strlen( buf);
        if( pos < 2)
            return;
C       for( ; pos < maxlen-1; pos++)
        {
D           ges_weg = gesamtweg[buf[pos-2]-'a'][buf[pos-1]-'a'];
            if( ges_weg == 0)
            {
                buf[pos] = 0;
                return;
            }
E           akt_weg = rand() % ges_weg + 1;

F           for( i = 0; akt_weg > 0; i++)
                akt_weg -= haeufigkeit[buf[pos-2]-'a'][buf[pos-1]-'a'][i];
            i--;
G           buf[pos] = i < 26 ? i + 'a' : 0;

H           if( !buf[pos])
                return;
        }
        buf[pos+1] = 0;
    }
```

A: Als Parameter erhält die Funktion den Wortanfang und die maximal erlaubte Wortlänge.

B: Die Position, ab der das Wort ergänzt werden soll, wird bestimmt.

C: Die Ergänzung läuft maximal bis zum Wortende von buf.

D: Der gesamte mögliche Weg für die aktuelle Buchstabenkombination wird berechnet.

E: Wir wählen zufällig eine Weglänge zwischen 1 und dem Gesamtweg `ges_weg`.

F: In dieser Schleife laufen wir den gesamten gewählten Weg `akt_weg` durch.

G: Der Buchstabe, bei dem wir während unseres Wegdurchlaufs am Ende angekommen sind, wird als Nachfolger zugewiesen. Sollten wir die Buchstaben komplett durchlaufen haben, weisen wir das Wortende als Nachfolger zu.

H: Wurde gerade das Wortende zugewiesen, können wir die Wortergänzung beenden.

Im Hauptprogramm müssen wir nur noch die Arrays initialisieren, die Häufigkeiten einlesen, Gesamtwege berechnen, den Wortanfang vom Benutzer einlesen und das Wort ergänzen.

A 7.13 Das Streichholzspiel aus Aufgabe 7.3 hat eine Verallgemeinerung:

▶ Auf einem Tisch liegen n Haufen mit Streichhölzern. Zwei Spieler nehmen abwechselnd beliebig viele Streichhölzer von maximal k der n Haufen. Ein Streichholz muss dabei pro Spielzug mindestens genommen werden.

▶ Der Spieler, dem es als erstem gelingt, alle Streichhölzer abzuräumen, hat das Spiel gewonnen

Auch für diese Variante des Spiels gibt es eine Gewinnstrategie, die in der Aufgabenstellung von A 7.13 in Kapitel 7 zu finden ist.

Implementieren Sie diese Variante des Streichholzspiels!

Programmdialog:

```
Anzahl Haufen: 3
Von wieviel Haufen darf genommen werden: 2
Anzahl Streichhoelzer auf Haufen 1 : 2
Anzahl Streichhoelzer auf Haufen 2 : 2
Anzahl Streichhoelzer auf Haufen 3 : 2

Spielstand:
    Haufen 1: 2
    Haufen 2: 4
    Haufen 3: 7

Du bist am Zug!
Du nimmst von Haufen 1: 0
Du nimmst von Haufen 2: 2
Du nimmst von Haufen 3: 5
```

```
Spielstand:
    Haufen 1: 2
    Haufen 2: 2
    Haufen 3: 2

Ich bin am Zug!
Du bist verdammt gut!
Ich nehme 1 von Haufen 1
...
```

Das Programm:

Da die Konsistenz der eingegebenen Daten bei diesem Spiel sehr wichtig ist, implementieren wir zunächst eine Funktion zahleneingabe, die eine Benutzereingabe bezüglich erlaubter Minimum- und Maximumwerte überprüft. Sie ist sehr einfach und bedarf keiner Erklärung.

Die Anzahl der Streichhölzer auf jedem Haufen speichern wir am besten in einem Array von Integern. Wir können uns also nach der Eingabe- nun um die Ausgabefunktion kümmern:

```
int spielstand( int n, unsigned int haufen[])
    {
    int i;
    int sum = 0;

    printf("\nSpielstand:\n");
A   for( i = 0; i < n; i++)
        {
        printf("    Haufen %d: %d\n", i+1, haufen[i]);
        sum = sum + haufen[i];
        }
    return sum;
    }
```

A: Wir laufen alle Haufen durch, geben die Anzahl der noch auf jedem Haufen vorhandenen Streichhölzer aus und addieren diese in sum auf. Am Ende wird dann die Gesamtanzahl der Streichhölzer zurückgegeben.

Als nächstes implementieren wir die Funktion für den menschlichen Spieler:

```
        void spielerzug( int n, int k, unsigned int haufen[])
            {
            int i;
A           int hanz;
            unsigned int sanz;


B           for( hanz = 0; !hanz;)
                {
                printf( "\nDu bist am Zug!\n");
C               for( i = 0; (i < n) && (hanz < k) ; i++)
                    {
                    if( !haufen[i])
                        continue;
                    printf( "Du nimmst von Haufen %d: ", i+1);
                    sanz = zahleingabe( 0, haufen[i]);
D                   if(sanz)
                        {
                        haufen[i] = haufen[i] - sanz;
                        hanz++;
                        }
                    }
                }
            }
```

A: In hanz speichern wir die Anzahl der Haufen, von denen der Spieler bereits Streichhölzer genommen hat.

sanz dient dazu, die Anzahl der Streichhölzer zwischen zu speichern, die der menschliche Spieler von dem aktuellen Haufen nehmen möchte.

B: Die äußere Schleife wiederholt die Spielereingaben, falls dieser keinen Haufen benutzt hat.

C: Die innere Schleife bietet dem Spieler nacheinander jeden Haufen an, aber höchstens so lange, bis er von der erlaubten Anzahl der Haufen Streichhölzer genommen hat.

D: Hat der Spieler seinen Haufen und die Anzahl der davon zu entfernenden Streichhölzer ausgewählt, nehmen wir diese Anzahl weg und merken uns wie viele Haufen er bereits benutzt hat.

Da unser Programm bemüht sein soll, das Spiel zu gewinnen, benötigen wir auch eine Funktion für den Computerspieler, die versucht, eine Gewinnstellung herzustellen:

```
int gewinnzug( int n, int k, unsigned int haufen[],
                              unsigned int genommen[])
    {
    unsigned int mask;
    int spsum;
    int nehmen;
    int ok;
    int i;
```

A
```
    for( ok = 0, mask = 0x8000; mask; mask >>= 1)
        {
```

B
```
        for( spsum = 0, i = 0; i < n; i++)
            spsum = spsum + haufen[i] & mask ? 1 : 0;
```

C
```
        if( !(nehmen = spsum % (k+1)))
            continue;
```

D
```
        ok = 1;
```

E
```
        for( i = 0; nehmen && (i < n); i++)
            {
            if( genommen[ i])
                {
                haufen[i] = haufen[i] & ~mask;
                genommen[i] = genommen[i] + mask;
                nehmen--;
                }
            }
```

F
```
        for( i = 0; nehmen && (i < n); i++)
            {
            if( !genommen[i] && (haufen[i] & mask))
                {
                genommen[i] = haufen[i];
                haufen[i] = haufen[i] & ~mask | (mask -1);
                genommen[i] = genommen[i] - haufen[i];
                nehmen--;
                }
            }
```

```
            }
        return ok;
    }
```

A: Um eine Gewinnstellung herzustellen, müssen wir in jeder Spalte der Dual-zahldarstellung der Streichholzanzahl die Menge von Bits erzeugen, die laut der Beschreibung in der Aufgabe durch `k+1` teilbar sind. Um diese Anzahl berechnen zu können, müssen wir die Bits an der jeweiligen Stelle extrahieren.

Hierzu beginnen wir mit der Bitkombination `1000 0000 0000 0000` und lassen die `1` von links nach rechts laufen. Wir arbeiten uns also nach und nach durch alle Spalten hindurch.

B: Nun können wir alle Zeilen durchlaufen und die Anzahl der dort gefundenen `1`-en in `spsum` aufaddieren.

C: Ist in dieser Spalte die Anzahl der Bits durch `k+1` bereits teilbar, brauchen wir nichts weiter zu tun. Andernfalls merken wir uns in `nehmen`, wie viele Bits zu viel in der aktuellen Spalte stehen.

D: Gelangen wir hierhin, handelt es sich bei der aktuellen Stellung der Streichhölzer nicht um eine Gewinnstellung. Wir haben nun die Chance, eine solche herzustellen, was wir uns in `ok` merken.

E: In dieser Schleife betrachten wir die Zeilen, die wir bereits verändert haben. Wir versuchen hier `nehmen`-Anzahl von Bits in den bereits veränderten Spalten zu löschen, um so die gewollte Bitanzahl herzustellen. Die benötigte Anzahl der Streichhölzer, die hierzu weggenommen werden müssen, speichern wir im Array `genommen`.

F: Haben wir es in der vorigen Schleife nicht geschafft, die gewollte Bitanzahl zu löschen, gelangen wir in diese Schleife. Wohl oder übel müssen wir also die benötigte Anzahl von Bits hinzufügen, um eine Gewinnkombination zu erzeugen. Dabei verändern wir nur die Zeilen, die wir bisher noch nicht »angefasst« haben. Wie in der Aufgabe beschrieben, fügen wir nicht nur ein Bit in der richtigen Spalte ein, sondern füllen die gesamte veränderte Zeile sofort mit `1`-en.

Sollte es uns in der gerade beschriebenen Funktion nicht möglich gewesen sein, eine Gewinnstellung zu erzeugen, müssen wir trotzdem einen Zug machen. Wir entscheiden uns, vom erst besten Haufen einen Streichholz zu nehmen:

```
void verlegenheitszug( int n, int k, unsigned int haufen[],
                       unsigned int genommen[])
{
    int i;
```

```
for( i = 0; i < n; i++)
    {
    if( haufen[i])
        {
        haufen[i]--;
        genommen[i] = 1;
        break;
        }
    }
}
```

Da wir den möglichen Siegzug sowie einen Verlegenheitszug implementiert haben, können wir uns um den Computerzug insgesamt kümmern:

```
void computerzug( int n, int k, unsigned int haufen[])
    {
    unsigned int genommen[MAX_HAUFENZAHL];
    int i;

    printf( "\nIch bin am Zug!\n");

    for( i = 0; i < MAX_HAUFENZAHL; i++)
        genommen[i] = 0;

A   if( !gewinnzug( n, k, haufen, genommen))
        {
        printf( "Du bist verdammt gut!\n");
        verlegenheitszug( n, k, haufen, genommen);
        }

B   for( i = 0; i < n; i++)
        {
        if( genommen[i])
            printf("Ich nehme %d von Haufen %d\n",genommen[i],i+1);
        }
    }
```

A: Können wir keine Gewinnstellung erzeugen, sind wir gezwungen, einen Verlegenheitszug zu machen.

B: Wir informieren den menschlichen Gegenspieler über unseren Zug.

Zum Schluss benötigen wir noch das Hauptprogramm, das an dieser Stelle wohl keine Schwierigkeiten mehr bereiten dürfte.

Kapitel 8

A 8.1 Schreiben Sie ein Unterprogramm assign, das einer als Parameter übergebenen Integer-Variablen des Hauptprogramms einen ebenfalls als Parameter übergebenen Wert zuweist!

Vorüberlegung:

Um einer Variable des Hauptprogramms in einer Unterfunktion einen neuen
Wert zuweisen zu können, müssen wir an die Funktion die Adresse der Variablen,
den Zeiger darauf übergeben.

In der Funktion wird der Zeiger dann dereferenziert. Danach kann die Wertzuweisung erfolgen.

Programmdialog:

```
Vor dem Funktionsaufruf: 5

Nach dem Funktionsaufruf: 7
```

Das Programm:

```
   #include <stdio.h>
   #include <stdlib.h>

A  void assign(int *variable, int neuer_wert)
   {
B     *variable = neuer_wert;
   }

   void main()
   {
   int var;

   var = 5;
   printf("Vor dem Funktionsaufruf: %d\n\n", var);
C  assign(&var, 7);
   printf("Nach dem Funktionsaufruf: %d\n\n", var);
   }
```

A: Der Funktion `assign` wird ein Zeiger auf eine Integer-Variable und eine Integer-Variable übergeben.

B: Der Zeiger wird dereferenziert und der neue Wert wird zugewiesen.

C: `assign` erhält die Adresse der Variable `var` als ersten Parameter.

A 8.2 Ein mathematischer Satz besagt, dass eine stetige reelle Funktion

$y = f(x)$ in einem Bereich $a \leq x \leq b$ eine Nullstelle hat, wenn

$f(a) \leq 0$ und $f(b) > 0$ ist. Dies ist auch anschaulich klar, wenn man die folgende Skizze betrachtet.

Die Funktion startet bei a im negativen Bereich und endet bei b im positiven Bereich. Da sie wegen ihrer Stetigkeit nicht »abreißen« kann, muss sie irgendwo die Nulllinie treffen. Dies kann, wie die Skizze auch zeigt, durchaus mehrfach passieren.

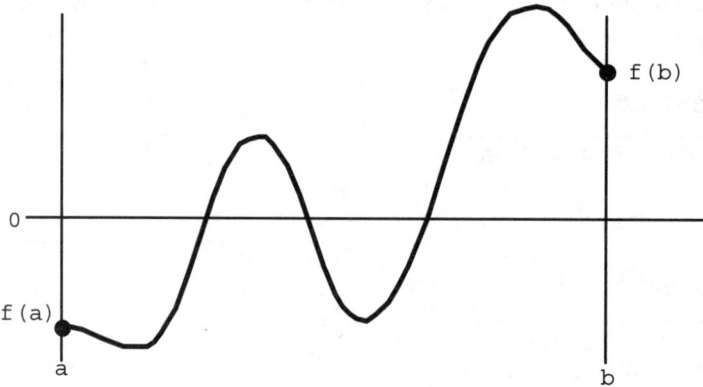

Man kann durch die so genannte Intervallhalbierungsmethode eine Nullstelle in dem vorgegebenen Bereich näherungsweise lokalisieren. Dazu halbiert man das Ausgangsintervall und betrachtet die Funktionswerte an den Randstellen. In einem der beiden Teilintervalle muss dann wieder die Konstellation vorliegen, dass die Funktion am linken Endpunkt kleiner oder gleich und am rechten Endpunkt größer als null ist. Im nächsten Schritt wird dann dieses Intervall betrachtet und weiter halbiert. Mit diesem Verfahren fährt man fort, bis die beiden Endpunkte für eine Approximation der Nullstelle nah genug beieinander liegen. Die folgende Grafik zeigt das Verfahren am Beispiel der Funktion $y = x^3 + 2x^2 - 11x - 12$, die bei $x = 3$ eine Nullstelle hat.

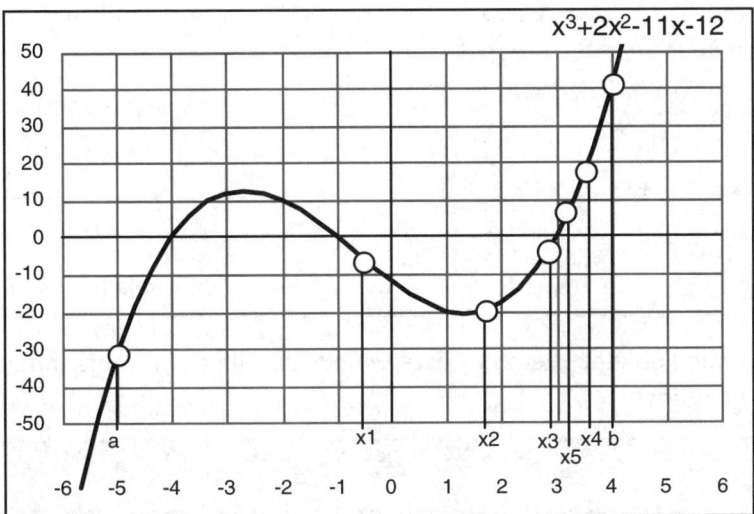

Erstellen Sie eine C-Funktion, die auf diese Weise eine Nullstelle einer Funktion mit einer Genauigkeit von 1/1000 ermittelt. Die beiden Rand-werte und die zu untersuchende Funktion sollen dabei als Parameter an die Funktion übergeben werden. Als Returnwert soll die C-Funktion die gesuchte Nullstelle liefern.

Programmdialog:

```
Von welcher Funktion soll eine Nullstelle bestimmt werden?

 1.  (x^3)+(2*x^2)-(11*x)-12
 2.  (3*x^3)-(5*x)-100
 3.  x-20

Ihre Wahl: 1
Linke Grenze des Intervalls: -3
Rechte Grenze des Intervalls: 2

Eine Nullstelle liegt bei x = -1.000
```

Das Programm:

Zunächst legen wir drei unterschiedliche Berechnungsfunktionen an:

```c
float f1(float x)
    {
    return (x*x*x)+(2*x*x)-(11*x)-12;
    }
```

Lösungen

```
float f2(float x)
    {
    return (3*x*x*x)-(5*x)-100;
    }


float f3(float x)
    {
    return (x-20);
    }
```

Die folgende Funktion dient uns dazu, eine Nullstelle einer unbekannten Funktion zu berechnen:

```
A  void nullstelle(float (*f)(float x), float links, float rechts)
      {
B     if( f(links) * f(rechts) > 0 )
          {
          printf("\nDie Funktionswerte der Intervallgrenzen\n");
          printf("haben die gleichen Vorzeichen.\n\n");
          }
      else
          {
          float mitte;
C         while((rechts>links?rechts-links:links-rechts) > 0.001)
              {
              mitte = (rechts+links) / 2;
D             if( f(mitte) * f(links) <= 0)
                  rechts = mitte;
              else
                  links = mitte;
              }
          printf("\nEine Nullstelle liegt bei x =
                      %.3f\n\n", (links+rechts)/2);
          }
      }
```

A: Der Berechnungsfunktion übergeben wir die Funktion, deren Nullstelle bestimmt werden soll, sowie die Intervallgrenzen, in denen sie suchen soll.

B: Entsprechen die Intervallgrenzen nicht der geforderten Bedingung, nämlich dass deren Funktionswerte unterschiedliche Vorzeichen besitzen müssen, fangen wir erst gar nicht an zu suchen.

C: Wir beenden die Suche erst, wenn wir uns einer Nullstelle bis auf 1/1000 genähert haben.

D: Abhängig von der Lage des Funktionswertes aus der Mitte, ziehen wir die rechte oder die linke Intervallgrenze nach.

Nun fehlt uns nur noch das Hauptprogramm:

```
void main()
    {
    float links, rechts;
    int func;

    ... Einlesen der Funktionsnummer und der Grenzen ...

A   if(func == 1)
        nullstelle(f1, links, rechts);
    if(func == 2)
        nullstelle(f2, links, rechts);
    if(func == 3)
        nullstelle(f3, links, rechts);
    }
```

A: Nachdem alle benötigten Angaben eingelesen wurden, rufen wir die Funktion zur Nullstellenbestimmung mit dem jeweils zutreffenden Funktionszeiger auf.

A 8.3 Erstellen Sie eine Funktion zur Sortierung eines Arrays von Integer-Zahlen! Übergeben Sie der Sortierfunktion als Parameter eine Funktion zum Vergleich zweier Zahlen! Erzeugen Sie unterschiedliche Sortierungen (aufsteigend, absteigend, nach letzter Ziffer, nach rückwärts gelesenen Zahlen ...), indem Sie unterschiedliche Vergleichsfunktionen an die Sortierfunktion übergeben!

Vorüberlegung:

Wir haben in Aufgabe A 6.5 bereits ein Programm geschrieben, das Arrays sortieren kann. Um die Arrayelemente zu vergleichen, haben wir damals einfach den Vergleichsoperator '>' verwendet. Dies war auch naheliegend, da wir Integer-Zahlen in dem Array immer aufsteigend sortieren wollten.

In dieser Aufgabe sollen wir dahingehend flexibel sein, ob der Algorithmus auf- oder absteigend sortieren soll. Deshalb können wir hier nicht einen festen Vergleichsoperator verwenden, sondern müssen dafür eine Vergleichsfunktion rufen, die uns mit ihrem Rückgabewert (1 oder 0) sagt, ob wir die Arrayelemente tauschen müssen oder nicht. Warum wir sie tauschen sollen, was die Bedingung für das Umtauschen ist, interessiert uns an dieser Stelle nicht mehr.

Programmausgabe:

```
Zufaellig:    64 8 92 55 83 64 59 18 80 36 19 77 85 77 85

Aufsteigend: 8 18 19 36 55 59 64 64 77 77 80 83 85 85 92

Absteigend:  92 85 85 83 80 77 77 64 64 59 55 36 19 18 8
```

Das Programm:

Zuerst implementieren wir zwei Vergleichsfunktionen für jeweils zwei Integer-Zahlen:

```
    #include <stdio.h>
    #include <stdlib.h>
    #include <time.h>

A   #define ARRAYLAENGE 15

B   int aufsteigend(int a, int b)
    {
        return (a > b);
    }

C   int absteigend(int a, int b)
    {
        return (a < b);
    }
```

A: Wir definieren in diesem Beispiel die Gesamtarraylänge mit 15.

B: Die Funktion `aufsteigend`, sagt uns, dass wir die Zahlen tauschen sollen, wenn die erste Zahl größer als die zweite ist.

C: Die `absteigend`-Funktion möchte dagegen, dass wir die Zahlen tauschen, wenn die erste Zahl kleiner ist als die zweite.

Die Sortierfunktion kümmert sich nun nicht mehr darum, auf welche Art und Weise die Zahlen sortiert werden sollen:

```
A   void sortiere(int *array, int (*tausche)(int,int))
    {
        int i,j,temp;
```

```
for(i = ARRAYLAENGE-1; i >= 0; i--)
    {
    for(j = 0; j < i; j++)
        {
B       if(tausche(array[j],array[j+1]))
            {
            temp=array[j];
            array[j]=array[j+1];
            array[j+1]=temp;
            }
        }
    }
}
```

A: Unsere Sortierfunktion erhält nun nicht nur das zu sortierende Array, sondern auch eine Funktion zum Vergleich zweier Integer-Zahlen. Uns ist es hierbei vollkommen gleichgültig, auf welche Art und Weise das Array sortiert werden soll. Wichtig ist nur, dass die tausche-Funktion eine 1 zurückgibt, falls die zwei benachbarten Arrayelemente nicht in der gewollten Reihenfolge stehen, andernfalls eine 0.

B: Anstatt des »harten« Vergleichsoperators, wie in der Aufgabe A 6.5, verwenden wir eine uns übergebene Funktion, um zu bestimmen, ob die Elemente vertauscht werden sollen.

Eine kleine Ausgabefunktion (ausgabe), die wohl keines Kommentars bedarf, wird von uns ebenfalls implementiert.

Zum Schluss schauen wir uns noch das schlichte Hauptprogramm an:

```
void main()
    {
    int array[ARRAYLAENGE];
    int i;

    srand(time(0));

A   for(i = 0; i < ARRAYLAENGE; i++)
        array[i] = rand() % 100;

    ausgabe(array, "Zufaellig:  ");

B   sortiere(array, aufsteigend);
```

```
        ausgabe(array, "Aufsteigend:");

C       sortiere(array, absteigend);
        ausgabe(array, "Absteigend: ");
        }
```

A: Das Array wird mit Zufallszahlen gefüllt und auf dem Bildschirm ausgegeben.

B: Wir lassen es zuerst aufsteigend sortieren ...

C: ... und dann wieder absteigend. Beachten Sie den nun erhaltenen Programmierkomfort. Wir können mit derselben Funktion `sortiere` das Array auf vielfache Art und Weise sortieren lassen, ohne die Sortierfunktion selbst verändern zu müssen. Das einzige, was wir anzupassen brauchen, ist die übergebene Vergleichsfunktion.

Kapitel 10

A 10.1 Schreiben Sie ein Programm, in das Sie den Inhalt Ihres Portemonnaies (Geldwert der vorhandenen Münzen bzw. Scheine) eingeben können, und das Ihnen dann berechnet, ob Sie bestimmte Beträge exakt auszahlen können. Erstellen Sie zwei Varianten des Programms, eine, die eine Auszahlung mit möglichst wenig und eine, die eine Auszahlung mit möglichst vielen Geldstücken bzw. Geldscheinen ermittelt.

Vorüberlegung:

Um die geforderte Auszahlung mit möglichst wenig Geldscheinen/Münzen zu tätigen, überprüfen wir zuerst, ob wir mit nur einem Geldschein die gesuchte Summe erreichen können. Falls dies nicht möglich ist, versuchen wir alle Kombinationen von zwei Geldscheinen, dann von drei, von vier usw., bis wir den gewünschten Betrag genau auszahlen können.

Um dies im Programm nachzubilden, werden wir die eingegebenen Münzwerte in einem Array speichern. Mithilfe des Algorithmus komb_ow, den wir in Kapitel 10 kennen gelernt haben, können wir alle Kombinationen der Geldmünzen erzeugen. Wir werden zunächst alle Kombinationen mit einer Münze bilden, dann mit zwei, mit drei usw.

Bei jeder neuen Kombination überprüfen wir, ob die Summe der Münzen dem gewünschten Betrag entspricht und geben die aktuelle Kombination gegebenenfalls aus.

Bei der Suche nach einer Auszahlung mit möglichst vielen Geldmünzen gehen wir prinzipiell genauso vor. Wir starten unsere Suche lediglich mit allen Münzen und überprüfen, ob wir damit den gesuchten Betrag auszahlen können. Trifft dies nicht zu, versuchen wir es mit einer Münze weniger, usw.

Programmdialog:

```
Muenzwert [0=Ende]: 100
Muenzwert [0=Ende]: 20
Muenzwert [0=Ende]: 20
Muenzwert [0=Ende]: 20
Muenzwert [0=Ende]: 10
Muenzwert [0=Ende]: 10
Muenzwert [0=Ende]: 10
Muenzwert [0=Ende]: 10
Muenzwert [0=Ende]: 10
Muenzwert [0=Ende]: 10
Muenzwert [0=Ende]: 10
Muenzwert [0=Ende]: 0


Auszahlungsbetrag: 120


Auszahlung mit wenigen Muenzen: 100   20


Auszahlung mit vielen Muenzen:   20   20   20   10   10   10   10
   10   10
```

Das Programm:

Mit der folgenden Funktion erzeugen wir alle Kombinationen ohne Wiederholungen der eingegebenen Münzen:

```
A  int komb_ow(int n,int k,int *array,int x, int *muenze, int betrag)
   {
       int i;
       int max;

       if(x < k)
       {
B          max = x ? array[x-1] : 0;

           for(i = max+1; i <= n-k+x+1; i++ )
           {
               array[x] = i;
               if(komb_ow(n,k,array,x+1, muenze, betrag) == 1)
                   return 1;
           }
```

```
            }
        else
            {
C           if(berechne_summe(k, array, muenze) == betrag)
                {
                for( i = 0; i < k; i++ )
                    printf("%3d ", muenze[array[i]-1]);
                printf("\n");
                return 1;
                }
            }
        return 0;
        }
```

A: Folgende Parameter werden benötigt:

n, k = Angaben für die n-k-Kombination
array[] = Speicher für die Kombination
x = Angabe, bis zu welcher Stelle die Kombination bereits erzeugt ist
muenze[] = Vom Benutzer eingegebene Münzen
betrag = Der auszuzahlende Betrag

B: Die Kombinationen ohne Wiederholungen werden gebildet.

Beachten Sie bitte, dass wir nicht die Kombinationen der Mün<u>zwerte</u> bilden, sondern der Münzen selbst, also der <u>Indizes</u> des Arrays, in dem sich die Münzen befinden.

C: Mit der Funktion berechne_summe addieren wir alle Münzwerte der aktuellen Kombination zusammen. Wir werden diese Funktion gleich implementieren. Haben wir den gewollten Betrag nachbilden können, geben wir die Münzwerte aus und melden Erfolg zurück.

Wir implementieren nun die Summationsfunktion:

```
int berechne_summe(int anz, int index[], int muenze[])
    {
    int sum=0;

    for( anz -= 1; anz >= 0; anz--)
        sum += muenze[index[anz]-1];

    return sum;
    }
```

Wie Sie sicherlich erkannt haben, war es für unsere komb_ow-Funktion irrelevant, ob wir die Auszahlung mit möglichst vielen oder möglichst wenigen Münzen durchführen möchten. Sie hat ganz allgemein die Kombinationen gebildet, die wir uns gewünscht haben. In der folgenden Funktion suchen wir nach der Auszahlung mit möglichst wenig Geldmünzen:

```
void auszahlung_wenig(int *muenze, int anz, int betrag)
    {
    int array[100];
    int i;

    printf("Auszahlung mit wenigen Muenzen: ");
A   for( i = 1; i <= anz ; i++ )
        {
B       if(komb_ow(anz, i, array, 0, muenze, betrag))
            break;
        }
    printf("\n");
    }
```

A: Wir fangen mit einer einzigen Münze an und steigern die Anzahl der verwendeten Geldstücke.

B: Finden wir eine Kombination mit der erlaubten Anzahl von Geldmünzen, brechen wir die Suche ab. Andernfalls nehmen wir eine Münze mehr hinzu und versuchen es erneut.

Die Funktion zum Suchen einer Auszahlungsmöglichkeit mit möglichst vielen Münzen ist sehr ähnlich:

```
void auszahlung_viel(int *muenze, int anz, int betrag)
    {
    int array[100];
    int i;

    printf("Auszahlung mit vielen Muenzen:  ");

A   for( i = anz; i >= 1 ; i-- )
        {
        if(komb_ow(anz, i, array, 0, muenze, betrag))
            break;
        }
    printf("\n");
    }
```

A: Wir starten die Suche mit allen Münzen und versuchen es nach und nach mit weniger Geldstücken, falls wir keine Kombination finden, die dem Auszahlungsbetrag entspricht.

Im Hauptprogramm brauchen wir nur noch die erforderlichen Münzwerte und den Auszahlungsbetrag vom Benutzer zu erfragen und die Auszahlungsfunktionen aufzurufen. Den vollständigen Programmcode finden Sie auf der Buch-CD.

A 10.2 Finden Sie alle Folgen z_0, z_1, z_2, z_3, z_4, aus verschiedenen Zahlen zwischen 1 und 20, die folgenden Bedingungen genügen:

▶ $z_0 + z_1 = z_2$

▶ $z_3 < z_4$

▶ z_4 teilt $z_2 + z_3$

▶ $z_0 \cdot z_1 = z_2 \cdot z_3$

Hinweis: Es gibt 6 Lösungen!

Vorüberlegung:

Aus kombinatorischer Sicht handelt es sich hier um eine Permutation ohne Wiederholungen. Die gesuchten Zahlen entsprechen sozusagen den nummerierten Kugeln in einer Lostrommel. Wir sollen von den zwanzig vorhandenen Kugeln fünf ziehen. Bei jeder Ziehung notieren wir die Nummer auf der Kugel und legen sie nicht wieder in die Trommel zurück. Gesucht ist also das Ziehungsergebnis, das den Bedingungen in der Aufgabestellung entspricht.
Wir haben schon bereits einen Algorithmus kennen gelernt, mit dessen Hilfe wir Permutationen ohne Wiederholungen erzeugen können. Wir müssen nur noch nach jeder erzeugten Permutation die Bedingungen überprüfen und gegebenenfalls ausgeben.

Programmausgabe:

```
1: (  3,  6,  9,  2, 11)
2: (  6,  3,  9,  2, 11)
3: (  4, 12, 16,  3, 19)
4: ( 12,  4, 16,  3, 19)
5: (  6, 12, 18,  4, 11)
6: ( 12,  6, 18,  4, 11)
```

Das Programm:

Da die benötigten Änderungen im Vergleich zum Beispielprogramm nur sehr gering sind, schauen wir uns nur die veränderten Programmteile an. Die Funktion `perm_ow` ruft nach jeder erzeugten n-k-Kombination die Funktion `perm`, die ihrerseits alle k-k-Permutationen erzeugt. In dieser Funktion bringen wir die erste Veränderung an. Wir geben das Array nur aus, wenn es unseren Bedingungen entspricht:

```
void perm( int anz, int array[], int start)
    {
    . . .
    else
        if(bedingungen_erfuellt(array))
            print_array( anz, array);
    }
```

Nun implementieren wir noch die Überprüfung der Bedingungen:

```
int bedingungen_erfuellt(int *z)
    {
    if( (    z[0] + z[1] == z[2] )
        &&(  z[3] < z[4] )
        &&(  (z[2] + z[3]) % z[4] == 0)
        &&(  z[0] * z[1] == z[2] * z[3])
        )
        return 1;
    return 0;
    }
```

Im Hauptprogramm müssen wir schließlich noch die Erzeugung der Permutationen anstoßen:

```
void main()
    {
    int array[5];

    perm_ow(20,5,array,0);
    }
```

A 10.3 Lösen Sie die Aufgabe 10.2 erneut, wobei diesmal die Zahlen nicht voneinander verschieden sein müssen.

Hinweis: Jetzt gibt es 14 Lösungen.

Vorüberlegung:

Da sich die Zahlen nun nicht mehr voneinander unterscheiden müssen, handelt es sich diesmal um eine Permutation mit Wiederholungen. Wir legen die Kugeln also nach dem Ziehen wieder in die Lostrommel zurück.

Dementsprechend müssen wir nun die Funktion `perm_mw` zur Erzeugung der Permutationen heranziehen. Der gesamte Rest des Programms aus der letzten Aufgabe bleibt unverändert. Deshalb verzichte ich an dieser Stelle auf die Erklärung des Quellcodes.

Programmausgabe:

```
 1: (  2,  2,  4,  1,  5)
 2: (  3,  6,  9,  2, 11)
 3: (  4,  4,  8,  2,  5)
 4: (  4,  4,  8,  2, 10)
 5: (  4, 12, 16,  3, 19)
 6: (  6,  3,  9,  2, 11)
 7: (  6,  6, 12,  3,  5)
 8: (  6,  6, 12,  3, 15)
 9: (  6, 12, 18,  4, 11)
10: (  8,  8, 16,  4,  5)
11: (  8,  8, 16,  4, 10)
12: (  8,  8, 16,  4, 20)
13: ( 12,  4, 16,  3, 19)
14: ( 12,  6, 18,  4, 11)
```

A 10.4 Die Mädchen Anne, Berta, Clara und Doris sowie die Jungen Alex, Bert, Claus und Daniel bilden vier Paare. Gestern Abend haben die Paare eine Ausstellung, eine Bar, einen Circus bzw. eine Disco besucht. Jedes der Paare war an genau einem der Orte.

Zusätzlich ist bekannt:

▶ Alex war in der Ausstellung.

▶ Claus war mit Berta zusammen.

▶ Daniel war nicht mit Doris zusammen.

▶ Clara war in der Bar.

▶ Doris war im Circus.

Erstellen Sie ein Programm, das ermittelt, **wer** gestern mit **wem wo** war!

Vorüberlegung:

Zunächst bilden wir drei Gruppen: Orte, Mädchen und Jungen:

| Ausstellung | Bar | Circus | Disco |

| Anne | Berta | Clara | Doris |

| Alex | Bert | Claus | Daniel |

Wenn wir nun Permutationen der Mädchen durchführen, können wir alle Zuordnungen der Mädchen zu den Orten überprüfen.

Wenn wir zusätzlich nach jeder einzelnen Permutation der Mädchen alle möglichen Permutationen der Jungen durchführen, können wir alle Zuordnungen der Jungen zu den Mädchen und zu den Orten überprüfen.

Genau dies benötigen wir bei dieser Aufgabe.

Programmausgabe:

```
Gestern waren folgende Paare an folgenden Orten:

Anne war mit Alex in der Ausstellung.
Berta war mit Claus in der Disco.
Clara war mit Daniel in der Bar.
Doris war mit Bert im Circus.
```

Das Programm:

Zunächst definieren wir Konstanten für die Mädchen, die Jungen und die Orte, um unseren Code lesbarer zu machen:

```
#define ANNE   0
#define BERTA  1
#define CLARA  2
#define DORIS  3

#define ALEX   0
#define BERT   1
#define CLAUS  2
#define DANIEL 3

#define AUSSTELLUNG 0
#define BAR         1
#define CIRCUS      2
#define DISCO       3
```

Da wir nur die Jungen und Mädchen permutieren wollen, verwenden wir für diese beiden Gruppen zwei Arrays (m und j) sowie zwei Funktionen permm und permj, die jeweils über das Mädchen-Array und das Jungen-Array permutieren. Wir schauen uns zunächst die Funktion an, die für die Permutation des Mädchen-Arrays zuständig ist:

```
A  void permm(int m[], int j[], int anz, int start)
       {
       int i, sav;

       if( start < anz)
           {
B          sav = m[ start];

           for( i = start; i < anz; i = i+1)
               {
               m[start] = m[i];
               m[i] = sav;

               permm(m, j, anz, start + 1);

               m[i] = m[start];
               }
           m[start] = sav;
           }
       else
C          permj(m, j, 4, 0);
       }
```

A: Folgende Parameter werden übergeben:

m = Mädchen-Array
j = Jungen-Array
anz = Anzahl der Array-Elemente
start = Bis zu dieser Stelle wurde die Permutation bereits vollständig erzeugt.

B: Die Permutation des Mädchen-Arrays wird durchgeführt.

C: Nach jeder erzeugten Permutation des Mädchen-Arrays, erzeugen wir alle Permutationen des Jungen-Arrays.

```
void permj(int m[], int j[], int anz, int start)
    {
    int i, sav;
```

```
        if( start < anz)
            {
            sav = j[ start];

            for( i = start; i < anz; i = i+1)
                {
                j[start] = j[i];
                j[i] = sav;

                permj( m, j, anz, start + 1);

                j[i] = j[start];
                }
            j[start] = sav;
            }
        else
            {
            if(bedingungen_ok(m,j))
                print_paare(m,j);
            }
        }
```

A: Nach jeder erfolgten Permutation des Jungen-Arrays wird die aktuelle Zuordnung Mädchen-Jungen-Orte überprüft und gegebenenfalls mithilfe der Ausgabefunktion print_paare ausgegeben. Wir verzichten an dieser Stelle auf die Besprechung dieser Funktion und verweisen auf die Buch-CD.

Die Funktion zur Überprüfung der Bedingungen setzt die Anforderungen aus der Aufgabe direkt in Code um. Beachten Sie, wie leicht lesbar der Code durch das Verwenden von Konstanten ist:

```
int bedingungen_ok(int m[], int j[])
    {
    if(    (j[ALEX]   == AUSSTELLUNG)
        &&(j[CLAUS]  == m[BERTA])
        &&(j[DANIEL] != m[DORIS])
        &&(m[CLARA]  == BAR)
        &&(m[DORIS]  == CIRCUS)
      )
        return 1;
    return 0;
    }
```

Lösungen

Im Hauptprogramm brauchen Sie nur noch die Arrays zu initialisieren und die Erzeugung der Permutationen anzustoßen.

A 10.5 Aus den sechs Ziffern 2, 3, 4, 5, 7 und 9 kann man zwei dreistellige Zahlen bilden, wobei jede Ziffer genau einmal verwendet wird. Erstellen Sie ein Programm, das zwei solche Zahlen so bestimmt, dass

- ▶ die Summe der beiden Zahlen möglichst klein,
- ▶ die Summe der beiden Zahlen möglichst groß,
- ▶ das Produkt der beiden Zahlen möglichst klein,
- ▶ das Produkt der beiden Zahlen möglichst groß

ist!

Vorüberlegung:

Die vorgegebenen Zahlen können in einem Array gespeichert werden. Diese Zahlen müssen wir dann permutieren, um alle möglichen Ziffernstellungen überprüfen zu können. Eine Funktion, die k-k-Permutationen durchführt, haben wir bereits in Abschnitt 7.2 kennen gelernt.

Nach jeder Permutation muss die Zahlenstellung auf die Anforderungen aus der Aufgabenstellung überprüft werden und gegebenenfalls die neuen Minimum- oder Maximumwerte sowie die zugehörigen Zahlen gespeichert werden.

In der hier vorgestellten Lösung konzentrieren wir und auf den ersten Teil der Aufgabe (Summe der beiden Zahlen möglichst klein). Die anderen Teile können dazu analog implementiert werden.

Programmausgabe:

```
Kleinste Summe:
Zahl 1: 247
Zahl 2: 359
Summe : 606
```

Das Programm:

Global legen wir die Variablen an, die die beiden kleinsten Summanden und die Summe aufnehmen werden:

```
int z1;
int z2;
int min;
```

In der folgenden Funktion überprüfen wir nach jeder erzeugten Permutation, ob die aktuellen Summanden eine kleinere Summe als die bisher kleinste ergeben:

```c
void perm( int array[], int anz, int start)
    {
    int i, sav;

    if( start < anz)
        {
        sav = array[ start];
        for( i = start; i < anz; i++)
            {
            array[start] = array[i];
            array[i] = sav;
            perm( array, anz, start + 1);
            array[i] = array[start];
            }
        array[start] = sav;
        }
    else
        {
        int temp1;
        int temp2;

        temp1 = array[0]*100+array[1]*10+array[2];
        temp2 = array[3]*100+array[4]*10+array[5];

        if(temp1+temp2 < min)
            {
            min = temp1+temp2;
            z1 = temp1;
            z2 = temp2;
            }
        }
    }
```

Im Hauptprogramm müssen nur noch alle Variablen initialisiert und die Erzeugung der Permutationen angestoßen werden.

A 10.6 Ein Taxifahrer in New York soll einen Fahrgast auf kürzestem Wege über eine bestimmte Anzahl von Blöcken von einem Punkt A zu einem süd-östlich gelegenen Punkt B bringen.

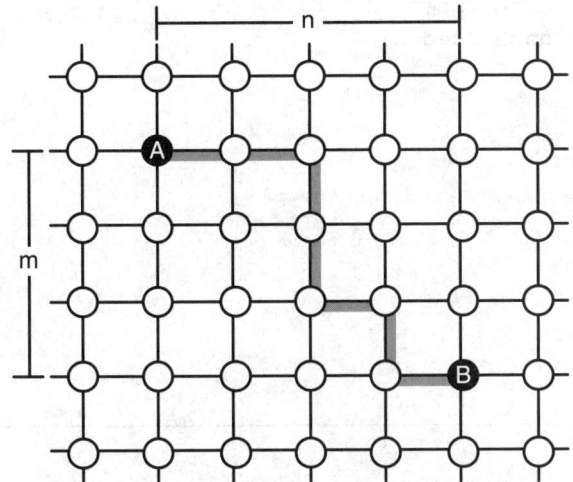

Erstellen Sie ein Programm, das zunächst die Anzahl der Blöcke, die nach Süden bzw. nach Osten zu fahren sind, erfragt und dann alle möglichen Fahrtrouten in Form konkreter Fahranweisungen ausgibt. Im Falle der oben eingezeichneten Fahrtroute lautet die Fahranweisung etwa:

```
O-O-S-S-O-S-O
```

Vorüberlegung:

Der Taxifahrer wird in unserem Beispiel auf jeden Fall genau vier mal nach Osten und drei mal nach Süden fahren müssen. In welcher Reihenfolge er dies vornimmt, ist gleichgültig.

Diese Wahlmöglichkeiten des Taxifahrers können wir direkt in ein kombinatorisches Modell überführen:

Der Taxifahrer hat eine Lostrommel mit n+m Kugeln. Diese Kugeln sind von 1 bis n+m durchnummeriert. Er zieht nacheinander m Kugeln und legt sie nicht wieder in die Lostrommel zurück. Die Nummern auf den Kugeln geben ihm vor, an welchen Kreuzungen er nach Süden fahren muss.

Es handelt sich ganz offensichtlich um Kombinationen ohne Wiederholungen.

Auch hier werden wir den bereits bekannten Algorithmus verwenden, um die möglichen Fahrtrouten zu bestimmen. Wir werden alle $\binom{n+m}{m}$ Kombinationen erzeugen. Damit werden wir alle möglichen Positionen von 'S' für Süden berechnen können und brauchen sie dann nur noch dementsprechend auszugeben.

Programmdialog:

```
Anzahl der Bloecke nach Osten: 3
Anzahl der Bloecke nach Sueden: 2


    1: S-S-O-O-O
    2: S-O-S-O-O
    3: S-O-O-S-O
    4: S-O-O-O-S
    5: O-S-S-O-O
    6: O-S-O-S-O
    7: O-S-O-O-S
    8: O-O-S-S-O
    9: O-O-S-O-S
   10: O-O-O-S-S
```

Das Programm:

Wie in der Vorüberlegung dargestellt, können wir den komb_ow-Algorithmus genauso übernehmen, wie er im Buchbeispiel vorgestellt wurde.

Schauen wir uns deshalb zuerst die Ausgabefunktion an:

```
    void print_array( int n, int k, int array[])
       {
       static int count = 0;
       int i, j;

       printf( "%3d: ", ++count);
       for( i = 0, j = 0; i < n-1; i++)
          {
A         if(array[j]-1 == i)
             {
             j++;
             printf("S-");
             }
          else
B            printf("O-");
          }
       if(array[j]-1 == i)
             printf("S\n");
          else
             printf("O\n");
       }
```

A: An den berechneten Positionen geben wir Süden ...

B: ... ansonsten Osten aus.

Das Hauptprogramm ist nach der Ausführung in der Vorüberlegung nun auch leicht nachzuvollziehen:

```
main()
    {
    int array[100];
    int n, m;

    ... Einlesen der Daten ...

    komb_ow( n+m, m, array, 0);
    }
```

A 10.7 Wir erweitern das Straßennetz von New York durch Hinzufügen von Diagonalverbindungen:

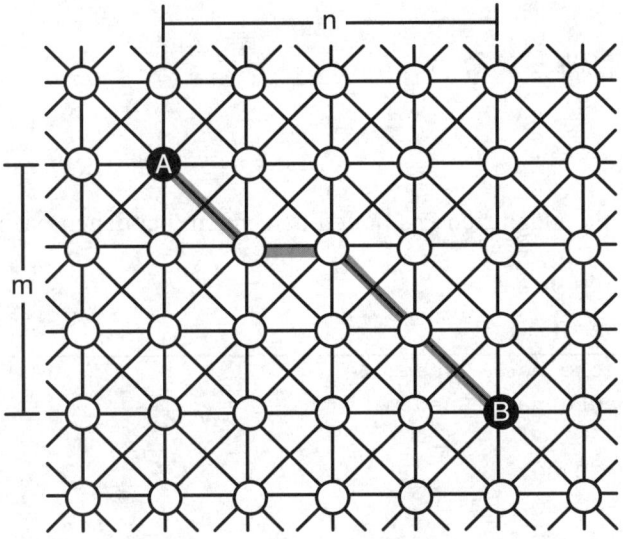

Geben Sie auch in dieser Situation dem Taxifahrer alle möglichen Fahrtrouten minimaler Länge als Hilfestellung zur Hand. In dem oben eingezeichneten Beispiel ist die Fahrtroute:

```
SO-O-SO-SO
```

Vorüberlegung:

Der Taxifahrer muss bei diesem Straßennetz immer genau $|n-m|$-mal nach Osten fahren. Wann er diese Möglichkeit nutzt, ist auch hier nicht von Belang. In den übrigen Fällen wird er auf jeden Fall Richtung Süd-Osten fahren müssen, um auf dem kürzesten Wege ans Ziel zu gelangen.

Gehen wir einmal davon aus, dass n größer ist als m, dann können wir dieses Problem einfach kombinatorisch ausdrücken:

In einer Lostrommel liegen n durchnummerierte Kugeln. Der Taxifahrer nimmt nacheinander n-m Kugeln heraus, notiert sich die Nummern der Kugel und legt sie nicht wieder in die Trommel hinein. Die Nummern auf den Kugeln geben ihm vor, an welchen Kreuzungen er nach Osten fahren muss.

Es handelt sich bei dieser Problemstellung also ebenfalls um Kombinationen ohne Wiederholungen.

Sollte m größer als n sein, brauchen wir einfach nur die Variablen zu vertauschen.

In unserem Programm müssen wir also alle Kombinationen der folgenden Form berechnen:

$$\binom{n}{n-m} = \binom{n}{m} \text{ , falls } n > m$$

$$\binom{m}{m-n} = \binom{m}{n} \text{ sonst.}$$

Damit können wir alle möglichen Positionen berechnen, bei denen nach Osten zu fahren ist.

Programmdialog:

```
Anzahl der Bloecke nach Osten: 6
Anzahl der Bloecke nach Sueden: 4

 1: O-O-SO-SO-SO-SO
 2: O-SO-O-SO-SO-SO
 3: O-SO-SO-O-SO-SO
 4: O-SO-SO-SO-O-SO
 5: O-SO-SO-SO-SO-O
 6: SO-O-O-SO-SO-SO
 7: SO-O-SO-O-SO-SO
 8: SO-O-SO-SO-O-SO
 9: SO-O-SO-SO-SO-O
10: SO-SO-O-O-SO-SO
```

```
11:  SO-SO-O-SO-O-SO
12:  SO-SO-O-SO-SO-O
13:  SO-SO-SO-O-O-SO
14:  SO-SO-SO-O-SO-O
15:  SO-SO-SO-SO-O-O
```

Das Programm:

Die Änderungen zum letzten Programm sind nur marginal. Natürlich wird sich die Ausgabefunktion verändern, da wir nur noch die Fahrtrichtungen »O« und »SO« ausgeben.

In der Hauptfunktion ändern wir auch, wie in der Vorüberlegung erläutert, den Funktionsaufruf zur Erzeugung der Kombinationen:

```
main()
    {
    int array[100];
    int n, m;

    ... Einlesen der Daten ...


    if(n > m)
        komb_ow( n, n-m, array, 0);
    else
        komb_ow( m, m-n, array, 0);
    }
```

A 10.8 Erstellen Sie ein Programm, das alle Teilmengen der Menge

$\{1, 2, ... n\}$ ausgibt! Der Benutzer soll zuvor die Zahl n im Bereich von 1 bis 20 frei wählen können!

Vorüberlegung:

Lassen Sie uns zunächst auch diese Problemstellung in die Kombinatorik »übersetzen«. Wir haben n nummerierte Kugeln in unserer Lostrommel, im Beispiel aus der Aufgabe also drei. Wir müssen eine bestimmte Anzahl von Kugeln ziehen und dürfen sie nicht wieder in die Trommel hineinlegen, um Teilmengen zu bilden. Auch hier haben wir es also mit Kombinationen ohne Wiederholungen zu tun.

Die 0-elementige Teilmenge ist immer die leere Menge, das ist auch der einfachste Fall. Bei der 1-elementigen Teilmenge bildet jede einzeln gezogene Kugel eine Teilmenge. Die Reihenfolge der Teilmengen ist dabei egal. Wir haben also $\binom{n}{1}$ Möglichkeiten, eine Teilmenge zu bilden.

Bei der 2-elementigen Teilmenge müssen wir immer zwei Kugeln ziehen, um eine Teilmenge zu bilden. Damit haben wir $\binom{n}{2}$ Möglichkeiten, eine Teilmenge zu erstellen.

Wie man bereits erkennt, fährt das Verfahren so fort, bis wir schließlich bei $\binom{n}{n}$, also nur noch einer Möglichkeit, angelangen.

Programmdialog:

```
Anzahl Elemente (1-20): 4

0-elementige Teilmengen

    {}

1-elementige Teilmengen

    {1}
    {2}
    {3}
    {4}

2-elementige Teilmengen

    {1,2}
    {1,3}
    {1,4}
    {2,3}
    {2,4}
    {3,4}

3-elementige Teilmengen

    {1,2,3}
    {1,2,4}
    {1,3,4}
    {2,3,4}

4-elementige Teilmengen

    {1,2,3,4}
```

Das Programm:

Zur Lösung der Aufgabe können wir das Programm komb_ow fast genauso übernehmen, wie es im Buch vorgestellt wurde. Wir ändern lediglich die Ausgabefunktion print_array. Außerdem muss die Hauptfunktion angepasst werden:

```
void main()
    {
    int array[20];
    int n;
    int i;

    printf("Anzahl Elemente (1-20): ");
    scanf("%d", &n);

A   for( i = 0; i <= n; i++ )
        {
        printf("\n%d-elementige Teilmengen\n\n", i);
        komb_ow( n, i, array, 0);
        }
    }
```

A: In einer einfachen Schleife bilden wir alle $\binom{n}{0}$ bis $\binom{n}{n}$-Kombinationen.

A 10.9 Vor einer geschlossenen Bank hat sich eine Warteschlange von n Personen gebildet. Als die Bank öffnet, betreten die Personen nacheinander die Schalterhalle und stellen sich jeweils in einer möglichst kurzen Schlange an einem der drei vorhandenen Schalter an. Wir viele verschiedene Aufstellmöglichkeiten gibt es für die n Personen?

Vorüberlegung:

Der erste Kunde hat drei Möglichkeiten sich an einer Kasse anzustellen. Der zweite Kunde hat deren nur noch zwei, weil die Schlangen möglichst kurz sein sollen. Für den dritten Kunden bleibt dann also nur noch eine Möglichkeit. Beim vierten sind es wieder drei usw. Insgesamt sind es also 3*2*1*3*2*1*... Möglichkeiten. Die Multiplikation muss fortgeführt werden, bis wir bei n Faktoren angelangen.

Damit haben wir eigentlich bereits die Lösung der Aufgabe. Lassen Sie uns diese nur noch etwas formaler notieren:

Anzahl der Aufstellmöglichkeiten a für n Personen:

$$a = \begin{cases} (3!)^{\frac{n}{3}} & \text{falls } n \quad \text{durch 3 teilbar} \\ (3!)^{\frac{n-1}{3}} \cdot 3 & \text{falls } n-1 \text{ durch 3 teilbar} \\ (3!)^{\frac{n-2}{3}} \cdot 3 \cdot 2 & \text{sonst} \end{cases}$$

$$a = \begin{cases} (6)^{\frac{n}{3}} & \text{falls } n \quad \text{durch 3 teilbar} \\ (6)^{\frac{n-1}{3}} \cdot 3 & \text{falls } n-1 \text{ durch 3 teilbar} \\ (6)^{\frac{n-2}{3}} \cdot 6 & \text{sonst} \end{cases}$$

Kapitel 12

A 12.1 Stellen Sie die in diesem Abschnitt diskutierten Sortierverfahren auf die Sortierung von Gleitkommazahlen um!

Vorüberlegung:

Die Umstellung von Integer- auf Gleitkommazahlen bedeutet prinzipiell nicht mehr, als den Sortierfunktionen anstatt eines Integer-Arrays ein Float-Array zu übergeben.

Die Vergleichsoperatoren < oder > haben bei Gleitkommazahlen dieselbe Funktion wie bei Integerzahlen, so dass wir uns um diesen Punkt nicht mehr kümmern müssen. Dies klingt vielleicht selbstverständlich, muss es aber nicht unbedingt sein. Stellen Sie sich vor, wir müssten diese Funktionen auf die Sortierung von Büchern umstellen. Dann könnten wir unsere bisherigen Vergleichsoperatoren nicht mehr so einfach verwenden. Man kann Bücher ja nach Autoren, nach Themengebieten, nach Literatur-Epochen und vielen anderen Kriterien sortieren. Wir müssten uns für eines dieser Kriterien entscheiden und eine Vergleichsfunktion bereitstellen.

In unserem Fall ist es jedoch noch ganz einfach. Die Anpassungen in den einzelnen Algorithmen sind untereinander sehr ähnlich, weshalb wir uns hier nur die Umstellung des Bubblesort-Algorithmus anschauen wollen.

Programmausgabe:

```
Anzahl Zahlen: 11
Startwert ZF-Generator: 11
Vorher:
1.542 1.528 0.478 9.812 12.526 2.659 5.880 15.844 0.574 19.1
43 6.493
Nachher:
0.478 0.574 1.528 1.542 2.659 5.880 6.493 9.812 12.526 15.84
4 19.143
```

Das Programm:

Wir passen zuerst die Sortierfunktion an:

```
A  void bubblesort( int n, float daten[])
       {
       int i, k;
B      float t;
       ... unveränderter Code ...
       }
```

A: Die einzigen Änderungen, die wir vornehmen müssen, sind den Variablentyp des übergebenen Arrays ...

B: ... sowie den temporären Speicher in float zu ändern.

Wir schauen uns nun lediglich die Initialisierungsfunktion des Arrays an. Die Änderungen an der Ausgabe sowie am Hauptprogramm sind nahezu trivial:

```
A  void init_data( int anz, float array[])
       {
       int i;

       for( i = 0; i < anz; i++)
B          array[i] = (float)(rand() % 1000)/(float)(rand() % 100);
       }
```

A: Auch dieser Funktion müssen wir nun ein Array von Gleitkommazahlen übergeben.

B: Durch eine Division und Typenumwandlung erhalten wir aus Integerzahlen Gleitkommazahlen.

A 12.2 Jemand zeigt Ihnen stolz ein einfaches Sortierprogramm, das er geschrieben hat:

```
void sort(int anzahl, int daten[])
    {
    int i, t;

    for( i = 1; i < anzahl; i++ )
        {
        if(daten[i-1] < daten[i])
            {
            t = daten[i];
            daten[i] = daten[i-1];
```

```
                daten[i-1] = t;
                i = 0;
                }
            }
        }
```

Prüfen Sie zunächst, ob das Programm korrekt arbeitet!

Der Ersteller des Programms behauptet, dass dieses Programm, weil es nur eine Schleife hat, asymptotisch linear und somit besser als alle bekannten Sortierverfahren ist.

Widerlegen Sie diese Behauptung, indem Sie die Laufzeitkomplexität dieses Programms untersuchen und mit der Laufzeitkomplexität bekannter Sortierprogramme vergleichen!

Vorüberlegung:

Lassen Sie uns zunächst überlegen, wie dieses Programm arbeitet.

In der einzigen vorhandenen Schleife laufen wir von 1 bis anzahl-1 hoch. Stoßen wir auf ein Datenpaar, bei dem der Vorgänger kleiner ist als sein Nachfolger, tauschen wir sie um. Es handelt sich also offensichtlich um eine absteigende Sortierung.

Zur Bestimmung der Laufzeit schauen wir uns ein beliebiges Element k an. Um dieses Element auf seine richtige Position zu bringen, benötigt der Algorithmus bis zu k Durchläufe, da er nach jedem einzelnen Umtauschen wieder komplett von vorne anfängt. Wir können uns dies leicht grafisch verdeutlichen:

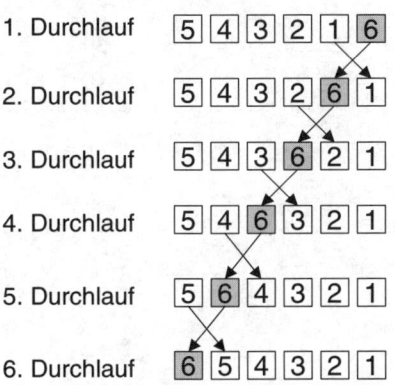

Somit gilt für die Laufzeit für die Positionierung des k-ten Arrayelementes:

$$t_{elem}(n) = \sum_{i=1}^{k} i$$

Da die Positionierung für alle Arrayelemente erfolgen muss, ergibt sich insgesamt:

$$t_{sort}(n) = \sum_{k=1}^{n} \sum_{i=1}^{k} i$$

$$t_{sort}(n) = \sum_{k=1}^{n} \frac{k(k+1)}{2}$$

$$t_{sort}(n) = \frac{1}{2} \sum_{k=1}^{n} (k^2 + k)$$

$$t_{sort}(n) \geq \sum_{k=1}^{n} k^2$$

$$t_{sort}(n) \geq n^3$$

Damit liegt das Sortierverfahren in der Laufzeitklasse

$$t_{sort}(n) \approx n^3$$

Es ist also schlechter als alle anderen in diesem Buch vorgestellten Soriterverfahren.

Kapitel 13

A 13.1 In einem Homebanking-Programm finden Sie die folgende Eingabemaske für einen Überweisungsauftrag:

Erstellen Sie eine Datenstruktur, die alle Informationen dieses Formulars aufnehmen kann! Für den Überweisungsbetrag sehen Sie dabei eine Gleitkommazahl und für die beiden Termine eine einheitliche Unterstruktur mit Tag, Monat und Jahr vor! Alle anderen Eingaben (auch Kontonummer und Bankleitzahl) speichern Sie in Textfeldern geeigneter Länge ab!

Legen Sie in Ihrem Programm einen Array für 10 Überweisungen an und erstellen Sie die nötigen Funktionen, um Daten für die Überweisungen einzugeben, zu ändern bzw. anzuzeigen! Versehen Sie das Programm mit einer geeigneten Benutzerschnittstelle!

Die Datenstrukturen:

Schauen wir uns zunächst die benötigten Datenstrukturen an:

```
A  struct datum
      {
      int tag;
      int monat;
      int jahr;
      };

B  struct ueberweisung
      {
      char empfaenger[100];
      char ktnr_empf[10];
      char blz[10];
      char institut[100];
      float betrag;
      char verwendung1[100];
      char verwendung2[100];
      char auftraggeb[100];
      char ktnr_auftr[10];
      struct datum termin;
      struct datum ausgef;
      };
```

A: Für die beiden Termine legen wir eine Datumsstruktur an, die natürlich einen Tag, Monat und ein Jahr enthält.

B: Die Datenstruktur ueberweisung enthält alle Felder, die in einem Überweisungsschein vorkommen.

Nun können wir die Eingabefunktion implementieren.

Programmdialog (Eingabefunktion):

```
Empf (Name, Vorname): Mustermann, Max
Konto-Nr. des Empf: 123456789
BLZ: 987654321
bei (Kreditinstitut): Musterbank
Betrag: EUR.Cent: 99.99
Verwendungszweck: Musterrechnung
noch Verwendungszweck:
Auftraggeber: Mustermann GmbH
```

```
Konto-Nr. des Auftr: 11111111
Zahlungstermin [DD.MM.YYYY]: 11.11.2002
Ausgefuehrt am [DD.MM.YYYY]: 12.12.2002
```

Das Programm (Eingabefunktion):

Die Eingabefunktion erhält als Parameter einen Zeiger auf den aktuellen Daten-satz und liest alle Werte ein, die wir in ueberweisung deklariert haben.

```
void eingabe(struct ueberweisung *u)
    {
    printf("\n");
    printf("Empf (Name, Vorname): ");
    gets(u->empfaenger);
    printf("Konto-Nr. des Empf: ");
    gets(u->ktnr_empf);
    printf("BLZ: ");
    gets(u->blz);
    ... weitere Eingaben ...
    }
```

Die Ausgabefunktion ist auf die gleiche Art aufgebaut, abgesehen davon, dass sie die Werte nun einfach ausgibt, anstatt sie einzulesen. Sie wird an dieser Stelle nicht besprochen.

Die Funktion zur Änderung muss dem Benutzer zuerst den aktuellen Datensatz anzeigen und ihm die Freiheit geben, so viele Daten in beliebiger Reihenfolge zu ändern, wie er es sich wünscht.

Programmausgabe (Änderungsfunktion):

```
Position 1:
1.  Empf (Name, Vorname): Mustermann, Max
2.  Konto-Nr. des Empf: 123456789
3.  BLZ: 987654321
4.  bei (Kreditinstitut): Musterbank
5.  Betrag: EUR.Cent: 99.99
6.  Verwendungszweck: Musterrechnung
7.  noch Verwendungszweck:
8.  Auftraggeber: Mustermann GmbH
9.  Konto-Nr. des Auftr: 11111111
10. Zahlungstermin [DD.MM.YYYY]: 11.11.2002
11. Ausgefuehrt am [DD.MM.YYYY]: 12.12.2002
```

```
Nummer des Feldes [0 = Ende der Aenderung]: 4
bei (Kreditinstitut): Grossmusterbank

1.   Empf (Name, Vorname): Mustermann, Max
2.   Konto-Nr. des Empf: 123456789
3.   BLZ: 987654321
4.   bei (Kreditinstitut): Grossmusterbank
5.   Betrag: EUR.Cent: 99.99
6.   Verwendungszweck: Musterrechnung
7.   noch Verwendungszweck:
8.   Auftraggeber: Mustermann GmbH
9.   Konto-Nr. des Auftr: 11111111
10.  Zahlungstermin [DD.MM.YYYY]: 11.11.2002
11.  Ausgefuehrt am [DD.MM.YYYY]: 12.12.2002


Nummer des Feldes [0 = Ende der Aenderung]:
```

Das Programm (Änderungsfunktion):

Diese Funktion fragt den Benutzer so lange nach Änderungen, bis er durch die Eingabe einer 0 die Änderungsprozedur beendet:

```
void aenderung(struct ueberweisung *u)
    {
    int num;

    while (1)
        {
        ausgabe(u);

        printf("Nummer des Feldes [0 = Ende der Aenderung]: ");
        scanf("%d", &num);
        fflush(stdin);

        if(num == 0)
            break;

        switch(num)
            {
            case 1:
                printf("Empf (Name, Vorname): ");
                gets(u->empfaenger);
                break;
            case 2:
```

```
                    printf("Konto-Nr. des Empf: ");
                    gets(u->ktnr_empf);
                    break;

              ... restlichen Positionen ...

            default:
                printf("\n1-11 zum Aendern, 0 zum Beenden.\n");
                break;
            }
        }
    }
```

Zuletzt fehlt uns noch das Hauptprogramm. Dieses hat die Aufgabe, als zentrale Interaktionsschnittstelle zwischen dem Benutzer und der Programmfunktionalität zu fungieren.

Programmdialog (Hauptprogramm):

```
e       = Neueingabe einer Position
a pos   = Ausgabe einer Position
c pos   = Aendern einer Position
x       = Ende

Befehl:
```

Das Programm (Hauptprogramm):

```
    void main()
        {
A       struct ueberweisung u[10];

        static unsigned int anzahl = 0;
        unsigned char com;
        unsigned int pos;

        while(1)
            {
            fflush(stdin);
            printf("e       = Neueingabe einer Position\n");
            printf("a pos   = Ausgabe einer Position\n");
            printf("c pos   = Aendern einer Position\n");
            printf("x       = Ende\n\n");
```

```
B        printf("Befehl: ");
         com = getchar();

         if(com == 'x')
             break;

C        switch(com)
             {
D            case('e'):
                 if(anzahl > 9)
                     printf("Speicher voll!\n");
                 else
                     {
                     fflush(stdin);
                     eingabe(u+anzahl);
                     anzahl++;
                     }
                 break;

E            case('a'):
                 scanf("%d", &pos);
                 if((pos <= anzahl) && (pos > 0))
                     {
                     printf("\nPosition %d:", pos);
                     ausgabe(u+pos-1);
                     }
                 else
                     printf("\nPosition ungueltig!\n");
                 break;
             ... weitere Befehle ...
             default:
                 ;
             }
         printf("\n");
         }
     }
```

A: Ein Array für 10 Überweisungen wird angelegt.

B: In einer Endlosschleife fragen wir zunächst den Befehlsbuchstaben ab. Sollte dieser ein 'x' sein, beenden wir sofort das Programm.

C: Der Kommandobuchstabe wird »untersucht«.

D: Im Falle eines 'e' rufen wir die Eingabefunktion auf.

E: Im Falle eines 'a' erfragen wir den Index der Überweisung und rufen dann die Ausgabefunktion auf, usw.

A 13.2 Ändern Sie die Implementierung des abstrakten Datentyps `stack` so ab, dass als Datenstruktur statt einer Liste ein Array verwendet wird! Legen Sie dazu die folgende Datenstruktur an:

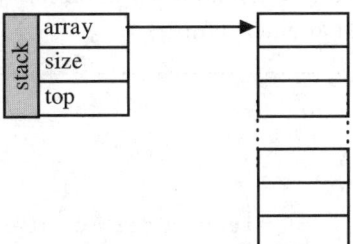

Verwenden Sie einen Array, den Sie mit `calloc` in einer bestimmten Initialgröße (z. B. 100) allokieren und bei Bedarf mit `realloc` um einen bestimmten Betrag (z. B. 50) vergrößern! Speichern Sie dazu in `size` die aktuelle Größe des Arrays und in `top` den Index des ersten freien Elements! Lassen Sie die Schnittstelle des ADT unverändert, damit Sie den Testrahmen der alten Implementierung weiter verwenden können!

Vorüberlegung:

Wir werden die Funktionsschnittstellen für den Stack aus Abschnitt 14.8.1 übernehmen. Was wir ändern müssen, ist deren Implementierung. Weiterhin muss in der Datei `stack.h` die Strukturdefinition für einen Stack verändert werden, da er nun nicht als eine Liste aufgebaut wird, sondern durch einen Array dargestellt wird.

Programmausgabe:

```
Push: 0 1 2 3 4 5 6 7 8 9
Pop : 9 8 7 6 5 4 3 2 1 0
```

Das Programm:

In der Header-Datei verändern wir die Datenstruktur `stack` auf folgende Weise:

```
struct stack
    {
    int *array;
    int size;
```

```
    int top;
    };
```

Nun können wir uns der Implementierung der einzelnen Stack-Funktionen in der Datei stack.c zuwenden:

Beim Erschaffen des Stacks müssen wir sowohl den Speicherplatz für die Datenstruktur stack allokieren als auch den Speicherplatz für das Array, das in dieser Datenstruktur enthalten ist. Zur Vereinfachung verzichten wir in dieser Funktion auf Überprüfungen, ob die Struktur korrekt allokiert wurde:

```
struct stack *stck_construct()
    {
    struct stack *stck;

    stck = (struct stack *)malloc( sizeof( struct stack));
    stck->array = (int *) malloc(100*sizeof(int));
    stck->top = 0;
    stck->size = 100;
    return stck;
    }
```

In der push-Funktion müssen wir darauf achten, dass der Stack nicht überläuft und gegebenenfalls neuen Speicherplatz hinzuallokieren:

```
int stck_push( struct stack *stck, int val)
    {
    if(stck->top == stck->size)
        {
        stck->array = (int *) realloc(stck->array,
                            (stck->size + 50)*sizeof(int));
        stck->size += 50;
        }

    stck->array[stck->top] = val;
    stck->top++;
    return 1;
    }
```

Die pop-Funktion muss überprüfen, ob überhaupt noch ein Element zur Entnahme vorhanden ist:

```
int stck_pop( struct stack *stck, int *val)
   {
   if(stck->top == 0)
      return 0;

   stck->top--;
   *val = stck->array[stck->top];
   return 1;
   }
```

Beachten Sie bitte, dass der »Zeiger« top immer auf das nächstfreie Element im Array zeigt. Deshalb muss er dekrementiert werden, bevor ein bereits vorhandenes Element vom Stack genommen wird.

Am Ende muss jeder allokierte Speicherplatz wieder freigegeben werden:

```
void stck_destruct( struct stack *stck)
   {
   if(stck)
      {
      if(stck->array)
         free(stck->array);
      free(stck);
      }
   }
```

A 13.3 Führen Sie analoge Änderungen wie in Aufgabe A 13.2 auch für Queues durch!

Programmausgabe:

```
Put: 0 1 2 3 4 5 6 7 8 9
Get: 0 1 2 3 4 5 6 7 8 9
```

Das Programm:

Ganz entsprechend der letzten Aufgabenlösung verändern wir zuerst die Header-Datei so, dass der Datentyp Queue durch einen Array simuliert werden kann:

```
struct queue
   {
   int *array;
   int size;
   int last;
   };
```

In der Funktion `queue_construct` allokieren wir den benötigten Speicherplatz genauso, wie wir es in der vorigen Aufgabe für den Stack getan haben. Ebenso wird dieser Speicher auf die gleiche Weise in der Funktion `que_destruct` freigegeben. Auch die `put`-Funktion entspricht der `push`-Funktion des Stacks.

Etwas anders gestaltet sich die `get`-Funktion. Beim Datentyp `queue` müssen wir immer das erste Element aus dem Array herausnehmen, wodurch uns sozusagen ein »Loch« an der Position mit dem Index 0 entsteht. Deshalb müssen nach jeder Entnahme die restlichen Elemente eine Position aufrücken:

```
int que_get( struct queue *que, int *val)
    {
    int i;

    if(que->last == 0)
        return 0;

    *val = que->array[0];
    que->last--;
    for(i = 0; i < que->last; i++)
        que->array[i] = que->array[i+1];
    return 1;
    }
```

A 13.4 In einer Datei stehen Namen und Größenangaben von Dinosauriern. Name und Größe sind dabei durch ein Leerzeichen, einzelne Datensätze durch einen Zeilenvorschub getrennt. Am Anfang der Datei steht als zusätzliche Hilfe für das Einlesen der Daten die Gesamtzahl der Datensätze:

```
10
Tyrannosaurus 12
Euoplocephalus 6
Triceratops 7
Pachycephalosaurus 6
Shantungosaurus 15
Ornithominus 4
Deinonychus 3
Iguanodon 9
Stegosaurus 6
Brachiosaurus 25
```

Lesen Sie den Inhalt dieser Datei in eine Datenstruktur ein, indem Sie zunächst die Anzahl lesen, dann entsprechend der Anzahl einen Array von Zeigern auf Dinosaurier (`struct DINO`) bereitstellen (siehe `calloc` in Abschnitt 14.6) und dann Dinosaurier für Dinosaurier so einlesen, dass die folgende Datenstruktur aufgebaut wird:

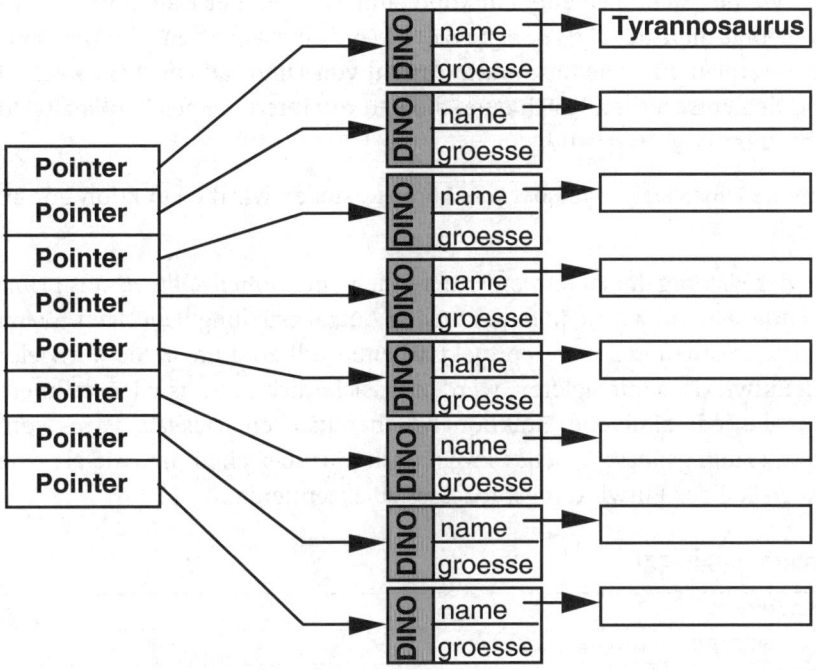

Zum Einlesen eines einzelnen Dinosauriers allokieren Sie zunächst die Datenstruktur für einen Dinosaurier (`DINO`). Lesen Sie dann den Namen aus der Datei in einen ausreichend großen Puffer ein! Allokieren Sie Speicher für den Namensstring entsprechend der Länge des Namens, kopieren Sie den Namen in den Speicher (`strcpy`) und stellen Sie die Zeigerverbindung zwischen Datenstruktur und String her! Die Größe des Dinosauriers können Sie natürlich direkt in die Datenstruktur `DINO` einlesen.

Testen Sie die Datenstruktur durch ein Hauptprogramm, in dem Sie fortlaufend Nummern eingeben können, um dann den Dinosaurier mit dem entsprechenden Index angezeigt zu bekommen.

Vorüberlegung:

Um das Programm möglichst flexibel und wieder verwendbar zu gestalten, werden wir es auf drei Dateien aufteilen: Header-Datei (`dinos.h`), Datei mit Funktionsimplementierungen (`dinos.c`) und eine Hauptdatei (`A13.4.c`).

Bevor wir mit der Implementierung der einzelnen Funktionen beginnen, sollten wir uns Gedanken machen, welche Funktionalität unseres Dino-Moduls gewünscht sein kann.

Wir werden sicherlich eine Funktion zum Einlesen der Datensätze aus der Textdatei brauchen (`get_dinos_from_file`), eine Funktion, die den benötigten Speicherplatz für eine bestimmte Anzahl von Dinos allokiert (`create_dinos`), und dementsprechend auch eine, die den reservierten Speicherplatz wieder freigibt (`destroy_dinos`).

Um die Dinosaurier speichern zu können, stellen wir die Funktion `enter_dino` bereit.

Bei der Planung der zu implementierenden Funktionen sollte es uns primär nicht wichtig sein, ob wir sie in der aktuellen Aufgabestellung benötigen. Wenn Sie an einem ernsthaften Softwareprojekt arbeiten sollten, in dem Sie mit vielen anderen Entwicklern interagieren, werden sie sicherlich Schnittstellen definieren müssen, die jede sinnvolle Funktionalität bereitstellen. Deshalb ist es vernünftig, diese Planungsphase in jedes Projekt mit einzubeziehen, und sie als einen integralen Teil des Entwicklungsprozesses zu akzeptieren.

Programmdialog:

```
Index: 0
    Tyrannosaurus, 12
Index: 1
    Euoplocephalus, 6
Index: 8
    Stegosaurus, 6
Index: 9
    Brachiosaurus, 25
```

Das Programm:

Zunächst implementieren wir die benötigte Header-Datei, in der wir neben den Funktionsdefinitionen auch die Datenstruktur `dino` entsprechend der Aufgabenstellung deklarieren:

```
   #ifndef __DINOS_H__
   #define __DINOS_H__

A  struct Ddata
      {
      char *name;
      int groesse;
      };
```

```
B  struct dinos
      {
      int anz;
      struct Ddata **dino;
      };
   struct dinos *create_dinos(int num);
   void destroy_dinos(struct dinos *d, int num);
   struct dinos *get_dinos_from_file();
   void enter_dino(struct dinos *d,int index,char *name, int size);

   #endif
```

A: Dies ist die Struktur für einen Dino-Datensatz.

B: Diese Struktur beinhaltet das Array von Zeigern auf Dino-Datensätze und deren Anzahl.

In der Datei `dinos.c` werden, wie erläutert, diese Funktionen implementiert. `create_dinos` allokiert den Speicherplatz für eine bestimmte Anzahl von Dinosauriern:

```
   struct dinos *create_dinos(int num)
      {
      struct dinos *d;
      int i;

A     d = (struct dinos*) malloc(sizeof(struct dinos));

B     d->dino=(struct Ddata**)calloc(num,sizeof(struct Ddata*));

C     for(i = 0; i < num; i++)
         {
         d->dino[i]=(struct Ddata*)malloc(sizeof(struct Ddata));
         d->dino[i]->name = 0;
         }
      d->anz = num;
      return d;
      }
```

A: Zuerst allokieren wir den Speicherplatz für die Struktur, die alle Zeiger auf Dinos beinhaltet.

B: Dann wird der Speicherplatz für num Zeiger auf Dino-Datensätze allokiert.

C: Zuletzt allokieren wir für jeden dieser Zeiger noch den Speicher für einen Dino-Datensatz.

`destroy_dinos` gibt diesen und den Speicher für die Namen, den wir erst beim Einlesen allokieren werden, wieder frei. Auch hier verzichten wir auf Prüfungen, ob dieser Speicher zuvor richtig allokiert wurde:

```
void destroy_dinos(struct dinos *d, int num)
    {
    int i;

    for(i = 0; i < num; i++)
        {
        if(d->dino[i]->name)
            free(d->dino[i]->name);
        free(d->dino[i]);
        }
    free(d->dino);
    free(d);
    }
```

Einen Datensatz können wir mit der Funktion `enter_dino` speichern. Sie muss auch den Speicher für den Dinonamen allokieren:

```
void enter_dino(struct dinos *d, int index, char *name, int size)
    {
    d->dino[index]->name = (char*) malloc(strlen(name)+1);
    strcpy(d->dino[index]->name, name);
    d->dino[index]->groesse = size;
    }
```

Die Funktion `get_dinos_from_file` liest die Datensätze aus der Dino-Datei aus und speichert sie ab. Den Array der Zeiger auf die Dinos gibt sie schließlich an das rufende Programm zurück. Auch hier verzichten wir zur Vereinfachung auf Prüfungen, wie z. B., ob die Datei geöffnet werden konnte:

```
struct dinos* get_dinos_from_file()
    {
    FILE* fp;
    struct dinos* d;
    int i;
    char name_temp[256];
    int size_temp;
```

```
     fp = fopen("dinos.txt", "r");

     fscanf(fp, "%d", &i);
     if(i <= 0)
         return 0;
A    d = create_dinos(i);
     for(i = 0; i < d->anz; i++)
         {
B            fscanf(fp, "%s %d", name_temp, &size_temp);

C            enter_dino(d, i, name_temp, size_temp);
         }

     fclose(fp);
     return d;
     }
```

A: Der Speicherplatz für die Dinos wird allokiert.

B: Die nächste Zeile der Dino-Datei wird eingelesen und in temporären Speichern abgelegt.

C: Der Datensatz wird in der vorgesehenen Struktur abgespeichert.

Übrig bleibt noch das sehr schlichte Hauptprogramm, das wohl keiner Erklärung bedarf:

```
void main()
    {
    struct dinos *d;
    int index = 1;

    if(!(d = get_dinos_from_file()))
        {
        printf("Fehler beim Einlesen der Dinos!\n");
        exit(1);
        }

    while(1)
        {
        printf("Index: ");
        scanf("%d", &index);
        if((index < 0) || (index >= d->anz))
            {
```

```
                    printf("Unzulaessiger Index!\n");
                    break;
                }
            printf("     %s, %d\n", d->dino[index]->name
                                  , d->dino[index]->groesse);
        }

    destroy_dinos(d, d->anz);
    }
```

A 13.5 Erweitern Sie das Programm aus Aufgabe 13.4 so, dass die Dinosaurier-Daten nach dem Einlesen in die Datenstruktur alphabetisch nach Namen sortiert werden!

Nehmen Sie dazu einen der Sortieralgorithmen (z. B. insertionsort) aus Kapitel 12 und ändern Sie ihn so ab, dann statt eines Arrays von Integer-Zahlen ein Array von Zeigern auf Dinosaurier an der Schnittstelle übergeben wird! Sorgen Sie dafür, dass überall dort, wo zwei Zahlen im Array verglichen werden, jetzt zwei über Zeiger im Array gegebene Dinosaurier bezüglich ihres Namens verglichen werden! Kapseln Sie den Vergleich in einer Funktion nvergleich(DINO *d1, DINO *d2), die je nach Vergleichsergebnis den Wert −1 (kleiner), 0 (gleich) oder 1 (größer) zurückgibt!

Nach dem Sortieren sollten die Dinosaurier der Reihe nach ausgegeben werden.

Hinweis: Vertauschen sollten Sie natürlich nur die Zeiger im Array und nicht die Inhalte der Datenstrukturen.

Programmausgabe:

```
Eingelesen:
    Tyrannosaurus, 12
    Euoplocephalus, 6
    Triceratops, 7
    Pachycephalosaurus, 6
    Shantungosaurus, 15
    Ornithominus, 4
    Deinonychus, 3
    Iguanodon, 9
    Stegosaurus, 6
    Brachiosaurus, 25
```

```
Sortiert nach Name:
    Brachiosaurus, 25
    Deinonychus, 3
    Euoplocephalus, 6
    Iguanodon, 9
    Ornithominus, 4
    Pachycephalosaurus, 6
    Shantungosaurus, 15
    Stegosaurus, 6
    Triceratops, 7
    Tyrannosaurus, 12
```

Das Programm:

Da wir in der letzten Aufgabe modular gearbeitet haben, fällt uns die Erweiterung nicht schwer. Zunächst fügen wir die Deklarationen der benötigten Funktionen in der Header-Datei hinzu:

```c
#ifndef __DINOS_H__
#define __DINOS_H__

...unverändert ...

int nvergleich(struct Ddata *d1, struct Ddata *d2);
void sort_dinos(int n, struct dinos *d,
                int (*nvergleich) (struct Ddata*, struct Ddata*));

#endif
```

Die Sortierfunktion bekommt als Parameter einen Zeiger auf eine Vergleichsfunktion. Damit gewährleisten wir eine vollständige Flexibilität der Sortierungsart.

Während die Funktion `nvergleich` lediglich die `strcmp`-Funktion aufruft, implementiert die Sortierfunktion das Sortieren über Zeiger. Schauen wir uns diese Funktion deshalb einmal an:

```
A   void sort_dinos(int n, struct dinos *d,
                    int (*vergleich)(struct Ddata *d1, struct Ddata *d2))
    {
    int i, k;
    struct Ddata *temp;

    for(i = n-1; i > 0; i--)
        {
        for( k = 0; k < i; k++ )
            {
B               if(vergleich(d->dino[k], d->dino[k+1]) > 0)
                {
                temp = d->dino[k];
                d->dino[k] = d->dino[k+1];
                d->dino[k+1] = temp;
                }
            }
        }
    }
```

A: Unsere Sortierfunktion erhält als Parameter die Anzahl der zu sortierenden Elemente n, einen Zeiger d auf eine Dino-Struktur sowie einen Zeiger auf eine Vergleichsfunktion.

B: Der Einfachheit halber implementieren wir den `bubblesort`-Algorithmus. Beachten Sie bitte, dass in der `vergleich`-Funktion zwar die Namen verglichen werden, wir an dieser Stelle aber lediglich Zeiger umsortieren.

Die Anpassungen im Hauptprogramm sind fast trivial, weshalb wir uns diesen eher langweiligen Teil des Programms ersparen.

A 13.6 Erweitern Sie das Programm aus Aufgabe 13.5 so, dass die Dinosaurier wahlweise nach Name oder nach Größe sortiert werden können!

Erstellen Sie eine Funktion `gvergleich(DINO *d1, DINO *d2)`, die einen Vergleich nach Größe durchführt! Übergeben Sie die zum Vergleich zu verwendende Funktion als zusätzlichen Parameter an der Schnittstelle des Sortierverfahrens!

Programmausgabe:

```
Sortiert nach Name:
    Brachiosaurus, 25
    Deinonychus, 3
    Euoplocephalus, 6
    Iguanodon, 9
    Ornithominus, 4
    Pachycephalosaurus, 6
    Shantungosaurus, 15
    Stegosaurus, 6
    Triceratops, 7
    Tyrannosaurus, 12

Sortiert nach Groesse:
    Deinonychus, 3
    Ornithominus, 4
    Euoplocephalus, 6
    Pachycephalosaurus, 6
    Stegosaurus, 6
    Triceratops, 7
    Iguanodon, 9
    Tyrannosaurus, 12
    Shantungosaurus, 15
    Brachiosaurus, 25
```

Das Programm:

Auch hier ist die Erweiterung für uns ganz einfach. Wir müssen in der Header-Datei die Deklaration der neuen Datei hinzufügen:

```
#ifndef __DINOS_H__
#define __DINOS_H__

... unverändert ...

int gvergleich(struct Ddata *d1, struct Ddata *d2);

#endif
```

Die Realisierung der Funktion ist denkbar einfach:

```
int gvergleich(struct Ddata *d1, struct Ddata *d2)
{
    return (d1->groesse - d2->groesse);
}
```

Nun rufen wir aus dem Hauptprogramm die Sortierfunktion lediglich mit unterschiedlichen Parametern auf, und schon haben wir die Aufgabe gelöst. Sie erkennen sicherlich, welch hohe Flexibilität des Codes wir durch unsere Art der Implementierung erreicht haben:

```
void main()
{
    ... Initialisierung und Einlesen ...
    sort_dinos(d->anz, d, nvergleich);
    ... Ausgabe ...
    sort_dinos(d->anz, d, gvergleich);
    ... Ausgabe und Speicherfreigabe ...
}
```

A 13.7 Erstellen Sie eine weitergehende Lösung der Aufgabe 7.1, indem Sie alle Daten der Telefondatei in eine dynamisch erstellte und alphabetisch sortierte Liste einlesen! Implementieren Sie dann eine Suchfunktion, die Teilbereiche der Liste ausgibt.

Vorüberlegung:

Auch bei dieser Aufgabe überlegen wir zunächst, welche Funktionen wir benötigen werden.

Ganz sicher werden wir eine Funktion zum Lesen aller Datensätze brauchen (lese_alle). Da wir die Datensätze in einer Liste speichern sollen, werden wir auch Funktionen benötigen, die einen neuen Datensatz erschaffen und initialisieren (create_person), den aktuellen Datensatz in diese Liste einfügen (add_person) und am Ende die Liste wieder vernichten (destroy_list).

Für die verlangte Suchfunktionalität werden wir ebenfalls eine Funktion bereitstellen (search_list).

Nicht zuletzt werden wir auch Ausgabefunktionen implementieren (show_person und show_list).

Unsere Aufgabe ist es, die Elemente in die Liste alphabetisch sortiert einzusetzen. Deshalb werden wir eine Einsetzstrategie entwerfen müssen. Eine mögliche Vorgehensweise ist es, durch die Liste so lange zu laufen, bis wir einen Datensatz gefunden haben, der hinter den einzufügenden Datensatz gehört. Dann müssen wir den neuen Datensatz vor diesem in die Liste einfügen. Dabei taucht jedoch ein Problem auf. Schauen wir uns diesen geplanten Einfügevorgang grafisch an:

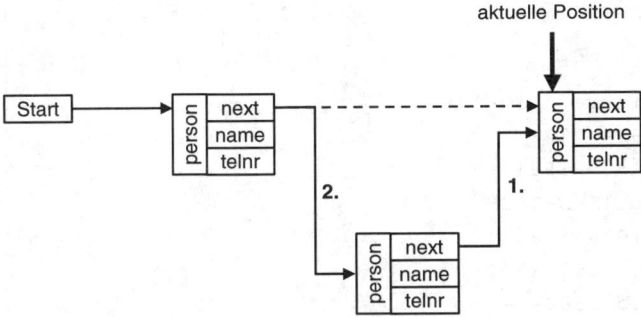

Um den neuen Datensatz zwischen zwei Listenelemente einzufügen, müssen wir zunächst die restliche Liste an unseren next-Zeiger »dranhängen« (Punkt 1) und dann den next-Zeiger des letzten Listenelements auf den neuen Datensatz verweisen.

Die erste Operation stellt auch kein großes Problem dar, da wir mithilfe unseres »Laufzeigers« gerade den richtigen Nachfolger gefunden haben. Wir können uns diesen Zeigerwert also im aktuellen next merken.

Das Problem ist, wie wir dem Vorgänger sagen, dass wir nun sein Nachfolger sind. Wir sind ja gerade an ihm vorbeigelaufen!

Um dieses Dilemma zu lösen, gibt es prinzipiell zwei Strategien. Wir können die Struktur unserer Listenelemente um einen Zeiger erweitern, der sich auch den Vorgänger merkt. Die andere Möglichkeit erlaubt uns, auch unter Beibehaltung der bestehenden Struktur, das Problem zu lösen. Wir lassen einen zusätzlichen Zeiger »hinterherhinken«. In ihm führen wir also einen Zeiger auf das letzte besuchte Element mit.

Grafisch können wir uns dies folgendermaßen verdeutlichen:

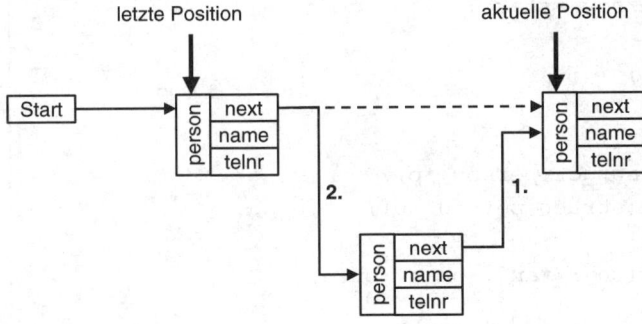

Programmausgabe:

```
Suchbereich:
     Von: And
     Bis: Char

Suchergebnis:
     Beaumarchais Pierre 1732-1799
     Beer Johann 1665-1712
     Bergson Henri 1859-1941
     Bidermann Jacob 1575-1639
     Bodmer Johann 1698-1783
     Brant Sebastian 1458-1521
     Brockes Barthold 1680-1747
     Buerger Gottfried 1747-1794
     Byron George 1788-1824
     Calderon Pedro 1600-1681
     Celtis Konrad 1459-1508
```

Das Programm:

Zunächst definieren wir in der Header-Datei `liste.h` die benötigte Struktur, den Listenanfang und die zu implementierenden Funktionen:

```c
#ifndef __LISTE_H__
#define __LISTE_H__

struct person
    {
    struct person *next;
    char vorname[50];
    char nachname[50];
    char telnr[20];
    };

extern struct person *start;

void lese_alle();

void destroy_list();
void add_person(struct person *p);
void show_person(struct person *p);
void show_list();
void search_list(char *anf, char *ende);
#endif
```

Die Funktion `lese_alle` liest Datensätze ein, bis das Dateiende erreicht ist. Nach jedem neu eingelesenem Datensatz wird dieser in die Liste eingefügt:

```
void lese_alle()
    {
    FILE *pf;
    struct person *p;

    pf = fopen("telnum.txt", "r");

    while(1)
        {
        p = (struct person*)malloc(sizeof(struct person));
        p->next = 0;

        fscanf(pf, "%s %s %s",p->vorname,p->nachname,p->telnr);
        if(feof(pf))
            {
            free(p);
            break;
            }
        add_person(p);
        }
    fclose(pf);
    }
```

Die Funktion `add_person` müssen wir noch implementieren:

```
  void add_person(struct person *p)
      {
A     struct person *akt;
      struct person *letzter;

B     letzter = start;
      akt = start;
      for( ;akt; )
          {
C         if(strcmp(akt->nachname, p->nachname) > 0)
              break;

D         letzter = akt;
          akt = akt->next;
          }
```

```
E   if(akt == start)
       {
       p->next=start;
       start=p;
       }
    else
       {
       p->next=akt;
       letzter->next=p;
       }
    }
```

A: Die Zeiger, die auf das aktuelle und letzte Listenelement zeigen sollen, werden angelegt.

B: Die Suche nach der richtigen Position fängt natürlich am Anfang der Liste an.

C: Finden wir einen alphabetischen Nachfolger, brechen wir das Durchlaufen der Liste ab.

D: Andernfalls ziehen wir ein Listenelement weiter.

E: Kommen wir an diese Stelle, haben wir die richtige Position in der Liste gefunden. Wir fügen das neue Element dementsprechend ein.

Schauen wir uns nun die Funktion zum Suchen der Namen in der Liste an:

```
A   void search_list(char *anf, char *ende)
       {
       struct person *t;

       printf("\nSuchergebnis: \n");
B      for(t = start;strcmp(t->nachname,anf) < 0 && t; t = t->next)
          ;

C      for( ;strcmp(t->nachname, ende) < 0 && t; t = t->next)
          show_person(t);
       }
```

A: Da wir innerhalb eines Bereiches suchen sollen, erhält die Suchfunktion die Anfangsbuchstaben für den Startpunkt und die Anfangsbuchstaben für den Endpunkt als Parameter.

B: Die Liste wird durchlaufen, solange der aktuelle Name alphabetisch kleiner ist als das übergebene Anfangswort.

C: Die Personen werden ausgegeben, so lange der aktuelle Name kleiner ist als das übergebene Endwort.

Die restlichen Funktionen, wie das Anzeigen einer Person (`show_person`) dürften nun keine Probleme mehr bereiten, weshalb an dieser Stelle auf Erläuterungen verzichtet wird.

A 13.8 In einer Datei stehen mindestens 100 Wörter, die jeweils durch einen Zeilenvorschub getrennt sind. Erstellen Sie ein Programm, das diese Wörter in eine Liste einliest und anschließend in unterschiedlichen Formatierungen ausgeben kann!

Kommando	Bedeutung
i `<datei>`	Liest alle Wörter aus der angegebenen Datei ein und erzeugt dabei die erforderliche Listenstruktur
l `<breite>`	Gibt die Wörter linksbündig in der gewünschten Textbreite aus
r `<breite>`	Gibt die Wörter rechtsbündig in der gewünschten Textbreite aus
b `<breite>`	Gibt die Wörter im Blocksatz in der gewünschten Textbreite aus
x	Beendet das Programm

Bauen Sie die Wortliste der nachfolgenden Skizze entsprechend dynamisch auf:

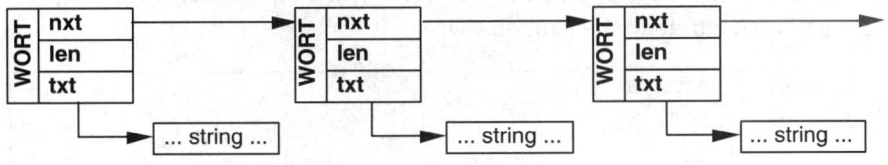

Dabei bedeutet:

nxt   Zeiger auf das nächste Wort der Liste
len   Länge des Wortes
txt   Zeiger auf den Worttext (0-terminierter String)

Programmdialog:

```
Befehl: i galileo.txt

Befehl: r 60
 Zweitausend Jahre lang hindurch glaubte die Menschheit dass die
   Sonne und alle Gestirne des Himmels sich um sie drehten Der
      Papst die Kardinaele die Fuersten die Gelehrten Kapitaene
      Kaufleute Fischweiber und Schulkinder glaubten unbeweglich
   in dieser kristallenen Kugel zu sitzen Aber jetzt fahren wir
      heraus Andrea in grosser Fahrt Denn die alte Zeit ist herum
   ...

Befehl: b 60
Zweitausend  Jahre lang hindurch glaubte die Menschheit dass die
Sonne und alle Gestirne  des  Himmels sich um  sie  drehten Der
Papst  die  Kardinaele  die  Fuersten  die  Gelehrten  Kapitaene
Kaufleute   Fischweiber   und  Schulkinder  glaubten  unbeweglich
in dieser  kristallenen Kugel  zu sitzen  Aber jetzt fahren  wir
heraus  Andrea  in  grosser  Fahrt  Denn die alte Zeit ist herum
...
```

Das Programm:

Da wir eine derartige Liste bereits in der letzten Aufgabe implementiert haben, schauen wir uns an dieser Stelle lediglich die Definitionen in der Header-Datei liste.h sowie eine Ausgabefunktion an. Die vollständige Implementierung finden Sie natürlich auf der beiliegenden CD.

```c
#ifndef __LISTE_H__
#define __LISTE_H__

struct wort
    {
    struct wort *nxt;
    int len;
    char *txt;
    };

extern struct wort *start;

struct wort *create_wort(int len);
void add_to_list(char *wort);
void destroy_list();
```

```
void lies_woerter(char *datei);

void linksbuendig(int breite);
void rechtsbuendig(int breite);
void blocksatz(int breite);

#endif
```

Als Beispiel für eine Ausgabefunktion wählen wir die rechtsbündige Ausgabe:

```
    void rechtsbuendig(int breite)
        {
        struct wort *z;
        struct wort *temp;
        int len;
        int i;

A       for(temp = z = start; temp; temp=temp->nxt, z=z->nxt)
            {
B           for( len = z->len; z->nxt; )
                {
                len += z->nxt->len+1;
                if(len > breite)
                    {
                    len -= z->nxt->len+1;
                    break;
                    }
                z = z->nxt;
                }

C           for( i = 0; i <= breite-len; i++ )
                printf(" ");

D           for( ; ; )
                {
                printf("%s ", temp->txt);
                if(temp == z)
                    break;
                temp = temp->nxt;
                }
            printf("\n");
            }
        }
```

A: In der Variable z werden wir nach dem letzten Wort suchen, das noch in die aktuelle Zeile mit der Breite `breite` passt. In der Variable `temp` folgen wir dem z-Zeiger.

B: Das letzte in die aktuelle Zeile passende Wort wird gesucht, indem die Längen der darauf folgenden Wörter aufaddiert werden. Überschreitet das nächste Wort die Zeilenlänge, haben wir mit dem aktuellen Wort das letzte passende Wort gefunden.

C: Die Zeile wird vorne mit Leerzeichen aufgefüllt.

D: Alle Wörter beginnend mit dem jeweiligen aktuellen Wort bis zu dem Wort, das durch den z-Zeiger markiert ist, werden in einer Zeile ausgegeben.

Kapitel 15

A 15.1 Implementieren Sie die remove-Funktionen für Listen, unbalancierte Bäume und Hashtabellen! Erweitern Sie dann das Anwendungsprogramm so, dass Sie auch das Entfernen von Objekten testen können!

Listen:

Programmdialog:

```
Brachiosaurus
Deinonychus
Euoplocephalus
Iguanodon
Ornithominus
Pachycephalosaurus
Shantungosaurus
Stegosaurus
Triceratops
Tyrannosaurus

Dinosauriername: Tyrannosaurus
Ein Tyrannosaurus ist 12 Meter gross!
Loeschen? [j|n]: j

Brachiosaurus
Deinonychus
Euoplocephalus
Iguanodon
Ornithominus
Pachycephalosaurus
Shantungosaurus
Stegosaurus
Triceratops
```

Das Programm:

An dieser Stelle besprechen wir nur den »Kern« unserer Aufgabe, die remove-Funktion:

```
   int spm_remove( SPEICHERSTRUKTUR s, char *name)
   {
   LST_ENTRY **pe;
   LST_ENTRY *e;
   int cmp;

A  for( pe = &(s->first); *pe; pe = &((*pe)->nxt))
      {
      cmp = strcmp( name, (s->name)((*pe)->obj));
B     if( !cmp)
         {
         e = *pe;
         *pe = ((*pe)->nxt);
         (s->freigabe)(e->obj);
         free(e);
         return 1;
         }
      else if( cmp < 0)
         break;
      }
   return 0;
   }
```

A: Wir laufen in der Liste von Verkettungsglied zu Verkettungsglied.

B: Wird ein Element mit dem gesuchten Namen gefunden, geben wir das aktuell betrachtete Objekt wird frei und entfernen es aus der Liste, indem wir den Zeiger, der ursprünglich darauf gezeigt hat, auf das darauf folgende Element verweisen.

Unbalancierte Bäume:

Programmdialog:

```
        /--Tyrannosaurus
   /--Triceratops
   |      |          /--Stegosaurus
   |      |     /--Shantungosaurus
   |   \--Pachycephalosaurus
   |         \--Ornithominus
   |               \--Iguanodon
```

```
Euoplocephalus
  \--Deinonychus
      \--Brachiosaurus

Dinosauriername: Triceratops
Ein Triceratops ist 7 Meter gross!
Loeschen? [j|n]: j
        /--Tyrannosaurus
  /--Stegosaurus
  |    |      /--Shantungosaurus
  |    \--Pachycephalosaurus
  |            \--Ornithominus
  |                  \--Iguanodon
Euoplocephalus
  \--Deinonychus
      \--Brachiosaurus
```

Das Programm:

Das prinzipielle Vorgehen beim Entfernen eines Knoten aus einem unbalancierten Binärbaum wurde bereits im Kapitel 15 erläutert. Dieses Vorgehen implementieren wir in der folgenden Funktion:

```
    int spm_remove( SPEICHERSTRUKTUR   s, char *name)
        {
        TREE_NODE **n;
        TREE_NODE **neu;
        TREE_NODE *to_free;
        TREE_NODE *temp;
        int cmp;
A       for( n = &(s->root); *n; )
            {
B           cmp = strcmp( name, s->name((*n)->obj));
            if( cmp > 0)
                n = &((*n)->right);
            else if( cmp < 0)
                n = &((*n)->left);
            else
                {
C               to_free = *n;

D               if(!(*n)->right && !(*n)->left)
                    *n = 0;
```

```
E        if((*n)->right && !(*n)->left)
           *n = (*n)->right;
         if(!(*n)->right && (*n)->left)
           *n = (*n)->left;


F        if((*n)->right && (*n)->left)
           {
G           for(neu=&((*n)->left);(*neu)->right;
                          neu=&((*neu)->right));


H           temp = *neu;
            *neu = (*neu)->left;


I           temp->right = (*n)->right;
            temp->left = (*n)->left;
            *n = temp;
            }
J         s->freigabe(to_free->obj);
          free(to_free);
          break;
          }
        }
     return 0;
     }
```

A: Wir fangen bei der Wurzel an.

B: Das Element wird im Baum gesucht.

C: Haben wir das gesuchte Element gefunden, speichern wir es in einer Zwischenvariable, um es nachher freigeben zu können.

D: Hat der Knoten gar keinen Nachfolger, können wir ihn einfach entfernen.

E: Hat er nur einen Nachfolger, ziehen wir diesen eine Ebene hoch.

F: Dies ist der Fall, wo der Knoten zwei Nachfolger hat.

G: Wir gehen zunächst einen Knoten nach links und laufen dann solange nach rechts, bis wir einen Knoten finden, der keinen rechten Nachfolger hat. Wie im Kapitel 15 erläutert, kann dieser Knoten problemlos von seiner Position entfernt werden.

H: Der gerade gefundene Knoten wird zwischengespeichert und sein linker Nachfolger wird an seine Position »hochgezogen«.

I: Dem gefundenen Knoten werden nun die Nachfolger des alten Knoten zugewiesen, und der zu entfernende Knoten wird durch den neuen ersetzt.

J: Das gerade entfernte Objekt wird freigegeben.

Hashtabellen:

Programmdialog:

```
    0: Pachycephalosaurus.
    1:
    2:
    3: Iguanodon, Shantungosaurus, Stegosaurus.
    4: Triceratops, Tyrannosaurus.
    5:
    6: Brachiosaurus.
    7:
    8: Deinonychus.
    9: Euoplocephalus, Ornithominus.

Dinosauriername: Shantungosaurus
Ein Shantungosaurus ist 15 Meter gross!
Loeschen? [j|n]: j
    0: Pachycephalosaurus.
    1:
    2:
    3: Iguanodon, Stegosaurus.
    4: Triceratops, Tyrannosaurus.
    5:
    6: Brachiosaurus.
    7:
    8: Deinonychus.
    9: Euoplocephalus, Ornithominus.
```

Das Programm:

```
int spm_remove( SPEICHERSTRUKTUR s, char *name)
    {
    unsigned int ix;
    int cmp;
    HTB_ENTRY **pe;
    HTB_ENTRY *e;

A   ix = s->hash( name, s->size);
```

```
B       for( pe = s->hashtable + ix; *pe; pe = &((*pe)->nxt))
            {
            cmp = strcmp( name, (s->name)((*pe)->obj));
C           if( !cmp)
                {
                e = *pe;
                *pe = ((*pe)->nxt);
                (s->freigabe)(e->obj);
                free(e);
                return 1;
                }
            else if( cmp < 0)
                break;
            }
        return 0;
        }
```

A: Der Index in der Hashtabelle wird mit der Hashfunktion berechnet.

B: Die Synonymkette mit dem Anfang an der Position des Index wird durchlaufen.

C: Finden wir das gesuchte Element, wird das Objekt freigegeben und aus der Synonymkette entfernt.

A 15.2 Implementieren Sie eine nicht rekursive `insert`-Funktion für nicht balancierte Bäume!

Vorüberlegung:

Um den Knoten im Baum zu finden, an den das neue Objekt angehängt werden soll, müssen wir es zunächst mit dem aktuell betrachteten Knoten vergleichen (in unserem Fall handelt es sich einfach um einen Stringvergleich). Je nach Vergleichsergebnis steigen wir links oder rechts im Baum hinab, und zwar so lange, bis wir an ein Blatt gelangen. Dann können wir uns sicher sein, die richtige Stelle gefunden zu haben und fügen dort das neue Objekt ein.

Das Programm:

```
    int spm_insert( SPEICHERSTRUKTUR s, OBJECTPOINTER obj)
        {
        TREE_NODE **n;
        int cmp;

A       n = &(s->root);
```

```
        while(1)
            {
B           if(!*n)
                {
                *n = (TREE_NODE *) malloc( sizeof( TREE_NODE));
                (*n)->left = 0;
                (*n)->right = 0;
                (*n)->obj = obj;
                return 1;
                }

C           cmp = strcmp( s->name(obj), s->name((*n)->obj));
            if(cmp > 0)
                n = &((*n)->right);
            else if(cmp < 0)
                n = &((*n)->left);
            }
        return 0;
        }
```

A: Wir fangen mit der Suche bei der Wurzel an.

B: Sind wir an einem Blatt angelangt, fügen wir dort das neue Objekt ein.

C: Andernfalls vergleichen wir die beiden Objekte und steigen in Abhängigkeit vom Vergleichsergebnis entweder nach links oder rechts ab.

A 15.3 Erstellen Sie ein Programm, das einen Text mit ca. 5000 Wörtern aus einer Datei einliest und ermittelt, wie oft jedes Wort vorkommt. Das Programm soll nach dem Einlesen der Wörter gezielt nach einzelnen Wörtern befragt werden können!

Vorüberlegung:

Für die Lösung dieser Aufgabe können wir als Speicherungsstrategie eine Hashtabelle wählen. Ein Hash-Modul wurde in Abschnitt 15.7 vorgestellt. Wir können diese Software fast genauso wiederverwenden. Wir müssen lediglich eine Funktion implementieren, die das Vorkommen des gesuchten Wortes in der Hashtabelle zählt. Dabei brauchen wir natürlich nur eine Synonymkette zu durchlaufen, da für dieselben Wörter auch derselbe Tabellenindex errechnet wird. Da wir auch solche und ähnliche Funktionen bereits implementiert haben, verzichten wir an dieser Stelle auf Erläuterungen. Den Code zur Lösung dieser Aufgabe finden Sie jedoch selbstverständlich auf der beiliegenden CD.

A 15.6 Erweitern Sie das Listen-Modul so, dass aus dem Anwendungsprogramm heraus durch die Liste iteriert werden kann, um die Objekte sequenziell zu verarbeiten! Dies soll natürlich so geschehen, dass das Anwendungsprogramm nicht direkt auf der Speicherstruktur, sondern nur über eine saubere Funktionsschnittstelle arbeitet.

Vorüberlegung:

Wir wollen einen Iterator implementieren, der genauso flexibel und universell verwendbar ist, wie das Listenmodul, das wir in Kapitel 15 kennen gelernt haben. Dieser Iterator muss intern wissen, auf welcher Speicherstruktur er arbeiten soll, welches das aktuelle Element ist bzw. welches als nächstes zurückzugeben ist. Wir müssen dann, wie auch bei der Liste, den Iterator zunächst »erschaffen«, indem wir ihm mitteilen, durch welche Speicherstruktur wir iterieren möchten. Natürlich können dann auch mehrere Iteratoren verwendet werden und auf unterschiedliche Art und Weise durch gegebenenfalls unterschiedliche Speicherstrukturen iterieren.

Programmausgabe:

```
Brachiosaurus
Deinonychus
Euoplocephalus
Iguanodon
Ornithominus
Pachycephalosaurus
Shantungosaurus
Stegosaurus
Triceratops
Tyrannosaurus

Naechster? [j|n]: j
Ein Brachiosaurus ist 25 Meter gross!

Naechster? [j|n]: j
Ein Deinonychus ist 3 Meter gross!
```

Das Programm:

Wir schauen uns lediglich die Erweiterungen in der Header-Datei an:

```
struct iterator
    {
    SPEICHERSTRUKTUR s;
```

```
        OBJECTPOINTER current;
    };


typedef struct iterator* ITERATOR;


extern ITERATOR iterator_create(SPEICHERSTRUKTUR s);
extern void iterator_destroy(ITERATOR i);
extern OBJECTPOINTER iterator_next(ITERATOR i);
```

A 15.7 Implementieren Sie die in Abschnitt 15.5.2 angesprochene Level-Order-Traversierung von Bäumen!

Vorüberlegung:

Die Level-Order-Traversierung beruht auf dem Grundgedanken, dass beim jeweiligen Durchlauf alle Knoten einer Baumtiefe besucht und bearbeitet werden. Eigentlich haben wir mit dieser Erkenntnis auch bereits das Programm geschaffen. Wir werden zunächst eine Funktion implementieren, die nur Knoten einer bestimmten Tiefe bearbeitet (lorder). Dann werden wir diese Funktion mit aufsteigender Tiefe rufen, bis uns die lorder-Funktion informiert, dass auf der letzten Tiefe kein Knoten mehr zu finden war.

Programmausgabe:

```
Levelorder:
  8   3   9   2   7 11   1   5 10 13   4   6 12 14
```

Das Programm:

Als Testbaum verwenden wir den Baum aus Abschnitt 15.5. Wir implementieren zunächst die Funktion, die Knoten einer bestimmten Tiefe bearbeitet:

A	`int lorder(NODE *n, int tiefe)`
	`    {`
	`    if(n)`
	`        {`
B	`        if(!tiefe)`
	`            {`
	`            tu_was(n);`
	`            return 1;`
	`            }`
C	`        return (   lorder(n->left, tiefe-1)`
	`                 + lorder(n->right, tiefe-1));`

```
              }
D        return 0;
         }
```

A: Als Parameter benötigen wir den Baum selbst (n) sowie die zu bearbeitende Tiefe (tiefe).

B: Nur wenn die aktuelle Tiefe der geforderten gleicht, bearbeiten wir den Knoten und melden Erfolg zurück.

C: Haben wir die geforderte Tiefe noch nicht erreicht, steigen wir einmal nach links und einmal nach rechts ab.

D: Gab es auf dieser Ebene keine Knoten mehr, die bearbeitet werden konnten, melden wir Misserfolg zurück.

In der Funktion levelorder traversieren wir nach und nach alle Knotenebenen des Baumes:

```
void levelorder(NODE *n)
    {
    int tiefe;

    for( tiefe = 0;lorder(n, tiefe); tiefe++)
        ;
    }
```

Kapitel 20

Lösungen

A 20.2 Implementieren Sie einen neuen Datentyp `string`! Dieser Datentyp soll intern einen Puffer für eine Zeichenkette verwalten und ausschließlich durch Methoden und Operatoren bedient werden. Stellen Sie Funktionen bzw. Operatoren zur Verfügung, über die Strings miteinander verkettet, Buchstaben an Strings angefügt und Strings in Strings eingefügt werden können! Stellen Sie auch Funktionen bereit, die das Suchen in Strings und Stringvergleiche ermöglichen! Sorgen Sie insbesondere dafür, dass der interne Zeichenpuffer immer den konkreten Anforderungen entsprechend wächst bzw. schrumpft! Der Benutzer eines Strings sollte in keiner Weise mit dem Allokieren oder Beseitigen von Speicher für den String konfrontiert werden.

Vorüberlegung:

Den neuen Datentyp werden wir als Klasse `string` realisieren. Diese Klasse wird die gesamte benötigte Funktionalität durch Memberfunktionen bereitstellen. Die innere Struktur werden wir durch das »privatisieren« der Membervariablen kapseln. Um einen String zu realisieren, werden wir ein dynamisches Array von chars (`text`), seine aktuelle Länge (`len`) und die allokierte Größe (`alen`) verwalten.

Damit wird unsere Klasse prinzipiell die folgende Struktur haben:

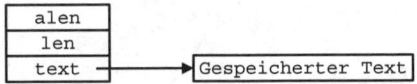

Sicherlich werden wir in unseren Funktionen einen String einem anderen String zuweisen müssen. Dann geschieht das Folgende:

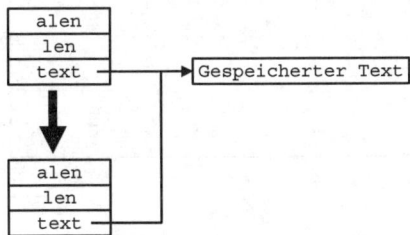

Der Standard-Konstruktor kann natürlich nicht wissen, dass er neuen Speicher allokieren und den Text herüberkopieren muss. Wenn wir nun eine dieser Instanzen freigeben und danach den Text der anderen Instanz lesen wollen, stürzt unser Programm ab.

Wir müssen also einen Konstruktor bereitstellen, der die Instanz unseren Wünschen entsprechend kopiert, einen so genannten Copy-Konstruktor:

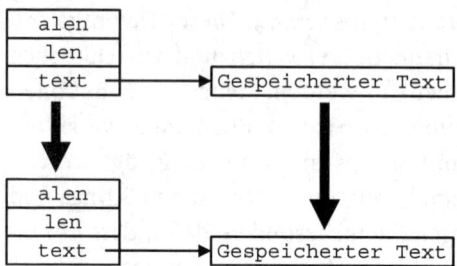

Programmdialog:

```
w nr text       -> write text to string nr[0-9]
s nr            -> show string with nr[0-9]
a nr1 nr2       -> add to string nr1 [0-9] string nr2 [0-9]
g nr1 nr2       -> search for string nr2 in string nr1
c nr1 nr2       -> compare strings case sensitive
i nr1 nr2       -> compare strings case insensitive
e nr1 nr2 pos   -> insert string nr2 into string nr1 at position pos
r nr1 from to   -> extract part of string nr1 (from...to)
t nr pos char   -> put char in string nr at position pos
h nr pos        -> get char at pos from string nr
q               -> quit program


Command: w 0 Professionelle
Command: w 1 Programmierung
Command: a 0 1
Command: s 0


Der Text: ProfessionelleProgrammierung


Command: q

        PROGRAMMENDE
```

Das Programm:

Da der Quellcode dieses Programm sehr umfangreich ist, können wir an dieser Stelle lediglich die wichtigsten Bestandteile besprechen. Den gesamten Quellcode finden Sie natürlich auf der Buch-CD.

Schauen wir uns die Definition der String-Klasse an:

```
class string
    {
    private:
        int len;
        int alen;
        char *text;

    public:
        string(char *txt);
A       string(const string &s);
        ~string();

        int get_len() {return len;}
        char *get_text(){return text;}
        void set_text(char *buf);

B       string operator+(const string &t);
        string operator=(const string &t);
        int search_for(const string *t);
        int compare_cs(string *t);
        int compare_cis(string *t);
        void insert(string *t, int pos);
        void extract(int from, int to);
        void set_char(int pos, char c);
        char get_char(int pos);
    };
```

A: Dies ist der eingangs erwähnte Copy-Konstruktor. Er erhält eine Referenz, auf den zu kopierenden String.

B: Die beiden überladenen Operatoren machen es uns möglich, Strings auf dieselbe Art und Weise wie Zahlen zu addieren und zuzuweisen.

Werfen wir einen Blick auf den Copy-Konstruktor:

```
string::string(const string &s)
    {
    alen = s.len;
    len = s.len;
    text = (char *) malloc ((s.len+1)*sizeof(char));
    strcpy(text, s.text);
    }
```

Wie in der Vorüberlegung erläutert, müssen wir alle Werte kopieren, neuen Speicher allokieren und den alten Text in den neuen Speicher herüberkopieren.

Schauen wir uns noch den überladenen Additionsoperator an:

```
A   string string::operator+(const string &t)
        {
B       string neu(text);

C       if ( (neu.len + t.len) >= neu.alen)
            {
             neu.text=(char*)realloc(neu.text,
                          (neu.len+t.len+1)*sizeof(char));

            strcat(neu.text,t.text);
            neu.len += t.len;
            neu.alen = neu.len+t.len;
            }
        else
            {
            strcat(neu.text,t.text);
            neu.len += t.len;
            }

D       return neu;
        }}
```

A: Übergeben wird eine Referenz auf die String-Instanz, die zu der aktuellen Instanz hinzuaddiert werden soll.

B: Es wird ein neuer lokaler String angelegt; zunächst mit dem Text des aktuellen Strings.

C: Der neue String wird dem temporären String hinzugefügt. Gegebenenfalls muss Speicher nachallokiert werden.

D: Wir geben den temporären String zurück. Der weiter oben implementierte Copy-Konstruktor wird nun dafür sorgen, dass der Textspeicher des lokalen Strings mit Verlassen der Funktion korrekt kopiert und nicht ebenfalls freigegeben wird.

Der '='-Operator muss dafür sorgen, dass der zugewiesene String korrekt kopiert wird. Auch hier treffen wir auf die Problematik des dynamisch allokierten Textspeichers:

```
string string::operator=(const string &t)
   {
   if ( t.len > alen)
      {
A     text = (char *) realloc(text,(t.len+1)*sizeof(char));
      strcpy(text,t.text);
      len = t.len;
      alen = t.len;
      }
   else
      {
      strcpy(text,t.text);
      len = t.len;
      }
B     return *this;
   }
```

A: Auch bei der Zuweisungsoperation muss gegebenenfalls Speicher allokiert werden. Weiterhin wird der Text des neuen Strings kopiert. Bei der Verwendung des Standard-Zuweisungsoperators würde lediglich der Zeigerwert zugewiesen werden.

B: Die gerade aktive Klasse gibt sich selbst zurück, damit kaskadierte Zuweisungsoperationen möglich werden (z. B. a=b=c=d).

A 20.3 Entwerfen und implementieren Sie eine Klasse datum! Diese Klasse soll ein Kalenderdatum bestehend aus Tag, Monat und Jahr intern verwalten und an einer von Ihnen festgelegten Schnittstelle die folgende Funktionalität bieten:

▶ Setzen eines bestimmten Datums

▶ Vergleich zweier Daten (gleich, vorher, nachher)

▶ Addition einer bestimmten Anzahl von Tagen zu einem Datum

▶ Bestimmung der Differenz (= Anzahl Tage) zwischen zwei Daten

▶ Berechnung des Wochentags (0-6) eines Datums

▶ Feststellung, ob es sich um einen Feiertag handelt

▶ Erzeugen von Textstrings in unterschiedlichen Formaten
(z. B.: 1.1.1997, 1. Jan. 1997, 1. Januar 1997)

Schreiben Sie ein Testprogramm, das alle Funktionen dieser Klasse intensiv testet!

Vorüberlegung:

Um die geforderte Funktionalität implementieren zu können, ist es sinnvoll, eine Art »Startdatum« zu wählen. Wir entscheiden uns in dieser Lösung für den 1.1.1900. Weiterhin ist eine Funktion von Vorteil, die das Berechnen der Anzahl der vergangenen Tage seit diesem Datum durchführen kann und eine quasi inverse Funktion, die berechnet, bei welchem Datum eine bestimmte Anzahl von Tagen seit diesem Startdatum vergangen ist. Mit diesen beiden Funktionen können wir sehr leicht Additionen, Subtraktionen und Vergleiche von Daten realisieren. Ebenso können wir dann den Wochentag umgehend errechnen, indem wir auf die berechnete Anzahl der Tage den Modulo-Operator (%7) anwenden. Günstigerweise war unser Startdatum, der 1.1.1900, ein Montag.

Die verlangten Operationen, wie z. B. Addition, Subtraktion oder Vergleiche, können wir nun in C++ elegant als überladene Operatoren realisieren. Dann können wir mit Daten in unserem Quellcode einfach »rechnen«.

Programmausgabe:

In der Programmausgabe sehen wir lediglich die Ausgabe einiger Funktionen, die getestet wurden:

```
Test der Konstruktoren und der Ausgabe:
1.1.1900
24.12.2002
28. Dez. 2002

Test des "+" Operators:
30. Dez. 2002
31. Dez. 2002
1. Jan. 2003
2. Jan. 2003

Test des "-" Operators zwischen zwei Daten:
3. Jan. 2003 - 24.12.2002 = 10

Test der Vergleichoperatoren "== < >"
```

```
3. Jan. 2003 == 24.12.2002 : 0
3. Jan. 2003  < 24.12.2002 : 0
3. Jan. 2003  > 24.12.2002 : 1


Test der Wochentagsberechnung:
24.12.2002 ist ein Dienstag


Test der Feiertagsbestimmung:
Der 25.12.2002 ist ein Feiertag
Der 24.12.2002 ist kein Feiertag
```

Das Programm:

Da auch dieses Programm vom Umfang her sehr lang ist, werden wir uns an dieser Stelle nur die wichtigsten Bestandteile davon anschauen.

Fangen wir mit der Header-Datei datum.h an, die unsere Klasse definiert:

```
     class datum
         {
A        friend ostream& operator<<(ostream& os, const datum& dat);
     private:
             int tag;
             int mon;
             int jahr;
B            short modus;


C            int schaltjahr(int j);
             int datum_ok(int tag, int mon, int jahr);
             unsigned int tage_des_monats(int mon, int jahr);
             unsigned int dat_2_tage();
             void tage_2_dat(unsigned long int tage);
     public:
             datum();
             datum(int t, int m, int j);
             datum(int t, int m, int j, int mod);

             void set_datum(int t, int m, int j);
             void set_datum(datum& neu);
             void set_modus(int mod);

             datum operator+(int t);
             int operator-(datum& dat);
             int operator==(datum& dat);
             int operator>(datum& dat);
```

```
        int operator<(datum& dat);

        int wochentag();
        int feiertag();
    };
```

A: Zunächst überladen wir den Ausgabeoperator für den Fall eines Datums.

B: Dies ist schlicht eine Variable, die den Ausgabemodus enthält. Wir beschränken uns in dieser Implementierung auf drei Modi, so dass modus lediglich Werte zwischen 0 und 2 annehmen kann.

C: Folgende private Funktionsmember werden deklariert:

schaltjahr: Überprüft, ob das ihr übergebene Jahr ein Schaltjahr ist. Returnwert ist 1 im Falle eines Schaltjahres, ansonsten 0.

datum_ok: Überprüft die Gültigkeit eines ihr übergebenen Datums.

tage_des_monats: Berechnet die Anzahl der Tage im ihr übergebenen Monat.

dat_2_tage: Berechnet die Anzahl der Tage seit 1.1.1900.

tage_2_dat: Bestimmt das Datum für die seit 1.1.1900 abgelaufene Anzahl der Tage.

Wie in der Vorüberlegung erwähnt, sind die Funktionen dat_2_tage und tage_2_dat die zentralen Hilfsfunktionen. Da sie prinzipiell sehr einfach sind, schauen wir uns lediglich dat_2_tage kurz an:

```
      unsigned int datum::dat_2_tage()
          {
          unsigned int anz = 0;
          int i;
          int j;

A         j = jahr - 1900;
          anz = j*365 + j/4 - j/100 + j/400 + 1;

B         for ( i = 1; i < mon; i++)
              anz+=tage_des_monats(i, jahr);

C         anz+=tag;
          return anz;
          }
```

A: Die Tage der vergangenen ganzen Jahre werden unter Berücksichtigung der Schaltjahre berechnet.

B: Die Tage der vergangenen ganzen Monate werden aufaddiert.

C: Schließlich werden noch die Tage des aktuellen Monats hinzuaddiert.

Mit diesen beiden Funktionen können wir nun sehr einfach Operatoren für Datumsberechnungen implementieren. Wir verdeutlichen uns dies am Beispiel der Addition von einer Anzahl von Tagen und einem Datum:

	`datum datum::operator+(int t)`
	`    {`
	`    datum temp;`
	`    unsigned int tage;`
A	`    tage=dat_2_tage() + t;`
B	`    temp.tage_2_dat(tage);`
	`    temp.set_modus(modus);`
	`    return temp;`
	`    }`

A: Zu der Anzahl abgelaufener Tage für das aktuelle Datum wird die übergebene Anzahl der Tage hinzuaddiert.

B: Das Datum wird berechnet, das der neuen Anzahl von Tagen entspricht.

A 20.4 Komplexe Zahlen sind eine für viele mathematische Anwendungen erforderliche Erweiterung der reellen Zahlen. Eine komplexe Zahl z besteht aus einem Real- und einem Imaginärteil, bei dem es sich jeweils um reelle Zahlen handelt. Wir notieren sie in der Form $y = (Re(z), Im(z))$. Reelle Zahlen sind spezielle komplexe Zahlen, deren Imaginärteil den Wert 0 haben. Für die Addition und Multiplikation von komplexen Zahlen (bzw. komplexen mit reellen Zahlen) bestehen die folgenden Rechenregeln:

`x+y=(Re(x)+Re(y),Im(x)+Im(y))`

`x·y=(Re(x) Re(y)-Im(x) Im(y),Re(x) Im(y)+Im(x) Re(y))`

Für die Multiplikation einer reellen Zahl a mit einer komplexen Zahl z gilt damit insbesondere:

`a·z=(a·Re(z),a·Im(z))`

Den absoluten Betrag einer komplexen Zahl berechnet man mit der Formel:

$$|z| = \sqrt{\text{Re}(z)^2 + \text{Im}(z)^2}$$

Modellieren Sie den Datentyp `Komplexe Zahl` in C++ durch eine Klasse! Stellen Sie für alle geläufigen Operationen mit komplexen Zahlen bzw. mit komplexen und reellen Zahlen sinnvolle Operatoren zur Verfügung!

Testen Sie den neuen Datentyp, indem Sie Berechnungen mit komplexen und reellen Zahlen durchführen!

Vorüberlegung:

Man kann sich sehr gut komplexe Zahlen mithilfe der so genannten Gaußschen Ebene verdeutlichen. Auf der x-Achse tragen wir dabei den Realteil, auf der y-Achse den Imaginärteil einer komplexen Zahl z ab:

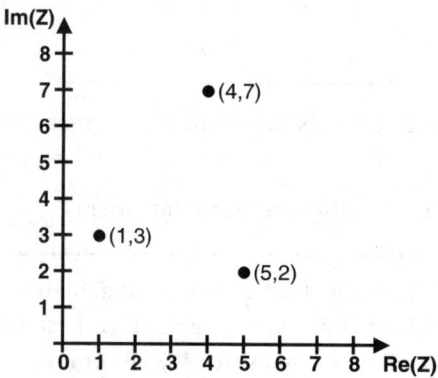

Die eingezeichneten Punkte entsprechend dann jeweils einer Imaginärzahl. Wir notieren diese in folgender Form:

```
z = 1 + 3·i
```

Sie können den Buchstaben »i« für unsere Zwecke schlicht als Einheit für den Imaginärteil ansehen.

Die uns bekannten reellen Zahlen finden wir in der Gaußschen Ebene auf der x-Achse.

Programmausgabe:

```
Abfrage der komplexen Zahlen:


1. komplexe Zahl [x]:
Realteil: 1
Imaginaerteil: 3
2. komplexe Zahl [y]:
Realteil: 5
Imaginaerteil: 2
Konstante a: 2


Die von Ihnen eingegebenen Zahlen:
x =   1 + 3i
y =   5 + 2i
a =   2


Befehl: x+y
x + y =   6 + 5i


Befehl: x*y
x * y =   -1 + 17i


Befehl: |y|

|y| = 5.38516
```

Das Programm:

Zunächst schauen wir uns die Definition der Klasse komplex an:

```cpp
class komplex
    {
    friend ostream& operator<<( ostream& os, komplex& Z );
    friend float abs(komplex& Z);

    private:
        float re;
        float im;

    public:
        komplex();
        komplex(float x, float y);
```

```
                        float get_re() {return re;}
                        float get_im() {return im;}

                        komplex operator+(komplex& Z2);
                        komplex operator*(komplex& Z2);
                        komplex operator*(float a);
                        komplex operator-(komplex& Z2);
                        komplex operator/(float a);
                };
```

Beispielhaft wollen wir uns die Implementierung eines dieser Operatoren ansehen. Wir wählen den '+'-Operator, der eine Addition zwischen zwei komplexen
Zahlen durchführt:

```
        komplex komplex::operator+(komplex& Z2)
            {
            komplex Z;
    A       Z.re = re + Z2.re;
            Z.im = im + Z2.im;
            return Z;
            }
```

A: Die Real- und Imaginärteile der per Referenz übergebenen Klasse werden gemäß der Formel aus der Aufgabenstellung zu den aktuellen Real- und Imagi-
närteilen addiert.

A 20.5 Die Enigma ist eine Verschlüsselungsmaschine, die im 2. Weltkrieg auf
deutscher Seite zur Chiffrierung und Dechiffrierung von Nachrichten und
insbesondere zur Lenkung der U-Boot-Flotte eingesetzt wurde. Äußerlich
ähnelt die Enigma einer Kofferschreibmaschine.

Intern besteht die Enigma aus einem Steckbrett, drei Rotoren und einem
Reflektor. Die Verschlüsselung wird durch die Verdrahtung dieser drei
Grundelemente erreicht. Die folgende Grafik zeigt den schematischen
Aufbau der Enigma mit einer konkreten Verdrahtung der Bauteile:

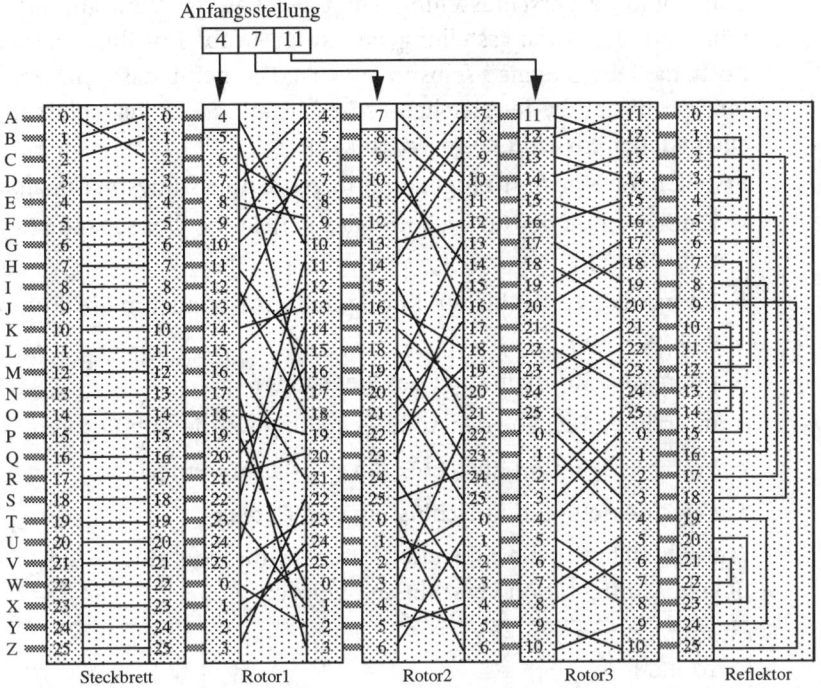

Um eine Vorstellung vom mechanischen Aufbau der Enigma zu bekommen, müssen Sie sich die einzelnen Bauteile ausgeschnitten und an den Schmalseiten zu Walzen zusammengeklebt denken. Das Steckbrett und der Reflektor sind fest, die Rotoren dagegen drehbar montiert.

Bei einer bestimmten Stellung der Rotoren kann dann ein Buchstabe chiffriert bzw. dechiffriert werden, indem durch das Drücken des Buchstabens auf der Tastatur ein Stromkreis durch die Bauteile geschlossen wird, der dann eine Lampe mir dem Ergebnisbuchstaben zum Aufleuchten bringt. In der obigen Stellung wird etwa der Buchstabe A durch den Buchstaben B verschlüsselt. Umgekehrt kann B wieder zu A entschlüsselt werden.

Der Verschlüsselungs- bzw. Entschlüsselungsprozess lief nun so ab, dass sich der linke Rotor nach jedem Drücken eines Buchstabens auf der Tastatur um eine Position weiterdrehte. In unserem Beispiel dreht sich der Rotor von 4 auf 5. Dadurch ergibt sich für den nächsten Buchstaben ein geändertes Codierungsschema. Wenn nun der erste Rotor von 25 auf 0 vorrückt, so dreht auch der zweite Rotor um einen Schritt weiter. Ebenso verhält es sich mit dem dritten Rotor, der einen Schritt vorrückt, wenn der zweite Rotor wieder auf 0 springt. Dieses Prinzip kennen Sie von mechanischen Zählwerken, wie sie früher und auch teilweise noch heute in Autos als Kilometerzähler zum Einsatz kommen.

Eine konkrete Verschlüsselung hängt also von der Verdrahtung der Bauteile und der Anfangsstellung der Rotoren ab. Erwähnt werden sollte noch, dass die Enigma »selbstinvers« ist. Das heißt, dass ein verschlüsselter Text mit exakt der gleichen Prozedur, mit der er verschlüsselt wurde, auch wieder entschlüsselt werden kann.

Erstellen Sie eine Soft-Enigma mit folgenden Leistungsmerkmalen:

▶ Konfiguration der Rotoren und des Reflektors über separate Konfigurationsdateien,

▶ Interaktive Auswahl der Konfigurationsdateien für die Rotoren und den Reflektor,

▶ Interaktive Konfiguration des Steckbretts,

▶ Interaktive Eingabe der Anfangsstellung für die drei Rotoren,

▶ Verschlüsseln und Entschlüsseln von Tastatureingaben,

▶ Verschlüsseln und Entschlüsseln von Dateien.

Entschlüsseln Sie die folgende Botschaft, die von einer Enigma mit der obigen Konfiguration verschlüsselt wurde:

```
JSOZL FFZPW OPMPZVJ
WYG LLW
OY WNVJL FQVLQFY
VNCGVMGW PT
UPJH DZUQY URFYV
RPX CCKPGVAQ PFMTRTSQX VN HTILX
QJVFG ZBL HSZPV
XWTGOD WD QRMB
```

Vorüberlegung:

Zunächst müssen wir die Struktur der Konfigurationsdateien der Enigma festlegen. Um die Enigma ausgiebig testen und auch schnell konfigurieren zu können, entscheiden wir uns für eine Konfiguration mithilfe dreier Dateien:

Eine Datei für das Steckbrett (`steckbrett.cfg`), eine für die Rotoren (`rotoren.cfg`) und eine für den Reflektor (`reflektor.cfg`).

Dabei ist das Format dieser Dateien von entscheidender Bedeutung. Durch die Festlegung des Formats nehmen wir bereits zum großen Teil vorweg, auf welche Art und Weise wir die Verschlüsselungsmaschine simulieren werden.

Wir entscheiden uns für die Simulierung des Steckbretts, der Rotoren und des Reflektors durch Zahlen-Arrays. Dadurch können wir die Drahtverbindungen der Enigma direkt nachbilden. Wenn z. B. beim Steckbrett die Zahl 0 mit der 2 verbunden ist, so wird das Arrayelement mit dem Index 0 den Wert 2 erhalten (z. B. `steckbrett[0] = 2`).

Damit ist auch einsichtig, dass wir in den Dateien nur die Werte der Arrayelemente speichern werden und nicht Ihre Indizes. Der erste Wert soll einfach dem 0-ten Element entsprechen, der zweite dem 1-ten usw.

Damit sind die Dateien für das Steckbrett und für den Reflektor festgelegt:

steckbrett.cfg	reflektor.cfg
2	6
0	4
1	18
3	12
4	1
...	...

Es fehlt uns noch das genaue Format für die Rotoren-Datei. Wir einigen uns darauf, dass in einer Zeile die Werte für den aktuellen Index des jeweiligen Reflektors stehen sollen:

```
rotoren.cfg

 2  6  3
25  2  4
24  0 25
22 22  0
10  5  1
...
```

Die nächste Frage, die wir beantworten müssen, ist, wie wir den Durchlauf durch die Drähte der Enigma nachbilden. Schauen wir uns dazu ein einfaches Beispiel an:

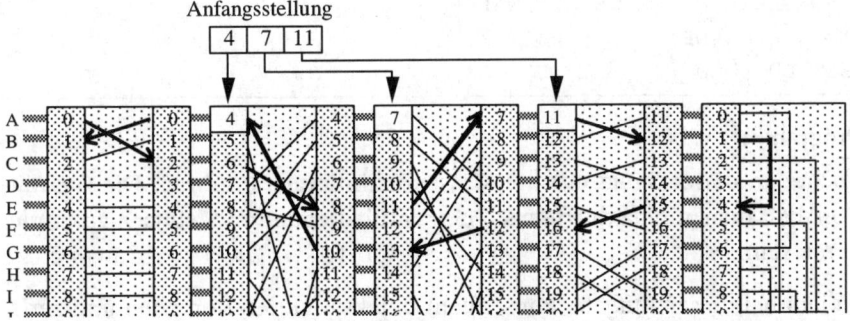

Nun kann man sich die einzelnen Schritte der Verschlüsselung klar machen. Um im 1. Schritt im Steckbrett von 'A' nach 'C' zu kommen, muss man zu 'A' 2 addieren. Im zweiten Schritt gelangen wir nach 'E', indem wir wieder 2 addieren, und zwar mithilfe der Berechnung –6+8 !

Wie Sie sicherlich bereits erkennen, können wir die Verschlüsselung nachbilden, indem wir beim Durchlauf durch die Enigma die vorkommenden Indizes und Werte abwechselnd subtrahieren und addieren.

Führen wir dies am Beispiel für das 'A' durch:

```
neu = 'A' -0+2 -6+8 -11+7 -11+12 -1+4 -15+16 -12+13 -10+4 -0+1
neu = 'A' + 1
neu = 'B'
```

Nun dürfte Enigma, die weltberühmte Verschlüsselungsmaschine des 2. Weltkrieges, deren Name aus dem griechisch-lateinischem stammt und nichts anderes als »das Rätsel« bedeutet, für Sie kein Rätsel mehr darstellen.

Programmdialog:

Entschlüsseln wir mit unserer Software-Enigma den verschlüsselten Text aus der Aufgabenstellung, so werden wir mit dem Gedicht »Ein Gleiches« belohnt, dessen Titel sich auf das »Wandrers Nachtlied« bezieht. Johann Wolfgang von Goethe schrieb es am 6. September 1780 auf dem Kickelhahn bei Illmenau an die Wand eines einfachen Pirschhäuschens:

```
Config-Datei des Steckbretts:  steckbrett.cfg
Config-Datei der Rotoren:      rotoren.cfg
Config-Datei des Reflektors:   reflektor.cfg


UEBER ALLEN GIPFELN
IST RUH
IN ALLEN WIPFELN
SPUEREST DU
KAUM EINEN HAUCH
DIE VOEGLEIN SCHWEIGEN IM WALDE
WARTE NUR BALDE
RUHEST DU AUCH
```

Das Programm:

Ich möchte an dieser Stelle nur die Klassendefinitionen anführen. Die Gesamtfunktionalität der Enigma dürfte nach der Vorüberlegung nun einfach zu implementieren sein.

Wir wollen bei dieser Aufgabe konsequent objektorientiert vorgehen und zerlegen deshalb unsere Software-Enigma in einzelne Objekte: Steckbrett, Rotoren und Reflektor:

```
class steckbrett
    {
    private:
        int s[26];

    public:
        steckbrett(int *steck);
A       inline int hin(int links);
        inline int zur(int links);
    };
```

A: Das Steckbrett stellt Funktionalität bereit, um der inneren Verdrahtung folgen zu können:

```
class rotor
    {
    private:
        int r[26];
        int r_akt;
A       rotor *next;

    public:
        rotor(int *rr, rotor *n, int r_a);

        void set_pos(int r_a);
        inline int akt() {return r_akt;}

        inline int hin(int links);
        inline int zur(int rechts);
B       inline int diff(int val);

C       void mov();
    };
```

A: Ein Rotor hat eine Verbindung zu einem anderen Rotor. Damit ist es möglich, mit einem Nachfolger zu kommunizieren, z. B. muss sich der nächste Rotor nach einer vollen Umdrehung um eine Stelle weiterdrehen.

B: Bestimmt die Differenz zwischen der aktuellen Position des Rotors und der übergebenen Position.

C: Funktion zum Weiterdrehen des Rotors.

Ein Reflektor ist ein sehr einfaches Objekt:

```
class reflektor
    {
    private:
        int r[26];

    public:
        reflektor(int *ref);
        inline int hin(int links);
    };
```

Schauen wir uns kurz die Deklaration der Enigma an:

```
class enigma
    {
    private:
A           steckbrett *steckb;
            rotor *r1;
            rotor *r2;
            rotor *r3;
            reflektor *refl;

B           char *text;

    public:
        enigma(int *steck,
               int *r_1, int *r_2, int *r_3,
               int r1_a, int r2_a, int r3_a,
               int *ref);
        ~enigma();
C       char* work(char *c);
    };
```

A: Die Enigma besteht aus einem Steckbrett, drei Rotoren und einem Reflektor.

B: Hier wird der ver- oder entschlüsselte Text zu finden sein.

C: Die Funktion work macht die eigentliche Ent- bzw. Verschlüsselungsarbeit.

Beachten Sie bitte, dass es nur einen Konstruktor und die Arbeitsfunktion gibt. Es sind keine get-Funktionen vorhanden. Welchen Sinn hätte auch eine Verschlüsselungsmaschine, deren Konfiguration gelesen werden kann?

Index

Zum neuen Standard UML 2.0

Schritt-für-Schritt-Einführung für Einsteiger

Programmierkenntnisse erwünscht

424 S., 2., aktualisierte und erweiterte Auflage 2006
und Poster, 29,90 Euro, 49,90 CHF
ISBN 978-3-89842-738-8

UML 2.0

Christoph Kecher

UML 2.0

Das umfassende Handbuch

Von den Grundlagen bis zum professionellen Einsatz erfahren Sie alles, was Sie für eine erfolgreiche Softwareentwickung wissen müssen. Die UML 2-Superstructure, alle Diagrammtypen, Konzepte und Elemente werden ausführlich vorgestellt und durch Praxisbeispiele veranschaulicht.

>> www.galileocomputing.de/1142

EDV-Grundlagen, Programmierung,
Mediengestaltung

Praxisorientiertes Lehr- und
Nachschlagewerk

Für Fachinformatiker der
Bereiche Anwendungsentwicklung
und Systemintegration

1114 S., 3. Auflage, 34,90 Euro, 59,90 CHF
ISBN 978-3-8362-1015-7

IT-Handbuch für
Fachinformatiker

www.galileocomputing.de

Sascha Kersken

IT-Handbuch für Fachinformatiker

Der Ausbildungsbegleiter
3. aktualisierte und erweiterte Auflage

Kompetentes Nachschlagewerk zum Lernen für
Auszubildende und Dozenten der Fachinformatik in
den Bereichen Anwendungsentwicklung und Systemintegration. Das Buch vermittelt alle Grundlagen der
Informationstechnik wie sie Fachinformatiker in Ihrer
Ausbildung benötigen: Aufbau der Computerhard-
ware, Betriebssysteme, Netzwerktechnik, -protokolle
und -anwendungen sowie Grundlagen der Programmierung werden ebenso wie das Thema Datenbanken und Multimedia berücksichtigt.

>> www.galileocomputing.de/1234

Für Windows, Mac OS X und Linux geeignet

RCP-, Web- und Ajax-Anwendungen entwickeln

Inkl. Ant, Refactoring, Debugging, Subversion, CVS, Plug-ins

ca. 420 S., 2. Auflage, mit CD, 29,90 Euro, 49,90 CHF
ISBN 978-3-8362-1317-2, September 2008

Einstieg in Eclipse 3.4

www.galileocomputing.de

Thomas Künneth

Einstieg in Eclipse 3.4

Dieses Buch bietet einen Einstieg in Eclipse für Leser mit Programmierkenntnissen in Java. Es zeigt auf anschauliche Weise, welche Möglichkeiten Eclipse in der Anwendungsentwicklung bietet. Mit wertvollen Praxistipps und Beispielen können Sie das Gelernte gleich in die Tat umsetzen.

>> www.galileocomputing.de/1961

In unserem Webshop finden Sie unser aktuelles
Programm mit ausführlichen Informationen,
umfassenden Leseproben, kostenlosen Video-Lektionen –
und dazu die Möglichkeit der Volltextsuche in allen Büchern.

www.galileocomputing.de

Galileo Computing

Wissen wie's geht.